suhrkamp taschenbuch 2912

Carlo Schmid, der bekannte SPD-Politiker, 1896 in Perpignan geboren und 1979 in Bad Honnef gestorben, gilt als einer der letzten großen Humanisten, als lebendige Verkörperung von Geist und Macht.

Der Mann, der in der Welt der Dichtung ebenso zu Hause war wie in der Welt der Politik, litt unter ihr und fühlte sich doch zu ihr berufen. Schon in der Weimarer Republik drängte es ihn, in die Außenpolitik einzugreifen. Als entschiedener Kämpfer gegen das NS-Unrechtsregime rettete er als Militärverwaltungsrat in Lille zahlreichen Menschen das Leben. Er stand in Kontakt mit den Männern des 20. Juli und war in deren Pläne eingeweiht.

Seine Verdienste als einer der Väter des Grundgesetzes sind unumstritten. Schmid ging es nicht nur um die Grundlagen für eine krisenfeste Demokratie, er war auch bemüht, die deutsche Teilung zu verhindern.

Die Historikerin Petra Weber hat mit diesem glänzend geschriebenen Buch nicht nur die gültige Biographie des großen Mannes der Sozialdemokratie geschrieben, sondern auch ein eindrucksvolles Porträt der Gründerjahre der Bundesrepublik Deutschland.

Petra Weber
Carlo Schmid
1896–1979
Eine Biographie

Suhrkamp

Umschlagfoto: J. H. Darchinger

Zur Erinnerung
an Philip

suhrkamp taschenbuch 2912
Erste Auflage 1998

Lizenzausgabe mit freundlicher Genehmigung des
C.H. Beck Verlags
Suhrkamp Taschenbuch Verlag

Druck: Freiburger Graphische Betriebe
Printed in Germany
Umschlag nach Entwürfen von
Willy Fleckhaus und Rolf Staudt

1 2 3 4 5 6 - 03 02 01 00 99 98

Inhalt

ANHANG

Einleitung: Der Mensch ist, was er verbirgt

Als Carlo Schmid noch in den Sielen der Politik stand, träumte er davon, seinen Lebensabend, Paprika und Tomaten züchtend, in der Provence zu verbringen. Doch wie so viele seiner Träume zerrann auch dieser. Der Abschied vom politischen Alltagsgeschäft bedeutete keinen Feierabend. Als er im Frühjahr 1973 in das Ferienhaus seines Sohnes in La Croix Valmer einzog, wartete dort eine neue Fron auf ihn: Er sollte seine Memoiren schreiben. Die Aufgabe stehe „wie ein Berg" vor ihm, bekannte er in einem Brief an Hans-Peter Schwarz[1]. Seine treue Mitarbeiterin Friedel Ahlgrimm gab ihm Ratschläge und Material für das Erinnerungswerk und ermutigte ihn: „(...) Sie werden überrascht sein, in welch lebendiger Erinnerung Geschehnisse und Menschen geblieben sind, sobald Sie einiges gelesen haben."[2]

Weder auf Tagebücher noch auf Aktennotizen konnte er zurückgreifen. Er hatte nicht die Absicht gehabt, seine Lebenserinnerungen niederzuschreiben. Nun war er den Bitten seiner vielen Bewunderer, die ein brillantes Selbstporträt des geistreichen „Causeurs" erwarteten, und dem Drängen von Verlegern erlegen. Die Voyeurs, die Einblicke in sein vie intime erhofften, sollten nicht auf ihre Kosten kommen. Weder eine Beichte noch eine Selbstrechtfertigung im Stile Rousseaus wollte er schreiben[3]. Er hatte nicht vor, ein „Seelengemälde" zu zeichnen[4]. „Ich schreibe nieder, was ich gesehen habe, insbesondere die Dinge, an denen ich selbst mitwirken konnte, nicht um damit zu zeigen, das ist mein Anteil, sondern um glaubhaft zu machen, daß meine Beurteilung glaubwürdig ist", so skizzierte er in einem Interview mit dem „Vorwärts" im Jahre 1973 seinen Memoirenplan[5].

Er war diktiert von einem pädagogischen Eros. Carlo Schmid wollte seinem Rufe, der geistige Mentor der Bonner Nachkriegsdemokratie zu sein, gerecht werden. Die Erinnerungen sollten Lehren sein für die, die sich die Mühe machten, „aus den Erfahrungen eines langen Lebens zu lernen"[6]. Beim Lesen von Heuss' Erinnerungen war ihm die Idee gekommen, daß dessen Leben „Stoff für einen Erziehungsroman" der deutschen klassischen Tradition abgeben könnte[7]. Galt dies nicht auch für sein Leben? Nur bedingt. Aber hatte nicht schon Goethe erkannt: „Ein Faktum unseres Lebens gilt nicht, insofern es wahr ist, sondern insofern es etwas zu bedeuten hatte."[8] Schmid stellte seine Autobiographie in die Tradition des klassischen Bildungsromans, wie sie durch Hölderlins „Hyperion" und Goethes „Wilhelm Meister" begründet worden war – die beiden Werke, die er jugendlichen Ratsuchenden immer wieder als Pflichtlektüre empfahl. Hölderlins Strafpredigt an die „dumpf und harmonielos" dahinlebenden Deutschen[9] und Goethes bittrer Einsicht, daß mit der bürgerlichen Gesellschaft die „Zeit der Einseitigkeiten" angebrochen sei[10], fügte Carlo Schmid eine neue Lehre hinzu: die Pflicht des Gebildeten, politische Verantwortung zu übernehmen. Das unpolitische Bildungsbürgertum war, so lehrte er, an der Machtergreifung des Nationalsozialismus mitschuldig geworden.

Er wählte sich als Beispiel. Seinen angeblichen Weg aus dem Elfenbeinturm der Wissenschaft in die Niederungen der Politik stilisierte er zu einer Art Damaskuserlebnis. 1945 habe er, aus der Erkenntnis schuldig geworden zu sein, zu sich selbst gesagt: „Du mußt dich auf den Weg zwischen Tod und Teufel wagen. Dann erst wird dein Leben seinen Sinn finden. Ich werde also in die Politik gehen müssen. Damit stelle ich mein Leben in eine Ordnung, die mir viel Geduld und viel Demut abverlangen wird. Ich werde mit dem Wissen ans Werk gehen müssen, daß man allein durch den Glauben an die Idee das Ideal nicht verwirklichen kann; daß man sich wird begnügen müssen, Annäherungswerte an das Wahre zu verwirklichen; daß man Stein um Stein wegräumen, Unkraut um Unkraut ausreißen muß, bis man daran denken kann, die Entwürfe des planenden Geistes vom Reißbrett weg in Stein und Mörtel zu übertragen."[11]

Was sich wie ein Bekenntnis liest, war in Wirklichkeit ein Aufruf an die akademisch Gebildeten, sich der Verantwortung für das Gemeinwesen nicht zu entziehen. Trieb Carlo Schmid doch die Sorge um, daß immer weniger verantwortungsvolle und weitsichtige Politiker und immer mehr „clevere Auswerter von Meinungen" in den Bundestag einzögen, daß Politik immer mehr nur noch zum Sprachrohr von Modeströmungen werde[12]. Gelesen als ein Appell an die Verantwortung des Bürgers, sind die Erinnerungen ein stilistisch brillant geschriebenes Buch, eine Autobiographie sind sie nicht. Viel zu komplex war die Geschichte des 20. Jahrhunderts, die Carlo Schmid durchlebte, viel zu sehr von Widersprüchen zerrissen war er selbst, als daß seine Lebensgeschichte sich als eine Entwicklung vom Idealisten zum Realisten, vom „Hieronymus im Gehäuse" zum Verantwortung tragenden Politiker darstellen ließe. Carlo Schmid war kein Schöngeist, der sich nach 1945 in die Politik verirrte. Eine facettenreiche Persönlichkeit wie er läßt sich nicht in die gängigen Schemata einordnen. Sagte er doch von sich selbst, daß er sich nie anders gefühlt habe, „als jener Ulrich von Hutten, den Conrad Ferdinand Meyer sagen läßt: ‚Ich bin kein ausgeklügelt Buch, ich bin ein Mensch mit seinem Widerspruch'."[13]

Von diesem Menschen erfährt man in den Erinnerungen ebensowenig wie von den Konflikten und Kämpfen, die er auszufechten, von den Niederlagen, die er einzustecken hatte. Die wenigen persönlichen Bekenntnisse und kritischen Anmerkungen über politische Weggenossen, die die Rohfassung des Manuskriptes noch aufwies, fielen der vom Verlag erzwungenen Kürzung des Manuskriptes zum Opfer[14]. Die Selbstzensur, die sich Carlo Schmid in seinen Erinnerungen auferlegte, wurde durch die Kürzung des Manuskriptes noch verstärkt. Man hat beim Lesen der Erinnerungen den Eindruck, daß Schmid fürchtete, daß das von ihm in der Öffentlichkeit vorhandene Image des Renaissancemenschen, der Geist und Macht in unnachahmlicher Weise vereinigt, zerstört werden könnte. Das mag verwundern, denn Carlo Schmid litt an diesem Image, wenn er auch dazu beigetragen haben mag, daß es entstand. Hinter dem „Denkmal“[15], zu dem man ihn stilisierte, hatte der Prophet, der Zerstörer von Tabus und Dogmen zurückzuweichen. Wohl nicht von ungefähr zitierte Schmid Heinrich Heines bittres Wort: „Das Volk steinigt gern seine Propheten, um ihre Reliquien desto inbrünstiger zu verehren.“[16]

Schmid war diese Erfahrung nicht fremd. In Bonn erfuhr er die Wahrheit des Heine-Wortes am eigenen Leib. Als „Tafelaufsatz im Proletarierhaushalt“ der SPD hatte der mit ihm befreundete Heuss ihn verspottet[17]. Zahlreiche Artikel und Würdigungen, die über ihn geschrieben wurden, hatten den Beigeschmack von Nachrufen. „Sie zeichneten mich zu sehr als einen kalokagathos“, schrieb er Walter Jens, der für den Wahlkampf 1965 ein Kurzporträt über ihn verfaßt hatte[18]. Dem Rhetor Carlo Schmid wurde mehr Bewunderung gezollt als dem Politiker.

Während er die Erinnerungen schrieb, stieg manchmal ein Gefühl von Bitternis und Unzufriedenheit bei ihm auf. Dann fand Friedel Ahlgrimm Notizzettel auf dem Schreibtisch wie diesen: „Liebe Friedel, schicke mir bitte die Adenauer-Jubelreden.“[19] Konnte man Erinnerungen schreiben, in denen kein „häßliches Wort“ über irgendeinen politischen Zeitgenossen vorkommen sollte[20]? Schmid war sich bewußt, wie problematisch sein ganzes Unternehmen war. Aber er wollte nun einmal keinen Blick zurück im Zorn auf die vergangenen Ereignisse werfen, sondern ein pädagogisches Buch schreiben. So lesen sich die Memoiren als Bestätigung des Bildes, das man sich von ihm in der Öffentlichkeit machte. Sein Leben gerann zum Selbstzitat.

Weil sich Carlo Schmid in seinen Erinnerungen als geistiger Mentor der Bonner Nachkriegsdemokratie präsentieren wollte, nehmen die Bonner Jahre einen relativ großen Raum ein, während er in seiner Erzählung über seine Tätigkeit als Kriegsverwaltungsrat in Lille und als Staatschef in Württemberg-Hohenzollern vieles ausläßt und unterschlägt, obwohl er sich nichts vorzuwerfen, nichts zu vertuschen hatte. Ganz im Gegenteil:

Er verschweigt seine Teilnahme am Widerstand gegen das nationalsozialistische Gewaltregime. Die Nichtthematisierung des Widerstandes in der Zeit nach 1945 mag dazu beigetragen haben, daß Carlo Schmid kein Wort darüber verlor. Wer jahrelang über eine Sache geschwiegen hat, bricht dieses Schweigen in späteren Jahren nur selten. Hinzu kam, daß man in den siebziger Jahren kaum mehr verstand, daß das Leben von Menschen in jener Zeit oft nur zu retten war, wenn man sich ein Stück weit auf das Regime einließ. Für Schmid war die Zeit in Lille eine Zeit existentieller Herausforderung. Damals wurde er zum aktiven Politiker, weil er durch Nichthandeln Schuld auf sich geladen hätte.

Der Leser sollte auch nicht erfahren, daß dieser so robust erscheinende Carlo Schmid in Wirklichkeit eine sensible Künstlernatur war. Wie ein Geheimnis versteckte er hinter der politischen öffentlichen Rolle die andere Seite seiner Existenz, den Dichter und Künstler Carlo Schmid. Dabei verstand er Politik und Kunst nie als getrennte Bereiche. Die Utopie des Dichters, der sich der Geisteswelt Stefan Georges verpflichtet wußte, prägte auch das politische Wirken. Aber die Begegnung des musischen Menschen mit dem politischen Alltag verursacht auch Mißverständnisse und Leiden. Der Utopist war ein Melancholiker. Ernst Jünger, einer der wenigen Freunde und Weggefährten Carlo Schmids, die seine sensible, zuweilen sogar sensitive Charakterstruktur erfaßt haben, sieht Schmids Biographie durch das Spannungsverhältnis zwischen politischer und ästhetischer Existenz bestimmt[21]. Der unter dem Joch der Politik stöhnende Carlo Schmid klagte, daß er Verrat an sich selbst übe[22]. Doch keiner hätte ihn dazu bewegen können, aus der Politik auszuscheiden. Er war Politiker und Künstler. Beide Rollen gehörten zu seiner Existenz.

Zunächst hatte er sich durchaus zu seinem Dichtertum bekannt. Später verbarg er es immer mehr. Lag es daran, daß Politiker, die dichteten, in Deutschland noch immer als unseriös galten? Oder war es nur die Furcht, sein Innenleben preiszugeben? War das Dichten doch für ihn ein Medium der Selbstaussprache und der Selbstfindung. Carlo Schmid war kein Rousseau, der ein Herz hatte durchsichtig „wie ein Kristall“[23].

> „Ein vogel schreit: er hat mein herz gesehen
> Das arglos deines lächelns schwerter trafen“,

lauten zwei seiner Verse[24]. Schmid verbarg sein Herz, oft auch seinen engsten Freunden. Galt auch für ihn André Malraux' Feststellung, daß die Wahrheit eines Menschen vor allem in dem liege, „was er verbirgt“[25]? Schmid unterstrich in einem Nekrolog auf Malraux die Behauptung des französischen Kulturministers[26]. Anti-Memoiren hatte Malraux seine Lebenserinnerungen genannt. Auch Carlo Schmids Erinnerungen könnten diesen Titel tragen, ja vielleicht wäre für sie dieser Titel sogar zutreffender als für die Malraux'. Dieser hat in seinen Lebenserinnerungen immerhin

Höhen und Tiefen der condition humaine ausgelotet. Carlo Schmid schrieb einen politischen Erziehungsroman.

Eine Biographie über Carlo Schmid muß der Tatsache Rechnung tragen, daß sein öffentliches Dasein als Politiker, seine öffentliche Selbstdarstellung nur die eine Seite seiner Persönlichkeit war. Sicher, er gehörte zu den Politikern, die in der Öffentlichkeit häufig das Wort ergriffen und er scheute auch mutige Worte nicht. Aber allzu oft ordnete er sich einer höheren Staats- und Parteiräson unter. Wenn er sah, daß er sich mit seiner Meinung nicht durchsetzen konnte, schwieg er. Das macht es schwierig, seinen politischen Standort zu den jeweiligen Themen und Ereignissen zu bestimmen, zumal er weder Akten- noch Gesprächsnotizen anfertigte. In zahlreichen Nachlässen und Archiven verstreut findet sich aber doch einiges, das Aufschluß gibt über das, was er dachte und für richtig hielt. Oft kommt man seinen Gedanken auch näher, wenn man zwischen den Zeilen liest.

Carlo Schmids Biographie auf eine politische Biographie zu reduzieren, wäre ein Unding. Er selbst sprach immer davon, daß die Wurzel all seines politischen Handelns der Mensch Carlo Schmid sei. Der Mensch Carlo Schmid war ein musischer Mensch. Das prägte sein Verhältnis zur Politik in befruchtender und in leidvoller Weise. Trotzdem: ein Schöngeist war er nicht. Der Weg in die Politik war für ihn kein Opfergang. Er drängte schon vor 1945 in die Politik. Betroffenheit und politischer Gestaltungswille, der Glaube, daß eine neue Elite die Politik in die Hand nehmen müsse, damit sich Weimar nicht wiederhole, ließen seinen Entschluß, in die Politik zu gehen, reifen.

Der Mensch Carlo Schmid war ein Mensch der Widersprüche, der sich in einem ständigen Selbstfindungsprozeß befand. Er, der stets in globalen Zusammenhängen dachte, hat uns keine größere systematische Arbeit hinterlassen, sondern eine Vielzahl von Essays und Gelegenheitsarbeiten, die zum Teil Versuche sind, sich durch die Beschäftigung mit fremden Gegenständen und ihrer geistigen Durchdringung selbst zu erforschen. In der Tradition Montaignes schrieb Carlo Schmid in seinen Essays, insbesondere in seinen Porträtskizzen, Kapitel seiner eigenen Biographie[27].

Eine Biographie hat die Aufgabe, den handelnden, denkenden und leidenden Menschen im Kontext seiner Zeit zu begreifen und dadurch zugleich die Zeit dem Leser und dem Nachgeborenen nahezubringen. Auch Carlo Schmid war ein Kind seiner Zeit, die er in seinen Erinnerungen nur sehr schemenhaft konturiert hat. Man darf nicht dem Irrtum unterliegen, daß seine Biographie erst in den Jahren nach 1945 interessant werde. Sie war geprägt durch die Erfahrungen der Weimarer Republik und des NS-Regimes. In den Jahren von 1918–1945 fand seine politische Sozialisation statt, in dieser Zeit begann er, politische Verantwortung zu begreifen und politisch zu handeln.

Nur wenn man diese vielfältigen und komplexen Strukturen seiner Biographie berücksichtigt, kann man eine Antwort darauf finden, warum Carlo Schmid nach einem Wort Theodor Eschenburgs viel wollte, noch mehr konnte und doch wenig erreichte[28]. Zumindest aber entgeht man dadurch einer ahistorischen Heroisierung oder Verurteilung. Die Biographie soll kein Nachruf werden, aber auch kein Scherbengericht, das sich im nachhinein so leicht fällen läßt. Die Arroganz der Nachgeborenen fürchtete Schmid ohnehin. Bereits 1949 stellte er mit Bitternis fest: „Wenn eines sicher ist, dann dies, daß ‚nachher' jeder Idiot es besser gewußt haben wird als ich." [29]

Ein Franzose in Deutschland: Kindheit und Jugend (1896–1918)

Mutterland Frankreich – Vaterland Schwaben: Die Vorfahren

„Einsam, abgeschieden von Wäldern umschlossen, liegt im nördlichen Theil des Herdtfeldes am Beginn des gegen Südosten ziehenden trockenen Gassenthälchens das nicht unfreundliche, sommerliche, gegen Süden abhängige Örtchen, dessen Häuser meist mit Stroh und Schindeln gedeckt und an den Giebelseiten mit Latten verkleidet sind.“ [1] So beschreibt ein Oberamtsbericht aus der Mitte des 19. Jahrhunderts den ungefähr zweieinhalb Fußstunden von Neresheim entfernten, auf der Ostalb gelegenen Ort Unterrissingen. Herdtfeld bzw. Härtsfeld heißt die Gegend, weil dort lange Zeit vor allem Schafzucht betrieben wurde. Der Boden und das Klima waren rauh, die Lebensumstände auch. Die spätbarocke Abteikirche in Neresheim, für die Balthasar Neumann die Pläne entworfen hatte, war die einzige Attraktion dieses wenig einladenden Landstriches. Die Oberamtsstadt Neresheim war eine kleine beschauliche Landstadt. Auch hier gab es nur ein großes Haus mit Erker und Renaissancegiebel[2].

Das Dorf Unterrissingen zählte nicht mehr als 480 Einwohner, ihm eingemeindet war ein noch kleineres Örtchen: Michelfeld. Nicht einmal 20 Einwohner hatte der Ort, im 16. Jahrhundert scheint er nur aus einem Bauernhof bestanden zu haben, der vor der Säkularisation zu einem Kloster gehörte. Seit dieser Zeit betrieben die der väterlichen Linie entstammenden Vorfahren Carlo Schmids dort ihr landwirtschaftliches Tagewerk[3]. Die Bauern dieser Gegend galten als fleißig. Sie mußten es sein, wenn sie überleben wollten. Auch der Urgroßvater Carlo Schmids, Franz Josef Schmid, und seine Frau Maria Josepha verdienten sich ihren Lebensunterhalt noch als Bauern. Mehr als eine bescheidene Existenz garantierte der bäuerliche Betrieb nicht. Die harte Arbeit ohne landwirtschaftliche Maschinen forderte ihren Tribut. Franz Josef Schmid verstarb 1840 im Alter von nur 46 Jahren.

Der 1824 geborene Sohn Johannes Baptist trat zunächst in die Fußstapfen seiner Eltern. Im Mai 1855 heiratete er die verwitwete Marianna Kieninger, die zusammen mit ihrem Mann eine Speisewirtschaft und Bierbrauerei in Unterkochen, einem kleinen Ort in der Nähe von Aalen, betrieben hatte[4]. Johannes Baptist Schmid entschloß sich umzusatteln und übernahm zusammen mit seiner Frau die Gaststätte. Der Bauer aus Michelfeld wurde „Hirschewirt“ in Unterkochen. Die Gaststätte versprach mehr Gewinn abzuwerfen als der bäuerliche Betrieb.

Das Gastwirtschaftsgewerbe verzeichnete Mitte des 19. Jahrhunderts einen rasanten Aufschwung. Im Oberamtsbezirk Aalen scheinen die Bauern und Handwerker ganz besonders trinkfreudig gewesen zu sein. Ein sittenstrenger Aalener Chronist stimmte im Jahre 1854 geradezu ein Klagelied über seine Mitbürger an: „Länger andauernde harte Arbeit ist nicht beliebt, um so mehr aber, wo immer möglich, gutes Essen und Trinken. Gerade der Wirthshausbesuch hat in Stadt und Land seit Menschengedenken außerordentlich zugenommen und entsprechend ist die Consumption des braunen Biers gestiegen, die des wohlfeileren weißen gesunken; dazu kommen sehr häufige Tanzgelegenheiten bei Hochzeiten, Märkten und Kirchweihen, zumal in der Stadt fast jedes Wirthshaus seine Kirchweih' auf einen besonderen Sonntag verlegte.“ [5] Auch sonst wußte unser Chronist wenig Lobenswertes über die Bevölkerung dieser Gegend zu berichten. Die „intellektuellen Eigenschaften“ der Bevölkerung seien „mittelmäßig“, bei den Gemeinderatswahlen von 1819 seien mehr Kreuze als Unterschriften zu finden gewesen. In den meisten Schulen gehe das Lernen noch „immer ziemlich schwer“, denn die „Geringschätzung intellektueller Bildung und höherer Kenntnisse“ sei noch immer nicht ganz verschwunden[6]. Die meisten Bewohner der 1500 Seelengemeinde Unterkochen lebten von Ackerbau und Viehzucht, daneben bot die Mühlenindustrie und ein Walzwerk Arbeit und Brot.

In dieser zumindest in geistiger Hinsicht dumpfen Gegend erblickte 1860 Joseph Schmid, der Vater Carlo Schmids, das Licht der Welt. Zehn Jahre lebte er dort, bis sich Anfang der 70er Jahre die Familie entschloß, in die Landeshauptstadt Stuttgart zu ziehen. Das Gastwirtschaftsgewerbe erlebte in Stuttgart zu Beginn der 70er Jahre einen ungeheuren Boom[7]. Bot Stuttgart nicht eine ganz andere Zukunftsperspektive als Unterkochen? Die Hoffnung auf ein florierendes Gastwirtschaftsunternehmen und bessere Bildungsmöglichkeiten für den begabten Sohn Joseph mögen die Schmids dazu bewogen haben, die gewohnte Umgebung Unterkochens zu verlassen und in die damals noch kleinstädtische Residenz Stuttgart zu übersiedeln.

Mitten in der Stuttgarter Altstadt, in der in der Nähe des alten Schlosses gelegenen Münzstraße, eröffneten Johannes Baptist und Marianna Schmid 1872 ein Restaurant. Ihre Erwartungen wurden enttäuscht. Die Gewinne, die der Restaurantbetrieb abwarf, scheinen bescheiden gewesen zu sein. Eine jährliche Gewerbesteuer von vier Gulden und 24 Kreuzern lassen auf einen allenfalls mittelmäßigen Umsatz schließen[8]. Bereits ein Jahr später gab die Familie Schmid die Gaststätte wieder auf und versuchte einen Neuanfang in der Cannstadter Straße 17. Aber auch die direkt am Schloßgarten gelegene Gaststätte florierte nicht[9]. Möglicherweise krankheitshalber, vielleicht auch aus Enttäuschung, in Stuttgart nicht Fuß fassen zu können, gab Johannes Baptist Schmid das Gaststättengewerbe ganz auf. Im Stuttgarter Adreßbuch des Jahres 1874 erscheint er nur noch als Privatier in Miete im Haus Olgastraße 3, Parterre. Am 10. Januar 1875, im Alter von 50 Jahren, erlag er einem Schlaganfall. Zwei Tage später wurde er auf dem Pragfriedhof in Stuttgart bestattet[10].

Der frühe Tod Johannes Baptist Schmids und die finanziellen Rückschläge, die die Familie in Stuttgart erlitt, gefährdeten die Schulausbildung des Sohnes Joseph nicht. Er durfte die Oberrealschule besuchen, die in den 70er Jahren stürmischen Zulauf erhielt. Über 1000 Schüler gingen zusammen mit Joseph Schmid in die Stuttgarter Oberrealschule[11]. Der Besuch der Schule ermöglichte Kindern aus Nichtakademikerfamilien in einer Zeit, in der immer mehr Techniker und Ingenieure gebraucht wurden, gesellschaftlichen Aufstieg. Joseph Schmid enttäuschte die in ihn gesetzten Erwartungen nicht. Er war ein strebsamer und guter Schüler. Als er 1877 die Oberrealschule verließ, konnte er ein ausgezeichnetes Abgangszeugnis vorweisen[12]. Keine Note schlechter als gut – und das in einer Zeit, als noch strenge Zensuren gegeben wurden.

Stuttgart verfügte im 19. Jahrhundert über keine Universität. In der nicht einmal 100 000 Einwohner zählenden Residenzstadt gab es nur eine Technische Hochschule, das Polytechnikum. Im Wintersemester 1877/78 begann der 17jährige Joseph Schmid dort sein Studium – unter im Vergleich zur heutigen Massenuniversität noch idyllischen Studienbedingungen. 515 Studenten waren 1878 an der Hochschule eingeschrieben, die Professoren kannten ihre Studenten noch persönlich[13]. Der Schriftsteller und Literaturhistoriker Theodor Vischer war der Star der Hochschule, der offensichtlich einen prägenden geistigen und erzieherischen Einfluß auf die jugendlichen Studierenden ausübte[14].

Auch Joseph Schmid wurde Famulus bei Theodor Vischer, dessen kulturkritisch untersetzter moralischer Idealismus seine geistige Entwicklung stark beeinflußt zu haben scheint. Er konnte sich durch Vischers Predigt von der Schönheit eines Lebens im Geiste in seinem Bildungsdrang bestätigt fühlen. Der begabte junge Student erregte schon bald die Aufmerksamkeit des alten Theodor Vischer und so wurde ihm eine ganz besondere Ehre zuteil: Er durfte ihm bei der Korrektur der Druckfahnen von „Auch Einer“, Theodor Vischers mit bissigem Humor gegen den bürgerlichen Fortschrittsoptimismus geschriebenen Zeitroman, helfen. Als Belohnung bekam er von Vischer ein handsigniertes Exemplar des 1879 erschienenen Romans geschenkt[15]. Ein Jahr später bestand Joseph Schmid die Prüfung für das Lehramt, die damals „Kollabouraturprüfung“ hieß, mit der Note

II[16]. Theodor Vischer bescheinigte seinem Zögling eine „ausgezeichnete Eignung zum Sprachenlehrer und Erzieher“[17].

Dem gerade erst zwanzig Jahre alten Joseph Schmid scheint es davor gegraut zu haben, sein weiteres Leben tagein, tagaus mit Unterrichten von Schülern verbringen zu müssen. Das Brotstudium am Polytechnikum hatte seinen Bildungsdrang nicht gestillt. Der familiären geistigen Enge entronnen, strebte er nach einer Vertiefung und Erweiterung seiner Bildung, die für den jugendlichen gesellschaftlichen Aufsteiger Eigenwert besaß. Da ihm der „Reserveoffiziersstil“ der deutschen Universitäten zuwider war[18], ging er nach Frankreich, hörte Vorlesungen an der Sorbonne und der Faculté des Lettres in Toulouse. Ob er sich diesen Luxus eines Zusatzstudiums selbst verdienen mußte, läßt sich nicht mehr feststellen. Es mag sein, daß ihm seine Mutter, die seit Beginn der 80er Jahre im Stuttgarter „Bohnenviertel“ wieder eine Gaststätte betrieb[19], ab und zu unter die Arme griff. Zum Lebensunterhalt dürfte dies aber kaum ausgereicht haben. Jedenfalls hatte er Geld genug, um drei Jahre lang in Frankreich seinen geistigen und wissenschaftlichen Interessen nachzugehen.

1883 hatte die Zeit des geistigen Vagabundierens ein Ende. Der Ernst des Lebens begann. Joseph Schmid nahm eine Stelle als Sprachenlehrer für Deutsch und Englisch an einer Schule in Toulouse an. Bis 1888 blieb er an dieser Schule, an der er sich großer Wertschätzung erfreute. Seine pädagogischen Fähigkeiten wurden ebenso gelobt wie seine Redlichkeit und sein höflicher Umgang mit den Schülern und Kollegen[20]. Danach bereitete er am Institut Saint Sernin in Toulouse die „Besten der Nation“ auf die Aufnahmeprüfung in die Ecole Normale Supérieure vor. Nur zwei Jahre hielt er es dort aus. Joseph Schmid war ein unruhiger Geist, der noch immer nicht daran dachte, sich seßhaft zu machen und eine Familie zu gründen. 1890 begab er sich auf den Weg in das Roussillon. In Perpignan, einem Kleinstädtchen von damals kaum 30000 Einwohnern[21], wollte er im Institut Saint Gonzague eine Stelle als Sprachenlehrer antreten. Schon bald lernte er dort Anna Erra kennen, eine selbstbewußte junge Lehrerin, in die er sich verliebte. Beide verband nicht nur Zuneigung, sondern auch ein ähnlicher Lebensweg. Auch Anna Erra entstammte einem kleinbürgerlichen nichtakademischen Elternhaus, dessen geistiger Enge sie zu entfliehen suchte. Auch sie hatte der Ehrgeiz nach höherer Bildung gepackt. Sie wollte nicht heiraten, sondern als Lehrerin selbst für ihren Lebensunterhalt aufkommen.

Der Großvater Anna Erras, Augustin Erra, hatte sich als Schuhmacher eine bescheidene Existenz geschaffen. Er lebte in Claira, einem kleinen Dorf ungefähr zehn Kilometer nordöstlich von Perpignan[22]. Der 1829 geborene Sohn Barthélemy wollte sich nicht mit diesem mühsamen Handwerk abquälen. Mitte des 19. Jahrhunderts fand in den Pyrénées-Orientales wie überall im Midi eine regelrechte wirtschaftliche Revolution statt.

Vater Joseph Schmid

Die Eisenbahn, die 1858 Perpignan erreichte, riß die Region aus ihrer traditionellen Abgeschiedenheit und Isolierung und verband sie mit den Zentren Frankreichs. Der Wein des Roussillon eroberte die Pariser Absatzmärkte[23]. Eine Art „Weinbaufieber" brach aus. In der Region Bas-Languedoc – Roussillon wurde in den Jahren 1852 bis 1862 die Weinanbaufläche um fast 100000 ha vermehrt. Durch verbesserte Keltermethoden konnte der Ertrag der Weinernte um das Dreifache gesteigert werden[24].

Auch Barthélemy Erra wurde von diesem Weinbaufieber ergriffen[25]. Als Weinbauer und -händler hatte er teil am wirtschaftlichen Aufstieg des Südens, konnte er sich einen recht ansehnlichen Wohlstand erwirtschaften, der es ihm erlaubte, seiner 1869 geborenen Tochter Anna eine Ausbildung als Lehrerin zu finanzieren. Gesellschaftlicher Aufstieg und soziale Anerkennung scheinen Barthélemy Erra viel bedeutet zu haben, denn es war in der damaligen Zeit in den Pyrénées-Orientales nicht üblich, für die Bildung von Töchtern Geld auszugeben. Noch in den 70er Jahren konnten über 70 % der Frauen in dieser Region weder schreiben noch lesen. Immer noch war die Überzeugung weit verbreitet, daß die Frau dem Vater und Ehemann untertan sei[26]. In den 80er Jahren verbesserten sich die Bildungsmöglichkeiten für Mädchen zusehends. Die Gründung höherer Schulen für Mädchen wurde vorangetrieben. Die „francisation" des Roussillon drängte alte katalonische Traditionen zurück. Immer weniger Bewohner sprachen katalanisch, französisch setzte sich auch als Umgangssprache durch. Für die Schulen wurde Spracherziehung zu einer Hauptaufgabe. Oberste Maxime aller höheren Mädchenschulen war: der Gebrauch des patois ist untersagt[27]. Anna Erras Sprachbewußtsein, die strenge Spracherziehung, mit der sie den kleinen Carlo manchmal traktierte[28], haben hier ihre Wurzeln. Der Gebrauch der französischen Hochsprache war ein Statussymbol.

Nach Abschluß der Schulausbildung im Jahre 1887 absolvierte Anna Erra eine dreijährige Probelehrerzeit in dem rund zwanzig Kilometer von Perpignan entfernten Estagel. Im Oktober 1890 bestand sie vor der Prüfungskommission der Académie de Montpellier die Lehramtsprüfung[29]. Sie erhielt eine Anstellung an einer Schule in Perpignan und zog wieder zu ihren Eltern, die vermutlich auf die berufliche Karriere ihrer Tochter stolz waren. Eine Frau, die Lehrerin war, galt in den Pyrénées-Orientales noch immer als Ausnahmeerscheinung. Um so unverständlicher scheint es für sie gewesen zu sein, daß ihre begabte Tochter sich ausgerechnet in einen Deutschen verlieben mußte, noch dazu in diesen Joseph Schmid, der bisher ein so unstetes Leben geführt hatte. Barthélemy Erra war entschieden gegen diese Beziehung und ließ seine Tochter wissen, daß er einer Heirat den väterlichen Segen verweigern werde. Fremde wurden in den Pyrénées-Orientales zumeist mit einem gewissen Mißtrauen beäugt. Als Kurt Tucholsky in den zwanziger Jahren dieses Jahrhunderts die Pyrenäen bereiste, fiel ihm die Fremdenfeindlichkeit der dortigen Bevölkerung so-

Mutter Anna Schmid, geb. Erra

Charlot auf dem Bärenfell

fort auf[30]. In seinen Erinnerungen nannte Carlo Schmid seinen Großvater einen typischen Patrioten der Gambetta-Zeit[31], dem Deutschland als Erbfeind schlechthin erschien. Die meisten Weinbauern der Gegend dachten so wie Barthélemy Erra. Sie waren fast alle Anhänger der Radikalen[32].

Schließlich erklärte sich Barthélemy Erra doch bereit, der Heirat seiner Tochter mit einem Deutschen die väterliche Zustimmung zu geben. Allerdings konnte er nicht dazu überredet werden, selbst mit auf das Standesamt zu gehen. Zu mehr als einer schriftlichen Einwilligungserklärung konnte er sich nicht überwinden. Als sich Anna Erra und Joseph Schmid 1892 die Hand zum ehelichen Bunde reichten, war nur die Mutter anwesend. Der Vater blieb der Trauung fern[33]. Immerhin war es der selbstbewußten Tochter gelungen, ihren Willen gegen den väterlichen Widerstand durchzusetzen.

Das Verhältnis zwischen dem über 60 Jahre alten Vater und dem jungen Paar blieb gespannt. Aber man arrangierte sich und kam miteinander aus, solange die Ehe kinderlos blieb und wenig Anlaß zu Zwistigkeiten bestand.

Am 3. Dezember 1896, sechs Uhr abends erblickte in der Chaussée du Vernet am Stadtrand Perpignans ein Junge das Licht der Welt. Zwei Tage später begab sich der stolze Vater Joseph Schmid mit dem Knaben auf dem Arm ins Bürgermeisteramt Perpignans, um die Geburt seines Sprößlings beurkunden zu lassen[34]. Charles Jean Martin Henri sollte er heißen. Die Mutter nannte ihn liebevoll Charlot. Als die Familie ins Schwäbische umzog, wurde aus Charlot Carlo. Für schwäbische Ohren war der Unterschied zwischen Charlot und Carlo zu fein. So nannten ihn seine Spiel- und Schulkameraden kurzerhand Carlo. Bald hatte er zwei Vornamen Karl und Carlo. Der letztere setzte sich erst nach 1945 durch.

Der Aufbruch der Familie Schmid nach Deutschland erfolgte schon bald nach der Geburt des Sohnes. Bereits im Sommer 1897 entschlossen sich Anna und Joseph Schmid, Perpignan zu verlassen. In Saint-Gonzague, der Schule, in der Joseph Schmid sieben Jahre unterrichtet hatte, bedauerte man den Weggang des beliebten Lehrers. Man hätte es begrüßt, wenn er, der seine Aufgabe als Lehrer mit viel Intelligenz, Einfühlungsvermögen und Hingabe wahrgenommen hatte, seinen Entschluß, Perpignan zu verlassen, rückgängig gemacht hätte[35]. Die junge Familie wäre wahrscheinlich auch gern geblieben, wenn der starrköpfige und streitsüchtige Großvater nicht gewesen wäre.

Kindheit und Jugend im Königreich Württemberg

Dem Fußfassen Joseph Schmids in Deutschland standen die geltenden Laufbahnbestimmungen für Lehrer entgegen. Er, der auf eine dreizehnjährige Lehrerfahrung in Frankreich zurückblicken konnte, mußte in dem an der Jagst gelegenen Möckmühl eine Stelle als Lehramtsanwärter annehmen[1]. Weder die Stelle war attraktiv noch der Ort. Doch Joseph Schmid hatte Glück. Die Verbannung nach Möckmühl währte nur wenige Monate. Bereits im Februar 1898 erhielt er in Weil der Stadt eine Stelle als Realschullehrer, obwohl er erst ein Jahr später im Frühjahr 1899 die für diese Stelle erforderliche Realschullehrerprüfung ablegte[2].

Das vierzehn Kilometer von Leonberg entfernte Landstädtchen Weil der Stadt glich, obwohl es bis 1803 reichsunmittelbare Stadt war, eher einem Dorfe als einer Stadt. Nicht einmal 2000 Einwohner beherbergte das Städtchen in seinen Mauern, bekannt war es, wenn überhaupt, nur als Geburtsstadt von Johannes Kepler. Die 1864 eröffnete Realschule war einklassig und wurde erst 1903 dank der Tatkraft Joseph Schmids in eine zweiklassige Realschule umgewandelt, die nun auch Lateinunterricht anbot[3].

In diesem idyllisch anmutenden Kleinstädtchen, in das das moderne Industriezeitalter noch keinen Einzug gehalten hatte, wuchs der kleine Carlo in wohlsituierten Verhältnissen auf. Der Vater gehörte als Lehrer zu den Honoratioren des Ortes. Man denkt an eine wohlbehütete sorgenfreie Kindheit in einer Gegend, die dem kindlichen Spieldrang noch keine Grenzen setzt. Doch so unbeschwert war die Kindheit Carlo Schmids nicht. Die bildungsbeflissenen Eltern entwickelten einen pädagogischen Ehrgeiz, unter dem der kleine Carlo mehr litt, als der spätere Bildungspolitiker Carlo Schmid zugab. Da er keine Geschwister hatte, konzentrierte sich der ganze elterliche Ehrgeiz auf ihn. Später erzählte er, daß sein „geducktes Verhältnis zu sich selbst“ davon herrühre, daß er ein Einzelkind gewesen sei[4].

Maßgebend für Anna Schmids Erziehungsmaximen war die durch einen aufklärerischen Rationalismus und jansenistischen Pessimismus geprägte pädagogische Tradition Frankreichs[5]. Daß man ein Kind zum Lernen zwingen müsse, davon war sie zutiefst überzeugt. Sie sprach nur französisch mit ihm. Auch schreiben mußte er ihr in französisch, obwohl er das in der Volksschule noch gar nicht gelernt hatte. Entsprechend fehlerhaft waren seine ersten Schreibversuche[6]. Der Vater lernte ihm die deutsche Sprache, doch im häuslichen Diskurs dominierte das Französische, so daß der kleine Carlo die französische Sprache weitaus besser beherrschte als die deutsche. Er lernte ein klassisches Französisch, aber die Franzosen hörten den Akzent des Roussillon, den die Pariser „savoureux“ nennen, auch spater noch heraus.

Anna Erra erzog ihren Sohn, als würde er in Frankreich aufwachsen. Sie ließ ihn die weltklugen Fabeln von La Fontaine pauken[7], an denen man so trefflich zeigen kann, daß der Vernünftige über den Unvernünftigen stets obsiegt. Anna und Joseph Schmid waren bestrebt, die intellektuell-kognitiven Fähigkeiten ihres Sohnes zu fördern. Spontane Regungen und kreative Neigungen wurden unterdrückt. Der pädagogische Zeigefin-

Charlot, der kleine Prinz

ger begleitete all sein Tun und Handeln. Er sei ein Kind gewesen, „das sich mit jeder Äußerung im Examen fühlte, weil alles, was es tat mit ‚recht' oder ‚unrecht' beurteilt" wurde, erzählte er später[8]. Immer wieder kam er auch noch als Erwachsener auf diese leidvollen Erfahrungen seiner Kindheit zu sprechen. Bei einem Kind, das so unter permanenter Kontrolle stand, mußte zwangsläufig das Gefühl aufkommen, den Erwartungen der Eltern nicht zu genügen. Welches Kind macht schon immer alles richtig? Welches Kind ist schon immer artig? Carlo Schmid zählte abends im Bett seine täglichen Sünden und rechnete gute und schlechte Taten gegeneinander auf[9]. Es entstand ein Gefühl der Schuld, ein Gefühl, das ihn sein ganzes Leben nicht mehr verließ[10].

Es soll nicht der Eindruck entstehen, Anna und Joseph Schmid hätten ihr Kind nicht geliebt. Die Kinderphotos zeigen, wie sehr er ihr Ein und Alles war. Mit seinen langen Haaren, seinen mit Rüschen verzierten Hosenkleidchen, sieht er aus wie ein kleiner Prinz. Ohne Zweifel: Charlot ist der Stolz der Familie, zugleich aber auch das Opfer einer bürgerlichen Bewahrpädagogik, die ihn fernhielt von seinen Altersgenossen, ihm das Spiel mit Gleichaltrigen auf der Straße verbot. Einsamkeit war eine Grunderfahrung seiner Kindheit und damit eng verbunden das Gefühl der Verlorenheit. Als ihm seine Eltern als erstes Buch Robinson Crusoe zur Lektüre gaben, nahm ihn nicht der Tausendkünstler, der mit den Widrigkeiten des Lebens fertig wird, gefangen, sondern der „Mann der Einsamkeit (...), der Urwald und die Leere des Meeres und alles, was darin an Geheimnis webt"[11]. Das Geheimnisvolle, Unergründliche entzündete die Phantasie des Jungen, der von den Eltern immer zur Vernunft angehalten wurde. So war das Volksfest in Weil der Stadt, auf das ihn vermutlich das Dienstmädchen mitnahm, eine große Attraktion für ihn.

Carlo Schmid fand für seine kleinen Sorgen und Nöte kein Verständnis, auch nicht bei der Mutter, die eine strenge, wenngleich phantasievolle und dichterisch begabte Frau war, die von starken Gefühlsschwankungen hin- und hergerissen wurde. Sie wurde in Deutschland nie heimisch. Man hörte sie nur französisch sprechen. Trotz ihrer Prägung durch die bürgerlichen Ideale der Jahrhundertwende, war sie „der äußerste Gegensatz zum protestantischen württembergischen Beamtenbürgertum"[12]. Sie liebte ihren Charlot zärtlich, aber sie konnte auch auf Unfolgsamkeiten äußerst aufbrausend reagieren. Einmal soll sie ihn mit dem Schürhaken geschlagen haben[13]. Auch der Vater war streng, doch nicht strenger als andere Väter auch. Körperliche Züchtigung war in jener Zeit eben noch ein bewährtes Erziehungsmittel, so schrecklich dies auch klingen mag. Die Bindung Carlo Schmids an die Mutter, die ihn auch, als er schon erwachsen war, noch mit Vorwürfen überschütten konnte, war enger als die an den Vater. Die enormen Spannungen, in denen Schmid lebte, wurzelten nicht zuletzt in der Beziehung zu seiner Mutter. Emotionale Zuwendung fand der kleine Carlo nur bei seinem Spitz Mignon, dessen plötzliches Verschwinden wohl eines der schmerzlichsten Ereignisse seiner Kindheit war[14]. „Das Brüderchen war meine ganze Liebe", lautet der Vers eines Gedichtes über den Tod eines Hündchens, das er in den vierziger Jahren schrieb[15]. Mignon hatte die fehlenden Geschwister ersetzt.

Carlo Schmid war ein sensibles Kind, das nicht nur unter der Strenge der Eltern, sondern auch unter seinem Außenseiterdasein litt. Erziehung und Lebensstil waren französisch geprägt, entsprachen nicht schwäbischer Mentalität und Lebensweise. Die Schulzeit in Weil der Stadt[16] war vermutlich für ihn mit demütigenden Erfahrungen verbunden. Darüber aber schwieg er, wie er überhaupt später verdrängte, daß er in Weil der Stadt die ersten neun Jahre seines Lebens verbracht hatte. Im Grunde war es gar nicht so falsch, wenn Carlo Schmid später erzählte, er sei in Perpignan aufgewachsen. Er lebte zwar in Weil der Stadt, aber wuchs auf wie ein Franzose.

Am 29. April 1906 fand im Gasthof zur Post in Weil der Stadt die Abschiedsfeier für Joseph Schmid statt. Er bekam eine Stelle als Oberreallehrer an der Bürgerschule in Stuttgart. Stadtschultheiß Beyerle würdigte „die erfolgreiche und ersprießliche Tätigkeit" und das „unermüdliche Schaffen", das Joseph Schmid „zum Nutzen der Schule jederzeit an den Tag gelegt" hatte[17]. Die guten Wünsche der Stadt begleiteten ihn in sein neues Amt.

Im Mai 1906 zog die Familie nach Stuttgart, wo sie in der Hauptstätterstraße 106 eine Wohnung fand. Vermieter der Wohnung war der Möbelhändler Jüngling, der in der Parterre ein Möbelgeschäft betrieb[18]. Die Hauptstätterstraße war eine Laden- und Geschäftsstraße, die bereits im 14. Jahrhundert in Anlehnung an den Prager Wenzelsplatz als Marktstraße und Fernhandelszentrum angelegt worden war. Sie verband die Stuttgarter Innenstadt mit der sogenannten Tübinger Vorstadt, in der die Handwerker und Kleinhändler wohnten. Zehn Fußminuten von der Hauptstätterstraße entfernt, befand sich das humanistische Karls-Gymnasium, für das Carlo Schmid von seinen Eltern angemeldet wurde. Bei dem großen Wert, den Anna und Joseph Schmid auf Bildung legten, war es geradezu selbstverständlich, daß sie ihren Sohn auf ein humanistisches Gymnasium schickten. Damit der erhoffte Schulerfolg nicht ausblieb, schlossen sie ein Abkommen mit der Schule: Wöchentlich sollte von seiten der Schule Auskunft über Carlos Verhalten und seine Mitarbeit im Unterricht gegeben werden[19]. Damit wurde er unter einen permanenten Leistungsdruck gestellt, der begleitet war von der ständigen Angst zu versagen.

Carlo Schmid war kein überragender Schüler. In den ersten Jahren am Karls-Gymnasium waren seine Leistungen eher unterdurchschnittlich. Im Schulhalbjahr 1907/8 war sogar seine Versetzung wegen ungenügender

Leistungen im Fach Arithmetik gefährdet[20]. Man muß allerdings dazu sagen, daß die Schule strenge Maßstäbe setzte. Von 41 Schülern der Sexta erreichten nur 17 die Oberprima. Unter der strengen Obhut der Eltern verbesserten sich seine Leistungen. Er lag nun etwas über dem Durchschnitt, zum Klassenprimus aber reichte es nicht. Sehr gute Zensuren bekam er nur in Französisch. Ansonsten war nur noch sein Betragen mustergültig. Sein „sittliches Verhalten" wurde stets mit sehr gut bewertet[21]. Die Furcht vor elterlicher Strafe scheint den Knaben völlig eingeschüchtert zu haben, so daß er sich an den üblichen Schülerstreichen nicht beteiligte.

Auch das Karls-Gymnasium war eine typische Lernschule, in der der Latein- und Griechischunterricht im Vordergrund stand. Neun Jahre lang lernte Carlo Schmid wöchentlich sechs Stunden Latein und sieben Jahre lang wöchentlich fünf Stunden Griechisch. Die Hausaufgaben für diese Fächer dürften kaum weniger Zeit in Anspruch genommen haben. Aber Carlo Schmid verdankte dieser Schule seine guten Lateinkenntnisse, die später überall Bewunderung fanden. Griechisch gehörte schon in seiner Schulzeit zu seinen Lieblingsfächern, denn sein Griechischlehrer Edwin Mayser hatte nicht nur eine berühmte Papyrusgrammatik verfaßt, die bald zum Standardwerk aller Bibliotheken wurde[22], sondern war auch ein musischer Mensch. Wenn er Verse von Aischylos oder Sophokles vorlas, standen ihm die Tränen in den Augen. Carlo Schmid mochte diesen Lehrer und erregte auch schon bald dessen Aufmerksamkeit. Er durfte ihm die Klassenarbeitshefte nach Hause tragen, was er als große Ehre empfand[23]. Ansonsten scheinen seine Lehrer typische Pauker gewesen zu sein, so daß er sein ganzes Leben lang Lehrern gegenüber sehr kritisch eingestellt war und zuweilen sogar sehr bissige Kommentare über sie abgab. Der deutsche Studienrat habe „zum Geiste ein Verhältnis wie das des Ochsen zum Troge", schrieb er in den 40er Jahren seinem Sohn Martin, der sich über seine Lehrer beklagt hatte[24]. Aber nicht allein das Pauken machte für Carlo Schmid die Schule, die er später immer mit hochlobenden Worten bedachte[25], zur Qual. Das war er ja von frühester Kindheit an von zu Hause gewöhnt. Weitaus größere Schwierigkeiten bereitete ihm die deutsch-nationale Ausrichtung des Unterrichtes, die auch im Karls-Gymnasium die antik-humanistische immer mehr zurückdrängte. Rektor des Karls-Gymnasiums war seit 1895 Gottlob Egelhaaf, ein Verehrer Bismarcks, den er in einer Biographie verherrlicht hatte[26]. Aber auch dem Kaiser, obwohl er Bismarck davongejagt hatte, scheint Egelhaaf gehuldigt zu haben. „Gott segne, Gott schütze, Gott erhalte unseren Kaiser", soll einer seiner Wahlsprüche gelautet haben[27]. Bei den Schülern hatte er den Spitznamen „Napf"[28]. Egelhaaf, der nach 1918 Vorsitzender der DVP in Württemberg wurde, erteilte auch in Carlo Schmids Klasse Geschichtsunterricht.

Nicht nur der Geschichtsunterricht war national ausgerichtet. Auch im Deutschunterricht stand der nationale Besinnungsaufsatz an erster Stelle in der Themenliste. Carlo Schmid lebte in zwei sich diametral widersprechenden geistigen Welten. Die nationale Atmosphäre der Schule und die humanistische, weltbürgerlich-liberale des Elternhauses ließen sich nur schwer vereinbaren. Er hatte Schwierigkeiten, die gestellten Aufsatzthemen zu bewältigen. Im November 1912 mußte er sich mit dem Thema „Krieg und Frieden in ihrer Bedeutung für das Völkerleben" herumschlagen. Schmids Aufsatz war ein wahlloses Sammelsurium von alldeutschen Phrasen und liberal-humanen Positionen. Ganz im nationalen Fahrwasser jener Jahre vertrat er die These: „Im Krieg läßt sich das Nationalgefühl verstärken. Die Parteien versöhnen sich. Man sah das in den Befreiungskriegen von 1870, wo das deutsche Volk sich zu einem Ganzen zusammenschloß."[29] Es folgten noch einige alldeutsche Phrasen über die „Weichlichkeit" und den „Parteienzwist", der in Zeiten des Friedens sich breit mache. Am Ende des Aufsatzes plädierte er aber dann schließlich doch für den Frieden: „Nach all dem ist der Friede dem Krieg vorzuziehen, besonders in unseren Tagen. Denn ein moderner Krieg würde ungeheure Opfer von Menschen und Geld fordern."[30] Das Resümee war sehr vorsichtig formuliert. Carlo Schmid scheint gefürchtet zu haben, mit der nationalen Gesinnung des Lehrers in Widerstreit zu geraten. Die Beurteilung des Lehrers lautete: „kaum gut, zu oberflächlich". Politische Machtgesichtspunkte hatte Carlo Schmid bei der Erörterung des Themas völlig außer acht gelassen.

Auch bei einem Vergleich der Dichtung Walthers von der Vogelweide mit der Ludwig Uhlands, den er im selben Monat zu schreiben hatte, tat er sich schwer. Die Essenz der „Vaterländischen Gedichte" Uhlands faßte er so zusammen: „Deutschland ist nach seiner (Uhlands) Ansicht so heruntergekommen, daß er die Besserung nicht mehr zu erleben glaubt."[31] Über eine solche Ausdrucksweise konnte der Lehrer nur verzweifelt den Kopf schütteln. Das war wirklich eher Gassenjargon als gehobenes Deutsch, wie man es von einem Schüler eines humanistischen Gymnasiums erwartete. Den Grundgedanken der Vaterländischen Dichtung Uhlands hatte Carlo Schmid, weil ihm die nationale Stimmung dieser Dichtung ebenso wie des Kaiserreiches fremd blieb, nicht erfaßt.

Ein weiterer Aufsatz, den er im gleichen Jahr ebenfalls über ein vaterländisches Thema zu schreiben hatte, gelang besser. Er hatte zu entscheiden: Wer hat recht: Das lateinische Sprichwort „Ubi bene ibi patria" – „Wo es mir gut geht, da ist mein Vaterland" oder Odysseus, den Homer sagen läßt: „Süßeres gibt es nicht mehr als das Vaterland". Carlo Schmid entschied sich für den Spruch des Odysseus und nannte als aktuelles Beispiel für die Richtigkeit der Odysseusschen Worte den Kampf der Polen um nationale Selbstbestimmung. Der Aufsatz wurde mit „ganz gut" bewertet[32]. Ein alldeutscher Imperialist war sein Lehrer offensichtlich nicht.

Die politisch liberale Einstellung des Elternhauses prägte Carlo Schmids Denken stärker als die nationale Grundstimmung der Schule. Anna und Joseph Schmid scheinen Anhänger eines bildungsaristokratisch untersetzten Sozialliberalismus gewesen zu sein. Carlo Schmid dürfte die Auffassung seiner Eltern wiedergegeben haben, als er 1914 in einem Aufsatz schrieb, daß es Aufgabe der „Gebildeten“ sei, den Arbeitern zu „helfen, Politik zu verstehen“[33]. Dadurch könne die „extreme Linke“ zurückgedrängt werden. Stuttgart war vor 1914 eine Hochburg des radikalen Flügels der Sozialdemokratie[34]. Joseph Schmid scheint die Entwicklung des Sozialismus und der Sozialdemokratie aufmerksam verfolgt zu haben. 1907 nahm er seinen elfjährigen Sohn mit zu einem Kongreß der Zweiten Internationale, wo u. a. auch Jean Jaurès eine große Rede hielt[35]. Carlo Schmid bekannte später, nicht viel von dieser Rede verstanden zu haben[36]. Seinen Aufsatz kann man als ein Plädoyer für ein Erstarken des sozialreformerisch-liberalen Flügels der SPD lesen. Freilich, eine explizite Auseinandersetzung mit der Politik der SPD enthält der Aufsatz, in dem erörtert werden sollte, ob „Zufriedenheit im Leben der einzelnen und im Volksleben immer eine Tugend“ sei, nicht.

Weitaus mehr als die nationalen Besinnungsaufsätze, in denen man sich mit Heldentum und Krieg zu beschäftigen hatte, lagen Carlo Schmid literarische Themen, die aber nur ganz selten gestellt wurden. Für Carlo Schmids Interpretation der Antigone des Sophokles fand sein Lehrer anerkennende Worte, wenngleich er der Meinung war, daß Schmid etwas zu einseitig für Antigone Partei ergriffen habe[37]. Das Urteil über Kreon, den Verteidiger der Staatsräson, war ihm zu negativ ausgefallen. Vor allem aber monierte er, daß Schmids Ausdrucksweise „zu wenig kultiviert“ sei[38]. In der Tat: Wenn man die Schulaufsätze Carlo Schmids liest, mag man kaum glauben, daß sie der Feder des späteren wortgewaltigen Sprachkünstlers entstammen. Seine Ausdrucksweise wirkt hölzern und ungelenk. Man merkt, daß er zuweilen Mühe hat, seine Gedanken in Begriffe zu fassen. Französisch war seine Muttersprache, nicht Deutsch. Oft fehlt den Aufsätzen auch eine klare Disposition. Seine Lehrer hatten durchaus recht, wenn sie die sprunghafte Gedankenführung bemängelten. Um die Aufsätze scheint sich der sonst so strenge Vater nicht gekümmert zu haben. Möglicherweise konnte er mit den Themen selbst nicht viel anfangen. Vermutlich kam es ihm auch viel mehr darauf an, seinem Sohn formales Wissen beizubringen, als seine kreativen Fähigkeiten zu fördern.

Ungehalten waren die Lehrer des Karls-Gymnasiums auch über Carlo Schmids Schrift. Nicht selten schrieb ein wegen der vielen Tintenkleckse und Durchstreichungen entsetzter Lehrer an den Heftrand: „Welche Schrift in einem Reinheft.“ Und da man zur Zeit des Kaiserreiches auf

Schönschrift noch achtete, mußte Carlo Schmid zumeist den ganzen Aufsatz noch einmal abschreiben. Doch die Abschrift sah nicht viel besser aus als das Original. Offensichtlich hatte Carlo Schmid Schwierigkeiten, sich zu konzentrieren. In seiner Schrift spiegelt sich seine innere Zerrissenheit wieder.

Einem hohen Leistungsdruck waren damals fast alle Schüler der Gymnasien ausgesetzt. Doch nur wenige Jugendliche wurden so in die Isolation getrieben wie Carlo Schmid. Für die „Söhne der honetten Stuttgarter Bürger" war er der „Franzos"[39], was in einer Zeit, in der Frankreich zum Erbfeind erklärt wurde, bedeutete, daß man den Umgang mit ihm mied. Zu Gleichaltrigen fand er kaum Kontakt, schon gar nicht zu den Kindern des Bildungsbürgertums. So trieb er sich manchmal mit den „Straßenkindern" herum. Zu den „Gänglesdragonern" soll er gehört haben, einer Gruppe von Jungen, die im „Gängle", dem Durchgang zwischen Hauptstätter- und Tübingerstraße spielte und manch ehrbaren Stuttgarter Bürger „reichlich ärgerte"[40]. Doch der Vater sah es nicht gern, wenn sein Sohn sich mit den „Schmuddelkindern" abgab. Manchmal empfing er ihn schon an der Haustüre mit einer Tracht Prügel[41].

Schuldruck, elterliche Strenge und Einsamkeit – das waren die Grunderfahrungen von Carlo Schmids früher Kindheit. Einen Freund, mit dem er sich aussprechen konnte, hatte er nicht. Später bekannte er gegenüber seinem Sohn Hans: „Mein kleiner wackerer Hans, einen Freund wie Dich hätte ich im Leben haben mögen, um wievieles wäre es mir dann nicht besser gegangen."[42] Diese seelische Konfliktsituation war vermutlich auch der Grund dafür, daß er als Dreizehnjähriger offensichtlich die Absicht hatte, in das katholische Konvikt in Rottweil einzutreten, um sich zum katholischen Geistlichen ausbilden zu lassen[43]. Seine Eltern waren laizistisch eingestellt[44] und waren wohl nicht sehr erfreut darüber, daß ihr Sohn Priester werden wollte.

Man weiß nicht, wer ihn von diesem Vorhaben wieder abbrachte. Vielleicht waren es die Mitglieder des Stuttgarter Altwandervogels, dem er sich im Jahre 1910 anschloß. Für Carlo Schmid, wie für viele Jugendliche jener Zeit, war das „Nest" des Wandervogels eine Nische innerhalb der Wilhelminischen Gesellschaft, ein Ort der Zuflucht, an dem man sich gegen die Normen des Elternhauses und der Schule auflehnte und sich ein Stück Freiheit eroberte. Im Gegensatz zum Jung-Wandervogel vertrat der Alt-Wandervogel keine ausgesprochen lebensreformerische oder kulturrevolutionäre Ziele. Auf den Nestabenden beschäftigte man sich nur selten mit literarisch-kulturellen Themen. Weder Nietzsche noch Stefan George wurden dort gelesen[45]. Man wanderte bei sehr spartanischer Lebensweise und musizierte. Auch Carlo Schmid, der im Musikunterricht nicht gerade glänzte, lernte das Klampfespielen und ging mit den Kameraden auf „Große Fahrt". In den Sommerferien 1913 ging die „Große

Fahrt" von Stuttgart nach Lausanne. Zusammen mit drei Kameraden brach Carlo Schmid zu dem Gewaltmarsch auf. Doch auf der Fahrt kam es zu einem Eklat. Schmid beging in den Augen seiner Wandervogelkameraden eine Todsünde: Er aß unterwegs ein Omelette mit Konfitüre, was für zwei seiner mitwandernden Kameraden Anlaß genug war, ihn aus der Wandervogelgruppe auszustoßen. Einer der Kameraden hatte Mitleid und wanderte weiter mit ihm. So mußte er wenigstens die große Wegstrecke nicht alleine zurücklegen[46].

Richtig geborgen fühlte sich Carlo Schmid auch im Wandervogel nicht. Es gibt kein Bild von ihm, das ihn mit Wandersandalen und offenem Schillerkragen zeigt. Im Vergleich zu seinen Kameraden war er immer sehr elegant gekleidet. Auf den Gruppenbildern wirkt er zumeist etwas steif und verkrampft. Vermutlich hatte er die strengen Normen des Elternhauses zu sehr internalisiert, um sich ganz unbefangen geben zu können. Immerhin: Er fand Kontakt zu Gleichaltrigen und lernte bei den Wandervögeln sogar seine erste Liebe kennen: Hansy Burkhardt. Das Zusammenwandern von Mädchen und Jungen war zwar strikt verboten, aber an den Gruppenabenden durften auch Mädchen teilnehmen. An einem dieser Abende begegnete der schüchterne Primaner Carlo Hansy. Zwischen beiden entstand eine sehr sublimierte, sehr ins Ideale gesteigerte Zuneigung, über die der 71jährige Carlo Schmid rückblickend schrieb: „Hansy Burkhardt war meine Erste Liebe, doch ist dieses Wort nicht in dem billigen Verstande dieser Zeit zu verstehen: sie war dem Jüngling das Eine und Alles. Daß es sie auf dieser Welt gab, ließ mich begreifen, daß diese Welt einen Sinn haben müsse. Der Knabe lag vor dem Mädchen auf den Knien seines Herzens und diese Liebe war so zart, daß sie sich nie zu der leisesten Zärtlichkeit verstieg: ein Kuß wäre ihr als eine Entweihung erschienen." [47]

Hansys Einstellung scheint etwas prosaischer gewesen zu sein als die ihres Freundes. Sie übernahm die Rolle der mütterlich Mahnenden: „Lerne nur gut, daß Du Dein Abitur sehr gut bestehst. Schon mir zu Liebe, gelt." [48] Auch im Reiten und Tanzen sollte sich der Freund üben. Während Hansy an die gemeinsame Zukunft dachte, hegte ihr Freund „Charlot", sobald Hansy ihm einmal nicht schrieb, sofort den Verdacht, sie könnte ihm untreu geworden sein. Carlo Schmid bewahrte die Briefe Hansys, die ihm das Band seiner Klampfe bestickte, auf. Die Liebeserklärungen beschränken sich auf ein: „Pense à moi." Doch der Stachel dieser Liebe muß tief gesessen haben. Als Hansy Burkhardt 1968 starb, wurde Carlo Schmid eine Todesanzeige zugesandt, obwohl sich beide seit 1914 nicht mehr gesehen hatten. Eine solche verinnerlichte Form der Liebe war für die Wandervögel nicht atypisch. Auch sexuelle Askese gehörte zu ihren Geboten[49]. Doch Carlo Schmid scheint noch etwas schüchterner und gehemmter gewesen zu sein als die anderen. Auch im Elternhaus wurde der Bereich

Der Wandervogel mit Klampfe,
deren Kordel Hansy Burkhardt bestickte

der Sexualität völlig tabuisiert: „Wenn ich nichts anderes gehört hätte, als meine Eltern mir sagten, wäre ich in dem Bewußtsein aufgewachsen, daß die Kinder irgendwoher kommen, nur nicht von dort, wo sie gezeugt und geboren werden."[50] Anna und Joseph Schmid hätten wohl kaum eine intimere Beziehung ihres Sohnes geduldet. Die Hansy Burkhardts auch nicht. Ohne Erlaubnis der Mutter Hansys durfte Carlo Schmid seiner Freundin nicht schreiben. Die Eltern erwarteten, daß sich die Kinder auf die Schule konzentrierten. Schließlich stand die Reifeprüfung vor der Tür.

Im Juni 1914 bestand Carlo Schmid das Abitur. Die Noten waren überwiegend befriedigend. In Französisch erhielt er selbstverständlich die Note „sehr gut". Die „Fertigkeit im Turnen" war „nicht ganz genügend"[51]. Das wundert bei einem Jungen, bei dem von frühester Kindheit an immer nur die intellektuell-kognitiven Fähigkeiten gefördert wurden, nicht. Noch als Achtzigjähriger fluchte er über das „idiotische Stabturnen", an dem er während seiner Schulzeit hatte teilnehmen müssen[52]. Er konnte mit seinem Zeugnis zufrieden sein. Bei der damals strengen Notengebung war ein „Befriedigend" eine überdurchschnittliche, wenn auch nicht überragende Leistung. Die Noten waren damals ohnehin nicht so wichtig. Es genügte, bestanden zu haben. Jeder war froh, endlich der Penne entronnen zu sein. Daraus machten die Oberprimaner des Karls-Gymnasiums auch gar keinen Hehl. Gleich auf der ersten Seite ihrer Abiturszeitung reimten sie[53]:

So leb denn wohl Gymnasium!
Ich scheide ohne Trauern,
Ich trieb mich lang genug herum
In Deinen dumpfen Mauern.
Du sollst mir stets in Ehren sein.
Doch bringt kein Pferd mich mehr herein
Tralarum, lirum, larum
Hic finis est curarum!

Das Lob, das Carlo Schmid später dem Karls-Gymnasium zollte, entsprang einer nachträglichen Verklärung.

Die Reifeprüfung hatte Carlo Schmid bestanden. Aber hatte er auch genügend Reife, um mit den Widrigkeiten des Lebens fertig zu werden? Als „tumben Toren Parzival", so klagte er später, hätten seine Eltern ihn in die Welt entlassen[54]. Sie hatten ihn vor den Gefahren des Lebens bewahren wollen und lieferten ihn so diesen Gefahren gerade erst aus. Er fühlte sich unsicher, als stünden seine Füße auf Flugsand[55]. Weil ihm jede Weltläufigkeit fehlte, richtete er sein eigenes Verhalten an dem der anderen aus[56]. Gewiß, seine Eltern bemühten sich sehr um seine Bildung. Sie reisten mit ihm durch Italien, Frankreich und Spanien, und zeigten ihm die schönsten Kunstwerke Europas. Schon als Zehnjähriger wurde er von ihnen durch die Pariser Museen geführt[57]. Zu Hause konnte er auf den großen Bücherschrank seines Vaters zurückgreifen. Die Eltern lasen Tolstoi und hörten Richard Wagner, von dessen den Liebestod verklärenden Tristan auch der junge Carlo Schmid fasziniert war. Sie scheuten auch keine finanziellen Ausgaben, um ihrem Sohn einen Lebensstil zu ermöglichen, der dem der Söhne aus „besseren Kreisen" entsprach. Er durfte reiten lernen, was damals ein Sport der High Society war. Aber all diese Bildungsgüter, mit denen er in seinem Elternhaus vertraut gemacht wurde, hatten mit der lebenspraktischen Realität wenig zu tun. Ideal und Wirklichkeit klafften weit auseinander.

Anna und Joseph Schmid scheinen ihren heranwachsenden Sohn wie ein unmündiges Kind behandelt zu haben. Für die Mutter blieb er der kleine Charlot. Er litt darunter, von seinen Eltern nicht ernst genommen zu werden. 1943 schrieb er seiner Frau: „Wie bitter haben meine Eltern sich da an meiner Erziehung vergriffen, indem sie im besten Glauben mich so weit brachten, daß ich tief davon durchdrungen war, wenn mir etwas gelänge, dann könne das nur aus Zufall so geworden sein." [58] Er kam oft auf seine Kindheit und Jugend zu sprechen. Sie lastete wie ein Trauma auf ihm.

Wahrscheinlich unterschied sich der Erziehungsstil Anna und Joseph Schmids gar nicht so sehr von der damals üblichen Erziehungspraxis. Viele Jugendliche der damaligen Zeit hatten unter einer autoritär überspannten Erziehung zu leiden. Die Zahl der Schülerselbstmorde war in den Anfangsjahren des 20. Jahrhunderts sehr hoch[59]. Doch als Franzose in Deutschland hatte es Carlo Schmid noch schwerer als die anderen, Anerkennung und geistige Orientierung zu finden. Die Erbfeindschaft zwischen Frankreich und Deutschland mußte er in seinem Innern austragen.

Die Weltpolitik ließ dem 17jährigen keine Zeit, um zu sich selbst zu finden. Medizin hatte er studieren wollen. So steht es in seinem Reifezeugnis[60]. Das entsprach seinem Drang, anderen zu helfen, und seinem Interesse an Psychologie, mit deren Hilfe er sein Selbst erforschte und zu erkennen versuchte. Aus dem geplanten Studium wurde nichts. Carlo Schmid war gerade einen Monat der Schule entronnen, da erklärte am 1. August 1914 Deutschland Rußland den Krieg. Zwei Tage später erfolgte die Kriegserklärung an Frankreich. Der Weltkonflikt wurde für Carlo Schmid zum persönlichen Konflikt. Sollte er sich für sein Vaterland oder für sein Mutterland entscheiden?

Ein „tumber Tor Parzival" zog in den Krieg

In einem Aufsatz „Was ist Heldentum?" schrieb der 16jährige Carlo Schmid, Held sei der, der sich „selbstlos den Interessen der Menschheit opfert" [1]. Die Interessen der Menschheit standen für ihn über denen des

Vaterlandes. Kriegsbegeisterung und nationaler Taumel, wie er im August 1914 überall in Europa ausbrach, war es nicht, was den 17jährigen veranlaßte, sich als Kriegsfreiwilliger zu melden. Sein Vater hätte es gern gesehen, wenn er ein Studium in der neutralen Schweiz aufgenommen hätte. Seine Mutter, eine französische Patriotin, mußte es schmerzen, daß ihr Sohn gegen ihr Vaterland in den Krieg ziehen wollte[2]. Aber eine Teilnahme am Krieg auf seiten Frankreichs kam für Carlo Schmid ebensowenig in Frage wie ein Ausweichen in die neutrale Schweiz. Er mochte bei seinen Schul- und Wandervogelkameraden weder als Drückeberger noch als Vaterlandsverräter gelten. Ihnen, die sich fast alle schon bei den Regimentern, bei denen sie ihren einjährigen Freiwilligendienst hatten absolvieren wollen, gemeldet hatten, wollte er es gleichtun, um endlich einmal die Außenseiterrolle, unter der er so litt, loszuwerden. Vermutlich graute ihm vor dem, was auf ihn zukam[3].

Da sich im Begeisterungstaumel der ersten Augusttage über eine Million Freiwillige gemeldet hatten, war es für ihn nicht leicht, bei irgendeinem Regiment unterzukommen. Am 6. August, fünf Tage nach Ausbruch des Kriegs, erhielt er einen Ausbildungsplatz bei den Ulanen in Ludwigsburg. In seinem Soldbuch mußte der Geburtsort geändert werden, damit er bei einer Gefangennahme durch die Franzosen nicht als Deserteur behandelt werden konnte, der gegen sein Vaterland die Waffen erhoben hatte[4]. Die Ausbildungszeit dauerte gerade zwei Monate. Am 9. Oktober wurde er bei einer monatlichen Feldbesoldung von 63,– RM an die Westfront beordert[5]. Es glich Mord, diese im Grunde völlig unausgebildeten Jugendlichen an die Front zu schicken. Nach dem Scheitern der Westoffensive im September 1914 glaubte die Oberste Heeresleitung nur durch den Rückgriff auf die Freiwilligen dem Kriegsverlauf noch eine Wende geben zu können. Die Flandernoffensive scheiterte Mitte November 1914. Der Sturm auf Langemark, bei dem ein hoher Anteil von Kriegsfreiwilligen fiel, wurde bald zum Symbol der Opferbereitschaft der deutschen Jugend verklärt. Carlo Schmid stand bei dieser „Schlacht um Flandern" nicht an vorderster Front. Seine Gruppe wurde zu Stellungskämpfen in den Argonnen eingesetzt[6].

Schlimmer als die ersten Kriegserlebnisse waren für Schmid die Demütigungen, die er durch seine Regimentskameraden erfuhr. Der ungelenke, körperliche Anstrengungen nicht gewohnte Absolvent des humanistischen Gymnasiums machte als Soldat eine schlechte Figur. Sein Idealismus wurde konfrontiert mit den rauhen Umgangsformen der Jugendlichen aus dem Arbeiter- und Bauernmilieu. Als er beim Tragen eines Zweizentner Mehlsackes nach wenigen Schritten zusammenbrach, mußte er sich von seinen Kameraden hämische Bemerkungen über die Kopfarbeiter gefallen lassen. Kurze Zeit später zwangen ihn seine rauhbeinigen Kameraden, die Goldstücke, die ihm seine Mutter beim Abschied mitgegeben hatte, in

Wein umzusetzen[7]. Carlo Schmid, der nicht gelernt hatte, sich zu wehren, war ihren Angriffen und groben Späßen hilflos ausgeliefert. Die ersten Erlebnisse beim Militär und im Krieg scheinen auf ihn fast lähmend gewirkt zu haben. Er schrieb wochenlang aus dem Felde nicht nach Hause[8].

Nach dem Scheitern der Flandernoffensive wurde der junge Freiwillige am 20. November von Frankreich abkommandiert. An der Ostfront brauchte man Verstärkung. Nach der gescheiterten Westoffensive hoffte die deutsche Regierung auf einen Sieg an der Ostfront, den man aber nur zu erreichen glaubte, wenn auf die Ersatzformationen unausgebildeter Jugendlicher zurückgegriffen werden konnte. Sechs Tage nach seiner Abkommandierung aus Frankreich brachte der Zug Schmid nach Osten. Fast ein ganzes Jahr bis zum Oktober 1915 nahm er an dem Feldzug gegen Rußland teil[9]. Noch immer war er unausgebildet, noch immer ein einfacher Rekrut, der im Kreis der weniger gebildeten Kameraden nur wenig Verständnis fand. Carlo Schmid erzählte in seinen Erinnerungen nur wenig über dieses Jahr in Rußland. Die wenigen Anekdoten, die er zum besten gibt, wirken stilisiert. Anscheinend hielt er den zermürbenden Alltag im Feld, den hunderttausende Soldaten in gleicher oder ähnlicher Weise wie er erlebten, für nicht erzählenswert.

Zunächst bezog er Quartier in dem nördlich von Lodz gelegenen Städtchen Kutno, das bereits Anfang November von deutschen Truppen erobert worden war. Größere militärische Operationen waren für die Monate Dezember/Januar nicht geplant, so daß Patroullieren und Eskortieren von Kolonnen zu den Hauptbeschäftigungen der jungen Soldaten gehörte. Erst mit der im Februar beginnenden Winterschlacht in den Masuren kam es an der Narev-Linie zu Gefechten, zu denen auch die Reservemannschaften herangezogen wurden. Die Verlustquote bei den Gefechten war gering. Nicht die Gefechte waren das Schlimmste, sondern Schnee, Regen und Schlamm, der mancherorts ein Weiterkommen der Mannschaften unmöglich machte. Die langen Fußmärsche in schlammigem Gelände erschöpften die Soldaten[10]. Von all diesen Widrigkeiten berichtete Schmid nichts. Nur die Läuse, die ihm stark zu schaffen machten, erwähnte er[11].

Bei der großen Sommeroffensive der Mittelmächte befand sich Schmids Regiment am Narev, wo der russische Widerstand am heftigsten war. Es läßt sich nicht mehr feststellen, ob er an einem unmittelbaren Gefechtseinsatz beteiligt war. Die heiß umkämpfte Narev-Linie wurde von den deutschen Truppen Ende Juli 1915 überwunden. Eine letzte Offensive gegen Rußland kam im September 1915 zum Erliegen. Im Westen und im Osten lagen die Frontlinien fest. Veränderungen konnte nur noch der Stellungskrieg bringen. Mit unausgebildeten Freiwilligen aber war der Kampf in den Schützengräben nicht zu gewinnen.

Nachdem Schmid anderthalb Jahre lang ohne militärische Ausbildung am Krieg teilgenommen hatte, wurde ihm jetzt im Ersatzpionierbataillon 13 in Ulm das Pionierhandwerk beigebracht. Zunächst wurde er in die Theorie und Praxis des Brückenbaus und der Stürmung von Festungswerken eingeführt[12]. Doch der Stellungskrieg verlangte neue Waffen und Techniken. Ab April 1916 stellten die Pionierbataillone Minenwerferkompanien auf[13]. Schmid kam zur Minenwerferkompanie, wo er für die Schützengrabenkämpfe der großen Menschen- und Materialschlachten ausgebildet wurde.

Auch in Ulm stieß er wieder auf die für ihn so fremde Welt der Handwerker und Arbeiter. Während der ersten Wochen seiner Ausbildung mußte er in der Kaserne wohnen und hatte die Gebote der „Stubenkameradschaft" zu befolgen, die nach einem festen, von ihm folgendermaßen beschriebenen Ritus ablief: „Der Reihe nach holten wir 'Stubenhocker' einen ‚Stein', das heißt einen Steinkrug Bieres aus der Kantine und um diesen herum bildete sich eine Runde, darin die Gespräche nicht ausgingen. Diese waren aber selten in sich selber für mich ergiebig. Doch lernte ich dabei die Art kennen, mit der sich die ‚einfachen Leute' die Welt zurechtlegen." [14] Immer wieder wurde er mit dem kruden Materialismus seiner Kameraden konfrontiert, die mit seinen idealistisch geprägten Moralvorstellungen wenig anfangen konnten. Eine ihrer Redensarten blieb nachdrücklich in seinem Gedächtnis haften: „(I)ch glaube nicht viel, aber ich glaube, daß fünf Pfund Ochsenfleisch eine gute Suppe geben ..." [15]. Nicht nur Carlo Schmid stand der Denk- und Lebensweise der „ungebildeten" Kameraden verständnislos gegenüber. Viele aus der Jugendbewegung kommende Freiwillige machten im Krieg ähnliche Erfahrungen und reagierten ähnlich enttäuscht[16]. Schmid empfand das Zusammenleben in der Kaserne als einen „Pferch" [17]. Er war heilfroh, als er die Erlaubnis erhielt, sich ein Zimmer außerhalb der Kaserne zu nehmen. Er fand Unterschlupf bei einer Familie Walther. Anne Walther bemutterte den „jungen unerfahrenen Kriegsfreiwilligen", der immer noch recht unselbständig war. Dafür war er ihr später noch dankbar[18]. In seiner Freizeit vertiefte er sich in Bücher. Er lebte zurückgezogen und bescheiden. Nur ab und zu gönnte er sich eine Eismeringe[19].

Die relativ schöne Zeit in Ulm ging im Sommer 1916 zu Ende. Am 27. August wurde Carlo Schmid zur württembergischen Minenwerferkompanie 307 ins Feld abkommandiert[20]. In Frankreich tobte seit Juli die Somme-Schlacht, die, gemessen an der Zahl der Opfer und am Einsatz der Kräfte, gewaltigste Materialschlacht des 1. Weltkriegs. Der „endlose Vernichtungsorkan des Trommelfeuers" zerrieb spätestens nach zwei Wochen auch die Kraft derer, die überlebten[21]. Sollte der Angriff nicht zusammenbrechen, mußten ständig neue ausgeruhte Truppen die abgekämpften ersetzen. Die Minenwerferkompanie 307 hatte sich bereitzuhal-

„... woraus hervorgeht, daß es im Krieg nicht immer notgedrungen blutig zugehen muß". Schmid, den schönen Seiten des Lebens schon immer zugetan, vorn rechts

ten. Ende Oktober wurde sie in die Schlacht geworfen. Acht Tage lang Sturmangriff in der vordersten Front der Angriffsartillerie, acht Tage lang Schreie der verwundeten Kameraden, acht Tage lang die direkte Konfrontation mit dem Tod. „Wir erlebten den Alltag der ‚Somme', ein Konglomerat aus Feuerregen und Dreck, Tod und Davonkommen", schrieb Carlo Schmid rückblickend in seinen Erinnerungen[22]. Mehr als eine Woche in dieser vorweggenommenen Hölle hätten es die jugendlichen Soldaten nicht ausgehalten. Waren doch selbst die erfahrenen Soldaten nach zwei Wochen physisch und psychisch zermürbt. Mitte November begannen die Kämpfe an der Somme abzuflauen, Ende November war die Somme-Schlacht zu Ende.

Die Minenwerfer-Kompanie 307 wurde nach Cambrai verlegt. Ende Dezember erhielt Schmid die Order, zum Ersatzbataillon 13 zurückzukehren, das im Elsaß Quartier bezogen hatte. Die Wintermonate verliefen ruhig, die Stimmung der Soldaten aber war gedrückt. Kaum einer glaubte mehr an den von der Obersten Heeresleitung prognostizierten Sieg.

Anfang April wurde Schmid zur Minenwerfer-Kompanie 307 zurückbeordert, die in den Stellungskämpfen im Sumpfgebiet am Styr-Stochod eingesetzt werden sollte. Als Vizefeldwebel, zu dem Schmid am 3. April 1917 ernannt worden war[23], hatte er nicht mehr nur Befehle entgegenzunehmen, sondern trug nun auch selbst ein Stück Verantwortung. An der Ostfront herrschte seit der Februarrevolution weitgehend Waffenruhe. Größere Angriffe waren von der Obersten Heeresleitung untersagt worden[24]. An manchen Orten kam es zu Schützengrabenkontakten zwischen deutschen und russischen Soldaten, von denen auch Carlo Schmid in seinen Erinnerungen erzählte[25].

Erst im Juli starteten die Russen eine Offensive, die mit einem deutschen Gegenangriff beantwortet wurde. Das Styr-Stochod-Gebiet war kein Hauptangriffsgebiet. Nur gelegentlich kam es hier zu Gefechten. Schmid konnte als Vizefeldwebel nun auch selbst Angriffsziele bestimmen. Eine russische Feldküche schien ihm unter militärischen Gesichtspunkten ein äußerst lohnendes Angriffsobjekt zu sein. Der junge Vizefeldwebel ordnete ihren Beschuß an. Militärisch war der Angriff ein Erfolg, aber Schmid freute sich nur kurze Zeit darüber. Ihm wurde erstmals der Widerstreit zwischen Krieg und Menschlichkeit, zwischen militärischen und moralischen Gesichtspunkten vollauf bewußt. Im nachhinein schilderte er die Gewissensbisse, die ihn schon bald plagten: „Doch nachdem der Rauch der Einschläge sich über den Baumkronen verflüchtigt hatte, war es mit meinem guten Gewissen aus. Sicher, militärisch hatte ich richtig gehandelt, aber war es auch moralisch richtig? Entsprach es auch dem, was man die soldatische Ehre nannte, das Feuer auf Menschen zu eröffnen, die glauben konnten, daß an dieser Stelle und zu dieser Zeit eine Art von unausgesprochenem ‚Gottesfrieden' herrschte? Ich habe solche Befehle den ganzen Krieg über nicht mehr gegeben."[26] Für einen sensiblen jungen Soldaten wie Carlo Schmid war es schwierig, mit der menschlich-moralischen Seite des Krieges fertig zu werden.

Noch bis Mitte Oktober kam es an der Ostfront an einzelnen Orten zu Kampfhandlungen. Die im November stattfindende Oktoberrevolution brachte im Osten den Waffenstillstand und nährte bei den kriegsmüden Soldaten die Hoffnung, daß der Krieg nun bald zu Ende sei. Im Westen wurde der Krieg mit unverminderter Härte weitergeführt. Schmids Einheit wurde im Dezember nach Westen verlegt, wo man dringend Verstärkung brauchte.

Inzwischen war Carlo Schmid zum Leutnant der Reserve avanciert. Bereits im Mai 1917 war er mit dem Eisernen Kreuz ausgezeichnet worden[27]. Weder die militärische Auszeichnung noch der Aufstieg ins Offizierskorps änderten seine Denk- und Lebensweise, die immer noch den Moralvorstellungen der Jugendbewegung verpflichtet war. Wie fremd ihm der Offizierskodex blieb, zeigt eine Episode, die er über die Quartiersuche in einem kleinen russischen Städtchen erzählte: „Ich ging zur Kommandantur, um in der ‚Transennen-Station' eine Unterkunft zu finden. Der Major aber, ein netter alter Herr mit grauen Schläfen, protestierte. Da gehöre ich nicht hin. ‚Wir haben hier ein gemütliches k.u.k.-Etappenfeldfreudenhaus, das ist als Quartier für einen jungen Leutnant eher angebracht, auch aus dem Grund, weil es außer der Kommandantur das einzige steinerne Haus im ganzen Ort ist.' Ich tat so, als würde ich seinem Rat folgen, zog es aber vor, auf einer Bank im Bahnhofsgebäude zu übernachten."[28] Die Geschichte mag sich so, vielleicht auch etwas anders zugetragen haben. Wenn es eine Anekdote ist, ist sie gut erzählt. Sie macht eines deutlich: Der Leutnant Carlo Schmid war noch immer der schüchterne Kriegsfreiwillige des Jahres 1914.

An der Front mußte Carlo Schmid Anfang 1918 seinen Mann stehen. Die Oberste Heeresleitung suchte die Entscheidung im Westen und bereitete eine Großoffensive gegen die englischen Truppen an der Frontlinie Cambrai–St. Quentin vor[29]. Als in den Morgenstunden des 21. März 1918 6600 deutsche Geschütze ein fünfstündiges Feuer gegen die englischen Truppen eröffneten, unterstützte Carlo Schmid als Minenwerfer die Feuerwalze der Angriffsartillerie[30]. Im Südabschnitt der Front, an dem Schmids Einheit kämpfte, wurde nach drei Tagen der Durchbruch erreicht. Die Freude währte nicht lange. Die deutschen Truppen hatten die Widerstandskraft des Gegners unterschätzt. Die Offensive scheiterte am 5. April, die „Große Schlacht in Frankreich", wie die Offensive bald genannt wurde, war verloren. Die Abberufung Schmids von der Front erfolgte am 6. April[31].

Im Mai versuchte die Oberste Heeresleitung durch Zermürbungsoffensiven dem Kriegsverlauf an der Westfront noch eine Wende zu geben.

Schmid wurde Ende Mai verwundet und mußte in ein Feldlazarett gebracht werden[32]. Als er wieder genesen war und ins Feld abkommandiert wurde, befanden sich die deutschen Truppen schon im Zurückweichen. Er hatte den Rückmarsch vorzubereiten und dafür zu sorgen, daß er in geordneten Bahnen verlief, was nicht immer leicht war. Die Soldaten waren erschöpft und demotiviert. Disziplinlosigkeit machte sich breit. Der schüchterne junge Leutnant hatte Mühe, sich durchzusetzen. Später war er stolz darauf, daß es ihm trotz allem gelungen war, den Rückzug zu organisieren.

Für seine militärischen Verdienste hatte er am 31. August 1918 das Ritterkreuz 2. Klasse des Friedrichs-Ordens mit Schwertern – ein Orden des Königreichs Württemberg – erhalten[33]. Er mag die Ordensverleihung als Auszeichnung empfunden haben. Als ein in den Stahlgewittern der Schützengräben gestählter Held fühlte er sich nicht. Das Erlebnis der Menschen- und Materialschlachten an der Westfront ließ bei ihm nur einen Gedanken aufkommen: Nie wieder Krieg. Er war nach dem Krieg kein anderer als vor dem Krieg. Einzig den „Umgang mit den Menschen" habe er im Krieg gelernt, stellte er rückblickend fest[34]. Weil er während des Krieges die Denk- und Lebensweise der Arbeiter kennengelernt hatte, verfing bei ihm die Propaganda der proletarischen Revolution nicht. Nach all den Erfahrungen, die er gemacht hatte, erschien ihm eine realistische soziale Reformpolitik der einzige Weg in die Zukunft.

Sozialismus und Nation: Die Weimarer Republik (1918–1933)

Brotstudium und Einsatz für die Republik

Als Carlo Schmid im Dezember 1918 aus dem Krieg in seine Heimatstadt Stuttgart zurückkehrte, war Württemberg eine Republik. König Wilhelm hatte am 30. November abgedankt. Am 9. November war unter der Führung des Mehrheitssozialdemokraten Wilhelm Blos eine provisorische Regierung aus Mehrheitssozialdemokraten und Unabhängigen gebildet worden, die zwei Tage später durch die Aufnahme von Vertretern bürgerlicher Parteien zu einer Koalitionsregierung auf breiter Basis erweitert worden war[1]. So war in Württemberg früher als im Reich eine Entscheidung für eine parlamentarische Demokratie und damit gegen eine Rätediktatur gefallen. Wilhelm Blos war ein bejahrter Sozialdemokrat, der dem äußersten rechten Flügel seiner Partei angehörte und allen Sozialisierungsbestrebungen äußerst kritisch gegenüberstand[2]. Schon bald machte in Stuttgart das Scherzwort die Runde, daß der einzige Unterschied zwischen der Monarchie und der Republik darin bestehe, daß das neue Staatsoberhaupt Wilhelm Blos anstatt bloß Wilhelm heiße[3]. Der linke Flügel der USPD und die Spartakisten konnten in der „bürgerlichen" Regierung Blos nur einen Verrat an den sozialistischen Zielen der Revolution sehen. Die Furcht vor einem Aufstand der radikalen Linken beherrschte seit Mitte Dezember das politische Klima der Landeshauptstadt.

Carlo Schmids Stellungnahme war eindeutig: Die Regierung Blos mußte unterstützt werden. Der Grundsatz, der sein politisches Denken in dieser Zeit bestimmte, lautete: „Die Revolution muß aufhören und die Republik muß anfangen."[4] Nach vier Jahren Krieg war es sein sehnlichster Wunsch, daß der Ausnahmezustand der Umbruchssituation möglichst schnell überwunden sein möge und die gesellschaftlichen und politischen Verhältnisse sich stabilisierten. Noch immer wartete er auf seine Entlassung aus dem Militärdienst[5]. Er sehnte sich nach der Normalität einer bürgerlichen Lebens- und Arbeitsordnung. Das Leben sollte „wieder lebenswert" werden[6].

Zunächst dauerten die revolutionären Wirren noch an. Die Nachrichten von den „revolutionären" Kämpfen in Berlin und in anderen Teilen des Reiches waren für die Stuttgarter Spartakisten Anlaß, auch in Stuttgart den Aufstand zu proben. Für den 9. Januar, 10 Uhr hatten sie eine Massendemonstration auf den Schloßplatz einberufen[7]. In Erwartung radikaler Putschversuche hatte der im Krieg zum Leutnant aufgestiegene ehemalige Volksschullehrer und Kunstmaler Paul Hahn in Absprache mit der Regierung Blos bereits im Dezember Sicherheitskompanien aufgestellt[8]. Studenten der Technischen Hochschule Stuttgart hatten sich Anfang Januar nach Ankündigung der Spartakus-Demonstration entschlossen, ein Studentenbataillon zur Unterstützung der Sicherheitskompanien zu bilden. Die Leitung des Studentenbataillons lag in den Händen des eher monarchistisch als demokratisch gesinnten Hauptmanns vom Holtz[9].

Carlo Schmid, der nichts mehr fürchtete als eine Revolution in Permanenz, schloß sich dem Studentenbataillon an. Er trug noch immer Uniform und sah es als seine Pflicht an, die gefährdete Republik mit der Waffe zu verteidigen. Mit Ebert wußte er sich einig, daß auch eine Republik notfalls mit Waffengewalt geschützt werden müsse. Als Ende der 60er Jahre der Ebert-Groener-Pakt von Historikern kritisiert wurde, hat er ihn vehement verteidigt[10]. Wie viele seiner Zeitgenossen überschätzte auch er die Gefahr von links. Zu Recht aber beklagte er in seinen Erinnerungen die geringe Bereitschaft von Anhängern demokratischer Parteien, sich den Sicherheitskompanien zur Verfügung zu stellen[11].

Der Spartakusaufstand verlief in Stuttgart fast ohne Blutvergießen. Das Studentenbataillon erhielt den Auftrag, die von den Spartakisten besetzte Druckerei des „Stuttgarter Neuen Tagblattes" zu räumen. Nach längeren ergebnislos verlaufenden Verhandlungen mit den Besetzern wurde auf Befehl Hahns am 10. Januar, morgens 4.30 Uhr das Gebäude gestürmt. Die Besetzer waren fast alle schon geflüchtet. Nur ein Belagerer konnte noch festgenommen werden[12]. Bereits am Abend des 10. Januar konnte sich die Regierung Blos gegen die Spartakisten durchsetzen. Die für den 12. Januar anberaumte Wahl zur Verfassunggebenden Landesversammlung konnte ohne Störung durchgeführt werden.

Carlo Schmid wurde am 31. Januar endlich aus dem Militärdienst entlassen und konnte bereits wenige Tage später in Tübingen das Studium beginnen[13]. Die schleichende Inflation zehrte das Vermögen der Eltern auf, so daß nur ein Brotstudium in Frage kam[14]. Die Psychologie, die ihn an einem Medizinstudium vor allem interessiert hätte, war als Wissenschaft noch nicht allgemein anerkannt. Das Berufsrisiko wäre sehr groß gewesen. So entschied er sich für das Jurastudium, das sich in relativ kurzer Zeit absolvieren ließ und eine gesicherte Zukunft versprach[15]. Damit war auch die Wahl des Studienortes festgelegt: Tübingen. Nur wer an der Landesuniversität Tübingen sein Examen ablegte, wurde in den württembergischen Staatsdienst übernommen[16].

Tübingen war damals ein provinzielles Kleinstädtchen von knapp über 20 000 Einwohnern. Das Bild der Stadt prägten die Studenten, die insbesondere während der Sommerzeit mehr als 10 % der Einwohner ausmachten[17], denn die Tübinger Universität war nicht nur Brotuniversität, sondern der anmutigen Umgebung wegen auch Sommeruniversität. Ungefähr 3 000 Studenten zählte sie in den Jahren 1919/20, wobei aber einige der eingeschriebenen Studenten noch immer im Heeres- und Sanitätsdienst standen.

Für die neu immatrikulierten Studenten war es schwierig, in Tübingen eine Bleibe aufzutreiben, denn der hohe Andrang von Studenten schaffte enorme Wohnungsprobleme. Carlo Schmid fand in einem 12 qm großen Weingärtnerhäuschen am Fuße des Hanges hinter der Friedhofsmauer eine Unterkunft[18]. Das war für die damalige Zeit eine recht komfortable Studentenbude. Die wirtschaftlichen Verhältnisse der Studenten waren schlecht und deckten kaum das Existenzminimum. Schmid war gezwungen, in der Volksküche zu essen, „wo es Tag für Tag für einige Pfennige Kartoffeln und Trockengemüse gab“[19]. Eine schöne sorglose Zeit waren die Studienjahre nicht.

Zu Beginn des Zwischensemesters 1919 herrschten an der Tübinger Alma mater, die vor dem Krieg eine Hochburg der Korpsstudenten gewesen war, sozialistische Töne vor. Am 8. März 1919 unterzeichnete die Mehrheit der Tübinger Studenten eine Erklärung, in der sie nicht nur ein Bekenntnis zur Weimarer Republik abgab, sondern auch der „Tyrannei eines internationalen Großkapitals“ den Kampf ansagte und eine wirtschaftliche Neugestaltung zum „Wohle der Gesamtheit“ und eine „gründliche Bodenreform“ verlangte. Die Auseinandersetzung mit den „brennenden Fragen des öffentlichen Lebens“ wurde geradezu zur Pflicht der Studenten erklärt[20]. Carlo Schmid war nicht der einzige Student, der durch die Kriegserlebnisse zu einem Anhänger der sozialistischen Bewegung geworden war.

Noch im Ersten Semester schloß er sich der am 12. März 1919 als erste studentische Vereinigung der Nachkriegszeit an der Tübinger Universität gegründeten „Sozialistischen Studentengruppe“ an. Die Gruppe verfügte weder über ein ausgearbeitetes Programm noch über eine feste Organisation. Anhänger der Mehrheitssozialdemokratie waren in ihr ebenso zu finden wie Vertreter linksradikaler und kommunistischer Ideen. Etwas vollmundig nannte sie als Ziel ihrer Tätigkeit „die allseitige Durchbildung ihrer Mitglieder in den theoretischen und praktischen Fragen des Sozialismus“ und die „Verbreitung sozialistischer Ideen innerhalb der Studentenschaft“, was man durch öffentliche Versammlungen und Vorträge zu erreichen hoffte[21]. Da die sozialistischen Konzepte und Zielvorstellungen der einzelnen Mitglieder noch sehr unausgegoren und widersprüchlich waren, versuchte man zunächst durch Referate, an die sich eine Diskussion anschloß, zu einer Klärung des Meinungsbildungsprozesses innerhalb der Gruppe zu gelangen.

Auch Schmid, der sich zunächst schüchtern zurückhielt, wurde gebeten, ein Referat zu übernehmen. Das Thema konnte er selbst wählen. Er entschied sich für eine Interpretation von Büchners „Dantons Tod". Büchners Revolutionsdrama las er als Drama seiner Zeit. Es diente ihm als Folie zu einer überaus harschen Kritik an den linkssozialistischen Strömungen und Parteien, die in der Novemberrevolution nur den Auftakt zu einer sozialistischen Revolution sehen wollten[22]. Waren Robespierre und Saint-Just nicht Vorläufer der Bolschewisten? War Robespierre nicht eine dieser „finsteren, zynisch schmutzig denkenden Kreaturen", die sich Berufsrevolutionäre nennen? Und Saint-Just? War er nicht der „typische Literat, der Politik macht"? Er zog aus Büchners Drama die Lehre, daß die unveränderte Umsetzung von Ideen und Utopien in die politische Wirklichkeit zwangsläufig im Totalitarismus enden müsse. Bereits Robespierre habe den Fehler begangen, das Volk zu verklären. Jetzt sei man dabei, diesen Fehler zu wiederholen: „Gerade wie heute wimmelt es auch dort von halbgebildeten Alternativen, die mit vollklingenden Schlagworten die Klassiker der Revolution travestieren und es glänzend verstehen, sich im geeigneten Augenblick in die Toga zu hüllen und dem Volk seine Souveränität klarzumachen. Jetzt heißt es klassenbewußtes Proletariat – bei Büchner lesen wir: Volk, Du bist groß."[23] Härter kann man mit Kommunisten und Anarcho-Syndikalisten nicht ins Gericht gehen.

Carlo Schmid glaubte nicht an ein klassenbewußtes Proletariat. Er teilte viel eher die pessimistische Auffassung von Büchners Danton: „das Volk ist wie ein Kind, es muß alles zerbrechen, um zu sehen, was drin ist"[24]. Die Gefahren eines Plebiszits standen ihm vor Augen: „beim Kampf um die Gunst der Massen wird der zweifelnde Skeptiker dem glaubensstarken Radikalen unterliegen."[25] Er identifizierte sich mit dem Skeptiker, mit Danton, mit dessen epikureischer Lebensweise und dessen Melancholie. Hatte nicht auch Schmid wie Danton „trotz Sehnsucht nach dem Tode einen Drang zum Leben"?[26] Robespierre nannte er einen „Spießbürger". Nach dem Krieg hatte er sich der Freideutschen Jugend angeschlossen. Ihren lebensreformerischen Zielen begegnete er jedoch mit zunehmender Distanz. Eine vitalistische Lebenshaltung kam bei ihm durch.

Eine revolutionäre Veränderung der Gesellschaft hielt er für eine weltfremde Utopie. Seinen Zuhörern las er Büchners Sätze vom „gräßlichen Fatalismus der Geschichte" vor: „Ich finde in der Menschennatur eine entsetzliche Gleichheit, in den menschlichen Verhältnissen eine unabwendbare Gewalt, allen und keinem verliehen. Der einzelne nur Schaum auf der Welle, die Größe ein bloßer Zufall, die Herrschaft des Genies ein Puppenspiel, ein lächerliches Ringen gegen ein ehernes Gesetz, es zu erkennen das Höchste, es zu beherrschen unmöglich."[27]

Die Mitglieder in der Studentengruppe, die kommunistischen und anarchistischen Ideen anhingen, mußten sich herausgefordert fühlen. Carlo Schmid hatte ihnen gründlich die Leviten gelesen, wobei er, schüchtern wie er noch immer war, sich hinter der Autorität Büchners zu verstecken versuchte. Nachdem er seine politische Meinung sehr selbstbewußt vorgetragen hatte, fürchtete er am Ende seines Referats sichtlich die Kritik seiner Kommilitonen. Bei der anschließenden Diskussion dürfte es heiß hergegangen sein. Ob Schmid sich gegen die wortstarken Vertreter des Marxismus-Leninismus in der Gruppe, Karl Schmückle und Heinrich Süßkind, dem späteren Chefredakteur der „Roten Fahne“, durchsetzen konnte, ist nicht überliefert. Jedenfalls ließ er sich in seiner Auffassung, daß der Weg der Sozialreform der einzig gangbare Weg sei, nicht beirren. Auch in einem zweiten Vortrag, den er vor der Gruppe hielt, warnte er vor einem abstrakten Idealismus. Diesmal setzte er sich in einem Referat über die „Psychologie der Revolutionen“ u. a. mit Marx und Engels auseinander. Diese seien „Propheten“, aber keine politischen „Führer“, denn ihr „Blick“ ginge „viel zu sehr ins Weite, ins Übernächste“[28]. Der politische Führer dagegen habe „den Massen den Weg Schritt für Schritt genau vor(zu)zeichnen, den sie gehen müssen, um ein gewisses Ziel zu erreichen.“[29] Nein, nicht Gustav Landauer, wie Schmid in seinen Erinnerungen schrieb[30], Friedrich Ebert war sein Vorbild. Auf ihn setzte er all seine politischen Hoffnungen. Dieser 22jährige Student war kein idealistischer Schwärmer. Resignation, nicht Hoffnung auf eine bessere Zukunft war die Grundstimmung dieses jungen Mannes, dessen Leben gerade erst begann.

Der Streit über die unterschiedlichen Sozialismuskonzepte spaltete die Gruppe. Bereits Mitte Juni trennte sich die Gruppe in einen linken radikalen und einen gemäßigten Flügel, dem sich auch Carlo Schmid anschloß[31]. Die euphorische Anfangsstimmung wich der Enttäuschung. Bei der Studentenschaft fand die Gruppe kaum Resonanz. Nach der Unterzeichnung des Versailler Vertrages überwog bei den Studenten eine national konservative Grundstimmung. Anschläge der Sozialistischen Studentengruppe am Schwarzen Brett wurden abgerissen oder beschmiert. Gegen Ende des Sommersemesters löste sich der gemäßigte Flügel der Studentengruppe sang- und klanglos auf. Kurze Zeit später gab auch der „revolutionäre“ Flügel seine Propagandatätigkeit auf[32].

Carlo Schmid sah vorerst keine Möglichkeit mehr, sich an der Hochschulpolitik zu beteiligen. Bald führten an der Tübinger Universität wieder die Korporationen das Wort, in denen rund 45 % der Tübinger Studenten aktiv waren[33]. Auch die Mehrzahl der Professoren war liberalkonservativ oder konservativ-national eingestellt. Viele von ihnen standen der Weimarer Republik äußerst distanziert gegenüber. Vorlesungen über Sozialismus und soziale Fragen wurden nur selten angeboten. Der Volkswirtschaftler Robert Wilbrandt, der nach der Novemberrevolution in die

Sozialisierungskommission nach Berlin berufen worden war, gehörte zu den wenigen, die dieses Thema aufgriffen. Im Sommersemester 1919 las der Finanzwissenschaftler Ludwig Stephinger, der auch eine kleine Schrift über „Grundsätze der Sozialisierung" veröffentlicht hatte, über „Arbeiterfrage und Sozialismus". Carlo Schmid gehörte zu seinen Hörern[34].

Die Korpsstudenten hatten auch den Aufbau eines Tübinger Studentenbataillons in die Hand genommen, das aus seiner konservativ-reaktionären Einstellung keinen Hehl machte. Ein selbstgedichteter Refrain lautete: „SC, SK, SC, SK, das ist uns ganz egal, wir bleiben, was wir immer waren, wir bleiben stets feudal."[35] Schmid lehnte die Mitgliedschaft in dem Bataillon ab, das schon Ende März 1919 ausrückte, um in Stuttgart den von KPD und USPD ausgerufenen Generalstreik niederzuschlagen. Einen Monat später nahm es den Kampf gegen die Münchener Räterepublik auf. An Schmids Überzeugung, daß die Demokratie mit der Waffe in der Hand verteidigt werden müsse, hatte sich nichts geändert. Nicht erst der Bonner Politiker, schon der Tübinger Student setzte sich aktiv für eine „wehrhafte Demokratie" ein. Nach Bekanntwerden des Kapp-Putsches und der am 15. März 1920 erfolgten Übersiedlung der Mehrheit der Regierung und des Reichspräsidenten nach Stuttgart, eilte er auf dem schnellsten Weg nach Stuttgart. Der württembergische Landeskommandant und Führer der Reichswehrbrigade 13, General Haas, hatte nicht davor zurückgeschreckt, seine Offiziere darüber abstimmen zu lassen, ob sie sich hinter Kapp oder die Reichsregierung stellen wollten. Aber damit nicht genug: Er versuchte obendrein das Tübinger Studentenbataillon, das offen mit den Putschisten sympathisierte, dazu zu überreden, die Reichsregierung gefangenzunehmen[36]. Schmid übernahm die Führung einer republiktreuen Kompanie Stuttgarter Studenten. Eine zweite Kompanie wurde von dem späteren Wohnungsbauminister Eberhard Wildermuth angeführt, den es große Mühe gekostet hatte, die Stuttgarter Studenten zum Einsatz für die Reichsregierung zu bewegen. Die politische Stimmung unter den Studenten war dermaßen auf schwarz-weiß-rot umgeschwenkt, daß zunächst auch Schmid und Wildermuth sich mißtrauten. Keiner wußte, ob der andere nicht vielleicht doch auf der falschen Seite stand[37].

Der Kapp-Putsch brach am 17. März zusammen. Die abenteuerlichen Putschpläne des Landeskommandanten Haas waren entdeckt worden. Die Reichsregierung konnte unversehrt nach Berlin zurückkehren. Aber man stelle sich einmal vor, das Tübinger Studentenbataillon hätte tatsächlich geputscht und versucht, in Zusammenarbeit mit Teilen der Reichswehr die Regierung gefangenzunehmen. Carlo Schmid wäre gezwungen gewesen, gegen seine eigenen Kommilitonen die Waffen zu ergreifen. Eine schreckliche Situation!

Schmid war es nicht vergönnt, nun endlich seine Semesterferien zu genießen. Bereits eine Woche später wurden die Studentenbataillone von der württembergischen Regierung abermals zum Einsatz gerufen. Die Studenten sollten mithelfen, die Herrschaft der „Roten Armee" über das Ruhrgebiet zu brechen. Am 24. März, dem Tag der Unterzeichnung des Bielefelder Abkommens, in dem ein Waffenstillstand zwischen „Roter Armee" und Reichswehr vereinbart worden war, erging an das Tübinger Studentenbataillon und an die von Schmid geführte Stuttgarter Studentenkompanie der Befehl, sich in der Dragonerkaserne in Stuttgart-Cannstadt einzufinden[38]. Die Führung der Studentenformationen wurde dem ehemaligen Kommandeur des württembergischen Gebirgsjägerbataillons, Major Sproesser, übertragen. Am 29. März, nachts um 3.30 Uhr, wurden die Tübinger und Stuttgarter Studenten unter dem Decknamen „Ratte" ins Ruhrgebiet verladen, wo sie zwei Tage später in Soest Quartier bezogen. Nachdem ein Teil der Arbeiterschaft des Ruhrgebiets dem Aufruf des Bielefelder Abkommens, die Waffen niederzulegen, nicht gefolgt war, entschloß sich die Regierung am 2. April, die Reichswehr zur Niederschlagung des Aufstandes in das Ruhrgebiet einmarschieren zu lassen. Die Studentenkompanien wurden dem württembergischen Reichswehrbataillon angegliedert. Fast drei Wochen währte ihr Einsatz im Ruhrgebiet, wobei sie in der Regel nicht zu Kampfhandlungen, sondern zur Errichtung von Absperrungen herangezogen wurden. Die Mehrzahl der Studenten drängte darauf, mit den „Roten" endlich abzurechnen. „Wir kämpfen nicht für die Regierung, sondern gegen den Bolschewismus" – unter dieser Devise beteiligte man sich am Einsatz im Ruhrgebiet[39]. Schmid bat um seine vorzeitige Ablösung, nachdem er vergeblich versucht hatte, dieser Haltung entgegenzutreten[40]. Es war schon einiger Mut erforderlich, sich der antikommunistischen Hetze der überwiegend reaktionären Studentenschaft zu widersetzen.

Noch einmal scheint Schmid zum Einsatz mit der Waffe gerufen worden zu sein. Jedenfalls gibt es eine Bescheinigung, „daß er in der Zeit vom 28. 8 bis 5. 9. 20 während des Generalstreiks in der 2. Schar des E.W. B' Dienst geleistet hat"[41]. Mit Generalstreik ist der sogenannte Steuerbewilligungsstreik gemeint, durch den ein von der Regierung beschlossener 10%iger Steuerabzug verhindert werden sollte. Ein Großteil der Stuttgarter und Eßlinger Arbeiter, vor allem der Firmen Daimler, Bosch und der Eßlinger Maschinenfabrik hatten sich dem Streik angeschlossen[42]. Auf Weisung des Württembergischen Ministeriums des Innern waren die Tübinger Studenten zu Ordnungs- und Wachdiensten in Tübingen und Reutlingen herangezogen worden. Der Streik verlief unblutig. Der massive Aufmarsch von Truppen und Einwohnerwehren zwang die Arbeiter zum Einlenken, die in einem Abkommen vom 3. September auf fast alle ihre Forderungen verzichteten. Am 6. September wurde die Arbeit wieder aufgenommen.

Carlo Schmid hat diesen Einsatz nie erwähnt. Möglicherweise übernahm er den Dienst in der Einwohnerwehr nicht ganz freiwillig. Der Senat der Universität Tübingen hatte bereits am 9. November 1919 den Studenten nahegelegt, bei der Anmeldung zum Examen die Teilnahme am Dienst in der Einwohnerwehr anzugeben[43]. Da Carlo Schmid nicht Mitglied des Tübinger Studentenbataillons war, waren seine bisherigen Einsätze für die Republik nicht im Rahmen der Einwohnerwehren erfolgt. Es ist anzunehmen, daß er während des Steuerbewilligungsstreiks nur deshalb Dienst tat, um die für das Examen benötigte Bescheinigung zu erhalten. Sei dem, wie ihm wolle. Entscheidend ist seine aktive Parteinahme für die Weimarer Republik gegen die überwiegende Mehrheit der sich offen reaktionär gebärdenden Studenten der Tübinger Universität.

Leicht dürfte ihm dieses Schwimmen gegen den Strom nicht gefallen sein, denn er war noch immer ein sehr schüchterner junger Mann. Seine Vorträge vor der Sozialistischen Studentengruppe hatte er vollständig ausformuliert, einschließlich Eingangs- und Schlußformeln. Das freie Sprechen fiel ihm noch schwer.

Sein Studium war mehr, als ihm lieb war, durch politische Ereignisse unterbrochen worden, denn er war aus finanziellen Gründen darauf angewiesen, möglichst schnell das Examen abzulegen. Sein Studienbuch dokumentiert einen vollgepackten Stundenplan, der ganz unter dem Gesichtspunkt der Examensanforderungen zusammengestellt war. Oft belegte er bis zu zehn Veranstaltungen pro Semester – Pflichtveranstaltungen, denn für das Umschauen in anderen Fächern blieb keine Zeit. Einen herausragenden akademischen Lehrer, dessen Veranstaltungen man unbedingt besucht haben mußte, gab es an der damaligen Tübinger Alma mater nicht. An der juristischen Fakultät lehrten Max Rümelin und Philipp von Heck, die beiden Hauptvertreter der sogenannten Interessenjurisprudenz, die die positivistische Begriffsjurisprudenz als überholt betrachtete. Ein rigider schulmäßiger Fachbetrieb bestimmte die Lehrveranstaltungen. Schmid fand keinen akademischen Lehrer, der ihm über die Fachveranstaltungen hinaus geistige Orientierung bot.

Von der Jurisprudenz ganz auffressen lassen wollte er sich trotzdem nicht. Seine Liebe für das Musische und Ästhetische begann damals zu erwachen. Abends traf er sich mit Freunden, um Gedichte, vor allem die Joachim Ringelnatz', zu rezitieren[44]. Dessen freche Kuddel-Daddeldu-Verse waren eine Provokation der bürgerlichen Gesellschaft im Namen der Sinnlichkeit. Von den moralischen Geboten der Jugendbewegung sagte sich Schmid immer mehr los. Ringelnatz stand seit jener Zeit immer griffbereit an vorderster Stelle in seinem Bücherschrank[45].

An den Wochenenden ging er wandern mit seinen Freunden aus der Freideutschen Jugend oder mit seiner Verlobten, seiner späteren Frau Lydia Hermes. Die Tochter des Duisburger Kaufmanns Conrad Hermes war ein Jahr jünger als er und studierte seit 1918 in Tübingen, wo damals

Carlo Schmid mit seiner späteren Frau Lydia Hermes

kaum mehr als 200 Frauen eingeschrieben waren, Staatswissenschaften. Pfingsten 1919 hatte Carlo Schmid sie kennengelernt[46]. Sie kam wie er aus der Jugendbewegung. „Abseits der begangenen Straßen" durchwanderte er mit ihr die Schwäbische Alb und bewunderte das Oberschwäbische Barock. Noch später erinnerte er sich: „Was haben wir in diesen Abteien geschwelgt, die uns schöner dünkten als irgend etwas auf der Welt, und wie haben wir in diesen Kirchen den Geist der weltzugewandten Heiligkeit eingesogen, die aus dem Himmel einen bunten Blumengarten zu machen schien."[47] Es waren kurze Stunden des Glücks, in denen er die Widrigkeiten seines Studentenalltags vergaß.

Nach einem nur sechssemestrigen Studium meldete er sich im Sommer 1921 zum Examen an, das er im Spätherbst ablegen wollte. Die Zeit bis zum Examen war vollkommen ausgefüllt mit Lernen. Die Tübinger Landesuniversität stellte hohe Anforderungen an ihre Prüflinge. Der Stoff der Prüfung erstreckte sich über acht Gebiete. Sechzehn Klausuren waren zu schreiben, in denen zwölf theoretische Fragen zu beantworten, zwei Rechtsfälle zu behandeln und eine Exegese im Römischen Recht anzufertigen waren. Oft bis in die frühen Morgenstunden paukte er zusammen mit einem Freund den Stoff für das Examen durch[48]. Eine Woche vor dem Examen versuchte er, sich etwas zu erholen, und fuhr mit Freunden aus der Jugendbewegung in ein Landheim auf der Schwäbischen Alb[49].

Das Lernen lohnte sich. Am 25. Dezember bestand er die Erste Höhere Justizprüfung mit dem Prädikat ausgezeichnet, was der Note IIa oben entsprach[50]. Es soll das beste Prüfungsergebnis seit 35 Jahren gewesen sein. Carlo Schmid konnte stolz sein. Damals war er es vermutlich auch. Später schämte er sich seines Brotstudiums. Bei den zahlreichen Lebensläufen, die er später zu schreiben hatte, fügte er manchmal bei Angaben über das Studium erklärend hinzu: „Nachkrieg. Zwang zu raschem Examen"[51]. Er, der der breiten Öffentlichkeit als Wortführer und vehementer Verteidiger humanistischer Bildung bekannt war, hatte selbst nur ein reines Ausbildungsstudium absolviert. Das war ihm so peinlich, daß er in Gesprächen manchmal wahrheitswidrig behauptete, er habe einige Semester in München studiert.

Vermutlich hatte er schon als Student darunter gelitten, sich ganz auf seine Ausbildung konzentrieren zu müssen. Weder der Krieg noch die Nachkriegsjahre ließen ihm Zeit für geistige Orientierung. Das war ein Schicksal, das er mit vielen Angehörigen seiner Generation teilte, die man die verlorene Generation nannte. Nun hoffte er, im Berufsleben Erfolg und in Ehe und Familie Geborgenheit zu finden. Drei Tage nach dem Examen, am 28. Dezember 1921, heiratete er Lydia Hermes.

Schritte ins Leben – Träume zerrinnen

„Aber um Richter zu sein, bedarf es nicht nur des Wissens, es bedarf auch des Gewissens und der Bildung, dieses Wort in seinem umfassendsten Sinn genommen. Dies kann man sich allein durch das Rechtsstudium, wie es an unseren juristischen Fakultäten nun einmal nicht anders betrieben werden kann, nicht erwerben." [1] Als Carlo Schmid im Alter von über siebzig Jahren diese Sätze niederschrieb, erinnerte er sich vermutlich an die schmerzlichen Erfahrungen, die er als frischgebackener 25jähriger Referendar beim Amtsgericht Tübingen hatte machen müssen. Sechs Wochen nach seinem mit Auszeichnung bestandenen Examen lernte er dort erstmals die Praxis der Gerichte kennen und mußte schon bald feststellen, daß eine tiefe Kluft klaffte zwischen der formal logischen Bildung, die das Jurastudium vermittelte, und den praktischen Anforderungen, die das Richteramt stellte.

Es war üblich, daß junge Referendare zuerst in die Arkana der Entscheidungsfindung bei Zivilprozessen eingeweiht wurden, die bei den Anfängern Verblüffung und Enttäuschung auslösten. Die Streitfälle waren banal, die Methoden zur Beilegung der Streitfälle entsprachen nicht der Schulweisheit. Wo Schmid theoretisch unter Zuhilfenahme von Rechtsprechung und Literatur argumentierte, urteilten die erfahrenen Richter nach Billigkeitsgesichtspunkten. Ein Viehhandelsstreit oder ein Beleidigungsprozeß ließ sich am besten durch einen probaten Vergleich beenden[2]. Schmid wurde sich erstmals bewußt, daß fachliche Ausbildung nicht ausreicht, um mit den alltäglichen Schwierigkeiten des Richterberufes fertig zu werden. Die „Kenntnis der elementarsten menschlichen Verhaltensweisen" war mindestens ebenso wichtig[3]. Ein guter Jurist mußte auch ein guter Soziologe und Psychologe sein. In der damaligen Rechtswissenschaft hatte sich diese Erkenntnis noch nicht durchgesetzt. Die Rechtsprechung diente vor allem der Abschreckung und nicht der Resozialisierung[4].

Eine dreimonatige Ausbildung beim Vormundschaftsgericht führte Schmid die Notwendigkeit, bei der Urteilsfindung psychologische und soziologische Gesichtspunkte zu berücksichtigen, eindringlich vor Augen. Seine Sensibilität für das Leiden anderer, die in seinen eigenen leidvollen Kindheitserfahrungen wurzelte, ließ ihn deutlicher als seine Ausbilder und erfahrenen Kollegen erkennen, wie lebensentscheidend für einen Jugendlichen die Anordnung oder Nichtanordnung einer Fürsorgeerziehung sein konnte. Die Praxis der Vormundschaftsgerichte deprimierte ihn: „Bei der Beurteilung dessen, was dem Kinde frommen und was ihm schaden könnte, schienen die Richter seelisch und erkenntnismäßig wenig auf ihre Aufgabe vorbereitet zu sein, und doch lag in ihren Händen das Schicksal junger Menschen!" [5] Er war betroffen über die Routinehaftigkeit, mit der die Prozesse durchgeführt wurden.

Im Grunde war Carlo Schmid zu sensibel, um Richter zu sein. Daß er ein Leben als Strafrichter „nur schwer ertragen konnte", wurde ihm bereits während der ersten Wochen seiner Ausbildungszeit bewußt[6]. Sein Einfühlungsvermögen und sein Mitleid mit anderen machte jede Verurteilung für ihn zur Gewissensqual. Denn immer wieder fragte er sich: „Hättest du in gleicher Lage nicht vielleicht auch getan oder zumindest tun können, wofür du nun diesen Mann bestrafen sollst?"[7] Es war nicht ausgeschlossen, daß er eines Tages ein Todesurteil würde fällen müssen. Eine Hinrichtung, der er während seiner Referendarszeit beiwohnte, hatte ihn so schockiert, daß er im Parlamentarischen Rat sich vehement für die Abschaffung der Todesstrafe einsetzte. Der Zwiespalt zwischen dem Lebensschicksal des Verurteilten und dem, was das Recht verlangte, lastete schwer auf ihm. Er mußte sich immer wieder selbst davon überzeugen, daß man aus „Furcht vor den Konsequenzen" oder aus „Feigheit des Gewissens" einen Täter nicht freisprechen durfte[8]. Das Recht durfte nicht gebeugt werden, so hart eine Verurteilung auch sein mochte.

Obwohl die Referendarausbildung am Tübinger Amtsgericht, an dem keine spektakulären Fälle behandelt wurden, zeitweise sehr langweilig und unergiebig war, bedeutete sie für Schmid einen wichtigen, wenn auch manchmal quälenden Lernprozeß, der ihn zum Richter reifen ließ. Er lernte, daß Menschenkenntnis für einen Richter ebenso notwendig war wie die Kenntnis des Rechts, daß Recht ohne Humanität ebensowenig wie Humanität ohne Recht Gerechtigkeit war. Ihm war klar, daß seine Sensibilität ihm den Richterberuf nicht leicht machen würde, aber sie schützte ihn auch davor, in die Routinehaftigkeit zu verfallen, die ihn bei seinen Ausbildern so befremdete.

Mit Arbeit war er zugedeckt, denn er schrieb nebenher an seiner Dissertation. Einer seiner Ausbilder am Tübinger Amtsgericht hatte ihm nahegelegt, über den katalanischen Theologen und Philosophen Raimundus Lullus zu promovieren[9]. Doch er wollte nicht in die Ideengeschichte flüchten. Er beabsichtigte, ein aktuelles gesellschaftspolitisches Thema zu behandeln, das unmittelbar für die Rechtsprechung relevant war.

Die Weimarer Verfassung hatte einen fortschrittlichen Ausbau des Arbeits- und Sozialrechts in Aussicht gestellt. Auf der Grundlage eines einheitlichen Arbeitsrechts sollte ein „Gesetzbuch der Arbeit" geschaffen werden[10]. Das Arbeitsrecht hatte den Rang einer selbständigen Disziplin mit eigenen Lehrstühlen erobert. Als Pionier des Arbeitsrechts galt der Frankfurter Arbeitsrechtler Hugo Sinzheimer, der die Sozialgesetzgebung der Weimarer Republik maßgebend beeinflußt hatte. Er war Sozialdemokrat und verfocht einen undogmatischen ethisch-freiheitlichen Sozialismus[11]. Seine politische Hauptleistung war die Schöpfung des Artikels 165 der Weimarer Reichsverfassung, durch den die Räte in die Wirtschaftsverfassung der Weimarer Republik eingebunden werden sollten[12]. Sinzheimer wünschte eine Ergänzung der Staatsverfassung durch eine Gesellschaftsverfassung. Der Räteartikel wurde zur Grundlage des am 4. Februar 1920 gegen den Widerstand linkssozialistischer und kommunistischer Kräfte verabschiedeten Betriebsrätegesetzes, mit dem sich Carlo Schmid in seiner Dissertation befassen wollte. Sinzheimer hatte sich bereit erklärt, die Betreuung der Arbeit zu übernehmen.

Ein Kommentar zum Betriebsrätegesetz war dringend vonnöten. In den Betrieben herrschte noch immer Unklarheit über die Aufgaben und die Stellung der Betriebsräte. Die unterschiedliche Interpretation der einzelnen Artikel führte zu häufigen Rechtsstreitigkeiten[13]. Schmid mag gehofft haben, durch einen Kommentar zum Betriebsrätegesetz zu einer Klärung der strittigen Fragen beitragen zu können. Erst wenn die Arbeitnehmer ihre Rechte kannten, konnten sie sie auch wahrnehmen. Eine Arbeit, die so aktuell und gesellschaftspolitisch brisant war, würde zumindest nicht wie so viele Dissertationen in den Universitätsarchiven verstauben.

Er sollte die nötige Muße für eine eigenständige und tiefgreifende Auseinandersetzung und Kommentierung des Betriebsrätegesetzes nicht finden. Nicht nur der Referendarsdienst nahm ihn mehr in Anspruch, als er erwartet hatte. Es tauchten auch noch unerwartet familiäre Sorgen und Probleme auf. 1922 erkrankte seine Frau infolge einer Schwächung durch eine Typhuserkrankung an Tuberkulose[14]. Die Angst um die Gesundheit seiner Frau war für den jungen Ehemann, der sich nach familiärer Geborgenheit gesehnt hatte, eine schwere seelische Belastung[15]. Jeden Tag fuhr er mit dem Fahrrad aufs Dorf, um für sie Milch zu holen. Hinzu kam, daß während der Inflationszeit das Geld, das er von seinen Eltern bekam, nicht mehr ausreichte, um „das Nötige für den Haushalt zu beschaffen“[16]. Er selbst erhielt als Referendar nur eine Entschädigung von drei Mark „Tintengeld“ pro Jahr, so daß ihm nichts anderes übrig blieb, als Nachhilfestunden zu geben. Woche für Woche bereitete er in Privatrepetitorien Examenskandidaten auf die Justizdienstprüfung vor[17].

Trotz der schweren Sorgen, die auf ihm lasteten, konnte er im Sommer 1923 seine Dissertation fertigstellen und unter dem Titel „Die Rechtsnatur der Betriebsvertretungen nach dem Betriebsrätegesetz“ bei der Juristischen Fakultät in Frankfurt einreichen[18]. Sie hatte einen Umfang von immerhin 270 Seiten, aber arbeitsrechtliches Neuland erschloß sie nicht.

Der erste Teil der Arbeit war eine Wiedergabe der von Sinzheimer entwickelten Gedanken zur Betriebsverfassung. Ganz der Auffassung seines Doktorvaters folgend, legte er in zum Teil höchst umständlichen und abstrakten Erörterungen dar, daß der Betrieb kein Genossenschaftsverband sei, keine Gemeinschaft Gleichberechtigter, sondern ein Herrschaftsverband, der durch die Betriebsräte eine Art „Binnenkonstitution“ erhalte. „Ähnlich wie Parlament und Monarch im Zusammenwirken den einheitlichen Staatswillen erzeugen“, müßten auch „Betriebsvertretung und

Arbeitgeber (auf) die Erzeugung eines einheitlichen Willens" hinwirken[19]. Der Charakter des Betriebs als Herrschaftsverband ändere sich durch die Errichtung von Betriebsräten nicht[20]. Die absolutistische Herrschaft des Betriebsherrn werde zwar eingeschränkt, dieser habe aber immer noch eine „sehr weite freie Willenssphäre"[21]. Damit brachte er zum Ausdruck, daß der Betriebsrat nur eine Art Betriebsausschuß war, kein gleichberechtigtes Mitspracherecht besaß und schon gar nicht ein selbständiges Sozialisierungsrecht. Wie Sinzheimer verstand auch er den Betriebsrat als Erziehungsinstrument, der darauf hinzuwirken habe, „daß von beiden Seiten, d. h. von seiten des Betriebsherrn und der Arbeitnehmer Forderungen und Maßnahmen unterlassen werden, welche das Gemeininteresse schädigen"[22]. Nach Carlo Schmids Interpretation durfte der Betriebsrat keineswegs als reines Sprachrohr der Arbeitnehmerinteressen angesehen werden, denn nach § 1 des Betriebsrätegesetzes habe der Betriebsrat die Aufgabe, den Arbeitgeber in der Erfüllung der Betriebszwecke zu unterstützen[23].

Im zweiten Teil der Dissertation nahm er Stellung zu Einzelfragen des Betriebsrätegesetzes wie Mitsprache der Betriebsräte bei Einstellungen und Kündigungen und Beschwerde- und Disziplinarbefugnisse der Betriebsräte. Auch die Frage der Gültigkeit von Beschlüssen der Betriebsvertretung bei „sinnloser Betrunkenheit" wurde eingehend behandelt[24]. Er referierte in der Arbeit sehr ausgiebig die vorhandene Literatur und Rechtsprechung. Mittlerweile lagen schon einige Kommentare zum Betriebsrätegesetz vor[25]. Die Arbeit war äußerst hölzern geschrieben. Die ganze Beweislast juristischer Dissertationen lag auf ihr. Eine ausgesprochene politische Stellungnahme enthält die Arbeit nicht. Schmid neigte zu einer eher restriktiven Auslegung der Befugnisse der Betriebsräte, wie sie auch von den Gerichten vertreten wurde. Seine politische Position dürfte der Sinzheimers aus dem Jahre 1919 entsprochen haben, die eher liberal als sozialistisch war[26]. Sinzheimer freilich plädierte mittlerweile für ein umfassenderes wirtschaftliches Mitspracherecht der Arbeitnehmer.

Politische Differenzen waren vermutlich nicht ausschlaggebend dafür, daß Sinzheimer die Arbeit nicht sonderlich gefiel. Sinzheimer war ein sehr strenger Dozent, der von seinen Schülern eigenständige Urteile verlangte[27]. Solch hohen Ansprüchen genügte Schmids Dissertation nicht, obwohl sie besser war als viele der Schmalspurarbeiten, die damals in den Fakultäten als Dissertation eingereicht wurden. Am 2. August 1923 promovierte Sinzheimer Carlo Schmid. Er mußte sich mit einem „Bestanden" begnügen[28]. Schmid konnte das Ergebnis kaum befriedigen. Er hatte keine „Wald- und Wiesen-Dissertation" schreiben wollen[29]. Jetzt war eine Arbeit daraus geworden, die in einem Universitätsarchiv verschimmelte. Er brauchte die Arbeit nicht drucken zu lassen. In der Inflationszeit ersparte man den Doktoranden unnötige Ausgaben.

Immerhin: Der spätere Politiker Carlo Schmid profitierte von seiner Auseinandersetzung mit dem Gedankengebäude Sinzheimers, das seine Stellungnahmen zur Mitbestimmung in der Nachkriegszeit mitbeeinflußte. So ist es nicht ganz falsch, Schmid als einen Schüler Sinzheimers zu bezeichnen[30].

Ein halbes Jahr nach seiner Promotion bestand er beim Oberlandesgericht in Stuttgart die Zweite Höhere Justizdienstprüfung mit dem Prädikat ausgezeichnet[31]. Der junge Carlo Schmid war mehr Praktiker als Wissenschaftler. Durch eine einjährige Einstellungssperre im Justizdienst war er gezwungen, seinen Lebensunterhalt als Rechtsanwalt zu verdienen. Rechtsanwalt war damals nicht gerade ein sehr angesehener Beruf. Man hörte gelegentlich noch immer die Auffassung, daß einem Rechtsanwalt vor allem die Aufgabe der „Mohrenwäsche" zufalle[32]. Carlo Schmid hatte sich für die Richterlaufbahn entschieden. Er war alles andere als glücklich darüber, daß er sich nun ein Jahr lang als Rechtsanwalt über Wasser halten mußte. Er assoziierte sich mit einem Rechtsanwalt in Reutlingen. Am 1. April begann er dort mit seiner Tätigkeit, die ihm überhaupt nicht gefallen wollte. Es ödete ihn an, Klienten in ihren Wohnungsnöten zu beraten, Alimentenprozesse zu führen oder Mandanten bei Mängelrügen oder bei Verfahren wegen unerlaubten Wettbewerbs zu vertreten[33].

Seine Mutter versuchte, ihn von dieser Fron zu befreien. Sie hatte ihre Fühler ausgestreckt und dabei erfahren, daß beim deutsch-französischen Schiedsgericht die Stelle eines Sekretärs zu besetzen war[34]. Das war eine überaus interessante und verantwortungsvolle Aufgabe. Anna Schmid redete ihrem Sohn zu, sofort zuzugreifen. Doch Carlo Schmid zögerte. Er wollte nicht, daß später überall herumerzählt werde, er habe die Stelle nur der guten Beziehungen seiner Mutter wegen erhalten. Obwohl auch sein Vater ihm zuriet, konnte er sich nicht entschließen, sich für die Stelle zu bewerben. Er wußte überhaupt nicht, was er wollte. Er befand sich in einer seelischen Krisensituation. Seine Mutter versuchte, ihn zu ermutigen. Er solle stolz sein auf sein schönes jugendliches Aussehen, auf seine Gesundheit, seine Großherzigkeit und sein umfangreiches Wissen[35]. Sie meinte es gewiß gut mit ihm. Vielleicht bemutterte sie ihn aber zu sehr. Sie redete ihren 27jährigen Sohn noch immer mit „mon cher petit" an[36]. Daß er sich um die Stelle nicht bemühte, mag eine Gegenwehr gegen diese Bemutterungsversuche gewesen sein.

Die Eltern scheinen jedoch noch immer die dominanten Bezugspersonen für ihn gewesen zu sein, zumindest der Vater. Sein Tod Ende Mai 1925 erschütterte Carlo Schmid zutiefst[37]. So sehr er auch unter seiner Strenge und Autorität gelitten hatte, Rat und Orientierung hatte er bei ihm gefunden. Ohne ihn auskommen zu müssen, fiel ihm schwer. Am ersten Todestag des Vaters schrieb er seiner Mutter: „Was wir an ihm verloren haben, ist zuviel, als daß man es schreiben könnte." Wäre man gläubig, was man jedoch nicht sei, dürfte man eine ganze Woche lang die Kirche nicht verlassen[38]. Der Schmerz über den Tod des Vaters war noch immer lebendig. Die seelische Krise, in der er sich befand, hatte er noch nicht überwunden. Ein Abtreibungsprozeß, in dem er zur gleichen Zeit als Gerichtsassessor mitzuentscheiden hatte, brachte ihn an den Rand des Selbstmordes. Zwei Ärzte standen vor Gericht, der eine wurde freigesprochen, der andere verurteilt. Er war über die Verurteilung des Arztes so betroffen, daß er nahe daran war, sich in den Neckar zu stürzen[39]. Die Jahre nach dem Studium waren für Schmid Jahre ernster Lebenskrisen.

Inzwischen war er, nachdem er anderthalb Jahre sein Leben als Rechtsanwalt in Reutlingen hatte fristen müssen, Gerichtsassessor am Amtsgericht in Tübingen geworden[40]. Seinem Berufsziel war er einen Schritt nähergekommen. Seine Frau genas langsam von ihrer schweren Krankheit. Sollte sich doch noch familiäres Glück einstellen? 1925 wurde sein ältester Sohn Hans geboren, zwei Jahre später Martin. Carlo Schmid entschloß sich, auf der Waldhäuser Höhe in Tübingen ein Haus zu bauen, das zu einem Hort familiärer Geborgenheit werden sollte. In einem Garten fanden die Kinder Freiraum zum Spielen. Er selbst konnte sich bei der Gartenarbeit von den Anstrengungen des Berufs erholen. Haus und Garten verband eine große Laube, in der sonntags sehr lange gefrühstückt wurde. Carlo Schmid genoß es, in der Laube zu sitzen, mit den Kindern zu spielen oder sie zu belehren[41]. Er wollte seine Kinder nicht schulmeistern, sondern ihnen Freund und Mentor sein. Er war ein „wunderbarer Lehrer“, hatte aber Schwierigkeiten, in seinen Kindern „ein anders geartetes Gegenüber zu sehen. Sie waren seine Fortsetzung.“ [42]

Wer ihn sonntags in der Laube sitzen sah, konnte meinen, er habe sich ins private Idyll zurückgezogen. In jungen Jahren hatte er davon geträumt, Oberamtsrichter in Tettnang zu werden[43], wo er als Schuljunge in den Ferien seinen dort in einer Dienstwohnung im Schloß Monfort lebenden Onkel besucht hatte[44]. Der kleine Carlo scheint den Onkel sehr gemocht zu haben. Wessen Jugendträume erfüllen sich schon? Carlo Schmid war nicht dazu geboren, ein Candide zu werden. Beruf und Familie füllten ihn nicht aus.

Seiner Aufgabe am Tübinger Amtsgericht freilich kam er mit großer Gewissenhaftigkeit nach. Amtsgerichtsdirektor Abel konnte dem jungen Gerichtsassessor ein blendendes Zeugnis ausstellen: „Die Leistungen des Gerichtsassessors Dr. Schmid entsprechen durchaus seiner hervorragenden Examensnote.“ [45] Er konnte ihn für die Amtsrichterstelle in Tübingen nur empfehlen. Sehr befriedigend war die Tätigkeit eines Amtsrichters nicht. Der Posten war eine Durchlaufstelle für Anfänger. In den Amtsgerichten wurden nur selten interessante Fälle behandelt, schon gar nicht am Tübinger Amtsgericht. Tübingen war Provinz. Wie überall in Tübingen herrschte auch am Amtsgericht eine Honoratiorenmentalität vor. Der wöchentliche Stammtisch war Pflicht.

Carlo Schmid beteiligte sich nicht am wöchentlichen Stammtischgeschwätz. Auch am Tübinger Amtsgericht war er ein Außenseiter. Er fühlte sich in diesem Honoratiorenmilieu nicht wohl[46]. In seiner Freizeit vertiefte er sich in die Probleme des Völkerrechts. Das Völkerrecht avancierte in der Weimarer Republik immer mehr zu einem Instrument der Außenpolitik. Carlo Schmid begann, sich in die Materien der Völkerrechtswissenschaft einzuarbeiten. Möglicherweise hatte sein Nachbar Heinrich Pohl ihn dazu ermuntert. Der renommierte Völkerrechtswissenschaftler, der als ein konservativer Vertreter seines Faches galt, bot ihm Anfang Januar 1927 eine Hilfsassistentenstelle an dem von ihm geleiteten Seminar für Völkerrecht an[47]. Schmid nahm die Stelle an. Sie war mit 1 200,– RM pro Jahr nicht gerade hoch dotiert, aber es war ihm freigestellt worden, diese Stelle neben seiner Tätigkeit als Amtsrichter zu verwalten. Die Stelle war ein Sprungbrett für eine Universitätskarriere. Schmid scheint bereits damals eine Universitätslaufbahn erwogen zu haben, wenngleich er in seinen Erinnerungen das Gegenteil behauptet[48].

Pohl beschäftigte sich in seinen Seminaren vor allem mit dem Versailler Vertrag. Er war ein dezidierter Kritiker dieses „Schandvertrages"[49]. Schmid mag nicht alle Einstellungen seines Lehrers geteilt haben, obwohl auch er den Versailler Vertrag ablehnte. Die Seminare boten einen Einstieg für seine Tätigkeit am Kaiser-Wilhelm-Institut für ausländisches öffentliches Recht und Völkerrecht, die er im September 1927 aufnahm.

Völkerrecht im Dienste deutscher Außenpolitik: Im Kaiser-Wilhelm-Institut in Berlin

Beurlaubt vom württembergischen Justizministerium, machte sich Carlo Schmid Ende August 1927 auf den Weg in die Reichshauptstadt Berlin, wo er ab 1. September eine Stelle als Referent am Kaiser-Wilhelm-Institut für ausländisches öffentliches Recht und Völkerrecht übernehmen wollte. Der Direktor des Instituts, Victor Bruns, ein gebürtiger Tübinger, hatte ihm die überaus interessante Stelle angeboten, und er war nach kurzem Zögern seinem Rufe gefolgt. Ganz leicht war es ihm nicht gefallen, seine junge Familie in Tübingen allein zu lassen. Bruns hatte Verständnis dafür. Er versprach ihm häufige Wochenendurlaube, an denen er Frau und Kinder besuchen und dort nach dem rechten sehen konnte[1].

Das Institut, das seine Diensträume im Berliner Schloß hatte, war 1925 auf Initiative Bruns' gegründet worden. Es wurde von Anfang an durch das Reichsministerium des Innern finanziell gefördert[2]. Nach der innen- und außenpolitischen Stabilisierung der Weimarer Republik, nach dem

Abschluß der Locarno-Verträge und dem Eintritt Deutschlands in den Völkerbund bemühte sich die Regierung verstärkt um eine friedliche Revision des Versailler Vertrages. Mit dem geschriebenen und ungeschriebenen Kodex des Völkerrechts in der Hand wollte man den Kampf um die deutsche Gleichberechtigung führen[3]. Obwohl das von Bruns geleitete Institut ein regierungsunabhängiges Institut war, arbeitete es mit der Reichsregierung eng zusammen, die es außenpolitisch zu beraten und zu unterstützen hatte[4]. Im Zeitalter der Internationalen Gerichtshöfe und Schiedsgerichte war Judikatur ein Stück Außenpolitik. Bei den internationalen Prozessen war die deutsche Seite oft unterlegen, was u. a. auch daran lag, daß man sich in der Rechtsprechung vor allem auf französische und englische Völkerrechtsliteratur stützte[5]. Zusammenfassende und systematisierende Darstellungen der Judikatur internationaler Gerichte fehlten in Deutschland fast völlig. So zählte die Sammlung und Sichtung der Urteile internationaler Gerichte, der Staatsverträge und diplomatischen Noten, der Quellen und Dokumente des öffentlichen Rechts ausländischer Staaten, von dem die Durchsetzung des Völkerrechts oft abhängig war, zu den Hauptaufgaben des Instituts[6].

Die Aufgabe stellte an die Mitarbeiter hohe Ansprüche. Sie mußten nicht nur im Völkerrecht und im ausländischen Recht bewandert sein, sondern auch über umfangreiche Sprachkenntnisse verfügen. Schmids ausgezeichnete Beherrschung der französischen und italienischen Sprache war neben seiner juristischen Begabung sicherlich ausschlaggebend dafür, daß Bruns ihn an das Institut holte. Die Arbeitsbedingungen, die Schmid dort vorfand, waren hervorragend. Er konnte auf eine Bibliothek zurückgreifen, die 40 000 Bände umfaßte. Darüber hinaus standen ihm 550 Zeitschriften und 15 Tageszeitungen zur Verfügung[7]. Das Studium des Völkerrechts verlangte eine tägliche Auseinandersetzung mit der aktuellen Politik. Wichtiger noch als das Bücherstudium wurde für Schmid der geistige Austausch mit seinen Kollegen. Bruns organisierte Vortragsreihen, die teils von ihm selbst, teils von den Referenten gestaltet wurden. Einmal in der Woche fand eine Mitarbeitersitzung statt, in der jeder Mitarbeiter über die Vorgänge in seinem Länderreferat berichtete[8]. Schmid war Referent für die Länder Polen und Tschechoslowakei.

Bruns verstand es, erstrangige Wissenschaftler für das Institut zu verpflichten. Als wissenschaftliche Berater standen dem Institut Rudolf Smend, Heinrich Triepel und Erich Kaufmann zur Seite. Als wissenschaftliche Referenten arbeiteten u. a. Hermann Heller und Gerhard Leibholz zusammen mit Schmid am Institut. Sie waren alle Wegbereiter einer antipositivistischen materialen Verfassungs- und Rechtstheorie, die Schmids rechtspolitisches Denken entscheidend beeinflußte.

Besonders eng war die Beziehung zu Erich Kaufmann, dessen Assistent er zeitweilig war, und zu Hermann Heller, der im Institut neben ihm saß und täglich mit ihm zusammenarbeitete. Auch nach Feierabend traf man sich und führte lange Gespräche[9]. Beide verband eine enge Freundschaft. Der fünf Jahre ältere Hermann Heller war für Schmid ein geistiger und politischer Mentor. Heller war 1920 unter dem ausdrücklichen Vorbehalt in die SPD eingetreten, daß er den Internationalismus der Partei und den historischen Materialismus ablehne. Als einer der führenden Exponenten des Hofgeismarer Kreises der Jungsozialisten beklagte er die „außenpolitische Askese" des Marxismus und trat für eine Verbindung von Nation und Sozialismus, für eine Integration der Arbeiterschaft in die Nation ein. Den Kampf Deutschlands gegen die Fesseln des Versailler Vertrages hielt er für ebenso notwendig wie den Klassenkampf der Arbeiter. Den Staat wollte er nicht wie die Marxisten abschaffen, sondern zu einem sozialen Rechtsstaat ausbauen[10].

Hellers undogmatisches Sozialismuskonzept, das innerhalb der SPD auf wenig Resonanz stieß, beeindruckte Schmid. Es wurde richtungweisend für sein Bemühen, die SPD nach 1945 in eine Volkspartei umzuwandeln[11]. Noch seine Interpretation des Godesberger Programms als „Hinwendung von der Klasse zur Nation"[12] verrät den formenden Einfluß Hermann Hellers auf sein politisches Denken. Den frühen Tod des Freundes im Jahre 1933 hat Schmid immer wieder beklagt. 1955 schrieb er dessen Frau: „Wie sehr Hermann fehlt in meinem Leben brauche ich Ihnen wohl nicht besonders zu sagen. Sie haben sicher gewußt, in welchem Grade ich ihm freundschaftlich zugetan war. Und Hermann fehlt Deutschland: lebte er heute noch, ich bin sicher, daß er eine Rolle im ersten Plane spielen würde."[13]

Nicht minder wichtig war für Schmid die Begegnung mit Erich Kaufmann, den er auch in späteren Jahren noch immer mit „geliebter Lehrer" und „verehrter Meister" ansprach[14]. Das war keine bloße Floskel. Als Erich Kaufmann 1972 im hohen Alter von 92 Jahren starb, schrieb er in einem Beileidstelegramm an die Witwe: „Ich verdanke ihm (Erich Kaufmann) nicht nur Wissenschaft und Wissen, ich verdanke ihm – und das ist wichtiger – auch Teilhabe an dem Exemplarischen seines Daseins in schwieriger Zeit."[15] Kaufmann war Deutschnationaler. Sein nationaler Machtstaatsgedanke – in einer Schrift aus dem Jahre 1911 hatte er den „siegreichen Krieg" als „soziale(s) Ideal" gepriesen – war von Hermann Heller heftig kritisiert worden[16]. Im Kampf gegen den Versailler „Unrechtsvertrag" waren sich Heller und Kaufmann, der auch als Rechtsberater des Auswärtigen Amtes fungierte, aber einig.

Kaufmann bemühte sich unermüdlich um eine „sachgerechte Auslegung und Anwendung" der Deutschland im Versailler Vertrag auferlegten Bestimmungen. Er verfocht die Auffassung: „Um das Recht muß gekämpft werden und kann gekämpft werden, weil es auch über politischen Gegnern einen gemeinsamen Normenkomplex gibt."[17] Schmid schloß sich Kaufmanns politischem Credo an[18].

Schmid, dem man später immer wieder vorwarf, daß er keine politische Kärrnerarbeit leiste, nahm sich einer spröden, für den Laien kaum verständlichen Materie an. Während seine Kollegen Leibholz und Heller sich vor allem mit theoretischen Fragen der Außenpolitik beschäftigten und staatstheoretische Abhandlungen über den italienischen Faschismus verfaßten[19], vertiefte er sich in die rechtlichen und wirtschaftlichen Bestimmungen des Versailler Vertrages, deren Auslegung für den Ausgang von internationalen Prozessen, die von oder gegen Deutschland geführt wurden, entscheidend war. Schmid leistete Hilfsdienste für die offizielle Außenpolitik.

Der von Kaufmann beschworene gemeinsame Normenkomplex war innerhalb der Völkerrechtswissenschaft noch heftig umstritten. Vielfach herrschte dort noch die Auffassung vor, daß das Völkerrecht ein Teil des Landesrechts sei und nur so weit Geltung beanspruchen könne, als sich die Staaten selbst daran binden. Heinrich Pohl, Schmids Tübinger Lehrer, war noch dieser Meinung[20]. Auch in zahlreichen Lehrbüchern der damaligen Zeit konnte man diesen Lehrsatz noch lesen. Anzilotti, ein international angesehener Völkerrechtler und Richter am Internationalen Gerichtshof in Den Haag, hatte in seinem Lehrbuch des Völkerrechts dieser weit verbreiteten Doktrin von der Selbstverpflichtung der Staaten eine sehr deutliche Absage erteilt. Eine der ersten Aufgaben, die Schmid am Institut zu erledigen hatte, war eine Übersetzung des Lehrbuchs Anzilottis vom Italienischen ins Deutsche[21]. Schmid machte sich Anzilottis Grundsatz, daß das Völkerrecht ein überpositives Recht sei, das unabhängig vom staatlichen Recht bestehe, zu eigen. Der von Anzilotti verfochtene Primat des Völkerrechts liest sich in der Schmidschen Übersetzung so: „ein Staat (kann) unbestrittenermaßen sich nicht auf den Inhalt seiner Gesetze, noch auf deren Fehlen berufen (...), um sich um die Erfüllung seiner völkerrechtlichen Verpflichtungen zu drücken oder um sich der Verantwortung, die ihm infolge ihrer Nichterfüllung obliegt, zu entziehen."[22] Bei den Beratungen des Grundgesetzes sorgte Schmid dafür, daß dieser Grundsatz Verfassungsrang erhielt[23].

Die Anerkennung eines überpositiven Völkerrechts sollte Deutschland helfen, die Folgen des Versailler Vertrags zu mildern. Die Gutachten, die im Völkerrechtsinstitut angefertigt wurden, dienten in erster Linie diesem Ziel. In seinem ersten Gutachten hatte sich Schmid mit der Frage auseinanderzusetzen: „Können die in der Bundesratsverordnung vom 7. 5. 1903 für die Verleihung des Rotkreuzrechts aufgestellten Grundsätze im Sinne der Vorschläge der Referentendenkschrift des Reichsarbeitsministeriums vom 21. 9. 1927 betreffend „Die Friedensaufgaben des Roten Kreuzes und ihre Einwirkung auf die Verleihung der Rotkreuzberechtigung" abgeändert werden, ohne daß hierbei gegen völkerrechtliche Verpflichtungen des Deutschen Reichs verstoßen wird?"[24] Hinter diesem langen, für den juristischen Laien unverständlichen Titel verbirgt sich folgende Problematik: Nach Artikel 177 des Versailler Vertrages waren in Deutschland „Vereinigungen jeglicher Art", die sich mit „militärischen Dingen beschäftigen", verboten. Davon betroffen war auch das Deutsche Rote Kreuz, soweit es sich als eine Organisation des freiwilligen Kriegssanitätsdienstes verstand. Das Reichsinnenministerium hatte deshalb 1922 eine Verordnung erlassen, nach der das Rotkreuzabzeichen auch an Gesellschaften vergeben werden konnte, die bei „öffentlichen Notständen und inneren Unruhen" Sanitätsdienste leisteten[25].

Carlo Schmid erklärte diese Verordnung für ungültig. Sie verstoße gegen die Genfer Rotkreuzkonvention aus dem Jahre 1906, die das Tragen eines Rotkreuzabzeichens nur den Gesellschaften erlaube, die in der Kriegskrankenpflege tätig waren. Mußte sich das Deutsche Rote Kreuz also auflösen? Nein! Schmid widersprach entschieden. Die Genfer Rotkreuzkonvention sei allgemein anerkanntes Völkerrecht, das dem Versailler Vertrag, der lediglich partikulares Völkerrecht begründe, übergeordnet sei. Da der Versailler Vertrag die Genfer Rotkreuzkonvention nicht ausdrücklich aufgehoben habe, müsse man davon ausgehen, daß sie auch in Deutschland weiterhin gültig sei. Ein Einspruchsrecht der Alliierten gegen eine Organisation des Deutschen Roten Kreuzes könne es daher nicht geben[26]. Schmid focht in seiner kleinen Schrift nicht nur für das Recht Deutschlands auf einen freiwilligen Kriegssanitätsdienst, sondern erteilte in Übereinstimmung mit dem damaligen Präsidenten des Internationalen Rot-Kreuz-Komitees Max Huber auch all den Bestrebungen eine Absage, die die Rotkreuzgesellschaften mit der Aufgabe der allgemeinen Wohlfahrtspflege betrauen wollten[27]. Konnte man ausschließen, daß es auch in Zukunft zu kriegerischen Konflikten kommen werde? Im Falle eines Krieges aber hatte neben den Sanitätsformationen der Truppen nur noch das Rote Kreuz das Vorrecht, Sanitätsdienste zu leisten. Der Kriegsfreiwillige des Ersten Weltkrieges wußte um die Notwendigkeit freiwilliger Sanitätsdienste im Krieg. Auch deshalb stritt er jetzt so entschieden für das Recht Deutschlands auf eine Rot-Kreuz-Organisation, die mehr war als eine bloße Wohlfahrtsorganisation.

Nach Abschluß der Untersuchung vertiefte Schmid sich in das Studium der internationalen Judikatur. Seines Erachtens war das „Monopol der angelsächsischen und französischen Völkerrechtsdoktrin (...) dem Deutschen Reiche vor den Gemischten Schiedsgerichtshöfen, vor denen es sein Recht suchen mußte, schon sehr teuer zu stehen gekommen"[28]. Zu einer der Hauptaufgaben der Gemischten Schiedsgerichte gehörte die Festsetzung der Entschädigungsansprüche alliierter Staatsangehöriger, die durch außerordentliche Kriegsmaßnahmen der Mittelmächte in irgendeiner Form geschädigt worden waren. Sie konnten aufgrund einschlägiger Bestimmungen des Teils X des Versailler Vertrags, der die Individualreparationen regelte, Ersatzansprüche geltend machen. Staatsangehörige neutraler Staaten hatten dagegen nur ein eingeschränktes Anspruchsrecht. Für den krisengeschüttelten Staat der Weimarer Republik bedeuteten die Entschädigungszahlungen eine finanzielle Belastung, deren Ausmaß man erst ermessen kann, wenn man sich vergegenwärtigt, daß allein das deutsch-französische Schiedsgericht in den ersten zehn Jahren seiner Tätigkeit über 20000, das deutsch-englische etwa 10000 Fälle zu erledigen hatte[29]. Die meisten Prozesse waren zuungunsten Deutschlands ausgegangen.

Schmid suchte nach einer Klärung der strittigen Fragen, in der Hoffnung, dadurch die Rechtsposition Deutschlands vor den Gemischten Schiedsgerichten zu verbessern. Ständiger Anlaß zur Kontroverse gab die Frage, was ein durch eine außerordentliche Kriegsmaßnahme (mésure exceptionnelle de guerre) erfolgter Schaden sei. War es eine „mésure exceptionnelle de guerre", wenn durch eine aufgrund des Krieges in einem alliierten Staat erlassene Wohnungsverordnung Wohnungseigentümer in ihren finanziellen Interessen geschädigt worden waren? Gemischte Schiedsgerichte hatten so entschieden. Schmid hielt diese Urteile für unhaltbar. „Aufgrund des droit commun ergangene Entscheidungen und Vollstreckungsmaßnahmen, gleichgültig, ob es sich um Zivil-, Straf-, Steuer-, Zoll- oder sonstige Gesetzgebung handelt", dürften nicht als außerordentliche Kriegsmaßnahmen angesehen werden[30]. Darunter fielen allein „Maßnahmen des Wirtschaftskriegs oder der Kriegswirtschaft"[31]. Höchst umstritten war auch die Haftung des deutschen Staates für die während des Kriegs getroffenen Entscheidungen seiner Gerichte. Insbesondere zwei Bedingungen sah Schmid für die Behauptung eines Entschädigungsanspruches für unerläßlich an: Der verurteilte alliierte Staatsangehörige mußte die Unmöglichkeit seiner Verteidigung nachweisen und zugleich nachweisen, daß bei ordnungsgemäßer Verteidigung ein anderes Urteil ergangen wäre[32]. Auch bei vorläufigen Entscheidungen eines Gerichts wie z. B. Arresten oder einstweiligen Verfügungen brauchten keine Ersatzansprüche gezahlt zu werden. Schmid hatte unzählige Gerichtsurteile studiert, um seine Argumentation zu untermauern.

Angehörige von zunächst neutralen Staaten konnten Anspruch auf Schadensersatz erheben, wenn sie durch einen von Deutschland zu vertretenden „acte commis" geschädigt worden waren. Was aber war ein „acte commis"? Deutsche Truppen hatten durch den Acker eines Griechen Schützengräben gezogen, ohne daß nachträglich dem Eigentümer eine Entschädigung dafür gezahlt worden war, daß der Acker eine Zeitlang nicht bebaut werden konnte. Das deutsch-griechische Schiedsgericht verurteilte den deutschen Staat zur Ersatzpflicht. In Carlo Schmids Augen war das Urteil geradezu „ungeheuerlich"[33]. Als „acte commis" könne lediglich eine völkerrechtswidrige Handlung angesehen werden. Das Ziehen von Schützengräben sei ein „fait de guerre". Für diese „faits de guerre" aber leiste Deutschland auf dem Wege der Globalreparationen Ersatz. Moralische Gesichtspunkte oder Billigkeitserwägungen dürften bei der Entscheidung darüber, was ein „acte commis" sei, nicht den Ausschlag geben[34].

Wir wollen uns hier nicht in diese komplizierte Materie vertiefen, bei der es sehr oft um Übersetzungsprobleme und einen Streit der Begriffe ging, hinter dem handfeste finanzielle Interessen standen. Schmid biß sich durch das äußerst spröde Thema durch, das für die Schadensersatzverpflichtungen des deutschen Staates von enormer Bedeutung war. Sein wissenschaftliches Interesse war diktiert vom nationalen Interesse Deutschlands. Wissenschaft und Politik flossen ineinander über.

Seit Oktober 1927 assistierte Schmid Victor Bruns und Erich Kaufmann bei Verhandlungen des deutsch-polnischen Schiedsgerichts. In den Jahren 1928/29 nahm er an sämtlichen Verhandlungen des Gerichts teil. Hauptstreitpunkt bei den dort geführten Prozessen war die Frage, ob der polnische Staat das Recht habe, deutsches Eigentum zu liquidieren[35]. Artikel 297 des Versailler Vertrags hatte den alliierten Staaten das Recht eingeräumt, deutsches Auslandsvermögen entschädigungslos zu liquidieren. Der Zugriff auf deutsches Auslandsvermögen sollte garantieren, daß die Reparations- und Ersatzansprüche alliierter Staatsangehöriger von deutscher Seite erfüllt werden. Das Recht des polnischen Staats, deutsches Vermögen zu enteignen, war dagegen in Artikel 92 des Versailler Vertrags stark eingeschränkt worden. Der polnische Staat durfte nur Eigentum liquidieren, das sich auf ehemals deutschem Gebiet befand. Der Liquidationserlös mußte „unmittelbar" an den Eigentümer ausgezahlt werden[36]. Die Bestimmung war im Grunde ein Scheinzugeständnis der Alliierten an Polen, denn die finanzielle Situation Polens ließ eine ausreichende Entschädigung der Enteigneten nicht zu. Trotzdem betrieb die polnische Regierung seit Mitte der zwanziger Jahre insbesondere in den Westprovinzen forciert die Liquidation deutschen Eigentums, um den Einfluß der dort lebenden Deutschen und deren revisionistische Bestrebungen zurückzudrängen[37]. Eine Entschädigung bekamen die Eigentümer nicht, denn der polnische Staat war außerstande, das Geld hierfür aufzubringen. Ihnen blieb nichts anderes übrig, als den Weg der Klage vor dem deutsch-polnischen Schiedsgericht zu beschreiten, das die Flut von Klagen kaum mehr bewältigen konnte.

Obwohl die Bestimmungen des Versailler Vertrages eindeutig waren, war bei den Verhandlungen des Gerichts das Liquidationsrecht Polens ein ständiger Zankapfel. Denn der polnische Staat postulierte unter Berufung auf Artikel 297 des Versailler Vertrags ein Recht auf entschädigungslose Enteignung, das nur den alliierten Mächten zustand. Die unterschiedliche Rechtsauslegung führte zu harten Kontroversen, so daß die Prozesse oft in einer Atmosphäre gespannter Dramatik stattfanden, zumindest wenn der Streitwert recht hoch war, denn dann beeinträchtigte der Prozeßausgang auch das Ansehen des jeweiligen Staates.

Einer dieser Prozesse behielt Schmid in bleibender Erinnerung. Der Prozeß fand Ende Juli/Anfang August 1929 in Genf statt. Die Deutsche Continental-Gesellschaft, die am 14. Dezember 1923 vom polnischen Staat liquidiert worden war, verklagte den polnischen Staat auf Zahlung des Liquidationserlöses. Der Streitwert betrug nicht weniger als 14 Millionen Reichsmark. Erich Kaufmann hatte die Verteidigung der Continental-Gesellschaft übernommen, Victor Bruns war Richter am Schiedsgericht, Schmid assistierte Kaufmann[38]. Polen habe, so lautete ihre Argumentation, den Liquidationserlös zu zahlen, da es zum einen nicht zu den gegen Deutschland Krieg führenden Mächten gezählt habe, zum anderen die Continental-Gesellschaft ihren Sitz auf ehemals russischem Gebiet gehabt habe. Nach Artikel 92 des Versailler Vertrags sei die Liquidation deutschen Eigentums auf ehemals russischem Gebiet nicht zulässig. Der Prozeß hatte gerade erst begonnen, da befiel Kaufmann ein Furunkel. Nicht eine Sekunde dachte er daran, die Prozeßvertretung niederzulegen. Carlo Schmid verbrachte die Nächte mit Kaufmann, machte ihm in kurzen Abständen Umschläge, die die Schmerzen lindern sollten. Akten wurden durchgearbeitet, das weitere Vorgehen im Prozeß wurde besprochen. Kaufmanns selbstloses Engagement wurde für Schmid zum Vorbild[39]. Das meinte er, wenn er von der Teilhabe am Exemplarischen des Daseins Kaufmanns sprach. Beide identifizierten sich mit der Sache, für die sie fochten. Entsprechend groß war die Enttäuschung, als der Prozeß am 1. August trotz des fast übermenschlichen Einsatzes verlorenging. Das Gericht entschied, daß die Liquidation aufgrund Artikel 297 des Versailler Vertrags zulässig gewesen sei. Victor Bruns nannte das Urteil in einem umfangreichen Gegenvotum eine Rechtsbeugung[40]. Die Erfahrungen am deutsch-polnischen Schiedsgericht ließen auch bei Schmid Töne nationaler Empörung laut werden. In seiner kurz zuvor abgeschlossenen Habilitationsschrift warf er den Polen vor, daß ihre völkerrechtswidrige Liquidationspolitik de facto auf eine „Entdeutschungspolitik" hinauslaufe[41].

Im Februar 1928 nahm Bruns Carlo Schmid zu einer Sitzung des Internationalen Gerichtshofes nach Den Haag mit, wo Bruns in einem Streit um das Klagerecht Danziger Eisenbahner die Freie Stadt Danzig vertrat[42]. Danziger Eisenbahner hatten auf der Grundlage eines zwischen Danzig und Polen bestehenden Beamtenabkommens vermögensrechtliche Ansprüche gegen die polnische Eisenbahnverwaltung geltend gemacht, die von Danziger Gerichten bestätigt worden waren. Der Völkerbundskommissar in Danzig van Hamel hatte den Danziger Eisenbahnern das Klagerecht gegen den polnischen Staat abgesprochen, worauf die Stadt Danzig den Streitfall vor den Internationalen Gerichtshof brachte. Der Internationale Gerichtshof bejahte in seinem Gutachten einstimmig den uneingeschränkten Rechtsweg für die Danziger Eisenbahner und die Verpflichtung der polnischen Eisenbahnverwaltung zur Ausführung der Urteile der Danziger Gerichte[43]. Diesmal war es Schmid und Bruns gelungen, das Völkerrecht als „Waffe der Machtlosen" einzusetzen[44]. Beide verstanden und gebrauchten das Völkerrecht in diesem Sinne.

Schmids Referententätigkeit am deutsch-polnischen Schiedsgericht brachte es mit sich, daß er die Waffe des Völkerrechts vor allem gegen Polen gebrauchte. In der Präambel zu dem 1925 abgeschlossenen Deutsch-Polnischen Schiedsvertrag wurde die Verpflichtung der Schiedsgerichte „zur Achtung der durch die Verträge begründeten oder aus dem Völkerrecht sich ergebenden Rechte" unterstrichen[45]. Carlo Schmid berief sich auf diese Formel, um deutsche Interessen gegenüber Polen zu verteidigen. Das entsprach der Aufgabe, die er übernommen hatte, mit der er sich identifizierte. Er war ein national denkender Mann. Die polnische Politik der Nadelstiche ließ unterschwellig auch bei ihm eine antipolnische Stimmung aufkommen. Zu antipolnischen Hetzparolen freilich ließ er sich nie hinreißen. Er bekämpfte die Politik der polnischen Regierung, hatte aber keine Vorurteile gegen das polnische Volk.

Obwohl Carlo Schmid von dem Gedanken einer friedlichen Streitschlichtung durch Schiedsverträge tief durchdrungen war, hielt er die dem Völkerbund zugrundeliegende Idee, Macht durch Recht zu ersetzen, für ein eher wirklichkeitsfremdes Ideal. Der Völkerbund war als Institution der Siegermächte des 1. Weltkriegs entstanden und diese „wollten den Völkerbund in erster Linie als Garanten der ihnen durch die Friedensverträge und dank der Machtpolitik früherer Jahrzehnte zugewachsenen Positionen verstanden wissen"[46]. Die deutsche Regierung benutzte den Völkerbund als Forum, um die Fesseln des Versailler Vertrags abzuschütteln. Die Innenansicht des Völkerbunds ließ Schmid erkennen, daß das Zeitalter der Machtpolitik noch nicht zu Ende war. So verstand auch er Politik als einen Kampf um die Macht[47].

Das Jahr am Kaiser-Wilhelm-Institut prägte Schmids politisches Denken. Er war hautnah mit der großen Politik in Berührung gekommen. An den Vortragsveranstaltungen des Instituts nahmen auch Politiker teil. Der Zentrumspolitiker Kaas war dem Institut eng verbunden[48]. Schmid nahm die Politik gefangen. Die Völkerrechtswissenschaft war für ihn in erster Linie eine Magd der Politik. Seine politische Position vertrat er selbstbewußt. Er hatte an Selbstsicherheit gewonnen. Das Jahr in Berlin war ein Schritt aus der provinziellen Enge und der geistigen Isolierung, in der er in Tübingen gelebt hatte. Freilich, ganz heimisch war der Schwabe in Berlin nicht geworden.

Die Tübinger Provinz und die Metropole Berlin mit damals bereits über vier Millionen Einwohnern trennten Welten. War Tübingen der Ort einer behäbigen Honoratiorenmentalität, so war Berlin das Zentrum der

Moderne mit all ihren Widersprüchen. Der erste Eindruck von Berlin war für Schmid schlichtweg „bestürzend“ – und das nicht nur, weil er sich im Asphaltdschungel der Berliner Straßen andauernd verlief[49]. Die moderne Lebensweise befremdete ihn. Berlin erschien ihm, wie er 1934 rückblikkend schrieb, „als der Ort des Lichtes ohne Flamme, der Bewegung, die nicht Leben und hegende Wärme zeugt, sondern die Starre des Marionettentanzes und die Kälte, die den Geist zum Witz und die Weisheit zum Wissen gefrieren läßt; als die Stadt, in der es keine Schönheit gibt, sondern nur Reize und keinen Genuß sondern nur Verzehr“ [50]. Im Rückblick fällte er ein arg hartes Verdammungsurteil über Berlin. Schmid stand 1934 im Banne der Geisteswelt Stefan Georges. 1928 mögen sich Abscheu und Faszination die Waage gehalten haben. Er lebte in einer Stadt, die Zentrum der künstlerischen Avantgarde war. Tübingen verfügte nicht einmal über ein Theater. Berlin war die Metropole des modernen Theaters.

Hermann Heller, der mit einer Tänzerin, der Tochter des Dichters Gustav Falke, verheiratet war, und dadurch zahlreiche Künstler und Kulturschaffende persönlich kannte, führte ihn in das Berliner Kulturleben ein[51]. Bei ihm traf er Karl Kraus, der sich mit der „Fackel“ ein Organ bissiger Zeitsatire geschaffen hatte, mit der er die bürgerliche Gesellschaft kritisierte und provozierte. Schmid las die „Fackel“ regelmäßig[52]. In Kraus’ scharfzüngigem Spott gegen die Verlogenheit der bürgerlichen Moral, der in dem Bonmot gipfelte, daß „Sittlichkeit“ das sei, „was das Schamgefühl des Kulturmenschen gröblich verletzt“ [53], fand sein vitalistischer Lebensdrang ein Ventil. In jenen Jahren wurde auch Brecht zu einem seiner Lieblingsautoren. Dessen 1927 erschienene Hauspostille fesselte ihn ebenso wie die „Dreigroschenoper“, deren Aufführung er in Berlin erlebte[54]. Nicht der Klassenkämpfer Brecht interessierte ihn, sondern der Bewunderer und Nachdichter der Verse François Villons, dessen Balladen er in den vierziger Jahren übersetzte[55]. Brecht, Villon, Ringelnatz, den er schon während seines Studiums entdeckt hatte – das war die Welt der Fahrensleute und Vaganten, der Abenteurer und Seeräuber, der Huren und Asozialen. Das war die Welt derer, die der Banalität des gewöhnlichen Lebens zu entfliehen suchten, um zu leben, deren Vitalismus aber unerfüllt blieb. „Brecht ist ein Gehauter – ich habe fast Furcht, mich an ihn zu verlieren“ [56], schrieb Kurt Tucholsky beim Erscheinen der Hauspostille. Schmid mag es ähnlich wie Tucholsky gegangen sein. Es war kein Zufall, daß er später Villons Grabinschrift „Ballade von den Gehängten“ übersetzte, die zu den bekanntesten Balladen der „Dreigroschenoper“ zählt. Sie beginnt mit den Versen:

> „Die ihr nach uns lebt, Menschen, Brüder ihr
> Dürft gegen uns nicht so verhärtet sein,
> Denn habt ihr Mitleid mit uns Armen hier
> Wird Gott auch eher euch die Schuld verzeihn.“ [57]

Die Welt der Literatur war eine Gegenwelt zu der Welt, in der Schmid leben mußte. Die Arbeit erdrückte seinen Drang nach Selbstentfaltung. Auch am Kaiser-Wilhelm-Institut hatte er wieder einen Zwölf-Stunden-Tag gehabt[58]. Als er Anfang Oktober 1928 sich auf den Weg zurück in die Tübinger Provinz machte, mag er ähnlich wie der müde Abenteurer aus Brechts Hauspostille geträumt haben „von einer kleinen Wiese mit blauem Himmel drüber und sonst nichts"[59].

Ein „politisierender" Privatdozent

Am 6. August 1928 meldete sich Carlo Schmid im Amtsgericht Tübingen zurück. Ihm wurde ein Zivilreferat zugeteilt, was er gern übernahm, denn die Strafgerichtsbarkeit bereitete ihm noch immer Gewissensbisse. Seine Tätigkeit am deutsch-polnischen Schiedsgericht nahm er weiterhin wahr. Das württembergische Justizministerium war entgegenkommend und beurlaubte ihn jeweils für die Sitzungen[1]. Heinrich Pohl hatte ihm die Assistentenstelle am Seminar für Völkerrecht freigehalten, so daß er sie zum Wintersemester 1928/29 wieder übernehmen konnte. Sein Betreuer Pohl wußte ihn einzuspannen. Er wurde mit der Vorbereitung und manchmal auch mit der Leitung der Seminare betraut und hatte obendrein noch die Doktoranden mitzubetreuen[2]. Aber die Lehrerfahrung, die er bekam, war wichtig, denn er hatte nun endgültig den Entschluß gefaßt, sich zu habilitieren.

Seine Habilitationsschrift war die Frucht seiner Tätigkeit am Kaiser-Wilhelm-Institut. Es war der Versuch einer systematischen Darstellung der Rechtsprechung des Haager Internationalen Gerichtshofes, wobei Schmid nicht nach dem Vorbild der amerikanischen Digests die Prozeßmaterialien einfach sammeln, sondern die in den Entscheidungen ausgesprochene Norm evident machen wollte[3]. Da in der Praxis der internationalen Judikatur die Rechtsgrundsätze des Internationalen Gerichtshofes wie Normen des gemeinen Völkerrechts behandelt wurden, hielt er eine solche Kodifikation für dringend geboten. Die Bemühungen des Völkerbundes um eine Kodifikation des Völkerrechts, die in Deutschland vor allem von Walther Schücking unterstützt worden waren, waren gescheitert, so daß die Rechtsprechung des Internationalen Gerichtshofes die Entwicklung des Völkerrechts entscheidend beeinflußte[4]. Eine Kodifikation der Rechtsgrundsätze des Internationalen Gerichtshofes war somit nicht nur von wissenschaftlichem, sondern mindestens ebensosehr von politischem Interesse. Schmid verstand seine Arbeit als ein Handbuch für die Praxis. Es sollte den deutschen Vertretern bei den internationalen Gerichten erleichtern, die Rechtsprechung des Internationalen Gerichtshofes zur Unterstützung des deutschen Rechtsstandpunktes zur Kenntnis des jeweiligen Schiedsgerichts zu bringen[5].

Für eine Habilitationsschrift war dies eine recht unkonventionelle Arbeit, denn entgegen deutscher Wissenschaftstradition gingen hier Politik und Wissenschaft eine sehr enge Verbindung ein. Betreuer Pohl war beeindruckt von der Arbeit seines Schützlings. „Sie zeug(e) von einer ungewöhnlichen Begabung in der geistigen Durchdringung des spröden Stoffes und einer großen Formulierungskunst." Er war überzeugt, daß die Arbeit „nach ihrer Methode und ihren praktischen Ergebnissen der deutschen Wissenschaft im Inlande und Auslande Ehre macht", und glaubte, „kein leichtfertigter Prophet" zu sein, wenn er voraussagte, „daß Schmid nach seinen bisherigen Leistungen verspricht, der Mann des Allgemeinen Teils des Völkerrechts in Deutschland zu werden"[6]. Pohl hätte sich wohl kaum so überschwenglich lobend geäußert, wenn die Arbeit nicht wirklich eine ganz außerordentliche Leistung gewesen wäre, denn im Gegensatz zu Schmid war Pohl der Auffassung, daß Deutschland vom Internationalen Gerichtshof „nichts zu erwarten" habe[7]. Pohl war ein Mann der nationalen Rechten. Trotz seiner nationalen Einstellung dürfte Schmid die Zusammenarbeit mit seinem Betreuer nicht immer leicht gefallen sein.

Für den für die Habilitation notwendigen Probevortrag schlug Schmid drei Themen vor: 1. Anerkennung von Gebietserwerb durch Neustaaten; 2. Die völkerrechtliche Stellung Kongreßpolens nach dem Versailler Vertrag; 3. Die formalen Zuständigkeitsvoraussetzungen im völkerrechtlichen Prozeß[8]. Mit allen drei Themen hatte er sich während seiner Tätigkeit am Kaiser-Wilhelm-Institut intensiv beschäftigt, so daß er sich für den Probevortrag, den er am 4. Juli 1929 über das zuerst genannte Thema hielt, nicht vorzubereiten brauchte. Zwei Wochen später wurde ihm die Lehrberechtigung für die Fächer Völkerrecht und internationales Privatrecht verliehen.

Am 20. November drei Uhr nachmittags hielt er seine Antrittsvorlesung über „Die völkerrechtliche Haftung der Staaten für Ausländern zugefügte Schäden" im Hörsaal XI der Universität[9]. Im Zentrum der Vorlesung stand die Frage nach der rechtlichen Möglichkeit, Eigentum ausländischer Staatsangehöriger zu enteignen. Noch einmal unterstrich er seine Auffassung, daß Polen bei der Enteignung deutschen Eigentums den vollen Liquidationserlös zu zahlen habe[10]. Daran knüpfte er die generelle These, daß Ausländer bei Enteignungen voll entschädigt werden müßten. Schmid war sich der gesellschaftspolitischen Bedeutung dieses von ihm vertretenen völkerrechtlichen Grundsatzes vollauf bewußt: „Durch diese Völkerrechtssätze, welche bezüglich der Behandlung der Ausländer und insbesondere ihres Privateigentums einen bestimmten Mindeststandard vorschreiben, wird auf vorläufig nicht absehbare Zeit auf die Wirtschafts- und Sozialpolitik der Staaten ein konservativer Zwang ausgeübt werden, denn wenn die Enteignung von Ausländern nur gegen volle Entschädigung vorgenommen werden darf, dann ist bei der engen Verflechtung der Eigentumsverhältnisse von Land zu Land (...) eine Sozialisierung der Industrie u. s. w., wie sie die sozialistischen Parteien erstreben, unmöglich(...)"[11]. Schmid gab zu erkennen, daß der von ihm evident gemachte völkerrechtliche Grundsatz der Entschädigungspflicht seinen eigenen gesellschaftspolitischen Zielen und Wünschen nicht gerade entsprach. Er beklagte die „Zähigkeit, mit welcher der Grundsatz von der Heiligkeit und Unantastbarkeit des Privateigentums im Völkerrecht verhaftet" war[12]. Es erstaunt, daß Schmid im Rahmen einer Antrittsvorlesung so offen Kritik an den bürgerlichen Eigentumsverhältnissen übte. Mit einer so expliziten politischen Stellungnahme verletzte er alle Gebote wissenschaftlicher Objektivität. Im national-konservativen Milieu der Tübinger Universität mußte ein derartiges politisches Bekenntnis geradezu provozierend wirken. Aber vielleicht hatte man nur die nationalen Töne vernommen, nicht die sozialistischen. Sie überwogen bei Schmid auch immer mehr.

Er trat schon bald als ein heftiger Kritiker des Young-Plans hervor, der nicht davor zurückschreckte, die Regierung scharf zu kritisieren. Am 25. Februar 1930 sah sich Victor Bruns gezwungen, Schmid aus den Diensten des Kaiser-Wilhelm-Instituts zu entlassen. An diesem Tag erschien in der Adam Stegerwald nahestehenden Zeitung „Der Deutsche" ein Artikel Schmids über die Sanktionsklauseln des Haager Abkommens[13]. Auf der am 3. Januar 1930 eröffneten Zweiten Haager Konferenz hatten die Gläubigerstaaten darauf gedrängt, in das Abkommen über den Young-Plan eine Klausel aufzunehmen, wonach die Gläubigerstaaten ihre Handlungsfreiheit zurückgewannen, wenn eine deutsche Regierung den Young-Plan, wie von rechter Seite angedroht, zerriß oder brach. Nach dem am 20. Januar paraphierten Abkommen konnten die Gläubigerstaaten ein Sanktionsrecht dann in Anspruch nehmen, wenn der Ständige Internationale Gerichtshof in Den Haag den Willen Deutschlands festgestellt hatte, den Young-Plan zu zerreißen[14]. So stand es im deutschen Text. Im französischen Text hieß es: „détruire le nouveau plan"[15]. Schmid las aus dem französischen Text heraus, daß der Sanktionsfall schon dann gegeben sei, „wenn eine Reichsregierung sich in Handlungen hineintreiben läßt, aus denen für die Zukunft auf den Willen einer Reichsregierung geschlossen werden kann, den Vertrag in seinen Grundlagen in Frage zu stellen und zu gefährden"[16]. Er fürchtete, daß durch die Sanktionsklauseln eine Revision des Young-Plans ausgeschlossen werde. Im übrigen hatte er auch kein Verständnis dafür, daß Polen in die Gruppe der Gläubigerstaaten aufgenommen wurde und nun, wie er aus dem Text des Abkommens schloß, ebenfalls sanktionsberechtigt war. Daß der Internationale Gerichtshof mit Stimmenmehrheit über den Sanktionsfall entscheiden konnte, wertete er als eine Verschlechterung gegenüber der bisherigen Regelung, nach der die Feststellung über eine Rechtsverletzung einstimmig getroffen werden mußte[17].

Schmids Artikel erregte erhebliches Aufsehen. Der frühere Reichskanzler Joseph Wirth, der an den Verhandlungen über die Sanktionsklauseln beteiligt war, war so empört, daß er dem Autor Verhetzung und Landesverrat vorwarf[18]. Der „Vorwärts" freute sich, daß Wirth gegen das „Christenblatt" wetterte[19]. Carlo Schmid hatte den Artikel nicht namentlich gezeichnet. In einer Vorbemerkung der Schriftleitung hatte es lediglich geheißen: „Verfasser ist ein in völkerrechtlichen Dingen durch seine Lehrtätigkeit wie seine praktische Erfahrung beschlagener Jurist." Victor Bruns geriet in den Verdacht, den Artikel verfaßt zu haben[20]. Sein Institut hatte die Aufgabe, die Regierungsarbeit zu unterstützen, nicht sie zu kritisieren. Dem Institut drohten unangenehme finanzielle Konsequenzen. Bruns war verständlicherweise ungehalten über Schmid und bat ihn noch am selben Tag, die „offiziellen Beziehungen" zum Institut und zu ihm als deutschem Richter am deutsch-polnischen Gemischten Schiedsgericht „als gelöst zu betrachten"[21]. Drei Monate später reichte Bruns ihm wieder die Hand zur Versöhnung, betonte aber nochmals, daß der Artikel dem Institut Schaden zugefügt habe. Fast väterlich mahnte er Schmid, sich durch überscharfe Kritik nicht seine eigene Karriere zu verbauen. Er wollte trotz des Vorfalls Schmids Berufung auf einen Lehrstuhl unterstützen[22].

Landesverrat, wie Wirth allen Ernstes behauptete, hatte Schmid nicht begangen. Die Einwände gegen die Sanktionsklauseln des Haager Abkommens waren juristisch fundiert, wenngleich die Völkerrechtler sich über deren Auslegung uneins waren. Auch Bruns teilte nicht alle Schlußfolgerungen Schmids[23]. Der Vertragstext ließ unterschiedliche Deutungen zu. Außenminister Curtius bestritt, daß das Recht auf Sanktionen im Sinne der früheren Verträge noch weiterbestünde[24]. Im Zentrum war man geteilter Meinung[25]. Politisch klug war es nicht, diesen Artikel zu veröffentlichen. Im Hinblick auf das Ausland wäre es besser gewesen, eine für Deutschland günstige Auslegung der Sanktionsklauseln herauszuarbeiten. Die Agitation der Rechten bekam durch solche Artikel nur Auftrieb.

Schmid stimmte in deren Agitation nicht ein, geriet aber bei seiner Argumentation gegen den Young-Plan und das Polnische Liquidationsabkommen manchmal in gefährliche Nähe zu ihnen. Er hatte sich in den Gedanken verbissen, das Völkerrecht zu einem Instrument deutscher Außenpolitik zu machen. Jede Handlung der Regierung, die gegen diesen Gedanken verstieß, rief bei ihm Unverständnis hervor. So war er empört, als am 31. Oktober 1929 die deutsche Reichsregierung mit der polnischen Republik ein Liquidationsabkommen abschloß, in dem sie auf alle mit dem Krieg oder dem Friedensvertrag im Zusammenhang stehenden „Forderungen finanzieller und vermögensrechtlicher Art" verzichtete. Die polnische Regierung hatte als Gegenleistung sich dazu bereit erklärt, keine weiteren Liquidationen vorzunehmen[26]. Sollte seine Arbeit am deutsch-polnischen Schiedsgericht umsonst gewesen sein? Er konnte es auch kaum fassen, daß bei den gleichzeitig stattfindenden Young-Plan-Verhandlungen Polen erstmals als Reparationsgläubiger anerkannt wurde[27]. Laut Versailler Vertrag hatte Polen keinen Anspruch auf Reparationen[28]. Schmid war es unbegreiflich, daß die deutsche Regierung nachträglich einen solchen Anspruch konzedierte. Er argumentierte juristisch, die deutsche Reichsregierung politisch. Sie machte großzügige finanzielle Zugeständnisse, um die Liquidationspolitik der Polen, die die deutsche Minderheit in Polen schwächte, zu stoppen. Nur so konnte sie ihren Anspruch auf eine Revision der Ostgrenze aufrechterhalten[29]. Schmid lernte aus seinen Fehlern. Seine Bemühungen um die deutsch-polnische Aussöhnung nach 1945 wurzelten nicht zuletzt auch in der selbstkritischen Auseinandersetzung mit seinen eigenen früheren Positionen und Stellungnahmen.

Seine Einwände gegen den Young-Plan formulierte er schneidend scharf. Manchmal ließ er sich zu einer Polemik gegen den „Scharfsinn der deutschen Reparationspolitik" hinreißen[30]. Er stellte die Nachteile des Young-Plans gegenüber dem Dawesplan heraus, ließ dabei aber außer acht, daß eine Rückkehr zum Dawesplan überhaupt nicht mehr möglich war. Der Streit, ob die deutsche Regierung ökonomisch in der Lage gewesen wäre, den Forderungen des Young-Plans nachzukommen, ist bis heute noch nicht entschieden[31]. Für Schmid stand von vornherein fest, daß die Reparationsforderungen des Young-Plans weder ökonomisch noch politisch tragbar waren[32]. Die Hoffnung der deutschen Regierung, daß ein Verzicht Deutschlands auf den Transferschutz, die Gläubiger zu erheblichen Zugeständnissen bezüglich der Höhe ihrer Forderungen veranlassen könnte, sei enttäuscht worden. So trage Deutschland nunmehr nicht nur die Verantwortung für die Aufbringung der jährlichen Reparationsleistungen im Innern, sondern auch für deren Transfer[33]. Noch schlimmer als der Wegfall des Transferschutzes wirke sich der Wegfall des Wohlstandindexes und der Goldklausel aus, denn der starke Kaufkraftzuwachs des Goldes habe zu einer unvorhergesehenen Wertsteigerung der Reparationsleistungen geführt, wodurch die ökonomische Leistungsfähigkeit Deutschlands eindeutig überfordert werde[34]. Schmid berief sich auf den wegen des Young-Plans zurückgetretenen Reichsbankpräsidenten Schacht: Die Zahlung der Reparationen sei überhaupt nur durch die Aufnahme ausländischer Kredite möglich. Die Zins- und Reparationsverpflichtungen an das Ausland aber überstiegen den jährlichen Exportüberschuß, so daß die finanzielle Zahlungsunfähigkeit Deutschlands absehbar sei[35].

Stimmte Schmid nun in den Chor derer ein, die eine Hetzkampagne gegen den „Tributplan und gegen die Kriegsschuldlüge" betrieben? Nein! Das Zerreißen des Young-Plans, das die nationale Rechte propagierte, war für ihn kein Weg, um von den Reparationslasten loszukommen. Er vertrat die Auffassung, daß die Verpflichtung zum Schadensersatz mit der

Frage der Kriegsschuld nichts zu tun habe, denn nach der 1914 noch geltenden Völkerrechtsdoktrin sei die Entfachung eines Krieges kein völkerrechtswidriges Delikt gewesen. Rechtlich sei „mit der Widerlegung der sogenannten Kriegsschuldlüge nichts gewonnen“[36]. Die Verpflichtung zur Leistung von Schadensersatz, die Deutschland im Versailler Vertrag eingegangen sei, bestehe ganz unabhängig davon, ob Deutschland den Ausbruch des Krieges verschuldet habe oder nicht. Schmid suchte nach rechtlichen Argumenten, mit denen man die Reparationsforderungen einschränken konnte. Allein die Berufung auf das Lansing-Abkommen, so glaubte er, verspräche eine „friedliche und gerechte Erledigung“ des Reparationsproblems[37]. Die Lansing-Note vom 5. November 1918 hatte deutsche Entschädigungszahlungen für die durch unmittelbare Kriegseinwirkung entstandenen Schäden verlangt. Im Versailler Vertrag, dem das Lansing-Abkommen zugrunde lag, hatte man die Entschädigungspflicht auf die Invaliden- und Hinterbliebenenrenten, für die die alliierten Staaten ursprünglich selbst hatten aufkommen sollen, ausgedehnt, was rechtlich äußerst fragwürdig war[38]. In Schmids Augen war der Versailler Vertrag ein Bruch des Lansing-Abkommens, der die darüber hinausgehenden finanziellen Forderungen des Versailler Vertrags hinfällig werden ließ. Nur auf der Grundlage des Lansing-Abkommens sei mit den alliierten Reparationsgläubigern zu verhandeln, indem man ihnen „Posten für Posten“ vorrechne, was Deutschland bereits über das Lansing-Abkommen hinaus geleistet habe[39].

Carlo Schmid stand mit seinem Vorschlag nicht allein: Auch Edgar Salin, Professor für Staatswissenschaften in Basel, hatte der Reichsregierung den Rückgriff auf das Lansing-Abkommen als mögliche Lösung des Reparationsproblems empfohlen[40]. Wem das Erstgeburtsrecht für diesen Vorschlag zukommt, kann im nachhinein nicht mehr festgestellt werden. Es ist auch müßig, sich darüber zu streiten, denn der Vorschlag wurde nicht aufgegriffen. Reichskanzler Heinrich Brüning glaubte nicht, daß die alliierten Gläubigerstaaten auf der Basis des Lansing-Abkommens eine Übereinkunft über die Reparationszahlungen treffen würden[41]. Er hatte wohl recht damit. Er entschloß sich, durch einen eisernen Sparkurs die ökonomische Zahlungsunfähigkeit Deutschlands zu beweisen.

Schmid kannte Brüning durch seinen Nachbarn, den Theologieprofessor und späteren Dompropst von Paderborn, Paul Simon, persönlich. Brüning, der mit Paul Simon eng befreundet war, besuchte diesen des öfteren in Tübingen. Bei diesen Besuchen hatte Schmid die Gelegenheit, mit dem Reichskanzler politische Gespräche zu führen[42]. Brüning scheint Schmid geschätzt zu haben[43], aber einen nennenswerten Einfluß auf die Politik des Reichskanzlers übte er sicherlich nicht aus. Ob die Vorbehalte des Zentrums gegen das Haager Abkommen durch Schmids Argumente gestärkt wurden, ist schwer zu sagen. Im Kaiser-Wilhelm-Institut hatte er vor einem größeren Zuhörerkreis seine Stellungnahme zum Haager Abkommen vorgetragen. Durch seine heftige Kritik an der Reichsregierung hatte er einen Teil seiner Zuhörer sehr verstimmt[44]. Anderen mögen die Argumente eingeleuchtet haben. Doch sein Einfluß auf die politische Meinungsbildung dürfte eher gering gewesen sein, wenn auch „Der Deutsche" meinte, daß Schmids Artikel über die Sanktionsfrage den „von der Regierung verbreiteten Optimismus" hinsichtlich des Haager Abkommens zerstört habe[45].

Schmid lockte die Politik. Er wäre gern einem Ruf Gottfried Treviranus' nach Berlin gefolgt, aber Lydia Schmid wollte Tübingen nicht verlassen[46]. Möglicherweise kamen auch bei ihm selbst Bedenken auf. Die politischen Verhältnisse waren unsicher. Ein Wechsel in die Politik wäre ein Existenzrisiko gewesen. Unüberwindliche politische Differenzen, die gegen eine Zusammenarbeit mit Treviranus sprachen, gab es für Schmid offensichtlich nicht. Treviranus war im Dezember 1929 aus Protest gegen das von Hugenberg zusammen mit der NSDAP eingeleitete Volksbegehren gegen den Young-Plan aus der DNVP ausgetreten und hatte 1930 die Volkskonservative Vereinigung gegründet, die den Konservatismus mit demokratisch-sozialen Ideen verbinden wollte. Das Haager Abkommen wurde abgelehnt, weil es Deutschland nicht die Möglichkeit gab, „sich von der Tributlast in mühseliger Arbeit zu befreien"[47]. In Brünings Kabinett war Treviranus zunächst Reichsminister für die besetzten Gebiete, im September 1930 wurde er zum Reichskommissar für die Osthilfe ernannt[48]. Schmid und Treviranus verband die Ablehnung des Haager Abkommens, wobei man sich aber nicht an den nationalen Hetzkampagnen der Rechten beteiligen wollte. Dem Reichskommissar für die Osthilfe wären darüber hinaus Schmids Erfahrungen beim deutsch-polnischen Schiedsgericht überaus nützlich gewesen. Treviranus' Bemühen, die Arbeiterschaft mit dem Konservatismus zu versöhnen, dürfte bei Schmid auf Zustimmung gestoßen sein.

Seit seiner Bekanntschaft mit Hermann Heller gehörte Schmid zu den Befürwortern einer Verbindung von Sozialismus und Nation. Er mag eine Zeitlang gehofft haben, daß die Sozialdemokraten sich Hellers Programm zu eigen machen. Nachdem dies nicht der Fall war, konnte der Brückenschlag zwischen rechts und links nur von konservativer Seite ausgehen. Schmid gehörte vermutlich am Ende der Weimarer Republik nicht mehr zu den SPD-Wählern, obwohl er dies immer behauptet hat[49]. Er nahm Kontakt auf zu Ernst-Wilhelm Eschmann, einem der führenden Köpfe des Tat-Kreises[50]. In dem von Hans Zehrer geleiteten Tat-Kreis hing man der Auffassung an, daß der Siegeszug des Nationalsozialismus nur zu stoppen sei, wenn man den Nationalismus auf eine sozialistische Grundlage stellte. Hoffnungsträger des Tat-Kreises war der „soziale General ohne Fortüne", Kurt von Schleicher, der das Konzept einer Querfront zwischen Reichswehr und Gewerkschaften verfocht[51]. Schmid war nicht der einzige junge Intellektuelle, dem das politische Programm des Tat-Kreises als ein möglicher Ausweg aus der Krise der Weimarer Republik erschien. Der Tat-Kreis verfügte über eine große Anhängerschaft in akademischen Kreisen, obwohl sein politisches Konzept, wie Eschmann später selbst zugab, „ideenmäßig gänzlich in der Luft“ hing[52].

Ende 1930 war Schmid das letzte Mal in Berlin[53]. Danach hat wohl kein längeres Gespräch zwischen ihm und einem Angehörigen des Tat-Kreises mehr stattgefunden. Ihn als Angehörigen des Tat-Kreises zu bezeichnen, wäre mehr als übertrieben. Für ihn waren damals alle Ideen diskussionswürdig, die das Entstehen einer Volkspartei oder „Volksgemeinschaft“ zum Ziel hatten, denn das schien die einzige Möglichkeit zu sein, um die Durchsetzung der Volkspartei NSDAP und der nationalsozialistischen Volksgemeinschaft zu verhindern. Wer nach politischen Einordnungen sucht, kann Schmid dem Ideenkreis der Konservativen Revolution zurechnen. Es fragt sich freilich, ob der Begriff „Konservative Revolution“ sehr tauglich ist, um ganz unterschiedliche politische Strömungen, die außer der Ablehnung des Liberalismus und eine nationale oder nationalistische Einstellung nichts verbindet, zu kennzeichnen[54].

Seit seiner Entlassung aus den Diensten des Kaiser-Wilhelm-Instituts führte er ein Dasein zwischen Landgericht und Universität. In den Elfenbeinturm der Wissenschaft zog er sich nicht zurück. Der Tübinger Privatdozent war ein homo politicus, der sich in seinen Lehrveranstaltungen mit aktuellen politischen Tagesfragen auseinandersetzte. Im Wintersemester 1930/31 war ihm ein zweistündiger Lehrauftrag für die mit dem Versailler Vertrag zusammenhängenden Fragen des Völkerrechts erteilt worden. Der Direktor des Seminars für Völkerrecht, Hans Gerber, hatte die Erteilung des Lehrauftrags an den jungen Privatdozenten sehr befürwortet, denn es bestünde „allgemein ein lebhaftes Bedürfnis“, daß die Fragen und Probleme des Versailler Vertrags „nicht nur wissenschaftlich bearbeitet, sondern auch vom Katheder aus erörtert“ würden[55].

Schmid bot bereits seit dem Sommersemester 1930 Vorlesungen und Seminare an, zumeist zwei Vorlesungen und privatissime et gratis ein Seminar. Völkerrechtswissenschaft betrieb er als politische Wissenschaft. Er war ein politisierender Dozent, der zuweilen Politik vom Katheder aus betrieb. Die Themen seiner Lehrveranstaltungen waren brandaktuell und hochbrisant: Der Völkerbund, die internationale Rechtspflege, der Friedensvertrag von Versailles, die Reparationen, das Recht der Minderheiten, die Abrüstung[56]. Das politische Klima an der Universität war deutsch-national bis reaktionär. Sowohl unter den Professoren als auch unter den Studenten konnten die Nationalsozialisten schon bald Fuß fassen. Bereits bei den Asta-Wahlen im Herbst 1931 hatten sie ein Drittel aller Sitze errungen, ein Jahr später erreichten sie die absolute Mehrheit der Sitze. Die „Linke Einheitsfront" war wie immer bei den Asta-Wahlen an der Tübinger Universität leer ausgegangen[57]. Die Nationalsozialisten nutzten ihre Erfolge, um die Tübinger Studentenschaft schon vor dem 30. Januar 1933 „einheitlich politisch auszurichten"[58]. Auch ein Großteil der Professoren stand der Weimarer Republik ablehnend gegenüber. Ein Journalist der Berliner „Weltbühne", der Tübingen in jenen Jahren besuchte, mußte mit Erschrecken feststellen, daß dort der „verbissene Kleinstadtprofessor", der aus allerlei Ressentiments einen „völkisch-deutschnationalen Kuchen" knete, zur dominanten Figur im Stadtbild geworden sei[59].

Schmid lehrte an einer Universität, an der Führerideologie und völkisches Denken schon vor der Machtergreifung der Nationalsozialisten die Oberhand gewonnen hatten. Völkische Parolen hörte man aus seinem Munde nie. Gegen das „Diktat" von Versailles war auch er. Er verstand sich nicht nur als wissenschaftlicher, sondern auch als politischer Lehrer. So änderte er einige Tage vor Beginn der Lausanner Konferenz, die für Deutschland das Ende der Reparationen bringen sollte, spontan den Stoff seiner Vorlesung. Die Vorlesung leitete er mit den Worten ein: „(...) für uns Deutsche ist dieser Friedensvertrag so sehr lebendigste und lastendste Gegenwart, so sehr ein Stück unserer aller Leben, daß eine Vorlesung über ihn nur so in die akademische Objektivität hineingestellt werden kann, als es unser Leben verträgt, und das bedeutet hier, daß die Reihenfolge, in welcher die einzelnen Dinge zu behandeln sind, nicht so sehr von der Systematik als von der Aktualität aus zu bestimmen ist."[60] Vom Ausgang der Lausanner Konferenz hänge ein „gutes Stück" deutschen Schicksals ab. Nein, er wollte die ohnehin emotional aufgewühlte nationale Stimmung nicht noch mehr aufwühlen. Er wollte sie in einigermaßen rationale Bahnen leiten, indem er seinen Vorschlag zur Lösung des Reparationsproblems entwickelte: Berufung auf die Lansing-Note.

In seinen Vorlesungen zur Außenpolitik begrüßte er die Entwicklung kollektiver Sicherheitssysteme und internationaler Streitschlichtungsmechanismen als Mittel zur Kriegsverhütung: „Die Schiedsgerichtsbarkeit ist von den Staaten immer häufiger angerufen worden und es gibt wohl niemand(en), der nicht überzeugt davon wäre, daß die Staaten gut damit gefahren sind."[61] Die feierliche Unterzeichnung des Kellogg-Paktes über die Ächtung des Kriegs stelle das Maximum dessen da, was erreicht werden könne, „solange die Staaten nicht unter einer civitas maxima zusammengeschlossen sind"[62]. Er warnte jedoch zugleich vor Illusionen. Auch in einer Institution wie dem Völkerbund werde nationale Machtpolitik betrieben. Deutschlands Eintritt in den Völkerbund wertete er als Erfolg. Da auch in seinen Vorlesungen eine ganze Anzahl nationalsozialistischer Studenten saß, betonte er ausdrücklich, daß es falsch sei, den Völkerbund als „bloßen Schwindel" abzutun[63]. Der Reichsregierung warf er jedoch vor, im Völkerbund nicht entschieden genug für die deutsche Gleichberechtigung gekämpft zu haben. Der Völkerbund sei zwar „kein Erlöser von Versailles geworden, aber doch eine Plattform, ein Turnierplatz, auf welchem – wenn die Deutschen es wollten, was sie bisher noch nicht oder doch nur mangelhaft getan haben – der Kampf gegen Versailles ausgefochten werden könnte, ohne daß die redaktionelle Verknüpfung des Versailler Vertrags mit dem Völkerbundssystem diesem Kampfe noch hinderlich sein könnte."[64] Schmid überschätzte die Handlungsspielräume der deutschen Regierung, die den Völkerbund durchaus als Forum verstand, um sich gegen die Diskriminierungen des Versailler Vertrags zur Wehr zu setzen.

Ein engagierter Verfechter deutscher Gleichberechtigung war Schmid auch in der Abrüstungsfrage. Die im Versailler Vertrag vorgeschriebene Entwaffnung Deutschlands – Schmid sprach von einer „Wehrlosmachung" Deutschlands – müsse als Vorleistung verstanden werden. Die Schaffung entmilitarisierter Zonen sei zu befürworten, wenn sie nicht auf Deutschland beschränkt blieben[65]. Erfolgreiche Abrüstungsverhandlungen setzten die Anerkennung deutscher Gleichberechtigung voraus. Das war auch der Standpunkt der Reichsregierung, die allerdings mit Frankreich nicht so hart ins Gericht ging wie Carlo Schmid, der seinem Mutterland schwere Vorwürfe machte. Von einer Frankophilie Schmids war in den Jahren der Zwischenkriegszeit wenig zu spüren. So sah er die für Februar 1932 anberaumte Genfer Abrüstungskonferenz schon am Widerstand der Franzosen scheitern, die am status quo von Versailles nicht rütteln wollten[66]. Bereits 1924 im Genfer Protokoll habe die französische Regierung auf eine Verknüpfung des dort vorgesehenen Systems friedlicher Streitschlichtung mit dem Versailler Vertragssystem beharrt. Die einzurichtenden Schiedsgerichte hätten auf der Grundlage der bestehenden Verträge entscheiden sollen. Deshalb habe England die Ratifizierung des Protokolls verweigert[67]. Für die englische Strategie eines general settlement fand Schmid lobende Worte: „(...) die Engländer haben ganz vortreffliche Maximen vertreten, die wir getrost zu den unseren machen könnten."[68]

Zur Abrüstungsfrage äußerte er sich nicht nur in seinen Lehrveranstaltungen, sondern auch in öffentlichen Vorträgen. Er gab der Reichsregierung politische Ratschläge mit auf den Weg nach Genf: „Es wird also in Genf viel mehr als um Kanonen und Regimenter darum gekämpft werden müssen, daß nicht das Genfer Protokoll in irgendeiner Form zur Rechtsnorm erhoben wird. Wenn die deutsche Regierung will, kann sie dies verhindern, und wenn sie dabei geschickt vorgeht, kann sie es tun, ohne daß wir zu fürchten brauchen, in der öffentlichen Meinung der Welt als diejenigen verschrien zu werden, welche die Befriedung der Welt hindern."[69] Wenn man die Sätze liest, gewinnt man den Eindruck, daß Schmid am liebsten selbst nach Genf gereist wäre, um die Verhandlungen zu führen. Für ihn hing die Zukunft Deutschlands und Europas vom Ausgang der Genfer Konferenz ab: „In Genf wird in diesen Monaten darüber entschieden werden, ob die Reaktionäre von Versailles oder diejenigen, denen ein gerechter Friede wichtiger ist als ungerechte Friedensverträge, das künftige Bild des Völkerbundes bestimmen sollen."[70] Schmid neigte schon damals zu einer pathetischen Betrachtung politischer Ereignisse.

Mit dem Ausgang der Abrüstungskonferenz konnte er zufrieden sein. In der Fünfmächteerklärung vom 11. Dezember 1932 war Deutschland die lang ersehnte Gleichberechtigung „in einem System, das allen Nationen Sicherheit bietet", gewährt worden[71]. Zu der auch von Schmid befürworteten Schaffung eines kollektiven Sicherheitssystems[72] sollte es nicht mehr kommen. Sechs Wochen nach Unterzeichnung der Fünfmächteerklärung ergriffen die Nationalsozialisten die Macht.

Der junge Privatdozent Schmid war mehr Patriot als Europäer, aber er war kein Nationalist, der von Deutschlands Vormachtstellung und Größe träumte, und schon gar nicht ein Nationalsozialist. Die Tübinger Studenten, bei denen die nationalsozialistische Propaganda immer mehr Anklang fand, versuchte er davon zu überzeugen, daß allein im Rahmen des Völkerbundes eine Revision des Versailler Vertrags zu erreichen sei. Völkischen Hetzparolen widersprach er. Er wandte sich in seinen Lehrveranstaltungen auch den nationalsozialistischen Zuhörern zu, wohl in der Hoffnung, daß der Appell an die Vernunft gehört werde. Er verstand sich mehr als politischer Erzieher denn als Wissenschaftler. Ein typisch unpolitischer deutscher Bildungsbürger war dieser junge Dozent nicht.

Bei den meisten Studenten war Carlo Schmid überaus beliebt, weil er sich Zeit für das Gespräch mit ihnen nahm und ihren wissenschaftlichen Arbeiten Interesse entgegenbrachte. In seinen Vorlesungen frei zu reden, traute er sich zunächst noch nicht. Er schrieb seine Vorlesungen im Wortlaut auf, teils mit der Hand, teils mit der Schreibmaschine, obwohl er den Stoff souverän beherrschte, so daß, wer durch seine Schule gegangen war, mit der Völkerrechtsproblematik vertraut war wie sonst nur wenige. Sein erster Doktorand Georg Schwarzenberger, Jude und Sozialdemokrat, später ein international anerkannter Völkerrechtler, blieb ihm sein ganzes Leben über in Dankbarkeit zugetan. Nach dem Krieg schickte er ihm Care-Pakete. 1951 widmete er ihm seine Arbeit „Einführung in das Völkerrecht" und führte dazu im Vorwort aus: „Die Schulung, die er (Schmid) auf völkerrechtlichem Gebiet als junger Privatdozent seinem ersten Doktoranden gab, hat für mich eine feste Grundlage für meine spätere wissenschaftliche Arbeit auf völkerrechtlichem Gebiet gebildet."[73]

Carlo Schmids pädagogische Fähigkeiten waren unbestritten, und er selbst verspürte schon bald einen pädagogischen Eros. Wie viele ehemalige Angehörige der Jugendbewegung scheint auch er geglaubt zu haben, daß das Schicksal der Weimarer Republik ganz entscheidend von der politischen Einstellung der Jugendlichen abhänge. Nun mußte er erleben, daß die akademisch gebildete Jugend zunehmend rechten Ideologien verfiel und eine wachsende Zahl arbeitsloser Jugendlicher den radikalen Parteien zulief. Er fragte sich, ob nicht die Organisation eines Freiwilligen Arbeitsdienstes diese Entwicklung stoppen konnte. Allerdings mußte ein solcher Arbeitsdienst mehr sein als ein Instrument der Sozialdisziplinierung. Es genügte nicht, die Jugendlichen lediglich von der Straße wegzuholen[74]. Mit dem späteren Reichsarbeitsdienst hatten Schmids Pläne nichts gemein.

Bereits in den zwanziger Jahren hatte der Breslauer Pädagoge Eugen Rosenstock-Huessy, einer der Pioniere der Erwachsenenbildung in der Weimarer Republik, ein Konzept für die Organisation eines Freiwilligen Arbeitsdienstes entwickelt und in enger Zusammenarbeit mit Helmuth James Graf von Moltke im Boberhaus in Schlesien in die Praxis umgesetzt. Dem Konzept lag ein volksbildnerischer Impuls zugrunde. In den Lagern sollten Arbeiter, Bauern und Studenten zusammenarbeiten, wodurch die Berührungsängste zwischen Arbeitern und Akademikern abgebaut werden sollten. Im Stundenplan der Arbeitslager wurde der gemeinsamen Bildung, die auch musische Bildung miteinschloß, ebensoviel Zeit eingeräumt wie der gemeinsamen Arbeit. Rosenstock-Huessy war ein scharfer Kritiker der kapitalistischen Industriegesellschaft, die den Arbeiter der Entfremdung automatisierter Großorganisationen aussetzte. Durch eine Dezentralisierung der Betriebe wollte er die Selbstverantwortung der Arbeiter stärken. Als Fernziel propagierte er die Arbeiterselbstverwaltung. Aufgabe der Arbeitslager war es, trotz grundsätzlicher Anerkennung des Klassengegensatzes zu einem sozialen Ausgleich zwischen den Klassen und damit zur „Volks-Bildung“ beizutragen[75]. Die Formulierungen Rosenstocks-Huessys waren teilweise recht vage und unpräzise und mit einer für das deutsche Bildungsbürgertum typischen Kulturkritik durchsetzt.

Schmid setzte sich mit Rosenstock-Huessy und Kurt Hahn, dem Leiter des Landerziehungsheims Schloß Salem, in Verbindung. Er beabsichtigte, nach dem Vorbild des von Rosenstock-Huessy entwickelten Konzepts in Tübingen einen Freiwilligen Arbeitsdienst einzurichten[76]. Rosenstocks Volksbildungskonzept dürfte seinen damaligen politischen Überzeugungen weitgehend entsprochen haben. Auch Schmid beschäftigte sich in jenen Jahren mit dem Gedanken der Arbeiterselbstverwaltung. Er hatte vor, eine Anthologie aus den Schriften Proudhons zu veröffentlichen[77]. Mit Hilfe einiger junger Kollegen und älterer Studenten der Tübinger Universität konnte Schmid in der südöstlich von Reutlingen gelegenen Gemeinde Münsingen den geplanten Freiwilligen Arbeitsdienst ins Leben rufen. Finanziert wurde der Arbeitsdienst durch eine Selbstbesteuerung der Studentenschaft Tübingens und durch amtliche Zuschüsse. Die Teilnehmer waren zur Hälfte arbeitslose Jugendliche, zur Hälfte Studenten. Teilnehmen konnte, wer sich freiwillig meldete. In der Regel bestanden die Lager aus ungefähr 60 Teilnehmern ganz unterschiedlicher Parteizugehörigkeit. Auch Kommunisten beteiligten sich am Arbeitsdienst[78].

Carlo Schmid leitete erstmals in den Sommerferien 1931 das Arbeitslager in Münsingen, danach noch dreimal im März, August und September 1932[79]. Er opferte 1932 praktisch seine ganzen Ferien für die Leitung des Arbeitsdienstes. Man sieht ihn in Boots und Kniebundhosen mit hochgekrempelten Hemdsärmeln, denn man arbeitete bei Wind und Wetter draußen in einem Steinbruch, vier Wochen lang, sechs Stunden täglich, zusätzlich zwei Stunden Arbeitsweg. In einer Lagerbaracke aß und schlief man gemeinsam. Vorträge, Lesungen und lange Gespräche füllten die Freizeit aus. Das Lagerleben war äußerst schlicht. Es herrschte der Ton einer burschikosen Kameraderie[80]. Schmid scheint sich als Gruppenleiter großer Beliebtheit erfreut zu haben.

Die Hoffnungen, die Schmid mit dem Freiwilligen Arbeitsdienst verknüpft hatte, erfüllten sich nicht. Vier Wochen waren viel zu kurz, um eine tiefgreifende „Volks-Bildung" zu erreichen. Schmid, der sich als politischer Erzieher verstand, hatte die Pädagogik als Mittel zur Überwindung der Krise der Weimarer Republik überschätzt. Der Siegeszug des Nationalsozialismus konnte durch die Einrichtung eines freiwilligen Arbeitsdienstes nicht gestoppt werden.

In Tübingen gewannen die Nationalsozialisten rasch Zulauf. Bereits bei den Reichstagswahlen im September 1930 waren sie drittstärkste Partei geworden. Bei den Reichstagswahlen im Juli 1932 erhielten sie über 40% der Stimmen. Der Anteil an NSDAP-Wählern lag über dem Reichsdurchschnitt, woran nicht zuletzt die konservative bis reaktionäre Grundhaltung der Tübinger Universität Schuld trug[81]. Carlo Schmid machten die Wahlerfolge der NSDAP „besorgt", aber „nicht ängstlich"[82]. Wie so viele glaubte auch er, daß Hitler sich nur blamieren könne, wenn er an die Macht komme. Wenn Schmid nach Beendigung seiner Arbeit am Landgericht, wo er seit 1931 als Landgerichtsrat tätig war, noch im Café Walz mit seinen Referendaren eine Stunde plauderte, war die aktuelle politische Lage und die wachsende Zustimmung, die der Nationalsozialismus in weiten Kreisen der Bevölkerung fand, fast immer das Thema der Gespräche. Aber keiner wollte glauben, daß es den Nationalsozialisten gelingen werde, sich für längere Zeit an der Macht zu halten. „Das große Unheil pochte schon an die Türen." Man hielt es für einen „häßlichen Spuk"[83].

Unterm Hakenkreuz
(1933–1940)

Dritter Humanismus statt Drittes Reich

Die Geschichte des Nationalsozialismus ist die Geschichte seiner Unterschätzung. Die Nachricht von der Machtergreifung der Nationalsozialisten wurde von der Mehrheit der Tübinger Bürger mit Gelassenheit aufgenommen. Als im Februar 1933 der Tübinger Gemeinderat zusammentrat, war der Machtwechsel kein Thema. Nicht über den Untergang der Weimarer Republik war man erschüttert, sondern über das „furchtbare Unglück, das infolge der Explosion eines Großgasbehälters so jäh über die Stadt Neunkirchen im Saargebiet hereingebrochen" war[1]. Auch für Schmid bedeutete das Jahr 1933 zunächst weniger wegen der Machtübernahme der Nationalsozialisten als wegen der Freundschaft, die er mit Woldemar Graf von Uxküll schloß, einen tiefen Lebenseinschnitt.

Der 1898 in Bogliasco bei Genua geborene Uxküll war ein Cousin der Brüder Schenk von Stauffenberg. Wie diese fand auch Uxküll zusammen mit seinem Bruder Bernhard schon früh Anschluß an den Kreis um Stefan George, dem er noch als Schüler seine ersten dichterischen Versuche zusandte. Dem früh verstorbenen Bernhard gedachte George durch eines seiner bekanntesten Gedichte: „Der Dichter in Zeiten der Wirren". Woldemar gehörte zum innersten Zirkel des Kreises. Pfingsten 1919 nahm er an dem auf der Heidelberger Schloßhöhe veranstalteten „Seelenfest" des Kreises teil. Bald schon überhöhte er George zum „Gestalter großer Weltzeiten" vergleichbar Dante und Homer. 1925 hatte er sich mit einer ganz dem Georgeschen Ideal der Größe verpflichtenden Arbeit über „Plutarch und die griechische Biographie" habilitiert. Seit 1932 lehrte er in Tübingen Alte Geschichte. Sein Aussehen, seine stilisierte Lebens- und Sprechweise beeindruckten zahlreiche seiner Zeitgenossen. George allerdings distanzierte sich in späteren Jahren von seinem einstigen Jünger und sprach gelegentlich sogar mit leisem Hohn über ihn. Wissenschaftlichen Ehrgeiz entwickelte Uxküll nicht. Er galt als lebensfroh. Seinen Beruf betrachtete er als eine Art Liebhaberei. An das „Dritte Reich" knüpfte er zunächst die Hoffnung, daß es die Vorstufe zu dem von Stefan George prophezeiten „Neuen Reich" sein könnte. Seine Hoffnung schlug schon nach kurzer Zeit in Ablehnung des Nationalsozialismus um[2].

Carlo Schmid und Woldemar von Uxküll verband schon bald eine unzertrennliche Freundschaft. Uxküll führte Schmid in die Gedankenwelt Stefan Georges ein und wies ihm, wie er es pathetisch formulierte, den „Weg zu den unmittelbarsten Trägern“ von dessen „Idee“, die ein „gemeinsames Schicksal“ binde, „das zu leben höchstes Glück sein kann aber auch Untergang“[3]. Schmid zog die Geisteswelt Stefan Georges in den Bann. Er war wie gefangen von dessen Denken und dessen Dichtung. Begriffe und Sprachschöpfungen Georges durchziehen seine Reden und Aufsätze. Noch 1959 stritt er mit Peter Suhrkamp um den Begriff „Denkbild“, den George als deutsches Wort für die griechische Idee, die Wiedererinnerung als Schau des Urbildes, geprägt hatte. Suhrkamp konnte ihn nicht dazu überreden, den antiquierten Begriff „Denkbild“ aus seiner Valéry-Übersetzung zu streichen[4]. Schmid begann, in Bildern zu denken. Seine Sprache erhielt einen epideiktischen Charakter. Seine Gedichte schrieb er in Antiqua-Schrift. Auch die spärliche Interpunktion, die Stefan George eingeführt hatte, machte er sich zu eigen. Selbst in seinen Briefen an Freunde und Verehrer Georges setzte er kaum mehr Komma, was schon etwas naiv anmutet[5]. Wie konnte ein politisch denkender und handelnder Mann sich für den Ästhetizismus Georges begeistern? Wie konnte jemand, der Villon und den frühen Brecht liebte, an der Esoterik Georges Gefallen finden? Wie konnte ein schüchterner, Mitleid empfindender Mensch heroische Größenideale preisen?

Schmid war ein Suchender, der noch nicht zu sich selbst gefunden hatte. Stefan George versprach geistige Orientierung in einer Zeit, in der „alles sagbar (ward)/drusch auf leeres stroh“[6]. Er forderte den Menschen heraus. Schmid brauchte die Herausforderung, um sein Selbst entfalten zu können. Der Außenseiter Schmid litt unter der Massengesellschaft, die George verachtete. Der Dichterprophet sprach ein Strafgericht über die bürgerliche Gesellschaftsordnung, die nur den „trieb“ des „trogs“ kenne[7]. Es war vor allem die Kulturkritik Georges, die Schmid wie viele Intellektuelle seiner Zeit gefangennahm. „Der Franklinsche Mensch wird zu überwinden sein, wenn die Welt wieder ein würdiger Schauplatz für den Menschen werden soll. Nietzsche hat dazu aufgerufen und sein Anathema ist noch immer gültig, wenngleich seine Wege ziellose Labyrinthe sind“, schrieb er 1943 seiner Frau[8]. Der Vitalismus Villons und Brechts war vom Nihilismus bedroht. George predigte eine Vergöttlichung des Leibes und eine Verleibung Gottes. Sein Ideal war eine Vergeistigung des triebhaft Sinnlichen[9]. In der Dichtung wurde das Dionysische in apollinische Form gebannt. Für Schmid gewann die Dichtung existentielle Bedeutung. Das war keine Flucht vor der widrigen Realität in einen esoterischen Ästhetizismus. Durch ästhetische Erziehung sollten die Menschen, vor allem die Jugend verwandelt werden, nachdem die volksbildnerischen Konzepte gescheitert waren.

Freilich, Walter Benjamin hatte ganz zu Recht kritisiert, daß George

„die Erneuerung des menschlichen Lebens erstrebte, ohne die des öffentlichen zu bedenken“ [10]. Unter dem Pseudonym Lothar Helbing hatte Wolfgang Frommel in seiner 1932 erschienenen Schrift „Der Dritte Humanismus“ eine Brücke von der Dichtung Georges zur Politik zu schlagen versucht[11]. Carlo Schmid war beeindruckt von dieser Arbeit und brannte darauf, den Verfasser persönlich kennenzulernen, nachdem sein Freund Uxküll ihm das Geheimnis des Pseudonyms gelüftet hatte[12]. Wer war dieser Wolfgang Frommel? Was verhieß seine Schrift, die bei zahlreichen Angehörigen des Bildungsbürgertums auf so große Resonanz stieß?

Wolfgang Frommel, Sohn eines Heidelberger Theologieprofessors, 1902 in Karlsruhe geboren, war gerade dreißig Jahre alt, als sein unerwartet erfolgreiches kleines Buch erschien. Er hatte in Heidelberg Theologie studiert, wo er zusammen mit Theodor Haubach eine sozialistische Studentengruppe ins Leben gerufen hatte. Percy Gothein, Renaissanceforscher und Jünger Georges, den er 1923 kennenlernte, brachte ihm Dichtung und Denken Georges nahe. Um beide bildete sich ein Freundeskreis,der sich dem Geist Georges verpflichtet fühlte. 1930 gründete Frommel den Verlag „Die Runde“, wo auch sein 80 Seiten umfassendes Büchlein „Der Dritte Humanismus“ erschien, dessen Faszinationskraft auf die damals Lebenden heute kaum mehr nachvollziehbar ist. Die Schrift erschien in drei Auflagen. 1935 waren 8000 Exemplare verkauft. 1936 wurde sie von den Nationalsozialisten verboten[13].

Das Buch beginnt mit einer Nietzsche entlehnten Philippika gegen das humanistische Gymnasium, in dem nur noch „Büchergelehrsamkeit“ verbreitet werde[14]. Humanismus werde dort mit Philanthropie verwechselt, obwohl er in Wirklichkeit die lateinische Umschreibung von „paideia“ sei: „Erziehung zur Herrschaft über sich und die Welt (...), Fähigkeit zur Stilisierung, zur Ordnung des andrängenden Chaos (...), Strenge der Auswahl, Härte der Skepsis“ [15]. Als Auslesestätte für eine politische Elite hätten die Gymnasien völlig versagt. Die Deutschen müßten in der Antike ihre „wahre Ahnenschaft“ erkennen[16]. Anders als der Humanismus des 16. Jahrhunderts, der vor allem ein wissenschaftlicher, und der Humananismus der Deutschen Klassik, der vor allem ein ästhetischer war, müsse der Dritte Humanismus ein politischer sein, in dessen Zentrum die Rezeption des antiken Staatsgefühls, die Erziehung des Menschen zum zoon politikon zu stehen habe. Der zukünftige Staat müsse von Menschen getragen werden, die sich zurückbesinnen auf die Antike und zugleich ganz durchströmt sind vom „dichterischen Wort“ [17]. Die Utopie des Dritten Humanismus war ausgesprochen antiliberal, erteilte aber auch dem Nationalsozialismus eine eindeutige Abfuhr. Frommel stellte sich „mit aller Schroffheit gegen gewisse Entartungen, wo der verantwortungslose Machtwille sogenannter Führer Bereitschaft und Glut einer Jugend, die noch keine Maßstäbe besitzt, für eigene Zwecke mißbraucht“ [18]. Der

Nationalsozialismus wurde vor allem als Rattenfänger der Jugend verstanden. Der Erziehung wurde daher eine herausragende Bedeutung zugemessen. Zwei Aufgaben mußten vordringlich in Angriff genommen werden: die Bildung einer politischen Elite im Geiste des Humanismus und der Kampf gegen die Vermassung. Der Staat müsse „die unter dem schon recht vieldeutig gewordenen Wort ‚Sozialismus' zum Ausdruck kommenden Lebensrechte der Besitzlosen durch eine straffere und großzügigere Ordnung der Wirtschaft zu erfüllen wissen, vor allem aber muß er Mittel und Wege finden, der Vermassung Einhalt zu gebieten (...)"[19]. Der Dritte Humanismus sollte Grundlage für eine neue geistige Ordnung Europas, für ein neues Sacrum Imperium sein[20].

Die Schrift wandte sich an die „Gebildeten der Nation", also an ein zumeist konservatives Publikum. Es gibt Überschneidungen mit dem Vokabular der „Konservativen Revolution". Man wird jedoch Frommel kaum zu deren Autoren zählen können[21]. Der Dritte Humanismus war die gesellschaftsferne Utopie eines Dichterstaates. Konkrete politische Vorschläge sucht man in der Schrift vergeblich. Das elitär-aristokratische Weltbild des Dritten Humanismus war unzeitgemäß. Heinrich V. denkwürdige Worte vor der Schlacht bei Agincourt „We few, we happy few, we band of brothers" wurde zum Treueschwur der Anhänger des Dritten Humanismus. Noch im Jahre 1972 beendete Carlo Schmid einen Brief an Wolfgang Frommel mit diesen Worten[22].

Es fällt heute schwer zu verstehen, daß ein solch vages und der politischen Praxis fernes Konzept einen solchen Anklang finden konnte. Man muß sich jedoch vergegenwärtigen, daß es damals fast keine Universität gab, an der nicht Dozenten unterrichteten, die von Stefan George beeinflußt waren oder ihm nahestanden. An Stefan George schieden sich die Geister. Und es waren durchaus namhafte Professoren, die sich George verpflichtet fühlten: Friedrich Gundolf, Max Kommerell, Ernst Kantorowicz, Edgar Salin. Arnold Bergstraesser, der bei Wolters studiert hatte, war ein Bewunderer Georges. Adorno und Benjamin waren zwar keine Georgeaner, lebten aber in ständiger kritischer Auseinandersetzung mit der Gedankenwelt Georges. Adorno vertonte Gedichte Georges[23].

Carlo Schmid bekam im November 1934 endlich die Gelegenheit, Wolfgang Frommel in Berlin kennenzulernen. Uxküll hatte Frommel auf seinen Tübinger Freund aufmerksam gemacht und ihm vorgeschlagen, ihn an den von Frommel geleiteten Mitternachtssendungen zu beteiligen. Frommel war einverstanden. Im September 1934 schrieb er Schmid, daß er es sich „zur Ehre und zum besonderen Vergnügen" anrechne, mit ihm „ins Gespräch zu kommen", denn man sei durch „eine weitgehende Übereinstimmung der politischen Haltung" miteinander verbunden. Er freue sich, daß Schmid durch eigene Beiträge das Programm der Mitternachtssendungen bereichern wolle, in denen die „Besten der Nation" die Möglichkeit erhielten, „ohne jeden nivellierenden oder einschränkenden Zwang“ über „wichtige Probleme der Kultur, des Lebens, der Weltanschauung“ zu sprechen. Schmids „kühnem und eigenwilligem Denken“ böte der Rundfunk einen wichtigen Resonanzboden. Gehöre er doch zu den wenigen, die in einer Zeit „kollektiven Drucks“ nicht auf ihre „geistige Freiheit“ und eine eigenständige „souveräne Betrachtungsweise“ verzichtet haben[24].

Unter der Ägide Frommels war ab Herbst 1933 wöchentlich freitags nach 24 Uhr beim Südwestfunk in Frankfurt eine Sendereihe mit dem Titel „Vom Schicksal des deutschen Geistes“ ausgestrahlt worden[25]. Die Verfasser der Beiträge waren anerkannte Gelehrte. Fast alle standen dem Denken Georges nahe. An den Sendungen, die allein schon wegen des späten Sendetermins sich nur an das Bildungsbürgertum richteten, beteiligten sich u. a.: Arnold Bergstraesser, Wilhelm Fränger, Ernst Kantorowicz, Fritz Klatt, Max Kommerell, René Koenig, Walter F. Otto, Kurt Riezler, Rudolf Stadelmann, Hans Joachim Schoeps. Literarische, philosophische und historische Themen waren ein bevorzugtes Medium, um Kritik am Nationalsozialismus zu tarnen. Es war ein „Kampf unter Masken“[26], bei dem es auf die Zwischentöne und die versteckten Botschaften ankam, die „allen Stillen und Bemühten im Lande zur Erbauung“ dienen sollten[27]. Die Mehrzahl der Autoren waren entschiedene Gegner des Nationalsozialismus. Es gab aber auch einige, die Sympathien für das „Dritte Reich“ äußerten. Sie fungierten als Aushängeschild, um die Sendereihe vor dem Zugriff der NS-Zensoren zu bewahren. Selbst um Mitternacht mußte man mit kritischen Äußerungen überaus vorsichtig sein. Nachdem ab Frühjahr 1934 die Sendereihe vom Reichsfunk in Berlin ausgestrahlt wurde, mußte die Kunst der Camouflage noch verfeinert werden, denn das Berliner Rundfunkhaus wurde von den Nationalsozialisten weitaus strenger kontrolliert als das Frankfurter[28].

Carlo Schmid erklärte sich trotz seiner „abgrundtiefe(n) Abneigung gegen den Rundfunk“ bereit, sich an den Mitternachtssendungen zu beteiligen – vor allem weil es ihn drängte, Frommel zu sprechen, und für ihn in „absehbarer Zeit keine Möglichkeit“ bestand, nach Berlin zu kommen „als auf Diäten“[29]. Frommel hatte angeregt, daß Schmid einen Vortrag über das Thema „Friedrich der Große und Rousseau“ halten solle. Uxküll hatte Frommel von den geistvollen und hochaktuellen Ausführungen seines Freundes zu diesem Thema berichtet, Carlo Schmid hätte es vorgezogen, über das Thema „Reichsidee und Völkerbundideologie an der Wende von Mittelalter und Neuer Zeit“ zu sprechen, mit dem er sich damals intensiv beschäftigte[30]. Er hätte dann das Ideal des „Neuen Reichs“ der Wirklichkeit des „Dritten Reichs“ gegenüberstellen und zeigen können, daß die Reichsidee von den Nationalsozialisten pervertiert worden war. Frommel überredete ihn zu einem Vortrag über Friedrich und Rousseau. Der andere Beitrag, der ihm so sehr am Herzen lag, sollte zu einem späteren Termin gesendet werden[31].

Ende September mußte ihm Frommel zunächst eine bittere Enttäuschung bereiten. Er sollte zwar ein Vortragshonorar erhalten, aber die Fahrt nach Berlin könne vom Rundfunkhaus nicht bezahlt werden. Falls er für die Fahrtkosten nicht selber aufkommen könne, müsse er vom Rundfunkhaus in Stuttgart aus sprechen[32]. Schmid hatte sich so auf die Begegnung mit Frommel gefreut. Seine Mittel aber waren zu „beschränkt", als daß er sich die „teure Reise" hätte leisten können. „Ließen sich die Mittel für die Reisekosten nicht doch frei machen?"[33] Sie ließen sich freimachen, und so konnte Schmid sich Freitag, den 16. November auf den Weg nach Berlin machen. Aufgeregt war er vor seinem ersten Rundfunkvortrag schon. Fünf Tage vor dem Vortrag bat er Frommel noch einmal um Auskunft, wie die ganze Sache denn ablaufen solle: „Wollen Sie mir schreiben, ob wir uns vor dem Vortrag sehen werden? Wo werden wir uns dann treffen? Und wenn Sie anders verfügt haben: wo und wie erfahre ich die Dinge, die man wissen muß, wenn man sich in der großen Maschine die Sie mitverwalten, zurechtfinden soll?"[34]. Frommel beruhigte ihn. Schon früher hatte er ihn gemahnt, das Niveau des Vortrags nicht zu hoch anzusetzen: „Denken Sie bei den Hörern immer an Abiturienten eines heutigen Gymnasiums oder Studenten eines ersten Semesters; und vergessen Sie nicht, daß dem Aufnehmenden nur Ihre Stimme, nicht einmal Ihre Gebärde oder Ihr Antlitz – geschweige denn ein Manuskript, gegeben ist. Der nicht verstandene Satz ist also völlig verloren, ein nicht faßbarer Begriff verwirrt das Ganze."[35] Alles klappte. Am 16. November zur Geisterstunde hielt er seinen Vortrag über „Friedrich und Rousseau oder Kunst und Natürlichkeit als staatsbauende Wirksamkeiten"[36].

Was waren die Lehren des Vortrags? Welche versteckte Kritik am NS-Regime enthielt er? Schmid ergriff Partei für Friedrich den Großen gegen Rousseau, den er als Vorläufer völkischen Denkens verstanden wissen wollte. Rousseaus Denken interpretierte er als eine Absage an den Prozeß der Aufklärung, als einen Archaismus. Rousseau wolle das „Ur" wiederherstellen und nehme dem Menschen und Staat alles, was „Geschichte und Geist ihm hinzugefügt haben"[37]. „Das Volk Rousseaus findet sich zusammen wie die Herde, es wird als natürliche Vergemeinschaftung durch Gleichheit der Sprache und Abstammung und willkürlichen Zulauf."[38] Aus einer solchen Vergemeinschaftung könne aber niemals eine Wertordnung hervorgehen. Der von Rousseau postulierte Allgemeinwille könne allenfalls in einer Schweizer Landgemeinde verwirklicht werden. In Großstaaten müsse er zu einem „gleichmachenden Kulturimperialismus" führen. Friedrich den Großen dagegen pries er als roi philosophe, „der das Volk durch die Kultur für die Kultur erzogen hat"[39]. Die Aufklärung von oben durch ein absolutistisches Regime wurde von ihm idealisiert. Im Preußenstaat Friedrichs werde der Mensch nicht „determiniert“, sondern „geformt“, und so habe sich dort eine „schöpferische Toleranz“ entwickeln können[40]. Recht offen trug er seine Kritik an der 1933 von den Nationalsozialisten verfügten Wiederherstellung des Berufsbeamtentums vor. Friedrich habe ein Berufsbeamtentum geschaffen, „dessen innerer und äußerer Rang und Wert nicht durch Rechtgläubigkeit bestimmt werden, sondern durch die Haltung und das Können“[41]. Um diesen Seitenhieb zu verstehen, brauchte man kein besonders feines Gehör entwickelt zu haben. Die Botschaft des Vortrags war eindeutig: Ecrasez l'infâme! Man konnte sie nur mißverstehen, wenn man sich vom Preußenkult des NS-Regimes blenden ließ. Schmid zerbrach die Kontinuitätslinien zwischen preußischem Staat und NS-Regime, auf die sich die neuen Machthaber beriefen.

Schmids Beitrag dokumentiert nicht nur seine oppositionelle Haltung gegenüber dem NS-Regime, sondern auch sein Verständnis des Nationalsozialismus als plebiszitäre Führerdemokratie. Seine Sympathie für den aufgeklärten Absolutismus, bei dem Geist und Macht noch eine Einheit bilden, äußerte er ganz unverhohlen. Eine Biographie über Richelieu hatte er schreiben wollen, aber unter dem NS-Regime war dies nicht möglich, und später hatte er keine Zeit mehr dazu[42]. Aber zeit seines Lebens bewunderte er Richelieu als Begründer des französischen Nationalstaates und französischer Zivilisation, wobei er verschwieg, daß der Minister Ludwig XIII. vor einem blutigen Staatsterrorismus nicht zurückschreckte, um seine Ziele zu erreichen[43]. Schmids Idealisierung des aufgeklärten Absolutismus war Ausdruck seines Geistesaristokratismus, seiner Ablehnung der Massendemokratie, in der er die Hauptursache für das Aufkommen des Nationalsozialismus sah.

Einen Teil der Beiträge zu den Mitternachtssendungen publizierte Frommel unter dem Titel „Vom Schicksal des deutschen Geistes“ in einem im Dezember 1934 erschienenen Auswahlband, in den er auch Schmids Beitrag aufnahm. Daß die getarnten Botschaften der Mitternachtssendungen verstanden wurden, beweist der reißende Absatz, den dieser Sammelband fand. Innerhalb von zehn Tagen nach dem Erscheinen waren 7000 Exemplare verkauft[44].

In Berlin war Schmid nicht nur Wolfgang Frommel begegnet, sondern auch Ernst Morwitz, der lange Jahre im engsten Umkreis um Stefan George gelebt hatte, später durch die Kommentierung und Interpretation von dessen Werk bekannt wurde[45], und Ernst Kantorowicz, Kaiser-Friedrich-Biograph und enger Freund Woldemar von Uxkülls, dem die Biographie gewidmet war[46]. Morwitz und Kantorowicz waren Opfer der NS-Rassegesetzgebung. Kantorowicz hatte bereits im Frühjahr 1934 bei der Frankfurter Universität, an der er einen Lehrstuhl für Geschichte innehatte, ein Gesuch um Beurlaubung eingereicht, weil er es mit der „Würde eines Hochschullehrers" für unvereinbar hielt, daß er als „national gesinnter Jude" seine „nationale Gesinnung" schamhaft verbergen sollte[47]. Schmid schätzte den geistigen Austausch mit Kantorowicz und Morwitz. Insbesondere sein Verhältnis zu Morwitz scheint sehr vertrauensvoll und offen gewesen zu sein[48]. Mit Kantorowicz teilte er die Verehrung für Dante, den Ahnherr des Neuen Reichs. Der um Frommel versammelte Kreis war ein Zentrum deutsch-jüdischer kultureller Zusammenarbeit in einer Zeit, als Juden rassisch verfemt und verfolgt wurden. Frommel ermöglichte es, daß Juden unter Decknamen sich an den Mitternachtssendungen beteiligen konnten. Das Honorar für diese Sendungen war für viele eine wichtige finanzielle Hilfe[49].

Zu Neujahr bedankte sich Frommel noch einmal bei Carlo Schmid. Es sei für ihn ein „beglückendes Erlebnis" gewesen, „einem Menschen zu begegnen, der die gleiche Sprache spricht und in gleichen Verehrungen gebunden sein Leben so leidenschaftlich in den Dienst der neuen geistigen Ordnung gestellt hat"[50]. Er müsse bald wieder nach Berlin kommen und in der Mitternachtssendung sprechen, denn nach dem unverhofften Verkaufserfolg der Beiträge sei ein neuer Band bereits in Vorbereitung. Frommel war voller Pläne. Er wollte eine weitere Sendereihe starten, die das breite Publikum erreichen sollte. Sie sollte wöchentlich, dienstags von 9.00 Uhr bis 9.15 Uhr ausgestrahlt werden. Konkrete Vorstellungen, wie diese „politische Pädagogik" für „Ungebildete" aussehen sollte, hatte er noch nicht. Schmid wurde um Vorschläge gebeten[51].

Obwohl Schmid durch eine schwere Rippenfellentzündung ans Bett gefesselt war, antwortete er geradezu begeistert eine Woche später in einem Handschreiben: „Ich finde Ihre Idee, politische Pädagogik in der beschriebenen Weise zu treiben, entzückend. Sie sind ein Springquell von Einfällen, lieber Freund! Was meinen Sie zu dem Gedanken, daß die klassische Form der Pädagogik seit Äsop die Fabel ist? Wir müssen darüber noch sehr viel reden und einander schreiben. Jetzt erlauben mir meine Kräfte noch nichts."[52] Zwei Monate später, als seine Kräfte wiederhergestellt waren, kam er nochmals auf seine Idee, die Fabel als Mittel politischer Aufklärung zu benutzen, zurück. Sie sei für die politische Erziehung am geeignetesten, denn in ihr werde die „Norm des moralischen Menschen" ausgesprochen. Auf die Fabeln La Fontaines könne man zurückgreifen, es sei allerdings möglich, daß das angesprochene Publikum nicht über genügend „esprit de finesse" verfüge, um die Lehren zu verstehen. Auch Königsfabeln seien geeignet, er habe sich schon einige ausgedacht. Vermutlich müsse man aber nach der Erzählung der Geschichte die „gedanklichen Bezüge aussprechen und deuten"[53]. Carlo Schmid scheint sich nicht darüber im klaren gewesen zu sein, daß ein solches Aussprechen und Deuten die nationalsozialistische Zensur auf den Plan gerufen hätte. Die Äsopsche Sprache taugte kaum dazu, ein breites Publikum zu erreichen. Fabeln, die jedermann verstehen konnte, verstanden auch die Zensoren des NS-Regimes. Gewiß, auch in der Frankfurter Zeitung bediente man sich der Fabel, um Kritik am NS-Regime zu äußern. Aber diese Zeitung wurde fast nur vom Bildungsbürgertum gelesen[54]. Kritik, die sich tarnen mußte, erreichte zumeist nur die Gleichgesinnten. Frommel und Schmid überschätzten die Leistungskraft politischer Pädagogik unter den Bedingungen eines totalitären Regimes, dem alle Mittel der Presse- und Rundfunklenkung zur Verfügung standen. Vermutlich kamen sie selbst zu dieser Einsicht. Die Sendung kam nicht zustande.

Hellsicht und Verblendung über den Charakter des Nationalsozialismus lagen bei Schmid sehr nahe beieinander. Während er seinen Studenten gegenüber keinen Hehl daraus machte, daß Hitlers außenpolitisches Programm die europäische Staatengemeinschaft zerstören mußte[55], hatte er andererseits die Hoffnung auf das „Neue Reich" noch nicht aufgegeben. Als Frommel im April 1935 erkrankte, beeilte er sich, ihn zu ermahnen, seine Kräfte zu schonen, denn er sei einer der „wirkungsmächtigsten Hüter und Schürer der Flamme, Werkmeister, ohne den das Neue Reich nicht wird vollkommen erbaut werden können."[56] Gewiß, das „Neue Reich" war kein politisches Imperium, sondern eine kulturelle und geistige Ordnung, auf deren Fundament Europa errichtet werden sollte. Aber woher nahm Schmid den Glauben an die Macht des Geistes in einer Zeit, in der der Ungeist bereits feste politische Wurzeln geschlagen hatte?

In seinem nächsten Beitrag für die Mitternachtssendungen wollte Schmid sich eingehend mit der Reichsidee befassen, um ihren Mißbrauch durch die Nationalsozialisten aufzuzeigen und sie der „Völkerbundideologie" gegenüberzustellen, die Anfang des 14. Jahrhunderts in Frankreich gegen die Reichsidee entwickelt worden sei. Dante, der Sänger des „Hohen Lieds" der Weltmonarchie und Pierre Dubois, der erste „Berufspolitiker" und „Völkerbundideologe" wurden zu Antipoden aufgebaut[57]. Wie konnte ein Mann, der ein Verteidiger des Völkerbundes war, von „Völkerbundideologie" sprechen? Wurde da nicht das nationalsozialistische Vorurteil genährt, daß Frankreich der ewige Verhinderer der Reichseinheit sei? In der Tat, wer bei diesem Vortrag nicht genau zuhörte, konnte meinen, Schmid sei zu einem Apologeten des nationalsozialistischen Geschichtsbildes geworden. Pierre Dubois' zu Beginn des 14. Jahrhunderts entwickeltem Plan, die in Europa herrschende Anarchie durch einen Völker- bzw. Fürstenbund zu überwinden, erteilte Schmid eine radikale Abfuhr. Dubois' Völkerbund sei nichts anderes als „die politische Form einer völligen Säkularisation des Daseins, ein Apparat zur Erweiterung des Anteils der Europäer an den Konsumgütern der Erde, ein Reich ungestörten genießenden Behagens (...) und ein Instrument zur Aufrichtung der staatlichen und geistigen Vorherrschaft Frankreichs über das Abendland"[58]. Schmid verurteilte den säkularen Machtstaat und den nationalen

Imperialismus. Er sprach von Frankreich und meinte in erster Linie Deutschland. Ideologie, so führte er weiter aus, lebe „unter dem Banne der Vorstellung, daß die Verschiedenheit der Völker, die Andersläufigkeit ihres Schicksals und die Trennung schaffende Mannigfaltigkeit der Art sich darzustellen ein Fehler im Gefüge des Weltbaues" sei[59]. Die Reichsidee dagegen gehe davon aus, „daß die Völker in ihrer Verschiedenheit notwendig seien, um den Reichtum des Menschenbildes vollkommen zur Darstellung kommen zu lassen (...)."[60]

Schmid ging es darum, die rassisch und imperialistisch gewendete Reichsidee der Nationalsozialisten und deren Herrschaftsansprüche über Europa zu widerlegen. Das konnte er nur, wenn er bewies, daß der Ursprung des mittelalterlichen Kaisertums nicht germanisch war, wie die Nationalsozialisten behaupteten. Er zeigte, daß die mittelalterlichen Kaiser sich als „römische Kaiser", als Erneuerer des Römischen Reichs verstanden, die ihre Macht direkt von Gott ableiteten. Als „vicarii Christi" sei ihnen das Ziel aufgegeben gewesen, pax et justitia, Friede und Gerechtigkeit, zu verwirklichen. Sie hatten keine nationalistische, sondern eine heilsgeschichtliche Mission. Ihre Aufgabe war es, den „Weltplan Gottes" zu erfüllen[61]. Bei seinen Ausführungen konnte er sich auf Percy Ernst Schramms Arbeit über Kaiser Otto III. „Kaiser, Rom und Renovatio" und die Kaiser-Friedrich-Biographie Kantorowicz' stützen[62]. Beide hatten in ihren Studien ausführlich nachgewiesen, daß das mittelalterliche Reichsverständnis ein römisch-christliches und kein germanisches war.

Daran anschließend versuchte Schmid deutlich zu machen, wie grundlegend verschieden Dantes Vision der Weltmonarchie von den nationalsozialistischen Bestrebungen einer Neuordnung Europas unter deutscher Vorherrschaft war. Bei Dante sei der Kaiser zum Philosophenkönig, zum „Philosophus Basileus" geworden, der die „humanitas" repräsentiere, das Menschengeschlecht und die dem Menschen aufgegebene Norm. Der Weltmonarch Dantes übe „die Herrschaft in der Welt nicht allein aus; er ist kein zentralisierender Tyrann, der die Völker nivelliert. Die Billigkeit und die von Gott gewollte geschichtliche Verschiedenheit der Völker nach Art und geschichtlichem Werden fordern, daß die diese Verschiedenheit ausmachenden Eigentümlichkeiten der Nationen durch besondere Obrigkeiten und Fürsten herrschaftlich geordnet werden. Aber was jenseits aller partikulären Verschiedenheit und Eigenart der Gattung Mensch gemeinsam ist, und das ist für Dante alles, was den Rang des Menschen als Menschen bestimmt, ordnet des Kaisers Majestät, aus deren Hand die Fürsten das Leitgebot erhalten."[63]

Dante war für Schmid der Prophet des „Neuen Reichs", in dem ein europäischer Humanismus verwirklicht werden sollte. Mit der „Vision eines größeren, mächtigeren Deutschland"[64] hatte die Utopie des „Neuen Reichs" nichts zu tun. Deutschlands Mission war eine europäische.

Es hatte die Aufgabe, einem europäischen Humanismus zum Durchbruch zu verhelfen. Auch Schmid glaubte an die deutsche Kulturberufung. Wer den Gang der Geschichte kennt, mag diese Auffassung für politisch naiv halten. Schmid selbst betonte, daß Dantes Vision eines europäischen Humanismus wohl vorerst Utopie bleiben müsse. Doch er fügte hinzu: „Man hat gesagt, wie überlegen das realpolitische Denken des Dubois (...) der Utopie Dantes sei. Wir sind nicht davon überzeugt, daß, auch im Bereiche des Politischen, derjenige, der den Weg zum Erfolge weist, notwendig an geschichtlichem Range dem überlegen sei, der die Norm des Menschen bestimmt und sein Bild aufrichtet, fordernd, leitend, verdichtend."[65] Das konnte nur heißen: Laßt Euch von Hitlers Erfolgen nicht blenden.

Der Beitrag wurde am 11. Oktober 1935 gesendet. Die Hörer mußten schon genau zuhören, um Carlo Schmids Verherrlichung Dantes, den er 1931 noch als einen Apologeten des bereits untergegangenen mittelalterlichen Reichs bezeichnet hatte[66], und seine Verteufelung Dubois' nicht als Apologie des NS-Geschichtsbildes mißzuverstehen. Aber die Hörer dieser Sendungen dürften ein sehr sensibles Gehör für Zwischentöne gehabt haben. Wer die Zwischentöne verstand, empfand Schmids Beiträge als „sehr mutig"[67]. Gewiß, das waren in der Regel Gleichgesinnte, die bereits in Opposition zum NS-Regime standen. Frommel plante, die Beiträge wieder in Buchform zu publizieren. Auch Schmids Beitrag sollte in den Auswahlband aufgenommen werden, von dem Frommel hoffte, daß er ähnlich reißenden Absatz finden werde wie der erste. Die Nationalsozialisten verboten das Erscheinen[68]. Schmids Beitrag erschien 1937 in dem Sammelband „Aufsätze zur Geschichte der Antike und des Christentums"[69] und noch einmal 1938 als Separatdruck[70]. Offensichtlich waren seine Äußerungen zu subtil, um von den Nationalsozialisten als Kritik am Regime erkannt zu werden.

Schon zwei Monate nach seinem Vortrag über Dante und Pierre Dubois verfaßte er einen neuen Beitrag: Augustinus und Karl der Große. Wieder ging es um die Reichsidee und diesmal auch um den Begriff der Nation. Anhand des augustinischen Staatsverständnisses ließ sich der ethnische Nationsbegriff des NS-Regimes kritisieren. Hatte doch Augustinus den Staat nicht mehr als eine Stammesgemeinschaft verstanden, sondern als eine Personengemeinschaft, als eine „Gemeinschaft von Menschen, die durch gemeinsames Wertstreben verbunden sind"[71]. Das sei, so Schmid, ein ganz neues Verständnis von Nation gewesen. Denn erstmals wurde der „Rang eines Volkes" nicht mehr durch die „fatalistische Scheidung der Völker in Barbaren und Römer" bestimmt, sondern durch den „Rang der Güter, auf die es sein Eros wirft"[72]. Das zeigte, wie archaisch im Grunde das Denken der Nationalsozialisten war. Dagegen war Karl der Große ein geradezu moderner Mensch. Er hatte sich den Grundsatz zu eigen gemacht: „Recht“, nicht „Diktat“. So ließ er auch die „Volkrechte“ der unterworfenen Sachsen aufzeichnen[73].

Schmids Kritik am NS-Regime war diesmal nicht sublim versteckt. Er schlug mit dem Holzhammer zu. Augustinus, so führte er in seinem Vortragsmanuskript aus, habe den „Caesaropapismus“ seiner Zeit beschrieben als einen „Staat, der sich, zum weltverschlingenden Untier geworden, vergottete, sich in einem Fürsten verkörperte, der den Anspruch erhäbe, in seinem So-Sein als lex-animata-Verleibung der Norm angesehen zu werden, der damit sein jeweiliges Dasein zu einem Sollen, das die Menschen binde, hinaufsteigerte, und dadurch, daß er sich selbst als letztes Ziel bejahte, den Grund zur Herrschaft des Bösen in der Welt setzen mußte.“ [74] Selbst dem Dümmsten der NS-Zensoren konnte nicht entgehen, wer da gemeint war. Schmid verband seine Ausführungen mit scharfen Vorwürfen gegen die Intellektuellen, die sich in die machtgeschützte Innerlichkeit geflüchtet hatten und der Konsolidierung des NS-Regimes tatenlos zusahen. Er tat dies, indem er sich mit den „radikalen geistigen Bewegungen“ des frühen Mittelalters auseinandersetzte, die den Staat zum „corpus diaboli“ erklärten, so daß ihnen „alles Sich-Ausrichten auf den Staat überhaupt, nicht nur auf eine bestimmte Erscheinungsform des Staates als Teufelswerk erscheinen mußte“.[75] „Seltsam: auch die Epikureer lehrten Ähnliches. Vielleicht ist literarisches Asketentum immer eine Form des Epikureismus.“ [76] Härter hätte er die Kritik an den Intellektuellen kaum formulieren können. Er hatte wohl gehofft, daß die Mitternachtssendungen die Intellektuellen und das Bildungsbürgertum aufrüttelten, so daß sie sich geschlossen dem Nationalsozialismus entgegenstellten. Aber diese Hoffnung war genauso illusorisch wie die Ansicht Thomas Manns, daß es Aufgabe der Intelligenz gewesen wäre, 1933 den Generalstreik zu erklären und das Land zu verlassen[77].

Carlo Schmids Vortrag wurde nicht gesendet. Frommel sah Ende 1935 keine Möglichkeit mehr, die Sendereihe weiterzuführen, ohne daß aus Kompromissen eine Kompromittierung wurde. Nachdem die Sendereihe im Ausland starken Zuspruch gefunden hatte, verschärften die Nationalsozialisten ihre Kontrollmaßnahmen und ordneten eine teilweise Vorzensur der Sendebeiträge an. In ihren Augen waren die Mitternachtssendungen „weltanschaulich unbedingt eine Gefahr für den Nationalsozialismus“ [78]. Auch eine getarnte Opposition war nicht mehr möglich. Aus Camouflage hätte Apologie werden müssen. Schmid konnte froh sein, daß sein Beitrag nicht gesendet wurde. Die Ohrfeige, die er den Nationalsozialisten hatte verabreichen wollen, wäre wohl kaum ungestraft geblieben. Sein Mut war schon fast Leichtsinn. Es mag der Mut der Verzweiflung gewesen sein. Auf eine geschlossene Opposition, die den Nationalsozialismus in absehbarer Zeit zu Fall bringen würde, war nicht mehr zu hoffen.

Der Druck der Anpassung auf die Verweigerer nahm zu. Die um Wolfgang Frommel versammelte „Runde" löste sich auf. Ein Teil der Mitglieder emigrierte 1936. Frommel folgte ihnen ein Jahr später. Er ging zunächst nach Basel, wo der Verleger Benno Schwabe den mittellosen Flüchtling aufnahm. Schon bald wieder steckte er voller Pläne und Entwürfe. Eine Zeitschrift des Europäischen Humanismus, die den Titel „Argo" tragen sollte, wollte er ins Leben rufen[79]. Schmid sagte seine Mitarbeit zu. Er hatte dafür eine 70 Schreibmaschinenseiten umfassende Kurzausgabe und Kommentierung der Werke Platons zusammengestellt, deren Zweck er in der Einleitung zu dem Kommentar umschrieb: „Der Titel ‚Kurzausgabe' soll andeuten, daß wir nicht eine bloße Auslese aus Platons Werk bringen wollten, sondern das Ganze, aber mit Verzicht auf alles, was zum Verständnis der Platonischen Philosophie nicht notwendig ist, um durch diese Zusammenfassung dem modernen Leser die Kenntnis des tiefsten Denkers der Antike zu ermöglichen und zugleich die Übersicht zu schaffen, die zum Aufbau seines Systems erforderlich ist."[80]

Im George-Kreis galt Platon als ein Wahrheitssuchender, der in der Reihe der großen Dichter und Denker an vorderster Stelle stand. Er war der Philosoph des Eros, sein Lehrer Sokrates der Erfinder der Dialektik. So wollte auch Schmid die Philosophie Platons verstanden wissen. Die Rede Diotimas über den Eros in Platons Symposium gehörte zu seiner Lieblingslektüre[81]. Er wehrte sich heftig dagegen, platonische Liebe im landläufigen Sinne zu begreifen. Die platonische Liebe sei „keineswegs platonisch". Es handle sich bei ihr nicht um eine rein geistige Liebe, sondern um die Sublimierung der Erotik zum Eros, den er als eine „Art göttlichen Wahnsinn" begriff[82]. Er transzendiert die bloß instrumentelle Vernunft. Durch die sokratische Dialektik werde „Scheinweisheit" erschüttert – eine Aufgabe, die die formale Logik nicht zu leisten vermag, weshalb Platon keinen Wert auf sie gelegt habe. Bei dem „Spiel" der Dialektik füllten sich die „Seelen mit Trunkenheit", hatte Nietzsche in der „Morgenröthe" geschrieben[83]. Schmid zitierte Sokrates' provokatives Eingeständnis: „Ich weiß, daß ich nichts weiß."[84] In ihm komme „die Bescheidenheit des ewig Suchenden, des Jägers nach Weisheit" ebenso zum Ausdruck wie der „unsagbare Hochmut der kritischen Vernunft". Schmids Interesse an Platon war nicht nur wissenschaftlicher Natur. Auch er war auf der Suche nach Wahrheit und auf der Suche nach seinem Selbst. In dem platonisch-aristokratischen Menschenbild fand er sich wieder.

In seiner Platon-Ausgabe beschäftigte er sich nicht nur mit dem philosophischen, sondern auch mit dem politischen Werk Platons, dessen Interpretation ihm erneut Anlaß gab, das nationalsozialistische Herrschaftssystem zu attackieren. War Platons „Politeia" nicht eine Vorform des NS-Regimes? Dort werde ein Staat als der absolut „richtige" anerkannt, während alle anderen Staaten zu „Nichtstaaten" erklärt würden. In einem solchen Staat könne es nicht ausbleiben, daß „Gerechte" zu „Märtyrern" werden mußten[85]. Sokrates' „Opfertod" wurde von ihm zu einer Art Steinigung des Weisen durch die Masse stilisiert. Platon hatte in seinen politischen Werken den Zusammenhang von plebiszitärer Demokratie und Tyrannis betont[86]. Schmid konstruierte, auf Platon aufbauend, einen Zusammenhang von „Massendemokratie" und „Polizei- oder Führerstaat"[87]. Diesmal benutzte er die antike Tyrannislehre zu einer Verurteilung des Nationalsozialismus als plebiszitären Führerstaat.

Der Tyrannis stellte er wieder das Ideal des Philosophenkönigs entgegen, wie es Platon im „Politikos" gezeichnet hatte. Platon hatte dort die Auffassung vertreten, daß sich das Königtum von der Tyrannis dadurch unterscheide, daß es die Einheit von Philosophie und absoluter Macht verkörpere[88]. Schmid fand hier die theoretische Untermauerung für sein geistesaristokratisches Ideal einer Einheit von Macht und Geist.

Auch das Platon-Manuskript mußte Schmid in die Schublade legen. Die Zeitschrift „Argo" blieb ein „großangelegter Entwurf", u. a. deshalb, weil Frommel auf die Mitarbeit seiner jüdischen Freunde und Bekannten aus Rücksichtnahme auf die Verkäuflichkeit der Zeitschrift in Deutschland hätte verzichten sollen[89]. So blieb Schmids Arbeit eine Arbeit der Selbstvergewisserung und Selbstbestätigung.

Frommel ging über Italien und Paris nach Amsterdam, wo er während des Kriegs in einem Haus in der Heerengracht jüdische Kinder und Verfolgte vor dem Zugriff der Gestapo bewahrte[90]. Percy Gothein, der andere Mitbegründer der „Runde", kam 1944 im KZ Neuengamme ums Leben. Frommels Lebenslauf und der vieler anderer Mitglieder der um ihn versammelten „Runde" dokumentieren eindrücklich, daß die Anhänger Stefan Georges nicht in die Ahnenreihe der Nationalsozialisten gehören. Die „Runde" glich eher einem „Konventikel der Verfemten", das George nach einem Wort Adornos dem mondänen Salon, in dem Hitler zur Hoffähigkeit gelangte, vorgezogen hat[91].

Im Sommer 1935 hatte sich der Kreis ein letztes Mal getroffen. Man hatte sich zurückgezogen in ein abgelegenes Landhaus in Saass in den Graubündener Alpen, „um dort einen Nu der Selbstbesinnung zu gewinnen im Lawinensturz der politischen Ereignisse"[92]. Schmid folgte der Einladung nach einigem Zögern. Gerade erst hatte sein jüngster Sohn Raimund das Licht der Welt erblickt. Und wann sollte er denn mit der Familie zusammen sein, wenn nicht in den Ferien?[93] Schließlich reiste er zusammen mit Hans und Martin doch in das Landhaus nach Saass, wo man sich täglich in Dantes „Göttliche Komödie" versenkte. Er las, übersetzte und kommentierte die Verse des Dichterpropheten, der ihn sein ganzes Leben nicht mehr losließ. Wozu Dichtung in Zeiten der Wirren? Dante, der verbannte Dichter, wurde zum Vorbild für die vom Nationalsozialismus Verfemten. Die Utopie des „Neuen Reichs“ stärkte den Widerstandswillen gegen das „Dritte Reich“. Ohne diese Utopie wäre die Last des Widerstandes kaum zu tragen gewesen. Dichtung und Leben verschmolzen zur Einheit. Dichtung gewann existentielle Bedeutung. Das geringe Verständnis, das wir heute für eine solche Auffassung von Dichtung aufbringen, zeugt vom kulturellen Wandel, der sich in Deutschland nach 1945 vollzog.

Carlo Schmid kam immer wieder auf Dante zurück. Er verehrte ihn nicht nur als Urahn des Neuen Reichs, sondern auch als einen Dichter und Philosophen, der die Höhen und Tiefen menschlicher Existenz in Sprache gefaßt hatte. Dantes „Göttliche Komödie“ las er als eine comédie humaine. Mehr als 170 eng beschriebene Schreibmaschinenseiten umfaßt sein Kommentar zu Dantes Terzinengesang[94]. Weil ihm Dantes Minnedichtung „Vita Nova“ der Schlüssel zu dessen ganzem Werk zu sein schien, übertrug er zunächst diese teils in Prosa, teils in Versform verfaßte Erzählung vom Italienischen ins Deutsche[95]. Sie handelt von der Liebe des Dichters zu Beatrice, die ihm den Weg zur Seligkeit weist. Eine Veröffentlichung im Insel-Verlag war geplant, kam aber nicht zustande[96]. Auch die Übersetzung des Purgatorio aus Dantes „Göttlicher Komödie“ blieb unveröffentlicht. Ernst Kantorowicz, mit dem Schmid seinen Dante-Kommentar besprach, bescheinigte ihm, daß er den „Schlüssel“ zum „Dante-Zugang“ gefunden habe[97]. Für Schmid war Beatrice neben Dante die Hauptgestalt der „Göttlichen Komödie“: „Erst Beatrice wird Dante die Fülle künden können, nämlich die Liebe, die zum Glauben gehört, daß man über den geliebten Menschen Gott liebt.“[98] Schmid wandte sich gegen Deutungen, die in Beatrice eine bloße Allegorie sehen wollten. Dante habe Beatrice in die „Körperwelt“ hineingestellt. „Wer (...) sie liebt, richtet sein Eros auf das höchste Bild, erreicht (...) durch es hindurch das höchste Ziel.“[99] Die Minne war Schmids Interpretation zufolge nichts anderes als der platonische Eros[100]. Im Purgatorio ist die „Erotik als Vorstufe zum Eros die Schwelle zum irdischen Paradies“: „Hier ist eine schöne Atmosphäre und Lieblichkeit des Bereichs, der Ort der Künstler. Was reinigt ist die Flamme des Eros.“[101] Carlo Schmid kam immer wieder auf die platonische Idee des Eros zurück, die wohl für ihn auch ein Stück Selbsterkenntnis und -rechtfertigung war. Thomas Mann nannte den Künstler eine „Mischlingsnatur aus Geist und Sinnlichkeit“[102]. Das war auch Carlo Schmid.

Dante, der Dichter, wird im Paradies der „göttlichen Wesenheit“ teilhaftig, von der er in seiner Dichtung kündet[103]. Die Vergeistigung des Unbewußten, des Triebhaften war Schmids Kommentar zufolge das große Thema von Dantes comédie humaine. Die Erfahrung der Schönheit bereitet den Weg zu menschlicher Vervollkommnung. Ästhetische Erziehung sollte das Neue Reich vorbereiten. Schmid träumte einen typisch deutschen Traum, aber mit dem „Dritten Reich" hatte seine Vision des Neuen Reichs nicht das geringste zu tun.

Die Übersetzungen scheinen verlorengegangen zu sein. Kantorowicz bewunderte die Übertragungen, die Schmid mit „viel größerem Wortschatz und tieferer Kenntnis" unternommen habe als seine Vorläufer[104]. Zu den Vorläufern gehörte auch Stefan George. Schmid scheint sich vom Vorbild Georges freigemacht zu haben. Ihm kam es bei seinen Übersetzungen darauf an, ein Beitrag zur Erneuerung der deutschen Sprache zu leisten[105]. Daß sie nicht publiziert wurden, mag ihn geschmerzt haben. Er hatte durchaus den Ehrgeiz, sich in der literarischen Welt einen Namen zu machen.

Auch sein 1937 verfaßtes „Römisches Tagebuch" konnte Schmid erst nach dem Krieg veröffentlichen[106]. Es war dem Freunde Woldemar von Uxküll gewidmet[107] und ganz der Sprache und dem Geist Stefan Georges verpflichtet. Vierzehn Tage nur dauerte der spätsommerliche Romaufenthalt Carlo Schmids und seiner Frau, ein Aufenthalt, der mit dem Besuch zahlreicher Museen und historischer Stätten ausgefüllt war. Schmid hat keine Erzählung über eine italienische Reise geschrieben wie Goethe, der sich an der Ausgelassenheit und dem Treiben des römischen Karnevals erfreute. Allenfalls mit Jacob Burckhardts „Cicerone" läßt sich das Tagebuch vergleichen. Burckhardt wie Schmid waren fasziniert und hingerissen von den Idealbildungen griechischer Bildniskunst. Burckhardts „Cicerone" jedoch war ein Kunstführer, der die großen Werke der italienischen Malerei ebenso kenntnisreich beschrieb wie die Werke der Skulptur und Architektur. Schmids „Römisches Tagebuch" war ein Erziehungsbuch, das die ideale Griechheit zur „Norm des Seins" stilisierte, ein in einem kaum zu überbietenden Pathos geschriebener Hymnus auf Glanz und Größe der Antike, eine Huldigung an die „Verleibung des Genies" in der griechischen Marmorskulptur[108]. Die Betrachtung der griechischen Marmorskulptur rief bei Schmid ein Verdikt über die eigene Zeit hervor, die die „Wunder der Welt ängstlich und vermessen zugleich auf die Maße unseres ärgerlichen Verstandes verminder(t)"[109]. Schmid ging mit den Augen Nietzsches und Stefan Georges durch die Museen Roms. In seiner Begeisterung für den griechischen Heroismus geriet auch ihm die christliche Religion zu einer Sklavenmoral. So äußerte er beim Anblick der Hera Barberini völlig ergriffen: „Welcher Bruch muß in den Menschenherzen sich ereignet haben, daß sie angesichts solchen Götterbildes, dessen Anblick uns ausrufen läßt: ‚nun ist die Welt vollkommen', eine Religion der Entwertung der Erde und der Erlösung von ihr herbeirufen mußten! Es geschah, weil einem Blitze gleich der Gedanke aufzuckte: auch solches muß sterben! Dies vermochten sie nicht zu ertragen (...)"[110]. Nicht nur über die christliche, auch über die römische Kultur äußerte sich Schmid eher abschätzig. Die römischen Bildnisse seien doch meist nur

Darstellungen der „Tugenden des häuslichen Lebens“, aber nicht mehr Vergegenwärtigungen von „Schönheit und Genius“[111]. Der römische Staat sei der griechischen Polis unterlegen, denn in ihm gebe es nur „Tüchtigkeit und nicht Größe, Sieg und Erfolg und nicht Vollendung und Ruhm“[112]. Keine andere Arbeit Schmids ist so geprägt vom Einfluß Nietzsches und Georges wie das „Römische Tagebuch“. Er hoffte allen Ernstes, daß der Anblick der griechischen Heroen- und Götterbilder den Menschen verwandeln könne[113].

Fast mit Verachtung sprach er von den Menschen, mit denen er in Rom den Weg kreuzte: „Aber das Auge sieht, wenn es heute aufschaut, statt der edlen Weisen seiner Träume die Rudel des verängstigten Volkes, das stöhnend inne wird, daß noch viel Arbeit seiner wartet. Nur selten ragte eine Stirne hervor, auf der ein Leuchten war.“[114] Odi profanum vulgus et arceo – ich hasse das gemeine Volk und schranke mich ab. Die Worte Horaz' könnten als Leitspruch dem „Römischen Tagebuch“ vorangestellt werden. Er verachtete das Vulgäre, die Massendemokratie, die er mitverantwortlich für die Durchsetzung des NS-Regimes machte. Auch in seinem „Römischen Tagebuch“ hatte Schmid keinen Hehl aus seiner Ablehnung des Nationalsozialismus gemacht. Das war auch der Grund, warum es nicht gedruckt werden konnte.

Man mag Schmids Geistesaristokratismus bedauern. Schmid wäre nicht zu dem geworden, der er wurde, ohne den prägenden Einfluß der Geisteswelt Georges. Noch 1972 schrieb er Wolfgang Frommel: „Du hast Glück verbreitet und Glück gebracht – auch mir.“[115] Schmid hatte erstmals Menschen gefunden, die ihn verstanden: Uxküll und Frommel. Er fühlte sich nicht mehr verloren und orientierungslos. Die Utopie des Dritten Humanismus war extrem elitär, aber aus ihr wuchs auch die Kraft und die Verpflichtung zum Widerstand gegen das NS-Regime. „Der Mensch darf (...) nie vergessen, daß er als Atlas geboren ist“, schrieb Schmid 1943 seiner Frau[116]. Schmid war kein Atlas, der das Himmelsgewölbe trug. Er war sensibel und drohte unter der Last des Lebens schon fast zusammenzubrechen. Ernst Morwitz hatte er gebeichtet, daß er stetig mit sich selbst kämpfe, um den Anforderungen, die er an sich stelle, gerecht zu werden[117]. Er kämpfte mit sich, weil er sich den Normen des Dritten Humanismus verpflichtet wußte. So wurde er kein Mitläufer wie so viele andere. Er fühlte sich herausgefordert in jeder Beziehung. Seine literarische Produktion in jenen Jahren war enorm, wenn man bedenkt, daß ihm hierfür nur die Mußestunden blieben. Seinen Lebensunterhalt mußte er sich noch immer als Landgerichtsrat mit dem Abfassen von Gerichtsurteilen verdienen. Als Privatdozent an der Tübinger Universität hatte er Studenten zu belehren und schließlich war er ja auch noch Familienvater. Der Druck der Anpassung nahm zu und damit auch die eigene Gefährdung und die Sorge um die Familie.

Immunisierung gegen den Nationalsozialismus

Die nationalsozialistische Gleichschaltung erfolgte in Tübingen fast lautlos. Die bürgerlichen Honoratioren hatten sich vom Feindbild Marxismus blenden lassen und erhofften sich von der NSDAP die nationale Einigung gegen den Bolschewismus. In der Reichstagswahl vom 5. März 1933 erreichte die NSDAP fast 50 % der Stimmen, SPD und KPD zusammen nicht einmal 17 %[1]. An der Tübinger Universität hatte die Mehrheit der Professoren und Dozenten die nationalsozialistische Machtergreifung begrüßt. Angesichts der herausragenden Rolle, die die Alma mater in der Kleinstadt spielte, kam ihrer Zustimmung zum neuen System fast Signalwirkung zu. Letzte Zweifel und Vorbehalte, die in der Bevölkerung noch gegenüber den neuen Machthabern vorhanden waren, wurden ausgelöscht, zumal es in Tübingen vor 1938 kaum zu Übergriffen und Terrormaßnahmen kam. Juden und Sozialdemokraten in öffentlichen Stellungen, die von politischen Säuberungen betroffen waren, gab es nur wenige[2]. Nachdem die KPD bereits nach dem Reichstagsbrand in die Illegalität getrieben worden war, erfolgte im Juni 1933 auch die formale Auflösung der SPD. Die meisten Sozialdemokraten zogen sich zurück, blieben der sozialdemokratischen Solidargemeinschaft, in der sie Rückhalt fanden, treu, knüpften aber keine Widerstandsnetze. Größere politische Widerstandszirkel gab es in Tübingen nicht. Es blieb bei symbolischen Gesten der Verweigerung. So entzog man sich beispielsweise der offiziellen Grußpflicht, die „Heil Hitler" lautete und durch Erheben des rechten Armes zu leisten war, durch das Lüften des Hutes.

Auch Carlo Schmid, der vor 1933 selten einen Hut getragen hatte, sah man nun fast nur noch mit Hut. Er wollte seine Opposition gegenüber dem Nationalsozialismus sichtbar zum Ausdruck bringen[3] – eine Geste, die von den Gleichgesinnten ebenso verstanden wurde wie von den NS-Funktionären, die anordneten, daß diejenigen, „die beharrlich einen ihnen gebotenen deutschen Gruß durch Lüften des Hutes zu beantworten pflegen (...), aus der Liste der zu Grüßenden (zu) streichen" seien[4].

Schmid war als Gegner des Nationalsozialismus in Tübingen bekannt. Bereits 1933 war seine beim Landgericht Tübingen angelegte Personalakte mit einem Beförderungssperrvermerk versehen worden[5]. Rückhalt fand Schmid bei Landgerichtspräsident Landerer, der kein Anhänger des neuen Regimes war. Er hatte 1933 die Wiederzulassung des renommierten jüdischen Rechtsanwaltes Heinz Hayum beim Landgericht Tübingen durchgesetzt, der dort noch fast zwei Jahre seine Mandanten vertreten konnte, bis er Ende 1934 aus Mangel an Klienten seine Anwaltspraxis schließen mußte[6]. Landerer sorgte dafür, daß Schmid nur Urteile in Zivilprozessen zu verfassen hatte, wo die politische Beeinflussung und der Druck nicht so stark waren wie in der Strafjustiz. Das heißt nicht, daß es keine Versuche von Parteistellen gab, auch auf das Zivilreferat politischen Druck auszuüben. 1934 wehrte sich Schmid mit Erfolg gegen ein gesetzwidriges Eingreifen des Gauleiters von Württemberg, Murr, in einen Zivilprozeß. Murr vergaß ihm diese Zurückweisung nie. Ein Urteil, das Schmid in einem Zivilprozeß verfaßte, in den ein Jude verwickelt war, löste einen „wüsten Angriff" nationalsozialistischer Parteistellen auf das Tübinger Landgericht aus, dem vorgeworfen wurde, eine „Zitadelle judenfreundlicher Justiz" zu sein[7].

Schmids Unnachgiebigkeit gegenüber Pressionsversuchen nationalsozialistischer Parteistellen gefährdete seine eigene Stellung. Bereits 1934 scheinen einige regionale Parteifunktionäre darauf gedrungen zu haben, ihn auf der Grundlage des 1933 erlassenen Gesetzes zur Wiederherstellung des Berufsbeamtentums vom Dienst zu suspendieren[8]. Ende 1936 hatte Landgerichtspräsident Landerer eine Beurteilung über Schmid abzugeben. Er formulierte sie so geschickt, daß sie zu einer Ohrfeige für die Nationalsozialisten wurde: „Schmid vereinigt ausgezeichnete juristische Fähigkeiten mit hervorragender allgemeiner Bildung. Seine Entschlußfreudigkeit gepaart mit Verantwortungsbewußtsein und einer großen Arbeitsfreude, Arbeitskraft und Einsatzbereitschaft ermöglichen ihm trotz seiner sehr fruchtbaren Nebenbeschäftigung als Privatdozent für Völkerrecht und als Beisitzer des Versorgungsgerichts seinen Pflichten im Hauptberuf jederzeit in vollem Umfang nachzukommen. Sein Wahrheitssinn, seine Gerechtigkeitsliebe und seine Pflichttreue stehen außer Zweifel. Sein scharfer Verstand und sein geschichtliches Wissen befähigen ihn zu mannhafter ehrlicher Kritik, die schwächere Geister beunruhigen mögen."[9] Ein solches Gutachten mußten die zuständigen Parteistellen mit Grollen lesen. Wenn sie sich nicht als die „schwächeren Geister" zu erkennen geben wollten, mußten sie das Gutachten schweigend hinnehmen. Carlo Schmid konnte von Glück reden, daß Landerer sich mit der ganzen Kraft seiner Person hinter ihn stellte. Die regionalen Parteistellen hätten ihn lieber heute als morgen aus dem Landgericht hinausgeworfen.

Auch am Tübinger Landgericht war schon bald nach 1933 die Mehrzahl der Richter der NSDAP beigetreten. Die Landgerichtsdirektoren Kautter, Kohler und Bosch waren überzeugte Parteiaktivisten und Propagandisten nationalsozialistischer Weltanschauung[10]. So entstand auch am Landgericht ein Klima des Mißtrauens und gegenseitiger Verdächtigung. Nur drei Richter waren nicht Mitglied der NSDAP: Biedermann, Victor Renner und Carlo Schmid[11], der sich mit dem Pfarrersohn Victor Renner in enger Freundschaft verbunden wußte. Sie trafen sich auch außerhalb des Gerichts, zumeist in der Weinstube Waiblinger, wo man sich ungestört unterhalten konnte, wenn nicht gerade Kreisleiter Rauschnabel hinzustieß. Dem Druck der Anpassung konnte keiner ganz entgehen. So wurde auch Schmid im August 1933 Mitglied des Bundes Nationalsozialistischer

Deutscher Juristen. Hätte er es abgelehnt, hätte er aus der Universität ausscheiden müssen. Die Rechtswissenschaftliche Fakultät der Universität Tübingen schloß sich zu dieser Zeit korporativ der Akademie für Deutsches Recht und der nationalsozialistischen Juristenorganisation an[12]. An fast allen Landgerichten erreichte der NS-Richterbund einen fast 100% Organisationsgrad, zumindest im höheren Dienst[13].

Im Juni 1934 meldete sich Schmid auch für die Nationalsozialistische Volkswohlfahrt (NSV) an. Die politische Gefährdung hatte zugenommen, und er brauchte ein Feigenblatt. In die NSV traten viele ein, die auf keinen Fall Parteimitglied werden wollten, aber sich auch nicht gänzlich distanzieren konnten. Es dauerte fast drei Jahre, bis dem Aufnahmeantrag Schmids entsprochen wurde[14]. Offensichtlich wollte man ihn auf diese Weise zwingen, doch Parteimitglied zu werden. Aus seiner Ablehnung des Nationalsozialismus machte Schmid auch in seinen Lehrveranstaltungen an der Universität keinen Hehl, obwohl er dort kaum Kollegen und Studenten fand, die seine oppositionelle Einstellung teilten. Bereits am 28. Februar 1933 hatten 50 der 171 Professoren der Tübinger Universität und eine nicht minder geringe Anzahl von Privatdozenten und Assistenten eine Erklärung unterzeichnet, in der sie dem NS-Regime ihr Vertrauen aussprachen. Die Ergebenheitsadresse an die neuen Machthaber war auch von dem Direktor des Seminars für Völkerrecht, Hans Gerber, und dem späteren Dekan der Rechtswissenschaftlichen Fakultät, Hans-Erich Feine, unterschrieben worden[15]. Im April 1933 wurde der Germanist Gustav Bebermeyer, ein Anhänger der DNVP, zum „Beauftragten mit besonderen Vollmachten an der Universität" ernannt. Im Oktober 1933 wurde an der Universität das Führerprinzip eingeführt[16]. Zu politischen Säuberungen kam es kaum, weil es die Universität schon vor 1933 vermieden hatte, Sozialdemokraten an die Universität zu berufen. Seit 1931 gab es im Lehrkörper der Universität auch keinen Juden mehr.

Die geringe Prozentzahl der Entlassenen war alles andere als ein Indiz für die Zurückhaltung der Universität gegenüber den braunen Machthabern, die bei öffentlichen Veranstaltungen geradezu hofiert wurden. Selbst der mit Schmid befreundete Rektor der Universität, Paul Simon, begrüßte am 1. Mai 1933 den „Tag der Arbeit mit Freuden", „an dem das deutsche Volk mit neuer Hoffnung und mit jugendlichem Willen zur Einheit der nationalen Gesinnung zusammengeschlossen ist"[17]. Schmid blieb der Veranstaltung fern, obwohl alle Universitätsangehörigen aufgefordert worden waren, daran teilzunehmen[18]. Ein halbes Jahr später beglückwünschte die Universität Hitler zum Austritt aus dem Völkerbund[19]. Sie schloß sich der herrschenden Stimmung an, die eine Politik der harten Hand forderte. Carlo Schmid hielt diesen Schritt für töricht. Schon im Sommersemester 1933 hatte er seinen Studenten gelehrt, daß der Austritt aus dem Völkerbund der Weg in die Selbstisolierung Deutschlands sei. Keiner könne „den

Kampf dadurch gewinnen, daß er den wesentlichen Kampfplatz, den es gibt, verläßt"[20]. Der Völkerbund sei eine „politische Realtität", der sich keine Macht entziehen könne. Seine Studenten konfrontierte er mit der rhetorischen Frage: „Wo anders wollen wir um die Durchsetzung unserer Ansprüche kämpfen als da, wo die empirische Politik gemacht wird?"[21]

Noch sprach er nicht offen aus, daß jeder andere Weg der Interessendurchsetzung nur ein Weg der Gewalt sein konnte. Bald schon wurde er deutlicher. Schmid bot auch nach 1933 jedes Semester Lehrveranstaltungen zur Außenpolitik und zum internationalen politischen System an[22]. Er behandelte aktuelle politische Themen und flüchtete nicht wie so viele auf politisch unverfängliches wissenschaftliches Terrain. Er griff auf seine Vorlesungsmanuskripte aus der Zeit vor 1933 zurück und ergänzte sie durch die Darstellung der neuesten politischen Entwicklung. Freilich, es wäre selbstmörderisch gewesen, ganz offen auszusprechen, was man dachte und meinte. Doch wenn man es geschickt anpackte, konnte man unter Berufung auf die Verpflichtung zu sozialwissenschaftlicher Objektivität seine eigene Stellungnahme zum politischen Geschehen durchblikken lassen.

Im Sommersemester 1934 las Schmid über die Abrüstungs- und Sicherheitspolitik der letzten zehn Jahre. Er skizzierte die internationale Entwicklung, Deutschlands Streben nach Gleichberechtigung, das in der Fünf-Mächte-Erklärung vom 11. Dezember 1932 Anerkennung gefunden habe. Die nunmehr notwendige Sicherung des Friedens sei nur durch die „Beschränkung der militärischen Souveränität" zu erreichen. Deshalb verlangten alle Staaten die Rückkehr Deutschlands zum Völkerbund. Auf ein kollektives Sicherheitssystem nach dem Modell der Genfer Protokolle von 1924 hoffe niemand mehr. Es sei daher der Vorschlag gemacht worden, durch ein System von „Garantiepakten regionalen Gepräges" den Frieden zu sichern. Der Locarno-Vertrag solle durch ein Ostlocarno und einen Mittelmeerpakt ergänzt werden, wobei England Vorbehalte gegen ein Ostlocarno angemeldet habe[23]. Schmid ließ seine Sympathie für die englische Strategie eines general settlement durchblicken. Aber war diese Strategie auch mit Hitlers Außenpolitik vereinbar?

Die britische Regierung suchte Hitler für ein Nichtangriffspaktsystem und Rüstungsvereinbarungen zu interessieren, weil sie gegenüber einem wiedererstarkten Deutschland Sicherheitsgarantien wollte. Dafür war sie sogar bereit, auf ein Ostlocarno zu verzichten[24]. Sie glaubte an den Verhandlungswillen Hitlers, der Anfang 1934 seine Bereitschaft bekundet hatte, den Locarnopakt zu akzeptieren. Hitler bediente sich einer „Strategie grandioser Selbstverharmlosung", um vorzutäuschen, daß seine Außenpolitik mit der der anderen europäischen Staaten in Einklang stehe[25]. Schmid fiel auf das Täuschungsmanöver nicht herein. Hitlers Führungsanspruch ließ sich mit einem System kollektiver Sicherheit nicht in Einklang bringen. So lautete sein abschließendes Resümee über die Vorschläge zur Gründung von Garantiepakten: „Ein Volk, das also eingeschränkt ist, lebt von der Luft, die die anderen ihm lassen. Führen wird es in Europa nirgends mehr." Damit dies nicht als ein Bekenntnis zum NS-Regime mißverstanden wurde, fügte er hinzu: „Ich habe lediglich die Möglichkeit, die Formen und Tendenzen des politischen Geschehens, welche die politischen Fakten aufzeigen, festzustellen. Was geschehen soll, das zu bestimmen, ist die Sache des Mannes, der Deutschland führt."[26] Schmid war ein Meister des Sarkasmus. Er hatte die Sätze sicherlich entsprechend betont, so daß keiner mehr über seine Ablehnung der Außenpolitik Hitlers im Zweifel sein konnte. Allein schon der Verweis auf wissenschaftliche Objektivität war in einer Zeit, in der man sich zu einer Weltanschauung zu bekennen hatte, ein Zeichen von Distanz.

Die Lehren wurden von Gegnern und von Anhängern des Regimes verstanden. Im Sommersemester 1935 brachte er seine Überzeugung, daß Hitlers Außenpolitik auf Krieg hinauslaufe, recht offen zum Ausdruck. Wieder einmal versuchte er, seinen Studenten den Völkerbund zu erklären und ihnen beizubringen, daß es falsch sei, im Völkerbund nur ein Mittel zur Knechtung Deutschlands zu sehen. Der Völkerbund verhindere nicht, sondern ermögliche den politischen Interessenkampf. Seine Aufgabe sei es, daß ein Staat, der gegen das Völkerbundssystem handle, „isoliert" werde, „d. h. die politische und diplomatische Gegnerschaft der anderen vorfindet"[27]. Wer gegen die Spielregeln des Völkerbundes und gegen die bestehenden Verträge verstoße, schaffe eine „Konfliktatmosphäre": „(...) wie die Mittel des Krieges gebunden sind, so auch die Mittel der Friedenspolitik. Bei Überschreitung der Bindung tritt eine Verschärfung zum Konflikt, von hier zur Krise, von hier zum Existenzrisiko" ein[28]. Das Existenzrisiko war der Schritt zum Krieg. „Wer das vermeiden will, muß sich an den Waffenkatalog der Politik halten."[29] Deutlicher konnte man nicht aussprechen, daß die Außenpolitik des NS-Regimes zum Krieg führte, wenngleich Hitler sich noch immer in Friedensbeteuerungen erging. Als Kriegsverhütungsmittel zählte Schmid auf: „1. Vermittlung, 2. Schiedsgerichtsbarkeit, 3. Polizeiexekutive"[30]. Das entsprach den damals im Ausland diskutierten Plänen, den Völkerbund durch die Einführung obligatorischer Schiedsgerichtsbarkeit und eine dem Völkerbund unterstellte militärische Eingriffstruppe zu einer europäischen Friedensordnung auszubauen[31].

Schmid lehrte seinen Studenten das Völkerrecht als eine für alle Staaten verbindliche Norm, auch nachdem die Nationalsozialisten das Völkerrecht als „reichsfeindlich" erklärt und aus der Völkerrechtstheorie einen Staatsrechtsmonismus gemacht hatten, der in einen geopolitischen Begründungszusammenhang gestellt wurde. „Deutsches Außenstaatsrecht" oder „Außerstaatliches Recht" hieß das Völkerrecht nun[32]. Schmid nannte seine Lehrveranstaltungen beharrlich „Völkerrechtliches Seminar“, obwohl sie im Vorlesungsverzeichnis seit 1935 unter dem Begriff „Außerstaatliches Recht“ aufgeführt wurden.

Die NS-Ideologen waren der Auffassung, daß das etatistisch orientierte Völkerrecht durch die Wiedereinführung des Reichsbegriffs in die Wissenschaft obsolet geworden sei. Schmid setzte sich auch in seinen Lehrveranstaltungen mit der Reichsidee auseinander. Seit 1933 las er fast jedes Semester über den „Gestaltwandel der Reichsidee“. Von dieser Vorlesung ist nur noch ein erweitertes Manuskript aus den fünfziger Jahren vorhanden[33]. Doch der Vergleich des Manuskripts mit Schmids Beiträgen zu den Mitternachtssendungen zeigt, daß der Inhalt seiner nach 1945 gehaltenen Vorlesung sich wohl kaum von dem unterschied, was er in den Jahren 1933–1940 seinen Studenten lehrte. Auch in dem Manuskript aus den fünfziger Jahren findet sich noch der Satz, daß der Nationalsozialismus eine „Philosophie von Viehzüchtern, angewandt am verkehrten Objekt“ sei. Mit dieser unvorsichtigen Bemerkung hatte er sich eine Vorladung bei der Gestapo eingehandelt, die erst auf eine Intervention des NS-Studentenführers Martin Sandberger wieder rückgängig gemacht wurde[34]. Freilich, in den fünfziger Jahren sprach Schmid von „Reichsmetaphysik“, und nicht mehr vom „Neuen Reich“, als dessen Künder er sich in den dreißiger Jahren verstand.

Die Vision des „Neuen Reichs“ stand nicht im Widerspruch zu einer europäischen Ordnung kollektiver Sicherheit, denn die prophezeite neue geistige Ordnung sollte zur Grundlage einer europäischen Friedensordnung werden, in der das nationale Machtstaatsdenken der Vergangenheit angehörte. Dennoch: der Völkerrechtler Schmid und der Visionär Schmid lagen im Widerspruch miteinander. Wissenschaftliche Objektivität und Prophetie vertragen sich nur schlecht. In seinen Völkerrechtsvorlesungen definierte Schmid ganz in der Tradition Max Webers Politik als Kampf um die Macht. Der Anhänger des „Dritten Humanismus“ dagegen verstand Politik als eine geistige Kategorie. In welchem Verhältnis standen Geist und Macht für ihn? Vielleicht wußte er es selbst nicht so ganz genau und begann deshalb in jenen Jahren, sich mit dem Verhältnis von Moral und Macht, von Ideen- und Realpolitik bei Machiavelli zu beschäftigen.

Schmids Vorlesung über den „Gestaltwandel der Reichsidee“ war ein großer ideengeschichtlicher Entwurf. Sie hatte den Wandel der Reichsidee von Augustinus bis zur Neuzeit zum Thema. Gewandelt hatte sich die Reichsidee unter dem Stauferkönig Friedrich II., der als erster einen modernen säkularen Staat begründete. Unter Friedrich II., so lehrte Schmid, wurde das Reich zu einem „Staat unter Staaten“. Das Reich hatte keine heilsgeschichtliche Mission mehr zu erfüllen, es war nur mehr ein „Befehls- und Zwangsapparat“ wie jeder andere Staat auch. Friedrich war nicht mehr „rector et doctor christiani populi“, sondern ein schlichter

„Autocrator“[35]. Dante war der letzte, der die mittelalterliche Reichsidee noch einmal vergegenwärtigte und von ihr kündete. Die Studenten konnten aus Schmids Ausführungen nur eine Lehre ziehen: Die machtstaatlich gewendete Reichsidee der Nationalsozialisten hatte mit der mittelalterlichen Reichsidee nichts, aber auch gar nichts gemein. Auf Schmids Verständnis der Reichsidee braucht nicht noch einmal eingegangen zu werden. Es genügt festzuhalten, daß Schmid in einer Zeit der Barbarei an die Kultur des Abendlandes von Augustinus bis zur Neuzeit erinnerte.

Schmid sprengte in seiner Vorlesung die engen Grenzen der Fachwissenschaft. Es kam ihm darauf an, die wechselseitige Verschränkung von Politik, Religion, Literatur und Philosophie aufzuzeigen. Seine historische Darstellungsweise läßt sich am ehesten mit der Jacob Burckhardts vergleichen, für den er große Wertschätzung trug[36]. Wie dieser begriff auch Schmid die Geschichte in erster Linie als Kulturgeschichte, betrachtete sie mit einem die empirische Geschichte überschreitenden Blick, um die Einheit und Entwicklung der europäischen Kultur aufzuzeigen. Burckhardts Wort vom „Tatsachenschutt“, den viele Historiker produzieren[37], hätte Schmid sicherlich unterschrieben. Von Historikern, die Geschichtswissenschaft vornehmlich als Quellenstudium betrieben, hielt er nicht allzu viel. So rechtfertigte er einen längeren Exkurs über die mittelalterliche Dichtung damit, daß „aus solchen dichterischen Werken oft mehr über die sogenannten Realitäten einer Zeit zu erkennen“ sei „als aus Urkunden, Annalen und dialektischen Kunststücken“[38]. Schon gleich zu Beginn der Vorlesung hatte er seine unorthodoxe Betrachtungsweise erklärt: „Verzeihn Sie, daß ich Ihnen Verse vorlese – ich bin nämlich der Meinung, man kann durch ein richtiges Lesen der großen Dichter einer Zeit, von dem, was die Zeit wirklich war, mehr erfahren als durch das Studieren dicker Kompendien und dem Brockhaus.“[39] Carlo Schmid maß der Philosophie- und Literaturgeschichte keinen geringeren Stellenwert bei als der Politikgeschichte. Augustinus, Thomas von Aquin, Walther von der Vogelweide und Wolfram von Eschenbach waren für die europäische Kulturentwicklung nicht weniger wichtig als Karl der Große und der Staufferkönig Friedrich II. Shakespeare wurde genauso ausführlich behandelt wie Hobbes und die Herrscher des aufgeklärten Absolutismus. Den George-Schüler Gundolf hat man einen „Wissenschaftskünstler“ genannt[40]. Auch Schmid war mehr Wissenschaftskünstler als ein Wissenschaftler im modernen Sinne. In seinen völkerrechtlichen Vorlesungen freilich hielt er sich streng an die Gebote wissenschaftlicher Objektivität.

Der große Bildungsfundus, aus dem Schmid schöpfte, faszinierte auch die Studenten. Schmid und sein Freund Uxküll waren in Tübingen, wo die meisten Professoren nach einem Urteil des jungen Dichters Eugen Gottlob Winkler „ausgekochte Schulmeister“ waren[41], Stardozenten[42]. Obwohl Schmid häufig morgens zwischen 7 und 8 Uhr las, waren seine

Veranstaltungen gut besucht. Auch Regimeanhänger befanden sich unter seinen Hörern, zumindest in den Anfangsjahren des NS-Regimes. Durch couragiertes Auftreten hatte er sich Respekt verschafft. Seine Veranstaltungen scheinen nicht wie die anderer regimekritischer Dozenten gestört oder boykottiert worden zu sein. Möglicherweise hatte Schmid dies dem Führer des NS-Studentenbundes Sandberger zu verdanken, der, aus welchen Gründen auch immer, Schmid trotz seiner Gegnerschaft zum Nationalsozialismus bewunderte und sich 1937 sogar freiwillig zum Referendarsdienst bei ihm meldete. Ihm hatte Schmid auch zu verdanken, daß er trotz Denunziationen nicht von der Gestapo vernommen wurde[43]. Schmid bemühte sich auch um die regimetreu eingestellten Studenten. Anfangs sprach er sogar auf ihren Gruppenabenden in der Hoffnung, sie noch bekehren zu können[44]. Noch immer glaubte er an die Macht der Pädagogik.

Nach 1945 bedankten sich zahlreiche Studenten bei ihm, daß er sie gegen den Nationalsozialismus immunisiert und ihnen in einer Zeit nationalistischen Wahns eine europäisch-humanistische Denkweise nahegebracht habe[45]. Einige von ihnen hatten an seinen Dante-Abenden teilgenommen, zu denen er einmal wöchentlich einen Kreis auserlesener Studenten und jüngerer Kollegen zu sich nach Hause einlud. Die Studenten kamen gern, obwohl es außer geistiger Kost nur Tee gab. Schmid las, übersetzte und interpretierte die „Göttliche Komödie". Seine italienische Ausgabe ist mit stenographischen Kürzeln übersät, die ihm offensichtlich als Gedächtnisstütze dienten[46]. Nicht aus Zeitvertreib veranstaltete er diese Dante-Kollegs, sondern weil er an den Erfolg einer ästhetischen Erziehung dieser jungen Menschen glaubte. Die Dichterlesung sollte seine jungen Zuhörer verwandeln. Das mag naiv klingen. Aber die Studenten der damaligen Zeit waren für die Worte der Dichtung noch empfänglich, zumindest die „Auserlesenen", die die Ehre hatten, an Schmids Dante-Kollegs teilnehmen zu dürfen.

Die Interpretation der Dichtung Dantes war immer auch eine Auseinandersetzung mit der herrschenden NS-Ideologie. Die Dante-Abende waren ein Zirkel politischer Opposition. Später wurden sie von den Nationalsozialisten verboten[47]. Mit den Vertrauenswürdigen unter seinen Studenten traf sich Schmid noch nach den Lehrveranstaltungen. Manchmal zog man sich in einen separaten Raum im Roigelhaus zurück, manchmal ging man ins Café, um im Schutze der Kaffeehausatmosphäre die politischen Ereignisse zu besprechen oder die Seminardiskussion weiterzuführen[48]. Gelegentlich wurde auch nur getratscht. Schmid konnte seine Zeitgenossen gut karikieren. Wenn er frustriert war, konnte er auch sehr abschätzig über sie reden, was ihm hin und wieder Unannehmlichkeiten einbrachte[49]. Einige der älteren Studenten nahm er in die „Agora" des Café Völter mit, wo sich regelmäßig ein Kreis von Kunstliebhabern und

Literaten traf, dessen regimekritische Haltung bekannt war[50]. Widerstandszentren waren diese Kaffeehauszirkel nicht. Aber es tat gut, sich mit Gleichgesinnten aussprechen zu können. Schmid verbrachte viel Zeit in diesen Kaffeehäusern. Meistens kam er erst nach den Kaffeehaussymposien ins Landgericht, so gegen halb elf. Vorher mußten auch seine Referendare nicht erscheinen[51]. Auf seine Figur wirkten sich die zahlreichen Kaffeehausbesuche nicht gerade vorteilhaft aus. Er wurde dicker und dicker, denn er pflegte bei diesen Treffen zahlreiche Tortenstücke zu verzehren, die er zumeist nicht einmal selbst bezahlte. Da er unter chronischem Geldmangel litt, erbarmte sich nicht selten einer seiner Studenten und bezahlte ihm die Rechnung[52]. Er muß schon überaus beliebt gewesen sein, sonst wären die Studenten wohl kaum zu einem solchen freiwilligen finanziellen Opfer bereit gewesen.

In der Literatur ist viel von den „Carlisten" die Rede[53]. Das war ein Freundeskreis, nicht eine Schülerschaft. Schulebildend wirkte Schmid nicht, obwohl er sich als Lehrer und Erzieher verstand, der für die Sorgen und Nöte seiner Studenten stets ein offenes Ohr hatte.

Auch der jüdischen Studenten nahm sich Schmid an. Er riskierte den Konflikt mit den örtlichen Parteistellen. Die Zahl der jüdischen Studenten an der Universität Tübingen war außergewöhnlich gering. Im Wintersemester 1933/34 waren dort nur noch dreizehn jüdische Studierende immatrikuliert, 1937 waren es noch acht, 1938 verließ der letzte jüdische Student die Universität[54]. Schon Mitte 1933 übte die lokale Parteiorganisation Druck auf die Vermieter aus, jüdische Studenten aus ihren Zimmern hinauszuwerfen. Carlo Schmid zögerte nicht und machte einen Anschlag am Schwarzen Brett, in dem er jüdischen Studenten, die ihre Unterkunft verloren hatten, anbot, vorübergehend in seinem Haus zu wohnen[55]. Er schützte sie auch vor den Übergriffen ihrer nationalsozialistischen Kommilitonen. Otto Citron, nach der damaligen Terminologie ein „Mischling", bedankte sich noch dreißig Jahre später bei Schmid, daß er ihm während der schwierigen Studienjahre beigestanden hatte: „Ich wußte damals als Zwanzigjähriger immer, wo ich mich in einer Katastrophensituation geborgen wissen durfte."[56] Dem jungen Ulrich Holländer, Sohn des Theaterregisseurs Felix Holländer, bot Schmid spontan an, ihn zu promovieren, als dieser ihm erzählte, daß er als Halbjude Schwierigkeiten habe, einen Doktorvater zu finden. Ulrich Holländer, besser bekannt unter seinem späteren nom de guerre Michael Thomas, war mit Wolfgang Frommel und Percy Gothein befreundet. Er hatte Schmid 1935 kennengelernt, als er ihn zusammen mit Percy Gothein auf der Durchreise nach Italien in Tübingen besuchte[57]. Hätte Carlo Schmid die Promotion Holländers an der Fakultät durchsetzen können? Zur Nagelprobe kam es nicht. Ulrich Holländer gab angesichts der geringen Chance, als Halbjude eine Anstellung zu finden, sein Studium auf.

Jeder in Tübingen wußte, daß Schmid ein Gegner des Regimes war. Er hatte eine lose Zunge, die er manchmal besser gezügelt hätte. So nannte er beispielsweise Jacob Wilhelm Hauer, Ordinarius für Indologie und Religionswissenschaft, laut hörbar für alle „Nietzsche in Briefträgeruniform“ [58]. Hauer hatte sich 1933 selbst zum Führer einer Deutschen Glaubensbewegung ernannt, was ihm 1936 von der NSDAP untersagt wurde, woraufhin er Mitglied der SS wurde und sich nur noch in SS-Uniform zeigte[59]. Sein stechender Blick, sein vorgestreckter Schnauzbart und seine Mähne erinnerten an Nietzsche. Hauer dürfte Schmids Bonmot zugetragen worden sein. Anscheinend billigte man Schmid lange Zeit ein gewisses Maß an „Narrenfreiheit“ zu[60]. Man brauchte nicht zu befürchten, daß er eine Widerstandsorganisation aufbaute, die dem Regime gefährlich wurde. Seine Verfolgung hätte Aufsehen erregt. Er war Kriegsfreiwilliger, hatte gegen das „Diktat“ von Versailles gekämpft, gehörte dem Bürgertum an und war obendrein bei den Studenten beliebt. An eine Universitätskarriere aber brauchte der junge Privatdozent, der nach der Amtsenthebung des renommierten Staatsrechtler Sartorius der einzige an der Rechtswissenschaftlichen Fakultät war, der dem neuen Regime ablehnend gegenüberstand, nicht mehr zu denken.

Die Rechtswissenschaftliche Fakultät in Tübingen war ein Hort überzeugter Nationalsozialisten. Hans Gerber veröffentlichte 1933 eine Arbeit über die „Staatsrechtlichen Grundlagen des neuen Reichs“, Hans-Erich Feine über „Tausend Jahre deutscher Reichssehnsucht und Reichswirklichkeit“, Georg Eißer über „Rasse und Familie. Die Durchführung des Rassegedankens im bürgerlichen Recht“. Privatdozent Schmelzeisen war überzeugter Parteiaktivist und hoffte durch seine Schrift „Das Recht im nationalsozialistischen Weltbild“ seine Karriere zu fördern[61]. Als im Dezember 1933 die Rechts- und Wirtschaftswissenschaftliche Fakultät über die Besetzung des Sartorius-Lehrstuhls beriet, kam keiner auf die Idee, Schmid, der nun bereits seit vier Jahren Privatdozent war, vorzuschlagen. Auf Platz 1 der Berufungsliste wurde Felix Genzmer gesetzt, auf Platz 2 Ernst Rudolf Huber, der als profiliertester Vertreter der Kieler Rechtsschule ein Vordenker nationalsozialistischer Jurisprudenz war[62]. 1934 wurde Genzmer auf den Lehrstuhl berufen, dessen Spezialgebiet nordische Rechtsgeschichte sich für die nationalsozialistische Weltanschauung vereinnahmen ließ, wenngleich Genzmer kein Mitglied der NSDAP war.

Im März 1935 konnte Schmid wider Erwarten doch noch Hoffnung schöpfen. Das Sächsische Ministerium für Volksbildung hatte ihn für eine Professur an der renommierten Leipziger Rechtswissenschaftlichen Fakultät vorgeschlagen. Das Reichsministerium für Wissenschaft, Erziehung und Volksbildung, ohne dessen Zustimmung eine Berufung nicht möglich war, ließ jedoch mit einer Stellungnahme auf sich warten[63]. Hans Gerber, der inzwischen in Leipzig lehrte und Schmids Berufung ungeachtet des bestehenden politischen Dissenses unterstützt hatte, deutete in einem Gutachten vom Juni 1935 an, warum das Reichsministerium zögerte, Schmids Berufung zu befürworten: „Die sachliche Einschätzung von Schmid ist auch in Berlin so ausgezeichnet, daß seiner Berufung von da aus keine Hindernisse im Wege stehen. Wenn der Ruf an ihn noch nicht ergangen ist, so liegt es an gewissen Differenzen in der persönlich-charakterlichen Einschätzung, die bisher noch nicht voll behoben werden konnten (...)."[64] Gerber drückte sich sehr gewunden aus. In den Augen der Berliner Machthaber war Schmid politisch unzuverlässig. Deshalb wurde seine Berufung nach Leipzig verhindert.

In einem Schreiben an den Dekan der Rechts- und Wirtschaftswissenschaftlichen Fakultät der Universität Tübingen legte Gerber nahe, Schmid dem Reichsministerium als seinen Nachfolger für den Lehrstuhl für Völkerrecht vorzuschlagen: „Denn wenn einer seiner wissenschaftlichen Leistung, seinem pädagogischen Fortkommen und seiner persönlichen Bildung nach eine Professur verdient, so ist es Schmid."[65] Dekan Feine war da anderer Auffassung. Er wünschte sich als Nachfolger Gerbers einen Mann von „soldatischer, SA-mäßiger Haltung"[66]. Unter solchen Auswahlgesichtspunkten war Schmid nicht der geeignete Mann. Er wurde auf Platz 5 der Berufungsliste gesetzt. Feine suchte nach Ausreden. Er wollte nicht zugeben, daß politische Gründe ausschlaggebend für Schmids Zurückweisung waren. Da er nicht umhin konnte, Schmids „überragende" Lehrbefähigung anzuerkennen, machte er ihm die geringe Anzahl seiner Veröffentlichungen und die Konzentration auf völkerrechtliche Themen zum Vorwurf: „Wenn die Fakultät ihn nicht in der ersten, sondern in der zweiten Gruppe vorschlägt, so ist hierfür maßgebend, daß sich seine wissenschaftlichen Arbeiten (...) und seine Lehrtätigkeit bisher ausschließlich auf dem Gebiet des Völkerrechts bewegt haben."[67] Daß Schmid fast jedes Semester eine große ideengeschichtliche Vorlesung über den „Gestaltwandel der Reichsidee" anbot, wurde von Feine bewußt ignoriert. Auch der Leiter der Dozentenschaft, der Mathematiker Erich Schönhardt, lehnte eine Berufung Schmids ab, da er es für dringend geboten hielt, daß der Lehrstuhl mit einem „ausgesprochenen Nationalsozialisten" besetzt werde[68]. Das Urteil des NS-Dozentenführers wurde bei Berufungen nur selten übergangen[69]. Schönhardt befürwortete die Berufung Hermann von Mangoldts, der den Lehrstuhl dann auch bekam.

Solange die braunen Machthaber in Berlin saßen, brauchte sich Schmid keine Hoffnung auf eine Universitätskarriere zu machen. Noch war sein täglich Brot durch sein Richteramt gesichert. Aber wie lange noch? 1935 war die Gleichschaltungsphase des Regimes beendet, die Konsolidierungsphase begann. Es war zu erwarten, daß die Unabhängigkeit der Justiz weiter eingeschränkt wurde. Das Denunzianten- und Spitzeltum nahm zu. Die Emigration war für Schmid kein Ausweg. 1936 wurde seine Tochter

Beate geboren, sein Sohn Raimund war gerade ein Jahr alt. Hans und Martin waren im Schulalter. Seine Frau war häufig krank. Den Strapazen eines Emigrantenlebens wäre sie nicht gewachsen gewesen. Auf größere finanzielle Rücklagen konnte er nicht zurückgreifen, wenngleich sich seine finanzielle Situation nach dem Tod seiner Mutter im Jahre 1937 durch das ererbte elterliche Vermögen erheblich verbesserte[70]. Er bot das ererbte Geld dem Ehepaar Rieth an, um dem jungen Paar die Emigration zu ermöglichen[71].

Für Schmid blieb nur die „Emigration in das Heer". Vom 18. Mai bis 13. Juni 1936 leistete der Leutnant der Reserve in einem dem Wehrbezirkskommando Tübingen unterstellten Infanterieregiment eine Übung für die Übernahme in das Offizierskorps ab. Die Übung hätte bis August dauern sollen. Schmid brach die Übung vorzeitig ab, als der Adjutant des Regiments ihm mitteilte, daß seine Übernahme aus „rein politischen Gründen" beanstandet werde. Der Adjutant riet ihm, sich krank zu melden, was er dann auch tat[72]. Schmid gab die Hoffnung nicht auf, doch noch in das Offizierskorps übernommen zu werden. Gelegentlich bot er bei der Wehrmacht Dolmetscherkurse an[73]. Vorerst jedoch mußte er weiter seinen Dienst am Landgericht tun und sich dem Alltag des NS-Regimes, das den einzelnen immer mehr total in Anspruch nahm, stellen, ohne dem Anpassungsdruck nachzugeben. Auf einen aufrechten Gang wollte er nicht verzichten. Aber seine Zunge wollte er mehr als bisher „im Zaum halten"[74].

New Commonwealth-Society und die Lehren Machiavellis

„Abwarten der Umschwung kommt von außen", so beschrieb ein Gestapo-Bericht aus dem Jahre 1937 die Einstellung der „Illegalen im Lande"[1]. Kaum einer erwartete Mitte der dreißiger Jahre noch einen Staatsumsturz durch oppositionelle Kräfte innerhalb Deutschlands. Auch Carlo Schmid nicht. Das Regime konnte nur noch der Druck des Auslandes zu Fall bringen. So sagte Schmid, als er 1936 gebeten wurde, dem Forschungsbeirat des New Commonwealth-Instituts beizutreten, nach kurzem Zögern zu. Die New Commonwealth-Society war 1932 von Lord Davies gegründet worden. Ihr Ziel war die Stärkung der internationalen Autorität des Völkerbundes durch die Einführung obligatorischer Schiedsgerichtsbarkeit und durch die Aufstellung einer internationalen Polizeimacht zur Durchsetzung der Beschlüsse der Schiedsgerichte. Davies fühlte sich dem Erbe Briands verpflichtet und wollte die Fortentwicklung des Völkerbundes als den „ersten Schritt auf dem Wege zu einer Weltföderation" verstanden wissen[2]. Präsident der britischen Sektion der New Commonwealth-Society war Winston Churchill, an der Spitze der französischen

Sektion stand der bekannte Völkerrechtler Georges Scelle, die deutsche Sektion wurde von Vizeadmiral a.D. von Freyberg geleitet.

Das Forschungsinstitut der New Commonwealth-Society war 1934 gegründet worden. Präsident des Forschungsinstituts war der britische Historiker Harold Temperley, Direktor war Ernst Jäckh, vor 1933 geschäftsführender Vorsitzender der Deutschen Liga für Völkerbund und Leiter der Friedensakademie in Berlin. Vermutlich hatte Georg Schwarzenberger, der als Sekretär im Institut arbeitete, angeregt, seinen ehemaligen Lehrer Schmid in den Forschungsbeirat des Instituts aufzunehmen, dem u. a. der Staatsrechtler Hans Kelsen, der Herausgeber der Friedenswarte Hans Wehberg und Herbert Kraus, Völkerrechtler in Göttingen und Mitglied der Liga für Völkerbund, angehörten. Von den Genannten lebte nur Kraus noch in Deutschland, der 1937 aus politischen Gründen emeritiert wurde[3]. Schmids Mitgliedschaft im New Commonwealth-Institut mußte vom Rektor der Universität Tübingen und dem württembergischen Kultusministerium genehmigt werden[4]. Das ging ohne Schwierigkeiten, denn noch suchte Hitler in England einen Bündnispartner, so daß die Mitgliedschaft in der New Commonwealth-Society politisch nicht als anstößig galt. Das sollte sich schon ein Jahr später ändern, als Hitler seine außenpolitische Strategie umwarf und England als zukünftigen Gegner einstufte.

Ernst Jäckh, der Institutsdirektor, ließ sich in seiner Arbeit von dem Grundsatz leiten: „Im Kampf zwischen Schwert und Pflug wird der Pflug siegen."[5] Schmid betrachtete das Übergewicht von Vertretern des organisierten Pazifismus im Institut mit Skepsis. Im November 1936 warnte er in einem Brief an Ernst Jäckh vor politischen Reißbrettplänen: „Jede Betrachtung des politischen Völkerrechts als eines freischwebenden, gewissermaßen schwerelosen Gefüges auf alle Staaten gleichermaßen bezogener Normen" sei eine „Fiktion oder Ideologie"[6]. Auch innerhalb einer internationalen Rechtsordnung werde Machtpolitik betrieben: „Im Bereich des Politischen ist alles Recht, insbesondere das politische Verfahrensrecht, nicht viel mehr als eine Form, in welcher bestimmte Machtverhältnisse erscheinen und sich durchzusetzen suchen."[7] Wenn die Arbeit im Institut nicht zur Selbstbeschäftigung verkommen sollte, mußte das Institut versuchen, Einfluß auf die praktische Politik zu nehmen. Schmid gab deutlich zu verstehen, daß er die von manchen Mitgliedern des Instituts gehegte Hoffnung, die New Commonwealth-Society könne zur Keimzelle einer neuen internationalen Ordnung werden[8], nicht teilte: „Ich bin mir bewußt, daß vielleicht der Friede und die Zukunft Europas von vielen Staaten Verzichte verlangt auf Ziele, die ihnen teuer sind. Solche Verzichte auszusprechen und einem Organisationsschema für das Politische zugrunde zu legen, ist aber nicht das Recht des einzelnen unter uns, sondern die Sache derer, welche die Last des Schicksals der Völker zu tragen haben."[9]

Im Bereich der Außenpolitik war der Visionär Schmid ein harter Realpolitiker, der den Anhängern von Friedensutopien das Denken in Kategorien der Macht lehrte.

Seine Auffassung über die Notwendigkeit supranationaler Institutionen und der Einschränkung staatlicher Souveränität hatte er nicht geändert. Noch immer, so schrieb er in einem im März 1938 für die Zeitschrift „The New Commonwealth Quarterly" verfaßten Aufsatz sei er von dem Gedanken der Schiedsgerichtsbarkeit durchdrungen[10]. Doch eine „allgemeine Jurifizierung des politischen Bereichs" war seines Erachtens in naher Zukunft nicht zu erreichen. Zunächst einmal müsse man daran gehen, den „Bestand an Rechtsnormen im Bereiche des Völkerrechts zu steigern", denn alle den „Kern des Politischen" berührenden Völkerrechtssätze seien noch immer umstritten[11]. Schmid verwies auf die clausula rebus sic stantibus, die von Staaten, die eine Änderung des Status quo erstrebten, zum Kernbestand des Völkerrechts gezählt werde, während sie von Staaten, die den Status quo zu sichern versuchten, nicht als völkerrechtliche Norm anerkannt werde. Schmid selbst hatte vor 1933 der clausula rebus sic stantibus den Rang einer Völkerrechtsnorm zuerkannt, weil er in ihr ein Instrument zur Revision der Reparationsforderungen sah[12].

Wie sollte aber eine internationale Schiedsgerichtsbarkeit ohne „einheitliche Bewertungsmaßstäbe" funktionieren? Schmid deutete nur an, was er meinte. Ein Staat, der wie das NS-Regime das Recht mit Füßen trat, würde sich niemals einer internationalen Schiedsgerichtsbarkeit unterwerfen. Er sprach von den sich der Vernunft entziehenden „Dämonien des politischen Lebens"[13]. Hitler war nicht zur Räson zu bringen. Eine Ordnung internationaler Schiedsgerichtsbarkeit setzte eine demokratische Rechtskultur voraus. So erschienen ihm die Erfolgsaussichten für die Einführung einer obligatorischen Schiedsgerichtsbarkeit „einigermaßen trübe"[14]. Resigniert stellte er am Schluß seines Aufsatzes fest: „Es wäre zum Vorteil einer gedeihlichen Entwicklung der internationalen Gerichtsbarkeit, wenn man heute ihre allgemeine Anwendung auf Staaten beschränkte, die einem und demselben Rechtskreise angehören; dort sind die Wertmaßstäbe vorhanden, welche die Voraussetzung der Institution sind."[15]

Als Schmid seinen Aufsatz schrieb, hielt es die britische Regierung noch immer für unmöglich, daß Deutschland und England sich wieder auf dem Schlachtfeld begegnen könnten[16]. Sein Aufsatz war ein versteckter Appell an die westlichen Demokratien, den Friedensparolen Hitlers keinen Glauben zu schenken und statt dessen möglichst umgehend ein Verteidigungsbündnis gegen Hitler zu schließen. Ein Bündnis zwischen demokratischen Staaten und einer Diktatur konnte es nicht geben. Im Grunde hatte Schmid in seinem Aufsatz das Programm des New Commonwealth-Instituts unter den bestehenden Machtverhältnissen für utopisch erklärt.

Schmid beabsichtigte einen weiteren Aufsatz über die Technik der internationalen Vermittlung zu schreiben, in dem er seine Überlegungen zu untermauern und fortzuführen gedachte[17]. Der Aufsatz blieb ungeschrieben. Es war wohl mittlerweile zu riskant, in einer Zeitschrift der New Commonwealth-Society Artikel zu veröffentlichen. England war inzwischen von den nationalsozialistischen Machthabern zum Feind erklärt worden und die New Commonwealth-Society stand in enger Verbindung zu Churchill, dem erklärten Gegner der britischen Appeasement-Politik.

Churchill hatte eine kurze Zeitlang erwogen, die New Commonwealth-Society als Plattform zu benutzen, um seiner Anti-Appeasement-Politik zum Durchbruch zu verhelfen[18]. Schmid hätte sich gefreut, wenn Churchill mit seinem Plan Erfolg gehabt hätte. Er hielt die westliche Appeasement-Politik für einen katastrophalen Fehler. Schon 1935 nach dem Erlaß der Nürnberger Rassengesetze hatte er gehofft, daß die Westmächte die Beziehungen zu Deutschland abbrächen und Hitler durch Isolierung zu Fall brächten[19]. Die Westmächte unterschätzten die Kriegsbereitschaft Hitlers, die für Schmid außer Frage stand. Laut durfte er das nicht sagen. Aber er konnte Bücher rezensieren, in denen diese Meinung vertreten wurde.

Im März 1937 besprach er für das New Commonwealth Quarterly Graham Huttons 1936 erschienene Arbeit „Is it Peace?“, in der die Außenpolitik Großbritanniens im Rahmen einer weltpolitischen tour d'horizon einer scharfen Kritik unterzogen wurde. Schmid referierte Huttons Position ausführlich. Der Autor zeige, „daß Großbritannien und Frankreich in allen Kernfragen identische politische Interessen haben, während die faschistischen Mächte, namentlich Italien, Japan und Deutschland, notwendigerweise auf Raub, Ruhm und Vernichtung aus sein müssen.“[20] In einem abschließenden Kapitel bemühe sich der Verfasser, „seine Landsleute davon zu überzeugen, daß ihnen die Entwicklung auf dem Kontinent nicht gleichgültig sein kann und daß es ihre Aufgabe sein muß, in Zusammenarbeit mit Frankreich bei allen Ereignissen eine Position der Stärke einzunehmen, um die faschistischen Mächte davon abzuhalten, Unheil über Ost- und Mitteleuropa zu bringen.“[21] Carlo Schmid hatte dem nicht viel hinzuzufügen. Er räumte lediglich ein, daß einige Passagen des Buches „nicht ganz zufriedenstellend“ seien, z. B. die Darstellung des deutsch-polnischen Verhältnisses. Nach 1945 machte Schmid die Appeasement-Politik der Westmächte mitverantwortlich für den Ausbruch des 2. Weltkrieges. 1956 führte er in einem Vortrag aus: „Es kam der Zweite Weltkrieg. Er kam, weil Europa vor dem Regime, das seine Grundwerte leugnete und vernichtete, kapitulierte trotz Kellogg-Pakt und Locarno-Pakt. Es zeigte sich, daß eine Friedensordnung sich selbst aufgibt, wenn den Staaten, die sie tragen, gleichgültig wird, ob mächtige Nachbarn sich einem Regime unterwerfen, dessen Prinzip es geradezu ist, die Pfeiler dieser Ordnung zu zerstören. Ein Europa, das mehr sein will als ein geographischer

Begriff, ist ohne das innere Interventionsprinzip eine romantische Fiktion."[22] Schmid dachte nach 1945 nicht anders als in den dreißiger Jahren.

Er blieb bis zum Ausbruch des 2. Weltkriegs Mitglied des Beirates des New Commonwealth-Instituts. Daß das Insitut irgendwelchen Einfluß auf die praktische Politik ausüben könne, glaubte er wohl nicht mehr. Aber die Mitgliedschaft war ein Bekenntnis zu einer internationalen Rechtsordnung. Auch wenn eine Ordnung obligatorischer Schiedsgerichtsbarkeit unter den gegenwärtigen Machtverhältnissen nicht durchzusetzen war, blieb deren Einführung doch ein langfristiges Ziel der Politik. 1938 schrieb er in einer Rezension des Tractatus Pierino Bellis „De Re Militari et Bello": „Eine besondere Bedeutung haben die Darlegungen (Bellis) zu dem Problem der Schiedsgerichtsbarkeit; es ist ganz deutlich zu spüren, daß der Kriegsrat Belli nicht recht zu verstehen vermag, warum die Fürsten sich nicht regelmäßig dieses Mittels zur Erledigung ihrer Streitigkeiten bedienen wollen. Bei der Behandlung dieser Frage ist B(elli) besonders ‚modern': er will, wenn einer der streitenden Teile schiedsrichterlichen Austrag anbietet, den Gegner durch diese einseitige Erklärung – bei Strafe der Rechtsfolgen für den ungerechten Krieg – für gebunden halten."[23] Deutlicher konnte man kaum sagen, wie man die gegenwärtige internationale Lage und die außenpolitischen Absichten Hitlers einschätzte. Es mußte schmerzen, dem heraufziehenden Unheil tatenlos zusehen zu müssen.

Es war kein Zufall, daß Schmid sich Mitte der dreißiger Jahre in das Werk Machiavellis zu vertiefen begann. Der große Florentiner hatte wie kein anderer politischer Philosoph sich mit dem Phänomen der Macht und dem Verhältnis von Macht und Moral auseinandergesetzt. Der Visionär und der Realpolitiker, Dante und Machiavelli – das waren die beiden Pole, zwischen denen Schmid stand. Die beiden Florentiner Dante und Machiavelli trennten Welten. Dante erklärte den Weltmonarchen zum Garanten einer humanistischen Weltordnung. Machiavelli glaubte, daß nur in der Republik sich virtù, politische Kompetenz, Bürgertugend und Energie entfalten könnten[24]. Der Ahnherr des Neuen Reichs lehrte die Perfektibilität des Menschen und die Sinnhaftigkeit der Geschichte. Der mittelalterliche Glaube an die providentia Dei war bei ihm noch lebendig. Machiavelli war von der Korruptibilität der Menschen überzeugt, weshalb er einen staatlichen Repressionsapparat für unerläßlich hielt. Schmid ging auf die gegensätzliche Welt- und Lebensauffassung Dantes und Machiavellis, in der auch die Widersprüchlichkeit seines eigenen Denkens begründet lag, nicht ein.

Er war fasziniert und betroffen von der Aktualität des politischen Denkens Machiavellis. Im Juli 1940 schrieb er dem Verleger Rudolf Marx: „Nun kenne ich doch Machiavelli einigermaßen und doch befällt mich bei jeder neuen eingehenden Beschäftigung mit seinen Texten neues Staunen über die Fülle dessen, was er uns hic et nunc zu sagen hat."[25] Marx wollte in der Dietrichschen Verlagsbuchhandlung in Leipzig eine von Schmid besorgte Auswahl der Schriften Machiavellis herausgeben. Schmid, der von dem Historiker Rudolf Stadelmann zu dieser Arbeit ermuntert worden war, drang darauf, in diese Auswahl auch die Mandragola, eine von Machiavelli vermutlich 1518 verfaßte Komödie, aufzunehmen. Die Komödie sei der „Eckpfeiler des Gesamtwerks"; „die hoffnungslos resignierte Posse einer Menschheit, deren heroisch-tragische Möglichkeit der Fürst ist. Wer die Mandragola nicht kennt, weiß nicht viel vom Weltbild Machiavellis und wird darum das im ‚Fürsten' Gesagte oft unzulänglicherweise verabsolutieren und mißdeuten, weil er nicht weiß, in welcher Begrenzung Machiavelli den Menschen sieht."[26]

In der Mandragola klagte Machiavelli den Aberglauben, die Dummheit, die Gewissenlosigkeit und Korruptheit seiner Zeitgenossen an. Mandragola – das ist die Wunderkraft der Alraunwurzel[27]. Man nannte die Mandragola die „Komödie einer Gesellschaft, deren Tragödie der Principe ist"[28]. Schmid griff dieses geflügelte Wort wieder auf[29]. Auch Machiavelli war Schmid ein Beleg für sein Verständnis des Nationalsozialismus als plebiszitärer Führerdemokratie. Er sah in Machiavelli keinen „Lehrer des Bösen"[30], keinen „Ästheten der Gewaltsamkeit"[31], sondern einen Theoretiker der Staatsraison, den er gelegentlich sogar einen „Moralisten" nannte. Die geplante Machiavelli-Edition, die ungefähr 500 Seiten hätte umfassen sollen, kam nicht zustande. Schmid wendete sich in Lille, wo er die Arbeit hatte fertigstellen wollen, anderen Dingen zu. 1956 veröffentlichte er einen kleinen Auswahlband der Schriften Machiavellis mit nicht einmal der Hälfte des Umfangs[32].

Daß er sich intensiv mit Machiavelli beschäftigt hatte, beweist das Manuskript einer Vorlesung über Machiavelli aus den dreißiger Jahren[33]. So wie Schmid Machiavelli interpretierte, war er wirklich hochaktuell. Er benutzte die Vorlesung über Machiavelli, um seinen Studenten die Augen über den Charakter des NS-Regimes zu öffnen. So führte er beispielsweise aus: „Die Tyrannei als solche bewertet Machiavelli ganz eindeutig negativ", denn: „sich des Staates zu bemächtigen, setzt (...) einen bösen Menschen voraus."[34] Machiavelli ließ sich als Autorität zitieren, um die Studenten über den cäsaristischen Herrschaftscharakter des NS-Regimes aufzuklären: „Der Tyrann tut immer am besten, sich auf das Volk zu stützen." Tyrannis entstehe Machiavelli zufolge dort, wo „Sekurität" statt „Freiheit" zur „Massenparole" wird[35]. Wie recht hatte doch Machiavelli, als er prophezeite: ein Volk, das seine virtù verloren hat, muß den Principe ertragen. Dieser italienische Staatsdenker war, so wie Schmid ihn vorstellte, alles andere als ein Apologet der Gewaltsamkeit. Hatte Machiavelli doch festgestellt: „Die Legalität ist der Schutz der Freiheit (...). Was aber außerlegal ist, ist verhängnisvoll, auch wenn es nützlich ist."[36]

So wurden die Lehren Machiavellis unter der Hand zu einer schneidenden Kritik am NS-Regime. Die politischen Schriften des Florentiners erlaubten es sogar, mit denen ins Gericht zu gehen, die glaubten, daß sie das ganze politische Geschehen nichts angehe: „Man muß sich für eines von beidem entscheiden: weit weggehen vom Tyrannen oder sich ihm anschließen.“ [37] Es ist schon frappierend, wie Schmid es verstand, den Werken Machiavellis tagespolitische Aktualität zu geben. Plötzlich wurde aus Machiavelli ein früher Kritiker der Appeasement-Politik der Westmächte: „Die schlechtesten Fürsten gehen meistens den Weg der Neutralität und richten sich so zugrunde.“ [38] Im dritten Buch der Discorsi legte Machiavelli dar, daß ein degeneriertes, korruptes Volk nur durch die Eroberung von außen oder die Tat tugendhafter Männer im Innern zur „Selbsterkenntnis“ gebracht werden könne[39].

Schmid war ein Meister der Camouflage. Ob seine studentischen Zuhörer ihn auch immer verstanden haben? Es war nur noch ein kleines Häuflein, das zu ihm kam, als er im Wintersemester 1938/39 erstmals über Machiavelli las. Erst nach 1945 sollte seine Machiavelli-Vorlesung Berühmtheit erlangen. In späteren Jahren stellte er das Verhältnis von Politik und Moral ganz in das Zentrum seiner Machiavelli-Interpretation. Er zog aus den Schriften Machiavellis die Erkenntnis, daß die politische Ordnung zwangsläufig immer wieder in Widerspruch zu den Geboten der christlichen Moral gerate. „Dann muß sich der Staatsmann entscheiden, in welcher Ordnung er handeln will. Will er Gott wohlgefällig sein, will er der göttlichen Vernunft huldigen, will er unter keinen Umständen seinen Nächsten wehe tun, dann muß er handeln, ohne im Entscheidenden auf den politischen Erfolg zu achten. Er wird dann vielleicht ein Heiliger sein, aber den stato mag er dabei verspielen. Will er aber unter allen Umständen ‚conservare lo stato‘, das heißt im Machtkampf siegend den Staat erhalten, dann muß er das der jeweiligen Sachlogik nach Angemessene tun, ohne sich im einzelnen zu fragen, ob dieses Tun Gott wohlgefällig ist oder nicht, ob er damit das menschliche Antlitz denaturiert oder nicht, ob er damit Menschen wehe tut oder nicht.“ [40] Schmid war bereit, sein Seelenheil zu riskieren. Es drängte ihn in die Politik – schon vor 1945. Doch mag ihn dabei immer auch die Hoffnung beschlichen haben, den Menschen nicht wehe tun zu müssen. Der Realpolitiker war immer auch ein Visionär.

Isolation und wachsende Bedrohung

Nachdem sich in den Jahren 1937/38 das NS-Regime konsolidiert hatte, wurde die Lebenssituation der Regimegegner immer unerträglicher. Die totalitäre Diktatur prägte auch den Alltag der Menschen. Als bekannter

Regimegegner wurde Schmid in Tübingen zunehmend isoliert. Man mied den Umgang mit ihm, weil man sich politisch zu diskreditieren fürchtete. An der Universität gingen die Studentenzahlen rapide zurück. 1939 waren nur noch 1 500 Studenten an der Universität immatrikuliert, was einen Rückgang der Studentenzahlen um mehr als 50 % bedeutete[1]. Die juristische Fakultät war besonders stark von dem Rückgang betroffen. Waren im Wintersemester 1932/33 noch 478 Studenten für das Fach Jura eingeschrieben, so waren es 1941 nur noch 40, weniger als 10 %[2]. Carlo Schmid hatte immer weniger Hörer. Seit 1938 bot er nur noch eine Vorlesung und ein Seminar an. Die Teilnahme am Seminar war unentgeltlich, Zeit nach Vereinbarung. Es meldete sich kaum noch jemand, denn seine Karriere förderte man nicht, wenn man sich als Hörer bei Schmid einschrieb. Auch ein Teil seiner ehemaligen Schüler wendete sich von ihm ab und schwenkte zum Nationalsozialismus über, was ihn ganz besonders schmerzte. Noch vierzig Jahre später äußerte er sich sehr betroffen darüber: „Daß so intelligente, edle Jünglinge so denken und fühlen konnten, traf mich im Innersten und ich mußte mich fragen, was wohl der Grund dafür sein mochte, daß moralisches Bewußtsein, Wissen um Recht und Unrecht, Bildung und humanistisches Ideal nicht genügen konnten, um der Verführung durch den Hexenzauber des Erfolges zu widerstehen."[3] Schmid war Lehrer und Erzieher aus Leidenschaft. Er empfand den Hörerschwund auch als persönliche Niederlage. Er mußte sich zudem fragen, ob sein Glaube an das „Neue Reich" nicht eine Selbsttäuschung war.

1939 drohte ihm obendrein der Verlust seiner Lehrberechtigung an der Universität. Die Reichshabilitationsordnung vom Oktober 1938 trennte die Feststellung der Lehrbefähigung durch Verleihung des Titels Dr. habil. von der Erteilung der Lehrberechtigung. Dozenten, die sich vor 1938 habilitiert hatten, mußten innerhalb einer Übergangsfrist einen Antrag auf Ernennung zum Dozenten „neuer Ordnung" stellen, falls sie ihre Lehrberechtigung nicht verlieren wollten[4]. Der Zweck der Novellierung der Reichshabilitationsordnung war eindeutig: Politisch unliebsame Dozenten sollten auf „legalem" Wege mundtot gemacht werden. Hatte der Sicherheitsdienst der SS doch 1938 beklagt, „daß noch immer nicht alle gegnerischen Kräfte in der Wissenschaft ausgeschaltet" worden seien[5]. Carlo Schmid blieb, da er weiterhin an der Universität lehren wollte, nichts anderes übrig, als seine Ernennung zum Dozenten „neuer Ordnung" zu beantragen. Im Juni 1939 reichte er bei der Fakultät den Antrag ein, den Dekan Georg Eißer, obwohl er ein überzeugter Nationalsozialist war, befürwortend an den Rektor weiterleitete: „Schmid besitzt ein ausgedehntes Wissen auf seinem Lehrgebiet Er hat eine leichte, außerordentlich fesselnde Kunst der Darstellung. Seine Ausführungen zeigen einen hohen Ideenreichtum. Neben diesen fachwissenschaftlichen Kenntnissen besitzt Dr. Schmid auch eine ungewöhnlich große Allgemeinbildung, insbesondere auf philosophischem und künstlerischem Gebiet." Einschränkend fügte Eißer hinzu: „Bei seiner ganzen Veranlagung liebt Dr. Schmid eine etwas preziöse und kritische Art, ohne daß damit eine schlimme Absicht verbunden ist."[6]

Rektor Hermann Hoffmann, ein als entschiedener Nationalsozialist bekannter Psychiater, konnte die befürwortende Stellungnahme Eißers nicht teilen. Schmids Lehrtätigkeit werde zwar „sehr gerühmt", das „Urteil über seine menschlichen Qualitäten und seine politische Haltung" sei aber „weniger günstig". „Wenn die angeordnete Prüfung der Dozenten alter Ordnung den Zweck haben soll, mit kritischem Maßstab unter den in Frage kommenden Persönlichkeiten eine Auslese zu treffen", müsse die Ernennung Schmids zum Dozenten „neuer Ordnung" abgelehnt werden[7]. Hoffmann hatte ansonsten nahezu alle Anträge positiv beschieden[8]. Nur bei Schmid weigerte er sich, aus politischen Gründen einer Ernennung zuzustimmen. Schmid war offensichtlich der einzige Privatdozent an dieser tiefbraunen Universität, der sich den neuen Machthabern nicht angedient hatte. Dafür wollte man ihn jetzt mit dem Entzug der Lehrberechtigung bestrafen. Beim württembergischen Kultusministerium scheint Hoffmann als Scharfmacher bekannt gewesen zu sein. Es sprach sich trotz dessen ablehnender Stellungnahme für eine Ernennung Schmids zum Dozenten „neuer Ordnung" aus[9]. Das Reichserziehungsministerium stimmte im Oktober 1939 der vorgeschlagenen Ernennung zu[10]. Dort wurden fachliche Gesichtspunkte noch mehr berücksichtigt als an der Universität.

Zum Berufsverbot war es nicht gekommen, aber akademische Anerkennung sollte Schmid versagt bleiben. Selbst die sonst nach sechsjähriger Dozentenzeit fast automatisch erfolgende Ernennung zum außerplanmäßigen Professor wußten der NS-Dozentenführer und die zuständigen Parteistellen zu vereiteln. Im Sommer 1940 schlugen der Dekan der Rechts- und Wirtschaftswissenschaftlichen Fakultät Hero Moeller und der Obmann der Rechtswissenschaftlichen Abteilung der Fakultät Wilhelm Merk die Ernennung Schmids zum außerplanmäßigen Professor vor[11]. Doch ein entsprechender Antrag beim Kultusministerium in Stuttgart konnte nicht gestellt werden, weil Dozentenführer Robert Wetzel sich weigerte, eine Stellungnahme abzugeben. Der Anatom Robert Wetzel – ein Protegé des Reichsführers-SS Heinrich Himmler – war Mitglied des SD und kannte nur ein Ziel: die Vertiefung und Verfestigung der nationalsozialistischen Weltanschauung an der Universität[12]. Im November 1941 wurde Wetzel zu einer gutachterlichen Äußerung gezwungen, denn der Reichsminister für Wissenschaft, Erziehung und Volksbildung hatte die Fakultät um ein Votum zur Ernennung Schmids zum außerplanmäßigen Professor gebeten. Die Stellungnahme Wetzels war – wie nicht anders zu erwarten – negativ: „Ich stimme den Vorwürfen gegen Schmid nicht bei, wenn sie so weit gehen, ihn als aktiven Staatsfeind zu betrachten. Schmid hat den ganzen Weltkrieg mitgemacht, hat auch nachher seine nationale Gesinnung bekundet (...). Auf der anderen Seite aber steht seine Art des Kritisierens vom Standpunkt des ‚geistig Überlegenen' aus. Diese seine geistige und kulturelle Überlegenheit ist nicht so groß, wie sie harmlosen Gemütern erscheint, die dann auch tief von ihm beeindruckt zu sein pflegen. Sie ist aber groß genug, um doch den einen oder anderen Tropfen Gift, den einen oder anderen Schatten der Entidealisierung auf junge Studenten zu werfen. Mag er bleiben und weiter treiben, was er ist und er tut – eine größere Verantwortlichkeit sollte er nicht erhalten, und der Weg dazu sollte ihm nicht gebahnt werden."[13] Wetzels Gutachten ist ein eindrucksvolles Dokument des Antiintellektualismus der Nationalsozialisten.

Bereits im Frühjahr 1941 hatte Wetzel darauf gedrungen, den freiwerdenden Lehrstuhl für öffentliches Recht, mit dem zugleich die Leitung des völkerrechtlichen Seminars verbunden war, mit einem Hochschullehrer zu besetzen, der in der Hauptsache Völkerrecht lehre, da ansonsten Schmid „auf kaltem Wege" der Völkerrechtler der Universität" werde[14]. Schmid war inzwischen Kriegsverwaltungsrat in Lille und gar nicht mehr an der Universität tätig. Trotz Wetzels Einwänden entschloß sich das Kultusministerium in Stuttgart im März 1942, einen Antrag auf Ernennung Schmids zum außerplanmäßigen Professor zu stellen. Die Fachgutachten über ihn waren alle äußerst positiv[15]. Der Antrag landete in der Parteikanzlei Martin Bormanns, wo man die Entscheidung hinauszögerte. Der Antrag sollte in zwei Jahren noch einmal geprüft werden[16]. Mit anderen Worten: Solange sich Schmid nicht bekehren ließ, konnte er nicht Professor werden. Die Personalpolitik an den Hochschulen lag nun völlig in den Händen der Partei, gegen deren Votum nichts auszurichten war.

Für Schmid war dieses ganze Hin und Her um seine Ernennung zum außerplanmäßigen Professor eine leidige und demütigende Angelegenheit. Immer wieder wurde er aufgefordert, Lebensläufe und Schriftenverzeichnisse bei der Fakultät einzureichen. Wenn er nicht Gefahr laufen wollte, seinen Lehrauftrag doch noch zu verlieren, mußte er den Aufforderungen nachkommen. Außerdem scheint er auf den Professorentitel großen Wert gelegt zu haben. Doch selbst die Anfertigung eines curriculum vitae wurde für ihn zum Problem. In den dreißiger Jahren hatte er sich stets zu seinem jüdischen Lehrer Hugo Sinzheimer, der in der Emigration in den Niederlanden lebte, bekannt[17]. Nun schrieb er erstmals wahrheitswidrig: „Im Jahre 1923 wurde ich von der Universität Tübingen zum Doktor der Rechte promoviert."[18] Hätte er die Wahrheit geschrieben, hätte er die Unterlagen gar nicht erst einzureichen brauchen. Er unterwarf sich auch jetzt nicht den braunen Machthabern, aber in Nebensächlichkeiten, durch die kein anderer zu Schaden kam, ging auch er mittlerweile Kompromisse ein. Es wurde immer schwieriger, sich nicht in der einen oder anderen Form zu kompromittieren.

Auch am Tübinger Landgericht traute inzwischen keiner mehr dem anderen. Konformitätsdruck, Mißgunst und Denunziation prägten dort den Arbeitsalltag. Als 1939 ein Justizassistent seine jüdische Ehefrau zum Betriebsausflug mitnahm, erstattete einer seiner Kollegen beim Oberlandesgericht Stuttgart Anzeige. Der dortige Oberlandesgerichtspräsident wollte Aufklärung über den Fall, die er auch bekam: Couragiert antwortete der Tübinger Landgerichtspräsident, daß der Denunziant sich die „Erbitterung aller Kamaraden wegen seines mehr als unkamaradschaftlichen Verhaltens" zugezogen habe. In Stuttgart war man aber der Meinung, daß das Verhalten des Justizassistenten eine „grobe Ungehörigkeit" gewesen sei. Dies sei den Beschäftigten am Landgericht in aller Deutlichkeit klarzumachen[19].

Schmid geriet am Landgericht immer mehr in die Isolation. 1938 meldete sich zunächst keiner der dortigen Referendare bei ihm zur Ausbildung. Jeder fürchtete, es könnte als ein Bekenntnis zu einem Regimegegner ausgelegt werden. Wer wollte sein berufliches Fortkommen schon riskieren? Schließlich erklärte sich Paul Wilhelm Wenger, der spätere Bonner Redakteur des Rheinischen Merkur, mutig dazu bereit, den Referendardienst bei dem von den Nationalsozialisten verfemten Landgerichtsrat abzuleisten[20]. Der Druck auf Schmid wuchs. Sein Kollege Schiele, der bei jeder sich bietenden Gelegenheit am Gericht NS-Bekenntnis-Lieder absingen ließ, drängte ihn schon seit längerer Zeit zum Parteieintritt. Um seinem Drängen Nachdruck zu verleihen, gab er ungefragt überall negative Beurteilungen über Schmid ab[21].

Schiele war mit Rauschnabel befreundet, der seit 1937 Kreisleiter in Tübingen war. Der ehrgeizige frühere Volksschullehrer Rauschnabel war ein Silcher-Verehrer und dichtete gelegentlich auch selbst. Er hegte eine unglückliche Bewunderung für den Musensohn Carlo Schmid, den er trotz der ihm bekannten antinazistischen Einstellung für die Partei gewinnen wollte. Deshalb suchte er ihn auch, keine Mühe scheuend, einige Male auf der Waldhäuser Höhe auf, um ihm schmeichelnd zu erklären: „Solange wir Sie nicht haben, haben wir nicht gesiegt."[22] Die Besuche im Hause Schmid dauerten nie sehr lange. Schmid wies ihm immer schon bald den Weg zur Tür[23]. Manchmal bedrängte Rauschnabel, der im Volksmund Saufschnabel hieß, Schmid auch am Juristenstammtisch. Später strickte man ihm daraus den Vorwurf, er habe mit dem Kreisleiter gezecht[24]. Rauschnabel ließ sich durch Schmids Zurückweisungen nicht entmutigen. Er scheint allen Ernstes die Absicht gehabt zu haben, Schmid gegen seinen Willen in die Partei aufzunehmen. Jedenfalls teilte dies Schiele, der sich mit Rauschnabel wiederholt darüber unterhielt, wie Schmid in die Partei hineinzukriegen sei, Gebhard Müller 1946 mit[25]. Nach Darstellung Schieles soll Rauschnabel einen Aufnahmeantrag für Schmid gestellt haben, der dann aber vom Geschäftsführer der NSDAP Württembergs Helmut Baumert, der vor 1937 Kreisleiter in Tübingen war, abgelehnt worden sei[26]. Wenn Schieles Darstellung stimmt, mußte Carlo Schmid Baumert dankbar sein. Wer hätte ihm nach 1945 geglaubt, daß er unfreiwillig Mitglied der Partei geworden war?

In den fünfziger Jahren setzte sich Schmid dafür ein, daß Rauschnabel wieder sein Lehramt ausüben konnte. Rauschnabel war 1949 für den in der „Reichskristallnacht“ verübten Brandanschlag gegen die Tübinger Synagoge zur Verantwortung gezogen und von der Strafkammer des Tübinger Landgerichts zu zwei Jahren Zuchthaus verurteilt worden[27]. Schmid entschuldigte Rauschnabels Vergehen nicht. Aber er war fest davon überzeugt, daß er und sein Freund Victor Renner im KZ gelandet wären, „wenn ein anderer als Rauschnabel Kreisleiter in Tübingen gewesen wäre“[28]. Rauschnabel wehrte Denunziationen, die ihm hätten gefährlich werden können, ab. In Schmids Augen war Rauschnabel eher ein „Polterer“ als ein Scharfmacher[29].

Bisher hatten Rauschnabel und Sandberger ihn vor dem Zugriff der Gestapo bewahrt. Aber er war politisch gefährdet. Was würde aus seiner Familie werden, wenn der Ernährer ausfiel? Seine Frau mußte sich in den Jahren 1939/40 mehrmals in ein Sanatorium begeben. Wie hätte sie, die ohnehin nur schwer mit den Widrigkeiten des Lebens fertig wurde, vier Kinder, von denen zwei nicht einmal das Schulalter erreicht hatten, durch diese schwere Zeit bringen sollen? Lydia Schmid war ihrem Mann in dieser Leidenszeit keine Stütze, wenngleich sie in der Ablehnung des Nationalsozialismus mit ihm einig war. Die politische Entwicklung war ein häufiger Gesprächsstoff im Hause Schmid. Am Mittagstisch oder beim Abendbrot besprach man die neuesten politischen Ereignisse. Die offenen Worte über das Regime, die dort fielen, durften nicht nach außen dringen. Den Kindern mußte eingefleischt werden, daß sie in der Schule auf keinen Fall erzählen durften, was sie zu Hause gehört hatten[30]. Aber auch das Kindermädchen, deren Freund Leutnant und überzeugter Parteianhänger war, hörte mit. Konnte man sicher sein, daß sie nicht herumerzählte, was im Hause Schmid am Mittagstisch gesprochen wurde? Martin Schmid hatte sie einmal weinend in der Küche angetroffen, nachdem sein Vater wieder einmal Hitlers verbrecherische Kriegsabsichten verurteilt hatte[31]. Die psychische Belastung wurde immer unerträglicher. Die Atmosphäre von Bespitzelung und Denunziation trieb die Familie immer mehr in die Isolation. Wo und mit wem konnte man noch offen reden? Größere Versammlungen in Privathäusern waren verboten. Auch die Dante-Abende, an denen Schmids Herz hing, wurden nicht mehr gestattet. Einige seiner früheren Freunde begannen, sich von ihm abzuwenden.

Carlo Schmid verglich sein Schicksal mit dem Dantes, der fast zwanzig

Jahre in der Verbannung hatte zubringen müssen. 1939 schrieb er unter dem Titel „Die Versuchung" eine Erzählung über Dantes Verbannung, die in Wirklichkeit ein Selbstgespräch war. Wieder einmal wurde Literatur für ihn zum Medium der Selbstaussprache. Die Erzählung beginnt mit den Sätzen: „Dante lebte das siebente Jahr in der Verbannung. Er hatte sich daran gewohnt, daß die Vielen, denen der Zuruf der Menge Beweis für die Erwähltheit ist, ihn verspotteten oder für einen Bösen und Abseitigen hielten. Das kümmerte ihn nicht mehr, denn er hatte gelernt, daß der Haufe seinem Wesen nach den, der ein hohes Denkbild lebt, hassen und belachen muß." Dante trotzte allen Versuchungen, aus der Verbannung zurückzukehren, aber er ist verbittert, fast hoffnungslos und völlig vereinsamt: „Was ihn schmerzte, war, daß Freunde, die ihm Herberge boten, je länger je mehr zu ihm in das Verhältnis wohlwollender Duldung traten. Sie rühmten seine Folgerichtigkeit und zollten seiner Unbeugsamkeit Bewunderung, doch war dies im Laufe der Jahre immer mehr ein freundliches Ertragen verjährter Sonderbarkeiten geworden, die man einem großen Unglücklichen gerne nachsah." [32] Aus der Erzählung spricht Verzweiflung. Ein Ende der Verbannung scheint nicht in Sicht. Dante wäre ohne seine humanistische Vision und seinen Geistesaristokratismus der Versuchung erlegen. Schmid auch.

Für einen Angehörigen einer sozialistischen Solidargemeinschaft war es leichter, die Pressionen und Demütigungen des NS-Regimes auszuhalten. Er hatte den Rückhalt einer Gruppe Gleichgesinnter. Wer völlig isoliert war wie Schmid, konnte seine Kraft zum Widerstehen nur aus einem elitären Minderheitsbewußtsein ziehen. Es war die psychische Voraussetzung für die Immunisierung gegen den Nationalsozialismus.

Im Mai 1939 verunglückte Woldemar von Uxküll, der Freund, der ihm am nächsten gestanden und ihm die Treue gehalten hatte, tödlich. Der unerwartete Tod des Freundes traf ihn schwer. Vier Tage später schrieb er an Uxkülls Vater: „Was mir der Verlust des Freundes bedeutet, brauche ich Ihnen nicht auszuführen. Mein Leben ist viel, viel ärmer geworden. Unsere Freundschaft war ein dauerndes Leben des einen aus den Kräften des anderen." [33] Zusammen mit Alexander Graf von Stauffenberg, dem Cousin des Verstorbenen, hielt er die Totenwache bei dem toten Freund[34]. Alexander von Stauffenberg hatte seinen Cousin, der wie er selbst Althistoriker und Georgeaner war, des öfteren in Tübingen besucht. Bei diesen Besuchen hatte Schmid Stauffenberg kennengelernt. Auch Claus von Stauffenberg war ihm dort einmal begegnet. Es scheint zu einer heftigen politischen Kontroverse gekommen zu sein. Stauffenberg hatte das NS-Regime zu verteidigen gesucht[35]. Alexander von Stauffenberg, mit dem zusammen Schmid nun den toten Freund betrauerte, stand dem Regime damals weitaus kritischer gegenüber als sein Bruder Claus[36].

Schmid organisierte die Begräbnisfeierlichkeiten. Der Totenfeier wurde ein Spruch aus dem Lukasevangelium Kapitel 12, Vers 10 vorangestellt: „Und jedem, der ein Wort wider den Menschensohn redet, dem soll es vergeben werden; dem aber, der wider den Heiligen Geist lästert, wird nicht vergeben werden." Für die Universität hielt Rudolf Stadelmann, einer der wenigen Hochschullehrer, zu denen Schmid noch engeren Kontakt hatte, die Totenrede. Schmid schrieb zum Andenken an den Freund ein Gedicht[37]:

Wie Du am ersten tage warst so blieb Dein bild
Das haupt umwallt ein lichter schein von gold · es quillt
Aus Deinen meeresaugen blau ein dunkles licht
Wir leuchten wenn es sich in unseren seelen bricht.

Der schatten den die angst des eitlen strebens gab
Verwest mit Deiner sterblichkeit in Deinem grab.
Du fingst den traum und warfst ihn rück mit neuem glanz
Um Deine schläfen flicht er nun den letzten kranz.

Das „dunkle Licht" ist ein Topos aus Hölderlins Dichtung. Es steht für das Dionysische, für die Unerfülltheit des Traums, für die Melancholie. Woldemar von Uxküll war wie Schmid ein melancholischer Mensch. Es wurde sogar vermutet, daß sein Unfall Selbstmord gewesen sei, was aber nicht der Fall war. Beide hatten sich in ihrem Traum von einem unentfremdeten Leben, in ihrem Leiden an der Massengesellschaft gegenseitig bestätigt. Je länger Woldemar tot war, desto mehr fühlte Schmid die „Leere", die dieser „hinter sich gelassen" hatte[38].

Drei Monate nach dem Tod Uxkülls brach der Zweite Weltkrieg aus. Schmid hatte den Krieg vorausgesehen, wurde vom Ausbruch dann aber doch überrascht. Mit dem jungen Joachim von Adelsheim-Ernest, einem Sohn einer Cousine Uxkülls, hatte er im September nach Rom reisen wollen, um ihn dort durch die Museen zu führen. Nun mußte die Romreise auf unbestimmte Zeit verschoben werden[39]. Den 21jährigen von Adelsheim-Ernest, der an die Front mußte, mahnte er, sich in den Kampfhandlungen nicht zu exponieren[40].

Über das Ausmaß an Verheerung, das dieser Krieg anrichten würde, war er sich von vornherein im klaren. Daß der Krieg ein Verbrechen war, stand für ihn außer Frage. Ende 1939 hatte Schmid eine Einladung zu einem Besuch der Universität in Warschau bekommen. Die Einladung ging vermutlich von der Arbeitsgemeinschaft für deutsch-polnische Rechtsbeziehungen aus, die im Dezember ihre Jahrestagung in Warschau abhielt[41]. Schmid kam auch nach Krakau. Er erfuhr wohl nicht alles, aber genug um zu erkennen, daß dort furchtbare Verbrechen begangen wurden. 183 Professoren, Dozenten und Assistenten der Jagiellonen-Universität Krakau waren am 6. November 1939, dem Tag, an dem die Universität hatte wiedereröffnet werden sollen, verhaftet und anschließend in das KZ Sachsenhausen deportiert worden. Die fadenscheinige Begründung der Nationalsozialisten für diese Aktion lautete: „Die hiesige Universität hat ihr akademisches Jahr begonnen ohne die ausdrückliche Erlaubnis der deutschen Behörden. Das ist böser Wille. Ferner ist allgemein bekannt, daß die Dozenten der deutschen Wissenschaft gegenüber immer feindlich eingestellt waren.“ [42] In Wirklichkeit wollte die SS durch die Verhaftung die polnische Intelligenz ausschalten und letztendlich vernichten. Die Scheußlichkeit dieses Verbrechens verfolgte Schmid sein Leben lang. Als er 1958 im Bundestag von Vertretern der Deutschen Partei angegriffen wurde, weil er in Polen ein Schuldbekenntnis für die dort von Deutschen begangenen Verbrechen abgegeben hatte, entgegnete er noch immer ergriffen: „Lassen Sie sich (...) erzählen, wie man in Sachsenhausen die Professoren aus Krakau umgebracht hat! Vielleicht geht es Ihnen dann auch kalt den Rücken herunter.“ [43]

Carlo Schmid konnte nicht sicher sein, daß ihn nicht das gleiche Schicksal ereilte wie die polnischen Professoren. Seit Kriegsbeginn wurden Briefe, die er vom Ausland erhielt, von Wehrmachtsstellen geöffnet. Es waren Briefe von Freunden, die emigriert waren, die keinen Hehl aus ihrer Abscheu gegenüber dem Regime machten. So schrieb der nach Italien emigrierte Henry Furst: „Ich will nicht sterben! Ich will das Ende vom Liede hören. Ich liebe die Bücher, die ein Ende haben, wo der Üble gezüchtigt wird und die Unschuld ins Licht gestellt. Ich will leben, das zu sehen.“ [44] In einem anderen Brief bot er Schmid seine Hilfe an: „Wenn Sie gute Freunde haben, die gefangengenommen werden, so lassen Sie mich es wissen, vielleicht kann ich etwas für sie tun (...).“ [45] Es war sträflicher Leichtsinn, so etwas zu schreiben. Ein solcher Brief hätte, wenn er in die Hände der Gestapo gekommen wäre, Schmid Kopf und Kragen kosten können. Er wurde in jener Zeit wiederholt auf die Kreisleitung zitiert, wo ihn Fragen erwarteten, die „nicht gerade Gutes ahnen ließen“ [46].

Noch immer hoffte er auf eine Flucht in die Wehrmacht. Bisher waren alle Versuche auf Übernahme in das Offizierskorps trotz der Dolmetscherkurse, die er dort abgeleistet hatte, gescheitert. Bekannte versprachen, ihm zu helfen, bedauerten aber zunächst, nichts für ihn tun zu können[47]. Im Frühjahr 1940 forderte die Militärverwaltung in Brüssel Schmid als Kriegsverwaltungsrat an. Die bereits erfolgte Einberufung wurde Anfang Juni wieder rückgängig gemacht, weil Kreisleiter Rauschnabel eine ablehnende politische Beurteilung abgegeben hatte[48]. Auch ein zweites Gutachten fiel negativ aus. Es war zum Verzweifeln. Schmid las und übersetzte Baudelaire. Er brauchte Ablenkung. Einige Tage verbrachte er im Schwarzwald auf dem Gut Helene von Ernests, der Mutter Joachim von Adelsheim-Ernests[49]. Inzwischen hatte Daiber, Offizier beim Wehrbezirkskommando Tübingen, ein längeres Gespräch mit Rauschnabel geführt. Der Kreisleiter war nun bereit, ein positives Gutachten über Schmid abzugeben[50]. Was könnte besser die Herrschaft reiner Willkür im NS-Regime demonstrieren als diese Farce? Am 20. Juli erhielt Schmid eine Einberufung als Kriegsverwaltungsrat. Neuer Dienstort war Lille. Die Stelle sollte ein „Schlupfloch" sein, in dem er die NS-Zeit ohne größere politische Bedrohung überwintern konnte[51]. Zwei Tage später reiste er nach Köln, wo er sich bei der zuständigen Militärverwaltungsstelle zu melden hatte. Dante, Baudelaire und Machiavelli packte er in seinen Koffer. Noch glaubte er, daß ihn seine Tätigkeit in Frankreich nicht mehr beanspruchen werde als sein Richteramt in Tübingen[52].

Als Kriegsverwaltungsrat in Lille
(1940–1945)

Okkupation und Humanität

In Köln wurde Carlo Schmid in feldgraue Wehrmachtsuniform gekleidet und erhielt die Anweisung, den Leiter der Rechtsabteilung der Militärverwaltung in Brüssel aufzusuchen, der ihm sein Aufgabengebiet zuzuweisen hatte. Dort erfuhr er, daß er ab sofort das Justizreferat in der Militärverwaltung der Oberfeldkommandantur 670 in Lille zu verwalten hatte. In seinen Verantwortungsbereich fiel die Überwachung der französischen Justizverwaltung und die Beratung des dortigen Oberfeldkommandanten in Fragen des Völkerrechts. Genau umrissen war die Zuständigkeit seiner neuen Stelle nicht. Sie werden die haben, „die Sie sich nehmen werden", bekam er zu hören, als er um genauere Auskunft bat[1].

Die Oberfeldkommandantur 670 hatte eines der schönsten Gebäude Lilles für sich beschlagnahmt: die anfangs des 20. Jahrhunderts in neoflandrischem Stil erbaute Handelskammer, in deren das Stadtbild beherrschendem Glockenturm Schmid sein Dienstzimmer bezog – eine altra camera mit großem Tisch und Aktenschrank. Das Zimmer 114 der fünften Etage der ehemaligen Handelskammer wurde für viele Franzosen bald zu einer wichtigen Adresse.

Als Carlo Schmid Ende Juli 1940 in die über 200 000 Einwohner zählende Metropole der Region Nord Frankreichs kam, waren dort Plünderung, Raub und wilde Requisitionen durch deutsche Truppen an der Tagesordnung[2]. Die politische Zukunft der nordfranzösischen Region lag im Ungewissen. Schmid hatte die schlimmsten Befürchtungen, als er im September zu prüfen hatte, welche von der französischen Regierung seit dem Waffenstillstandsvertrag mit Deutschland erlassenen Gesetze in den nordfranzösischen Gebieten eingeführt werden konnten. „In Anbetracht des voraussichtlichen Schicksals dieser Gebiete" gäbe es dabei „vieles zu bedenken oft mehr Hintergründiges als am Tage Liegendes". Die Verantwortung sei groß, „denn Wiege und Sarg liegen oft nicht sehr weit auseinander"[3]. So beschrieb er am 15. September seinen Söhnen die prekäre politische Situation, die ihm weit mehr zu tun aufgab, als er ursprünglich gedacht hatte.

Am 13. Juni 1940 waren die beiden Küstendépartements Nord und Pas-de-Calais dem Militärbefehlshaber in Belgien General von Falkenhausen unterstellt worden. Die Somme bildete die Demarkationslinie, die die beiden Norddépartements vom übrigen Frankreich trennte. Sie war bis Frühjahr 1941 eine nahezu undurchlässige Grenze[4]. Die Militärverwaltung Brüssel/Nordfrankreich war in sechs Oberfeldkommandaturen untergliedert, einschließlich der Oberfeldkommandantur 670 in Lille, deren Stab ungefähr 200 Personen angehörten. Oberfeldkommandant war der 1882 geborene Heinrich Niehoff, ein früherer Polizeigeneral und radikaler Nationalsozialist, der unter Besatzungsherrschaft Gewaltherrschaft verstand.

Schmid war nicht weniger als die Franzosen über die Abtrennung der beiden Norddépartements beunruhigt. Niemand wußte, ob die Demarkationslinie nur aus militärischen Gründen gezogen worden war oder ob Annexionsabsichten dahinter standen. Es war zu befürchten, daß die beiden Départements einem „großflämischen" oder „dietschen" Satrapenstaat einverleibt würden. Einige der deutschen Besatzer hatten laut verkündet, daß sie gekommen seien, die Flamen zu befreien. In Berlin war eine Entscheidung noch nicht gefallen. Die Befürworter und Gegner hielten sich dort die Waage[5]. Im September kam es zu ersten Unterredungen zwischen Angehörigen der Militärverwaltung in Lille und Paris, an denen auch Schmid teilnahm. Es wurde die Unterordnung der Militärverwaltung in Nordfrankreich unter die Militäradministration in Paris verlangt. Zu einem solchen Zugeständnis war Falkenhausen nicht bereit. Aber er sah ein, daß die Besatzungshoheit über die nordfranzösischen Gebiete ohne Absprache mit dem Militärbefehlshaber in Paris nicht ausgeübt werden konnte. So schlug er die Ernennung eines Verbindungsoffiziers vor, der die Brüsseler Militärverwaltung in Paris vertreten sollte[6]. Für diesen Botschafterposten hatte Falkenhausen Schmid vorgesehen, der durch seine glänzenden Kenntnisse des französischen Rechts und der französischen Sprache und Kultur für diese Vermittlerrolle geradezu prädestiniert war[7]. Schmid zögerte, Lille zu verlassen. Die Menschen in Nordfrankreich brauchten ihn. Er sei, so erklärte er seinen Söhnen, zu dem „Mann geworden, bei dem alles zusammenläuft, was von Bedeutung" ist[8]. Zumindest Vieles. Schmid verstand es, Niehoffs Gewaltregime zu mildern.

Schmid blieb in Lille, wo um Frankreichs Einheit gerungen werden mußte und wo von Tag zu Tag sich die Ernährungslage verschlechterte. Wenn dort die Dinge so weitergingen wie bisher, wär es unausbleiblich, daß die Menschen schwer hungern, wenn nicht gar verhungern mußten[9]. Die Ernährungslage in der Region Nord war im Herbst 1940 katastrophal. Pferde, Rinder und Schafe waren von den deutschen Truppen nach Deutschland abtransportiert oder abgeschlachtet worden[10]. Es mangelte an Fleisch, Fett und vor allem Milch. Die Kindersterblichkeit nahm rapide zu. Zahlreiche Lebensmittel waren nur noch auf dem Schwarzmarkt zu haben, der in Lille blühte, dessen Preise aber so horrent waren, daß nur ein Teil der Bevölkerung sich über den Schwarzmarkt versorgen konnte[11]. Von seiten der Kirchen wurden Suppenküchen eingerichtet, um die Menschen vor dem Verhungern zu bewahren. Eine Einfuhr von Lebensmitteln war unmöglich, denn der Warenverkehr zwischen Nordfrankreich und dem übrigen Teil Frankreichs war untersagt.

Ende September fuhr Schmid in die Niederlande, um Zucker gegen Butter zu tauschen[12]. Nordfrankreich war ein Zuckerüberschußgebiet. Aber wo sollte er Milch auftreiben? Säuglinge waren vom Hungertod bedroht. Konnte er tatenlos zusehen, wie sie starben? Bei einem der abendlichen Offiziersdiners, an denen er teilzunehmen hatte, überlegte er sich, ob nicht die Wehrmacht einen Teil ihres Milchkontingents zur Verfügung stellen konnte. Doch eine Lösung des Milchproblems war das auch nicht[13]. Anfang Oktober kam es in den Kohlerevieren Nordfrankreichs zu kleineren Streiks, denn seit Anfang September hatten „ganze Bergarbeiterstädte nicht ein Gramm Butter und nicht einen Tropfen Milch bekommen“[14]. Schmid war verzweifelt. In der Oberfeldkommandantur wuchs die Zahl derer, die die Streiks mit Gewalt unterdrücken wollten. Am 7. Oktober berichtete er der Familie in Tübingen: „Schon sind Leute bei der Hand, die Geiseln festsetzen wollen und Anschläge vorbereiten des Inhalts: Wer nicht binnen 24 Stunden … der wird … – als ob die Leute davon satt werden! Das alles wird mir viel zu tun geben …“[15]

Er mußte handeln, wenn er nicht mitschuldig an den Verbrechen des Besatzungsregimes werden wollte. Doch mit legalen Mitteln ließ sich ebenso wenig ausrichten wie mit Appellen an die Humanität. Wenn er wirklich helfen wollte, durfte er auch den Weg der Illegalität nicht scheuen. Es fiel ihm, dem Juristen, nicht ganz leicht, seine diesbezüglichen Skrupel zu überwinden. Die Betroffenheit über das Leiden der nordfranzösischen Bevölkerung war schließlich stärker als alle juristischen Bedenken. Er tat sich mit einer Bande von Schmugglern zusammen, die bereit waren, Kühe über die belgische Grenze zu schmuggeln. Was er seinen Söhnen über diesen Handel schrieb, liest sich wie eine Räubergeschichte. Sie hat sich aber tatsächlich ereignet[16]. Hans und Martin erhielten einen detailgenauen Bericht über den Coup mit den Schmugglern: „ich werde sie (die Schmuggler) mit den erforderlichen Geleitscheinen ausstatten und für Eisenbahnwagen sorgen, außerdem werde ich ihnen je Haupt Vieh 5 000 frs. (250,– RM) Vorschuß verschaffen. Dafür werden sie jenseits unserer Grenzen 10 000 Stück Milchkühe kaufen, sie über die Grenze bringen und in unserem Bezirk den Bauern verkaufen. (…) Das Geld habe ich schon besorgen können, die Verwaltungen der Gruben haben es mir, als ich sie sehr, sehr dringend darum bat, zur Verfügung gestellt, wenigstens die ersten 5 Millionen für die ersten 1 000 Stück, mit denen wir die Probe machen wollen. Die Eisenbahnwagen muß ich noch besorgen, vorläufig 100 für die ersten beiden Transporte, das wird nicht leicht sein, denn erstens haben wir kaum welche (170 000 davon sind nach Deutschland gebracht worden statt 60 000, wie vorgesehen war) und dann ist ja unser Plan gegen alle Bestimmungen! Ich werde es aber schon schaffen, wenngleich ich heute noch nicht recht weiß, wie ich es machen soll (...). So werde ich gegen französisches Recht und gegen deutsche Bestimmungen handelnd, den Kindern von Lens und Béthune Milch verschaffen können, 100 000 Liter schöner weißer Milch, wenn alles gut gehen sollte, und manches arme Wesen wird am Leben bleiben, das sonst verhungern müßte.« [17]

Das klang abenteuerlich. Aber die geplante Aktion klappte. Mitte November waren die Kühe im Besitz französischer Bauern. Um zu verhindern, daß die Kühe abgeschlachtet werden, ließ Schmid eine Kartei anlegen, in der der An- und Verkauf von Milch an die Molkereien registriert wurde[18]. Zumindest verhungern mußte niemand mehr, wenn auch die Menschen weiterhin hungerten und froren. Die Kohle wurde der Hausbrandversorgung entzogen uund fast ausschließlich den Kriegsbedarf produzierenden Fabriken zur Verfügung gestellt[19].

Schmid zog immer mehr Aufgaben an sich heran. Nur so konnte er zumindest in Teilbereichen die Schwere des Besatzungsregimes abmildern. Die Aufsicht über die französische Justiz und die Gefängnisse, über die er sich Anfang September genaue Unterlagen erbat[20], beanspruchte ihn zunächst weniger als der Kampf gegen Plünderungen, Beschlagnahmungen und den Schwarzmarkt. Er ließ nichts unversucht, daß die beschlagnahmten Universitäts- und Schulgebäude von den Truppen freigemacht und für den Unterricht freigegeben wurden. Den Kampf, den er deswegen mit der örtlichen Feldkommandantur und den örtlichen Truppenbefehlshabern auszufechten hatte, war oft zäh. Manchmal ließen sich nur Kompromißlösungen erreichen. So konnte ein Kommandant, der seine Truppe in der Kunstgewerbeschule in Lille einquartiert hatte, dazu überredet werden, mit dem Leiter der Schule eine Abmachung zu treffen, daß Truppen und Schüler die Schule gemeinsam benutzen konnten[21]. Die örtliche Feldkommandantur 569 hatte darauf beharrt, daß sämtliche Räume beschlagnahmt bleiben mußten. Die Verhandlungen um Freimachung einiger beschlagnahmter Hörsäle der Katholischen Universität Lille dauerten über zwei Jahre[22]. Schmid wollte, daß möglichst bald wieder geregelter Unterricht stattfindet. Ende September verlangte er eine detaillierte Übersicht über die Lehrtätigkeit der Hochschulen, Fachschulen, Mittelschulen und Volksschulen. Er wollte vor allem wissen, in welchen Schulen die Lehrtätigkeit nicht wieder aufgenommen worden war und weshalb die Wiederaufnahme der Lehrtätigkeit unterblieb[23]. Viele Lehrer waren im Sommer vor den heranrückenden Truppen ins unbesetzte Frankreich geflohen. Nachdem die Somme zu einer unüberwindlichen Demarkationslinie geworden war, konnten sie nicht zurückkehren. Schmid erreichte, daß sie eine Rückkehrerlaubnis erhielten. Als im Frühjahr 1941 zwei französische Schulinspektoren sich über den Unterrichtsbetrieb in der Region Nord informierten, konnten sie befriedigt feststellen, daß mehr als die Hälfte der Lehrer den Unterrichtsbetrieb wieder aufgenommen hatte[24].

Auch um eine Freilassung der sich in Kriegsgefangenschaft befindenden Deutschlehrer bemühte sich Schmid. Er bat den Regionalpräfekten um eine entsprechende Übersicht und Angaben darüber, „wievielen Schülern der einzelne Lehrer im Falle der Freilassung Deutschunterricht erteilen könnte“[25]. Präfekt Carles ließ das Schreiben unbeantwortet, obwohl die Freilassung doch auch in seinem Interesse sein mußte. Schmid sah sich gezwungen, einen Monat später durch einen Mahnbrief seinem Anliegen Nachdruck zu verleihen[26]. Die Bewohner der Region Nord hatten sich nur sehr widerwillig zu einer Politik der Kollaboration entschlossen. Sie hatten bereits im Ersten Weltkrieg unter deutscher Besatzung gelitten. Für sie waren die Deutschen, zumindest wenn sie Uniform trugen, „les Boches“[27]. Fernand Carles war der einzige Funktionsträger im Département Nord gewesen, der nicht in das unbesetzte Frankreich geflohen war[28]. Bereits seit 1936 bekleidete er das Amt des Regionalpräfekten. Er galt als ein stolzer französischer Patriot. Die Anordnungen der deutschen Besatzungsmacht ließ er erst einmal liegen oder zögerte ihre Bearbeitung hinaus, um Zeit zu gewinnen. Das traf dann auch wohlwollend gemeinte Vorschläge wie die Schmids. Zunächst mißtraute man auch ihm wie allen Deutschen. So mußte er nicht nur in der Oberfeldkommandantur einen Kampf gegen Inhumanität und Brutalität führen, sondern auch noch die französische Verwaltung zu einer Zusammenarbeit mit ihm überreden. Ständiger persönlicher Einsatz war verlangt. Dabei überwand er die letzten Reste von Schüchternheit.

Die Zusammenarbeit zwischen Besatzungsmacht und Landesverwaltung wurde durch Artikel 43 der Haager Landkriegsordnung geregelt. Danach stand der Militärverwaltung eine eigene Regierungs- und Verwaltungshoheit zur Aufrechterhaltung der inneren Ordnung zu, die aber an die Beachtung der bestehenden Landesgesetze gebunden war[29]. Die französischen Amtsinhaber verwiesen auf diesen Zusatz, um Übergriffe der deutschen Besatzungsmacht abzuwehren. Sie wurden dabei von Schmid unterstützt, der insbesondere dafür sorgte, daß der Unterricht an Hochschulen und Schulen von Eingriffen der Besatzungsmacht verschont blieb[30]. Untersagt war der Gebrauch der vom Vichy-Regime untersagten Schulbücher. Gelegentlich erließ Falkenhausen Anordnungen, die Schmid nur kopfschüttelnd weiterleiten konnte. So durfte seit Frühjahr 1941 nicht mehr Erich Kästners „Emil und die Detektive“ als Lektüre im Deutschunterricht benutzt werden[31]. Eine Änderung dieser Anordnung ließ sich nicht erreichen. Kästner war nun einmal ein von den Nationalsozialisten verfemter Schriftsteller. Die Kontrolle der Schulen oblag französischen Schulinspektoren und wurde sehr lax gehandhabt. Schmid bemühte sich seinerseits darum, daß kein Scharfmacher zum Schulinspektor ernannt wurde[32]. Die Mehrzahl der Lehrer Nordfrankreichs stand der Regierung Pétain ablehnend gegenüber und äußerte ihre Kritik gelegentlich auch im Unterricht. Es kam vereinzelt zu Denunziationen, die Schmid, wenn immer es möglich war, abzufangen oder zurückzuweisen versuchte[33].

Nicht alle Eingriffe in das französische Recht waren Schikanen. Eine der ersten Arbeiten, die Schmid in Lille in Angriff nahm, war die Ausarbeitung einer Verordnung für eine effiziente Bekämpfung des Schwarzmarkthandels. Wenn sich die ohnehin schlechte Ernährungslage nicht noch mehr verschlechtern sollte, mußten alle Vergehen gegen die seit August verordnete Höchstpreisgesetzgebung mit äußerster Strenge verfolgt werden. Schmid schlug vor, das „Verfolgungsmonopol" der regionalen Preiskomitees aufzuheben und ein Ordnungsstrafverfahren einzuführen. Die „Begrenzung des Strafrahmens der angedrohten Geldstrafen" sollte wegfallen. Der Richter sollte „konfiskatorische Geldstrafen" aussprechen können[34]. Als er seinen Vorschlag den französischen Stellen unterbreitete, stieß er dort auf Ablehnung. In der Verordnung sah man einen Eingriff in die französische Legislative[35]. Schmid wußte, welche Bedeutung die Legislative für das republikanische Staatsverständnis der Franzosen hatte, und gab nach. Er hätte besser Härte gezeigt und sich durchgesetzt. Der Schwarzhandel blieb ein Problem während der ganzen Besatzungszeit. Doch er wollte nicht als Besatzer auftreten und akzeptierte das ihm gegebene Versprechen, daß die französischen Behörden für eine schärfere Strafverfolgung Sorge tragen wollten[36]. Die Kooperation mit den Franzosen war alles andere als einfach.

In den beiden nordfranzösischen Départements waren die Verordnungen des Militärbefehlshabers in Brüssel und die Gesetze Vichys, die durch die Oberfeldkommandatur bestätigt werden mußten, geltendes Recht. Schmid hatte, wie bereits erwähnt, die undankbare Aufgabe, zu entscheiden, welche Gesetze Vichys in Nordfrankreich eingeführt werden sollten. Er hatte sich durch einen Wust von Gesetzen, Verordnungen und Dekreten durchzuarbeiten, die fast alle den Wirtschafts- und Ernährungssektor betrafen. Einfach übernehmen ließen sich die Gesetze und Verordnungen nicht. Dem standen die Verordnungen des Militärbefehlshabers in Brüssel und die im Vergleich zum übrigen Frankreich weitaus ungünstigere Ernährungs- und Versorgungslage entgegen. Die vom Vichy-Regime erlassenen Verfassungsgesetze konnten ohne Einschränkung zugelassen werden, auch ein Teil der Wirtschaftsgesetze, soweit sie nicht die Preisfestsetzung und Rationierung betrafen. Käse, Fette, Milch und Kaffee mußten in Nordfrankreich weitaus strenger rationiert werden als im übrigen Frankreich. Schmid vermied es, die Gesetze und Verordnungen, die nicht übernommen werden konnten, einfach außer Kraft zu setzen. Im Verkündungsblatt der Oberfeldkommandatur ließ er sie aufführen als „Gesetze, Verordnungen und Dekrete, die nur mit Einschränkungen und mit Auflagen vollzogen werden können“[37].

Schmid setzte alles daran, eine wirtschaftliche Zweiteilung Frankreichs zu vermeiden. Nordfrankreich war das Zentrum des Kohlenbergbaus und der Textilindustrie. Eine Abtrennung vom übrigen Frankreich hätte den Zusammenbruch der französischen Wirtschaft bedeutet. Das entsprach durchaus den Intentionen führender Nationalsozialisten, Frankreich in ein Agrarland zu verwandeln[38]. Oberfeldkommandant Niehoff stellte sich nach Rücksprache mit der Brüsseler Militärverwaltung dem Versuch, eine einheitliche französische Wirtschaftsverwaltung zu schaffen, entgegen[39]. Er untersagte die Zuständigkeit der vom Vichy-Regime ins Leben gerufenen Organisations- und Warenstellen, die für die Planung und Lenkung der gewerblichen Wirtschaft und die Verteilung der Produktion verantwortlich waren, für die nordfranzösische Wirtschaft. Dort sollten eigene Organisations- und Warenstellen geschaffen werden, deren Leiter von den deutschen Besatzungsbehörden und nicht, wie im übrigen Frankreich, von der französischen Regierung zu ernennen waren. Sie sollten unabhängig von den Organisations- und Warenstellen in Paris und nur der deutschen Besatzungsmacht verantwortlich sein[40]. War dies der erste Schritt zur wirtschaftlichen Abtrennung Nordfrankreichs?

Schmid fuhr nach Paris, um mit Vertretern der französischen Regierung die Angelegenheit zu besprechen. Er war nicht weniger besorgt als die Franzosen selbst und suchte nach einer praktischen Lösung des Problems, da eine politisch-rechtliche vorläufig nicht durchsetzbar war. Am 8. Januar hatte er eine Unterredung mit dem Staatssekretär im Ministerium für industrielle Produktion, dem späteren Produktionsminister Jean Bichelonne. Man kam überein, daß die von der deutschen Besatzungsmacht ernannten Warenstellenleiter durch die französische Regierung bestätigt werden sollten, wodurch die dortigen Warenstellen den Rang von Filialen der Pariser Warenstellen erhielten. Der Wirtschaftsplan der Pariser Stellen sollte auch für die Warenstellen in Nordfrankreich verbindlich sein. Um die Kommunikation zwischen den Pariser und Liller Stellen zu erleichtern, wollte sich Schmid dafür einsetzen, daß eine Fernsprechleitung zwischen den beiden Stellen geschaffen wurde[41]. Das war eine Notlösung, für die Oberfeldkommandant Niehoff nur schwer zu gewinnen war. Mitte Januar fuhr Schmid noch einmal nach Paris, um noch einige offen gebliebene Fragen zu klären. Während Niehoff das Vichy-Regime völlig ignorierte, war er zu einer Art Botschafter zwischen Lille und Paris geworden. Er hatte einen nicht geringen Anteil daran, daß die wirtschaftliche Spaltung des Landes vermieden wurde[42].

Noch immer war die Somme Sperrgebiet, noch immer konnten keine

Lebensmittel nach Nordfrankreich eingeführt werden. Auch hier versuchte Schmid zu verhandeln und Notlösungen zu finden. Wenn Einfuhrgenehmigungen auf legalem Wege nicht zu erwirken waren, griff er wie schon im Herbst 1940 auch zu unerlaubten Mitteln. Er stellte selbst Einfuhrgenehmigungen aus. Der Stempel der Oberfeldkommandantur genügte in der Regel, um die Sperren zu durchbrechen. So konnte vor allem das Einfuhrverbot für Vieh, das ein Grund für den Hunger in der Nordregion war, umgangen werden[43]. Gelegentlich, wenn es eilte, fuhr er auch selbst an die Grenzstellen, um das Nötige zu veranlassen[44]. Er war ein Mann, der in Ausnahmesituationen Phantasie und Geschick bewies.

Freilich, mit Notlösungen konnte man auf die Dauer nicht leben. Es mußte über kurz oder lang eine rechtliche Regelung des ganzen Problems gefunden werden. So kam es ihm gelegen, daß Victor Bruns ihn im August 1941 zu einem Vortrag auf der Tagung des Völkerrechtsausschusses der Akademie für Deutsches Recht und der Gesellschaft für Völkerrecht und Weltpolitik einlud[45]. Getreu seiner Devise, daß es besser sei, in der Wüste zu predigen als in der Kirche, hatte er auch schon in den dreißiger Jahren auf Tagungen der Akademie für Deutsches Recht gesprochen. Auf der jetzigen Tagung hoffte er, seiner Forderung nach einer einheitlichen Wirtschaftsverwaltung in Frankreich Gehör verschaffen zu können. Am 10. Oktober 1941 stellte er einem überwiegend nationalsozialistisch gesinnten Publikum seine politischen Vorstellungen über die „Wirtschaftsverwaltung der besetzten westlichen Gebiete“ vor. Der Vortrag machte in den 60er Jahren Schlagzeilen. Schmid wurde vorgeworfen, die „Auspowerung“ Frankreichs befürwortet zu haben[46]. Es war eine böswillige Verleumdung. Gewiß, er verteidigte seinen Standpunkt nicht mit Appellen an die Humanität, sondern unter Hinweis auf wirtschaftspolitische Gesichtspunkte. Er versuchte seine Zuhörer davon zu überzeugen, „daß man die Henne, die einem goldene Eier legen soll, nicht nur nicht schlachten darf, sondern daß man sie auch füttern muß“. Zudem: „Ein besetztes Gebiet, das hungert, ist eine schwere militärische Gefahr für eine Kriegspartei, die vielleicht auf verschiedenen Kriegsschauplätzen Krieg führen muß.“[47] Schmid machte sich den Zynismus der Nationalsozialisten zu eigen, weil ihm dies als die einzige Möglichkeit erschien, ihnen die Notwendigkeit einer einheitlichen Wirtschaftsverwaltung zu demonstrieren. Humanitäre Gesichtspunkte oder französische Interessen hätten sie kaum als Argument gelten lassen. Auch die Franzosen gingen mittlerweile dazu über, an deutsche Interessen zu appellieren, um die wirtschaftliche Ausblutung Frankreichs zu verhindern[48].

Schmid lobte die Vorbildlichkeit der französischen Wirtschaftsverwaltung. Sie sei gekennzeichnet durch eine „straffe Zusammenfassung aller Kräfte und eine unbedingte Garantie für die Wahrung des öffentlichen Interesses“. Die französische Wirtschaftsorganisation sei vermutlich „deshalb so sehr viel elastischer als die in Deutschland, weil so gut wie jeder Unterbau und jede Tradition eines kollektiven Denkens bei den betroffenen Kreisen fehlten."[49] Das war eine deutliche Kritik am NS-Regime. In Belgien und den beiden Départements Nord und Pas-de-Calais erfolge die Lenkung der Wirtschaft aufgrund deutscher Anweisung. Das habe den Nachteil, daß die Verantwortung der deutschen Militärverwaltung für das Funktionieren der Wirtschaft dort „erheblich größer" sei als im übrigen Frankreich. Die dortige Wirtschaftsverwaltung sei auf die Mitwirkung der Franzosen angewiesen. Man könne sie aber nur zur Mitarbeit bewegen, wenn man ihnen nicht länger zumute, die Selbständigkeit der nordfranzösischen Wirtschaftsverwaltung durch französisches Recht zu sanktionieren. Carlo Schmid schloß seinen Vortrag mit der Feststellung, daß die nordfranzösischen Arbeiter nur für die deutsche Wirtschaft arbeiteten, wenn sie nicht zu hungern brauchten, was nur durch eine einheitliche Wirtschaftsverwaltung zu erreichen sei.

Es dauerte noch fast ein halbes Jahr, bis die nordfranzösischen Warenstellen den Pariser Stellen untergeordnet wurden. Im März 1942 erhielten sie gegen den Willen Niehoffs, der von Schmid und einigen anderen Mitgliedern der Militärverwaltung, die seine Bemühungen unterstützten, einfach übergangen wurde, offiziell den Status von Regionalbüros[50]. Bereits im Dezember 1941 konnten dank Schmids Diplomatie die Warenstellenleiter von der französischen Regierung ernannt werden. Mit der Besetzung ganz Frankreichs im Herbst 1942 wurde Frankreich zu einem einheitlichen Wirtschaftsgebiet erklärt.

Carlo Schmids Vortrag, der ihm später als Bekenntnis zum Nationalsozialismus ausgelegt wurde, wurde von den damaligen Gegnern des Regimes verstanden und begrüßt. Helmuth James von Moltke kam nach dem Vortrag auf ihn zu und lud ihn zu einem Gespräch zu sich nach Hause ein. Für Moltke war Schmid kein Unbekannter. Er hatte schon früher erfahren, daß in der Militärverwaltung in Lille ein Mann arbeitete, der seine Ideen voll und ganz unterstützte[51]. Möglicherweise hatte Victor Bruns, zu dem Moltke engen Kontakt hatte, von Schmid berichtet, vielleicht auch Karl Hegner, der Chef der Liller Abwehr, dem Schmid manche Warnung vor Aktionen, die der Sicherheitsdienst gegen ihn plante, zu verdanken hatte[52]. Moltke arbeitete seit Kriegsbeginn als Kriegsverwaltungsrat in der Admiral Canaris angegliederten Abteilung Ausland-Abwehr im OKW. Er war dort als völkerrechtlicher Berater tätig und bemühte sich um eine Neufassung des Kriegsrechts, für das noch immer die Haager Landkriegsordnung von 1907 maßgebend war. Sein Spezialgebiet war der Land- und Wirtschaftskrieg. Sein Ziel war es, die Ausplünderung der von Deutschland besetzten Gebiete zu verhindern. Bald schon befaßte er sich mit der Geiselproblematik und versuchte durch Gutachten den völkerrechtswidrigen Charakter von Geiselerschießungen darzulegen[53].

Die zweistündige Unterredung zwischen Schmid und Moltke war für beide Seiten „sehr lohnend“. Schmid machte auf Moltke einen „hervorragenden Eindruck“[54]. Man vereinbarte, die Gespräche fortzusetzen, um sich gegenseitig über die politische Entwicklung zu informieren und nach Mitteln zu suchen, die Abscheulichkeiten des Regimes einzudämmen. Alle drei bis vier Monate scheint es zu Lagebesprechungen gekommen zu sein.

Moltke war die wichtigste Kontaktperson Schmids zu deutschen Widerstandskreisen. Verbindung hatte er auch zu Oberleutnant Werner von Haeften, der ihn über die politischen Entscheidungen der Führungsspitze in Berlin informierte. Nach seiner schweren Verwundung im Winter 1942 war Haeften ins OKW nach Berlin versetzt worden, wo er zunächst einen Posten beim Generalquartiermeister hatte. 1943 fertigte er ein Gutachten über die Geiselverhaftungen und -erschießungen in Belgien an. Ende 1943 wurde er Ordonnanzoffizier bei Stauffenberg, dessen Attentatspläne er unterstützte. Am 20. Juli wurde er zusammen mit Stauffenberg in der Bendlerstraße festgenommen und erschossen. Haeften war es vermutlich, der Schmid völlig verzweifelt mitteilte, daß Hitler im Führerhauptquartier „eiskalt“ die Meinung vertreten habe: „Wenn das deutsche Volk nicht bereit ist, für seine Selbsterhaltung sich einzusetzen, ganz gut: Dann soll es verschwinden!“[55] Obwohl der verbrecherische Wahnsinn dieses Kriegs Schmid von Anfang an bewußt war, war er über diese Worte doch sichtlich betroffen und erschrocken. Er haßte das NS-Regime. Er schämte sich, eine deutsche Uniform zu tragen, so daß er nach Dienstschluß zumeist in Zivil ging, obwohl dies nicht gern gesehen wurde[56]. Aber er war doch ein deutscher Patriot.

Freilich, er war schon immer der Auffassung gewesen, daß auf Hitlers Kriegsführung nicht mäßigend eingewirkt werden könne. Schon im September 1940, als er mit Fritz-Dietlof Graf von der Schulenburg zusammentraf, dessen Sonderstab sich in Lille auf die geplante Invasion und Besetzung Englands vorbereitete, hatte er keine Hoffnung mehr, daß Hitler Argumenten der Vernunft oder gar der Humanität zugänglich sein würde[57]. Er glaubte nicht wie Schulenburg in jenen Jahren noch an die Reformierbarkeit des NS-Regimes[58].

Wie hätte er auch daran glauben sollen, wo ihm doch die Brutalität des Besatzungsregimes in Lille täglich vor Augen stand? Noch vor seiner Einberufung nach Lille waren dort Geiseln festgenommen worden, nachdem es in einigen Orten zu Sabotageakten gekommen war und Engländer trotz Verbots Unterschlupf erhalten hatten. Schmid rang um die Freilassung der Geiseln, der Oberfeldkommandant Niehoff im Oktober endlich zustimmte. Doch eine Abkehr von der Praxis der Geiselnahme bedeutete die Freilassung nicht. Niehoff drohte an: „Wo jedoch in einzelnen Ortschaften weiterhin Sabotageakte vorkommen sollten, die nicht aufgeklärt werden können, behalte ich mir weiterhin die Festnahme Wehrfähiger aus den betreffenden Orten und andere geeignete Maßnahmen vor."[59] Bereits 1940 kam es zu Zwangsdeportationen von Arbeitern nach Deutschland. Im November wurden Jugendliche nach einem Kinobesuch festgenommen und ins „Reich" abtransportiert[60]. Präfekt Carles protestierte und bat Schmid um Hilfe[61]. Was sollte Schmid gegen diese Deportationen tun, die von deutschen Werbestellen des Reichsarbeitsministeriums in Lille ausgegangen waren? Er wollte helfen, aber er vermochte oft nur wenig.

Wie belastend und erdrückend das Leben in Lille für ihren Vater war, erfuhren Hans und Martin in einem Brief vom 1. Dezember 1940: „Ich werde auf mein Büro gehen und viele Seiten Papiers schwärzen; ich werde mit wachen und stumpfen Menschen zu verhandeln haben und schon glücklich sein, wenn das Ergebnis nicht zu viel Unheil über die Menschen bringt. Am Abend werde ich dann mit den gleichgültigen Leuten essen, mit denen ich auch sonst die Tafel teile und sehnsüchtig wie immer auf den Augenblick warten, da der General die Tafel aufhebt, wann es geschehen wird, wird auf die Länge seiner Zigarre ankommen."[62] Schmid fühlte sich verantwortlich für die Verbrechen, die in deutschem Namen begangen wurden. Wenn er „auch helfe", so wisse er sich doch „der Mitsünde damit nicht entbunden"[63]. Oft war er gezwungen, seine Freizeit mit Niehoff zu verbringen. Wollte er überhaupt etwas erreichen, so durfte er den Umgang mit ihm nicht meiden, so durfte er sich nicht von den abendlichen Geselligkeiten ausschließen. Hätte er seine Abscheu allzu offen gezeigt, hätte er sich überhaupt kein Gehör mehr verschaffen können. So war er zu einer Art Doppelleben gezwungen.

Die deutschfeindliche Stimmung in der nordfranzösischen Bevölkerung nahm 1941 noch weiter zu. „Das Volk beginnt uns zu hassen", stellte Schmid schon zu Jahresbeginn fest[64]. Im Frühjahr 1941 kam es wiederholt zu Sabotageakten und Attentaten gegen Wehrmachtsangehörige. Schmid fürchtete, daß die Menschen Nordfrankreichs nicht länger bereit seien, die Politik der Kollaboration zu unterstützen. „Das Leben", berichtete er Mitte Mai seinen Söhnen, „wird bei uns schwieriger. Das Volk bäumt sich gegen die Entschlüsse seiner Regierung auf und sucht Zwischenfälle, die uns zu Maßnahmen zwingen, die ein weiteres Verhandeln mit Pétain unmöglich machen könnten. Wir fürchten den Ausbruch des Generalstreiks; in den letzten 10 Tagen sind in L(ille) 3 deutsche Soldaten nachts erstochen worden, als sie nach Hause gingen (...). Bisher konnte ich den General noch von der Sinnlosigkeit von Gewaltmaßnahmen überzeugen, aber lange werde ich es nicht mehr können und was wird dann geschehen?"[65]

Der Streik in den Kohlerevieren brach am 27. Mai aus. Die Bergleute forderten eine 50 %ige Lohnerhöhung und eine bessere Lebensmittelversorgung. Die Streikleitung lag in den Händen der Kommunisten, die den Streik als einen nationalen und sozialen Kampf auffaßten[66]. Schmid begab sich in das Streikgebiet und versuchte mit der Streikleitung zu verhandeln.

Er hatte keinen Erfolg[67]. Bei den Streikenden herrschte das Gefühl „nichts zu verlieren und alles zu gewinnen zu haben“[68]. General Niehoff ließ sich nunmehr von Gewaltmaßnahmen nicht mehr abhalten. Am 3. Juni ordnete er die Festnahme von 11 Streikenden an und ließ ihre Verurteilung zu fünf Jahren Zwangsarbeit öffentlich bekanntgeben. Tags darauf befanden sich 80% aller Bergleute im Streik. Am 5. Juni wurden auf Anordnung Niehoffs über 200 Bergleute festgenommen. Am 6. Juni wiederholten die Bergleute ihre Forderungen[69]. Niehoff sprach davon, dem Streik ein Ende setzen zu wollen, koste es, was es wolle[70]. Zwei Tage später schrieb Schmid Hans und Martin fast erleichtert: „Der Streik wird wohl morgen zu Ende gehen; der Hunger hat ihn bezwungen. Blut ist trotz des Einsatzes von Truppen nicht geflossen. Vielleicht habe ich daran einiges Verdienst, aber es läßt einen bittren Geschmack zurück, daß man nicht durch den Hinweis auf die Menschlichkeit, sondern auf den Propagandawert eines Verhaltens Erfolg hatte.“[71] Am 9. Juni nahmen die Bergleute ihre Arbeit wieder auf. Ihre Lohn- und Lebensmittelforderungen waren auf Druck der deutschen Besatzungsmacht von den französischen Bergwerksbesitzern weitgehend erfüllt worden. Die deutsche Besatzungsmacht hatte sich hinter die Arbeiter und gegen die kommunismusfeindlichen Bergwerksbesitzer gestellt, für die immer noch das Prinzip der Werksfeudalität galt[72]. Für Niehoff, der schon eine Woche nach Beendigung des Streiks bekannt geben ließ, daß er mit Streikenden niemals verhandle, war dies ein Propagandacoup, durch den die nationale Front gegen Deutschland aufgespaltet werden sollte[73]. Vermutlich hatte Schmid ihn zu diesem Coup überredet, weil er Blutvergießen verhindern wollte. Ein Eingreifen der Truppen hätte schreckliche Folgen gehabt: zahlreiche Tote und möglicherweise das Ersaufen der Schächte. Der Haß der Bergleute gegen die Besatzer dauerte unvermindert fort. Nach Beendigung der Streiks wurden die 200 verhafteten Bergleute in das Konzentrationslager nach Sachsenhausen deportiert.

Schmid war schon froh, wenn es nicht zum Schlimmsten kam. Er begnügte sich aber keineswegs damit, auf Niehoff mäßigend einzuwirken. Allzu oft hatte er keinen Erfolg damit. Die meisten Menschen konnte er nur durch sein illegales Wirken retten, durch das er sein eigenes Leben in Gefahr brachte. Sobald er von Aktionen und Gewaltmaßnahmen der Nationalsozialisten erfuhr, warnte er die Franzosen. Jean Lebas, der langjährige sozialistische Bürgermeister Roubaix' und Arbeitsminister in der Volksfront-Regierung Léon Blums, wäre den Nationalsozialisten nicht in die Hände gefallen, wenn man auf französischer Seite eine Warnung Schmids ernst genommen hätte. Lebas wurde am 21. Mai 1941 verhaftet und zur Zwangsarbeit in einem deutschen Konzentrationslager verurteilt. Im März 1944 erlag er den Mißhandlungen, die er dort über sich hatte ergehen lassen müssen. 48 Stunden vor der Verhaftung hatte Schmid Präfekt Carles von der drohenden Verhaftung unterrichtet. Sein Schreiben hatte er, um weniger Verdacht zu erregen, an die Frau des Präfekten Jacqueline adressiert. Fernand Carles scheint eine Falle vermutet zu haben. Warum sollte ausgerechnet ein Deutscher sein eigenes Leben riskieren, um einen Franzosen zu retten? Er gab die Warnung erst viel zu spät weiter[74]. Erst nach Lebas' Verhaftung traute er Schmid. Als Schmid ihn kurze Zeit später darüber informierte, daß sich ein Polizeispitzel in die Präfektur eingeschlichen hatte, beherzigte er die Mahnung zur Vorsicht[75]. Schmids Warnbriefe an Carles existieren nicht mehr. Sie wurden von Alain Carles, dem Sohn des Präfekten, zerstört. So wissen wir nicht, wie vielen Menschen er durch seine Briefe das Leben retten konnte.

Nur noch wenige Zeugnisse von Schmids hilfreichem konspirativen Wirken sind überliefert. Ein Mitglied des „scoutisme catholique" in Lille kann sich erinnern, von Schmid vor eigener Unachtsamkeit gewarnt worden zu sein. Die katholische Pfadfinderbewegung, die offiziell verboten war, war neben der kommunistischen Résistance eines der ersten Widerstandszentren in Nordfrankreich[76]. Einige Mitglieder der Pfadfinderbewegung waren so unvorsichtig, daß ihre Morselichtzeichen in der Nacht zu sehen waren. Schmid ließ ihnen mitteilen, daß sie in Zukunft besser aufpassen sollten, da einige Militärs schon Verdacht geschöpft hätten[77].

Die Vermittlerrolle zwischen Schmid und der französischen Résistance übernahm Marcel Pasche. Schmid selbst hatte keine engeren Kontakte zur Résistance. Das wäre zu gefährlich gewesen. Marcel Pasche war ein junger Geistlicher aus der Schweiz, den die dortige reformierte Kirche zur Betreuung der protestantischen Gemeinde in Roubaix abgesandt hatte. Er hatte 1935/36 bei Karl Barth in Basel studiert und wollte nun in der protestantischen Diaspora Nordfrankreichs im Geiste der Bekennenden Kirche wirken. Schmid unterstützte ihn dabei, so gut er konnte. Er stattete ihn mit Papieren aus, die den Stempel der Oberfeldkommandantur und seine Unterschrift trugen. Dadurch konnten Grenzkontrollen überwunden und manchem zur Flucht oder auch zur Einreise in die noch immer abgetrennten Norddépartements verholfen werden. Schmid soll sich über die Dummheit der Beamten mokiert haben, wenn er Pasche die Papiere in die Hand drückte[78]. Doch die Sache war todernst. Sie hätte Schmid Kopf und Kragen kosten können. Ende 1942 bekam Pasche von Schmid die nötigen Papiere, um zu Karl Barth in die Schweiz zu reisen. Er kehrte mit zwei jungen Geistlichen zurück, die ihn in seiner Widerstandstätigkeit unterstützen sollten. „Der Herr öffnet die Schleusen, man muß das ausnutzen", schrieb Pasche Anfang Dezember 1942 Barth, der die beiden Geistlichen, die offiziell als „Bergwerkskirchengemeindehilfspfarrer" fungierten, empfohlen hatte[79]. Der Herr, der die Schleusen geöffnet hatte, war Schmid, der die ganze Aktion deckte.

Auch einigen Juden mag Schmid durch das Ausstellen falscher Papiere zur Flucht verholfen haben. In seinen Erinnerungen schrieb er, daß er sich mit Pasche besprochen habe, wie man die Juden vor den drohenden Deportationen bewahren könne. Er habe Pasche aufgetragen, die jüdische Bevölkerung vor den geplanten Maßnahmen zu warnen und ihnen zur Flucht in das unbesetzte Frankreich zu raten[80]. Helfen konnte man aber vermutlich nur im Einzelfall. Schmid mag es nicht gewußt haben. Nur wenige Juden trugen in Nordfrankreich einen Judenstern. Aber es war keineswegs so, daß sich in Nordfrankreich kaum mehr Juden befanden, als im Spätsommer 1942 die Juden nach Auschwitz deportiert wurden[81]. Nicht mehr ganz zweitausend Juden lebten 1942 in Nordfrankreich. 600 wurden in Güterzüge verfrachtet, die sie direkt in deutsche Konzentrationslager brachten[82].

Was er tun konnte, um Menschen zu helfen, tat er. So unterstützte er im Frühjahr 1941 Pasche beim Aufbau eines „sécretariat d'assistance judiciaire", dem die Aufgabe zukam, Franzosen, gegen die ein deutsches Kriegsgericht Anklage erhoben hatte, zu einem französischen Verteidiger zu verhelfen. Auch mittellose Angeklagte blieben dank dieser Einrichtung nicht ohne Rechtsbeistand. Schmid beriet die französischen Rechtsanwälte bei der Abfassung ihrer Plädoyers[83]. Die Einrichtung bewährte sich. Fernand Carles legte 1942 allen Unterpräfekten, Bürgermeistern und Stadtverwaltungen nahe, die Bevölkerung auf deren Existenz aufmerksam zu machen[84].

Schmid war die Anlaufstelle für die Sorgen und Nöte der Menschen Nordfrankreichs. Er war glücklich, wenn er Menschen helfen konnte. Sein Leben bekam plötzlich einen Sinn. Manchmal freilich überschätzte er seine rettende Rolle. Er verharmloste die Brutalität des Besatzungsregimes, als er Ende Juli 1941 seinen Söhnen schrieb: „Dieses Jahr hat mir (...) auch Fülle gebracht. Es hat mich zu dem Manne werden lassen, dessen bloßes Dasein für das Schicksal von vier Millionen Menschen wichtiger geworden ist als große politische Vereinbarungen es werden könnten."[85] In Lille wurde Schmid zum aktiven Politiker, weil er die Untaten des deutschen Besatzungsregimes nicht hinnehmen konnte und wollte.

Viel öfter als Zuversicht und Selbstvertrauen sprach aus seinen Briefen Verzweiflung. Am 5. September 1941 wurden in Lille erstmals fünf Geiseln erschossen. Drei Wochen später, am 26. September, mußten zwanzig Geiseln ihr Leben lassen, nachdem zuvor Angehörige der Résistance Eisenbahnschienen gesprengt hatten[86]. Schmid konnte kaum darüber sprechen. Seinen Söhnen teilte er zwei Tage später nur mit, daß „Schreckliches" geschehen sei. Alles sei nun „vergiftet"[87]. Niehoff, der die Exekution befohlen hatte, konnte sich auf eine Anordnung Falkenhausens berufen. Nach zahlreichen Sabotagen und Attentaten hatte Falkenhausen am 26. August 1941 die Weisung gegeben, daß nach jedem tätlichen Anschlag gegen einen Angehörigen der Deutschen Wehrmacht eine „der Schwere der Tat entsprechende Anzahl von Geiseln" zu erschießen sei, „falls die Verbrecher nicht sofort zu ermitteln sind"[88]. Ein Erlaß Keitels vom 16. September 1941 verfügte, daß ein Attentat gegen einen deutschen Soldaten mit der Hinrichtung von 50–100 Kommunisten gesühnt werden müsse. In einer Weisung an die Oberfeldkommandanturen vom 26. November bemühte sich Falkenhausen um eine einschränkende Interpretation des Keitel-Erlasses: „Die Festnahme von Geiseln soll mit Zurückhaltung als letztes Mittel angewandt werden."[89] Nach der Haager Landkriegsordnung galt Geiselnahme, soweit sie in einem angemessenen Verhältnis zu den verübten Anschlägen stand, nicht als völkerrechtswidrig[90]. So mag der Erlaß Falkenhausens, der sich in der Geiselfrage wiederholt von Helmuth James von Moltke beraten ließ, nicht gegen noch geltende Grundsätze des Völkerrechts verstoßen haben. Er verstieß jedoch gegen die elementaren Gesetze der Menschlichkeit. Die Geiselnahme sei eine Rückkehr zu „Denkweisen primitiver Rechtsperioden", stellte Schmid erbittert fest[91]. In der Oberfeldkommandantur hielt er Referate über die Unvereinbarkeit der Geiselerschießungen mit dem modernen Völkerrecht[92]. Doch bei einem General Niehoff war das alles in den Wind gesprochen.

1941 wurden in Lille keine weiteren Geiseln erschossen, nicht aus Humanität, sondern weil die Attentäter immer gleich ausfindig gemacht werden konnten. Aber die Strafjustiz wurde immer schärfer gehandhabt und seit Ende Oktober 1941 wurden in Lille erstmals Todesurteile vollstreckt. Auch ein 18jähriger Abiturient, der bei einem Ferienaufenthalt in Audressel im August 1941 vorsätzlich ein Telefonkabel mit einem Spaten durchschnitten hatte, war zu Tode verurteilt worden und drohte, hingerichtet zu werden. Schmid erfuhr von dem „Fall Jacques Dervaux". Er konnte nicht hinnehmen, daß der Junge, ein Sohn eines ihm bekannten Liller Professors für Rechtswissenschaften, sterben sollte und versuchte seine Begnadigung zu erreichen. Ein Begnadigungsrecht stand allein dem Militärbefehlshaber in Brüssel zu, bei dem er kein Vortragsrecht hatte. Er fuhr trotzdem nach Brüssel, um bei Falkenhausen zu intervenieren, der es aber ablehnte, ihn zu empfangen. Falkenhausen war schon mehrmals von höherer Stelle zu mehr Härte und Strenge angemahnt worden. Schmid trug den „Fall Dervaux" Falkenhausens Ordonnanzoffizier vor, der ein hoher Parteigänger war. Bei dem Gespräch war er abermals gezwungen, sein humanitäres Anliegen als politische Zweckerwägung auszugeben: „Der Junge sei der Sohn des angesehenen Professors Dervaux von der Rechtsfakultät der Katholischen Universität Lille. Welche Rolle Sympathie und Antipathie wichtiger Bevölkerungsschichten für die Verwirklichung der Kriegsziele des Führers gerade in diesem nordischen Gebiet Frankreichs spielen könnten, dürfte wohl klar sein. Wäre es da nicht politisch richtig, den Herrn Militärbefehlshaber zu einem Akt der Gnade zu veranlassen?"[93] Im November 1941 begnadigte Falkenhausen Dervaux zu lebenslangem Zuchthaus. Sein Vater schrieb wenige Tage später Schmid einen bewegten Dankesbrief[94]. 1943 erreichte Schmid die Freilassung des an

Tuberkulose erkrankten Dervaux, der 1948 in ein Benediktiner-Kloster in Saint-Benoît-sur-Loire eintrat.

Dervaux war nicht der einzige, dem Schmid das Leben rettete, wenngleich sein Schicksal ihn am tiefsten bewegt zu haben scheint. Der junge Dervaux war kaum älter als seine eigenen Söhne. Etwa zur selben Zeit verhinderte er, daß das Kriegsgericht in Lille über eine mit ihm befreundete französische Familie ein Todesurteil verhängte, indem er selbst als Zeuge vor dem Kriegsgericht auftrat[95]. Immer mehr Liller Bürger suchten ihn auf und baten um Hilfe für ihre Angehörigen, die als Geiseln festgenommen oder verurteilt worden waren oder in den Gefängnissen lebensbedrohende Schäden erlitten[96]. Als er Anfang Januar 1942 von einem kurzen Heimaturlaub in Tübingen nach Lille zurückkam, wurde er sofort wieder mit Hiobsbotschaften konfrontiert. Seine Familie in Tübingen bekam nur einen kurzen Brief über seine wohlbehaltene Rückkehr, denn er erwartete Besuch aus Brüssel, mit dem er „einiges Bedeutsame für das Schicksal einiger junger Menschen zu bereden“ hatte. Erklärend fügte er hinzu: „Denn kaum bin ich wieder hier eingetroffen, stürmt schon so viel Not und Jammer auf mich herein und klammert sich wieder so viele gläubige Hoffnung, ich könnte helfen, an mich, daß ich zehnfache Kräfte und hundertfache Möglichkeiten haben müßte – und dabei vermag ich doch so herzlich wenig. Aber das Wenige soll doch bis in die letzten Winkel hinein in Dienst gestellt werden.“[97]

In der Zeit vom 31. März bis 30. April 1942 wurden in Lille fünfzig Geiseln exekutiert. In der Nacht vom 25. auf 26. März waren in der Region d'Artois-Douai-Lens Sabotageakte an Eisenbahnlinien verübt worden, durch die ein deutscher Soldat das Leben verlor. Einen Tag später ordnete Falkenhausen die Exekution von fünf Geiseln an, falls die Attentäter nicht innerhalb von drei Tagen gefunden sein sollten; 15 weitere sollten erschossen werden, wenn innerhalb von zehn weiteren Tagen noch keine Hinweise auf die Attentäter vorhanden seien. Am 14. April wurden neben den fünfzehn angedrohten Geiseln noch zwanzig weitere erschossen, die man nach der Ermordung eines deutschen Wachpostens am 11. April festgenommen hatte. Am 30. April wurden zehn Menschen als Sühne für die Ermordung eines deutschen Soldaten hingerichtet[98].

Auf Schmids Schreibtisch lagen die Geiselerschießungsbefehle. Er hatte die Geisellisten zusammenzustellen. Eine grausame Aufgabe für einen Mann seiner Sensibilität und Humanität. Er wurde von Schuldgefühlen fast aufgefressen. Kurz vor der Hinrichtungswelle schrieb er seinen Söhnen: „Diese Woche hat wieder sehr viel Mühsal gebracht und heute wird wieder über Leben und Tod vieler Menschen Beschluß gefaßt werden. Könnt Ihr Euch vorstellen, wie es einem zumute sein mag, der aus einer Kartothek einen Pack Blätter zieht, sie vor sich ausbreitet und dann mit einem Bleistift in die obere linke Ecke der einen oder anderen Karte einen

Strich macht, der den Tod bedeutet, den er mit dem gleichen Recht auch auf eine der Karten hätte machen können, die weiß geblieben sind? Es ist ein bittres Ding, unter einem Befehl zu stehen, und die Teufelsausrede ‚wenn ich es nicht mache, macht es ein anderer und schlimmer' verfängt nicht immer, um das Herz zu trösten. Welche Künste treibt da nicht der suchende Verstand, um Vorsehung zu spielen ...“ [99] Vorsehung – das hieß, daß Schmid auf die Geisellisten nur die Namen der Gefangenen setzte, die zum Tode verurteilt worden waren und ohnehin in Kürze exekutiert worden wären[100]. Niehoff durfte davon nichts erfahren. Sonst wäre es wahrscheinlich auch um Schmids Leben geschehen gewesen. In einem Brief an seine Frau beschrieb er, wie nervenzerreißend die Anspannung bei dieser Manipulation der Geisellisten war: „Das bedeutet, daß ich eine Anzahl Karteiblätter, die vor mir liegen auf verschiedene Häufchen verteile, sie dann hin und her vertausche, sie nach einigen Telefongesprächen neu gruppiere, und was dann endgültig rechts liegen bleiben wird, die paar armseligen Namen, wird überantwortet werden. Es ist furchtbar dies mit kaltem Blute tun zu müssen, aber wehe dem, der dabei seine Hand von Bewegungen leiten ließe, deren Herr er nicht ist.“ [101]

Carlo Schmid konnte so in vielen Fällen die grausame Praxis der Geiselexekution unterlaufen. Nach dem Krieg warf ihm der französische Sozialist Guy Mollet vor, er habe Résistance-Angehörige der deutschen Justiz ausgeliefert[102]. Im Straßburger Europarat wollte man sich deswegen nicht mit ihm an einen Tisch setzen[103]. Daß er nur auf diese Weise das Leben Unschuldiger hatte retten können, wollten seine Ankläger nicht wahrhaben. Schmid selbst quälten Gewissensbisse. Die Abschiedsbriefe der erschossenen Geiseln lagen auf seinem Schreibtisch. Viele der zum Tode Verurteilten waren Angehörige der Résistance, die für das Verteilen von Flugblättern oder die Gewährung von Unterschlupf für englische Soldaten mit dem Tode bestraft worden waren. Doch was hätte er machen sollen? Seinen Dienst quittieren? Er glaubte nicht, daß man durch Distanz sich weniger schuldig mache: „Tun und Nichttun wirken beide gleichermaßen Schicksal, und wer glaubt, durch Abseitstreten sich aus der Verstrickung lösen zu können, der irrt sich in fürchterlicher Weise.“ [104] Die „Teufelsausrede“'wenn ich es nicht mache, macht es ein anderer und schlimmer' enthielt mehr als ein Gran Wahrheit. Er mußte weiter versuchen, die Abscheulichkeiten des Regimes zu mildern. Die Anspannung war manche Wochen fast unerträglich. Ein „wenig Nachlässigkeit“, ein „wenig Bequemlichkeit und Müdigkeit mehr“ konnte Menschen Freiheit und Leben kosten[105]. Und dieser Kampf um Menschenleben beschränkte sich nicht auf die Dienstzeit. Er mußte weiterhin geselligen Umgang mit den Nationalsozialisten pflegen. Beim abendlichen Skatspiel konnte man manchen Verurteilten freibekommen[106]. Carlo Schmid kam seine Trinkfestigkeit bei diesen abendlichen Geselligkeiten sehr zugute.

Geiseln wurden zunächst keine mehr exekutiert. Seit Mai 1942 ging man dazu über, die Geiseln nicht mehr zu erschießen, sondern in Konzentrationslager nach Deutschland zu deportieren. Schmid wußte, welches Schicksal den Deportierten widerfuhr. Deshalb war er auch sehr erschrocken, als er erfuhr, daß die im Gefängnis in Douai einsitzenden Kommunisten aus Nordfrankreich weggebracht werden sollten. Als Reaktion auf den Streik der Bergarbeiter im Frühjahr 1941 war in Douai ein Sondergericht zur Aburteilung „politischer Terroristen“ geschaffen worden, das der französischen Justiz unterstand[107]. Es saßen dort fast ausschließlich Kommunisten ein, die zur Ableistung schwerer Zwangsarbeit gezwungen wurden. Das Gefängnis galt als nicht ausbruchsicher. Außerdem war es völlig überfüllt. So verfügte der französische Generalstaatsanwalt die Verbringung der Strafgefangenen in die Zentralgefängnisse in Poissy, Eysses und Clairvaux[108]. Schmid erhob sofort Einspruch gegen die Verfügung. Er ließ Präfekt Carles mitteilen, „daß es aus grundsätzlichen Erwägungen unerwünscht scheint, die vom Sondergericht in Douai verurteilten Kommunisten aus dem Dienstbereich der OFK 670 zu verbringen. Das Gefängnis in Douai kann dadurch entlastet werden, daß die Verurteilten des gemeinen Rechts verschubt werden; gegen deren Verbringung außerhalb Nordfrankreichs bestehen nach wie vor keine Bedenken. Im übrigen wird in Einzelfällen mit dem Herrn Generalstaatsanwalt eine Einigung über die Personen herbeigeführt werden, bezüglich derer Ausnahmebewilligungen angebracht erscheinen.“ [109] Schmid setzte gegen den Willen der Franzosen durch, daß die Anweisung zurückgenommen wurde. Er wußte, daß die Verfrachtung der Kommunisten in die Zentralgefängnisse nur eine Zwischenstation auf dem Weg in deutsche Konzentrationslager war[110]. Einem Teil der Franzosen scheint dies nicht bekannt gewesen zu sein, ein anderer sah der Verschickung der Kommunisten in Konzentrationslager gleichgültig zu.

Schmid, der die der Besatzungsmacht gezogenen Grenzen verteidigte und in die Tätigkeit der Gerichte so gut wie nie eingriff, sah sich wiederholt gezwungen, der französischen Strafvollzugsverwaltung Anweisungen zu geben und dort auch Personen auszuwechseln. Wenn er autoritär durchgriff und sich nicht mit der ihm überantworteten Aufsicht über das Gefängniswesen begnügte, so geschah das aus humanitären Gründen. In den nordfranzösischen Gefängnissen, insbesondere in dem Gefängnis Lille-Loos herrschten katastrophale Zustände. Das Gefängnis in Lille-Loos, in dem mehr als 2000 Gefangene einsaßen, war total überbelegt. Zum Teil wurden zehn Gefangene in eine Einzelzelle gesperrt. Sie waren ohne ärztliche Versorgung, obwohl sie nicht selten vor ihrer Einlieferung brutal von der Gestapo zusammengeschlagen worden waren, und erhielten nur völlig unzureichende Lebensmittelzuteilungen. Bis Mittag bekamen sie nichts anderes als Wasser und Brot[111].

Schmid ließ im Sommer 1942 Lebensmittelkontrollen durchführen und mußte feststellen, daß es zu Unterschlagungen durch das Wachpersonal gekommen war[112]. Im August gab er Anweisung, den Gefangenen höhere Essensrationen zukommen zu lassen und die Verteilung der Rationen zu kontrollieren. Er setzte sich dafür ein, daß die Gefangenen morgens warmen Kaffee bekamen und ihnen zu Mittag zusätzlich eine Suppe gereicht wurde[113]. Auch um die medizinische Versorgung der Gefangenen kümmerte er sich. Dem Roten Kreuz verschaffte er Einlaß in die Gefängnisse, damit es die medizinische Versorgung übernehmen, die allgemeine Verpflegung überwachen und sich um die Betreuung der Häftlinge kümmern konnte[114]. Daß die Gefangenenbetreuung, insbesondere die straffällig gewordener Jugendlicher, durch die französische Gefängnisverwaltung völlig vernachlässigt wurde, ließ Schmid, der sich um die Zukunft dieser Jugendlichen sorgte, nicht ruhen. Er bat Präfekt Carles eindringlich, „daß unverzüglich ein Beamter oder mehrere Beamte, die im Strafvollzug an Jugendlichen erfahren sind, sowie geeignete Lehrkräfte nach Loos abgestellt werden." In der Zwischenzeit sollten karitative Anstalten die Betreuung der Jugendlichen übernehmen[115]. Die Zustände im Jugendstrafvollzug waren so katastrophal, daß sofort Abhilfe geschaffen werden mußte. Schmid legte dem Präfekten nahe, zu improvisieren, wenn der amtliche Weg zu langwierig sei. Es waren Ausnahmezeiten, in denen man nicht immer den vorgeschriebenen Weg gehen konnte.

Schmid hatte den Eindruck, daß der Leiter der Strafanstalt Lille-Loos Bonville seiner Aufgabe nicht gewachsen war. Er wollte ihn ersetzen durch eine Persönlichkeit, die sich mehr durchsetzte und sich mehr für die Häftlinge einsetzte[116]. Der sonst gegenüber Präfekt Carles eher zurückhaltend auftretende Kriegsverwaltungsrat Schmid machte seine ganze Autorität geltend und verlangte die Absetzung Bonvilles. Im Dezember 1942 erhielt das Gefängnis Lille-Loos einen neuen Leiter[117], aber die unteren Stellen waren immer noch mit völlig ungeeignetem Personal besetzt, was Schmid wiederholt kritisierte[118].

Um Abhilfe gegen die unerträgliche Überbelegung der Zellen in der Strafanstalt Lille-Loos zu schaffen, ordnete er deren Umbau und die Umfunktionierung von Kasernen zu Gefängnissen an. Um die dafür notwendigen Baustoffe wollte er sich kümmern. Ende August konnte er Fernand Carles mitteilen, „daß der Reichsbeauftragte für Eisen und Stahl in den Westgebieten sich damit einverstanden erklärt hat(te), daß zur Instandsetzung des Gefängnisses in Loos 25 to Eisen- und Stahlmaterial (...) zur Verfügung gestellt werden"[119]. Im übrigen gab er zu erwägen, ob nicht die leicht bestraften Gefangenen zu Waldarbeiten herangezogen werden könnten. Diese Gefangenen könnte man dann in Lagern unterbringen.

Wer die Aussagen der in Lille-Loos einsitzenden Häftlinge vor dem Internationalen Militärgerichtshof in Nürnberg liest[120], weiß, welche Bedeutung die Anordnungen und Maßnahmen Schmids für das Überleben der dortigen Gefangenen hatte. Gewiß, die Verhältnisse in Lille-Loos waren auch nach Einführung der angeordneten Verbesserungen des Strafvollzugs noch fürchterlich und unmenschlich. Auch nach dem Umbau der Kasernen war das Gefängnis noch überfüllt, und Schuld an der Überfüllung trugen die deutsche Besatzung und die deutschen Kriegsgerichte. Carlo Schmid war sich dessen bewußt und er litt darunter: „(...) ist es nicht ein grauenhafter Gedanke, daß man Menschen nur dadurch helfen kann, daß man neue Verliese einrichtet?“ [121]

Das Besatzungsregime konnte Schmid nicht ändern. Er konnte nur dessen Inhumanität zu mäßigen versuchen. Auch das verlangte den Einsatz seiner ganzen Person und verwickelte ihn in ständige Auseinandersetzungen. An manchen Tagen war er der Resignation nahe: „Da mag man doch manchmal nicht mehr und läßt die Muskeln schlaff werden.“ [122] Es war ein Zweiseitenkampf: gegen die radikalen Unterdrücker in den eigenen Reihen und gegen die Starrheit und Kooperationsunwilligkeit der französischen Verwaltung. Und doch war die Zeit in Lille für Schmid eine Zeit sinnerfüllten Daseins. Er wurde gebraucht, er vermochte zu helfen.

Im April 1942 war Laval als Regierungschef in die Vichy-Regierung zurückgekehrt. Als Inhaber dreier Ressorts, des Außen-, Innen- und Informationsministeriums war er der mächtigste Mann in der Regierung. Es drohte der Übergang des „Vichy maréchaliste“ in ein „Vichy fasciste“ [123]. Laval propagierte die nationale Revolution nach faschistischem Vorbild. Hierfür mußte die Propagandatätigkeit in allen Regionen Frankreichs verstärkt und alle Beamten in den Départements und Kommunen, die dieser Politik feindlich gegenüberstanden, entfernt werden. Laval schickte Delegierte in die Départements, die entsprechend seiner Zielsetzung zu agieren hatten. In den beiden Norddépartements sollte Emile Boyez, ein ehemaliges Mitglied der Action Française, diese Mission verrichten. Er wurde Leiter des dortigen Propagandabüros und sollte nach offizieller Version Präfekt Carles beraten. In Wirklichkeit hatte er auf dessen Absetzung zu dringen, denn Fernand Carles, der die Kollaboration als notwendiges Übel auffaßte, war für Laval ein „bête noir“ [124].

Nachdem Schmid im Juli 1942 mit Boyez gesprochen hatte, war ihm klar, was dieser im Schilde führte. Er bat noch am gleichen Tag Fernand Carles zu einer Aussprache und unterrichtete ihn davon, daß Boyez eine „Kabale“ gegen ihn vorhatte. Der ahnungslose Carles erfuhr von Schmid, daß Boyez nicht zögern werde, alle ihm zur Verfügung stehenden Mittel anzuwenden, um ihm, Carles, zu schaden. Er versicherte Carles, nur ihn als Präfekten anzuerkennen und auf die Abberufung Boyez’ zu drängen[125]. Im August 1942 wurde Boyez tatsächlich nach Paris zurückbeordert. Welchen Anteil Schmid an dieser Entscheidung hatte, läßt sich freilich nicht mehr nachweisen. Aber er dürfte einiges dazu beigetragen haben, daß Boyez Lille verlassen mußte. Schmid tat, was in seiner Macht stand, um den Einfluß der Kollaborationisten – so werden die Laval-Anhänger oft genannt – in Schranken zu halten. Im Januar 1943 verhinderte er beispielsweise die Berufung eines Laval ergebenen Akademieinspektors nach Nordfrankreich[126]. Außerdem bemühte er sich um eine Neuorganisation der Presse, durch die der Propagandatätigkeit der Laval-Leute entgegengewirkt werden sollte[127]. Er führte deswegen auch Gespräche mit deutschen Stellen in Paris[128]. Doch der Streit um die Zuständigkeit der Presse war dort viel zu groß[129], als daß die Pläne eines relativ einflußlosen Kriegsverwaltungsrates Berücksichtigung gefunden hätten.

Die Rechtsentwicklung innerhalb der französischen Regierung weckte bei Schmid schlimme Befürchtungen, die sich als nicht unbegründet erwiesen. Die bisherige Kollaborationspolitik war gefährdet. Was aber waren die Alternativen? Ein „Vichy fasciste" oder der Bürgerkrieg, der mit dem Einsatz deutscher Truppen beantwortet worden wäre. Immer mehr drängten die Abgesandten Lavals im Verein mit deutschen Militärbehörden darauf, die Präfekturen und kommunalen Behörden mit Anhängern des Laval-Kurses zu besetzen. Um ihr Ziel zu erreichen, scheuten sie auch vor Denunziationen nicht zurück. In Nordfrankreich war der Druck besonders stark, weil es dort viele sozialistische oder dem Sozialismus nahestehende Kollaborateure gab. Während die Ultras auf der Rechten sie zu vertreiben suchten, wurden sie von den Kommunisten als Handlanger der Nationalsozialisten attackiert[130]. Sie wurden durch Anordnungen des Vichy-Regimes und der deutschen Besatzungsbehörden des öfteren auch in diese Rolle gezwungen. So verlangte man von den Bürgermeistern Nordfrankreichs, daß sie Angehörige ihrer Gemeinden der Organisation Todt zur Verfügung stellten. Die Folge war, daß zahlreiche sozialistische Bürgermeister und Gemeinderäte freiwillig demissionierten.

Carlo Schmid hielt diese Politik des leeren Stuhls für ein Verhängnis. Die Stühle waren frei, damit die Anhänger Lavals, die Befürworter einer Deutschland untergeordneten Marionettenregierung darauf Platz nehmen konnten. So schrieb er Präfekt Carles im November 1942 einen energisch klingenden, im Grunde aber wohl eher verzweifelten Brief: Er könne es nicht zulassen, daß öffentliche Funktionsträger „ohne ausreichenden Grund" einfach ihren Rücktritt erklärten. Eine Demission könne nur in ganz dringenden Fällen hingenommen werden, z. B. im Falle der Krankheit. Wer sich zurückziehe ohne ausreichenden Grund, verstoße „gegen seine vaterländische Pflicht" [131]. Angesichts deutscher Besatzung und Ausbeutung des Landes klingt die patriotische Mahnrede fast zynisch. Aber Schmid meinte es ehrlich, so wie er es sagte. Es gab wirklich zu der bisherigen Kollaborationspolitik nur die Alternativen: Durchsetzung Lavals oder Bürgerkrieg. Keine der Alternativen war wünschenswert. So versprach Schmid sogar, sich für eine bessere Bezahlung der nordfranzösischen Amtsträger einzusetzen[132]. Er wollte nichts unversucht lassen, um die bisherigen Bürgermeister zum Bleiben zu bewegen. Manch einer von ihnen war geschickt genug gewesen, um die Anordnungen der Militärbehörden zu unterlaufen[133].

Freilich, auch durch finanzielle Anreize wurde die Übernahme politischer Verantwortung nicht attraktiv. Die bisherige Politik der Kollaboration stand vor dem Scheitern. Schon im Sommer 1942, als in Lille die Ausstellung „Der Bolschewismus gegen Europa" eröffnet wurde, weigerten sich mit Ausnahme Carles alle Amtsträger der beiden Norddépartements dem Ehrenkomitee beizutreten[134]. Die Ausstellung fand schließlich in einer so gespannten Atmosphäre statt, daß Schmid, der wieder einmal als Dolmetscher fungierte, übersetzte, was keiner gesagt hatte, „aber vernünftigerweise hätte sagen sollen"[135]. Sein Ziel war es, Konflikte zu vermeiden, die eine noch härtere Unterdrückung und noch mehr Blutvergießen bringen mußten. Er haßte die Nationalsozialisten, sah aber bis zum Sturz des Regimes keine andere Möglichkeit als die Weiterführung der bisherigen Kollaborationspolitik.

In Nordfrankreich konnte man 1942 überall den Ruf hören: „Vive Pétain – Vive de Gaulle – Laval au poteau."[136] Nein, nicht de Gaulle wurde Pétain und Laval gegenübergestellt, sondern Pétain und de Gaulle, der Kollaborateur und der Anführer der Résistance, galten als Widersacher Lavals. Das sah Schmid kaum anders. Im Rückblick neigte er sogar zu einer ziemlich unkritischen Verklärung des alten Maréchal[137]. Wie Pétain maß auch Schmid, der seinen pädagogischen Optimismus noch immer nicht verloren hatte, der Jugendpolitik entscheidende Bedeutung bei. Er war schon immer dagegen gewesen, in den Norddépartements alle Jugendorganisationen zu verbieten. Dort hatte man selbst den von Pétain ins Leben gerufenen „chantiers de la jeunesse" die Zulassung verweigert[138]. Bereits Ende 1941 hatte er den Plan gefaßt, eine französische Jugendbewegung zu gründen, „um gegenseitigen Haß auszulöschen"[139]. Wie Pétain wollte auch Schmid den alten Frontkämpfern, die für ihre deutschfreundliche Haltung bekannt waren, die Führung der Jugendbewegung anvertrauen[140]. Es dauerte über ein Jahr bis der Plan – allerdings ohne die alten Frontkämpfer – in die Realität umgesetzt werden konnte. Nach zähem Kampf wurde Anfang 1943 Marcel Hovaere, der zuvor mit der Resozialisierung der Strafgefangenen betraut war, die Leitung der nordfranzösischen Jugendbewegung übertragen[141]. Auch zahlreiche Fußballvereine, die 1940 verboten worden waren, wurden auf Schmids Initiative wieder gegründet. Die Grundlage für eine spätere deutsch-französische Freundschaft zu schaffen, war nur noch ein Nebenziel. Hauptaufgabe der von Hovaere geleiteten Jugendorganisationen war es, die Jugendlichen von der Politik abzuhalten, eine Radikalisierung der Jugend zu vermeiden. Darüber hinaus konnten mit Schmids Hilfe die Jugendorganisationen manchen Jugendlichen vor dem Arbeitseinsatz im „Reich" bewahren[142].

Schmid fürchtete nichts so sehr, wie politische Unruhen, die unvermeidlich zu Blutvergießen hätten führen müssen. Die Jugend sollte möglichst apolitisch bleiben, damit sie nicht als Mitglieder der Résistance in Gewalthandlungen hineingezogen oder von Laval politisch mißbraucht wurden. Schmid nahm Kontakt auf zu den Schulleitern und zu den Lehrkräften der Katholischen Universität in Lille. Man kam überein, die Leistungsanforderungen sehr hoch zu stecken, damit Schülern und Studenten kaum Zeit für politische Betätigung blieb[143]. In den Berichten der Oberfeldkommandantur verstand es Schmid, in deutlicher Anspielung gegen den Lehrbetrieb im NS-Regime die Vorbildlichkeit des Unterrichts an den Schulen und Hochschulen Nordfrankreichs zu loben: „Die Schüler und Studenten traten politisch nicht hervor. (...) Gründe hierfür sind einmal die Erschwerung der Examensbedingungen, die zu intensiver Arbeit zwingen, und dann, daß dem französischen Studenten auch heute noch das Bestehen eines guten Examens wichtiger erscheint als eine zeitraubende politische Betätigung irgendwelcher Art. Typisch hierfür ist der gelegentliche Ausspruch eines Studenten, daß auch nach erfolgter ‚Befreiung' noch so große ‚nationale' Verdienste den Nachteil eines schlechten Examens nicht aufwiegen würden."[144] Schmid hatte den Nationalsozialisten wieder einmal sehr deutlich seine Meinung gesagt. Ob die Berichte noch gelesen wurden, ist freilich eine andere Frage.

Um keine Mißverständnisse aufkommen zu lassen: In Normalzeiten redete Schmid nicht einem unpolitischen Strebertum das Wort. Aber unter den gegebenen Bedingungen schien es das beste, die Jugend von der Politik fernzuhalten. So unterstützte er auch die katholischen Jugendorganisationen und förderte die Herausgabe katholischer Zeitschriften[145]. Durch sie konnte am besten einer Indoktrination durch die nationalsozialistische Weltanschauung entgegengewirkt werden. Er hatte ein gutes Verhältnis zu der Katholischen Kirche Nordfrankreichs, insbesondere zu Monsignore Lotthé, dem Sekretär Kardinal Liénarts. Liénart war Pétainist. Im Volksmund hieß er der „rote Kardinal", weil er sich 1936 auf die Seite streikender Arbeiter gestellt hatte. Mit Lotthé besprach Schmid kulturelle Fragen und manchmal suchte er mit ihm zusammen auch nach Wegen, um Menschen vor Gewaltmaßnahmen des deutschen Besatzungsregimes zu bewahren[146]. Alles, was er damals aushandelte, vereinbarte und organisierte, waren Notlösungen, Übergangslösungen bis zur militärischen Niederlage und dem Sturz des NS-Regimes. Moralischer Rigorismus verbot sich. Man mußte Kompromisse schließen und improvisieren. Freilich, aus seiner Auffassung, daß sich der Nationalsozialismus „mit dem tief eingewurzelten Freiheitsbegriff der Franzosen" niemals vertrage, machte er selbst in einem Bericht der Oberfeldkommandantur keinen Hehl[147].

Nordfrankreichs Zukunft lag auch Ende 1942 noch im Ungewissen. Noch immer kursierten Pläne, Nordfrankreich einem flämischen Satellitenstaat einzuverleiben. Sie wurden vom Vlaamsch Verbond des Abbé Gantois unterstützt, der allerdings in Nordfrankreich kaum über Anhänger verfügte[148]. Auch in der Oberfeldkommandantur fand die Volkstumspolitik keine Fürsprecher[149]. Schmid nannte Gantois einen „placier en politique"[150]. Zusammen mit Fernand Carles hatte er einen Ausweg gefunden, um die dekretierte Einführung des Flämisch-Unterrichts an französischen Schulen zu umgehen. Man vereinbarte die Ausrede: Volksschullehrer könnten weder flämisch sprechen noch es unterrichten[151]. Das wurde auch akzeptiert. Einstweilen wenigstens noch.

Was in Zukunft geschehen würde, konnte bei der Willkür des NS-Regimes niemand wissen. Auch Schmids eigene Zukunft lag im Ungewissen. Würde das Ganze so weitergehen, daß er zumeist „grimmig" sein Tagwerk verrichtete, weil er sah, „in was für einem Sumpf" er wirkte[152]? Wie lange noch würde er all den Schwachsinn mitmachen müssen, der verordnet wurde? An einem Sonntag Ende August 1942 berichtete er halb spöttisch, halb bitter seinen Söhnen: „Heute ist bei uns Klamauk. Wir üben Alarm ... Wie immer wirkt sich diese Veranstaltung im wesentlichen im Herumstehen aus, aber eine Reihe wackrer Männer erhält wieder einmal das Gefühl, ‚im Einsatz zu stehen'."[153] Banalität, Angst und Lebensrisiko lagen dicht beieinander. Es gab Tage, da fühlte er sich „wie ein Tier, das schleicht, weil es über sich den Habicht wittert"[154]. Wie lange noch würde sein illegales Tun unentdeckt bleiben? Es kam vor, daß er erschrak, wenn er in die Oberfeldkommandantur gerufen wurde, weil er dachte: Jetzt ist es soweit[155]. Niehoff scheint einige Male nahe daran gewesen zu sein, Schmid zu entlassen[156]. Vermutlich schritt er nur deshalb nicht zur Tat, weil er auf Schmids Kenntnisse angewiesen war. Niehoff kümmerte sich sehr wenig um die tägliche Verwaltungsarbeit. Ende 1942 wurde Niehoff abberufen. Noch wußte man nicht, wer nachkommt. Eigentlich hätte Schmid die Verzweiflung und die Angst zerreißen müssen. Doch mit der Zeit wurde auch der Widerstand und das Lebensrisiko zum Alltag. Schmids Leben war trotz allem und vielleicht gerade deshalb sinnerfüllt. Er lebte damals sehr existentiell. Und es gab auch viel Leerlauf, viel Freizeit, in der er in eine andere Welt fliehen konnte, in die Welt der Musen. Die Zeit in Lille war nicht nur die Geburtsstunde des Politikers Schmid, es war auch die Zeit und der Ort, wo er seine künstlerische Begabung entfalten konnte.

Der Künstler und Existentialist

Lille, die Metropole Flanderns, Zentrum der nordfranzösischen Verwaltung und der Textilindustrie, war und ist keine sehr attraktive Stadt. Gelegen in einer Region, die durch den Kohlenbergbau geprägt war, erscheint diese Stadt eher grau als einladend. Die Sehenswürdigkeiten Lilles lassen sich an einer Hand abzählen: Die alte Börse am Grande Place, das Kunstmuseum, das Palais Rihour, die Oper und die von der Oberfeldkommandantur beschlagnahmte Handelskammer. Schmid klagte in seinen Briefen häufig über die Farblosigkeit dieser Stadt, in der er nun gezwungen war, zu leben. Tübingen bot auch nicht viel Abwechslung, aber zumindest provinzielle Wärme.

Zunächst mußte er in einem Hotelzimmer in der im Norden der Stadt gelegenen Rue du Faubourg-d'Arras hausen. Allein, getrennt von der Familie, in der Oberfeldkommandantur umgeben von Menschen, mit denen er nur Kontakt pflegte, weil es sein mußte, wurde bei ihm besonders in den Anfangsmonaten oft ein Gefühl von Leere und Schmerz übermächtig. Die einzige Möglichkeit, sich von einem solchen „Zustande grauer Verdrossenheit" nicht überwältigen zu lassen, war für ihn, „dieses Grau zu malen", um sich von ihm zu befreien[1]. Briefe und Gedichte waren die Leinwand.

Auch der Brief war für Schmid mehr ein Medium der Selbstaussprache als der Kommunikation. Er schrieb seiner Frau täglich, für seine beiden ältesten Söhne Hans und Martin, 1940 fünfzehn und dreizehn Jahre alt, verfaßte er jeden Sonntag eine sogenannte „Lehrepistel". Auch die beiden Kleinen, die noch im Vorschulalter waren, erhielten ein kleines Briefchen, das ihrer kindlichen Auffassungsgabe angepaßt war. Die Briefe an Lydia Schmid sind nur noch für die Jahre 1943/44 überliefert[2], fast 400 Briefe, die Berichte über das politische Geschehen enthalten, – soweit man, ohne sich selbst zu gefährden, darüber schreiben konnte – Reflexionen über Fragen der Philosophie, Religion und Dichtung und zahlreiche Selbstanalysen. Die Briefe scheinen eine Art Tagebuch-Ersatz für Schmid gewesen zu sein. Man gewinnt den Eindruck, daß ein wirklicher Dialog nicht stattfand. Gewiß, der geistige Austausch zwischen Carlo Schmid und seiner Frau war intensiv, aber man vermißt Persönliches, Reminiszensen an gemeinsam Erlebtes oder an das Familienleben in Tübingen. Nur an Weihnachten und Ostern werden Erinnerungen an frühere Zeiten wach. Geburtstage seiner Frau und Hochzeitstage vergaß er nie. Er selbst konnte sehr gekränkt sein, wenn man seinen Geburtstag vergaß – auch in späteren Jahren noch. Lydia Schmid schickte ihrem Mann zum Geburtstag regelmäßig Springerle, die er immer schon lange vor dem Geburtstag aufgegessen hatte. Die Kindererziehung war ein häufiges Thema. Lydia Schmid scheint manchmal recht ratlos gewesen zu sein. Ihr Mann ging auf ihre Sorgen ein, kam dann aber immer sehr schnell auf die leidvollen Erfahrungen seiner eigenen Kindheit zurück und betrieb wieder einmal Innenschau.

Er litt sehr darunter, daß er seinen Kindern kein geistiger Mentor sein konnte. Er hatte es sich so gewünscht, daß seine Kinder eine „bessere Jugend" haben sollten als er, der von seinen Eltern mit seinen Fragen oft allein gelassen worden war[3]. Nun saß er weitab von Tübingen in Lille und konnte sich um die Erziehung und Bildung seiner Kinder kaum kümmern. 1943 besuchte ihn sein ältester Sohn Hans, der zum Militär einberufen worden war, in Lille. Er war glücklich den Jungen vor dem Militärdienst noch einmal sehen zu können und verwöhnte ihn, wie er nur konnte[4]. Weltläufigkeit, die ihm in seiner Jugend so gefehlt hatte, hatte er seinen Söhnen vermitteln wollen. Nun blieben nur die sonntäglichen Briefe, in denen er ihnen einige Lehren für das Leben mitzugeben hoffte, zumindest den beiden Ältesten. Die Kleinen erhielten zwar auch ein Briefchen, aber für Kinder von fünf und sechs Jahren ist der persönliche Kontakt zum Vater wichtig. Briefe sind Schall und Rauch.

„Schulmeistern" wollte er seine Söhne nicht, sondern ihnen helfen, auf der „Suche nach dem Leben" sich selbst zu finden[5]. Die sogenannten „Lehrepisteln" hatten ganz unterschiedlichen Charakter: Politische Berichte, philosophische und literarische Erörterungen, Kritik an der Schulerziehung, Belehrungen über die Notwendigkeit der Tanzstunde und Mahnungen, der Mutter mehr beizustehen, wechselten sich ab. Sehr gekränkt reagierte er, wenn die Söhne ihm nur selten schrieben[6]. Er wünschte sich die Liebe seiner Kinder. Die „Lehrepisteln" sollten die Schulbildung, deren Dürftigkeit er immer wieder beklagte, ergänzen. Die Kritik seiner Söhne an der Schule und an den Lehrern teilte er vollauf, ermahnte sie aber trotzdem zu lernen, denn die Schule sei der Ort, das Arbeiten zu lernen, und Lernen sei immer Arbeit und nicht Spiel, wie einige „Verführer" propagiert hätten[7]. Er wollte ihr Selbstbewußtsein stärken und munterte sie auf, sich von dem „Verdruß nicht lähmen" zu lassen, den ihre „dürftigen Lehrer" ihnen bereiteten[8]. Schmid war noch immer dem „Dritten Humanismus" verpflichtet. Ihn versuchte er seinen Söhnen nahezubringen. Er mag sie manchmal dabei überfordert haben, wenngleich sie sich sehr über diese Briefe freuten[9]. Sie sollten die geistigen Grundlagen der europäischen Kultur, die Antike und das Christentum, verstehen lernen. Daß sie in der Schule darüber so wenig hörten, bekümmerte ihn: „Wenn nur Eure Lehrer Mannes genug wären, (...) Euren Sinn hell für die Empfängnis der Schönheit Hellas zu machen, die die erlauchteste ist, die der Mensch zu vergegenwärtigen vermocht hat und die auch vor dem Lichte nicht trübe wird, das zu Bethlehem in die Krippe herabgekommen ist. Die Welten schließen sich nicht aus; sie durchdringen sich wie Leib und Seele (...)"[10]. Häufig flocht Schmid in seine Briefe griechische Zitate ein.

Schmid vermittelte seinen Söhnen ein elitäres Minderheitsbewußtsein, um ihnen die Isolation, in die sie durch den Nationalsozialismus geraten waren, erträglicher zu machen. Er riet ihnen, keiner Organisation beizutreten und machte hierfür grundsätzliche Vorbehalte gegen Organisationen und Verbände geltend: „Überall, wo man durch Einfügung in einen Verband ‚erziehen' will, bleibt keine andere Wahl, als auf das Niveau des Zweitdümmsten zu nivellieren."[11] Mit solchen Ratschlägen freilich trieb er sie noch weiter in die Einsamkeit. Schmid schrieb seine Briefe selten mit erhobenem Zeigefinger. Die Lehren, die er seinen Söhnen vermittelte, die Literatur, die er ihnen empfahl, waren in erster Linie für seine eigene geistige und seelische Entwicklung von Bedeutung. Er sah und lehrte nur, was er selbst im Herzen trug. So schrieb er die „Lehrepisteln" nicht nur für seine Söhne, sondern auch zur eigenen Selbstfindung. Nicht selten machte er seine eigenen Probleme und Wünsche zu denen seiner Kinder.

Carlo Schmid träumte von einem Leben als Künstler. Die Kunst war ihm das letzte Refugium unentfremdeten Lebens. Er litt darunter, daß seine Eltern seine künstlerischen Fähigkeiten und Begabungen unterdrückt hatten. Seinen Söhnen wollte er den Weg ebnen zu einer künstlerischen Existenz, von der er nur träumen konnte. Er war ein ganz und gar unbürgerlicher Vater, der hoffte, daß seine Kinder keinen Brotberuf ergreifen mußten. Martin, der schon früh künstlerische Begabung zeigte, ermunterte er immer wieder, seiner Berufung zum Künstler zu folgen[12]. In Paris führte er nicht nur politische Gespräche, sondern kaufte auch Bildmappen für seinen Sohn. Ernst Jünger berichtete er mit väterlichem Stolz, daß sein vierzehnjähriger Sohn „Briefe über den Unterschied des Stils in Sätzen von Tolstoi und Dostojewski schreibt und ein bedeutender Zeichner ist." Jünger wunderte sich, daß Schmid über ein so „wichtiges Verhältnis in seinem Leben" noch nie gesprochen hatte[13]. Es wäre Schmid wohl lieber gewesen, wenn Martin anstatt Maler Dichter geworden wäre[14]. Dann hätte sich in seinem Sohn sein eigener Lebenstraum erfüllt. Kunst war für Schmid der einzige Freiraum, den die bürgerliche Gesellschaft dem Menschen ließ. Die Zerrissenheit des modernen Menschen konnte nur in und durch die Kunst überwunden werden. So schrieb er Martin, um ihn in seinem Drang, Künstler zu werden, zu bestärken: „(...) das Musische (ist) der einzige Raum, in dem wir ohne Aufspaltung unseres Selbst in Geist und Seele voll existieren können. Dort liegt dann der Sinn der Kunst, der wir uns dann allerdings nicht als bloße Zuschauer und nicht nur am Feierabend nähern dürfen, sondern die ein Element unseres ganzen Lebens werden muß."[15]

Ihm selbst blieb für die künstlerische Betätigung fast immer nur der Feierabend. In der freien Zeit, die ihm seine Aufgabe als Kriegsverwaltungsrat ließ, gab er sich dann um so intensiver dem künstlerischen Schaffen hin. Er übersetzte Baudelaires „Fleurs du mal", 161 Gedichte von sublimer Schönheit, von denen Paul Verlaine sagte: „Ich vergleiche diese seltsamen Blumen mit den seltsamen Versen, die ein taktvoller Marquis de Sade schriebe, wenn er die Sprache der Engel beherrschte."[16] Die Sprache der Engel beherrschen mußte auch deren Übersetzer, denn die Metaphorik Baudelaires ließ sich nur durch Verdichtung wiedergeben. Schmid hatte bereits in Tübingen mit der Übertragung der Verse Baudelaires begonnen. 1941 konnte er sie trotz seiner großen Beanspruchung in der Oberfeldkommandantur abschließen. Ein ungeheure Leistung für jemanden, der Kunst als Nebenbeschäftigung betreiben mußte.

Fast vierzig Jahre zuvor hatte Stefan George eine Nachdichtung der Gedichte Baudelaires vorgelegt[17]. Schmids Übertragung ist beeinflußt von der Georges, aber er findet andere Worte und andere Begriffe und kommt so zu einer Neuinterpretation der „Fleurs du mal". Während George die Antithesen und Dissonanzen der Bildersprache Baudelaires abschwächte oder in Esoterik auflöste, unterstrich Schmid das Unvereinbare und Widersprüchliche, das sich jeder formalen Logik entzieht. Das Oxymoron ist das Stilmittel, das er am meisten gebrauchte. Immer wieder ist die Rede von „schwarzen" und „toten Sonnen", von „Schneeherzen", von „düsterer Sehnsucht" und vom Lachen im Weinen, das bei ihm kein satanisches, zynisches war. Schmid versuchte so zu übersetzen, daß auch noch der Klang der Worte das Dissonante wiedergab[18]. In den Oxymora kommt das Paradoxe, die Unvereinbarkeit von Wirklichkeit und Traum, von Geist und Sinnlichkeit zum Ausdruck. Diese Unvereinbarkeit hinterläßt Melancholie und Schmerz. Für Schmid wurde Baudelaire zum „Bruder vor den Peinen"[19]. In Baudelaires „ennui" erkannte er seine eigene Verdrossenheit wieder. Baudelaires melancholische Verse halfen ihm, sie zu überwinden. Er liebe Baudelaire, den aus den „Tiefen Heraufleuchtenden", weil er ihn so „heil gemacht" habe, bekannte er seinen Söhnen[20]. Baudelaires Melancholie sperrte sich gegen den Pessimismus, sie setzte ihm ein Trotzdem entgegen. Baudelaire war der Dante der Moderne. Ein Gedicht Baudelaires liebte Schmid ganz besonders: „Elévation", von ihm mit „Aufschwung" übersetzt[21]. Die letzten beiden Strophen des Gedichts sind ein Aufruf, der Melancholie ein Dennoch entgegenzustellen:

Glücklich wer hinter Verdrusse und Leid,
Die schwer auf das Dunstmeer des Daseins sich schmiegen,
Mit kräftigem Flügel kann steigen und fliegen
Zu den Gärten des Lichts und der Heiterkeit –

Der, dem Gedanken sich schwerelos schwingen
Frei wie Lerchen ins Morgenlicht
– Der hoch überm Leben versteht, was spricht
Aus der Blumen Kelch und den schweigenden Dingen!

Über den Menschen Carlo Schmid erfährt man beim Lesen der „Fleurs du mal“ mehr als beim Studium seiner Erinnerungen. Der Mann der Lebensfreude war ein Melancholiker. Er fand sich wieder in der poetischen Welt Villons, Baudelaires, des „guetteur mélancolique“ Apollinaire, seines Lieblingsdichters unter den Modernen, und Verlaines, dessen saturnische Verse er damals ebenfalls zu übersetzen begann. Saturn ist der Planet der Melancholiker, die für Verlaine, den Schüler und Nachfolger Baudelaires, Gefangene der Phantasie und des Traums sind.

„Die Phantasie entkräftet und verwirrt sie alle
Und macht zunichte, was Vernunft in ihnen tat.“

So übersetzte Schmid die beiden zentralen Verse aus der Einleitung zu Verlaines „Poèmes Saturniens“[22]. Der Traum, der Verheißung verspricht, aber Rausch und Wahnsinn zeugt, war auch das Thema einiger von Carlo Schmid selbst verfaßten Gedichte. Sie handeln vom Leben der Matrosen und vom Meer, der „Mutter, die das Traumkind nährt“, um es dann zu verschlingen[23]. Ein Traumkind war auch Schmid. Schon als Schuljunge, als er Robinson Crusoe las, hatte das Meer seine Sehnsucht geweckt. Aber er verlor sich nicht an den Traum, sondern fand immer wieder zur Realität zurück, weil er seine Träume in Dichtung bannte. Mit seinen Kindern wollte er Baudelaire und Verlaine lesen, damit sie nicht „unvorbereitet mit den dunklen Seiten des Daseins“ konfrontiert würden, da ihnen sonst das „Leben vergiftet“ werden könnte[24]. Er wollte sie vor dem Schicksal, das ihm widerfuhr, bewahren.

Schmid plante eine Veröffentlichung seiner Übertragung der „Fleurs du mal“ in dem in Dessau ansässigen Karl-Rauch-Verlag. Im Oktober 1942 stellte er bei der Reichsschrifttumskammer einen Antrag auf Erstellung eines Befreiungsscheins[25]. Er wollte die Übersetzung publizieren, ohne Mitglied der Reichsschrifttumskammer werden zu müssen. Er fand es schon demütigend, sich um einen Befreiungsschein bemühen zu müssen, was er auch in seinem Antragsschreiben deutlich zu verstehen gab: „Ich stelle diesen Antrag nur vorsorglich, da ich der Meinung bin, daß ich als Hochschullehrer, auch ohne Mitglied der R.S.K. zu sein, die Berechtigung habe, ein Werk der genannten Art herauszugeben“.[26] Der Befreiungsschein wurde ihm erteilt. Die Veröffentlichung scheint an Papiermangel gescheitert zu sein. Politische Gründe waren wohl nicht ausschlaggebend, obwohl sich einige Verse Baudelaires auch als herbe Kritik am NS-Regime lesen lassen. Man denke nur an Baudelaires Vorrede zu den „Fleurs du mal“[27]:

Verirrung, Dummheit, Sünde, Lug erschüttern
Im Fleisch uns, legen auf den Geist die Hand
Wir päppeln unseres Gewissens Brand
Wie Bettelleute Ungeziefer füttern.

Die Bilder des Satanismus, die Baudelaire malte, verweisen auf den Einbruch des Bösen, des Archaischen in die moderne Zivilisation. Das Dämonische wurde von Baudelaire in Sprache gefaßt. So mag Schmid auch aus politischen Gründen auf eine Veröffentlichung seiner Übertragung gedrungen haben, die dann erst nach 1945 erscheinen konnte. Vorerst mußte er sich damit begnügen, sie Freunden vorzulesen. Mit Ernst Jünger, der nach der Besetzung Frankreichs als Offizier im Stab des Militärbefehlshabers in Paris tätig war, besprach er die Übertragungen ausführlich[28]. Er hatte Jünger bereits 1934 kennengelernt. Jünger und Schmid verband das Leiden an der modernen Massengesellschaft und der Glaube, daß der Dichter seine letzte Zuflucht bei Dionysos finde. In den Träumen des Dichters werden die Urbilder wieder lebendig[29]. Vom Nationalsozialismus hatte sich Jünger schon längst abgewandt. Er deutete ihn wie Schmid als eine Form des Caesarismus. Jünger arbeitete damals an seiner Schrift „Der Friede“, in der er den Plan eines vereinten Europa, das in christlicher Humanität zusammenarbeiten sollte, entwarf[30]. Wenn Schmid nach Paris kam, besuchte er zumeist auch Jünger, um mit ihm literarische und politische Themen zu besprechen. In Lille war die Frontbuchhandlung ein Forum, wo Schmid seine Baudelaire-Übertragungen vortragen konnte. Die Frontbuchhandlung hatte ihre Räume an dem drei Minuten von der Oberfeldkommandantur entfernten Grande Place. Die Buchhandlung war zugleich Bibliothek der in Lille stationierten Truppen. Mit ungefähr 1 400 Bänden stellte die Bibliothek den Soldaten ein reiches Leseangebot zur Verfügung. Die Palette der angebotenen Literatur war breit. Weltanschauungsliteratur gab es natürlich auch. Aber sie umfaßte nur ein kleines Kontingent der Bände[31]. Schmid und einige andere Besucher der Frontbuchhandlung kümmerten sich darum, daß dort Literatur von hohem Niveau angeboten wurde[32]. Die Bibliothek scheint eifrig frequentiert worden zu sein. In einem Leseraum der Bibliothek fanden regelmäßig Filmveranstaltungen, kammermusikalische Abende, kunstgeschichtliche Vorträge und Dichterlesungen statt. Letztere bestritt vor allem Carlo Schmid.

Seinen Glauben an eine ästhetische Erziehung des Menschen hatte er auch in Lille nicht verloren. Und die jungen Soldaten scheinen tatsächlich in der Dichtung nach Sinnorientierung gesucht zu haben[33]. Seine Dichterlesungen waren gut besucht. Oft hatte er mehr als 100 Zuhörer. Auch einige Germanistik-Studenten und -Professoren der Universität Lille gehörten zu seinem Publikum. Schmid bemühte sich, aus der Frontbuchhandlung ein deutsch-französisches Kulturzentrum zu machen[34]. Aber da er deutsch las, war die Anzahl der französischen Zuhörer natürlich gering. Seine Gedichtinterpretationen scheinen die Hörer beeindruckt zu haben. Ein besonderes Talent zum Vortragen von Gedichten soll er jedoch nicht besessen haben. Er las die Gedichte offensichtlich zu metrisch nach Art lateinischer Hexameter[35].

In tristen Wochen waren die Dichterlesungen für Schmid der einzige Lichtblick. Noch im August 1944, zwei Wochen vor dem Abzug der deutschen Besatzungstruppen aus Lille, interpretierte er in der Frontbuchhandlung Hölderlin, und er las, wenn es sein mußte, auch in einem eiskalten Lesesaal[36]. Bei manchen Vorträgen verausgabte er sich so, daß er naßgeschwitzt war, als hätte er „Steine geschleppt“[37]. Die Interpretation von Gedichten war für ihn keine Wissenschaft, sondern wie auch für Heidegger Kunst, Poesis. Bei der Vorbereitung seiner Dichterlesungen war ihm dies erstmals ganz bewußt geworden. Seiner Frau schrieb er: „Welch geheimnisvoll schöpferischer Akt ist doch die Interpretation eines Gedichts! Wie ähnelt er dem Wirken des Liturgen (...). Es ist ein erlauchtes Tun und manchmal wird ein Dichter erst durch seinen gültigen Interpreten merken, was seinem Mund zu sagen verstattet worden ist. Es soll dies kein Scherz sein.“[38] Nein, einen Scherz wollte Schmid nicht machen. Für ihn bedeutete die Interpretation eines Gedichtes Sinnzuwachs, den er einer aufmerksamen Zuhörerschaft zu vermitteln suchte[39]. Es gab Abende, an denen er eine Auswahl deutscher Lyrik von Walther von der Vogelweide bis Stefan George vortrug. Die Gedichte wählte er nach einem thematischen Schwerpunkt aus. Melancholie war das Thema, oder wie Schmid es formulierte: „die Polarität zwischen seliger Versponnenheit in das individuelle oder objektivierte Ich und der Verzweiflung über das Auseinanderklaffen von Ideal und Empirie, der Schmerz über die ‚Endlichkeit‘“[40].

Zumeist sprach Schmid nur über einen Dichter und sein Werk. Am häufigsten interpretierte er Goethes „Faust“ und Hölderlins Hymnen. Goethes Faust las er als eine moderne Form der „Divina Commedia“[41]. Faust war für ihn „der Mensch schlechthin“, der in „proteushafter Wandlung durch alle Formen des Seins“ hindurchmußte[42]. Fausts Läuterung allerdings mißlingt. Helena vermag es nicht wie Dantes Beatrice Faust in das Paradies, in das Reich des Geistes, zu leiten. Die Verwandlung Fausts durch den Eros scheitert, weil, so Schmid, „das Helena-Erlebnis nur ein Zwischenspiel ist“[43]. Faust verfällt wieder der Welt der „Surrogate“, die eine Welt der Technik, der Quantität und der Massensuggestion ist. Für diese Welt steht Mephisto. In dieser Welt der Surrogate übt der Herrschaft aus, der sich die Massenpsychologie zunutze macht. Faust braucht die drei Gewaltigen Raufbold, Haltefest und Habebald, die Schmid als Massenantriebe begreift, um sich sein Reich zu erhalten. Schmid ließ die Verbindung zwischen Nationalsozialismus und Massenkultur nur anklingen, aber die Zeitgenossen dürften seine politischen Anspielungen verstanden haben. Der „Faust“ ist für ihn freilich kein politisches Lehrbuch, sondern ein existentielles Drama. Seine Faustinterpretation ist bestimmt durch sein platonisch-aristokratisches Menschenbild. Ihm kam es darauf an, den Gegensatz zwischen dem Eros und einer bloß instrumentellen Vernunft deutlich zu machen. In seiner Faustinterpretation wiederholte er die Gedanken seines Dante-Kommentars.

Hölderlin war Anfang des 20. Jahrhunderts von George und Hellingrath wiederentdeckt worden, und als vaterländischer Dichter, als Prophet eines hellenischen Deutschtums gerühmt worden[44]. Nach 1933 wurde er als Seher völkischer Zukunft mißbraucht. Der völkische Dichter Hölderlin sollte den Kampfwillen der Soldaten stärken, denen ein Hölderlin-Brevier mit ins Feld gegeben wurde. Weil Schmid der nationalsozialistischen Verfälschung Hölderlins entgegentreten wollte, war „Germanien" die erste Hymne Hölderlins, die er deutete. Hölderlin habe, so Schmid, nicht die politische Vorherrschaft Deutschlands proklamiert, sondern das genaue Gegenteil: „Indem sie (Germania) sich von der Politik fernhält, erfüllt sie ihre Mission."[45] Nur wenn die Deutschen sich entpolitisierten, durften sie einen europäischen Führungsanspruch anmelden. Germania ist die Priesterin, die „wehrlos Rat" gibt „den Königen und den Völkern"[46]. Die Nationalsozialisten hatten diesen Satz aus der Hymne gestrichen. Schmid stellte ihn in das Zentrum seiner Interpretation. Glaubte er noch immer an die Kulturberufung der Deutschen? So wie er die Hymne las, hatte der „Glaube, daß das Göttliche sich nicht im Surrogat der Mechanik des Zeitgeschehens erfüllt", die „Götter auf Germanien aufmerksam gemacht"[47]. Nach allem, was geschehen war, hatte er keine große Hoffnung mehr auf Deutschlands Kulturmission, an die er einmal geglaubt hatte, auf die er in seinem Kommentar zu Hölderlins „Germanien" noch einmal zurückkam. Daß Frankreich nach dem Krieg die dominierende europäische Kulturmacht werden würde, betonte er in den Briefen, die er damals an seine Frau und an seine Söhne schrieb, immer wieder.

Es widerstrebte ihm überhaupt, in Hölderlin einen vaterländischen Dichter zu sehen. Auch als Mystiker wollte er ihn nicht verstanden wissen. Hölderlin sei vielmehr ein „Wirklichkeitskünder", der wie Baudelaire wisse, daß das „Traumland des Ideals", das „Sich-zum-Gottmachen" Wahnsinn ist. In seinen Hymnen „Patmos" und „Der Rhein" habe Hölderlin die Notwendigkeit der Beschränkung und des Verzichts ausgesprochen: „Hölderlin hat bittersten Mut zur bittersten Wirklichkeit. Gottes Wille und Plan offenbart sich in der Geschichte, nicht in unseren Wünschen."[48] Auch Hölderlin war für ihn ein Dichter der Melancholie und des Schmerzes. Aus Hölderlins Hymne „Der Rhein" las er heraus: „Nicht im Sich-Aufbäumen erfährt der Mensch das Himmlische, sondern in der Erkenntnis seiner Grenze, getränkt von dem Schmerz, daß nur die Grenze erfüllt werden kann."[49] Die Lehre vom „Amor fati" endete nicht in der Resignation, sondern in einem Dennoch. Das Ja-Sagen zum Schicksal ist „kein Ergeben in das Unvermeidliche, sondern Erhebung des Menschen im ihm Zugeordneten zu seinem

Selbst."[50] Für Schmid war dies eine existentielle Erkenntnis. Deshalb liebte er Hölderlins Hymnen, deshalb bedeutete ihm Baudelaires Gedicht „Der Aufschwung" so viel.

Carlo Schmids Lieblingsgedicht war Hölderlins Hymne „Brot und Wein"[51]. Die Hymne handelt vom Einbruch der Nacht nach dem Niedergang der „Hoch-Zeit" der griechischen Kultur, in der das Göttliche noch unmittelbar gegenwärtig war. Sie mündet in einen Lobpreis des Weingottes Dionysos. Schmid kommentierte: „Dionysos ist der Gott der Nacht, in seinem Rausch öffnet sich alles und Leben strömt ein. Die Nacht gibt nicht nur lösende Weihen, sondern auch Gedächtnis, das Wissen um die Gestalt des Erfüllten."[52] Wie Stefan George pries auch Carlo Schmid Hölderlin als Entdecker des Dionysischen. Der Mensch der Moderne hat am Göttlichen nicht mehr teil, er hat nur noch den Traum davon. Von diesem Traum künden die Dichter, die heiligen Priester des Weingottes Dionysos. Die Dichter bieten die Gewähr dafür, „daß das Ende der Nacht naht"[53]. Schmid verstand sich als Dichter, als Künder einer anderen unentfremdeten Welt. Ästhetische Erziehung sollte den Wandel herbeiführen. Eine Utopie, ein Traum, den er nicht mit der Wirklichkeit verwechselte, an dem er aber der Wirklichkeit zum Trotz festhielt. Zwischen Traum und Wirklichkeit klaffte eine tiefe Kluft, an der er litt. Schmid, der humorvolle Causeur, klagte viel und oft. Die „Leidensfähigkeit" war für ihn eine große Gnade[54].

In der Frontbuchhandlung knüpfte Schmid Freundschaft zu Erhard Goepel, mit dem er auch nach 1945 noch zusammenkam, um sich über Kunst und Kunstgeschichte zu unterhalten. Der 1906 geborene Goepel hatte über Anton van Dyck promoviert. Seit 1940 war er als Dolmetscher in der deutschen Wehrmacht in Lille tätig. In der Frontbuchhandlung hielt er vor allem Vorträge über die Zeichnungen Raffaels, von denen sich einige im Museum in Lille befanden[55]. Später wurde er als Autor über das Leben und Werk Max Beckmanns bekannt, dessen Œuvre er nach dem Krieg sammelte und katalogisierte. Er hatte schon zu Beginn der 40er Jahre Freundschaft zu Beckmann geschlossen, der damals in Amsterdam lebte und engen Kontakt zu Wolfgang Frommel hatte, der ihn durch den Abkauf von Bildern finanziell unterstützte[56]. Auch Carlo Schmid führte er einmal zu Beckmann. Schmid konnte sich nicht entschließen, Beckmann ein Bild abzukaufen, obwohl es in seiner finanziellen Reichweite gelegen hätte. Er befaßte sich mit moderner Kunst, besaß auch die frühesten Handbücher, die es über moderne Kunst gab, aber zu den Käufern moderner Kunst zählte er nicht[57]. Auch in seinem Kunstgeschmack kam seine Liebe zur Antike und seine melancholische Grundstimmung zum Ausdruck. Zu seinen Lieblingsmalern zählten Nicolas Poussin und Claude Lorrain, deren Bilder die Spannung von sinnlicher Leidenschaft und formender Vernunft, von Schönheit und Vergänglichkeit zum Thema haben.

Ihre Landschaften umgibt eine Aura von Harmonie und Wehmut. Während der Jahre in Lille kaufte er auch öfters Bildmappen oder Bilder Watteaus, auch er ein Maler der Trauer und Melancholie. Gefallen fand er auch an den Bildern Botticellis, Giorgiones und Holbeins. In Paris sammelte er Bücher des Karikaturisten Albert Dubout, der Werke von Rabelais, Cervantes, Balzac und Villon illustrierte[58]. Auch das Häßliche in der Karikatur, in dem die Verletzungen des modernen Menschen zum Ausdruck kommen, beschäftigte ihn.

Zusammen mit Erhard Goepel bemühte er sich auch um den Schutz wertvoller Kunstwerke vor Requirierung und Verschleppung. Erhard Goepel war 1942 mit der wissenschaftlichen Begutachtung der für das von den Nationalsozialisten geplante Linzer Museum vorgesehenen Kunstwerke betraut worden. In dieser Funktion gelang es ihm, zahlreiche Kunstwerke vor Raub und Verschleppung zu retten[59]. Vor 1942 hatte sich Schmid wiederholt an Franz Graf Wolff Metternich, der seit Beginn des Westfeldzuges Beauftragter für den Kunstschutz beim Oberbefehlshaber des Heeres war, gewandt, um mit ihm zu besprechen, wie der Abtransport wertvoller Kunstwerke aus Frankreich zu verhindern war[60]. Nachdem einige Mitglieder der Oberfeldkommandantur im Frühjahr 1941 damit begannen, ihre Diensträume mit Bildern aus französischen Museen auszuschmücken, versuchte er nach Rücksprache mit Metternich diesem Treiben Einhalt zu gebieten – mit wechselndem Erfolg[61]. Mehr als dafür zu sorgen, daß sich die Transporte nach Deutschland in Grenzen hielten, vermochten weder er noch Metternich, der im Sommer 1942 auf Befehl Hitlers entlassen wurde.

Nicht selten mußte die Kunst auch vor dem Verwendungs- und Zerstörungsdrang deutscher Truppen geschützt werden. Carlo Schmid blieb dann oft nichts anderes übrig, als an Ort und Stelle zu fahren, um die dort stationierte Division davon zu überzeugen, daß auch ohne Abriß eines schönen Kirchtums die militärische Aufgabe erfüllt werden konnte[62]. Auch mit französischen Behörden hatte Schmid oft einen harten Kampf auszufechten, bis Kunstwerke in Sicherheit gebracht wurden. Auguste Rodins weltberühmte Skulptur „Die Bürger von Calais“ stand 1942 im Kellerraum des Rathauses von Calais, der keinerlei Schutz gegen schwere Bombenangriffe und – dies ließ Schmid unausgesprochen – gegen eine Verschleppung durch die Nationalsozialisten bot. Er verlangte die Verbringung der Plastik „an einen von der Zentralverwaltung der französischen Kunstschätze zu bestimmenden Fluchtort“. Zuvor sollte Rücksprache mit dem zuständigen Konservator Paublan genommen werden[63]. Carlo Schmid mußte mehrere Mahnschreiben verfassen, bis endlich im Herbst 1942 Rodins Meisterwerk in Sicherheit gebracht werden konnte[64].

Auch um den Denkmalschutz kümmerte er sich, obwohl der eigentlich in die Zuständigkeit französischer Behörden fiel. Als er sah, daß sich die Franzosen so gut wie gar nicht um den Wiederaufbau der im Krieg teilweise zerstörten Kirche St. Eloi in Dünkirchen bemühten, nahm er die Sache selbst in die Hand. Die im 15. Jahrhundert aus Ziegelsteinen erbaute Kirche St. Eloi, in deren Sakristei sich eine Quelle befindet, zählte zu den schönsten Kirchen Nordfrankreichs. Schmid setzte sich mit Baufirmen in Verbindung, damit endlich ein Plan für ein provisorisches Dach der Kirche, das durch Bombenangriffe völlig zerstört worden war, ausgearbeitet wurde[65]. Schließlich gelang es ihm sogar, das für die Restauration notwendige Eisen zu beschaffen. Der Kunst- und Denkmalschutz lag ihm sehr am Herzen. Hier ging es um den Erhalt von Werten, die unersetzbar waren. So schmerzte es ihn, daß ein Teil der Kirchen, für deren Restauration er sich eingesetzt hatte, durch amerikanische und englische Luftangriffe zerstört wurde. 1943 erbat er sich eine Aufstellung über die seit dem Waffenstillstand durch Bombenangriffe beschädigten Kirchen[66]. Offensichtlich wollte er festgehalten wissen, daß der Großteil der Zerstörungen nicht auf das Konto der Deutschen ging und schon gar nicht auf das seine. Schließlich war er in der Militärverwaltung mit der Aufsicht über das Schul- und Kulturwesen betraut. Keiner sollte ihm später nachsagen können, daß er nicht alles getan hatte, um die Kunst vor Raub und Zerstörungen zu schützen.

Seiner Fürsprache und -sorge sicher konnte auch das Deutsche Theater in Lille sein. Das Theater wurde am 10. Mai 1941 eröffnet. Zu sehen war Goethes Egmont. Das Liller Fronttheater wurde von Joseph Goebbels protegiert und von der Reichsregierung mit 1,4 Millionen Reichsmark für das Jahr 1941/42 großzügig unterstützt. Für das NS-Regime war das Theater eine Prestigeangelegenheit. Die dort engagierten Schauspieler sollten nicht nur in Lille für die Truppenbetreuung sorgen, sondern auch zahlreiche Gastspiele in nordfranzösischen Städten, in Paris, Brüssel und Antwerpen geben. Intendant wurde ein überzeugter Anhänger des NS-Regimes: Ernst Andreas Ziegler[67]. Es war trotzdem kein Gesinnungstheater. Das Niveau der Opern- und Schauspielaufführungen war für ein Frontheater ausgesprochen hoch. Auch die Auswahl der Stücke folgte nicht nach weltanschaulichen Gesichtspunkten. Gespielt wurden u. a. Goethes „Egmont“, Schillers „Maria Stuart“, Goldonis „Kaffeehaus“, Shaws „Die Häuser des Herrn Sartorius“, Hauptmanns „Biberpelz“, Mozarts „Figaros Hochzeit“, Puccinis „Madame Butterfly“ und Bizets „Carmen“[68]. Mit der Bizet-Oper wollte man offensichtlich dem französischen Publikum entgegenkommen. Untergebracht war das Theater im Gebäude der Liller Oper, das sich direkt neben der Handelskammer, dem Sitz der Oberfeldkommandantur, befand.

Es gab Tage, da gab es in der Oberfeldkommandantur nicht sehr viel zu tun. Dann wechselte Carlo Schmid den Schauplatz, ging in das ge-

genüberliegende Gebäude und wohnte Theaterproben bei, zunächst mehr der Ablenkung wegen, bald schon aus Begeisterung. Die Regiearbeit faszinierte ihn, so daß er sich gelegentlich an ihr beteiligte. Er war mit Carl Ballhaus, der am Liller Theater ein Engagement als Schauspieler und Regisseur hatte, befreundet, dem er hin und wieder Vorschläge für die Regieführung unterbreitete. Allerdings scheint Ballhaus mit Schmids Vorschlägen nicht immer einverstanden gewesen zu sein[69]. Seine Herkunft aus der Geisteswelt Stefan Georges konnte Schmid, auch wenn er im Theater saß, nicht ganz verleugnen. Für ihn war die Schauspielkunst Dienerin der Dichtkunst. Die Sprache mußte seiner Ansicht nach das Stück tragen. Das antike Sprechtheater scheint sein Vorbild gewesen zu sein. Insbesondere soll er darauf beharrt haben, daß Stücke der Klassik im Stil antiker Aufführungen zu spielen seien[70]. Schmid konnte Ballhaus, der das Spielmoment viel stärker betonte[71], anscheinend nur selten dazu bewegen, die Inszenierungen gemäß seinen Vorschlägen zu ändern. Etwas verärgert scheint ihn dies schon zu haben. Nach dem Besuch in einem französischen Theater schrieb er seiner Frau: „Hier trägt wirklich der Schauspieler das Stück und ein Stück trägt sich nur dann, wenn in ihm das Wort mächtig ist. Ich kam ganz glücklich nach Hause, denn ich habe Quellen gespürt, die noch einmal Wüstenland berieseln werden.“[72] Offensichtlich verglich er das deutsche Theater in Lille mit Wüstenland.

Er blieb trotzdem ein begeisterter Besucher der Theaterproben und er fand sogar Gefallen an der Komödie, obwohl die Komödie als Kunst für das Volk im Stefan-George-Kreis verpönt war. Er setzte sich über die Gebote des Meisters hinweg. Sklavisch an sie gehalten hatte er sich ohnehin nie. Insofern stimmt es schon, daß er nie ein Georgeaner war.

„Krankt ihm das Herz, dann schreibt er was zum Lachen“, dichtete Schmid frei nach Villon in einer seiner Balladen[73]. Er übersetzte Komödien, obwohl ihm mehr zum Weinen als zum Lachen zumute war. Carl Ballhaus hatte die Idee, eine Komödie Calderons am Liller Fronttheater zu spielen. So begann Schmid im Herbst 1941, die Calderon-Komödie „Mañana será otro dìa“ – „Morgen kommt ein neuer Tag“ vom Spanischen ins Deutsche zu übertragen. Weil es ihm Spaß machte, übersetzte er auch noch eine zweite Komödie Calderons: „Guárdate del agua mansa“ – „Hüte Dich vor stillen Wassern“[74]. Die Liebe zur Komödie hatte ihn gepackt. Im Sommer 1942 verbrachte er Nächte mit der Übersetzung von Rostands „Cyrano de Bergerac“, der Komödie mit dem traurigen Schluß. Der Dichter mit der langen Nase, der an die verwandelnde Kraft der Poesie glaubt und sie erlebt, ist am Ende des Stückes ein Gescheiterter. War Cyrano ein alter ego Schmids? Ironisierte Schmid sich in Cyrano selbst? Vielleicht. In erster Linie war die in Alexandrinern geschriebene Verskomödie für ihn eine sprachliche Herausforderung. Er scheint gehofft zu haben, daß das Stück in Berlin herauskommt[75]. Daraus wurde nichts. Die Schmidsche Übertragung liest sich schön, ist aber offensichtlich nur schwer aufzuführen[76].

Die beiden Calderon-Komödien sind Liebes- und Verwechslungskomödien. Sie gehören in das Genre der für Calderon geradezu typischen, von Liebe und Ehre handelnden Mantel- und Degenstücke, in denen der Gegensatz von Idealismus und Materialismus das humoristische Hauptelement bildet. Schmid verstand es, durch den Wechsel von Pathos, das für seine eigene Rhetorik so kennzeichnend war, und der Sprache des Volkes, die ihm ebenfalls geläufig war, Witz und Humor zu erzeugen. So liest man beispielsweise in „Hüte Dich vor stillen Wassern“: „Auch vom Liebespfeil getroffen, quält uns nichts so sehr wie Hunger.“ Oder an anderer Stelle: „Gegen aufgerittene Hintern hilft nicht mal die schönste Base.“ In „Morgen kommt eine neuer Tag“ macht der Dialog zwischen Fernando, einem schwärmerisch verliebten Hidalgo, und seinem Diener Roque, der sein verlorenes Mantelsäckchen mit Börse sucht, den Witz des Stückes aus. Schmid machte in seiner Übersetzung den witzigen, nie ums Wort verlegenen Roque, der die Rolle des gracioso spielt, zur tragenden Gestalt des Stückes. Damit steigerte er den Witz und die Ironie des Stückes, die vielleicht auch etwas Selbstironie war. Doch man sollte dem Stück nicht allzu viel tiefere Bedeutung beimessen. Schmid hatte einfach Freude am Spiel, getreu dem Wort Schillers, daß der Mensch nur „da ganz Mensch“ ist, „wo er spielt“[77]. So läßt er Roque in einem selbstverfaßten Prolog erklären:

Euren Kummer, eure Sorgen,
Die der Tag euch aufgebürdet,
Komödianten werden helfen
Diese euch vergessen machen.
(...)
Seid ihr frei genug, euch freudig
Diesem Spiele hinzugeben,
Werdet ihr vielleicht was finden
Was ihr lang nicht mal gesucht habt:
Jenen Punkt, wo, was ihr möchtet,
Daß ihr wäret und was ihr nun
Einmal seid, zusammenfallen!“[78]

Zu Goldinis „Kaffeehaus“ verfaßte er Einlagen, in denen er sich auf die Seite der Spieler gegen die bürgerlichen Moralisten stellte. Das barocke Motiv, daß das Leben ein Mummenschanz sei, tauchte bei ihm wieder auf. Die Maske erlaubt die Erfüllung der Wünsche, deren Verzicht die bürgerliche Gesellschaft verlangt. Im Karneval sind die bürgerlichen Moralgesetze außer Kraft gesetzt[79].

Karneval ... Karneval ...
Karneval du bist das Leben
Leben ist ja Mummenschanz
Und es kann den schönsten Kranz
Dir nur eine Maske geben.

Tanz ich heute mit Zerbinette
Lieb ich morgen Colombinen,
Und ich frag nicht nach Blondinen
Hängt am Arm mir die Brünette

Morgen hat der Tag uns wieder ...
Leben, Seligkeit sind hin!
Wo sind schöne Schäferin
Blicke, Küsse, Schwüre, Lieder?

Tanz ich heut mit Zerbinette
Lieb ich morgen Colombinen,
Und ich frag nicht nach Blondinen
Hängt am Arm mir die Brünette.

Darum tanzet: darum küsset!
Erntet Kränze! Schwingt das Seil!
Einmal nur wird euch zuteil
Was ihr jahrlang missen müsset!

Tanzet drum mit Zerbinette
Liebet darum Colombine,
Doch habt ihr im Arm Blondine
Denkt nicht schon an die Brünette ...

Schmid begeisterte das Schauspiel so, daß er am liebsten selbst auf der Bühne mitgespielt hätte. Er meinte es wohl ganz ernst, als er erklärte, daß er die Rolle des Fernando in „Morgen kommt ein neuer Tag" selbst spielen wolle[80]. Doch die Rolle des jugendlichen Degenhelden war dem übergewichtigen Mitvierziger nicht gerade auf den Leib geschnitten. Zudem war er mehr Poseur als Schauspieler, wenngleich er sich später in der Politik auf das Rollenspiel verstand. Das Stück wurde erst 1946 in Tübingen aufgeführt – ohne Carlo Schmid als Hauptdarsteller. Als Schmid die Komödie übersetzte, hatte er schon an die Hauptdarsteller gedacht – nicht nur an sich, sondern vor allem an die beiden weiblichen Hauptdarstellerinnen: Irmgard Michael und Almut Sandstede, beide Schauspielerinnen am Fronttheater in Lille.

Schmids Begeisterung für das Theater war nicht nur ästhetischer Natur. Ihn fesselten auch persönliche Bande an das Theater. Seit 1941 lebte er mit Irmgard Michael zusammen. Sie hatte die Hauptrolle in „Parkstraße 13", einem Kriminalstück von Axel Ivers gespielt. Bei den Proben war er auf sie aufmerksam geworden und hatte sich schon bald in sie verliebt. Sie war eine ausgesprochen hübsche Frau und hatte Sinn für das Musische[81]. Carlo Schmids Liebe zu ihr verdanken wir ein Bändchen von Gedichten über die Nacht, die Liebe und den Traum. Es waren keine ausgesprochenen Liebesgedichte. Das Glück wurde immer überschattet vom Schmerz über die Unerfüllbarkeit des Traums. Viele Gedichte waren Hymnen an die Nacht als Ort von Eros und Identität. Man kann sich bei noch so guter Beschreibung schlecht eine Vorstellung von einem Gedicht machen, wenn man es nicht kennt. Lassen wir also den Dichter erst einmal selbst zu Wort kommen[82].

O Nacht, der Träume süßer Überfluß
Fährt auf der Silberflotte deiner Sterne
In meinen Tag. Noch bannt ein trunkener Kuß
Verzaubernd Endlichkeit und alle Ferne.

Verwehte Düfte blähten meine Brust
Wie Heimkehrwind das Segel der Galeere.
Nun weiß ich Dinge, die ich nie gewußt
Und ohne die mein Leben Reue wäre.

O Traute, rüste mir im Honigklee
Ein neues Bett von samtenen Skabiosen
Eh von den Wandelsternen sanft gestoßen
Ich trauernd an dem andern Ufer steh ...

„Ernte" nannte Carlo Schmid den Gedichtzyklus, dem auch dieses Gedicht entnommen ist. Träume waren für Schmid keine Schäume. Sie ragen in den Tag hinein, sie sind eine andere Form des Wissens, die sich der Rationalität der Tagwelt verweigert. So hatte Novalis, der große Dichter der Romantik, den Traum schon verstanden. Aber Novalis wünschte sich die Phantasie an die Macht. Er glaubte, daß „vor Einem geheimen Wort" das „ganze verkehrte Wesen" fortfliege[83]. Schmid glaubte nicht, daß der Traum einmal Wirklichkeit werden könne, wenngleich die Traumwelt für ihn die Körperhaftigkeit substantieller Erfahrung hatte. Er steht am anderen Ufer und trauert. Sein Gedicht lehrt den Verzicht wie die Hymnen Hölderlins, wie die frühen Gedichte Stefan Georges, die Schmids eigenes dichterisches Schaffen beeinflußt haben. Er spürte einen „unbändigen Drang", der „Fülle, die ein reiches Leben" in seine „Brust gelegt hatte", im Gedicht Ausdruck zu geben[84]. Doch ihn trieb immer wieder das gleiche Thema um: Das Leiden an der Tagwelt, der Schmerz über die Unerfüllbarkeit des Traums. In immer neuen Bildern gab er ihm Ausdruck, als wollte er ihn bannen. Sein ganzer Sprachreichtum trat dabei zu Tage. Carlo Schmid war ein Wortkünstler. Seine Sprache war wie die Baudelaires eine Bildersprache. Eines seiner schönsten Gedichte, zu dem er durch Joachim du Bellays Gedicht „Dejà la nuit en son parc amassoit“ angeregt wurde, ist mit „Pein der Dämmerung“ überschrieben[85]:

Nun treibt die Nacht durch ihren Schattengarten
Ihr weißes Rudel hungriger Gestirne
Und küßt mit lindem Atem meine Stirne
Die Bilder bleichen und die Träume warten.

Gedanken schlummert ein! o Seele wache!
Dies ist Dein Reich, der Mond ist deine Leuchte
Die Sonne trifft zu hart, ihr Brand verscheuchte
Den Duft von deiner Blüten Zaubersprache.

In goldene Tropfen sickert von den Sternen
Das Dunkel und macht fruchtbar deine Krume
Vom Monde regnet Tau, die rote Blume
Der Sehnsucht trinkt ... auf-springt ein Tor zu Fernen ...

Auf Silberwellen schaukeln dunkle Flöße
Vorbei am Sande blauer Palmenküsten
Und Karavanen ziehn durch gelbe Wüsten
In Duft und Seide hüllt sich frostige Blöße ...

Bleib wach, o Seele! Laß dem Leib den Schlummer!
Bald schlägt ein roter Speer der Nacht die Wunde
Aus der ihr Gold verströmt. In einer Stunde
Sengt neuer Tag und brennt dir neue Wunde.

Carlo Schmid war ein Traumkind, das einen wachen Blick für die Realität hatte. Er war ein weltzugewandter, kein weltabgewandter Träumer. Er zerbrach nicht unter den Herausforderungen, die in Lille an ihn gestellt wurden, sondern wuchs mit ihnen. Die Liebe zu Irmgard Michael mag ihm einigen inneren Halt gegeben haben, wenn auch das Glück jeweils nur einen „Atemzug“ dauerte[86]. Eines der Gedichte, das er ihr schrieb, beginnt mit den Worten: „Ich wandelt irr und keiner gab das Wort“[87]. Irmgard Michael verstand seine Gedichte. Wer seine Gedichte verstand, verstand auch ihn. Es waren verdichtete Psychogramme. Sie half ihm auch, den prosaischen Alltag zu bewältigen, indem sie Ordnung in seine alltägliche Unordnung brachte[88]. 1942 wurde Juliane geboren. Irmgard Michael hatte sich das Kind gewünscht[89]. Carlo Schmid freute sich über die Geburt Julianes. Er verfaßte ein Gedicht zu ihrer Geburt, eines der wenigen Gedichte, in dem Glück und Freude zum Ausdruck kam[90]. Doch es war von vornherein klar, daß es nach Ende des Kriegs kein Zusammenleben zu Dritt geben würde. Nach 1945 ließen Schmid seine politischen Ämter kaum noch Zeit, sich um Juliane zu kümmern. Er hatte auch kaum mehr Zeit für seine eigene Familie. So war er froh, als Juliane Anfang der 60er Jahre den Regisseur Gisli Alfredsson heiratete. Er hoffte, sie sei nun gut aufgehoben und besuchte sie in Reykjavik, um sich etwas um den jungen Haushalt zu kümmern[91]. Die Ehe zerbrach, Juliane geriet in die Drogenszene. Ihr Tod traf ihn hart. Er gehörte zu den vielen persönlichen Tragödien, die er zu erleiden hatte, die er nur schwer überwand.

Auf das große Glück hoffte er schon in den 40er Jahren nicht mehr. Gelegentlich schrieb er todtraurige Balladen über das Leben. Die Ballade war schon früher von Bänkelsängern und Vaganten dazu benutzt worden, um dem Volk harte Wahrheiten über das Leben zu sagen. Schmid, der elitäre Esoteriker, vermochte auch in der Sprache des Volkes zu dichten, Balladen und Lieder nach Art der Vaganten zu schreiben. Die Liebe zu Stefan George hatte seine Liebe zu Brecht kaum gemindert. Er dichtete Songs und Lieder, die in Brechts „Dreigroschenoper" hätten stehen können. So z. B. das „Lied vom Leben", in dem er wohl auch eine Summe seines Lebens zog[92]:

Ihr wundert euch, daß Gleichungen nie stimmen
In denen ihr das Leben rechnen wollt,
Und weil ihr Kinder seid, schreibt ihr es schlimmen
Gewalten einer Hölle zu, die schmollt.

Ihr meint ja der böse Feind mißgönne
Dem Menschen Freude und ein bißchen Glück …
Doch tröstet euch; was er auch abgewönne
Gäb er nach einem Tage schon zurück!

Die Sache liegt ganz anders mit den Zahlen
Der Gleichung, die ihr ansetzt. Ihr vergeßt
Rechts von dem Strich den Minusposten ‚zahlen'!
Drum stimmt die Gleichung nicht und bleibt ein Rest.

Denn jedes Ding, das ihr euch wünschet, kostet
Nun einmal seinen regelrechten Preis.
Das trifft auch euch, die ihr am Glücksrad lostet,
Ihr macht euch nur aus Angst, was andres weis.

Du denkst in Arbeit den Erfolg zu suchen
Der deinem Leben die Erfüllung bringt.
Doch dafür mußt du auf dem ‚Soll' verbuchen
Daß dir ein Leben lang kein Vogel singt …

Und du, du willst auf allen Sieg verzichten
Und lebst, ein Mönch, in Büchern und Gebet.
Doch dafür mußt du dich mit den Gesichten
Der Träume plagen, die der Wind herweht …

Ich weiß, da gibts so was wie Mutterliebe
Und Liebe überhaupt. Das widerlegt
Angeblich meine Weisheit. Doch im Siebe
Des klaren Lichts hin und her bewegt

Schaut beides anders aus; ihr werdet sehen
Auch da hat jedes seinen Preis: wer liebt
Kann seiner Liebe Tod nur überstehen
Wenn er sich selber mit in Zahlung gibt.

Vielleicht ist's anders, wenn wir selbst uns schonen
Und schamlos nehmen was uns Liebe beut;
Doch damit werden wir aus Menschen Drohnen
Und das ist auch ein Preis, ihr liebe Leut ...

Es tut mit leid, daß dieses Lied nichts bot
Was einem freudig macht; ich möcht es geben.
Allein, umsonst ist nicht einmal der Tod!
Er kost' nicht viel, doch immerhin das Leben.

Da wundert euch, daß Gleichungen nicht stimmen,
in denen ihr das Leben rechnen wollt? ...

Das war der ganz andere Schmid, der alle Lebensträume schonungslos als Illusion entlarvte. Ein todtrauriger Possenreißer, der die Menschen unbarmherzig vor das Nichts stellte. Schmid übersetzte nicht nur Gedichte Villons, er stellte sich als Vagantenlyriker auch in dessen Tradition[93]. Wie der „poète maudit" des späten Mittelalters schrieb auch er eine Poesie des Lachens im Weinen. Das Kabarett wäre der geeignete Ort gewesen, um sie vorzutragen. Einige der Chansons waren frech-frivole Provokationen gegen die bürgerliche Moral. Man kann sie auch als versteckten Affront gegen die von den Nationalsozialisten so entschieden verteidigten Sekundärtugenden lesen.

Es waren zwei verschiedene Welten, die Schmid in seiner Dichtung entwarf: die Welt des Traumes und der Liebe und die Welt derer, die die bürgerlichen Normen nicht erfüllten, die auf der Schattenseite des Lebens standen, die Schuld und Verzweiflung plagte. Melancholie, Leid und Schmerz war die Grundstimmung all seiner Gedichte. Die Verzweiflung nahm zu. Das dunkle Nichts verdrängte oft den Traum, zerstörte die Utopie einer besseren Welt. Die vergebliche Suche nach Werten von Dauer und Sinn machte Schmid zum Thema seines „Herbstliedes", dessen beide letzten Strophen lauten[94]:

Nun schleppt mein Sinn sich müde hin, gebeugt
Wie einer Greisin Rücken, die den Stab

Verlor und sucht die Ackerfurchen ab
Nach einem kleinen Korn, das Dauer zeugt.

Und wenn mein Herz von zuviel Peinen schrie,
Führt stumm mir ihre Schattenbilder vor
Auf einer Wand von Dunst aus faulem Moor
Die schwarze Sonne der Melancholie.

Die „schwarzen Sonnen der Melancholie" sind ein immer wiederkehrender Topos bei Schmid. Sie verbrannten ihn nicht. Er stellte ihnen ein existentialistisches Dennoch entgegen. In seiner Dichtung und in seinen Gedichtinterpretationen warf er existentielle Fragen auf. So wie er die Gedichte Baudelaires und Hölderlins las, waren sie Dokumente des Existentialismus. Er setzte sich damals intensiv mit dem sogenannten religiösen Existentialismus auseinander. Pascal, Jaspers und vor allem Kierkegaard gehörten zu seiner ständigen Lektüre[95]. Von der heroischen Geisteshaltung Stefan Georges begann er sich langsam zu distanzieren. Angesichts einer Wirklichkeit, die Helden nötig hatte, wurde der Heroismus zur existentiellen Herausforderung oder schal. Voller Verbitterung bekannte er 1944 seiner Frau: „Ich mag diesen F. N. nicht mehr." „Was war es billig, vom stabilen Zimmer in Sils-Maria aus zu predigen: Lebe gefährlich! So eine richtige verdrängte Tartarenpredigt."[96] Obwohl er sich von der Geisteswelt des Dritten Humanismus nie ganz löste, kam er nach 1945 kaum noch auf Nietzsche zurück.

Nietzsche war der große Verächter der christlichen Religion, Kierkegaard hatte sich für Gott entschieden. Ob er ein Glaubender war, sei dahingestellt[97]. Schmids Denken war beeinflußt von der Religionskritik Nietzsches und Kierkegaards. Im Gegensatz zu Nietzsche versuchte er jedoch Antike und Christentum miteinander zu verbinden. Auch in Briefen an seine Frau, die eine gläubige Protestantin war, sparte er nicht mit Kritik am Protestantismus. Luthers Staatskirchentum machte er mitverantwortlich für die politische Entwicklung in Deutschland. Luthers Lehre von der Untertänigkeit des Bürgers gegenüber der politischen Obrigkeit habe sich ebenso verhängnisvoll ausgewirkt wie seine Gnadenlehre, die die Menschen von „ihren wesenhaft böse gebliebenen Akten" freispäche, ohne ihnen eine Purgatio aufzuerlegen[98]. Auf Kierkegaard konnte er sich berufen, wenn er dem Protestantismus vorwarf, daß er zur Verspießerung des Lebens beigetragen habe[99]. „Richtige Protestanten", so meinte er feststellen zu können, seien „meistens recht leibarm"[100]. So verurteilte er den Calvinismus, der den Menschen einen Zwang zur Askese auferlegte, fast noch härter als das Luthertum. Calvin habe die Liebe „mehr gestraft als beschenkt". Deshalb könne der Calvinismus umschlagen in äußerste Inhumanität: „Eine Liebesreligion für Menschen, die keine eigentümliche in sich tragen, ist eine schlimme Sache; sie erzeugt Inquisitoren und Visitatoren und gibt der Härte ein unendliches Feld für die kalte Bosheit." [101]

Weitaus positiver war sein Verhältnis zum Katholizismus. Nicht, daß er ein gläubiger Katholik gewesen wäre, das war er nur dem Taufschein nach, aber der Katholizismus erschien ihm als eine Manifestation existentieller und geistiger Seinsformen. Er interpretierte den Katholizismus existentialistisch um. Seinem Sohn Martin schrieb er: „In Frankreich, aber auch in Deutschland ist alles, was an Seelen- und Geisteskräften aufgeblüht ist, gerade in den Katholizismus eingeströmt und hat ihn so weit, so καϑολον, so „allgemein" gemacht, daß man hier katholisch sein kann, ohne an Gott zu ‚glauben'." [102] Edgar Salin hat Stefan George einen „katholischen Nicht-Christen" genannt[103]. So könnte man auch Schmid bezeichnen, falls man ihn überhaupt irgendwie einordnen möchte. Er glaubte nicht an durch die Kirche vermittelte Heilsgüter. Für ihn gab es nur den einzelnen, der sich für das Gute oder das Böse entscheiden mußte. Die „Vielheit" sei immer „Natur". Darin läge die „Aussichtslosigkeit jeder Massenethik" [104]. Das war eine radikale Absage an jede Sozialmoral und jede Form eines ethischen Sozialismus. An die Stelle einer sozial verbindlichen Moral mußte der Ernst des Sich-Entscheidens treten, das Entweder-Oder für oder gegen das Christentum, für das Gute oder das Böse. Carlo Schmid sprach davon, daß der Mensch Stellung zu beziehen habe, wo es um die Bestätigung seines Selbst gehe[105]. Das war ein Stück Selbsterfahrung. Kierkegaards Verzweiflung und Melancholie war auch die seine. Kierkegaard kannte Stadien der Verzweiflung, die Dantes Höllenregionen glichen. Erst in der letzten äußersten Stufe der Verzweiflung kann der Aufstieg zum Glauben, gewissermaßen als ein Schrei des Trotzes, erfolgen[106]: „Um aber zur Wahrheit zu kommen, muß man durch jede Negativität hindurch; denn hier gilt es, wovon die Sage erzählt, einen gewissen Zauber aufzuheben: das Stück muß rückwärts ganz durchgespielt werden, sonst wird der Zauber nicht gehoben." [107] Für Schmid war dies der zentrale Gedanke des Existentialismus Kierkegaards. Nach eingehender Kierkegaard-Lektüre schrieb er seiner Frau: „Ohne den Mut zur vollen Menschlichkeit ist Religion vom Teufel und die echten Lehrer der Askese haben dies gewußt (...). Das Leben vollzieht sich nicht nur physiologisch in Stufen; es ist ein Gang von Erweckung zu Erweckung und nur wenn eine Stufe ganz erledigt ist, ist der Weg zur reichsten frei." [108] So hatte er auch schon Dantes Divina Commedia verstanden.

Er war ständig auf der verzweifelten Suche nach dem „Glauben an den absoluten Sinn des Daseins in jeder Form" [109]. „Wer hat das?", fragte er. Er stellte sich die Frage selbst. Denn auch er hatte diesen Glauben nicht, um den er rang. Manchmal wäre er gern mit den Menschen, die er liebte, auf eine Insel geflohen. „Aber wo liegt Ikarien?" [110] Für Stunden konnte er im Theater, beim Spiel mit der Ästhetik ganzer Mensch sein und von einem Leben als Künstler träumen. Aber Lille war kein Ikarien. Es glich eher einer vorweggenommenen Hölle. Das Leben dort stellte ihn fast täglich vor existentielle Entscheidungen.

Im Widerstand

Ende 1942 war ganz Frankreich zum deutschen Besatzungsgebiet erklärt worden. Die Grenze an der Somme wurde durchlässig, wenn man sie auch aus Prestigegründen nie ganz beseitigte. General Niehoff war im November 1942 von der Oberfeldkommandantur in Lille abberufen worden. Möglicherweise hatte Falkenhausen, der Niehoffs Gewaltmethoden ablehnte, darauf gedrungen[1]. Neuer Oberfeldkommandant wurde Generalmajor Daser, der aber infolge eines Autounfalls erst Mitte Januar seinen Dienst in Lille antrat[2]. Wäre Niehoff Anfang Januar 1943 noch in Lille gewesen, wäre dort wahrscheinlich viel Blut geflossen. Ende Dezember und in den ersten Januartagen waren in Belgien und Nordfrankreich zahlreiche Sabotagen und Attentate verübt worden, bei denen mehrere Wehrmachtsangehörige getötet und verletzt wurden. Falkenhausen, der bisher nur selten zu Gewaltmaßnahmen gegriffen hatte, sie auch grundsätzlich nicht befürwortete, reagierte diesmal mit brutaler Härte: Vom 27. November bis zum 13. Januar 1943 ließ er 68 Geiseln erschießen[3]. Carlo Schmid mißbilligte Falkenhausens Vorgehen, das nur neues „Unheil hecken" konnte[4]. Er fürchtete, daß es zu einer Eskalation der Gewalt kommen werde. In Lille war es ihm gelungen, „die Maßnahmen in erträglichen Grenzen zu halten"[5]. Geiseln wurden dort nicht erschossen, obwohl es für Schmid nicht leicht war, „die entscheidenden Personen bei Vernunft zu halten"[6]. Die Wehrmachtsangehörigen waren zur Zielscheibe von Attentaten geworden. Wer nachts noch aus dem Haus ging, mußte damit rechnen, Opfer eines Attentats zu werden. Wenn Schmid nachts unterwegs war, mied er abgelegene Wege und ging in der Straßenmitte, um nicht aus dem Hinterhalt erschossen zu werden[7].

Für den Ausbruch von Haß und Gewalt war vor allem der „Service du Travail Obligatoire" (STO) verantwortlich, die Zwangseinziehung französischer Arbeitskräfte für den Arbeitseinsatz in Deutschland. Am 4. September 1942 hatte das Vichy-Regime auf Drängen der deutschen Regierung ein Gesetz über den Zwangsarbeitsdienst erlassen, nach dem alle männlichen Franzosen zwischen 18 und 60 Jahren, die arbeitslos waren oder nicht für eine Familie zu sorgen hatten, zur Zwangsarbeit in Deutschland verpflichtet werden konnten[8]. Das im Rahmen der sogenannten 1. Sauckel-Aktion verlangte Kontingent von Arbeitern, die nach Deutschland hätten verschickt werden sollen, konnte nicht gestellt werden, weil sich ein Teil der Arbeiter der Zwangsanwerbung durch Untertauchen in der Résistance entzog. Von November 1942 bis Ende Januar 1943 wurden von Nordfrankreich 16000 Arbeitskräfte ins „Reich" verschubt. Das war eine hohe Zahl, die aber unter dem Soll der Sauckel-Aktion blieb[9].

Im Februar 1943 verfügte die französische Regierung, daß alle männlichen Franzosen der Jahrgänge 1920–1922 einen zweijährigen Arbeitsdienst in Deutschland abzuleisten hatten. In der Oberfeldkommandantur in Lille war man über diese Verfügung nicht glücklich, denn man befürchtete, „daß die Dienstpflichtigen wie bisher sich großenteils dem Arbeitseinsatz in Deutschland zu entziehen versuchen werden"[10]. Der deshalb unvermeidlich werdende Polizeieinsatz werde die „Kluft zwischen Regierung und Bevölkerung noch mehr verbreitern"[11]. Man versuchte das von Nordfrankreich zu stellende Kontingent von Zwangsverpflichteten herabzusetzen, indem man darauf verwies, daß dort schon vor dem September 1942 Zwangsanwerbungen von Arbeitern nach Deutschland durchgeführt worden waren.

Die nahezu einhellige Ablehnung der Zwangsverschickung von französischen Arbeitern in der Oberfeldkommandantur erleichterte Schmid seinen Plan, Holzfällerlager in den Ardennen zu errichten. Die auf seine Anordnung hin errichteten Holzfällerlager retteten Tausende junger Franzosen vor der Zwangsverschickung nach Deutschland. Die Holzfällerlager unterstanden der Militäradministration in Lille, wo Carlo Schmid und Theodor Momm, der in der Militärverwaltung für das Referat Textilwirtschaft zuständig war, die Verantwortung für sie übernahmen. Für die Ardennen war eigentlich die Militäradministration in Paris zuständig. So entstand ein Kompetenzenwirrwarr, innerhalb dessen sich die Holzfällerlager zu einem Zufluchtsort der Arbeitsdienstverweigerer und zu einem Zentrum des Widerstandes entwickeln konnten[12]. Schmid tat, was in seiner Macht stand, um die jungen Franzosen vor der Zwangsverschickung zu bewahren. Da die Liller Universität sich zunächst weigerte, Listen der zum Arbeitsdienst zwangsverpflichteten Studenten zu übergeben[13], hatte er etwas Zeit, um nach weiteren Auswegen zu suchen. Als einzige Berufsgruppe war der Bergbau von der Abwerbung ausgenommen. Schmid suchte den Leiter des Bergbauwesens auf und konnte ihn zu einer Vereinbarung überreden, durch die ein Teil der zwangsverpflichteten Studenten ihren Arbeitsdienst im nordfranzösischen Bergbau ableisten konnte[14]. Auch in den von ihm protegierten Jugendorganisationen fanden einige Unterschlupf und entkamen so der Zwangsverschickung nach Deutschland. Die Auflösung der Jugendlager wurde auf seine Anweisung hin hinausgezögert[15].

Das alles waren nur Notlösungen, die Schmid selbst offensichtlich so unbefriedigend empfand, daß er sie in seinen „Erinnerungen" mit keinem Wort erwähnte. Es war ja auch nur eine Minderheit, die auf diese Weise

Lille 1944: Schmid in Wehrmachtsuniform auf der Zuschauertribüne eines Fußballstadions. Das Photo wurde später oft dazu benutzt, um Schmid als Kriegsverbrecher zu denunzieren.

vor der Zwangsverschickung bewahrt werden konnte. Von 1940 bis September 1943 wurden aus Nordfrankreich 70255 Arbeitskräfte zum Arbeitseinsatz in Deutschland „angeworben". Seit Herbst 1943 erschien der „weitaus größte Teil der zu den Werbestellen Vorgeladenen" nicht mehr[16]. Er ging in den „maquis", wo die Arbeitsdienstverweigerer den bewaffneten Kampf mit der verhaßten Okkupationsmacht aufnahmen. In einem Anfang 1944 für die Oberfeldkommandantur verfaßten Bericht bezeichnete Carlo Schmid „die zwangsweise Arbeiterabwerbung nach Deutschland" als einen „Fehlschlag". Die Suchaktionen hätten der „Autorität der Besatzungsmacht mehr geschadet als genützt". „Daraus die richtige Lehre zu ziehen", sei, wie er in einem couragierten Schlußsatz schrieb, „das Gebot der Stunde"[17]. Wer der Verantwortlichen hörte noch auf Argumente? Wer las überhaupt noch solche Berichte? Schmid stellte betroffen fest: „Die Stumpfheit der Seelen und die Desorganisation der Gehirne sind unbeschreiblich."[18]

Im Frühjahr 1943 waren Gerüchte im Umlauf, daß die polnische Bevölkerung deportiert werde. In den beiden Départements Nord und Pas-de-Calais lebten ungefähr 150 000 Polen. Sie waren zumeist im Bergbau beschäftigt[19]. Am 29. Mai traf sich Schmid mit Präfekt Carles zu einer Unterredung in der Oberfeldkommandantur. Er informierte ihn über eine mögliche Ausweisung der Polen. Carles war von einer Arglosigkeit, über die man sich nur wundern kann. Er glaubte nicht an eine Austreibung der Polen, da es doch kein Land gebe, das den Polen Asyl gewähren werde. Carlo Schmid bat ihn inständig, die polnische Bevölkerung darüber zu unterrichten, noch bevor eine entsprechende Anordnung ergangen sei. Den Kreiskommandanten solle er aber um Gottes willen nicht informieren[20]. Carles begriff überhaupt nicht, daß das Leben von Menschen auf dem Spiel stand. Zum Glück wurden die Polen dann doch nicht deportiert. Wahrscheinlich fürchtete man, daß ohne sie der Bergbau zusammenbrechen werde. Schmid hatte vorsorglich gewarnt, um den Polen die Möglichkeit zur Flucht zu geben. Er war lieber übervorsichtig. Sonst hätte er sich später Vorwürfe gemacht. Wenn die Entscheidung gefallen war, kam jede Rettungsmaßnahme zu spät.

Seit Juni 1943 war Generalleutnant Bertram Oberfeldkommandant. Er war kein Bluthund wie Niehoff, schreckte aber vor Geiselerschießungen als ultima ratio nicht zurück. Am 1. Juli wurden bei einem Attentat 13 deutsche Soldaten getötet. Tags darauf berichtete Schmid seiner Frau von dem Attentat und fügte verzweifelt hinzu: „... du kannst dir denken, was da wieder für Maßnahmen vorgeschlagen worden sind und was mir das alles zu tun aufgibt.“[21] Einen Tag später war er völlig niedergeschlagen: „In der Sache, von der ich gestern schrieb, habe ich verloren; es wird also etwas geschehen, was nicht mehr wird rückgängig gemacht werden können, und alles, was ich noch tun kann, ist mich bei der Auswahl einzuschalten.“[22] Wieder einmal mußte er versuchen, auf die Geisellisten die Namen derer zu setzen, die ohnehin zum Tode verurteilt waren. Es war schrecklich. Am Abend mußte er sich mit den Leuten, die für die Geiselerschießungen verantwortlich waren, an einen Tisch setzen und noch dazu den „Vergnügten spielen“[23]. Zahlreiche Briefe an seine Frau waren Klagelieder über diese abendlichen Geselligkeiten, die er zum „Kotzen“ fand[24]. Manchmal fügte er erklärend hinzu: „(...) ich kann es mir nicht leisten, nicht für einen guten Kumpanen zu gelten; zuviel hängt davon ab, daß man aus Gründen persönlicher Sympathie meine Arbeit unterstützt.“[25] Er versuchte, sich in möglichst viele Dinge einzumischen. Zu Besprechungen mit französischen Dienststellen wurde er ohnehin fast immer zugezogen, weil man ihn als Sachverständigen oder als Dolmetscher brauchte. Ab und zu wurde er sogar von der Militäradministration in Paris gebeten, bei schwierigen Verhandlungen zu assistieren[26]. Nur wenn er immer und überall präsent war, konnte er das Schlimmste verhindern.

Die Inhumanität des Regimes wuchs ständig. Konnte man noch länger guten Gewissens darauf warten, daß die militärische Niederlage dem NS-

Regime eine Ende setzte? Anfang Juni besuchte Helmuth James von Moltke Schmid in Lille. „Es gab viel zu bereden wie immer." Schmid hütete sich, seiner Frau Näheres über den Inhalt des Gesprächs zu erzählen[27]. Sie wußte wohl schon aus der kurzen Andeutung, um was es ging. Moltke wurde in einem Brief an seine Frau etwas deutlicher: „Ich hatte Schmid zwei Stunden zu informieren und die Linie mit ihm abzustimmen, habe aber aus seinen Berichten den Eindruck gewonnen, daß er gut vorbereitet und ganz nette Erfolge hat. Dann habe ich auch mit ihm die Geiselsache erörtert."[28] Moltke war zuvor in Brüssel gewesen, wo er Falkenhausen dazu überreden konnte, keine weiteren Geiseln zu deportieren und die noch einsitzenden Geiseln freizulassen[29].

Der zähe Kleinkampf gegen Geiselnahmen war aber ganz offensichtlich nicht das einzige Thema der Unterredung zwischen Schmid und Moltke. Bei der gemeinsamen Linie, die es abzustimmen galt, handelte es sich vermutlich um einen gemeinsamen Plan zum Umsturz des Regimes. Moltke hatte lange Zeit einen Staatsstreich abgelehnt, weil er das Aufkommen einer neuen Dolchstoßlegende fürchtete. Seiner Ansicht nach war ein Neuaufbau nur nach einer sozialen Revolution möglich. Diese aber werde erst eintreten, wenn Deutschland eine eindeutige militärische Niederlage erlitten habe[30]. Im Kreisauer Kreis, in dem Moltke die maßgebende Persönlichkeit war, wurden im Sommer 1943 Grundsätze für die sittliche und religiöse Erneuerung und für den „Neuaufbau der europäischen Völkergemeinschaft" ausgearbeitet[31]. Moltke hoffte auf Vereinbarungen zwischen den oppositionellen Kräften in Deutschland und den westlichen Alliierten, durch die für Deutschland annehmbare Friedensbedingungen und eine politische und militärische Zusammenarbeit mit den Westmächten erreicht werden sollte. Auf einer Reise in die Türkei im Juli 1943 konnte er einige wichtige Auslandsverbindungen herstellen.

Mit Carlo Schmid hatte er sich mehrmals über seine Pläne zur Neuordnung Deutschlands unterhalten. Im Zentrum der Gespräche scheint die Suche nach einer „geistigen und moralischen Elite" gestanden zu haben, der man den Neuaufbau anvertrauen konnte[32]. Auch das Konzept der Kreisauer war elitär, wenngleich man die Auffassung vertrat, daß die neue Elite sich aus allen Schichten des Volkes zusammensetzen müsse. Die Integration der Arbeiter in Staat und Wirtschaft war ein erklärtes Ziel. Man hing der Vision eines dritten Wegs zwischen Kapitalismus und Kommunismus an. Die Zukunftspläne der Kreisauer dürften Schmids eigenen weitgehend entsprochen haben: Auch er war für eine Aussöhnung mit Frankreich und Polen, für ein vereinigtes Europa auf der Grundlage des Humanismus und des Christentums, auch er maß der Erziehung und Bildung eine wichtige Bedeutung für den Neuaufbau zu, auch er glaubte, daß den Auswüchsen der Massendemokratie am ehesten durch die Einübung der Demokratie in kleinen Gemeinschaften entgegengewirkt werden könne[33]. Typisch deutschen Denktraditionen waren Moltke wie Schmid verhaftet[34].

Die Kreisauer arbeiteten im Sommer 1943 nicht nur langfristige Pläne für die Neuorganisation Deutschlands aus, sondern auch eine „Erste Weisung an die Landesverweser" die organisatorische Richtlinien für eine Übergangsregierung nach dem Umsturz des Hitler-Regimes enthielt[35]. General Falkenhausen hätte die Leitung der Übergangsregierung übernehmen sollen. Moltke suchte Kontakt zur französischen Résistance. Schmid konnte ihn aber, da er selbst keine Verbindung zur Résistance hatte, nur an Pasche verweisen[36]. Man bereitete den Staatsstreich vor. Der Sturz Mussolinis am 25. Juli 1943 wirkte fast wie ein Fanal, nun auch in Deutschland mit dem verhaßten Regime aufzuräumen. Schulenburg, der auf eine rasche Aktion drängte, knüpfte die Fäden zu den einzelnen Widerstandszentren. Die Hauptbeteiligten an dem geplanten Attentat auf Hitler waren Beck, Goerdeler, Hermann Kaiser, Olbricht, Tresckow, wahrscheinlich auch Stauffenberg. In Paris konnte Schulenburg den dortigen Militärbefehlshaber Stülpnagel für die Mitarbeit am Staatsstreich gewinnen.

Moltke, der seine Vorbehalte gegen einen Staatsstreich zurückstellte, und Schmid waren in die Attentatspläne eingeweiht. Am 8. August schrieb Carlo Schmid seinen Söhnen Hans und Martin: „Ich bin, wenn auch nur in zweiter Hand, an wichtigen Dingen beteiligt, von denen man sich große Wirkungen erwartet und dies kostet mich meine ganze Zeit. (...) Um was es sich handelt, kann ich euch nicht schreiben." [37] Nein, im Grunde hatte er schon viel zuviel geschrieben. Es war grausam, über die Pläne und Vorbereitungen mit niemandem sprechen zu können. Auch die Freunde in Lille erfuhren nichts[38]. Der Historiker freilich hat Schwierigkeiten, anhand der wenigen Andeutungen die Ereignisse nachzuzeichnen. Soviel dürfte sicher sein: Schmid hatte am Tage X in Lille die notwendigen Maßnahmen durchzuführen. Es genügte ja nicht, dem Regime den Kopf abzuschlagen. An jedem größeren Ort mußte dafür gesorgt werden, daß die SS nicht zum Gegenschlag ausholen konnte. Moltkes Feststellung, daß Schmid ganz „nette Erfolge" habe, heißt wohl, daß es Schmid nach und nach gelang, die Wehrmacht auf seine Seite zu ziehen[39].

Die letzten zehn Augusttage scheinen die für den Umsturz entscheidenden Tage gewesen zu sein. Am 20. August berichtete Schmid seiner Frau: „Was ich heute früh von sieben Uhr ab getan habe z. B. sind Dinge, an die ich bisher noch nicht einmal gedacht habe und für das Gelingen dieser Dinge habe ich mit meinem Kopfe einzustehen. Da ich den nun nicht verlieren möchte, strenge ich ihn eben an, aber da ich das sowieso schon genug tun muß, wird seine Belastung ein wenig groß." [40] Drei Tage später klagte er in einem Brief an seine Söhne über die „ständige Inanspruchnahme", über die er aber jetzt nichts sagen könne. Später sollten sie erfahren, „worum es sich bei diesen Dingen gehandelt hat"[41]. Er mußte sich sehr zusammenreißen, damit er nicht schon jetzt alles erzählte. Tags darauf schickte er für seinen Sohn Hans eine Hölderlin-Auswahl nach Hause und fügte scheinbar beiläufig, aber andeutungsvoll hinzu: „man kann nicht wissen, wie man einmal von hier wird aufbrechen müssen."[42] Er scheint täglich mit dem Vollzug des Attentats auf Hitler gerechnet zu haben. Zwei Tage später teilte er seiner Frau mit, daß er Kanäle abfahre, um sich „einiges für einen bestimmten Fall einzuprägen"[43]. Er hat sich wohl nach Fluchtmöglichkeiten umgeschaut für den Fall, daß das Attentat scheiterte. Am 29. August war er ziemlich niedergeschlagen. Die ganze Woche über war schönes Wetter. „(W)enn der Himmel klar war, war die Luft voll von Fliegern. Leider haben sie etwas zusammengeworfen, an das ich in den letzten Wochen viel Arbeit gewandt habe."[44] Wollte man darüber rätseln, um was es sich handelte, ließ man sich auf pure Spekulationen ein. Schmid war völlig erschöpft. Am 30. August erlitt er einen Kollaps[45].

Zu diesem Zeitpunkt bestand wahrscheinlich keine Hoffnung mehr auf die Ausführung des Attentatsplans. Warum trotz getroffener Vorbereitungen kein Umsturzversuch unternommen wurde, läßt sich im einzelnen nicht mehr rekonstruieren. Walter Bargatzky erzählte in seinen Erinnerungen von zwei gescheiterten Attentatsversuchen, die aber offensichtlich nur in loser Verbindung zu der geplanten Umsturzaktion standen[46]. Einiges deutet darauf hin, daß der Staatsstreich vor allem deshalb ausblieb, weil der Oberbefehlshaber der Heeresgruppe Mitte von Kluge und der Militärbefehlshaber in Paris Stülpnagel sich scheuten, die Initiative zu ergreifen[47]. Aber letztendlich ist man auch hier auf Spekulationen angewiesen.

Schmid war deprimiert und entmutigt. Am 31. August hatte er Besuch aus Berlin. Moltke dürfte der Besucher gewesen sein. Carlo Schmid schrieb immer, wenn Moltke nach Lille kam, vom „Besuch aus Berlin". Es wäre viel zu gefährlich gewesen, Namen zu nennen. Bei dem Gespräch malte man sich offensichtlich die verheerenden Auswirkungen eines Kriegs, der bis zum bittren Ende geführt wurde, aus. Schmid schrieb noch am gleichen Tag an seine Frau: „Dieses Europa wird nach diesem Krieg schlimmer aussehen als Italien im sechsten Jahrhundert, aber für die Cassiodore und Benedicte wird es immer noch zu dicht bevölkert sein ..."[48] Er hatte keine Hoffnung mehr, daß der Krieg durch einen Umsturz im Innern vorzeitig beendet werden könne. Die gescheiterten Staatsstreichpläne bestärkten ihn in seiner Auffassung, daß die Feldmarschälle und Generäle unfähig zu einem Putsch seien. Zornig und resigniert erklärte er, daß er nie an die „professionelle Tätigkeitseuphorie" der Militärs geglaubt habe. Er werde „recht behalten"[49]. Moltke soll bei einem der Gespräche gesagt haben, daß man in die Generäle kein Vertrauen setzen könne, „denn sie hätten das Fach ‚Verschwörung' nie im Sandkasten geübt"[50]. Doch konnte man angesichts der Abscheulichkeiten des Regimes es wirklich verantworten, bis zur militärischen Katastrophe abzuwarten? 1946 äußerte Schmid gegenüber Wolf von Wrangel, der ihn im Sommer 1940 mit Schulenburg bekannt gemacht hatte: „Ich glaube, daß wir damals alle Schuld auf uns geladen haben, da wir, was wir wußten, nicht mutiger und entschlossener in Taten verwandelt haben."[51] Wenn wenigstens die militärische Niederlage durch eine Zusammenarbeit mit den Alliierten hätte beschleunigt werden können, wie dies Moltke beabsichtigte. Nach einer Reihe sehr gezielter Bombenangriffe Anfang September hatte Schmid die leise Hoffnung, daß es vielleicht doch geheime Kontakte zu alliierten Stellen gebe. Aber wirklich daran glauben mochte er nicht[52].

Moltke und Schmid wußten, daß sie Kopf und Kragen wagten. Sie sprachen ganz offen über ihr wahrscheinliches Ende. „Sie können sicher sein, die werden uns kriegen", soll Moltke prophezeit haben[53]. Am 24. November mußte Schmid glauben, daß es nun so weit sei. Am 9. November hatte Wolf Domke, der in der Brüsseler Militärverwaltung für die Wirtschaftsüberwachung zuständig war, Selbstmord begangen[54]. Carlo Schmid hatte sich einige Male mit Domke getroffen, nachdem Moltke ihn darauf aufmerksam gemacht hatte, daß Domke ihre Ideen und Ziele unterstützte. Bei den Gesprächen hatte man sich darüber zu verständigen gesucht, auf welche Angehörige der Militärverwaltung man im Falle eines politischen Umsturzes vertrauen konnte[55]. Domke, der sich einer drohenden Verhaftung durch die geheime Feldpolizei durch Selbstmord entzogen hatte, hatte sich Schmids Namen notiert. Am 24. November erhielt Schmid eine Vorladung vor das Brüsseler Kriegsgericht. Die Vernehmung sollte bereits am nächsten Tag stattfinden. Seiner Frau teilte er nur mit, daß er vernommen werden sollte, nicht worum es sich handelte. Daß ihr Mann Schlimmes befürchtete, konnte Lydia Schmid ahnen, denn ihm gingen furchtbare Gedanken durch den Kopf: „Was mag heute Nacht in Berlin wieder Schreckliches geschehen sein! Der Gedanke daran ist kaum zu ertragen, und gar zu denken, daß die Menschen, die dies angerichtet haben – gute Jungen sicherlich in ‚Zivil' – jetzt in ihren Kasinos sitzen mögen und fröhlich ihre ‚gutgemachte Arbeit' feiern, als seien sie vom Schützenfest heimgekommen. Und keiner wird dasein, der aufsteht und ihnen ins Gewissen redet und sie weinen heißt, daß man sie solches Böse zu tun zwingt, als ob das ‚c'est la guerre' den Menschen der Besinnung darüber, was gerade er getan hat, enthöbe."[56]

Schmid konnte nach der Vernehmung wieder nach Lille zurückkehren. Es scheint ihm gelungen zu sein, den Selbstmord Domkes als einen Anfall manischer Depression darzustellen. Marcel Pasche war betroffen über Schmids drohende Verhaftung und beriet mit der Résistance, wie man ihn in Zukunft vor Zugriffen des NS-Gewaltapparates schützen könne. Als Schmid nach seiner Vernehmung in Brüssel nach Lille zurückkam, teilte ihm Pasche mit, daß die Résistance bereit wäre, ihn erforderlichenfalls zu seinem Schutz zu kidnappen[57].

Schmids Furcht, in die Hände der Gestapo oder des SD zu fallen, blieb, und sie war mehr als begründet. Bis jetzt war er immer rechtzeitig gewarnt worden. Eine Sekretärin in der SD-Dienststelle, die auch seine Hölderlin-Lesungen besuchte, sorgte dafür, daß er von den geplanten Aktionen des SD gegen ihn erfuhr[58]. Der SD drängte schon seit längerer Zeit beim Militärverwaltungschef in Brüssel Eggert Reeder auf seine Abberufung als Kriegsverwaltungsrat[59]. Moltkes Verhaftung am 19. Januar 1944 erfuhr Schmid anscheinend schon kurze Zeit später. Jedenfalls deuten einige Briefe an seine Frau darauf hin. Am 21. Januar schrieb er ihr: „Ich habe die feste Zuversicht, daß das Gewitter über mich wegbrausen wird, so bitter es auch sein mag.“[60] Einige Tage später schickte er eine Kiste mit den wichtigsten Sachen nach Tübingen, um in Lille „langsam zu liquidieren“[61]. Ein schneller Abzug der Okkupationstruppen aus Nordfrankreich war nicht zu erwarten. Schmid scheint vielmehr gefürchtet zu haben, daß nach der Verhaftung Moltkes seine Beziehung zu ihm aufgedeckt würde.

In Lille ging der alltägliche Kampf um Recht und Humanität weiter. Er wurde immer schwieriger. Die Bevölkerung Nordfrankreichs war nicht länger gewillt, mit der deutschen Besatzungsmacht zusammenzuarbeiten. Im Oktober 1943 kam es erstmals seit 1941 wieder zu einem groß angelegten Streik in den Kohlenbergbaurevieren. Der Streik begann am 10. Oktober und erreichte am 14. Oktober seinen Höhepunkt, als fast 40000 Bergarbeiter in den Streik traten. Carlo Schmid befand sich während des Streiks nicht in Lille. Er hatte Heimaturlaub und war zu seiner Familie nach Tübingen gefahren. So hatten die Hardliner in der Militärverwaltung das Sagen. 508 Arbeiter wurden festgenommen, 75 deportiert. Am 22. Oktober brach der Streik zusammen[62]. Als Schmid drei Tage später wieder in Lille eintraf, war er betroffen über die Art, wie man den Streik zum Erliegen gebracht hatte. Er fürchtete, daß sie „böse Krume für morgen“ berge[63]. Er sollte mit seiner Befürchtung recht behalten.

Anfang November brachen in den Bergbaugebieten erneut Streiks aus. Solange ihre Lebensmittelversorgung sich nicht verbesserte, wollten die Bergarbeiter keine weiteren Sonntagsschichten fahren. In der Oberfeldkommandantur herrschte die Ansicht vor, daß man den Streiks nur noch mit brutalen Gewaltmaßnahmen Herr werden könne. Carlo Schmid wollte es nicht so weit kommen lassen. Am Sonntag, den 6. November fuhr er bereits fünf Uhr morgens nach Douai, „um auf alle Fälle in nächster Nähe des Gefahrengebietes auf dem Posten zu sein“[64]. Sollte Blutvergießen vermieden werden, mußte er die Arbeiter dazu überreden, ihre Arbeit wieder aufzunehmen. In aller Frühe ließ er sich in den Schacht einfahren.

Was sich dort zutrug, berichtete er, von dem Erlebnis noch ganz überwältigt, seinem Sohn Martin: „Da hockten an den Wänden des Füllraumes hunderte halbnackter Gestalten, aus deren schwarzen Gesichtern weise Augen leuchteten, schweigend da und im fahlen Lichte ihrer Grubenlampen wuchs die Erbitterung in diesen Antlitzen zu einer tragischen Maske auf. Ich spürte gleich, daß hier nur Alles oder Nichts gespielt werden konnte und hub darum gleich zu reden an, zu reden als ein Mensch, der den Schmerz der Existenz von sich aus kennt und den Leidenden als seinen Bruder grüßt. Wahrscheinlich hat noch nie einer in einer Uniform so zu Menschen geredet, gegen die er einen Gewaltbefehl in der Tasche hatte. Lange, lange kam kein Echo, bis endlich, als ich von meinem Leiden an der Trennung von euch, die ihr so jung im Waffenrocke steht, sprach, ein alter Knappe aufstand und mir die Hand gab. Ich nahm seinen Arm und schritt mit ihm allein in die Nacht des Querschlages hinein, die Männer guten Willens auffordernd, mir und ihm zu folgen. Lange gingen wir allein, doch langsam lockerte sich der Haufe und schließlich sah ich, mich umwendend, einige Lämpchen hinter uns herzittern und bald war es eine ganze Prozession. Alle gingen an ihren Ort zur Arbeit, der Streik war gebrochen.“ [65]

Schmid hatte Mitleid gezeigt und zu verstehen gegeben, daß er diesen verbrecherischen Krieg verabscheute. Mitleid war eine zentrale Triebfeder seines politischen Handelns. Er wußte in Ausnahmesituationen auf Menschen zuzugehen, weil er ihr Leiden nachempfinden konnte. In der Oberfeldkommandantur mußte er die Dinge anders darstellen, als sie sich ereignet hatten[66]. Dort wären seine Worte als Defaitismus aufgefaßt worden. Drei Monate später gelang es ihm, gegen den Willen der Bergwerksbesitzer Bergarbeitervertretungen einzurichten[67]. Er hoffte, daß dadurch die Streikgefahr zumindest etwas eingedämmt werden könne. Auch das war nur eine Notlösung, ein Palliativ gegen die kommunistische Agitation. Aber in dieser Zeit ließ sich überhaupt nur mit Notlösungen und Improvisationen leben.

Politisch verschärfte sich die Situation durch die Ende Dezember von Laval eingeleitete Regierungsumbildung, die eine Niederlage Pétains gegenüber den Kollaborationisten bedeutete. Schließlich setzte Laval sogar gegen den zähen Widerstand Pétains durch, daß Marcel Déat, der Wortführer des faschistischen „Rassemblement National Populaire“, zum Arbeitsminister ernannt wurde[68]. Carlo Schmid betrachtete die Regierungsumbildung mit Sorge und verhehlte auch in einem Vierteljahresbericht der Oberfeldkommandantur nicht, daß er diese Regierungsumbildung, die auf deutschen Druck hin erfolgt war, für einen Fehler hielt. Die Franzosen hätten die Regierungsumbildung als „ein weiteres Nachgeben Lavals und ein Zeichen der fortschreitenden Minderung der französischen Liberalität gewertet“. Die Mehrzahl der Franzosen habe Pétains Pläne einer Parlamentarisierung des Vichy-Regimes begrüßt. In dieser Parlamentarisierung habe man ein „System für die künftige politische Gestaltung des Landes und damit eine Prognose für den Kriegsausgang erblickt"[69]. Schmid hatte ganz ungeschminkt die Wahrheit geschrieben.

Er fürchtete, daß weitere Zugeständnisse an Laval, das latente Bürgerkriegsklima noch verschärften. In Nordfrankreich gab es im Winter 1943/44 eine ganze Welle von Anschlägen, Sabotagen und Attentaten. Es kam wiederholt zu Streiks, vor allem in der Metallindustrie. In der Oberfeldkommandantur ergriffen immer häufiger die Scharfmacher das Wort. Man schreckte auch vor Strafmaßnahmen gegen die Bevölkerung ganzer Ortschaften nicht mehr zurück. Ausgehverbote wurden verhängt, Geiseln mußten Zugtransporte begleiten, um Saboteure vor Anschlägen abzuschrecken. In einigen Fällen wurden die Einwohner einer ganzen Ortschaft in Kollektivhaft genommen[70]. Es war grausam.

Schmid mußte in der Oberfeldkommandantur die gleichen Kämpfe immer von neuem durchfechten. „Es ist zum Weinen", schrieb er Mitte Dezember seiner Frau, „daß man bei jedem dieser Fälle aufs Neue um das Grundgesetz der Vernunft kämpfen muß, daß man diesen Akten begrenzter Aktionsgruppen nicht durch Maßnahmen gegen die Gesamtbevölkerung beikommen kann, sondern nur durch individuelle Aktionen gegen den bekannten Täterkreis, was zwar Zeit erfordert und weniger Gelegenheit zur Manifestation von ‚Energie' bietet, aber das Einzige ist, das Erfolg schafft."[71] Es war ein zermürbender täglicher Kleinkampf. Die französische Bevölkerung wußte, was er für sie tat. An seinem Geburtstag hatten einige Franzosen den 40 km langen Weg von Arras nach Lille nicht gescheut, um ihm zu gratulieren. Er war glücklich und auch ein wenig stolz[72]. Solche Dankbarkeit gab ihm Mut, weiterzukämpfen, und nicht zu resignieren.

Lange konnte der Krieg nicht mehr dauern. Den Neujahrsbrief an seine Frau begann er mit der Feststellung, daß er eine Fünf im Jahresdatum wohl nicht mehr schreiben müsse. Er rechnete damit, daß es noch 1944 zur bedingungslosen Kapitulation Deutschlands kommen werde. Für Hitlers angebliche Wunderwaffe, von der viele in der Oberfeldkommandantur meinten, sie gebe dem Krieg noch eine Wende, hatte er nur Spott übrig[73]. Seit Herbst 1943 litt Nordfrankreich nicht nur unter deutscher Besatzung, sondern auch unter den Bombenangriffen der Alliierten. Die Einwohner Nordfrankreichs knüpften an die Bombardierungen die Hoffnung auf ein baldiges Ende des Besatzungsregimes. Sie waren aber auch Opfer der Bombenangriffe. Schmid half mit bei der Bergung der Verwundeten. Immer wieder wurde er mit den gleichen Bildern des Schreckens konfrontiert: „zerschmetterte Häuser armer Leute; Greisinnen, die ärmlichste Reste ärmlichen Hausrats aus den Trümmern zogen. Gruppen wichtiger Leute, die eifrig und ungeschickt das Verkehrteste taten, um an die Verschütteten heran zu können. Schreie und Tränen und eine rührende Dankbarkeit, daß man sich um das fremde Unglück kümmerte."[74]

Er wußte, daß es in Deutschland nicht anders aussah. Zum Glück wurde Tübingen weitgehend von Bombenangriffen verschont. Das war beruhigend. Aber fast überall sonst war Deutschland ein Trümmerfeld. Er machte sich keine Illusionen über das Leben nach dem Krieg. Das Leben würde „hart und bitter werden"[75]. Seit 1943 schickte er seiner Frau Mehl und Zucker zur Vorrathaltung für die Zeit kommenden Hungers. Eindringlich mahnte er sie, das Gartenobst einzuwecken[76]. Im Februar 1944 wollte sie ihm eine Freude machen und schickte ihm Springerle und Anisstangen. Doch diesmal bekam sie als Antwort eine Rüge. Sie solle die Vorräte aufbewahren und davon ausschließlich für sich und die Kinder etwas entnehmen[77]. Es war ihm klar, daß Deutschland nach dem Krieg Hunger leiden würde, vermutlich noch schlimmer, als ihn die Bevölkerung Nordfrankreichs jetzt litt.

Anfang 1944 war die Ernährungs- und Versorgungslage in Nordfrankreich fast so katastrophal wie zu Beginn der Besatzungsherrschaft. Die Bergleute waren unterernährt. Die Fördermenge im Kohlenbergbau sank ständig. Völlig unzureichend war die Versorgung mit Fetten. Die Menschen Nordfrankreichs mußten mit drei Gramm Fett pro Tag auskommen. Ende Januar fuhr Schmid für einige Tage nach Paris, um mit dem dortigen Landwirtschaftsministerium über die Lieferung von Fetten nach Nordfrankreich zu verhandeln. Das erzielte Ergebnis war mager, aber besser als nichts: In Zukunft sollte die Tagesration sieben anstatt drei Gramm Fett betragen[78].

Sorgen machte sich Schmid auch wieder wegen der Strafgefangenen. Immer mehr Häftlinge, die physisch dazu überhaupt nicht in der Lage waren, wurden zur Zwangsarbeit in der Organisation Todt verpflichtet. Er ordnete medizinische Untersuchungen an, um zu verhindern, daß sich nicht noch mehr Gefangene im wahrsten Sinne des Wortes zu Tode arbeiteten[79]. Überhaupt hatte er die größten Bedenken gegen die Zwangsverpflichtung der Gefangenen zur Organisation Todt. Zwar konnten dadurch die völlig überfüllten Gefängnisse etwas entlastet werden, aber die Zwangsverpflichtung war ohne Zweifel völkerrechtswidrig. Schmid äußerte seine Bedenken auch in einem Vierteljahresbericht der Oberfeldkommandantur, wobei er, um seinen Argumenten mehr Durchschlagskraft zu verleihen, darauf hinwies, daß viele der Zwangsverpflichteten entkamen und sich der Résistance anschlossen[80]. Mahnungen, die niemand mehr zur Kenntnis nahm.

Die Gewalt eskalierte. Die Okkupation wurde immer brutaler, weil der Willkür der Angehörigen der SS und des SD kaum mehr Schranken gesetzt wurden. Am 3. Februar 1944 hatte der zeitweilige Vertreter des Oberbefehlshabers West Sperrle den Befehl gegeben, daß bei Sabotagen und

Überfällen auf Truppen der jeweilige Truppenführer zu „sofortiger Selbsthilfe“ zu greifen habe[81]. Zwei Monate später wurde unter Berufung auf den sogenannten Sperrle-Befehl in Nordfrankreich ein grausames Kriegsverbrechen begangen. Am Palmsonntag, den 2. April wurde Schmid schon früh morgens aus dem Bett geklingelt. Er sollte sofort in das unweit von Lille gelegene Ascq kommen. Als er dort ankam, bot sich ihm ein Bild des Schreckens. 86 Tote lagen dort am Bahndamm, umgekommen durch den Feuerhagel von Maschinengewehren. Was war passiert? Infolge einer Schienensprengung war in der Nacht zum 2. April nahe dem Bahnhof von Ascq ein Transportzug der SS-Panzerdivision „Hitlerjugend“ entgleist. Keiner der Zuginsassen wurde verletzt. Trotzdem ließ der verantwortliche Transport-Offizier, SS-Obergruppenführer Hauck, die Ortschaft durchkämmen und die gesamte männliche Bevölkerung an die Unfallstelle bringen, wo die Männer von 17- bis 18jährigen auf Befehl ihres vorgesetzten SS-Führer kaltblütig ermordet wurden[82].

Schmid stellte sofort Ermittlungen über den Tathergang an. Die Darstellungen darüber widersprachen sich, denn von deutscher Seite bekam er eine Lügengeschichte aufgetischt: die Männer seien bei einem „Fluchtversuch“ erschossen worden[83]. Er war nicht gewillt, sich mit dieser Version zufrieden zu geben. Dieser „Blutsonntag“ hatte ihn schrecklich mitgenommen. Abends versuchte er bei der Lektüre Baudelaires auf andere Gedanken zu kommen, was ihm aber nicht gelang[84]. Als Kardinal Liénart einige Tage später in der Oberfeldkommandantur gegen das Verbrechen protestierte und dabei betonte, „daß lange Zeit werde vergehen müssen, bis sich der Abgrund wieder werde schließen können“, stimmte Schmid ihm zu[85]. War nach allem, was geschehen war, eine spätere deutsch-französische Zusammenarbeit überhaupt noch möglich? Seine Ermittlungen hatte er inzwischen abgeschlossen. Der Tathergang war so, wie ihn die Franzosen geschildert hatten. In der Oberfeldkommandantur freilich wollte man die Wahrheit nicht hören und versuchte sie zu vertuschen[86]. Schmid erinnerte an alte Ehrbegriffe des Militärs, um der Wahrheit zum Recht zu verhelfen. Das klang schon fast etwas weltfremd. Seine Kollegen in der Oberfeldkommandantur hatten beschlossen, den Franzosen die Schuld an dem Verbrechen zu geben. Man beeilte sich, die Saboteure vor das Kriegsgericht zu stellen. Sieben der Beteiligten wurden zu Tode verurteilt[87]. Schmid nahm die Akten über die Vorgänge in Ascq an sich, um zu einem späteren Zeitpunkt die Verantwortlichen dafür zur Rechenschaft ziehen zu können. 1950 unterstützte er die französischen Gerichte bei der Aburteilung der Verbrecher von Ascq, und achtete zugleich darauf, daß in einem Klima aufgeheizter Emotionen keine Unschuldigen bestraft wurden[88].

Es fiel ihm schwer, nach der Entsetzlichkeit des Geschehenen wieder zur Routine des Alltags zurückzukehren. Die Bilder von Ascq standen ihm noch immer vor Augen. Vierzehn Tage nach den Morden von Ascq schrieb er seiner Frau: „Für das Grauen dieser Zeit gibt es keine Worte und für die Bezeichnung der Menschen, die dies alles auf dem Gewissen haben, auch nicht.“ [89]

Am Ostermontag, eine Woche nach der entsetzlichen Tat in Ascq, wurde Lille bombardiert. Wieder bot sich Schmid, der die Hilfs- und Bergungsmaßnahmen organisierte, ein grauenhafter Anblick: „Ich sah eine Mutter, die ihre drei toten Kinder fand. ‚Maintenant je suis toute seule‘, wimmerte sie; das war alles, was aus ihr herauskam. Keine Träne, kein Schrei, keine Geste – nichts. Entsetzlich in seiner herausfordernden Dürftigkeit der Anblick der Menschen, die die Fetzen ihrer Habe aus den Trümmern klauben: zerbrochene Teller wurden wie Schätze geborgen.“ [90]

Auch in seiner unmittelbaren Umgebung ereignete sich einiges, was Furcht und Entsetzen bei ihm hervorrufen mußte. Ende März wurde sein Sekretär Inspektor Pohl verhaftet und zu drei Jahren Zuchthaus verurteilt. Pohl hatte Schmids Arbeit unterstützt und ihm bei der Ausstellung falscher Papiere geholfen[91]. Er war denunziert worden. Zum Glück wurde nur wenig aufgedeckt. Bei der Verhaftung Pohls mußte Schmid feststellen, daß dieser oft sehr leichtfertig gehandelt hatte. Er war erschrocken darüber: „es hätte eines Tages eine Katastrophe werden können.“ [92] Kurze Zeit später wurde Friedrich Günther, ein junger Pastor und Mitglied der Bekennenden Kirche, das Opfer nationalsozialistischer Selbst- und Willkürjustiz. Günther, der als Unteroffizier der Landesschützen in der Empfangshalle der Oberfeldkommandantur Dienst tat und dort vor allem die Eingänge kontrollierte, hatte eng mit Carlo Schmid zusammengearbeitet. Seine Stelle hatte es ihm ermöglicht, unauffällig Hinweise und Warnungen weiterzugeben. Er wurde von einem radikalen Nazi, der sich zur Selbstjustiz aufgerufen fühlte, brutal ermordert[93]. Schmid mußte sich sagen, daß es schon fast einem Wunder glich, daß er noch lebte und auf freiem Fuß war. Der SD sammelte Material über ihn. Im Frühjahr wurde der Sekretärin des SD, die immer seine Hölderlin-Vorlesungen besucht und ihn dabei unauffällig vor Aktionen des SD gewarnt hatte, der Kontakt mit ihm untersagt[94]. Lange konnte es nicht mehr dauern, bis er in die Hände der Gestapo oder des SD geriet.

Am 6. Juni landeten die Alliierten in der Normandie. Die Landung gab Hoffnung auf ein schnelles Ende des Krieges. In Lille wurde zunächst einmal der Ausnahmezustand noch weiter verschärft. Carlo Schmid beschrieb die Maßnahmen mit dem ihm eigenen Sarkasmus: „Man hat nun unsere ‚Stufe‘, um eine Drehung höher geschraubt und alles ist auf dem besten Wege, verrückt zu werden. Wenn man Männer meines Alters mit Helm und Donnerbüchsen durch die Städte streifen läßt, müssen die Franzosen ja glauben, wir seien beim letzten Aufgebot angelangt.“ [95]

In Widerstandskreisen hatte man die Landung der Alliierten erwartet, wenn auch erst im August. Im Frühjahr 1944 hatten Rommel und Stülpnagel sich über einen Plan zum Sturz des Regimes verständigt. Hitler sollte beim nächsten Frankreich-Aufenthalt durch verläßliche Truppen festgenommen werden. Mit den westlichen Alliierten hoffte man, eine Vereinbarung über die Beendigung des Kriegs an der Westfront treffen zu können. In Deutschland sollten Männer des zivilen und des militärischen Widerstands unter der Leitung Becks, Goerdelers und Leuschners die Regierung übernehmen. Am 1. Juni traf Falkenhausen im Schloß La Roche-Gyon Rommel. Er erklärte sich bereit, den Umsturzplan zu unterstützen[96].

Was wußte Schmid von den Umsturzplänen? Hatte Stülpnagel oder Falkenhausen ihn informiert? Im April hatte Falkenhausen ihm das Kriegsverdienstkreuz Erster Klasse mit Schwertern verliehen[97]. Das kann als Zeichen dafür gewertet werden, daß er Schmids oppositionelle Haltung achtete und den Kontakt mit ihm suchte. Paul Beyer, dem Leiter der Wirtschaftsabteilung in der Oberfeldkommandantur war bekannt, daß sein Kollege Schmid „mit der Widerstandsgruppe, die sich um General Stülpnagel in Paris gebildet hatte, Fühlung hielt“[98]. Schmid scheint in die Umsturzpläne eingeweiht gewesen zu sein. Am 7. Juni, einen Tag nach der Landung der Alliierten, berichtete er seiner Frau: „Der Charakter meiner Tätigkeit hat natürlich völlig gewechselt; sie ist enger an die akuten militärischen Ereignisse angeschlossen als sonst. Meinen eigentlichen Operationsposten habe ich noch nicht bezogen.“[99] Die Formulierung ist vieldeutig, gewiß. Doch es mußte sich um eine Angelegenheit handeln, über die er nichts schreiben durfte. Sonst wäre er ausführlicher geworden. Vermutlich war es ein versteckter Hinweis auf den bevorstehenden Umsturz.

Hitler kam Mitte Juni nach Frankreich. Seine vorzeitige Wiederabreise vereitelte die Ausführung des geplanten Attentats. Als am 20. Juli 1944 die Verschwörer endlich zur Tat schritten, herrschte in Lille ein großes politisches Chaos. Am 13. Juli war Falkenhausen als Militärbefehlshaber abgesetzt worden. Fünf Tage später wurde der Gauleiter Josef Grohé, ein Nationalsozialist der ersten Stunde, als Reichskommissar für die besetzten Gebiete von Belgien und Nordfrankreich eingesetzt. Die Militärverwaltung wurde durch eine Zivilverwaltung ersetzt und die Einsetzung eines Höheren SS- und Polizeiführers verfügt[100]. Schmid erfuhr von dieser Umorganisation erst einige Tage nach ihrer Durchführung. Natürlich fragte er sich, welche Konsequenzen diese Maßnahme für die Militärverwaltungsbeamten haben werde. Würde er seine Stelle verlieren? Gar nicht denken mochte er an die Auswirkungen dieser Umorganisation auf die Besatzungspolitik, denn er erkannte sofort, daß sie die Übergabe Nordfrankreichs an die SS bedeutete[101].

Eine Klärung des Kompetenzenwirrwarrs zwischen Militärverwaltung und SS war auch am 20. Juli noch nicht erfolgt. Wäre das Attentat erfolgreich gewesen, hätte Schmid vermutlich nur mit großer Mühe ein gezieltes Vorgehen gegen die SS zu organisieren vermocht. Das Scheitern des Attentats scheint er noch vor der um 1 Uhr nachts erfolgten Bekanntgabe im Radio erfahren zu haben, denn er schrieb noch am 20. Juli einen Brief an seine Frau, der mit den Worten begann: „Welche sichtbare Fügung der Vorsehung! Entsetzlich zu denken, daß der ruchlose Anschlag auf den Führer hätte gelingen können ...“ [102]. Er scheint eine Verhaftung gefürchtet zu haben und versuchte durch den Brief, den Verdacht von sich abzulenken. Ob ihm dieser Brief viel genutzt hätte, wo er doch als Regimegegner hinlänglich bekannt war? Es glich wirklich einem Wunder, daß er von der nun beginnenden Verhaftungswelle nicht erfaßt wurde. Walter Kolb, der spätere Oberbürgermeister von Frankfurt, wurde kurz nach dem 20. Juli festgenommen. Er war seit 1943 Kommandant von Béthune und hatte eng mit Carlo Schmid zusammengearbeitet[103]. Es war nur eine Frage der Zeit, bis ihre gemeinsame oppositionelle Aktivität aufgedeckt würde.

Das Attentat war gescheitert, und die SS, die in Nordfrankreich nun ungehindert ihre Macht entfalten konnte, plante in Lille ein scheußliches Verbrechen. Mitte Juli erfuhr Carlo Schmid, daß die in Lille-Loos einsitzenden Häftlinge nach Deutschland deportiert werden sollten, wo man sie als politische Geiseln festhalten wollte. Er setzte sofort Marcel Pasche davon in Kenntnis und beauftragte ihn, der Résistance einen Vorschlag zur Befreiung der Häftlinge in Lille-Loos zu übermitteln. In der Oberfeldkommandantur werde man so schnell wie möglich die Befreiung der Häftlinge veranlassen unter der Bedingung, daß die Résistance sich verpflichte, die Angehörigen der Wehrmacht und der Militäradministration beim Rückzug nicht anzugreifen[104]. Die Befreiung der Gefangenen hätte mit Sicherheit Gegenmaßnahmen der SS und des SD provoziert, die nur durch den Einsatz der Wehrmacht hätten abgewehrt werden können. Die in Lille stationierte Wehrmacht scheint zum Kampf gegen die SS bereit gewesen zu sein, falls sie nicht ihrerseits fürchten mußte, von der Résistance angegriffen zu werden. Auch das deutet im übrigen darauf hin, daß Schmid in Lille die für den Umsturz notwendigen Vorbereitungen getroffen hatte. Die Gefangenenbefreiung wäre im Grunde nichts anderes gewesen als ein Umsturz auf lokaler Ebene. Ein riskantes Vorhaben! Es konnte, wenn überhaupt nur Erfolg haben, wenn die Alliierten immer näher an Lille heranrückten.

Wie Schmids Plan im einzelnen aussah, läßt sich nicht mehr rekonstruieren. Erst in den achtziger Jahren berichtete Henri Duprez, ein ehemaliges Mitglied der nordfranzösischen Résistance, über diese Vorgänge, die schwer auf ihm lasteten, denn er war es gewesen, der Schmids Vorschlag ausgeschlagen hatte. Im nachhinein bezeichnete er dies als großen Fehler[105]. Er nannte Schmid später einen „héroique défenseur des valeurs humaines“[106]. Die Résistance lehnte es ab, mit Deutschen zu verhandeln. Sie wollte die Gefangenen selbst befreien, was fehlschlug u. a. deshalb, weil das französische Wachpersonal im Gefängnis Lille-Loos durch französische Miliz, die der Kontrolle der SS unterstand, ersetzt wurde.

Seit Mitte August geriet die Wehrmacht immer mehr in Auflösung, so daß an einen bewaffneten Kampf zwischen Wehrmacht und SS nicht mehr zu denken war. Am 23. August legte Carlo Schmid Präfekt Carles nahe, aufgrund eines vom Vichy-Regime 1944 erlassenen Gesetzes über die Räumung von Strafanstalten im Falle außergewöhnlicher Ereignisse alle Gefangenen, die weniger als sechs Monate Haft zu verbüßen hatten, freizulassen[107]. Trotz Schmids eindringlicher Bitte, diesen Vorschlag schnellstens zu prüfen, ließ sich Carles Zeit. Der Tenor des Briefes war so, daß Carles hätte merken müssen, daß hier auf der Stelle gehandelt werden mußte. Er setzte wohl alle Hoffnung auf die Befreiung durch die Alliierten. Auf Weisung Schmids ordnete Carles am 1. September die Befreiung aller Gefangenen an[108]. Schmid hatte unmittelbar zuvor erfahren, daß die Gefangenen an diesem Tag deportiert werden sollten. Er mußte jetzt alles riskieren. Da er befürchtete, daß die Anordnung nicht mehr rechtzeitig befolgt werde, suchte er Pasche und den Schweizer Konsul Huber auf, um mit ihnen zu beratschlagen, auf welchem Wege eine sofortige Freilassung der Gefangenen zu erreichen war. Nach Verhandlungen mit dem Leiter der Strafanstalt gelang es, etwa die Hälfte aller Gefangenen zu befreien[109]. Sie wurden panikartig aus dem Gefängnis getrieben[110]. Für 1250 Gefangene kam jede Rettung zu spät. Sie wurden wie Vieh in den „Train de Loos“ verfrachtet und nach Deutschland deportiert. Einige wenige Gefangene konnte die belgische Résistance in Brüssel befreien. Mehr als 1000 der Deportierten sollten nicht wieder nach Nordfrankreich zurückkommen[111].

Die letzten Augustwochen vor dem Abzug der deutschen Besatzungsmacht aus Lille verliefen dramatisch. Was im einzelnen sich ereignete, läßt sich kaum mehr nachzeichnen, denn es steht in keinen Akten. Schmid hatte guten Grund zu warnen: „Wehe dem, der aus den Akten erfahren will, wie es denn eigentlich zugegangen ist.“[112] Verbindliche Anordnungen gab es nicht mehr, denn noch immer gab es keine Abgrenzung der Kompetenzen zwischen SS und Militärverwaltung. Die SS riß immer mehr das Gesetz des Handelns an sich. Je näher die alliierten Truppen heranrückten, um so weniger war die französische Bevölkerung gewillt, den Anordnungen der Besatzungsmacht zu folgen. Am 22. August traten die Bergarbeiter in Streik. Einen Tag später drohte die Oberfeldkommandantur den Streikenden mit dem Abtransport nach Deutschland, wo sie zum Arbeitseinsatz im Ruhrbergbau gezwungen werden sollten[113]. Am 25. August stand Nordfrankreich kurz vor dem Generalstreik. „Mars regiert“, erfuhr Lydia Schmid in einem der letzten Briefe, den ihr Mann ihr schickte. „Viel zerschlagenes Porzellan" werde später „aufzuräumen sein und viel Blut wegzuwischen"[114]. Es konnte sich nur noch um Tage handeln, bis das Besatzungsregime würde abziehen müssen. Er schickte eine Kiste mit seinen Sachen nach Haus. Für den Rückzug mußte ihm ein Rucksack genügen. Es war zu befürchten, daß es in den letzten Tagen der Besatzungsherrschaft und beim Rückzug zu blutigen Zwischenfällen kommen würde. Die Résistance rief am 27. August die Liller Bevölkerung zum Aufstand auf. „Wer zuerst schießt", so beschrieb Schmid die Lage, „hat länger etwas vom Leben. Auf diese Sätze reduziert sich unsere Ethik."[115]

Am Schluß scheute man auch vor Cato-Befehlen nicht zurück. Der Leiter der Gruppe Bergbau bei der Oberfeldkommandantur in Lille Max Schensky hatte Weisung, einen Plan zur Zerstörung der wichtigen Betriebsanlagen des Minengebietes auszuarbeiten, um die Kohlenförderung lahmzulegen, was den Zusammenbruch der nordfranzösischen Industrie bedeutet hätte[116]. Am 1. September kam Max Schensky in die Oberfeldkommandantur, um einen Sprengbefehl zu erwirken. Dort gelang es, seinen Zerstörungsdrang zu zügeln. Allein das Kraftwerk in Lens sollte gesprengt werden. Als Schensky mit seinem Sprengkommando dort eintraf, wurde er von der Résistance mit „wütendem Feuer" empfangen[117]. Vermutlich hatte Schmid der Résistance eine Information zukommen lassen. Er war es wohl auch, der Schensky zur Räson gebracht hatte[118]. Die meisten Angehörigen der Militärverwaltung waren bereits am 31. August aus Lille abgezogen. Schmid gehörte zu den letzten, die Lille verließen. Er hatte bis zum Schluß dort ausgeharrt, um das Schlimmste zu verhüten. Noch einmal wie am Anfang der Besatzungszeit hatte er das Gefühl, gebraucht zu werden[119]. Daseinserfüllung am Rande des Abgrunds. Es soll einen Gestapo-Befehl gegeben haben, ihn auf der Stelle zu liquidieren[120].

Am späten Nachmittag des 1. September trat auch Carlo Schmid den Rückmarsch an. Er konnte erreichen, daß die Résistance keine Anschläge auf die Rückzugstruppen verübte, so daß der Abzug der Truppen aus Lille ohne blutige Zwischenfälle erfolgte. In Lille feierte man am 2. September das Ende der Besatzungszeit. Mit einem Lastwagen, den Schmid in letzter Minute organisieren konnte, machte sich der kleine Reststab der Oberfeldkommandantur auf den Weg von Lille nach Verviers, wo sich der Stab auflöste. In Verviers traf er einige Mitglieder des Fronttheater-Ensemble, die dort festsaßen, weil sie keine Passierscheine hatten. Er half ihnen, durch die Passierstelle zu kommen[121]. Am 6. September, neunundvierzig Monate nach seiner Einberufung als Kriegsverwaltungsrat nach Lille, war er wieder in Tübingen. Noch war Krieg. Wie das Leben in Tübingen weitergehen sollte, zu welcher Tätigkeit man ihn nun heranziehen würde, wußte er nicht[122].

Kriegsende in Tübingen

Nach seiner Rückkehr nach Tübingen hatte sich Schmid beim dortigen Wehrbezirkskommando zu melden. Er erhielt den Auftrag, bei der Erstellung eines Schlußberichts über die Militärverwaltung in Belgien und Nordfrankreich mitzuarbeiten. Das war eine überaus heikle Aufgabe, wenn man ohne jede apologetische Absicht die Dinge beim Namen nennen wollte. Im September begann er mit der Abfertigung des Berichts, den er zum Glück nie abgeben mußte, weil sich zum Schluß niemand mehr für ihn interessierte[1]. So konnte wenigstens dieser Bericht ihn nicht mehr in Konflikt mit NS-Stellen bringen. Ohnehin mußte er fürchten, in den Schlußwirren verhaftet und „liquidiert" zu werden, wie der Mord an Regimegegnern in der Terminologie der Nationalsozialisten hieß. Er übernachtete fast jeden Tag an einem anderen Ort[2]. Für kurze Zeit hielt er sich in Bad Zwischenahn auf, wo Irmgard Michael lebte[3]. Schließlich fand er in dem von Theodor Dobler betreuten Tübinger Garnisonslazarett Unterschlupf. Seine Tätigkeit als Landgerichtsrat und als Privatdozent nahm er nicht wieder auf. Die meisten Studenten waren eingezogen worden, so daß er vermutlich keine Hörer gehabt hätte. Außerdem konnte jetzt auch schon die leiseste Kritik gefährlich werden.

Seine persönliche Zukunft lag ebenso im Ungewissen wie die Deutschlands. Gewiß, seine Stelle als Landgerichtsrat würde er wahrscheinlich wiederbekommen. Er konnte sich sogar Hoffnung auf eine Professur machen, denn an der Universität würde es sicherlich zu Säuberungen kommen. Doch Lille war ein zu tiefer Einschnitt in seinem Leben gewesen, als daß er einfach an die Zeit vor 1940 wieder hätte anknüpfen können. Ein beschauliches Leben als Landgerichtsrat oder als Tübinger Ordinarius hätte ihn kaum mehr befriedigen können. Lille war für ihn eine schreckliche Zeit gewesen, aber auch eine Zeit existentieller Herausforderung, in der er zum Politiker wurde und auch als Künstler zu sich selbst fand. Von einem Leben als Künstler träumte er. Einen Moment lang spielte er mit dem Gedanken, nach dem Krieg ein Kabarett zu gründen[4]. Ringelnatz faszinierte ihn immer noch. Außerdem war er davon überzeugt, daß das Kabarett ein wichtiges Medium zur Ausbildung einer demokratisch-politischen Kultur in Deutschland sei. Doch im Grunde war der Wunsch, Kabarettist zu werden, eine Flause. Das wußte er auch. Wer eine große Familie zu ernähren hat, kann sich nicht auf das Risiko eines Künstlerlebens einlassen. Kabarettist wurde er nicht, aber ein begeisterter Kabarettbesucher. Enge Freundschaft verband ihn mit Werner Finck, dessen „Partei der Radikalen Mitte" er sich anschloß[5], und Kay und Lore Lorentz, in deren Düsseldorfer Kom(m)ödchen er ein gern gesehener Gast wurde.

In Lille war Carlo Schmid zum Politiker geworden, noch bevor er sich entschlossen hatte, in die Politik zu gehen. Er mußte dort handeln, wenn er nicht schuldig werden wollte. Ein unpolitischer „Hieronymus im Gehäuse" war er ohnehin nie gewesen. Sein Bekenntnis zum Dritten Humanismus war auch ein Bekenntnis zur Verantwortung einer neuen Elite für die res publica gewesen. Nein, der Weg in die Politik war für ihn kein Opfergang. Ihn reizte die Politik trotz seiner Neigung zur Kontemplation, trotz und vielleicht gerade, weil er ein Traumkind war. 1943 schrieb er seiner Frau: „Manchmal beneide ich die Leute, die ungestört in ihrem Studierzimmer sitzen und dort ihre Bücher lesen können, ab und zu die Wimper zum Horizonte hebend und einem Worte nachsinnend – aber dann denke ich an den Reiz, der darin liegt, auf der Zinne zu stehen und jedem Winde, der da weht, die Brust zu bieten und ihn im Anprall dorthin zu lenken, wo er Mühlen treiben kann."[6]

Schmid wollte den Neuanfang, und er glaubte, daß dazu eine neue Elite notwendig sei, zu der er sich zählte. Die von den Kreisauern ausgearbeitete Erste Weisung an die Landesverweser dürfte ihm bekannt gewesen sein und er dürfte sie als Verpflichtung aufgefaßt haben. In ihr wurden „verantwortlich führende Persönlichkeiten" aufgefordert, nach dem Umsturz und der Besetzung Deutschlands durch die Alliierten aufgrund einer „festgeschlossenen Anschauung" die „innere Zusammengehörigkeit der deutschen Länder als Kulturnation (zu) erhalten und (zu) erhärten"[7]. Er selbst sprach von einem „Auftrag", den er habe[8]. Das klingt geheimnisvoll. Es war vermutlich die Mitarbeit am Neuaufbau Deutschlands gemeint. Weil ihn die Politik lockte und weil es kein neues 1933 mehr geben sollte, nahm er sich selbst in die Pflicht. Er fühlte sich noch immer als deutscher Patriot, wenngleich er an die deutsche Kulturmission nicht mehr glaubte. Frankreich würde die führende Kulturmacht der Nachkriegszeit sein. In Lille war er immer wieder von der universalen Bildung seiner französischen Gesprächspartner beeindruckt gewesen. Sogar einen Schwarzmarkt für Bücher hatte es dort gegeben[9]. Er selbst hatte sich in Frankreich eine ganze Bibliothek französischer Literatur zusammengesammelt. Bei Kriegsende kannte er die Literatur der französischen Moderne besser als die deutsche[10]. Er vertiefte sich in Sartre, liebte Pierre Mac Orlans „Le Quai des Brumes" und ließ sich fesseln durch das Leid und die Verzweiflung der großen einsamen Tatmenschen und Einzelkämpfer bei Henry de Montherlant. Noch bevor er in den 60er Jahren Malraux' Anti-Memoiren übersetzte, war er ergriffen von dessen Roman „La Condition Humaine", in dem die Vergeblichkeit des einzelnen, der Sinnlosigkeit des Lebens zu entrinnen, thematisiert wurde. In diesen Romanen wurde seine existentielle Grundbefindlichkeit zur Sprache gebracht. So las er, als er von Lille zurückkehrte, mehr die französische Literatur als die deutsche.

In Lille hatte er auch begonnen, sich Gedanken über eine spätere deutsch-französische Freundschaft zu machen, die der Angelpunkt eines vereinten Europa werden sollte[11]. Freilich, nach all dem, was geschehen war, war er sich nicht sicher, ob es jemals noch zu einer deutsch-französischen Aussöhnung kommen würde.

Seit April 1945 war abzusehen, daß Südwürttemberg von den Franzosen besetzt wurde, wenngleich Amerikaner und Franzosen sich immer noch nicht auf eine verbindliche Festlegung ihrer Besatzungszonen hatten einigen können. Charles de Gaulle, der am 1. Oktober 1944 feierlich in seiner Geburtsstadt Lille empfangen worden war, wollte die Zerstückelung Deutschlands und, wenn möglich, die Annexion der linksrheinischen Gebiete an Frankreich[12]. Für die weitere Zukunft Südwürttembergs verhießen de Gaulles Pläne nichts Gutes. Schmid fürchtete u. a. eine längere oder gar endgültige Schließung der Universität Tübingen. Um dies zu verhindern, traf er bereits vor dem Einmarsch der Franzosen Vorbereitungen für einen Rektoratswechsel an der Universität[13]. Der 1939 zum Rektor ernannte Otto Stickl war zwar kein radikaler Nationalsozialist, aber unhaltbar beim Neuaufbau der Universität. Auch die Furcht vor wilden Säuberungen mag Schmid bewegt haben, nach einem unbelasteten Ordinarius zu suchen, dem das Rektorat, sobald die Franzosen Tübingen erreichten, überantwortet werden konnte. Der Rektoratswechsel erfolgte erst zwei Wochen nach der Besetzung Tübingens. Die Sondierungsgespräche waren für Schmid trotzdem von großer Wichtigkeit gewesen. Er hatte erfahren, daß sich die politische Einstellung einiger Dozenten seit 1940 erheblich gewandelt hatte[14]. Das mußte man wissen, wenn man bei der notwendig werdenden politischen Säuberung der Universität nicht einfach schematisch nach dem Kriterium der Parteizugehörigkeit verfahren wollte.

Die Stimmung an der Universität unterschied sich kaum von der der Bevölkerung: Man wollte an die Niederlage Deutschlands nicht glauben. Noch am 18. April, einem Tag vor dem Einmarsch der Franzosen in Tübingen, erzählte man sich dort den „neuesten Kriegsklatsch“[15]. Gauleiter Murr gab am selben Tag den Befehl, Tübingen bis zum letzten Mann zu verteidigen. Carlo Schmid konnte nur kopfschüttelnd feststellen: „Die merken nichts“. Er selbst grub seinen Garten um und steckte Kartoffeln. Er hoffte, sie zusammen mit seinen Kindern ernten zu können[16].

Euphorischer Neubeginn im Südwesten
1945–1947

Tübingen 1945: Eine Provinzstadt soll Metropole werden

In den frühen Morgenstunden des 19. April wurde Tübingen durch die 5. französische Panzerdivision unter General Mozat besetzt. Kreisleiter Hans Rauschnabel und Ernst Weinmann, der Oberbürgermeister Tübingens, hatten kurz vor dem Einmarsch der französischen Truppen die Flucht ergriffen. Die Einnahme Tübingens erfolgte kampflos, obwohl es auch dort in den letzten Tagen noch zu einem Befehlsgebungswirrwarr gekommen war, das fast zu einer Katastrophe geführt hätte. Schließlich gelang es, Tübingen zur Lazarettstadt zu erklären und so eine Zerstörung zu verhindern[1]. Einheitliche Richtlinien für die Besetzung Deutschlands hatten die Franzosen im April 1945 noch nicht. Es gab zahlreiche Pläne, aber keine einheitliche Planung der Besatzungspolitik. Diejenigen, die eine „Politik der Pfänder" betreiben wollten, hatten die Mehrheit hinter sich. Die Mitarbeiter der Militärregierung mußten im Sommer 1945 erst noch ausgebildet werden. Die Besatzungsverwaltung war ein Sammelbecken von Persönlichkeiten unterschiedlichster Provenienz und politischer Haltung gegenüber den Deutschen[2]. Die Mehrzahl der einmarschierenden Soldaten – unter ihnen waren zahlreiche Marokkaner, Algerier und Berber – machte sich die Devise zu eigen: „Le boche payera."

In den ersten Besatzungstagen kam es zu zahlreichen Vergewaltigungen und Plünderungen durchziehender marodierender Truppen. Maßlose Requirierungen wurden angeordnet. Alle Kraftfahrzeuge wurden beschlagnahmt, Bibliotheken und Institute nach wertvoller Literatur und teuren Geräten durchsucht. Ausgehsperren wurden verhängt und die Ablieferung von Wohnungsgegenständen, Rundfunkgeräten und Fotoapparaten verlangt. Schulen, Hotels und Kliniken dienten als Truppenquartiere, in die Villenviertel der Stadt zogen die Truppenstäbe ein[3]. Auch Carlo Schmids Haus auf der Waldhäuser Höhe wurde von Einquartierungen nicht verschont. Zuerst kamen Marokkaner ins Haus, dann Algerier. Carlo Schmid mußte während der ersten Besatzungswochen mit Frau und Kindern in den Kellerräumen hausen. Eine Ausnahme gab es auch für ihn nicht, obwohl er schon bald zum wichtigsten Verhandlungspartner der Franzosen in Tübingen wurde.

Im Anfang war Carlo Schmid. In Tübingen herrschte Ratlosigkeit. So ergriff Schmid, der mit dem Neuaufbau am liebsten sofort begonnen hätte, die Initiative. Er ging noch am ersten Tag der Besetzung auf das Rathaus, um mit dem französischen Truppenkommandanten zu verhandeln. Die wenigen verbliebenen Rathausangestellten und der von den Franzosen eingesetzte Oberbürgermeister, Fritz Haußmann, standen der Situation völlig hilflos gegenüber. Für Schmid war sie nicht neu. Er hatte bereits vier Jahre in einem besetzten Land gelebt – nur die Rollen waren jetzt vertauscht. Auch in Lille war es zu uferlosen Requirierungen gekommen. Schon damals hatte er versucht, Plünderungen und wilde Beschlagnahmungen zu unterbinden. Das versuchte er auch jetzt wieder. Requirierungen sollten nur noch nach Vorlage eines von einem Truppenkommandanten ordnungsgemäß ausgestellten Requisitionsscheines erlaubt sein. Zugleich bemühte er sich um eine Aufhebung des verhängten Ausgehverbotes und eine Regelung der Einquartierungen. Nach Möglichkeit sollten Privathäuser mit wertvollen Bibliotheken von Masseneinquartierungen verschont bleiben[4]. Die französischen Besatzer, die sich mit dem hilflos eingeschüchterten Rathauspersonal kaum verständigen konnten, scheinen über Schmids Vermittlungsversuche froh gewesen zu sein. Bereits zwei Tage nach dem Einmarsch der Franzosen wurde er von der angeordneten Arbeitsdienstpflicht befreit und erhielt die Erlaubnis, sich innerhalb Tübingens frei zu bewegen[5].

Doch vor Denunziationen war auch er nicht gefeit. Sie grassierten in den ersten Besatzungsmonaten wie schon in den Jahren nach 1933. Es gab eine Reihe zwielichtiger Gestalten, die unter Mithilfe des französischen Militärs in Tübingen ein Terrorsystem zu errichten suchten und Dutzende ihnen unliebsamer Tübinger Bürger hinter Schloß und Riegel brachten[6]. Auch Schmid wurde das Opfer einer solch böswilligen Intrige. Am 23. April wurde er auf offener Straße unter dem Verdacht, ein Werwolf zu sein, verhaftet. Bei dem Verhör, in dem er diesen Verdacht als „grotesk" bezeichnete, muß er entsetzlich gedemütigt und verprügelt worden sein, worunter er, sensibel wie er war, noch lange litt[7]. Mangels anderer Unterbringungsmöglichkeiten wurde er in eine Toilette eingeschlossen und mußte damit rechnen, „liquidiert" zu werden. In den Anfangswirren konnte es leicht passieren, daß jemand das Opfer brutaler Willkür wurde. Zwei Tage später war Carlo Schmid wieder frei. Studentenpfarrer Bernhard Hanssler gelang es, ihn aus seiner ungewöhnlichen Zelle zu befreien[8]. Inzwischen hatte auch eine Haussuchung stattgefunden, bei der seine Baudelaire-Übertragung gefunden wurde. Sie mag den Verdacht, er sei ein Werwolf, vollends entkräftet haben.

Bereits am 19. April hatten ehemalige Mitglieder der SPD und KPD in Tübingen einen Antifaschistischen Ausschuß gegründet, der die Arbeit des Neuaufbaus in seine Hände nehmen wollte. Vorsitzender war zunächst Karl Kammer, vor 1933 Mitglied der KPD, der aber schon bald von dem ehemaligen Sozialdemokraten Wilhelm Baudermann abgelöst wurde. Unter seinem Vorsitz traf sich der sogenannte „Antifaschistische Block" seit Ende April regelmäßig mittwochs in dem Altstadtlokal „Der Pflug", das während der NS-Zeit das Stammlokal der Sozialdemokraten gewesen war[9]. Carlo Schmid schloß sich Ende April dem „Antifaschistischen Block" an, denn er wollte verhindern, daß dieser sich zu einem Forum kommunistischer Agitation entwickelte. Zusammen mit seinem Freund Victor Renner und einigen anderen Mitgliedern des Juristenstammtisches der dreißiger Jahre wandelte er den „Antifaschistischen Block" in eine „Demokratische Vereinigung" um, in der die Mitarbeit von Angehörigen des Bürgertums willkommen war. So entstand eine Art inoffizieller Gemeinderat, der sich der in Tübingen anfallenden Probleme annahm. Die „Demokratische Vereinigung" hatte kein ausgearbeitetes politisches Programm. Sie sorgte sich um die unmittelbaren Nöte: die Versorgung der Bevölkerung mit Lebensmitteln, die Verwahrlosung der Jugend, die Wiedereröffnung der Schulen, die „lebhaft alle Gemüter" interessiert haben soll, und die politische Säuberung. Die ehemaligen Blockleiter wurden verpflichtet, Listen abzugeben, „woraus die Mitglieder des Blocks und ihre Funktionen in der Partei und in sonstigen Gliederungen der SS, SA und NSKK ersichtlich waren"[10]. Manchmal versammelte sich auch ein kleiner Kreis im Eßzimmer der Familie Schmid, um Probleme des Neuaufbaus zu beraten[11].

Schon in den ersten Wochen wurde Carlo Schmid zur dominanten Persönlichkeit in der „Demokratischen Vereinigung". Alles hatte noch provisorischen Charakter. Durchsetzungsfähigkeit hing von persönlichen Beziehungen ab. Schmid hatte aufgrund seiner ausgezeichneten Französisch-Kenntnisse und seinen Erfahrungen in der Besatzungsverwaltung schon bald engen Kontakt zur französischen Besatzungsmacht. Für Corbin de Mangoux, den späteren Kabinettsdirektor des Gouverneurs von Württemberg-Hohenzollern, war er der Sprecher der Tübinger Bürger. Mangoux, dem Rache- und Vergeltungsgedanken fernlagen, der das Besatzungsregime in Tübingen gern in geordnete Bahnen leiten wollte, ließ sich von dem ehemaligen Militärverwaltungsrat in Lille informieren und beraten. Schmid hatte den Zugang zu den Machthabern. Ohne ihn hätte er sich nicht so leicht durchsetzen können. Er war ein Neuling in der Politik. Er war nicht wie so viele Nachkriegspolitiker bereits vor 1933 in Amt und Würden gewesen. Einige betrachteten den Newcomer mit Argwohn. Von seinen Gegnern wurde er schon bald als „Mann der Franzosen" denunziert[12].

Die Mehrzahl der Tübinger Bürger und die große Mehrheit der „Demokratischen Vereinigung" schätzte seine Bemühungen um eine Zusammenarbeit mit den Franzosen, durch die die Härte des Besatzungsregimes zumindest etwas abgemildert wurde. Zu den Hauptanliegen der „Demokratischen Vereinigung“ gehörte neben den unmittelbaren Versorgungsproblemen die Besetzung der kommunalen Ämter. Die alten Nationalsozialisten sollten möglichst schnell aus ihren Ämtern entfernt werden. Eine Neubesetzung der Ämter durch Kommunisten war unerwünscht. Schmid machte keinen Hehl aus seiner antikommunistischen Einstellung. Eine Zusammenarbeit mit Kommunisten kam für ihn nicht in Frage. Genug, daß in der „Demokratischen Vereinigung“ auch Kommunisten saßen. Nach einigen Mitte Mai mit der örtlichen französischen Militärverwaltung geführten Verhandlungen erhielt die „Demokratische Vereinigung“ die Erlaubnis, aus ihrer Mitte einen Gemeinderat zu wählen. Er konstituierte sich am 25. Mai und ernannte Carlo Schmid zum Vorsitzenden. Er regte eine Bevölkerungs- und Wohnraumzählung an, die Anfang Juli auch durchgeführt wurde[13]. Das war die einzige Maßnahme, die von dem Gemeinderat ausging, denn er tagte nur einmal am 25. Mai, dem Tag, an dem er sich konstituierte. Auf Befehl übergeordneter französischer Militärbehörden wurde er bereits sechs Tage später wieder aufgelöst. Dort war man der Meinung, daß sich der Neuaufbau von oben nach unten vollziehen müsse. Spontane Initiativen von unten waren verpönt, denn es herrschte die Überzeugung vor, daß die Deutschen zur Demokratie erst noch erzogen werden müßten[14]. Vielleicht war es gut so. Schmid wäre sonst möglicherweise als Oberbürgermeister Tübingens in die Geschichte eingegangen.

Er ließ sich durch den Rückschlag nicht entmutigen. Er drängte weiter auf die Beseitigung der ehemaligen Pgs. aus den kommunalen Ämtern. In einer Zeit, in der es keine überregionalen Behörden gab, waren der Bürgermeister und der Landrat die beiden wichtigsten Amtsträger. Tübingens Oberbürgermeister Fritz Haußmann war alt und krank und seiner Aufgabe in keiner Weise gewachsen. Hart ging Schmid mit Landrat Friedrich Geißler ins Gericht. Dieser habe es versäumt, die nationalsozialistischen Bürgermeister in seinem Kreis zu entfernen und sei „reaktionären Kräften“, die sich überall schon wieder bemerkbar machten, nicht entgegengetreten. Das Amt des Landrats verlange „größte Gewissenhaftigkeit“, die Geißler vermissen ließ und die man auch nicht von ihm erwarten könne[15]. Energisch und zielsicher ging er die politischen Probleme, die geregelt werden mußten, an. Er selbst kam für die beiden Posten nicht in Frage. Als er seine Monita gegen Geißler in der „Demokratischen Vereinigung“ vortrug, war er schon Landesdirektor für Kultus in Stuttgart. Aber sein Freund Victor Renner war seiner Ansicht nach der rechte Mann für die beiden Schlüsselämter und so tat er alles, was in seiner Macht stand, daß Renner die Ämter bekam. Am 8. Juni wurde Renner Oberbürgermeister von Tübingen, Mitte Juli übernahm er auch das Landratsamt[16]. Ohne eine gezielte Personalpolitik ließ sich ein wirklicher politischer Neuanfang nicht erreichen. Einige redeten von Patronage und Kungelei[17]. Der unkonventionelle und kunstsinnige Victor Renner, der politisch ein unbeschriebenes Blatt war, entsprach ebensowenig wie Carlo Schmid dem biederen Habitus der Tübinger Bürger. Schmid wollte auf jeden Fall verhindern, daß die Parteiveteranen aus der Weimarer Republik in einflußreiche Stellungen gelangten und dort ihre alte Politik fortsetzten. Eine neue Elite sollte einen neuen Staat aufbauen. Seit Spätsommer 1945 führte die „Demokratische Vereinigung" nur noch ein Schattendasein. Carlo Schmid referierte gelegentlich noch über seine Arbeit in der Landesdirektion in Stuttgart und im Tübinger Staatssekretariat[18]. Er blieb der „Demokratischen Vereinigung" bis zu ihrer Auflösung verbunden, obwohl er sie als Sprungbrett für eine politische Karriere schon längst abgeschrieben hatte.

Auch als Schmid in Stuttgart war, schlug sein Herz für Tübingen, insbesondere für die Universität, von deren Ruf der Ruf Tübingens abhing. Nachdem er schon vor Einmarsch der Franzosen einen Rektoratswechsel in Gang zu setzen versucht hatte, bemühte er sich sofort nach der Besetzung Tübingens um die Bildung eines Arbeitsstabes unbelasteter Professoren und Universitätsangehöriger, der am 20. April erstmals zusammentrat. Am 3. Mai bekam der Arbeitsstab die offizielle Sanktion des noch amtierenden Rektors Stickl[19]. Nach offizieller Terminologie war der Arbeitsstab „zur möglichst schnellen und reibungslosen Abwicklung und Erledigung der vielseitigen Verhandlungen mit der Besatzungsmacht" gebildet worden. Er sollte sich täglich 15 Uhr zur Besprechung der anfallenden Aufgaben treffen. Schmids Hauptanliegen war die politische Selbstreinigung der Universität, denn er wollte die Entnazifizierung auf keinen Fall den Franzosen überlassen, die bereits am 3. Mai nach eigenem Ermessen acht Professoren verhaftet hatten, von denen einige überhaupt nicht zu den Belasteten zählten. Der Arbeitsstab protestierte ohne Erfolg gegen ihre Verhaftung und Verbringung in ein Internierungslager nach Balingen[20]. Selbst als Schmid im Oktober Vorsitzender des Staatssekretariats wurde, vermochte er nichts für sie zu tun.

Für die anvisierte Erneuerung der Universität standen Schmid Hans Rupp und Konrad Zweigert zur Seite, die beide Mitarbeiter des nach Hechingen ausgelagerten Instituts für ausländisches und internationales Privatrecht waren. Zweigert wie Rupp teilten Schmids geistige Haltung und Lebenseinstellung. Auch Zweigert, der eine Zeitlang im Hause Schmid wohnte, war eine Künstlernatur und seinem Habitus nach ein Aristokrat mit sozialem Engagement, der Schwierigkeiten hatte, sich mit der modernen Massendemokratie abzufinden[21]. Rupps Einstellung unterschied sich kaum von der Zweigerts. Heuss nannte ihn später spöttisch die „Sèvres-Tasse auf dem Vertiko der SPD"[22]. Rupp und Zweigert waren ideale Mitarbeiter für Schmid, der nur mit Menschen zurechtkam, die eine ähnliche Lebenseinstellung hatten wie er.

Der Wechsel im Rektorat mußte schleunigst vollzogen werden, wollte man verhindern, daß die französischen Besatzer die Sache selbst in die Hand nahmen. Der amtierende Rektor Stickl freilich war nur schwer zu einem Rücktritt zu bewegen. Stickl ging es gegen die „nationale Ehre", „ohne Zwang das zu tun, was die Besatzungsmacht wünsch(t)e"[23]. Einen putschartigen Sturz des Rektors durch eine kleine Gruppe innerhalb der Universität lehnte Schmid ab. Die Neuorganisation habe von den Fakultäten aus zu erfolgen „auf breitester Grundlage mit aller Rücksichtnahme auf den Rektor, dem die Fakultät Achtung und Dank für seine charaktervolle Haltung und Führung der Geschäfte schuldet"[24]. Er wollte mit den Vertrauenspersonen der einzelnen Fakultäten in Verbindung treten, um die Zustimmung der Fakultäten zur Absetzung Stickls zu erreichen. Außerdem mußte er Kontakt zu den zuständigen französischen Dienststellen aufnehmen, da ohne deren Genehmigung ein Rektoratswechsel nicht vollzogen werden konnte. Am 6. Mai erörterte die Rechts- und Wirtschaftswissenschaftliche Fakultät der Universität die rechtliche Problematik eines Rektoratswechsels. Carlo Schmid leitete die Diskussion. Es herrschte schließlich allgemein die Auffassung, daß die Rechtsgrundlage für die Amtsführung des bisherigen Rektors fortgefallen sei. Stickl sollte dieser Rechtsstandpunkt vorgetragen werden[25]. Einen Tag später wich Stickl dem Druck und legte das Rektorat nieder. Hermann Schneider, ein politisch überaus konservativer Germanist, übernahm das Rektorat. Er war offensichtlich der einzige gewesen, auf den man sich hatte einigen können. Die offizielle Wahl des Rektors erfolgte am 19. Mai. In der Öffentlichkeit vertrat Hermann Schneider die Universität, inoffiziell kümmerte sich Carlo Schmid, der sich ständig mit Schneider beriet, um die Belange der Universität und war ihr Sprecher bei den Besatzungsbehörden. So lag der Neubeginn der Tübinger Alma mater in den Händen eines durchsetzungsstarken Privatdozenten, der noch nie in einem Universitätsgremium gesessen hatte. Es war keiner da, der ihm den Rang streitig machte, weil sich fast alle während der NS-Zeit kompromittiert hatten. Die Universität stellte ihm ein kleines Büro zur Verfügung, in dem er die Verhandlungen führen konnte[26].

Schmid erwirkte bei der Militärregierung die Zustimmung für die Rückkehr der Universität zu der vor 1933 geltenden Universitätsverfassung, die während der NS-Zeit durch das Führerprinzip ersetzt worden war. Erstmals seit zwölf Jahren trat am 11. Mai, also bereits drei Wochen nach dem Einmarsch der Franzosen, der Kleine Senat zusammen. Privatdozent Schmid wohnte der Sitzung als Vertreter der Dozenten bei. Die erforderliche Zustimmung des Großen Senats zu der neuen Zusammensetzung des Kleinen Senats lag nicht vor[27]. Formale Ordnungsprinzipien konnten damals nur selten berücksichtigt werden. Der Große Senat konstituierte sich erst eine Woche später am 19. Mai und wählte „Landgerichtsrat Dr. Schmid" per Akklamation zum Vertreter der Dozenten im Großen und Kleinen Senat. Man würdigte damit seine „großen Verdienste", die er sich als „Mittelsmann zwischen Universität und Besatzungsbehörde" erworben hatte[28]. Im Juni 1945 wurde er zum außerplanmäßigen Professor ernannt. Die Einwände des Dozentenführers, so stellte man in der Rechts- und Wirtschaftswissenschaftlichen Fakultät fest, seien nunmehr gegenstandslos[29]. Für Schmid war die Ernennung eine Art Wiedergutmachung.

Der Rektoratswechsel war vollzogen, die alte Universitätsverfassung war wieder hergestellt. Einer Wiedereröffnung der Universität stand nun eigentlich nichts mehr im Wege. In mehreren Mitte Mai geführten Gesprächen stellte der Tübinger Ortskommandant Metzger Schmid ihre baldige Wiederöffnung in Aussicht und gelobte sogar, die äußerste Zurückhaltung der französischen Besatzungsmacht bei der politischen Säuberung der Universität[30].

Noch keine Entscheidung war gefallen über die zukünftige Organisation der Studentenschaft. Die Tradition der Korpsstudenten war in Tübingen noch immer lebendig. Bereits Mitte Mai kam es zur Gründung einer „Vereinigung Tübinger Korpsstudenten", die ihre offizielle Zulassung zu erreichen suchte[31]. Ende Mai/Anfang Juni erhitzte die Frage, ob die Burschenschaften wiederzugelassen werden sollten oder nicht, die Gemüter von Professoren, Dozenten und Studenten. Wenn Carlo Schmid allein zu entscheiden gehabt hätte, wären die Korporationen verboten worden. Schon als Student hatte er sich nicht an der Burschenherrlichkeit beteiligt. Dieses bornierte Gemeinschaftsleben war ihm zuwider. Jetzt plädierte er dafür, den Studenten existentiell herauszufordern: „Man muß ihn (...) vor das Nichts stellen, um ihm eine Chance zu geben, daß er etwas wird."[32] Er fürchtete, daß die Korporationen der HJ-Generation eine Zuflucht in ein neues Gemeinschaftsleben böten, so daß sie nicht zu einer Auseinandersetzung mit sich selbst und mit der Vergangenheit gezwungen würden[33]. Durch die Wiederzulassung der Korporationen leiste man dem Entstehen eines reaktionären Klimas an der Universität Vorschub.

Schmids Existentialismus stieß bei seinen Universitätskollegen auf wenig Verständnis. Sie konnten sich keine Universität ohne die alte Burschenherrlichkeit vorstellen und sprachen sich mehrheitlich für die Wiederzulassung der Korporationen aus. Schmid war verärgert. Sarkastisch stellte er fest, daß die zukünftige Universität in die „Gruppe Geist und Gruppe Bier" geteilt werde[34]. Er schätzte die geistige und seelische Verfassung der zukünftigen Studenten äußerst pessimistisch ein. Gegen die Wiederzulassung einer allgemeinen Studentenvertretung hatte er größte Vorbehalte, weil er ihren Mißbrauch durch „geschlossene Gruppen" befürchtete, die die Studenten erneut für eine totalitäre Weltanschauung vereinnahmen könnten. Allenfalls Fachschaften wollte er zulassen[35]. Auch hier wurde er überstimmt.

Durchsetzen konnte er sich dagegen mit seinem ehrgeizigen Plan, aus der Tübinger Brotuniversität eine Gelehrtenrepublik zu machen. Schon immer war er der Überzeugung gewesen, daß die Universitäten sich nicht damit begnügen dürften, Fachleute auszubilden, die in seinen Augen „völlige Banausen" waren[36]. Carlo Schmid wollte das alte Humboldtsche Universitätsideal wiederbeleben. Ohne eine rasche Entnazifizierung und die Berufung herausragender Gelehrter an die Universität war an eine Verwirklichung dieses Ideals nicht zu denken. Assistiert von Rupp und Zweigert erstellte der Landesdirektor für Kultus in Stuttgart Säuberungslisten, die er in Tübingen mit Rektor Schneider besprach. Eile schien auch deshalb geboten, weil im Sommer 1945 bei einigen Dozenten der abstruse Gedanke aufkam, zu einer „nationalen Erhebung" aufzurufen[37]. Am 4. und 19. Juli erfolgten die ersten Suspendierungen von belasteten Lehrkräften. 46 Mitglieder der Universität wurden einstweilig aus dem Dienst entlassen[38]. Auf Befehl der französischen Militärregierung wurden am 25. Oktober endgültig 40 Universitätslehrer und sonstige Mitarbeiter entlassen[39]. Das war immerhin fast ein Viertel des Lehrkörpers der Universität. Hätte man alle Pgs. hinausgeworfen, so hätten über drei Viertel der Lehrkräfte entlassen werden müssen. Derartige radikale Maßnahmen, für die sich einige während der NS-Zeit benachteiligte Professoren aussprachen, waren für Schmid inakzeptabel. Er wußte nur zu gut, in welcher Bedrängnis sich mancher Universitätskollege zum Parteieintritt entschlossen hatte.

Der Säuberungsbefehl der französischen Militärregierung war in Übereinstimmung mit den von Schmid vorgeschlagenen Entlassungen erfolgt. Schmid hatte sich zuvor mit dem französischen Kulturoffizier René Cheval über die Vorgehensweise bei der politischen Säuberung der Universität unterhalten. Sie waren beide der Meinung, daß Entlassungen nicht aufgrund bloßer Parteizugehörigkeit vorgenommen werden könnten. Jeder Fall sollte individuell beurteilt werden. Die politische Einstellung und das Verhalten während des NS-Regimes sollten die ausschlaggebenden Kriterien sein. Schmid hatte schwere Verantwortung auf sich geladen. Es gab schwierige Fälle, bei denen mit der „Apothekerwaage" gemessen werden mußte. Zwei Beispiele sollen erläutern, wie er vorging. Der eine betraf einen evangelischen Theologen, der kein Pg. war: „Über seine große wissenschaftliche Leistung auf dem Gebiet des Neuen Testaments ist kein Zweifel möglich. Er hat sich jedoch in der Judenfrage, insbesondere durch seine Mitarbeit im Reichsinstitut für die Geschichte des neuen Deutschlands – Forschungen zur Judenfrage –, derartig kompromittiert, daß er als völlig untragbar für die Universität bezeichnet werden muß. Vorschlag: Dienstentlassung mit Ruhegehalt." Anders lautete das Urteil über einen Pg.: „Herr Prof. Dr. X ist ein vorzüglicher und hochgeschätzter

Altphilologe, der stets ein aufrechter Gegner des Nationalsozialismus war. Wenn er aus einer gewissen Ängstlichkeit heraus sich doch noch zum Eintritt in die Partei hat überreden lassen, so ist ihm das weiter nicht nachzutragen. Sein Weggang würde einen wirklichen Verlust für die Universität bedeuten. Vorschlag: Wiedereinstellung."[40] Schmid bemühte sich um ein Höchstmaß an Gerechtigkeit. Honoriert wurde ihm das nicht. Wer Säuberungslisten erstellt, schafft sich viele Feinde. So auch Schmid[41]. Kaum einer der Entlassenen akzeptierte den Säuberungsbescheid reumütig. Und es waren zumeist die entschiedenen Nationalsozialisten, die sich ungerecht behandelt fühlten. Robert Wetzel, der Schmids Ernennung zum außerplanmäßigen Professor verhindert hatte, beklagte, daß er das Opfer „autoritärer Kabinettsjustiz" geworden sei[42].

Kämpfen mußte Schmid auch, um seine Berufungsvorschläge durchzusetzen. Mit Initiative und Tatkraft ging er daran, an der Tübinger Universität die geistige Elite Deutschlands zu versammeln. Für kurze Zeit wurde die Utopie einer Gelehrtenrepublik zur Wirklichkeit. Romano Guardini, katholischer Theologe, Philosoph und Ästhet, war einer der ersten, die Schmid für Tübingen zu gewinnen suchte. Es kostete einige Anstrengung, bis sich der überall hochgeschätzte Gelehrte, der auch einen Ruf nach München und Heidelberg erhalten hatte, zur Annahme der ihm angebotenen Professur in Tübingen entschied. Aber Schmid wollte ihn unbedingt in Tübingen haben und so erreichte er schließlich, daß die Fakultät Guardini eine „Professur ad hominem" bewilligte, so daß er ganz nach freiem Ermessen seine Lehrtätigkeit gestalten konnte[43]. Er brauchte nicht nur Katholische Theologie zu lehren, sondern konnte auch in unnachahmlicherweise Rilkes „Duineser Elegien" rezitieren. Guardini versammelte in Tübingen einen großen Kreis von Studenten um sich, für die er eine geistige Autorität wurde[44]. Ein geistiger Mentor der Studenten war auch der Heidegger-Schüler Wilhelm Weischedel, dem Schmid, der Weischedel freundschaftlich verbunden war, trotz aller Vorbehalte der Universität eine Dozentur verschaffte[45]. Heidegger selbst hätte er gerne nach Tübingen geholt. Das mag verwundern. Hatte sich doch der große Gelehrte während der NS-Zeit furchtbar kompromittiert. Doch sollte ein Denker wie Heidegger mit der Elle des Normalmaßes gemessen werden? „Wer groß denkt, muß groß irren" – das war eine dreiste Selbstrechtfertigung des großen Philosophen und doch steckte in dem Satz auch ein Gran Wahrheit[46]. Heideggers Existentialismus beeindruckte Schmid zu sehr, als daß er Heidegger seiner politischen Vergangenheit wegen das Recht, zu lehren, hätte absprechen können. Für Heidegger wäre ein Jugendtraum in Erfüllung gegangen, wenn er in der Hölderlin-Stadt hätte lehren können. Innerhalb der französischen Militärregierung bestanden durchaus Sympathien für Heidegger, in dem man einen deutschen Sartre erblickte. In der Fakultät wurde sofort Protest gegen eine Berufung Heideggers laut und auch innerhalb der französischen Militärregierung wuchsen bei einigen Mitgliedern die Bedenken[47]. Schmid mußte nachgeben.

Noch eine Enttäuschung mußte er erleben. Der angesehene Bonner Romanist Ernst Robert Curtius hatte keinerlei Interesse an einem Lehrstuhl in Tübingen[48]. Aber eine Reihe namhafter Gelehrter konnte er dann doch in das vom Krieg verschont gebliebene Tübingen locken: den Philosophen und Pädagogen Eduard Spranger, dessen Vorlesungen über Platon, Kant und den Deutschen Idealismus schon vor 1933 Tausende Hörer angezogen hatten, den Gräzisten und Althistoriker Walter F. Otto und den Theologen Helmut Thielicke, der allerdings schon bald in den Ruf geriet, ein „Kirchengoebbels" zu sein[49]. Im Frühjahr 1946 wurde der Moraltheologe Theodor Steinbüchel Rektor der Universität, der dort als erster über Marx las. Auch zwei hervorragende Naturwissenschaftler konnte er an die Tübinger Universität binden. Alfred Kühn, Direktor des Kaiser-Wilhelm-Instituts für Biologie, und Adolf Butenandt, der 1939 den Nobelpreis für Chemie erhalten hatte und das Kaiser-Wilhelm-Institut für Biochemie leitete. Der Fortbestand der Kaiser-Wilhelm-Institute war gefährdet. Schmid versuchte ihn zu sichern, indem er den beiden Wissenschaftlern zu einem Lehrstuhl an der Universität verhalf. So konnte zugleich die Grundlage geschaffen werden für eine enge Kooperation von Kaiser-Wilhelm-Gesellschaft und Tübinger Universität. Er wollte aus Tübingen ein Zentrum der Kaiser-Wilhelm-Institute machen. Bereits im Juli 1945 suchte er nach Möglichkeiten, um die Institute finanziell zu fördern. Wenn Schmid jemals euphorisch war, so war es 1945. Er hatte dank einer Machtfülle, über die in normalen Zeiten kein Kultusminister verfügt, den Widerstand der Fakultäten zu überwinden vermocht und aus der Tübinger Universität eine der angesehensten Universitäten Deutschlands gemacht. Die französische Militärregierung, die dem erst 27jährigen René Cheval die Aufsicht über die Universität übertragen hatte, hatte ihm bei den Berufungen fast freie Hand gelassen. Noch später schwärmte er von dieser Zeit des „aufgeklärten Absolutismus"[50], den es freilich nur im Bereich Erziehung und Bildung gab und auch da nur zu Beginn der Besatzungszeit.

Am 20. August durfte die Tübinger Theologische Fakultät als erste Fakultät in Deutschland den Lehrbetrieb wiederaufnehmen. Am 15. Oktober, einen Tag vor Einsetzung des Staatssekretariats für Württemberg-Hohenzollern, erfolgte die feierliche Wiedereröffnung der Tübinger Alma mater. Gouverneur Widmer hielt für die französische Militärregierung die Festrede. Er sprach Carlo Schmid aus dem Herzen, als er ausführte: „Die Tore dieser Universität, die sich heute öffnen, sollen die Schwelle zu einer besseren Welt sein, in der jeder am Prüfstein der Kunst und Wissenschaft sein wirkliches menschliches Maß finden kann."[51]

Schmid war voller Ideen, Pläne und Träume. Und für einen Moment konnte er sogar hoffen, daß diese Träume Wirklichkeit würden. Eine Kulturmetropole wollte er aus Tübingen machen, die Berlin um nichts nachstand. Freilich, er vergaß, daß Tübingen kulturell nur aufblühte, weil die anderen Städte noch in Schutt und Asche lagen. Er plante, Tübingen und Stuttgart zu einem großen Verlagszentrum zu machen. Die ehemals in Berlin, Leipzig und Jena beheimateten Verlagshäuser Reclam, Brockhaus, Insel, Eugen Diederichs und Matthiesen waren im Krieg zerstört worden. Schmid ließ nichts unversucht, um ihnen in Stuttgart oder Tübingen eine neue Unterkunft zu verschaffen[52]. Doch bei dem ganzen Vorhaben war der Wunsch zu sehr der Vater des Gedankens gewesen. Für die großen Verlage wie den Insel- und den Eugen-Diederichs-Verlag ließ sich in Tübingen keine geeignete Unterkunft finden[53]. Immerhin: Der Reclam-Verlag konnte in Stuttgart angesiedelt werden, der Matthiesen-Verlag, die spätere Wissenschaftliche Buchgesellschaft, logierte für einige Jahre in Tübingen. Auch einige kleinere Verlage wie der Katzmann-Verlag und der Ernst-Wasmuth-Verlag fanden in Tübingen eine Bleibe. Im Frühjahr 1946 konnten der J.C.B. Mohr- und der Wunderlich-Verlag in Tübingen wiedereröffnet werden. So war aus Schmids ehrgeizigem Projekt doch noch einiges geworden.

Mit einem anderen Projekt scheiterte er völlig: Eine der Frankfurter Zeitung oder der Times vergleichbare Tageszeitung konnte in Tübingen nicht herausgegeben werden[54]. Diesmal stellten sich die Franzosen quer, die zwar zunächst zustimmten, aber dann doch andere Pläne über die Neuorganisation der Presse entwickelten als Schmid, der mit dem französischen Presseoffizier Loutre überhaupt nicht zurechtkam[55].

Der Mißerfolg ließ sich leicht wegstecken, erfüllte sich doch einer seiner liebsten Träume: Tübingen erhielt ein Theater, das in der Nachkriegszeit zu den besten Theatern Deutschlands zählte. Bereits im August wurden durch eine Kammerspielgruppe Kleists „Zerbrochener Krug", Shaws „Pygmalion" und Ivers „Parkstraße 13" aufgeführt. Im September erlebten die Tübinger dann ein Theaterereignis, das noch heute in den Annalen der Stadtgeschichte steht: die Freilichtaufführung von Romeo und Julia auf dem Tübinger Marktplatz. Hannes Messemer spielte den Romeo. Einen Abend lang verwandelte sich Kunst in Leben und Leben in Kunst. Die Aufführung war eine Idee des Regisseurs Erich Peter Neumann, inszeniert wurde die Aufführung von Günter Stark und Wolfgang Müller. Kreiskommandant Oberst Huchon konnte von Schmid dazu überredet werden, die Ausgangssperren zu lockern[56]. Wenn es um Kunst ging, konnten die französischen Besatzungsbehörden sehr großzügig sein.

Am 19. Oktober – Schmid war seit drei Tagen Vorsitzender des Staatssekretariats für Württemberg-Hohenzollern – wurde das Städtische Schauspielhaus in Tübingen eröffnet. Carlo Schmid und Victor Renner konnten sich gegenseitig beglückwünschen. In kürzester Zeit hatte Tübingen dank ihrer Initiative ein Schauspielhaus bekommen, das noch dazu über ein erstklassiges Ensemble verfügte. Theodor Loos, Lotte Hardt, Anna Dammann, Erika von Thellmann und Hannes Messemer. 1946 konnte auch noch Elisabeth Flickenschildt für das Tübinger Theater gewonnen werden. In Lille hatte Schmid Kontakte zu maßgebenden Theaterleuten geknüpft, die ihm jetzt halfen, hervorragende Schauspieler nach Tübingen zu holen. Einige Schauspieler kannte er schon aus Liller Zeit: Lotte Hardt z. B., die in Lille mehrere Gastspiele gegeben hatte. Auch einige Schauspieler des Liller Fronttheaters folgten seinem Ruf nach Tübingen. Die Tübinger waren theaterfreudig. Ende 1945 hatte das Schauspielhaus Tübingen Einnahmen von 97 000,– RM bei Ausgaben von 100 000,– RM[57]. Die Musikfreunde kamen auch nicht zu kurz. Ende 1945 verfügte Tübingen erstmals über ein ausgezeichnetes Kammerorchester.

Für kurze Zeit wurde Tübingen die Kulturmetropole Deutschlands. Ausnahmezeiten sind Chance und Herausforderung. Carlo Schmid wußte die Gunst der Stunde zu nutzen. Er machte die Universität zu einer Gelehrtenrepublik und Tübingen zu einem Zentrum der Musen. Für ihn war geistige Kost und das ästhetische Spiel ebenso wichtig wie das tägliche Brot. Es wäre ungerecht, ihm vorzuwerfen, er habe dem Spiel und der Schöngeisterei gefrönt, während Tübingens Kinder hungerten. Selbst Adenauer, im Vergleich zu Schmid gewiß eine prosaische Natur, meinte im Sommer 1945, daß die Stillung des Hungers und Dursts nach geistigen Werten ebenso wichtig sei wie die materielle Versorgung der Menschen[58]. Im übrigen kannte Schmid auch die Prosa der wirtschaftlichen Verhältnisse: Requirierungen, Lebensmittelentnahmen, die in keinem Verhältnis zu den wirklichen Bedürfnissen der Besatzungsmacht standen, Demontagen, die die Industrie Württembergs zerstörten. Obwohl er wußte, wie zermürbend der tägliche Kleinkampf gegen eine Besatzungsmacht ist, wollte er ihn aufnehmen. Die Franzosen sollten aus Württemberg keine Ausbeutungskolonie machen. Auch deshalb übernahm er Mitte Juni 1945 das Amt des Landesdirektors für Kultus, Erziehung und Kunst in Stuttgart.

Eine Landesverwaltung im Widerstreit zwischen Amerikanern und Franzosen

In einem Wettrennen mit der amerikanischen Armee war es am 22. April 1945 der französischen Armee unter General de Lattre de Tassigny gelungen, Stuttgart zu besetzen. Das widersprach Absprachen, die Amerikaner und Franzosen zuvor getroffen hatten, um die sich aber General de Gaulle wenig kümmerte. Stuttgart war ein territoriales Faustpfand, von dem aus man den Zugriff auf ganz Württemberg wagen konnte. Die Amerikaner freilich dachten gar nicht daran, den Franzosen Stuttgart und damit möglicherweise ganz Württemberg zu überlassen[1]. So versuchten die Franzosen faits accomplis zu schaffen und beauftragten bereits am 2. Mai, zwei Wochen nach der Besetzung, den Stuttgarter Oberbürgermeister Arnulf Klett mit der Bildung von Landesdirektionen. Die Landesverwaltung sollte, das wurde ausdrücklich betont, nur einen vorläufigen Charakter haben. Für Klett war es nicht einfach, kompetente, unbelastete Persönlichkeiten zu gewinnen. Es mußte damit gerechnet werden, daß in Kürze die Amerikaner in Stuttgart das Sternenbanner hissen würden. Dann würde die französische Landesverwaltung abgesetzt werden und die Aussicht auf eine politische Karriere war erst einmal dahin. Bei den Amerikanern als Mann der Franzosen zu gelten, konnte einem nur schaden. Reinhold Maier, der frühere Wirtschaftsminister Württembergs, lehnte, obwohl er von Klett geradezu bestürmt wurde, sich der politischen Verantwortung nicht zu entziehen, die Übernahme eines Amtes ab. Klett setzte ihn trotzdem auf die Vorschlagsliste, die er am 21. Mai der französischen Militärregierung überreichte[2]. Schmids Name stand nicht auf der Liste. Wer kannte in Stuttgart schon diesen Landgerichtsrat und Privatdozenten, der vor 1933 keiner Partei angehört hatte und sich auch sonst kaum politisch hervorgetan hatte.

Bei der französischen Militärregierung fand Kletts Liste wenig Gefallen. Gar nicht einverstanden waren sie mit Theodor Bäuerle, den Klett als Landesdirektor für Kult und Erziehung vorgeschlagen hatte[3]. Bäuerle war bis 1936 Direktor des Vereins zur Förderung der Volksbildung und stand in engem Kontakt zu Eugen Rosenstock-Huessy. Er hatte vor 1933 keiner Partei angehört und war 1942 für einige Wochen von der Gestapo verhaftet worden. Es mag sein, daß die Franzosen keinen Unterschied zwischen der Volksbildungsbewegung und der völkischen Bewegung zu sehen vermochten und deshalb gegen die Einsetzung Bäuerles als Landesdirektor für Kult die größten Bedenken hatten. Von deutscher Seite kamen keine neuen Vorschläge. So mußten die Franzosen selbst nach einer Alternative für Bäuerle suchen. Die Wahl fiel auf Carlo Schmid. In der zweiten Juniwoche erfuhr er, daß der Gouverneur für Württemberg General Schwartz wünschte, daß er die Landesdirektion für Kult in Stuttgart übernehme[4]. Für Schwartz war der frankophil eingestellte Tübinger Privatdozent, der sich so tatkräftig für den Neuaufbau der Tübinger Universität einsetzte, der geeignete Mann. Er sah in ihm einen „actif collaborateur"[5]. Der Begriff Kollaborateur hatte damals keinen negativen Beigeschmack. Schwartz wollte damit nicht sagen, daß Schmid ein willfähriges Werkzeug der Franzosen sei. Seine Entscheidung für den politischen Newcomer war vermutlich von der Hoffnung begleitet, daß man auf dem Gebiet der Bildungs- und Kulturpolitik gut mit ihm zusammenarbeiten konnte, weil man sich über deren Inhalte und Ziele weitgehend einig war. Im übrigen wußte in Fragen der Besatzungspolitik niemand so gut Bescheid wie Schmid. So stand plötzlich, in allerletzter Minute Carlo Schmid auf der Liste der Landesdirektoren, ein Unbekannter, dessen Name kaum jemand richtig schreiben konnte. Argwöhnisch las man den Namen des Neuen. Wer war „Carl Schmidt"?[6]

Schmid scheint das Angebot mit einem lachenden und einem weinenden Auge vernommen zu haben. Weder wußte er, welche Kompetenzen er als Landesdirektor haben sollte, noch welche Dauer der Landesverwaltung beschieden sein sollte. Es war ein Wagnis, das Amt zu übernehmen. Er ging es ein. Wie sonst hätte er seine Pläne zu Erneuerung der Universität verwirklichen sollen? Wie sonst hätte er den Ausbeutungspraktiken der Franzosen entgegentreten können? Ein Tübinger Bürger, der einen „widerspenstigen" Holzgaswagen besaß, bot sich an, ihn nach Stuttgart zu bringen. Nach einigen Zwischenfällen kam man dort auch an[7].

Am 13. Juni wurde die Landesverwaltung in Stuttgart eingesetzt. Fritz Ulrich, Reichstagsabgeordneter der SPD bis 1933, übernahm das Innenressort, Josef Beyerle, vor 1933 Landesvorsitzender des Zentrums und Justizminister Württembergs, das Justizressort. Die anderen sechs Landesdirektoren waren Politiker zweiter Garnitur, die nur im regionalen Umkreis bekannt waren[8]. Als die Landesdirektoren, ohne vorher die Franzosen um Erlaubnis gefragt zu haben, am 18. Juni erstmals zu einer gemeinsamen Sitzung zusammentraten, waren sie nicht sicher, ob weitere gemeinsame Sitzungen nicht verboten würden[9]. Josef Beyerle wurde einstimmig zum Sprecher der Landesverwaltung bei der französischen Militärregierung ernannt, nach deren Weisung die Landesverwaltung keinen Vorsitzenden haben durfte.

Die Landesdirektion für Kult fand Unterkunft in dem stark zerstörten Gebäude der technischen Hochschule in Stuttgart. Die meisten Räume waren ohne richtige Fenster und Türen, ohne Heizung und ohne geeignetes Mobiliar. Man saß auf Hockern und arbeitete an langen Zeichentischen. An manchen Stellen hatte die Decke infolge von Luftangriffen große Löcher, aus denen Staub und Steinbrocken herabrieselten[10]. Die Besatzungsmächte taten alles, um die Arbeit noch schwieriger zu machen, als sie ohnehin schon war. Die Franzosen behandelten die Landesverwaltung wie eine nachgeordnete Behörde der Militärregierung[11], die Amerikaner nahmen von der Landesverwaltung so gut wie keine Notiz. Sie verhandelten ausschließlich mit den Landräten. Carlo Schmid mußte sich immer wieder gegen ihre rigide Entnazifizierungspraxis zur Wehr setzen, die die Kultverwaltung völlig lahmgelegt hätte[12].

Trotzdem scheint in dem Häuschen am Stuttgarter Sonnenberg, in dem Carlo Schmid zusammen mit Rupp, Zweigert und noch einigen anderen wohnte, eine „kreative Euphorie" geherrscht zu haben[13]. Im Bereich der Erziehungs- und Kulturpolitik gab es Freiräume, die sich zur Verwirklichung der eigenen Ideen nutzen ließen. Noch hatten die Franzosen kein eigenes ausgearbeitetes Konzept. Man mußte ihnen zuvorkommen. Schmid wußte, warum er die Erneuerung der Universität so energisch vorangetrieben hatte. Nicht weniger am Herzen lag ihm die Schulpolitik. War er doch Erzieher aus Leidenschaft und maß ebenso wie die französische Militärregierung der Erziehung grundlegende Bedeutung für den Aufbau und Erhalt eines demokratischen Gemeinwesens zu. Das schulpolitische Konzept, das er in den Sommermonaten 1945 entwickelte, wurde grundlegend für den Schulaufbau in Württemberg-Baden, bis Ende 1946 auch für den Württemberg-Hohenzollerns, wo sich jedoch die Verfechter der Konfessionsschule gegen den zähen Widerstand Schmids letztendlich durchsetzen konnten.

Die Frage „Wie hältst du es mit der Konfessionsschule?" war damals eine Gretchenfrage nicht nur der Schulpolitik, sondern der Politik überhaupt, zumindest im Württembergischen. Im Badischen war die Simultanschule schon vor 1933 eingeführt worden. Schmid mußte damit rechnen, daß er sich die katholische Kirche zum Gegner machte, wenn er gegen ihren Willen die christliche Gemeinschaftsschule, für die er schon ein Konzept entwickelt hatte, durchsetzte. So führte er noch im Juni mehrere eingehende Informationsgespräche mit Vertretern der katholischen und der evangelischen Kirche. Er suchte das Einvernehmen mit den beiden Kirchen, denn ihm war klar, daß in einer orientierungslos gewordenen Gesellschaft die Kirche geistige Autorität und auch politischen Einfluß gewinnen würde.

Überaus ermutigend verlief der Antrittsbesuch beim evangelischen Landesbischof Theophil Wurm in Großheppach am 19. Juni. Wurm war bereit, die Einführung der christlichen Gemeinschaftsschule zu akzeptieren, falls der Errichtung von konfessionellen Schulen in Gestalt von Privatschulen keine Hindernisse in den Weg gelegt würden und der Religionsunterricht entsprechend den Vorstellungen der Kirche erteilt werden könne. Der Religionsunterricht, der in Württemberg während des NS-Regimes durch Weltanschauungsunterricht ersetzt worden war, sollte ordentliches Lehrfach werden[14]. Dagegen hatte Schmid nicht das Geringste einzuwenden. Er versprach sogar eine großzügige Förderung der Privatschulen[15].

Die Gespräche, die er am 17. Juni und 1. Juli mit dem Bischof von Rottenburg Sproll und Vertretern der katholischen Kirche führte, endeten dagegen in völligem Dissens. Generalvikar Max Kottmann und Wilhelm Sedlmeier, der politische Referent Sprolls, stellten mit Ingrimm fest, daß Schmid sich im Punkte Konfessionsschule „nicht belehren" lasse[16]. Sie hegten nicht ganz zu Unrecht die Befürchtung, „daß in Württemberg die Gemeinschaftsschule allerdings mit christlichem wohlwollenden Vorzeichen fast so etwas wie eine ausgemachte Sache" sei[17]. Schmid war den

Vertretern der katholischen Kirche weit entgegengekommen. Er hatte mehrmals betont, daß auch er für eine christliche Erziehung eintrete. Vier Stunden Religionsunterricht wöchentlich, der von katholischen bzw. evangelischen Geistlichen erteilt werden sollte, gestand er der Kirche zu. Die Errichtung katholischer Privatschulen und eines Benediktinergymnasiums wollte er unterstützen. In katholischen Gegenden sollten die Lehrerstellen durch Katholiken besetzt werden. Die Konfessionalisierung der Lehrerbildung und der Schulen könne er aber nicht zulassen, schon deshalb nicht, weil die französische Besatzungsmacht ein Veto dagegen einlegen würde[18]. Schmid versuchte verzweifelt doch noch zu einem Einverständnis mit seinen katholischen Gesprächspartnern zu kommen. So versicherte er ihnen: „Er habe nicht umsonst in den letzten Jahren viel Dante, das mittelalterliche Geistesleben studiert und er glaube, diese Dinge nicht bloß intellektuell verstanden, sondern existentiell ergriffen zu haben." [19] Schmids religiöser Existentialismus interessierte seine Gesprächspartner wenig. Auch die Berufung Guardinis auf einen Lehrstuhl in Tübingen, die Schmid vierzehn Tage zuvor Sproll in Aussicht gestellt hatte[20], war kein Ersatz für die Wiedereinführung der Konfessionsschule und der konfessionellen Lehrerseminare. Sie wurde zum ständigen Zankapfel zwischen Kultdirektion und Katholischer Kirche.

Schmids Bemühungen um eine Verständigung mit der katholischen Kirche waren nicht sehr erfolgreich. Die Geisteswelten und die Lebenseinstellungen des Bischofs von Rottenburg und des Kultdirektors in Stuttgart, an dessen unkonventionellem Privatleben die Kirche Anstoß nahm[21], waren unvereinbar. Baptista Sproll war ein schlichter Kirchenmann und Seelsorger seiner Diozöse. Der Humanist und Geistesaristokrat Carlo Schmid fand in dem „Bauern aus Schweinhausen" keinem ihm intellektuell gewachsenen Gesprächspartner[22]. So blieb das Verhältnis zwischen Carlo Schmid und katholischer Kirche äußerst gespannt, was im tiefkatholischen Südwürttemberg sich politisch nachteilig auswirken mußte.

Einen einzigen Punkt gab es dann doch, in dem man sich einig war: das humanistische Gymnasium sollte besondere Förderung genießen. Carlo Schmid war bestrebt, aus dem humanistischen Gymnasium wieder eine „strenge(), geistige() Lernanstalt mit hohen Anforderungen, Zwischenexamina und dergleichen" zu machen[23]. Es hatte die Aufgabe, die zukünftige geistige Elite heranzubilden. Die bisherigen Gymnasien wollte er möglichst bald wiedereröffnen und daneben Höhere Schulen mit einem mathematischen Schwerpunkt einrichten. Als Ausbildungsanstalten für mittlere Berufe sah er sogenannte „Zubringerschulen" vor, wobei er sich noch nicht darüber schlüssig war, ob auch von den Absolventen dieser Schulen eine Abiturprüfung abgelegt werden sollte. Als Geistesaristokrat, der er nun einmal war, plädierte er dafür, die Abiturprüfungen erheblich zu erschweren. Das Abitur sollte nicht mehr „Abschlußexamen" sein, sondern „Aufnahmeexamen“ für die Universität. Die Verantwortung für die Abiturprüfungen wollte der Kultdirektor selbst übernehmen, wobei ihm das württembergische Landexamen und das französische Concours-System als Vorbild vor Augen standen[24]. Von schulreformerischen Ideen hielt Schmid gar nichts. Daß er einmal Mitglied der Jugendbewegung war, merkte man seinen Schulplänen nicht an. Von den Schülern und Studenten verlangte er, daß sie „Brettle bohren“, wie er im besten schwäbisch zu sagen pflegte[25]. Ähnliche Konzepte entwickelte auch die französische Militärregierung. Auch sie sprach sich für rigide Ausleseprinzipien aus, denn sie fürchtete die Entstehung eines akademischen Proletariats, in dem sie die Brutstätte eines neuen Nationalismus sah. Auch sie wollte die Bildung einer neuen Elite in Deutschland vorantreiben[26]. Noch aber befanden sich ihre eigenen Pläne im Embryostadium. Und Carlo Schmid war froh darum. So konnte er den Franzosen mit einem eigenen fertigen Konzept entgegentreten.

Eine der ersten Initiativen, die er bereits einige Tage nach seiner Einsetzung als Landesdirektor ergriff, war die Neugestaltung eines Schullesebuchs. Die französische Militärregierung war bereits dabei, ein Lesebuch für deutsche Schulen zusammenzustellen. Schmid hoffte inständig, daß es nie erscheinen möge[27]. Er kannte die Mentalität der Franzosen und konnte sich vorstellen, wie ein von ihnen konzipiertes Lesebuch aussehen würde. Alle Vorurteile gegen die Deutschen, die in einem Jahrhundert deutsch-französischer Erbfeindschaft sich angesammelt hatten, würden darin zu finden sein. Seine Befürchtungen waren nicht grundlos[28]. Schmids Vorstellungen, wie ein Lesebuch auszusehen habe, waren geprägt durch die pädagogischen Prinzipien des Dritten Humanismus. „Zeugnisse geformten Menschentums“ sollte das Lesebuch enthalten[29]. Die Textauswahl sollte sich nach dem Prinzip der Klassizität richten, da der zeitlosen Kunst vor der durch den Tag bedingten Literatur absoluter Vorrang einzuräumen sei[30]. Bereits die Schüler der Unterklassen mußten mit der Dichtung Goethes und Hölderlins vertraut gemacht werden. Die Kommentare zu Hölderlins Hymnen wollte Schmid selbst schreiben[31]. Nicht mehr abzuquälen brauchten sich die Schüler mit Heimatliteratur und Heimatgedichten. Schmid dachte wohl mit Schrecken an seine eigene Schulzeit. Aber sein Schullesebuch hätte die Schüler wohl restlos überfordert.

Mit der Ausarbeitung des Schullesebuchs beauftragte er Gerhard Storz, den Studienfreund aus alten Tagen, mit dem ihm eine gemeinsame Liebe zur klassischen Dichtung verband. Bereits Mitte Juli hatte Storz ein Konzept für das Lesebuch entwickelt, dessen leitende Gesichtspunkte er so zusammenfaßte: „So suchen wir, im Begriff ein Lesebuch herzustellen, die Begegnung mit der Sprache als einem Lebenszeugnis, mit der Form als einem beseeltem Leib, und hoffen darüber aus Grammatikern Physiognomiker, aus Ästheten Erzieher zu werden. Denn die Auswahl aus dem deutschen Schrifttum soll nicht dem dienen, was man früher literarische Bildung oder künstlerisches Erlebnis zu nennen liebte, sondern sie will dem Lehrer die Möglichkeit geben, werdende Menschen in ihrem Wuchs zu befördern."[32] Das war das Programm einer ästhetischen Erziehung, das sich mit Schmids eigenen Vorstellungen voll und ganz deckte. Unterstützt von Carlo Schmid bemühte sich Storz um eine Fertigstellung des Lesebuchs. Papiermangel und Direktiven der Besatzungsmacht führten zu Verzögerungen. Als das Lesebuch endlich gedruckt war[33], war Schmid nicht mehr Landesdirektor für Kult in Stuttgart und auch nicht mehr Kultusminister in Württemberg-Hohenzollern. In der Zwischenzeit hatte die französische Besatzungsmacht Lesebücher zugelassen, die Schmid Anlaß zu ständiger Klage wurden[34].

Gedanken machte er sich auch über den zukünftigen Geschichtsunterricht. Zunächst einmal galt es von der preußisch-hohenzollernschen Tradition der Geschichtsschreibung loszukommen und den Schülern einen Überblick über die westliche Kultur zu vermitteln. Das entsprach weniger Schmids eigener Überzeugung als den Direktiven der französischen Besatzungsmacht, die eine „Entpreußifizierung" des Geschichtsunterrichts forderte. Schließlich war in ihren Augen der Hohenzollern-Staat der Vorläufer des NS-Regimes. Schmid selbst legte großen Wert darauf, daß die geistesgeschichtlichen Traditionen im Geschichtsunterricht stärker zur Sprache kamen. Nur so konnte man die Schüler mit den Wurzeln der abendländischen Kultur vertraut machen[35]. Er mag dabei an seine eigene Vorlesung über die Reichsidee gedacht haben. Von der französischen Militärregierung wurde der Geschichtsunterricht aus Furcht, er werde zur Verbreitung nationalistischer Ideen mißbraucht, zunächst verboten, so daß Schmids Pläne einstweilen auf dem Papier stehen blieben.

Carlo Schmid versuchte gleich in den ersten Wochen seiner Amtsführung die bildungspolitischen Weichen zu stellen. Es ging ihm vorrangig um die Festlegung von Bildungsinhalten. Da seiner Ansicht nach die Verwirklichung von Demokratie vom Niveau der Bildung abhing, schraubte er die Ansprüche sehr hoch. Sein Rückgriff auf die Klassik freilich bot wenig Gelegenheit zur Auseinandersetzung mit den aktuellen Fragen der Zeit.

Auch eine Unmenge technischer Probleme gab es zu lösen: Die meisten Schulräume waren beschlagnahmt oder zerstört. Ihre Freimachung war nicht immer leicht zu erwirken. Vor allem aber bereitete die Entnazifizierung der Lehrer Schwierigkeiten. Es herrschte Lehrermangel, so daß man bei der politischen Säuberung des Lehrkörpers großzügig verfahren mußte. Am 23. Juni ordnete Schmid die Überprüfung der Schulleiter und Lehrer an und ließ sich Listen der durch die NSDAP benachteiligten oder entlassenen Lehrkräfte vorlegen[36]. Es mußten unbelastete Lehrer gefunden werden, denen man die Überprüfung der noch vorhandenen Lehrmittel anvertrauen konnte. Die Wiedereinstellung ehemaliger Nationalsozialisten als Lehrer bereitete ihm großen Kummer. Konnten die Schüler einen Lehrer als Autorität akzeptieren, der sich von heute auf morgen vom Nationalsozialisten zum Demokraten wandelte?[37] Aber ohne die alten Pgs. hätten die Schulen schließen müssen. Nur ein Viertel aller Lehrer war unbelastet[38].

Am 24. Juli erließ er Anweisungen für die Lehrer, die als verbindliche Grundlage für den Unterricht zu betrachten waren. Die abendländische Kultur sollte als „Mahnung", die Antike als Utopie verstanden werden, an der die Gegenwart zu messen war[39]. Mit solchen Empfehlungen stand er nicht allein. Fast alle Lehrpläne der Nachkriegszeit verlangten eine Rückbesinnung auf Antike und Christentum. Die Lehrer wurden von Schmid darüber hinaus gemahnt, nicht nur Lippenbekenntnisse für die Demokratie abzugeben, sondern die moralischen Irrlehren zu benennen, die den Nationalsozialismus erst ermöglicht hatten. Er zählte auf, was er unter Irrlehren verstand, nämlich, „daß die Wohlfahrt eines Volkes den Schaden der anderen verlange; daß Macht vor Recht gehe; daß Not kein Gebot kenne; daß der Zweck die Mittel heilige; daß der einzelne nichts sei und die Gemeinschaft alles"[40]. Begriffe wie „anständig" und „tüchtig" sollten im Unterricht nicht mehr vorkommen[41]. Für Schmid gehörten sie ins Wörterbuch des Unmenschen, denn in ihnen kam deutlich zum Ausdruck, daß der Mensch bloß als Mittel zum Zweck begriffen wurde. Lehrern, die glaubten, die Anweisungen nicht befolgen zu können, legte er nahe, freiwillig aus dem Dienst auszuscheiden. Es war ein Appell. Ob er befolgt würde, mußte sich zeigen. Der französischen Militärregierung, die seit Herbst die Lehrer zur Teilnahme an Schulungskursen verpflichtete, versprach er eine „loyale" Haltung der Lehrerschaft[42]. Ohne dieses Versprechen hätte er sie wohl kaum dazu bewegen können, die Schulen bald wiederzueröffnen. In Stuttgart konnte am 15. August der Schulbetrieb wieder beginnen, im Kreis Tübingen am 1. Oktober.

Wenn es um Bildungseinrichtungen ging, hatte Schmid für Bitten und Ideen immer ein offenes Ohr. So setzte er sich bereits im Frühsommer 1945 für den Wiederaufbau der völlig zerstörten württembergischen Landesbibliothek ein. Da staatliche Mittel hierfür nicht vorhanden waren, entwickelte er den Plan, eine Württembergische Bibliotheksgesellschaft zu gründen, die durch Spenden den Neuaufbau unterstützen sollte. Zusammen mit Wilhelm Hoffmann, dem langjährigen Direktor der Landesbibliothek, setzte er Ende 1945 seinen Plan in die Wirklichkeit um und legte so den Grundstein für den Wiederaufbau der Landesbibliothek[43]. Carlo Schmid verstand es, für seine Bildungs- und Kulturprojekte Gelder loszueisen. Gleich in einer der ersten Sitzungen der Landesdirektoren beschlagnahmte er das RAD-Eigentum für sein Ressort[44].

Carlo Schmids Aktivität in der Stuttgarter Landesverwaltung blieb nicht auf sein Ressort beschränkt. Weil er wie kein anderer die Modalitäten eines Besatzungsregime und die Mentalität der Franzosen kannte, gab es fast keinen Bereich, für den er sich nicht zuständig fühlte. Sein Talent zur Improvisation und zur Delegation der Kärrnerarbeit an kompetente Mitarbeiter machten es möglich, daß er genügend Zeit fand, sich auch um die grundsätzlichen Fragen der Besatzungspolitik zu kümmern.

Die rücksichtslose Demontage, die die Franzosen im Sommer 1945 betrieben, gefährdete den wirtschaftlichen Wiederaufbau Württembergs und ließ dort ein franzosenfeindliches Klima entstehen. Beinahe zwei Drittel der Gesamtrequisitionen der französischen Militärregierung wurden in den Sommermonaten vorgenommen. Rohstoffe und wichtige Werkzeugmaschinen wurden nach Frankreich abtransportiert[45]. Justizdirektor Beyerle rief seine Kollegen zur Beratung des Demontageproblems auf. Er selbst schlug vor, der französischen Militärregierung gegenüber völkerrechtliche Grundsätze geltend zu machen. Schmid riet davon ab: „Verhandlungen auf der Grundlage juristischer Argumentationen seien sinnlos." Es sei strittig, ob die Haager Landkriegsordnung noch gelte, da die Deutschen sie in Frankreich bis zur Pervertierung ausgedeutet hätten. „Man müsse aber Schritte unternehmen und dabei geltend machen, daß gerade die Durchführung des von General Schwartz den Landesdirektoren gegebenen Verwaltungsauftrags die Einstellung der geschilderten Aktionen gebieterisch zur Notwendigkeit mache. Der General könnte darauf hingewiesen werden, daß es sinnlos sei, eine Schulverwaltung einzurichten, wenn man die letzten in den Schulen noch gebliebenen Lehrmittel wegnehme."[46] Carlo Schmid, oft als „Mann der Franzosen" apostrophiert, scheute die Auseinandersetzung mit der französischen Militärregierung nicht. Er schlug vor bei General Schwartz, der sich bemühe, die Requisitionen der Armee einzuschränken, zu intervenieren. „Es sei eine auch in Frankreich immer wieder gemachte Erfahrung, daß die ständigen Militärverwaltungsbehörden allmählich ein Verantwortungsgefühl für das ihnen unterstellte Land bekommen, das ganz von selbst sie in eine gegensätzliche Stellung gegenüber der Armee und dem Heimatministerium bringe. Wenn General Schwartz in Paris darauf hinweisen könne, daß er keine Landesdirektoren mehr für Württemberg bekommen werde, wenn das Treiben nicht eingeschränkt werde, werde das vielleicht seine Wirkung nicht verfehlen."[47]

Carlo Schmids Vorschlag fand nur die Zustimmung Josef Beyerles. Die übrigen Landesdirektoren, mit Ausnahme des ehemaligen Kommunistenführers Albert Fischer, der gleich die „Kabinettsfrage" stellen wollte, schreckten vor Schritten gegenüber der Militärregierung zurück. Es war nicht ungefährlich, Kritik an der französischen Militärregierung zu üben, die darauf mit Hausarrest oder Verhaftung antwortete. Schließlich einigte man sich darauf, daß die einzelnen Ressortchefs ihre Beschwerden den zuständigen Sachbearbeitern der Militärregierung schriftlich zusenden sollten. Schmid sah sich an den Beschluß der Landesdirektoren nicht gebunden. Er brachte seine Monita gegenüber Schwartz vor, der sie an den Chef der 1. Armee General Lattre de Tassigny weiterreichte[48].

Anfang Juli trug Schmid seine Kritik an der französischen Demontage- und Requisitionspolitik der amerikanischen Militärregierung vor. Wenn den Demontagen nicht Einhalt geboten werde, erhielten die Kommunisten einen ungeheuren Zulauf. Weil ihm der Antikommunismus der Amerikaner bekannt war, machte er die kommunistische Gefahr wohl noch etwas größer, als er sie selbst empfand und als sie wirklich war. Er gab seiner Hoffnung Ausdruck, daß die Amerikaner bald „Abhilfe" schaffen würden[49]. Wünschte sich Carlo Schmid die Amerikaner als Besatzungsmacht? Wohl kaum, so sehr er auch über die Demontagepolitik der Franzosen ungehalten war. Es war für ihn weitaus schwieriger, Verhandlungen mit den Amerikanern zu führen als mit den Franzosen. Er sprach nur recht leidlich Englisch und hatte überdies wenig Verständnis für den American way of life. Doch Anfang Juli war abzusehen, daß es sich nur noch um Tage handeln konnte, bis die Franzosen Stuttgart räumen mußten. Durch eine harte Kritik an den Franzosen bewies er den Amerikanern, daß er kein „Mann der Franzosen" war, und bot sich somit auch für die Zukunft als Landesdirektor an.

Am 8. Juli mußten die Franzosen die Trikolore auf der Villa Reitzenstein einziehen. Das Sternenbanner wurde gehißt. Die Franzosen mußten mit Südwürttemberg Vorlieb nehmen, das ihren Vorstellungen von einem territorialen Faustpfand überhaupt nicht entsprach. Lagen doch die großen Industrieansiedlungen fast alle im Norden Württembergs. Die Grenze zwischen französischer und amerikanischer Besatzungszone wurde südlich der Autobahnlinie Karlsruhe–Ulm gezogen. Dem Besatzungsrevirement waren am 5. und 7. Juli eingehende Gespräche zwischen Carlo Schmid, den Landesdirektoren und den Vertretern der französischen Militärregierung Oberst Niel und Oberstleutnant Andrieu vorausgegangen. Bei den beiden Unterredungen war man übereingekommen, daß die Landesdirektoren Vertreter für den französisch besetzten Teil Württembergs benennen sollten, wodurch man die Verwaltungseinheit Württembergs zu erhalten hoffte. Jeder Landesdirektor hatte einen Delegierten zu wählen, der in Südwürttemberg für die Durchführung einheitlicher Verwaltungsmaßnahmen sorgen sollte[50].

Die amerikanische Besatzungsmacht stand dem von französischer Seite vorgeschlagenen Delegationssystem äußerst skeptisch gegenüber und ließ sich mit dessen Anerkennung Zeit. Carlo Schmid war beunruhigt. Die Besatzungsgrenze drohte zu einer Demarkationslinie zu werden ähnlich der, die Frankreich Anfang der 40er Jahre in zwei Hälften zerrissen hatte. Wie lange würde er noch zwischen Tübingen und Stuttgart hin- und herreisen können? Er wandte sich erneut an die amerikanische Militärregierung. In einem Schreiben an Major Durst malte er die verheerenden wirtschaftlichen Folgen einer Teilung Württembergs aus. Die Teilung beraube die Fertigindustrie des Nordens der unentbehrlichen Erzeugnisse der Halbzeugwerke Südwürttembergs. In der Bevölkerung empfinde man die Zweiteilung als das „wirtschaftliche Todesurteil des Landes". Wieder versuchte Schmid durch den Appell an den Antikommunismus der Amerikaner seinen Argumenten Durchschlagskraft zu verleihen. Überall in der Bevölkerung vernehme man Stimmen, „die sagen, daß das bolschewistische Rußland die einzige Siegermacht sei, die eine bewußte und aufbauende Politik verfolge"[51]. Sechs Tage später übersandte er Durst eine Denkschrift, in der er seine Argumente wiederholte. Er legte der USA nahe, Frankreich wirtschaftlich zu unterstützen, damit es seine zerstörerischen Demontagen einschränke[52].

Schmid eilte der Zeit weit voraus. Es sollte noch über zwei Jahre dauern, bis die USA sich hierzu entschloß. Aber immerhin: Mitte Juli erklärte sich die amerikanische Besatzungsmacht bereit, aus wirtschaftlichen Gründen dem Delegationssystem ihre Zustimmung zu geben. Delegierte wurden Kilpper für Wirtschaft, Lothar Rossmann für Inneres, Gebhard Müller für Justiz, Ernst Fischer für Ernährung, Hofer für Post. Schmid delegierte Oberstudienrat Hermann Binder, der durch seine Mitarbeit an der Schiller-Nationalausgabe bekannt wurde. Das Delegationssystem funktionierte mehr schlecht als recht. Wie sollte beispielsweise trotz der unterschiedlichen Kulturpolitik der Besatzungsmächte in Württemberg ein einheitliches Schulsystem aufgebaut werden? Bereits Anfang Juli hatte Schmid den für das Schulwesen zuständigen amerikanischen Besatzungsoffizier um Unterstützung bei dieser Aufgabe gebeten[53]. Er hatte auch immer wieder Unterredungen mit der französischen Militärregierung und versuchte so gut es ging zu vermitteln, stieß dabei aber auf beiden Seiten auf Widerstand.

Ende Juli erging an die amerikanische Militärregierung in Stuttgart ein Verbot, sich um Süd-Württembergische Angelegenheiten zu kümmern. Vereinbarungen mit der französischen Militärregierung über eine gemeinsame Verwaltung wurden untersagt[54]. Eine strikte Durchführung des Verbots hätte die Teilung Württembergs bedeutet. Die amerikanische Militärregierung erließ nun des öfteren Verbote, die amerikanische Zone zu verlassen. Ihre Sperren waren fast unüberwindlich. Am 21. Juli gelang es Schmid, der ein Referat vor der „Demokratischen Vereinigung" in Tübingen übernommen hatte, erst nach elfstündiger Fahrt den Sperrgürtel zu durchbrechen. Der humanistische Gelehrte soll sich diebisch darüber gefreut haben, daß er es geschafft hatte, die Amerikaner zu übertöpeln[55]. Doch die Situation war katastrophal. Es gab nicht einmal Telefonverbindungen zwischen Stuttgart und Tübingen. Wie sollten die Stuttgarter Landesdirektoren unter solchen Bedingungen den Kontakt zu den Tübinger Delegierten aufrechterhalten? Anfang August einigte man sich darauf, daß eine Anordnung der Landesverwaltung zuerst von der amerikanischen Militärregierung genehmigt und dann von dem Verbindungsmann in Tübingen der französischen Militärregierung vorgelegt werden mußte[56]. Schmid äußerte sofort Zweifel, daß dieses Verfahren funktionieren werde. Selbst wenn es technisch durchführbar sei, werde man damit nicht die Verwaltungseinheit Württembergs retten können. Noch wußte auch er keine Alternative. So sprach auch er sich für einen Ausbau des Delegationssystems aus, weil nur so verhindert werden könne, „daß die Franzosen eine Art Nebenregierung bilden“ [57]. Gefährlich erschien ihm die von den Amerikanern geplante Vereinigung Nordbadens und Nordwürttembergs, durch die die separatistischen Bewegungen Südwürttembergs, die von einer Alpenländischen Union träumten, Auftrieb erhielten[58]. Die übrigen Landesdirektoren pflichteten ihm bei. Alle waren im Grunde völlig ratlos.

Noch war über die Zukunft Württembergs nicht entschieden. Schmid konnte am 25. August den im Tübinger „Pflug“ versammelten Mitgliedern der „Demokratischen Vereinigung“ wenig Ermutigendes mitteilen: „Was mit Süd-Württemberg geschieht, weiß man nicht. Ob hier eine zweite Regierung gebildet werden soll, ist noch in der Schwebe.“ [59] Der Widerstand der Landesverwaltung gegen die Vereinigung Nordbadens und Nordwürttembergs war vergeblich. Aufgrund einer von Dwight D. Eisenhower erlassenen Proklamation wurde am 19. September 1945 aus den amerikanisch besetzen nördlichen Teilen Badens und Württembergs das neue Land Württemberg-Baden gebildet. Schon einige Tage zuvor war Reinhold Maier als Ministerpräsident des von den Amerikanern neu geschaffenen Landes eingesetzt worden. Am 24. September erfolgte die förmliche Vereidigung Reinhold Maiers und seiner fünf Minister durch die amerikanische Militärregierung[60]. Carlo Schmid war nicht unter ihnen.

Die amerikanische Militärregierung hatte gegen seine Ernennung zum Kultminister interveniert und für dieses Amt Theodor Heuss vorgeschlagen. Daß die Amerikaner nach der Besetzung Stuttgarts die von den Franzosen eingesetzte Landesverwaltung absetzen und eine ihnen genehme Landesregierung einsetzen würden, war von vornherein abzusehen gewesen. Sie hatten jedoch gelobt, Kontinuität zu wahren. Gegen Schmids politische Arbeit hatten sie nicht das geringste einzuwenden. Der amerikanische Gouverneur William W. Dawson lobte die Leistungen der Landesverwaltung auf kulturellem Gebiet geradezu überschwenglich[61]. Als Reinhold Maier Mitte August seine Kabinettsliste zusammenstellte, war Carlo Schmid zur persona non grata geworden. Von den Amerikanern hörte er, daß er wegen seiner Tätigkeit als Militärverwaltungsrat in Lille nicht als Kultusminister übernommen werden könne. Auf seinen Einwand, er habe seine Tätigkeit dazu genutzt, der französischen Bevölkerung zu helfen, sollen sie geantwortet haben, „daß es sie nicht im geringsten interessiere, was er im besetzten Gebiet getan hatte, daß es lediglich darauf ankomme, was er gewesen sei“[62]. Die Amerikaner beriefen sich auf ihre am 7. Juli erlassene Direktive über die Entnazifizierung. Sie verlangte nicht nur die Entlassung aller Funktionsträger der NSDAP und ihrer Gliederungen, sondern auch der Spitzenbeamten, einschließlich der höheren Beamten der Militär- und Rüstungsverwaltungen in den besetzten Gebieten[63]. Schmid hatte sofort die größten Bedenken gegen diese Direktive, die er in einem Schreiben an die amerikanische Militärregierung auch geltend machte[64], noch ehe er von ihr betroffen wurde. Freilich, die Amerikaner hätten sich über diese Direktive hinwegsetzen können, wenn sie Schmid in der Regierung hätten haben wollen. Sie war wohl nur ein Vorwand, um den „Mann der Franzosen“ loszuwerden[65]. Man darf nicht vergessen, daß sich Amerikaner und Franzosen damals spinnefeind waren. Im übrigen gab es, wie Reinhold Maier berichtet, auch auf deutscher Seite „bösartige Quertreibereien“ und eine Flüsterpropaganda gegen Schmid, die vermutlich sein Privatleben betraf[66]. Sie mögen die Bedenken der puritanisch gesinnten Amerikaner gegen diesen Protegé der Franzosen noch verstärkt haben.

War Schmids politische Karriere, die gerade erst begonnen hatte, schon zu Ende? Er mußte fürchten, daß seine Pläne zur Erneuerung der Universität nun scheiterten. So war er sogar bereit, eine Mitarbeiterstelle in dem nunmehr von Heuss geleiteten Kultusministerium zu übernehmen. An einem Abend Mitte September beratschlagten Heuss und Schmid bei einer Flasche Rotwein über eine mögliche Ressortaufteilung. Man verstand sich auf Anhieb und kam überein, den Versuch einer Zusammenarbeit zu wagen. Heuss wünschte, den Bereich Kunst zu übernehmen, Carlo Schmid wollte sich um den Bereich Hochschulen und Schulen kümmern[67]. Die Amerikaner durchkreuzten die Pläne. Sie waren nicht einmal gewillt, Schmid als Mitarbeiter von Heuss zu akzeptieren. Er sorgte sich trotzdem weiter um die Schul- und Hochschulpolitik. Hermann Binder, der Tübinger Delegierte, überließ ihm dieses Feld, so daß Schmid auch in den paar Wochen, in denen er ohne Amt war, der spiritus rector der Kultur- und Bildungspolitik blieb.

Seine Empörung über die Amerikaner wuchs, als der amerikanische CIC ihn im Militärgefängnis in der Stuttgarter Weimarstraße einem Verhör unterwarf. Man faßte ihn, was in der damaligen Zeit nichts Außergewöhnliches war, bei diesem Verhör nicht gerade mit Glacéhandschuhen an. Schmid konnte solche Demütigungen nur schwer verkraften. Als er Reinhold Maier kurz nach dem Verhör davon berichtete, war er noch immer in „ziemlicher Erregung“[68].

Die Gerüchte, die schon bald kursierten, Maier habe Schmids Berufung zum Kultusminister verhindert, stimmten nicht. Konrad Wittwer, Freund und enger politischer Mitarbeiter Maiers, trat ihnen entschieden entgegen[69]. Obwohl man sich kaum unterschiedlichere Charaktere wie Maier und Schmid denken kann, herrschte auf politischem Gebiet doch großes Einverständnis zwischen beiden. Der behäbige, immer auf bürgerliche Reputation bedachte Maier mag den unkonventionellen Geistesaristokraten Schmid nicht immer verstanden haben, aber er hätte ihn kaum am 19. September zum Staatsrat ernannt, wenn er persönliche oder politische Animositäten gegen ihn gehabt hätte.

Die Zurückweisung durch die Amerikaner war die erste bittre Niederlage in Schmids Politikerleben gewesen. Entmutigt hatte sie ihn nicht. Er dachte gar nicht daran, sich aus der Politik zurückzuziehen, wenn er auch dauernd über das politische Joch stöhnte. Die Möglichkeit dazu hätte er gehabt. In Tübingen hielt man extra für ihn die Stelle des Landgerichtspräsidenten frei[70]. Doch ihn drängte es in die Politik aus persönlichen und sachlichen Gründen. Wenn überhaupt so konnte er nur jetzt, in der Stunde des Neuanfangs seine Pläne und Visionen verwirklichen, und nur ein wirklicher Neuanfang bot die Gewähr dafür, daß Weimar sich nicht wiederholte. Als Schwabe konnte er zudem nicht einfach zusehen, wie Württemberg in zwei Hälften zerrissen wurde.

Am 15. September gab ihm Reinhold Maier den Auftrag, informell Verhandlungen mit der französischen Militärregierung über die Organisation der Verwaltung im französisch besetzten Teil Württembergs zu führen[71]. Vier Tage später, als die provisorische Regierung Württemberg-Badens zum ersten Mal zusammentrat, wurde er einstimmig zum Staatsrat ernannt. „Inoffiziell" gehörte er nun doch dem Kabinett an. Seine Ernennung zum Staatsrat machte es ihm möglich, regelmäßig an den Kabinettssitzungen in Stuttgart teilzunehmen[72]. So wurde er zum Mittelsmann zwischen Stuttgart und Tübingen, wo am 15. September Guillaume Widmer als französischer Landesgouverneur eingesetzt worden war.

Carlo Schmid hatte davon erst zwei Tage später erfahren, als er sich mit Oberst Niel über den „Status" der von der Stuttgarter Regierung delegierten Vertreter unterhielt[73]. Offiziell waren die Delegierten immer noch nicht von der französischen Militärregierung eingesetzt worden, deren Vorbehalte gegen das Delegationssystem wuchsen. Sie war nicht gewillt, die Tübinger Delegation als bloßes Organ der Stuttgarter Regierung, die unter Kuratel der Amerikaner stand, zu akzeptieren[74]. Oberst Niel unterrichtete Schmid, daß die französische Militärregierung in den Delegierten die „Landesdirektoren" für Südwürttemberg sehe, die so ausgewählt werden müßten, daß sie „gegebenenfalls auf eigene Verantwortung hin zu handeln" vermochten. Die Delegierten dürften von der Stuttgarter Regierung lediglich „Direktiven", aber keine „Imperative" erhalten. Es ließe sich wohl kaum verhindern, daß zwei Verwaltungen entstehen, „die gegenseitig in das Verhältnis der Synchronisation kommen müßten. Wahrscheinlich werde es gut sein, die einzelnen Tübinger Vertretungen unter einem Leiter zusammenzufassen, und man halte es französischerseits für selbstverständlich, daß dieser Leiter ein Mann von Qualität sein müsse, der das Vertrauen der französischen Militärregierung in vollem Umfange besitze. Nur dann werde er fähig sein, die Interessen seiner Landsleute in wirksamer Weise zu vertreten und zu verteidigen."[75] So faßte Schmid noch am selben Tag das Ergebnis seiner Unterredung mit Niel in einem Schreiben an Reinhold Maier zusammen. Daß dieser „Mann von Qualität" nur Schmid heißen konnte, dürfte Maier sofort klar gewesen sein. Zwei Tage später, in der Sitzung des Stuttgarter Kabinetts am 19. September berichtete Innenminister Fritz Ulrich, daß die Franzosen in Tübingen eine eigene Verwaltung einrichten wollten, an deren Spitze Carlo Schmid stehen sollte[76]. Carlo Schmid scheint noch mehr als die französische Militärregierung auf eine selbständige Verwaltung in Südwürttemberg gedrängt zu haben. Theodor Eschenburg erinnert sich, daß Schmid seit Mitte September den Plan verfolgte, eine Oberbehörde in Tübingen zu installieren. Auch nach Kabinettskollegen hielt er bereits Umschau[77]. Er ließ sich nicht ins Abseits drängen, sondern versuchte die Geschichte am Mantelsaum zu ergreifen.

Die Franzosen interessierte Südwürttemberg, das als Ausbeutungskolonie kaum taugte, wenig. Sie betrachteten die Zonenaufteilung noch immer als ein Provisorium und zögerten trotz bereits ausgearbeiteter Pläne, in Tübingen eine eigene Landesverwaltung zu errichten. Am 24. September ernannte Gouverneur Widmer die Delegierten zu eigenständigen Landesdirektoren, vermutlich ohne Absprache mit Schmid, der noch am 17. September geraten hatte, die Einsetzung zu verschieben[78]. Anfang Oktober führte Schmid mehrere Gespräche mit Oberst de Mangoux. Man war sich einig, daß das Institut der Landesdelegation nicht funktionieren konnte. Es war wohl vor allem Schmid, der in den Unterredungen darauf abhob, daß die Delegierten „sorgfältig" ausgewählt werden müßten, da sie auch eigenverantwortliche Entscheidungen zu treffen hatten. An der Spitze der Landesverwaltung müsse ein „Generaldelegierter" stehen[79]. Schmid dachte selbstverständlich an sich. Niel und de Mangoux hatte er für seinen Plan gewinnen können. Die letzte Entscheidung lag bei Widmer. Die Funktion eines Generaldelegierten nahm Schmid bereits jetzt schon wahr, ohne offiziell dazu ernannt worden zu sein. Es war geradezu selbstverständlich, daß er am 5. Oktober in Freiburg General de Gaulle, der sich über die politische Lage in den von Frankreich besetzten Gebieten informierte, die Delegierten Südwürttembergs vorstellte[80].

Wenn die Spaltung Württembergs vermieden werden sollte, mußte das Abhängigkeitsverhältnis des südwürttembergischen Generaldelegierten gegenüber dem Stuttgarter Ministerpräsidenten unterstrichen werden. De Mangoux hatte vorgeschlagen, daß der Generaldelegierte als Bevollmächtigter des Ministerpräsidenten in Stuttgart handeln solle[81]. An Reinhold Maier wurde die Bitte herangetragen, die Behörde in Tübingen, für die immer noch kein Name gefunden war, einzusetzen. Am 9. Oktober verfaßte Maier ein entsprechendes Beglaubigungsschreiben. Vier Tage später reiste er nach Tübingen, um sich mit Gouverneur Widmer und seinem Kabinettsdirektor de Mangoux über den Einsetzungsmodus abzusprechen. Es wurde vereinbart, daß die Einsetzung in Form einer feierlichen Ansprache Reinhold Maiers erfolgen solle[82].

Zu dieser Ansprache kam es nicht, obwohl sie fertig ausgearbeitet vorlag. Der erste Satz dieser Ansprache wurde nachträglich von Carlo Schmid handschriftlich korrigiert. Reinhold Maier durfte die Amtseinsetzung nicht mehr selbst vornehmen, sondern ihr nur noch beiwohnen[83]. Nach Darstellung Schmids hatte de Mangoux ihm einige Tage vor der vorgesehenen Amtseinsetzung mitgeteilt, daß die französische Regierung es mit der Souveränität und Autonomie ihres Besatzungsregimes nicht vereinbaren könne, daß die Tübinger Stelle nur als Nebenstelle der Stuttgarter Regierung erscheine[84]. Carlo Schmid scheint nicht unglücklich über den Gesinnungswandel der Franzosen gewesen zu sein, zu dem er einiges beigetragen haben mag. Der Streit zwischen Amerikanern und Franzosen wäre auf seinem Rücken ausgetragen worden, wenn er als Bevollmächtigter der Stuttgarter Regierung zu handeln gehabt hätte. Realistischer als Maier sah er, daß die Zwitterkonstruktion nicht funktionieren konnte. Hatte doch die französische Militärregierung trotz ihrer Bekenntnisse zur Einheit Württembergs betont, daß allein sie über die Durchführung von Verwaltungsmaßnahmen in Südwürttemberg zu bestimmen habe[85]. Maier war von Widmer angehalten worden, die Gesichtspunkte der französischen Besatzungsmacht zu berücksichtigen. Wie hätte er das tun sollen, wo er doch selbst von der amerikanischen Besatzungsmacht abhängig war?

Die Einheit Württembergs lag Schmid immer noch am Herzen. Er hatte sie keineswegs seinen persönlichen politischen Ambitionen geopfert. Wohl schon seit einiger Zeit hatte er eine staatsrechtliche Konstruktion entwikkelt, durch die trotz getrennter Verwaltung an der Einheit Württembergs festgehalten werden konnte. Es gelang ihm, Widmer und de Mangoux davon zu überzeugen, daß die Tübinger Behörde den Namen „Staatssekretariat" erhalten sollte. Damit wollte er zum Audruck bringen, daß es sich bei der Tübinger Dienststelle um eine „technische Verwaltungsbehörde" handelte, „oberhalb der eine andere politische Stelle, nämlich die Landesregierung zu denken ist, deren Regierungsgewalt gegenwärtig in der französischen Zone ruht"[86]. Später sprach er davon, daß das Staatssekretariat eine Art von „Abwesenheitspfleger" sei[87]. Scharf protestierte er gegen den Vorschlag des Generaladministrator Laffon, den Mitgliedern des Staatssekretariats den Titel „Staatssekretär" zu geben. Er erläuterte seine Einwände nicht. Vermutlich dachte er an die deutsche Staatstradition, nach der der Staatssekretär der ranghöchste Beamte nach dem Minister ist. Die Bezeichnung Staatssekretär hätte nahegelegt, daß die Mitglieder der Tübinger Landesverwaltung den Ministern in Stuttgart unterstehen. Er setzte die Bezeichnung „Landesdirektoren" durch[88]. Damit kam die Inferiorität der Mitglieder des Staatssekretariats gegenüber der Stuttgarter Landesregierung zum Ausdruck, ohne daß ein Abhängigkeitsverhältnis geschaffen worden wäre. In einem von ihm entworfenen Statut legte er noch einmal ausdrücklich fest, was die Aufgabe des Staatssekretariats war: „Das Staatssekretariat handelt in eigener Verantwortung. Es wird überall, wo nicht zwingende Gründe dem entgegenstehen, bestrebt sein, daß in beiden Zonen Württembergs einheitliches Recht erhalten und geschaffen wird und einheitliche Verwaltungsmaßnahmen durchgeführt werden."[89]

Die Konstituierung des Staatssekretariats am 16. Oktober erfolgte formlos. Schmid hatte die Vertreter der französischen Militärregierung davon überzeugen können, daß sie nicht dazu berechtigt waren, das Staatssekretariat einzusetzen. So beschränkte sich Gouverneuer Widmer darauf, dessen erste Arbeitssitzung zu eröffnen[90]. Die Landesdirektion für Justiz und für Kult, Erziehung und Kunst übernahm Schmid selbst. Landesdirektor des Innern wurde Lothar Rossmann, für Finanzen war Paul Binder zuständig, für Wirtschaft Gustav Kilpper und für Arbeit Clemens Moser, der zugleich Repräsentant Hohenzollerns war. Schmid wurde für die Dauer von drei Monaten zum geschäftsführenden Vorsitzenden gewählt. Früher als in den anderen Ländern der französischen Besatzungszone war dank Schmids Drängen in Württemberg-Hohenzollern eine Landesregierung gebildet worden, wenn sie sich auch nicht so nannte.

Es herrschte nicht nur Freude, es gab auch Unmut. Reinhold Maier war „schwer deprimiert", daß ihm verwehrt worden war, die Amtseinsetzung vorzunehmen[91]. Nun hing es von Schmid ab, ob die Einheit Württembergs erhalten blieb. „Wir bauen auf Ihre Persönlichkeit", rief Maier ihm zu, als er einen Tag später zur Kabinettssitzung nach Stuttgart kam[92]. Noch weitaus verbitterter als Maier war Gebhard Müller, der Schmid vorwarf, einen „Staatsstreich" begangen zu haben[93]. Der angebliche Staatsstreich Schmids wurde für Müller fast zu einer Art Trauma, das ihn sein ganzes Leben lang nicht mehr ruhen ließ. 1962 erkundigte er sich bei Widmer, was ihn bewogen habe, ausgerechnet Schmid mit der Leitung des Staatssekretariats zu betrauen. Erklärend fügte er hinzu: „Es hat damals allgemeines Aufsehen erregt, daß er trotz seiner Ablehnung durch die Amerikaner mit dieser Aufgabe betraut wurde und ‚zwar über Nacht'."[94]

Politische Entscheidungen fielen damals im informellen Gespräch von ganz wenigen, die das Gesetz des Handelns bestimmten. Die Delegierten waren von der Bildung des Staatssekretariats nicht informiert worden und fühlten sich, soweit sie nicht wie Rossmann und Kilpper Mitglieder des Staatssekretariats wurden, als Opfer eines „Intrigenspiels". Gebhard Müller scheint tatsächlich erst am 16. Oktober erfahren zu haben, daß er nicht Landesdirektor für Justiz wurde[95]. Hatte Schmid eine Intrige gegen Müller eingefädelt? Schmid war gelegentlich ein schwäbisches Schlitzohr, aber kein Intrigant. Es gab zwischen Müller und Schmid bis zum 16. Oktober keinerlei persönliche Animosität und Mißgunst. Zusammengestoßen war Müller dagegen mit der französischen Besatzungsmacht. Seine Vorschläge zur Wiederbesetzung der Tübinger Gerichte waren von einigen Vertretern der französischen Besatzungsmacht scharf zurückgewiesen worden. Aufzeichnungen Müllers zufolge war ihm sogar die Todesstrafe angedroht worden, falls er den Anweisungen der französischen Besatzungsmacht nicht nachkomme[96]. Wahrscheinlich wollten Widmer und de Mangoux den widerborstigen Müller loswerden und boten deshalb Schmid das Amt des Landesdirektors für Justiz an. Schmid wäre kein Politiker gewesen, wenn er die Übernahme des Amtes abgelehnt hätte. Als Vorsitzender des Staatssekretariats und Leiter zweier Ressorts konnte Schmid bei Abstimmungen im Staatssekretariat nicht überstimmt werden. Er hatte dadurch eine fast absolute Macht, die freilich durch die Besatzungsmächte stark eingeschränkt wurde. Der humanistische Gelehrte hatte durchaus ein Gespür für Macht, wenn sie ihm auch nicht Selbstzweck war. Erst später behauptete er, daß ihn „die Schlange der Politik mit den Giftzähnen des Ehrgeizes" nicht gebissen habe[97].

Müller verzieh Schmid den „Staatsstreich" nie. Warum ausgerechnet Schmid, dessen unkonventionelle Lebens- und Arbeitsweise in den Augen des überkorrekten Bürokraten Müller keine Empfehlung für ein politisches Amt sein konnte? Widmer antwortete auf Müllers Frage: „Nachdem die für diese Wahl notwendigen Informationen gesammelt waren, fiel sie auf Herrn Carlo Schmid. Seine Abstammung, seine Kultur, sein Sinn für den Humanismus schienen mir in der Tat der erwünschten Qualifikation zu entsprechen. Andererseits hatte ich bezüglich seiner Haltung in Lille während des Krieges befriedigende Auskünfte. Es wird Sie sicher interessieren, daß ich meinen Kollegen Oberst Dawson in Stuttgart aus Gründen der Höflichkeit vorher von meiner Entscheidung verständigte; er gab keinerlei ungünstigen Kommentar ab, was Sie wahrscheinlich die Gründe erkennen läßt, aus denen die Beziehungen zwischen Tübingen und Stuttgart immer zufriedenstellend waren."[98]

Persönliche Beziehungen und nicht Parteien und Programme bestimmten 1945 die Politik. Widmer und sein reger Kabinettschef de Mangoux waren universal gebildete Männer, die sich mit dem humanistischen Gelehrten Schmid besser verständigen konnten als mit einem engstirnigen Bürokraten oder den politischen Veteranen aus der Weimarer Republik. Literatur, Philosophie und Kunst gehörten auch zum Gesprächsstoff bei den zwischen Schmid, Widmer und de Mangoux geführten Unterredungen. Die Gespräche begannen mit Problemen der Besatzungspolitik und endeten mit einem gelehrten Diskurs über Baudelaire, Mallarmé und Rodin[99]. Seine politische Kompetenz hatte Schmid in dem halben Jahr von April bis Oktober, in dem er unermüdlich tätig war und zahlreiche Initiativen in Gang gesetzt hatte, unter Beweis gestellt. Er, der Geistesaristokrat, schien der ideale Mann für einen „Neubeginn von oben" zu sein, von dem die Franzosen in ihren Planungen ausgingen. Nachdem sich Amerikaner und Franzosen heillos zerstritten hatten, vertraute man darauf, daß Schmid die Verbindung zwischen Tübingen und Stuttgart aufrechterhalte, und er tat dies auch zur vollen Befriedigung aller[100]. Carlo Schmid war der „Mann der Franzosen", aber er handelte als deutscher Patriot aus „vaterländischer Verantwortung"[101].

Noch stand nicht fest, welchen besatzungspolitischen Kurs die Franzosen einschlagen würden. Pierre Koenig, der französische Militärgouverneur für Deutschland, und Generaladministrator Emile Laffon hatten völlig unterschiedliche Konzepte und Vorstellungen entwickelt. Ob die französisch besetzte Zone zu einer Ausbeutungskolonie degradiert, ob Deutschland zerstückelt oder gleichberechtigtes Mitglied einer europäischen Gemeinschaft werden sollte, wußte damals keiner – auch Schmid nicht, der nicht mehr erfuhr, als Widmer und de Mangoux ihm mitteilten. In der Anfangszeit waren die politischen Informationen knapp. So richtete er sich zunächst einmal darauf ein, die erste Zeit „aus dem Sattel" regieren zu müssen[102].

Landeschef in Württemberg-Hohenzollern

Amerikaner und Franzosen waren nach Deutschland gekommen, um in dem von einer obrigkeitsstaatlichen Tradition geprägten Land einen demokratischen Staat aufzubauen. Sie kamen als Militärs und reklamierten alle Gewalt für sich. Auf den Widerspruch zwischen Besatzungsherrschaft und Demokratie ließen sie sich nicht gerne ansprechen. Carlo Schmid scheute sich nicht, laut zu sagen, was ist. In Anlehnung an Carl Schmitts bekanntes Diktum „Souverän ist, wer über den Ausnahmezustand entscheidet", zerstörte er die von Amerikanern und Franzosen aufgebaute Fiktion, daß der staatliche Neubeginn in Deutschland ein demokratischer sei: „Souverän ist, wer über den Belagerungszustand entscheidet, und das tut niemand anders als die Militärregierung. Demokratie ohne Souveränität ist ein Widerspruch in sich selbst, nicht nur aus historischen Gründen – alle demokratischen Revolutionen hatten zum Ziel die Errichtung der Volkssouveränität – sondern auch aus Gründen, die in der Sache selbst liegen. Demokratie bedeutet ja nichts anderes, als daß das Volk aus eigenem Willen über sich selbst verfügt." Die Rede, die er am 18. September 1945 in Stuttgart hielt, endete mit dem Satz, „daß heute Demokratie in Deutschland nicht möglich ist."[1] Das mußte in den Ohren der Besatzungsmächte provokativ klingen. Schmid hatte freilich keinerlei Interesse daran, die Besatzungsmächte zu provozieren. Er fürchtete, daß den deutschen Politikern, die unter den Bedingungen der Besatzungsherrschaft Verantwortung übernommen hatten, abermals nachgesagt würde, sie seien Erfüllungspolitiker, „Knechte des Siegers"[2], die sich von der Besatzungsmacht als willfähriges Werkzeug benutzen ließen. Um dies zu vermeiden, stellte er klar, wer der alleinige Machtträger im Lande war.

Autoritär war nicht nur die Struktur des Besatzungsregimes, sondern auch die politische Organisation der entstehenden Länder. Es gab Regierungen und Verwaltungen, aber keine Volksvertretungen und Parteien. Die Presse stand unter Zensur. Der privilegierte Zugang zu den Spitzen der Besatzungsmacht machte den Regierungschef nahezu unabhängig von seinen Kollegen im Kabinett. Carlo Schmid sprach von „aufgeklärter Demokratie" in Anlehnung an den aufgeklärten Absolutismus[3]. Die Demokratie entwickelte sich erst langsam aus einem Regime, das viel Ähnlichkeit mit dem des aufgeklärten Absolutismus hatte. Schmid kam es durchaus entgegen, daß die Franzosen einen Neubeginn von oben wollten. Er hegte noch immer eine heimliche Bewunderung für den aufgeklärten Absolutismus und dessen kulturelle Leistungen. Als Bonner Politiker blickte er oft wehmütig auf die schöne Zeit in Tübingen zurück, wo die Parteien noch kaum eine Rolle spielten. Im nachhinein verklärte sich vieles. Ein Duodezfürst nämlich, wie böse Zungen behaupteten[4], war er nicht. Er mußte einen Staat aus dem Nichts bauen, noch dazu unter einer Besatzungsmacht, die ihm die Arbeit nicht immer leicht machte.

Die Auffassung der französischen Besatzungsmacht, daß das deutsche Volk zur Demokratie erst erzogen werden müsse, teilte er. Ohne „ernsten Willen zur Verantwortung" waren seines Erachtens politische Ansprüche nichts anderes als „politisches Gefasel"[5]. Demokratie könne nicht von heute auf morgen verwirklicht werden: „Die Entwicklung wird sich in langsamen Übergängen vollziehen müssen, etwa so, daß man in das heute noch rein administrative Gefüge des Staatsapparates immer mehr und von Stufe zu Stufe fortschreitend demokratische Elemente einbaut, die dann allmählich sich zu einer Staatsdemokratie ausweiten werden."[6] Carlo Schmid war nicht der einzige Regierungschef, der es begrüßte, daß die Besatzungsmächte die Gründung der Parteien und die Bildung von Volksvertretungen verzögerten. Auch sein Stuttgarter Kollege Reinhold Maier war froh, daß er zunächst von parteipolitischen Auseinandersetzungen verschont blieb. Beide verstanden sich wohl auch deshalb recht gut, weil sie keine ausgesprochenen Parteipolitiker waren.

Schmid war mehr Administrator, als Parteipolitiker, freilich kein Bürokrat – das war er beileibe nicht. Über niemand spottete er soviel als über Fachleute und Bürokraten. Ihnen wollte er den Neuaufbau Württemberg-Hohenzollerns nicht anvertrauen. In Südwürttemberg gab es keine Zentralbehörden. Die Landesdirektionen mußten buchstäblich aus dem Nichts heraus aufgebaut werden. Das Gebäude in der Nauklerstraße 47, in der die Staatskanzlei und die Landesdirektionen für Kultus und Justiz untergebracht waren, befanden sich in einem fürchterlichen Zustand. Die Tapeten hingen halb abgerissen von den Wänden, außer einigen alten Sofas gab es kaum Sitzgelegenheiten und obendrein roch es auch noch übel, weil das Gebäude gerade erst desinfiziert worden war. Die äußeren Widrigkeiten lähmten die Arbeit nicht. Es herrschte große Euphorie und ein enges Zusammengehörigkeitsgefühl[7].

Carlo Schmid hatte ein gutes Gespür für die Eignung von Personen und konnte zudem zahlreiche frühere Freunde für die Mitarbeit gewinnen. Junge Leute wollte er um sich haben. Kokett erklärte er, daß er der älteste Beamte des Staatssekretariats bleiben müsse[8]. Er war damals noch nicht ganz fünfzig. Da das Reservoir an unbelasteten kompetenten Personen klein war, war Patronage das Gebot der Stunde. Schmids Stellvertreter in der Kultdirektion wurde sein Schüler Dieter Roser, der die Dichtung Georges und vor allem die Baudelaires nicht weniger liebte als sein Lehrer[9]. Für den Bereich der Kunst war zunächst Zweigert zuständig, danach Gustav Adolf Rieth, den Schmid vom Künstlerstammtisch des Café Völter her kannte[10]. Wolf Donndorf, sein persönlicher Sekretär, war ihm von Gerd Müller, Schriftsteller und ebenfalls Stammtischkunde im Café Völter, empfohlen worden. Auch er war musisch veranlagt, später leitete er als Ministerialdirigent die Abteilung Kunst im Kultusministerium in Baden-Württemberg[11]. Gebhard Müller wurde kommissarischer Leiter des Justizressorts. Müller war zwar ein Bürokrat, doch Schmid schätzte die Zähigkeit, mit dem dieser auch spröde Aufgaben gewissenhaft erledigte. So einen Mann brauchte er für das Justizressort, um das er sich selbst nur wenig kümmern konnte. Müller freilich war verschnupft und wollte zunächst alles hinwerfen. Es bedurfte Schmids ganzer Überredungskunst, um ihn doch noch für die Mitarbeit zu gewinnen[12]. Schmid ernannte ihn zum Ministerialrat. Müller leitete das Justizressort weitgehend selbständig. Nur ab und zu gab der Chef einige Direktiven[13].

Das Finanzressort leitete Paul Binder, ein versierter Nationalökonom, der vor 1945 als stellvertretender Direktor der Dresdner Bank und selbständiger Wirtschaftsprüfer tätig war. Binder, den Schmid aus dessen Studienzeit in Tübingen kannte, war nach dem Vorsitzenden der einflußreichste Mann im Staatssekretariat[14]. Gustav Kilpper und Lothar Ross-

Der Präsident des Staatssekretariats
an seinem Schreibtisch in der Nauklertraße 47

mann hatte Schmid nolens volens übernommen. Mit Lothar Rossmann, dem Sohn des späteren Generalsekretärs des Länderrates Erich Rossmann, kam er überhaupt nicht zurecht. Er war ihm ein zu „pingeliger Aktenmensch", so daß er auf seine Ablösung drängte, was ihm Erich Rossmann anscheinend sehr übelnahm[15]. 1946 konnte er die Ernennung seines Freundes Victor Renner zum Landesdirektor des Innern durchsetzen. Das Wirtschaftsressort übernahm 1946 Eberhard Wildermuth, mit dem Schmid die gemeinsame Erinnerung an den Kampf im Studentenbataillon verband. Clemens Moser, der Vertreter Hohenzollerns, verfügte nur über geringe Durchsetzungskraft. Parteipolitische Gesichtspunkte hatten bei der Stellenbesetzung keine Rolle gespielt. Paul Binder und Gebhard Müller wurden zu Mitbegründern der CDU in Württemberg-Hohenzollern, was Schmids Verhältnis zu beiden nicht im geringsten trübte.

Bei den zweimal in der Woche stattfindenden Direktoriumssitzungen war Schmid der „primus supra pares"[16]. Er bestimmte die Richtlinien der Politik, noch ehe die Richtlinienkompetenz des Regierungschefs verfassungsrechtlich verankert war. Daß er in den Verfassungsberatungen für sie eintrat, gründete in seiner Regierungspraxis[17]. Dabei leitete er die Direktoriumssitzungen keineswegs autoritär. In Detailfragen gab er manchmal sogar nach und pochte nicht auf die Durchsetzung seiner Auffassung. Er hatte den Blick für das Ganze, für das politische Koordinatensystem, wie er selbst zu sagen pflegte, und legte so die großen Linien in der Entnazifizierungs- und Verfassungspolitik, in der Schul- und Kunstpolitik fest. Auch in die Wirtschaftspolitik mischte er sich manchmal ein, obwohl er von Ökonomie nicht sehr viel verstand. Er sprühte vor Einfällen und Ideen und wirkte so auf fast allen Gebieten anregend. Kärrner- und Detailarbeiten ließ er gern seine Mitarbeiter erledigen. Das heißt nicht, daß er keine Akten las. Er konnte gelegentlich Referentenentwürfe sehr stark überarbeiten, wenn es sich um wichtige Materien, wie z. B. die Bodenreform, handelte[18]. In jener Zeit sah man ihn oft mit hochgekrempelten Ärmeln in seinem Büro sitzen[19]. Er bemühte sich trotz Aktenstudiums kein Bürokrat zu werden. Einem Freund aus alten Tagen berichtete er, daß er selbst dann, „wenn er sich um die Versorgung der Menschen mit Kartoffeln bekümmer(e)", aus demselben „Zentrum der Seele" heraushandle, „das ihn in müßigen Zeiten Verse schreiben ließ"[20]. Manchmal schrieb er noch welche. Gebhard Müller ertappte ihn gelegentlich dabei, wie er versteckt hinter Bergen von Akten an Versen feilte[21].

Mußestunden hatte er kaum noch – auch nicht seine Mitarbeiter, die er forderte. Das Staatssekretariat mußte mit einem Drittel der Beamten auskommen, über die die Landesverwaltung in Stuttgart verfügte. Die Landesdirektion für Kult begann mit neun Personen[22]. Eine der ersten Maßnahmen, die Schmid anordnete, war die Erhöhung der wöchentlichen Arbeitszeit der Angestellten der Tübinger Verwaltung auf 48 Stunden.

Auch das Wochenende war nicht immer frei. Der Sonntagsdienst blieb keinem erspart[23]. Ein Vierteljahr, nachdem das Staatssekretariat seine Tätigkeit aufgenommen hatte, verfügte Württemberg-Hohenzollern über eine funktionsfähige Verwaltung. In Stuttgart war man noch lange nicht so weit. Gouverneur Widmer war beeindruckt. Zu Neujahr beglückwünschte er Schmid zu dem zügigen Auf- und Ausbau der Landesdirektionen[24]. Schmid seinerseits war der französischen Besatzungsmacht dankbar, daß sie keine schematische politische Säuberung der Verwaltung verlangte wie die Amerikaner in ihrer Zone. Dadurch war ihm der Aufbau eines Verwaltungsapparates erleichtert worden.

Ein einheitlicher Verwaltungsstil war nur möglich, wenn es gelang, zum Unterbau der Verwaltung in den Kreisen und Gemeinden Kontakte herzustellen. Seit November 1945 rief Schmid allmonatlich die Landräte zu einer ganztägigen Beratung mit dem Direktorium zusammen. Die Landrätekonferenzen trugen viel dazu bei, daß die Verwaltung in Südwürttemberg so gut funktionierte. Die lokalen französischen Militärbehörden hatten gleich nach der Besetzung ihnen genehme Bürgermeister und Landräte eingesetzt, in denen sie Erfüllungsgehilfen für ihre jeweiligen lokalen Besatzungsmaßnahmen sahen. Die Landrätetagungen sollten eine Zersplitterung der Verwaltung und einen allenthalben um sich greifenden Bezirksegoismus verhindern. Demokratische Foren waren es nicht. Nur die Besatzungsmächte wollten sie als solche verstanden wissen, weil sie den undemokratischen Charakter der Besatzungsherrschaft nicht gerne zugaben. Carlo Schmid ließ keinen Zweifel darüber, daß die Landrätetagungen nur „administrativen Charakter“ hatten und keine Gremien waren, in denen politische Entscheidungen fielen[25].

Es war zunächst gar nicht leicht, die Landräte, die sich wie Kreiskönige aufführten, zur Zusammenarbeit mit dem Staatssekretariat zu bewegen. Carlo Schmid mußte sie recht energisch dazu auffordern, ihre Sorgen nicht beim zuständigen Kreiskommandanten vorzutragen, sondern dem Staatssekretariat mitzuteilen. Ein Gebiet, in dem jeder Landrat nur seinen Kreis im Auge habe, könne nicht verwaltet werden[26]. Die Landrätekonferenzen, die immer an einem anderen Ort stattfanden, begannen mit einem einleitenden Referat des Vorsitzenden des Staatssekretariats, das zumeist nicht nur einen politischen Lagebericht enthielt, sondern auch eine Lektion in „Staatsbürgerkunde“ war[27]. Schmid, der Lehrer und Erzieher aus Leidenschaft, betrieb politische Pädagogik, die auch vonnöten war, denn nur wenige machten sich damals Gedanken über den Neuaufbau des Staates. Studenten könnten anhand der Protokolle der Landrätekonferenzen lernen, „wie man einen Staat baut“, schrieb er später[28].

Schmid, der einst so schüchterne junge Mann, mußte gelegentlich recht energische Töne anschlagen. Die Landräte mußten begreifen, daß Maßnahmen und Anordnungen der Besatzungsmacht, die das Mißfallen der Bevölkerung hervorriefen, nicht einfach obstruiert werden durften. Das galt für die Entnazifizierung ebenso wie für die Ablieferung landwirtschaftlicher Produkte an die Besatzungsmacht. Immer wieder versuchte Schmid die Einsicht dafür zu wecken, daß die politische Säuberung eine Notwendigkeit war und kein Oktroi der französischen Militärregierung. Man solle sich bei der Durchführung der politischen Säuberung nicht als „Büttel", sondern als „politischer Arzt" fühlen[29]. Seine flammenden Worte über die Notwendigkeit einer politischen Säuberung entsprangen eigener innerer Überzeugung. Wie aber sollte er die Landräte dazu anhalten, bei den Ernte- und Ablieferungssätzen für Lebensmittel keine falschen Zahlen anzugeben, wo doch jeder wußte, daß die Lebensmittelrationen nirgends so niedrig lagen wie in der französisch besetzten Zone? Er hatte Verständnis für das Verhalten der Landräte. Der Schwarzmarkt jedoch verschlimmerte die Ernährungskrise nur. Das Mißtrauen der Militärregierung wuchs, so daß das Ablieferungssoll immer höher geschraubt wurde. Die Landräte mußten erkennen, daß sie sich selbst schadeten, wenn sie die Besatzungsmacht zu hintergehen versuchten[30]. Carlo Schmid hatte die undankbare Aufgabe, die Landräte zur Durchführung von Anordnungen des Staatssekretariats aufzufordern, die Anordnungen der Militärregierung waren, aber nicht als solche ausgegeben werden durften[31].

Die Landräte, allen voran ihr Sprecher Victor Renner, machten ihrerseits auf die Mißstände in ihren Kreisen aufmerksam. Grund zum Klagen gab es genug. Requisitionen, Beschlagnahmungen, Demontagen, Entnahmen von Lebensmitteln machten jedem Landrat zu schaffen, ebenso die Einschränkung seiner Kompetenzen und materiellen Mittel zur Durchführung seiner Aufgaben. Schmid gab zu, daß ihre Kritik berechtigt war. Auf den Konferenzen waren in der Regel keine Mitglieder der französischen Militärregierung anwesend, so daß eine freie Aussprache möglich war. Die Protokolle über die Landrätetagungen wurden allerdings nachträglich von der französischen Militärregierung zensiert. Schmid war froh, wenn die Landräte ihre Beschwerden und Petitionen in scharfer Form vortrugen. Die Landräte waren weniger ein „Widerlager" gegen die Politik des Staatssekretariats[32] als eine Stütze des Staatssekretariats gegen die Politik der Besatzungsmacht. Carlo Schmid konnte bei den Verhandlungen mit der Militärregierung auf die Petitionen und Interpellationen der Landräte verweisen[33].

Nach hitziger Debatte setzte man sich zu einem Abendessen und einem „eirenischen Umtrunk" zusammen[34]. Es gehörte zu den Maximen Schmids, daß man am weißen Tisch leichter zu Vereinbarungen komme als am grünen. Im vertrauten Gespräch konnte er auch schon einmal unkonventionelle Methoden empfehlen, um Anordnungen der Besatzungsmacht zu umgehen. Zudem konnten die Mitglieder des Direktori-

Staatssekretariat Württemberg-Hohenzollern 1947
V.l.n.r.: Franz Weiß (Landwirtschaft), Eberhard Wildermuth (Wirtschaft), Albert Sauer (Kultus und Erziehung), Carlo Schmid (Präsident des Staatssekretariats und Justiz), Victor Renner (Inneres)

ums so einer Einladung durch die Kreisgouverneure entgehen. Die Landräte blieben fast immer bis zum Schluß, weil sie sich das Abendessen nicht entgehen lassen wollten. Zunächst gab es warme Brezeln und Viertele, später auch mal ganze Menüs mit Buttercremetorte zum Nachtisch, für die Carlo Schmid eine ganz besondere Schwäche hatte. Als die Bevölkerung davon erfuhr, herrschte helle Empörung darüber, daß die „Herren" praßten, während das Volk hungerte. Schmid ließ bekannt geben, daß die Landrätekonferenzen auch in Zukunft mit einem Abendessen enden würden[35]. Er heischte nicht nach Popularität und wurde trotzdem bald populär.

Was er damals auf Befehl der Besatzungsmacht durchsetzen mußte, brachte ihm freilich nur selten den Beifall der Bevölkerung ein. Auf den Landrätetagungen konnte er sich die notwendige Autorität verschaffen, damit Anordnungen des Staatssekretariats, auch wenn sie unpopulär waren, durchgeführt wurden. So verfügte Württemberg-Hohenzollern schon bald über eine einheitliche und effiziente Verwaltung, die seit Ende 1946 von einem Verwaltungsgericht kontrolliert wurde. Schmid freute sich insbesondere, daß durch die Landrätekonferenzen die Verwaltung nicht in bürokratischer Routine erstarrte, sondern eine „spannungsreiche und lebendige Angelegenheit" blieb[36]. Die klassische Zeit der Landrätetagungen ging im Mai 1947 mit der Abstimmung über die Verfassung von Württemberg-Hohenzollern zu Ende.

Schon zuvor waren demokratische Elemente in den autoritären Verwaltungsstaat eingebaut worden. Am 22. November 1946 trat in Bebenhausen ein Landtag zu seiner ersten Sitzung zusammen. Er hatte allerdings nur beratende Funktion und unterlag auch sonst zahlreichen Beschränkungen durch die französische Besatzungsmacht. Bereits am 15. September und 13. Oktober 1946 wurden die Einwohner Südwürttembergs und Hohenzollerns zur Wahlurne gerufen. Zu wählen waren die Kreisversammlung, der Gemeinderat und der Bürgermeister. Sowohl die Gemeinde- als auch die Kreisordnung waren von der französischen Militärregierung gegen den Willen des Staatssekretariats erlassen worden, dessen eigene Entwürfe die Militärregierung abgelehnt hatte. Auf Mißfallen bei den Verantwortlichen auf deutscher Seite stieß insbesondere die Ersetzung des bisherigen „Berufsbürgermeisters" durch einen „ehrenamtlichen" Bürgermeister[37]. Schmid hatte wiederholt bei Gouverneur Widmer gegen die Einführung eines „ehrenamtlichen" Bürgermeisters interveniert. Er hätte es gern gesehen, wenn die Bürgermeisterwahlen zumindest in den großen Städten verschoben worden wären. Noch gab es ihm zu wenig aufgeklärte Demokraten. Er fürchtete zudem um die Effizienz der Verwaltung, da unter den gegebenen Verhältnissen „Zufallswahlen" nicht ausgeschlossen werden konnten[38]. Die Interventionen bei Widmer waren umsonst. Es blieb ihm nur der ohnmächtige Protest. Wie ein „Schulbube" werde er und seine Kollegen im Direktorium von der französischen Besatzungsmacht behandelt, schimpfte er auf einer Landrätekonferenz im September 1946[39].

Regierungschef in der französischen Besatzungszone zu sein, glich manchmal tatsächlich einem „Gang durch tausend Erniedrigungen"[40]. Die Interventionen und Eingriffe der französischen Militärregierung nahmen zunächst nicht ab, sondern zu. Generaladministrator Laffon hatte die Passivität der Militärverwaltung in Südwürttemberg gerügt und Sanktionen angedroht. Der Gouverneur in Tübingen verfuhr der Militärregierung in Baden-Baden zu gemäßigt[41]. Schmids Handlungsmöglichkeiten verringerten sich. Das Besatzungsregime entwickelte sich immer mehr zu einem allgegenwärtigen Interventions- und Kontrollregime. Das Staatssekretariat diente als Exekutive der französischen Militärregierung, was allerdings nach außen hin nicht sichtbar werden sollte. Sie verbat sich, daß Erlasse den Passus „Auf Anordnung der Militärregierung" enthielten[42]. Erlasse und Anordnungen bedurften der Genehmigung Gouverneur Widmers, selbst wenn es sich um Runderlasse innerhalb der Behörden handelte. Auch Stellenbesetzungen durften nicht ohne Zustimmung der Militärbehörden vorgenommen werden.

Carlo Schmid traf jeden ersten und dritten Dienstag im Monat zu Besprechungen mit Gouverneur Widmer und seinem Kabinettschef de Mangoux zusammen, in denen er einen Bericht über die Tätigkeit des Direktoriums abzugeben und Beanstandungen und Aufträge der Militärregierung, die zunächst oft „Befehlsausgaben" glichen, entgegenzunehmen hatte[43]. Die Besprechungen verliefen, was den politischen Teil anging, häufig in einer frostigen Atmosphäre, obwohl Widmer und de Mangoux gezielte Demütigungen vermieden, und sich Schmid insbesondere mit de Mangoux überaus gut verstand. Bei den meisten Angehörigen der Militärregierung herrschte eine Siegermentalität vor. Es kam des öfteren vor, daß Schmid auch als Regierungschef noch stehend referieren mußte[44] oder um Mitternacht aus dem Bett geklingelt wurde, um irgendwelche Auskünfte zu geben, die er am nächsten Morgen noch genausogut hätte erteilen können[45]. Dem ersten Besatzer, der ihm einen Stuhl angeboten hatte, dankte er noch Jahre später dafür[46]. Carlo Schmid, der Demütigungen ohnehin nur schlecht verkraften konnte, ächzte unter den Kröten, die er zu schlucken hatte[47]. Verbittert stellte er fest, daß nach dem alliierten Handbuch für die Behandlung Deutschlands fast alle Militärverwaltungsbeamten aus dem Dienst entlassen werden müßten[48]. Solche Kritik äußerte er selten in Briefen. Die französische Militärregierung übte eine strenge Brief- und Telefonkontrolle aus, der auch die Post des Vorsitzenden des Staatssekretariats unterzogen wurde.

Requisitionen und Lebensmittelentnahmen wurden als gerechte Sühne für das Leiden der französischen Bevölkerung unter der deutschen Besatzung und für die von Deutschen in Frankreich begangenen Verbrechen betrachtet[49]. Es war frustrierend für Carlo Schmid, immer wieder von neuem darlegen zu müssen, daß es „psychologische und materielle Grenzen" der Lebensmittelablieferung gab, zumal die Vorbehalte immer so vorgebracht werden mußten, daß kein Konflikt mit der Militärregierung entstand[50]. Auch um Requisitionsbestimmungen mußte noch immer gerungen werden. Schmid ließ Informationen über Übergriffe von seiten der Besatzungstruppen sammeln, um bei der Militärregierung deren Einstellung zu erreichen[51]. So mußte er oft die undankbare Rolle des Bittstellers übernehmen. Erschwerend kam hinzu, daß die Zuständigkeiten innerhalb der Militärverwaltung nicht geklärt waren, so daß sich die Anordnungen und Anweisungen der einzelnen Abteilungen der Militärverwaltung, in denen sich ein Ressortegoismus ausbildete, konterkarierten[52]. Nur mit viel „Geschicklichkeit" und einer „gewissen Geschmeidigkeit" könne man die französische Militärregierung zu Zugeständnissen bewegen, erklärte Schmid am 4. Mai 1946 den in Tettnang versammelten Landräten, die ein energischeres Auftreten gegenüber der Besatzungsmacht gefordert hatten[53]. Auf die Dauer gesehen war seine Methode erfolgreich. Es gelang ihm, die Maßnahmen der französischen Besatzungsmacht abzumildern und Schritt für Schritt Aufgaben in deutsche Zuständigkeit zu überführen. In den Augen mancher Franzosen war Schmid ein „excellent comédien", der allerlei Listen anwand, um seine Ziele zu erreichen. Das war nicht abfällig gemeint, sondern beinahe schon bewundernd[54]. Er besaß eine gewisse schwäbische Schlitzohrigkeit und er schreckte auch vor unkonventionellen Mitteln nicht zurück. Hellmut Becker, damals Rechtsanwalt in der Zahnradfabrik in Friedrichshafen, erinnert sich, daß Schmid ihm zur Korruption riet, um wertvolle Rembrandt- und Rubensstiche vor dem Zugriff der Franzosen zu bewahren[55]. Becker folgte Schmids Rat und hatte Erfolg.

Die Franzosen ließen ihn viele Kröten schlucken. Trotzdem betonte er, daß er froh sei, in der französischen Zone zu sein[56]. Es gab einige Bereiche, in denen sich seine Vorstellungen und Pläne, mit denen der französischen Besatzungsmacht weitgehend deckten: die Kultur-, Bildungs- und Jugendpolitik und vor allem die Entnazifizierungspolitik. Wenn er Ende 1945 den „konstruktiven Willen" der französischen Besatzungsmacht lobte, so meinte er vor allem deren Haltung in der Frage der Entnazifizierung[57].

Pädagogische Provinz: Entnazifizierungs-, Jugend- und Kulturpolitik

„Die politische Säuberung, im allgemeinen Denazifikation genannt, ist eines der wichtigsten und bösesten Probleme, mit denen wir uns herumzuschlagen haben. Je nachdem, wie wir vorgehen, kann sich das, was auf diesem Gebiet geschieht, zum Segen oder zum Unsegen für unser Volk auswirken."[1] Als Carlo Schmid am 9. Januar 1947 vor der Beratenden Landesversammlung Württemberg-Hohenzollerns so seine Ausführungen zur Entnazifierungspolitik begann, war um die politische Säuberung bereits ein heftiger Streit entbrannt. War die Entnazifizierung ein Rechtsproblem oder war sie ein politisches Problem? War es möglich, Tätern, die laut Strafgesetzbuch nichts Verbotenes getan hatten, mit juristischen Mitteln oder gerichtsähnlichen Verfahren beizukommen? Schmid glaubte es nicht[2]. Deshalb war er froh, daß das von der amerikanischen Besatzungsmacht eingeführte Spruchkammersystem, das einem gerichtsähnlichen Verfahren glich, in der französischen Zone nicht zur Anwendung kam. Als die französische Besatzungsmacht im Oktober 1945 eine Direktive zur Entnazifizierung erließ, die Ähnlichkeit hatte mit dem Formalismus und Schematismus der amerikanischen Belastungskategorien, intervenierte Schmid sofort bei der Militärregierung. Mit Erfolg. Sie bestand nicht weiter auf die von ihr verfügten automatischen Entlassungen. Man kam überein, in jedem einzelnen Fall eine „individuelle Prüfung" vorzunehmen. Strenge Maßstäbe sollten lediglich bei den Beamten in politischer Stellung angelegt werden[3].

Im Gegensatz zur amerikanischen Militärregierung begnügte sich die französische mit einer Überwachung des Säuberungsverfahrens, für das deutsche Stellen die Verantwortung trugen. Die Entnazifizierung oblag zunächst lokalen, aus Gegnern des Nationalsozialismus zusammengesetzten Kreisuntersuchungsausschüssen, die abgestufte Sanktionsvorschläge von Geldbußen bis zur Entlassung unterbreiten konnten. Die Kreisuntersuchungsausschüsse arbeiteten ohne „formale Rechtsgrundlage“[4], so daß ihre Urteilspraxis sehr disparat war. Schmid war mit dem Modus und der Praxis der Säuberung unzufrieden. Zunächst hatte er gefürchtet, daß die „Scharfmacher“ in den Kreisuntersuchungsausschüssen sich für überzogene Maßnahmen aussprechen könnten[5]. Nun mußte er feststellen, daß die Ausschüsse eine zu große Milde walten ließen. Im Bereich der Wirtschaft war die Entnazifizierung überhaupt noch nicht in Gang gekommen. Die Landesdirektoren für Wirtschaft und Finanzen versuchten die Bestimmungen zur Wirtschaftssäuberung so zu fassen, daß sie nahezu folgenlos bleiben mußten[6]. Schmid konnte sich damit nicht einverstanden erklären. Er verlangte, daß die verhängten Geldbußen mindestens so hoch sein mußten, daß die „Bereicherung abgeschöpft“ werde[7]. Im Direktorium hatte er Schwierigkeiten, sich mit dieser Auffassung durchzusetzen. Dem Argument, daß durch die politische Säuberung der Wiederaufbau gefährdet werde, trat er mit dem Vorschlag entgegen, sich rechtzeitig nach geeigneten Kandidaten zur Übernahme der Betriebe umzusehen[8]. Auch dieser Vorschlag stieß im Direktorium auf wenig Gegenliebe.

Im Frühjahr 1946 schlug die französische Militärregierung einen radikalen Kurswechsel in der Entnazifizierungspolitik ein. 50 % aller Beamten, die Mitglieder der NSDAP waren, sollten entlassen, 50–75 % aller ehemaligen nationalsozialistischen Betriebsführer enteignet werden. Die Zustimmung der Parteien hierfür hatte die französische Militärregierung mehr oder weniger erpreßt[9]. Carlo Schmid durchschaute den Kurswechsel der Franzosen sehr schnell als einen Propagandacoup, den man brauchte, um die in Frankreich bevorstehenden Wahlen zu gewinnen. Er glaubte, daß im Höchstfall 35 % der belasteten Beamten und Betriebsführer entlassen werden konnten[10]. Seinen französischen Gesprächspartnern, die auf radikale Maßnahmen drängten, gab er zu bedenken, daß man dem Nazismus seine Truppen lasse, wenn man ein Drittel der Bevölkerung in die Opposition zum neuen Staat treibe[11]. Diesem Argument konnte sich auch die französische Militärregierung nicht verschließen.

Schmid befürwortete die gesellschaftliche Integration der ehemaligen Nationalsozialisten, soweit sie nicht zu den „Hauptschuldigen“ zählten, denen jeglicher Einfluß auf das öffentliche Leben verweigert werden sollte. Zu den Hauptschuldigen rechnete er nicht nur Gauleiter und Reichsleiter von NS-Organisationen, sondern auch alle die, „die ihren Mitbürgern das Leben höllisch schwer gemacht haben“, z. B. Denunzianten[12]. Sie hatten während der dreißiger Jahre sein eigenes Leben in Gefahr gebracht. Für sie konnte es keine Milde und Nachsicht geben. Auch die Mitläufer sollten einen „Denkzettel erhalten“ in Form finanzieller Bußen. Schmid begriff die Entnazifizierung nicht nur als ein politisches, sondern auch als ein moralisch-pädagogisches Problem. In Vermögens- und Gehaltskürzungen sah er die „einzig wirksame Art und Weise, die Menschen zum Nachdenken über das Vergehen und über die eigene Beteiligung an dieser Vergangenheit zu veranlassen“[13]. Ohne einen solchen Lernprozeß hielt er einen politischen Neuanfang nicht für möglich. Damit bei den Betroffenen nicht das Gefühl aufkomme, aus Rache „um eine Geldmenge geschröpft“ worden zu sein, wurden die Geldbußen zur Begabtenförderung verwandt[14]. Schmid war ein unverbesserlicher pädagogischer Optimist. Die Idee war glänzend. Die ehemaligen Mitläufer legten einen „persönlichen Baustein für die deutsche Zukunft“[15]. Doch die meisten Betroffenen waren unbelehrbar und hielten die Geldbußen für höchst ungerecht.

Ende März 1946 begann er zusammen mit seinen Mitarbeitern eine diesen Zielen entsprechende Rechtsanordnung zur politischen Säuberung auszuarbeiten, die Mitte Mai der französischen Militärregierung, die trotz ihrer rigorosen Verlautbarungen keinen eigenen detaillierten Plan zur Entnazifizierung ausgearbeitet hatte, vorgelegt werden konnte. Widmer beglückwünschte Schmid zu der „vorzüglichen Arbeit“, die bei der Militärregierung in Baden-Baden den besten Eindruck gemacht habe[16]. Die Anordnung deckte sich mit Vorstellungen, die Laffon bereits im August 1945 entwickelt hatte, die Schmid freilich nicht kannte[17]. Am 28. Mai 1946 erhielt die Anordnung Gesetzeskraft.

Die Rechtsanordnung sicherte der Landesdirektion ein entscheidendes Mitspracherecht bei der politischen Säuberung, die keinen strafrechtlichen Charakter hatte, sondern in einem reinen Verwaltungsverfahren durchgeführt wurde. Allein verantwortlich für die Entnazifizierung war ein dem Staatssekretariat unterstellter Säuberungskommissar, der bereits Mitte April ernannt worden war. Schmid hatte sich für Otto Künzel entschieden, dessen Arbeit als Leiter des Kreisuntersuchungsausschusses in Reutlingen von der französischen Militärregierung als „mustergültig“ bezeichnet worden war. Künzel war 1932 der SPD beigetreten und hatte sich während der NS-Zeit einer Reutlinger Widerstandsgruppe angeschlossen. Er galt als energisch und entschlossen genug für dieses undankbare Amt[18].

Durch die Zentralisation des Säuberungsverfahrens sollte eine einheitliche Urteilssprechung garantiert und die beschleunigte Durchführung der Entnazifizierung erreicht werden. Schon aus psychologischen Gründen hielten sowohl Schmid als auch die französische Militärregierung einen schnellen Abschluß der politischen Säuberung für notwendig. Für Künzel war das keine leichte Aufgabe. Er mußte wöchentlich bis zu 2000 Entscheidungen fällen und zudem noch gegen Verschärfungen kämpfen, die die Militärregierung forderte, die immer noch an ihrer 50%-Klausel festhielt. Mit Unterstützung Schmids gelang es Künzel, die verlangten Verschärfungen wieder rückgängig zu machen oder wenigstens abzumildern[19]. Solche Bemühungen konnten Schmid und Künzel freilich nicht an die große Glocke hängen. So wurde Künzel in der Bevölkerung für die Verschärfung der Entnazifizierung verantwortlich gemacht. Die Künzel-Bescheide gerieten in das Kreuzfeuer der Kritik. Bei dem Druck, unter dem Künzel arbeiten mußte, waren Fehlbescheide unvermeidlich. Sie wurden zum Anlaß genommen, um das ganze Verfahren zu diskreditieren. Es half nur wenig, daß Schmid sich hinter Künzel stellte und ihm bescheinigte, daß seine Arbeit, „was Qualität und Menge anbetrifft", nicht besser hätte geleistet werden können[20].

Bei den Landrätetagungen mußte Schmid feststellen, daß die Entnazifizierung immer unpopulärer wurde. In der Bevölkerung herrschte eine Schlußstrichmentalität. Im Sommer 1946 mahnte er: „Wir dürfen in dieses ganze Säuberungsverfahren nicht Mental-Reservationen hereinbringen, indem wir so tun als ob. Wir müssen die politische Säuberung ernsthaft durchführen."[21] Trotz Schmids Mahnworten wuchs der Widerstand gegen die Entnazifizierung in der Bevölkerung und auch in den Tübinger Landesdirektionen, die die Säuberung der Wirtschaft zu obstruieren versuchten. Dabei hatte Schmid in Absprache mit der französischen Militärregierung die Grundsätze für die politische Säuberung in der Wirtschaft so festgelegt, daß „katastrophale Auswirkungen" für den wirtschaftlichen Wiederaufbau vermieden werden konnten[22].

Je mehr die Parteien zu politischen Machtträgern wurden, je weniger konnte sich der Regierungschef Württemberg-Hohenzollerns durchsetzen. Konservative Kreise, einschließlich der CDU, versuchten das Säuberungsverfahren in Mißkredit zu bringen. Ende 1946 entstand eine heftig geführte Kontroverse darüber, ob das bisherige Verfahren beibehalten oder wie in der amerikanischen Zone ein Spruchkammersystem eingeführt werden solle. Im Februar 1947 setzte die französische Militärregierung dem Streit ein Ende, in dem sie die Einführung eines Spruchkammerverfahrens, das sich nur in Einzelpunkten von dem der amerikanischen Zone unterschied, anordnete. Carlo Schmid war enttäuscht und empört über diesen Oktroi der französischen Militärregierung, die damit ihre Zusage, den Deutschen die Entnazifizierung selbst zu überlassen, zurücknahm. Für den plötzlichen Gesinnungswandel der Franzosen waren interalliierte Beschlüsse verantwortlich, nicht Bedenken gegen das Verfahren an sich[23]. Das tröstete Schmid nur wenig. Die Anordnung der französischen Besatzungsmacht war eine Absage an sein Konzept der Entnazifizierung, dessen Vorteile gegenüber einem gerichtsähnlichen Verfahren auch in den übrigen Besatzungszonen anerkannt worden waren[24]. Nicht höher als 5 % habe die Fehlerquote gelegen, verteidigte Schmid das bisherige Verfahren. Künzel habe eine „sehr menschliche Haltung" eingenommen im Vergleich zu den ursprünglichen Forderungen der Militärregierung[25].

Tatsächlich waren Künzels Maßstäbe alles andere als übermäßig streng gewesen. Selbst in der Verwaltung, in der die Entnazifizierung am rigidesten durchgeführt worden war, sollten nur 9 % aller Angehörigen des öffentlichen Dienstes ohne Bezüge entlassen werden. Die meisten Belasteten hatten nur Geldbußen zu zahlen[26]. Die wenigen Fehlurteile wären in einem Revisionsverfahren zu korrigieren gewesen. Nun wurde auch in Württemberg-Hohenzollern Weißwäsche betrieben. Die Zahl derer, die aus dem Verwaltungsdienst entlassen wurden, lag unter einem Prozent.

Hatte Albert Camus nicht recht, als er 1945 schrieb: „Ein Land, das seine politische Säuberung versäumt, versäumt es, sich zu erneuern"?[27] Ein pädagogischer Erfolg, wie Carlo Schmid gehofft hatte, wurde die Entnazifizierung nicht. Sie ließ sich nicht als Beweis für das „andere Deutschland" bei den Verhandlungen mit den Besatzungsmächten ins Spiel bringen. Schmid hatte darin eine große Chance gesehen[28]. Er setzte zu hohe Erwartungen in ein Volk, das täglich ums Überleben kämpfte. Ein Großteil der Bevölkerung versuchte die Vergangenheit erst einmal zu verdrängen. So fand auch sein Appell, die Aufklärung und Bestrafung nationalsozialistischer Verbrechen zügig voranzutreiben, wenig Resonanz.

Schon Anfang 1946 hatte er die Landräte aufgerufen, der „Gerechtigkeit Genüge zu tun", und in den Landkreisen nach Nationalsozialisten zu forschen, die an Synagogenbrandstiftungen beteiligt waren oder Nicht-Nationalsozialisten mißhandelt und gequält hatten[29]. Das entsprach den Richtlinien der Kreisauer, die eine Bestrafung von „Rechtsschändern" gefordert hatten[30]. Die Mithilfe der Bevölkerung bei der Aufklärung der NS-Verbrechen war jedoch gering. Von der Militärregierung wurde Schmid vorgeworfen, daß die Verfahren wegen Ausschreitungen gegen Juden absichtlich verschleppt würden. Nichts lag ihm mehr am Herzen als die Aufklärung dieser Verbrechen. Doch wie sollte man die Verbrecher aburteilen, wo die meisten von ihnen untergetaucht waren? Bei den Verhandlungen schoben die Beschuldigten die Verantwortung auf die, derer man nicht habhaft werden konnte[31]. Schmid war ratlos. Ohne Mithilfe der Bevölkerung waren diese Verbrechen nicht aufzuklären. Dort aber herrschte selbst bei den Betroffenen der Wunsch, nicht mehr an die Vergangenheit erinnert zu werden. So bat Bischof Sproll, dessen bischöfliches Palais 1938 vom nationalsozialistischen Mob gestürmt und durchwühlt worden war, um Einstellung des wegen Landfriedensbruch in Gang gesetzten Verfahrens. Er hielt ein solches „verspätetes Verfahren" sowohl im Hinblick auf seine Person und sein Amt als auch auf staatliche Interessen für „abträglich"[32]. Schmid lehnte das Ersuchen Sprolls ab: „Ich würdige vollkommen die Absichten Euer Exzellenz, bin jedoch als der für die Rechtspflege Verantwortliche nicht in der Lage, ein so schweres Verbrechen gegen die öffentliche Ordnung, wie es die Rottenburger Ereignisse vom Jahre 1938 darstellen, ungesühnt zu lassen."[33] Die Rottenburger Ausschreitungen gehörten neben der Inbrandsetzung der Tübinger Synagoge zu den schwersten Vergehen, die während des NS-Regimes im Raum Tübingen begangen worden waren. Schmid hätte einer allgemeinen Amnestie für NS-Verbrechen Vorschub geleistet, wäre er Sprolls Bitte nachgekommen. Eine solche Amnestie verbot sich allein schon aus pädagogischen Gründen. Schmid war empört, als ihm auf der Straße schon bald wieder Nationalsozialisten begegneten, die in Tübingen und Württemberg führende Ämter in der Partei und SS innegehabt hatten. Er fürchtete um das moralische Bewußtsein der Bevölkerung und verlangte eine sofortige Strafverfolgung[34].

Carlo Schmid, der als Politiker immer auch politischer Pädagoge war, war einer der wenigen deutschen Politiker, die bereits in den Jahren 1945/46 die Schuldfrage thematisierten und ihre Bedeutung für die geistige und kulturelle Zukunft Deutschlands erkannten. Er lehnte die Kollektivschuldthese der Alliierten ebenso ab wie die zur Selbstabsolution vorgebrachte Behauptung, man sei das Opfer einer „Bande von Gangstern" geworden[35]. Genausowenig wie eine Kollektivschuld könne es eine Kollektivunschuld geben, selbst wenn die meisten nicht alles wußten. Aber wollte man denn wissen? Schmid versuchte das Gewissen seiner Zuhörer aufzurütteln: „Fast keiner wollte Gewisses wissen, denn wir wollten uns alle den Seelenfrieden wahren, den wir brauchten, um ohne allzuviel innere Beschämung weitergehorchen zu können, (...) denen wir einmal aus Feigheit oder Verblendung die Geißel in die Hand gegeben hatten, die sie nun über uns so schwangen wie über den unterjochten Ländern."[36] Diesmal sollten die Deutschen sich nicht wieder von ihrer Schuld freisprechen, indem sie auf die Schuld der anderen verwiesen: „Keine fremde Schuld kann unsere ungeschehen machen."[37] Welche gesellschaftlichen und politischen Kräfte die Hauptschuld für die Machtergreifung der Nationalsozialisten trugen, war für ihn eine zweitrangige Frage. Ihm kam es darauf an, daß die Deutschen in personaler Verantwortungsbereitschaft ihre Zukunft gestalteten und nicht abermals ein Volk von Untertanen wurden. Nur wenn sie ihre Schuld begriffen, war eine geistig-moralische Neuorientierung möglich. Schmids existentialistische Grundhaltung kam auch in seinem Schuldbekenntnis zum Ausdruck.

Karl Barth, der innerhalb der evangelischen Kirche für ein eindeutiges Schuldbekenntnis eingetreten und dort auf viel Widerstand gestoßen war, hatte ähnliche Gedanken geäußert. Carlo Schmid lud den von ihm hoch geschätzten Basler Theologen für November 1945 zu einem Vortrag an der Tübinger Universität ein. Die vom Krieg zurückgekehrten Studenten heischten nach geistiger Orientierung und Karl Barth war einer der wenigen, der sie zu geben vermochte. Er war der erste ausländische Professor in Zivil, der an einer deutschen Universität sprach. Im dichtbesetzten Festsaal der Tübinger Alma mater rief Barth zu einer Besinnung auf die eigenen Verfehlungen als einer notwendigen „Katharsis" auf, die es dem deutschen Volk erst möglich mache, zu einem „anderen, einem neuen, einem freien Deutschland" Ja zu sagen[38]. Schmid war Karl Barth für seine Rede dankbar. Im Anschluß an den Vortrag lud er Barth, mit dessen Theologie er sich intensiv beschäftigt hatte, zu sich nach Hause ein, wo man anscheinend ein sehr anregendes Gespräch führte, denn Barth erinnerte sich noch nach Jahren an die Gastfreundschaft, die er im Hause Schmid genießen durfte[39].

Bei einem Teil der 1 500 Zuhörer war Barths Vortrag auf heftige Ablehnung gestoßen. Fünf Tage später wurde Helmut Thielicke gebeten, zu Barths Ausführungen Stellung zu nehmen. Thielicke sparte in seiner Replik nicht mit Ressentiments gegen den „Emigranten" Barth, dessen „Zwischenruf aus dem neutralen Polsterparkett Europas" nicht willkommen sei. Ein Schuldbekenntnis lehnte er u. a. deshalb ab, weil die Schuldfrage grundsätzlich als „taktisches Mittel" mißbraucht werde, „um sich gegenüber dem wirklich oder vermeintlich Schuldigen eine gewisse Ellenbogenfreiheit zu sichern."[40] Er verwies auf das Beispiel des Versailler Vertrags.

Die Kontroverse Barth-Thielicke erregte in Tübingen fast alle Gemüter. Thielicke hatte in seiner Ressentiment geladenen Polemik gegen Barth gesagt, was viele hören wollten. Sein Auftreten, seine Sprechweise glich der eines Demagogen, der das „Bad in den Massen" liebte[41]. So haftete ihm bald der Ruf an, ein „Kirchengoebbels" zu sein. Die französische Militärregierung, die mit einigem Unbehagen sah, welche Faszination Thielicke auf die Studenten ausübte, verhängte ein Lehrverbot über ihn. Nach Absprache mit seinen Kollegen im Direktorium setzte sich Schmid aus grundsätzlichen Erwägungen – die Lehrfreiheit sollte nicht schon wieder eingeschränkt werden – für eine Aufhebung des Lehrverbots ein. Die Rede Thielickes hielt er ebenso wie die französische Militärregierung für ein Skandalon[42]. Und er hatte sich auch noch für die Berufung Thielickes nach Tübingen eingesetzt in der Hoffnung, daß er für die Studenten zu einer geistigen Autorität werde. In einer Ansprache zum Gedenken der Opfer des Faschismus im Januar 1946 distanzierte er sich eindeutig von Thielicke und seinen zahlreichen Anhängern: „Denen aber, die sagen sollten, man beschmutze im Bekennen (der Schuld) das eigene Nest, sei hier gesagt: das Nest hat jener beschmutzt, der es dreckig machte, und nicht der andere, der feststellt, daß es schmutzig ist und wieder sauber gemacht werden muß!"[43] Thielicke sollte nicht mehr so viel Raum zur Entfaltung seiner Demagogie bekommen. Schmid vereinbarte mit Rektor Schneider, daß die Besucher der Thielickeschen Vorlesungen kontrolliert wurden, so daß nur noch ordentlich eingeschriebene Studenten seine Lehrveranstaltungen besuchen konnten. Außerdem durfte Thielicke nicht mehr im Festsaal der Universität lesen, sondern mußte sich mit einem gewöhnlichen Hörsaal zufrieden geben[44]. Ein neuerlicher Skandal blieb aus, so daß man nicht zum letzten Mittel schreiten mußte: der Entlassung Thielickes[45].

Schmid war so stolz gewesen auf die gelungene Erneuerung der Universität. Jetzt entwickelte sie sich immer mehr zu seinem Sorgenkind. Geistige und moralische Impulse für ein anderes, freies Deutschland hätten von ihr ausgehen sollen. Nun befürchtete er schon fast, daß sie zu einem „Hort der Reaktion“ werde[46]. Ende Dezember 1945 mußte er in einer Sitzung des Direktoriums feststellen, daß die „Gesamthaltung der Studentenschaft höchst bedauerlich“ sei, was zum einen an der hohen Zahl eingeschriebener ehemaliger aktiver Offiziere läge, nicht minder aber auch an einer Reihe von Professoren, die einen negativen Einfluß auf die Studenten ausübten[47]. Guardini, Spranger und Weischedel erreichten beileibe nicht alle Studenten und schon gar nicht die, die noch in einer Welt von gestern lebten. Die suchten sich ihre Professoren, die ihnen nach dem Munde redeten.

Extrem konservative Professoren wie beispielsweise Rektor Hermann Schneider konnten aus ihren Ämtern nicht entfernt werden, selbst wenn man die Entnazifizierungsgesetze verschärfte. Schneider legte erst nach massivem Druck der französischen Militärregierung im Frühjahr 1946 sein Amt nieder. So äußerte sich Schmid noch im Januar 1946 äußerst skeptisch über den Erfolg einer schärferen politischen Säuberung der Universität[48], war dann aber doch ganz froh, daß im Frühjahr 1946 aufgrund der von den Franzosen angeordneten Verschärfung der Entnazifizierung noch eine Reihe von belasteten Professoren entlassen werden konnten[49]. Immerhin bestand jetzt die Chance, noch einige hervorragende akademische Lehrer nach Tübingen zu berufen.

Fünf Tage nach der Entlassung der belasteten Hochschullehrer ließ er den Rektor wissen: „Da mit einer Wiedereinsetzung der ihres Amtes enthobenen Mitglieder des Lehrkörpers der Universität in keinem Falle zu rechnen ist, ersuche ich, die Fakultäten zu veranlassen, daß so bald als möglich Vorschläge für die Neubesetzung der freiwerdenden Lehrstühle eingereicht werden. Außerdem ist es vordringlich, daß für die Zeit bis zur endgültigen Neubesetzung der freien Lehrstühle sofort Vorschläge für eine entsprechende zeitweilige Vertretung der Lehrstühle gemacht werden.“ [50] Schmid hatte guten Grund, gleich zu Beginn dem Rektor ein Mahnschreiben zu senden. Die Fakultäten verfolgten nämlich eine Verschleppungstaktik. Die Lehrstühle sollten so lange vakant bleiben, bis die entlassenen Kollegen im Rahmen eines Spruchkammerverfahrens rehabilitiert waren[51]. Einen Monat später sandte die Kultdirektion dem Rektor noch einmal einen Mahnbrief[52]. Nichts geschah. Die Universität probte den Aufstand gegen das Kultministerium. Ende 1946 waren noch immer wichtige Lehrstühle nicht neu besetzt. Die Kultdirektion intervenierte noch einmal beim Rektor der Universität: „Ich habe den Eindruck, daß die betroffenen Fakultäten mit der Vorlage von Berufungsvorschlägen deshalb zögern, weil sie immer noch eine Wiedereinstellung der entlassenen bisherigen Lehrstuhlinhaber erwarten, obwohl von seiten des Staatssekretariats wie auch von seiten der französischen Militärregierung mehrfach und mit Nachdruck erklärt worden ist, daß damit in keinem Fall zu rechnen ist.“ [53]

Schmids Plan, an die Tübinger Universität weitere hervorragende Wissenschaftler und Gelehrte zu berufen, wurde von den Fakultäten obstruiert. Er war maßlos enttäuscht und zornig, daß er sich gegenüber den Fakultäten nicht durchsetzen konnte. Anfang 1947, er war schon nicht mehr Kultminister, verfaßte er für die französische Besatzungsmacht eine Denkschrift über die „Lage der Universität Tübingen“ [54]. Er mag gehofft haben, mit Hilfe der französischen Besatzungsmacht, die auch „keine im Treibhaus gezüchteten Professoren“ mehr wollte[55], den Machtkampf mit der Universität doch noch gewinnen zu können. Eindringlich warnte er davor, der Universität jetzt schon die volle Selbstverwaltung wiederzugeben. Der Staat müsse bei den Berufungen maßgebend mitwirken, denn: „Die Gefahr der Beherrschung der Hochschule durch eine Clique, die sich jeder, auch der geringsten von staatlicher Seite geplanten Neuerung gegenüber sofort ablehnend einstellt, ist heute schon wieder sehr groß.“ [56] Schmids Denkschrift war diktiert vom Zorn. Er machte aus seiner Verärgerung gegenüber den Fakultäten keinen Hehl. Als „Zünfte“ bezeichnete er sie auch später noch und verteidigte ihnen gegenüber den aufgeklärten Absolutismus des Staates.

Sein Verhältnis zu Professoren war nicht gerade von besonderer Hochschätzung getragen, obwohl er im April 1946 endlich selbst zum Ordinarius ernannt wurde und nun auch dieser „Zunft“ angehörte. Bereits im Dezember 1945 hatte ihn die Rechts- und Wirtschaftswissenschaftliche Fakultät der Universität Tübingen auf Platz 2 der Berufungsliste für die Nachfolge des emeritierten Staatsrechtlers Felix Genzmer gesetzt[57]. An erster Stelle der Liste stand der renommierte Völkerrechtler Alfred Verdross, der in Wien lehrte und keinerlei Interesse an einem Lehrstuhl in Tübingen hatte. Im Großen Senat wurden Vorbehalte gegen die Berufung des an der Universität nicht gerade besonders beliebten Kultministers laut. Nur wenn Schmid die Professur „vollamtlich“ ausfülle, könne man der Berufung zustimmen[58]. Das Staatssekretariat setzte sich am 23. April über die Bedenken des Großen Senats hinweg und ernannte Carlo Schmid zum ordentlichen Professor. Eine Woche später teilte er dem Rektor der Universität mit: „Ich werde meine Lehrtätigkeit im Rahmen ausüben, den mir meine Pflichten als Vorsitzender des Staatssekretariats gestatten werden, jedoch bitte ich schon jetzt davon Kenntnis nehmen zu wollen, daß ich mich über die Dauer meiner staatlichen Tätigkeit an den Arbeiten des Großen Senats nicht werde beteiligen können."[59]

Der Kultminister war persona non grata an der Universität. Schon bald wurde das Gerücht ausgestreut, er habe sich selbst zum Professor ernannt[60]. Die Bedenken des Großen Senats freilich waren nicht von der Hand zu weisen: er konnte unmöglich seinen politischen Ämtern und noch seinen Lehrverpflichtungen in vollem Umfange nachkommen. Aber konnte Carlo Schmid 1946 wissen, wie lange er noch sein politisches Amt ausüben würde? Die politischen Konstellationen konnten rasch wechseln. Dann wäre er auf der Straße gestanden und hätte nicht gewußt, wie er seine Familie ernähren sollte. Zudem wäre er schon längst Ordinarius gewesen, wenn die Nationalsozialisten nicht seine Berufung verhindert hätten.

Während man sich über Schmids Berufung empörte, kehrten die entlassenen Professoren auf ihre Lehrstühle zurück. Schmid hatte bis zuletzt versucht, ihre Rehabilitierung durch das Spruchkammersystem zu verhindern[61]. Doch seine Möglichkeiten schwanden. Seit Dezember 1946 war nicht mehr er, sondern der auf kulturellem Gebiet überaus konservativ eingestellte CDU-Politiker Albert Sauer Kultminister, der ein offenes Ohr für die zahlreichen Klagen über die „ungerechtfertigten" politischen Säuberungen seines Vorgängers hatte. Es muß zu heftigen Auseinandersetzungen zwischen Sauer und Schmid gekommen sein[62], der mit Hilfe der französischen Besatzungsmacht noch eine Zeitlang die Wiedereinstellung der im Spruchkammerverfahren weißgewaschenen ehemaligen Lehrstuhlinhaber verzögern konnte[63]. Als 1949 der Einfluß der französischen Militärregierung auf die Kulturpolitik endete, stand der Wiedereinstellung der entlassenen Hochschullehrer kein Hindernis mehr im Wege. Carlo Schmid seufzte: „Wenn ich denke, wer an meiner eigenen Universität wieder alles lesen darf."[64] Nur gut, daß er 1945 gleich handelte, als die Fakultäten noch gelähmt waren. Hätte er damals nicht sofort die Initiative ergriffen, wäre die Tübinger Universität eine Brotuniversität geblieben, an der wie bereits vor dem Krieg nur die Landeskinder studierten.

Was sollte aus der HJ-Generation werden, die nichts weiter kannte als die NS-Ideologie und nun völlig orientierungslos war? Für Schmid, der sich als ein Mentor der Jugend fühlte, war das einer der wichtigsten Fragen der Nachkriegszeit. Die französische Militärregierung hatte im Dezember 1945 sehr rigide alle Schüler nationalsozialistischer Erziehungsanstalten und Funktionsträger der NS-Jugendorganisationen vom Besuch der Hochschule ausgeschlossen[65]. Sie befürchtete, daß diese Jugendlichen ihre Kommilitonen im Sinne der NS-Ideologie indoktrinieren könnten. Im Februar 1946 bat Schmid die Militärregierung um Zurücknahme dieser

Anordnung: „Ich komme mehr und mehr zu der Überzeugung, daß Jugendliche dieser Altersstufe nicht für ihre politische Haltung verantwortlich gemacht werden sollten, da sonst die Gefahr besteht, sie in eine Stimmung des Trotzes und der Verstocktheit zu versetzen, aus der es nur den Ausweg in unbedachte Opposition gibt."[66] Die HJ-Generation, einschließlich ihrer ehemaligen Führer, mußte für die Mitarbeit am neuen Staat gewonnen und erzogen werden.

Am 25. März 1946 kam der 31jährige Heinrich Hartmann, ein ehemaliger Offizier der deutschen Wehrmacht und Leiter der Hauptabteilung Kunst im Kulturamt der Reichsjugendführung zu Carlo Schmid. Auf der Suche nach seiner Frau und seinen Eltern hatte er Tausende von Jugendlichen getroffen, die verzweifelt und resigniert auf der Straße herumvagabundierten. Er fühlte sich verantwortlich für das Schicksal dieser Jungen und Mädchen und wollte zusammen mit anderen früheren HJ-Führern seinen Teil dazu beitragen, sie von der Straße wegzuholen, wobei er vor allem an die Einrichtung freiwilliger Arbeitslager dachte. Er hoffte, daß Schmid, der für seinen Humanismus und seinen Willen, die HJ-Generation in den neuen Staat zu integrieren, bekannt war, ihn bei der Verwirklichung seiner Pläne unterstützen werde. Schmid, der das Gespräch mit Hartmann ohne jeden „Anflug von Diffamierung" führte, war bereit, das Risiko einzugehen. Er sah in dem Vorhaben eine Chance zur Bewährung für die ehemaligen HJ-Führer, deren Resignation leicht in Widerstand gegen den neuen Staat hätte umschlagen können[67]. Er wußte aber auch, daß die französische Militärregierung die Funktionsträger der NS-Jugendorganisationen für kriminell hielt und sie mit Lagerhaft bedrohte. So bat er noch am selben Tag Henri Humblot, der die Jugendabteilung bei der französischen Militärregierung leitete, Hartmann zu empfangen. Humblot war dazu bereit und konnte die Zustimmung von Widmer und de Mangoux für das von Hartmann vorgeschlagene Projekt erwirken, das in der Öffentlichkeit nicht bekannt werden durfte. Die ehemaligen HJ-Führer arbeiteten zunächst in der Illegalität, unterstützt durch Humblot, Victor Renner, Dieter Roser und Carlo Schmid[68], der einige der „illegal" Tätigen auch zu politischen Diskussionen und Dichterlesungen zu sich nach Hause einlud[69].

Anfang 1948 erteilte die Militärregierung endlich die Erlaubnis, ein freiwilliges Arbeitslager einzurichten, das im Frühjahr in Bad Teinach im Schwarzwald aufgebaut wurde. Nicht alle Kreise der französischen Militärregierung standen dem Unternehmen wohlgesonnen gegenüber. Mitte April wurden die ehemaligen HJ-Führer verhaftet und interniert, aber auf Verlangen Humblots und der Tübinger Landesregierung schon bald wieder freigelassen. Mit dem gleichen Engagement, mit dem er einst den Arbeitsdienst in Münsingen geleitet hatte, kümmerte Schmid sich jetzt um das Arbeitslager in Bad Teinach. Er fand sogar Zeit, sich an den dortigen

Diskussionsabenden zu beteiligen. Das Ganze war ein großes pädagogisches Wagnis, für dessen Gelingen er mit seiner Person einstand. Seit 1948 bemühte er sich um eine überzonale Organisation des Projekts und fand hierfür auch die Zustimmung Kurt Schumachers und der SPD[70]. Die ehemaligen HJ-Führer, allen voran Heinrich Hartmann und Hans-Jörg Kimmich, mißbrauchten sein Vertrauen nicht. Am 11. Januar 1949 wurde in Tübingen das Jugendsozialwerk gegründet, das sich zunächst der heimat- und berufslosen Jugendlichen annahm. In späteren Jahren machte es die Eingliederung der DDR-Flüchtlinge und der Gastarbeiter zu seiner Hauptaufgabe. Carlo Schmid blieb dem Jugendsozialwerk bis zu seinem Tod verbunden. In einer Stunde der Resignation meinte er einmal, daß die Integration der HJ-Führer und der Aufbau des Jugendsozialwerks zu den wenigen politischen Leistungen zählten, die seinem Leben Sinn gäben[71].

Schmid war auch als Politiker Pädagoge, dem nichts so sehr am Herzen lag als die Erziehung der Jugend, einer Jugend, die ohne geistige Orientierung war. Die HJ-Generation sollte auch an der Universität mit ihren Fragen und Problemen nicht allein bleiben. Ihr sollte mehr geboten werden als ein bloßes Fachstudium. Auch deshalb hatte er hochrangige Gelehrte an die Tübinger Universität berufen und setzte sich jetzt dafür ein, daß bereits im Wintersemester 1945/46 ein dies academicus in Tübingen eingeführt wurde. Jeden Donnerstag wurden fächerübergreifende Kollegs für alle Hörer angeboten, in denen Probleme der Existenz- und Weltorientierung thematisiert wurden. Fachvorlesungen wurden an diesem Tag nicht abgehalten[72]. Darüber hinaus wurde in sogenannten „Besinnungsvorträgen", bei denen auch Studenten zu Wort kamen, die existentielle Situation der in einer Zusammenbruchsgesellschaft lebenden Studenten behandelt. Carlo Schmid war überzeugt vom erzieherischen Wert dieser Vorträge und Kollegs, den sie damals tatsächlich auch hatten. Die „Besinnungsvorträge" wurden ein Erfolg. Projekte für weitere Vortragsreihen wurden diskutiert und von Schmid mit Nachdruck unterstützt. Nur ein Teil der Pläne konnte verwirklicht werden, weil zu wenige Redner greifbar waren, die Gewichtiges zur geistigen Situation der Zeit zu sagen hatten[73].

Im Februar 1948 wurde in Tübingen eine Einrichtung eröffnet, die Schmid ganz besonders am Herzen lag, ein Internat nach dem Vorbild der englischen Colleges: das Leibniz-Kolleg. In zweisemestrigen propädeutischen Kursen wurden etwa 60 Studenten unter Anleitung von Tutoren auf das Hochschulstudium vorbereitet. Auch dem Leibniz-Kolleg, in dem pädagogische Arbeit und Wissenschaft sich ergänzen sollten, lag die Idee eines studium generale zugrunde. Vor Aufnahme des Fachstudiums sollten die dort Studierenden eine fächerübergreifende Bildung erhalten, damit sie später das Einzelwissen in einen umfassenden Zusammenhang einzuordnen vermochten. Die Errichtung des Kollegs war ein Experiment, das Schmid schon lange vor 1945 ins Auge gefaßt hatte. In den 30er Jahren hatte er mit dem Gedanken gespielt, ein Oberschulprogramm zu entwerfen, „in dem alles Einzelwissen organisch aus der Interpretation von Goethes Faust hervorging“ [74]. Schmid war ein Mann, der noch Utopien hatte. Allein schon wegen des „schlechten Bildungsstandes der Abiturienten“ [75] hätte er es gern gesehen, wenn der Besuch des Kollegs obligatorisch gewesen wäre. Die Unterstützung der Militärregierung hatte er, aber die finanziellen Mittel hierfür waren nicht aufzubringen[76]. So konnte nur ein Bruchteil der Studenten aufgenommen werden, die sich einer Begabtenauslese zu unterziehen hatten. Als das Leibniz-Kolleg am 5. Februar 1948 seine Pforten öffnete, geschah das ohne Wissen und Zustimmung des amtierenden Kultministers Albert Sauer, der sich über das „eigenmächtige Vorgehen der Universität“ entrüstete[77]. Manchmal gelang es Schmid, seinen Nachfolger auszuspielen. Mit der Leitung des Leibniz-Kollegs wurde der Biochemiker Paul Ohlmeyer betraut, der in den 30er Jahren an Schmids Dante-Abenden teilgenommen hatte. Schmid selbst blieb bis zu seinem Tod ein Förderer des Leibniz-Kollegs, das seines Erachtens eines der „besten pädagogischen Zentren Deutschlands“ war[78].

Wenn er sich nur selbst mehr um die Studenten, um diese HJ-Generation, die nach geistigen Mentoren suchte, hätte kümmern können. Mehr als eine Lehrveranstaltung pro Semester konnte er beim besten Willen nicht anbieten. Spätabends fand er dann doch noch Zeit, dieser verunsicherten Generation ein neues Wertbewußtsein zu vermitteln. Trotz seiner großen politischen Beanspruchung lud er einige Studenten zu sich nach Hause ein, um mit ihnen Dichtung zu lesen und zu interpretieren oder ihnen das ABC der politischen Demokratie beizubringen. Noch immer hatte die ästhetische Erziehung der Jugend für ihn eine überragende Bedeutung. Da in jenen widrigen Zeiten auch die Familie Schmid fror, hatten die studentischen Besucher im Winter ein Brikett, eingewickelt in ein Papier, mitzubringen[79]. Irgendwelche Sonderzulagen bekamen die Schmids nicht. Ihnen ging es genauso schlecht wie anderen Familien auch. Schmid, den seine eigene Familie kaum noch sah, saß mit seinen Studenten oft bis gen Mitternacht zusammen[80].

In seinen Seminaren griff er wie eh und je aktuelle Themen auf. So ließ er in einem seiner Seminare mögliche Varianten des von ihm geforderten Besatzungsstatutes diskutieren[81]. Nicht immer ließ er diskutieren, manchmal dozierte er auch, weil er eine strenge Erziehung für notwendig hielt. Obwohl er seine Professur nur im „Nebenamt“ versah, trug er durch die Wahl seiner Themen und die intensive Betreuung der Studenten mehr zu ihrer geistigen und politischen Orientierung bei als manch anderer Hochschullehrer, der sein Soll an Lehrveranstaltungen erfüllte. Mit der Entwicklung der Studentenschaft konnte Schmid zufrieden sein. Gar so reaktionär, wie er zunächst befürchtet hatte, waren die Tübinger Studenten nicht. Die französische Militärregierung konnte Ende 1946 befriedigt feststellen, daß sich eine wachsende Zahl von Studenten mit den Ideen des religiösen Existentialismus und des „socialisme communautaire" befasse[82].

Alle seine bildungspolitischen Blütenträume reiften nicht, obwohl es eine große Übereinstimmung zwischen seinen bildungspolitischen Plänen und denen der französischen Militärregierung gab. Das bildungspolitische Programm des Abteilungsleiters der Education Publique der französischen Militärregierung Raymond Schmittlein hätte, was die grundlegenden Forderungen betraf, auch aus der Feder Schmids stammen können: Priorität der Bildungspolitik vor anderen politischen Aufgaben, Erneuerung der Lehrerausbildung, Förderung der Elitebildung, Konzentration der Lehrpläne auf philosophische und literarische Bildung[83]. Das entsprach voll und ganz den Grundsätzen, die der Kultminister Württemberg-Hohenzollerns in praktische Politik umsetzen wollte.

Keine Gelegenheit ließ er aus, um seine Kollegen im Direktorium davon zu überzeugen, daß am Erziehungswesen „zuletzt gespart werden" dürfe[84]. Der Bereich Unterricht und Erziehung blieb von den „einschneidenden Sparmaßnahmen", die der Verwaltung Württemberg-Hohenzollerns auferlegt wurden, ausgenommen. Man habe sich, so erklärte Schmid im November 1946 der Beratenden Landesversammlung, auf den Standpunkt gestellt, „daß die Neuordnung unseres sozialen und politischen Lebens in erster Linie eine geistige Neuordnung sein muß und die Erfüllung der uns hier gestellten Aufgaben nicht unter der Kargheit unserer materiellen Mittel leiden darf"[85]. Wenn Deutschland jemals wieder eine führende wissenschaftliche, politische und wirtschaftliche Macht werden sollte, war die „Lösung des Nachwuchsproblems" die wichtigste politische Aufgabe, die es in Angriff zu nehmen galt[86]. Begabtenförderung war das Leitmotiv aller seiner schulreformerischen Pläne. Er knüpfte an sein bereits in Stuttgart entwickeltes Programm an. Aus dem Gymnasium wollte er eine „Gelehrtenschule" machen, die nicht nur dem Wortlaut nach zur Hochschulreife führte. Die Landesdirektion für Kult behielt sich vor, über die Aufnahme der Schüler in das Gymnasium zu entscheiden[87]. Carlo Schmid plädierte für eine „scharfe Auslese"[88], unterstrich aber gleichzeitig, daß das Gymnasium nicht wieder zu einer „Standesschule" werden dürfe. Elitebildung und Chancengleichheit waren seines Erachtens keine Gegensätze. Er setzte durch, daß eine Stiftung öffentlichen Rechts gegründet wurde, die Arbeiterkindern den Zugang zur höheren Bildung ermöglichen sollte. Ungefähr 10 % der Schüler höherer Schulen konnten durch diese Stiftung unterstützt werden[89]. Nicht selten mußte Schmid mit seinem Kollegen aus dem Finanzressort Paul Binder hartnäckig um die seiner Ansicht nach notwendigen Summen feilschen[90]. Zumeist konnte er sich durchsetzen.

Auch aus ganz pragmatischen Gründen waren in den ersten Jahren der Nachkriegszeit strenge Aufnahmeprüfungen für den Besuch der höheren Schulen und der Hochschulen notwendig. Der Ansturm von Schülern und Studenten überforderte die Aufnahmekapazität von Gymnasien und Hochschulen. Die französische Militärregierung fürchtete das Entstehen eines akademischen Proletariats und ordnete deshalb 1947 die Einführung eines Zentralabiturs nach dem Vorbild des französischen baccalauréat an, wodurch die Reifeprüfung erheblich erschwert wurde[91]. Im Lande herrschte darüber helle Empörung. Schmid durfte nicht zugeben, daß er die Entscheidung der französischen Militärregierung begrüßte. Er hielt es allerdings für unklug, daß die Besatzungsmacht ohne Rücksichtnahme auf landeseigene Traditionen ihr eigenes Schulsystem einfach oktroyierte. Gab es doch in Württemberg das Landexamen, ein hartes Auswahlverfahren, das die Stipendiaten des Tübinger Stifts zu durchlaufen hatten. Schmid erklärte seinen französischen Gesprächspartnern, daß sie besser das Landexamen eingeführt hätten, von dessen Vorbildlichkeit er zutiefst überzeugt war[92].

Alarmiert war er, als er von den Gymnasialreformplänen der französischen Besatzungsmacht erfuhr, die auf die Einführung von Gesamtschulen hinausliefen. Sofort brachte er seine Bedenken zu Papier: „Eine Einschränkung des konzentrierten fremdsprachlichen und mathematischen Unterrichts, wie er nur auf einer höheren Schule möglich ist, auf 4 oder 6 Jahre ist unmöglich, wenn man nicht auf eine echte Hochschulreife der Absolventen von vornherein verzichten will."[93] Um das Bildungsprivileg der Besitzenden zu brechen, wollte er nicht wie die französische Militärregierung die Gymnasien abschaffen, sondern begabten Schülern unabhängig vom elterlichen Einkommen den Zugang dazu öffnen.

Im übrigen sah er ohnehin mit großem Unbehagen, daß die Volksschule zu einer „Schule für Minderbegabte" herabsank und die handwerklichen Berufe immer mehr in Mißkredit gerieten[94]. Ihm lag daran, das Niveau der Volksschulen zu heben u. a. durch die Einführung eines neunten oder zehnten Schuljahres. Wer begabt war, konnte nach Absolvierung dieser beiden Aufbauklassen in die Oberrealschule übernommen werden[95]. Bereits 1946 setzte er sich dafür ein, Einrichtungen des Zweiten Bildungswegs zu schaffen[96]. Trotz des Vorrangs, den er der Elitebildung einräumte, bemühte er sich immer auch, ein Höchstmaß an Chancengleichheit zu verwirklichen.

Seine emphatischen Klagen über die „Niveaulosigkeit und Mittelmäßigkeit der Lehrer"[97] waren Legion. Außerdem war er nach wie vor der Meinung, daß die Wendehälse, die von heute auf morgen sich zu Demokraten gewandelt hatten, die denkbar schlechtesten Erzieher waren. So richtete er im Februar 1946 noch einmal mahnende Worte an die Lehrerschaft: „Eine außerordentlich unglückliche Figur stellt jedoch der Lehrer dar, der vor dem Zusammenbruch vor den Schülern als mehr oder weniger eifriger Nationalsozialist tätig war und der sich jetzt ebenso eifrig als Antifaschist gebärdet. Wenn solche Lehrer sich gar zu haßerfüllten Ausbrüchen gegen die Jugend selbst oder zu einer Abwälzung ihrer eigenen Verantwortung und Schuld auf die Jugend hinreißen lassen, verdienen sie die Verachtung, mit denen die Jugend ihnen antwortet. Dagegen sind dem Lehrer, der sich in echter Besinnung aus den geistigen Verführungen des Nationalsozialismus zu befreien versucht, besonders glückliche pädagogische Möglichkeiten gegeben: er kann die ihm anvertrauten Jugendlichen an seiner eigenen Besinnung teilhaben lassen, kann auf ihre Verkehrtheit als auf seine bisher eigene eingehen, kann die Jugend behutsam leiten, ohne daß ihr empfindliches Selbstgefühl getroffen wird.“ [98]

Die französische Militärregierung vertrat die rigorose Auffassung, daß nur eine neue unbelastete Lehrergeneration der Aufgabe, demokratische Staatsbürger zu erziehen, gewachsen sei. Daß sie im Sommer 1946 die bisher in Württemberg übliche Lehrerbildung in konfessionell getrennten Lehrerbildungsseminaren untersagte, wurde von Carlo Schmid mit Befriedigung zur Kenntnis genommen, wenngleich er das nicht allzu laut sagen durfte, denn in katholischen Kreisen stieß die Anordnung auf erbitterte Ablehnung[99]. Wenn Schmid die Pläne der Militärregierung nicht unterstützt hätte, wäre sie höchstwahrscheinlich gezwungen gewesen, die Anordnung zurückzunehmen. Die Lehrerausbildung erfolgte nun im Pädagogischen Institut in Reutlingen. In das Reutlinger Institut sollten nicht nur Abiturienten aufgenommen werden, sondern auch Volksschüler, die einen vierjährigen Lehrgang an Lehreroberschulen durchlaufen hatten. Auf diese Weise konnten die Vorzüge der seminaristischen und der akademischen Ausbildung vereinigt werden[100]. Das war eine Kompromißlösung, die die Reform der Lehrerausbildung bei der Bevölkerung akzeptabler machen sollte. Verärgert war Schmid über das geringe Mitspracherecht, das die Militärregierung der Kultverwaltung bei der Auswahl der Lehrer ließ. Diese Aufgabe hätte er am liebsten selbst übernommen. Nach dem Abzug der französischen Besatzungsmacht wurde auf Druck katholischer Kreise in den Lehreroberschulen wieder eine konfessionelle Trennung durchgeführt.

Bereits im November 1945 hatte Carlo Schmid angeregt, daß die höheren Schulen wieder Programmschriften veröffentlichen, in denen der Zusammenhang zwischen erzieherischer Arbeit und Wissenschaft thematisiert werden sollte[101]. Er wünschte, daß der Unterricht wieder mehr wissenschaftlichen Charakter erhalte[102], wobei er unter Wissenschaft kein exaktes Tatsachenwissen verstand, sondern humanistische Bildung. Immer wieder betonte er: „Die Schulen aller Stufen dürfen nicht Vorbereitungsanstalten für künftige Berufe sein, sie müssen Bildungsanstalten werden.“ [103] Den Gedanken, das Schulsystem allein auf die Erfordernisse einer hochtechnisierten Industriegesellschaft auszurichten, hätte er geradezu als verwerflich empfunden. Humanistische Bildung und ästhetische Erziehung waren für ihn ein Widerlager für die Vereinnahmung des Menschen durch Technokratie und Bürokratie. Er war kaum eine Woche als Landesdirektor für Kult im Amt, da schlug er den Bezirksschulämtern schon die Einrichtung von Schulbühnen vor: „Die Schulbühne bietet die Möglichkeit die dramatische Literatur des Abendlandes durch eigenes Spiel und eigene Regie der Schüler unter Anleitung befähigter Lehrer zu einem vertieften Bildungserlebnis werden zu lassen. Darüber hinaus werden auf ihr Stimme, Haltung und Bewegung des jungen Menschen zu zuchtvoller Beherrschheit und Sicherheit gesammelt." [104] Einige Franzosen spotteten, Schmid sei ein „oiseau de Paradis" [105]. Er war es und er war es auch nicht. Utopie und waches Realitätsbewußtsein waren bei ihm immer unzertrennbar miteinander verbunden.

Sein Plan, aus Württemberg-Hohenzollern eine pädagogische Provinz zu machen, ließ sich nur zum Teil verwirklichen. Daß er den Kampf mit der katholischen Kirche um die Einführung der christlichen Gemeinschaftsschule verlor, schmerzte ihn ganz besonders. Er hatte gehofft, daß die französische Militärregierung ihn unterstützen werde. Wider Erwarten jedoch konnte sich der katholische Klerus bei den Franzosen Gehör verschaffen. Die Interventionen des Heiligen Stuhls in Rom hatten Erfolg. Im März 1946 gab die französische Militärregierung offiziell bekannt, daß Bekenntnisschulen dort errichtet werden konnten, „wo die Erziehungsberechtigten von mindestens 80 schulpflichtigen Volksschulkindern dies beantragen und für etwa entstehende Minderheiten ein geordneter Schulbetrieb gewährleistet bleibt." [106] Die katholische Kirche mobilisierte im Frühjahr 1946 die Elternschaft, die sich zu 90 % für die Wiedereinführung der Konfessionsschule aussprach. Schmid konnte das Ergebnis nicht einfach ignorieren. Zwergschulen jedoch sollten, solange er Kultminister war, nicht wieder eingeführt werden. Seine ganzen Pläne zur Begabtenförderung hätte er sich dann sparen können. So ordnete er an, daß lediglich an Orten, an denen mindestens 60 Schüler jeder Konfession die jeweilige Bekenntnisschule besuchen würden, nach Bekenntnissen getrennt unterrichtet werden durfte[107]. Das war nur in 40 größeren Orten des Landes der Fall. Schmid konnte damit die Einführung der Konfessionsschule bis zur Verabschiedung der Landesverfassung im Frühjahr 1947 verzögern, verhindern konnte er sie nicht. Der Konflikt um die Konfessionsschule ging zugunsten der katholischen Kirche aus.

Schon im Dezember 1946 hatte er das Kultressort an Albert Sauer, der ein Wortführer der Interessen der katholischen Kirche war, abtreten müssen. Er konnte allerdings durchsetzen, daß seine Mitarbeiter in der Kultverwaltung blieben, so daß Sauer auf Widerstand stieß, wenn er versuchte, die Entscheidungen seines Vorgängers wieder rückgängig zu machen[108].

Weil er den besseren Zugang zur Besatzungsmacht hatte, gelang es ihm, hin und wieder in Sauers Kulturressort hineinzuregieren. Aber das war nur ein schwacher Trost.

Zudem lag er nicht nur mit der katholischen Kirche und Sauer über Kreuz, sondern zuweilen auch mit der französischen Besatzungsmacht. Einmal ging Carlo Schmid sogar mit Albert Sauer und der katholischen Kirche ein Bündnis gegen die französische Militärregierung ein. Diese verfügte im Sommer 1947, daß in Zukunft der Latein- und Griechisch-Unterricht zugunsten des Französisch-Unterrichts eingeschränkt werden solle. Latein sollte nur noch von der 4. Klasse der höheren Schule an erteilt werden. Das wäre ein Todesurteil für das Humanistische Gymnasium gewesen. Schmid nutzte ein Gespräch mit dem politischen Berater General Koenigs Saint-Hardouin, um energisch dagegen zu protestieren[109]. Nach so viel massivem Widerstand von allen Seiten gab sich die Militärregierung geschlagen und verzichtete auf die Durchführung ihrer Anordnung.

Vergebliche Mühe hatte Schmid darauf verwandt, die Franzosen von ihren Lesebuchprojekten abzubringen. Corbin de Mangoux hatte Verständnis gezeigt, aber deutlich gemacht, daß die Befehle aus Baden-Baden diesmal durchgeführt werden mußten[110]. Die Lesebücher, die die französische Militärregierung Ende 1947 herausgab, übertrafen Schmids schlimmste Befürchtungen. Er hielt sie geradezu für eine Katastrophe. Empört und aufgebracht, wie er war, warf er den Franzosen vor, daß sie nach der wirtschaftlichen nun auch noch eine „geistige Demontage" des deutschen Volkes betrieben[111]. Er hatte Grund zur Klage. Auch die *„Neue Zeitung"*, das Organ der amerikanischen Militärregierung, empfand die Lesebücher als eine Zumutung: „Lesebücher, in denen die deutsche Jugend nur überall dort, wo heute ‚Frankreich' steht, das Wort ‚Deutschland' zu setzen braucht, um ihren fehlgeleiteten Idealismus bestätigt zu finden, sind gefährliche Rauschgifte und keine Heilmittel."[112] Man konnte die Deutschen kaum dadurch zur Demokratie erziehen, daß man sie lehrte, wie Franzosen zu denken, noch dazu wie Franzosen, die in Vorurteilen befangen waren. Schmid wollte nichts unversucht lassen, das von Gerhard Storz Ende 1947 fertiggestellte Lesebuch auch in Württemberg-Hohenzollern einzuführen[113]. Erfolg war seinen Bemühungen nicht beschieden.

Auch im Bereich Bildung und Erziehung war die Zusammenarbeit mit den Franzosen, die sich in der Bildungspolitik auch nach 1947 noch ein Initiativrecht vorbehielten[114], nicht immer konstruktiv. Einige Neuerungen waren ohne Zweifel ein Fortschritt. Wenn die Franzosen mit Emphase den Vorrang der Bildung und Erziehung betonten, sprachen sie Schmid aus dem Herzen. Doch der Humanist verkannte nicht, daß das ganze Umerziehungsprogramm scheitern mußte, wenn die Franzosen weiterhin das Land ausbeuteten. Im Herbst 1946 konnten zahlreiche Kinder nicht in die Schule gehen, weil sie keine Schuhe hatten. Der größte Teil der in Württemberg-Hohenzollern produzierten Schuhe mußte an die Besatzungsmacht abgegeben werden. Kritik an der Besatzungsmacht mochte verboten sein. Schmid äußerte sie trotzdem und diesmal in unmißverständlicher Schärfe: „Die deutsche Jugend wächst unter Lebensbedingungen heran, die zu nicht wieder gut zu machenden gesundheitlichen Schädigungen führen müssen. Für die Lehrerschaft ist es eine schwierige Aufgabe, die Jugend im Geist der Menschlichkeit, der Versöhnlichkeit und der Völkerverständigung zu erziehen, wenn es den Kindern an Lebensnotwendigem gebricht. Hierauf hinzuweisen, hält die Landesdirektion für ihre Pflicht."[115] So offen wies selten jemand die Franzosen auf die Widersprüchlichkeit ihrer Politik hin: Völkerverständigung und Demontage ließen sich nur schwer vereinbaren. Eine Bevölkerung, die unter Hunger litt, verlor das Interesse an kulturellen Werten. Carlo Schmid blieb nicht verborgen, daß einem Großteil der Bevölkerung Butter lieber war als Kultur.

Trotzdem betrieb er weiterhin den Ausbau Tübingens zu einem Kulturzentrum, nicht nur weil er selbst ein Musensohn war und ohne Kunst nicht leben konnte, sondern auch weil er zutiefst davon überzeugt war, daß in einer Zeit der Resignation die Kunst die „schöpferischen Kräfte" der Menschen zu wecken vermochte[116]. Vielleicht war das illusorisch, vielleicht schloß er zu sehr von sich auf andere. Er jedenfalls sah das so und machte deshalb das Tübinger Kulturleben zu seiner ureigensten Domäne. Das „besonders hohe kulturelle Niveau" Tübingens, so teilte er gleich im November 1945 der Abteilung Kunst der französischen Militärregierung mit, sei nur zu erhalten, wenn sein Ressort die Aufsicht über das Tübinger Kulturleben übernehme und alle Anträge auf Genehmigungen von Veranstaltungen auf den Gebieten Theater-, Konzert- und Vortragswesen seinem Ressort zur Begutachtung vorgelegt werden müßten[117]. Nein, eine staatliche Kunstdiktatur wollte er nicht errichten. Aber er glaubte, erzieherisch wirken zu müssen in einem Land, in dem man die Kunst zwölf Jahre lang gegängelt, unterdrückt und verboten hatte. Ein von ihm ins Leben gerufener Kulturbeirat sollte ihn bei dieser Aufgabe unterstützen.

Seine besondere Protektion genoß – das braucht kaum mehr eigens erwähnt zu werden – das Schauspielhaus Tübingen-Reutlingen. Wenn es um die finanziellen Belange des Tübinger Theaters ging, war der Landesdirektor für Kult so beredsam, daß der sonst auf äußerste Sparsamkeit bedachte Paul Binder ohne Abstriche die geforderte Summe bewilligte. Im Januar 1946 stellte das Staatssekretariat dem Theater 100 000,– RM zur Deckung seiner Defizite in Aussicht[118]. Es gab eine enge Beziehung zwischen Staatssekretariat und Schauspielhaus, denn nach getaner Arbeit aß und plauderte man zusammen in der gleichen Kantine, so daß auch bald Schmids Kollegen von der Theaterleidenschaft angesteckt wurden[119]. Ein Theaterbeirat wurde geschaffen, in dem auch zahlreiche Mitarbeiter des Staatssekretariats vertreten waren. Tonangebend war Carlo Schmid, der, wann immer er Zeit fand, sich in Tübingen an den Regiearbeiten beteiligte[120].

Am 6. Januar 1946 erlebte er einen großen Theatererfolg. Nicht, daß er selbst Theater gespielt hätte, solche Flausen hatte er mittlerweile nicht mehr im Kopf. Seine Übersetzung von Calderons „Morgen kommt ein neuer Tag“ wurde nun endlich aufgeführt, nachdem aus der erhofften Aufführung in Lille nichts geworden war. Carl Ballhaus, der Freund aus Liller Tagen, und Günther Stark hatten die Inszenierung vorbereitet. Nach einer strengen Textkontrolle hatte auch die französische Militärregierung der Aufführung zugestimmt[121]. Lotte Hardt spielte die weibliche Hauptrolle, Hannes Messemer die des graciosos Roque. Schmid wurde nach der Aufführung von allen Seiten beglückwünscht[122]. Ein großer Augenblick in seinem Frustrationen reichen Leben. Damals verleugnete er seine Doppelexistenz als Künstler und Politiker noch nicht. Sogar seine frech-frivolen Chansons gab er aus der Hand. Hanne Wieder trug sie vor[123]. Ein Hauch von Großstadtluft durchzog die Tübinger Provinz.

Im Bereich der Kunst und Kultur war sein Ideenreichtum kaum zu bremsen. Im Frühjahr 1946 faßte er ein großes Vorhaben ins Auge: die Veranstaltung von Kunstwochen in Tübingen. Theateraufführungen, Kunstausstellungen, Vorträge und Konzerte sollten dem Ausland vor Augen führen, daß Deutschland trotz aller Barbarei eine Kulturnation war. Die Leistungen der wenigen übriggebliebenen „repräsentativen Geister“ seien, schrieb er Romano Guardini, „die einzige Möglichkeit unserem Land wieder Achtung in der Welt zu erwerben“[124]. Gegenüber der französischen Militärregierung betonte er vor allem den „Erziehungswert der Kunstwochen“[125]. Landeskonservator Gustav Adolf Rieth, mit dessen Hilfe Schmid die Kunstwochen vorbereitete, hatte Sorgen, daß das „Riesenprogramm“, das man sich vorgenommen hatte, die Franzosen „falsche Schlüsse“ auf die deutsche Leistungsfähigkeit ziehen ließ und schlug deshalb Kürzungen vor[126]. Sein Chef wies diesen Vorschlag brüsk zurück und verbat sich irgendwelche Streichungen. In solchen Situationen soll er manchmal mit der Bemerkung provoziert haben: „Mit mir lebt Württemberg über seine Verhältnisse.“[127] Ja, manchmal war er schon ein „oiseau de Paradis“.

Am 27. Juli konnte er die Kunstwochen in Tübingen eröffnen. In seiner Eröffnungsansprache appellierte er an die Zuhörer: „Die Kunst muß aufhören das bloße Ergötzen unserer Feiertage zu sein.“ Sie müsse vielmehr das „ganze Leben durchtränken wie geweihtes Brot und geweihter Wein“[128]. Gespielt wurden u.a. Shakespeares „Othello“, Molières „Der eingebildete Kranke", Schillers „Maria Stuart" mit Elisabeth Flickenschildt als Königin Elisabeth und Anna Dammann als Maria Stuart. Bilder der von den Nationalsozialisten verfemten Maler Otto Dix und Erich Heckel wurden ausgestellt, HAP Grieshaber konnte seine Werke erstmals einer breiten Öffentlichkeit vorstellen, die Musik Paul Hindemiths fand wieder Anerkennung. Es sollte gezeigt werden, daß es auch in der Kunst ein anderes Deutschland gab. Die Deutschen, bei denen die Vorurteile gegen die „entartete Kunst" tiefe Wurzeln geschlagen hatten, mußten dazu erzogen werden, die Freiheit der Kunst zu akzeptieren. Das war damals alles andere als eine Selbstverständlichkeit.

Auch die französische Militärregierung war nicht gerade ein Vorbild an Toleranz. Sie ließ Bilder von Otto Dix abhängen, weil sie befürchtete, daß durch seine Malerei sich die ehemaligen Nationalsozialisten bestätigt fühlen müßten[129]. Bilder Heckels wurden ebenfalls beanstandet, schließlich aber dann doch akzeptiert[130]. Gewiß, Otto Dix' veristische Wirklichkeitsdarstellung erinnert teilweise an die Malerei von NS-Künstlern. Der Aussagegehalt seiner Bilder war aber ein grundlegend anderer. Wie wollte die Militärregierung Toleranz und Demokratie lehren, wenn sie Bilder eines Malers abhängte, dessen Malerei von den Nationalsozialisten als entartet diskreditiert worden war? Seine ganze Überredungskunst mußte Schmid auch aufwenden, damit Schillers „Maria Stuart" aufgeführt werden konnte. Die Franzosen trieb die Furcht um, die Deutschen könnten sich mit der gefangengehaltenen Maria Stuart identifizieren[131]. Außerdem wurde kritisiert, daß die Kultdirektion zu viele Lizensen an Künstler erteilt habe[132]. Kulturbanausen waren die Franzosen freilich nicht. Im Bereich der Kunst traten sie in der Regel eher als Förderer denn als Zensoren auf. So gelang es Schmid mit ihrer Hilfe, den Nachlaß Wilhelm Lehmbrucks von Berlin nach Tübingen zu bringen und dessen Skulpturen, die den meisten Jüngeren unbekannt waren, dort auszustellen[133].

An den Rand der Verzweiflung brachte Schmid die Pressepolitik der Franzosen. Seine Versuche, Einfluß auf die Presse zu gewinnen, wurden fast immer mit „brennenden Ohrfeigen" beantwortet[134]. Ein ständiger Zankapfel war das „Schwäbische Tagblatt", das Schmid in der Hoffnung, eine gute Presse werde erzieherisch wirken, zu einer überregionalen Zeitung umgestalten wollte[135]. Trotz der scharfen Vorzensur der Franzosen bot die Presse eine Möglichkeit, die eigene Politik darzustellen und zu begründen. Mit Zustimmung Gouverneur Widmers ordnete Schmid im Februar 1946 die Umwandlung des „Schwäbischen Tagblattes" in eine Genossenschaft an, an der sich Vertreter aller Parteien beteiligen sollten. Das entsprach durchaus dem Pressekonzept der französischen Besatzungsmacht, die die Gründung überparteilicher Informationszeitungen favorisierte[136]. Auch um einen Redaktionsstab hatte er sich schon bemüht. Es war ihm gelungen, ehemalige Redakteure der „Kölner" und der „Vossischen Zeitung" für das „Schwäbische Tagblatt" zu gewinnen[137]. Anfang April – es war schon die erste Nummer des in neuer Aufmachung erscheinenden „Schwäbischen Tagblattes" gedruckt – brach das ganze Vorhaben zusammen. Loutre, der Leiter der Presseabteilung der Militärregierung in Baden-Baden, legte ein Veto ein mit der Begründung, Schmid mache das „Schwäbische Tagblatt" zu einem Regierungsblatt. Persönliche Animosität war wohl der Hauptgrund für Loutres Handeln, der nach eigener Aussage monatelang darum gekämpft hatte, das „Schwäbische Tagblatt" dem Einfluß Schmids und seiner „créatures" zu entziehen[138]. Die Wortwahl spricht Bände. Carlo Schmid konnte nur resigniert feststellen, daß das Staatssekretariat in der Frage der Neuorganisation der Presse ohne jeden Einfluß war[139]. Daran änderten auch die zahlreichen Klagen der Landräte und selbst der katholischen Kirche über das „Schwäbische Tagblatt" nichts[140]. Saint-Hardouin, der verständnisvolle Berater General Koenigs, gab Schmids bittere Beschwerde über die „erbärmliche Mittelmäßigkeit" der Presse in Württemberg-Hohenzollern nach Paris weiter[141]. Dort nahm man wohl nicht weiter Notiz davon. Das „Schwäbische Tagblatt" blieb das Stiefkind der französischen Besatzungsmacht.

Halb spöttisch, halb bewundernd wird oft gesagt, Carlo Schmid habe in Württemberg-Hohenzollern einen „Wilhelm-Meister-Staat"[142] geschaffen. In der Tat: Schmid plante aus diesem kleinen Ländchen eine pädagogische Provinz zu machen, konnte seinen Plan aber nur zum Teil verwirklichen. In euphorischer Aufbruchstimmung hatte er sich an den Aufbau Württembergs-Hohenzollerns gemacht, war dabei aber immer wieder auf den Widerstand konservativer Kreise, der katholischen Kirche und der französischen Besatzungsmacht, die durch ihre Ausbeutungspolitik den Neuaufbau blockierte, gestoßen. So mischten sich in den Enthusiasmus des Neubeginns bald resignative Töne.

Schmid litt unter der starken politischen Beanspruchung. Einem Bekannten aus Liller Zeit klagte er im August 1946: „Wie beneide ich Dich, daß Du einigermaßen leben kannst, wie es einem Menschen ziemt und nicht wie ich, der bald nichts mehr eigenes am Leben hat. Wenn ich höre, daß Du im Garten arbeiten kannst, daß Du so etwas hast wie Mußestunden, dann muß ich mich wehren, daß mich nicht der Neid befällt. Ich selber habe meinen Garten seit Wochen nicht einmal betreten und an das Lesen anderer Dinge als der Akten kann ich nicht einmal mehr denken."[143] Ganz vom Aktenstudium auffressen ließ er sich jedoch nicht. Er fand noch immer Zeit für das Theater und für die Dichtung, Zeit um mit Peter Bamm „Geschichten von Tausendundeinem Tag" zu erfinden[144] und bei Ernst Jünger anzuklopfen, um sich mit ihm über Baudelaire zu unterhalten oder über die „Kraft des Verstandes und des Herzens", mit der sein Sohn Martin „die Dichter der Zeit rund um den Erdball herum" ergriff[145]. Er war stolz auf den künstlerisch begabten Jungen und beneidete ihn wohl auch etwas. Hans hatte inzwischen das Medizinstudium ergriffen, die beiden Kleinen Raimund und Beate gingen noch zur Schule und sahen den Vater nur selten.

Die Politik forderte ihren Tribut. Im „tiefsten Untergrund seiner Seele" beschlich Schmid zuweilen das Gefühl, daß er „Entscheidendes verrate" [146]. Er dachte jedoch keinen Moment daran, aus der Politik auszusteigen. Der politische Ehrgeiz hatte ihn gepackt und das Pflichtgefühl mahnte ihn, weiterzumachen, nicht zu resignieren. Solange Württemberg-Hohenzollern von den Franzosen besetzt war, war er der Mann, der es am besten verstand, das Joch der Besatzungsherrschaft zu mildern und zu begrenzen. In Zukunft wollte er noch mehr als bisher sich zur Wehr setzen und laut sagen, was ist.

Kritik muß erlaubt sein

Am 23. Oktober 1946 wurde in Schömberg ein Friedhof für die Opfer der nationalsozialistischen Gewaltherrschaft eingeweiht. In dem 25 Kilometer von Tübingen entfernten Schömberg war Ende 1943 ein Außenkommando des Konzentrationslagers Natzweiler errichtet worden, in dem etwa 2000 Menschen an Hungertyphus verstorben und in Massengräbern verscharrt worden waren. Die französische Militärregierung hatte die Exhumierung der Leichen und die Anlage des Friedhofs als Gedenkstätte nationalsozialistischer Gewaltherrschaft veranlaßt. Carlo Schmid, der von der Existenz des Konzentrationslagers nichts gewußt hatte, war tief beschämt darüber. Er begrüßte General Koenig, der persönlich zur Einweihung des Friedhofs erschien, in tiefer Verneigung und bekannte sich in einer anschließenden Ansprache zur Schuld und Verantwortung der Deutschen für die Opfer nationalsozialistischer Gewaltverbrechen[1]. Es war eine ergreifende Rede, die auch die französischen Zuhörer beeindruckte.

Von der Begrüßung Koenigs durch Carlo Schmid war ein Foto gemacht worden, das gegen seinen Willen in allen Zeitungen der französisch besetzten Zone abgebildet wurde. Seine tiefe Verneigung vor Koenig stieß in der deutschen Bevölkerung auf Unverständnis und wurde hämisch kommentiert. Schmid, der Mann der Franzosen, der sich der Besatzungsmacht unterwirft. Selbst seine Söhne mußten sich hämische Bemerkungen von ihren Mitstudenten gefallen lassen[2]. Schmid fühlte sich gekränkt und war verärgert über die Veröffentlichung des Fotos. Bei seinem nächsten Besuch in Baden-Baden versuchte er seinen französischen Gesprächspartnern einsichtig zu machen, daß sie mit solchen Fotos ihn diskreditierten und seine Stellung als Regierungschef schwächten[3]. Jeder mußte glauben, er begegne den Franzosen nur mit gekrümmtem Rücken. Dabei konnte man ihm Unterwürfigkeit ganz gewiß nicht nachsagen. Er hatte es mit

Feierliche Einweihung eines Friedhofes für die Opfer der nationalsozialistischen Gewaltherrschaft in Schömberg im Oktober 1946. Die tiefe Verneigung Schmids vor General Koenig gab Anlaß zu hämischen Bemerkungen.

der Taktik der Geschmeidigkeit versucht, weil eine Konfliktstrategie zu nichts geführt hätte. Er gab zu verstehen, daß er sein Amt niederlegen müsse, wenn er weiter gedemütigt werde. Die Sache hatte ihn offensichtlich schrecklich mitgenommen. Er war bei dem Gespräch den Tränen nahe[4].

In Baden-Baden, dem Sitz der französischen Militärregierung in Deutschland, hatte er sich bis jetzt kaum Gehör verschaffen können. Erst im August 1946 wurden unter Leitung Laffons Zonenkonferenzen eingerichtet, auf denen die Regierungschefs der französisch besetzten Zone an oberster Stelle der Militärregierung ihre Probleme vorbringen konnten. Zunächst freilich kritisierte die Militärregierung eher die Landesverwaltungen als umgekehrt[5]. Als am 6. September der Leiter des Staatssekretariats für deutsche und österreichische Angelegenheiten Pierre Schneiter Tübingen besuchte, hielt Schmid mit seiner Kritik an der französischen Besatzungspolitik nicht hinterm Berg. Die deutschen Verantwortungsträger fühlten sich wie „Schulbuben“ behandelt[6]. Auf dem Sektor der Ernährung drohe eine schwere Krise, weil durch die gegenüber Nordwürttemberg ungleich schlechtere Ernährungslage ein blühender Schwarzhandel entstanden sei. Die Bevölkerung verstehe nicht, daß das Ablieferungssoll in der französisch besetzten Zone weitaus höher sei als in der amerikanischen Zone, und nehme daher zu unerlaubten Mitteln Zuflucht[7]. Seine Beschwerde hatte nicht den gewünschten Erfolg. Pierre Schneiter, der offensichtlich Verständnis für die vorgebrachten Klagen hatte, hatte wenig Einfluß auf die Besatzungspolitik.

Am gleichen Tag, als Pierre Schneiter Tübingen besuchte, versprach der amerikanische Außenminister Byrnes in seiner berühmt gewordenen Rede, daß die USA Deutschland helfen werde, „zu einem ehrenvollen Platz unter den freien und friedliebenden Nationen der Welt" zurückzufinden[8]. Carlo Schmid, der regelmäßig an den Kabinettssitzungen in Stuttgart teilnahm, blieb nicht verborgen, daß die amerikanische Regierung den Wiederaufbau betrieb, während in der französisch besetzten Zone die Ausbeutung des Landes weiterging. Der Prozeß der Demokratisierung und der Überführung von Aufgaben in deutsche Zuständigkeit war in der amerikanisch besetzten Zone schon sehr viel weiter fortgeschritten. Schmid hielt die Zeit für gekommen, die französische Militärregierung nun auch öffentlich zu kritisieren.

In einer Rede am 10. Oktober 1946 anläßlich der ersten Sitzung des Landeswirtschaftsrates, der als Grundstein für eine Wirtschaftsdemokratie galt, wies er darauf hin, daß die Regierung Württemberg-Hohenzollerns „niemandem anderen verantwortlich" sei als der Militärregierung und deshalb von einer Demokratie nicht die Rede sein könne. Überhaupt, so führte er weiter aus, sei Demokratie unter einer Besatzungsherrschaft, die durch ein „kriegsrechtliches Befehlsverhältnis" gekennzeichnet sei, nicht möglich[9]. Das hatte er bereits ein Jahr zuvor schon gesagt, ohne daß es Anstoß erregt hatte. Es war auch nichts anderes als eine Tatsachenbeschreibung. Doch diesmal war man in Baden-Baden ungehalten über Schmids offene Worte. Die Passagen der Rede, die Kritik an der Besatzungsherrschaft enthielten, wurden exzerpiert, um Schmid bei einem seiner nächsten Besuche in Baden-Baden dafür zur Rechenschaft zu ziehen[10]. Die Franzosen verbaten sich weiterhin jede Kritik an ihrer Besatzungspolitik. Jetzt, da die Amerikaner von ihrer Morgenthau-Ideologie abgerückt waren und den Wiederaufbau Deutschlands unterstützten, war Kritik für sie gefährlicher als noch vor einem Jahr. Die Amerikaner registrierten negative Beurteilungen der französischen Besatzungspolitik sehr genau. Das waren Argumente, um die Franzosen zu einem Wandel ihrer Besatzungspolitik zu bewegen.

Carlo Schmid ging es nicht um einen Affront gegen die Franzosen, aber nach anderthalb Jahren Besatzungsherrschaft wurde das autoritäre Besatzungsregime zu einem gefährlichen Hemmschuh für eine demokratische Entwicklung in Deutschland. Es konnte nicht immer so weitergehen, daß er mit Geschmeidigkeit und manchmal auch etwas List die elementaren Lebensrechte seiner Landsleute gegenüber der Besatzungsmacht verteidigen mußte.

Am 22. November 1946 trat die Beratende Landesversammlung für Württemberg-Hohenzollern im Schloß Bebenhausen – das Schmid zu einem Museum hatte machen wollen [11] – zu ihrer ersten Sitzung zusammen. Die Mitglieder der Versammlung waren nicht durch Volkswahl, sondern durch die Kreisdelegierten und die Gemeinderäte der Städte mit über 7000 Einwohnern gewählt worden. Das indirekte Wahlverfahren entsprach der eingeschränkten Aufgabenstellung der Landesversammlung, die lediglich beratende Funktion, aber kein Kontrollrecht gegenüber der Regierung hatte, die weiterhin allein der Militärregierung verantwortlich war. Eine parlamentarische Demokratie war durch die Einrichtung der Landesversammlung nicht entstanden. Carlo Schmid sagte dies ganz offen, als er vor der Versammlung den Rechenschaftsbericht des Staatssekretariats abgab, den er zur Diskussion stellte, um zumindest ansatzweise demokratischen Spielregeln Rechnung zu tragen[12]. Nur der erste Teil der Rede war ein Rechenschaftsbericht, im zweiten Teil formulierte er eine schneidende Kritik an der französischen Besatzungsmacht. Er wußte, daß Kritik nicht erlaubt war, und er sich Ärger mit der Besatzungsmacht einhandeln würde. Aber sollte er schweigen, wo er den wirtschaftlichen Ruin des Landes und einen „Ernährungsbankrott" befürchtete?[13] Der Verbraucher erhielt nicht einmal mehr die im Ernährungsplan vorgesehene Ration von 1500 Kalorien. Ende Oktober hatte er vergeblich gegen eine Kürzung der Brotration bei der Militärregierung interveniert[14].

Schmid vermied es, von Ausbeutung zu sprechen, machte aber deutlich, daß die französische Besatzungspolitik nichts anderes war. U. a. zählte er auf: „die Unfreiheit der Verfügung über die noch im Lande befindlichen Rohstoffe, Halbfabrikate und Fertigerzeugnisse, der Abtransport der neuesten und leistungsfähigen Maschinen für Reparationszwecke, der Mangel an Facharbeitern, bedingt durch die Zurückhaltung von Millionen von Kriegsgefangenen, die man nun endlich heimlassen sollte (...), die unzureichende Ernährung und die völlig ungenügende Versorgung der Arbeiter- und Angestelltenschaft mit Arbeitskleidern und -schuhen und schließlich noch die fortschreitende Kürzung der Strom- und Kohlenkontingente"[15]. Das Holzkontingent, das die Militärregierung den einzelnen Kreisen zuteile, decke nicht einmal den Bedarf für die Särge. Für die katastrophale Ernährungslage, die weiteren Kürzungen der Kartoffel- und Brotrationen machte er die hohen Ablieferungsverpflichtungen an die Armee verantwortlich, was er an konkreten Zahlenbeispielen zu veranschaulichen wußte. Es war weithin bekannt, daß das Staatssekretariat von der Militärregierung zur Exekutivbehörde degradiert wurde. Er sagte es trotzdem noch einmal ausdrücklich: „Vieles von dem, was mit unserer Unterschrift ins Land hinausgeht, ist nicht die Frucht unserer eigenen Entschlüsse: manches würde anders geschehen, wenn wir allein zuständig wären." [16] Seine Kritik richtete er an die Adresse der Militärregierung in Baden-Baden und an die der Regierung in Paris. Den für Württemberg-Hohenzollern zuständigen Offizieren und Beamten dankte er ausdrücklich für die verständnisvolle Zusammenarbeit[17].

Schmids Rede erregte weit über die Zonengrenze hinaus Aufsehen und bestärkte bei Amerikanern und Briten den Eindruck, daß die französischen Statistiken auf dem Ernährungssektor „reine Erfindung" seien[18]. Schmid hatte vermutlich gehofft, daß seine Rede auch außerhalb Württemberg-Hohenzollerns vernommen werde und deshalb seine Kritik so beherzt vorgetragen. Er mußte damit rechnen, daß die Franzosen sich diese Ohrfeige nicht gefallen lassen würden. Einen Tag nach seiner mutigen Rede wurde er nach Baden-Baden zitiert, wo er sich vor Generaladministrator Emile Laffon verantworten sollte. Er hatte in Begleitung eines französischen Offiziers anzureisen. Drohte Hausarrest oder Verhaftung? Er hielt es für angebracht, „einen Koffer mit dem Nötigsten mit auf die Reise zu nehmen" [19].

Der Generaladministrator warf ihm vor, Frankreich verleumdet und der Militärregierung gegenüber einen Akt der Résistance begangen zu haben. Seinen Erinnerungen zufolge antwortete Schmid Laffon, daß er in Lille vier Jahre Widerstand gegen die eigene Regierung geübt habe[20]. Laffon scheint das nur wenig beeindruckt zu haben. Er ließ Schmid die Macht des Siegers über den Besiegten spüren. Der Generaladministrator, der im ökonomischen Bereich eine äußerst harte Linie vertrat[21], verlangte, daß Schmid in der nächsten Landesversammlung die in französischen Statistiken aufgeführten Zahlen über die Ernährungslage vorlas. Verhaften ließ er Schmid wohlweislich nicht. Das hätte bei der Bevölkerung Württembergs Empörung ausgelöst und auch in der amerikanischen Zone für Aufsehen gesorgt. Schließlich war Schmid in der amerikanischen Zone kein Unbekannter. Als Schmid kurz nach der Auseinandersetzung mit Laffon in das General Koenig unterstellte Zivilkabinett kam, war er noch sehr niedergeschlagen. Mußte Laffon nicht einsehen, daß seine Stellung als Regierungschef unhaltbar wurde, wenn er bei der Bevölkerung als Erfüllungsgehilfe der französischen Besatzungsmacht galt? Im Zivilkabinett Koenigs fand er Verständnis für seine Haltung[22].

Im Endeffekt ging er gestärkt aus dieser Regierungskrise hervor. In der Bevölkerung hatte er durch die Auseinandersetzung mit der Besatzungsmacht an Achtung gewonnen[23]. Als er am 2. Dezember 1946 die korrigierten Zahlen verlas, wußte jeder seiner Zuhörer, daß er dies auf Befehl der Militärregierung tat. Landtagspräsident Gengler bat von einer Veröffentlichung der abgegebenen Erklärung abzusehen[24].

Schmid ließ sich durch die Zurechtweisung nicht einschüchtern. Die Möglichkeiten der Franzosen, ihn mundtot zu machen, waren gering. In einem Artikel zum Weihnachtsfest 1946 las er der Besatzungsmacht erneut die Leviten. Die uferlosen Demontagen kommentierte er mit den Worten: „Könnte aber Vernunft es zulassen, daß unser Volk außerstande gesetzt wird, sich sein Brot durch ehrliche Arbeit zu verdienen und daß es statt dessen zum Almosenempfänger derer herabgewürdigt wird, die gekommen sind, um eine bessere Welt zu schaffen?“ [25] Der Großteil der Demontagen wurde in Württemberg-Hohenzollern vorgenommen, noch bevor die Alliierten Ende 1947 eine Demontageliste vereinbarten. Entgegen alliierten Abmachungen hatte die französische Besatzungsmacht 1946 das ganze Jahr über einseitig Maschinen entnommen, wobei in zahlreichen Fällen keine Rücksicht darauf genommen wurde, ob die Entnahmen aus Fabrikanlagen stammten, die für den Wiederaufbau unbedingt notwendig waren[26].

Um den Abtransport lebenswichtiger Maschinen zu verhindern, regte Schmid im Mai 1946 die Erstellung eines Industrieplanes an, in dem die für die Maschinendemontage geeigneten Werke verzeichnet werden sollten[27]. Dieser Vorschlag entsprach Vereinbarungen, die die Alliierten im Frühjahr 1946 getroffen hatten, an die sich aber die Franzosen trotz harscher Kritik des amerikanischen Militärgouverneurs nicht hielten. Im Frühsommer 1946 verlor Württemberg-Hohenzollern etwa ein Viertel aller vorhandenen Maschinen, die nur zur Hälfte aus ehemaligen Rüstungsbetrieben stammten[28].

Zentrum der Rüstungsindustrie war das am Bodensee gelegene Friedrichshafen, wo sich die Zeppelin-Werke, Dornier und die Maybach-Motorenwerke angesiedelt hatten. Im Frühjahr 1946 sah die Zukunft dieser durch Luftangriffe stark zerstörten Zeppelin-Stadt sehr düster aus. Carlo Schmid mußte, vorerst noch völlig ratlos, gestehen, daß „sich in Friedrichshafen kein Rad mehr drehen“ werde, wenn die Militärregierung ihre Anordnungen durchsetzte[29]. Gar so schlimm kam es dann nicht. Die Maybach-Werke konnten durch eine deutsch-französische Wirtschaftskooperation gerettet werden. Ein vergleichbares Kooperationsprojekt für die Zeppelin-Werke lehnte die Militärregierung ab. Kreisgouverneur Ulmer stellte Mitte August 1946 den Erhalt der Werke in Aussicht, falls der Betriebsrat sich bereitfände, das Werk zu übernehmen[30]. Schmid, der die Zeppelin-Werke schon einige Male besucht hatte, war skeptisch – zu Recht. Die Arbeiter ergriffen keinerlei Initiative, den Betrieb zu übernehmen. Schmid plante die Umwandlung der Zeppelin-Werke in eine Stiftung. Die Rechtsform der Stiftung hielt er wie damals viele für eine zukunftsträchtige Alternative zur kapitalistischen Unternehmensform[31]. Seine Kollegen im Direktorium erklärten sich im August mit dieser Lösung einverstanden, nicht aber der 78jährige Luftfahrtpionier Hugo Eckener, der an der Spitze des Unternehmens bleiben wollte[32]. Da Eckener sich nicht überzeugen ließ, beschloß das Staatssekretariat auf Vorschlag Schmids, die Umwandlung der Zeppelin-Werke in eine Stiftung per Rechtsanordnung vorzunehmen[33]. Die französische Militärregierung verlangte die Überführung des Stiftungsvermögens an die Stadt Friedrichshafen, was Schmid für eine nicht besonders glückliche Lösung hielt. Er hatte Zweifel, ob der Gemeinderat seiner Aufgabe gewachsen sein würde[34]. Immerhin konnte so die Totaldemontage des Werks verhindert werden. Am 1. März 1947 wurde aus den Zeppelin-Werken eine „mildtätigen Zwecken gewidmete fideiziarische Stiftung der Stadtgemeinde Friedrichshafen“[35].

Der Kampf gegen die Demontage in Württemberg-Hohenzollern war damit noch nicht beendet. Schmid focht diesen Kampf mit demselben Elan, wie er sich für den Ausbau Tübingens zum Kulturzentrum einsetzte. Freilich erkannte er schon recht bald, daß letztendlich nur die Amerikaner die Franzosen zu einer Änderung in der Demontagepolitik zwingen konnten. Da er sich fast jede Woche einmal in Stuttgart aufhielt und auch sonst viel unterwegs war, bekam er mit, wie die internationalen Kräfteverhältnisse aussahen. Der Musensohn, der erst seit kurzem die politische Bühne betreten hatte, hatte einen erstaunlich wachen Sinn für die Realitäten der Politik.

Nicht nur in der Demontagefrage, auch in der Frage der Parlamentarisierung und der Erweiterung der Kompetenzen der Landesverwaltung war die französische Militärregierung zu Zugeständnissen kaum bereit. Darüber kann auch die formale Erweiterung der Befugnisse der Landesverwaltung nicht hinwegtäuschen. Der 4. Dezember 1946 brachte keine Zäsur im Verhältnis der Tübinger Landesverwaltung zur französischen Militärregierung. An diesem Tag wurde aus dem Staatssekretariat eine provisorische Regierung, die das Recht erhielt, Bestimmungen mit Gesetzeskraft zu erlassen. Von diesem Recht hatte das Staatssekretariat die ganze Zeit schon Gebrauch gemacht, obwohl von der Besatzungsmacht keinerlei Ermächtigung dazu vorlag. In der Praxis änderte sich nichts, da alle Erlasse weiterhin der Genehmigung durch die Militärregierung bedurften[36]. Der Begriff provisorische Regierung täuschte eine Parlamentarisierung der politischen Ordnung vor, die es in Wirklichkeit nicht gab. Freilich, die Konstruktion der Abwesenheitspflegerschaft, die der Bezeichnung der Landesverwaltung als Staatssekretariat zugrunde lag, ließ sich nicht länger aufrechterhalten. Der Status des Tübinger Staatssekretariats entsprach dem der Regierung in Stuttgart. Carlo Schmid nannte sich zwar nicht Ministerpräsident wie Reinhold Maier, sondern Vorsitzender bzw. seit Frühjahr 1946 Präsident des Staatssekretariats, aber er übte seit dem 16. Oktober 1945 das Amt eines Regierungschefs aus. Dem Buchstaben nach hielt man auch nach dem 4. Dezember noch an dem Statut des

Staatssekretariats fest, nach dem die Tübinger Behörde gegenüber der Stuttgarter einen untergeordneten Status hatte. Die Landesdirektoren nannten sich nicht Minister, sondern erhielten nunmehr den Titel „Staatssekretär". Schmid blieb weiterhin der Verbindungsmann zwischen Tübingen und Stuttgart.

Der 4. Dezember 1946 bedeutete trotzdem einen Einschnitt für das politische Leben in Württemberg-Hohenzollern. „Die Regierung hat ihren Charakter geändert", erläuterte Schmid drei Tage später den im Schloß Haigerloch versammelten Landräten: „Sie hat ihn nicht verändert, was ihre Struktur anbetrifft, also ihren Ort im administrativen und konstitutionellen Sinne des Landes, sie hat ihren Charakter insoweit geändert, als nunmehr die politischen Parteien als solche die Verantwortung für die Regierung tragen. Bisher war es ja so gewesen, daß die 5 Männer, die das Direktorium bildeten, quoad personam bestellt waren. Sie gehörten zwar, zum Teil wenigstens, bestimmten politischen Parteien an, sie waren aber nicht als Vertreter dieser Parteien im Direktorium, sie waren an Beschlüsse ihrer Parteiorgane nicht gebunden und hatten ihren Parteien gegenüber keinerlei Rechenschaftspflicht. Das ist nunmehr geändert worden."[37]

Schmid beschrieb keinen verfassungsrechtlichen Zustand, sondern eine politische Entwicklung, die ihm gar nicht gefiel. Nach dem hohen Wahlsieg der CDU bei den Kreistagswahlen mußte Schmid wohl oder übel Gouverneur Widmer eine verstärkte Regierungsbeteiligung der CDU vorschlagen. Zunächst hatte er gehofft, die CDU mit der Einrichtung eines Landwirtschaftsministeriums zufriedenstellen zu können[38]. Die CDU jedoch ließ sich mit dem undankbaren Landwirtschaftsressort nicht abspeisen und verlangte zusätzlich das Kultressort. Es blieb ihm nichts anderes übrig, als die bittre Pille zu schlucken und Albert Sauer das Kultressort zu überlassen. Glücklich war er über die verstärkte Einflußnahme der Parteien auf das politische Leben nicht – und das nicht nur, weil Württemberg-Hohenzollern eine Hochburg der CDU war.

Ein Aristokrat in der Proletarierpartei

Nicht weil er Hugos „Les Misérables" gelesen und in der großen sozialrealistischen Literatur eines Balzac und Zola das elende Leben der Unterprivilegierten kennengelernt hatte, wurde Carlo Schmid Sozialdemokrat. Manchmal behauptete er das, wenn man ein soziales Bekenntnis von ihm abverlangte[1]. Sein eigener Kommentar nach der Lektüre der „Misérables" spricht dagegen. Zwei Jahre vor seinem Eintritt in die SPD bezeichnete er in einem Brief an seine Frau das Buch als „abgestanden" und „falsch". „Wie simpel ist das Problem des Elends gesehen. Richtet Volksschulen und Volksküchen ein und es wird kein Verbrechen und kein Laster mehr geben."[2] „Reichlich platt" empfand er auch die Erinnerungen August Bebels, die ihm Fritz Erler zur Lektüre empfohlen hatte[3]. Seine eigenen existentiellen Probleme wurden in dieser sozialkritischen Literatur nicht angesprochen. Er stand zu sehr im Banne Stefan Georges, als daß ihn die Literatur eines Hugo oder Zola[4] intellektuell befriedigt oder emotional ergriffen hätte.

Nein, nicht weil links die Herzseite der Menschheit ist, entschied sich Schmid Sozialdemokrat zu werden, sondern weil er das Versagen der Parteien für das Scheitern der Weimarer Republik verantwortlich machte. Bereits am Ende der Weimarer Republik war er der Überzeugung gewesen, daß nur die Entwicklung zweier großer Volksparteien den Niedergang der Demokratie von Weimar werde aufhalten können. Mit Hermann Heller hatte er oft nächtelang darüber diskutiert, wie man die marxistische Klassenkampfpartei SPD in eine linke Volkspartei umwandeln könne, die breite Wählerschichten anspricht[5]. Mit Walter Kolb, der während der Weimarer Republik Vorsitzender des Deutschen Republikanischen Studentenbundes war und wie Heller dem Hofgeismarer Kreis nahestand, hatte er in den vierziger Jahren die Diskussion fortgesetzt[6]. Die theoretisch gewonnene Einsicht galt es nun in die Praxis umzusetzen.

Manche wunderten sich, daß der Geistesaristokrat, der sich so oft verächtlich über die Massendemokratie geäußert hatte, nicht zu den Gründungsmitgliedern einer konservativen Volkspartei gehörte. Er erklärte ihnen, daß eine zukünftige Demokratie nur Bestand habe, wenn man es schaffe, eine durch gewerkschaftliche Arbeit selbstbewußt gewordene Arbeiterschaft in den Staat zu integrieren[7]. Hier knüpfte er an Überlegungen des Kreisauer Kreises an. Wenn er nach 1945 das fehlende „soziologische Wissen" des deutschen Bildungsbürgertums beklagte[8], so räumte er auch eigene Fehler ein. Nach der Katastrophe des Nationalsozialismus schien nur eine linke Volkspartei die Mehrheit der Deutschen hinter sich vereinigen zu können. „Ernsthafte Bestrebungen zur Bildung politischer Gruppen", gab es, wie Schmid im Juli 1945 feststellte, „nur auf der Linken"[9]. In konservativ-katholischen Kreisen hätte er sich zudem mit seinen kulturpolitischen Vorstellungen, in liberal-konservativen Kreisen mit seiner antikapitalistischen Einstellung niemals durchsetzen können. So blieb nur die SPD. Leicht fiel ihm der Eintritt in eine Partei nicht. Er werde sich wohl in die „Drecklinie der politischen Parteien begeben müssen", vertraute er 1945 Hellmut Becker unter vier Augen an[10].

Nichtsdestotrotz wurde er zu einem Vorkämpfer für die baldige Gründung einer Labour-Party. Bereits am 3. Juli 1945 bat er die amerikanische Militärregierung, die Bestrebungen ehemaliger Sozialdemokraten und Gewerkschafter zu unterstützen, in Württemberg eine Labour-Party zu gründen, „die von den Kommunisten bis zu den Führern der Kirchen alle Menschen umfassen soll, die bereit sind, am Wiederaufbau Württembergs in sozialem und pazifistischem Geist mitzuarbeiten"[11]. Bei den Gesprächen sei man übereingekommen, daß ein Zwei-Parteien-System angelsächsischer Prägung für den demokratische Neuaufbau Württembergs am geeignetsten sei. Schmids Bemühungen um Gründung und Zulassung einer Labour-Party wurden insbesondere von dem ehemaligen Reichstagsabgeordneten Fritz Ulrich unterstützt[12]. Schmid und Ulrich, die sich beide ausgezeichnet verstanden, wollten durch ihr Drängen bei der amerikanischen Besatzungsmacht nicht nur die Gründung einer sozialistischen Einheitspartei, über die man in einigen antifaschistischen Ausschüssen bereits diskutierte, sondern auch die Wiedergeburt der alten Traditionspartei SPD verhindern.

Die meisten der alten Genossen wollten an die Zeit vor 1933 anknüpfen und mißtrauten allen Versuchen, die Partei auch für Nichtsozialisten zu öffnen. Zu sehr war man noch in einem Lagerdenken befangen, um den notwendigen Wandel der SPD zu einer linken Volkspartei einzusehen. Aus der von Schmid und Ulrich ins Auge gefaßten Gründung einer Labour-Party wurde nichts. Als am 30. September 1945 die SPD in Nordwürttemberg neu gegründet wurde, standen an ihrer Spitze die alten Partei- und Gewerkschaftsfunktionäre, die sich als ein hartnäckiges Widerlager gegen einen programmatischen und organisatorischen Neubeginn erwiesen. Die „Graubärte" gaben wieder den Ton an[13]. Während die Amerikaner bereits am 6. August 1945 Parteien auf Kreisebene und am 23. November auf Landesebene lizensierten, ließ die französische Besatzungsmacht sich mit der Zulassung der Parteien Zeit. Als Schmid am 30. September Oberst de Mangoux darauf ansprach, bekam er die lapidare Antwort, daß die Zeit hierfür noch nicht reif sei[14]. Im Januar 1946 wurde dann von der Militärregierung doch grünes Licht für die Bildung von Parteien gegeben, allerdings nur unter der Bedingung, daß die Parteien „vom Kopf aus organisiert" würden[15]. Die Anmeldung der politischen Parteien mußte über das Staatssekretariat laufen. Carlo Schmid war nicht unzufrieden mit dieser Regelung. Teilte er doch die Ansicht der Franzosen, daß die Parteiendemokratie sich nur langsam unter Anleitung einiger politisch Weitblickender entwickeln könne. Auf einer Landrätekonferenz Anfang Februar warnte er die Landräte, „allzu große Erwartungen" in die sich bildenden Parteien zu setzen. Da die Parteien von Leuten repräsentiert würden, „die keinerlei politische Erfahrung haben", sei es Aufgabe der Landräte, ihnen mit Rat und Tat beiseite zu stehen[16].

Die Neugründung der SPD von oben wollte er selbst in die Hand nehmen. Es galt qualifizierte Leute an die Spitze der Partei zu stellen, um zu verhindern, daß die Parteiveteranen die Organisation an sich rissen. Gott sei Dank, gab es in Südwürttemberg keine berühmten, die man ausbooten mußte. In dem handwerklich-agrarisch strukturierten Ländchen hatte die SPD nur schwer Fuß fassen können. Die Partei verfügte über kein engmaschiges Organisationsnetz wie in industrialisierten Gegenden. Der Reutlinger Oberbürgermeister Oskar Kalbfell, der sich dort bereits in den Jahren 1922–1933 als SPD-Stadtrat Verdienste erworben hatte, war der einzige südwürttembergische Sozialdemokrat, der eine überlokale Popularität genoß[17]. Er unterstützte Schmids Erneuerungsbestrebungen, so daß Schmid kein ernsthafter Konkurrent erwuchs, mit dem er um die Parteiführung hätte ringen müssen. Die „Carlisten" halfen ihm bei der Aufbauarbeit. Renner, Rieth, Roser, Rupp und Zweigert erklärten sich bereit, der SPD beizutreten, weil Schmid ihnen versprochen hatte, aus der Partei, die den Klassenkampf auf ihre Fahnen geschrieben hatte, eine linke Volkspartei zu machen[18]. So bekam die traditionelle Arbeiterpartei eine akademische Spitze. Fritz Erler, der 1933 von Ollenhauer aus der Partei ausgeschlossen worden war und sich der linkssozialistischen Gruppe Neu Beginnen angeschlossen hatte, stieß bald dazu. Noch saß er in einem Internierungslager in Balingen, wo ihn die französische Militärregierung in Haft hielt, weil er Deserteuren aus der Fremdenlegion zur Flucht in die amerikanische Zone verholfen hatte. Carlo Schmid erkannte sehr schnell die politische Begabung des 33 Jahre jungen Erler, der vor seiner Verhaftung als Landrat in Biberach Kärrnerarbeit geleistet hatte. Er verargte ihm auch nicht, daß er weitaus linkere Positionen vertrat als er selbst[19].

Bevor sich Carlo Schmid daran machen konnte, die Partei in der Manier eines absolutistischen Herrschers zu reformieren, mußte er ihr natürlich beitreten. Auf dem 1. Landesparteitag der SPD Württemberg-Badens, der im Januar 1946 in Stuttgart stattfand, überreichte ihm Fritz Ulrich das Parteibuch. Noch nach Jahren erinnerte sich Ulrich mit Stolz daran, daß er damals auf dem Parteitag verkünden konnte: „der soviel umworbene geistreiche und hoch begabte Carlo Schmid ist einer der unsrigen, ist Mitstreiter für den demokratischen und humanitären Sozialismus geworden."[20]

Der Gründungsparteitag der SPD Württemberg-Hohenzollerns wurde auf den 10. Februar 1946 nach Reutlingen einberufen. Carlo Schmid, der schon vor seiner Wahl als Landesvorsitzender fungierte, hielt das Hauptreferat. Er stolperte nicht über die Anrede „Genossinnen und Genossen", wie Reinhold Maier bezeugt[21]. Ansonsten benutzte er nur selten das traditionelle Vokabular der Partei. Gewiß: ein Satz, wie „Unser Kampf gegen den ausbeuterischen Kapitalismus ist ein absoluter"[22], war eine Kontribution an seine Zuhörer, wenngleich Schmid wie alle Geistesaristokraten dem Kapitalismus höchst kritisch gegenüberstand. Er sprach aus Überzeugung, wenn er die Überwindung einer Gesellschaft, in der „nicht der Mensch, sondern das Kapital der Herr über das Leben ist"[23], zum Grundanliegen der neugegründeten Sozialdemokratie machte. Den historischen Materialismus lehnte er trotz aller Anerkennung, die er Marx zollte, ab: „Wir haben erfahren, daß reine Willenselemente, idealistische und andere Antriebe die Welt geschichtlich ganz anders zu gestalten vermochten, als es nach der Lehre des historischen Materialismus hätte sein müssen."[24] Hatte nicht der Nationalsozialismus den historischen Materialismus widerlegt? Trug nicht der „ökonomische Fatalismus", dem man sich in Weimar gläubig hingegeben hatte, zur Fehleinschätzung des Nationalsozialismus bei? Die SPD dürfe sich nicht länger als klassenkämpferische Partei verstehen. Die Geschichte zeige, daß der Rückzug auf eine klassenkämpferische Position der SPD nur geschadet habe: „Sind denn nicht die wichtigsten Fortschritte in der Verbesserung der Klassensituation der Arbeiterschaft erzielt worden im Zusammengehen mit Parteien, die, marxistisch gesprochen, eine bürgerliche Klasse vertraten?"[25] Zeugte nicht der Erfolg der britischen Labour-Party von der Überholtheit des Klassenkampfdogmas? Dort sei man an die Macht gelangt, weil man die „Tore weit aufgemacht hat allen denen, die willens sind, im Kampfe um die Gestaltung der Welt nach dem Grundsatz der sozialen Gerechtigkeit und im Zeichen des Fortschritts Hand in Hand mit der Arbeiterschaft zu gehen"[26]. Er zog alle Register der Rhetorik, um seine Zuhörer von der Vorbildlichkeit der Labour-Party zu überzeugen.

Nicht nur mit dem Klassenkampfdogma brach er. Der Sozialismus sollte auch kein Religionsersatz mehr sein, was er damals für viele Sozialdemokraten noch war. „Politik ist keine Religion, und Parteien sind keine Kirchen, der Staat ist nichts Heiliges."[27] Ein Sozialist könne Christ sein und ein Christ Sozialist. Die SPD dürfe nicht länger in ihrer kirchen- und religionsfeindlichen Haltung verharren. Einige altgediente Genossen mag es geschmerzt haben, daß dieser akademische Newcomer mit ihren liebgewordenen Vorstellungen so rücksichtslos umging.

Ein konkretes Programm für den Neuaufbau Deutschlands entwickelte Schmid nicht. Dazu war es noch zu früh. So begnügte er sich mit einigen Allgemeinplätzen. Die „wirtschaftlichen Monopolstellungen" sollten gebrochen werden[28]. Diese Auffassung vertraten gleich nach 1945 sogar Konservative. Bei Aussagen über die zukünftige Reichseinheit mußte er vorsichtig sein. Die Franzosen, die einem radikalen Dezentralisierungskonzept anhingen, verbaten sich jede Diskussion über die Reichseinheit. So darf seine Ablehnung des „Berliner Zentralismus" nicht überbewertet werden[29], zumal in Württemberg antiborussische Vorurteile Tradition hatten. Wie die meisten seiner Zeitgenossen trat auch er für einen föderalen Staatsaufbau ein. Doch was heißt schon Föderalismus? Schmid wußte sich einig mit vielen Sozialdemokraten in Norddeutschland „und im Grundsatz auch mit dem bayerischen Ministerpräsidenten, dem Genossen Hoegner“[30]. Die Genossen in Norddeutschland waren für einen Bundesstaat, der Genosse Hoegner für einen Staatenbund. Schmid scheint eher der ersten Lösung zugeneigt zu haben, drückte sich aber aus gutem Grund ganz vage aus. Eindeutig war sein Bekenntnis zu einem vereinigten Europa. Drei Tage zuvor hatte er mit dem französischen Sozialistenführer Léon Blum ein längeres Gespräch geführt, bei dem man sich einig war, daß ein Zusammenschluß der europäischen Staaten eine politische Notwendigkeit war. Deutschland müsse auf dem Wege, der von jedem Opfer verlange, vorangehen[31].

Am Schluß seiner Rede stimmte er „Brüder zur Sonne, zur Freiheit“ an. Die Arbeiter sollten, nachdem er so viele Tabus gebrochen hatte, das Gefühl bekommen, daß er in ihre Reihen getreten war. Die Rede fand viel Beifall. Wer wagte es schon, sich auf eine Diskussion mit dem geistvollen Professor einzulassen, bei der man nur den kürzeren ziehen konnte? Schmid übersandte Walter Kolb ein Exemplar seines Referates zur kritischen Stellungnahme. Der fand es „recht gut“, kritisierte aber Schmids Terminologie, die „noch nicht weit genug vom marxistischen Ursprung entfernt“ sei[32]. Es gab Sozialdemokraten mit Stallgeruch, die noch radikaler mit den Parteitraditionen aufräumen wollten als der Neuling Schmid, der auch vorsichtiger sein mußte, weil er von allen Seiten beargwöhnt wurde.

In dem Programm der Sozialdemokratischen Partei Württembergs, das Schmid am 20. Februar der Militärregierung vorlegte, war nicht einmal mehr eine Spur marxistischen Gedankengutes zu finden. Der erste und wichtigste Programmpunkt lautete: „Gerechte Gesellschaftsordnung und schöpferische Freiheit des Einzelnen sind nur durch demokratischen Sozialismus möglich. Solcher Sozialismus verzichtet auf jede Diktatur, auch auf die Diktatur des Proletariats, auf den Totalitätsgedanken in jeder Form, und bringt das politische Gewicht der Arbeiterschaft der Hand und des Geistes auf demokratischem Wege zur Geltung. Er bekämpft jede Form arbeitslosen Einkommens und fordert offene Wege der Bildung für jeden Begabten und Leistungsfähigen ohne Rücksicht auf seine wirtschaftliche Lage.“[33] Völkerversöhnung, Föderalismus und Toleranz in Glaubensfragen waren die weiteren Programmpunkte. Schmid stand Proudhon, mit dem er sich Ende der dreißiger Jahre intensiv beschäftigt hatte, näher als Marx, mit dem er jedoch das Leiden an der Selbstentfremdung in der modernen kapitalistischen Gesellschaft teilte. Seinen französischen Gesprächspartnern gegenüber gab er auch offen zu, daß ihn Proudhon mehr beeinflußt hatte als Marx[34].

„SPD – Gerechtigkeit und Freiheit“ – lautete das Motto des 1. Landesparteitages in Reutlingen. Es hatte Schmid viel Überredungskunst gekostet, bei den Franzosen das „D“ im Parteinamen durchzusetzen, die es lieber gesehen hätten, wenn das Parteitagsmotto geheißen hätte: Sozialdemokratische Partei Württembergs – Gerechtigkeit und Freiheit. Die Bezeichnung Sozialdemokratische Partei Deutschlands hatte die Militärregierung, die nur Landesparteien zuließ, verboten. Den württembergischen Sozialdemokraten waren Verbindungen mit der Parteizentrale in Hannover untersagt. Als Schmid ihnen erläuterte, daß SPD auch „Selbständiges Politisches Denken" heiße, wurde die Abkürzung SPD geduldet, durfte aber nur stillschweigend als Abkürzung für Sozialdemokratische Partei Deutschlands verwendet werden[35].

Am 18. März erfolgte die Lizensierung der SPD durch die französische Militärregierung. Nun galt es die Parteireform und den Neuaufbau der Organisation zügig voranzutreiben. Trotz des tatkräftigen Einsatzes der „Carlisten" blieb der SPD-Landesverband Württemberg-Hohenzollern organisatorisch schwach. Rheinhessen und Südwürttemberg waren Ende 1946 die mitgliederschwächsten Bezirke. Nur 4282 Einwohner Südwürttembergs hatten ein Parteibuch, das war nicht einmal ein halbes Prozent der Bevölkerung[36]. Der Landesvorsitzende sorgte für eine starke Zentralisation der Parteiorganisation[37], in der er unangefochten die Nummer 1 war, die der Partei den Weg wies. Da das Organisationsnetz der Partei unterentwickelt war, es einen Apparat nicht gab, hing das Image der Partei in erster Linie von einzelnen Persönlichkeiten ab. Schmid und seine Mitstreiter standen für eine andere SPD. Sie mußten überall präsent sein. So bat Schmid im Sommer 1946 darum, ihn bei den Kommunal- und Kreistagswahlkämpfen „stark einzusetzen"[38]. Wer weiß, wie ungern Carlo Schmid Wahlreden hielt, erkennt das Engagement und den Elan, mit dem er den Neuaufbau der SPD betrieb. Den Wahlkampf wollte er „nicht gegen, sondern für etwas führen"[39].

Die Anti-Haltung der Weimarer SPD mußte aufgegeben werden. Im Landesvorstand machte er noch einmal deutlich, was die Hauptaufgabe der SPD beim Wahlkampf sei: „Wir müssen in die Kreise einbrechen, die heute noch bürgerlich wählen. Links können wir nichts gewinnen."[40] Die SPD müsse sich in ihrer Selbstdarstellung nach den Einstellungen des Wählers richten, wie „ein Kaufmann vorgehen, der den Markt erobern will"[41], ohne freilich den Wählern nur nach dem Mund zu reden. Für Schmid war die Partei keine Solidar- und Lagergemeinschaft, sondern ein Mittel zur Eroberung politischer Macht. Auf die emotionalen Bedürfnisse der alten Genossen nahm er wenig Rücksicht. Die SPD hatte keine „Gefühlspolitik" zu treiben[42]. Auf dem 2. Landesparteitag der SPD im Februar 1947 in Reutlingen erklärte er provozierend: „Manche freuen sich des Parteilebens besonders, wenn sie feststellen können, daß ein Ortsvereinsabend ‚harmonisch' verlaufen ist, wenn ‚über allen Wipfeln Ruhe' war. Ich möchte sagen, über allen Wipfeln soll Unruhe sein!"[43]

Die Wahlerfolge im Herbst 1946 waren bescheiden. Aber immerhin: einiges konnte man zulegen gegenüber den letzten Wahlen in der Weimarer Republik. Schmid war nicht unzufrieden, sogar ein wenig stolz[44]. Es war schwierig gewesen, zu werben, wo man nicht einmal über eine eigene Zeitung verfügte. Gedanken wie die zukünftige Parteizeitung aussehen sollte, hatte er sich schon gemacht. Sie sollte „kein sozialdemokratisches Kirchenblatt" sein, sondern am Typus einer überparteilichen Informationszeitung orientiert sein[45]. Der neue Vorsitzende verlangte eine Reform an Haupt und Gliedern.

Wie konnte man neue Parteimitglieder gewinnen in einem Bezirk, dessen Bevölkerung an politischen Fragen gänzlich desinteressiert war?[46] Bestimmt nicht, indem man ihnen die Ochsentour durch die Partei zumutete. Schmid, der in die Partei nie eingetreten wäre, wenn er sich über den Ortsverein hätte hocharbeiten müssen, hatte vollstes Verständnis dafür, daß junge qualifizierte Akademiker vor einem Parteieintritt zurückschreckten. Den Parteifreunden im Landesvorstand hielt er vor Augen, daß ein „Mann, der etwas kann, eine Last auf sich nimmt", wenn er sich zur SPD bekenne. In der CDU käme man viel leichter voran[47]. Wenn man kompetente junge Leute für die Partei gewinnen wolle, dürften Posten und Stellen nicht danach vergeben werden, was einer „bereits für die Partei getan hat", sondern danach, „was der Mann für die Partei tun kann"[48]. Schmid fürchtete, daß die SPD wieder wie in Weimar nicht genügend „qualifizierte Akademiker" – er sprach ganz bewußt nicht von Fachleuten – besäße, um die Regierungsstellen zu besetzen. Das Nachwuchsproblem war eine seiner größten Sorgen.

Schmid ging mit den Parteitraditionalisten hart ins Gericht. Mit kämpferischem Elan verordnete er der Partei eine Radikalkur, weil er nur so einen demokratischen Neubeginn für möglich hielt. Einigen Altsozialisten, deren Wortführer der Tuttlinger Gewerkschaftsführer Fritz Fleck war, ging die im par force Schritt betriebene Parteireform zu weit. Der Ortsverein Tuttlingen drohte 1947 mit einer Beitragssperre, wenn den Mitgliedern nicht mehr Einfluß auf die Parteientwicklung und -politik eingeräumt werde[49]. Die Gewerkschafter und alten Genossen plädierten für einen „mehr linksgerichteten Kurs". Beklagt wurde die Akademikerlastigkeit der württembergischen SPD und die Verprellung alter Parteimitglieder. Offensichtlich erregte nicht nur Schmids autoritärer Führungsstil Anstoß, sondern auch sein großzügiger Lebensstil. Er wurde verdächtig an „Freß- und Saufgelagen" teilzunehmen, während man in Württemberg hungerte[50]. Er war ja auch unanständig dick in einer Zeit, als die meisten Menschen nur Haut und Knochen waren. Zudem scheute er selbst den Kontakt zu „Erzreaktionären" nicht. War er doch einer der Gäste des Prinzen von Hohenzollern-Sigmaringen gewesen, die anläßlich des Geburtstages von dessen Frau Margarethe im Schloß Sigmaringen ein rauschendes Fest gefeiert hatten[51]. Dieser Schmid war zwar Landesvorsitzender der SPD, aber in den Augen von Leuten wie Fleck doch kein richtiger

Sozialdemokrat. Fleck war kein Konkurrent für Schmid. Die wenigen Altsozialisten konnten keinen Kurswechsel erzwingen. Der Streit endete auch ganz versöhnlich. Der Landesvorsitzende war bereit, „sich ganz gern mal etwas von Fleck sagen zu lassen" und Fleck wollte sich seinerseits den Lehren des „Herrn Staatsrates" nicht verschließen[52]. Schmid war kein Mann der Zuchtrute. Er vertraute auf die Kraft seiner Persönlichkeit und seiner Argumente, und die reichte zumeist auch aus. Die französische Militärregierung konnte befriedigt feststellen, daß dem Neuling, der als ein „socialiste assez rose" gelte, großes Vertrauen entgegengebracht wurde[53]. Auch Schmid blickte mit viel Hoffnung auf seine württembergische SPD[54].

Einer Zerreißprobe war die württembergische SPD auch schon deshalb nicht ausgesetzt, weil man sich in einem Punkt völlig einig war: ein Zusammenschluß von SPD und KPD zu einer Einheitspartei kam nicht in Frage. Einige „linkere" Mitglieder des Landesvorstandes erwogen, ob man eventuell bei konkreten Aufgaben mit der KPD zusammenarbeiten könne, stießen damit aber beim Landesvorsitzenden auf heftigsten Widerspruch, der seit seiner Studentenzeit ein entschiedener Antikommunist war. Er hatte es zu verhindern gewußt, daß im Gegensatz zu fast allen anderen Ländern in Südwürttemberg ein Kommunist mit auf der Regierungsbank saß. Auch eine partielle Zusammenarbeit konnte er nicht befürworten – aus zwei Gründen: „Die KPD erhebt einen totalitären Anspruch, die KPD ist keine deutsche Partei, sie arbeitet nach russischen Anweisungen."[55] Es sei daher eine klare Abgrenzung gegenüber der KPD notwendig. Die Anweisung des Landesvorsitzenden wurde von fast allen Ortsvereinen befolgt.

Im ebenfalls französisch besetzten Südbaden war die Entwicklung ganz anders verlaufen. Dort wurde die SPD als sozialistische Partei Land Baden neugegründet. Der Parteiname hatte programmatischen Charakter. Die badischen Sozialdemokraten wollten die Tür nach links öffnen und die Kommunisten in die Partei integrieren. Die Kommunisten allerdings gründeten bereits im Februar 1946 eine eigene Partei. Eine Einheitspartei konnte jetzt nur noch durch eine Fusion geschaffen werden, für die es Befürworter in beiden Parteien gab[56]. Einige badische Sozialdemokraten, die dem Einheitskurs ihres Landesvorstandes ablehnend gegenüberstanden, wandten sich im März 1946 hilfesuchend an Schmid, der kampfentschlossen, wie er damals noch war, ein radikales Vorgehen vorschlug: Die gemäßigten Sozialdemokraten sollten einen Landesparteitag einberufen und dort einen neuen Vorstand wählen[57]. Der Vorschlag wurde rund ein halbes Jahr später in die Tat umgesetzt, nachdem die Württemberger und die Parteizentrale in Hannover der innerparteilichen Fronde gegen den badischen Landesvorstand immer wieder den Rücken gestärkt hatten[58]. Carlo Schmid hatte jede Kontaktaufnahme mit dem sozialistischen badischen Landesvorstand abgelehnt. Einladungen hatte er unbeantwortet gelassen: „Solange die badischen Sozialisten sich nicht so nennen, wie wir uns alle nennen, nämlich SPD, müssen wir sie als eine andere Partei betrachten."[59] Er warf den Badenern vor, daß sie die Entwicklung der SPD „sabotierten"[60]. Seit November, seit dem Sturz des alten Landesvorstandes, nannten sich auch die Badener Sozialdemokraten. Das „D" durften sie nicht im Parteinamen führen.

Carlo Schmids Antikommunismus war nicht weniger radikal als der Kurt Schumachers. Befürwortern einer Einheitspartei hielt er entgegen: „Ein KZ bleibt eine Schande, einerlei ob seine Pfosten nun braun oder rot angestrichen sind."[61] Er rechnete es Schumacher als großes Verdienst an, daß er die Gründung einer sozialistischen Einheitspartei verhindert hatte. Schumacher seinerseits honorierte, daß Schmid im Gegensatz zu den Badenern eine strikte Abgrenzungspolitik gegenüber den Kommunisten betrieb. Er erhielt eine persönliche Einladung zu dem vom 9. bis 11. Mai 1946 in Hannover stattfindenden Neu- und Wiederbegründungsparteitag der SPD der Westzonen. Vom badischen Landesvorstand war niemand eingeladen worden. Die Franzosen verweigerten zunächst die Ausreise, gaben aber schließlich nach. So konnte Schmid zusammen mit Oskar Kalbfell die württembergische SPD auf dem ersten überzonalen SPD-Parteitag vertreten. Auf dem Parteitag ergriff er nicht das Wort. Auf den Landesparteitagen in Württemberg-Hohenzollern war er die unumstrittene Nummer 1, hier war er ein Unbekannter, der schüchtern darauf wartete, daß die alten Genossen auf ihn zukamen[62]. Gar so selbstbewußt, wie er sich zumeist gab, war er nämlich nicht. Er hätte es niemals gewagt, durch eine Aufsehen erregende Gegenrede dem Parteivorsitzenden zu widersprechen.

Im großen und ganzen war er mit dem Verlauf des Parteitages zufrieden[63], wenn auch die von Kurt Schumacher formulierten Richtlinien sich nur zum Teil mit seinen eigenen programmatischen Vorstellungen deckten und der Dissens weit über die Europa- und Föderalismusfrage hinausging. Einig war man sich, daß ein Wiederanknüpfen an die Traditionen der Weimarer SPD nicht mehr möglich sei und daß die Parteiveteranen in der neugegründeten SPD nicht mehr den Ton angeben durften. Einig war man sich auch, daß die SPD sich gegenüber neuen Wählerschichten öffnen und versuchen müsse, „große Teile der geistigen Elite" für die Sozialdemokratie zu gewinnen[64]. Schumacher jedoch sah in allen Plänen, aus der SPD eine Labour-Party zu machen, einen Verzicht auf den Klassenkampf, den er weiterhin propagierte. Nach dem Parteitag in Hannover kam auch Schmid auf sein Labour-Party-Konzept nur noch selten zurück. Vermutlich war ihm klar geworden, daß er sich damit nicht durchsetzen konnte. Kurt Schumacher beurteilte die ganze historische Entwicklung anders als er. Für den Parteivorsitzenden hatte die SPD in Weimar einen Sündenfall begangen, als sie sich an „unechte(n) und an untragbaren klassenpolitischen Widersprüchen kranke(n) Koalitionen“ beteiligte[65]. Koalitionen sollte es in Zukunft nur noch unter Führung der SPD und unter grundsätzlicher Anerkennung des Klassenkampfgedankens geben[66]. Schmid wollte von der marxistischen Dogmatik des Heidelberger Programms der SPD loskommen und sah in der reformistischen Tradition der Partei, mit der Kurt Schumacher brechen wollte, einen möglichen Anknüpfungspunkt. Für den SPD-Parteivorsitzenden war der Marxismus mehr als eine Methode. Er war der Auffassung, daß die „grundlegende Änderung der politischen Geisteshaltung“ sich nur „auf der Basis der Änderungen der wirtschaftlichen Machtverhältnisse“ vollziehen könne[67]. Darunter verstand er eine planwirtschaftliche Lenkung der Wirtschaft und die Vergesellschaftung aller Produktionsmittel, die in der „Hand des Großbesitzes“ waren[68].

Carlo Schmid war kein grundsätzlicher Gegner der Sozialisierung und schon gar nicht ein „verirrter Liberaler“, wie man ihm manchmal unterstellte[69]. Er arbeitete engagiert in dem von Hermann Veit ins Leben gerufenen Sozialisierungsausschuß der SPD Württemberg-Badens mit. Dort suchte man nach Sozialisierungsmodellen und setzte sich vor allem mit dem von Harald Koch entwickelten Sozialisierungskonzept auseinander. Der zum Sozialisierungsexperten der SPD avancierte Koch, der selbst an den Ausschußsitzungen teilnahm, schlug die Errichtung von Sozialgemeinschaften vor, die er als eine Alternative zur Verstaatlichung der Produktionsmittel verstand. Koch plädierte in seinem Konzept der Sozialgemeinschaften für die Anerkennung mehrerer unterschiedlicher Eigentumsträgertypen wie z. B. Sozialgesellschaften, Sozialgewerkschaften oder Sozialgenossenschaften, die nicht nach dem Prinzip der „Gewinnerzielung“, sondern dem der „Bedarfsdeckung des ganzen Volkes“ arbeiten sollten. Im Handwerk und Einzelhandel sollten privatwirtschaftliche Unternehmensformen gefördert werden. Ein ehrenamtlicher Verwaltungsrat fungierte als kontrollierendes Organ der Geschäftsleitung, die überregionale Koordination erfolgte durch eine Landesgemeinschaft der Sozialgemeinschaften[70].

In einer für seine Diskussionsbeiträge typischen tour d'horizon setzte sich Schmid mit Kochs Entwurf auseinander. Für eine Sozialisierung gebe es drei Gründe und Ziele: „1. die politische Zielsetzung der Enteignung bestimmter als gefährlich angesehener Personen, 2. die ökonomische Zielsetzung einer besseren Organisation der Wirtschaft, 3. die soziale Zielsetzung: Aufhebung der Entfremdung des Arbeiters.“[71] Die Sozialgemeinschaften könnten allenfalls e i n e „taugliche Figur der Sozialisierung“ sein, dürfen aber andere Formen der Sozialisierung nicht ausschließen. Er fürchtete, daß „Egoismus und Kleinbürgerei“ bei den Verwaltungsräten der Sozialgemeinschaften schlimmer vertreten seien als bei den „Kapitalisten“. Kochs Konzept der Sozialgemeinschaften stellte er das Modell einer sozialistischen Marktwirtschaft gegenüber, in der es lediglich eine

Rahmenplanung geben sollte: „Die sozialisierten Betriebe müssen im Rahmen der freien Marktwirtschaft arbeiten. Das Konkursrecht muß auch hier ultima ratio bleiben.“[72] In Württemberg-Hohenzollern hatte er die Gründung von Stiftungen und Produktionsgenossenschaften insbesondere auf dem Bausektor angeregt[73].

Für Schmid, den Schüler Hugo Sinzheimers, hatte die Schaffung einer Sozial- und Wirtschaftsverfassung Vorrang vor der Sozialisierung. Die politische Demokratie mußte ergänzt werden durch eine Wirtschaftsdemokratie. Die Forderung nach paritätischer Mitbestimmung der Arbeitnehmer auf betrieblicher und überbetrieblicher Ebene findet man in den Jahren nach 1945 fast in jeder Grundsatzrede Schmids. Kaum einer hatte in Württemberg-Hohenzollern so energisch wie er die Gründung von Gewerkschaften vorangetrieben, denn nur sie konnten seines Erachtens die Arbeiter zu eigenverantwortlichem Denken und Handeln erziehen[74]. Er wollte auch deshalb die SPD zu einer Art Labour-Party machen, weil dort die Gewerkschaften das Rückgrat der Partei waren. Der Geistesaristokrat Schmid verachtete die Massengesellschaft, wünschte sich aber eine selbstbewußte Arbeiterschaft, die sich nicht wieder manipulieren und mißbrauchen ließ. Schmids Wirtschafts- und Sozialkonzeption ließ sich kaum vereinbaren mit Grundsätzen einer sozialistischen Wirtschaftspolitik, wie sie der wirtschaftspolitische Sprecher der SPD Victor Agartz auf dem Parteitag in Hannover vorgetragen hatte. Agartz hatte der Planwirtschaft eindeutig Vorrang gegenüber Mitbestimmungsforderungen eingeräumt[75].

Carlo Schmid wäre es nie in den Sinn gekommen, Sozialismus mit sozialistischer Planwirtschaft gleichzusetzen. Er war „Sozialist (...) um des Menschen willen, nicht aber um irgend eines Wirtschaftssystems willen“[76]. Er verband mit dem Sozialismus eher kulturrevolutionäre als wirtschaftspolitische Ziele. Deshalb war für ihn die geistige und organisatorische Erneuerung der SPD mindestens ebenso wichtig wie die Entwicklung ökonomischer Alternativkonzepte zur kapitalistischen Gesellschaft. Kurt Schumacher dagegen machte sich die Maxime zu eigen: „primun vivere deinde philosophari“[77]. Trotz der zum Teil recht gegensätzlichen Vorstellungen über Programm und Entwicklung der SPD scheint das Gespräch zwischen Schmid und Schumacher auf dem Hannoveraner Parteitag harmonisch verlaufen zu sein, vermutlich deshalb, weil der Landesvorsitzende der SPD Württemberg-Hohenzollerns seine eigene Meinung verschwieg. Es wäre auch unklug gewesen, Schumacher gleich bei der ersten Unterredung Lehren erteilen zu wollen.

Schumacher lud ihn ein, an den Sitzungen des Geschäftsführenden Parteivorstandes teilzunehmen. Die französische Besatzungsmacht drückte, soweit es sich nicht um Parteitage handelte, die im Rampenlicht der Öffentlichkeit standen, ein Auge zu und duldete die Parteireisen Schmids stillschweigend, obwohl offiziell eine Verbindung der württembergischen SPD mit der Parteizentrale in Hannover immer noch nicht gestattet war. Schmid beging manchmal sogar die Dreistigkeit, seine Parteireisen über den von den Franzosen kontrollierten Staatshaushalt abzurechnen. Erst der für seine Sparsamkeit bekannte Gebhard Müller unterband diese Verquickung von Partei- und Staatsinteressen[78]. Carlo Schmid hatte sich zu solchen verwerflichen Machenschaften nur deshalb hinreißen lassen, weil die SPD ihm die Auslagen für diese Reisen nicht ersetzte. Zum Vergnügen war er ja schließlich nicht unterwegs.

Bereits während des ersten Jahres seiner Parteimitgliedschaft fand er auch in der Gesamtpartei Achtung und Anerkennung. Ende 1946 wurde er als Mitglied des Verfassungspolitischen Ausschusses vorgeschlagen, im Januar 1947 wurde er in den Außenpolitischen Ausschuß berufen, der im März seine Arbeit aufnahm. Im Außenpolitischen Ausschuß, in dem die renommiertesten Mitglieder der Partei vertreten waren, war er der einzige, der nicht schon vor 1933 in den Reihen der Partei gestanden hatte. In einer Phase, in der die verfassungs- und außenpolitischen Grundlagen des neuen deutschen Staates zur Disposition standen, konnte man auf einen Mann wie Carlo Schmid, der ein glänzender Frankreich-Kenner und ausgezeichneter Staats- und Völkerrechtler war, nicht verzichten. Schmid seinerseits drängte darauf, in der Gesamtpartei ein entscheidendes Wort mitreden zu können.

Die Entwicklung der Parteizentrale in Hannover und Schumachers autoritärer Führungsstil bereitete ihm zunehmend Unbehagen. Im Frühjahr 1947 berichtete er seinem ehemaligen Schüler Georg Schwarzenberger, daß er bei der Erörterung theoretischer Fragen mit dem Parteivorsitzenden oft übereinstimme, dieser aber „sein praktisches Verhalten nur gelegentlich nach seinen besseren Einsichten" ausrichte. Es sei „sehr schade", „daß Hannover mehr und mehr eine Art Lhasa zu werden beginnt und die Institution der Thronassistenten scheint nicht auf den Vatikan beschränkt geblieben zu sein. Auch hier hoffe ich auf die Wirkung der Zeit, und vielleicht wird sich in den verschiedenen Ausschüssen der Partei ein Equipe heranbilden, die es ermöglichen wird, eine echte Führung zu schaffen, die mehr von der Einsicht und dem Geiste bestimmt ist als vom tribunizischen Prestige."[79]

Zugegeben: Sein Führungsstil in Württemberg-Hohenzollern war auch nicht gerade sehr demokratisch gewesen. In Schumacher und Schmid standen sich zwei Männer gegenüber, die beide das Geschick Deutschlands in die Hand nehmen wollten. Schmid jedoch war in der SPD ein Außenseiter, dem viele Hindernisse auf dem Weg an die Parteispitze entgegenstanden. Er wollte trotzdem alles daran setzen, um seine Vorstellungen durchzusetzen[80]. Spätestens Ende 1946 war ihm klar geworden, daß die Parteien wahrscheinlich die entscheidenden politischen Machtträger in einem zukünftigen deutschen Staat sein werden. Seine politische Zukunft hing – er mochte das noch so bedauern – von seiner Anerkennung innerhalb der SPD und nicht zuletzt von seinem Verhältnis zu Kurt Schumacher ab. Nolens, volens mußte er sich zumindest vorerst mit ihm arrangieren.

Bausteine für eine deutsche Verfassung: Die Verfassungen Württemberg-Badens und Württemberg-Hohenzollerns

Im Gegensatz zu den Franzosen drängten die Amerikaner in der von ihnen besetzten Zone auf eine rasche Herstellung demokratisch-rechtsstaatlicher Verhältnisse. Aus den organisierten Provisorien sollten möglichst bald rechtsstaatlich verfaßte Staaten werden. Am 11. Februar 1946 beauftragte die amerikanische Militärregierung Reinhold Maier mit der Einsetzung einer Kommission zur Ausarbeitung einer Verfassung für das Land Württemberg-Baden. Einen Monat später, am 12. März, trat der Verfassungsausschuß der Vorläufigen Volksvertretung für Württemberg-Baden erstmals zusammen. Vorsitzender des Verfassungsausschusses war der über die Parteigrenzen hinweg geschätzte Nestor des württembergischen Parlamentarismus und der SPD Wilhelm Keil, der Carlo Schmid gebeten hatte, sich dem Ausschuß als Sachverständiger zur Verfügung zu stellen[1]. Es gab damals nicht viele, die über fundierte Kenntnisse der Verfassungstheorie und -praxis sowohl im historischen wie im aktuellen internationalen Vergleich verfügten. Schmid kannte sich durch seine Tätigkeit im Kaiser-Wilhelm-Institut auf dem Gebiet des ausländischen öffentlichen Rechts ausgezeichnet aus. In Gesprächen mit Hermann Heller und Helmuth James von Moltke hatte er schon in früheren Jahren Pläne über eine Verfassungsreform und den Neuaufbau eines zukünftigen deutschen Staates entwickelt[2].

In dem von Reinhold Maier eingesetzten Verfassungsausschuß wuchs ihm von Anfang an die Rolle des spiritus rector zu. Gleich in der ersten Sitzung wurde ihm das Grundsatzreferat über die Probleme einer zukünftigen deutschen Verfassung übertragen. Zögernd nahm er an, denn ihm war klar, daß er sich damit eine Menge Arbeit aufhalste[3]. Mit dem Grundsatzreferat würde es ja nicht getan sein. Ein Verfassungsentwurf mußte ausgearbeitet werden und vermutlich würde man ihm diese Arbeit anvertrauen. So kam es dann auch. Nachdem sein Referat am 5. April den Beifall des Ausschusses gefunden hatte, wurde allgemein der Wunsch geäußert, daß er dem Ausschuß einen Verfassungsentwurf vorlegen möge. Dank der tätigen Mithilfe seines Schülers Gustav von Schmoller brauchte Schmid nicht einmal zwei Monate für diese Arbeit. Am 29. April fand der von ihm und Schmoller ausgearbeitete Entwurf im Ausschuß viel Lob und Anerkennung[4].

Zunächst hatte er sich gefragt, ob es unter den Bedingungen einer Besatzungsherrschaft überhaupt sinnvoll sei, eine Vollverfassung auszuarbeiten. War es nicht besser, ein „Notdach" für ein Provisorium zu konstruieren? Einige Mitglieder des Ausschusses waren auch dieser Meinung. Schmid erklärte ihnen, warum er sich trotz allem für die Ausarbeitung einer Vollverfassung entschieden hatte: „Ich glaube, es ist gut, daß wir jetzt schon unter der Fremdherrschaft unsere Staatsgesinnung schaffen, ihr Ausdruck verleihen, damit jetzt in dieser verhältnismäßigen Windstille etwas gedeihen könnte, das bei stürmischem Klima, wie es die reine Freiheit bringt, vielleicht in seinem Wachstum mehr gefährdet wäre als heute."[5] Schmid fürchtete anscheinend, daß zu einem späteren Zeitpunkt die Verfassungsschöpfung in die parteipolitische Auseinandersetzung geraten würde. Jetzt hatte er die Chance, maßgebenden Einfluß auf die Verfassunggebung zu nehmen. Für ihn waren die Landesverfassungen eine Sammlung von „Bausteinen" für eine „künftige Reichsverfassung"[6].

In der Verfassung selbst sah er ein Instrument der politischen Pädagogik. „Die Verfassung sollte so ausgestaltet werden, daß sie als Volkslesebuch zur Grundlage der staatsbürgerlichen Erziehung dienen könne. Es müsse in das Bewußtsein des Volkes dringen, daß eine Verfassung nicht ein beliebiges Organisationsstatut, sondern gewissermaßen etwas Sakrales ist."[7] Schmid war ein Gegner des staatsrechtlichen Positivismus. In der Tradition Smends und Hellers begriff er die Verfassung als ein Wertesystem, als „Ausfluß einer gemeinsamen im Volk lebendigen Wertordnung"[8]. Weil die Mehrheit der Nordbadener und Nordwürttemberger keine Anhänger des Sozialismus waren, enthielt sein Verfassungsentwurf keine dezidiert sozialistischen Aussagen.

Sechs Grundprinzipien, von denen er glaubte, daß sie von jedermann anerkannt werden, wollte er in der Verfassung verankert sehen: 1. das Bekenntnis zur Würde des Menschen, 2. das Bekenntnis zu sozialer Gerechtigkeit, worunter er die „Ablehnung des schrankenlosen wirtschaftlichen Liberalismus" verstand; 3. das Bekenntnis zur Demokratie als Staatsform und Staatsinhalt; 4. das Bekenntnis zur Gewaltenteilung; 5. das Bekenntnis zur Völkerrechtsordnung als eines integralen Bestandteils des eigenen Rechtssystems; 6. Verzicht auf den Krieg als ein Mittel der Politik[9].

Schmid plädierte dafür, die Grundrechte nicht mehr wie in der Weimarer Reichsverfassung an das Ende, sondern an den Anfang der Verfassung zu stellen. Die Grundrechte sollten „geltendes Recht" sein und von jedermann eingeklagt werden können[10]. Er machte sich Smends Grundsatz zu eigen, daß die Grundrechte eine Werteordnung aufrichteten[11]. In ihnen müsse zum Ausdruck kommen, daß der „Staat um des Menschen willen" und nicht der „Mensch um des Staates willen" da sei[12]. Schon der Aufbau seines Verfassungsentwurfes ließ die sekundäre Bedeutung, die dem Staat zukam, sichtbar werden. Erst der zweite Hauptteil handelte vom Staat. Der erste Hauptteil war überschrieben „Vom Menschen und seinen Ordnungen". Die Grundrechte sollten „das Leben des Staates regieren"[13]. Nicht alle Mitglieder des Verfassungsausschusses waren mit der starken Betonung der Grundrechte einverstanden. Heuss wäre eine Präambel lieber gewesen. Seiner Ansicht nach lag in dem Grundrechtskatalog „zu viel Pathos"[14]. Die Mehrheit stellte sich hinter Schmid. Reinhold Maier gab offen zu: „(...) ich hatte etwas Bedenken vor der Formulierung dieser Grundrechte, aber ich glaube, daß es Herrn Staatsrat Dr. Schmid mit seinem Werk ausgezeichnet gelungen ist und daß insbesondere hier die Kürze die Würze ist."[15]

Soweit es sich um liberale Freiheitsrechte handelte, war der Grundrechtskatalog unumstritten. Dissens entstand lediglich über die Frage, ob bei Enteignungen eine angemessene Entschädigung zu zahlen war. Schmid war dagegen, weil er fürchtete, daß dadurch wie in Weimar eine soziale Neuordnung verhindert werde. Man einigte sich schließlich auf eine Kompromißformel: Eigentum sollte „im Regelfall" nur gegen „angemessene Entschädigung eingeschränkt oder entzogen" werden[16]. Das Recht zur Sozialisierung, das im späteren Art. 28 der Verfassung Württemberg-Badens verankert wurde, hatte er sehr vorsichtig, im Vergleich zu anderen Verfassungen eher restriktiv formuliert: „Kann der Wirtschaftszweck besser ohne Eigentum des Unternehmers an Produktionsmitteln erreicht werden oder widerstreitet die Ausübung des Eigentumsrechtes dem Gemeinwohl, so können geeignete Unternehmungen und Wirtschaftszweige durch Gesetz in Gemeineigentum überführt werden."[17] Die Mehrheit des Verfassungsausschusses der Verfassunggebenden Landesversammlung, die im Juli 1946 den Entwurf beriet, war der Meinung, daß dem Sozialisierungsgebot mehr Nachdruck verliehen werden müsse. Aus der Kann- wurde eine Sollvorschrift[18]. Die Hessen, mit denen man sich zu gemeinsamer Verfassungsberatung traf, waren noch weitaus radikaler. Sie hatten die entschädigungslose Sofortsozialisierung der wichtigsten Grundstoffindustrien und der Energiewirtschafts- und Verkehrsbetriebe zu einem verfassungsrechtlichen Gebot gemacht[19]. Schmid war viel zu sehr auf Konsens bedacht, um in eine Verfassung einen ausdrücklichen Auftrag zur Sozialisierung hineinzuschreiben.

Daß eine Verfassung grundlegende Bestimmungen über die Wirtschafts- und Sozialordnung enthalten müsse, betonte auch er. So fügte er in seinen Verfassungsentwurf einen Abschnitt Wirtschafts- und Sozialordnung ein, in dem u. a das Mitbestimmungsrecht der Arbeitnehmer, das Recht auf Arbeit, das Streik- und Koalitionsrecht der Gewerkschaften und die Gleichstellung von häuslicher Arbeit und Berufsarbeit festgeschrieben wurden. Dem Grundsatz, daß sich die Wirtschaft am „Bedarf der Bevölkerung" zu orientieren habe, widersprach niemand. Im Frühjahr 1946 war man allgemein der Meinung, daß man sich in Deutschland noch lange mit der Verwaltung des Mangels werde begnügen müssen.

Ganz besonders am Herzen lag Schmid die Formulierung von Grundsätzen über Bildung, Erziehung und Unterricht. Waren doch Bildung und Demokratie für ihn Korrelate. Er begnügte sich nicht mit einer Wiederholung der Schulartikel der Weimarer Verfassung, sondern postulierte eine Pflicht zur Bildung: „Jeder junge Mensch hat seiner Begabung entsprechend das Recht auf Bildung und die Pflicht zur Bildung. Es ist die Aufgabe des Staates, die der Verwirklichung dieses Grundsatzes entgegenstehenden wirtschaftlichen Hemmungen zu beseitigen.“ [20] Für keinen anderen Artikel seines Verfassungsentwurfs kämpfte er so engagiert wie für diesen. Die Pflicht zur Bildung verstand er als „Schutz des begabten Kindes gegen den Erziehungsberechtigten“. „Neben dem Menschenrecht des Vaters“ gebe es auch ein „Menschenrecht des Kindes gegenüber dem Vater“ [21]. Wenn es um Begabtenförderung ging, verkündete Schmid sogar anti-autoritäre Grundsätze. Der Verfassungsvater war auch Volkserzieher. Erstmals wurde in einer Verfassung nicht nur der gleiche Zugang zu den Gütern der Bildung, sondern auch die Pflicht zur Bildung gefordert.

Auf wenig Widerstand stieß in Württemberg-Baden die sonst so heftig umstrittene Einrichtung christlicher Gemeinschaftsschulen. Die Badener konnten darauf verweisen, daß sich bei ihnen die Gemeinschaftsschulen schon vor 1933 bewährt hatten. Die Verfechter der Konfessionsschulen befanden sich in einer hoffnungslosen Minderheitsposition. Sie mußten zähneknirschend hinnehmen, daß es Schmid gelang, sein schulpolitisches Programm in die Verfassung hineinzuschreiben: „Die öffentlichen Volksschulen sind christliche Gemeinschaftsschulen. In ihnen sollen in Erziehung und Unterricht auch die geistigen und sittlichen Werte der Humanität und des Sozialismus zur Geltung kommen.“ [22]

Weniger erfolgreich war er bei der Durchsetzung seiner Vorstellungen über den zukünftigen Staatsaufbau. Gegen das von ihm vehement verteidigte Zweikammersystem gab es innerhalb seiner eigenen Partei erhebliche Bedenken. Man sah in der Einrichtung eines Senats einen „Hemmschuh für fortschrittliche Entwicklungen“ [23]. Auf seiten der SPD unterstützte allein Parteiveteran Keil seinen Vorschlag, dem es aber auch nicht gelang, die sozialdemokratischen Mitglieder des Verfassungsausschusses umzustimmen, die sich durch die strikte Ablehnung des Zweikammersystems durch die hessischen Verfassungsschöpfer bestärkt fühlten. Nach einer gemeinsamen Beratung mit den Nordwürttembergern und Nordbadenern notierte Ludwig Bergsträßer, einer der Väter der hessischen Verfassung, in sein Tagebuch, daß Schmid einen „stark romantischen Einschlag“ habe[24]. Gewiß, es gab auch den Romantiker Schmid. Doch sein Plädoyer für einen Senat entsprang nicht ständischem Romantizismus. Es war das Scheitern des Parlamentarismus in der Weimarer Republik, das

Schmid dazu bewog, ein Zweikammersystem zu befürworten. Um das Weimarer Regierungssystem zu stabilisieren, hatte Hermann Heller bereits 1932 die Einrichtung einer zweiten Kammer empfohlen. Schmid war davon überzeugt, daß die „Radikaldemokratie" überall gescheitert war, daß nur ein gemischtes Verfassungssystem instabile politische Verhältnisse wie in Weimar verhindern könne. Es sei „immer eine Elite, die das Volk repräsentiert, nicht das Volk bevormundet, nicht dem Volk ins Gesicht schlägt, sondern sich der Dinge bewußt ist, die im Volk vorhanden sind."[25] In Abweichung von der Weimarer Reichsverfassung war im Schmidschen Verfassungsentwurf keine Gesetzesinitiative des Volkes vorgesehen. Dem „plebiszitären" Landtag, der zu „emotionalen" Entscheidungen neige, wollte er einen Senat als „retardierendes" Organ zur Seite stellen. „Die Rolle des Senats" sei die „Art und Weise wie ein Volk eine Nacht überschläft"[26].

Schmid verstand den Senat als ein Widerlager zur Parteiendemokratie, als eine Art Rat der Weisen, der durch Männer und Frauen, die sich um das öffentliche Wohl verdient gemacht hatten, repräsentiert werden sollte. Wer aber sollte diesen Rat der Weisen auswählen? Schmid erkannte sehr schnell, daß hier die Crux seines Vorschlags lag[27]. Wenn die große Mehrheit der Mitglieder des Senats durch den Landtag gewählt würde, bestand dann nicht die Gefahr, daß der Senat nur ein verkleinerter Landtag war?[28] In der Verfassunggebenden Landesversammlung fand das von Schmid vorgeschlagene Zweikammersystem keine Mehrheit.

Die Entscheidung für ein Einkammersystem war auch eine Entscheidung gegen den von Schmid vorgesehenen Staatspräsidenten, dem er die Rolle einer „pouvoir neutre" zugedacht hatte. Angesichts der „inneren Zerrissenheit" des Volkes wünschte er sich ein über den Parteien stehendes Staatsoberhaupt, das den „Einheitswillen des Volkes" verkörperte. Der Staatspräsident sollte nicht wie der Reichspräsident in Weimar durch das Volk, sondern durch den Landtag und den Senat gewählt werden. Seine politischen Kompetenzen waren gering. Konnten sich Landtag und Senat über ein Gesetzesvorhaben nicht einigen, so hatte er die Möglichkeit, das Gesetz zu verkünden oder einen Volksentscheid darüber anzuordnen[29]. Darüber hinaus hatte der Staatspräsident den Staat nach außen – was zunächst nur heißen konnte gegenüber der Militärregierung – zu vertreten. Mit seinem Vorhaben, Widerlager gegen einen zukünftigen Parteienstaat zu errichten, scheiterte Schmid. Insbesondere seine sozialdemokratischen Parteifreunde sahen die Rolle der Parteien für die Entwicklung der Demokratie weitaus positiver als er, der die geistige Mittelmäßigkeit der Parteien stets beklagte.

Aufgegriffen wurde seine Anregung, ein konstruktives Mißtrauensvotum einzuführen. Die Erfahrung der Weimarer Republik hatte allgemein zu der Einsicht geführt, daß die Stabilität der Regierung gestärkt werden müsse. Schmid war nicht der Erfinder des konstruktiven Mißtrauensvotums. Ernst Fränkel bezichtigte ihn später sogar des Plagiats[30]. Tatsächlich hatte Fränkel bereits am Ende der Weimarer Republik für die Einführung eines konstruktiven Mißtrauensvotums zur Bewältigung der permanenten Krise des Weimarer Parlamentarismus plädiert[31]. Auch im Kreisauer Kreis hatte man über die Vor- und Nachteile eines konstruktiven Mißtrauensvotums diskutiert. Möglicherweise hatte Schmid den Vorschlag von Moltke übernommen[32]. Es ist im übrigen müßig, darüber zu streiten, wem das Erstgeburtsrecht gehört. In die Verfassung Württemberg-Badens wurde das konstruktive Mißtrauensvotum auf Schmids Anregung hin aufgenommen.

Von seinen Argumenten für das Kanzlerprinzip ließ sich der Verfassungsausschuß ebenfalls überzeugen: „Wir brauchen der Militärregierung gegenüber dieses Kanzlersystem. Der Ministerpräsident wird konfrontiert, dann muß er die Möglichkeit haben, auf die Minister einzuwirken.“[33] Schmid erhob zum Verfassungsgrundsatz, was damals gängige Regierungspraxis war. Die Ministerpräsidenten waren primi supra pares, nicht primi inter pares.

Grundsätzliche Einwände gegen die von Schmid vorgeschlagene Anerkennung der Regeln des Völkerrechts als bindenden Bestandteil des Landesrechts gab es nicht. Die durch das Völkerrecht Ausländern verbrieften Rechte konnten so selbst dann geltend gemacht werden, wenn sie nicht durch ein Landesgesetz ausgesprochen waren[34]. Schmid knüpfte hier an sein bereits vor 1933 entwickeltes Verständnis des Völkerrechts als einem überpositiven Recht an. Sein Eintreten für eine Ächtung des Kriegs war Heuss, dem Schmid zu sehr Pathetiker war, zu idealistisch und pathetisch[35]. Schmid verwahrte sich gegen den Vorwurf des Idealismus. Er wollte durch diesen Verfassungsgrundsatz u. a. erreichen, daß die Schaffung einer schwarzen Reichswehr unter schwerste Strafe gestellt werden konnte[36]. Weimar durfte sich nicht noch einmal wiederholen.

Da er die Verfassung als eine Werteordnung begriff, suchte er nach Wegen, eine Verfassungsdurchlöcherung wie in Weimar zu verhindern. Es herrschte Einverständnis darüber, alle Verfassungsänderungen zu verbieten, die dem „Geiste der Verfassung“ widersprechen. Nach der Ende November 1946 verabschiedeten Verfassung Württemberg-Badens hatte ein Staatsgerichtshof darüber zu befinden, ob ein Gesetz oder eine Verfassungsänderung verfassungswidrig war[37]. Schmid hatte dem Senat die Aufgabe zugedacht, als Verfassungsgerichtshof zu fungieren. Frankreich diente ihm als Vorbild. Schmid, obwohl selbst Jurist, hatte nicht die beste Meinung von den Juristen. Er fürchtete, daß sie aufgrund ihrer „déformation professionnelle“ nicht dazu in der Lage seien, eine Entscheidung über wichtige politische Fragen zu treffen[38]. Nachdem er sich mit seinem Senatsmodell nicht durchsetzen konnte, votierte auch er für einen Verfassungsgerichtshof.

Bestimmungen der Verfassung, die einer künftigen deutschen Verfassung widersprachen, sollten außer Kraft treten, sobald diese rechtswirksam wurde. Bezüglich der künftigen Reichsverfassung begnügte man sich mit der Feststellung, daß Württemberg-Baden „ein Glied der deutschen Republik ist“ [39]. Das war eine Absage an einen Staatenbund, ließ aber ansonsten alle Möglichkeiten offen. Schmid hatte gleich zu Beginn der Beratungen davor gewarnt, „Sätze in die Verfassung hineinzunehmen, die sich auf die Reichsverfassung beziehen“ [40]. Er war nicht nur Verfassungsexperte, sondern auch ein kluger politischer Taktiker. Die Zeit arbeitete für die Deutschen. So war es am besten, wenn man politische Festlegungen einstweilen vermied.

Die Verfassung Württemberg-Badens vom 30. November 1946 trug die Handschrift Carlo Schmids. Daß er die Vaterschaft für die Verfassung beanspruchen konnte, wurde ihm über die Parteigrenzen hinweg bestätigt[41]. Er nahm sowohl an den vierzehn Sitzungen des Verfassungsausschusses der Vorläufigen Volksvertretung als auch an den Beratungen des Verfassungsausschusses der Verfassunggebenden Landesversammlung teil, der Mitte September nach zweimonatiger harter Arbeit den Entwurf an das Plenum überwies. Da Keil sich überfordert fühlte, fungierte oft Schmid als Berichterstatter. Er verteidigte den Entwurf auch gegenüber der amerikanischen Besatzungsmacht, die vergeblich versuchte, Einfluß auf die Verfassungsberatungen in Württemberg-Baden zu nehmen. Die Amerikaner hätten Schmid, der ihnen äußerst couragiert gegenübertrat, am liebsten von den Verfassungsberatungen ausgeschlossen[42]. Die Rolle des Nomotheten war dem Regierungschef Württemberg-Hohenzollerns, den die Aufgabe des staatlichen Neuaufbaus reizte, wie auf den Leib geschnitten. Er hatte sich nicht mit der Abhaltung staatswissenschaftlicher Kollegs begnügt, sondern engagiert um die Durchsetzung seiner Lösungsvorschläge gekämpft. Kritik an seiner starken Einflußnahme wurde nur einmal laut, als er sich dagegen wandte, daß Vertreter der CDU in Artikel 1 der Verfassung die Berufung des Menschen zur Erfüllung des „christlichen Sittengesetzes“ postulierten. Er wünschte eine Streichung des Adjektivs „christlich“, weil durch es alle Menschen, die sich zu einem anderen Glauben bekannten, ausgeschlossen würden[43]. Der Streit wurde schnell beigelegt. Die Mehrheit des Ausschusses wollte Schmids Rolle nicht auf die eines „sprechenden Rechtslexikons“ reduzieren[44]. Man einigte sich auf den Kompromißvorschlag „ewiges Sittengesetz“.

Im großen und ganzen war er äußerst zufrieden mit dem Ausgang der Verfassungsberatungen. Die Verfassung war so ausgefallen, daß sie als Vorbild für eine spätere Reichsverfassung dienen konnte. Das hatte er sich von Anfang an zum Ziel gesetzt[45]. Noch mehr als an ein zukünftiges „Reich“ hatte er freilich an Württemberg-Hohenzollern gedacht. Was konnte die Einheit Württembergs besser zum Ausdruck bringen als die Übernahme der Verfassung Nordwürttembergs durch Südwürttemberg?

Bereits Ende 1946 hatte Gouverneur Widmer ihn gebeten, ihm sobald als möglich den Stuttgarter Verfassungsentwurf zuzuleiten und ihm Vorschläge für dessen eventuelle Übernahme in Südwürttemberg zu machen[46]. Die französische Militärregierung stand lange Zeit einer Staatsgründung und Verfassunggebung in Südwürttemberg und Hohenzollern sehr reserviert gegenüber. Noch immer hoffte man auf eine Neuabgrenzung der Besatzungszonen und versuchte deshalb die Verfassunggebung solange wie möglich hinauszuzögern. Die erste Verfassunsgsdebatte in der Beratenden Landesversammlung Württemberg-Hohenzollerns fand erst vier Tage nach Unterzeichnung der Verfassungsurkunde für Württemberg-Baden statt, am 2. Dezember 1946. Innerhalb der CDU war man allerdings schon vorher rührig geworden. Der Sozialdemokrat Schmid sollte sich mit seinem Verfassungsentwurf nicht auch in der südlichen Landeshälfte durchsetzen. Ende September 1946 mahnte der spätere Staatspräsident Württemberg-Hohenzollerns Lorenz Bock seinen Parteifreund Gebhard Müller: „Da in unserer Zone wohl in nächster Zeit Verfassungsfragen eine Rolle spielen werden, so möchte ich bei Dir anfragen, ob etwa ein derartiger Entwurf schon vorhanden ist, und wer ihn ausgearbeitet hat. Nachdem die CDU die absolute Mehrheit bekommen wird, sehe ich nicht ein, warum wir uns immer wieder von sozialdemokratischer Seite die Entwürfe vorlegen lassen sollen. Wir müssen gleich im Anfang Einfluß darauf gewinnen, daß der Entwurf ein christliches Gepräge bekommt."[47]

Schmid blieb der Konfrontationskurs der CDU nicht verborgen. Um so mehr äußerte er den Wunsch, daß sich die Verfassungen Nord- und Südwürttembergs „wie ein Ei dem anderen" gleichen mögen[48]. Am 2. Dezember versuchte er in einem dreistündigen Kolleg vor der Beratenden Landesversammlung noch einmal seine Verfassungsgrundsätze deutlich zu machen. Er war sichtlich bemüht, die Verfassungsdiskussion aus dem Schußfeld der parteipolitischen Auseinandersetzung herauszubekommen. So verbarg er seine eigene Option hinter der rhetorischen Frage: „Wollen wir unter allen Umständen hier im südlichen Württemberg infolge der Ungebundenheit, in der wir leben, die Gelegenheit wahrnehmen und die beste Verfassung, die uns denkbar erscheint, einführen, ohne Rücksicht darauf, daß in Stuttgart schon eine Verfassung besteht?"[49] Lorenz Bock, den Schmid nicht zu Unrecht ein Sprachrohr Rottenburgs nannte, wollte dies durchaus. Er war auch nach Schmids versöhnlich gestimmter Rede nicht zum Einlenken bereit. Als der Verfassungsausschuß der Beratenden Landesversammlung am 12. Dezember 1946 erstmals zusammentrat, erklärte er, daß er eine Übernahme der Stuttgarter Verfassung als „entwürdigend" empfinde. Höflichkeitshalber fügte er hinzu: „Die wertvolle Arbeit von Professor Schmid soll nicht unberücksichtigt bleiben.“[50] Schmid war anwesend, schwieg aber während der ganzen Diskussion. Jedes Wort wäre in den Wind gesprochen gewesen.

Lorenz Bock wurde mit der Ausarbeitung eines Verfassungsentwurfes betraut, bei der ihn der ehemalige Mitarbeiter des Reichsgerichtes und damalige Präsident des Oberlandesgerichtes Tübingen Emil Niethammer unterstützte. Schmid fürchtete Schlimmes. Die Militärregierung war ungehalten darüber, daß den Verfassungsberatungen nicht die Stuttgarter Verfassung zugrunde gelegt wurde. Trotzdem mahnte Schmid im Landesvorstand der SPD am 8. März die sozialdemokratischen Mitglieder des Verfassunsgausschusses, die Verfassungsberatungen nicht unter Protest zu verlassen[51]. Die Koalition war ansonsten in Gefahr. Zudem war ihm der Verfassungskonsens wichtiger als Parteiinteressen.

Der Entwurf, den Bock-Niethammer kurze Zeit später vorlegten, übertraf dann allerdings seine schlimmsten Befürchtungen. Daß der erste Hauptteil der Verfassung vom Staat handelte, entsprach dem Vorrang, den der Verfassungsentwurf dem Staat gegenüber den liberalen Freiheitsrechten einräumte. Wichtige Freiheitsrechte wie z. B. die Freiheit von Kunst und Wissenschaft waren in den Grundrechtskatalog erst gar nicht aufgenommen worden. Ein vom Volk gewählter Staatspräsident war weitgehend unabhängig vom Landtag. Er hatte das Recht, diesen aufzulösen und den Staatsnotstand zu erklären. Ihm zur Seite stand ein Senat, dessen Mitglieder er auf Lebenszeit ernannte. Als einzige Schulform war die Konfessionsschule vorgesehen[52].

Mitte März kündigten die SPD-Mitglieder ihre Mitarbeit im Verfassungsausschuß auf, nachdem ihre Abänderungsanträge von seiten der CDU allesamt niedergestimmt worden waren. Der Dissens über den Eigentumsartikel, der nach Ansicht der Sozialdemokraten die Sozialisierung und Bodenreform verhinderte, löste das Zerwürfnis aus, obwohl hier die Divergenzen zwischen SPD und CDU gar nicht so groß waren. Der Eigentumsartikel im Bock-Niethammer-Entwurf unterschied sich nicht grundsätzlich von dem der Stuttgarter Verfassung[53]. Schmid hatte an den Ausschußberatungen nicht teilgenommen. Er hatte seinen Adlatus Dieter Roser mit der Verhandlungsführung betraut, von dem er wußte, daß er in seinem Geist handelte. Die Delegierten der CDU waren nicht unglücklich über den Rückzug der Sozialdemokraten. Sie hofften, nun ihren Entwurf ohne jede Rücksichtnahme durchsetzen zu können. Die Rechnung ging nicht auf. Am 24. März lehnte die französische Militärregierung den Bock-Niethammer-Entwurf in toto ab, der ihnen zu konfessionell, autoritär und undemokratisch war[54]. In dem Entwurf sei der Ausdruck des Volkswillens als grundlegendem Bestandteil einer Demokratie nicht gesichert. Die Intervention der Militärregierung, die sich zunächst um den Entwurf nicht gekümmert hatte[55], kam unerwartet. Carlo Schmid mag die Franzosen zu diesem Schritt gedrängt haben. Nachweisen läßt sich das nicht, aber es ist wahrscheinlich.

Vier Tage nach dem Veto der Franzosen schlug Schmid im Kabinett vor, die Stuttgarter Verfassung zur Volksabstimmung zu stellen, wobei über die Schulartikel gesondert abgestimmt werden sollte[56]. Nur wenn man den Südwürttembergern in der Frage der Bekenntnisschule entgegenkam, konnte man mit ihrer Zustimmung rechnen. Schmid verstand seinen Vorschlag als Notlösung, falls sich ein Kompromiß zwischen den Parteien nicht herstellen ließ. Besser war es, die Scherben zu kitten. Nur dann war die bestehende Koalition noch zu retten[57]. Mitte April wurden die Beratungen im Verfassungsausschuß wieder aufgenommen. Gebhard Müller und Carlo Schmid setzten alles daran, um doch noch zu einem Kompromiß zu gelangen. Innerhalb von drei Tagen wurde eine Kompromißlösung ausgearbeitet.

Der umstrittene Eigentumsartikel, der als Auslöser für den Konflikt gedient hatte, wurde ohne größeren Widerstand seitens der CDU durch eine Fassung ersetzt, nach der sogar Enteignungen ohne Entschädigung möglich waren. Dafür zeigte sich die SPD in der Frage der Konfessionsschule konzessionsbereit. Die Bekenntnisschule wurde zwar nicht zur einzigen Schulform erklärt, aber das Elternrecht wurde garantiert[58]. Nachdem Schmid, immer auf Konsens bedacht, betont hatte, daß auch er „tief davon durchdrungen“ sei, daß die „Unternehmerinitiative nicht entbehrt“ werden könne, sträubten sich auch die Vertreter der CDU nicht mehr, das Prinzip der wirtschaftlichen Bedarfsdeckung in die Verfassung aufzunehmen[59]. Seine Bemühungen um eine verfassungsrechtliche Verankerung der paritätischen Mitbestimmung waren vergeblich. Ein durchschlagendes Argument fehlte ihm, da auch in der Stuttgarter Verfassung nur von einer Beteiligung der Arbeitnehmer an der Verwaltung und Gestaltung des Betriebes die Rede war.

Alle Register der Rhetorik waren nötig, um die Christdemokraten von ihrem Konzept der Präsidialverfassung abzubringen. Schmid zeigte viel Verständnis für ihre Argumente. Ihre Bedenken gegen einen „uferlosen Parlamentarismus“ teilte er. Er verstieg sich sogar zu der Behauptung, daß Hitler nicht an die Macht gekommen wäre, wenn es vor 1933 eine Regierung des aufgeklärten Absolutismus gegeben hätte[60]. Die Zeit autoritärer Regierungsstile sei aber vorbei, deshalb käme nun alles darauf an, das Volk zu „aktivem demokratischen Verantwortungsbewußtsein“ zu erziehen[61]. Er konnte die Gegenseite davon überzeugen, daß durch die Einführung eines konstruktiven Mißtrauensvotums permanente Regierungskrisen vermieden werden konnten. Daß Schmid sich plötzlich gegen die Richtlinienkompetenz des Regierungschefs aussprach, hatte handfeste politische Gründe. Er gab vor, daß ein Ministerpräsident sich nur dann dem Druck der Militärregierung entziehen könne, wenn er auf den Widerstand seiner Kabinettskollegen verweisen konnte[62]. Ein Jahr zuvor hatte er noch ganz anders argumentiert. In Wirklichkeit graute ihm wohl davor, sich einem christdemokratischen Regierungschef unterordnen zu müssen. Es war abzusehen, daß er nach den Wahlen nicht mehr an der Spitze der Regierung Württemberg-Hohenzollerns stehen würde. Natürlich wurde sein Vorschlag abgelehnt. Konnte man doch auf die Stuttgarter Verfassung verweisen, in der auf Schmids Anregung hin die Richtlinienkompetenz des Ministerpräsidenten fixiert worden war.

Ein letzter großer Streitpunkt bildete die Präambel. Der klerikal-konservative Flügel innerhalb der CDU beharrte darauf, von dem „christlichen Volk" Württemberg-Hohenzollerns zu sprechen. Schmids Geduld war nach dreitägiger ununterbrochener Beratung schon reichlich strapaziert worden, so daß er gereizt entgegnete: „Wir können doch nicht von uns selbst sagen, daß wir ein christliches Volk sind; das zu sagen, steht nur dem Einen, nämlich Gott, zu."[63] Diese Einsicht setzte sich durch. Die endgültige Fassung der Präambel lautete: „Das Volk von Württemberg-Hohenzollern gibt sich im Gehorsam gegen Gott und im Vertrauen auf Gott, den allein gerechten Richter, folgende Verfassung."[64] Dem christlichen Selbstverständnis war damit weitaus mehr als in der Verfassung Württemberg-Badens Rechnung getragen worden.

Der Kompromiß befriedigte niemanden und so wurde er von allen Seiten ein „fauler Kompromiß" genannt. Bei der abschließenden Beratung des Verfassungsentwurfes in der Landesversammlung am 21. April, die morgens 10.37 Uhr begann und nachts um 3 Uhr endete, mußte Schmid weniger die Parteigegner als die Parteifreunde überzeugen. Er verwahrte sich gegen den Vorwurf, es sei ein „Kuhhandel" getrieben worden und unterstrich, daß im Verfassungsausschuß alle Seiten „fair" verhandelt hatten[65]. Er war froh, daß man doch noch zu einem Konsens über die Verfassung gelangt war. Was hätte man mit einer dogmatischen Grundhaltung schon erreicht? Mit Engelszungen redete er auf die Parteifreunde ein: „Das hier geschaffene Werk erfüllt nicht alle unsere Wünsche. Wir glauben aber, daß das, was in Anbetracht der in unserem kleinen Lande herrschenden, besonderen soziologischen, weltanschaulichen und strukturellen Verhältnisse von Sozialdemokraten überhaupt erreicht werden kann, hier auch erreicht worden ist. Wir glaubten, daß es besser sei, dem Rahmen des hier und jetzt Möglichen Rechnung zu tragen, innerhalb dessen wir alle miteinander leben müssen, als auf Dinge zu bestehen, für die der Unterbau hier nicht vorhanden ist, und die darum, nach dem Wort Ferdinand Lassalles vor der Realität nicht mehr hätten bedeuten können, als Papier und Literatur."[66] Das stenographische Protokoll verzeichnet Bravorufe und Händeklatschen.

Der Beifall kam nicht von der eigenen Fraktion. Selbst Erler und Kalbfell standen dem Verfassungskompromiß äußerst kritisch gegenüber, der

Tuttlinger Gewerkschaftsführer Fleck lehnte ihn entschieden ab[67]. Nur mit „Ach und Krach“ konnte die Verfassung „unter Dach gebracht“ werden[68]. Schmids Autorität war erstmals angeschlagen. Die Franzosen fürchteten gar, es könnte zur Parteispaltung kommen[69]. So groß war der Ärger über Schmids „Kuhhandel“ nun auch wieder nicht. Im Wahlkampf freilich mußte er mit Angriffen rechnen. Er bemühte sich, die aufgewühlten Gemüter zu beruhigen, indem er herausstrich, daß durch die Verfassung der rechtliche Rahmen für die Durchführung der Sozialisierung und der Bodenreform geschaffen worden war. Die Verfassung Südwürttembergs sei fortschrittlicher als die Nordwürttembergs, denn sie verlange bei Enteignungen keine angemessene Entschädigung[70]. Mehr als sonst bediente er sich sozialistischer Parolen, um die Parteianhänger zu mobilisieren. In der Volksabstimmung am 18. Mai stimmten nicht alle Sozialdemokraten für die Verfassung. Mit 69,8 % der Stimmen wurde sie von den Südwürttembergern gebilligt. Die am gleichen Tag stattfindenden Landtagswahlen brachten der SPD nicht den erhofften Erfolg. Kaum mehr als 20 % der Wähler hatte man gewinnen können, während die CDU die absolute Mehrheit erreichte. Die Milieus waren noch zu festgefahren, um sie mit einer Volksparteistrategie überwinden zu können.

In der ersten Sitzung des SPD-Landesvorstandes und der Fraktion nach der Wahl wurde der Landesvorsitzende mit Vorwürfen überschüttet. Der Verfassungskompromiß und die Strategie der „offenen Tür für rechts“ habe sich als ein großer Fehler erwiesen. Schmid hielt entgegen, daß die Partei bei einer Ablehnung der Verfassung im Höchstfall 2 % Stimmen mehr gewonnen hätte. „Eine Partei müsse auch Verantwortung tragen und nicht nur Gefühlspolitik treiben.“[71] Seine Kritiker konnte er damit nicht überzeugen. Sie meinten, die gouvernementale Ausrichtung der Partei habe sich nicht ausgezahlt. Fleck plädierte dafür, daß die SPD in die Opposition gehe. Erler verlangte die Einberufung eines Parteitages, der über den zukünftigen Kurs der Partei entscheiden sollte[72]. Schmid widersprach. Er lasse sich keine „gebundene Marschroute“ vorschreiben. Für ihn kam nur eine große Koalition in Frage, die schließlich „keine Liebesehe“ sei, sondern „vernunftgemäßes Zusammenarbeiten, um bestimmte Aufgaben zu lösen“[73]. Schmid wiegte sich in der Hoffnung, er könne, wenn die SPD sich in den Koalitionsverhandlungen geschlossen hinter ihn stellte, Regierungschef bleiben. Seinen Appell, um das Präsidentenamt zu kämpfen, unterstrich er mit der Feststellung: „Wir sollten die Führung durch den Staatspräsidenten nicht unterschätzen, da in den kommenden Monaten der Staatspräsident eine wichtige Aufgabe bei der Gestaltung Deutschlands ha(t).“[74] Er war der einzige Politiker Württemberg-Hohenzollerns, der außerhalb der französischen Zone Ansehen genoß. Ihm war wohl auch klar: Wenn die SPD in die Opposition ging, war es für ihn fast unmöglich, auf überzonaler Ebene Einfluß zu gewinnen.

Die Franzosen hätten es begrüßt, wenn Schmid Regierungschef geblieben wäre[75]. Sie vermieden aber jede Einmischung in die Koalitionsverhandlungen, obwohl Schmid ihnen wohl nicht ohne Absicht zu verstehen gab, daß die Oppositionsrolle für die SPD nur Vorteile brächte[76]. Die Koalitionsverhandlungen führten Gebhard Müller und Victor Renner, der gleich zu Beginn erklärte, daß „für das Land kein besseres Staatsoberhaupt gefunden werden könne als Staatsrat Schmid"[77]. Müller machte erst gar nicht den Versuch, zu widersprechen, sondern drückte sein Bedauern darüber aus, daß der Landesvorstand und die Fraktion der CDU aus „Prestigegründen" Anspruch auf das Amt des Staatspräsidenten erhoben[78]. Das Bedauern mag nicht ganz aufrichtig gewesen sein, denn Müller machte sich zu diesem Zeitpunkt noch selbst Hoffnungen auf das Amt des Staatspräsidenten. Immerhin: er war zu Konzessionen bereit. Schmid sollte auch in Zukunft als eine Art Außenminister die zonalen und interzonalen Verhandlungen führen.

Ein Staatspräsident Schmid war nicht durchzusetzen. Wenn er den Nimbus eines Landesvaters gehabt hätte, wäre es vielleicht möglich gewesen, Druck auf die CDU auszuüben. Doch Schmids Mentalität unterschied sich zu sehr von der der Schwaben, als daß sie ihn als Landesvater verehrt hätten. Trotz dieses für ihn enttäuschenden Verhandlungsergebnisses beschwor Schmid die Genossen im Landesvorstand, die Bildung einer Großen Koalition zu unterstützen. Er gab zu bedenken: „Wie wollen wir eine scharfe Opposition durchführen angesichts der im Hintergrund stehenden Besatzung, die doch endgültig über alle Fragen entscheidet?"[79] Die Mehrheit folgte der Empfehlung ihres Landesvorsitzenden, obwohl sie gegen die von Kurt Schumacher ausgegebene Richtlinie verstieß, daß Koalitionen nur unter sozialdemokratischer Führung eingegangen werden sollten[80], und die CDU wider Erwarten nicht Gebhard Müller sondern Lorenz Bock als Staatspräsidenten nominierte. Das war nicht nur für Gebhard Müller ein Schock. Auch die sozialdemokratischen Landtagsmitglieder, einschließlich Carlo Schmid, kostete es viel Überwindung, am 8. Juli Bock ihre Stimme zu geben. Schmid stellte erbittert fest, daß Bock die „reaktionärsten Leute" für die Regierungsstellen ausgesucht hatte[81]. Er, als Stellvertreter Bocks und Justizminister, und sein Freund Victor Renner als Innenminister waren die einzigen Sozialdemokraten im Kabinett. Die Machtverteilung hatte sich ganz erheblich zugunsten der CDU verändert.

Trotzdem strahlte Carlo Schmid Optimismus aus: Auch als Vizepräsident werde er die Fäden der Regierungspolitik in der Hand behalten, erklärte er kurz nach der Wahl Bocks Saint-Hardouin[82]. Es war Zweckoptimismus. Gar so überzeugt von seiner Durchsetzungsfähigkeit innerhalb der Regierung war er nämlich nicht. Seinem Freund Gustav Wichtermann schrieb er: „In der Regierung bin ich nun wieder drin. Ob es recht war, wird sich zeigen; ganz wohl ist es mir nicht." Im übrigen verlagere sich das Feld seiner Tätigkeit immer mehr auf die „Reichsaufgaben"[83]. Er hatte durchaus Ambitionen, sich auf „Reichsebene" zu profilieren, wenn er auch im Frühjahr 1947, als der Verfassungsstreit an seinen Nerven zehrte, einmal kurze Zeit mit dem Gedanken geliebäugelt hatte, sich ganz aus der Politik zurückzuziehen. Ernst Jünger hatte er vertraulich mitgeteilt: „Die Merkur-Leute möchten mich zum Mitarbeiter haben und sie haben sogar vor, diese Zeitschrift zu meinem Sprachrohr zu machen. Mich lockt das Angebot, aber vorderhand ist nicht abzusehen, wann ich die Zeit finden könnte, die ich zum Schreiben brauche. Immerhin mag je nach dem Ergebnis der Wahlen der Sommer eine Wendung zum Privaten bringen und dann vogue la galère!"[84]

Die Zeitschrift „Merkur" war Anfang 1947 von dem Verleger Hans Paeschke gegründet worden, der aus ihr eine „Deutsche Zeitschrift für europäisches Denken" machen wollte. Die Zeitschrift stand in der Tradition des in der Weimarer Republik erschienenen „Neuen Merkur", der sich um eine Vermittlung von französischem und deutschem Geistesleben bemüht hatte. Als Mitarbeiter des „Merkur" hätte Schmid seine künstlerischen Neigungen entfalten und obendrein politisch bildend wirken können. Doch die Politik reizte ihn trotz aller Widrigkeiten, die sie mit sich brachte, mehr. Noch hoffte er, der Bundespolitik ähnlich seinen Stempel aufdrücken zu können wie der württembergisch-badischen Verfassung. Es konnte sein, daß er scheiterte. Aber dann konnte er wenigstens mit dem Bewußtsein aus der Arena gehen, „sich nicht geschont" zu haben[85].

Die große Politik lockt
(1947–1948)

Kometenhafter Aufstieg

Schmid sei ein „brillanter Politiker", aber auch ein „Improvisator", bei dem man nie sicher sein könne, welchen Standpunkt er am nächsten Tag vertritt. So gab ein amerikanischer Intelligence-Bericht vom Oktober 1947 das On dit über den führenden Politiker Württemberg-Hohenzollerns wieder[1]. Das Bild, das man sich über ihn machte, war nicht unzutreffend. Schmid war ein Schlitzohr, der in einer Zeit, in der die Zukunft Deutschlands noch offen war, jede voreilige politische Festlegung zu vermeiden suchte. Wer Einfluß auf die politische Entwicklung nehmen wollte, mußte flexibel und geschmeidig sein. Jedes vorschnelle Statemant über den zukünftigen Reichsaufbau konnte diskreditierend wirken. Hoegner war durch sein Eintreten für einen Staatenbund in der SPD zur persona non grata geworden, Kurt Schumacher war durch sein Eintreten für einen zentralistischen Staatsaufbau bei der amerikanischen und französischen Besatzungsmacht in Ungnade gefallen.

Bei den Franzosen galt Schmid als Föderalist, als Antipode Kurt Schumachers. Doch auch ihnen war nicht verborgen geblieben, daß Schmids Föderalismusbegriff ziemlich vage war[2]. Was verstand Schmid unter Föderalismus? Wußte er es selbst ganz genau? Solange die Franzosen und Amerikaner im Föderalismus ein Allheilmittel gegen das Wiederaufleben des deutschen Nationalismus sahen, hielt Schmid sich lieber bedeckt, denn sein Konzept und das der Besatzungsmächte ließ sich nicht ohne weiteres vereinbaren. Seit Schmid sich auf dem Landesparteitag der SPD in Reutlingen gegen den Berliner Zentralismus ausgesprochen und seine grundsätzliche Übereinstimmung mit dem Genossen Hoegner bekundet hatte[3], stand er im Ruf, ein Verbündeter Hoegners im Kampf gegen Schumachers Zentralismus zu sein. Auch Hoegner selbst glaubte, in Schmid einen Gesinnungsgenossen gefunden zu haben[4].

Der Parteifreund aus Tübingen war aber alles andere als ein Anhänger eines Staatenbundes. In den Beratungen über die Verfassung Württemberg-Badens gab er ein „uneingeschränktes Bekenntnis zum Reichsgedanken" und dem Grundsatz ab, daß Reichsrecht Landesrecht bricht. Er befürwortete einen „föderativen", aber keinen „föderalistischen" Staatsaufbau[5]. Seiner Auffassung nach war das Deutsche Reich als Staat nicht untergegangen, sondern wurde lediglich vorübergehend durch die Besatzungsmächte treuhänderisch verwaltet. Nicht die Länder, das Reich war Souverän. Gouverneur Widmer war in den zahlreichen Gesprächen, die er mit Schmid führte, recht bald klar geworden, daß dessen Pläne für den zukünftigen Staatsaufbau im Widerspruch zu dem Staatenbundkonzept der französischen Besatzungsmacht standen. Auf einer Anfang Januar 1947 am Quai d'Orsay stattfindenden Konferenz teilte er den Regierungsvertretern mit einem Unterton des Bedauerns mit, daß der einflußreiche Präsident der provisorischen Regierung Südwürttembergs für einen starken Bundesstaat (état fédéral fort) eintrete und sogar dafür plädiere, die Polizei einem zukünftigen Reichsinnenminister zu unterstellen[6]. Als Vorkämpfer französischer Staatenbundpläne war Schmid nicht zu gebrauchen.

Der Optimismus der Anfangsmonate hatte mittlerweile auch bei Schmid einer eher pessimistischen Grundstimmung Platz gemacht. Er hielt es für höchst unwahrscheinlich, daß man den Deutschen in absehbarer Zeit gestatten werde, sich eine Reichsverfassung zu geben[7]. Vorerst würde man mit Provisorien auskommen müssen. Wie die meisten anderen Ministerpräsidenten war auch er der Ansicht, daß bis zur Bildung einer gesamtdeutschen Regierung die Länderchefs ein Mandat hatten, in gesamtdeutschen Fragen konstitutiv tätig zu werden. Er ließ keine Möglichkeit zu überzonaler Zusammenarbeit aus. Nur wer überall präsent war, konnte beim politischen Neuaufbau ein Wort mitsprechen.

Da Reinhold Maier ihn zum Staatsrat gemacht hatte, konnte er ohne Mühe den seidenen Vorhang, der die französische von der amerikanischen Zone trennte, durchbrechen und sich darüber informieren, was in der amerikanischen Zone vor sich ging. Dort hatten die Regierungschefs von Bayern, Württemberg-Baden, Großhessen und Bremen auf Geheiß der amerikanischen Besatzungsmacht ein innerzonales Kontaktzentrum zur Koordinierung von Verwaltungsaufgaben, den sogenannten Länderrat, errichtet. Soweit es seine Zeit zuließ, nahm Schmid an den Beratungen des Länderrats teil[8]. Obwohl er kein alter Hase in der Politik war, wußte er um die Notwendigkeit von guten Kontakten. Für ihn hatte nie ein Zweifel darüber bestanden, daß das Schicksal Deutschlands letztendlich in den Händen der Amerikaner lag. Ohne gute Verbindungen zu den Amerikanern war ein politisches Vorwärtskommen auf überzonaler Ebene kaum möglich. Deshalb erschien er regelmäßig zu den Sitzungen des Länderrates, deren Verlauf ihn eher langweilte als begeisterte. 1949 äußerte er sich vor dem Landtag in Bebenhausen geradezu abschätzig über den von den Amerikanern mit hohem Lob bedachten Länderrat: „Ich habe den Stuttgarter Länderrat ganz aus der Nähe zu beobachten Gelegenheit gehabt, und ich habe dort gesehen, daß in den meisten Fällen die Einigung der drei Ministerpräsidenten im wesentlichen deswegen hergestellt werden konnte, weil ein General Clay dahinterstand und sagte, wie man es zu machen habe."[9]

Im Frühjahr 1947 wurde von den Ministerpräsidenten in Stuttgart als Vorstufe eines späteren Auswärtigen Amtes das Deutsche Büro für Friedensfragen gegründet, in dem nicht nur Bedingungen und Möglichkeiten eines zukünftigen Friedensvertrages ausgelotet werden sollten, sondern auch schon bald eine intensive Diskussion über Verfassungsfragen entstand. Neben dem bayrischen Staatsminister Anton Pfeiffer war der Staatssekretär im hessischen Staatsministerium Hermann Louis Brill, Sozialdemokrat und Mitverfasser des Buchenwalder Manifests, zunächst der führende Kopf im Friedensbüro, dessen Tätigkeit sich anfangs auf die amerikanische Zone beschränkte[10]. Brill legte dem Friedensbüro schon kurz nach seiner Eröffnung ein detailliertes verfassungspolitisches Konzept vor, das sowohl Vorschläge für eine endgültige Bundesverfassung als auch einen Vertragsentwurf über die Bildung einer deutschen Staatengemeinschaft enthielt, durch den die praktische Zusammenarbeit der Länder bis zur Verabschiedung einer endgültigen Verfassung geregelt werden sollte[11]. Der Ländervertrag war als eine Alternative zu dem bestehenden zonalen Provisorien gedacht, die mehr schlecht als recht funktionierten.

Ob sich die Konzepte in praktische Politik umsetzen ließen, war noch nicht abzusehen. Carlo Schmid jedenfalls wollte nicht fehlen, wenn über die zukünftige Verfassung Deutschlands diskutiert wurde. Hatte er doch seinen Entwurf für die Verfassung Württemberg-Badens immer als einen Baustein für die künftige Reichsverfassung verstanden. Zusammen mit Theodor Eschenburg, der damals stellvertretender Chef im Tübinger Innenministerium war, versuchte er die im Friedensbüro begonnene Verfassungsdiskussion in die von ihm gewünschte Richtung zu lenken. Da die Franzosen allen überzonalen Initiativen mit Mißtrauen begegneten, führte Eschenburg, der die Protokolle schrieb, weder sich noch Schmid als Gesprächsteilnehmer auf. So konnte ein offizielles Veto der französischen Besatzungsmacht umgangen werden.

Am 8. Mai trat der Arbeitskreis für Verfassungsfragen des Friedensbüros zu seiner ersten Sitzung im Stuttgarter Ruit zusammen, nachdem Brill seinen Entwurf zuvor den Ministerpräsidenten der amerikanischen Zone vorgestellt hatte. Sie hatten auf Brills Entwurf sehr zurückhaltend reagiert und ihn als privates Diskussionspapier herunterzuspielen versucht[12]. Der Arbeitskreis stellte die Zuständigkeitsabgrenzung zwischen Bund und Ländern in das Zentrum seiner Beratung. Carlo Schmid war von Anfang an darauf bedacht, zu verhindern, daß die Bayern das Friedensbüro als Plattform für ihre extrem föderalistische Politik benutzten. Hoegner hatte einen Verfassungsentwurf vorgelegt, nach dem den Ländern eine eigene Staatsgewalt zukommen sollte. Das lief im Endeffekt auf einen Staatenbund hinaus. Auf Schmids Drängen einigte man sich darauf, daß die Länder alle die Rechte ausüben konnten, die in einer zukünftigen Bundesverfassung „nicht ausdrücklich der Bundesrepublik vorbehalten sind“[13]. Damit wurde der bundesstaatliche Charakter des Staatsaufbaus unterstrichen. Der Begriff Bundesrepublik war auf Initiative Gebhard Müllers in die Verfassung Württemberg-Hohenzollerns aufgenommen worden[14]. Durch Schmid wurde er nun in die gesamtstaatliche Verfassungsdiskussion eingebracht.

Was die Kompetenzverteilung zwischen Bund und Ländern betraf, wichen Hoegners Vorschläge nur minimal von den in der Weimarer Verfassung getroffenen Regelungen über ausschließliche und konkurrierende Gesetzgebung ab, so daß Schmid hier keine Einwände erhob. Er nahm auch keinen Anstoß daran, daß Hoegner die Kompetenz-Kompetenz, die Vermutung für die Zuständigkeit der Gesetzgebung, den Ländern zugesprochen hatte, weil für ihn letztendlich die aufgezählten Zuständigkeiten von Bund und Ländern entscheidend waren[15]. Protest erhob er gegen die in Hoegners Entwurf vorgesehene Finanzverfassung, nach der der Bund wieder wie zu Zeiten des Kaiserreichs zum Kostgänger der Länder geworden wäre. Er führte „eindringlich“ vor Augen, „daß zwei Orkane die Verhältnisse vor 1914 hinweggefegt hätten und daß man die frühere Biedermeierzeit mit Mätzchen nicht wiederherstellen könne. Den Krieg verloren habe das Reich, dieses werde als Schuldner vom Ausland herangezogen, und man werde ihm dafür die erforderlichen Mittel zur Verfügung stellen müssen. Da das Reich den Krieg verloren habe, sei der Wiederaufbau seine Sache. Nur das Reich könne Geber der für den Wiederaufbau benötigten ungeheuren Kapitalien sein.“[16] Mit dem früheren preußischen Finanzminister Höpker-Aschoff wußte er sich einig, daß dem „Reich“ auf jeden Fall die Einkommensteuer zu überlassen war. Durch die Ausführungen Schmids und Höpker-Aschoffs geriet Hoegner „in Harnisch“. Die beiden Gegner einer föderalistisch ausgerichteten Finanzverfassung bekamen zu hören: „Solange die bayrischen Berge ständen, werde Bayern die Einkommensteuer für sich beanspruchen, ein abweichender Standpunkt werde auf Granit beißen.“[17]

Schmid war wirklich kein Föderalist à la Hoegner. In der Frage der Zuständigkeitsabgrenzung zwischen Bund und Ländern gab es keine unüberwindlichen Gegensätze zwischen Schmid und dem Verfassungsexperten der SPD Walter Menzel, der fast zur selben Zeit die für die Verfassungspolitik der SPD maßgebenden „Richtlinien über den Aufbau der deutschen Republik“ ausarbeitete[18]. Die Meinungsverschiedenheiten in der Kompetenz-Kompetenz-Frage dürfen nicht überschätzt werden. Gewiß, Menzel wollte den politischen Einfluß der Länder noch mehr einschränken als Schmid, aber grundsätzlich lag der Unterschied in der Betonung. Menzel betonte in Übereinstimmung mit Kurt Schumacher die Notwendigkeit der Zentralisation, Schmid trug den Erwartungen der Besatzungsmächte Rechnung und gab sich als Föderalist.

Anfang Juni 1947 kam es dennoch zum Konflikt zwischen Carlo

Schmid und Kurt Schumacher, der sich an einem im Stuttgarter Friedensbüro ausgearbeiteten Verfassungsentwurf entzündete. Am 20. Mai trafen sich die Verfassungsexperten des Friedensbüros, unter ihnen Schmid, um den von Brill vorgelegten Vertragsentwurf über die Bildung einer deutschen Staatengemeinschaft zu diskutieren. Die Diskussion erfolgte aus aktuellem Anlaß: Der bayrische Ministerpräsident Hans Ehard hatte für Anfang Juni eine Ministerpräsidentenkonferenz nach München einberufen, auf der Vereinbarungen für eine gesamtdeutsche politische und wirtschaftliche Zusammenarbeit getroffen werden sollten. Brill plädierte in seinem Entwurf für die Errichtung einer „Realunion" der Länder, durch die auf den Gebieten der Wirtschaft, des Verkehrs, der Finanzen und der Arbeit „gemeinsame Regelungen" geschaffen werden sollten. Als gesetzgebendes Organ war ein Volksrat vorgesehen, dessen Mitglieder von den Vertretern der Landtage zu wählen waren. Die Exekutive oblag einem Staatenrat, der sich aus Vertretern der Landesregierungen zusammensetzte[19]. Um den Provisoriumscharakter der geplanten Staatengemeinschaft zu unterstreichen und der „russischen Zone" nicht von vornherein den Beitritt zu verbauen, setzte Schmid durch, daß die Staatengemeinschaft als ein „Zweckverband öffentlichen Rechts" bezeichnet wurde[20]. Es sollte dadurch zum Ausdruck kommen, daß die Länder sich lediglich zu einer Verwaltungsgemeinschaft und nicht zu einer politischen Gemeinschaft zusammenschlossen. Man kam überein, den Vertragsentwurf, der nunmehr Vertrag über die Bildung eines Verbandes deutscher Länder hieß, über die bayrische Staatskanzlei der Münchener Ministerpräsidentenkonferenz zuzuleiten.

Carlo Schmid war mit dem Beratungsergebnis zufrieden. Gegen einen föderativen Zweckverband der Länder konnten auch die Franzosen keine Einwände haben. Am 29. Mai gab er in einem Telegramm an Hans Ehard der Hoffnung Ausdruck, daß auf der Ministerpräsidentenkonferenz „eine Vereinbarung der verantwortlichen Ländervertreter zustandekommen wird, die es ermöglichen kann, für den Zeitraum bis zur Regelung der Verfassungsfrage einen Verband der deutschen Länder zur gemeinsamen Überwindung der gegenwärtigen Schwierigkeiten zu schaffen"[21]. Sechs Tage später schrieb er Kurt Schumacher einen völlig zerknirschten Brief, in dem er sich zum Gegner des Vertragsentwurfes stilisierte. Er sei es gewesen, der dem Entwurf die „gefährlichsten Elemente" genommen habe, indem er die Terminologie Zweckverband des öffentlichen Rechts eingeführt habe. Im übrigen gelobte er schon fast devot Schumacher seine Treue: „Ich möchte Ihnen darüber hinaus sagen, daß auch dann, wenn ich zu irgend einem Problem eine andere Meinung hatte und haben werde als Sie, ich mit der gleichen Treue, wie die Genossen, die in diesen Fällen das Glück haben sollten, ihre eigene Meinung mit der Ihrigen in Übereinstimmung zu finden, mich bemühte und bemühen werde, an Ihrer Seite der großen Sache zu dienen, der Sie sich verschrieben haben."[22] Schmid schwankte zwischen Konflikt- und Anpassungsbereitschaft. Als er den Brief schrieb, mag ihm das Schicksal Hoegners vor Augen gestanden haben. Er versuchte lieber durch eine Geste der Unterwürfigkeit das schon verloren geglaubte Wohlwollen des Parteivorsitzenden wiederzugewinnen als ihm offen zu widersprechen. Der Weg des geringsten Widerstandes schien auch hier der aussichtsreichste zu sein, um doch noch einiges von den eigenen Vorstellungen verwirklichen zu können.

Der SPD-Parteivorsitzende hatte erst nachträglich von dem Vertragsentwurf, an dessen Ausarbeitung sich Sozialdemokraten maßgebend beteiligt hatten, erfahren. Er fühlte sich übergangen und untersagte auf einer am 31. Mai in Frankfurt abgehaltenen SPD-Konferenz die Vorlage des Entwurfs auf der Münchener Ministerpräsidentenkonferenz[23]. Brill, der Urheber des Entwurfs mußte sich sagen lassen, daß er gegen die verfassungspolitischen Richtlinien der Partei verstoßen habe. Brill war ein unerschrockener Mann, der seinen Entwurf auch gegenüber Kurt Schumacher verteidigte[24]. Seine Unerschrockenheit bezahlte er freilich mit politischer Einflußlosigkeit innerhalb der Partei.

Kurt Schumacher lehnte den Vertragsentwurf aus dem gleichen Grund ab, aus dem er sich gegen die Einberufung der Münchener Ministerpräsidentenkonferenz aussprach: Die Regierungschefs der Länder und nicht die Parteien wurden dort zu legitimen Vertretern des deutschen Volkes erklärt[25]. Im Vorfeld der Münchener Konferenz spielte sich ein Kampf der Rivalen ab. Schumacher redete das Scheitern der Konferenz förmlich herbei. Am 11. Mai erklärte er: „Es hat schon einmal eine Einladung zu einer Ministerpräsidentenkonferenz gegeben, die auch am Einspruch einer Besatzungsmacht gescheitert ist. Wir nehmen an, daß auch die jetzt vorgeschlagene Ministerpräsidentenkonferenz nicht zustande kommen wird. Sie würde nicht repräsentativ für Deutschland sein, denn die Ministerpräsidenten sind Sprecher ihrer Länder, während die Parteien Sprecher für Deutschland sind. Die Ministerpräsidentenkonferenz könnte schon deshalb nicht repräsentativ für Deutschland sein, weil darin fünf Ministerpräsidenten aus der Ostzone wären, die nur einen ganz kleinen Teil der dort vorhandenen 17 Millionen Menschen vertreten."[26] Schumacher spielte auf die gescheiterte Bremer Interzonenkonferenz vom Oktober 1946 an, zu der weder die Vertreter der französischen Zone noch der SBZ eine Ausreisegenehmigung erhalten hatten.

Carlo Schmid hatte es damals sehr bedauert, daß die französische Militärregierung ihm die Teilnahme an der Konferenz untersagt hatte[27]. Um so mehr begrüßte er Ehards Initiative, die Ministerpräsidenten in München zu versammeln. War ihm von Anfang an bekannt, daß Schumacher so negativ auf die Einberufung der Konferenz reagiert hatte? Wenn ja, nahm er davon wenig Notiz. Er fürchtete das Veto der Franzosen und suchte nach Argumenten, um ihre Widerstände gegen seine Teilnahme an der Konferenz zu überwinden. So machte er den Franzosen weis, daß bei einem Nichterscheinen der Regierungschefs der französischen Zone die Fürsprecher „zentralistischer Tendenzen“ die Oberhand gewinnen würden[28]. Nachdem auch der bayrische Ministerpräsident versichert hatte, daß die Konferenz unter einem föderalistischen Vorzeichen stehen werde, lenkte die französische Militärregierung ein. Unter der Bedingung, daß die Konferenz sich ausschließlich mit wirtschaftlichen Themen befasse, wurde den Regierungschefs der französischen Zone erlaubt, daran teilzunehmen. So lautete die offizielle Version. Schmid war ziemlich sicher, daß die französische Militärregierung „gegen eine allgemeine Resolution über ein Zweckverbandsstatut für die Zeit, da die Verfassung noch nicht geregelt ist, kein Veto einlegen“ werde[29]. Das tat dann Kurt Schumacher auf der bereits erwähnten SPD-Konferenz in Frankfurt, an der Schmid nicht teilnehmen konnte, weil die Franzosen ihm die Ausreise verweigert hatten. Ein Glück für ihn. In Frankfurt hätte er sich entweder wider bessere Einsicht auf die Seite Schumachers schlagen oder den Kampf mit ihm aufnehmen müssen. Schumacher forderte die „kluge Selbstbeschränkung auf die Erörterung der Nöte des Tages und ihre Überwindung mit konkreten und möglichen Mitteln“. Keiner der Teilnehmer der Münchener Konferenz sei „dazu legitimiert, die Möglichkeiten einer zukünftigen Reichsverfassung auch nur in der Tendenz vorwegzunehmen“[30].

Hätten sich die sozialdemokratischen Teilnehmer der Münchener Konferenz an Schumachers Diktat gehalten, wenn nicht die Amerikaner und Engländer am 2. Juni 1947 die Schaffung eines Wirtschaftsrates angeordnet hätten? Reinhold Maier sprach von einer „Schockwirkung“ auf die Konferenz[31]. Das Provisoriumskonzept war nun nur noch für die Vertreter der französischen Zone interessant, die aber keine große Chance mehr sahen, sich damit durchzusetzen. Die Annahme des Vertragsentwurfes durch die Teilnehmer aus der SBZ war von Anfang an skeptisch beurteilt worden.

Carlo Schmid dachte gar nicht daran, auf der Konferenz völlig auf die Erörterung politischer Themen zu verzichten. Die Schaffung eines Besatzungsstatutes lag ihm am Herzen. Die Gültigkeit der Haager Landkriegsordnung, die seit 1907 die Rechtsgrundlage für die Besetzung eines Landes war, wurde von der französischen und amerikanischen Militärregierung bestritten. Von den Siegermächten wurde Deutschland behandelt, als ob es ein Kondominium wäre. Das hieß: die Deutschen hatten keinerlei Rechte gegenüber der Besatzungsmacht[32]. Schmid war der Auffassung, daß erst durch die rechtliche Normierung des Besatzungsverhältnisses das Rechtsstaatsgebot der Länderverfassungen zum Tragen kommen könne. Für die Vertreter der SBZ war dieses Thema von geringem Interesse. Die Sowjetunion war voraussichtlich nicht gewillt, ein Besatzungsstatut zu akzeptieren. Trotzdem wurde Schmids Wunsch entsprochen und das Thema auf die Tagesordnung der Konferenz gesetzt.

Schmid scheint von Anfang an den Konflikt mit den ostdeutschen Konferenzteilnehmern eingeplant zu haben, denen er – hier war er sich mit Kurt Schumacher einig – absprach, Repräsentanten des ostdeutschen Volkes zu sein[33]. Obwohl er alles andere als ein Befürworter eines Weststaatskonzeptes war, sah er in der Münchener Konferenz in erster Linie den Auftakt zu einer westzonalen Einigung. Er hoffte, daß die Konferenz zu einer Dauereinrichtung werde, denn nach dem bizonalen Zusammenschluß drohte die französische Zone immer mehr, zur vergessenen Zone zu werden[34].

Am 5. Juni um die Mittagszeit kam er in Begleitung Gebhard Müllers in München an. Theodor Eschenburg war schon vorgereist, um an der Vorbesprechung teilzunehmen, in der die Tagesordnung der Konferenz festgelegt wurde. Bayerns Ministerpräsident Ehard versammelte die sozialdemokratischen Regierungschefs zu einer Sonderbesprechung, aus der Schmid „zufrieden und optimistisch" zurückkam. Man war sich einig, den ostzonalen Antrag abzulehnen, als ersten Tagesordnungspunkt die „Bildung einer deutschen Zentralverwaltung durch Verständigung der demokratischen deutschen Parteien und Gewerkschaften zur Schaffung eines deutschen Einheitsstaates" zu behandeln. Der allgemeine Tenor war, daß es sich bei dem Antrag um einen Agitationsantrag handelte[35]. Bei dem gemeinsamen Abendessen, an dem die Ministerpräsidenten der SBZ nicht teilnahmen, vermochte sich kaum einer der Rührung zu erwehren. Auch Carlo Schmid, bei dem die Tränen ohnehin locker saßen, mußte seine Tischrede mehrmals unterbrechen, um die Tränen hinunterzuschlucken[36].

Noch am gleichen Abend kam es zur Auseinandersetzung über den Antrag der ostzonalen Delegation. Außer Reinhold Maier plädierte niemand für dessen Annahme. Maiers Versuche, zwischen den ost- und westdeutschen Regierungschefs zu vermitteln, wurden nur von dem Bremer Senatspräsidenten Kaisen unterstützt. Schmid attackierte Maier heftig, so daß dieser später behauptete, sein Kollege aus Tübingen sei wohl durch Schumacher „vorher stark geimpft" worden, sonst hätte er sich bei den „sehr guten Beziehungen" die zwischen ihnen bestanden, nicht so verhalten können[37]. Für Schmids barsches Verhalten gegenüber Maier war nicht die „Fernlenkung" aus Hannover verantwortlich. Am Morgen nach der Abreise der ostdeutschen Delegation erklärte Schmid gegenüber Eschenburg, daß auch in den Kompromißvorschlägen ein „kommunistischer Pferdefuß" gesteckt habe[38]. Heute weiß man, daß die ostdeutschen Ministerpräsidenten das Scheitern der Konferenz eingeplant hatten und deshalb so demonstrativ die Konferenz verließen[39]. Schmid war wohl eher froh als betrübt darüber. Die Konferenz konnte nun zu einer Plattform der westdeutschen Ministerpräsidenten werden, die gegenüber einer westdeutschen und internationalen Öffentlichkeit und gegenüber den Militärregierungen als Sprecher in nationalen Fragen auftreten konnten.

Am Vormittag des ersten Konferenztages meldete er sich zur Überraschung aller Teilnehmer zu Punkt 2 der Tagesordnung „Die deutsche Ernährungsnot" zu Wort. Zuvor hatten Vertreter der britischen und amerikanischen Zone über die Ernährungslage in ihren Zonen referiert. Ein Referat über die Ernährungslage in der französischen Zone war nicht vorgesehen gewesen. Schmid war aber nicht unvorbereitet, wenn er auch nur einen kleinen Notizzettel zur Hand hatte. Er beherrschte ausgezeichnet Stolze-Schrey-Kurzschrift. Als er seine Rede begann, war er mit umfangreichem Zahlenmaterial bewaffnet. Einleitend betonte er, daß er auch in Namen seiner Kollegen aus den beiden anderen französisch besetzten Gebieten Südbaden und Rheinland-Pfalz spreche[40]. Die hatte er freilich mehr oder weniger überrumpelt. Erst kurz vor seinem Referat hatte er ihr Einverständnis eingeholt, einige Worte über die Situation in der französischen Zone sagen zu dürfen. Leo Wohleb, der badische Regierungschef, wurde während Schmids Referat immer unruhiger. Er war bestürzt darüber, mit welcher Offenheit sein Kollege aus Tübingen die französische Besatzungsmacht attackierte[41].

Schmids Bericht war für die französische Besatzungsmacht mehr als peinlich. Er verstand es, anhand plastischer Beispiele die katastrophale Ernährungssituation in der französischen Zone zu veranschaulichen. Das Bild des Mangels, das er zeichnete, war eindringlich. Es konnte nur Empörung hervorrufen. Mangel an Nahrungsmitteln, weil „ein gewisser, nicht unerheblicher Teil für die Ernährung der Besatzungstruppen abgegeben werden muß"; Mangel an Arbeitskräften, weil zahlreiche Männer sich noch in französischer Kriegsgefangenschaft befinden; Mangel an Zugtieren, die „in besonderem Umfange" von der Besatzungsmacht abtransportiert wurden; Mangel an Düngemitteln, Arbeitsgeräten und Arbeitsschuhen durch deren Export nach Frankreich. Telefonkabel dienen als Pferdehalfter, Greisinnen und Kinder verrichten die Arbeit. „Das alles muß geändert werden, wenn die französische Zone nicht verhungern soll." [42]

Er hatte auch einen Vorschlag zur Abhilfe parat: „Wir können uns keinen anderen Weg der Besserung vorstellen als den, daß man das Export-Import-Geschäft in deutsche Hände legt. Mit dem bisherigen System der Monopole der alliierten Außenhandelsstellen wird es jedenfalls in unserer Zone eine Besserung nicht geben können." [43] Das war eine offene Herausforderung der französischen Besatzungsmacht, die bisher durch geschickte Devisenmanipulationen und eine einseitige Orientierung des Exports an den Bedürfnissen Frankreichs erhebliche Handelsüberschüsse und Devisengewinne erzielt hatte. Nicht zu Unrecht hegte man in Frankreich die Befürchtung, daß bei Übergabe des Außenhandels an die Deutschen die Handelsbilanz ein Defizit aufweisen werde[44].

Ein Großteil der Ausführungen Schmids war eine Wiederholung dessen, was er ein halbes Jahr zuvor vor dem Bebenhausener Landtag gesagt hatte. Er war nach wie vor der Meinung, daß nur internationaler Druck die Franzosen zu einer Änderung ihrer Besatzungspolitik bewegen konnte. Die Konferenz war eine ausgezeichnete Gelegenheit, die Amerikaner auf die Probleme der französisch besetzten Zone aufmerksam zu machen. Die der Konferenz beiwohnenden französischen Beobachter waren natürlich entrüstet und stellten ihn zur Rede. Es ging sogar das Gerücht um, er werde verhaftet werden. Schmid berichtet, man habe einen hohen Beamten aus Paris einfliegen lassen, der die Weisung hatte, ihn nach Paris zu bringen[45]. Eine Verhaftung drohte ihm nicht. Die Franzosen konnten es nicht wagen, ihn auf amerikanischem Besatzungsgebiet festzunehmen. Er verstand es, ihre Empörung zu beschwichtigen. Das Argument, er habe den auf der Konferenz gegen ihn erhobenen Bezichtigungen, er stehe im Solde der französischen Besatzungsmacht, entgegentreten müssen, wurde akzeptiert[46]. Die ganze Aufregung schien ihn kalt zu lassen. Die Franzosen hatten ein halbes Jahr zuvor nichts gegen ihn unternommen, sie würden es auch diesmal nicht tun.

Schmid, der im persönlichen Gespräch eher schüchtern war, sich dort zumeist dem Gesprächspartner anpaßte, scheute in öffentlichen Reden mutige Worte nicht. Am nächsten Tag referierte er, wie vorgesehen, über das nicht weniger brisante Thema Besatzungsrecht, das er kurz zuvor noch mit seinem Lehrer Erich Kaufmann, auf dessen Rat und Unterstützung er viel gab, besprochen hatte. Seinen Zuhörern mußte er erst noch erklären, warum er so beredt für ein Besatzungsstatut focht. Drei Gründe gebe es: 1. Nur ein Staat, der in das Völkerrecht eingebettet ist, kann „das Leben seiner Bürger ganz auf das Recht (...) stellen". 2. Ohne eine Abgrenzung der Organe der Besatzungsmacht gegenüber den landeseigenen Stellen ist eine planmäßige und selbstverantwortliche Verwaltung nicht möglich. 3. Eine zuverlässige Haushaltsführung erfordert eine genaue Festlegung der zu erbringenden Besatzungsleistungen[47]. Um dies zu erreichen, müßten die Kompetenzen und Reservatrechte der Besatzungsmacht auf den Besatzungszweck beschränkt werden. Besatzungszweck sei: „Militärische, wirtschaftliche und moralische Demilitarisierung Deutschlands, Sicherung und Reparationsleistungen, Denazifizierung, Demokratisierung."[48]

Was bedeutete dies konkret? Wo beispielsweise sollte die Besatzungsmacht weiterhin legislativ tätig bleiben und wo nicht? Sie sollte es, wo „1. bei Vorliegen eines alle vier Zonen betreffenden deutschen Bedürfnisses der Mangel einer zentralen deutschen Legislative die treuhänderische Gesetzgebung des Kontrollrates erforderlich macht; 2. eine Gesetzgebung durch die Besatzungsmächte für Zwecke der Sicherheit und des Unterhaltes der Besatzungstruppen erforderlich ist; 3. die Verwirklichung des Besatzungszweckes deutschen Gesetzgebern entweder nicht anvertraut oder nicht zugemutet werden kann."[49] Er präzisierte seine Vorstellungen auch für die Gebiete Verwaltung und Rechtsprechung. Die Besatzungslasten, so führte er weiter aus, müßten in Relation zur Finanzkraft der Länder stehen.

Mit Erich Kaufmann war Schmid der Auffassung, daß die Alliierten die deutsche Staatsgewalt nur treuhänderisch wahrnahmen[50]. Trotz der bedingungslosen Kapitulation Deutschlands sei eine Intervention die über den Besatzungszweck und die Verantwortung für Deutschland als Ganzes hinausgehe, völkerrechtswidrig. Das von Schmid geforderte Besatzungsstatut wäre ohne Zweifel ein großer Schritt auf dem Weg zur deutschen Selbstbestimmung gewesen. Er wagte freilich selbst kaum daran zu glauben, daß die Besatzungsmächte sich auf diese Forderung einlassen werden[51]. Der Beifall für Schmids Referat war geteilt. Es gab enthusiastische Bravo-Rufe. Aber nicht alle verstanden die Tragweite der komplizierten völkerrechtlichen Ausführungen Schmids. Reinhold Maier meinte, Schmid habe bei seinem Plädoyer für ein Besatzungsstatut die zurückgebliebenen Verhältnisse in der französischen Zone im Auge gehabt. Mehr aus „persönlicher Konvenienz" als aus „sachlicher Überzeugung" sei Schmids Forderung nach einem Besatzungsstatut unterstützt worden[52]. Die von der Konferenz verabschiedete Entschließung über die Regelung des Besatzungsrechts war auffallend kurz[53]. Schmids Referat wurde, auch wenn die Ministerpräsidenten in München ihm nur halbherzig zugestimmt haben sollten, richtungsweisend für die spätere Ausformulierung des Besatzungsstatuts. Das Thema blieb in der öffentlichen Diskussion, nicht zuletzt deshalb weil Schmid keine Gelegenheit ausließ, seine Forderung nach einem Besatzungsstatut zu wiederholen.

Seine beiden Reden machten ihn zum Star der Münchener Konferenz. Die Presse war auf ihn aufmerksam geworden. Das war ihm nicht unlieb, denn hundertprozentig sicher war er nicht, ob ihn in Tübingen nicht doch Sanktionen wegen seiner Kritik an der französischen Besatzungspolitik erwarteten. Bei der Pressekonferenz am 8. Juni gab er sich souverän. Als ein bayrischer Journalist ihn fragte, ob er nicht mit schlimmen Befürchtungen die Rückreise nach Tübingen antrete, entgegnete er selbstsicher und gelassen: „Ich habe den Eindruck, als ob bei manchen Leuten seltsame Vorstellungen herrschen über die Zustände in der französischen Zone. Es sieht so aus, als ob dort Räubergeschichten erzählt würden. Ich werde jedenfalls morgen gelassenen Mutes nach Tübingen zurückreisen."[54] Seine Selbstsicherheit beeindruckte die Journalisten. Er konnte sicher sein, daß sie Alarm schlagen würden, wenn ihm auch nur ein Haar gekrümmt würde. Er nutzte die gebotene Chance, sich vor einem internationalen Pressepublikum zu profilieren und mittels Presse Politik zu machen. Auf die Frage eines Journalisten, ob er den Anschluß der französischen Zone an die Bizone befürworte, antwortete er, ohne zu zögern: „Ich persönlich würde es begrüßen. Ich glaube, daß jetzt schon gesagt werden kann, daß je mehr der Wirtschaftsraum vergrößert werden kann, um so ergiebiger wird das Sozialprodukt werden."[55] Die französische Militärregierung lehnte den Anschluß an die Bizone entschieden ab. Schmids Freiburger Kollege Leo Wohleb stotterte nur, als er mit dieser heiklen Frage konfrontiert wurde, was von den Journalisten mit schallendem Gelächter quittiert wurde[56]. Durch sein zur Schau gestelltes Selbstbewußtsein eroberte Schmid auf einen Schlag die Sympathie der Journalisten, deren Liebling er wurde und blieb.

Aus dem Provinzpolitiker war über Nacht eine überragende politische Persönlichkeit geworden. Für ihn war die Münchener Ministerpräsidentenkonferenz ein Erfolg, auch in der Sache, nicht nur weil er sich persönlich hatte profilieren können. Ministerpräsident Ehard dankte er noch einmal für die Einladung. Dem Dank schloß er den Wunsch an, daß die Ergebnisse der Konferenz überall „rechte Beachtung finden" möchten. „Es würde nicht nur Deutschland, sondern der Welt zum Segen gereichen."[57] Seine Kabinettskollegen in Tübingen empfingen ihn so warmherzig wie noch nie. Man dankte ihm, daß er sich zum Advokaten der französischen Zone gemacht hatte[58].

Drei Tage nach seiner Rückkehr berichtete er in der Landesversammlung in Bebenhausen über die Münchener Konferenz. Die Abreise der ostdeutschen Ministerpräsidenten sei zwar „bedauerlich", aber von einem Scheitern der Konferenz könne keine Rede sein: „Es ist nämlich schon etwas, daß in einer deutschen Stadt alle für die Verwaltung und Regierung der Länder verantwortlichen Männer sich um einen Tisch haben setzen und so haben deutlich machen können, daß es trotz der Zonengrenzen etwas wie ein gesamtes Deutschland doch noch gibt. Und schließlich hat man in den Besprechungen dieser Konferenz und auch in den Verhandlungen der Ausschüsse wertvolle Erkenntnisse gewonnen, hat wertvolle Anregungen erhalten und geben können, nicht nur Deutsche den Deutschen, sondern diesmal auch Deutsche, die für den größten Teil Deutschlands sprechen durften, Anregungen an die Alliierten."[59] Der größte Erfolg der Konferenz sei gewesen, „daß ganz sichtbar zwischen einer Reihe wertvoller Menschen die Parteischranken um einige Zoll sich gesenkt haben."[60] Das Protokoll verzeichnet Bravorufe. Hätte Kurt Schumacher in der Bebenhausener Landesversammlung gesessen, hätte er Schmids Ausführungen als einen Affront auffassen müssen. Schumacher sprach selbstverständlich von einem Scheitern der Konferenz und verhehlte seine Freude darüber nicht[61]. Schmid meinte wohl vor allem den SPD-Parteivorsitzenden, als er ziemlich verächtlich von „diesen Herren" sprach, die glaubten, „eine deutsche Gesamtrepräsentation käme ausschließlich den deutschen politischen Parteien zu."[62]

Für Amerikaner und Franzosen war Schmid zum Rivalen Schumachers geworden. Sie hofften darauf, daß er der SPD eine „weniger nationalistische und mehr europäische Orientierung" geben könne[63]. Am Quai d'Orsay allerdings war man über die scharfe Kritik Schmids an der französischen Besatzungsmacht und sein eloquentes Eintreten für ein Besatzungsstatut noch immer leicht verärgert. Aber die Verärgerung legte sich schnell. Am 4. Juni hatte Schmid noch sichtlich resigniert den Parteivorstand der SPD gebeten, ihn von dem kulturpolitischen Referat zu entbinden, das er auf dem Parteitag Ende Juni hatte halten wollen. Die Militärregierung hatte ihm die Teilnahme am Parteitag verboten. Das Verbot rühre von höchster Regierungsstelle her. Er habe nicht verfehlt, „den Herrn Gouverneur auf das Bedauerliche und eventuelle Rückwirkungen dieses Verbots hinzuweisen"[64]. Nach der Münchener Konferenz hielt man es für angebracht, von dem Verbot abzurücken. Ein Fernbleiben Schmids wäre eine Stärkung Kurt Schumachers gewesen, der in den Augen der Franzosen ein „Apostel des integralen Nationalismus" war[65].

Schmid durfte nach Nürnberg reisen. Das kulturpolitische Referat allerdings konnte er jetzt nicht mehr halten. Für die Kulturpolitik war nur noch eine Viertelstunde vorgesehen, in der der kulturpolitische Referent der Parteizentrale Arno Hennig einen Kurzbericht über die kulturpolitischen Initiativen der Partei gab. Schmid mißfiel die Vernachlässigung der Kulturpolitik durch den Parteivorstand. In einer vor dem Parteitag stattfindenden Parteiausschußsitzung regte er an, auch einen Kulturpolitiker in den besoldeten Parteivorstand zu entsenden[66]. Ollenhauer widersprach. Die Gewerkschaftspolitik sei wichtiger als die Kulturpolitik.

Schmid gehörte nicht zu den Referenten des Parteitages. Das Grundsatzreferat über „Deutschland und Europa" hielt Kurt Schumacher. Menzel stellte die verfassungspolitischen Richtlinien der SPD zur Diskussion. Schmid, der sich nach Menzels Referat als erster zu Wort meldete, hielt es für zu früh, sich jetzt schon über die Einzelheiten einer zukünftigen Reichsverfassung zu streiten. Er umging auch diesmal eine eindeutige Stellungnahme zum Problem Föderalismus–Zentralismus. Über die zukünftige Reichsverfassung wollte er nur so viel sagen: „Sie wird keinen Staatenbund vorsehen und sicher auch nicht den zentralistischen Ausbeutungstrust, den die SEP in ihren ferngesteuerten Gehirnen ausgebrütet hat."[67]

Wichtiger als die Verfassung war ihm das Besatzungsstatut, dessen Erlaß der Verfassunggebung vorausgehen müsse. „Denn wie sollen wir unter der Taucherglocke einer absolutistischen Besatzungsverfassung einen demokratischen Rechtsstaat aufrichten können?"[68] In etwas einfacheren Worten wiederholte er noch einmal, was er auf der Münchener Ministerpräsidentenkonferenz schon ausgeführt hatte. Die SPD, so schloß er seinen Beitrag, habe die „Pflicht", „laut und vernehmlich" ihre Stimme zu dem Problem Besatzungsstatut zu erheben[69]. Auf dem Parteitag betonte nun auch er, daß nur die Parteien dazu legitimiert seien, für Deutschland als Ganzes zu sprechen. Wußte er doch, daß es Schumacher keinem nachsah, wenn er sich den Richtlinien des Parteivorsitzenden nicht unterordnete[70]. Außerdem konnte er die Partei nur so davon überzeugen, daß sie seine Forderung nach einem Besatzungsstatut zu einem zentralen Thema machen mußte.

Nachdem der von der Münchener Ministerpräsidentenkonferenz zur Ausarbeitung eines Besatzungsstatuts eingesetzte Sachverständigenausschuß trotz prominenter Besetzung zu keinem brauchbaren Ergebnis kam[71], brauchte er die Unterstützung der SPD um seiner Forderung Nachdruck zu verleihen. In Walter Menzel fand er einen Mitstreiter. Er sorgte dafür, daß auch der Hamburger Zonenbeirat sich mit dem Thema befaßte und Schmid dort als Sachverständiger referieren konnte. Bei der englischen Besatzungsmacht stieß er mit seinen Ausführungen auf wohlwollendes Interesse[72]. Am 20. Dezember 1947 verabschiedete der Parteivorstand „Richtlinien für ein Besatzungsstatut für Deutschland", die Schmid und Gustav von Schmoller, der seit Oktober 1947 Leiter des Referates für Besatzungsfragen in der Tübinger Staatskanzlei war, verfaßt hatten[73]. Zwei Tage später sandte der Parteivorstand die Richtlinien zusammen mit einer Note, deren Autor ebenfalls Schmid war, an den Alliierten Kontrollrat in Berlin. Die Aktion richtete sich jetzt auch gegen alliierte Planungen, einen Weststaat zu errichten und dadurch die deutsche Teilung zu zementieren. Schmid war „gespannt" auf die Reaktion des Kontrollrates[74]. Er rief alle Parteistellen dazu auf, Propaganda für das Besatzungsstatut zu machen, dessen Erlaß ein „großer Erfolg für die Partei" wäre[75]. Mag sein, daß er die politische Bedeutung des Besatzungsstatutes, zumindest im Hinblick auf den politischen Einfluß- und Imagegewinn für die SPD, überbewertete. Aber er konnte nun einmal nicht verleugnen, daß er von Beruf Völkerrechtler war. Die Alliierten ließen sich Zeit. Erst mit den sogenannten „Frankfurter Dokumenten" vom 1. Juli 1948 rückte das Thema Besatzungsstatut ins Zentrum der Diskussion[76].

Weniger seine Ausführungen über das Besatzungsstatut als der Nachhall der Münchener Ministerpräsidentenkonferenz ließ Schmid auf dem Nürnberger Parteitag in der Parteihierarchie ganz nach oben steigen. Der elitäre Professor, gegen den man einiges Mißtrauen gehegt hatte, war zum populären Mitstreiter gegen die Ausbeutung der deutschen Arbeiter durch die Besatzungsmächte geworden. Bei der Parteivorstandswahl erhielt er 335 von 344 Stimmen. Nur die beiden Parteivorsitzenden Kurt Schumacher und Erich Ollenhauer erreichten ein noch besseres Ergebnis[77].

In den Berichten der französischen Militärregierung war von Schmid nur noch die Rede als von dem „Star"(vedette) der Sozialdemokratie[78]. Er wurde als zukünftiger Vorsitzender der SPD, als „dauphin" gehandelt, dessen politischen Aufstieg auf überzonaler Ebene man fördern wollte. Schmid versuchte die Gunst der Stunde zu nutzen. Er bestärkte die Franzosen in der Hoffnung, daß Schumachers Tage als Parteivorsitzender gezählt seien. Schumacher sei krank und müsse sich wahrscheinlich bald aus der Politik zurückziehen. Reuter und Knoeringen seien beachtenswerte Persönlichkeiten, mit denen man gut zusammenarbeiten könne[79]. Nebenbei ließ er einfließen, daß er die französische Zone möglicherweise bald verlassen werde. Die Amerikaner hätten ihn für einen hohen Posten in der Bizonenverwaltung vorgeschlagen[80]. Saint-Hardouin vernahm dies vermutlich mit einigem Schrecken. Mit dem neuen Staatpräsidenten Bock kamen die Franzosen nämlich überhaupt nicht zurecht[81]. So suchten sie weiter den Kontakt zu Schmid.

Die Amerikaner schätzten Schmid als einen überaus fähigen Politiker, mit dem sie gern zusammenarbeiteten. Sie hielten ihn für die geeignete Persönlichkeit, um die als notwendig erachteten Beziehungen zwischen den süddeutschen Ländern herzustellen[82]. Ob sie ihn wirklich für einen hohen Posten in der Bizonenverwaltung vorgeschlagen hatten, ist fraglich. Es kann gut sein, daß Schmid dies lancierte, um seinen Wert bei den Franzosen zu steigern. Seine Delegation in den Exekutivrat der Frankfurter Bizonenverwaltung wurde jedenfalls von den Amerikanern nicht nachhaltig unterstützt. Schmid war am 24. Juni offiziell von den sozialdemokratischen Mitgliedern des Stuttgarter Kabinetts für den Posten des Landesvertreters Württemberg-Badens im Frankfurter Exekutivrat vorgeschlagen worden. Weil sein Wohnsitz außerhalb der Bizone lag, hatten die Amerikaner seine Kandidatur zunächst abgelehnt. Schmid hatte sich daraufhin in Stuttgart ein Zimmer gemietet und sich dort polizeilich gemeldet[83]. Seine Mühe war umsonst. Im Stuttgarter Kabinett wurden parteipolitische Gesichtspunkte geltend gemacht. Da bereits sechs Mitglieder des achtköpfigen Exekutivrates Sozialdemokraten waren, sollten die beiden noch freien Sitze nicht auch an die SPD fallen. Vergeblich wies Innenminister Ulrich darauf hin, daß Schmid „kein sturer Parteimann" sei und er durch einen Sitz im Exekutivrat die Verbindung zwischen Bizone und französischer Zone herstellen könne[84]. Die CDU nominierte den ehemaligen badischen Staatspräsidenten und Reichsfinanzminister der Weimarer Republik Heinrich Köhler. Auch Reinhold Maier entschied sich für Köhler. Wenn es keine faule Ausrede Maiers war, dann stand der amerikanische Militärgouverneur Lucius D. Clay Schmids Kandidatur ablehnend gegenüber[85].

Für Schmid muß das eine bittre Enttäuschung gewesen sein. Da man sich in München nicht dazu entschließen konnte, die Ministerpräsidentenkonferenz zu einer Dauereinrichtung zu machen, fehlte ihm eine Plattform, um auf überzonaler Ebene Einfluß auf die politischen Entscheidungen nehmen zu können. Zudem mußte er fürchten, daß in der Bizone der Grundstein für einen zukünftigen deutschen Staat gelegt wurde, von dem die französische Zone ausgeschlossen blieb. Anfang August versuchte er im SPD-Parteivorstand Stimmen gegen das „Frankfurter System" zu mobilisieren. Die SPD müsse alles tun, „daß dieser Apparat schneller stürzt. Den Franzosen gefalle das Frankfurter System sehr gut, da es stark in Richtung ‚Staatenbund' segelt." Außerdem könne die Frankfurter Einrichtung, so wie sie konzipiert sei, überhaupt nicht funktionieren[86]. Was den letzteren Punkt anbetraf, hatte er recht. Da die Zuständigkeiten der bizonalen Organe nicht klar definiert waren, funktionierte der Frankfurter Wirtschaftsrat bis zu seiner Umorganisation Anfang 1948 mehr schlecht als recht[87]. Trotzdem dachte kaum einer in der SPD daran, die Arbeit des Frankfurter Wirtschaftsrates lahmzulegen.

Kurt Schumacher begrüßte den bizonalen Zusammenschluß als einen ersten Schritt zur Vereinigung aller Zonen, denn er hoffte, daß die Bizone ökonomisch so stark werde, „daß von ihr ein unwiderstehlicher Magnetismus auf andere Zonen ausgeht"[88]. Carlo Schmid hat sich die Magnettheorie Schumachers nicht zu eigen gemacht, wenn er auch gelegentlich davon sprach, daß die ökonomischen Zwänge ein Schrittmacher auf dem Weg zur deutschen Einheit seien. Für Schumacher war der Wirtschaftsrat ein Widerpart gegen die Macht der Ministerpräsidenten und eine Plattform, um seinen politischen Kurs durchzusetzen. Er war es, der die SPD-Fraktion im Wirtschaftsrat in die Opposition zwang und ihr einen scharfen Konfrontationskurs gegen den „Bürgerblock" aufdiktierte[89]. Auch deshalb mag Schmid, dem an einer Zusammenarbeit mit den bürgerlichen Parteien gelegen war, auf die Auflösung des Wirtschaftsrates gedrungen haben. Während Schumacher sich zu heftigen Attacken gegen die Politik des „Bürgerblocks" hinreißen ließ, rechtfertigte Schmid in seinen offiziellen Stellungnahmen die Oppositionsrolle der SPD damit, daß es in Frankfurt nicht möglich sei, eine „gemeinsame reichseinheitliche Politik" zu treiben[90]. Auch hier kam seine Furcht zum Ausdruck, daß sich aus der Bizone ein separater westdeutscher Staat unter Ausschluß der französisch besetzten Zone bilden könnte.

Schmid hatte sich gerade erst auf der Münchener Konferenz als zukünftiger Bundespolitiker profiliert, da mußte er auch schon wieder um seine Karriere bangen. Wenn die französische Zone vollends ins Abseits geriet, blieb ihm nur noch der politische Aufstieg über die Partei, in der Kurt Schumacher noch immer den Ton angab. Um auf die politische Entwicklung Einfluß nehmen zu können, mußte er wissen, was auf den verschiedenen Ebenen geplant, vorbereitet und hintertrieben wurde. Er versuchte überall präsent zu sein, selbst wenn er sich mit der Rolle des Zuhörers begnügen mußte. Die Verhandlungen des Länderrates und des Wirtschaftsrates beobachtete er aus nächster Nähe, im Hamburger Zonenbeirat referierte er, in den Ausschüssen des deutschen Friedensbüros arbeitete er mit, denn hier entwickelten sich die ersten Ansätze für ein späteres Auswärtiges Amt. Er engagierte sich in der Europabewegung und nahm an ausländischen Kongressen teil, denn wer die zukünftige Außenpolitik gestalten wollte, mußte gute internationale Kontakte haben[91]. In den Ausschüssen des Parteivorstandes bemühte er sich um Unterstützung seiner politischen Linie. Keine Konferenz gab es, auf der man ihn nicht antraf. An der von Alfred Weber, Karl Geiler und Dolf Sternberger geleiteten Heidelberger Aktionsgruppe beteiligte er sich, weil diese Gruppe im Ausland ein großes Feedback gefunden hatte, so daß man damit rechnen mußte, daß sie Einfluß auf die alliierten Planungen gewinnen würde. Besonders begeistert war er von deren Arbeit nicht. Die Gruppe schien ihm in erster Linie deshalb gegründet worden zu sein, „um einigen sterbensunwilligen Greisen ein Vorwand zum Weiterleben zu verschaffen"[92]. Wer ihm einen Hang zur Médisance nachsagte, hatte nicht ganz Unrecht.

Auch mittels Presse konnte man Politik machen. Schmid schrieb zahlreiche Aufsätze und Zeitungsartikel. In einigen dachte er über den Tag hinaus, in anderen versuchte er die aktuelle Politik zu verkaufen. Als Journalist mahnte er die Politiker, nicht die „Lauterkeit des Wegs" für das „Linsengericht der beglückenden Teilerfolge" zu verraten[93]. Er schwankte selbst immer zwischen den beiden Möglichkeiten.

Das Jahr 1947 war ein Jahr hektischer Aktivität. Im Grunde war er immer auf Achse. Schmid „stürzte sich", so erzählt sein Schüler Ulrich Holländer alias Michael Thomas, „in einen verzehrenden Einsatz, ohne sich Hemmungen des Verzehrs aufzuerlegen, in keinerlei Hinsicht (...). Mit seinem Faktotum und Chauffeur Roller jagte er landauf, landab, von Rede zu Rede, von Konferenz zu Konferenz, von einem Abenteuer zum anderen."[94] Trotz der Abenteuer waren die Reisen alles andere als ein Vergnügen, insbesondere nicht im Winter. Sein alter Maybach mit Holzvergaser hatte keine Heizung. Die Straßen waren schlecht und Autopannen an der Tagesordnung. Er selbst stöhnte, daß er allmählich nicht mehr wisse, wie er seinen Obliegenheiten nachkommen solle. Die dauernden auswärtigen Konferenzen seien „eine kaum mehr zu tragende Belastung"[95].

Im August wollte er zum ersten Mal nach zwei Jahren zwei Wochen Urlaub machen, um sich endlich einmal ausschlafen zu können[96]. Das Vorhaben blieb ein frommer Wunsch. Mitte Juli fand er auf seinem Schreibtisch einen Brief Arno Hennigs, der die dringende Bitte enthielt, die Diskussionsleitung auf der für 21.–23. August geplanten kulturpolitischen Konferenz der SPD in Ziegenhain zu übernehmen. Zielsetzung der Konferenz sei die „geistige Neufundierung" der sozialdemokratischen Bewegung. Die Konferenz werde wahrscheinlich im Rampenlicht der Öffentlichkeit stehen. Es sei daher notwendig, daß eine „qualifizierte" Persönlichkeit für den erfolgreichen Verlauf der Konferenz sorge[97]. Schweren Herzens sagte Schmid zu. Er hoffte, daß Ziegenhain ein programmatischer Neubeginn werden könne. Außerdem teilte er Hennigs Meinung, daß die Kulturpolitik nicht das „fünfte Rad am Wagen der SPD" bleiben dürfe[98]. Bereits im Juni hatte er an der kulturpolitischen Tagung der SPD in Erlangen teilgenommen, allerdings nur am letzten Tag, weil die Franzosen ihm Ausreiseschwierigkeiten gemacht hatten. In Erlangen hatte er ein Referat über die geistigen Wurzeln des Totalitarismus gehalten, in dem er sich vor allem mit der Mißinterpretation der Marxschen Theorie durch dessen Epigonen, einschließlich der deutschen Sozialdemokratie, auseinandergesetzt hatte[99].

Auch in Ziegenhain war eine Grundsatzdiskussion über den Marxismus zu erwarten. Um den Verlauf der Konferenz etwas vorzuprogrammieren, hatte er Dieter Roser, der ihn auf die Konferenz begleitete, einen Resolutionsentwurf verfassen lassen, in dem allen marxistischen Dogmatismen abgeschworen wurde[100]. Sie wurde den Ziegenhainern Delegierten in Form einer Entschließung des SPD-Bezirks Süd-Württemberg vorgelegt.

In dem nordhessischen Städtchen Ziegenhain versammelten sich am 21. August ungefähr 80 Delegierte, unter ihnen auch Erich Ollenhauer. Es ging sparsam zu. Die Delegierten waren aufgefordert worden, Lebensmittelmarken für 50 g Fleisch, 500 g Brot und 10 g Fett mitzubringen. Eine Wildschweinjagd der Ziegenhainer Sozialdemokraten war erfolglos verlaufen, so daß Schmalhans Küchenmeister war[101]. Trotzdem arbeitete Carlo Schmid engagiert mit. Im Zentrum der Diskussion stand die Frage nach Freiheit und Determination menschlichen Handelns. Der materialistischen Geschichtsauffassung wurde fast einhellig eine Absage erteilt. Carlo Schmid leitete die Redaktionskommission, die auf der Grundlage der von Dieter Roser verfaßten Resolution des SPD-Bezirks Süd-Württemberg eine grundsatzpolitische Entschließung ausarbeitete. Rosers Formulierungen, die den geistigen Mentor Carlo Schmid verrieten, wurden zum Teil fast wörtlich übernommen. Man stellte fest, daß die Ergebnisse der marxistischen Methode eine „unverzichtbare Quelle politischer Einsicht" sind, jedoch nicht „alleinige und absolute Grundlage aller Erkenntnis". Die Sozialdemokratie anerkenne die „geistige Freiheit des Menschen und seine sittliche Verantwortlichkeit als gestaltende Faktoren auch des geschichtlichen Prozesses". Ein humanistisches Sozialismusverständnis sollte weiten Kreisen der Bevölkerung einen Zugang zur Partei öffnen. In der Entschließung hieß es: „Kämpferisches Bewußtsein der unterdrückten Klassen, Willen zur Menschlichkeit, religiöse und sittliche Verpflichtung vereinigen sich in der Sozialdemokratie zu einer gemeinsamen Kraft, die Welt zu verändern, zu einem gemeinsamen Willen, der Idee des Menschen in der politischen und ökonomischen Wirklichkeit des ganzen Menschengeschlechts Gestalt zu verleihen."[102]

Dies war auch ein Gesprächsangebot an die beiden großen christlichen Kirchen. Im Juli hatte Schmid an dem ersten größeren Treffen zwischen Vertretern der Bekennenden Kirche und der SPD im Diakonissenhaus in Detmold teilgenommen[103]. Er wollte seinen Beitrag dazu leisten, um das Spannungsverhältnis zwischen SPD und den beiden christlichen Kirchen zu überwinden. Lydia Schmid hatte schon gleich nach dem Krieg eine Brücke zwischen SPD und evangelischer Kirche zu schlagen versucht.

Die Ziegenhainer Kulturkonferenz fand in der Öffentlichkeit ein großes Echo. Sie galt als ein erster Schritt zur programmatischen Neuorientierung der SPD. Der Berater General Koenigs Saint-Hardouin wertete das Ergebnis der Konferenz als einen Beweis für Schmids wachsenden Einfluß innerhalb der Partei. Dem „Einsatz seiner Persönlichkeit und seines Talents“ maß man große Bedeutung bei der Bewältigung des Anpassungsprozesses, dem die Sozialdemokratie ausgesetzt war, bei[104]. Die Hoffnung, daß Schmid bald Schumacher als Parteivorsitzenden ablösen werde, bekam neue Nahrung. Kurt Schumacher tat alles, um die Bedeutung der Ziegenhainer Tagung herunterzuspielen. Bei der Konferenz habe es sich um eine Tagung des kulturpolitischen Ausschusses gehandelt und nicht um die einer „Programmkommission“. Die „veröffentlichte Entschließung“ sei „nicht als eine Verlautbarung der gewählten Parteiinstanzen zu werten“[105]. Schumacher dürfte nicht entgangen sein, daß Schmid der spiritus rector der Entschließung war. Die harschen Worte Schumachers gegen die Ziegenhainer Konferenz waren wohl mehr gegen den neuen Rivalen gerichtet als gegen das Ergebnis der Konferenz an sich.

Obwohl ihm die Konferenz als Erfolg angerechnet wurde, war auch Carlo Schmid nicht ganz glücklich über deren Verlauf. Gegenüber dem in Paris weilenden SPD-Korrespondenten Alfred Frisch äußerte er zwar recht überschwenglich, daß von der Tagung „etwas ausgehen könnte, das einmal Epoche machen wird“. Es sei erfreulich gewesen, daß alle Teilnehmer „ohne sogenannte ‚Ausrichtung‘ waren und man von den verschiedensten Ausgangspunkten voranschreitend sich nicht auf dem goldenen Mittelweg, sondern in der wirklichen sichtbaren Mitte getroffen hat“[106]. Arno Hennig jedoch ließ er durch Gerhard Weisser mitteilen, daß er dringend vor einer Drucklegung der Protokolle der Ziegenhainer Konferenz abrate. Ziegenhain sei nicht mehr gewesen als eine „erste Aussprache“[107]. Er hielt es nicht für sinnvoll, in absehbarer Zeit eine neue Konferenz einzuberufen. Es sei zu befürchten, daß man auch dort wieder die „philosophisch völlig überholte Antithese Idealismus–Materialismus“ zu hören bekomme, „mit der man allmählich keinen Hund mehr hinterm Ofen vorholen sollte“[108]. Auf diese Antithese hatte insbesondere Eichler sein Referat in Ziegenhain aufgebaut.

Nein, auf der Höhe der europäischen Philosophie war man in Ziegenhain nicht gewesen. In einem Artikel des in Tübingen erscheinenden SPD-

Parteiblattes „Der Württemberger" wurde als Fazit der Ziegenhainer Tagung festgehalten, daß „ohne eine gründliche Auseinandersetzung mit der jüngsten Philosophie, dem Existentialismus" ein „klares und allgemein wirksames geistiges Programm" der SPD nicht formuliert werden könne[109]. Obwohl der Artikel nicht aus der Feder Schmids stammt, dürfte er sich weitgehend mit seiner Meinung gedeckt haben. Auch Schmid war der Auffassung, daß nur vom Existentialismus eine geistige Neuorientierung ausgehen konnte. Ziegenhain war ein erfreulicher Auftakt zur Programmdiskussion – mehr aber auch nicht. Es fiel Schmid schwer zu begreifen, daß politische Konferenzen keine philosophischen Gesellschaften sind. Er hatte wenig Geduld, sich mit Menschen auseinanderzusetzen, die unter seinem geistigen Niveau waren.

Seine Berufung in den kulturpolitischen Ausschuß des SPD-Parteivorstandes nahm er zwar mit Freuden an[110], erschien aber dort nur selten. Gewiß, seine Belastung war außerordentlich groß. Die Mitarbeit im verfassungs- und außenpolitischen Ausschuß hatte Priorität gegenüber der Teilnahme an den Sitzungen des kulturpolitischen Ausschusses, der ohnehin nur ein Schattendasein in der Partei führte. Der Widerstand Schumachers und des Parteiapparates gegen die „Kulturpolitiker", die zur programmatischen Erneuerung der Partei aufriefen, war zäh und hart. Auch der niedersächsische Kultusminister Adolf Grimme und Arno Hennig, der seit 1948 den kulturpolitischen Ausschuß leitete, klagten[111]. Schmid machte sich keine Illusionen. Es würde schwer werden, den „Apparat zu ändern". Man müsse es trotzdem versuchen, mahnte er Hennig, der schon fast resigniert hatte[112]. Die Details des Parteilebens waren für den humanistischen Gelehrten alles andere als erfreulich. Politik war hier wirklich das Bohren harter dicker Bretter. Die euphorische Aufbruchstimmung wich schon etwas der Melancholie. Obwohl das Jahr 1947 ein Jahr des Erfolgs für ihn war, in dem er zum führenden Politiker der Westzonen avancierte, blickte Schmid mit nicht allzu großer Hoffnung in die Zukunft. Dem mit ihm befreundeten Ministerpräsidenten Schleswig-Holsteins Hermann Lüdemann schrieb er zum Jahresausklang: „Zum Neuen Jahr wünsche ich Dir alles Gute und die Kraft zu bestehen, was keinem von uns erspart wird: die Verdrossenheit."[113]

Landespolitik im Schatten der „großen" Politik

Trotz aller Umtriebigkeit kümmerte sich Schmid auch weiterhin um die politischen Belange Württemberg-Hohenzollerns, das er zuweilen nicht ohne Stolz als „sein Geschöpf" bezeichnete[1]. Obwohl er alles andere als ein typischer Schabe war, hing er doch an seiner schwäbischen Heimat. Noch als Bundestagsabgeordneter konnte er sich darüber empören, wenn jemand Schildbürger- und Schwabenstreiche verwechselte[2]. Daß er mehr unterwegs als daheim war, lag u. a. auch daran, daß er als eine Art Außenminister Württemberg-Hohenzollerns fungierte. Lorenz Bock, der dem Amt des Staatspräsidenten nicht immer gewachsen war, hatte ihm die „außenpolitische“ Vertretung Württemberg-Hohenzollerns überlassen. Da Gebhard Müller das Justizressort weitgehend allein managte, blieb ihm Zeit zu reisen.

Auch nach Bocks Amtsübernahme saß er noch als Staatsrat am Stuttgarter Kabinettstisch und sorgte dafür, daß das kleine Land hinter dem seidenen Vorhang bei interzonalen Beratungen nicht vergessen wurde. Bei Verhandlungen mit der Militärregierung stand er Bock, der deren Absichten nicht immer durchschaute[3], mit Rat und Tat beiseite. Auch als stellvertretender Staatspräsident versuchte er die Fäden der Politik in der Hand zu halten, was ihm freilich nicht immer gelang. Die Christdemokraten im Kabinett drängten auf einen innen- und vor allem kulturpolitischen Kurswechsel und setzten sich damit zum Teil auch durch. Schon Anfang September klagte Schmid, daß sich das „Klima“ im Kabinett „wesentlich verändert“ habe und eigentlich nicht mehr das seine sei[4]. Aber die Gegensätze waren nicht unüberwindbar und nahmen, wie Bock Gouverneur Widmer versicherte, niemals scharfe Formen an[5]. Auch Schmid meinte, daß man mit Bock, der „konziliant“ sei und allen Konflikten aus dem Wege gehe, auskommen könne[6]. An einem Platzen der Koalition hatte niemand Interesse, schon gar nicht Schmid, der von sozialistischer Prinzipienpolitik nichts hielt und immer wieder an den Machtsinn der Linken appellierte.

Die Aufkündigung der Koalition in Bayern Mitte September 1947, für die Hoegner einen „Befehl aus Hannover“ verantwortlich machte, war in den Augen Schmids ein Fehler[7]. Mußte er nicht fürchten, daß Schumacher, der mit zunehmender Vehemenz einen fundamentalistischen Oppositionskurs einschlug, auch auf ihn Druck ausüben würde, die Koalition zu verlassen? Für den Fall baute er schon einmal vor. In einer zwei Tage nach dem Bruch der Koalition in Bayern stattfindenden Parteivorstandssitzung versuchte er die Genossen davon zu überzeugen, daß es notwendig sei, „daß mindestens immer in einem Lande der französischen Zone die SPD an der Regierung beteiligt ist, da sonst der Wachhund fehle“[8]. In Hannover hätte man das Platzen der Koalition lieber heute als morgen gesehen. Im Jahrbuch der SPD wurde das Auseinanderbrechen der Koalition in Württemberg-Hohenzollern geradezu herbeigerufen[9]. Nachdem Schumacher bei einem Besuch in Tübingen Anfang 1948 ihn offensichtlich zur Aufkündigung der Koalition gedrängt hatte, legte er im Parteivorstand noch einmal die Gründe für sein Festhalten an der Koalition dar: „In der französischen Zone würde ein Austritt der Sozialdemokraten aus der Regierung bedeuten, daß der letzte Hemmschuh für die Durchziehung der französischen Besatzungspolitik beseitigt wäre.“ [10] Das war keine reine Zweckargumentation. Bock war tatsächlich überaus nachgiebig gegenüber der französischen Besatzungsmacht.

Für Schmid wurde es immer schwieriger, sich Schumachers Direktiven zu entziehen und die Gegensätze nicht offen an den Tag treten zu lassen. Für den SPD-Parteivorsitzenden war die CDU nichts anderes als eine „Warenhauspartei“, der er nur eine geringe Lebensdauer prophezeite, da er den Konservatismus grundsätzlich für diskreditiert hielt[11]. Der Sozialismus war für ihn eine Naherwartung. Mit einem Unterton der Geringschätzung sprach er von den „liberalistischen“ und „humanistischen“ Strömungen der süddeutschen SPD, die er der „Klassenkraft“ der norddeutschen SPD gegenüberstellte[12]. Das war auch ein indirekter Angriff auf Schmid, der täglich erleben mußte, wie fest der Konservatismus in den Köpfen und Herzen seiner süddeutschen Landsleute verankert war, wie wenig dort mit Klassenkampfparolen zu erreichen war. Die SPD war in Württemberg-Hohenzollern in einer Minderheitsposition. Wenn sie sich nicht völlig ins Abseits stellen wollte, mußte sie Kompromisse mit den konservativen Parteien eingehen. Selbst bei Forderungen, die zu den Grundanliegen sozialdemokratischer Politik gehörten, wie die der Sozialisierung der Schlüsselindustrien und der Bodenreform, konnte man keine Politik des Alles oder Nichts betreiben.

In Südwürttemberg, wo es nur wenig Großbetriebe gab, stritt man sich hauptsächlich um die Bodenreform, die 1947 immer mehr zu einem Hauptthema der politischen Auseinandersetzung wurde. Carlo Schmid hatte bereits Anfang 1947 das Justizressort mit der Ausarbeitung einer Rechtsanordnung über die Bodenreform beauftragt und das Thema auch im Kabinett zur Sprache gebracht[13]. Er war bestrebt, die heftig umstrittene Forderung nach einer Bodenreform zu entpolitisieren, damit sie nicht zu einem Reizthema der Parteien und zu einem Schreckgespenst der größtenteils konservativ eingestellten Bevölkerung wurde. Die Leitgedanken der von der Tübinger Staatskanzlei geplanten Bodenreform stellte er im Februar 1947 den versammelten Landräten vor, die er bat, „beruhigend“ auf die Bevölkerung einzuwirken. Bei der Bodenreform gehe es nicht in erster Linie um die Zerschlagung des Grundbesitzes, sondern darum, die teilweise unergiebige Landwirtschaft Südwürttembergs zu rationalisieren. Von drei Grundsätzen habe man sich leiten lassen: „1. Eine gesetzliche Möglichkeit zur Beschaffung neuen Bauernlandes für die Siedlung zu schaffen. 2. Die Möglichkeit zu geben, dort, wo unser Grundbesitz zu sehr parzelliert ist, im Weg der Bildung von Bebauungsgenossenschaften die gesamte Dorfflur zu bearbeiten, als handle es sich um zusammengehöriges Land. 3. Eine Möglichkeit, für die Schaffung von Heimgärten für die Flüchtlinge zu geben, die wir zu erwarten haben.“ [14] Die Erprobung alternativer genossenschaftlicher Bewirtschaftungsformen lag ihm ganz besonders am Herzen, stieß aber auf wenig Gegenliebe bei den schwäbischen Bauern, die einen Kollektivismus à la Sowjetunion befürchteten. Durchsetzungsfähig war viel eher der Gedanke der Siedlung.

Durch Carlo Schmids hektische Aktivitäten im Frühjahr und Sommer und durch den Streit um die Verfassung und die Regierungsbildung blieb der Entwurf zunächst in der Aktenablage liegen. Im Herbst holte Schmid ihn wohl absichtlich nicht hervor. In Baden drohte die Koalition an dem Konflikt über die Bodenreform zu zerplatzen. Fritz Erler, der sozialistischem Traditionsgut viel enger verbunden war als der SPD-Landesvorsitzende, mißfiel dieses konfliktscheue Verhalten. Im November mahnte er Schmid, eine Initiative der Landtagsfraktion zur Bodenreform in Gang zu bringen, die den „Koalitionspartner zu einer klaren Stellungnahme für oder wider zwingt“[15]. Erler machte sich daran, selbst einen Entwurf auszuarbeiten, während Schmid im Kabinett auf die Verabschiedung einer vernünftigen gemeinsamen Vorlage drängte. Er hielt nichts davon, einen sozialdemokratischen Propagandaantrag, der sich nicht durchsetzen ließ, im Landtag einzubringen. Wenn man die Bodenreform „übers Knie brach“, riskierte man ihr Scheitern[16].

Ende 1947 lag ein Entwurf vor, über den man sich im Januar in mehreren Kabinettssitzungen die Köpfe heiß redete. Carlo Schmid hatte den Entwurf zuvor schon redigiert und die dort vorgesehene Abgabepflicht ab 150 Hektar auf 100 Hektar herabgesetzt[17]. In den Sitzungen des Kabinetts sprach er sich dafür aus, dem Entwurf eine Präambel voranzustellen, in der die „sittlichen und moralischen Grundsätze“ der Bodenreform dargelegt werden sollten[18]. Er hoffte anscheinend, so die Vorbehalte und Ängste der bäuerlichen Bevölkerung gegen die Bodenreform ausräumen zu können. Denn nicht nur der landbesitzende Adel wehrte sich gegen die Bodenreform, wenn auch von ihm der heftigste Widerstand ausging. Einige der adligen Großgrundbesitzer schrieben Schmid bittre Klagebriefe und unterstellten ihm sogar eine Abneigung gegen den oberschwäbischen Adel[19], was nun ganz und gar nicht zutraf. Er, der Geistesaristokrat, verkehrte ganz gern in adligen Kreisen, deren großzügiger Lebensstil ihm mehr zusagte als die sozialdemokratische Bescheidenheitsmoral. Trotzdem drängte er jetzt auf die Verabschiedung des Bodenreformgesetzes. Die von ihm vorgeschlagene Präambel wurde akzeptiert. Nach ihr sollte die Bodenreform durchgeführt werden, „um eine gerechtere Verteilung des landwirtschaftlichen Grundeigentums herbeizuführen, die Lösung des Flüchtlingsproblems zu erleichtern sowie um die Voraussetzungen für eine Steigerung der land- und forstwirtschaftlichen Erzeugung zu schaffen“[20]. Auf die Propagierung landwirtschaftlicher Produktionsgenossenschaften war in Rücksicht auf die Ängste der Landbevölkerung vor einer Kollektivierung verzichtet worden. Vergeblich bemühte sich Schmid um die Einbeziehung des Waldbesitzes in die Bodenreform. In der Auseinandersetzung um diese Frage wies er erstmals auch auf die politischen Gesichtspunkte der Bodenreform hin. Zweck des Gesetzes sei es, die „Zusammenballung wirtschaftlicher Macht in der Hand weniger für die Zukunft aufzuheben"[21]. Schon deshalb dürfe der Waldbesitz aus der Bodenreform nicht ausgeklammert werden. Der stellvertretende Staatspräsident wurde überstimmt. Sichtlich verärgert ließ er zu Protokoll geben, daß er trotz gegenteiligen Kabinettsbeschlusses die Einbeziehung des Waldbesitzes in die Bodenreform weiterhin befürworte[22].

Im Februar und März entbrannte im Bebenhausener Landtag eine heiße Schlacht um die Bodenreform. Am 5. Februar ergriff er selbst das Wort, nicht um mit den bereits zigmal geäußerten Argumenten auf den Gegner einzuhauen, sondern um einige grundsätzliche Ausführungen zu machen, die vor allem ein Ziel hatten: die streitenden Parteien zu besänftigen. Nachdem man sich gegenseitig die Gutachten von Fachleuten um die Ohren geschlagen hatte, begann er mit einer für ihn typischen Polemik gegen die Experten: „Der Fachmann ist immer notwendig der Konservative, nicht immer in dem guten Sinne dessen, der die Kräfte erhalten will, die einst das Gute schufen, sondern einer der die produktiven Kräfte und damit die Gegenwart und Zukunft sterilisiert, indem er die fossile Wirklichkeit von einst erhalten will."[23] Die Polemik sollte vor allem seinen Vorredner Gebhard Müller treffen, der Schmid gern des Dilettantismus bezichtigte und sich später zugute hielt, die Tübinger Verwaltung mit „Fachbeamten" besetzt zu haben[24]. Durch seine längeren philosophischen, historischen und literarischen Exkurse, in denen er die Notwendigkeit der Bodenreform begründete, gelang es ihm, die erhitzten Gemüter zu beruhigen und die Debatte vorerst einmal in vernünftigere Bahnen zu lenken. Unterdessen verfaßte er für den Abend, an dem man sich noch zu einem gemütlichen Beisammensein treffen wollte, eine Elegie auf die „Gigantenschlacht bei Bebenhausen", in der er nicht nur über seine Vorredner liebevollen Spott ergoß, sondern auch über sich selbst. Der Schlachtensänger erwähnt sich selbst ganz am Schluß[25]:

> Einen vergaß ich. Er wälzte, ein Klotz, sich
> die Treppe zur Bühne
> Keuchend hinan und ergoß plätschernd gelehrsames Naß
> Hin über alle die Helden, erbarmungslos redend
> und redend.
> Schweige, o schweige doch! so fleht der Leidenden
> Aug.
> Doch er versandte die Worte – er kann ja das
> Reden nicht lassen –
> Eins um das andere wie einst Odysseus
> den Köcher gelehrt.

Schmid hatte trotz seines Pathos die Fähigkeit zur Selbstironie. Er war sich darüber im klaren, daß ihm einige seiner Kollegen ankreideten, daß er im Landtag statt Reden Vorlesungen hielt. Manchmal stand Absicht dahinter wie bei seiner Rede am 5. Februar. Vorlesungen waren das beste Mittel, um Konflikte zu entschärfen und ein drohendes Platzen der Koalition zu verhindern. Dazu waren auch die parlamentarischen Abende da, an denen man über die Parteigrenzen hinweg ins Gespräch kam. Schmid hielt sie für das Salz der Politik. Mit seinen Spottversen, die er zur Erheiterung aller zum besten gab, trug er zum Gelingen der Abende bei. Er war übrigens nicht der einzige Dichter im Bebenhausener Landtag. Der CDU-Abgeordnete Josef Lutz aus Leutkirch schrieb Filser-Briefe, in denen er sich über seine Parlamentskollegen ausließ. Über seinen Kollegen Schmid wußte er seiner Frau Anna zu berichten: „Er ist sehr gscheid ond kann gut Reden halten, das man meint man sege ihn auf einem Schimmel reiden ond mit der Müllerin bussieren, als ob er ein Fürst wäre. Es ist ihm oft langweilig und dann gibt ihm der Renner Zeidongen, aber er schaut bloß die Bilder an, ob saubere Madl drinn sind. Sonst ist er ganz einfach ond dut wie daheim.“ [26]

Der gelungene parlamentarische Abend war nicht der ausschlaggebende Grund für die fast einstimmige Verabschiedung des Bodenreformgesetzes. Aber er entgiftete doch etwas das politische Klima. Carlo Schmid hätte es gern gesehen, wenn man auch in Bonn parlamentarische Abende veranstaltet hätte. Aber die beiden unversöhnlichen Rivalen Adenauer und Schumacher waren nicht im geringsten bereit, sich abends zu einem geselligen Beisammensein zu treffen.

Das am 23. März verabschiedete Bodenreformgesetz war ein Kompromiß, bei dem die SPD große Zugeständnisse hatte machen müssen. Der Waldbesitz blieb von der Bodenreform verschont, die Höchstgrenze für landwirtschaftliches Eigentum wurde auf 200 Hektar festgelegt, für Landbesitz von über 100 Hektar bestand eine prozentuale Abgabepflicht[27]. Die SPD-Fraktion hatte eine Höchstgrenze von 100 Hektar gefordert. Eine schlechte Bodenreform war aber besser als keine. Entscheidend war ohnehin nicht das Gesetz, sondern die Durchführung der Reform.

Carlo Schmid veranschlagte den Koalitionsfrieden deshalb so hoch, weil er erkannt hatte, daß die SPD mit ihrem Stimmenanteil von etwas über 20 % in der Opposition zu einer bloßen Agitationspartei verkommen wäre. An einen Machtwechsel in Südwürttemberg war nicht zu denken. Zudem hatte man dort mit einer Besatzungsmacht zu kämpfen, die nach über zweijähriger Besetzung des Landes noch immer eine penible Kontrolle ausübte und die französische Zone von der Bizone und der dort betriebenen Politik des Wiederaufbaus abschnürte. Eine Allparteienkoalition konnte noch am ehesten die Interessen der einheimischen Bevölkerung gegenüber der Besatzungsmacht verteidigen.

Schmid beobachtete aufmerksam die internationale Entwicklung, weil ihm schon seit einiger Zeit klar geworden war, daß die Zukunft Württemberg-Hohenzollerns von Vereinbarungen, die auf internationaler Ebene getroffen wurden, abhing. Anfang 1948 riet er im Parteivorstand davon ab, die Franzosen zu einem Anschluß an die Bizone zu drängen, den sie sich momentan noch teuer bezahlen ließen. Man müsse Frankreich zu verstehen geben, daß man nicht bereit sei, „jeden Preis für den Anschluß zu zahlen"[28]. Er war offensichtlich bestens über den Verlauf der Deutschlandbesprechungen der Dreimächte informiert. Die Franzosen versuchten sich für die Zustimmung zur Zonenfusion von den angelsächsischen Mächten Zugeständnisse zu erkaufen. Internationalisierung des Ruhrgebietes und Dezentralisierung des westdeutschen Staatsaufbaus waren der Preis, den die Franzosen für den Anschluß an die Bizone forderten[29]. Schmid, der die Dinge ziemlich schwarz sah, fürchtete, daß die an einer schnellen Weststaatsgründung interessierten Amerikaner den Forderungen der Franzosen nachgeben könnten. Clay, der die in Washington praktizierte Rücksichtnahme auf Frankreich ebenfalls nicht guthieß, ließ nichts unversucht, um dies zu verhindern[30].

Als man im Karneval 1948 landauf, landab „Wir sind die Eingeborenen von Trizonesien" trällerte, lebten die Einwohner der französischen Zone noch immer in äußerster Abgeschiedenheit von dem bizonalen Provisorium. Weiterhin brauchte man einen Passierschein, wollte man von Tübingen nach Stuttgart reisen. General Koenig warnte wiederholt die Ministerpräsidenten der französischen Zone vor den „Sirenenklängen" der Bizone. Der Apparat dort sei so kompliziert, daß sie froh sein könnten, nur mit einer Besatzungsmacht verhandeln zu müssen[31]. Die rechtlichen und ökonomischen Strukturen in den beiden Zonen unterschieden sich grundlegend. Der geschulte Jurist Schmid hatte schnell erkannt, daß ohne eine Rechtsangleichung eine Zonenverschmelzung nicht durchführbar war. Bereits im September 1947 hatte er in der Tübinger Staatskanzlei zwei Referate einrichten lassen, die sich mit dem Verhältnis der deutschen Stellen zu der Militärregierung des Landes und den staats- und völkerrechtlichen Problemen der Zonenangleichung und des Besatzungsstatutes beschäftigen sollten. Thierfelder und Schmoller wurden mit den Referaten betraut, aus denen das Tübinger Institut für Besatzungsfragen hervorgehen sollte[32].

Schmid, der durch seine allseitige Präsenz wohl einer der bestinformiertesten Politiker der damaligen Zeit war, betrachtete die Entwicklung nüchtern und realistisch. Interventionen deutscher Stellen bei der französischen Besatzungsmacht nutzten wenig. Nur die Integration Deutschlands in eine europäische Staatengemeinschaft und ökonomische Zwänge konnten Frankreich in der Frage Anschluß an die Bizone zum Einlenken bringen. Im Frühjahr 1948 erklärte er im Parteivorstand: „78 %

des Staatshaushaltes der Länder der französischen Zone sind Besatzungskosten. Allein dieser Umstand wird die Franzosen zum Anschluß an die Bizone bewegen."[33] Schmid war alles andere als ein weltfremder Schöngeist. Er unterschätzte die Bedeutung ökonomischer Entwicklungen nicht.

Die Einbeziehung der französischen Zone in die Marshallplanhilfe, der Frankreich im März 1948 trotz anfänglicher Vorbehalte zugestimmt hatte, mußte über kurz oder lang zur wirtschaftlichen Verschmelzung der Zonen führen. Schmid hatte das Europäische Wiederaufbauprogramm der Amerikaner mit lobenden Worten bedacht. Der Marshallplan sei eine „der größten Taten politischer Einsicht und das stärkste Zeichen helfender Solidarität", „das die neuere Geschichte kennt"[34]. Er sah in dem Plan einen Schrittmacher für die wirtschaftliche Einheit Deutschlands[35]. Als er dies Ende 1947 schrieb, mag er noch an ganz Deutschland gedacht haben. Nach der kommunistischen Machtergreifung in der Tschechoslowakei konnte nur noch die wirtschaftliche Einheit der Westzonen gemeint sein.

Den Marshallplan hatte auch Kurt Schumacher begrüßt, was ihn aber nicht davon abhielt, den westlichen Kapitalismus aufs Schärfste anzugreifen. Gegenüber dem Parteivorstand und der Wirtschaftsratsfraktion formulierte er einen Standpunkt, der vollkommen von dem Schmids abwich: „Frankfurt muß unter dem Gesichtspunkt des Anschlusses der französischen Zone betrachtet werden. Eine Koalition würde die SPD zum Komplizen des durch die kapitalistischen Kreise der CDU (Adenauer) vertretenen kooperierenden Dollargangster machen."[36] Mit Dollargangstern konnten eigentlich nur die USA gemeint sein.

Schmid ließ sich durch den Parteivorsitzenden nicht beirren. Allein die Amerikaner konnten die Franzosen zur Vernunft bringen. Das galt insbesondere für die Demontagefrage. Wie oft hatte er selbst in Verhandlungen mit der französischen Militärregierung auf die verheerenden wirtschaftlichen Folgen der französischen Besatzungs- und Demontagepolitik hingewiesen. Generaladministrator Laffon hatte jede Kritik entschieden zurückgewiesen[37]. Die französische Zone war von der Demontage ungleich härter betroffen als die Bizone. Die Demontageliste vom 30. Oktober 1947 hatte bei allen Parteien gleichermaßen Empörung hervorgerufen. Nach den dort vorgesehenen Demontagen hätte das Industrieniveau Württemberg-Hohenzollerns fast 40 % unter dem des Jahres 1936 gelegen[38]. Unter den politisch Verantwortlichen war man sich einig, daß öffentlich gegen die Demontageliste protestiert werden mußte. Die Militärregierung versuchte mit dem Argument, daß die Demontage zu den ihr vorbehaltenen Zuständigkeiten gehörte, eine Diskussion des für sie unangenehmen Themas abzublocken. Bock sollte eine von ihr zensierte Erklärung zur Demontage abgeben. Das Kabinett war in seiner Sitzung am 11. November einstimmig dagegen. Schmid riet Bock, eine Erklärung abzugeben, in der er den Standpunkt der Regierung in „völliger Offenheit" darlegen und dabei zum Ausdruck bringen solle, daß die Regierung sich alle weiteren Schritte vorbehalte. Es müsse der Besatzungsmacht klar gemacht werden, daß sie durch ihre Haltung die demokratische Staatsordnung unglaubwürdig mache[39]. Der konfliktscheue Lorenz Bock schreckte vor einem solchen Vorgehen zurück. Schmid mag im stillen bedauert haben, nicht mehr Regierungschef zu sein. Er hätte auch diesmal ein mutiges Wort, in der Hoffnung, daß es weit über die Zonengrenze hinaus gehört werde, gewagt.

Am gleichen Tag, an dem das Kabinett sich zu keiner konkreten Maßnahme entscheiden konnte, veröffentlichte er im „Schwäbischen Tagblatt" einen Artikel gegen die Demontage, den er bereits drei Tage vorher verfaßt hatte. Sachlich, ohne unnötige Schärfe legte er die Dinge dar, wie sie waren: „Das Ausmaß der nunmehr angeordneten Demontagen geht weit über alle Befürchtungen hinaus, zumal die Annahme begründet schien, daß der Beitrag unseres Landes zu den von ganz Deutschland geschuldeten Reparationen durch die im letzten und in diesem Jahr erfolgten Maschinenentnahmen weitgehend schon geleistet sei. Württemberg-Hohenzollern ist nunmehr weit schwerer betroffen als Württemberg-Baden (...). Wir hoffen, daß die französische Militärregierung dem Beispiel anderer Militärregierungen folgend, mit der Landesregierung verhandeln und wenigstens die unerträglichen Härten beseitigen wird."[40] Tags zuvor hatte er auf einer SPD-Versammlung in Mannheim die Arbeiter zur Demontageverweigerung aufgerufen und die Besatzungsmächte vor einem „Verelendungsnationalismus" gewarnt[41]. Das Ende Weimars mußte eine Mahnung sein – auch für die Alliierten, die nichts mehr fürchteten als ein Wiederaufleben des deutschen Nationalismus. Schon Ende Oktober war im Parteivorstand der SPD eine von ihm mitverfaßte Resolution gegen die Demontage verabschiedet worden, in der der Widersinn von Demontage und Marshallplanhilfe herausgestellt worden war. Deutschland werde „zum dauernden Kostgänger der Welt erniedrigt, weil ihm nicht die Kraft bleibt, sich selbst zu erhalten"[42]. Einer internationalen Öffentlichkeit sollte immer wieder vor Augen geführt werden, daß sie die Kosten der Demontage im Endeffekt selbst zu tragen hatte.

Die Franzosen blieben in der Demontagefrage zunächst hart und bestanden obendrein weiterhin auf die Abgabe einer frisierten Regierungserklärung. Trotz gegenteiligen Beschlusses des Kabinetts verlas Lorenz Bock die verlangte Erklärung im Landtag. Seine Kabinettskollegen, einschließlich Schmid, mißbilligten das Verhalten und sparten nicht mit Kritik am Staatspräsidenten[43]. Schmid warf Bock vor, die Gelegenheit nicht genutzt zu haben, um von den Franzosen das Zugeständnis zu erreichen,

Regierungserklärungen ohne vorherige Genehmigung der Militärregierung abgeben zu können. Man hätte aus der ganzen Angelegenheit einen Präzedenzfall machen sollen, um die weitreichende und engmaschige Kontrolle der Militärregierung einzuschränken[44]. Noch immer beanspruchte die Besatzungsmacht alle wichtigen Bereiche der Gesetzgebung, insbesondere das ganze Feld der Wirtschaftspolitik, für sich. Noch immer war die Diskussionsfreiheit des Landtags beschränkt. Die Tagesordnung bedurfte der Genehmigung durch die Militärregierung. Noch immer griff die Militärregierung in die Verwaltung durch eine Fülle von Einzelanweisungen ein.

Schmid ließ keine Gelegenheit aus, um auf die Unhaltbarkeit dieser Zustände hinzuweisen. Im April sprach er in Paris mit Pierre Schneiter, bei dem er viel Verständnis für seine Position fand[45]. Schneiter hatte schon im Januar General Koenig gemahnt, die Zuständigkeit der Militärregierung auf die Ausübung der Kontrolle zu beschränken[46]. Koenig war zu Zugeständnissen nur bereit, wenn die Deutschen auf die Zonenfusion verzichteten.

Als Schmid von seiner Parisreise zurückkehrte, war es in Württemberg-Hohenzollern zu einem Eklat gekommen. Im Bebenhausener Landtag hatte man sich zu einer Kraftprobe mit der Militärregierung entschlossen. Trotz Verbots war dort am 28. April eine Große Anfrage über die fortschreitende Abholzung der Wälder auf die Tagesordnung gesetzt worden. Nach Aufruf der Tagesordnung war die Behandlung der Anfrage auf den 29. April vertagt worden. Die französische Besatzungsmacht, die eine öffentliche Diskussion über die von ihr betriebene Abholzung der Wälder tunlichst vermeiden wollte, sah in dem Vorgehen des Landtags einen „Affront“[47]. In äußerster Erregung suchte Oberst de Mangoux am frühen Morgen des 29. April den gerade erst aus Paris zurückgekehrten Schmid auf und setzte ihn ins Bild über den Konflikt und die drohende Reaktion der Militärregierung. Falls der Landtag bei seinem Entschluß bleibe, müsse die Bevölkerung mit Verschlechterungen im Bereich der Wirtschaft und Ernährung rechnen. Er versprach, daß „binnen kurzer Zeit“ alle Einschränkungen der Diskussionsfreiheit aufgehoben würden. Bis dahin sollte der Landtag die Behandlung der Anfrage vertagen. Schmid hielt dies für einen noch tragbaren Kompromiß und plädierte trotz einiger Bedenken in der darauffolgenden Ältestenratssitzung für dessen Annahme[48]. Unterstützt wurde er von Lorenz Bock, dem Gouverneur Widmer ein ähnliches Vorgehen nahegelegt hatte. Die Fraktionsvorsitzenden wollten sich nicht länger mit „vagen Hoffnungen abspeisen“ lassen. Die Große Anfrage und der Bescheid der Militärregierung wurden verlesen. Nach Verabschiedung einer Resolution vertagte sich der Landtag auf unbestimmte Zeit[49].

Diesmal war Schmid nachgiebiger als die anderen gewesen. Er fürchtete offensichtlich eine momentane Verhärtung der französischen Deutschlandpolitik. In London tagte die Sechsmächtekonferenz, auf der die angelsächsischen Mächte mit Frankreich um eine Einigung über die Gründung eines westdeutschen Staates rangen. Vor dieser Kulisse wurde der regionale Konflikt zu einer internationalen Prestigefrage. Eine Demütigung durch den Bebenhausener Landtag konnte die französische Besatzungsmacht nicht einfach hinnehmen, wollte sie auf der Londoner Konferenz nicht ganz das Gesicht verlieren. Entsprechend heftig war die Reaktion von Widmer und de Mangoux, der bei einer noch am gleichen Abend stattfindenden Besprechung mit Bock und Schmid die Aktion des Landtages ein „vorbereitetes Manöver" nannte[50]. Schmid widersprach. Er riet den Franzosen, „nicht den starken Mann zu spielen und keine Maßnahmen spektakulärer Art im Hinblick auf das Prestige der Besatzungsmacht zu ergreifen"[51]. Eine Lösung des Konflikts war nur möglich, wenn die Prestigefrage aus dem Spiel blieb. Schmid wuchs die Rolle des Krisenmanagers zu. Während Bock der Angelegenheit völlig ratlos gegenüberstand, bemühte er sich um einen für alle Seiten akzeptablen Kompromiß. Er schlug vor, die Franzosen sollten die Sache vorläufig auf sich beruhen lassen und nach einiger Zeit dem Landtag entgegenkommen. Oberst de Mangoux fand diesen Vorschlag „vernünftig"[52]. Auch das Kabinett, das einen Tag später zusammentrat, unterstützte Schmids Schlichtungsvorschlag. Mit Zustimmung des Kabinetts ließ er eine Note ausarbeiten, in der der Militärregierung mitgeteilt wurde, daß ohne eine Übertragung erweiterter Zuständigkeiten an deutsche Stellen der Konflikt nicht endgültig beigelegt werden könne. Als der Bebenhausener Landtag am 11. Juni wieder zusammentrat, waren der Diskussionsfreiheit keine Schranken mehr gesetzt.

Im Juli, nachdem auf der Londoner Konferenz bereits der Beschluß zur Gründung eines Weststaates gefaßt worden war, war die Militärregierung endlich bereit, die Befugnisse deutscher Stellen zu erweitern und die eigenen Kontrollrechte einzuschränken[53]. Mehr als einen Anfang wollte Schmid in dieser Revision des Besatzungsrechts nicht sehen. Die Trizone, schrieb er in einem Artikel für das „Schwäbische Tagblatt", sei damit noch nicht geschaffen. Aber die „administrative Isolierung", in der sich die französische Zone befunden habe, sei ein stückweit aufgehoben worden[54]. Die Franzosen sollten nicht glauben, daß die Revision des Besatzungsrechts die Zonenfusion überflüssig gemacht habe.

In der Demontagefrage blieben sie weiterhin unnachgiebig. General Koenig erklärte allen Ernstes, daß die Demontage die Garantie für die Anwendung des Marshallplanes sei[55]. Wie sollte man auf deutscher Seite auf das hartnäckige Festhalten der Franzosen an ihrem Demontageplan reagieren? Kaum war ein Konflikt beendet, brach schon der neue aus. Allein schon die Stimmung in der Bevölkerung ließ eine Hinnahme der

Demontage nicht zu. „Die Betroffenen werden Steine auf uns werfen", konstatierte Schmid in einer Besprechung der Regierungsmitglieder mit Vertretern der Verbände am 29. Juli, zwei Tage vor Bekanntgabe der offiziellen Demontageliste[56]. Er glaubte, daß nur noch die Zuflucht zu radikalen Mitteln helfe. Wenn die Liste, wie nicht anders zu erwarten, schlecht ausfalle, müsse man bis zum äußersten gehen: „Gehorsamsverweigerung in 1. und 2. Garnitur. Wenn keine völlig geschlossene Front besteht, dann ist auch dieses Mittel sehr bald aufgebraucht, auch die Arbeiterschaft muß mitgehen, Betriebe besetzen, DPs hinauswerfen. Wenn wir uns zum Widerstand entschließen, dann aktiver Widerstand mit allen Konsequenzen für Person und Zukunft."[57] Mit „starken Worten" gegenüber der Besatzungsmacht sei es nicht getan. Schmid hatte seinen Machiavelli gelesen. Mit halbherzigen Aktionen verschlimmerte man die Situation nur. Schmid stand das Ende von Weimar wie ein Trauma vor Augen, so daß er ganz gegen seine sonstige Überzeugung einem politischen Existentialismus das Wort redete. Die übrigen Beteiligten waren über die Radikalität des sonst doch eher auf Konsens bedachten stellvertretenden Staatspräsidenten erschrocken und rieten zu mehr Mäßigung. Die Vertreter der Gewerkschaften gaben offen zu, daß ein längerer Generalstreik nicht durchzuhalten war[58]. Einig war man sich lediglich darüber, daß das Problem Demontage nicht auf dem Weg diplomatischen Verhandelns gelöst werden könne.

In einer außerordentlichen Sitzung am 2. August erwog das Kabinett den Rücktritt der Regierung. Man setzte den Beschluß aus, weil weder Bock noch Schmid, der auf einer Parteivorstandssitzung in Hannover für sein Provisoriumskonzept stritt, anwesend waren. Gouverneur Widmer irrte sich, als er Koenig schrieb, die Reaktion des Kabinetts auf die Demontage sei nur wegen der Abwesenheit Bocks und Schmids so radikal ausgefallen, wodurch „unerbittliche Elemente" wie Renner die Oberhand gewonnen hätten[59]. Schmid stimmte in der Kabinettssitzung am 4. August dem Regierungsrücktritt zu. Die Demontage müsse im Gesamtzusammenhang mit der Besatzungspolitik gesehen werden. Die Regierung könne die Verantwortung nicht mehr länger tragen[60].

Die Kabinettssitzung war überschattet durch den plötzlichen Tod Lorenz Bocks. Schmid mußte in einer Situation äußerster politischer Zuspitzung die Regierungsgeschäfte übernehmen. Krisensituationen schreckten den unkonventionellen stellvertretenden Staatspräsidenten nicht. Ihm lag viel mehr die Bewältigung von Krisensituationen als die Erledigung politischer Routinegeschäfte. Am Nachmittag des 6. August erklärte Schmid im Landtag den Rücktritt der Regierung. In der Rücktrittserklärung führte er aus, daß die Regierung sich einer „Verfassungsverletzung" schuldig machen würde, wenn sie an Maßnahmen mitwirke, „die den Lebensstandard unseres Volkes zwangsläufig unter jedes erträgliche Maß herabdrükken müssen und deren Folgen auf lange Jahre nicht wiedergutzumachen sind.“[61]

Auf der Landesvorstandssitzung der SPD gab er bekannt, was das eigentliche Ziel dieser spektakulären Aktion war: „Die Beteiligten waren sich klar darüber, daß dieser Schritt auf örtlicher Stufe keinerlei Auswirkungen haben würde, sondern hofften lediglich, daß dieser Akt auf der Weltstufe (...) das Problem der Demontage überhaupt wieder in die Diskussion bringen würde. Das ist auch der Fall. Die Weltzeitungen haben viel mehr darüber geschrieben als die deutschen.“ Man habe erkannt, daß durch die Demontagebefehle „die ganze Bevölkerung ihre nackte Existenz verliere. Zwar könne man noch nicht sagen, was daraus würde, aber es bestehe gewisse Aussicht, daß die Beurteilung des Problems unter diesem Gesichtspunkt von diesen Leuten auf internationaler Ebene Eingriffe in die Demontageliste zur Folge hat.“[62] Schmid war kein schwäbischer Provinzpolitiker. Er wußte, wo die politischen Entscheidungen getroffen wurden.

Die französische Militärregierung war selbstverständlich äußerst erbost über diesen Schritt und versuchte zurückzuschlagen. Den Regierungsmitgliedern wurde die Teilnahme an den Verfassungsberatungen der Ministerpräsidenten und den Besprechungen über die Bildung des Südweststaates untersagt. Schmid teilte umgehend mit, daß bis zur Wahl des neuen Staatspräsidenten am 13. August keine überzonalen politischen Konferenzen geplant seien. Die Teilnahme an technischen Konferenzen – er dachte an den für 10. August einberufenen Verfassungskonvent auf Herrenchiemsee, an dem er teilnehmen wollte – könne die Militärregierung nicht verbieten[63]. Im Grunde gab er in höflicher Form der Militärregierung zu verstehen, daß ihre Drohung eine leere Drohung war. Nachdem auf internationaler Ebene die Entscheidung für die Gründung eines westdeutschen Staates gefallen war, konnten die Vertreter Württemberg-Hohenzollerns nicht von den Verfassungsberatungen ausgeschlossen werden.

Am 13. August wurde Gebhard Müller zum Staatspräsidenten gewählt. Müller rechnete es sich später als großes Verdienst an, daß er im Gegensatz zu seinen beiden Amtsvorgängern Schmid und Bock den Kampf gegen die Besatzungsmacht in der Demontagefrage mit durchschlagendem Erfolg geführt habe[64]. Da schrieb der sonst so bescheidene Schwabe seiner Hartnäckigkeit etwas zugute, was viel mehr das Ergebnis der internationalen Entwicklung und des Wandels der französischen Deutschlandpolitik war. Nachdem Müllers erste Unterredung als Staatspräsident mit Gouverneur Widmer vollständig gescheitert war[65], riet Schmid, die ganze Demontagefrage vor die internationale Öffentlichkeit zu bringen. Ein Appell an den US-Kongreß sei das richtige, denn die USA bezahlten im Endeffekt die ganze Demontage mit dem Marshallplan selbst. Man müsse deutlich machen, daß es sich bei der Demontage um eine „Ausplünderung“ und nicht um „Reparationsleistungen“ handle[66]. Die nationale Aufheizung des Themas Reparationen in der Weimarer Republik war für Schmid lebendige Erfahrung, die wie ein Schreckgespenst vor seinen Augen stand. Die demokratischen Politiker mußten sich diesmal von Anfang an gegen untragbare Zumutungen der Siegermächte wehren und durften nicht wieder das Feld den Rechten überlassen. Auf der Rüdesheimer Ministerpräsidentenkonferenz Ende August vereinbarten die Regierungschefs der Länder, in der Demontagefrage zu intervenieren. Schmid verfaßte eine Demontage-Denkschrift, die als Eingabe der 11 Ministerpräsidenten Ende Oktober den alliierten Verbindungsoffizieren in Frankfurt überreicht wurde[67]. Der französische Verbindungsoffizier Laloy nahm die Denkschrift mit „deutlich erkennbarer Ablehnung“ in Empfang[68]. Auch Gebhard Müller war nicht untätig. Er folgte der Strategie, die sein früherer Chef vorgeschlagen hatte. Unterstützt von Gustav von Schmoller und Theodor Eschenburg startete er im In- und Ausland eine umfassende Aufklärungsaktion über den Rücktritt der Landesregierung und die verheerenden Folgen der Demontage für Württemberg-Hohenzollern[69].

Mit Carlo Schmid war sich Gebhard Müller einig, daß dem Drängen der Militärregierung, eine neue Landesregierung zu bilden, nicht nachgegeben werden durfte, bevor nicht die Demontagefrage gelöst war[70]. Schmid, um Notlösungen nie verlegen, hatte sich auch einen verfassungsrechtlich vertretbaren Modus vivendi für die Fortführung der Regierungsgeschäfte überlegt. Der Staatspräsident sollte den Vorsitz in der zurückgetretenen Regierung übernehmen und diese betrachten, als ob sie die seine sei[71]. Ab Herbst wurde Schmid von der Arbeit des Parlamentarischen Rates in Bonn völlig in Anspruch genommen und konnte sich nicht mehr um die Regierungsgeschäfte in Württemberg-Hohenzollern kümmern. Ministerialrat Möbus mußte das verwaiste Justizressort leiten. Auf der Washingtoner Außenministerkonferenz Anfang April 1949 einigten sich die drei Westalliierten auf eine revidierte Demontageliste, die am 21. April der Tübinger Regierung übermittelt wurde. Am 24. Juni 1949 stellte Gebhard Müller sein neues Kabinett vor, in dem auch Carlo Schmid wieder als Justizminister vertreten war. Mit einem Fuß wollte er weiter in seinem Stammland Württemberg-Hohenzollern bleiben. Man konnte ja nicht wissen, was kam.

Im Frühjahr 1949 konnten die Franzosen ihre Zustimmung zur Zonenfusion nicht mehr länger hinauszögern. Realität wurde die Trizone erst mit der Gründung der Bundesrepublik. Trizonesien war eine Erfindung des Karnevals. Carlo Schmid hatte die Zusammenhänge zwischen internationaler Politik und Landespolitik früh erkannt. Der Visionär war ein Realist, der die Entwicklung des internationalen Koordinatensystems aufs genaueste beobachtete. Alle Koordinaten wiesen in Richtung Europa. Auch Schmid meinte, daß die politischen Weichen in diese Richtung gestellt werden müßten.

Europa und die deutsche Einheit

Carlo Schmid entdeckte Europa nicht erst nach 1945. Schon Ende der zwanziger Jahre hatte er ein europäisches System kollektiver Sicherheit befürwortet, in den 30er Jahren hatte er nach den geistigen Grundlagen für ein geeintes Europa gesucht. Dante, der Ahnherr des Neuen Reichs, war auch ein Prophet europäischer Einheit. Das NS-Regime hatte die Europa-Idee diskreditiert, zugleich aber bei seinen Gegnern, allen voran den Mitgliedern des Kreisauer Kreises, die Erkenntnis wachsen lassen, daß im Nachkriegseuropa das Nationalstaatsprinzip überwunden werden müsse. Die Übertragung nationaler Souveränitätsrechte an eine europäische Gemeinschaft galt als beste Gewähr dafür, daß Europa nicht noch einmal zum Schauplatz eines Kriegs wird[1].

Daß der Weg nach Europa die Aussöhnung der ehemaligen Erbfeinde Frankreich und Deutschland voraussetzte, stand für Schmid schon seit den frühen 40er Jahren außer Zweifel. Schon in Lille hatte er mit französischen Freunden die Möglichkeit einer deutsch-französischen Verständigung erörtert. Nach 1945 überwogen in Frankreich die Befürworter einer Zerstückelung Deutschlands gegenüber denen, die versöhnungsbereit erklärten, eine Integration Deutschlands in eine europäische Gemeinschaft sei die beste Sicherheitsvorkehrung gegen eine erneute deutsche Aggression. Zu den letzteren zählten u. a. der französische Sozialistenführer Léon Blum und Salomon Grumbach, der schon vor 1933 ein Propagandist deutsch-französischer Freundschaft war. Blum und Grumbach hatten bereits 1946 Tübingen besucht. Grumbach nahm 1947 am Nürnberger Parteitag der SPD teil, wo Schmid ein langes Gespräch mit ihm führte[2]. Mit Blum und Grumbach verstand sich Schmid auf Anhieb, obwohl beide keinen Zweifel darüber ließen, daß Europa nur Realität werden konnte, wenn Deutschland zu Vorleistungen bereit war[3].

Keine deutsch-französische Verständigung war möglich ohne eine Verständigung über das Ruhrgebiet. Für die Franzosen war die Ruhrindustrie ein Symbol wirtschaftlicher Macht und eine Brutstätte des Nationalsozialismus[4]. Selbst die Franzosen, die die Hand zur Versöhnung reichten, waren unter keinen Umständen bereit, von ihrer Forderung nach einer internationalen Kontrolle des Ruhrgebietes abzurücken. Carlo Schmid kannte die französische Mentalität, er konnte die kollektiven Ängste und Vorurteile nachempfinden. Aber ihm stand auch wie jedem Angehörigen seiner Generation das Schreckgespenst des Versailler Vertrages vor Augen.

Die internationale Kontrolle der Erzeugung und Verteilung der Ruhrindustrie durfte, so faßte er 1947 seine Überlegungen zusammen, nur eine „Vorleistung", kein „Selbstzweck" sein. Im Ruhrgebiet könne ein „Modell demokratischer kooperativer Kontrolle (...) wirtschaftlicher Schlüsselpositionen und territorialer Rohstoffmonopole" geschaffen werden, das dann aber auf europäische Ebene übertragen werden müsse[5]. Schmid gehörte zu den ersten, die eine Montanunion befürworteten.

Eine Internationalisierung des Ruhrgebietes, von der in der offiziellen französischen Propaganda viel die Rede war, lehnte er auf das entschiedendste ab. Zu einer solchen „Verstümmelung Deutschlands" könne kein Deutscher „seine Zustimmung" geben, denn sie würde mit Sicherheit eine nationalistische Reaktion hervorrufen[6]. Die Sozialisierung der Schwerindustrie des Ruhrgebietes, die sich die SPD zur Aufgabe mache, sei das beste Mittel zur Friedenssicherung. Unter internationaler Kontrolle wollte Schmid keine einseitige internationale Kontrolle verstanden wissen. Deutschland müsse gleichberechtigt an der Kontrolle beteiligt werden[7].

Schmid war überzeugt, daß man ohne einen wirtschaftlichen Zusammenschluß der europäischen Staaten zu keinem vereinigten Europa kommen werde. Man brauche „kein Marxist zu sein, um zu wissen, daß politische Konstruktionen eines adäquaten ökonomischen Unterbaues bedürfen, um haltbar zu sein"[8]. Die Zeitgeschichte bot Beispiele genug. Er schrieb dies als Replik auf einen Beitrag des Mitbegründers des Royal Institute of International Affairs und Moltke-Freundes Lionel Curtis, der ein kollektives Sicherheitssystem als Schrittmacher zu einem vereinten Europa vorgeschlagen hatte[9]. Schmid mochte nach dem, was er in den 20er und 30er hautnah miterlebt hatte, daran nicht mehr glauben. Die wirtschaftliche Verflechtung schien ihm der stärkste Motor auf dem Weg nach Europa, gerade auch im Hinblick auf eine gedeihliche Zusammenarbeit zwischen Deutschen und Franzosen. In diesem Punkt wußte er sich mit Adenauer einig.

Von Europa sprach damals fast jeder. Die Intellektuellen hatten das Thema Europa zu dem ihren gemacht, aber nur selten praktische Pläne zur Umsetzung ihrer Europa-Ideen entwickelt. In der SPD hoffte man auf ein sozialistisches Europa als dritter Kraft, das die feindlichen Blöcke auseinanderhielt[10]. Richard Löwenthals Ende 1946 veröffentlichte Studie „Jenseits des Kapitalismus", in der die Zukunftsvision eines freiheitlichen und sozialistischen Europa unter Führung der britischen Labour-Party als dritter Block zwischen den feindlichen Giganten USA und UdSSR entwikkelt wurde[11], bestärkte die Sozialdemokraten in ihrer Erwartung, daß es eine realistische sozialistische Alternative zu einer Politik des Kalten Kriegs gebe. Carlo Schmid schätzte Löwenthals Buch, nicht minder den Verfasser, der bald zu einem seiner „liebsten Freunde" wurde[12]. Nach Löwenthals Rückkehr aus dem englischen Exil im Jahre 1948 war Schmid häufig bei ihm und Karl Anders zu Gast, stellte mit ihnen zusammen scharfsinnige politische Analysen an und plünderte nicht selten den Kühlschrank seiner Gastgeber[13].

Auch in Schmids Europakonzept war Europa die Rolle einer dritten Kraft zwischen den Blöcken zugedacht, doch er setzte nicht wie Löwenthal in seinem Buch alle Hoffnung auf eine europäische Initiative der Labour-Party. Schmid hoffte auf ein sozialistisches Europa, aber er hatte doch beträchtliche Zweifel, daß es sich verwirklichen lasse. Nach seinem Zukunftsentwurf konnte Europa nur dann zu einem dritten Partner werden, wenn die europäischen Staaten sich dazu entschließen konnten, auf ihre Souveränität zugunsten einer überstaatlichen Gemeinschaft zu verzichten. Die auswärtigen Beziehungen, die Landesverteidigung, der Großverkehr, die Steuerung der Energieversorgung, die Wirtschaftsplanung und die Lenkung der Schlüsselindustrien sollten einem europäischen Bundesstaat übertragen werden[14]. Schmid war Realist genug, um sich darüber im klaren zu sein, daß ein europäischer Bundesstaat sich nicht von heute auf morgen verwirklichen lasse. Man müsse stufenweise vorgehen, zunächst Regionalpakte schließen oder Verflechtungen in Teilsektoren herstellen.

Schmid schwankte zwischen aktivem Europaengagement, dem Plädoyer für die Schaffung eines Montanpaktes und der resignativen Feststellung, daß es am besten sei, Deutschland bleibe vorläufig außenpolitisch „inaktiv“. In den meisten seiner Aufsätze sprach er sich aus Furcht, es könnte zu einer Neuauflage des Versailler Vertrags kommen, für die letztere Möglichkeit aus. Jedes Einverständnis mit einer aktiven außenpolitischen Rolle Deutschlands müßte „mit einem Preis bezahlt werden, der eine verhängnisvolle Hypothek auf die Zukunft darstellen könnte, denn die Besatzungsmächte würden beim heutigen Stande ihres politischen Denkens eine außenpolitische Aktivierung Deutschlands nur unter Bedingungen in Kauf nehmen, die eine dauernde Lähmung des deutschen wirtschaftlichen und politischen Potentials bedeuten würden“[15]. Eines war sicher: Die Zeit würde für Deutschland arbeiten, genauer gesagt für Westdeutschland, denn die Chancen für eine Überwindung der deutschen Teilung nahmen von Tag zu Tag ab. Bereits im Frühjahr 1947 stellte Schmid betroffen fest, daß es voraussichtlich in absehbarer Zeit zu keiner Einigung über die deutsche Einheit kommen werde. Es müsse aber alles getan werden, um die sowjetisch besetzte Zone zurückzugewinnen[16]. Ein Konzept, auf welche Weise das geschehen könnte, hatte er nicht. Er plädierte für ein Europa der dritten Kraft und war zugleich ein engagierter Verfechter eines westeuropäischen Bundesstaates. Mit dem Dritte-Kraft-Konzept verband sich vorerst kaum mehr als die vage Hoffnung, daß die Sowjetunion irgendwann einmal unter dem Druck des Westens an dem Faustpfand Osteuropa und Mitteldeutschland das Interesse verlieren könnte[17]. Es war ein Utopie, an der Schmid festhielt, weil er sich mit der grausamen Realität der Teilung Europas und Deutschlands nicht abfinden wollte und konnte. So erklärte er mit dem ihm eigenen Pathos, daß ein freiheitliches Europa als dritter Partner allein die Welt davor „bewahren" könne, „in einem tragischen Entweder-Oder zwischen Ost und West in Stücke gerissen zu werden"[18].

Schmid riet Deutschland zu außenpolitischer Inaktivität, war aber selbst wie kein anderer Politiker außenpolitisch aktiv. Er gehörte zu den ersten, die sich in der entstehenden Europabewegung engagierten. Die deutsche Europabewegung steckte zwei Jahre nach dem Zusammenbruch Deutschlands noch in den Kinderschuhen. Im Sommer 1947 bereiste der Deutschlandbeauftragte der UEF Ernst von Schenck die Westzonen, um Mitarbeiter für die Europabewegung zu gewinnen[19]. Die UEF, ein Zusammenschluß der europäischen Föderalistenverbände, vertrat wie Carlo Schmid ein Konzept Europas als dritter Kraft. Ihr im Sommer 1947 verabschiedetes Programm lautete: „Wenn auch eine europäische Föderation anfänglich nur einen Teil der Staaten Europas umfassen kann, so wird doch die U.E.F. die Teilung Europas in zwei feindliche Blöcke niemals als eine Tatsache hinnehmen. Der Umstand, daß die Arbeit der Sammlung in Westeuropa begonnen wird, bedeutet für die Länder des Westens, daß sie der Gefahr entgehen, Gegenstand einer Machtpolitik zu werden, daß Europa, wenigstens zum Teil, seine legitime Unabhängigkeit wieder gewinnt (...)"[20].

Mit diesem Programm konnte sich Schmid vorbehaltlos einverstanden erklären. Er sagte Schenck seine Mitarbeit zu. Zu dem Kongreß der UEF in Montreux im August 1947 konnte er nicht kommen, weil die französische Militärregierung ihm die Ausreise verweigerte. Auch auf der ersten großen Kundgebung der Europäischen Bewegung, die im Mai 1948 in Den Haag stattfand, fehlte Schmid. Er hatte sich einem Beschluß des SPD-Vorstandes gebeugt. Der Haager Kongreß ging auf eine Initiative des Schwiegersohnes Churchills Duncan Sandys zurück, der eine stark antisowjetisch ausgerichtete Europabewegung ins Leben gerufen hatte, die sich mit dem Gedanken eines sozialistischen Europa zwischen den Blöcken nur schwer in Einklang bringen ließ. Die Labour-Party und die französischen Sozialisten lehnten die Teilnahme an dem „Churchill-Unternehmen" ab, worauf die Parteizentrale in Hannover die Direktive ausgab, daß auch die deutschen Sozialdemokraten dem Kongreß fernzubleiben hatten[21]. Schmid hielt diese Abstinenz für einen großen Fehler. Wenn die Partei ein Wort in der internationalen Politik mitreden wollte, mußte sie ihre Berührungsängste gegenüber konservativen Gruppen abbauen[22]. Anfang April mahnte er im Parteivorstand mit beschwörenden Worten, daß die SPD sich die „Idee der Vereinigten Staaten von Europa zu eigen" machen müsse[23]. Sein wortreiches Bemühen um eine Änderung des Parteibeschlusses war vergeblich. Ollenhauer empfahl oder besser befahl die Nichtbeteiligung am Haager Kongreß, und Carlo Schmid war nicht der Mann, der sich über einen Parteivorstandsbeschluß hinweggesetzt hätte. In seinem Absageschreiben an die UEF nannte er nicht den wahren Grund für sein Fehlen. Er schob vor, wegen der aus „überwiegend politischen Gründen notwendig gewordenen Übernahme" eines Referates auf dem Berliner SPD-Bezirksparteitag leider nicht kommen zu können. An der Arbeitstagung der europäischen Föderalisten in Bad Homburg, die im Anschluß an den Haager Kongreß stattfinden sollte, wollte er auf jeden Fall teilnehmen[24].

Schmid sollte mit seiner Warnung, daß die SPD sich durch eine Nichtbeteiligung an der Haager Konferenz aus der Europabewegung selbst ausschalte, recht behalten. Der Haager Kongreß, an dem über 700 Politiker und Repräsentanten des öffentlichen Lebens teilnahmen, wurde zu einer spektakulären Demonstration des Europäischen Einigungswillens und zu einem Triumph der Konservativen, die der Europabewegung ihren Stempel aufdrücken konnten. Adenauer gelang es, sich als Europäer zu profilieren und die CDU zur Europapartei zu stilisieren[25].

An der vom 20.–24. Mai nach Bad Homburg einberufenen Arbeitstagung der UEF nahm Schmid, wie angekündigt, teil. Er hielt das Eingangsreferat, in dem er konkrete Überlegungen zum Aufbau eines europäischen Bundesstaates und zur Rolle Westdeutschlands im europäischen Einigungsprozeß anstellte. Zunächst unterstrich er noch einmal seine schon früher geäußerte Auffassung, daß die drei Westzonen vorerst nicht in den europäischen Föderationsprozeß miteinbezogen werden sollten. Eine spätere Eingliederung der drei westlichen Zonen in die europäische Gemeinschaft schloß er aber nicht aus. Sie dürfe nur, wie er bewußt vage formulierte, nicht „zum falschen Zeitpunkt" erfolgen[26]. Wirtschaftliche, soziale und kulturelle Verbindungen der drei Westzonen mit den europäischen Staaten, soweit sie unterhalb der Ebene staats- und verfassungsrechtlicher Zusammenschlüsse blieben, begrüßte er ausdrücklich als einen konstruktiven Beitrag zu einer europäischen Friedenspolitik[27]. Mit anderen Worten: Der westliche Teil Deutschlands konnte sich an allen europäischen Zusammenschlüssen beteiligen, durch die nicht die deutsche Teilung völkerrechtlich fixiert wurde. Einer westdeutschen Beteiligung an einer Montanunion stand nichts im Wege. Einer Integration des halben Deutschland in einen europäischen Bundesstaat dagegen sollten die Deutschen zunächst nicht ihre Zustimmung geben, weil damit die Teilung Deutschlands zementiert wurde. Carlo Schmid konnte sich in Bad Homburg mit dem von ihm entwickelten Konzept durchsetzen. Ein Antrag des rheinland-pfälzischen Ministers Adolf Süsterhenn auf eine sofortige Eingliederung Westdeutschlands in einen westeuropäischen Bundesstaat wurde abgelehnt[28].

Die Homburger Tagung hatte in der Öffentlichkeit freilich weit weniger Resonanz gefunden als die Haager Konferenz, über deren Verlauf auch Ernst von Schenck nicht glücklich gewesen war. Er bedankte sich noch einmal brieflich bei Carlo Schmid für dessen Teilnahme an der Homburger Tagung: „Jedenfalls ist für mich das Entscheidende, daß diese Tagung – nicht zuletzt durch Ihre Teilnahme – nicht nur de facto, sondern auch in ihrer Wirkung nach außen hin deutlich genug kein reaktionäres Gepräge trug und trägt." Die Konferenz sei ein erster Gegenschlag gegen die auch in Den Haag sichtbar gewodene Tendenz gewesen, Europa zu einem Anliegen der Konservativen zu machen[29]. Schmid pflichtete Schenck bei. Er hoffte, daß die Homburger Tagung zum Anfang einer aktiven Beteiligung der SPD in der Europabewegung werde, und regte an, daß man sich bald wieder einmal „auf breiter Grundlage" treffe[30]. Nachdem die Barrieren gefallen waren, schlossen sich auch zahlreiche Sozialdemokraten der europäischen Bewegung an. Carlo Schmid wurde im Sommer 1948 in die politische Kommission der Europa-Union berufen, zu der sich die deutschen Europaverbände im Februar 1948 zusammengeschlossen hatten[31]. Seit 1947 beteiligte er sich, wann immer er Zeit fand, an den Gesprächen der Europäischen Akademie Schlüchtern. An ihm lag es nicht, daß der SPD bald Europafeindlichkeit nachgesagt wurde.

Kurt Schumacher galt als Gegner der europäischen Einheit, als unverbesserlicher Nationalist. Der Parteivorsitzende der SPD verbarg sein Mißtrauen gegen die Europa-Union nicht. Er wollte sich den Verdacht nicht ausreden lassen, daß die Europabewegung eine „Europa-A.G.", ein klerikal kapitalistisches Europa anstrebe[32]. Zwar gab auch Schumacher wiederholt ein Bekenntnis für ein vereinigtes Europa ab, aber für ihn kam nur die gleichberechtigte Integration Deutschlands in eine sozialistische europäische Gemeinschaft in Frage. Der europäische Kontinent konnte seiner Ansicht nach „als ökonomisches Ganzes bloß in der Form eines demokratisch kontrollierten Sozialismus existieren"[33]. Sein schneidender Tonfall, in dem er die Gleichberechtigung Deutschlands forderte, erweckte im Ausland den Eindruck, daß es sich bei ihm um einen linken Nationalisten handle. So konnte es nicht ausbleiben, daß man der SPD bald zu Unrecht unterstellte, sie sei antieuropäisch gesinnt.

Als der französische Außenminister Robert Schuman im Herbst 1948 Deutschland besuchte, überging er die Sozialdemokraten geflissentlich. Er führte ein langes Gespräch mit dem Vorsitzenden der CDU der britischen Zone Konrad Adenauer, suchte aber nicht die Aussprache mit einem Repräsentanten der SPD. Als man ihm deshalb Vorhaltungen machte, versicherte er, bei seinem nächsten Deutschlandbesuch Carlo Schmid aufzusuchen, um sich mit ihm über Fragen der Deutschland- und Europapolitik zu unterhalten[34]. Schmid hielt man für einen überzeugten Europäer, die SPD stand im Rufe, im nationalen Fahrwasser zu schwimmen. Hier begann schon die für Schmid verhängnisvolle Trennung zwischen ihm und seiner Partei, die ihn dazu nötigte, sich der offiziellen Parteilinie mehr anzupassen als für seine Profilierung als Politiker gut war. Ihm konnte, solange die SPD fest in der Hand Schumachers war, nicht daran gelegen sein, daß im Ausland ein Gegensatz zwischen ihm und dem SPD-Parteivorsitzenden aufgebaut wurde, durch den das ohnehin gespannte Verhältnis einer Zerreißprobe ausgesetzt worden wäre. So versuchte er die undankbare Rolle des Mittlers zu spielen.

Wenn die SPD die Aussöhnung mit Frankreich auf ihre Fahnen schreiben wollte, durften sich die Franzosen und Schumacher, der in der französischen Zone lange Zeit Sprechverbot hatte, nicht länger spinnefeind gegenüberstehen. Anfang 1948 konnte Schmid Schumacher hocherfreut mitteilen, daß eine „hohe französische Persönlichkeit" sich am 14. Februar mit dem SPD- Parteivorsitzenden in Tübingen treffen wolle. Schmids Brief war sichtlich diktiert von der Furcht, Schumacher könne das Gesprächsangebot ausschlagen. Er berichtete von einer Unterredung, die er mit Deutschlandminister Schneiter anläßlich dessen Besuchstournee durch die französisch besetzte Zone geführt hatte, bei der man hinsichtlich der Deutschlandpolitik zu einer weitgehenden Übereinstimmung der Standpunkte gekommen sei. Schneiter habe den Deutschen das Recht zugestanden, „sich die Verfassung zu geben, die sie wünschten". Im übrigen sei Schneiter davon überzeugt, daß alles, was man in der französischen Presse über den Nationalismus des SPD-Parteivorsitzenden lese, „Unsinn" sei. Schneiter habe ihn gebeten, Begegnungen zwischen französischen Parlamentariern und „bedeutsamen politischen Persönlichkeiten Deutschlands" zu vermitteln[35]. Nachdem Schmid alle Register der Überredungskunst gezogen hatte, willigte Schumacher in die Unterredung ein.

Am 14. Februar, morgens acht Uhr holte Schmid Schumacher in der Parteizentrale in Hannover ab und brachte ihn nach Tübingen, wo ihn Jean Laloy, der später als französischer Verbindungsoffizier die Arbeit des Parlamentarischen Rates begleitete und überwachte, erwartete. Die Unterredung dauerte sechs Stunden. Schmid dolmetschte[36]. Das gab ihm Gelegenheit, scharfe Formulierungen durch versöhnlich klingendere zu ersetzen. Trotzdem endete das Gespräch im Dissens. In den beiden Hauptstreitpunkten föderalistische Ordnung Deutschlands und Internationalisierung der Ruhrindustrie war keiner der Gesprächspartner bereit, dem anderen einen Schritt entgegenzukommen, obwohl sich beide um Verständnis bemühten. Kurt Schumacher machte seinem Gegenüber unmißverständlich klar, daß der Marshallplan seiner Ansicht nach eine Föderalisierung Deutschlands ausschließe und die Ruhrindustrie Eigentum des deutschen Volkes bleiben müsse. Laloy war trotzdem nicht völlig unzufrieden über den Gesprächsverlauf[37]. Offensichtlich hatte er sich Schumacher schlimmer vorgestellt, als er war. Schumacher dagegen betonte im Parteivorstand, daß das Gespräch negativ verlaufen sei[38].

Schmids Hoffnung, das Gespräch werde die Franzosen und den SPD-Parteivorsitzenden einander näher bringen, war zerronnen. Schmid hatte durchaus Verständnis für Schumachers politische Position, die in der Sache oft gar nicht so sehr weit von der seinen abwich. Die beiden Kriegsfreiwilligen des Jahres 1914 waren fast gleichalt. Beide litten unter dem Trauma des Versailler Vertrags und der Denunziation demokratischer Politiker als „Erfüllungspolitiker". Beide fürchteten, daß die Diskriminierung Deutschlands zu einem Wiederaufleben der nationalen Rechten führen werde. Auch Schmid warnte bei jeder passenden Gelegenheit davor, daß eine differentielle Behandlung des deutschen Volkes einen „Kettenhund-Nationalismus" heraufbeschwöre[39]. Auch er vertrat die Auffassung, daß die Deutschen keinen Vertrag unterzeichnen durften, in den die „Drachensaat des Revisionismus" eingepflanzt war[40]. Er war es, der sich im Parteivorstand darüber empörte, daß die sozialdemokratische Partei des Saargebietes der Präambel der Ende 1947 verabschiedeten Saarverfassung zugestimmt hatte, in der der wirtschaftliche Anschluß des Saarlands an Frankreich und die politische Unabhängigkeit des Saarlands vom Deutschen Reich erklärt worden war[41]. In einer Resolution, die er zusammen mit dem aus dem Saarland ausgewiesenen früheren Reichstagsabgeordneten Ernst Roth verfaßte, wurde die Saarverfassung als ein „Hohn auf alle Demokratie" bezeichnet und die Zugehörigkeit des Saargebietes zu Deutschland unterstrichen[42].

Nichts fürchtete Schmid mehr als das Image des „Erfüllungspolitikers". Da er sein Ohr überall hatte, wußte er aber auch, was politisch möglich war und was nicht. Eine europäische Einigung konnte es nicht geben, wenn die Deutschen nicht zu Vorleistungen bereit waren. Insbesondere in der Ruhrfrage mußte man versuchen zu einem Kompromiß zu gelangen. Auf einer Ende April 1948 in Paris tagenden Sozialistenkonferenz führte Schmid mit Léon Blum ein langes Gespräch über das Ruhrproblem. Auch diese Konferenz war daran gescheitert, daß die französische Forderung nach einer Internationalisierung des Ruhrgebietes von der deutschen Delegation, deren Wortführer Schmid war, abgelehnt worden war. Blum machte einen Kompromißvorschlag, der sich mit Vorstellungen, die Schmid bereits früher entwickelt hatte, deckte und deshalb von ihm nur befürwortet werden konnte. Die Enteignung und Sozialisierung der Ruhrindustrie durfte nur unter dem Vorbehalt vorgenommen werden, daß eine spätere Eingliederung in einen Montanpakt erfolgte. Die Geschäftsführung sollte von einer interalliierten Behörde ausgeübt werden, zu der auch deutsche Vertreter hinzuzuziehen waren. Die Betriebsgewinne mußten in erster Linie den Deutschen zugute kommen[43]. Schmid beschwor seine Partei geradezu, den Vorschlag Blums aufzugreifen: „Schon um der Internationale willen müsse etwas wie eine Einigung zustande gebracht werden."[44] Man dürfe sich nicht in den Schmollwinkel zurückziehen: „Die Dinge sind das, was wir aus ihnen machen, daher sind fortwährende Bemühungen, dauerndes Daraufhinarbeiten erforderlich."[45] Schmids Mahnung kam schon fast zu spät. Auf der Londoner Sechs-Mächte-Konferenz war über die Köpfe der Deutschen hinweg eine Lösung des Ruhrproblems anvisiert worden.

Um eine außenpolitische Isolierung der SPD zu verhindern, fungierte Schmid insbesondere seit Schumachers Erkrankung als eine Art Außenminister der SPD. Alles war noch unorganisiert, so daß jeder im Grunde Außenpolitik auf eigene Faust machen mußte. Nach und nach entwickelte sich das Stuttgarter Friedensbüro zu einem Ersatz für das fehlende Auswärtige Amt. Schmid war das nicht entgangen. Er versuchte Einfluß auf die Personalpolitik zu gewinnen und eine Umorganisation des Friedensbüros in Gang zu setzen, um dort möglichst selbst einen Fuß hineinsetzen zu können[46]. Als im Februar 1948 dort ein Ausschuß für Staats- und Völkerrecht eingerichtet wurde, scheute er nicht Zeit und Mühe und wurde Mitglied des Ausschusses. Aber ein außenpolitisches Büro, das ihm zuarbeitete, konnte er aus dem Stuttgarter Friedensbüro nicht machen.

Für Schmid waren die deutsche Frage und die europäische Einigung unlösbar miteinander verknüpft. Eine enge Bindung der Westzonen an die westeuropäischen Staaten war unumgänglich, aber sie durfte nicht die Teilung Deutschlands besiegeln. Es mußten Interimslösungen gefunden werden. Obwohl Schmid dem Blockdenken mit seinem Konzept Europas als dritter Kraft eine Absage erteilte, stand er neutralistischen Positionen absolut ablehnend gegenüber. Als der Bremer Senatspräsident Kaisen im Frühjahr 1948 vorschlug, für die Westzonen ein außenpolitisches Neutralitätsstatut zu schaffen, stieß er bei Schmid auf heftigsten Widerspruch[47]. Schmid war der Überzeugung, daß ein Bekenntnis zur Neutralität im Grunde nichts anderes bedeute „als die freiwillige Unterwerfung unter den Willen fremder Staaten"[48].

Mit Kaisen, den er persönlich ganz gern mochte, lag sich Schmid im Frühjahr 1948 des öfteren in den Haaren. Noch dreißig Jahre später erinnerte er sich an die oft sehr schwierigen Diskussionen mit dem Bremer Senatspräsidenten[49]. Kaisen drängte auf die baldige Bildung eines westdeutschen Kernstaates und hielt Schmids Provisoriumstheorie für eine juristische Spitzfindigkeit[50]. Seit Anfang 1948, als die Diskussion um eine westdeutsche Verfassung konkretere Formen annahm, stritt Schmid unermüdlich für seine Auffassung, daß die drei Westzonen keinen Staat, sondern nur ein „organisiertes Provisorium" bilden dürften[51]. Weil er die Alliierten nicht aus ihrer Verantwortung für Deutschland als Ganzes entlassen wollte, wandte er sich entschieden gegen die Entstehung eines westdeutschen Teilstaates. Die Spaltung Deutschlands sei eine Folge „des

Wahnsinns der Beschlüsse von Jalta", der nur von jenen aus der Welt geschaffen werden könne, die ihn in die Welt gebracht haben[52]. Nur ein „Notdach" sei möglich, kein „Definitivum", das die Siegermächte von dem Zwang befreien würde, sich um die Einheit Deutschlands zu kümmern. Es sei im Interesse der Deutschen, das Provisorium aufrecht zu erhalten, das jedoch besser organisiert sein müsse als das gegenwärtige[53].

Carlo Schmids Forderung nach einem Besatzungsstatut bekam 1948 einen anderen Tenor. Es ging ihm jetzt nicht mehr allein darum, die Beziehungen zu den Besatzungsmächten auf eine klare Rechtsgrundlage zu stellen, sondern auch darum, den Besatzungsmächten, die in London über die Gründung eines Weststaates debattierten, die Verantwortung für die deutsche Einheit aufzuzwingen. Der Erlaß eines Besatzungsstatuts ließ eine „vernünftige" administrative und politische Organisation zu, ohne die Spaltung Deutschlands zu vertiefen: „Mit einem Besatzungsstatut brauchte man keine Erwägungen mehr anzustellen, über die Notwendigkeit oder Möglichkeit einer staatsähnlichen Organisation der Westzone oder Ostzone. Dann würden eben die Gebietskörperschaften, die man braucht, auf Grund des Besatzungsstatutes geschaffen, und sie werden dann geschaffen werden können mit den Kompetenzen, die man braucht."[54] Schmids „organisiertes Provisorium" war ein staatsähnliches Gebilde, dem jedoch die staatliche Souveränität fehlte.

Die Befürworter einer Politik der Stärke warnte Schmid vor einem „Anschlußdenken", das sich mit dem Gedanken der Selbstbestimmung nicht vereinbaren lasse und Stimmen Auftrieb gebe, die einer gewaltsamen Einverleibung der anderen Hälfte Deutschlands das Wort redeten. Verfassunggebung war für ihn nur möglich als ein Akt freier Selbstbestimmung eines Volkes[55]. Schmid plädierte für ein Offenhalten der deutschen Frage. Die deutsche Einheit mußte im Gespräch bleiben. Mehr war momentan nicht zu erreichen.

Wie Kurt Schumacher lehnte auch Schmid alle ostzonalen Initiativen zur Bildung einer nationalen Repräsentation ab, die seines Erachtens nichts anderes waren „als der Versuch die Technik der Blockpolitik auf Gesamtdeutschland zu übertragen"[56]. Die Kommunisten waren für Schmid, der seit jeher ein entschiedener Antikommunist war, keine Gesprächspartner. Er glaubte, daß sie wie Hitler nach „dem Prinzip des Lattenzaumes" die freiheitliche Demokratie in Westdeutschland unterminieren wollten[57].

So zog er durch die Lande und propagierte seine Provisoriumstheorie, die einigen bodenständigen Politikern überhaupt nicht einleuchten wollte. Sie verbanden mit dem Begriff provisorisch allzu schnell den Begriff funktionsuntüchtig. Man wollte das Chaos überwinden und nicht noch tiefer in es hineingeraten. Kaisen brachte zum Ausdruck, was manch einer dachte[58]. Carlo Schmid tat sich oft schwer, seine Gedanken so darzustellen, daß jeder sie verstand. Durch sein stetiges Bohren erreichte er, daß der Parteivorstand sich seine Provisoriumstheorie zu eigen machte. Ollenhauer, der den erkrankten Schumacher vertrat, stand auf seiner Seite. Am 6. Mai 1948 wurde in der Parteivorstandssitzung in Springe eine Resolution zur Londoner Sechs-Mächte-Konferenz verabschiedet, die unverkennbar Schmids Handschrift trug. Der baldige Erlaß eines Besatzungsstatuts wurde als „unerläßlich" erklärt. Die „künftige provisorische westdeutsche Organisation" sollte durch ein parlamentarisches Gremium geschaffen werden, das aus unmittelbaren Wahlen hervorgeht, das aber für sich nicht in Anspruch nehmen durfte, eine deutsche Nationalversammlung zu sein. Es war auch nicht dazu berechtigt, eine gesamtdeutsche Regierung zu wählen. „Ein solches Parlament und eine solche Regierung" hatten vielmehr „sich in Namensgebung und Aufgabenstellung darauf zu beschränken, was sie unter den heute gegebenen Umständen nur sein konnten: ein provisorisches Parlament und eine provisorische Regierung für die westlichen Besatzungszonen." [59]

Drei Tage nach der Verabschiedung der Resolution hielt Schmid auf dem Berliner SPD-Bezirksparteitag eine mitreißende Rede, durch die sein Provisoriumskonzept endgültig zur offiziellen Parteimeinung erhoben wurde[60]. Der Verzicht auf die Gründung eines westdeutschen Staates wurde zu einer Solidaritätserklärung mit der Berliner Bevölkerung, die durch eine sowjetische Blockade bedroht war und durch sowjetische Nadelstiche traktiert wurde. Berlin wurde zum Symbol für das Ringen um Einheit und Freiheit. Schmid bekannte sich emphatisch zur Solidarität mit den Berlinern. Er erwog sogar eine Aussetzung der Währungsreform in den Westzonen, bis Berlin in die Währungsreform miteinbezogen werden konnte[61]. Die deutsche Einheit war ihm, der nie in der Tagespolitik aufging, wichtiger als kurzfristiges politisches Kalkül. Die Option für den Westen sollte nicht mit der Preisgabe des Ostens bezahlt werden. Die politischen Möglichkeiten der Deutschen freilich waren begrenzt. Noch lag das Schicksal Deutschlands in den Händen der Alliierten, die mit Ausnahme der Franzosen das Provisoriumskonzept Schmids ablehnten. Nach zähen Verhandlungen einigten sie sich Anfang Juni auf der Londoner Konferenz über die zukünftige Organisation Deutschlands.

Vater des Grundgesetzes
(1948–1949)

Provisorium oder westdeutscher Staat? Zur Vorgeschichte des Parlamentarischen Rates

Im Juni 1948 geschah etwas seltenes. Der Vorsitzende der CDU der britischen Zone wandte sich an die SPD. Adenauer hielt die am 7. Juni bekanntgegebenen Londoner Empfehlungen der Sechs Mächte für „katastrophal". Der Versailler Vertrag sei dagegen ein „Rosenstrauß", urteilte er in einem Brief an den in den Niederlanden lebenden sozialdemokratischen Journalisten Alfred Mozer[1]. Nun suchte er, die SPD-Parteizentrale in Hannover zur Abgabe einer gemeinsamen Protesterklärung gegen die Londoner Empfehlungen zu bewegen. Ollenhauer und Fritz Heine lehnten ab. Sie hielten eine gesonderte Erklärung des SPD-Parteivorstandes für wirkungsvoller[2]. Carlo Schmid, der fernab in Tübingen saß und von Adenauers Vorschlag erst Ende Juni erfuhr, ließ noch in seinen Erinnerungen durchblicken, daß er es bedauert hatte, daß seine Partei ein gemeinsames Vorgehen ausgeschlagen hatte[3].

Seine Einschätzung der Londoner Empfehlungen unterschied sich kaum von der Adenauers, wenn er sich auch in seinen öffentlichen Äußerungen mehr Zurückhaltung auferlegte als der Zonenvorsitzende der CDU, der von einem in London „beschlossenen System() der Ausbeutung Deutschlands" sprach und die Deutschen aufrief, die Mitarbeit zu verweigern, um wenigstens die „Ehre vor der Nachwelt zu retten"[4]. Schmid vermied nationalistische Töne. Er unternahm statt dessen den Versuch, die Londoner Empfehlungen, in denen die Gründung eines westdeutschen Staates föderalistischen Typs dekretiert worden war, im Sinne seines Provisoriumskonzepts, das er jetzt noch radikaler faßte, umzuinterpretieren. Am 12. Juni erklärte er auf dem 3. Landesparteitag der SPD-Württemberg-Hohenzollern: „Die in den Londoner Beschlüssen vorgesehene Organisation des Westens darf (...) lediglich administrativen und provisorischen Charakter tragen, sie kann nicht mehr als einen Zweckverband schaffen. Den Deutschen, die glauben konnten, daß wir mit dieser Formulierung einen Verzicht leisten, sei gesagt, daß ein Staat ein Staatsvolk voraussetzt und es ein westdeutsches Staatsvolk nicht gibt, sondern nur ein gesamtdeutsches. Sie sollten auch überlegen, daß ein Gebilde, dem verwehrt bleibt, eigene außenpolitische Entscheidungen zu treffen und dessen innere Politik der Genehmigung der Besatzungsmächte auch weiterhin unterliegen wird, grundsätzlich nichts anderes zu leisten vermag als Administration."[5] Abermals forderte er den Erlaß eines Besatzungsstatuts als Voraussetzung für eine administrative Organisation der drei Westzonen. Noch ehe er die in den Frankfurter Dokumenten der Alliierten niedergelegten Grundsätze eines Besatzungsstatuts kannte, entwickelte er selbst Leitsätze für ein Besatzungsstatut, die die genaue Abgrenzung der Befugnisse der Besatzungsmächte, die Begrenzung der Besatzungskosten und ihre pauschale Festsetzung, die Gewährung der allgemeinen Menschen- und politischen Freiheitsrechte sowie die Errichtung von Schiedsgerichten zur Beilegung von Meinungsverschiedenheiten über die Auslegung des Besatzungsstatuts verlangten[6]. Das war im Grunde nur eine Wiederholung altbekannter Postulate, die aber jetzt zu einem Gegenkonzept zu den Plänen und Forderungen der Alliierten wurden.

Er konnte nicht sicher sein, daß die SPD seiner Marschroute folgte. Deshalb versuchte er noch vor der für Ende des Monats einberufenen Tagung des Parteivorstandes, Ollenhauer auf seine Vorschläge und Empfehlungen einzuschwören. Ausarbeitung eines Organisationsstatuts anstatt einer Verfassung, müsse die Losung der Partei sein, schrieb er dem stellvertretenden Parteivorsitzenden am 14. Juni. Das Organisationsstatut müsse von den Besatzungsmächten oktroyiert werden. Damit nicht „allzuviel Unsinn" geschehe, sollten die großen Parteien die Besatzungsmächte bei der Ausarbeitung des Organisationsstatuts beraten[7]. Ollenhauer vermochte das negative Urteil seines Parteifreundes aus Tübingen über die Londoner Beschlüsse nicht ganz nachzuvollziehen. Er hatte trotz einiger Vorbehalte die Londoner Empfehlungen als einen Schritt nach vorn begrüßt[8]. Der ehemalige Vorsitzende der SAJ lebte nicht wie der Völkerrechtler und Repräsentant des nationalen Bürgertums Schmid in der ständigen Furcht vor einem neuen Friedensdiktat, das die Giftkeime für eine neue nationale Katastrophe enthielt. Für ihn bedeutete die Weststaatsgründung auch nicht unbedingt die Zementierung der deutschen Teilung.

Auf der Parteivorstandssitzung in Hamburg am 28./29 Juni fand Schmids Konzept offensichtlich keine ungeteilte Zustimmung. Die Sitzung stand ganz unter dem Eindruck der Berlin-Blockade, so daß die Londoner Beschlüsse nur unter ferner liefen behandelt wurden. Die Resolution zu den Londoner Empfehlungen wurde laut Protokoll der Parteivorstandssitzung unter der Federführung Schmids ausgearbeitet, aber die Feder wurde ihm anscheinend des öfteren entrissen[9]. Schmid konnte sich zwar mit seiner oft wiederholten Forderung nach Erlaß eines Besatzungsstatuts durchsetzen, aber dieses Besatzungsstatut sollte nicht mehr bis zur Schaffung eines Friedensvertrags mit Gesamtdeutschland in Kraft bleiben, sondern nur noch bis zur „Herstellung des Friedenszustandes für alle drei Zonen". Auch für ein von den Besatzungsmächten zu erlassendes Organisationsstatut konnte sich die Mehrheit der Resolutionskommission nicht begeistern. In Anknüpfung an die Resolution von Springe appellierte man an die Besatzungsmächte, bald allgemeine und direkte Wahlen zu einem provisorischen Parlament zu ermöglichen. „Dieses sollte sowohl ein Verwaltungsstatut für die westlichen Besatzungszonen schaffen als auch die normalen Funktionen einer demokratischen Volksvertretung übernehmen."[10] Die ganze Resolution war ein Formelkompromiß, auf den sich die Verteidiger des Provisoriumskonzepts und die Befürworter eines westdeutschen Staates, wenn sie es mit der Terminologie nicht allzu ernst nahmen, gleichermaßen berufen konnten.

Schmid war verärgert über die Hamburger Resolution und machte einen Monat später auf einer Sitzung des SPD-Landesvorstandes Württemberg-Hohenzollerns seinem Ärger auch Luft[11]. Es nützte ihm aber wenig, daß der Landesvorstand sich hinter ihn und sein Konzept stellte. Die Hamburger Resolution blieb offizielle Parteilinie. Man kann es auch negativ ausdrücken: eine einheitliche Marschroute der Partei gab es nicht.

Für den 1. Juli war die formelle Übergabe der Londoner Beschlüsse in Form von Dokumenten an die elf Ministerpräsidenten durch die drei Militärgouverneure im Frankfurter alliierten Hauptquartier, dem früheren IG-Farbenhaus, vorgesehen. Einen Tag vorher beratschlagte man im Tübinger Kabinett, ob man an der Übergabe teilnehmen, und welchen Standpunkt man gegebenenfalls gegenüber den Militärgouverneuren einnehmen solle. Das Tübinger Kabinett stellte sich im Gegensatz zu dem tags zuvor tagenden SPD-Parteivorstand geschlossen hinter Schmids Provisoriumskonzept. Die Schaffung eines Organisations- und Besatzungsstatuts wurde zur vordringlichen Aufgabe deklariert. Alle Möglichkeiten, die die Dokumente für den Wiederaufbau enthielten, sollten nach einmütiger Meinung des Kabinetts „voll ausgeschöpft" werden[12]. Bock, der auf überzonalen Konferenzen immer eine etwas unglückliche Figur machte, war froh, daß ihn Schmid nach Frankfurt begleiten wollte. Für Schmid bot die Konferenz die Möglichkeit, die Ministerpräsidenten von seiner Linie zu überzeugen.

Die Übergabeprozedur war steif und wirkte fast demütigend auf die Teilnehmer. Jeder der drei Militärgouverneure verlas eines der später so genannten Frankfurter Dokumente und übergab es anschließend den Deutschen. In besonders scharfem Ton verkündete General Koenig Dokument III, das die Grundsätze für ein Besatzungsstatut enthielt. In Dokument I wurden die deutschen Länderchefs aufgefordert, eine Verfassunggebende Versammlung zur Ausarbeitung einer demokratischen Verfassung einzuberufen, die „die Rechte der beteiligten Länder schützt, eine angemessene Zentralinstanz schafft und die Garantien der individuellen Rechte und Freiheiten enthält"[13]. Dokument II verlangte die Überprüfung der Ländergrenzen.

Die Länderchefs wollten zunächst keine Stellungnahme abgeben, sondern erst einmal unter sich zu einer Klärung der Standpunkte kommen. In der anschließenden Besprechung drängten insbesondere die sozialdemokratischen Länderchefs Brauer, Kaisen und Stock auf eine möglichst schnelle Erledigung der erteilten Aufträge, was Schmid nicht unwidersprochen lassen konnte. Er machte keinen Hehl daraus, daß er die von den Militärgouverneuren erteilten Vorschläge für unannehmbar hielt. Auf keinen Fall dürfe, wie in den Dokumenten vorgesehen, das Plebiszit über die Verfassung mit dem Plebiszit über das Besatzungsstatut verbunden werden. Er gab zu erwägen, „ob nicht ein grundsätzlich anderes Verfahren eingeschlagen werden müßte“[14]. Wenn die Deutschen auf die Vorschläge eingingen, müßten sie auch die Verantwortung dafür übernehmen und seien nicht mehr Befehlsempfänger wie bisher. Schmid wollte auf die Frankfurter Dokumente mit einem Alternativkonzept, das nur das von ihm entwickelte sein konnte, antworten. Er rannte vergeblich gegen die geschlossene Front der SPD-Ministerpräsidenten an, die von seinem Provisoriumskonzept nichts wissen wollten. Vorsichtig unterstützt wurde er von dem bayrischen Ministerpräsidenten Ehard, der auch dafür plädierte, deutsche Gegenvorschläge auszuarbeiten, aber Schmids radikale Ablehnung der Frankfurter Dokumente nicht teilte[15]. Einigen konnte man sich schließlich nur auf den Termin für eine nächste Konferenz. Am 8. Juli wollte man sich auf dem Rittersturz in Koblenz zu erneuter Beratung treffen.

Schmid war geradezu empört über das Verhalten der sozialdemokratischen Länderchefs, die sich als seine stärksten Widersacher erwiesen hatten. Einen Tag nach der Konferenz klagte er Ollenhauer: „Mein Eindruck von Frankfurt war entsetzlich. Wenn ich nicht gewußt hätte, daß alle dort mitberatenden sozialdemokratischen Ministerpräsidenten in Hamburg waren – aus ihren Reden hätte ich schließen müssen, daß sie zum ersten Mal an diesem Tag in Frankfurt von dem Problem ‚Westdeutschland‘ etwas gehört haben.“[16] Er bat Ollenhauer inständig, an der Vorbesprechung der SPD zur Koblenzer Konferenz teilzunehmen. Nur die Autorität des stellvertretenden Parteivorsitzenden konnte die SPD auf Linie bringen. Schmid war fest davon überzeugt, daß das zukünftige Schicksal Deutschlands auf dem Spiel stand.

Daher war er auch nicht gewillt, sich geschlagen zu geben, sondern ging in die Offensive. Am 2. Juli veranlaßte er, daß der Rechtsausschuß des Stuttgarter Friedensbüros eine Denkschrift zu den Frankfurter Dokumenten ausarbeitete, die der Koblenzer Ministerpräsidentenkonferenz vorgelegt und auch den drei Besatzungsmächten zugehen sollte. Die Vertreter der französischen Besatzungsmacht erkannten sehr schnell, wessen Handschrift die Denkschrift trug: die des „Leader socialiste“ ihrer Zone, der sich die Endredaktion der Denkschrift, an deren Ausarbeitung Grewe,

Kaufmann und von Schmoller beteiligt waren, vorbehalten hatte[17]. Die Denkschrift begann mit grundsätzlichen Ausführungen zum Widerspruch zwischen Besatzungsstatut und deutscher staatlicher Eigenverantwortlichkeit. Die in den Frankfurter Dokumenten vorgeschlagene Lösung kranke an dem „Hauptfehler" des Versailler Vertrags: „Die Alliierten, unter sich uneinig, brauchen die Zustimmung des deutschen Volkes zu ihren Vereinbarungen, können sich aber nicht entschließen, von Anfang an mit uns zu verhandeln. Dadurch, daß es uns gestattet wird, einige Retuschen zu einem bereits festliegenden Text vorzuschlagen, von denen die Hälfte zurückgewiesen werden wird, kann eine deutsche Mitarbeit nachträglich nicht konstruiert werden."[18] Die Alliierten sollten sich darüber im klaren sein, „daß das deutsche Volk jeden verdammen wird, der die Hand zu einer Spaltung Deutschlands bietet"[19]. Die Sprache war eindringlich. Die Alliierten wurden an die unheilvolle Geschichte der Weimarer Republik erinnert. Um deren Wiederholung zu verhindern, kämpfte Schmid so verbissen für sein Konzept.

Die von Schmid verfaßten Richtlinien der SPD für ein Besatzungsstatut waren von den westlichen Alliierten durchgearbeitet, auch für „überraschend gemäßigt" empfunden worden, aber inhaltlich doch als viel zu weitgehend[20]. Die von ihnen entwickelten Grundsätze für ein Besatzungsstatut glichen in Schmids Augen einem „Friedensdiktat". Einzig für die französische Zone bedeuteten sie einen Fortschritt, für die beiden übrigen Zonen eher einen Rückschritt. Die Notstandsklausel war so gefaßt, daß die Deutschen ihre Befugnisse im Grunde nur auf Probe erhielten[21]. Schmid beharrte darauf, daß die Antwort auf die Grundsätze nur ein eindeutiges Nein sein könne. Dieses Nein, so hoffte er, könne „die Grundlage für eine fruchtbare Erörterung und Klärung des ganzen Fragenkomplexes bilden, aus der sich dann eine konstruktive Lösung ergeben könnte"[22]. Wie die aussehen sollte, war den in der Denkschrift gemachten Gegenvorschlägen für ein Besatzungsstatut zu entnehmen, die eine Wiedergabe der Schmidschen Leitsätze waren[23]. Weil das Besatzungsstatut für ihn die eigentliche Verfassung Deutschlands war, konzentrierte sich sein Interesse vor allem darauf. Weniger ausführlich wurde in der Denkschrift seine Forderung, statt einer Verfassung ein Organisationsstatut zu erlassen, behandelt. Da Denkschriften nur eine begrenzte Reichweite haben, wandte sich Schmid zur selben Zeit auch an die Presse, um seinen Vorstellungen zum Durchbruch zu verhelfen[24].

Im Tübinger Kabinett, in dem er auch als stellvertretender Staatspräsident die dominante Persönlichkeit blieb, wurde am 5. Juli die von ihm vertretene Linie als Marschroute für die Koblenzer Konferenz widerspruchlos akzeptiert. Er war Realist genug, um einzuplanen, daß in Koblenz nicht mehr als eine Kompromißlösung erreicht werden konnte. Mit seinen Tübinger Kabinettskollegen kam er überein, daß auf keinen Fall von der Forderung abgerückt werden dürfe, daß das Besatzungsstatut vor dem Tätigwerden der Verfassunggebenden Versammlung zu erlassen sei. Bei allen anderen Fragen wollte er sich kompromißbereit zeigen[25]. Erwogen wurde auch die Beteiligung ostdeutscher Vertreter an den Verfassungsberatungen. Man erkannte aber sehr schnell die Krux dieses Vorschlages. Voraussetzung für die Hinzuziehung ostdeutscher Vertreter war die vorherige Zulassung aller politischen Parteien in der SBZ[26].

Auch hinter den Kulissen der offiziellen Politik wurden im Vorfeld der Koblenzer Konferenz Fäden gesponnen. Josef Müller, bekannter unter seinem Spitznamen der „Ochsensepp", hatte sich mit Schmid in Verbindung gesetzt, um eine Annäherung der Standpunkte der beiden großen Parteien zu erreichen. Wenn die Deutschen den Alliierten mit eigenen Vorschlägen gegenübertreten wollten, so konnten sie es nur geschlossen tun. Mit dem „Ochsensepp", mit dem er sich auch sonst bestens verstand, wurde sich Schmid schnell einig. Auf die Ausarbeitung einer Verfassung sollte verzichtet werden. Die Schuld für die Zerreißung Deutschlands durfte nicht den westdeutschen Politikern aufgebürdet werden[27].

Schmid war bestens gerüstet, als er am 7. Juli nachmittags auf Jagdschloß Niederwald ankam, wo sich der Parteivorstand und die sozialdemokratischen Länderchefs über eine einheitliche Haltung zu den Frankfurter Dokumenten verständigen wollten. Es ging „gemäßigt zu", wenngleich Schmids kompromißlose Ablehnung des alliierten Besatzungsstatuts auf wenig Verständnis stieß[28]. Der immer auf Konsens bedachte Ollenhauer verstand es, zu vermitteln. Nicht für eine Ablehnung, sondern für eine Änderung des Besatzungsstatuts sollte man sich aussprechen. Das war eine diplomatische Formel für das, was Schmid wollte. Eine Kommission wurde gebildet, um Gegenvorschläge zu den alliierten Grundsätzen auszuarbeiten, was im Grunde unnötig war, denn Schmid mußte nur seine bereits ausformulierten Leitsätze für ein Besatzungsstatut aus der Tasche ziehen. Brauer und Kaisen dachten an den Wiederaufbau ihrer Hafenstädte und verlangten deshalb eine Aufhebung der Außenhandelsbeschränkungen. Schmid war gerne bereit, diesen Punkt in seinen Gegenentwurf aufzunehmen[29]. Er konnte mit dem Verlauf der Vorbesprechung zufrieden sein. Der Beschluß, der gefaßt wurde, fiel so aus, wie er ihn sich gewünscht hatte. Ein Ausschuß, dessen Mitglieder durch indirekte Wahl zu bestimmen waren, sollte ein Organisationsstatut und ein Wahlgesetz ausarbeiten, das dann von den Besatzungsmächten zu erlassen war[30].

Als am 8. Juli gegen 15 Uhr die Ministerpräsidentenkonferenz auf dem Koblenzer Rittersturz eröffnet wurde, hatte außer Schmid niemand ein fertiges Konzept in der Tasche. Das mag der Hauptgrund dafür gewesen sein, daß es ihm gelang, innerhalb von zwei Tagen die Teilnehmer der Konferenz auf seinen Grundsatz, keinen westdeutschen Staat, sondern nur einen „Zweckverband administrativer Qualität" zu schaffen, einzuschwören[31]. Vieles wurde am weißen Tisch verhandelt, so daß der Meinungsbildungsprozeß sich im einzelnen nicht mehr nachvollziehen läßt. Die Verfechter einer westdeutschen Staatsgründung hielten sich auffallend zurück. Nachdem die Oberbürgermeisterin von Berlin Louise Schroeder gemahnt hatte, aus Solidarität mit den Berlinern auf definitive Lösungen zu verzichten, konnte keiner der Teilnehmer sich mehr guten Gewissens für die Bildung eines Weststaates aussprechen[32]. Schmid wurde damit betraut, ein Pressekommuniqué und eine Antwortnote an die Militärgouverneure zu entwerfen. Er nutzte die Gunst der Stunde. Bei der Abfassung der Mantelnote ließ er sich von niemandem hineinreden[33].

In der Mantelnote legte er noch einmal die Beweggründe dar, warum die Ministerpräsidenten es ablehnten, „dem zu schaffenden Gebilde den Charakter eines Staates (zu) verleihen“. Oberstes Ziel sei es gewesen, eine weitere Vertiefung der Spaltung zwischen Ost- und Westdeutschland zu verhindern. Eine deutsche Verfassung könne erst dann geschaffen werden, „wenn das gesamte deutsche Volk die Möglichkeit besitzt, sich in freier Selbstbestimmung zu konstituieren“ [34]. Man habe sich daher entschlossen, statt einer Verfassung ein „Grundgesetz für die einheitliche Verwaltung des Besatzungsgebietes der Westmächte“ zu schaffen, das von einem durch die Landtage zu wählenden parlamentarischen Rat auszuarbeiten war. Der Mantelnote wurden in der Anlage Schmids Leitsätze für ein Besatzungsstatut beigegeben. Das Besatzungsstatut sollte erlassen werden, bevor der Parlamentarische Rat seine Arbeit aufnahm.

Schmid wähnte, einen Sieg auf ganzer Linie errungen zu haben. In einem Artikel für den „Berliner Telegraf“ gab er seiner Hoffnung Ausdruck, daß die Alliierten den Koblenzer Beschlüssen zustimmen mögen: „dann wäre ein mächtiger Schritt nach vorwärts getan.“ Im übrigen lobte er die Ministerpräsidenten, die sich nicht auf „Fiktionen“ eingelassen, sondern die Wirklichkeit „nüchtern betrachtet“ hatten[35]. Wenn er genügend Propaganda für die Koblenzer Beschlüsse machte, konnten auch die Militärgouverneure sie nicht mehr einfach ignorieren.

Clay tobte. Er warf den Ministerpräsidenten eine katastrophale Mißachtung des Ernstes der gesamteuropäischen Lage vor. Allein den Amerikanern sei es zu verdanken, daß die Westzonen „noch nicht russisch“ seien. Nun seien die Ministerpräsidenten den Amerikanern in ihrem Kampf gegen den Kommunismus in den Rücken gefallen[36]. Der amerikanische Militärgouverneur fürchtete, daß die auf der Londoner Konferenz mühsam errungene Einigung in Koblenz leichtfertig aufs Spiel gesetzt worden sei: „Die Franzosen haben jetzt das Wort, nicht wir.“ [37] Die Koblenzer Beschlüsse deckten sich tatsächlich mit der von Frankreich vertretenen Linie, in den drei Westzonen zunächst nur ein Provisorium zu errichten. Die Franzosen fochten aus anderen Gründen als Schmid für ein westdeutsches Provisorium. Ihnen lag daran, die Bildung der „Trizone“, solange es ging, zu verschleppen[38]. Die Haltung der Franzosen mag Schmid in der Hoffnung bestärkt haben, daß die Koblenzer Beschlüsse von den Alliierten wohlwollend aufgegriffen werden könnten. Eigentlich hätte er, der über das internationale Geschehen immer bestens informiert war, es besser wissen müssen. Das Veto der Angelsachsen, für die die Koblenzer Beschlüsse nur dilatorischen Charakter hatten, war vorauszusehen.

Ein Teil der Länderchefs hatte wohl von vornherein das Veto der Angelsachsen eingeplant[39]. Deshalb war es ihnen auch nicht allzu schwer gefallen, den Beschlüssen von Koblenz, die vielen von ihnen zu ultimativ formuliert waren, zuzustimmen. Brauer hatte bereits in Koblenz deutlich gemacht, daß für ihn Namen nur „Schall und Rauch" waren: „Ob sie das Organisationsstatut oder Verfassung nennen, das ist gleichgültig."[40] Gerade aber auf die „Worte", auf die „Prozedur" kam es Schmid an. Der Staats- und Völkerrechtler wußte, welche Bedeutung Worten bei der Auslegung von Verträgen und Verfassungen zukam. In der Terminologie und in dem Prozedere der Verfassunggebung mußte eindeutig zum Ausdruck kommen, daß die Alliierten weiterhin die Verantwortung für Deutschland als Ganzes hatten[41]. Das administrative Gebilde, das Schmid in den Westzonen errichten wollte, unterschied sich realiter kaum von dem, für das Brauer sich so vehement einsetzte. Auch Schmid wünschte eine mit ausreichenden Kompetenzen ausgestattete Zentralgewalt. Als er vor dem Bebenhausener Landtag über die Koblenzer Beschlüsse berichtete, fügte er, um nicht mißverstanden zu werden, ausdrücklich hinzu: „Es wird wohl keiner in dem Saale sein, der nicht zum wenigsten innerlich davon überzeugt ist, daß wir ohne eine solche Erweiterung und Konzentration der deutschen Befugnisse vor die Hunde gehen müssen."[42]

Reinhold Maier sprach vom „Feigenblatt des Provisorischen". Die Deutschen hätten einen Staat errichten, ihn aber nicht so nennen wollen[43]. Ein Pragmatiker wie Maier mochte so denken. Für den Juristen Schmid war es schlichtweg unvorstellbar, daß ein Volk, das nicht souverän war, sich eine Verfassung gab. Die Alliierten sollten sich ihrer Verantwortung für Deutschland nicht entziehen können. Er forderte die Mitsprache der Westdeutschen bei der zukünftigen Gestaltung ihres Provisoriums, wollte aber den Besatzungsmächten weiterhin alle Verantwortung aufbürden. Daß diese sich nicht darauf einlassen würden, war eigentlich vorauszusehen.

Clay machte den Ministerpräsidenten unmißverständlich deutlich, daß die Frankfurter Dokumente kein Gegenstand der Verhandlung waren. Schmid hatte noch nicht resigniert. Selbst ein Verbot der französischen Militärregierung, die die Verhandlungen verschleppen wollte, konnte ihn nicht davon abhalten, am 15. Juli nach Rüdesheim zu reisen, wo im Jagdschloß Niederwald die Ministerpräsidenten darüber beratschlagten, wie auf das Veto gegen die Koblenzer Beschlüsse zu reagieren sei. Lorenz Bock blieb daheim, was Schmid zu der süffisanten Bemerkung veranlaßte:

„(E)in Verbot setze doch immer einen voraus, der sich verbieten lasse“[44]. Die nächtliche Konferenz war ein Gemisch von Ratlosigkeit und Optimismus. Schmid glaubte, daß eine dezidiert europäische Politik der Westdeutschen Clay davon überzeugen könne, daß auch die Deutschen gewillt waren, sich der sowjetischen Bedrohung entgegenzustellen. Allgemein herrschte die Auffassung, daß ein Abrücken von den Koblenzer Beschlüssen eine gemeinsame Stellungnahme der Ministerpräsidenten notwendig mache. Mit den Vorarbeiten für eine Verfassung wollte man aber so bald wie möglich beginnen. Ehard regte an, einen Verfassungskonvent nach Herrenchiemsee einzuberufen, was auf allgemeine Zustimmung stieß. Schmid entging nicht, daß die Ministerpräsidenten nur noch ein Lippenbekenntnis zu seiner Koblenzer Mantelnote abgaben. Um wenigstens etwas davon zu retten, schlug er vor, Verhandlungsstäbe zu bilden, die mit den Militärgouverneuren einen Kompromiß aushandeln sollten[45]. Clay gab jedoch zu verstehen, daß die Frankfurter Dokumente als Ganzes akzeptiert werden mußten.

Als sich die Ministerpräsidenten eine Woche später wieder im Jagdschloß Niederwald versammelten, war die Stimmung endgültig umgeschlagen. Die Mehrheit war bereit, den Auftrag der Frankfurter Dokumente anzunehmen, weil bei weiteren Verzögerungen einer westdeutschen Staatsbildung eine wirtschaftliche Katastrophe zu befürchten war. Brauer sprach den Länderchefs aus der Seele, als er unterstrich, daß man mit den „gegenwärtigen Hilfskonstruktionen“ nicht mehr weiterarbeiten könne und deshalb eine Änderung so nötig sei „wie das liebe Brot“[46]. Schmid unternahm den verzweifelten Versuch, seinen Kollegen darzulegen, daß die Verfassunggebung keine Frage des wirtschaftlichen Pragmatismus sei. Er hatte den Eindruck, daß die meisten Konferenzteilnehmer sich der Konsequenzen ihrer Entscheidung nicht bewußt waren und hielt deshalb, selbst auf die Gefahr hin, seiner professoralen Ausführungen wegen verspottet zu werden, ein staatsrechtliches Kolleg. Wenn man einen Weststaat wolle, dann müsse man sagen: „Es wird jetzt im Westen die deutsche Republik errichtet. Wir errichten sie im Westen, weil wir zur Zeit über den Westen nicht hinausgreifen können. Diese Republik und ihr Parlament müßten dann für sich in Anspruch nehmen, die Vertretung für ganz Deutschland zu sein, legalisiert im Westen durch Wahlen und legalisiert im Osten durch communis consensus der Ostblockbevölkerung.“[47] Die Amerikaner und ein Teil der Deutschen seien der Meinung, daß ein solcher Staat die Einheit Gesamtdeutschlands fördern könne. Andere, zu denen auch er gehöre, seien dagegen der Auffassung, „daß man dadurch die kleine Chance, die in Bezug auf eine friedliche Erledigung des Gesamtproblems Deutschland noch besteht, nämlich die Einigung der vier Besatzungsmächte über ein einheitliches Deutschland, endgültig verschütten würde“[48].

Nachdem Ernst Reuter in einem beredten Plädoyer für die Errichtung eines westdeutschen Kernstaates als „elementare Voraussetzung" für die „Rückkehr des Ostens zum Mutterland" eingetreten war[49], stand Schmid mit seiner Meinung auf verlorenem Posten. Das prononcierte Votum des Berliner Bürgermeisters für die Gründung eines Weststaates befreite die übrigen Ministerpräsidenten von ihrer Gewissensqual. Keiner konnte ihnen mehr den Vorwurf machen, durch ihre Befürwortung eines Weststaates hätten sie die Solidarität mit Berlin und dem Osten aufgekündigt.

Carlo Schmid war niedergeschlagen. Er setzte sich abseits von den anderen, las Zeitung und tat so, als ob ihn dies alles nichts mehr anging[50]. Am meisten ärgerte ihn, daß die Herren Ministerpräsidenten nicht zugaben, daß das Beratungsergebnis der Niederwald-Konferenz ein eindeutiges Abrücken von den Koblenzer Beschlüssen war[51]. Von einem vorherigen Erlaß eines Besatzungsstatuts war nicht mehr die Rede. Grundgesetz wurde mit „basic constitutional law" übersetzt[52]. Der hessische Ministerpräsident Stock ließ einige fragende Journalisten wissen: „Grundgesetz und Verfassung sind doch dasselbe, meine Herren." [53] Schmid erklärte verbittert, es sei besser, auf den Begriff Grundgesetz gleich zu verzichten, wenn man dahinter verschämt in Klammern schreibe: „vorläufige Verfassung" [54]. Wenn die Ministerpräsidenten schon vor den Alliierten kapituliert hatten, sollten sie es zumindest eingestehen. Die Niederwald-Konferenz bedeutete für ihn eine persönliche Niederlage, über die in den amerikanischen Presseorganen auch noch frohlockt wurde[55]. Bittrer noch als die persönliche Niederlage war für ihn die Niederlage in der Sache. Er fürchtete, daß die deutsche Einheit für ein Linsengericht verkauft worden war. Schmid war nach wie vor ein national eingestellter Mann. Patriotismus und ein Bekenntnis zu Europa schlossen sich für ihn nicht aus.

Am 26. Juli kam es in Frankfurt in einer Besprechung, die an Dramatik nichts zu wünschen übrig ließ, auf der Grundlage der in Niederwald getroffenen Vereinbarungen zu einem Kompromiß zwischen den Ministerpräsidenten und den Militärgouverneuren[56]. Nicht weniger dramatisch ging es in der SPD-Parteivorstandssitzung am 2./3. August in Springe zu. Brauer und Katz warfen Schmid vor, sich in Niederwald nicht an die Beschlüsse der Partei gehalten zu haben[57]. Schmid traute seinen Ohren nicht. Er war der festen Überzeugung, daß die sozialdemokratischen Ministerpräsidenten „keine Treuhänder der Partei" mehr seien. Überhaupt bedauerte er, daß die Parteien sich nicht mehr in die Konferenz in Niederwald eingeschaltet hatten[58]. Das waren ganz fremde Töne aus seinem Munde. Freilich er hatte recht. Von den am 7. Juli in der Vorbesprechung zur Koblenzer Konferenz getroffenen Vereinbarungen war in den Beschlüssen von Niederwald so gut wie nichts mehr zu finden. Weder in der Parteizentrale noch im Parteivorstand nahm man zu Schmids Erstaunen zur Kenntnis, daß die Ministerpräsidenten in Niederwald von den Beschlüssen in Koblenz abgerückt waren.

Walter Menzel war dabei, einen Entwurf für eine „Westdeutsche Satzung" auszuarbeiten, in dem an dem ursprünglichen Provisoriumskonzept festgehalten wurde, als ob die Niederwald-Konferenz nie stattgefunden hätte. Schmid gab durch die Blume zu verstehen, daß dieser Entwurf, der dann trotz seiner Einwände am 16. August veröffentlicht wurde[59], nur für den Papierkorb tauge[60]. So erregt und empört hatte man ihn in einer Parteivorstandssitzung, wo er ansonsten immer auf Anpassung bedacht war, noch nie erlebt. Ollenhauer versuchte wie immer zu beschwichtigen. Schmids Formulierungen hielt er für „überspitzt". Er konnte und wollte nicht sehen, daß man in Niederwald „wesentlich" von den Koblenzer Beschlüssen abgewichen sei[61]. Schmid stieß mit seinen Ausführungen weitgehend auf Unverständnis. So blieb ihm nichts anderes übrig, als eine Resolution mitzuunterzeichnen, in der der Frankfurter Kompromiß gebilligt wurde. Laut Resolution trug die Entscheidung der Länderchefs der Grundvorstellung der SPD Rechnung, „der Neuregelung einen provisorischen Charakter und nicht das Gewicht einer regulären Verfassung zu geben"[62]. Wieder einmal machte Schmid die Erfahrung, daß man in der Politik täglich Kröten schlucken mußte.

Es half nichts. Er mußte sich auf den Boden der Realität stellen. An dem radikalen Provisoriumskonzept konnte er nicht länger festhalten. Walter Menzel machte sich mit seinem Entwurf einer „Westdeutschen Satzung", der weder eine Präambel, einen Grundrechtskatalog noch völkerrechtliche Grundsätze oder Bestimmungen über die Rechtspflege enthielt, und zudem auch in der Terminologie noch ganz auf das Provisoriumskonzept abstellte, lächerlich. Schmid hielt sich mit öffentlicher Kritik zurück. In der gegnerischen Parteipresse wurde bereits gemunkelt, daß in der SPD „Diadochenkämpfe" ausgetragen würden[63]. Für ihn stand fest, daß das zu schaffende Grundgesetz die wesentlichen Elemente und Grundsätze einer Vollverfassung enthalten mußte. Die Verfassung Württemberg-Badens konnte als Leitbild dienen.

So verfügte er, als er am 10. August bei strömendem Regen zusammen mit Gustav von Schmoller auf der Herreninsel im Chiemsee ankam, wo für fast zwei Wochen der von Ehard einberufene Verfassungskonvent tagen sollte, über präzise Vorstellungen, wie das zukünftige Grundgesetz aussehen sollte. Tags zuvor hatte Ollenhauer versucht die Teilnehmer des Konvents auf Parteilinie zu bringen. Brill und Menzel gerieten wegen der Aufnahme der Grund- und Menschenrechte in die Verfassung aneinander[64]. Schmid, der wie Brill die Menschen- und Grundrechte für einen unverzichtbaren Bestandteil des zu schaffenden Grundgesetzes hielt, vermied eine erneute Auseinandersetzung mit Ollenhauer und Menzel. Brill, der an der Parteivorstandssitzung in Springe nicht teilgenommen hatte, war verwundert und auch etwas empört über Schmids Anpassungsbereitschaft[65], der nach den Erfahrungen in Springe es wieder einmal mit der Taktik der Geschmeidigkeit versuchte. Auf dem Konvent konnte niemand von ihm Parteidisziplin verlangen. Die Teilnehmer waren nicht Abgesandte der Parteien, sondern von den Ministerpräsidenten der einzelnen Länder nominiert worden.

Bayerns Ministerpräsident Ehard hatte nicht ganz ohne Hintergedanken die Teilnehmer auf die anmutige Herreninsel im Chiemsee eingeladen. Die Schönheit der Landschaft sollte von dem Versuch der Bayern, den Grundgesetzberatungen einen stark föderalistisch geprägten bayrischen Verfassungsentwurf zugrunde zu legen, ablenken[66]. Schmid waren Ehards Absichten nicht verborgen geblieben, die auch recht offen zu tage traten. Waren doch die Bayern die einzigen, die mit einem fix und fertig ausgearbeiteten Gesetzentwurf aufwarteten. Er gab den bayrischen Delegierten wohl recht deutlich zu verstehen, daß er ihre Methoden mißbilligte. Brill notierte spöttisch in sein Herrenchiemseer Tagebuch: „Don Carlos Schmid bewegt sich (...) in seinen Massen wie Moby Dick, der gern Kapitän Ahab morden möchte."[67] Dem Ansinnen der Bayern, ihren Entwurf zur Grundlage der Verfassungsberatungen zu machen, trat er gleich in der ersten Plenarsitzung des Konvents mit dem Einwand entgegen, daß das „letzten Endes die Vorwegnahme einer politischen Endentscheidung bedeuten" würde[68]. Der Konvent habe keinen verbindlichen Auftrag von den Ministerpräsidenten bekommen und sei daher nicht dazu berufen, „politische Entscheidungen" zu treffen. Bei dem Konvent handle es sich lediglich um einen Ausschuß von Experten, der die Aufgabe habe, zu erkennen und festzustellen, „wo politische Entscheidungen getroffen werden müssen und welcher Art sie etwa sein könnten"[69]. Schmid war nicht so naiv, das politische Gewicht des Konvents zu verkennen. Er selbst war ja nach Herrenchiemsee gekommen, um Politik zu machen. Aber solange die Gefahr bestand, daß die Bayern den Verlauf des Konvents bestimmten, war es besser, dessen Bedeutung herunterzuspielen. Man einigte sich darauf, das Ergebnis der Beratungen in einer Denkschrift festzuhalten, wobei Mehrheits- und Minderheitsvoten gesondert aufgeführt werden sollten.

Die zwei Wochen in Herrenchiemsee waren geprägt durch sachlich-faire Plenardebatten und intensive Kärrnerarbeit in den Unterkommissionen. Schmid verschaffte sich dank seiner Eloquenz und seiner Erfahrungen in Verfassungsberatungen schnell Autorität. Er wurde zusammen mit Brill zum Hauptkontrahenten der bayrischen Delegation, die mit staatsrechtlichen Argumenten gewappnet, einen extrem föderalistisch geprägten westdeutschen Kernstaat zu propagieren versuchte. Föderalismus als Weg zur Einheit war ihre Losung[70]. Die auch in der Staatsrechtswissenschaft vor allem von Hans Kelsen vertretene These von der 1945 erfolgten Debellatio kam ihren Interessen entgegen. Danach war das Deutsche Reich 1945 untergegangen und konnte nur durch die in der Zwischenzeit entstandenen Länder wieder in Verfassung gebracht werden. Die Länder waren es, die einen Teil ihrer Staatsgewalt an den Bund abgaben. Mit dieser Auffassung ließ sich nicht nur ein Staatsgebilde legitimieren, das mehr staatenbündischen als bundesstaatlichen Charakter hatte, sondern auch die Errichtung eines westdeutschen Kernstaates. Wenn der westdeutsche Staat als ein Bund der Länder definiert wurde, gab es nur einen Weg, um die deutsche Einheit wiederherzustellen: die Länder Ostdeutschlands mußten sich dem westdeutschen Länderverbund anschließen[71].

Schmid widersprach. Er argumentierte, daß Deutschland der „Substanz nach noch besteh(e)", daß es aber „desorganisiert" sei und die Aufgabe darin bestünde, „es neu zu organisieren"[72]. Wenn man von der Rechtskontinuität des Deutschen Reichs ausging, war die westdeutsche Staatsgründung „kein Akt der Länder", sondern ein „gesamtdeutscher Akt". Die „Autorität" und „potestas" der gesamtdeutschen Staatssubstanz wurde in die Glieder hineinverlagert und nicht umgekehrt. Damit konnte Schmid das von ihm verfochtene bundesstaatliche Prinzip staatsrechtlich begründen. Die Zurückweisung des radikalen Föderalismus der Bayern war aber gar nicht unbedingt sein Hauptanliegen. In erster Linie ging es ihm um die Widerlegung der Vorstellung eines westdeutschen Kernstaates. Seine Argumentation lautete: Wenn das deutsche Reich nicht untergegangen war, bestand die Souveränität des deutschen Volkes nach wie vor. Die Volkssouveränität konnte aber nur in einem Teil Deutschlands ausgeübt werden und auch dort nur sehr beschränkt. Die „Teilschicht der vollen Volkssouveränität" reiche zur Konstitution eines Staates nicht aus, sehr wohl aber „um ein Gebilde zu schaffen, das zum mindesten nach innen alles tun kann, was normalerweise ein Staat tut"[73]. Ein solches Gebilde könne man nicht als Staat, sondern nur als „Staatsfragment" bezeichnen. Über den Begriff „Staatsfragment", den Brill erstmals in die Diskussion gebracht hatte[74], war er auch nicht sehr glücklich. Er hatte aber, obwohl er sich den Kopf darüber zerbrochen hatte, keinen besseren gefunden.

Die Juristen waren in Herrenchiemsee weitgehend unter sich. Für sie hatten die feinen Begriffsunterschiede, die dem juristischen Laien wie Rabulistik anmuten, erhebliche Bedeutung. Durch die begriffliche Unterscheidung zwischen Staat und Staatsfragment gelang es Schmid, sein Provisoriumskonzept in abgeschwächter Form wieder ins Gespräch zu bringen. Es fand in der maßgebend von ihm mitformulierten Präambel für ein zukünftiges Grundgesetz seinen Niederschlag, nach der in den Ländern der Westzonen „vorläufig" eine den „Aufgaben der Übergangszeit dienende Ordnung der Hoheitsbefugnisse" geschaffen werden sollte[75]. Der Bund deutscher Länder – so sollte das zukünftige „Staatsfragment" heißen – stand allen anderen Teilen Deutschlands offen. Carlo Schmid hatte die Formulierung „Jeder Teil Deutschlands kann dem Bund beitreten" vorgeschlagen, nachdem einige für den von ihm ganz entschieden abgelehnten Begriff „anschließen" plädiert hatten[76]. Da man sich nicht einigen konnte, nahm man Zuflucht zu der oben erwähnten Kompromißformel. Die große Mehrheit der Teilnehmer stimmte Schmids Forderung zu, in das Grundgesetz eine Klausel aufzunehmen, wonach es an dem Tag seine Geltung verliert, „an dem eine von dem deutschen Volke in freier Selbstbestimmung beschlossene Verfassung in Kraft tritt"[77]. Bei den Bayern freilich stieß Schmid auf Granit. Sie beharrten auf ihren Präambelentwurf, in dem der Föderalismus zum Vehikel der deutschen Einheit erklärt wurde[78].

Den Bayern war nur an der Durchsetzung ihres föderalistischen Maximalprogramms gelegen. Über die Begriffe Staat oder Staatsfragment mochten sie sich nicht streiten. Der bayrische Abgesandte Schwalber nahm kein Blatt vor den Mund und verkündete ganz offen: „Ob man das neue Gebilde ein Staatsfragment oder einen Staat nennen soll, darüber kann man geteilter Meinung sein. Aber in der Sache selbst werden wir ein Gebilde schaffen müssen, das in seinen Grundelementen nichts anderes sein kann als ein Staat, ob wir ihn nun so bezeichnen oder nicht."[79] Schmid belehrte die Bayern: „nomina sunt omina"[80]. Später bei der Auseinandersetzung um die Anerkennung der DDR sollte die Begriffsunterscheidung zwischen Staat und Staatsfragment, durch die sowohl die Bundesrepublik als auch die DDR als bloße Übergangsgebilde angesehen werden konnten, entscheidende Bedeutung gewinnen[81].

Die Bayern waren so fixiert auf ihr föderalistisches Programm, daß sie es versäumt hatten, in ihren Grundgesetzentwurf einen Grundrechtskatalog aufzunehmen. Schmid verwies diesmal nicht nur auf die Werteordnung, die die Grundrechte begründeten, sondern auch auf ihre Bedeutung für den Freiheitskampf der Menschen in der sowjetischen Besatzungszone. Wenn es eine Magnetwirkung des Westens gab, so konnte sie nach Schmids Empfinden nicht vom westlichen Wohlstand, sondern nur von den Freiheitsrechten ausgehen[82]. Massenkonsum hatte für den humanistischen Gelehrten immer etwas Korrumpierendes an sich.

Es gab fast keinen Artikel des Grundrechtsteils, zu dem Schmid keine Vorschläge machte. Der alles regierende Artikel 1 des Grundrechtsteils trug seine Handschrift: „Der Staat ist um des Menschen willen da, nicht der Mensch um des Staates willen. Die Würde der menschlichen Personalität ist unantastbar. Die öffentliche Gewalt ist in allen ihren Erscheinungsformen verpflichtet, die Menschenwürde zu achten und zu schützen."[83] Seine Anregung, dem Bund das Recht einzuräumen, durch Gesetz Hoheitsrechte auf zwischenstaatliche Einrichtungen zu übertragen, wurde einmütig aufgegriffen. Enge Bindungen an die westeuropäische Gemeinschaft hielten alle für notwendig, egal ob sie Vertreter eines Weststaats- oder Provisoriumskonzepts waren. Der Abschnitt über die völkerrechtlichen Grundsätze war ebenfalls sein Werk. Da ihm in puncto Völkerrecht niemand das Wasser reichen konnte, konnte er hier ohne Abstriche seine Vorstellungen durchsetzen. Bei der Ausformulierung der völkerrechtlichen Grundsätze griff er auf seinen Entwurf für die Verfassung Württemberg-Badens zurück.

Die große Kontroverse brach beim Thema Föderalismus aus. Der bayrische Entwurf sah als zweite Kammer einen Bundesrat vor, der gleichberechtigt an der Gesetzgebung des Bundes beteiligt werden sollte. Darüber hinaus wurde dem Organ der Landesregierungen das Recht eingeräumt, bei der Wahl des Bundespräsidenten, der Ernennung bzw. dem Rücktritt des Bundeskanzlers und bei der Bestimmung der Bundesminister entscheidend mitzuwirken[84]. Auch Schmid war Befürworter eines Zweikammersystems, aber er plädierte wie schon bei den Verfassungsberatungen in Württemberg-Baden für einen Senat. Die Entscheidung für einen Bundesrat oder einen Senat war für ihn eine „politische Stilfrage“ – in politologischer Terminologie ausgedrückt: sie war für ihn eine Frage der politischen Kultur. In einer luziden Analyse zeigte er die Strukturmängel des Bundesratssystems auf. Durch die Einrichtung eines Bundesrates fördere man das „Stilelement Bürokratie“ im zukünftigen politischen Leben und somit das obrigkeitsstaatliche Denken der Deutschen, denn durch das „vortreffliche“ deutsche Beamtentum seien in Deutschland die Impulse „zurückgestaut“ worden, „die in anderen Ländern dazu geführt haben, daß das Volk verlangte, selbst den tätigsten Anteil an der Besorgung und Bestimmung der öffentlichen Angelegenheiten nehmen zu dürfen“[85]. Es sprach für Schmids Weitsicht, daß er bereits 1948 die Gefahr einer parteipolitischen Überlagerung des Bundesratssystems erkannte: „Eine Landesregierung wird (...) nicht so sehr vom Sachlichen aus Stellung nehmen, sondern höchst wahrscheinlich in sehr vielen, vielleicht in den meisten Fällen von dem Gesichtspunkt aus: Störe ich nicht dadurch meine Koalition im Lande? Ich fürchte, das sachliche Element, das durch den Bundesrat so sehr gewährleistet erscheint, könnte wesentlich durch ein parteipolitisches Element getrübt werden.“[86] Die Folge einer solchen Entwicklung sei eine Schwächung, nicht eine Stärkung des Gewaltenteilungsprinzips. Schmids Ablehnung des Obrigkeitsstaatsdenkens mündete nicht in ein Bekenntnis zur Parteiendemokratie, sondern in ein Plädoyer für einen Senat, für ein Gremium von Männern „wirklicher innerer Unabhängigkeit“, das von den Landtagen gewählt werden sollte. Der Senator war für ihn der Repräsentant einer echten verantwortlichen Demokratie, in ihm konnte das Politische mehr als bisher personalisiert werden. Politik mußte vergegenwärtigt werden. Der demokratische Staat und seine Institutionen nahmen in den überragenden Persönlichkeiten, die im Senat saßen, bildhaft Gestalt an[87]. Ein elitäres Ideal! Schmid machte nie einen Hehl aus seiner Auffassung, daß auch eine Demokratie auf eine Elite nicht verzichten könne.

Im übrigen hatte er wieder einmal zu verstehen gegeben, daß die Parteien für ihn ein notwendiges Übel waren. Der Senat, in dem im Idealfall eine Elite Wissen und Macht verkörperte, war als Korrektiv gegen die Torheit der Parteien gedacht. Das Echo auf Schmids Ausführungen war geteilt. In Brill, der in den dreißiger Jahren Anhänger eines sozialistischen Elitegedankens war, fand er einen beredten Verbündeten. Die Vertreter Bayerns ließen sich durch Schmids Stilbetrachtungen nicht von ihren föderalistischen Absichten abbringen.

In der Frage Senat oder Bundesrat konnte ebensowenig Einigkeit erzielt werden wie in der Frage einer zukünftigen Finanzverfassung. Die bayrische Delegation wäre am liebsten zu dem unter Bismarck eingeführten System der Matrikularbeiträge zurückgekehrt. Sie fand aber kaum jemanden, der ihren Standpunkt teilte. Auf das allgemeine Feilschen um den Anteil am Steueraufkommen antwortete Schmid mit gründsätzlichen Überlegungen, in denen er zum Teil wiederholte, was er schon ein Jahr zuvor im Stuttgarter Friedensbüro gesagt hatte. Man solle nicht außer acht lassen, „daß es zur Aufgabe des Bundes werden muß, überall in Deutschland einigermaßen vergleichbare Lebensbedingungen zu schaffen.“ [88] Die Finanzpolitik sei einer der „wichtigsten Faktoren“ bei dieser Aufgabe. Auch dürfe man nicht übersehen, daß die Reparationen, die Besatzungskosten und Kriegsfolgelasten vom Bund getragen werden mußten. Den extremen Föderalisten könne man nur antworten: „Die beste Waffe gegen Separationen sind (...) Reparationen.“ [89] Wenn man schon keine Bundesfinanzverwaltung wolle, müsse man zumindest auf dem Wege „zentraler Inspektionen“ für eine „einigermaßen einheitliche Handhabung“ der Steuerverwaltung sorgen. Schmid war bemüht, durch praktische Erwägungen die emotional aufgeladene Debatte um Föderalismus und Zentralismus, die oft nur ein Gefecht über Scheinprobleme war, zu versachlichen.

Schmid war Föderalist, aber mit den bayrischen Föderalisten verband ihn nichts. Der Verteidiger des Senatssystems war der größte Widersacher bayrischer Bundesratspläne. Wer Schmid zum großen Gegner des sozialdemokratischen Zentralismus aufbaut, baut einen Popanz auf. Die Schlagworte Zentralismus–Föderalismus sind viel zu pauschal, um die einzelnen Standpunkte zu differenzieren.

Schmids geistvollen Reden folgten die Konventsteilnehmer fast immer mit großer Aufmerksamkeit. Auch wenn er manchmal eher literarisch als politisch vorging, wie Brill bemängelte[90], wurden seine Vorschläge doch häufig aufgegriffen. So z. B. das von ihm in die Diskussion gebrachte konstruktive Mißtrauensvotum. Der bayrische Entwurf hatte eine Regierung auf Zeit favorisiert. Schmid machte deutlich, daß man ein System, das sich in den USA und in der Schweiz bewährt hatte, nicht einfach auf deutsche Verhältnisse übertragen konnte. In Deutschland fördere eine Regierung auf Zeit die Tendenz, in Zeiten politischer Krisen Zuflucht zur Bürokratie zu nehmen. Er versäumte es nicht, den Bayern einen Seitenhieb zu verpassen: Man könne doch die ganze Parlamentsgeschichte nicht als einen „Irrweg" darstellen. „Die Monarchie ist nicht mehr die Staatsform unseres Jahrhunderts."[91] Der Konsens über die Einrichtung eines parlamentarischen Regierungssystems war so groß, daß die bayrischen Abgesandten zurückstecken mußten. Die Einführung eines konstruktiven Mißtrauensvotums schien den meisten Konventsteilnehmern eine ausreichende Garantie dafür, daß es nicht wieder wie in Weimar zu permanenten Regierungskrisen kommen werde. Dessen stabilisierende Wirkung war auch bei den Verhandlungen des Parlamentarischen Rates so unumstritten, daß es ohne längere Diskussion in das Grundgesetz aufgenommen wurde.

Schmid war kein Freund der Parteiendemokratie. Trotzdem oder gerade deswegen wollte er die Verfassung so gestalten, daß die Parteien zu mehr Verantwortung und zum Kompromiß gezwungen wurden. Auf jeden Fall mußte das Notverordnungsrecht gegenüber dem der Weimarer Verfassung erheblich beschränkt werden. Der bayrische Entwurf räumte unter dem Vorbehalt der Zustimmung des Bundesrats der Bundesregierung das Notverordnungsrecht ein. Schmid mochte sich mit dieser Regelung nicht einverstanden erklären: „Die Hauptgefahr eines Notverordnungsrechts in der vorliegenden Formulierung liegt nicht so sehr darin, daß es eine neue Diktatur heraufführen könnte, sondern darin, daß es von verantwortungsscheuen Parteien als deus ex machina betrachtet wird, der es ihnen erlaubt, sich agitatorisch statt verantwortlich zu verhalten. Sie wissen nämlich, die letzte Gefahr, daß der Staatsapparat nicht bestehen bleibt, wird dadurch behoben, daß die Regierung im letzten Augenblick mit einer Notverordnung das Richtige tun wird. Darin erblicke ich die eigentliche Gefahr für das parlamentarische Leben überhaupt."[92] Auch Schmid war der Meinung, daß man auf ein Notverordnungsrecht nicht gänzlich verzichten konnte. Er schlug vor, die Anordnung des Notstands zu befristen, so daß sie umgehend aufgehoben werden mußte, wenn das Parlament sie nicht nach acht bis vierzehn Tagen bestätigt. Der rheinland-pfälzische CDU-Vorsitzende Adolf Süsterhenn pflichtete ihm bei, fügte aber mokant hinzu, daß Schmids Ausführungen nicht gerade „von einem übertriebenen Vertrauen zu dem Verantwortungsbewußtsein" der Parteien getragen seien[93]. Offensichtlich dachte er, daß ein Sozialdemokrat ein innigeres Verhältnis zu den Parteien, insbesondere zu der eigenen haben müsse. Die von Schmid vorgeschlagene Regelung wurde in den Konventsentwurf aufgenommen.

Es war das Hauptanliegen fast aller Konventsteilnehmer, die Strukturmängel der Weimarer Verfassung zu beseitigen. Alle stimmten Schmid zu, daß Verfassungsdurchlöcherungen durch mit Zweidrittelmehrheit beschlossene Verfassungsänderungen nicht mehr vorkommen durften. Er hatte ausgeführt, daß das politische System Weimars nicht zuletzt dadurch diskreditiert worden sei, „daß auf der einen Seite die Verfassung geschrieben stand, als wäre sie in Bronze für die Ewigkeit gegossen, während man sie andererseits mit Zweidrittelmehrheit ohne weiteres ändern konnte“[94]. Der Grundsatz, daß die Werteordnung des Grundgesetzes vor Verfassungsbrüchen zu schützen sei, fand seinen Niederschlag in Artikel 108 des Herrenchiemseer Entwurfs: „Anträge auf Änderung des Grundgesetzes, durch die die freiheitliche und demokratische Grundordnung des Grundgesetzes beseitigt würde, sind unzulässig.“[95]

Auch über die Einrichtung eines Bundesverfassungsgerichts als „Hüter der Verfassung“ konnte sehr schnell Einigung erzielt werden. Schmid warnte abermals vor einer „déformation professionnelle“ der Richter und schlug deshalb die Zulassung von Laienrichtern vor. Er konnte gute Gründe dafür ins Feld führen. Der zukünftige Verfassungsgerichtshof werde in der Mehrzahl der Fälle über Rechtsfragen zu entscheiden haben, die in Wirklichkeit politische Fragen sind. „Kühle Techniker des Rechts“, die sich „bewußt Scheuklappen an die Augen binden“, seien nicht unbedingt dazu geeignet, in Streitigkeiten Urteile zu fällen, die sich ohne „politische Stellungnahme“ nicht entscheiden lassen[96]. Schmids Hinweis auf die „déformation professionnelle“ der Juristen erzeugte auch bei den Juristen Heiterkeit, sein Plädoyer für ein Laienrichtertum wurde nur von einem Teil der Konventsteilnehmer unterstützt. Man ließ die Frage offen.

Schmid war zufrieden mit dem Verlauf der Herrenchiemseer Tagung, die oft das Niveau eines hochrangigen juristischen Kollegs hatte, wenn auch keiner der Verfassungsexperten sich nur als neutraler juristischer Sachverständiger verstand. Der große Kontrahent Schmids war der bayrische Staatsminister Anton Pfeiffer gewesen, der die Organisation des Konvents fest im Griff hatte und in 195 Wortmeldungen die bayrische Position lautstark vertrat. Brill hatte nach Pfeiffer am häufigsten in die Debatte eingegriffen. Schmid, der gar nicht so redselig war, wie man ihm oft nachsagte, brachte es nur auf bescheidene 62 Wortmeldungen[97]. Trotzdem gelang es ihm, dem Konventsentwurf in weiten Teilen seinen Stempel aufzudrücken. Vielleicht war der Entwurf für ein „Staatsfragment“ – nicht zuletzt, weil Schmid den Eros des Nomotheten nicht hatte zügeln können – etwas zu perfektionistisch geraten. Schmid wollte den Widerspruch nicht sehen. Er war befriedigt, daß die Mehrheit der Konventsteilnehmer sich mit der Errichtung eines „Staatsfragments“ begnügt hatte und er so zumindest zum Teil sein Provisoriumskonzept noch hatte retten können. Wenn die anderen Entwürfe für eine Vollverfassung vorlegten, so konnte man nicht abseits stehen, sondern mußte versuchen, möglichst viel Einfluß auf deren Ausgestaltung zu nehmen.

In einer Schlußansprache würdigte Schmid die Arbeit des Konvents als einen „Grundstein" für einen „Notbau", „der vielleicht eine in ganz besonderem Maße bedeutsame geschichtliche Funktion zu erfüllen (hat), eine geschichtliche Funktion, die vielleicht darin besteht, die deutsche Freiheit über diese böse Zeit hinwegzuretten"[98]. Sein Dank an die bayrischen Gastgeber wäre möglicherweise nicht so überschwenglich ausgefallen, wenn er geahnt hätte, daß diese die Ergebnisse der Tagung im Sinne ihrer Föderalismuskonzeption uminterpretierten. Pfeiffer, der mit der Schlußredaktion des Konventsberichtes beauftragt wurde, verstand es, die Ausschußberichte so umzuschreiben, daß keiner mehr erkennen konnte, daß die bayrische Position die Position einer kleinen, von den übrigen Teilnehmern nicht ganz ernst genommenen Minderheit war[99]. So mußte Schmid in seinen öffentlichen Verlautbarungen über die Herrenchiemseer Tagung immer wieder ausdrücklich unterstreichen, daß in der Föderalismusfrage keine Einigung erzielt worden war[100].

Die Reaktion der SPD-Parteizentrale auf den Verfassungskonvent war vernichtend. In einem unmittelbar nach Abschluß des Konvents abgegebenen parteioffiziellen Statement erklärte SPD-Pressechef Fritz Heine, daß es sich bei den Entwürfen des Konvents allenfalls um Vorarbeiten handle, die der Parlamentarische Rat entweder „in den Papierkorb werfen kann oder aus denen er einige Anregungen entnehmen wird"[101]. Das war eine schallende Ohrfeige für die sozialdemokratischen Teilnehmer des Konvents, die Schmid noch dreißig Jahre später schmerzte[102]. Offensichtlich war man gewillt, eine Retourkutsche gegen Schmids Kritik an dem Verfassungsentwurf Menzels zu fahren. Menzel war auf Herrenchiemsee ohnehin nicht gut zu sprechen. Er hatte den Verfassungskonvent in Nordrhein-Westfalen versammeln wollen. Schmid wurde zur Zielscheibe innerparteilicher Kritik. In einer Ende August stattfindenden Parteivorstandssitzung bezeichneten Eichler, Heine und Menzel den Entwurf des Verfassungskonvents als „Verrat" an dem im Mai 1948 in Springe gefaßten Parteivorstandsbeschluß. Man forderte allen Ernstes eine Rückkehr zu den Koblenzer Beschlüssen, als ob sich die Geschichte einfach zurückdrehen ließe[103]. Entweder hatte Schmid die Sitzung schon verlassen oder er war sprachlos. Auf der Niederwald-Konferenz hatte ihn keiner unterstützt, und jetzt da er sich wohl oder übel mit dem dort gefaßten Beschluß abgefunden hatte, verlangten die Genossen eine Rückkehr zu den Koblenzer Beschlüssen. Der Vorwurf, daß der Entwurf zu perfektionistisch sei, hätte eine gewisse Berechtigung gehabt. Aber dieser Pauschalverriß war ganz offensichtlich ad hominem gemeint. An dem föderalistischen Charakter des Entwurfs störte man sich erstaunlicherweise nicht allzu sehr.

Ollenhauer dämpfte wieder einmal die aufgewühlten Emotionen. Die Fraktion des Parlamentarischen Rates sei an die Beschlüsse von Herrenchiemsee nicht gebunden[104]. In dem über die Parteivorstandssitzung herausgegebenen Pressekommuniqué wurde der Entwurf von Herrenchiemsee als „wertvolle Materialsammlung" deklariert, die – das hatte Schmid nie bestritten – jedoch „in keiner Weise die Entschlußfreiheit des Parlamentarischen Rates" begrenze. Maßgebend für die Arbeit der SPD im Parlamentarischen Rat seien der Entwurf Walter Menzels und die Richtlinien des Verfassungspolitischen Ausschusses der Partei[105].

In der Parteizentrale wollte man nicht einsehen, daß der Menzel-Entwurf Schnee von gestern war. Menzel war zwar dabei, den Entwurf zu überarbeiten und griff notgedrungen auch einige Vorschläge Schmids und des Herrenchiemseer Konvents auf. Dem Entwurf wurde jetzt eine Präambel vorangestellt, die von Schmid formulierten völkerrechtlichen Grundsätze wurden in den Entwurf aufgenommen. Doch auch der am 2. September veröffentlichte Entwurf war grundsätzlich noch einem radikalen Provisoriumskonzept verpflichtet. Ein Grundrechtsteil fehlte noch immer, obwohl die Alliierten die Aufnahme von Grundrechten in die zukünftige deutsche Verfassung vorgeschrieben hatten. Im Hinblick auf alliierte Forderungen trug Menzel dem Gedanken des Föderalismus in dem zweiten Entwurf etwas mehr Rechnung als in dem ersten. Differenziert wurde jetzt analog zu dem Herrenchiemseer-Entwurf zwischen ausschließlicher und Vorranggesetzgebung des Bundes, wobei hier der Menzel-Entwurf nur auf dem Gebiet des Steuer- und Finanzwesens dezidiert zentralistischer ausfiel als der Konventsentwurf[106]. In diesem Punkt gab es überhaupt keinen Gegensatz zwischen dem Innenminister Nordrhein-Westfalens und Schmid, der auf dem Parteitag Mitte September in Düsseldorf noch einmal bekräftigte, daß keine „Steueroasen" geschaffen werden dürften. Die Herstellung einheitlicher Lebensverhältnisse müsse der leitende Gesichtspunkt bei der Ausarbeitung der Finanzverfassung sein[107]. Ansonsten sagte er auf dem Parteitag nur, was er schon auf Herrenchiemsee gesagt hatte, ohne freilich den verpönten Konvent auch nur einmal zu erwähnen.

Das Parteitagsreferat Kurt Schumachers verlas wegen dessen schwerer Erkrankung der Kieler Oberbürgermeister Andreas Gayk. Auch Schumacher hielt noch an der radikalen Provisoriumsidee fest. Er erklärte die Verhandlungen von Koblenz, Frankfurt, Herrenchiemsee und Bonn gleichermaßen zu einem Diktat der Siegermächte, die von den Deutschen „staatsrechtliche Konstruktionen" verlangten, die für das „Funktionieren nicht nötig sind"[108]. Schmid pflichtete Fritz Erler bei, daß man Schumachers Referat anmerke, daß es vom Krankenbett aus geschrieben worden war[109].

Das Verhältnis zwischen dem SPD-Parteivorsitzenden und Schmid scheint im Spätsommer 1948 äußerst gespannt gewesen zu sein. Es kursierte ein verfasserloser Bericht, nach dem Schumacher vierzehn Tage vor dem Parteitag vor einer „fürchterliche(n) Majorisierung in Bonn durch die süddeutschen Föderalisten" gewarnt hatte, wobei er Hoegner und Schmid in einem Atemzug genannt haben soll. Nach dem Bericht, der auch Schmid zuging, hatte Schumacher den Landesvorsitzenden der SPD Württemberg-Hohenzollerns für „Rechtstendenzen" in der Partei verantwortlich gemacht, die gefährlicher seien als „kommunistische Unterwanderungsversuche"[110]. Ob Schumacher sich tatsächlich so geäußert hat oder ob einer seiner Mitarbeiter ein Gerücht in Umlauf gesetzt hatte, um die beiden Rivalen aufeinanderzuhetzen, sei dahingestellt. Schmid wollte nicht glauben, daß Schumacher sich so über ihn geäußert habe[111]. Aber auszuschließen ist das nicht. Schmids Ansehen wuchs ständig und damit auch seine Chance, sich zumindest in Sachfragen gegen Schumacher durchzusetzen. Wie dem auch sei: Schmid stand kurz vor Aufnahme der Beratungen des Parlamentarischen Rates im Kreuzfeuer innerparteilicher Kritik. Der Parteiapparat stand hinter Walter Menzel, während Schmid für eine Entwicklung verantwortlich gemacht wurde, gegen die er wie ein Don Quichotte gekämpft hatte. Schmid tat gut daran, die ganzen Querelen mit Schweigen zu übergehen. Er konnte davon ausgehen, daß nach Aufnahme der Verhandlungen im Parlamentarischen Rat der Parteivorstandsbeschluß bald Makulatur sein würde. Dort wurden dann auch die Beschlüsse von Herrenchiemsee und nicht der Menzel-Entwurf zum Leitfaden der verfassungspolitischen Debatte.

Am 13. August wurden Carlo Schmid und Paul Binder vom Bebenhausener Landtag in den Parlamentarischen Rat delegiert. Der Wahl ging ein Tauschgeschäft voraus, das Gebhard Müller eingefädelt hatte. Auch Josef Müller mag seine Hand im Spiel gehabt haben. Aufgrund ihrer absoluten Mehrheit im Landtag Württemberg-Hohenzollerns hätte die CDU das Recht gehabt, zwei Abgeordnete in den Parlamentarischen Rat zu delegieren. Man vereinbarte, Schmid zu wählen, wenn dafür die SPD in einem anderen Bundesland auf einen ihrer Sitze verzichtete. Begründet wurde der Tauschhandel mit Schmids hervorragenden verfassungspolitischen Kenntnissen und seiner Kompromißbereitschaft. Er galt geradezu als ein Garant für einen Verfassungskompromiß[112]. Adenauer argwöhnte, daß Schmids Fürsprecher die Weichen für eine große Koalition stellen wollten. Gebhard Müller mag noch einen anderen Hintergedanken gehabt haben. Es war für ihn, der einen autoritären Regierungsstil pflegte, leichter die Zügel der Regierungsgeschäfte in die Hand zu bekommen, wenn sein dominanter Stellvertreter in Bonn verhandelte, als wenn er ständig mit am Kabinettstisch saß. Im übrigen wäre Schmid wahrscheinlich auch ohne Müllers Schachergeschäft aufgrund des hohen Ansehens, das er im Bebenhausener Landtag genoß, nach Bonn delegiert worden. Müller gab das später ganz offen zu[113].

Am selben Tag, an dem Schmid in den Parlamentarischen Rat entsandt wurde, wurde Bonn zum Sitz desselben gekürt. Schmid hatte vorgeschlagen, um den vorläufigen Charakter des zukünftigen Staatsgebildes zu unterstreichen, in einer Barackenstadt an der Demarkationslinie zu tagen. Er maß einer symbolischen Politik hohe Bedeutung bei. Die Pragmatiker hatten dafür wenig Verständnis. Sein Vorschlag wurde mit Lachen quittiert[114]. So machte er sich Ende August auf den Weg in die rheinische Provinzstadt, um sich dort ein Zimmer zu suchen. Noch hoffte er, daß die Beratungen in einem, spätestens in zwei Monaten beendet sein würden.

Das zähe Mühen um den Verfassungskompromiß

Die Bonner Stadtverwaltung verfiel am 13. August in hektische Aktivität. Innerhalb von acht Tagen versuchte man der rheinischen Universitätsstadt, die bisher neben Studenten vor allem Rentner angezogen hatte, das Flair einer kommenden Bundeshauptstadt zu geben. Straßen wurden ausgebessert, Plätze und Anlagen herausgeputzt, Quartiere ausfindig gemacht. Trotzdem blieb alles etwas beengt. Carlo Schmid fand zusammen mit dem schleswig-holsteinischen Justizminister Rudolf Katz in einer in der Bonner Nordstadt gelegenen Pension Unterkunft[1]. Das Quartier war ebenso bescheiden wie die damaligen Abgeordnetendiäten: 350,– DM pro Monat zuzüglich 30 Mark Tagegeld[2]. Die Streitigkeiten mit dem 1946 aus dem amerikanischen Exil zurückgekehrten Katz im Vorfeld der Bonner Beratungen waren schon vergessen. Schmid und Katz arbeiteten im Parlamentarischen Rat eng zusammen. Schmid konnte sich darauf verlassen, daß Katz, der über ausgezeichnete Kenntnisse des amerikanischen Verfassungsrechts verfügte, im Organisationsausschuß ganz in seinem Sinne handelte.

Am 1. September 1948 um 15.24 Uhr trat in der Aula der renovierten Pädagogischen Akademie der Parlamentarische Rat zu seiner konstituierenden Sitzung zusammen. In einem vorausgegangenen Festakt im Museum Koenig hatten die Ministerpräsidenten den Parlamentarischen Rat offiziell mit der Ausarbeitung des Grundgesetzes beauftragt. Ein Verzicht auf ihre politische Treuhänderrolle war dies nicht. Einige Ministerpräsidenten, allen voran der bayrische Ministerpräsident Hans Ehard, waren durchaus gewillt, ein entscheidendes Wort bei der Verfassunggebung mitzureden[3]. Aber ihr politischer Einfluß sank schneller, als sie sich das gedacht hatten. Auch Carlo Schmid, der tags zuvor mit ihnen über die Probleme der Länderneugliederung debattiert hatte[4] und auch an den folgenden Konferenzen der Ministerpräsidenten teilnahm, überschätzte ihre Rolle. Er hatte geglaubt, daß bei den Grundgesetzberatungen den

Ministerpräsidenten und den Parteispitzen der entscheidende Einfluß zukommen werde. So wurde von ihm wie auch von der SPD die Rolle des Präsidenten des Parlamentarischen Rates unterschätzt.

Nach interfraktionellen Vereinbarungen zwischen CDU und SPD, die beide 27 Abgeordnete in den Parlamentarischen Rat entsandt hatten, wurde am 1. September Konrad Adenauer zum Präsidenten gewählt. Zum Ausgleich dafür bekam Carlo Schmid den Vorsitz im Hauptausschuß. Auf SPD-Seite glaubte man, einen großen Coup gelandet zu haben. Der alte Fuchs war auf einen Ehrenplatz gehievt worden, während man selbst im Hauptausschuß dem Grundgesetz einen sozialdemokratischen Stempel aufdrücken konnte[5]. Zunächst sah es auch so aus, als ob diese Rechnung aufginge. Mitte November empörte sich Adenauer in einer Sitzung der CDU/CSU-Fraktion darüber, daß Schmid im Hauptausschuß darauf aus sei, „alles unter sozialdemokratischer Flagge laufen zu lassen“[6]. Doch die Repräsentationsaufgabe verschaffte Adenauer schnell öffentliches Ansehen und vor allem den Zugang zu den Machthabern: den Militärgouverneuren. Schmid konstatierte später mit Erbitterung, daß die Wahl Adenauers zum Präsidenten „einer der verhängnisvollsten Fehler der SPD nach dem Krieg gewesen“ sei. „Wenn die SPD damals die Präsidentenposition bekommen hätte, wäre vielleicht vieles anders gelaufen (...).“[7] Ein Fehler war es sicherlich, aber ein verhängnisvoller wohl kaum. Die Geschichte wäre wahrscheinlich auch nicht viel anders verlaufen, wenn Schmid das Präsidentenamt bekommen hätte. Sein Ansehen war nach Abschluß der Beratungen des Parlamentarischen Rats mindestens ebenso groß wie das Adenauers und Zugang zu den Militärgouverneuren hatte auch er, die ihm freilich wegen seiner unnachgiebigen Haltung weniger wohlwollend gesonnen waren als dem Präsidenten des Parlamentarischen Rates. Schmid schuf einen Mythos, um die wirklichen Gründe für sein späteres Scheitern nicht nennen zu müssen.

Gewiß, Schmid hatte die undankbarere Rolle übernommen. Auf ihm als Hauptausschußvorsitzenden lag die Hauptlast der Verfassungsarbeit, während sein politischer Kontrahent sich bei der Ausformulierung der Verfassungsartikel vornehm zurückhielt. Mehr als ein Komma steuerte Adenauer zum Verfassungstext des Grundgesetzes nicht bei[8]. Persönlich begegnet sind sich die beiden Rivalen erstmals im Anschluß an die Eröffnungssitzung des Parlamentarischen Rates, die nicht einmal eine Stunde währte. Schmids Antrag, die Berliner Vertreter an den Arbeiten des Parlamentarischen Rats mit beratender Stimme teilnehmen zu lassen, hatte mit Ausnahme der Kommunisten den Beifall des ganzen Hauses gefunden[9]. Das erste Zusammentreffen von Adenauer und Schmid war wahrscheinlich von gegenseitigem Mißtrauen und Vorurteilen geprägt. Für den frischgewählten Präsidenten des Parlamentarischen Rats war Schmid der Mann der Franzosen, ein mit Phantasie begabter Schöngeist, der obendrein recht eitel war[10]. Dabei verkannte Adenauer nicht, daß ihm ein hervorragender Staatsrechtler gegenübersaß. Gebhard Müller bekam die Leviten gelesen, weil er nicht verhindert hatte, daß die SPD ihr bestes Pferd im Stall ins Rennen schicken konnte[11]. In der SPD stand Adenauer im Rufe, ein katholischer Erzreaktionär zu sein, der sich vom Großkapital vor den Wagen spannen ließ. Schmids Bild von Adenauer blieb davon nicht ganz unbeeinflußt[12]. Außerdem hatte er von Arnold, dem Ministerpräsidenten Nordrhein-Westfalens, gehört, daß man Adenauer kein Wort glauben dürfe[13].

Das Gespräch war nicht mehr als ein erstes Abtasten. Später raufte man sich um der Sache willen zusammen und im Bundestag schließlich wurde das Verhältnis trotz aller politischer und menschlicher Gegensätze sogar konziliant. Adenauer soll die erste Unterredung mit den Worten beendet haben: „Was uns beide unterscheidet, ist nicht nur das Alter, es ist noch etwas anderes: Sie glauben an den Menschen, ich glaube nicht an den Menschen und habe nie an den Menschen geglaubt."[14] Die Worte mögen so gefallen sein oder auch nicht. Sie treffen jedenfalls den Gegensatz zwischen Adenauer und Schmid nicht ganz. Schmid, der in früheren Jahren die Welt und die Menschen mit den Augen Nietzsches betrachtet hatte, vertraute nicht naiv auf das Gute im Menschen. Nicht an den Menschen glaubte er, sondern an dessen Erziehbarkeit. So war auch die Verfassungsschöpfung für ihn ein Stück Bürgerpädagogik. Er wollte die Bürger dazu bringen, daß sie „ihre Schlafmützen vom Kopfe ziehen und selber tätig werden"[15]. Schmid mochte den deutschen Michel nicht. Adenauer versuchte ihn zu kultivieren. Der Präsident des Parlamentarischen Rates hielt es für das beste, wenn das Volk sich aus der Politik heraushalte. Das sei am ehesten dadurch zu erreichen, daß man jedem zu einem Häuschen mit Garten verhelfe. Schmid stellte später resigniert fest, daß Adenauers Rezept erfolgreich war[16].

Die Arbeit im Parlamentarischen Rat beanspruchte ihn weit mehr, als er dies zunächst erwartet hatte. Zwei Wochen nach Beginn der Verhandlungen klagte er Möbus, seinem Stellvertreter im Tübinger Justizministerium: „Ich komme beinahe um vor Arbeit und weiß nicht mehr, wo mir der Kopf steht. In zwei Ausschüssen habe ich den Vorsitz und in einigen anderen Ausschüssen bin ich Berichterstatter."[17] Außer dem Hauptausschußvorsitz hatte er auch noch den Vorsitz im Ausschuß für das Besatzungsstatut. Außerdem war er Mitglied der Ausschüsse für Grundsatzfragen und für Organisationsfragen. Am 1. September hatte ihn die Fraktion nach Absprache mit dem Parteivorstand zum Vorsitzenden gekürt. Im Fraktionsvorstand standen ihm Walter Menzel, der hessische Ministerpräsident Georg August Zinn und der Kieler Oberbürgermeister Andreas Gayk zur Seite[18]. Nestor Paul Löbe fungierte als Berater. Die Fäden der Fraktionsarbeit liefen bei Schmid und Menzel zusammen, der als stellvertretender Fraktionsvorsitzender auch die Berichterstattung an die Parteizentrale übernommen hatte. Das Verhältnis zwischen den beiden Fraktionsvorsitzenden war nach den vorausgegangenen Querelen mehr als gespannt. Zudem verkörperte Menzel den Typus des Bürokraten, mit dem Schmid nun einmal nicht zurecht kam[19]. Die Absprache funktionierte zunächst auch nicht immer. Die gemeinsame Opposition gegen die „Fernlenkung" aus Hannover schweißte die beiden ungleichen Männer dann doch noch zusammen.

Schmid führte die Fraktion am langen Zügel. Protokolle über die Fraktionssitzungen wurden nicht angefertigt, vermutlich deshalb weil der Fraktionsvorsitzende sich eine gewisse Handlungsfreiheit erhalten wollte, und sich niemand fürchten sollte, frei seine Meinung zu sagen. Um eine offene Aussprache nicht zu verhindern, hatte er auch vor einer Veröffentlichung der Ausschußberichte gewarnt[20]. Über Mitarbeiter, an die er die ungeliebte Detailarbeit hätte delegieren können, verfügte er nicht. Ein „altgedienter Parteisekretär aus der Provinz" und eine Sekretärin, Gretel Finckbeiner, waren seine einzigen Hilfen[21]. Er stöhnte, daß er „furchtbar geschunden" werde[22].

Mit der Arbeit am grünen Tisch war es ja nicht getan. Die meisten Absprachen erfolgten in informellen Gesprächen. Abends beim Dämmerschoppen konnte mancher Dissens über einen Verfassungsartikel überwunden werden. Noch waren die abendlichen Stammtische nicht parteiexklusiv. Paul Löbe, der sich dem Parlamentarischen Rat als Mentor zur Verfügung stellte, erzählte, daß im Reichstag mancher Kompromiß dadurch zustande kam, daß sich Abgeordnete verschiedener Fraktionen regelmäßig zum Skatspiel getroffen hatten[23]. Schmid, der ohnehin der Meinung war, daß man am weißen Tisch mehr erreiche als am grünen, beherzigte Löbes Ratschläge. Die zum Teil harten politischen Auseinandersetzungen trübten die menschlichen Kontakte zwischen den Parteien nicht.

Eine Plenardebatte über die verfassungspolitischen Probleme am 8. September diente dem Parlamentarischen Rat als Einstieg in die Beratungen. Die Fraktionen hatten sich darauf geeinigt, keine Parteireden zu halten, sondern die staatsrechtlichen und -politischen Probleme zu umreißen. Das kam Schmid entgegen. Er konnte einmal wieder ein zweistündiges staatsrechtliches Kolleg halten. Ein Großteil seines Referates war eine Wiederholung seiner bereits in Stuttgart und Herrenchiemsee dargelegten verfassungspolitischen Grundsätze. Angesichts der Berlin-Blockade und der Furcht vor einer kommunistischen Machtergreifung in Westdeutschland unterstrich er diesmal eindringlich die Notwendigkeit einer wehrhaften Demokratie. Er rief zum „Mut zur Intoleranz" denen gegenüber auf, „die die Demokratie gebrauchen wollen, um sie umzubringen"[24]. Ansonsten insistierte er auf seine Theorie des Staatsfragments, diesmal unter Hinweis auf das französische Verfassungswort: „La Nation une et indivisible.“[25] Entschieden wandte er sich gegen die sogenannte Kernstaatstheorie. Ein Teil des deutschen Volkes könne nur dann als „Repräsentant der Gesamtnation“ handeln, wenn der andere Teil „durch äußeren Zwang endgültig verhindert worden wäre, seine Freiheitsrechte auszuüben“. Noch aber werde verhandelt[26]. Da er die Westdeutschen nicht als legitime Sprecher der Ostdeutschen betrachtete, legte er Wert auf die Feststellung, daß die künftige Vollverfassung Deutschlands nicht durch Abänderung des Grundgesetzes entstehen könne, sondern neu geschaffen werden müsse[27]. Sein Referat endete mit einem Appell an die Besatzungsmächte, Deutschland nicht weiter „angeschmiedet“ zu halten „wie einen bissigen Kettenhund“[28]. Die Furcht vor einem „Kettenhundnationalismus“ steckte ihm tief in den Knochen.

Seine Theorie des Staatsfragments trug Schmid offensichtlich zu oft und zu pathetisch vor. Der lyrisch begabte Theodor Heuss kommentierte mit bissigem Humor[29]:

> Der Carlo celebriert wie ein Gedicht
> die hohen Worte seines Staatsfragments
> auf jedem Comma wuchtet sein Gewicht
> jetzt die Cäsur, dann fühlsam die Cadenz.

Carlo Schmid schlug mit der gleichen Waffe zurück. Nachdem unter der Führung von Heuss den fünf Mannen in der FDP immer mehr eine Schlüsselstellung zuwuchs, bekam der Fraktionsvorsitzende der FDP einige Spottverse seines Freundes Schmid zu hören[30]:

> Weise verteilet der Heuss seine Gaben, das Ja und das Nein, daß
> Keinem schwelle der Kamm, und bis zum letztesten Tage
> Zucke das Zünglein der Waage und jeglicher merke: es siege
> Schließlich der, dem der Bass Theodors endlich sich neigt.

Nur selten fanden die Helden Zeit zum Sängerwettstreit. In den Ausschüssen mußte eine spröde Arbeit geleistet werden. Schmid drängte auf eine zügige Durchführung der Verfassungsberatungen. Den Fachausschüssen, die die Vorlagen für den Grundgesetzentwurf auszuarbeiten hatten, setzte er in der Hauptausschußsitzung am 15. September enge Termine, „um uferlose Debatten in diesen Ausschüssen einzudämmen“[31]. Der Hauptausschuß würde dann die Vorlagen der Ausschüsse durchzuarbeiten und die verschiedenen Vorschläge zu koordinieren haben. Er selbst konzentrierte seine Mitarbeit auf den Ausschuß für Grundsatzfragen, dem die Ausformulierung der Präambel, des Grundrechtsteils und der völkerrechtlichen Grundsätze oblag.

Vorsitzender des Ausschusses für Grundsatzfragen war Hermann von Mangoldt, der dank der Befürwortung des NS-Dozentenführers in den

30er Jahren an der Rechtswissenschaftlichen Fakultät in Tübingen den Lehrstuhl bekommen hatte, den man Schmid verwehrte. Schmid trug ihm das nicht nach. Die Sitzungen waren geprägt durch eine heiter gelassene akademische Atmosphäre, die es Schmid und Heuss erlaubten, sich über den Gebrauch von Partizipialkonstruktionen bei Cicero und Tacitus zu ereifern. Keiner der beiden verlor sich freilich in Schöngeisterei. Schmid konnte sehr impulsiv in die Debatte eingreifen.

Sein Hauptinteresse galt der Präambel, die „gewissermaßen die Tonart des Stückes" angebe[32]. Sie müsse Aufschluß geben über die historischen und politischen Umstände der Entstehung des Grundgesetzes, die „räumlichen und zeitlichen Grenzen seiner Wirksamkeit", und die Kontinuität des deutschen Volks als Staatsvolk zum Ausdruck bringen. Darüber hinaus müsse aus ihr hervorgehen, daß das Grundgesetz „nicht Selbstzweck" ist, sondern die „heute mögliche Etappe" auf dem Weg zur deutschen Einheit[33]. Zusammen mit Zinn und Heuss bemühte sich Schmid, die aufgezählten Gesichtspunkte in einer Präambel, die möglichst kurz sein sollte, zusammenzufassen. Heuss konnte sich zunächst mit seinen Vorschlägen nicht durchsetzen. Der am 13. Oktober vom Ausschuß für Grundsatzfragen angenommene Präambelentwurf trug die Handschrift Zinns und Schmids, dessen Pathos in den Wortlaut des Entwurfs eingegangen war: „Die nationalsozialistische Zwingherrschaft hat das Deutsche Volk seiner Freiheit beraubt; Krieg und Gewalt haben die Menschheit in Not und Elend gestürzt. Das staatliche Gefüge der in Weimar geschaffenen Republik wurde zerstört. Dem deutschen Volke aber ist das unverzichtbare Recht auf freie Gestaltung seines nationalen Lebens geblieben. Die Besetzung Deutschlands durch fremde Mächte hat die Ausübung dieses Rechts schweren Einschränkungen unterworfen. Erfüllt von dem Willen, seine Freiheitsrechte zu schützen und die Einheit der Nation zu erhalten, hat das Deutsche Volk aus den Ländern" – es folgt die Aufzählung der Länder – „Abgeordnete zu dem auf den 1. September 1948 nach Bonn zusammengerufenen Parlamentarischen Rat entsandt, um eine den Aufgaben der Übergangszeit dienende Ordnung der Hoheitsbefugnisse zu schaffen und so eine neue staatliche Ordnung für die Bundesrepublik Deutschland vorzubereiten. Diese haben unter Mitwirkung der Abgeordneten Groß-Berlins, getragen von dem Vertrauen und bewegt von der Hoffnung aller Deutschen, für das Gebiet, das sie entsandt hat, dieses Grundgesetz beschlossen. Das Deutsche Volk in seiner Gesamtheit bleibt aufgefordert, in gemeisamer Entscheidung und Verantwortung die Ordnung seiner nationalen Einheit und Freiheit in der Bundesrepublik Deutschland zu vollenden." [34]

In der Formulierung „getragen von dem Vertrauen und bewegt von der Hoffnung aller Deutschen" klang eine gesamtdeutsche Treuhänderfunktion des Parlamentarischen Rats an. Theodor Heuss bekannte sich in seinem Präambel-Entwurf ausdrücklich zu einem gesamtdeutschen Mandat des Parlamentarischen Rats, dessen Abgeordnete „bei der Durchführung ihres Auftrags sich als stellvertretend auch für jene Deutschen empfunden (haben), denen die Mitwirkung an dieser Aufgabe versagt war“[35]. Diese Formulierung wurde fast wörtlich in die Präambel des verabschiedeten Grundgesetzes übernommen, wobei durch die Ersetzung des Wortes „empfinden“ durch „handeln“ die gesamtdeutsche Stellvertreterfunktion des Parlamentarischen Rates noch eindeutiger hervorgehoben wurde. So gingen Staatsfragment- und Kernstaatstheorie eine widersprüchliche Verbindung ein, die Stoff für viele juristische Abhandlungen gab. Schmid überging den Widerspruch. Er hatte den Rückzug antreten müssen. Jacob Kaiser, bis 1947 Vorsitzender der Ost-CDU, hatte im Ausschuß für Grundsatzfragen den Wunsch der Menschen in der SBZ zum Ausdruck gebracht, der Parlamentarische Rat möge stellvertretend auch für die Landsleute im Osten sprechen[36]. Diesem Wunsch konnte sich auch Schmid nicht versagen, der nun auch auf das gesamtdeutsche Mandat des Parlamentarischen Rats hinwies[37]. Er mag sich damit getröstet haben, daß das Zweideutige in der Präambel ebenso wie das „Sibyllinische im Ausdruck“ auch seine „politischen Vorteile“ hatte[38]. Allzu viel blieb von seinem Präambel-Entwurf nicht mehr stehen, denn auch eine Stutzung und sprachliche Überarbeitung der Präambel mußte er hinnehmen. Die Mehrheit nutzte es aus, daß er seit November aus zeitlichen Gründen an den Beratungen des Ausschusses für Grundsatzfragen nicht mehr teilnehmen konnte. Der Grundton der Schmidschen Präambel war den meisten zu pathetisch, so daß man sich für nüchternere Formulierungen entschied. Heuss erreichte, daß der Terminus „Ordnung der Hoheitsbefugnisse“ durch „Ordnung des staatlichen Lebens“ ersetzt wurde. Nach und nach nahm man dem Grundgesetz immer mehr seinen provisorischen Charakter, den Schmid jedoch weiterhin hervorzuheben suchte.

Nahezu einmütig erfolgte die Ausarbeitung des Grundrechtsteils, zumindest anfangs, als sich alle noch an die Vereinbarung hielten, nur die klassischen Grundrechte in das Grundgesetz aufzunehmen. Scharf wandten sich sowohl Heuss als auch Schmid gegen eine naturrechtliche Begründung der Menschenrechte, auf die die Vertreter der katholischen Sozial- und Naturrechtslehre großen Wert legten. Schmid gab unter Berufung auf Kant zu bedenken, „daß im allgemeinen jeder das Naturrecht zu bekunden pflegt, das ihm für seine Lebenswünsche am bekömmlichsten erscheint“[39]. Auch der Nationalsozialismus habe seine Rechtstheorie auf das Naturrecht gegründet. Schmid wollte die Menschenrechte in engem Zusammenhang mit der historischen Entwicklung und dem Prozeß der Zivilisation sehen. Schließlich einigte man sich auf die von Heuss vorgeschlagene Formulierung: „Die Würde des Menschen steht im Schutze der staatlichen Ordnung. Sie ist begründet in ewigen Rechten, die das deutsche Volk als Grundlage aller menschlichen Gemeinschaften anerkennt.“[40]

Zum Streit zwischen Heuss und Carlo Schmid kam es bei der Diskussion über den Eigentumsartikel. Schmid war bestrebt, die Eigentumsgarantie so zu formulieren, daß sich niemand aus „unheiligen Motiven in die Heiligkeit des Eigentumsbegriffs flüchten“ konnte[41]. Er schlug deshalb in Anlehnung an die Verfassung Württemberg-Badens folgende Fassung des Artikels vor: „Das der persönlichen Lebenshaltung oder der eigenen Arbeit dienende Eigentum wird zugleich mit dem Erbrecht gewährleistet. Inhalt und Schranken werden durch die Gesetze bestimmt.“[42] Heuss kritisierte, daß die Begriffe „persönliche Lebenshaltung“ und „eigene Arbeit“ beliebig auslegbar seien. Seine wortreichen Ausführungen über die kulturelle Bedeutung des Eigentums wurden von CDU-Seite unterstützt. Gebilligt wurde der gemeinsame Vorschlag des CDU-Abgeordneten Kroll und Heuss’, der in Artikel 14 des Grundgesetzes einging: „Das Eigentum wird zugleich mit dem Erbrecht gewährleistet.“[43] Im Gegenzug erreichte Schmid, daß der Grundsatz der angemessenen Entschädigung bei Enteignungen, durch den in der Vergangenheit eine grundsätzliche Änderung der Wirtschaftsstruktur verhindert worden war, fallengelassen wurde. Bei der Festsetzung der Höhe der Entschädigung sollten neben den Interessen der Betroffenen auch die Interessen der Allgemeinheit berücksichtigt werden[44]. Vehement und erfolgreich focht er auch für die Einfügung eines Sozialisierungsartikels in das Grundgesetz. Den Kritikern, die meinten, der Enteignungsartikel mache einen Sozialisierungsartikel überflüssig, erklärte er, daß die Sozialisierung „nicht als Sonderfall der Individualenteignung zu gelten“ habe, sondern eine „strukturelle Umwandlung der Wirtschaftsverfassung“ sei und deshalb eines Gesetzes bedürfe[45]. Damit legte er die verfassungspolitische Grundlage für die Durchführung einer damals zentralen programmatischen Forderung der SPD.

Nachdem Schmid, unterstützt von Heuss, einen vorsichtigen Versuch von Abgeordneten der CDU, die Frage des Elternrechts in die Debatte zu werfen, abgeblockt hatte, konnte Mitte Oktober die Diskussion über den Grundrechtsteil abgeschlossen werden. Schmid hatte sich wie schon auf Herrenchiemsee für die Unverbrüchlichkeit der Grundrechte eingesetzt und dafür auch den Ausschuß gewinnen können. Selbst im Falle des Notstandes durften seines Erachtens die Grundrechte nicht suspendiert werden[46]. In der SPD-Fraktion hatte sich Menzel lange Zeit gegen die Aufnahme der Grundrechte in das Grundgesetz gewehrt. Sein Bemühen, den Parteivorstand auf seine Seite zu ziehen[47], hatte keinen Erfolg. So gab er schließlich klein bei.

Über die Formulierung der völkerrechtlichen Grundsätze war man sich relativ schnell einig. Man konnte auf Schmids auf Herrenchiemsee zur Diskussion gestellten Vorschläge zurückgreifen. Schmid verwies darauf, daß das Völkerrecht die „einzig wirksame Waffe des ganz Machtlosen“ sei[48]. Hier knüpfte er an Erfahrungen, die er als Referent am Kaiser-Wilhelm-Institut gemacht hatte, an. Die Arbeit dort hatte sein außenpolitisches Denken stark geprägt. Heuss nahm wie schon in Stuttgart Anstoß an der von Schmid vorgeschlagenen verfassungsrechtlichen Fixierung der Kriegsächtung, die er für deklaratorisch hielt[49]. Trotz Schmids Widerspruch wurden nur „Handlungen, die geeignet sind, einen Angriffskrieg vorzubereiten“, für verfassungswidrig erklärt.

Schmid widersprach, weil er durch verfassungsrechtliche Gebote und Verbote das Entstehen einer Nationalarmee ebenso wie den Aufbau „sogenannter Wehrsportvereine“, unter deren Deckmantel der Aufbau einer Armee verschleiert werden konnte, verhindern wollte[50]. Er beharrte darauf, daß das Grundgesetz eine klare und unverklausulierte Verbotsbestimmung für die Waffenherstellung enthalten müsse. Es sei eindeutig festzulegen, daß in Deutschland eben überhaupt „keine Kanonen“ mehr gebaut werden, auch nicht mit Genehmigung der Bundesregierung[51]. Am Ende konnte er sich damit nicht durchsetzen. Erfolgreicher war sein Eintreten für das Recht auf Kriegsdienstverweigerung, das trotz heftigen Widerspruch Heuss' verfassungsrechtlich verankert wurde. Schmid war alles andere als ein radikaler Pazifist. Aber für ihn kam keine nationale, sondern nur eine europäische Verteidigung in Frage.

Seine Empfehlung, in den Entwurf einen Grundsatz aufzunehmen, daß der Bund im Interesse der Aufrechterhaltung des Friedens sein Gebiet in ein System kollektiver Sicherheit einordnen kann, gewann im Herbst 1948 tagespolitische Aktualität. Unter dem Eindruck der Berlin-Blockade wurden im In- und Ausland Stimmen laut, die eine deutsche Wiederbewaffnung in Erwägung zogen[52]. Schmid ging es um eine verfassungsrechtliche Verankerung seines sicherheitspolitischen Programms. Im Rahmen des Laupheimer Kreises hatte er bereits im Frühjahr 1948 mit dem früheren Chef des Generalstabs beim Militärbefehlshaber in Frankreich Hans Speidel, den er schon während des Krieges kennengelernt hatte, über die Möglichkeit einer deutschen Wiederbewaffnung diskutiert[53]. Den Ruf nach einer Nationalarmee nannte Schmid wie die meisten seiner damaligen Zeitgenossen eine „Torheit“. In Anknüpfung an die sicherheitspolitische Diskussion der 20er und 30er Jahre befürwortete er ein System kollektiver Sicherheit, wobei ihm insbesondere die damals von Briand entwickelten Pläne als Vorbild dienten[54]. Briand hatte Ende der 20er Jahre vorgeschlagen, das Sicherheitssystem von Locarno auf alle europäischen Völkerbundsmitglieder auszudehnen. War dieser Plan nicht nach wie vor aktuell? Freilich, die nationalen Streitkräfte mußten durch eine europäische Armee ersetzt werden.

Glaubte Schmid, daß in dieses System kollektiver Sicherheit in absehbarer Zeit auch die osteuropäischen Staaten miteinbezogen werden konnten? Er ließ diese Frage zumeist offen. Zumindest an einer Stelle sprach er davon, daß das System kollektiver Sicherheit auf dem Gedanken der „gemeinsamen Abwehr eines Gegners und der Streitschlichtung unter Verbündeten" gründe[55]. Demnach fiel auch eine westeuropäische Verteidigungsgemeinschaft unter den Begriff der kollektiven Sicherheit. Fest stand für ihn, daß nur „regionale Pakte" im Rahmen der UN, nicht die UN selbst, ein wirksames System der kollektiven Sicherheit schaffen können[56]. Im Herbst 1948 ahnte er nicht, welcher Streit einmal über diesen Artikel entstehen sollte. Er war befriedigt, daß dieser Artikel in den Entwurf aufgenommen wurde, der ihm einmal später die Durchsetzung seiner sicherheitspolitischen Vorstellungen erleichtern konnte.

Weil er in der Errichtung einer Montanunion und eines kollektiven Sicherheitssystems eine Gegenwartsaufgabe sah, lehnte er die von einigen Mitgliedern des Parlamentarischen Rates erhobene Forderung, für die Übertragung von Hoheitsrechten auf zwischenstaatliche Organisationen eine Zweidrittel-Mehrheit vorzuschreiben, strikt ab. Engagierter Europäer, der er war, wünschte er, daß dieser Artikel ein außenpolitisches Signal setzte: Deutschland war bereit, „die Internationalisierung der politischen Wirklichkeit möglichst aktiv zu fördern"[57]. Er setzte durch, daß für die Einordnung der entstehenden Bundesrepublik in europäische und internationale Organisationen ein einfaches Gesetz genügte[58]. Damit schuf er die verfassungsrechtliche Grundlage für Adenauers Westintegrationspolitik. Noch dachte freilich niemand daran, daß Adenauer Bundeskanzler würde. Es wurde gemunkelt, er strebe das Bundespräsidentenamt an. Schmid mag bei der Ausformulierung der Artikel manchmal an sich als zukünftigen Außenminister gedacht haben. Aber das war alles Zukunftsmusik. Zunächst einmal mußte man zu einem Verfassungskompromiß kommen.

Am 18. Oktober lag ein erster Grundgesetzentwurf vor, am 11. November nahm der Hauptausschuß seine Arbeit auf. Dort wurde unter der „straffen Zügelführung" Schmids, der auf einen schnellen Abschluß der Beratungen drängte, harte Arbeit geleistet[59]. Mit 59 Sitzungen war der Hauptausschuß der arbeitsintensivste Ausschuß des Parlamentarischen Rates. In der Regel tagte der Ausschuß zweimal am Tag vormittags und nachmittags. Auch samstags traf man sich, um am Grundgesetzentwurf zu feilen. Die Arbeit des Vorsitzenden beschränkte sich aber keineswegs auf die Leitung der Sitzungen. Die Beschlüsse der Fachausschüsse mußten bereits vor den Sitzungen koordiniert und zusammengefaßt werden, die einzelnen Ergebnisse der Hauptausschußsitzungen mußten gegenseitig abgestimmt und in den Entwurf eingearbeitet werden. Dem Hauptausschuß lag hin und wieder eine „fast verwirrende Fülle von Fassungen" vor[60]. Zumeist war es Carlo Schmid, der die Anträge und Vorlagen auf eine Generallinie brachte und unbedachten Antragstellern erklärte, daß ihr

Antrag der Grundaussage des Grundgesetzentwurfes widersprach. Weniger politische Auseinandersetzungen als spröde Redaktionsarbeit prägte die Verhandlungen des Hauptausschusses. Schmid kannte den unerschöpflichen „Scharfsinn der Juristen“[61] und achtete deshalb auf präzise Formulierungen und eindeutige Begriffe. Im allgemeinen wurde nüchtern und sachlich debattiert. Nicht einmal Schmid ließ sich zu rhetorischen Glanzstücken hinreißen. Wer meint, Carlo Schmid habe nie Kärrnerarbeit geleistet, der lese die Protokolle des Hauptausschusses. Selbst der Parteigegner würdigte die Arbeit des Hauptausschußvorsitzenden[62].

Auch Schmid war überrascht und erfreut über den sachlichen Verhandlungsstil, der in den Anfangsmonaten in den Ausschüssen gepflegt wurde. Lediglich ein „paar dumme Knilche und heillose Biedermeier“, die den Betrieb aufhielten, gingen ihm auf die Nerven[63]. Der Antragsregen des DP-Abgeordneten Seebohm war unerträglich, so daß Schmid ihm einmal durch die Blume zu verstehen gab, daß er eigentlich ins Irrenhaus gehöre[64]. Dauernd zu Wort meldete sich auch der KPD-Abgeordnete Heinz Renner. Schmid war nachsichtig mit dem wortwitzigen Kommunisten, der keine Gelegenheit ausließ, ihn als „angelernten Sozialdemokraten“ zu apostrophieren.

Anfangs waren bei den Verhandlungen politische Gegensätze kaum zutage getreten. Mitte Oktober äußerte sich Schmid gegenüber Fritz Baade höchst befriedigt über den bisherigen Verlauf der Beratungen: „Hier in Bonn gehen die Dinge schleppend, aber vorläufig nicht schlecht. Es ist überall guter Wille vorhanden und die Bajuwaren sind sogar inmitten der CDU isoliert. Ich fürchte allerdings, daß den Franzosen unser Grundgesetz zu zentralistisch sein wird und daß sie ihm die Genehmigung versagen werden. Das könnte eine schlechte Sache werden.“[65] Mit seinen Befürchtungen sollte er recht behalten. Zudem rüsteten die „Bajuwaren“, denen der Grundgesetzentwurf entschieden zu zentralistisch geraten war, zum Gegenangriff. Der bayrische Ministerpräsident Ehard entsandte im November zwei seiner Beamten Ringelmann und Leusser als „Offizielle Beauftragte der Bayrischen Staatsregierung beim Parlamentarischen Rat“ nach Bonn, die dafür Sorge tragen sollten, daß der Grundgesetzentwurf ein föderalistisches Gesicht bekam[66]. Anton Pfeiffer gab seine Zurückhaltung auf und versuchte innerhalb der CDU/CSU-Fraktion den bayrischen Standpunkt durchzusetzen. Noch hatte er Adenauer nicht von den Vorzügen des Bundesratssystems überzeugen können. Die CDU/CSU-Fraktion verfügte anfangs über keinerlei klare politische Linie. Es war keine böswillige Polemik, wenn Schmid bemerkte, daß die Union sich erst in Bonn zu einer Partei habe entwickeln müssen[67].

In der Frage Bundesrat oder Senat herrschte auch in der SPD-Fraktion keine Einigkeit. Schmid verteidigte mit dem ganzen Gewicht seiner Person die Einrichtung eines Senats als gleichberechtigter zweiter Kammer und konnte sich damit auch innerhalb der Fraktion zunächst durchsetzen. Noch am 21. Oktober sprach sich Schmids Zimmernachbar Rudolf Katz im Namen der SPD-Fraktion im Plenum des Parlamentarischen Rates für das Senatssystem aus[68], und Schmid selbst rief allen Verteidigern des Bundesratssystems zu, daß sie Verteidiger des Bürokratismus seien[69]. Unterdessen überlegte sich Menzel, wie er Schmid am besten ausmanöverieren konnte. Walter Menzel war von Anfang an gegen eine gleichberechtigte zweite Kammer gewesen. Er wollte einer zweiten Kammer allenfalls ein suspensives Vetorecht zugestehen. Es fiel ihm nicht schwer den Parteivorstand, der in der zweiten Kammer ohnehin nur ein lästiges Hindernis für die Durchführung einer konsequent sozialistischen Politik sah, für seinen Standpunkt zu gewinnen. Ende September beschloß der Parteivorstand die Ablehnung einer gleichberechtigten zweiten Kammer[70], was einer indirekten Befürwortung des Bundesratssystems gleichkam, denn es war abzusehen, daß die CDU/CSU-Fraktion in eine Reduzierung der Befugnisse der zweiten Kammer nur einwilligen würde, wenn statt eines Senats ein Bundesrat eingerichtet würde. Menzel optierte in seinen Berichten an den Parteivorstand ganz offen für die Bundesratslösung[71]. Laut „Hannoverscher Presse" hatte die SPD-Fraktion in einer „Nachtsitzung" Anfang Oktober sich mehrheitlich für die Bundesratslösung ausgesprochen[72]. Das war vermutlich eine bewußt in Umlauf gesetzte Falschmeldung, denn Menzel berichtete am 8. Oktober Ollenhauer, daß sich in der Fraktion eine Mehrheit für den Senat abzeichne[73]. Schmid sei jedoch beauftragt worden, zu sondieren, ob auf der Grundlage der Bundesratslösung ein Kompromiß mit der CDU/CSU-Fraktion zu erreichen sei[74]. Schmid ließ sich Zeit. Er klopfte nur einmal informell die Stimmung in der CDU/CSU-Fraktion ab.

Da Schmid zögerte, riß Menzel das Gesetz des Handelns an sich. Am 26. Oktober traf sich Walter Menzel mit dem bayrischen Ministerpräsidenten Ehard zu einem Nachtessen im Bonner Hotel Königshof. Die beiden vereinbarten ein Tauschgeschäft: Die SPD wollte die Bundesratslösung unterstützen, wenn dafür die Bayern auf dessen Gleichberechtigung bei der Gesetzgebung verzichteten. Möglicherweise hatte Ehard auch Konzessionen in der Frage der Finanzverfassung in Aussicht gestellt[75]. Angesichts der Stimmung in der Parteizentrale blieb Schmid gar nichts anderes übrig, als den beabsichtigen Kuhhandel nachträglich zu billigen. Wenn überhaupt noch jemand den Kompromiß zu Fall bringen konnte, so war dies Adenauer, der aus anderen Gründen als Schmid, aber nicht weniger entschieden für eine Senatslösung eintrat. So verkündete Schmid lauthals, die SPD sei vor allem deswegen für ein Bundesratssystem, weil sie wahrscheinlich die Mehrheit der Bundesratsmitglieder stellen werde[76]. Allein schon der Gedanke daran mußte den Alten bis aufs Messer reizen, der ohnehin über das Ehard-Menzel-Gespräch auf das äußerste erzürnt war[77]. Bekanntlich mußte schließlich auch Adenauer gute Miene zum bösen Spiel machen[78]. Die Koalition zwischen bayrischen Föderalisten und sozialdemokratischen „Zentralisten" war stärker als die der Senatsbefürworter. Soll noch einmal einer behaupten, Schmid sei eine Koalition mit der CSU eingegangen!

Schmid war niemand, der sich nach verlorenem Spiel in den Schmollwinkel zurückzog. Im Parteivorstand stellte er sich hinter Menzel, der nun mit der CDU/CSU-Fraktion zu einer endgültigen Vereinbarung kommen wollte. Den Christdemokraten sollte ein Bundesrat konzediert werden, dessen Veto der Bundestag mit Zwei-Drittel-Mehrheit überstimmen konnte, wenn sie sich im Ausgleich dafür mit der Finanzhoheit des Bundes einverstanden erklärten[79]. Den meisten Parteivorstandsmitgliedern ging der Kompromiß viel zu weit. Allenfalls ein einfaches suspensives Veto wollte man dem Bundesrat zugestehen. Schmid sprang, ungehalten über die Intransigenz der Parteifreunde, Menzel bei: Im Bonner Grundgesetz seien „erfreulich wenig föderalistische Tendenzen enthalten". Das Vetorecht werde „bei Berücksichtigung des politischen Kräfteverhältnisses auch weniger gefährlich sein, als es zunächst noch erscheint". Wenn man nicht zu einem Kompromiß komme, werde das „katastrophale Wirkungen auf Berlin und die Ostzone haben"[80]. Für Schmid hatte der Verfassungskompromiß oberste Priorität. Wenn er nur auf der Grundlage der Bundesratslösung zu haben war, war er bereit, auch diese Kröte zu schlukken. So verteidigte er am 30. November schweren Herzens auch im Hauptausschuß die Bundesratslösung. Die SPD-Fraktion stimme ihr zu, weil man ansonsten riskiere, daß eine „territorial kompakte Gruppe des deutschen Volks" das Grundgesetz ablehne[81]. Noch nach Verabschiedung des Grundgesetzes war er voller Ingrimm gegen die „Bajuwaren", die ihren Kopf hatten durchsetzen können. Er war überzeugt, daß durch die Einführung eines Bundesrates ein „wesentliches Übel" in der deutschen „politischen Entwicklung" gestärkt worden war: „die Vorstellung nämlich, Politik sei etwas wie eine Verlängerung der Administration"[82].

Die Verhandlungen über die Finanzverfassung und -verwaltung führte Walter Menzel. Prinzipiell teilte Schmid Menzels Auffassung, daß man auf die Finanzhoheit des Bundes und eine Bundesfinanzverwaltung beharren müsse. Er hatte aber von Anfang an wenig Hoffnung, daß die Alliierten einer derartig zentralistischen Finanzverfassung die Zustimmung erteilen würden. Nicht ohne Grund hatte er immer darauf gepocht, daß vor Ausarbeitung des Grundgesetzes das Besatzungsstatut erlassen werden müsse. In einem Adenauer am 22. November übergebenen Aide-Mémoire gaben die Militärgouverneure unmißverständlich zu verstehen, daß ihnen der Grundgesetzentwurf zu wenig föderalistisch ausgefallen war. Es konnte gar kein Zweifel darüber bestehen, daß die Besatzungsmächte nicht gewillt waren, die im Grundgesetzentwurf vorgesehene Steuergesetzgebung und -verteilung sowie die zwischen den Parteien umstrittene Bundesfinanzverwaltung zu akzeptieren[83].

Schmid war sofort klar, daß dieses Memorandum ernst zu nehmen war. Doch wie sollte man darauf reagieren? Darüber entbrannte ein heftiger Streit zwischen ihm und Adenauer. Der Vorsitzende des Hauptausschusses schlug vor, das Aide-Mémoire zu verlesen und darüber zur Tagesordnung überzugehen. Adenauer, der geflissentlich verschwieg, daß er es gewesen war, der die Militärgouverneure um eine Stellungnahme gebeten hatte[84], hielt einen solchen Affront gegen die Besatzungsmacht für „Torheit"[85]. Schmid ließ sich manchmal in der ersten Erregung zu unbesonnenen Äußerungen hinreißen. Aber in diesem Fall hatte er sich genau überlegt, was er sagte. Ihm ging es darum, eine Einmischung der Alliierten in Detailfragen des Grundgesetzes zu verhindern. Wenn die Alliierten schon intervenierten, sollten sie klare und eindeutige „Gegenbefehle" geben[86]. In puncto Föderalismus gab es eine fast nahtlose Übereinstimmung zwischen den Besatzungsmächten und den Christdemokraten. Einige der bayrischen Föderalisten hatten das Memorandum der Alliierten als eine fast „peinliche Unterstützung" empfunden[87]. Adenauer hatte weniger Skrupel. Er war den Alliierten für die von ihm erbetene Einmischung dankbar. Clay machte keinen Hehl daraus, daß er eine abgrundtiefe Abneigung gegen die „zentralistisch" eingestellte SPD hatte. Der britische Militärgouverneur Robertson war erzürnt über Schmids eigensinnige Haltung und riet dem Foreign Office, Schmid durch Ollenhauer zur Raison zu bringen. In London war man jedoch der Ansicht, daß Ollenhauer im Gegensatz zu Schmid ein „small calibre" sei. Man hatte dort durchaus Verständnis für Schmids Position und war nicht gewillt, den Hauptausschußvorsitzenden in irgendeiner Form zurechtzuweisen[88]. Die Gefahr war trotzdem groß, daß es zu einer geheimen Koalition zwischen der Union und den Besatzungsmächten kam, die das politische Klima vergiften mußte. Die SPD hätte sich, wie Schmid sehr genau sah, entweder unterwerfen oder das Odium auf sich nehmen müssen, aus reinem Doktrinarismus ein Veto der Militärgouverneure zu provozieren. Die CDU/CSU wäre in den Geruch gekommen, Erfüllungspolitik zu treiben[89].

Adenauer nötigte Schmid zum Nachgeben. Am 25. November gab der Präsident des Parlamentarischen Rats im Hauptausschuß eine Erklärung zu dem Memorandum ab, in der er die Einwände der Militärgouverneure zu einer bloßen Erläuterung der Frankfurter Dokumente verharmloste[90], was zu einer folgenschweren Unterschätzung des alliierten Aide-Mémoires führte. Schmid freilich gab sich keinen Illusionen hin. Den Parteivorstand konfrontierte er mit der bittren Feststellung, daß die Alliierten „ohne Zweifel die (...) beabsichtigte Regelung der Fragen des Finanzwesens beanstanden" werden[91]. Doch was sollte man tun? Die Positionen waren festgefahren. Auch Schmid scheint die Partei nicht zu einer anderen

Haltung in der Auseinandersetzung um das Finanzwesen gedrängt zu haben. Vermutlich hätte er sich auch nicht durchsetzen können. So blieb nur die vage Hoffnung, daß nach Fertigstellung des Grundgesetzes die Alliierten vielleicht doch zum Einlenken bereit waren.

Noch wußte man nicht einmal, ob das Besatzungsstatut so ausfallen würde, daß eine Weiterarbeit am Grundgesetz überhaupt noch sinnvoll war. Der Berater des französischen Militärgouverneurs, der spätere Hochkommissar François-Poncet, hatte Schmid eröffnet, daß das Besatzungsstatut vierzig Seiten lang werde. Positiv seien ein oder zwei Artikel, alles andere seien Vorbehalte[92]. Schmid sah sich in seinen schlimmen Befürchtungen bestätigt. Im Ausschuß für das Besatzungsstatut kam man überein, im Parlamentarischen Rat eine Stellungnahme zu dem Problem Besatzungsstatut abzugeben. Am 10. Dezember entwickelte Schmid noch einmal im Hauptausschuß seine bekannten Richtlinien für ein Besatzungsstatut[93]. Bereits im November hatte er im „Neuen Vorwärts" einen Artikel über die Probleme eines Besatzungsstatuts veröffentlicht[94]. Er mußte sich langsam wie ein Don Quichotte vorkommen. Die Militärgouverneure nahmen so gut wie keine Notiz von seinen unablässig wiederholten Ausführungen über das Besatzungsstatut.

Immerhin, es bestand Hoffnung, daß am 16. Dezember die Militärgouverneure endlich die Grundzüge des von ihnen vorgesehenen Besatzungsstatuts bekanntgaben. An diesem Tag sollte in Frankfurt eine Besprechung zwischen ihnen und einer Delegation des Parlamentarischen Rats stattfinden. Die zweite Lesung des Grundgesetzentwurfs bis dahin abzuschließen, wie man sich ursprünglich vorgenommen hatte, war auch bei gutem Willen nicht mehr zu schaffen. So ging man davon aus, daß das Besatzungsstatut ganz im Zentrum der Unterredung stehen werde. Als Teilnehmer der Besprechung waren vorgesehen: Adenauer, Pfeiffer, Süsterhenn für die CDU/CSU-Fraktion, Schmid und Menzel als Vertreter der SPD, Höpker-Aschoff für die FDP-Fraktion, Seebohm für die DP. Einige Tage vorher hatte Schmid, der immer bestens informiert war, erfahren, daß die Militärgouverneure noch völlig uneins waren über den Inhalt des Besatzungsstatuts. Es war also vorauszusehen, daß das Besatzungsstatut doch nicht das alleinige Thema der Besprechung sein würde. Auch Adenauer meinte in einer Ältestenratssitzung am 13. Dezember, daß die Gouverneure sich sicherlich auch zum Grundgesetz äußern würden[95]. Schmid kannte mittlerweile den alten Fuchs. Ihm war zuzutrauen, daß er versuchte, mit Hilfe der Militärgouverneure die föderalistischen Forderungen der Christdemokraten durchzudrücken. Hatte er doch mit Nachdruck betont, daß man kein Grundgesetz machen dürfe, das mit Gewißheit von den Franzosen abgelehnt werde[96]. Schmid warnte deshalb in der Ältestenratssitzung abermals vor einer Beeinflussung der Grundgesetzberatungen durch die Militärgouverneure. Der „Zaun", der die Autonomie des Parlamentarischen Rates schützte, dürfe nicht „lattenweise abgerissen" werden[97]. Von deutscher Seite dürften keine Fragen zu den einzelnen Artikeln des Grundgesetzes gestellt werden. Falls die Gouverneure Fragen an die Delegation richteten, sollten die Beschlüsse des Hauptausschusses erläutert werden. Aber wie sollte man reagieren, wenn die Fragestellung der Militärgouverneure so war, daß sich der Parteidissens nicht verbergen ließ? Adenauers Antwort auf Schmids Frage war kurz und lakonisch: Er werde dafür sorgen, daß es zu solchen Situationen nicht kommen werde[98]. Zufriedenstellend war diese Antwort nicht. Schmid hätte gut daran getan, von Adenauer eine schriftliche Vorlage seiner Erklärung zu verlangen.

Schmid verdächtigte nicht zu Unrecht Adenauer unlauterer Absichten. Als am Nachmittag des 16. Dezember General Koenig dem Präsidenten des Parlamentarischen Rats das Wort erteilte, nutzte dieser die Gelegenheit, um unter ausdrücklichem Hinweis auf das Memorandum vom 22. November auf die zwischen den Parteien aufgetretenen Differenzen über die finanzpolitischen Regelungen, die Stellung der Länderkammer und die Kulturpolitik aufmerksam zu machen. Vom Besatzungsstatut, über das sich die Militärgouverneure kurz vor der Sitzung heillos zerstritten hatten, war nur ganz am Rande die Rede[99]. Über die hierzu vorliegenden Pläne unterhielt sich Schmid am darauffolgenden Tag mit dem politischen Berater der amerikanischen Militärregierung Robert Murphy[100].

Schmid, Menzel und Höpker-Aschoff fühlten sich zu Recht von Adenauer hintergangen. Adenauers Vorpreschen war ein klarer Bruch der im Ältestenrat getroffenen Vereinbarungen. Adenauer spielte den Erstaunten, als die drei ihn am Morgen des nächsten Tages aufsuchten und ihm vorwarfen, er habe die Militärgouverneure zu Schiedsrichtern in strittigen Fragen machen wollen. Er stritt das ab und stilisierte sich zum Opfer böswilliger Verleumdungen. Ein Unschuldslamm war er nicht. Ihm war keineswegs nur ein „Lapsus" unterlaufen, wie er behauptete[101]. Er hatte bereits einige Tage vor dem Gespräch Kontakt zu den britischen und französischen Verbindungsoffizieren gesucht und seine Hoffnung zum Ausdruck gebracht, daß die Militärregierungen die CDU/CSU in ihrem Kampf gegen die „intransigente Haltung" der SPD in kulturellen und finanzpolitischen Fragen unterstützten[102].

Carlo Schmid war nicht daran gelegen, die Sache zu dramatisieren und dadurch das Scheitern der Verfassungsberatungen zu riskieren. In der vorangegangenen Fraktionssitzung waren die Wellen der Empörung hochgeschlagen. Zahlreiche Mitglieder der Fraktion hatten sich dafür ausgesprochen, Adenauer das Vertrauen zu entziehen[103]. Schmid versuchte die ganze Sache etwas tiefer zu hängen. Ihm ging es darum, Adenauers Pläne zu durchkreuzen. Zusammen mit Menzel und Höpker-Aschoff verlangte er von Adenauer, daß er bei der zweiten Zusammenkunft mit den Militärgouverneuren, die für den Abend des gleichen Tags vorgesehen war, eine Erklärung abgab, daß er weder Entscheidungen von den Militärgouverneuren erbeten habe, noch die Militärgouverneure die Absicht haben erkennen lassen, Entscheidungen zu fällen. Schmid erklärte bei der abendlichen Zusammenkunft, daß Adenauers tags zuvor gemachten Ausführungen mit der Delegation nicht abgesprochen waren. Man habe den Empfang als Gelegenheit betrachtet, „Informationen über den Inhalt des Besatzungsstatutes zu erhalten“ [104]. Die Besprechung selbst, die in einer frostigen Atmosphäre stattfand, verlief ergebnislos.

Die ganze Sache wuchs nach und nach zur Krise aus. In der SPD gewannen die Stimmen Oberhand, die Adenauer das Mißtrauen aussprechen wollten. Menzel schrieb an den Parteivorstand, daß man Adenauers Vorgehen wahlpolitisch ausschlachten solle. Jetzt wäre die Gelegenheit da, Adenauer als Bundespräsidenten auszuschalten[105]. Es bedurfte nicht des Briefes von Menzel, damit die Parteizentrale in Hannover tätig wurde. Die SPD eigene „Hannoversche Presse“ sprach Adenauer das Mißtrauen aus, noch ehe es die Fraktion tat[106]. Die schriftliche „Rüge“ der Fraktion – so nannte Menzel die Mißtrauenserklärung – erhielt Adenauer am 18. Dezember[107]. In der am gleichen Tag stattfindenden Hauptausschußsitzung, in der Adenauer sein Vorgehen zu rechtfertigen versuchte, machte Schmid, der sonst so souverän die Sitzungen leitete, einen völlig konfusen Eindruck. Menzel mußte ihm einige Male zu Hilfe kommen[108]. In einer anschließenden Pressekonferenz betonte er lediglich noch einmal, daß das Grundgesetz unabhängig von der Stellungnahme der Militärgouverneure fertigzustellen sei[109].

Schmid war verzweifelt. Wenn die Krise nicht schleunigst beigelegt wurde, war an einen Verfassungskompromiß nicht mehr zu denken. Auf beiden Seiten handelten parteipolitische Taktierer völlig verantwortungslos. Heuss war einer der wenigen, denen er sein Herz ausschütten konnte. Beide scheinen noch vor Weihnachten nach einem Ausweg aus der Krise gesucht zu haben. Zu Neujahr schrieb Schmid dem FDP-Vorsitzenden: „Ich werde schon nicht desertieren, wenngleich es mir gerade in diesen Wochen schwer fällt, zu bleiben.“ [110] Heuss antwortete zwei Tage später: „Ich denke, wir werden beide uns bemühen müssen, Dramatisierungen zu vermeiden.“ [111] In der FDP-Fraktion schlugen die Wellen gegen Adenauer fast ebenso hoch wie in der SPD. Die beiden Fraktionen hatten nach der „Frankfurter-Affäre“ zusammengetagt[112]. Heuss und Schmid, denen man so gern unterstellte, sie seien mehr Literaten als Politiker, gehörten zu den wenigen, die Verantwortungsbewußtsein bewiesen.

Das politische Klima war vergiftet. Schmid wurde zur Zielscheibe von Angriffen der CDU-Presse und von Adenauer. Im Deutschland-Union-Dienst wurde Schmid als Handlanger der Franzosen denunziert[113]. Adenauer warf ihm vor, er betreibe eine „Politik des Hasardeurs“ und bezichtigte ihn der Scheinheiligkeit. Keiner pflege einen so engen Umgang mit den alliierten Verbindungsstäben wie Schmid, der sich „nach soundso viel Cocktails" von den Verbindungsoffizieren „ausfragen" lasse[114]. Das war eine billige Retourkutsche. Gewiß, Carlo Schmid hatte gute Kontakte zu den Verbindungsstäben und war bestens informiert über die jeweilige Haltung der Militärregierungen. Es war aber geradezu lächerlich, ihn zu bezichtigen, er sei ein Mann der Franzosen. Seine verfassungspolitischen Grundsätze über das Verhältnis von Bund und Ländern wurden von den Franzosen bekämpft. Schmid erfuhr bei seinen Unterredungen mit den Verbindungsstäben immer nur eines: Die Alliierten, insbesondere die Franzosen, waren nicht gewillt, der im Grundgesetzentwurf vorgesehenen Regelung des Steuer- und Finanzwesens zuzustimmen. Versuche der Franzosen, ihn zu „konfirmieren", schlugen fehl[115]. Adenauer war dagegen in Frankfurt von General Koenig mit demonstrativer Aufmerksamkeit bedacht worden[116].

Schmid wandte sich so entschieden gegen eine vorzeitige Einmischung der Militärgouverneure, weil dies das Scheitern der Arbeiten am Grundgesetz bedeutet hätte. In einer Stellungnahme gegen die Anschuldigungen Adenauers wies er noch einmal darauf hin, daß eine Einflußnahme der Militärgouverneure auf die Grundgesetzberatungen, die der CDU/CSU zur Durchsetzung ihrer föderalistischen Pläne verhelfe, die SPD vor die Alternative stelle: Unterwerfung oder Nein[117]. Für Schmid stand außer Zweifel, daß sich die Mehrheit seiner Partei dann für ein Nein entscheiden würde. Er hatte dies auch bei der zweiten Unterredung mit den Militärgouverneuren schon angedeutet[118].

Die Weihnacht 1948 war für Schmid alles andere als eine fröhliche Weihnacht. Am zweiten Weihnachtsfeiertag flatterte ihm ein verzweifelter Brief Walter Menzels ins Haus: Kurt Schumacher dringe auf einen Mißtrauensantrag gegen Adenauer. Die Fraktion und auch er, Menzel, seien dagegen[119]. Natürlich war auch Schmid gegen eine derartige weitere Verschärfung des Konflikts. Am 29. Dezember wandte er sich an die Presse, um die ganze Auseinandersetzung, die auf das Niveau gegenseitiger Entgleisungen und Giftspritzereien herabgesunken war, in besonnenere Bahnen zu leiten. Die SPD habe gegen Adenauers Vorgehen in Frankfurt protestiert, nicht um eine „Verleumdungskampagne" gegen ihn zu starten, sondern um zum Ausdruck zu bringen, „daß der schwache Zaun, der die Autonomie des Parlamentarischen Rates schützt", nicht „lattenweise abgerissen" werden dürfe. „Welche Motive Dr. Adenauer geleitet haben mögen", soll „völlig dahingestellt" bleiben[120]. Er kannte die Motive, versuchte aber jetzt, um den leidigen Streit beizulegen, Adenauer die Hand zur Versöhnung zu reichen.

Am 3. Januar reiste Schmid von Tübingen nach Hannover, um Kurt Schumacher seinen Plan, einen Mißtrauensantrag gegen Adenauer einzubringen, auszureden. Das Gespräch endete im Dissens. Die Fraktion stellte sich einen Tag später hinter ihren Vorsitzenden. 19 Mitglieder stimmten gegen ein Mißtrauensvotum, drei dafür[121]. Daß die ganzen Vorgänge durch Indiskretion an die Presse kamen, trübte das ohnehin gespannte Verhältnis zwischen der Parteizentrale und dem Fraktionsvorsitzenden noch mehr. Er wurde jetzt auch noch mit Vorwürfen von Fritz Heine übersät[122].

In einer Ältestenratssitzung am 5. Januar wurde der Streit um die „Frankfurter Affäre“ endlich beigelegt. Die SPD-Fraktion erklärte ihren „Willen zur Zusammenarbeit“. Die Fraktionen versicherten sich gegenseitig, einander keine „unlauteren Motive“ zu unterstellen[123]. Als Carlo Schmid am späten Nachmittag des gleichen Tags die erste Hauptausschußsitzung im neuen Jahr eröffnete, ließ er sich „ermächtigen“, dem Präsidenten des Parlamentarischen Rates die Glückwünsche des Hauptausschusses zu dessen 73. Geburtstag zu übermitteln. Das Protokoll verzeichnet Zustimmung, nicht Beifall[124]. Adenauers Vorgehen hatte fast niemand gutgeheißen. Schmid war es zu verdanken, daß wieder eine Atmosphäre gegenseitiger Achtung entstand. Die Fortsetzung der Arbeit am Grundgesetz war ihm „weit wichtiger als alles andere“[125]. Von den unlauteren Motiven Adenauers war er nach wie vor überzeugt. Als Dichter hatte er die Narrenfreiheit zu sagen, was er als Politiker nicht mehr sagen durfte. „Held Konrad“ spielte eine zentrale Rolle in einer Parlamentarischen Elegie, die Schmid zur Krönung eines geselligen Abends im Januar verfaßte[126]:

Hoch über allen thront Konrad, dem sinnenden Gotte vergleichbar,
  Und wie es Fürsten geziemt, mischt er sich selten dem Volk.
Fast ins Gewölk entrückt, spinnt kunstreicher Hand er die Weisheit,
  Die er zu köstlichem Hort sich gestapelt, als er
Lenkte Coloniens Geschick. Doch einmal stieg er hernieder,
  Wollte sein wie das Volk, stürzen sich ins Gewühl
Dort wo den grünlichen Main der Franken Furt überqueret –
  Nicht ihm zum Heil: wer da thront, halt' dem Gewühle sich fern!
Sieh, als er kam aus der Fremdlinge Zelten, da fiel ihm vom Himmel
  Unversehens ein Stein schwer auf den göttlichen Zeh.
So sind die Moiren: du ziehst hinaus und haschst nach dem Kranze
  Und statt hoch im Triumpf, kehrst du humpelnd nach Haus.

Humor ist, wenn man trotzdem lacht. Schmid hatte wieder einmal nach der Devise gehandelt: Wenn Dir zum Weinen ist, schreibe was zum Lachen. Er blickte mit wenig Optimismus in das Neue Jahr. Zwar konnte er am Jahresende mit Genugtuung feststellen, daß die SPD mit den in Bonn „erzielten Ergebnissen“ „nicht unzufrieden zu sein“ brauchte[127], aber der Entwurf war noch lange nicht verabschiedet. All sein Drängen, die Beratungen nicht durch das Einbringen neuer Anträge und strittiger

Materien zu verzögern, war vergeblich. Ende des Jahres war die CDU/CSU-Fraktion in die Offensive gegangen. Sie hatte sich die kulturpolitischen Forderungen der katholischen Kirche zu eigen gemacht und zur 2. Lesung des Grundgesetzentwurfes entsprechende Anträge im Parlamentarischen Rat eingebracht. Zum Zankapfel wurde das Verlangen nach Anerkennung des Konkordats und des Elternrechts. Hinter beiden Forderungen stand der Wunsch nach Wiedereinführung der Bekenntnisschule[128]. Schmid widersprach den Anträgen[129], nicht nur weil er ein Gegner der Bekenntnisschule war, er fürchtete vor allem um den Verfassungskompromiß.

Der Forderung nach kulturellen Grundrechten mußte die Forderung nach sozialen Grundrechten auf den Fuß folgen. Es hatte ihn einige Überredungskunst gekostet, die Gewerkschaften von einem Verzicht auf die Aufnahme sozialer Grundrechte in das Grundgesetz zu überzeugen[130]. Das Argument, daß man keinen „Prunkbau für die Ewigkeit" sondern einen „Notbau" errichte, und daher die Ausarbeitung einer Sozialverfassung den späteren Schöpfern einer gesamtdeutschen Verfassung überlassen müsse[131], war jetzt nicht mehr sehr zugkräftig. In der SPD-Fraktion wurden die kulturpolitischen Forderungen der Union als Auftakt zum „Kulturkampf" gewertet[132]. Im Parteivorstand waren es nicht wenige, die nun die Aufnahme sozialer Grundrechte in das Grundgesetz verlangten. Schmid versuchte ihnen das auszureden. Eine Hereinnahme sozialer Grundrechte sei bei der gegenwärtigen Zusammensetzung des Parlamentarischen Rates nur in „verwässerter Form" möglich. Im Bundesparlament seien die Chancen für die Durchsetzung sozialer Grundforderungen voraussichtlich weitaus besser. Im übrigen warnte er vor dem „Aberglauben", durch eine Verfassung eine „bestimmte Wirklichkeit schaffen" zu können[133]. Er war nicht von allem, was er sagte, überzeugt. Es waren Plattformargumente, um die Genossen im Parteivorstand von ihrer Forderung abzubringen.

Die Zahl der Gegner des Grundgesetzentwurfes im Parteivorstand wuchs. Die Nichtaufnahme der sozialen Grundrechte war nicht der Hauptgrund dafür, sondern die noch immer heftig umstrittene Ausgestaltung der Finanzverfassung und -verwaltung. Die Bayern wehrten sich noch immer mit allen ihnen zur Verfügung stehenden Mitteln gegen die im Entwurf vorgesehene Finanzhoheit des Bundes und die Bundesfinanzverwaltung. Auch mehr Kompetenzen für den Bundesrat versuchten sie zu erfechten[134]. In der Parteivorstandssitzung Mitte Januar in Iserlohn standen die Zeichen auf Sturm. Eichler und Heine votierten für eine Ablehnung des Entwurfes, der zu viele Kompromisse enthalte. Auch Ollenhauer gingen die Kompromisse allmählich zu weit. In der Frage der Nichtgleichberechtigung der zweiten Kammer und der Bundesfinanzverwaltung seien keine weiteren Konzessionen mehr möglich. Selbst Menzel äußerte Kritik an den erzielten Ergebnissen. Mit dem Grundsatz, daß Bund und Länder eine getrennte Finanzwirtschaft führen, konnte er sich nur schwer abfinden[135]. So blieb es an Schmid, die Arbeit der Fraktion und die erzielten Kompromisse zu verteidigen. Er mahnte die prinzipientreuen Parteifreunde zu mehr Verantwortungsbewußtsein. Es sei besser, „in einem mit Hypotheken belasteten Haus zu wohnen als auf der Straße zu übernachten"[136]. Schmids wortreiche Ausführungen vermochten die Parteifreunde nicht von der unabdingbaren Notwendigkeit eines Verfassungskompromisses zu überzeugen. Ollenhauer konnte seine ultimativen Forderungen zur offiziellen Parteilinie deklarieren[137]. Schmid, der bei all seinem Mut zur Utopie, ohne den er nicht in die Politik gegangen wäre, ein Verantwortungsethiker war, bereitete die Intransigenz im eigenen Lager schwere Sorgen. Otto Künzel klagte er Mitte Januar: „Ich staune, wie leicht es sich manche Menschen machen, ohne Rücksicht auf Konsquenzen und Scherben den starken Mann zu spielen."[138] Nur der Landesvorstand der SPD-Südwürttemberg-Hohenzollern hatte sich demonstrativ hinter ihn gestellt[139]. Vielleicht half es, wenn der englische Verbindungsoffizier Chaput de Saintonge mit Kurt Schumacher sprach. Schmid bat ihn darum[140].

Angesichts der Stimmungslage in der Partei hatte er den Genossen verschwiegen, daß der erste von den Besatzungsmächten ausgearbeitete Entwurf eines Besatzungsstatuts auf ihn einen niederschmetternden Eindruck gemacht hatte. Nach der ersten Einsicht konstatierte er betroffen, daß bei Inkrafttreten des vorliegenden Entwurfes die besatzungsrechtlichen Zustände in der amerikanischen Zone auf das Niveau der französischen Zone herabgedrückt würden[141]. Das Interesse der Amerikaner an einer westdeutschen Regierung schien nicht mehr so groß zu sein wie noch vor einem halben Jahr. Am 25. Januar schrieb er völlig niedergeschlagen seinem ehemaligen Schüler Georg Schwarzenberger: „Ich frage mich manchmal, warum man denn sich so viel Mühe gibt, die Arbeit derer zu erschweren, die sich dafür verzehren, das deutsche Volk davon zu überzeugen, daß Demokratie nicht nur eine Verlegenheit ist, sondern eine erstrebenswerte Form zu leben ist. Ich bin seit dreieinhalb Jahren nicht mehr so hoffnungslos gewesen wie jetzt."[142] Es schien so, als ob sich die Geschichte Weimars wiederholen sollte. Schon regten sich wieder die ehemaligen Nationalsozialisten, die die Abgeordneten des Parlamentarischen Rates als „Knechte der Sieger" verunglimpften[143].

Der von ihm eingesehene Entwurf des Besatzungsstatutes lag auf einer Linie mit dem Ende Dezember erlassenen Ruhrstatut, das einer internationalen Ruhrbehörde, in der die Deutschen nur mit beratender Stimme vertreten waren, große Interventionsbefugnisse ließ. In Schmids Augen war das Ruhrstatut ein fast unüberwindliches Hindernis für die Gründung der von ihm befürworteten Montanunion[144]. Kurt Schumachers schroffe Aburteilung des Ruhrstatuts als „Kolonialstatut" hatte das Verhältnis zwischen den Besatzungsmächten und der SPD noch mehr verschlechtert. Schmid bedauerte, daß das Wort in der Öffentlichkeit gefallen war[145].

Trotz der wenig ermutigenden Rahmenbedingungen wollte Schmid alles daran setzen, im Parlamentarischen Rat zu einem Verfassungskompromiß zu kommen. Als am 20. Januar der Hauptausschuß die 2. Lesung des Grundgesetzenwurfes beendete, war über die strittigen Punkte Anerkennung des Elternrechts, Befugnisse des Bundesrats und Bundesfinanzverwaltung noch immer keine Einigung erzielt. Es war eine Pattsituation entstanden. SPD und FDP plädierten für eine Bundesfinanzverwaltung und gegen die Aufnahme des Elternrechts in das Grundgesetz, CDU/CDU, DP und Zentrum kämpften für mehr Föderalismus und eine Anerkennung des Elternrechts. In der Frage der Länderkammer votierte die FDP für einen Bundesrat mit senatorialer Schleppe, wofür aber keine Durchsetzungschancen mehr bestanden[146]. Alle Beteiligten waren sich einig, daß ein Kompromiß über die strittigen Materien, wenn überhaupt, nur auf der Basis interfraktioneller Besprechungen im kleinen Kreis zu erreichen war, denn in den öffentlichen Hauptausschußsitzungen konnte wegen der Wirkung auf die eigene Anhängerschaft es sich keiner der Kontrahenten leisten, Abstriche an den eigenen Grundsatzpositionen vorzunehmen.

Am 25./26. Januar hatte man sich zu ersten interfraktionellen Besprechungen getroffen, bei denen man aber nicht recht vom Fleck gekommen war. Für Schmid gab es kaum etwas ätzenderes als Diskussionen, die sich immer im Kreise drehten. Adenauer registrierte auf seiten der SPD „Zeichen von Ungeduld" und schlug die Bildung eines Fünferausschusses vor[147]. Schmid und Menzel für die SPD, Höpker-Aschoff für die FDP, Theophil Kaufmann und Brentano für die CDU/CSU sollten das schier Aussichtslose zustande bringen: den Verfassungskompromiß. Mit Menzel und Höpker-Aschoff waren zwei energische Vertreter einer Bundesfinanzverwaltung im Ausschuß vertreten. Schmid war in puncto Bundesfinanzverwaltung im Gegensatz zu Menzel zu Konzessionen bereit. Ihm lag mehr daran, zu verhindern, daß über die verfassungsrechtliche Anerkennung des Elternrechts die Bekenntnisschule zur Regelschule erklärt wurde. Nach zähen Verhandlungen, in die sich auch die Vertreter der Landesregierungen einschalteten, kam es am 3. Februar im Fünferausschuß zu einer Einigung, die zur Grundlage für den sogenannten Großen Kompromiß wurde. Die Christdemokraten, auch die Bayern, akzeptierten zähneknirschend die Einführung einer Bundesfinanzverwaltung. Für dieses Zugeständnis wurde ihnen eine erhebliche Ausweitung des Katalogs der Zustimmungsgesetzgebung konzediert, so daß der Bundesrat bei fast allen wichtigen Gesetzesmaterien ein Mitspracherecht hatte. Das Einspruchsrecht des Bundesrates wurde allerdings auf ein einfaches suspensives Vetorecht reduziert. Das Elternrecht wurde anerkannt, nicht aber das von den Christdemokraten postulierte Recht der Eltern „die Art der Schulerziehung zu bestimmen, die ihren Kindern zu gewähren ist“[148]. Die staatliche Schulaufsicht über das gesamte Schulwesen wurde ausdrücklich festgestellt[149].

Es war Schmid gelungen, das Hauptanliegen der Antragsteller, über die Hintertür des Elternrechts die Bekenntnisschule als Regelschule durchzusetzen, zurückzuweisen. Auch in der Konkordatsfrage wurde ein „dilatorischer Formelkompromiß“ gefunden[150]. Die SPD konnte zufrieden sein. Carlo Schmid hatte die Zügel an sich gerissen und mehr herausgeholt, als zu hoffen war. „Der Spiegel“ meinte, er habe „das Kunststück fertiggebracht, die Bonner Schaluppe ohne persönliche Krediteinbußen ans Ziel zu bringen“[151]. So war es nicht weiter erstaunlich, daß die Fraktion die Kompromißvorschläge einmütig billigte[152]. Am 10. Februar wurde der Grundgesetzentwurf in 3. Lesung im Hauptausschuß verabschiedet. Alle Beteiligten waren offensichtlich froh, daß es doch noch zu einer Einigung gekommen war.

Freilich, die Zustimmung der Militärgouverneure stand noch aus. Der britische Verbindungsoffizier Chaput de Saintonge, mit dem sowohl Adenauer als auch Schmid am 7. Februar ein längeres Gespräch führten, bezweifelte, daß die Amerikaner und Franzosen der Bundesfinanzverwaltung ihre Zustimmung erteilen werden[153]. Doch ganz aussichtslos schien die Sache nicht zu sein. Chaput de Saintonge hatte Verhandlungsbereitschaft der Militärgouverneure signalisiert. Diesmal wußte Schmid Adenauer auf seiner Seite. Der Präsident des Parlamentarischen Rates war dafür, daß der Fünferausschuß eine kurze Zusammenfassung über den föderativen Charakter des Grundgesetzentwurfes ausarbeitete, den man den Militärgouverneuren bei nächster Gelegenheit unterbreiten wollte[154].

Schmids Resignation war verflogen. Er war zum ersten Mal in diesem Jahr wieder optimistisch. Fast glücklich teilte er am 9. Februar Fritz Erler mit: „Wir sind in Bonn jetzt über dem Berg. Der Kompromiß zwischen den großen Parteien hat uns einen großen sachlichen und auch moralischen Erfolg gebracht. Freilich ist dies alles nicht von selbst gekommen; die Beteiligten haben ihre ganze Kraft hergeben müssen.“[155] Der Parteienzwist, die wachsende Kritik in der eigenen Partei, der schleppende Verlauf der Verhandlungen und das Schreckgespenst eines Scheiterns hatten ihn arg aufgerieben. Ein „unverwüstlicher Falstaff“, wie die Journalisten ihm nachsagten[156], war er nicht. Den spielte er nur. Manche Tage hatte er das Gefühl gehabt, „selbst zu einer bloßen Funktion des politischen Schaltmechanismus“ zu werden[157]. Immerhin: das ganze Mühen schien sich gelohnt zu haben. Das gab ihm wieder Auftrieb. Zunächst einmal stürzte er sich in den rheinischen Karneval, hielt Büttenreden und hatte sogar die Gelegenheit, seiner Schauspielleidenschaft zu frönen. Im Düsseldorfer Kom(m)ödchen, bei Kay und Lore Lorentz, wurden Chansons aus der Dreigroschenoper gespielt und gesungen. Schmid verschaffte sich eine Baskenmütze und einen Ringelpulli, heftete sich ein schwarzes Bärtchen an die Oberlippe, schlüpfte in die Ganovenrolle und spielte auf der Bühne mit[158]. Total erschöpft schlief er danach 20 Stunden ununterbrochen[159]. Am 2. März erfolgte das böse Erwachen. Die Alliierten lehnten den Grundgesetzentwurf in der vorliegenden Form ab.

„Nachher weiß es jeder Idiot besser": Der Parlamentarische Rat in der Krise

Das alliierte Memorandum vom 2. März übertraf Schmids schlimmste Befürchtungen. Die dort erhobenen Einwände gingen seiner Ansicht nach weit über die Monita des Aide-Mémoire vom November hinaus. Wie immer, wenn er verbittert war, machte er seinem Ärger in einem bissigen Sarkasmus Luft: Die Beschlüsse der Alliierten ähnelten seines Erachtens „in peinlicher Weise, denen der Beratungen von drei Chirurgen verschiedener Schulen, die sich weniger um den Kranken bekümmern als darum sich gegenseitig von der Wichtigkeit ihrer Prinzipien zu überzeugen. Sind sie soweit, dann hat sich der Operationstisch inzwischen in einen Seziertisch verwandelt"[1]. Er hatte keine große Hoffnung, daß das Grundgesetz nach dieser Intervention noch verabschiedet werden könne. Es gebe eine „Grenze", hinter die man nicht zurück kann, nicht aus „Doktrinarismus", sondern weil man es nicht verantworten kann, „einer Verfassung zuzustimmen, die den Staat funktionsunfähig machen müßte"[2]. Die alliierten Forderungen liefen nach seinem Dafürhalten auf eine völlige strukturelle Änderung des Verhältnisses Bund–Länder hinaus, durch die das „Grundgesetz als Ganzes einer tiefgreifenden Umarbeitung unterzogen" werden müsse[3]. Zornig und enttäuscht konstatierte er, daß der Einspruch der Alliierten gegen die Vorranggesetzgebung des Bundes einer „gesetzgeberischen Balkanisierung" Deutschlands Vorschub leiste[4].

In dem Memorandum war vorgeschlagen worden, den Artikel über die Vorranggesetzgebung des Bundes mit einer Präambel zu versehen, durch die de facto für die aufgezählten Gesetzesmaterien eine Vorranggesetzgebung der Länder eingeführt worden wäre. Der Bund sollte das Recht der Gesetzgebung nur noch in den Fällen haben, „in denen es für ein einzelnes Land offenkundig unmöglich ist, eine wirksame Gesetzgebung auszuüben, oder wo seine Gesetze den Rechten oder Interessen anderer Länder zum Schaden gereichen würden"[5]. Schroff abgelehnt wurde von den Alliierten der im Grundgesetzentwurf vorgesehene bundesstaatlich geregelte Finanzausgleich sowie die Bundesfinanzverwaltung. Das Gesetzgebungsrecht des Bundes sollte sich auf die Steuern beschränken, die er zur Deckung seiner Aufgaben benötigte.

Nicht nur Schmid ging dieser von den Alliierten verordnete Föderalismus zu weit. Selbst der CDU-Abgeordnete Walter Strauß, ein prominentes Mitglied des stark föderalistisch eingestellten Ellwanger Kreises, fürchtete, daß die verlangte Neuorganisation des Finanzwesens die deutsche Wirtschaft „in die Zeit vor 1866 zurückwerfen" werde[6]. Nur die Bayern begrüßten die Intervention. Der bayrische Ministerpräsident Ehard steckte mit den Alliierten unter einer Decke und beauftragte seinen Abgesandten Ringelmann in den interfraktionellen Beratungen die bayrische Position durchzusetzen[7]. Als Carlo Schmid auf einer späteren Historikertagung Ringelmann als „die eigentlich starke Figur aus Bayern" bezeichnete, hatte man ihn in Verdacht, daß er wieder einmal eine Pointe habe landen wollen[8]. Doch in diesem Fall hatte er nicht übertrieben.

Wie sollte man auf das Memorandum reagieren? Zunächst einmal wurde auf Wunsch der CDU/CSU-Fraktion der Fünferausschuß durch die Aufnahme der Abgeordneten Brockmann vom Zentrum und Seebohm von der DP zu einem Siebenerausschuß erweitert. In einer interfraktionellen Aussprache am 3. März erklärte sich Schmid bereit, auf der Basis des „Großen Kompromisses" im Siebenerausschuß mitzuarbeiten. Gleich nach Bekanntgabe des Memorandums hatte er sich gefragt, ob man „überhaupt noch mitmachen" könne. Schon kurze Zeit später rang er sich zu der Einsicht durch, daß das „schlechteste Grundgesetz" besser sei „als gar keines"[9]. Wenn die Alliierten allerdings nach dem Motto „Vogel friß oder stirb" auf den Forderungen ihres Memorandums beharrten, sah er keine Möglichkeit mehr, noch zu einem Verfassungskompromiß zu gelangen[10].

Vom 8.–10. März kam es zu zähen Verhandlungen zwischen dem Siebenerausschuß und den Verbindungsoffizieren, bei denen beide Seiten ihren Standpunkt entschieden verteidigten. Carlo Schmid, der sich nicht scheute, auf die zahlreichen Ungereimheiten des Memorandums aufmerksam zu machen, war Sprecher der Delegation[11]. Empört, wie er war, legte er sich keinerlei Zurückhaltung auf. Er äußerte offen Kritik an dem Memorandum, das fiel schärfer ausgefallen sei als das Aide-Mémoire vom November. Waren sich die Alliierten bewußt über die Konsequenzen der von ihnen vorgeschlagenen Präambel zur Vorranggesetzgebung des Bundes? Glaubten sie etwa, daß sich die Flüchtlings-, Kriegsfolgelasten- und Reparationsprobleme auf Länderbasis regeln ließen? Das hessische Sozialisierungsgesetz sei suspendiert worden, weil die amerikanische Militärregierung die Auffassung vertreten hatte, daß die Sozialisierung Sache des Bundes sei. Jetzt deklariere man die Sozialisierung offensichtlich wieder zur Ländersache. Lief das letztendlich nicht auf eine Verhinderung der Sozialisierung hinaus? Schließlich wollte er wissen, ob es zumindest möglich sei, einige sehr wichtige Materien, die bisher unter die Vorranggesetzgebung des Bundes fielen, in den Katalog der ausschließlichen Gesetzgebung des Bundes aufzunehmen. Dies wurde ebenso schroff abgelehnt wie sein Vorschlag, die Präambel so umzuformulieren, daß dem Bund die Gesetzgebungskompetenz auch dann zustand, wenn der Zweck des Gesetzes nur durch Bundesgesetz erreicht oder die zur Frage stehende Materie „vernünftigerweise" nur auf Bundesebene gelöst werden kann. Manche Antworten der Verbindungsoffiziere zeugten davon, daß sie sich wenig Gedanken über das Funktionieren der zukünftigen deutschen Verfassung gemacht hatten. Als Schmid fragte, was geschehen solle, wenn ein Land dem Bund die ihm zustehenden Steuererträge verweigere, bekam er zur Antwort, daß der Bund sich in diesem Falle an das Bundesverfassungsgericht oder an die Besatzungsmächte wenden könne. Schmid konterte: Die Alliierten könnten sich doch keine Verfassung wünschen, die nur mit ihrer Unterstützung funktioniere.

Sorge bereitete Schmid auch das in dem Memorandum ausgesprochene Verbot der Wählbarkeit von Beamten. Er versuchte den Verbindungsoffizieren klarzumachen, daß diese Verordnung dazu führen werde, daß aus dem zukünftigen Deutschen Bundestag ein Parlament der Verbandsvertreter werde. Ihm graute vor einer Herrschaft der Verbände, durch die Politik zum bloßen Interessenkampf degenerieren mußte. Insgeheim fürchtete er auch, daß bei einer Beibehaltung des Verbots die SPD nicht über genügend geeignete Bundestagskandidaten verfügte[12]. Der Gedanke, daß wie in alten Zeiten Parteifunktionäre und Gewerkschaftsvertreter die Politik der SPD-Fraktion bestimmten, schreckte ihn nicht wenig. Die Verbindungsoffiziere wiesen dagegen auf die Gefahr einer Verbeamtung des Parlaments hin.

Die Verhandlungen waren frustrierend. Fast immer ertönte das „Non" des französischen Verbindungsoffiziers Jean Laloy. Der amerikanische Verbindungsoffizier Simons und Chaput de Saintonge waren verbindlicher. In der Sache waren auch sie nicht zu Konzessionen bereit. Die Woche darauf traf sich der Siebenerausschuß erneut mit den Verbindungsoffizieren. Bei dieser Gelegenheit versuchte Schmid auch Kontakt zu den Sachverständigen in den Verbindungsstäben aufzunehmen. Vielleicht würden sie weniger dogmatisch reagieren und den aufgeworfenen Problemen mehr Verständnis entgegenbringen. Er erörterte mit ihnen Fragen des Finanzwesens, obwohl dies eine Materie war, in der er so firm gar nicht war[13]. Die Bilanz der Gespräche gab zu Hoffnungen keinen Anlaß. Schmid mußte resigniert feststellen, daß er bei all diesen Unterredungen so gut wie nichts erreicht hatte[14].

Weder mit Hartnäckigkeit noch mit Geschmeidigkeit kam man weiter. Der Siebenerausschuß überarbeitete die beanstandeten Artikel, machte aber in der Sache nur wenig Konzessionen. Am bundesstaatlich geregelten

Finanzausgleich wurde ebenso festgehalten wie an der Bundesfinanzverwaltung. Statt von Vorranggesetzgebung des Bundes sprach man nun von konkurrierender Gesetzgebung. Die äußerst restriktiv gefaßte Präambel des alliierten Memorandums wurde durch eine dehnbare Klausel ersetzt. Dem Bund sollte das Recht der Gesetzgebung u. a. auch dann zustehen, „wenn die Wahrung der Rechtseinheit oder der Wirtschaftseinheit die Regelung durch ein Bundesgesetz erfordert“[15]. Die Vertreter der CDU/CSU im Ausschuß hatten den alliierten Wünschen weiter entgegenkommen wollen, schreckten aber vor einem Platzen der Zusammenarbeit zurück. Am 18. März wurden die Vorschläge des Siebenerausschusses den alliierten Verbindungsoffizieren überreicht. Schmid nutzte die Gelegenheit, um noch einmal die Frage der Wählbarkeit der Beamten anzuschneiden. Er hatte mit seinem Plädoyer wenig Erfolg[16]. Große Hoffnungen machte er sich nicht. Er rechnete mit einer Ablehnung der Vorschläge, die am 25. März dann auch erfolgte.

Sollte man hart bleiben oder nachgeben? Der französische Verbindungsstab in Frankfurt berichtete am 26. März General Koenig voller Ingrimm, daß die SPD weiterhin „Herr der Situation“ sei. Die CDU werde das Grundgesetz nur mit Zustimmung der SPD verabschieden, weil sie sich nicht dem Odium aussetzen wolle, mit den Alliierten zu kollaborieren[17]. Die Franzosen fürchteten, daß die Angelsachsen sich dem deutschen Druck beugen könnten. Schmid wußte von Chaput de Saintonge, daß die Briten kein Grundgesetz wünschten, das von der Sozialdemokratie abgelehnt wurde. Andererseits hatte General Koenig davor gewarnt, das Memorandum zu unterschätzen, das nicht nur den französischen Standpunkt wiedergebe. Der amerikanische Militärgouverneur teile die föderalistische Haltung der Franzosen[18]. Clay, der verschworene Gegner der SPD, verfolgte wie die Franzosen eine harte Linie[19]. Schmid hatte erfahren, daß es einen „ernsthaften Plan“ gebe, eine Verfassunggebende Versammlung einzuberufen, die direkt, auf der Grundlage des Mehrheitswahlrechts gewählt werden sollte. Die Absicht des Plans lag auf der Hand. Man rechne ganz offensichtlich, berichtete er Mitte März Ollenhauer, mit einer CDU-Mehrheit, „wodurch man die alliierten Interessen genügend gewahrt“ sehe[20]. Clay trug sich tatsächlich mit solchen Gedanken, weil er nichts so sehr fürchtete wie ein Nachgeben der Alliierten, das der SPD zu einem Triumph verhelfe[21].

Das Washingtoner State Department hatte bereits einen weitaus konzilianteren Kurs eingeschlagen. Weil man eine Verabschiedung des Grundgesetzes gegen die Stimmen der SPD für eine politische Katastrophe hielt, war man geneigt, den Kompromiß des Siebener-Ausschusses zu akzeptieren[22]. George F. Kennan, Protagonist der Eindämmungspolitik und Planungschef im State Department, hatte Schmid Ende März über den dortigen Meinungsumschwung unterrichtet. Die Amerikaner, so erfuhr

Schmid, seien von ihrem „Reißbrettföderalismus" abgerückt. Es bestünden gute Chancen, daß die Beschlüsse des Siebener-Ausschusses gebilligt würden[23]. Der politische Windwechsel im State Department schien diesmal von Dauer zu sein. Der politische Einfluß Kennans, der nach seiner Reise durch Deutschland und dem Gespräch mit Schmid die Verantwortlichen in Washington beschwor, den Siebenerkompromiß zu akzeptieren[24], war offensichtlich größer als der Clays. Ganz sicher war sich Schmid freilich nicht, ob die Alliierten wirklich nachgeben würden. Er hörte, da er sich ständig um Informationen bemühte, so viel, daß er bald nicht mehr wußte, was er glauben sollte.

Die CDU/CSU, allen voran Adenauer, verschloß sich Schmids Hinweisen auf ein mögliches Nachgeben der Alliierten. Sie drängte darauf, den Besatzungsmächten die gewünschten Konzessionen zu machen und versuchte die SPD zum Einlenken zu bewegen[25]. Schmid wog die Risiken ab. Was war wahrscheinlicher und mehr zu fürchten: das Veto der Alliierten oder die Ablehnung des Grundgesetzes durch das deutsche Volk und die damit verbundene erneute Stigmatisierung deutscher Politiker als Erfüllungspolitiker?[26] Je ratloser er wurde, je mehr flüchtete er sich in nationales Pathos. In einer interfraktionellen Besprechung mit der CDU/CSU erklärte er, daß die Deutschen wieder einmal einen „Sieg gegenüber den Alliierten" erringen müßten. Er hatte es noch nicht recht ausgesprochen, da bereute er es schon. Die Formulierung sei ungeschickt gewesen, gab er ganz offen zu[27]. Solch unbesonnene Statements kosteten ihn, der besser Bescheid wußte als alle anderen, viel Autorität.

Als die Außenminister der drei Westmächte am 5. April zu verstehen gaben, daß sie nicht daran dachten, von dem Märzmemorandum abzurücken, sank Schmids Hoffnung auf den Nullpunkt. Er wußte nicht ein noch aus. Ja, „nachher" würde es „jeder Idiot" besser wissen als er[28]. Am 7. April klagte er seinem Freund Walter Seuffert: „Wir stehen hier völlig in der Ausweglosigkeit und ich bin allmählich so weit, daß ich es für die beste Methode halte, an den Knöpfen abzuzählen, was man in der nächsten Stunde tun soll. Es ist schrecklich, wenn man alles mit sich alleine bereden muß und in dem anderen meist nur den besser wissenden Kritiker findet. Vielleicht gehörte dieser Satz nicht in den Brief, aber ich mußte mir einmal Luft machen."[29]

Die Kritiker aus den eigenen Reihen setzten Schmid arg zu. In einer Parteivorstandssitzung Mitte März in Köln war ihm vorgeworfen worden, daß er mehrfach Parteivorstandsbeschlüsse verletzt habe. Parteitheoretiker Eichler und Pressechef Heine ging Schmids Kompromißpolitik viel zu weit. Sie plädierten abermals für eine Ablehnung des Grundgesetzentwurfes[30]. Intransigenz konnte sich leisten, wer nicht in Bonn am Verhandlungstisch saß. Schmid hatte in seiner Jugend selbst zu Intransigenz geneigt, aber gelernt, daß man mit Kompromissen weiter kam. Reuter und

Brauer stellten sich hinter Schmid und empfahlen der Fraktion weiteres „hartnäckige(s) Verhandeln"[31]. Schmid bat seinerseits die Ministerpräsidenten um Unterstützung. Sie sollten sich bei den Besatzungsmächten für eine Bundesfinanzverwaltung und einen bundesstaatlich geregelten Finanzausgleich einsetzen. Die Besatzungsmächte hätten es dann schwerer gehabt, sich als Verteidiger der Länderinteressen aufzuspielen. Die Kritiker waren im Parteivorstand in der Mehrzahl, wenn auch Ollenhauer, wieder einmal um Versöhnung bemüht, die Kritik nicht als Kritik an der Arbeit der Fraktion verstanden wissen wollte. Auch er gab unmißverständlich zu verstehen, daß weitere Kompromisse in der Sache nicht mehr möglich seien[32]. Ollenhauers Auffassung wurde zur offiziellen Leitlinie für die Arbeit der Fraktion erklärt.

Auch die Fraktion stand nicht mehr einstimmig hinter ihrem Vorsitzenden. Zinn hatte dem Parteivorstand nahegelegt, den Grundgesetzentwurf abzulehnen. Der hessische Ministerpräsident entwickelte sich immer mehr zu einem Verteidiger der harten Linie des Parteivorstandes[33]. Schmid war zu unentschieden, um Zinn offen entgegenzutreten. Fraktionszwang zu verhängen, lag dem Intellektuellen, der auf die Kraft des besseren Arguments vertraute, nicht. Manchmal wäre die Zuchtrute besser gewesen. Aber Schmid ging persönlichen Auseinandersetzungen, insbesondere mit Parteifreunden, wann immer er konnte, aus dem Weg. Immer öfter kam Ollenhauer nach Bonn, um die Fraktion auf die Parteilinie einzuschwören. Schmid habe sich in den „Schmollwinkel" zurückgezogen, weil ihm Ollenhauer als Sprachrohr der Partei vorgezogen werde, konnte man in der „Süddeutschen Zeitung" lesen[34]. Die Gegensätze zwischen Parteivorstand und Fraktion, die Schmid später als „groß" bezeichnete[35], blieben auch der Presse nicht verborgen. Schmid versuchte sich unsichtbar zu machen. Interfraktionellen Aussprachen ging er aus dem Weg[36], weil er fürchten mußte, daß seine Vereinbarungen im nachhinein desavouiert würden. Die SPD-Fraktion bot ein Bild völliger Konzeptionslosigkeit. Anfang April zog sie sich auf den Status des Beobachters zurück[37]. Man sprach davon, daß die SPD in drei Teile geteilt sei: „ein Kreis um Schumacher, ein Kreis um Schmid und der dritte Kreis, der beiden nicht traut."[38]

Die „Fernlenkung" aus Hannover, die Schmid offiziell dementierte und inoffiziell beklagte[39], nahm zu. Ende März meldete sich nach langer Krankheit Kurt Schumacher wieder zu Wort. In einem Interview mit einem ausländischen Korrespondenten lehnte er es, hart und schroff wie immer, ab, die alliierten Vorschläge zum „Bestandteil einer die deutschen Kräfte zusammenfassenden Verfassung" zu machen, denn sie hätten „trennende und auflösende Wirkungen"[40]. Schmid wurde das Interview, das er nicht einmal kannte, sofort um die Ohren gehauen. Die Christdemokraten versuchten, Schmid gegen Schumacher auszuspielen[41]. Das wußte man auch in Hannover. Schmid mußte sich von Schumacher sagen lassen, daß „mit einer Eiszone der Isolierung" umgeben werde, „wer es unternehmen wollte gegen den Parteivorstand zu regieren – ob er wohl glaube, daß ein anderer als er, Kurt Schumacher, der SPD acht Millionen Wählerstimmen einbringen könnte."[42]

Auf der Parteivorstandssitzung am 11. April in Godesberg hatte man die Entscheidung über die Bonner Verfassung vertagt. Kurt Schumacher wollte auf dem kleinen Parteitag in Hannover am 20. April einen Beschluß gegen das Grundgesetz herbeiführen. Die Auguren des „Spiegel" verkündeten, daß die Sozialdemokraten die „verstümmelte Bonner Siebenmonatsgeburt" bereits begraben hätten[43]. Schmid referierte in der Parteivorstandssitzung über das am 10. April von den Alliierten bekanntgegebene Besatzungsstatut, das weitaus besser ausgefallen war, als er dies nach der Einsicht in die ersten Entwürfe erwartet hatte. Das stärkte ihm etwas den Rücken. Er setzte durch, daß in einer Resolution das Besatzungsstatut als Fortschritt begrüßt wurde[44]. Immerhin war den von ihm erhobenen Forderungen großenteils Rechnung getragen worden, wenn auch nicht mit der „Präzision", die er sich gewünscht hatte[45].

Am 14. April empfingen die Militärgouverneure in Frankfurt eine Delegation des Parlamentarischen Rates zu einer Aussprache über das Besatzungsstatut. Die FDP, die Adenauer noch immer mißtraute, hätte es am liebsten gesehen, wenn Schmid die Delegation geführt hätte[46]. Hinterrücks versuchte der Präsident des Parlamentarischen Rates auch diesmal wieder die Militärgouverneure zu Schiedsrichtern zu machen, was aber scheiterte[47]. In der Beurteilung des Besatzungsstatuts gab es keinen Dissens zwischen Adenauer und Schmid. Beide gaben bei der Besprechung der Hoffnung Ausdruck, daß das Besatzungsstatut ein erster gewichtiger Schritt auf dem Weg zur deutschen Autonomie sei. Schmid bat um Aufklärung über einige unklar gebliebene Punkte[48]. Clay drängte auf eine baldige Aussprache über das Grundgesetz. Schmid und Menzel nannten den 25. April als frühest möglichen Termin, wenn ein gemeinsamer Vorschlag der Deutschen gewünscht würde[49]. Schmid hatte sich mittlerweile trotz aller Drohungen und Interventionen aus Hannover entschlossen, einen Verfassungskompromiß anzustreben und war dafür auch bereit, die Bundesfinanzverwaltung zu opfern[50]. Das so positiv ausgefallene Besatzungsstatut hatte ihm seine Entscheidung erheblich erleichtert. Außerdem hatte Robertson ihm am 10. April gesagt, daß das harte Veto der Militärgouverneure nicht das letzte Wort der Alliierten sei[51].

Freilich, die Parteizentrale in Hannover konnte nicht einfach übergangen werden. Der kleine Parteitag mußte abgewartet werden. Der SPD-Fraktionsvorsitzende versuchte die Union für die knappe Woche bis zum 20. April zu einem Stillhalteabkommen zu bewegen[52]. Der amerikanische Militärgouverneur hatte absichtlich auf einen frühen Termin gedrängt.

Am 8. April waren die drei westlichen Außenminister endgültig von ihrer harten kompromißlosen Haltung abgerückt. Den Militärgouverneuren war eine gegenüber dem Märzmemorandum weitaus konziliantere Note überreicht worden, deren Bekanntgabe Clay so lange wie möglich hinauszuzögern versuchte. Vielleicht würden die Sozialdemokraten noch vor Bekanntgabe der Note in die Knie gehen[53]. Bei der Unterredung am 14. April hatte er noch einmal die ihm von Schmid nahegelegten Beschlüsse des Siebener-Ausschusses brüsk zurückgewiesen.

Der britische Militärgouverneur Robertson hielt Clays Taktik für falsch[54]. Er kannte Schumacher besser als Clay. Der SPD-Parteivorsitzende ging, wenn es darauf ankam, auch mit dem Kopf durch die Wand. Nach dem offiziellen Empfang kam es noch zu einem Sechs-Augen-Gespräch zwischen Schmid, Menzel und Robertson. Daß es eine zweite, freundlichere Note gab, erfuhren die beiden nicht. Aber sie erhielten doch sehr deutliche Hinweise, daß die Alliierten bereit waren, in einigen strittigen Punkten Konzessionen zu machen. Was Robertson ihnen mitteilte, klang jedenfalls verbindlicher als alles, was sie bisher von Chaput de Saintonge und Kennan gehört hatten[55]. Ihr Dank an Robertson war herzlich, nicht weil sie sich durch dessen Mitteilungen zur Resistenz ermuntert fühlten – so wurde die Geschichte später verdreht – sondern weil sie eine Möglichkeit sahen, Kurt Schumacher doch noch zu einem Kompromiß überreden zu können. Auch Robertson war sich ziemlich sicher, daß die beiden alles daran setzen würden, um eine Einigung der Parteien herbeizuführen[56].

Zwei Tage später suchten sie Kurt Schumacher in Hannover auf. Ollenhauer und Heine waren auch da. Man versammelte sich zu einer kleinen informellen Parteikonferenz, um den mit Spannung erwarteten, alles entscheidenden kleinen Parteitag vorzubereiten. Der Parteitag war das Thema Nr. 1 aller Zeitungen. Nicht nur die Franzosen meinten damals, daß die Zukunft Deutschlands von der Entscheidung eines einzigen Mannes abhänge, der Kurt Schumachers[57]. Der SPD-Vorsitzende hatte am 5. April sowohl den Alliierten als auch dem „klerikalen Partikularismus" der CDU, der den französischen Wünschen entgegenkomme, den Kampf angesagt[58]. Schmid sah sich vor die schier unlösbare Aufgabe gestellt, Schumacher von seinem Kampfesentschluß wieder abzubringen. Er versuchte es auch diesmal mit der Taktik der Geschmeidigkeit, denn er kannte den Parteivorsitzenden: „opponierende() Genossen" faßte er „auf das Schärfste" an und gab sie nicht selten dem „Hohne" preis[59]. Er hatte es wohl schon selbst am eignen Leib erfahren müssen.

Mußte nicht auch Kurt Schumacher einsehen, daß es im Hinblick auf das wahrscheinliche Nachgeben der Alliierten ratsam war, dem Nein ein „bedingtes Ja" anzuhängen? Er bemühte sich, unterstützt von Menzel, Schumacher von den Vorteilen eines solchen Vorgehens zu überzeugen[60].

Den wohlüberlegten Ausführungen des Bonner Fraktionsvorsitzenden scheint der Parteivorsitzende nur mit halbem Ohr zugehört zu haben. Bereits drei Monate später konnten sich weder er noch Heine an das Gespräch erinnern[61]. Für beide stand das Nein als nationale Kampfansage im Vordergrund. Als Carlo Schmid Hannover verließ, konnte er nicht sicher sein, daß Schumacher und die Mehrheit des kleinen Parteitages der von ihm vorgeschlagenen Taktik folgen werde. Wenigstens die Genossen in Südwürttemberg wollte er für seine Marschroute gewinnen. Noch am gleichen Tag erschien im parteieigenen „Württemberger" ein Artikel von ihm mit dem programmatischen Titel: „Wir müssen zum Ende kommen."[62]

Gleich nach Ostern, einen Tag vor dem kleinen Parteitag, trat der Parteivorstand zusammen, um die wichtigsten Fragen vorab zu klären. Die Sitzung begann mit einer Kontroverse über den von Zinn und Menzel ausgearbeiteten verkürzten Grundgesetzentwurf. Schmid hielt sich zurück, übte wohl aus taktischen Überlegungen keine Kritik an dem Entwurf, an dessen Ausarbeitung er sich nicht beteiligt hatte. In dem Bemühen, die Anerkennung des Elternrechts wieder rückgängig zu machen, hatten Menzel und Zinn auch zahlreiche klassische Grundrechte gestrichen, für deren Aufnahme in das Grundgesetz sich Schmid zuvor im Ausschuß für Grundsatzfragen ausgesprochen hatte. Auch die Präambel war dem Rotstift zum Opfer gefallen[63]. Heuss spottete[64]:

Der Mangoldt macht die Menschenrechte
Der Menzel meint, sie sei'n nicht schlechte,
Doch muß man mager sie massieren
Damit sie auch bei Kurt passieren.

Kurt Schumacher konnte sich allerdings für den Entwurf zunächst überhaupt nicht begeistern. Er war ihm zu föderalistisch ausgefallen. Erst nach einigen Verbesserungen in „bezug auf die Finanz- und Wirtschaftseinheit Westdeutschlands" stimmte er, nicht gerade überzeugt, der Einbringung des Entwurfs im Parlamentarischen Rat zu[65]. Schmid war wohl noch weniger als Schumacher von dem Entwurf überzeugt. Aber er hatte gute Gründe, sich nicht gegen den Entwurf auszusprechen: Zinn und Menzel hatten in dem Entwurf auf die bisher von der SPD zäh verteidigte Forderung nach Einführung einer Bundesfinanzverwaltung verzichtet. Der Parteivorsitzende hatte sich mit diesem Opfer nur schwer abfinden können[66].

Schmids ganzes Bemühen war darauf gerichtet, den Beschluß des kleinen Parteitages so abzufassen, daß er den Weg für einen Kompromiß offenließ. An der Ausarbeitung der Resolution beteiligten sich außer ihm Schumacher, Ollenhauer, Henßler, Eichler und Zinn. Reuter und Kaisen, die zuvor Schmids Position unterstützt hatten, durften nicht mitausformulieren[67]. Obwohl die Hardliner in der Überzahl waren, gelang es

Schmid, dem schroffen Nein ein bedingtes Ja anzuhängen. Die SPD wollte sich an der Verabschiedung des Grundgesetzentwurfes beteiligen, wenn „die notwendige deutsche Entschlußfreiheit durch die Besatzungsmächte nicht weiter beeinträchtigt wird; der Grundgesetzentwurf auf das Notwendigste beschränkt wird; die die Volkssouveränität einengenden Vollmachten des Bundesrates entscheidend gemindert werden; die Erhaltung der deutschen Rechts- und Wirtschaftseinheit auf allen Gebieten, vor allem der Gesetzgebung, sichergestellt wird; eine Regelung im Finanzwesen getroffen wird, die dem Bund die Mittel und Möglichkeiten gibt, deren er zur Erfüllung seiner Aufgaben bedarf; endlich die Gleichartigkeit der Lebensverhältnisse in allen Teilen des Bundesstaates, insbesondere eine einheitliche Sozialordnung und ein angemessener Finanz- und Lastenausgleich gewährleistet wird."[68]

Die Forderungen waren weit weniger ultimativ, als sie zunächst erscheinen mögen. Die Formulierungen waren so gewählt, daß sie der Fraktion einen recht großen Handlungsspielraum ließen. Nicht ganz zu Unrecht nannte „Der Spiegel" Schmid einen „Taktiker im Zwielicht"[69]. Fritz Heine meinte dann auch verärgert, „daß diese Entschließung praktisch eine Verschiebung der Entscheidung bedeute"[70]. Kaisen beantragte, der Fraktion „freie Hand" zu geben, „das Beste herauszuholen", denn die vorliegende Resolution „sage weder ja noch nein"[71]. Das freilich konnte Schumacher nicht zulassen. Er war bestrebt, die Handlungsfreiheit der Fraktion einzuengen und ihr eine verbindliche Marschroute vorzuschreiben. So wehrte er sich vehement gegen den Antrag Kaisens, Reuters und Lüdemanns, die Schlußdrohung zu streichen, wonach bei Nichterfüllung der oben genannten Forderungen die SPD das Grundgesetz ablehnen werde[72].

Mit Erstaunen stellte die Presse und auch Teile der CDU fest, daß Schmid nicht gekämpft habe[73]. Er war froh, daß die Resolution so abgefaßt werden konnte, daß im Grunde alles offen blieb. Nur die Presse sprach von einem Sieg Kurt Schumachers. Heinrich Troeger notierte in sein Tagebuch: „Die Auseinandersetzungen in Hannover bedeuteten eine Niederlage Schumachers, die nur Außenstehenden nicht klar erkennbar wurde."[74] Hätte Schmid den Parteivorsitzenden offen herausgefordert, wäre er bestimmt gescheitert. Der Parteiapparat stand hinter Schumacher.

Schumachers Rede auf dem kleinen Parteitag war eine einzige Rüge für Schmid. Der Parteivorsitzende griff die Presse an, die die „staatsmännische Persönlichkeit" gegen den Parteiapparat ausspiele, wobei der Staatsmann „immer derjenige" sei, „der tut, was die anderen wollen"[75]. Schumacher mußte mit Ingrimm registrieren, daß die Presse auf der Seite seines Rivalen stand. Hohn und Spott vergoß Schumacher über die Deutschen, die „mit gebeugten Knien und gekrümmten Rücken" mit den alliierten Verbindungsoffizieren über Gesetzesparagraphen und Verordnungen diskutierten[76]. Statt Dank erhielt Schmid eine Ohrfeige für sein Bemühen, herauszuholen, was herauszuholen war. Für Schumacher bedeutete die Resolution den Sieg der „Frondeure innerhalb der Fraktion gegenüber den bisherigen Kompromissen". Zynisch, mit einem Wortschatz, der an schlimme vergangene Zeiten erinnerte, erklärte er: „Und jetzt haben wir bei Klärung der Dinge – welch eine Wendung durch Gottes Fügung! – die Idee der Frondeure als geistiges Allgemeingut der Fraktion. Das wäre sehr gut, das wäre tatsächlich ein Boden, von dem aus wir operieren können."[77] Der Kompromiß des Siebener-Ausschusses enthielt ihm viel zu viele Zugeständnisse der SPD. Schmid schwieg. Offensichtlich war der Parteivorsitzende bestrebt, durch starke Worte seine Niederlage zu kaschieren. Schumacher behauptete den Führungsanspruch der Partei gegenüber der Fraktion. Abstriche an den Forderungen der Resolution wollte er ebensowenig dulden wie Änderungen des Zinn/Menzel-Entwurfs, den die anderen kommentarlos schlucken sollten. Die Einbringung des Gesetzentwurfes stilisierte er jetzt zu einer „Entscheidung der ganzen Partei, einer Entscheidung auf Tod und Leben. Da kann es keine Ermächtigung an eine Gruppe etwa geben, noch etwas zu ändern oder anders zu interpretieren."[78]

Das klang apodiktisch und hätte Schmid die Hand gebunden, wenn er sie sich hätte binden lassen. Bei einer Pressekonferenz am Abend nahm er Schumachers Formulierungen etwas von ihrer Schärfe. Er wirkte abgespannt, war aber im großen und ganzen mit dem Verlauf des kleinen Parteitags zufrieden[79]. Die Presse und die CDU/CSU wertete Schumachers Referat als „nationale Kampfansage". Während in der Presse die Empörung über Schumacher überschwappte, las der politische Berater Clays Riddleberger die von der SPD verabschiedete Resolution aufmerksam und registrierte befriedigt, daß sie genügend Spielraum für ein Weiterverhandeln der Fraktion in Bonn ließ[80]. Adenauer reagierte zunächst mit Entrüstung. Schumacher habe eine Kluft zwischen „Erfüllungspolitikern" und „Patentnationalen" aufgerissen. Er erwog, das Grundgesetz gegen die Stimmen der SPD zusammen mit den Freien Demokraten zu verabschieden[81].

Schmid versuchte mit der CDU/CSU-Fraktion bereits einen Tag nach dem Beschluß von Hannover wieder ins Gespräch zu kommen. Die Christdemokraten waren, wie nicht anders zu erwarten, nicht gewillt, den Zinn/Menzel-Entwurf als Verhandlungsgrundlage zu akzeptieren. Schmid setzte sich kurzerhand über das Diktat von Hannover hinweg und erklärte sich einverstanden damit, daß der Entwurf den Mitgliedern des Hauptausschusses zunächst nur unverbindlich zur Information übersandt wurde. Der Entwurf sollte in Einzelanträge aufgelöst werden. Schmid hoffte wohl, daß im parlamentarischen Betrieb der Entwurf sang- und klanglos unter den Tisch fallen werde. Zinn, Katz und Grewe arbeiteten in Windeseile die Anträge aus, die dem Büro des parlamentarischen Rates übergeben und dort auch vervielfältigt wurden. Im Einvernehmen mit Carlo Schmid ließ Adenauer sie aber nicht verteilen[82].

Schmid hatte in der Zwischenzeit einige überflüssige Neben- und Absätze in dem Entwurf des Siebenerausschusses, auf dessen Grundlage man weiterberaten wollte, weggestrichen. Inhaltlich hatte er nichts verändert. Noch mußte er ganz offen eingestehen, daß er keine Gewähr dafür übernehmen könne, daß die Fraktion einem „gentleman's agreement" zustimmen werde[83]. Möglicherweise wäre er in einem Zweifrontenkampf mit dem Parteigegner und den Gegnern in der eigenen Partei und Fraktion zerrieben worden, wenn am Abend des 22. April die Militärgouverneure nicht die entschärfte Note der drei westlichen Außenminister vom 8. April bekanntgegeben hätten. Die SPD wurde durch die Veröffentlichung der Note vor einer möglichen Zerreißprobe gerettet. Das Triumphgeschrei, das einige Sozialdemokraten anstimmten, wäre besser nicht so laut ausgefallen, denn die CDU konterte sofort mit der Behauptung, die SPD habe von dem zweiten Memorandum gewußt und sich nur deshalb ein so hartes Nein leisten können. Das stellte die Dinge auf den Kopf. Schumachers Nein stand fest, noch ehe es die zweite Note gab. Es wäre schroffer ausgefallen, wenn Schmid und Menzel nicht aufgrund des mit Robertson geführten Gesprächs ein mögliches Nachgeben der Alliierten in Aussicht gestellt hätten. Robertson hatte Schmid und Menzel zu unterstützen versucht, nicht Kurt Schumacher[84].

Die Christdemokraten brauchten sich nicht düpiert zu fühlen. Schmid hatte sie von seinen Gesprächen mit Chaput de Saintonge und Kennan unterrichtet, aus denen er entnommen hatte, daß die drei Westmächte einen verständnisvolleren Kurs einschlugen. Adenauer hatte alle Hinweise des SPD-Fraktionsvorsitzenden in den Wind geschlagen, weil sie ihm nicht in sein politisches Konzept paßten[85]. Hätte Schmid ihm von der Unterredung mit Robertson berichtet, hätte Adenauer dies für einen Bluff gehalten.

Schmid brach nicht in Triumphgeschrei aus und beteiligte sich auch nicht an der gegenseitigen Polemik, die die Bekanntgabe der Note überschattete. Der Presse gegenüber äußerte er sich sehr zurückhaltend und besonnen: „Wenn ich das Schreiben richtig verstanden habe, so ist es liberaler als alles, was uns bisher gegeben wurde. Ich bin damit sehr zufrieden."[86] Keine Pointe, kein Pathos. Schmid ging es jetzt nur noch darum, möglichst schnell einen Verfassungskompromiß zustande zu bringen. Anlaß zum Triumphieren gab die Note auch gar nicht. Auch diese zweite freundlichere Botschaft der Alliierten zwang die SPD zu Konzessionen. Wie konnte Kurt Schumacher nur glauben, daß das jetzige Verhandlungsergebnis „unendlich besser als das Siebener-Kompromiß und nicht unbeträchtlich besser als das Fünfer-Kompromiß" ausfallen werde?[87] Der SPD-Parteivorsitzende war überhaupt nicht im Bilde darüber, was im Parlamentarischen Rat lief. Als er sich so hoffnungsvoll und überschwenglich äußerte, hatte man in Bonn schon einen Kompromißentwurf vereinbart, der für die SPD keineswegs vorteilhafter war als die Vereinbarungen vom Februar. Schmid hatte die Verhandlungen durchgezogen, ohne Hannover zu informieren. Es waren auch nur zwei Tage Zeit für die Verhandlungen geblieben, da die Militärgouverneure am Montag, den 25. April einen ausgearbeiteten Kompromißvorschlag der Deutschen sehen wollten. Erst am späten Sonntagabend, nach zweitägigen ununterbrochenen interfraktionellen Verhandlungen hatte man eine Einigung erzielt. Wieder einmal hatte Schmid ein Wochenende in Bonn verbringen müssen. Er kam nur noch alle zwei bis drei Wochen nach Tübingen, so daß sich seine dortigen Verpflichtungen zu einem „schaurigen Klumpen" zusammenballten[88].

Die größte Schwierigkeit bei den interfraktionellen Besprechungen bereitete die Neuregelung des Finanzwesens. Die auf der Grundlage der alliierten Forderungen vereinbarten Vorschläge waren so kompliziert, daß Carlo Schmid nicht übertrieb, als er feststellte, daß jedem Finanzkundigen, der sie las, die Haare zu Berg stehen mußten[89]. Er erwog deshalb eine Kürzung der Finanzbestimmungen. Am besten wäre es, so meinte er, alles herauszulassen, was in ein Steuergesetz gehört[90]. Man einigte sich dann auch darauf, daß eine Neuregelung der Verteilung der der konkurrierenden Gesetzgebung unterliegenden Steuern auf Bund und Länder bis spätestens 31. Dezember 1952 erfolgen sollte[91]. Mit einer weiteren Kürzung der Finanzbestimmungen hätten sich die Militärgouverneure wohl kaum einverstanden erklärt. So entwickelte man ein duales Steuersystem. Die Steuern sollten von dem verwaltet werden, dem ihr Ertrag zufließt. Bei dem heftig umstrittenen Finanzausgleich fand man eine salomonische Lösung. Vorgesehen war sowohl ein horizontaler Finanzausgleich zwischen den Ländern als auch vertikale Zuwendungen des Bundes an die finanzschwachen Länder nach dem amerikanischen Vorbild der grants-in-aid[92]. Als Kompensation für die weitgehenden Zugeständnisse, die die SPD bei der Regelung des Finanzwesens hatte machen müssen, wurden die Kompetenzen des Bundesrates beschnitten. Der Katalog der zustimmungspflichtigen Gesetze wurde stark zusammengestrichen.

Heftig umstritten war auch die in Artikel 7 vorgesehene Erteilung des Religionsunterrichts in Berufsschulen, der Schmid im Fünferausschuß zugestimmt hatte. In SPD-Kreisen war er deswegen arg getadelt worden. Er bat um eine Streichung des Absatzes, mit der sich die Christdemokraten widerwillig einverstanden erklärten[93]. Die Tauschgeschäfte, bei denen alte Streitpunkte neu aufgerollt wurden, zehrten sichtlich an seinen Nerven. Der ausgehandelte Kompromiß blieb für alle unbefriedigend. Eine gemeinsame Erklärung wurde ausgearbeitet, die den Militärgouverneuren unmißverständlich zu verstehen gab, daß weitere Konzessionen für keine der Parteien mehr tragbar waren. Alle Parteien hatten sich, so die Erklärung, „unter Hintanstellung schwerer Bedenken" um eine Verständigung bemüht, um die „Bildung einer neuen staatlichen Ordnung in Deutschland" zu ermöglichen[94]. Um einer neuen Dolchstoßlegende entgegenzutreten, unterzeichneten Lehr für die CDU, Schmid für die SPD und Dehler für die FDP eine „Ehrenerklärung", in der sich die Parteien gegenseitig versicherten, „daß sie sich in ihren Entscheidungen ausschließlich durch deutsche, von fremden Einflüssen unabhängige Erwägungen (hatten) bestimmen lassen."[95] Schmid hatte die Erklärung angeregt. Weimar war und blieb ein Trauma für ihn.

Die Militärgouverneure waren trotz der ulitmativ formulierten Erklärung nicht bereit, die deutschen Vorschläge widerspruchslos hinzunehmen. Die Zusammenkunft mit ihnen verlief noch einmal höchst dramatisch. Adenauer führte die 17-köpfige Delegation des Parlamentarischen Rates an. Schmid oblag es, die in den interfraktionellen Besprechungen ausgearbeiteten Vorschläge zu erläutern. Clay erhob Einspruch gegen das Gesetzgebungsrecht des Bundes zur Wahrung der Rechts- und Wirtschaftseinheit, durch das er die Eigenständigkeit der Länder gefährdet sah, und gegen einige Details des Finanzausgleichs. Schmid versuchte ihm diese Bedenken auszureden. Er verwies auf die Möglichkeit der Länder, bei einer mißbräuchlichen Anwendung des Artikels das Bundesverfassungsgericht anzurufen. Clay ließ sich zunächst durch die Ausführungen Schmids nicht überzeugen[96]. Die Sitzung mußte unterbrochen werden.

„Schließlich kam es dann im Wege von Verhandlungen um sechs verschiedene Ecken herum nicht nur zu Kompromissen zwischen Deutschen, sondern auch zu Kompromissen unter den Alliierten, dann zwischen Deutschen und Alliierten, dann zwischen einer Ecke der Alliierten mit einer Ecke der Deutschen, was sich wiederum umsetzte auf die andere Ecke der Deutschen."[97] Die Besprechung verlief tatsächlich so dramatisch, wie Schmid sie nachträglich schilderte. Der Finanzausgleich wurde noch etwas komplizierter geregelt, als er im Entwurf bereits schon geregelt war. Für den beanstandeten Artikel über das Gesetzgebungsrecht des Bundes zur Wahrung der Rechts- und Wirtschaftseinheit fanden Katz und Robertson eine geniale englische Übersetzung, die auch von Clay akzeptiert wurde. Alles in allem hatte die deutsche Seite kaum noch Zugeständnisse machen müssen. Weniger Adenauers Diplomatie als Schmids hartnäckiges Verhandeln hatte die Zustimmung der drei Westmächte zum Grundgesetz möglich gemacht[98]. Am Ende der fast sechsstündigen Verhandlung sagte der politische Berater General Koenigs Sauvagnargues zu Schmid: „Sie haben einen ausgezeichneten Kampf geführt; Sie haben gewonnen."[99] Aber trotz allen Erfolgs: es war „schrecklich" gewesen[100]. Die anderen Beteiligten hatten es vermutlich nicht anders empfunden als Schmid, auf dem die Hauptlast der Verhandlungen gelegen hatte. Allen war klar gewesen: Wenn die Verhandlungen scheiterten, mußte das Grundgesetz doch noch begraben werden.

Dem Wunsch der CDU/CSU-Fraktion, keine weiteren materiellen Änderungen am Grundgesetz mehr vorzunehmen, stimmte der SPD-Fraktionsvorsitzende sofort zu[101]. Er enthielt sich öffentlicher Kommentare über den Kompromiß. In der Partei schwelgte man noch in einem Siegestaumel und übersah daher, daß nicht alle Forderungen der von der SPD verabschiedeten Resolution erfüllt worden waren. Im Grunde hatte Schmid die „Fernlenkung" aus Hannover recht gut zu konterkarieren gewußt. Jetzt brauchte er erst einmal Erholung. Am 27. April gastierte sein Freund Werner Finck in Bonn, dessen Vorstellung er auf keinen Fall versäumen wollte. Finck sparte nicht mit Attacken gegen die CDU und mit Lob für Schmid, der Gelegenheit hatte, sich zu erheben und dem Publikum für den begeisterten Beifall zu danken. Die Kabarettisten hatte der verkappte Kabarettist auf seiner Seite. Die Abgeordneten der Union wurmte das schrecklich[102]. Sie konnten nicht zurückschlagen. Adenauer hatte die Maxime ausgegeben, Schmid nicht anzugreifen, um Schumacher nicht auf den Plan zu rufen[103].

Die notwendig gewordenen redaktionellen Änderungen wurden am 5. Mai abgeschlossen. Noch einmal mußte sich Schmid, dem der große historische und philosophische Wurf viel mehr lag, mit Details abmühen. Zu großen Auseinandersetzungen kam es nicht mehr. Die vierte Lesung des Grundgesetzentwurfs im Hauptausschuß am 5. Mai peitschte der Vorsitzende, der ein bewundernswertes Konzentrationsvermögen besaß, in einer über siebenstündigen Sitzung, die erst kurz vor Mitternacht endete, durch. Da alle fertig werden wollten, gab es kein Murren gegen Schmids straffe Zügelführung. Am Nachmittag des 6. Mai konnte mit der 2. Lesung im Plenum des Parlamentarischen Rates begonnen werden. Schmid eröffnete sie mit einem staatsrechtlichen Kolleg über den Grundgesetzentwurf, wobei er zugleich ein Bekenntnis zur deutschen Einheit und zu Europa abgab[104]. Der SPD-Fraktionsvorsitzende hatte ein Gutteil dazu beigetragen, daß aus dem Grundgesetz ein großartiges lückenloses Verfassungswerk wurde. Jetzt mühte er sich darum, ihm das „Pathos" einer Verfassung zu nehmen[105]. Er deklarierte die Verfassung, die ihm so viel Schweiß und Nerven gekostet hatte, zum „Bauriß für einen Notbau". Die eigentliche Verfassung bestehe „vorderhand in nichts anderem als in dem unerschütterlichen Willen aller Deutschen, trotz aller Schranken, die man zwischen ihnen aufgerichtet hat, sich als ein einziges Volk, als ein Staatsvolk zu fühlen"[106]. Schmid gestand sich wohl im stillen bereits ein, daß er am Grundriß für eine stabile westdeutsche Staatsordnung mitgearbeitet hatte. Aber wenn die deutsche Einheit jemals Wirklichkeit werden sollte, mußte ein gesamtdeutsches Nationalbewußtsein aufrechterhalten werden.

Im übrigen war er alles andere als stolz auf das Bonner Verfassungswerk. Wie die meisten seiner Abgeordnetenkollegen konnte auch er ihm „nur schweren Herzens" zustimmen[107]. Trotzdem wurde es am 8. Mai, dem Jahrestag der Kapitulation, mit großer Mehrheit verabschiedet. Am 12. Mai wurden Adenauer, Schmid und einige andere Mitglieder des Parlamentarischen Rates noch spät abends nach Frankfurt zitiert. Die Militärgouverneure teilten die Genehmigung des Grundgesetzes durch die Regierungen der drei Westmächte mit[108]. Schmid ließ zu, daß Robertson das Grundgesetz eine Verfassung nannte. Er war froh, daß die Militärgouverneure nicht darauf drängten, das Grundgesetz zur Volksabstimmung zu stellen, wodurch sein Verfassungscharakter eindeutig unterstrichen worden wäre. Sie hatten sich schließlich widerwillig mit einer Zustimmung durch die Landtage begnügt.

Am 21. Mai, gerade von einer Besprechung mit Außenminister Schuman aus Paris zurückgekehrt, bat Schmid den Bebenhausener Landtag um Zustimmung zu dem Bonner Werk. Seine Rede war nüchtern, fast ohne Pathos. Sein Vorredner Paul Binder hatte die ganzen parteipolitischen Kontroversen des Parlamentarischen Rates noch einmal aufgerollt. Schmid machte keinen Hehl daraus, daß ihm der ganze parteipolitische Streit, diese ewige Polemik gegen die „Fernlenkung" aus Hannover, der die „Fernlenkung" aus München um nichts nachstand, zum Halse heraushing[109]. Am meisten hatte doch er unter dem „Bonner Händel" zu leiden gehabt. Es geschah selten, daß er so offen sein Leiden an der Politik, genauer gesagt an der Parteipolitik, zugab. Die Christdemokraten Württemberg-Hohenzollerns drohten, das Grundgesetz abzulehnen, weil die Bekenntnisschule nicht verfassungsrechtlich verankert worden war. Schmid mahnte die „Herren von der CDU", ihrem „Herzen einen Stoß" zu geben. Man dürfe doch nicht sagen: „Ich will dieses Haus nicht haben, dessen Notwendigkeit ich einsehe und bejahe, nur weil mir das Sofa im Eßzimmer nicht gefällt."[110] Die Lacher hatte er mal wieder auf seiner Seite. Schließlich glaubte man ihm, daß auch er seinem Herzen einen Stoß hatte geben müssen. Hatte er doch auf seine „Lieblingsidee", die Errichtung eines Senats, verzichten müssen[111]. Der Intellektuelle und Visionär litt schwer unter den Kompromissen, die der Politiker eingehen mußte.

Mit Ausnahme der Bayern stimmten alle Landtage dem Grundgesetz zu. Schmid war nicht bereit, auf die bayrischen Wünsche Rücksicht zu nehmen, über die möglicherweise der mühsam erzielte Kompromiß noch einmal zerbrochen wäre[112]. Bei gedämpftem Orgelspiel unterzeichneten am 23. Mai die Abgeordneten des Parlamentarischen Rates mit Ausnahme der Kommunisten, die Minister- und Landtagspräsidenten das Grundgesetz. Kurz vor der Feier hatte Schmid angeordnet, Händel statt Haydn zu spielen. Haydns Kaiserquartett hätte nationale Erinnerungen und Erwar-

Unterzeichnung des Grundgesetzes.
Georg August Zinn, Carlo Schmid, Konrad Adenauer und Anton Pfeiffer

tungen geweckt, die fehl am Platze waren[113]. Bei der Unterzeichnung mochte es den meisten Verfassungsvätern wie Carlo Schmid gegangen sein: Sie mochten sie zu dem ihrer Meinung nach unvollkommenen Geschöpf nur ungern bekennen. Erst später wuchs der Stolz.

„Zum Herrschen geboren“: Die Hoffnungen des Sommers 1949

Spiegelausgabe 12. März 1949: Auf dem Titelblatt das Löwenhaupt Carlo Schmids. Das vielgelesene Wochenmagazin hatte ihn zum Held der Titelgeschichte gewählt, die die Überschrift trug: „Zum Herrschen geboren.“ Im Frühjahr 1949 gab es zwei Männer, von denen damals fast alle glaubten, daß sie das Geschick der zukünftigen Bundesrepublik bestimmen würden: der Präsident des Parlamentarischen Rates Konrad Adenauer und der Tübinger Rechtsprofessor und Vorsitzende des Hauptausschusses Carlo Schmid. Gelegentlich wurde auch Kurt Schumacher genannt. Was den Bekanntheitsgrad anbelangte, war der SPD-Parteivorsitzende dem SPD-Landesvorsitzenden aus Südwürttemberg-Hohenzollern überlegen. Aber die meisten konnten sich nicht vorstellen, daß dieser kranke Mann die Bürde des Bundeskanzleramtes, nach dem er strebte, würde tragen können.

Schmid stand im Zenit seiner politischen Karriere. Wenn, wie damals viele prognostizierten, die SPD als Sieger aus den Wahlen hervorging, war er, sollte es zu einer Großen Koalition kommen, Aspirant Nr. 1 für das

Bundeskanzleramt. Schmid Bundeskanzler – Heuss Bundespräsident, so lauteten die voreiligen Spekulationen[1]. In Frankreich wurden trotz der Hartnäckigkeit, mit der der SPD-Fraktionsvorsitzende die föderalistischen Vorstellungen der Franzosen bekämpft hatte, zahlreiche Stimmen laut, die sich einen Bundeskanzler Schmid wünschten. Adenauer, der alte Fuchs, war ihnen zu undurchsichtig[2]. Nur eine Minderheit meinte, Schmid wäre ein idealer Bundespräsident. Erst später galt er als der geborene Bundespräsident, wobei oft hinzugefügt wurde, daß er aufgrund seiner „sensiblen Geistigkeit" wohl kaum den Anforderungen eines Bundeskanzlers gewachsen sei[3].

1949 wäre keiner auf die Idee gekommen, ihm deswegen das Amt des Bundeskanzlers nicht zuzutrauen. Im Parlamentarischen Rat hatte er nicht nur seine hervorragenden staats- und völkerrechtlichen Kenntnisse unter Beweis gestellt, sondern sich auch als ein ausgezeichneter Diplomat und politischer Taktiker erwiesen. An Durchsetzungsvermögen hatte es ihm nicht gemangelt. Daß er kein Talent zur Administration habe, wurde später oft kolportiert. Wer den Tübinger Verwaltungschef kannte, weiß, wie Unrecht man ihm damit tat. Schmid betrieb Politik mit Leidenschaft, visionären Mut und Augenmaß. Er selbst sah sich zur politischen Führung berufen, weil er die Kleingeisterei des Parteienzwistes und ihren Gegenpart die bürokratische Sachzwangideologie überwinden wollte. Daß dies nur möglich war, wenn er der SPD seinen Willen aufzwingen konnte, war ihm durchaus klar. Vollmundig verkündete er, die SPD sei eine „alte brave Matka", die auch ihn noch aushalten werde[4]. Aber hielt er auf die Dauer die „alte brave Matka" aus, die von einem Kurt Schumacher autoritär geführt wurde, in der Verstöße gegen die Parteidisziplin mit äußerster Schärfe geahndet wurden?

Er war ein Fremdling in dieser Partei, in der sein großzügiger Lebensstil Anstoß erregte. Seine Selbststilisierungen, seine Freude am Geschichten erzählen, in denen Wahrheit und Dichtung eng miteinander verwoben waren, brachten ihm bald den Ruf ein, ein „Tartarin" zu sein[5]. Das kostete ihn Autorität in der eigenen Partei, aber auch bei den Politikern der anderen Parteien. Die Kunst der freien Rede war seine große Stärke und seine große Schwäche. Allzu oft ließ er sich durch ein unbedachtes Bonmot hinreißen. Der Dichter und Visionär hatte den Ehrgeiz, die Geschicke der zukünftigen Bundesrepublik in seine Hand zu nehmen, aber er litt unter dem politischen Alltag, der der Phantasie und Kreativität wenig Raum ließ. Dieser Mann voll üppiger Kraft, der manchmal zur Selbstüberschätzung neigte, war ein Mann voller Melancholie und voller Selbstzweifel. Die Auseinandersetzungen und Querelen im Parlamentarischen Rat waren nicht spurlos an ihm vorübergegangen. Im Frühjahr 1949 war er „physisch" am Ende[6]. Im Juni mußte er sich dem Willen der Ärzte beugen und sich für vier Wochen in ein Sanatorium nach Überlingen begeben. Dort wurde ihm, den man nur mit Zigarre im Mund und über und über mit Asche bekleckert kannte, sofort das Rauchen verboten. „Die Maschine scheint ziemlich lädiert zu sein." Ollenhauer, der schon an den Wahlkampf dachte, dürfte den Brief seines Parteifreundes aus Tübingen mit einigem Schrecken gelesen haben[7].

Schmid schonte sich nicht. Mit dem Alten aus Rhöndorf konnte er es, trotz seiner angeschlagenen Gesundheit, jederzeit aufnehmen. Beliebter als der intrigante Präsident des Parlamentarischen Rates war er allemal. Er war zwar zu umstritten in der eigenen Partei, um Bundeskanzler einer reinen SPD-Regierung zu werden, aber als Kanzler einer Großen Koalition oder einer Allparteienregierung konnte man sich ihn allein schon seiner Kompromißbereitschaft wegen bei all den Schwächen, die er zweifellos hatte, gut vorstellen.

Schmid selbst spekulierte allerdings nicht auf das Bundeskanzleramt. Er rechnete nicht wie die meisten seiner Parteifreunde mit einem Wahlsieg der SPD und so machte er sich auch keine sehr großen Hoffnungen auf das Bundeskanzleramt, ja er strebte es nicht einmal an. Realist, der er war, prognostizierte er auf einer Landesvorstandssitzung der SPD Südwürttembergs Ende Mai, daß die SPD im zukünftigen Bundestag wohl nur eine „starke Minderheit" sein werde. 35–40 % der Stimmen sagte er voraus[8]. Die Wahlchancen der kleinen Parteien schätzte er offensichtlich sehr gering ein.

Nicht nur seine für die SPD pessimistische Wahlprognose veranlaßte ihn dazu, die Losung auszugeben: Koalitionsbildung mit der CDU[9]. Schon bei der Wahlrechtsdebatte im Parlamentarischen Rat hatte er sich ganz eindeutig für die Bildung einer Großen Koalition ausgesprochen und war deshalb für ein modifiziertes Verhältniswahlsystem eingetreten, obwohl er prinzipiell ein Anhänger des Mehrheitswahlrechts war. Er fürchtete, daß bei den in Westdeutschland herrschenden sozialen und politischen Bedingungen die Einführung des Mehrheitswahlrechts „einen bitteren Kampf auf der sozialen Ebene" zur Folge habe[10]. In der Situation, in der sich Deutschland 1949 befand, konnte es seines Erachtens nur eine vernünftige politische Lösung geben: die Bildung einer nationalen Notgemeinschaft. Nur sie konnte verhindern, daß die regierende Partei nicht als „Besatzungspartei" diffamiert wurde[11]. Schmid sprach aus Erfahrung. Oft genug hatte man ihn einen „Mann der Franzosen" gescholten. Ein zukünftiger Bundeskanzler, der nicht eine große Mehrheit hinter sich hatte, würde bald als Kanzler der Alliierten apostrophiert werden. Wieder einmal sah Schmid weise voraus, was kommen mußte. Daß Adenauer gezielt auf eine Kleine Koalition zusteuerte, dürfte ihm nicht entgangen sein. Hatte der Alte doch schon im Parlamentarischen Rat unermüdlich für die Möglichkeit von Listenverbindungen gekämpft[12]. Vermutlich hielt Schmid die Kräfte, die eine Große Koalition wollten, für stärker als die Gegenkräfte, zumal auch die Besatzungsmächte einer Großen Koalition zuneigten.

Natürlich verband er sein Eintreten für eine Große Koalition auch mit der Spekulation auf ein Ministeramt. Sein Plädoyer für die Einrichtung eines Ministeriums für Besatzungsfragen fiel so beredt aus, weil er dabei an seine eigene politische Zukunft dachte. Zwei Gründe nannte er für dessen Institutionalisierung: Eine Zusammenfassung aller mit der Besatzung zusammenhängenden Fragen in einem Ministerium sei unbedingt geboten; ein solches Ministerium sei die Vorstufe und Vorschule für ein zukünftiges Außenministerium. Ohne eine solche Vorschule würde man Gefahr laufen, daß die Beamten der Wilhelmstraße in einem zukünftigen Außenministerium wieder die Stellen besetzten[13]. Der zukünftige Besatzungsminister hätte über eine ungeheure Machtfülle verfügt. Er hätte den Zugang zu den drei Hohen Kommissaren gehabt und damit zu den Machthabern. Daß für dieses Amt nur Carlo Schmid in Frage kam, stand außer Zweifel. Keiner war für diese Aufgabe so qualifiziert wie er. Mangelndes Machtbewußtsein sagte Schmid 1949 niemand nach.

Bei seinen Parteifreunden stieß er mit seinem Vorschlag auf wenig Gegenliebe. Der außenpolitische Referent beim Parteivorstand Gerhard Lütkens optierte für ein Staatssekretariat für Besatzungsfragen im Bundeskanzleramt. Auch Lütkens hatte Hinterabsichten. Das Format zur Bekleidung eines Ministeramtes fehlte ihm. Aber ein tüchtiger Staatssekretär unter einem Kanzler Kurt Schumacher hätte er durchaus werden können. Der stellvertretende Vorsitzende der SPD-Fraktion im Wirtschaftsrat Herbert Kriedemann träumte davon, Außenhandelsminister zu werden, und forderte daher die Einrichtung eines Außenhandelsministeriums[14]. Lütkens konnte sich mit seinem Vorschlag innerhalb der Partei durchsetzen. Die Begründung für die Ablehnung des von Schmid anvisierten Ministeriums für Besatzungsfragen war bezeichnend: „Ein Minister, welcher alle diese Fragen nicht nur außen-, sondern gleichzeitig innenpolitischen Charakters zusammenfaßte, wäre, wenn nicht stärker als der Kanzler, zumindest der Thronprätendent in der Regierung."[15] In den Führungszirkeln der SPD rechnete man mit einem Kanzler Kurt Schumacher, der seinen mächtigen Rivalen möglichst kleinhalten wollte. Auf keinen Fall sollte ihm ein Sprungbrett in das Kanzleramt geschaffen werden. Nein, leicht wurde ihm der innerparteiliche Aufstieg wirklich nicht gemacht.

Die Chancen für die Einrichtung eines Ministeriums für Besatzungsfragen standen im Sommer 1949 mehr als schlecht. In der CDU hatte der Oberdirektor des Wirtschaftsrates Pünder einen ähnlich aussichtslosen Kampf geführt wie Schmid in der SPD[16]. Schmid mochte sich trösten. Die letzte Entscheidung über die Einrichtung von Ministerien würde erst in den Koalitionsverhandlungen fallen. Die Presse stand hinter ihm. Nicht nur als zukünftiger Bundeskanzler war er im Gespräch, sondern auch als zukünftiger Außenminister wurde er bereits gehandelt[17].

Nach Abschluß der Arbeiten im Parlamentarischen Rat setzte er sein außen- und europapolitisches Engagement mit unverminderter Energie fort. Mitte Mai hatte er in Paris Gelegenheit, politische Kontakte zu knüpfen und die Chancen für die Durchsetzbarkeit seiner außenpolitischen Pläne zu erkunden. Die Landesregierung Württemberg-Hohenzollerns war zu einem Gespräch mit Regierungsvertretern in das französische Nachbarland eingeladen worden. Gebhard Müller wäre gern ohne seinen dominanten Stellvertreter gereist, der das Gespräch immer sofort an sich riß. Die Franzosen waren aber lediglich bereit, ihm ein Vier-Augen-Gespräch zuzusichern, nicht aber Schmid auszuladen. Müller kam trotzdem mit hängenden Ohren zurück. Seine dicken Aktenunterlagen hatten seine französischen Gesprächspartner nicht sonderlich interessiert[18]. Schmid war zufrieden mit dem Ergebnis der Besprechungen. Er wußte, was bei solchen Treffen zu erreichen war und was nicht. Er hatte den Besuch dazu genutzt, um mit dem französischen Außenminister Robert Schuman, dem Generalkommissar für deutsche Angelegenheiten Alain Poher und den beiden führenden Sozialisten Léon Blum und André Philip Gedanken über die Zukunft Europas auszutauschen. Die Gespräche waren in einer sehr herzlichen Atmosphäre verlaufen[19]. Das war gar nicht so selbstverständlich, wie man zunächst denken mag. Die Auseinandersetzungen um das Ruhrstatut, insbesondere die heftigen Attakken Schumachers gegen das Ruhrstatut, hatten das Verhältnis zwischen der SPD und dem französischen Nachbar auf einen Tiefpunkt sinken lassen.

Bereits im März hatte Schmid in einem Aufsatz über das deutsch-französische Verhältnis und Europa den angerichteten Schaden wieder zu reparieren versucht. Er verteidigte die Ablehnung des Ruhrstatuts, das ein „Hemmschuh auf dem Wege Europas“ sei[20]. Zugleich gab er aber unumwunden zu, daß das Bedürfnis der Franzosen nach Sicherheit legitim sei und die Deutschen nicht vergessen durften, daß sie „vorzuleisten“ hatten. Er zeigte Verständnis für die Ängste und Vorurteile der Franzosen gegenüber den Deutschen. Seine deutschen Landsleute mahnte er, daß die Franzosen erst dann vergessen könnten, „wenn sie genau wissen, daß wir Deutschen nicht vergessen, warum es so kommen konnte“[21]. Der Baudelaire-Übersetzer wußte um die Zählebigkeit von Ressentiments. Er war davon überzeugt, daß die Verständigung zwischen Deutschen und Franzosen „nur das Produkt Europas und nicht die Voraussetzung Europas sein“ könne[22]. Die Franzosen forderten die europäische Integration als Preis für ihre Zustimmung zum Wiederaufbau und -aufstieg Westdeutschlands, das zudem Vorleistungen zu erbringen hatte. Schmid war bereit, diesen Preis zu zahlen. General Koenig schrieb er vor dessen Abschied aus Deutschland, daß man trotz aller Differenzen doch in einem Punkt übereinstimme: „Europa so schnell wie möglich herzustellen."[23]

Trotz seiner ruinierten Gesundheit war er seit Ende Mai wieder in unermüdlichem Einsatz in der Europabewegung tätig. Auf dem ersten Kongreß der elf deutschen Landesverbände der Europa-Union in Hamburg wurde er am 22. Mai in absentia zum Vizepräsidenten gewählt. Eugen Kogon, Politikwissenschaftler und Herausgeber der „Frankfurter Hefte", war das Präsidentenamt übertragen worden. Um parteipolitische Parität zu wahren, erhielt auch der CDU-Politiker Carl Spiecker, seit 1949 Minister in Nordrhein-Westfalen, ein Vizepräsidentenamt. Auf dem Kongreß war eine Resolution verabschiedet worden, in der u. a. die baldige uneingeschränkte Teilnahme Deutschlands am Europarat gefordert wurde[24]. Carlo Schmid dankte Kogon für das in ihn gesetzte Vertrauen und versprach, das Amt „sehr ernst zu nehmen"[25]. Das war keine bloße Höflichkeitsformel. Er wollte das Amt tatsächlich dazu nutzen, um in Sachen Europa initiativ zu werden. Die SPD sollte nicht länger der Europabewegung hinterherhinken, sondern ihr vorangehen. Es war nicht leicht, den Parteivorstand davon zu überzeugen, daß die SPD aktiv in der Europabewegung mitarbeiten mußte. Distanz überwog dort noch immer[26]. Noch dreißig Jahre später erinnerte sich Schmid, daß einige Sozialisten „ein kapitalistisches und gar klerikales Europa wie die Pest" fürchteten[27]. Die Genossen im Südwesten, die mehr auf ihn hörten als der Parteivorstand, rief er dazu auf, „in die Europa-Union hineinzugehen, um Stellungen zu erobern und sich durchzusetzen"[28].

Am 13. Juni konstituierte sich in Wiesbaden der Deutsche Rat der Europäischen Bewegung. Die Gründung nationaler Räte war von dem Schwiegersohn Churchills Duncan Sandys angeregt worden, der hoffte, aus der Europabewegung eine Massenbewegung machen zu können. In Westdeutschland freilich war daran nicht zu denken. Umfrageergebnisse zeigten, daß in der Bevölkerung noch immer die Befürworter eines unabhängigen Nationalstaates dominierten[29]. Um so notwendiger war es, die Europa-Idee populär zu machen. Paul Löbe, vor 1933 ein prominentes Mitglied der Pan-Europa-Bewegung Coudenhove-Kalergis, hatte das Präsidentenamt im Deutschen Rat der Europäischen Bewegung übernommen.

Carlo Schmid hielt auf der blumengeschmückten Bühne des Wiesbadener Staatstheaters das Hauptreferat, in dessen Zentrum eine befürwortende, wenn auch kritische Stellungnahme zu dem eben erst ins Leben gerufenen Europarat stand. Er führte aus, daß der Europarat nur ein erster Schritt auf dem Weg nach Europa sei. Ziel der europäischen Bewegung könne nicht ein Europa „souverän bleibender Staaten", sondern nur ein europäischer Bundesstaat sein: „Wenn Europa wirklich die Funktionen soll erfüllen können, die erfüllt werden müssen, wenn die europäischen

Völker nicht zugrunde gehen sollen, dann genügt ein Organ für die Koordination nationaler Interessen nicht. Dann wird man schon eine echte politische, ökonomische und konstitutionelle Einheit schaffen müssen."[30] Europa dürfe nicht auf Westeuropa beschränkt bleiben, es müsse auch den Osten miteinschließen. Das war eine Zukunftsvision, an der Schmid sein ganzes Leben festhalten sollte. In praktische Realität war sie vorläufig nicht umzusetzen. Schmid unterstrich ausdrücklich, daß nur ein Europa erstrebenswert sei, in dem die „Freiheit der Einzelperson, die politische Freiheit, die Herrschaft des Rechts und die soziale Gerechtigkeit" garantiert war[31]. Er erwog, ob der Beitritt Westdeutschlands in den Europarat die Spaltung Deutschlands vertiefe, plädierte aber wohl nicht zuletzt angesichts des Scheiterns der Pariser Außenministerkonferenz dann doch für eine Mitgliedschaft Westdeutschlands in der Konsultativversammlung des Europarats. Am Ministerrat könne sich Deutschland nicht beteiligen, da es nicht in der Lage sei, eine eigenständige verantwortliche Außenpolitik zu betreiben[32].

Schmids Ausführungen fanden allgemeine Zustimmung. Eine Resolution wurde verabschiedet, nach der die deutschen Abgeordneten für den Straßburger Europarat erst nach Anhören des Deutschen Rates der Europäischen Bewegung gewählt werden sollten. Das war eine ziemlich unrealistische Forderung, denn damit wäre das Prinzip der Souveränität des nationalen Parlaments durchbrochen worden[33].

Schmid hielt nichts von blinder Europabegeisterung. Nicht selten hatte er den Eindruck, daß die Europabewegung ein „neuer Jahrmarkt der Eitelkeit" sei[34]. Er erstrebte eine enge Verbindung der Europabewegung mit den Trägern der politischen Macht. Europa durfte keine Spielwiese der Intellektuellen bleiben, sondern mußte die Realien der Politik bestimmen. Zusammen mit Carl Spiecker nahm Schmid vier Tage nach der Konstituierung des Deutschen Rates der Europäischen Bewegung an der gemeinsamen Tagung des Exekutivkomitees und der gerade erst gebildeten parlamentarischen Sektion der Europäischen Bewegung in Versailles teil. Beide hatten sich in aller Bescheidenheit mit der Beobachterrolle begnügen wollen, wurden dann aber insbesondere von den Engländern gebeten, sich als vollberechtigte Mitglieder an der Tagung zu beteiligen. Schmid wurde vom Exekutivkomitee der internationalen Europabewegung zu einem der Vizepräsidenten der internationalen Parlamentariergruppe gewählt[35].

Der Kongreß diente der Vorbereitung der ersten Sitzung der Konsultativversammlung des Europarates im August 1949. Carlo Schmid war mutig. Er handelte wie ein Außenminister in spe. Am 19. Juni unterzeichnete er die vom Kongreß verabschiedeten Empfehlungen an den Ministerrat, in denen u. a. befürwortet wurde, die Bundesrepublik als assoziiertes Mitglied nach Straßburg einzuladen. Die Deutschen sollten zunächst nur Sitz und Stimme in der Konsultativversammlung haben. Die übrigen Konferenzteilnehmer hatten für die von Schmid verlangte Selbstbeschränkung der Deutschen Verständnis gezeigt[36]. Für ihn bedeutete es eine Ermutigung, daß die Vertreter der europäischen Nachbarländer den Antrag gestellt hatten, die Deutschen in den Europarat aufzunehmen[37].

Für Schmid gab es keine Alternative zu einer Politik der Westintegration. Bei den Besprechungen des Frankfurter Konsultativrates mit den Militärgouverneuren am 8. und 16. Juli hatte er seine Befriedigung darüber zum Ausdruck gebracht, daß die Westalliierten auf der Pariser Konferenz die Prinzipien der Demokratie verteidigt und keiner Einigung „um jeden Preis“ zugestimmt hatten[38]. Verhandlungen mit den „sogenannten Vertretern der Ostzone“, die „nicht das geringste demokratische Mandat“ hatten, lehnte er auf das Entschiedenste ab. Selbst wirtschaftliche Vereinbarungen schloß er aus, denn sie kämen am Ende nur der Sowjetunion zugute[39]. Momentan konnte man nur den Weg der Westintegration gehen. Die europäische Einheit blieb eine ständige Aufgabe, aber ihre Lösung war so schwierig wie die der Quadratur des Kreises.

Sofort nach seiner Rückkehr aus Versailles unterrichtete er Kurt Schumacher über den Verlauf der Tagung. Der Parteivorsitzende mußte von der Notwendigkeit einer deutschen Beteiligung am Europarat erst noch überzeugt werden. Schmid versicherte ihm, daß es auf der Konferenz „keinerlei Ressentiments“ gegen die Deutschen gegeben habe. Überall habe die Überzeugung bestanden, „daß man die Deutschen dabei haben *muß*“[40]. Dann mußte sich Kurt Schumacher auch noch Kritik gefallen lassen. Nach der Tagung, so berichtete Schmid dem SPD-Parteivorsitzenden, habe eine Reihe von Delegierten ihm gesagt, daß es „allgemein günstig“ aufgenommen worden sei, daß die Deutschen „nicht mit einem Gleichberechtigungsgeschrei begonnen hatten“[41]. Kurt Schumacher, für den die deutsche Gleichberechtigung eine unverzichtbare Forderung war, mußte sich getroffen fühlen. Eine unmittelbare Antwort blieb anscheinend aus.

Eine Stunde nach dem Diktat des Briefes an Schumacher fuhr Schmid endlich nach Überlingen in die Kur, die er aber trotz Verbots der Ärzte einige Male unterbrach. Bei wichtigen Besprechungen wie denen des Frankfurter Konsultativrates glaubte er, nicht fehlen zu dürfen. Er hegte wohl die Befürchtung, daß, wenn er fernbleibe, schreckliche Dummheiten fabriziert und möglicherweise Entscheidungen getroffen würden, die seinen eigenen Plänen widersprachen. Solche Sorgen trieben ihn fast immer um. Deshalb konnte er auch keine Aufgabe und kein Amt ausschlagen, das ihm angeboten wurde. Auch der Wahlkampf, dessen heiße Phase schon begonnen hatte, ließ ihn nicht ruhen. Er lag auf dem Bett und dachte sich Wahlkampfparolen aus[42].

Im Landesvorstand der SPD-Südwürttemberg war bereits Ende Mai über die zukünftige Wahlkampfführung diskutiert worden. Wichtiger als die Ausarbeitung einer Wahlkampfstrategie war für Schmid die Kandidatenaufstellung. Eindringlich mahnte er die Genossen, daß bei der Kandidatenaufstellung die „Persönlichkeit" und nicht das „Parteidienstalter" die erste Rolle spielen müsse. Bei der Durchsetzung von Gesetzentwürfen sei „besseres Wissen, stärkere Stetigkeit, persönliches Volumen" entscheidend. Beharrlich verteidigte er die Kandidatur seines Freundes Victor Renner, auf dessen Mitarbeit in der zukünftigen SPD-Bundestagsfraktion nicht verzichtet werden könne, da die SPD im Gegensatz zur CDU nicht über genügend qualifizierte Juristen verfüge[43]. Hinsichtlich der Richtlinien zur Kandidatenaufstellung waren sich Schmid und Kurt Schumacher völlig einig. Auch der Parteivorstand hatte in einer im Mai verabschiedeten Resolution betont, daß keine „Mandate als Belohnung für in der Vergangenheit geleistete Arbeit" vergeben werden sollten[44].

Kurt Schumacher drängte auf eine Kandidatur Schmids in Mannheim. Dort brauchte man ein Zugpferd. Bei der letzten Gemeinderatswahl hatten die Kommunisten 18 % der Stimmen gewonnen. Ob der „bürgerliche Sozialist" Schmid der richtige war, um den Kommunisten die Wähler abzujagen? Die Arbeiter der nordbadischen Industriestadt waren für dessen Volksparteikurs wohl kaum empfänglich. Schmid gehorchte der Parteiräson und entschloß sich schweren Herzens, nicht in seiner schwäbischen Heimat, sondern im Badischen zu kandidieren[45]. Mannheims Bürgermeister Jakob Trumpfheller hatte ihm gut zugeredet. Eine Kandidatur des SPD-Landesvorsitzenden Württemberg-Hohenzollerns im Badischen würde die Südweststaatsbildung außerordentlich fördern[46]. Das war ein Argument, dem sich Schmid, der ein eifriger Propagandist des Südweststaates war, kaum verschließen konnte.

Wahlkämpfe waren für Schmid ein Greuel. Er wollte seinen Wahlkampf so sachlich wie möglich führen. Der Wähler sollte nicht nur „einige Allgemeinheiten vorgesetzt bekommen", sondern erfahren, wie die Partei die „konkreten Probleme" der nächsten Jahre anzupacken gedachte[47]. Auf dem Flugblatt, das er für den Unterbezirk Mannheim entwarf, entwickelte er eine Art Aktionsprogramm. Nachdem die CDU Ludwig Erhard als Wahllokomotive eingesetzt hatte, kam alles darauf an, dessen Nimbus als Vater der sozialen Marktwirtschaft zu zerstören. Schmid machte sich zum Anwalt des kleinen Mannes: „Der Block der bürgerlichen Parteien möchte den reichen Mann schonen und den armen bezahlen lassen", lautete die zentrale Parole seines Wahlkampfflugblattes[48]. Das klang sehr gemäßigt im Vergleich zu den Klassenkampfparolen der SPD-Parteiführung in Hannover. Er hatte sich um einfache gängige Formulierungen bemüht, die weitaus weniger akademisch waren als die der Parteiführung. Der elitäre Professor hatte dem Volk aufs Maul geschaut.

Obwohl ihn selbst außen- und deutschlandpolitische Fragen viel mehr umtrieben, thematisierte er sie im Wahlkampf kaum. Nur im Rundfunk hielt er einmal eine Wahlrede mit dem programmatischen Titel: „Das ganze Deutschland soll es sein.“ [49] Da er auf eine Große Koalition zusteuerte, verzichtete er auf scharfe Attacken gegenüber dem Parteigegner. Seine programmatischen Forderungen waren zugeschnitten auf die Bedürfnisse der Lohnabhängigen und sozial Schwachen. Sozialer Lastenausgleich, sozialer Wohnungsbau, Beseitigung der Arbeitslosigkeit, planmäßige Lenkung der Rohstoffe und Kredite, Verstaatlichung der Schlüssel- und Grundstoffindustrien standen in seinem Programmkatalog ganz obenan. Das Interesse der SPD an einer Zusammenarbeit mit den Kirchen wurde von ihm ausdrücklich betont[50].

Mit diesem Wahlprogramm zog er vom 20. Juli bis 13. August landauf, landab zwischen Bodensee und Ostsee, um auf rund 40 Wahlkundgebungen um Stimmen zu werben. Sonntags machte er in Mannheim Hausbesuche, um den persönlichen Kontakt zu den Wählern herzustellen. Er gab sich staatsmännisch moderat, mehr volkstümlich als professoral. Den linken Flügel der CDU galt es, zu umgarnen. Seine Strategie wurde durchkreuzt. Adenauer und Schumacher überboten sich gegenseitig an Diffamierungen, Schmähungen und Unterstellungen. Der Parteivorsitzende der SPD nannte die CDU einen „zusammengelaufenen Haufen“, bezichtigte sie der „Murkserei“ und feierte abermals das Grundgesetz als einen Sieg der SPD[51]. Adenauer zog mit der Behauptung durch die Lande, Schmid und Menzel hätten von der zweiten Note der Alliierten gewußt und diffamierte die SPD als Helfershelfer der Alliierten. Schmid ließ sich durch die Unterstellungen nicht von seinem Wahlkampfthema abbringen. Das wäre auch töricht gewesen. Das Wahlvolk hatte andere Sorgen und Nöte. Freilich, seine Hoffnung auf einen sachlich geführten Wahlkampf war dahin. Aus dem Wahlkampf wurde ein Zweikampf Adenauer – Schumacher. Die ganze Atmosphäre war so emotional aufgeladen, daß auch er am Ende des Wahlkampfes härtere Töne anschlug, als er es ursprünglich vorhatte[52]. Im Grunde war die Entscheidung gegen eine Große Koalition schon gefallen, noch ehe am 14. August die Wähler zur Wahlurne gingen.

Enttäuschung und politischer Abstieg (1949–1953)

Die Partei in der Opposition „durchkämmen"

So aufgebracht wie in der Landesvorstandssitzung am 22. August 1949 erlebten die Genossen ihren Vorsitzenden nur selten. Er machte aus seinem Herzen keine Mördergrube und gab ganz offen zu, daß er erbost war über die Parteiführung in Hannover, der er die Schuld an der Wahlniederlage gab: „Die ganze Strategie des Parteivorstandes habe sich als falsch erwiesen, von den Plakaten, die weitaus die schlechtesten gewesen seien, angefangen." [1] Um die Flüchtlinge und vor allem um die Jugend habe man sich zu wenig gekümmert. Dieser Auffassung waren auch andere führende Mitglieder der Partei, die weniger selbstgerecht waren als Kurt Schumacher, der kurz nach der Wahl erklärte, das Volk habe „millionenfach" gegen seine „ureigensten wirtschaftlichen und sozialen Interessen" gewählt[2]. Schmid rügte die Brutalität des Wahlkampfes. Führende Mitglieder der Partei hätten sich auf das „primitive Niveau" Adenauers hinabbegeben. Sowohl im Rheinland als auch in Braunschweig sei ihm gesagt worden, daß „gewisse Reden des Genossen Schumacher" der Partei „sehr geschadet" hätten[3]. Tatsächlich hatten Schumachers Ausfälle gegen die katholische Kirche, die er als fünfte Besatzungsmacht bezeichnet hatte, der SPD im katholischen Rheinland sehr viele Stimmen gekostet. Böse Zungen behaupteten damals, Schumacher mache die „beste Propaganda gegen sich selbst" [4]. Schmids Philippika gegen die Parteizentrale in Hannover hatten noch kein Ende. Er kritisierte, daß „untüchtige Leute" öffentlich herausgestellt worden waren und die Partei es nicht einmal fertiggebracht hatte, ein Aktionsprogramm zu konzipieren[5]. „Was hat es uns nicht alles an Stimmen gekostet, daß wir den Leuten nicht gesagt haben, was wir uns im konkreten unter Sozialisierung der Schlüsselindustrien vorstellen und was Planwirtschaft in unseren Augen nicht sein soll", klagte er zwei Tage nach der Sitzung Gustav Radbruch[6].

Schmids Verdruß war nur zu verständlich. Das Wahlergebnis war denkbar knapp zugunsten der Christdemokraten ausgefallen. Nicht einmal 2 % der Stimmen trennten die SPD vom Wahlsieger CDU/CSU[7]. Bei einer anderen Wahlkampfführung hätte das Ergebnis genau umgekehrt lauten können. Er selbst konnte mit seinem Wahlergebnis in Mannheim einigermaßen zufrieden sein. Er hatte das Direktmandat auf Anhieb erobert. Die

SPD war in Mannheim auf 38,3 % der Stimmen gekommen. Der KPD hatte er keine Wähler abspenstig machen können. Sie hatte 18,7 % der Stimmen erreicht[8]. Es war eine unglückliche Entscheidung gewesen, ihn, der als ein Rechtsaußen der SPD galt, in einer KPD-Hochburg aufzustellen.

Der knappe Wahlausgang hätte eine Große Koalition nahegelegt. Aber war nach den Wunden, die man sich im Wahlkampf geschlagen hatte, eine Große Koalition noch möglich? Schmid bezweifelte es[9]. Verbittert konstatierte er, daß die SPD wohl am besten in die Opposition gehe. Dort bestünde zumindest die Möglichkeit, die Partei „durchzukämmen und zu verjüngen". Außerdem könne man durch eine eindeutige Frontstellung der CDU „klar (zu) erkennen geben, was sie ist"[10]. Natürlich hätte er eine Große Koaltion nicht ausgeschlagen, wenn die Möglichkeit dazu noch bestanden hätte, aber am 22. August waren die Würfel zugunsten einer Kleinen Koalition schon so gut wie gefallen. Für Kurt Schumacher hatte bereits in der Wahlnacht festgestanden, daß die Sozialdemokraten mit den Christdemokraten kein Bündnis eingehen konnten[11]. Einen Tag nach der Wahl am 15. August hatte er im „Sozialdemokratischen Pressedienst" verkündet, daß das Wahlergebnis auf „die Bildung eines Bürgerblocks" hinauslaufe, „d. h. auf die Besitzverteidigung auf Kosten der breiten Massen des Volkes"[12]. Eine Regierungsbeteiligung der SPD käme allenfalls in Frage, wenn sie die Wirtschaftspolitik bestimmen könne. Er selbst glaubte nicht daran, daß die CDU/CSU sich auf diese Bedingung einlassen werde[13]. Seinem Intimfeind Adenauer spielte er damit in die Hände. Der lud am 21. August führende Repräsentanten der CDU/CSU in sein Haus nach Rhöndorf ein und stellte dort endgültig die Weichen in Richtung Kleine Koalition.

Schmid war überaus ungehalten über Schumachers Alleingang. Für ihn war es mehr als „bejammernswert", daß eine Woche nach der Wahl noch keine Parteivorstandssitzung stattgefunden hatte[14]. Die Vorstandssitzung war auf den 29./30. August vertagt worden[15]. Hinter der Vertagung stand Absicht: Die Entscheidungen sollten gefallen sein, bevor sich der Parteivorstand in Bad Dürkheim versammelte.

In der Partei gab es eine breite Strömung, die sich für eine Regierungsbeteiligung der SPD aussprach. Auch die Besatzungsmächte, insbesondere die Franzosen, drängten auf die Bildung einer Großen Koalition[16]. Die angesehene französische Tageszeitung „Le Monde" meinte zwei Tage nach der Wahl, daß man die SPD von der Regierung nicht ausschließen dürfe. Man könne doch bei der Regierungsbildung an einer Persönlichkeit wie Carlo Schmid nicht einfach vorbeigehen. Am nächsten Tag machte „Le Monde" noch einmal Propaganda für ein Bündnis von CDU/CSU und SPD. Jetzt wurden neben Schmid auch Reuter und Brauer genannt[17]. Adenauer und Schumacher ließen sich durch solche Kommentare nicht beirren. Es gelang jedem auf seine Weise, die Befürworter einer Großen Koalition zum Verstummen zu bringen.

Schmid hatte anscheinend schon nach den ersten Äußerungen aus Hannover resigniert. Es wäre vermutlich auch wenig aussichtsreich gewesen, wenn er eine Fronde gegen Kurt Schumacher organisiert hätte. Den Machtkampf mit dem SPD-Parteivorsitzenden konnte er nicht aufnehmen. Mit Gebhard Müller hatte er vermutlich die Lage ausgiebig besprochen. Der Ministerpräsident Württemberg-Hohenzollerns war ein glühender Verfechter einer Großen Koalition und in dieser Frage einer der größten Widersacher Adenauers. Auf der Rhöndorfer Konferenz sprach er fast wie ein Advokat Carlo Schmids. Man müsse an die SPD mit einem Koalitionsangebot herantreten. Die „Spannungen innerhalb der SPD" seien – das wußte er wohl von Schmid – „sehr groß". Von vielen Sozialdemokraten werde Schumacher für die Niederlage verantwortlich gemacht. Es sei daher ein Gebot der politischen Vernunft, die „maßvollen Kräfte" innerhalb der SPD wie Schmid, Kaisen, Kopf und Stock zu stärken. Durch eine Große Koalition werde ihnen die Auseinandersetzung mit dem „radikalen Flügel" der Partei erleichtert[18]. Es deutet alles darauf hin, daß Müller hier die Ansichten seines Tübinger Kabinettskollegen wiedergegeben hatte. Schmid hatte bereits in einer Landesvorstandssitzung der SPD im Juli betont, daß grundsätzliche Auseinandersetzungen über die innerparteiliche Führungsstruktur notwendig seien[19]. In einer Koalitionsregierung hätte Kurt Schumacher entweder seinen autoritären Führungsstil und seine kompromißlose Haltung aufgeben müssen oder die Koalition wäre sofort wieder auseinandergebrochen, was dann möglicherweise innerhalb der SPD eine Palastrevolution ausgelöst hätte. Schmid wäre ohne Zweifel in einer Großen Koalition die überragende Persönlichkeit gewesen.

Bei Adenauer stieß Müller auf taube Ohren. Der machtbewußte Aspirant für das Kanzleramt erklärte, daß Schmid zwar in „seinem Innern anders denke" als Schumacher, aber im „Ernstfall" immer mit dem SPD-Parteivorsitzenden „marschieren" werde[20]. Das war ein Plattformargument. Schmid hatte sich im Parlamentarischen Rat gegen Schumacher durchgesetzt. Der Alte wollte eine Kleine Koalition und ein Rivale Kurt Schumacher war ihm weitaus lieber als ein Rivale Carlo Schmid. Müller versuchte die Koalitionsfrage noch einmal aufzurollen, indem er Adenauer vorwarf, das Amt des Bundespräsidenten zu einem Kuhhandel mißbraucht zu haben[21]. Um die FDP für eine Kleine Koalition zu gewinnen, hatte der CDU-Vorsitzende Heuss das Amt des Bundespräsidenten versprochen. Müller und Schmid hielten das für einen glatten „Verfassungsbruch"[22]. Die beiden Tübinger glaubten, daß die Bürgerkoalition erheblichen Belastungen ausgesetzt sein werde. Sie konnten darauf hoffen, daß ein sozialdemokratischer oder überparteilicher Bundespräsident ihr Bemühen um einen koalitionspolitischen Kurswechsel unterstützte. Heuss würde bei aller ihm gebotenen Zurückhaltung nichts unversucht lassen, um die Kleine Koalition zu erhalten.

Als Carlo Schmid am 28. August zur SPD-Konferenz nach Bad Dürkheim fuhr, hatte er keinerlei Hoffnung mehr, daß es doch noch zu einem Bündnis mit den Christdemokraten kommen werde. Das sicher geglaubte Ministeramt war in weite Ferne gerückt. Bitter für einen Mann von fast 53 Jahren, selbst wenn er damals mit Sicherheit nicht damit rechnete, daß es 17 Jahre dauern würde, bis die SPD auf der Regierungsbank Platz nehmen konnte.

Noch am 28. August, einen Tag vor der Parteivorstandssitzung, setzten sich einige Mitglieder der Parteiführung, unter ihnen Schmid, in Bad Dürkheim zusammen, um ein Oppositionsprogramm zu entwerfen. Nicht nur Schmid kritisierte, daß der Entschluß, ein Aktionsprogramm auszuarbeiten, zu spät komme[23]. Vor den Wahlen hätte man mit einem Aktionsprogramm aufwarten müssen, dann wäre vielleicht daraus ein Regierungsprogramm geworden. Der Aufgabenkatalog, den Schmid in seinem Programmentwurf aufstellte, entsprach weitgehend den 16 Punkten des zwei Tage später vom Parteivorstand verabschiedeten Dürkheimer Programms. Einige Punkte wurden nach der Diskussion im Parteivorstand noch ergänzt und präzisiert. Er brauchte im Grunde nur zu wiederholen, was schon auf seinem Wahlkampfflugblatt stand. Auch jetzt trat er wieder für eine umfassende soziale Reformpolitik, für die Planung und Lenkung der Rohstoffe und Kredite und für die Sozialisierung der Schlüsselindustrien ein. Der gewerbliche und bäuerliche Mittelstand erhielt die Zusage, daß sein Eigentum nicht angetastet wurde[24]. Ein „unbedingter Konfrontationswillen“, wie spätere Historiker meinen[25], sprach aus diesen Punkten, die sich mit Forderungen des linken Flügels der CDU deckten, nicht, wenn auch die Präambel zu den Punkten wie eine Kampfansage klang. Schmid hatte in ungewohnter Schärfe formuliert, daß die SPD in die Opposition trete, um den „auf allen Ebenen geplanten unbarmherzigen Angriff des Besitzbürgerblocks auf die Grundanliegen des werktätigen Volks (zu) zerschlagen.“[26] Sein ganzer Ärger über Adenauers Vorgehen kam in dieser Präambel zum Ausdruck. Der Tenor der zwei Tage später verabschiedeten Fassung der Präambel war dann noch unerbittlicher. Dort hieß es: „Das Ergebnis der Wahlen am 14. August beschwört die Gefahr herauf, daß die bisherige Wirtschaftspolitik fortgeführt, die deutsche Arbeitskraft ruiniert und die Spannungen zwischen den Klassen so gesteigert werden, daß die staatsbildenden Kräfte gelähmt und die deutsche Demokratie zerstört wird.“[27]

Auf die Außenpolitik ging Schmid in seinem Programmentwurf nur am Rande ein. Zu ungewiß war hier noch die Entwicklung. So beschränkte er sich darauf, ein Bekenntnis zu Europa in den Programmentwurf hineinzuschreiben: „Die Zeit des Nationalstaates ist vorüber. Die europäischen Völker werden nur Bestand behalten, wenn sie ihre Souveränitäten auf ein politisch, ökonomisch und konstitutionell geeintes Europa übertragen. Die SPD wird alles tun, um diese Entwicklung zu fördern."[28] In der verabschiedeten Fassung fiel das Bekenntnis zu Europa halbherziger aus. Sie legte den Schluß nahe, daß das neugeordnete Europa nur ein sozialistisches Europa sein könne.

Manches in dem Programm wirkte, wie der spätere Regierende Berliner Bürgermeister Otto Suhr zu Recht kritisierte, etwas „abgegriffen" und „farblos"[29]. Auch Schmid hatte nicht immer griffige und präzise Formulierungen gefunden. Er hatte einen anderen Wortschatz als die Sozialdemokraten, sprach im Grunde eine ganz andere Sprache als sie. Die Übernahme sozialdemokratischen Gedankengutes in seine eigenen Entwürfe und Reden wirkte manchmal etwas schablonenhaft.

Auf der Tagung des Parteivorstandes gab es nur wenige, die sich Schumachers Oppositionskurs widersetzten. Kaisen und der Kölner Oberbürgermeister Görlinger verlangten, daß die SPD einen Anspruch auf eine Beteiligung an der Regierung erhebe. Die SPD dürfe für das Scheitern der Großen Koalition nicht verantwortlich gemacht werden. Henßler, der zusammen mit Kurt Schumacher bereits im Reichstag gesessen hatte, verbat sich dessen Abwürgen der innerparteilichen Meinungsfreiheit. Er lehnte einen scharfen Konfrontationskurs gegenüber der CDU/CSU ab, weil dadurch die Länderkoalitionen und die Gewerkschaftseinheit gefährdet würden[30]. Schmids Ausführungen waren total widersprüchlich, es sei denn, der Protokollant der Parteivorstandssitzung konnte seiner gewundenen Dialektik nicht folgen. Zunächst sprach er sich „entschieden" gegen eine Regierungsbeteiligung aus, um dann lang und ausführlich über die Befürwortung einer Großen Koalition durch die Franzosen zu berichten: „François-Poncet äußerte, er glaube, daß Adenauer die SPD an sozialen Leistungen überspiele und ihr damit jede Erniedrigung zufügen würde. Ebenso meinte Schuman, daß die SPD in die Große Koalition gehen solle, um bei der sicherlich bevorstehenden Arbeitslosigkeit die Situation meistern zu können." Sein Argument, das er für die Übernahme der Oppositionsrolle vorbrachte, war dünn. Die SPD habe als Oppositionspartei „größere Chancen", „sozialdemokratisch inspirierte Gesetze zu erzwingen"[31]. Schmid versteckte sich hinter den Franzosen. Aber auch das an die Wand gemalte Schreckgespenst einer Erniedrigung der SPD durch Adenauer konnte Schumacher nicht umstimmen. Die Taktik des Parteivorsitzenden, die Sitzung des Parteivorstandes spät einzuberufen, hatte sich als erfolgreich erwiesen.

Das Oppositionsprogramm, die sogenannten Dürkheimer Punkte, wurden nach ihrer Überarbeitung einstimmig vom Parteivorstand angenommen. Um Einigkeit zu demonstrieren, veröffentlichte Schmid vier Tage nach der Konferenz in Bad Dürkheim im „Sozialdemokratischen Pressedienst" einen Artikel, in dem er die Dürkheimer Beschlüsse verteidigte. Er griff dabei Formulierungen seines eigenen Programmentwurfes wieder auf[32]. Da man überall munkelte, er sei ein Opponent Schumachers, blieb ihm nichts anderes übrig, als sich demonstrativ hinter den Parteivorsitzenden zu stellen. Nichts freut den Parteigegner mehr als Zwist im anderen Lager.

Als sich am 6./7. September die Führungsgremien der SPD in Köln zu einer Konferenz versammelten, war die Nominierung des Bundespräsidenten Thema Nr. 1 der Diskussion. Schumachers Feststellung, daß sich an der von den Koalitionsparteien vereinbarten Kandidatur Heuss' nichts mehr ändern lasse, war durchaus zutreffend[33]. Überlegungen, doch noch einen Gemeinschaftskandidaten zu finden, glichen Sandkastenspielen. Die FDP hatte schon eine Woche zuvor einen Emissär zu Carlo Schmid geschickt, der auskundschaften sollte, ob die SPD eventuell bereit war, Heuss' Kandidatur zu unterstützen[34]. Adenauer freilich leugnete bei einer Besprechung mit Schumacher und Schmid am 10. September, daß er die Nominierung des Bundespräsidenten zum Gegenstand von Koalitionsverhandlungen gemacht habe. Schmid gab Adenauer zu verstehen, daß er seinen Beteuerungen wenig Glauben schenkte. Ansonsten begnügte sich Schmid weitgehend damit, das Gespräch zweier Kontrahenten zu protokollieren, die sich in ihrer gegenseitigen Frontstellung einig waren. Als Schumacher erklärte, daß den Sozialdemokraten der „schöne Satz" „Wir wollen sein ein einig Volk von Brüdern" nicht läge, entgegnete Adenauer prompt: „Uns auch nicht."[35] Adenauer konnte in seiner Absprache mit der FDP über die Nominierung Heuss' keinen Verstoß gegen das Grundgesetz sehen. Das lag u. a. auch daran, daß dem ehemaligen Präsidenten des Parlamentarischen Rates das Grundgesetz ein Buch mit sieben Siegeln war. Schmid mußte ihn belehren, daß die Wahl des Bundespräsidenten ebenso wie die des Bundeskanzlers nach dem Grundgesetz ohne Aussprache erfolgt, was dieser mit sichtlicher Erleichterung aufnahm[36]. Er hatte eine Kampfrede der SPD erwartet.

Nachdem die Nominierung Heuss' zum Bundespräsidenten nicht mehr rückgängig zu machen war, war Schmid daran gelegen, eine sozialdemokratische Kampfkandidatur zu verhindern. Er war mit Heuss befreundet, der ihn nach seinem Einzug in die Villa Hammerschmidt immer sehr großzügig mit Maultaschen und Uhlbacher Rotem bewirtete. So hatte Schmid sich schon auf dem kleinen Parteitag in Köln gegen die Aufstellung eines sozialdemokratischen Kandidaten gewandt[37]. Trotzdem unterstützte er in der Fraktion der Bundesversammlung Schumachers Kandidatur für das höchste Staatsamt. Noch in seinen Erinnerungen, in denen er ansonsten alle Differenzen mit Kurt Schumacher geflissentlich verschweigt, ließ er durchblicken, daß er dessen Kandidatur für eine törichte Fehlentscheidung hielt[38]. Doch man konnte Schumacher nicht desavouieren, ohne der Partei zu schaden. Außerdem brachte er es nicht fertig, den schwer kranken Schumacher frontal anzugreifen. Trotz aller politischen Gegnerschaft bewunderte Schmid die Leidensfähigkeit des SPD-Parteivorsitzenden. Die meisten Mitglieder der Fraktion der Bundesversammlung hielten Schumachers Kandidatur für eine „Schnapsidee“[39]. Der Parteivorsitzende mußte die Wahl manipulieren, um seine Kandidatur durchzusetzen[40].

Carlo Schmid wollte auf keinen Fall einen kompromißlosen Konfrontationskurs gegenüber der Regierungskoalition steuern und war Anfang September auch noch zuversichtlich, ein gewichtiges Wort bei der Kursbestimmung der Partei mitreden zu können. Er konnte sich schlichtweg nicht vorstellen, daß Schumacher trotz seiner schweren Krankheit der Partei und Fraktion unbeugsam seinen Willen aufdiktierte. Gegenüber François-Poncet äußerte er die Hoffnung, daß in Wirklichkeit er, nicht Schumacher der Fraktionschef sein werde. Der designierte Fraktionsvorsitzende sei krank und werde sich daher voraussichtlich nur selten in Bonn aufhalten. Dessen Stellvertreter Ollenhauer habe es auf sich genommen, für Ordnung und Disziplin innerhalb der Partei zu sorgen. So werde er als dritter Vorsitzender die Marschroute der Fraktion bestimmen können. Führende Mitglieder der Fraktion wie Suhr, Baade und Nölting teilten seine Einstellung und seien bereit, ihn bei seiner Arbeit zu unterstützen[41]. Es ist typisch für Schmid, daß er drei Professoren als seine engsten Mitstreiter nannte. Noch immer glaubte er, daß durch geistige Überlegenheit auch der starrköpfigste Parteiapparat überwunden werden könne. Seine Erfolge als Landesvorsitzender Südwürttemberg-Hohenzollerns und im Parlamentarischen Rat verführten ihn zu einer Überschätzung seiner eigenen Möglichkeiten.

Am 7. September konstituierte sich der Bundestag in der umgebauten Pädagogischen Akademie am Bonner Rheinufer. Noch wußte niemand, wie lang der Bundestag hier tagen würde. Schmid nannte die zukünftige Bundeshauptstadt, in der er nie ganz heimisch wurde, verächtlich „Pensionopolis“[42]. Er hatte sich zunächst für Kassel als Bundeshauptstadt ausgesprochen; später schloß er sich der Parteimehrheit an und votierte für Frankfurt. Am liebsten hätte er es gesehen, wenn sich Bundesregierung und Bundestag in Stuttgart niedergelassen hätten. Einen entsprechenden Vorschlag hatte er unterstützt[43]. Schließlich war er ja noch immer Ordinarius in Tübingen und sollte dort wöchentlich mehrere Lehrveranstaltungen abhalten.

Für jemand, dem ein Ministeramt gewunken hatte, war das Amt des Bundestagsvizepräsidenten nur ein billiges Trostpflaster. Gemäß interfraktioneller Vereinbarung wurde Schmid am 7. September mit diesem Amt betraut. Zum Bundestagspräsidenten wurde Erich Köhler, der Präsident des Frankfurter Wirtschaftsrates gewählt, der seiner Aufgabe in keiner Weise gewachsen war. Als Vizepräsident war Schmid zugleich Mitglied des Ältestenrates und des Vorstandes des Bundestages. Dort bestand die Möglichkeit, interfraktionelle Kontakte zu knüpfen, durch die die parteipolitischen Fronten zumindest etwas aufgeweicht werden konnten. Weil er im Bereich der Außen- und Besatzungspolitik eine bipartisan policy für unbedingt notwendig hielt, reklamierte er sofort, nachdem das Gerangel um die Ausschußbesetzung in Gang gekommen war, seinen Anspruch auf den Vorsitz im außenpolitischen Ausschuß[44]. Er machte sich wahrscheinlich Hoffnung, so doch noch ein Wort in der Außenpolitik mitreden zu können. Adenauer hatte wenig außenpolitische Erfahrung. Im Vergleich zu Schmid war er ein blutiger Dilletant. Das Regierungslager erklärte sich trotz Vorbehalten Adenauers, der in Schmid einen potentiellen Rivalen witterte, bereit, ihm den Vorsitz im außenpolitischen Ausschuß zu überlassen. Anscheinend spekulierte man darauf, über den Europäer Schmid die SPD für die Politik der Regierung einspannen zu können.

Auch Adenauer wollte den Kontakt zur SPD nicht ganz abreißen lassen. Da er Schumacher mied, wenn er nur konnte, schickte er Blankenhorn als Emissär zu Carlo Schmid, der sich mit dem 45jährigen undogmatischen Diplomaten bestens verstand. Blankenhorn galt als spiritus rector der Adenauerschen Außenpolitik und als liberaler Gegenpol zu dem „reaktionären" Alten. Schmid konnte hoffen, über Blankenhorn Einfluß auf die Außenpolitik Adenauers nehmen zu können. So wurde Blankenhorn bei seinem ersten Besuch in Schmids kleiner Wohnung in der Renoisstraße auch sogleich mit einem „guten Wurstbrot" bestochen, mußte sich dann allerdings eine „Menge von Vorwürfen wegen der Führung des Wahlkampfes" anhören. Das Gespräch verlief überaus herzlich, wenn man sich auch nicht in allen Punkten einig war. Gretel Finckbeiner, Schmids Sekretärin und rechte Hand, flüsterte dem Besucher beim Abschied zu, er solle doch möglichst bald wiederkommen[45]. Adenauers Adlatus fand sich dann auch in den nächsten Monaten regelmäßig zu einem längeren Gespräch bei Schmid ein. Gretel Finckbeiner hatte eine Eigenmächtigkeit begangen. Aber ihr war natürlich nicht entgangen, daß ihr Chef unter dem von Kurt Schumacher aufdiktierten Oppositionskurs litt. Noch hatte Schmid nicht resigniert. Es mußte möglich sein, zu einer parteiübergreifenden Außenpolitik zu gelangen. Kurt Schumacher freilich war weitaus agiler, als er dies erwartet hatte. Noch keine zwei Wochen war es her, daß der Bundestag seine Arbeit aufgenommen hatte, da klagte Schmid schon, „daß er sich wie ein von Schumacher geprügelter Hund vorkomme und vor der Frage stünde, ob er nicht alles hinwerfen solle"[46]. Schumachers Befehlston war verletzend, und Schmid hatte nicht das dicke Fell, das er hätte haben sollen, um einfach darüber hinwegzugehen. An einen Ausstieg aus der Politik dachte er nicht. Er hatte nur seiner Frustration Luft gemacht.

Vermutlich war die Antwortrede Schumachers auf Adenauers Regierungserklärung der Gegenstand des Streits gewesen, der Schmid so aufgerieben hatte. Es hatte sehr viel Mühe gekostet, Schumacher auszureden, nationalistische Forderungen ins Zentrum seiner Rede zu stellen[47]. Schließlich war es doch gelungen. Der SPD-Parteivorsitzende hielt eine staatsmännische, verantwortungsbewußte Rede, in der er ausdrücklich betonte, „daß die Opposition sich nicht in der bloßen Verneinung der Regierungsvorschläge erschöpfen kann". Sie habe die Aufgabe der Regierung, ihren „positiven Gestaltungswillen" aufzuzwingen[48]. Er zeigte die sozialdemokratischen Alternativen zur Wirtschafts- und Sozialpolitik der Regierungskoalition auf und mahnte sie zu sozialpolitischen Initiativen. Seine Ausführungen zur Außenpolitik waren apodiktisch und kurz: Eine gleichzeitige Mitgliedschaft der Bundesrepublik und des Saargebiets im Europarat müsse abgelehnt werden. Europa könne nur auf der Grundlage der deutschen Gleichberechtigung geschaffen werden[49].

Schmid durfte erst am letzten Tag der Aussprache über die Regierungserklärung, am 29. September die Rednertribüne besteigen. Seine Geduld war arg strapaziert worden, so daß er des öfteren in Zwischenrufen seine Meinung kundgetan hatte. Bei der Rede des Fraktionsvorsitzenden der CDU/CSU Brentano fiel es ihm schwer, auf seinem Platz zu bleiben. Mehrmals unterbrach er Brentano, der nur ein mittelmäßiger Redner war, um ihm zu erläutern, daß der Gedanke der Caritas nichts mit einer sozialen Grundhaltung zu tun hatte[50]. Schmid war kein verkappter Christdemokrat und auch kein verirrter Liberaler.

Das bewies er in seiner Antwort auf die Reden der Mitglieder der Regierungskoalition, in der die Aufhebung der Selbstentfremdung des Arbeiters durch Mitbestimmung im Betrieb und bei der wirtschaftlichen Rahmenplanung ein zentrales Thema war. Da Schmid eine selbstbewußte Arbeiterschaft wollte, maß er den Gewerkschaften eine zentrale Bedeutung bei. Er selbst war Ende August Mitglied der ÖTV geworden[51]. Die Regierungskoalition, die den Arbeitern ein „kleines Häuschen und einen Schrebergarten" versprach, betrieb in seinen Augen sozialpolitischen „Paternalismus"[52]. Der soziale Wohlfahrtsstaat war für den Geistesaristokraten, der sich Sinzheimer und Proudhon verpflichtet wußte, kein Ideal, weil der Wohlstand den Arbeiter letztendlich korrumpieren mußte. Die Arbeiterbewegung verstand er nicht als „Lohnbewegung", sondern als „elementare Freiheitsbewegung": „Die Arbeiterschaft verlangt, daß man sie als Klasse – und nicht als romantischen Berufsstand – in die Lage versetzt, in rechtlich geordneter Weise über sich und die ökonomischen und politischen Voraussetzungen ihrer sozialen Existenz zu bestimmen."[53] Schmids Alternative zum Regierungsprogramm hieß: gesellschaftliche Voraussetzungen schaffen für eine zivile Bürgergesellschaft.

In seinen Ausführungen zur Außen- und Deutschlandpolitik betonte er abermals den engen Zusammenhang von europäischer und deutscher Einheit. Die Alliierten dürften nicht aus ihrer deutschlandpolitischen Verantwortung entlassen werden[54]. Die apodiktischen Forderungen, die Kurt Schumacher als Voraussetzung für eine deutsche Beteiligung am Europarat genannt hatte, nahm er zurück. Nicht von ungefähr seien „einige Hypotheken" zu Lasten Deutschlands „in das Grundbuch der Geschichte eingetragen" worden: „Demontagen, Reparationen, Besatzungskosten, Grenzkorrekturen, Ruhrstatut und die Saar."[55] Die meisten Probleme ließen sich nur auf europäischer Ebene lösen. Eine Montanunion sei der geeignete Weg. Die Beteiligung der Bundesrepublik als assoziiertes Mitglied am Europarat befürwortete er ohne Wenn und Aber. Er brauchte keine Abstriche an seinem schon seit längerer Zeit entwickelten außenpolitischen Konzept zu machen. Es hatte nichts an Aktualität eingebüßt.

Die Differenzen zu Adenauers außenpolitischem Programm waren gering. Schmids erste Bundestagsrede war ein Bekenntnis zu außenpolitischer Gemeinsamkeit. Das weite Feld der Innenpolitik bot der SPD genügend Möglichkeiten, um sich als zukünftige Regierungspartei zu profilieren. Am Schluß seiner Rede unterstrich er die Kooperationsbereitschaft der Opposition, die kein „Klub der Mißvergnügten", „nicht die Bremse am Wagen der deutschen Politik", sondern der „andere Beweger der deutschen Politik" sei[56]. Die Rede fand Beifall, nicht nur im eigenen Lager, auch in der Mitte des Hauses und bei der FDP, die rechts von der CDU/CSU-Fraktion saß. Die Frontlinien zwischen Regierungskoalition und Opposition schienen so starr gar nicht zu sein. Gute Grundsätze wurden gefaßt. Wenn sie dem politischen Alltagsgeschäft nicht geopfert würden, konnte man hoffen, daß die zweite deutsche Demokratie nicht enden würde wie die erste.

Vizepräsident, Parlamentarier und Parlamentskritiker

Immer wenn vom Verfall parlamentarischer Beredsamkeit die Rede ist, erinnert man sich an Carlo Schmid. Ein rhetorisches Glanzlicht sei er gewesen, wie es keines mehr gebe. Wenn er geehrt wurde, so für seine „Rebellen-Beredsamkeit und repräsentative Rhetorik"[1]. Er selbst stritt es ab, ein geborener Redner zu sein. Er sei vielmehr ein Professor, der die Probleme darlege wie in einem Kolleg. Da ist einiges dran. Nicht alle seine Bundestagsreden waren rhetorische Kabinettsstücke. Manche glichen Nachhilfestunden für Hinterbänkler. Oft legte er in seine Ausführungen zu viel Pathos, das schon die damaligen Zuhörer befremdete, nicht erst den heutigen Leser[2]. Wenn er wieder einmal nicht auf Parteilinie lag, versuchte er durch den „verschwenderische(n) Gebrauch der Analogie und der Allegorie" und „den Glanz der Assoziationen" den Hörer zu blenden und ließ ihn so die „Fallstricke der Wirklichkeit übersehen"[3]. Rhetorik wurde dann zum Mittel, um Konflikte zu überspielen. Gewiß, er verstand es, die Register der Rhetorik zu ziehen. Wenn er im Bundestag sprach, füllte sich der Plenarsaal. Aber nicht seine langen, oft überlangen Reden waren voller Witz und Esprit, sondern seine Antworten auf Zwischenfragen und Zwischenrufe. Er brauchte die Provokation von außen und griff freudig jeden Zwischenruf, der gemacht wurde, auf. Selbst war er ein kaum zu bremsender Zwischenrufer und -frager. Er suchte den Dialog, die geistige Herausforderung, um die Dinge auf den Punkt zu bringen und ideologisch zu entfrachten. Nein, er schwebte keineswegs als „humanistischer Geist über den Wogen des Parlaments", wie Franz-Josef Strauß meinte[4], der es hätte besser wissen müssen, denn Schmid liebte die Zwiesprache mit dem „klassischen Humanisten" aus Bayern. So warnte er ihn in einer Debatte in den fünfziger Jahren davor, mit bloßen Meinungen zu operieren, indem er ihn an Platon erinnerte: „Sie sind ein klassischer Humanist, Herr Verteidigungsminister. Sie wissen, wie sehr ich diese Eigenschaft schätze. Sie haben Plato zitiert. Sie wissen, was er über die ‚Doxa' sagt."[5] Schmid unterbrach den Parteigegner, um ihn von seinem vorgefaßten Parteistandpunkt abzubringen und mit ihm einen gemeinsamen politischen Nenner zu finden. Politik als sokratischer Dialog. Auch mit Kiesinger und Gerstenmaier kreuzte er gern die Klingen. Geistiges Niveau mußte sein Gegenüber schon haben. Schmid thronte nicht über allen und allem. Er war kampflustig, aber der Kampf durfte nicht in Parteigezänk ausarten.

Der Bundeskanzler liebte Schmids sokratische Wahrheitsfindung nicht. 1954 wäre er unter Schmids Zwischenfragen fast zusammengebrochen. Unter der Überschrift „Tausend Menschen stockte der Atem" berichtete Walter Henkels über das Rededuell Adenauer–Schmid in der „Frankfurter Allgemeinen"[6]. Auch 1958 trieb Schmid Adenauer durch seine Zwischenfragen in die Enge[7]. Adenauer duellierte sich überhaupt nicht gern und schon gar nicht mit Schmid. Wenn er sich damit hätte durchsetzen können, wäre Ende 1954 die gerade erst eingeführte Regelung, Zwischenfragen zu stellen, wieder abgeschafft worden. Er beschwerte sich, daß die Form, in der Schmid Zwischenfragen stelle, „völlig undiszipliniert" sei[8]. Dabei waren Schmids Fragen zwar messerscharf, aber immer sachlich und nie polemisch oder verletzend. Er ließ den Gegner lieber auf ein „wippendes Florett auflaufen", statt ihm ein „Tintenfaß an den Kopf zu werfen"[9]. Im Ältestenrat setzten die Fraktionen der Regierungskoalition Anfang 1955 durch, daß bei Regierungserklärungen und Großen Anfragen keine Zwischenfragen mehr zugelassen werden durften[10]. Es kam vor, daß Regierungsmitglieder kneiften, wenn Schmid eine Zwischenfrage stellen wollte, indem sie es kategorisch ablehnten, auf Zwischenfragen von ihm zu antworten[11].

Schmid wünschte sich einen lebendigen Parlamentarismus. Sein Ideal war der Parlamentarismus des 19. Jahrhunderts, der durch Diskussion und Öffentlichkeit bestimmt wurde. Er hätte es gern gesehen, wenn alle großen Entscheidungen „in offener Feldschlacht" in der Plenardebatte getroffen worden wären anstatt hinter den „verschlossenen Türen" der Fraktionszimmer[12]. Er wußte, daß sein Ideal der Vergangenheit angehörte. In zahlreichen Aufsätzen, die er zur politischen Bildung und Belehrung schrieb, rechtfertigte er später schweren Herzens den Fraktionszwang und die Gewohnheit, „Reden zum Fenster hinauszuhalten"[13]. Enttäuscht war er trotzdem, daß im Bundestag keine richtige Streitkultur entstand. Dabei hatte er als Vizepräsident versucht, erzieherisch zu wirken. In den Anfangsjahren ertönte sehr oft die Glocke des amtierenden Präsidenten Schmid, der dazwischen fragte: „Herr Abgeordneter, verlesen Sie eine Erklärung oder halten Sie eine Rede."[14] Als er merkte, daß er mit seinen pädagogisch gemeinten Hinweisen keinen Erfolg hatte und sich damit auch in der eigenen Fraktion unbeliebt machte, unterließ er entsprechende Mahnungen. Die Abgeordneten ließen sich nicht gern schulmeistern und manch ein Hinterbänkler legte ihm die Mahnungen als Arroganz aus[15]. Er achtete aber darauf, daß die Redner zumindest Zwischenfragen zuließen.

Schon bald fürchtete er, daß das Parlament zu einer „diskutierenden Ersatzbürokratie" verkomme[16]. Nicht durch „fleißige Ausschußarbeit" verdienten sich die Parlamente die Achtung des Volks, sondern indem sie glaubhaft vermitteln, daß sie Verteidiger der Rechte und Interessen des Volkes sind[17]. Er monierte, daß die deutschen Abgeordneten „zu fleißig" seien und trat damit zugleich dem Vorwurf einiger seiner Parteifreunde entgegen, daß er nicht fleißig genug sei[18]. Gegen die starke Fixierung des deutschen Bundestages auf die Arbeit in den Ausschüssen focht er einen vergeblichen Kampf.

Seine Belehrungen und Monita zeigten keine Wirkung, obwohl er versucht hatte, sie in das Schleiergewand des Humors zu kleiden. Wenn bei Abstimmungen über Änderungsanträge zu Detailproblemen niemand mehr so richtig durchblickte, machte er den Abgeordneten bewußt, daß sie als Stimmvieh mißbraucht wurden: „Ich sehe einige Hände sich nur zögernd erheben. Können die Herren Stimmführer nicht vielleicht die Hand ein bißchen höher halten, damit die Mitglieder des Hauses, die weiter hinten sitzen, es auch sehen?"[19] „Ich nehme an, Sie haben gewußt, weswegen Sie sich enthalten haben", rief er Abgeordneten zu, die mehr aus Verlegenheit denn aus Überzeugung sich bei der Abstimmung der Stimme enthielten[20]. Hinterbänklern, die für die Interessen ihres Wahlkreises fochten, um sich für die nächste Wahl zu profilieren, konnte er spitz entgegnen: „Wir kämpfen alle für das Gemeinwohl, indem wir das Unsere zunächst ins Auge fassen."[21] Als Vizepräsident bewies Schmid sein kabarettistisches Talent. Sein bissiger Humor, hinter dem der Intellektuelle seine Frustration über den parlamentarischen Alltag verbarg, konnte vernichtend sein. Seine Vorschläge zur Parlamentsreform wurden nicht aufgegriffen, obwohl er immer Heiterkeitserfolge verbuchte, wenn er feststellte, daß Steuerdebatten nicht nur „tagesfüllend", sondern auch „hausleerend" seien[22].

Weil er in dem „Paragraphenfuchsen" der Experten eine Verödung des parlamentarischen Lebens sah, schlug er vor, daß sich der Bundestag mit der Rahmengesetzgebung begnügen solle. Die Details, um die man sich in den Ausschüssen unermüdlich mühte, könnten dann in Ausführungsverordnungen festgelegt werden. Nur so könne verhindert werden, daß ein Bundestag aus Experten betriebsblind gegenüber dem Allgemeininteresse werde[23]. Sein Vorbild war das britische Unterhaus, das bis zu seiner Reform in den 80er Jahren dem Typus des Redeparlaments zugerechnet wurde. Immer wenn das Thema Umbau des Plenarsaals zur Debatte stand, meldete sich der Vizepräsident zu Wort und verwies auf die Sitzordnung des Unterhauses. Dort stünden sich die Gegner Aug in Aug gegenüber. Jeder könne von seinem Platz aus sprechen, so daß dort ein lebendiger kämpferischer Dialog entstehe. Den Hörsaalcharakter des Bundestages, den Adenauer gegen die weitaus fortschrittlicheren Pläne des Architekten Hans Schwippert durchgesetzt hatte[24], hielt Schmid für einen „Krebsschaden", denn im Bundestag wurde nach seinem Empfinden zu oft doziert anstatt debattiert[25]. Freilich, hier saß der Professor im Glashaus. Als Vizepräsident rügte er die langen Reden und hielt selbst viel zu lange. Der Hörsaalcharakter des Bundestages verführte auch ihn zum Dozieren, wenn er nicht durch Zwischenfragen zum Dialog aufgefordert wurde. Als Vizepräsident war er witzig und lockerte so manche langweilige Debatte auf. Den Orden wider den tierischen Ernst, der ihm 1958 verliehen wurde, hatte er sich redlich verdient.

Trotz seiner manchmal heiteren, manchmal ernsten Belehrungen war er kein Zuchtmeister, der die Abgeordneten durch Ordnungsstrafen schurigelte. Selbst in der ersten Wahlperiode, als es im Plenarsaal oft tumultartig zuging, kam er mit 25 Ordnungsrufen aus[26]. Nicht alle Präsidenten und Vizepräsidenten meisterten die Turbulenzen so souverän wie Schmid. Erich Köhler mußte auf Druck seiner politischen Freunde im Oktober 1950 sein Amt niederlegen, Hermann Schäfer, der zweite Vizepräsident, saß oft zitternd auf dem Präsidentenstuhl, weil er nicht wußte, wie er den ohrenbetäubenden Krach und die dauernden Störungen unterbinden sollte[27]. Köhlers Nachfolger Hermann Ehlers, mit dem Schmid gern zusammenarbeitete, verstand es wie sein Kollege, mit Witz und Humor schwieriger Situationen Herr zu werden[28]. Leicht war es damals nicht, sich Autorität zu verschaffen und objektiv und gerecht gegen jedermann zu sein. Schmids Parteifreunde empörten sich zuweilen darüber, daß er auch ihnen Ordnungsrufe erteilte[29]. Mellies, in späteren Jahren Wehner wurden von ihm wegen ihres unparlamentarischen Sprachgebrauchs am meisten gerügt.

Zu Saalschlachten wie in der Weimarer Republik kam es im Bonner Bundestag nicht. Schmid hatte es befürchtet. In den Vertretern der Rechtsparteien (Deutsche Reichspartei, Wirtschaftliche Wiederaufbauvereinigung und Bayernpartei) sah er die „gleiche Gefahr", die er „früher in den Braunhemden gesehen" hatte[30]. Gleich nach der ersten Sitzung des Bundestages kündigte er an, den „Kampf gegen diese Kreise mit aller Erbitterung (zu) führen und sie im Parlament der allerschwersten Kritik aus(zu)setzen. Sollten die Herrschaften es dann wagen, die Grenzen des parlamentarischen Anstandes zu überschreiten, so wären er und seine Freunde entschlossen, im Parlament von der Schußwaffe Gebrauch zu machen."[31] Solcher Militanz bedurfte es nicht. Die Waffe des Hohns genügte. Schmid benutzte sich häufig als Zwischenrufer und als Parlamentspräsident. Er unterminierte die Glaubwürdigkeit der radikalen Gruppen von rechts und links, indem er sie verlachte. Der als Wirrkopf bekannte Gründer der Wiederaufbauvereinigung Alfred Loritz erbat sich vom amtierenden Präsidenten vernünftige Zwischenrufe, worauf dieser schlagfertig entgegnete: „Der Präsident ist, was die Vernunft anlangt, Zwischenrufern gegenüber so machtlos wie gegenüber den Rednern."[32] Als Adolf von Thadden, Mitglied der Deutschen Reichspartei, später Vorsitzender der NPD, mit Bleistift hinterm Ohr das Rednerpult betrat, ertönte die Glocke des Präsidenten: „Sie werden sich mit dem Bleistift hinter dem Ohr noch verletzen, Herr von Thadden."[33] „Politische Säuberungsmaßnahmen", die von verschiedenen Seiten gefordert wurden[34], lehnte Schmid ab. Nicht das „Geschrei" war für ihn das schlimmste, sondern die „Spannungslosigkeit, die Herzlosigkeit und der Mangel an Leidensfähigkeit"[35].

Die souveräne Handhabung der Geschäftsordnung machte dem Tübinger Rechtsprofessor keine Schwierigkeiten. Wer meint, Geschäftsordnungsfragen seien für ihn eine Nebensache gewesen[36], der irrt gewaltig. Bei Geschäftsordnungsdebatten konnte er sich sogar über Details ereifern, denn nach seinem Verständnis von Recht und Demokratie wurden dort oft elementare Fragen der Demokratie berührt. Mit dem ihm eigenen Pathos stellte er fest, daß ein Rechtsstaat „stirbt", wenn falsch verfahren wird[37]. Wenn es um den „unverbrüchlichen Respekt des Rechts" ging, galt für ihn der Grundsatz „minima non curat praetor" nicht[38].

Nicht weniger wichtig als Geschäftsordnungsdebatten nahm er politische Stilfragen. Nicht zu Unrecht nannte man ihn später den Stilbildner des Parlamentarismus. Auf sein Drängen hin wurde in der 2. Wahlperiode eine feierliche Eröffnungszeremonie der Plenarsitzungen eingeführt. Beim Eintritt des amtierenden Präsidenten hatten sich die Abgeordneten des Hauses zu erheben und stehen zu bleiben, bis der Präsident auf seinem Stuhl Platz genommen hatte. Der Präsident erschien seiner Würde gemäß im Cut, die Saaldiener erhielten Fräcke[39]. Insbesondere im eigenen politischen Lager wurde Schmids Neigung für das Repräsentative belächelt. Nur zögernd stimmte die Fraktion der Eröffnungszeremonie zu[40]. Schmid hätte es nicht abgestritten, daß er Freude am Repräsentieren hatte. An die Nüchternheit der Wiederaufbauphase konnte er sich nie ganz gewöhnen. Doch in erster Linie ging es ihm darum, die Souveränität des Parlaments durch eine würdevolle Selbstdarstellung zu unterstreichen.

Nicht nur aus persönlicher Eitelkeit sah man ihn damals über und über mit Orden behängt. Er wollte sichtbar zeigen, daß er sich zu der Bonner Demokratie bekannte und sich durch deren Auszeichnungen geehrt fühlte[41]. Als er sich 1954 das Großkreuz des Ordens Menelik II. an die Weste hängte, das er von der Schwiegertochter Kaiser Haile Selassis geschenkt bekommen hatte, geschah das freilich aus Spaß an der Freude. Einige Genossen schüttelten den Kopf und nahmen Anstoß an seinem vertraulichen tête à tête mit der exotischen Schönheit[42].

Im Vorfeld des Staatsbesuchs des abessinischen Kaisers hatte Schmid sich mit Adenauer über Protokollfragen gestritten. Der Bundestagsvizepräsident, der mit der obrigkeitsstaatlichen Tradition der Deutschen brechen wollte, achtete peinlich genau auf den Vorrang der Legislative vor der Exekutive. Gemäß Protokoll hatte der Bundestagspräsident als zweiter Mann im Staate bei Staatsbesuchen den Vortritt vor dem Bundeskanzler, der sich aber beharrlich weigerte, seinem sozialdemokratischen Gegenspieler den Vortritt zu lassen. So drängte sich Adenauer beim Staatsempfang des abessinischen Kaisers am Bonner Bahnhof protokollwidrig vor, worauf Schmid ihm laut und vernehmlich zur Freude aller Journalisten zurief: „Wo Sie jetzt stehen, Herr Bundeskanzler, da war früher bei unserer Schwadron der Platz des Schimmels mit der Kesselpauke.“[43] Die Bedeutung, die der Dichter der Form zumaß, maß der Politiker dem Protokoll zu. Die symbolische Politik war für ihn nicht weniger wichtig als die Realien der Politik. Schmid konnte sich darüber ärgern, daß Gerstenmaier als Bundestagspräsident dem Alten zumeist den Vortritt ließ[44].

Der Bundestagsvizepräsident machte es sich zur Aufgabe, die Würde des Parlaments zu verteidigen. Die Verunglimpfung des Parlaments in der Weimarer Republik machte Schmid hellhörig für jede abfällige Bemerkung über den Bundestag und seine Abgeordneten. Als Bundeswirtschaftsminister Erhard im Sommer 1950 einen Beschluß des Bundestages, die Brotpreise weiter zu subventionieren, mit der verächtlichen Feststellung kommentierte „Hier waren wieder einmal Hysteriker als Wirtschaftspolitiker am Werk“, brachte die SPD-Fraktion auf Initiative Schmids einen Antrag im Bundestag ein, Erhard zu entlassen. Natürlich rechnete Schmid nicht damit, daß der Bundeskanzler Erhard entlassen werde. Er trachtete auch nicht danach mit Kanonen auf Spatzen zu

Während die anderen tagen, liest Schmid Zeitung;
links neben ihm: Walter Menzel und Erich Ollenhauer

schießen, wie man ihm auf Regierungsseite unterstellte, zumal es sich bei dem Objekt des Antrags, wie er mit bissigem Humor feststellte, nicht um einen Spatzen handelte[45]. Den Anfängen einer erneuten Diskreditierung des parlamentarischen Regierungssystems sollte gewehrt werden. „Das Volk", so warnte er, „wird das Parlament so einschätzen, wie dieses sich selber einschätzt, und dann, meine Damen und Herren, (...) werden Kräfte aufstehen und Gehör finden, die zu primitiven oder elementaren Lösungen mehr Vertrauen haben als zu konstitutionellen."[46]

War es nicht so, daß „jeder Esel" sich durch die Fehler der Politiker gerechtfertigt fühlte?[47] Erwuchs hieraus nicht das Mißtrauen gegen die da oben, die sich um die Interessen des Volkes überhaupt nicht kümmerten? Um Vorurteile abzubauen, betrieb Schmid auch außerhalb des Plenarsaals politische Pädagogik als Journalist, der den Bürgern die Funktionsweise des Bundestages erklärte, oder als Vortragsredner. In den Anfangsjahren gehörte er zu den wenigen Bonner Parlamentariern, die Schulklassen durch den Bundestag führten[48]. Durch Vorträge an Volkshochschulen, deren Einladungen er sich kaum erwehren konnte, trug er zur Erwachsenenbildung bei. Politik mußte vermittelt, dem Volk nahegebracht werden. Dazu war die Presse da. Die Journalisten hofierten Schmid, ob sie Axel Caesar Springer oder Erich Kuby, Rudolf Augstein oder Hans Zehrer hießen.

Kummer bereitete ihm, daß er sich um seinen Mannheimer Wahlkreis nicht so kümmern konnte, wie er es gerne getan hätte. Er selbst hatte geschrieben, daß es Aufgabe eines Politikers sei, in regelmäßigen Abständen dem eigenen Wahlkreis Rede und Antwort zu stehen[49]. Doch wann sollte er das auch noch machen? Er war überaus dankbar, daß ein Mannheimer Parteigenosse es auf sich nahm, jeden Samstag für ihn eine Bürgersprechstunde in Mannheim abzuhalten[50]. Er selbst wollte sich in Bonn, soweit es ihm möglich war, der Sorgen und Nöte der Mannheimer annehmen. Die Mannheimer konnten mit ihm zufrieden sein und waren es auch.

Er war noch nicht lange Vizepräsident, da galt er schon als ein Mann, an dem man sich wenden konnte, wenn man Hilfe brauchte. Eine Flut von Petitionen kam auf ihn zu. Menschen, die kaum des Schreibens mächtig waren, baten ihn um Rat und Hilfe, weil sie gehört hatten, er helfe allen. Tatsächlich gingen Schmid die sozialen Notfälle sehr ans Herz. Wenn er eine Möglichkeit sah, zu helfen, so tat er dies auch. Handelte es sich um ganz kleine Beträge, griff er auch schon mal in die eigene Tasche. Oft bekam Marta Schanzenbach einen hilfesuchenden Schrieb ihres Fraktionskollegen: „Schon wieder so ein armer Teufel." „Können wir dem Mann nicht ein bissel helfen?"[51] Die stellvertretende Bundesvorsitzende der Arbeiterwohlfahrt wußte besser als er, wo es Möglichkeiten und Mittel gab, um Menschen, die in Not geraten waren, zu unterstützen. Anfangs hatte er auch engagiert im Petitionsausschuß des Bundestages mitgearbeitet[52]. Wegen seiner zahlreichen politischen Verpflichtungen mußte er aber seine Mitarbeit dort schon bald einstellen.

Häufig erreichten ihn 20 bis 30 Briefe pro Tag. Liegen blieb keiner. Die Dringlichkeit des Anliegens bestimmte die Reihenfolge der Beantwortung. Bis Mitte der 60er Jahre war das Büro Schmid ein Zwei-Mann-Betrieb. Kein Ghostwriter, der Reden schrieb, kein persönlicher Referent, der die Briefe beantwortete. Nur eine treue Sekretärin, die die Schreibarbeiten, die Standardanfragen und das Organisatorische erledigte, denn der Don Quichotte brauchte einen Sancho Pansa, der Ordnung in seinen ungeregelten Tagesablauf brachte, ihn an Liegengebliebenes erinnerte und ihn manchmal auch mütterlich mahnte, die politischen Hausaufgaben zu erledigen[53]. Er beteuerte dann auch, wenn er auswärts oder im Urlaub war, in seinen Karten und Briefen, die er nach Bonn schrieb, immer ganz pflichtschuldig, daß er „fleißig" sei[54]. Er war ein menschlicher Chef, der seine Mitarbeiter nie anschrie, aber auch ein unkonventioneller, mit dem zusammenzuarbeiten, nicht immer leicht war. Er wußte es und hatte deshalb ein schlechtes Gewissen. „Dein schwarzes Schaf", unterzeichnete er Karten an seine Mitarbeiterin Friedel Ahlgrimm[55].

Er setzte sich nicht gleich morgens, wenn er ins Büro kam, an den Schreibtisch. Der Morgen gehörte der Zeitungslektüre. Die Bild-Zeitung las er täglich, weil er wissen wollte, mit welchen Schlagzeilen das Volk gerade einmal wieder verblödet wurde[56]. Der Geistesaristokrat war kein Reißbrettpolitiker, der glaubte, Politik über die Köpfe und Herzen der Menschen hinweg machen zu können. Die Bedeutung der Demoskopie hatte er schon früh erkannt. Mit Elisabeth Noelle-Neumann hatte er schon als Präsident des Staatssekretariats in Tübingen Bekanntschaft geschlossen[57]. Freilich, ein Politiker, der dem Volk nach dem Mund redete, war er nicht. Er setzte sich zum Ziel, das Volk zu erziehen, nicht sich ihm anzupassen. Auch wenn es Wählerstimmen kosten konnte, hatte er den Mut zum Unpopulären. Als nach einer Serie von Taxifahrermorden die Mannheimer Bevölkerung die Wiedereinführung der Todesstrafe verlangte, erklärte Schmid mitten im Wahlkampf, daß er allen Versuchen, die Todesstrafe wieder einzuführen, energisch entgegentreten werde. Gegenüber den Befürwortern von Plebisziten verteidigte er den „aufgeklärten Absolutismus" des Parlaments[58]. Er sagte viel Unpopuläres und war trotzdem populär. Als Vizepräsident und Abgeordneter trug er wie kein anderer zum Ansehen des Parlamentarismus und zur Herausbildung einer demokratischen Kultur in Westdeutschland bei. Er repräsentierte den Bundestag und galt bei vielen als dessen eigentlicher Präsident. Als politischer Erzieher und Stilbildner fand er weite Anerkennung. Doch sein hohes Ansehen verband sich nicht mit politischer Macht. Für die Durchsetzung seiner politischen Ziele mußte er einen zähen langen Kampf führen, bei dem er oft verlor. Niederlagen, nicht Erfolge bestimmten sein Bonner Politikerdasein.

Enttäuscht von Europa – geschlagen von Kurt Schumacher

Der Auswärtige Ausschuß hatte seine Arbeit gerade erst aufgenommen, da behauptete der Bundeskanzler schon, unter Schmids Vorsitz etabliere sich der Ausschuß zu einem Auswärtigen Amt[1]. Daß einige Mitglieder des Ausschusses vertrauliche Informationen an Journalisten weitergegeben hatten, nahm er zum willkommenen Anlaß, vor dem Ausschuß keine Erklärungen mehr abzugeben. Bei seinen Verhandlungen mit der AHK wollte er sich auf keinen Fall durch irgendwelche Beschlüsse des Parlaments Fesseln anlegen lassen[2]. Die Zuständigkeiten, die sich der Auswärtige Auschuß angemaßt hatte, gingen ihm viel zu weit. Hatte doch Schmid, unterstützt von Abgeordneten der Koalitionsfraktionen durchgesetzt, daß sich der Ausschuß nicht nur mit den Gegenständen, die ihm vom Plenum überwiesen wurden, befassen wollte, sondern auch mit den außenpolitischen Problemen der Gegenwart, zu denen man Stellungnahmen der Bundesregierung erwartete[3]. Der Bundeskanzler witterte wieder einmal die Gefahr einer gegen ihn gerichteten Koalition. Schmid war im

Gegensatz zu vielen seiner Parteifreunde kein Befürworter einer Parlamentarisierung der Außenpolitik. Der im Kaiserreich Geborene vertraute auf die Mittel der klassischen Diplomatie. Aber Adenauer ging nicht ganz fehl. Schmid hoffte, im Auswärtigen Ausschuß eine Große Koalition in der Außenpolitik herstellen zu können, um politische Alleingänge des Kanzlers zu verhindern.

In einer der ersten Ausschußsitzungen nahm er den Kanzler noch in Schutz. Als einige Mitglieder des Ausschusses die Abwesenheit des Bundeskanzlers beklagten, meinte er beschwichtigend, daß dieser erst im einem fortgeschrittenen Stadium der Verhandlungen zur Auskunft verpflichtet sei[4]. Das war Ende Oktober, als der Ausschuß erstmals über einen eventuellen Beitritt eines deutschen Vertreters zur Ruhrbehörde debattierte. Klare Ja-/Nein-Fronten gab es nicht. Schmid hielt eine Anpassung des Ruhrstatuts an das Besatzungsstatut für notwendig, da das Ruhrstatut „noch zahlreiche Merkmale des Gendamerie-Denkens" enthalte, während nach dem Besatzungsstatut die Kontrollrechte weitaus restriktiver gefaßt waren. Hierüber müßten Verhandlungen mit den Besatzungsmächten geführt werden. Außerdem müsse man sich Klarheit darüber verschaffen, ob ein Beitritt „den Weg für eine europäische Wirtschaftseinheit öffnet oder blockiert"[5]. Allgemeiner Tenor der überaus sachlich verlaufenen Diskussion war, daß der Beitritt nicht übers Knie gebrochen werden dürfe. Das Protokoll der Ausschußsitzung ging mit der Bitte, daß vor einem eventuellen Beitritt darüber im Bundestag eine Diskussion stattfinden solle, dem Bundeskanzler zu.

Adenauer ignorierte die wohlgemeinten Empfehlungen des Auswärtigen Ausschusses. Die Westalliierten, genauer gesagt die Briten, hatten in einem geschickten Schachzug eine Einstellung der Demontage wichtiger Werke mit der Entsendung eines deutschen Vertreters in die Ruhrbehörde gekoppelt. Um auch Frankreich für den Demontagestop zu gewinnen, bot Adenauer den Franzosen eine Kapitalbeteiligung bis zu 40 % an deutschen Industrieunternehmen an. Einem Aide-Mémoire, das er an die vom 9. bis 10. November in Paris tagende Konferenz der drei westlichen Außenminister richtete, fügte er einen Entwurf über die Neuordnung der Kapitalverhältnisse der Vereinigten Stahlwerke unter ausländischer Kapitalbeteiligung bei. Zugleich stellte er die Entsendung eines deutschen Vertreters in die Ruhrbehörde in Aussicht[6].

Am 9. November empfing Adenauer die drei Fraktionsvorsitzenden der SPD Schumacher, Ollenhauer und Schmid zu einem Informationsgespräch, bei dem es zum großen Krach kam. Schumacher war erzürnt über Adenauers Alleingang und griff ihn wegen seines Entgegenkommens gegenüber Frankreich aufs heftigste an[7]. Schmid mußte sich mit der Rolle des Adlatus begnügen, wie bei all den Unterredungen, die die drei Fraktionsvorsitzenden mit dem Kanzler führten. Schumacher verlangte die sofortige Einberufung des Bundestages, um der Pariser Außenministerkonferenz das nationale Wollen der Deutschen zu demonstrieren. Als er damit nicht durchdrang, wandte er sich an die Presse. In zwei Interviews, in denen er jede diplomatische Rücksicht vermissen ließ, nannte er die französische Politik „engstirnig und primitiv" und machte sie für das angebliche Scheitern der Pariser Außenministerkonferenz verantwortlich[8]. Die von Adenauer vorgeschlagene ausländische Kapitalbeteiligung an der deutschen Industrie bezeichnete er als ein „ganz brutales Geschäft auf Kosten des deutschen Volkes"[9]. Kompromißlos lehnte er eine Entsendung eines deutschen Vertreters in die Ruhrbehörde und einen Beitritt in den Europarat bei gleichzeitiger Aufnahme des Saargebietes ab.

Als Blankenhorn am Abend des 12. November bei Schmid vorbeischaute, machte der Vorsitzende des Auswärtigen Ausschusses auf ihn einen völlig „erschöpften Eindruck": „Aufgeschwemmt, blaß, müdes Gesicht sitzt er mir gegenüber und ist in dieser Haltung ein verzweifelter, deprimierter, enttäuschter Mann. Am meisten enttäuscht über seine eigenen Parteileute und über Schumacher, den er introvertiert nennt, und dessen Reizbarkeit der Grund für die heftigen Angriffe auf die Adenauersche Politik ist."[10] Carlo Schmid vermochte Blankenhorn, der ihm vorwarf, daß durch Schumachers Interview „alle Hunde auf die Gasse gehetzt" worden seien, so daß ein gemeinsames Gespräch nur mit „viel Mühe und Geduld" wieder in Gang gebracht werden könne, nicht zu widersprechen. Gewiß, der Bundeskanzler war an dieser Entwicklung nicht schuldlos. Blankenhorn bekam von seinem Gastgeber zu hören, daß der Regierungschef über die „sachlichen Probleme der Ruhr und der europäischen Union nicht genügend unterrichtet" sei. Damit hatte Schmid ebenso recht wie mit der Feststellung, daß Adenauer sich zu wenig um eine Revision des Ruhrstatuts bemühe[11].

Er hatte dies einige Tage zuvor auch schon in einem Presseartikel moniert, sachlich ohne verletzende Schärfe, wobei er die Notwendigkeit einer Verbesserung der deutsch-französischen Beziehungen ausdrücklich hevorgehoben hatte, über die er sich mit Adenauer einig war[12]. Schumachers Interview war ein Anschlag auf die deutsch-französische Verständigungspolitik. Schmid mußte um den Erfolg seiner europapolitischen Initiativen fürchten. Mitte Oktober hatte unter seiner tätigen Mitwirkung das Exekutivkomitee des Deutschen Rates der Europäischen Bewegung ein Memorandum verabschiedet, in dem der Bundesregierung nahegelegt wurde, sich zum Beitritt in den Straßburger Europarat bereit zu erklären, selbst wenn eine gleichzeitige Zulassung des Saargebietes zur Straßburger Konsultativversammlung nicht verhindert werden konnte. Die mit der Aufnahme des Saargebietes verbundenen Probleme, die „nach allgemeiner Überzeugung im Friedensvertrag endgültig zu regeln" waren, sollten „möglichst sofort unter Ausschaltung von Prestigefragen zum Gegenstand eines unmittelbaren deutsch-französischen Gesprächs gemacht werden"[13].

Schmid war verärgert, daß der von ihm vorgeschlagene Zusatz, daß die Franzosen mit der Aufnahme des Saargebietes in den Europarat die internationale Anerkennung des Saargebietes als ein von Deutschland abgetrenntes Gemeinwesen bezweckten, nicht in das Memorandum aufgenommen wurde und enthielt sich deshalb bei der Schlußabstimmung der Stimme. Grundsätzlich stand er aber voll und ganz hinter dem Memorandum, an dessen Ausformulierung er mitgearbeitet hatte. Er erbot sich sogar, mit Adenauer darüber zu sprechen, ob nicht die Bundesregierung noch vor Zusammentritt des Ministerkomitees im November ihre Bereitschaft zur Teilnahme am Europarat erklären solle. Er war ziemlich sicher, daß er den Bundeskanzler für diesen Vorschlag gewinnen könne[14]. Adenauer erklärte am 15. November den Wunsch nach Aufnahme der Bundesrepublik in den Europarat. Schmid kollaborierte mit Adenauer, nachdem er Schumacher von seinem ablehnenden Standpunkt in der Frage des Europaratsbeitrittes nicht hatte abbringen können.

Der Gang der SPD in die Opposition hatte Schmids europapolitisches Engagement nicht erlahmen lassen. Mit unvermindertem Elan versuchte er das Seine dazu beizutragen, um den Prozeß der europäischen Einigung zu beschleunigen. Auf seine Initiative konstituierte sich am Abend des 9. November im Bundesratssaal die deutsche Gruppe im Parlamentarischen Rat der Europäischen Bewegung. Das Zerwürfnis zwischen Adenauer und Schumacher am Nachmittag desselben Tages trübte die Stimmung des Abends nicht. Schmid wurde zum Präsidenten gewählt, der Fraktionsvorsitzende der CDU/CSU Brentano zu seinem Stellvertreter. Fritz Erler, der Schmid bei den Gründungsvorbereitungen geholfen hatte, wurde zum parlamentarischen Sekretär ernannt[15]. Zwei Tage später wurden Schmid und Brentano eingeladen, der Ratssitzung der Interparlamentarischen Union am 19. und 20. November in Paris beizuwohnen. Der stellvertretende französische Hochkommissar Bérard bat die zuständigen Pariser Stellen, den beiden einen herzlichen Empfang zu bereiten[16]. Vermutlich fürchtete er, daß man Schmid mit Vorhaltungen wegen der Schumacher-Interviews überschütten werde.

In Paris hatten die unbedachten Äußerungen Schumachers verständlicherweise Verärgerung ausgelöst. Der französische Sozialist Henri Frenay, einer der führenden Köpfe der Europabewegung, fragte Schmid in einem Brief voller Verzweiflung nach einem Weg, der die deutschen und französischen Sozialisten trotz der Beleidigungen Schumachers wieder zusammenführen könne[17]. Schmid wollte bei einem Treffen Ende November in Bernkastel die Angelegenheit mit Frenay besprechen.

Zunächst blieb nur das Bemühen, im Ausland und auch innerhalb der Bundesrepublik den angerichteten Schaden zu begrenzen. Am 15. November wollte Adenauer eine Regierungserklärung über die Pariser Außenministerkonferenz und die deutsche Beteiligung an der Ruhrbehörde abgeben. Anfang November hatte Schmid dem Bundeskanzler noch versprochen, daß die SPD ihre ablehnende Haltung so formulieren werde, daß dadurch seine Verhandlungen mit der AHK unterstützt werden[18]. Nun war es wider Erwarten zu einer Polarisierung des innenpolitischen Klimas gekommen. Schumachers Antwort auf Adenauers Regierungserklärung war relativ moderat, wenngleich er in der Sache hart blieb. Er unterstrich nochmals sein „klares eindeutiges Nein" zu einem Beitritt der Bundesrepublik in die Ruhrbehörde, zu einer ausländischen Kapitalbeteiligung an der Ruhrindustrie und zu einem gleichzeitigen Eintritt der Bundesrepublik und des Saargebietes in den Europarat[19].

Mehr Aufsehen als die Rede Schumachers erregte diesmal die Rede Carlo Schmids. Überall stand und steht noch zu lesen, Schmid habe Adenauer einen „dolus eventualis" bei seiner Außenpolitik vorgeworfen[20]. Eine solche Unterstellung lag Schmid fern. Er hatte wörtlich gesagt: „Das Schlimmste, was wir tun könnten, wäre, wenn wir in dieser Phase der Geschichte die Kardinalfehler der Weimarer Republik wiederholten, nämlich mit einem dolus eventualis unterzeichneten, also mit dem Hintergedanken: Wir unterschreiben, und nachher wird man sehen."[21] Zugegeben: besonders klug war es nicht, einen solchen Begriff in die Debatte zu werfen. Es mußte im Ausland der Eindruck entstehen, daß sich die Deutschen schon wieder mit revisionistischen Absichten trugen. Schmid freilich ging es gerade darum, das erneute Entstehen einer revisionistischen Außenpolitik, die nationalistischen Parolen Vorschub leisten mußte, zu verhindern. Das war doch das Trauma, das ihn verfolgte, wenn es ihn auch nicht so gefangennahm wie Schumacher.

Nicht ein einziges Mal in seiner ganzen Rede hatte er die Regierung scharf angegriffen. Dem Bundeskanzler bot er noch einmal ausdrücklich eine Politik außenpolitischer Gemeinsamkeit an. Er riet ihm, sich die Kritik der Opposition bei seinen Verhandlungen mit den Hohen Kommissaren um eine Revision des Ruhrstatuts zunutze zu machen. Das Junktim zwischen der Demontagefrage und der Entsendung eines deutschen Vertreters in die Ruhrbehörde ohne Wenn und Aber zu akzeptieren, hielt er für bedenklich, denn mit einer Politik der Junktims könne man nie zu einer eigenständigen deutschen Außenpolitik kommen[22]. Schmid sagte nur, was die meisten Mitglieder des Auswärtigen Ausschusses, unabhängig von ihrer parteipolitischen Zugehörigkeit, dachten. Sein Nein zu einem deutschen Beitritt in die Ruhrbehörde war kein endgültiges, kein absolutes.

Adenauer reagierte so gereizt, weil er keine Antwort auf Schmids Kritik wußte. Er wälzte dessen Lapsus vom „dolus eventualis" aus und behauptete, Schmid habe in Unkenntnis der politischen Verhältnisse von einer

Alternative „Souveränität über das Ruhrgebiet und dem Aufhören der Demontagen" gesprochen, was eine böswillige Verdrehung von dessen Argumentation war[23]. Der Bundeskanzler verstand es in genialer Weise, durch Unterstellungen von seinem eigenen Versagen abzulenken. Für ihn war das Junktim ein fait accompli. Bei den abschließenden Verhandlungen, die am 22. November zum Abschluß des Petersberger Abkommens führten, war Adenauer weit weniger erfolgreich als es im nachhinein schien. Die alliierten Dekartellisierungsbestimmungen wurden nicht aufgehoben, die Aufnahme einer Revisionsklausel in die Bestimmungen des Ruhrstatutes wurde von den Hohen Kommissaren verweigert, wichtige Werke blieben auf der Demontageliste[24].

Trotzdem wurde Adenauer ein Erfolg zuteil, weil die SPD falsch taktierte: Verfassungsbruch lautete der Vorwurf, den sie Adenauer entgegenschleuderte – ein Vorwurf, den Schmid in der Form nicht geteilt hat, obwohl auch er über Adenauers außenpolitische Alleingänge und seine Mißachtung des außenpolitischen Ausschusses erzürnt war[25]. Adenauers Weigerung, die Zustimmung des Bundestages zum Petersberger Abkommen einzuholen, hatte der SPD-Parteivorsitzende bereits einen Tag nach Unterzeichnung des Abkommens mit der Ankündigung einer Bundesverfassungsgerichtsklage beantwortet[26]. Arndt griff Schumachers Argumentation auf und warf in der Debatte über das Petersberger Abkommen dem Bundeskanzler einen „autoritären Handstreich" vor[27]. Die Debatte artete in eine hitzige Redeschlacht aus, in der Schumachers böses Wort vom „Bundeskanzler der Alliierten" fiel, das provoziert wurde durch Adenauers polemische Behauptung, die SPD-Fraktion nehme es in Kauf, „die ganze Demontage bis zu Ende gehen zu lassen"[28]. Bundestagspräsident Köhler ordnete einen Ausschluß des Oppositionsführers von den Verhandlungen des Bundestages für 20 Sitzungstage an[29]. Aus dem Eklat drohte eine Staatskrise zu werden.

Die Hohen Kommissare mußten fürchten, daß auch die zweite deutsche Demokratie nicht von langer Dauer sein werde. Der amerikanische Hochkommissar McCloy besprach noch am 25. November mit Schmid die Lage, der ihm offen und ohne Umschweife berichtete, daß man in der SPD-Fraktion empört sei über die Unbeherrschtheit des Vorsitzenden, durch den die SPD in eine fast ausweglose Situation geraten sei. Schumachers intransigenter Oppositionskurs werde von der Mehrheit der Fraktion nicht befürwortet[30]. Schmid ging eindeutig auf Distanz zum Fraktionsvorsitzenden, der mit seiner starren außenpolitischen Haltung seine eigenen außenpolitischen Ziele durchkreuzte. Adenauer war mitverantwortlich für die erste schwere Krise der Bundesrepublik. McCloy stimmte mit Carlo Schmid überein, daß Adenauers Mißachtung des Bundestages die demokratische Entwicklung in der Bundesrepublik gefährde. Der amerikanische Hochkommissar kabelte an das Außenministerium nach Washington, daß Adenauer und Schumacher in ihren Parteien als „Problemkinder“ betrachtet werden[31]. Der amerikanische Außenminister Acheson hatte bei einer Zusammenkunft mit Schmid und Schumacher am 13. November zu außenpolitischer Gemeinsamkeit gemahnt. Schmid hatte nach dem Gespräch, bei dem er nicht zu Wort gekommen war, den Amerikanern sein Einverständnis versichert[32]. An ihm lag es nicht, daß es zu keiner bipartisan policy kam. Auch McCloy beteuerte er jetzt noch einmal, daß die SPD nicht grundsätzlich gegen die Entsendung eines deutschen Vertreters in die Ruhrbehörde sei. Sie erwarte aber, daß zuvor einige Bestimmungen des Ruhrstatutes geändert werden. McCloy hatte durchaus Verständnis für diese Position[33].

Adenauers und Schumachers Konfrontationskurs fanden weder den Beifall der Hohen Kommissare noch den der Mehrheit des Bundestages. Aber wer sollte die beiden Kontrahenten zur Raison bringen? Carlo Schmid bemühte sich nolens, volens zunächst einmal beim Bundestagspräsidenten und im Ältestenrat um eine „honorige“ Beilegung des Konflikts[34]. Nach langem hin und her wurde am 1. Dezember eine Verständigungsformel gefunden. Schumachers Ausschluß aus dem Bundestag wurde aufgehoben.

Gleichzeitig war Schmid bestrebt, das in Scherben gegangene deutsch-französische Verhältnis wieder zu kitten. Mit Henri Frenay vereinbarte er eine Zusammenkunft französischer Sozialisten mit Kurt Schumacher. Man beriet, wie man am besten vorgehe, daß das Gespräch nicht im unversöhnlichen Meinungsstreit ende. Aber wie will man so gegensätzliche Positionen wie die des SPD-Vorsitzenden und der französischen Sozialisten miteinander in Einklang bringen? Das Anfang 1950 geführte Gespräch brachte, wie kaum anders zu erwarten, keine Verständigung[35]. Schmid tat, was er konnte, um den Dialog mit den Franzosen nicht abreißen zu lassen. François-Poncet erhielt von ihm einen überaus herzlichen Neujahrsbrief, in dem er seinen Wunsch nach einer deutsch-französischen Verständigung zum Ausdruck brachte[36]. Der französische Hochkommissar war ein entschiedener Gegner Schumachers, in dem er einen zukünftigen „Hitler de gauche“ sah[37].

Seit September hatte Schmids Hauptaufgabe darin bestanden, aufgerissene Gräben wieder zuzuschütten. Damit konnte er weder sich profilieren noch die SPD aus ihrer Misere bringen. Ein politischer Kurswechsel, eine ganz andere Oppositionsstrategie war nötig. Alle Hoffnung richtete sich auf Schmid, der aber erst einmal flach lag. Ein Unglück kommt selten allein! Anfang Dezember war er in Paris in einer Badewanne ausgerutscht und hatte sich zwei Rippen gebrochen. Der Spott ließ nicht auf sich warten. Wenn er schon in einer Badewanne ausrutsche, was würde da erst auf internationalem Parkett passieren?[38] Gebhard Müller mahnte den Patienten und auch den Politiker zu Geduld[39]. Der aber war äußerst ungeduldig und verließ das Bett viel früher, als er sollte. Er habe „ein Gefühl, als ob längere Abwesenheit schaden könnte“, schrieb er Heuss, der ihm die besten Wünsche zur Genesung übermittelt hatte[40].

Noch bevor er am 10. Januar sich wieder in Bonn einfand, nahm er in Stuttgart an einer Konferenz des Landesvorstandes und der Landtagsfraktion Württemberg-Badens teil, zu der auch die aus der Südwestecke kommenden Bundestagsabgeordneten eingeladen worden waren. Schoettle, in der Weimarer Republik Freund und Kampfgefährte Schumachers, eröffnete eine Grundsatzdiskussion über den Führungsstil des Parteivorsitzenden und die weitere politische Strategie der Partei: „Wie können wir die Partei in eine Richtung bringen, die sie aus der Isolierung herausführt? Der Konflikt Schumacher–Adenauer hat uns mehr geschadet. Das Führungsprinzip muß korrigiert werden, wenn tragische Entwicklungen vermieden werden sollen. (...) Der ehrliche Versuch, Schumacher in seinem Bereich zu stellen, muß gemacht werden. Schumacher meint, daß die Proleten den besseren Instinkt haben, aber Zweifel daran sind berechtigt. Die heutige Besprechung sollte der Ausgangspunkt für eine offene Aussprache mit Schumacher sein.“[41] Schmid hatte den Ausführungen Schoettles nicht viel hinzuzufügen. „Wie Schoettle die Situation sieht, so ist sie“, stellte er kurz und bündig fest. In der Ruhrfrage habe die Partei eine Niederlage erlitten, wenngleich ihre ablehnende Haltung gegenüber dem Petersberger Abkommen grundsätzlich richtig gewesen sei. Jetzt müsse man unbedingt nach einem Weg suchen, zu der deutschen Beteiligung am Europarat ja sagen zu können[42]. Mommer war mit Schmids kurzer Stellungnahme nicht zufrieden. Der Mann, der Schumacher stellen sollte, war Schmid. Was erwarteten die Schumacher-Kritiker? Daß er eine Fronde gegen Schumacher aufbaute oder die Rolle des Königsmörders übernahm? Die Mehrheit der Partei mag im Januar 1950 hinter ihm gestanden haben, aber vom Parteiapparat wäre er torpediert worden. Die Hannoveraner Führungsspitze hätte nichts unversucht gelassen, um ihn in der Öffentlichkeit zu demontieren.

Auf der Stuttgarter Tagung hielt er sich völlig bedeckt. Mommer konnte ihm keine eingehendere Stellungnahme entlocken. Es war auch überaus ungeschickt von Schoettle gewesen, in einem so großen Kreis, und noch dazu in Anwesenheit Max Denkers, der ein Intimus des Parteivorsitzenden und ein Intimfeind Carlo Schmids war, dieses hochbrisante Thema anzusprechen. Schoettle hätte sich denken können, daß der Stuttgarter Parteifunktionär postwendend Hannover von der Sitzung informieren würde[43]. Eine Verschwörung gegen den Parteivorsitzenden wurde in Stuttgart nicht angezettelt. Die Sitzung endete in Resignation. Mommers Schlußwort widersprach keiner: „Ohne Schumacher ist die Partei nicht denkbar. Er ist, wie er ist. Man muß in der richtigen Weise mit ihm umgehen.“[44] Doch Schumacher wußte jetzt, wie brüchig seine Stellung als Parteivorsitzender war, und daß ihm in Schmid ein potentieller Rivale erwuchs. Es scheint zu einer heftigen Auseinandersetzung zwischen beiden gekommen zu sein, aus der Schmid als Geschlagener hervorging[45]. Er war jetzt noch mehr als zuvor gezwungen, sich der Parteilinie anzupassen, es sei denn, es kam doch noch zu einer Großen Koalition.

Im Januar bot sich von neuem die Chance für eine Politik außenpolitischer Gemeinsamkeit. Die Franzosen beabsichtigten, die wirtschaftliche und politische Abhängigkeit des Saargebietes von Frankreich zu zementieren. Anfang Januar hörte man von Plänen Frankreichs, nach denen die saarländischen Kohlengruben für 50 Jahre durch Frankreich betrieben und die saarländischen Eisenbahnen französischer Verwaltung unterworfen werden sollten. Um das französische Mitspracherecht in dem autonom erklärten Saargebiet zu sichern, plante man, einen Vertreter Frankreichs in das Saargebiet zu entsenden. Erklärtes Ziel Frankreichs war es, durch Aufnahme des Saargebietes in den Europarat sich diese Maßnahmen international sanktionieren zu lassen. François-Poncet sprach ganz offen davon, daß Frankreich aus dem Saargebiet ein zweites Luxemburg machen wolle[46]. Die sogenannten Saarkonventionen wurden trotz deutschen Protestes am 3. März unterzeichnet[47]. Die Ablehnung dieser Pläne in der Bundesrepublik war einhellig. Blankenhorn suchte am 11. Januar Carlo Schmid auf und verständigte sich mit ihm über ein gemeinsames Vorgehen. Man war sich darüber einig, „daß die Bundesregierung einen fait accompli hinsichtlich der Saargruben, der Autonomie des Saargebietes und der Eisenbahnen nicht hinnehmen kann“ und daß hierdurch der „Eintritt in den Europarat unmöglich gemacht werde“[48]. Schmid versprach Schumacher und Ollenhauer zu einer gemeinsamen Außenpolitik überreden zu wollen, was ihm diesmal auch gelang. Am 14. und 18. Januar kamen der Bundeskanzler und die drei Fraktionsvorsitzenden der SPD zu einer Lagebesprechung zusammen, bei der weitgehende Übereinstimmung erzielt wurde. Adenauer hatte aus Protest die Unterzeichnung des deutsch-französischen Handelsvertrags ausgesetzt, die SPD-Vertreter regten einen Schritt bei der UN an[49]. Den gleichzeitigen Eintritt des Saarlandes und der Bundesrepublik in den Europarat lehnte Adenauer freilich nur deshalb ab, weil die Vorsitzenden aller Bundestagsfraktionen sich nach Bekanntgabe der französischen Saarpläne dagegen ausgesprochen hatten.

Im Außenpolitischen Ausschuß herrschte Ende Januar mehr als Unmut über Adenauers Mitachtung des Parlaments. Abgeordnete aller Fraktionen übten laute Kritik daran, daß der Bundeskanzler den Auswärtigen Ausschuß zu einem „unwürdigen Schattendasein“ verurteilte[50]. Allgemeine Zustimmung fand Dehlers Aufsehen erregende Rede vom 22. Januar in Hamburg. Der streitbare Liberale hatte in einem Aufschrei der Entrüstung die Beseitigung aller Hemmnisse des Besatzungs- und Ruhrstatuts gefordert. Dehlers Rede war eine einzige Provokation gegen Frankreich, die in der Feststellung gipfelte, Hitler sei eine „Folgeerscheinung des Versailler Vertrags und vor allem der kleinmütigen Politik Frankreichs" gewesen[51]. Der einzige im Auswärtigen Ausschuß, der meinte, Dehler hätte diese Rede besser nicht gehalten, war Carlo Schmid, der sich so wider Willen auf der Seite Adenauers fand, der seinen unbotmäßigen Justizminister wegen dieser Rede gemaßregelt hatte[52]. Schmid hatte Mühe, die „Wogen der Empörung", die sich gegen Adenauer erhoben, „zu glätten"[53]. Unfreiwillig wurde er zum Advokaten des Bundeskanzlers, weil er fürchtete, daß die nationale Empörung eine gefährliche Entwicklung heraufbeschwören könne.

Im Auswärtigen Ausschuß hatte sich eine Große Koalition gegen Adenauer gebildet. Der linke Flügel der CDU plädierte Anfang 1950 ganz offen für eine Große Koalition. Schmid scheint vorsichtige Annäherungsversuche unternommen zu haben, die aber, wie ein Informant der französischen Hochkommission zu berichten wußte, von Kurt Schumacher sofort konterkariert wurden[54]. Adenauers Befürchtung, daß die Bestätigung Schmids als Vorsitzender der Deutschen Gruppe im Parlamentarischen Rat der Europäischen Bewegung der Auftakt zu einer Großen Koalition sei[55], war völlig grundlos. Ohne eine Entmachtung der beiden Parteivorsitzenden blieben alle Überlegungen über eine Koalition zwischen CDU/CSU und SPD Spekulation. So begnügte sich Schmid damit, dem Bundeskanzler im Auftrag der Mitglieder des Ausschusses einen Mahnbrief zu senden, umgehend vor dem Ausschuß Erklärungen zu den außenpolitischen Entwicklungen der letzten Zeit und über die Maßnahmen und Ziele der Bundesregierung abzugeben. Außerdem drang er auf die Ernennung eines Staatssekretärs des Äußeren, der in den Sitzungen des Ausschusses regelmäßig Rede und Antwort stehen sollte[56]. Zwei Monate später sah sich Schmid abermals veranlaßt, den Bundeskanzler im Namen des Ausschusses an seine Informationspflicht zu erinnern. Nicht einmal die Protestnote der Bundesregierung gegen die Saarkonventionen hatte Adenauer dem Ausschuß zur Kenntnis gebracht[57]. Mit Genugtuung stellte Schmid fest, daß auch die Mitglieder der Regierungskoalition sich im Ausschuß nicht als „Büchsenspanner" des Bundeskanzlers betätigten[58]. Adenauer äußerte unterdessen dauernd den Verdacht, der Vorsitzende des Auswärtigen Ausschusses betreibe Nebenaußenpolitik. Durch einen solchen Vorwurf konnte der Bundeskanzler davon ablenken, daß ihm an einer gemeinsamen Außenpolitik überhaupt nicht gelegen war.

In der Sache hätte man sich verständigen können. Die außenpolitischen Zielsetzungen Adenauers und Schmids lagen nämlich gar nicht sehr weit auseinander. Trotz seines entschiedenen Neins zu den Saarkonventionen suchte auch Schmid nach Lösungen, um einen deutschen Europaratsbeitritt doch noch möglich zu machen. Den Preis einer völkerrechtlichen

Abtrennung des Saargebietes konnte Deutschland nicht zahlen, denn dann verlor man gegenüber dem Osten den Boden unter den Füßen: „Was im Osten Unrecht ist, kann im Westen nicht Recht sein.“[59] Er war der Auffassung, daß die Franzosen in erster Linie aus wirtschaftlichen Gründen das Saargebiet an Frankreich binden wollten. Konnte man den Zankapfel Saar nicht durch ein wirtschaftspolitisches Arrangement mit Frankreich aus der Welt schaffen? Bereits im November hatte er vorgeschlagen, eine deutsch-französische Montanunion ins Leben zu rufen, um in Zukunft einen ungehinderten Austausch von Saarkohle und lothringischem Erz zu ermöglichen. Eine solche Wirtschaftsunion trug seiner Ansicht nach sowohl den legitimen Interessen der französischen Wirtschaft als auch dem französischen Sicherheitsbedürfnis Rechnung[60]. Im März und Mai trat er abermals mit seinem Vorschlag an die Öffentlichkeit[61]. Der Bundeskanzler entwickelte im Frühjahr 1950 ähnliche Pläne. Kurt Schumacher griff die Gedanken seines eigenwilligen Mitstreiters auf. In der Bundestagsdebatte am 10. März sprach er sich für die Aufnahme deutsch-französischer Wirtschaftsverhandlungen aus[62]. Die Debatte endete in einer für die 50er Jahre seltenen Einmütigkeit aller Parteien.

Eine Entscheidung für oder gegen den Europaratsbeitritt hatte die Debatte nicht gebracht. Carlo Schmid schwankte wie bei den Grundgesetzberatungen zwischen Härte und Nachgiebigkeit. In einer Präsidiumssitzung der Europa-Union Ende März riet er zunächst, durch Härte ein Entgegenkommen der Franzosen zu erzwingen, hielt aber dann den Vorschlag des Präsidenten Eugen Kogon, die Deutschen sollten dem Europarat beitreten und dort einen Schiedsspruch über die Zugehörigkeit des Saargebietes zu Deutschland erwirken, für „durchaus diskutabel“[63]. Er war überzeugt, daß trotz eines negativen Votums der SPD die Mehrheit des Bundestages sich für eine deutsche Beteiligung am Europarat aussprechen werde[64]. War es da nicht ratsam, geschlossen im Europarat gegen die französische Saarpolitik zu protestieren?

Adenauer traute sich erst am 9. Mai, dem Tag, an dem der französische Außenminister Robert Schuman den Plan einer europäischen Gemeinschaft für Kohle und Stahl bekanntgab, einen Kabinettsbeschluß über die deutsche Beteiligung am Europarat herbeizuführen. Der Schumanplan bedeutete eine enorme Rückenstärkung für die Beitrittsbefürworter. Carlo Schmid begrüßte ihn kaum weniger enthusiastisch als der Bundeskanzler. Seit Jahren hatte er immer wieder Propaganda für die Gründung einer Montanunion gemacht. Nun hatten die Franzosen die Initiative ergriffen. Er war froh darüber, daß der Anstoß vom europäischen Nachbarland kam. Die Deutschen gerieten so nicht in den Verdacht, sich durch eine Hintertür wirtschaftliche und politische Machtpositionen erschleichen zu wollen[65]. Durch die Gründung einer Montanunion verlor die Saarfrage an Gewicht.

Kurt Schumacher war anderer Meinung. Er beurteilte den Schumanplan skeptisch bis ablehnend. Er nannte ihn in einer Pressekonferenz am 10. Mai einen „Rahmen ohne Bild". Ob er ein Rahmen für ein demokratisches Europa oder ein internationales Kartell sei, wisse man noch nicht. Auf keinen Fall ging es an, „daß sich die Bundesregierung am Schweife des französischen Vorschlagpferdes durch den Europarat-Engpaß ziehen läßt"[66]. Auch auf die Gefahr hin vom Fraktionsvorsitzenden gemaßregelt zu werden, kritisierte Schmid vorsichtig, aber unmißverständlich in der am gleichen Tag stattfindenden Fraktionssitzung die Schumachersche Position, die in der Öffentlichkeit den Eindruck entstehen lasse, „die SPD befinde sich auf dem Rückzug vom Europagedanken". Im In- und Ausland wachse die Überzeugung, die SPD beabsichtige eine „Schaukelpolitik zwischen Ost und West"[67]. Tatsächlich hatte McCloy wiederholt die Befürchtung geäußert, Schumacher verfolge einen außenpolitischen Neutralitätskurs[68]. Schmid wollte, daß man sich die Haltung zum Europaratsbeitritt noch einmal gründlich überlegte, was er freilich in der Fraktionssitzung nur zwischen den Zeilen zum Ausdruck brachte. Andere Fraktionsmitglieder pflichteten ihm bei. Der Fraktionsvorsitzende brach die Diskussion unwirsch ab. Der Beschluß der Fraktion könne nur lauten: „Der Kanzler hat keine neuen Argumente, daher auch keine Änderung der Haltung der SPD."[69]

Auf dem zwölf Tage später in Hamburg stattfindenden Parteitag vertrat Schmid, der während Schumachers Referat zeitungslesend auf der Bühne gesessen hatte, contre coeur und wider bessere politische Einsicht die Schumachersche Linie. Straßburg sei keine Plattform um gegen die französische Saarpolitik und für deutsche Gleichberechtigung zu kämpfen. Es müsse vielmehr „für ein europäisches Straßburg vor den Mauern dieser Stadt" gekämpft werden[70]. Nur wenige wagten, dem Parteivorsitzenden zu widersprechen: Brauer, der alte Paul Löbe und der junge Willy Brandt. Die Zahl der Beitrittsbefürworter in der SPD war weitaus größer. Sie alle hatten auf ein entscheidendes Wort Carlo Schmids gehofft und waren enttäuscht worden. Im Landesvorstand der SPD Südwürttembergs, den er selbst auf Europa eingeschworen hatte, herrschte Unverständnis, ja fast Entrüstung über seine Haltung[71]. Daß er im Sommer 1950 den Landesvorsitz niederlegen mußte, war auch Ausdruck der Enttäuschung über sein mangelndes Durchsetzungsvermögen gegenüber Schumacher.

Die Genossen im Südwesten wußten ebensowenig wie die auf dem Parteitag und in der Fraktion, daß Schmid vergeblich mit Schumacher um den Beitritt in den Europarat gerungen hatte[72]. Fritz Erler berichtete Mitte Juni in einer Sitzung des Landesvorstandes Südwürttembergs, daß Schmids „Echo in der Fraktion" „außerordentlich im Sinken" sei, da er wegen des Fraktionszwanges statt seiner eigenen Meinung stets die des Fraktionsvorsitzenden zu vertreten habe. Die Auseinandersetzungen mit

Schumacher fanden unter vier Augen statt oder im Fraktionsvorstand, über dessen Sitzungen es bezeichnenderweise keine Protokolle mehr gibt. Erler hatte den Eindruck, daß man Schmid aus der Außenpolitik „herausbugsieren“ wolle, indem man ihn zum „kulturellen Schönredner“ abstempelte[73]. Der scharfsinnige junge Abgeordnete, der mit seinem Mentor Schmid eng zusammenarbeitete, täuschte sich nicht. Von November 1949 bis Mai 1951 hielt Schmid nicht eine außenpolitische Rede im Bundestag. Schumacher wußte seinen Rivalen ins zweite Glied zu verweisen.

Schmid konnte den Kampf mit Schumacher nicht aufnehmen, wenn er die Partei nicht in ein Chaos stürzen wollte. Die Bürgermeisterfronde Brauer, Kaisen und Reuter, die über eine sichere Hausmacht verfügte, hatte es leichter, gegen den Stachel der Parteidisziplin zu löken als Schmid, der neben Kurt Schumacher auf der Fraktionsbank saß. Zudem war von den dreien allenfalls Ernst Reuter ein ernsthafter Konkurrent. Entsprechend gespannt war das Verhältnis zwischen dem Parteivorsitzenden und dem Berliner Bürgermeister, von dem Schumacher nur als von dem „Präfekten von Berlin“ sprach[74]. Schmid verstand sich mit Reuter, für den er Hochschätzung trug, und Brauer sehr gut[75]. Da ihn das Gespenst einer Parteispaltung umtrieb, versuchte er manchmal zwischen den drei Bürgermeistern und Kurt Schumacher den ehrlichen Makler zu spielen. Er mußte später bekennen, daß er in dieser Rolle wenig erfolgreich war[76].

Als Verteidiger der Parteilinie kam Schmid in eine unmögliche Position. Als er Anfang Juni auf einer Berliner Funktionärskonferenz zwischen den Gegnern eines Europaratsbeitritts und den Befürwortern zu vermitteln versuchte, erntete er Protestrufe. Auch die Beitrittsbefürworter haben „ehrenwerte Gründe“, versicherte er seinen Zwischenrufern[77]. Aber warum lehnte die SPD dann die Europaratsbeteiligung ab? Zumal die Franzosen zugestimmt hatten, daß die endgültige Regelung an der Saar dem Friedensvertrag vorbehalten bleibt. Manchmal redete er sich selbst ein, daß es vielleicht ganz gut sei, daß zumindest eine Partei laut gegen die französische Saarpolitik protestierte[78]. Doch mit seinem Europaengagement vertrug sich diese Haltung schlecht. In der Europa-Union wurde seine ablehnende Stellungnahme aufs heftigste mißbilligt[79].

Kurt Schumacher diktierte der Partei seinen Willen auf. Dem Parteivorsitzenden war offensichtlich nicht entgangen, daß zahlreiche Parteitagsteilnehmer nicht seiner Meinung waren, so daß er eine gesonderte Abstimmung über die Europaratsteilnahme vermied. Die Resolution, über die die Delegierten abzustimmen hatten, enthielt neben der Frage Europarat Ja oder Nein auch ein umfangreiches Wirtschafts- und Sozialprogramm. Bei der Abstimmung im Bundestag am 13. Juni wurde Fraktionszwang verhängt.

Ende Juni verlas Kurt Schumacher der Fraktion ein angebliches Rundschreiben François-Poncets, demzufolge die Franzosen den Opponenten des Schumacher-Kurses den Rücken stärken wollten, um die Stellung des Parteivorsitzenden zu erschüttern[80]. In der darauffolgenden Fraktionssitzung am 11. Juli gab der Vorsitzende die Richtlinie aus, Einladungen der Franzosen grundsätzlich „kühl" zu behandeln[81]. Der französische Hochkommissar schickte noch am selben Tag ein Telegramm an Carlo Schmid, er wolle ihn sofort in der Verwaltungshochschule in Speyer sprechen[82]. Schmid bildete dort gerade die Anwärter des Auswärtigen Dienstes im Völkerrecht aus. François-Poncet hatte das Rundschreiben nicht verfaßt. Er hielt es, falls es überhaupt existierte, für eine Fälschung und wollte nachforschen, welche Handschrift es trug. Kurt Schumacher verweigerte ihm die Einsichtnahme in das Schriftstück[83]. Finte oder Fälschung – das läßt sich nicht mehr feststellen. Jedenfalls nutzte Schumacher das Rundschreiben, sei es nun vorhanden oder fingiert, um eine Scheidewand zu den Franzosen aufzubauen. Abgeordnete der Fraktion trauten sich nicht mehr, sich in französischer Gesellschaft sehen zu lassen[84].

Schmid pflegte weiterhin guten Kontakt zu dem französischen Hochkommissar, dem man einen republikanischen Elitismus nachsagte, der aber vor allem ein ausgezeichneter Kenner der französischen und deutschen Literatur war[85]. Es waren geistige Interessen und Einstellungen, die Schmid und François-Poncet verbanden, daneben natürlich das Bemühen um eine deutsch-französische Verständigung. In der französischen Hochkommission registrierte man mit Bedauern und Sorge den stetig wachsenden Einflußverlust des zweiten stellvertretenden Fraktionsvorsitzenden der SPD, dem die Schumacher-Treuen Arndt und Lütkens den Rang abliefen. Die Hoffnung auf Schmid als Kronprinz, der Schumacher in absehbarer Zeit beerben werde, sank. Für die Franzosen war Schmid das „Opfer" des frankophoben Parteivorsitzenden[86].

Ganz so einfach lagen die Dinge nicht. Aber eines ist richtig: Schmids Bemühen um eine deutsch-französische Freundschaft wurde von dem SPD-Parteivorsitzenden immer wieder zunichte gemacht. Schumacher sprach viel von Europa, aber seine Perspektive war nicht europäisch. Sie war national und atlantisch. Der Europarat war für ihn nur ein „Vorzimmer" zur Nato[87]. Carlo Schmid dachte wie Adenauer in erster Linie europäisch. Deshalb hatte die deutsch-französische Freundschaft für Schmid wie auch für den Bundeskanzler einen so hohen Stellenwert. Als Adenauers Politik der deutsch-französischen Verständigung 1963 im Bundestag gewürdigt wurde, spendete Carlo Schmid spontan Beifall – als einziger in der SPD-Fraktion[88]. Adenauers Verdienste wurden gewürdigt, Schmids nicht minder große verblaßten hinter der anti-europäischen Einstellung seiner Partei.

Ende Juni hatte die Mehrheit der Fraktion beschlossen, trotz des ablehnenden Votums gegen eine deutsche Europaratsbeteiligung Delegierte nach Straßburg zu entsenden. Carlo Schmid sollte die 7köpfige SPD-

Delegation anführen. Er ging mit viel Skepsis nach Straßburg. Er sei alles andere als begeistert über seine Entsendung in den Europarat, vertraute er einem Genossen aus der französischen Bruderpartei an. Er sei müde und ausgelaugt. Der Weg nach Europa werde steinig sein und auf ihm laste die ganze Arbeit, denn den deutschen Delegierten fehle jede Erfahrung auf internationalem Parkett. Wie immer, wenn er frustriert war, beklagte er sich bitter über die „Mittelmäßigkeit" seiner politischen Mitstreiter[89]. Sein Hang zu Médisance kam dann durch.

Der Straßburger Europarat, das hatte er schon ein Jahr zuvor gesagt, konnte nicht mehr als ein Anfang sein. Die Kompetenzen der Konsultativversammlung waren gering. Sie konnte lediglich Empfehlungen an den Ministerrat aussprechen und auch das nur mit Zwei-Drittel-Mehrheit. So wie der Europarat konstruiert war, konnte er bestenfalls eine Plattform für die Bildung eines europäischen Bewußtseins sein. Noch ehe die Bundesrepublik Mitglied im Europarat war, hatte sich Schmid im Rahmen der Europa-Union für den Ausbau des Europarats zu einem europäischen Bundespakt eingesetzt. „Europa soll nicht nur eine Sammlung von Stämmen sein, es soll ein Ganzes sein und werden", mit diesen Worten forderte er im Januar 1950 die Europa-Union auf, das in Straßburg diskutierte Bundespakt-Projekt aktiv zu unterstützen[90]. Eine föderative Neuordnung Europas sei nur möglich, wenn man eine übernationale Bundesgewalt schaffe, die über legislative, exekutive und judikative Kompetenzen verfügt. Er selbst wollte im Bundestag die Initiative zur Verabschiedung einer entsprechenden Entschließung ergreifen. Er riet zur Entfachung einer regelrechten Bundespakt-Kampagne. Die Mitglieder der Europa-Union sollten von Haus zu Haus gehen und Unterschriften für den Bundespakt sammeln[91]. Zur selben Zeit als Europa an der Saarfrage zu scheitern drohte, bließ er zu europäischer Aufbruchstimmung. Wieder einmal mochte er an seinen Leitspruch gedacht haben: Politik ist die Kunst, das Notwendige möglich zu machen. Eine interfraktionelle Entschließung über die Gründung eines Bundespaktes wurde dank seiner Bemühungen Ende Juli mit den Stimmen aller Fraktionen mit Ausnahme der Kommunisten im Bundestag angenommen[92].

Die von der Europa-Union geplante Bundespakt-Kampagne scheiterte, obwohl Schmid im April noch einmal eindringlich gemahnt hatte, die Resolution über den Bundespakt mit lokalen Abstimmungen zu verbinden[93]. Nur in einigen kleinen Landstädtchen kamen Urabstimmungen zustande[94]. Als Beweis für den europäischen Einigungswillen der deutschen Bevölkerung konnten sie nicht genommen werden. Schmid war enttäuscht und ließ sich zu einer harten Kritik an der Europa-Union hinreißen: „Wenn Europa auf die Europa-Union angewiesen wäre, es würde nie zustande kommen. (...) Meist sind es hochgestimmte Idealisten und sehr selten kommt zu dem Idealismus Verwaltungserfahrung hinzu."[95] Eine machtvolle Demonstration für Europa hätte auch von der SPD-Parteiführung nicht ignoriert werden können.

Auf blinde Europabegeisterung konnte Schmid äußerst gereizt reagieren. Als eine Gruppe Münchener Studenten des Bundes Europäischer Jugend eine Woche vor Beginn der Europaratstagung in einer symbolischen Aktion bei Weissenburg die Grenzpfähle einriß, nannte er sie abschätzig „Berufseuropäer", was die Jugendlichen aufs äußerste befremdete[96]. Gewiß, viel Mut hatte zu der Aktion nicht gehört. Die Grenzbeamten waren zuvor angewiesen worden, nichts zu unternehmen. Aber die Jugendlichen hatte er mit seiner harschen Abfuhr arg vor den Kopf gestoßen.

Seine Gereiztheit mag Ausdruck seiner eigenen Enttäuschung gewesen sein. Seine Vision eines europäischen Bundesstaates erwies sich angesichts der nationalstaatlichen Realität als eine ferne Zukunftsutopie. Als er im August 1950 im Europahaus in Straßburg erstmals das Wort ergriff, gab er trotzdem noch einmal seiner Hoffnung Ausdruck, daß der Europarat nur eine Etappe auf dem Weg zum europäischen Bundesstaat sei. Wenn man auf halbem Weg stehen bleibe, bedeute dies letztendlich den Verzicht auf Europa. Er verhehlte nicht, daß die europäische Integration ganz besonders im deutschen Interesse lag. Die Befreiung Deutschlands von der Besatzungsherrschaft setze die Integration der Bundesrepublik in ein vereintes Europa voraus. Am Schluß seiner Rede protestierte er gegen die Mitgliedschaft der Saar im Europarat[97]. Im Laufe der Verhandlungen sahen sich Schmid und auch die übrigen deutschen Delegationsmitglieder gezwungen, von dem Bundespakt-Vorhaben abzurücken. Die dem Commonwealth verhafteten Briten konnten sich weder für einen europäischen Staatenbund noch für einen europäischen Bundesstaat begeistern. Dem Schumanplan wollten sie durch Unterstellung der Montanbehörde unter den Europarat die supranationale Spitze nehmen. Es gab nur die Alternative europäischer Bundespakt ohne Großbritannien oder Bildung von Sonderbehörden im Rahmen des Europarates. Europa ohne Großbritannien schien Schmid keine gute Lösung zu sein. So entschloß er sich, mit der Mehrheit der Konsultativversammlung für den zweiten Vorschlag zu stimmen[98]. Das Bundespakt-Projekt war gescheitert. Als sich am 28. August die Europaratsversammlung vertagte, herrschte europäische Katerstimmung.

Ganz so mutlos wie im August war Schmid nicht mehr, als sich im November die Abgeordneten in Straßburg zu erneuter Beratung versammelten. Der Labour-Abgeordnete Ronald Mackay stellte gleich zu Beginn einen Kompromißvorschlag zur Diskussion, in dem er einen Mittelweg zwischen Bundespakt-Lösung und zwischenstaatlicher Zusammenarbeit aufzeigte. Der Europarat sollte in ein Parlament aus zwei Kammern umgewandelt werden, wobei den in der Länderratskammer vertretenen Regierungen das Recht der letzten Entscheidung zukam. Damit trug Mackay der britischen Forderung nach zwischenstaatlicher Zusammenarbeit Rechnung. Ein den beiden Kammern verantwortlicher Verwaltungsrat fungierte als Exekutive. Dem britischen Interesse kam auch die funktionale Begrenzung des Europarates, dem lediglich die Organisationen des Brüsseler Paktes und des Europäischen Wirtschaftsrates unterstellt werden sollten, entgegen[99].

Carlo Schmid begrüßte den Plan Mackays, der eine Aussicht biete, „aus dem Dilemma zwischen der Forderung nach einer kleineuropäischen Föderation, durch die Großbritannien und die skandinavischen Länder ausgeschaltet würden, und der gegenwärtigen Struktur des Europarates herauszukommen“ [100]. Er hatte sich mit dem Verzicht auf eine europäische Konföderation abgefunden, die seiner Ansicht nach von Großbritannien und den skandinavischen Ländern deshalb nicht akzeptiert wurde, weil sie für diese Länder eine Verschlechterung des sozialen Standards bedeutete. Sein Pessimismus war fast verflogen. Er gab sich überzeugt, daß der Plan allgemeine Zustimmung finden werde. Weder Mühe noch Arbeit scheuend, ließ er sich in den von der Konsultativversammlung eingesetzten Siebenerausschuß delegieren, der die Aufgabe hatte, den Mackay-Plan zu überarbeiten. Der Siebenerausschuß traf sich Mitte Dezember in Paris und arbeitete auf der Grundlage des Mackay-Planes einen neuen Satzungsentwurf für den Europarat aus. Im Januar traf man sich nochmals, um einen Bericht für das Ministerkomitee anzufertigen[101].

Pläne zu schmieden, ist leicht. Sie in die Wirklichkeit umzusetzen, ist weitaus schwieriger. Schmid war sich durchaus bewußt, daß über die europäische Verfassung nicht die Straßburger Delegierten sondern die Regierungen der europäischen Staaten entschieden[102]. Deshalb drängte er darauf, den Mackay-Plan im Auswärtigen Ausschuß zu diskutieren. Mit Ausnahme Brills äußerten sich alle Mitglieder des Ausschusses optimistisch hinsichtlich der Chancen des Plans[103], der dann doch auf dem Papier stehen blieb. Der Europarat entwickelte sich nicht zum Träger eines europäischen Integrationsprozesses. Schmid resignierte endgültig. Er hatte kaum mehr Hoffnung, daß es möglich sei, „im Europarat noch etwas Ernsthaftes für die Realisierung des europäischen Gedankens zu tun“ [104]. Die großen Europäer mußten erkennen, daß sich ihre Vision nur durch lange zähe Kärrnerarbeit verwirklichen ließ. Der Präsident des Europarates Paul Henri Spaak trat im Dezember 1951 mit den Worten „Das Europa, von wir hier sprechen, ist ein Europa, das wir schwer haben verstümmeln lassen“, von seinem Amt zurück[105]. Schmid dachte nicht viel anders. Er fuhr nur noch der internationalen Kontaktpflege wegen nach Straßburg, wo er beim abendlichen gemütlichen Beisammensein immer im Mittelpunkt stand. Aber eine große politische Bedeutung maß er der Straßburger Versammlung nicht mehr bei. Als der Chef des Bundespräsidialamtes Manfred Klaiber ihn im Frühjahr 1952 zu einer Maibowle einlud, schrieb er zurück: „(...) ich gehöre zu den armen Leuten, die am 24. Mai für zwei wahrscheinlich höchst nutzlose Wochen ihre Zeit werden in Straßburg versitzen und verschwätzen müssen. Wahrscheinlich wäre es sehr viel gescheiter, Straßburg abzusagen und zu Ihrer Maibowle zu gehen als umgekehrt – aber leider ist es unsereinem meist verwehrt, gescheit zu sein."[106]

Europa konnte nur „als Produkt einer neuen Art des wechselseitigen Verhaltens von Nation zu Nation" entstehen[107]. Erst mußten auf nationaler Ebene die wirtschaftlichen, politischen und psychologischen Hemmungen ausgeräumt werden, die einer europäischen Einigung im Weg standen. Zu dieser schmerzlichen Einsicht mußte sich Schmid im Laufe des Jahres 1951 durchringen, der wie viele andere auch in den Jahren zuvor Europa manchmal als eine „Art von Fluchtburg" betrachtet haben mag. Jetzt postulierte er Europa als „nationale Aufgabe"[108].

Auch die Europa-Union konnte nicht länger an der ihr lieb gewordenen Utopie eines europäischen Bundespaktes festhalten. Im Laufe der Zeit entwickelte sich die Europa-Union mehr und mehr zu einer „wichtigen Hilfstruppe bei der innenpolitischen Durchsetzung des Adenauerschen Westintegrationskurses"[109]. Schmid geriet als Vizepräsident der Europa-Union in die unglückliche Situation, ein Spagat zwischen der Adenauerschen und der Schumacherschen Außenpolitik schlagen zu müssen. Ein schier unlösbarer Loyalitätskonflikt entstand. Bereits im Dezember 1950 verabreichte ihm die Europa-Union einen Denkzettel für sein Veto gegen die deutsche Europaratsbeteiligung. Bei der Wahl der Vizepräsidenten fiel er gegen Wilhelm Kaisen, der im Gegensatz zu Schmid laut gegen Schumachers Außenpolitik protestiert hatte, durch. Kaisen hatte 76 Stimmen erhalten, Schmid nur 47. „Demonstrativ" verließ er den Kongreß[110]. Sensibel, wie er war, konnte er Niederlagen nur schwer wegstecken. Er wertete die Kampfkandidatur Kaisens als einen offenen Affront. In einem zweiten Wahlgang wurde er in absentia zum vierten Vizepräsidenten gewählt. In der internationalen Öffentlichkeit wäre seine Nicht-Wiederwahl auf Unverständnis gestoßen. Lustlos nahm er die Wahl an, nachdem die französischen Sozialisten ihn inständig darum gebeten hatten[111]. Sie hatten natürlich recht mit ihrer Mahnung, daß man Europa nicht den Konservativen überlassen dürfe. Wem sagten sie das! Sie hätten ihren Appell besser an Kurt Schumacher gerichtet. Solange er den außenpolitischen Kurs der SPD bestimmte, konnte Schmid nicht aktiv in der Europa-Union mitarbeiten, ohne sich in andauernde Widersprüche zu verstricken. 1951 stellte er sich nicht mehr zur Wahl für das Amt des Vizepräsidenten, 1952 beendete er seine Mitarbeit in der Europa-Union. Im gleichen Jahr wurde sein Schüler Dieter Roser zum Vizepräsidenten gewählt. Damit wurde zumindest in der Öffentlichkeit der Eindruck der Kontinuität gewahrt und ein offener Bruch zwischen SPD und Europa-Union vermieden.

Dem aufmerksamen zeitgenössischen Beobachter konnte jedoch nicht verborgen bleiben, daß die SPD in die außenpolitische Isolierung driftete, vor der Schmid immer gewarnt hatte. Auch bei der Entscheidung über die Montanunion, auf die sich nach dem Scheitern des Bundespakt-Planes die Hoffnungen der Europäer konzentrierten, betrieb Kurt Schumacher eine Politik des Alles oder Nichts. Carlo Schmid kam dadurch in eine überaus mißliche Lage. Adenauer zog durch die Lande und erklärte, die SPD lehne einen Vertrag ab, für den Schmid zwei Jahre zuvor Propaganda gemacht habe. Fritz Heine drängte Schmid, Adenauer zu antworten[112]. Schmid schwieg vorerst. Die SPD hatte im Frühjahr 1951 eine regelrechte Kampagne gegen den Schumanplan entfacht. Am 21. April, drei Tage nach der Unterzeichnung des Montanpaktes, nannte der SPD-Parteivorsitzende die Montanunion „die Fortsetzung der alten Politik französischer Herrschaftsansprüche mit europäischen Worten". Der Vertrag ziele auf die „Schwächung der deutschen Wirtschaft, um ein großes Volk gefügig zu machen"[113]. Kurt Schumacher machte die Ablehnung des Schumanplanes zum Dogma. Für ihn war der Plan ein „regionaler Spezialpakt" von sechs Ländern, die er mit den vier berühmten Ks kennzeichnete: „konservativ, klerikal, kapitalistisch und kartellistisch"[114]. Wechselseitige Polemik bestimmte die Auseinandersetzung um den Montanpakt.

Carlo Schmid stand zwischen den Fronten. Er war alles andere als begeistert über den von Adenauer am 18. April unterzeichneten Vertrag über die Europäische Kohle- und Stahlgemeinschaft. Für den Plan, eine Montanunion zu gründen, konnte er eine geistige Vaterschaft beanspruchen, nicht aber für diesen Vertrag. Er war verärgert und enttäuscht, daß man aus seiner Idee nicht mehr gemacht hatte und schimpfte auf die Verhandlungsdelegation: „Es wäre Aufgabe der Regierung gewesen, ihre besten Leute zum Aushandeln dieses Vertrages zu schicken, nicht blutige Dilletanten wie Hallstein und einige Interessenten."[115] Der auf internationalem Parkett noch unerfahrene Frankfurter Ordinarius für Internationales Recht Walter Hallstein war von Adenauer nach langer Kandidatensuche zum Leiter der deutschen Delegation bei den Schumanplan-Verhandlungen ernannt worden.

Kritik erfuhr der ausgehandelte Vertrag nicht nur von sozialdemokratischer Seite. Auch die westdeutsche Stahlindustrie, der Bundesrat und der nordrhein-westfälische Ministerpräsident Karl Arnold machten Einwände geltend[116]. Schmid hielt es für besser, deren Kritik aufzugreifen, als in laute Polemik gegen den Schumanplan zu verfallen, die als nationalistische Gesinnung ausgelegt werden mußte. Bei der ersten großen Redeschlacht über den Montanvertrag im Bundestag im Sommer 1951 verwandelte er das absolute Nein der SPD in eine kritische Stellungnahme zu einem schlecht ausgehandelten, aber an sich guten Plan. Damit wurde kein außenpolitischer Kurswechsel eingeleitet, aber immerhin ein Schritt zu außenpolitischer Gemeinsamkeit getan. Wenn er betonte, daß in jeder Verneinung „eine Bejahung verborgen" liege[117], so hängte er dem Nein wie schon bei den Grundgesetzberatungen ein bedingtes Ja an. Schmid ging als Punktesieger aus der Debatte hervor. „Zum Sachlichen der Montan-Union sprach als einziger in aller Ausführlichkeit Carlo Schmid für die SPD", stellte „Der Spiegel" nach Abschluß der ersten Lesung des Vertrages fest[118].

Was waren seine Kritikpunkte? Zum einen der politische Dirigismus der Montanbehörde, die nichts anderes sei als ein „Konvent von Managern"[119]. Das Parlament der Montanunion habe keine echten Befugnisse. Die sozialen und finanziellen Folgen der Anordnungen der Montanunion mußten vermutlich die einzelnen Staaten tragen, deren Parlamente aber keinerlei Einfluß auf die Tätigkeit der Hohen Behörde hatten. Gefährlich sei die starke Machtkonzentration bei der Hohen Behörde, insbesondere im Hinblick auf die 50jährige Laufzeit des Vertrages und die beschränkte Möglichkeit der parlamentarischen Versammlung, die Hohe Behörde abzuberufen. Weiter gab er zu bedenken, daß dem europäischen Planungsapparat der Planungsunterbau in den Nationalwirtschaften der einzelnen Staaten fehle[120]. Und außerdem: „Wo steht denn im Vertrag, daß die Ruhrbehörde, die alliierten Kontrollen, die Kohle- und Stahlkontrollgruppen, die Eingriffe der Alliierten Sicherheitsbehörde, die Beschränkung der Stahlkapazität und der Stahlproduktion verschwinden werden?"[121] Da habe sich die Bundesregierung auf ein bloßes Versprechen der Alliierten eingelassen. Wie konnte die Bundesregierung guten Gewissens die Dekartellisierungsbestimmungen des Gesetzes Nr. 27, durch die die deutsche Montanindustrie eindeutig gegenüber der französischen Montanindustrie benachteiligt werde, als Vorbedingung für die Unterzeichnung des Montanvertrags akzeptieren – und das bei einer Vertragslaufzeit von 50 Jahren? Warum nahm die Bundesregierung die Übervorteilung der deutschen Industrie auf dem Gebiet der Investitionen einfach hin?

Das war eine ganze Latte präziser Fragen, auf die die Bundesregierung keine befriedigende Antworten wußte. „Wir Sozialdemokraten lehnen den Schumanplan, so wie er jetzt ist, ab", lautete sein Schlußvotum[122]. Aus dem absoluten Nein wurde ein bedingtes Ja. Gab er doch vorsichtig zu verstehen, daß die SPD vielleicht doch noch zustimmen könne, wenn vor der Ratifikation bindende Erklärungen über den Abbau der Ruhrkontrolle, über die Sicherung des deutschen Investitionsbedarfes und der Verbundwirtschaft sowie über die völkerrechtliche Zugehörigkeit des Saargebietes zu Deutschland abgegeben würden[123].

Schmid versuchte die SPD aus ihrer Neinsagerposition herauszubringen. Die Forderungen, die er erhob, deckten sich fast haargenau mit denen des Bundesrates und der westdeutschen Stahlindustrie, die aber peinlich jedes Zusammengehen mit der sozialistischen Opposition vermied und auf eine „Politik der leisen Schritte" vertraute[124]. Immerhin: Im Herbst 1951 erklärten die drei Westmächte sich bereit, daß mit dem Inkrafttreten der Montanunion die Restriktionen und Kontrollen des Ruhrstatuts fallen werden. Schmid hatte nicht Unrecht mit seiner Feststellung, daß die Kritik der Opposition der Regierung manchmal sehr nützlich war.

Die alliierten Antikartell- und Antifusionsbestimmungen und die Saarfrage blieben ein Zankapfel. Die von Frankreich betriebene Aufrichtung eines „Polizeistaates" im Saargebiet wurde von allen Parteien verurteilt. Schmid, der sich sowohl in einem Arbeitskreis der Fraktion als auch in einem Unterausschuß des Auswärtigen Ausschusses um eine Lösung der Saarfragen bemühte, betrachtete die politischen Zustände an der Saar nicht als untergeordnetes Problem. Die Unterdrückung der Meinungs- und Koalitionsfreiheit an der Saar konnte nicht länger hingenommen werden, wenn man glaubwürdig gegen die Unterdrückung der Meinungsfreiheit in der DDR angehen wollte[125]. In seiner Hoffnung, daß durch die Gründung einer Montanunion die Saarfrage sich von selbst löse, hatte er sich getäuscht[126]. Offensichtlich hatten die Franzosen nicht nur wirtschaftliche, sondern auch politische Interessen an der Saar. Trotzdem: eine Alternative zu einem Kurs der Westintegration gab es nicht. Er war kein Gegner des von Adenauer eingeschlagenen Kurses, aber er warf dem Kanzler vor, daß er für die Durchsetzung deutscher Interessen zu wenig kämpfte: „Der Herr Bundeskanzler hat einmal gesagt, wir müssen uns zentimeterweise vorwärts kämpfen. Das ist richtig, wenn man die Betonung nicht nur auf das Längenmaß, sondern auch auf das Verbum, nämlich auch auf ‚kämpfen' legt." [127] Schmid war im Grunde der geistige Vordenker der Politik, die Adenauer ausführte, schlecht ausführte, wie Schmid meinte, der die Chance nie erhielt, sein außenpolitisches Geschick unter Beweis zu stellen. Er wäre ein hartnäckigerer Verhandlungspartner gewesen als Adenauer, denn nach den Erfahrungen der Weimarer Republik vermochte er nicht wie der Kanzler auf die Dynamik der Geschichte zu vertrauen. Ob er erfolgreicher gewesen wäre, sei dahingestellt.

Zu einer Befürwortung der Montanunion konnte sich die SPD nicht durchringen. Das hätte einen Kurswechsel um 180° verlangt, den Schmid nicht durchsetzen konnte. Er hatte viel Sympathie eingebüßt, weil er nicht den Kampf gegen Schumacher aufnahm, den er freilich nur verlieren konnte. Sein beharrliches stilles Einwirken auf den Parteivorsitzenden brachte ihm keine Lorbeeren ein, obwohl es nicht so erfolglos war, wie Außenstehende glaubten. Zusammen mit einigen Gleichgesinnten versuchte er Schumachers Sprache zu mäßigen und die Agitation gegen den Schumanplan zu dämpfen[128]. Schmid war oft in der Villa des Parteivorsitzenden im Bonner Kiefernweg. Manche Rede Schumachers wäre wahrscheinlich noch schärfer und kompromißloser ausgefallen, wenn Schmid ihn nicht zu mehr Diplomatie überredet hätte. Schmid sorgte auch dafür, daß der Parteivorsitzende Mitte Dezember ein Gesprächsangebot Adenauers annahm. Die französische Hohe Kommission, die eine wüste Redeschlacht bei der abschließenden Lesung des Schumanplanes befürchtete, konnte er beruhigen: Man habe sich im Führungskreis der SPD auf eine sachliche Auseinandersetzung geeinigt[129]. Schumachers nationale Töne fanden in der Fraktion immer weniger Widerhall und innerhalb der Partei wuchs die Zahl der Befürworter des Montanvertrags[130]. Auch in Schmids Mannheimer Wahlkreis stieß die Haltung der SPD auf Unverständnis[131].

In der abschließenden Debatte am 10./11. Januar 1952 bot die SPD-Fraktion 13 Redner auf, die sich vor allem mit den wirtschaftlichen und sozialen Folgen des Montanpaktes auseinandersetzten. Schmid verlangte im Namen der SPD-Fraktion eine Aussetzung der Ratifizierung des Vertrages bis zu Aufhebung des Antikartellgesetzes Nr. 27, einer endgültigen befriedigenden Klärung der Saarfrage und dem Abschluß der Verhandlungen über den General- und EVG-Vertrag. Ohne eine Kenntnis der „Oberverfassung" sei es gerade auch im Hinblick auf die deutsche Wiedervereinigung gefährlich, Verzichte, wie sie der Montanpakt verlange, einzugehen[132]. Vor allem Wehner hatte das Argument vorgebracht, daß die Montanunion ein Hindernis auf dem Weg zur deutschen Wiedervereinigung sei[133], das sich in der SPD bald durchsetzen sollte. Schmid, für den die deutsche und europäische Einheit in einem engen Zusammenhang standen, sah in der Westintegration allenfalls dann ein Hemmnis für die deutsche Wiedervereinigung, wenn in dem noch auszuhandelnden Generalvertrag einem gesamtdeutschen Souverän die politische Entscheidungsfreiheit genommen wurde. Er schränkte Wehners Argument stark ein, das in völligem Widerspruch stand zu seiner bisherigen grundsätzlichen Befürwortung eines Montanpaktes.

Die SPD-Fraktion konnte sich keine Hoffnung machen, ihren Aussetzungsantrag durchzubringen. Schmid verstand den Antrag wohl in erster Linie als Demonstration. Bewies man doch damit, daß man nicht grundsätzlich gegen den Montanpakt war. In seinen Erinnerungen gestand er, daß ihm bei seinem Nein gegen die Europäische Kohle- und Stahlgemeinschaft nicht ganz wohl war[134]. Das merkten auch schon die Zeitgenossen. Adenauers Staatssekretär Lenz versuchte nachträglich Schmids Zustimmung zu dem Vertrag einzuholen. Schmid ließ sich natürlich von Adenauers getreuem Adlatus nicht weichklopfen[135].

Trotz des Neins der SPD hatte die Debatte über den Montanvertrag nicht polarisierend gewirkt. Schon in der Debatte und auch danach war viel von gemeinsamer Außenpolitik die Rede gewesen. Als am 16. Januar die Saarfrage im Bundestag beraten wurde, sprach Schmid davon, daß die SPD „um Deutschlands willen sehr froh" wäre, wenn es möglich wäre, Voraussetzungen „für eine gemeinsame deutsche Außenpolitik zu schaffen"[136]. In der Saarfrage kam Schmid dem Bundeskanzler, der sich für eine Europäisierung der Saar ausgesprochen hatte, einen großen Schritt entgegen. Einer Europäisierung könne er zustimmen, wenn auch „Frankreich einige lothringische Dörfer dazu gebe“[137]. Adenauer griff Schmids Vorschlag auf[138]. Schmid bemühte sich um eine Annäherung an den außenpolitischen Kurs der Bundesregierung. Im Dezember hatte er einem Vertreter der französischen Hochkommission anvertraut, daß die SPD auf eine Große Koalition zusteuere. Ihr Ziel sei es, den linken Flügel der CDU von der Regierungskoalition abzuspalten[139]. Das mag mehr der Wunsch Schmids als der der SPD gewesen sein. François-Poncet äußerte in seinem Bericht nach Paris große Zweifel daran, daß die SPD ihre Marschroute ändern werde, solange Schumacher noch lebe[140].

Der SPD-Parteivorsitzende hielt an seiner Verdammung des Montanpaktes fest. Noch kurz vor seinem Tod bekundete er abermals seine Auffassung, daß durch den Schumanplan ein „Kleinst-Europa des kartellistischen Kapitalismus“ begründet worden sei. Eine Europäisierung der Saar unter Hinzufügung französischen Gebietes nannte er eine „typische Illusion der amtlichen deutschen Außenpolitik“[141]. Aber Kurt Schumacher war keineswegs allein verantwortlich dafür, daß es zu keiner Großen Koalition kam. Da war auch noch Adenauer. Und außerdem bot die Diskussion um die westdeutsche Wiederbewaffnung genug Stoff für neuen Streit.

Europäische Sicherheit und Locarno-Pläne: Die Wiederbewaffnungsdiskussion

1946 mochte Schmid noch glauben, daß es nie wieder deutsche Soldaten geben werde[1]. 1948 schon nicht mehr. Deshalb ließ er ins Grundgesetz schreiben, daß die Bundesrepublik sich an einem System kollektiver Sicherheit beteiligen kann. Eine entsprechende Resolution wurde 1948 auch im SPD-Parteivorstand gefaßt[2]. Die meisten Parteivorstandsmitglieder konnten mit dem Begriff kollektive Sicherheit nicht viel anfangen. Kurt Schumacher visierte auf lange Sicht eine gleichberechtigte deutsche Mitgliedschaft in der Nato an. Noch schien das alles Zukunftsmusik zu sein. Man hatte andere dringendere Probleme.

Als Adenauer Ende 1949 in einem Interview für den „Cleveland Plain Dealer“ einen deutschen Verteidigungsbeitrag in Aussicht stellte, stieß er damit bei der SPD auf Ablehnung. Der Beitrag der Bundesrepublik zur friedlichen Lösung des Kalten Kriegs liege nicht im Bereich des „Militärischen“, sondern im Bereich des „Moralischen“, antwortete ihm der stellvertretende Parteivorsitzende Erich Ollenhauer[3]. Soziale Sicherheit galt als der stärkste Panzer gegen die kommunistische Verführungstaktik. Auf dem Parteitag im Mai 1950 in Hamburg wurde ausdrücklich jede

Form einer Remilitarisierung abgelehnt[4]. Noch wähnte man sich in relativer Sicherheit. Das änderte sich schlagartig, als am 25. Juni Nordkorea Südkorea angriff. Panikstimmung kam auf. Man fürchtete einen Einmarsch der Volkspolizei in die Bundesrepublik.

Auch in Carlo Schmids Mannheimer Wahlkreis herrschte Kopf- und Ratlosigkeit. Die Parteifreunde wollten wissen, was sie der aufgeschreckten Bevölkerung sagen sollten. Anfang Juli teilte Schmid den Mannheimer Genossen seinen Standpunkt in der schon bald hitzig geführten Debatte um eine westdeutsche Wiederbewaffnung mit: „(A)n dem Tag, an dem in Westdeutschland die erste Division aufgestellt würde, wäre der Präventivkrieg der Russen sicher. Lohnt es sich unter diesen Umständen, einige Divisionen, die man uns vom Westen doch nur schweren Herzens genehmigen würde, vorzubereiten? Anders wäre die Sache freilich, wenn die Amerikaner an die Elbe einen Vorhang von 20 Panzerdivisionen legen könnten, hinter dem man im Westen ernsthaft und ungestört ans Werk gehen könnte – da ließe sich die Frage diskutieren, obwohl ich auch erst noch einige Bedenken überwinden müßte."[5] Schmid hatte sich die militärstrategischen Analysen seines Freundes Hans Speidel zu eigen gemacht.

Daß eine westdeutsche Wiederaufrüstung einen sowjetischen Einmarsch provozieren könnte, befürchteten auch die Hohen Kommissare. Auch sie vertraten die Auffassung, daß ein westdeutscher Verteidigungsbeitrag ohne eine wesentliche Verstärkung der westlichen Truppen sinnlos und gefährlich sei. Die Franzosen mißtrauten zudem noch immer ihrem unruhigen rechtsrheinischen Nachbarn. Kurz vor Ausbruch des Koreakrieges hatte François-Poncet noch einmal unmißverständlich klargemacht, daß Frankreich einem westdeutschen Verteidigungsbeitrag allenfalls im Rahmen einer noch zu bildenden europäischen Armee zustimmen werde. Dem militärischen Zusammenschluß habe der politische und wirtschaftliche vorauszugehen[6].

Als Carlo Schmid am 10. August im Straßburger Europarat über die sozialdemokratische Position zu einer westdeutschen Wiederaufrüstung referierte, übernahm er die Argumentation des französischen Hochkommissars. An seine Zuhörer appellierte er: „Schaffen wir zuerst eine europäische Gewalt und schaffen wir dann eine europäische Armee."[7] Einen drohenden Präventivkrieg der Sowjetunion, die mangelnde militärische Durchschlagskraft westdeutscher Truppenkontingente und das sich möglicherweise entwickelnde innenpolitische Übergewicht einer Wehrmacht in einem jungen, noch schwachen Staat nannte er als weitere Gefahrenpunkte einer westdeutschen Wiederaufrüstung. Churchill ging über Schmids Bedenken hinweg. Er preschte mit dem Vorschlag vor, eine europäische Armee zu schaffen, in der auch die Deutschen Truppenkontingente stellen sollten. Fast alle Europaratsdelegationen stimmten dem Projekt des einstigen britischen Premiers mit vielen Wenn und Aber zu. Die fünf Nein-

Stimmen kamen von den Vertretern der SPD, die Labour-Abgeordneten enthielten sich der Stimme. Wohl war Schmid bei seinem Nein nicht, wie er einem französischen Delegierten noch in Straßburg beichtete. Daß ein westdeutscher Verteidigungsbeitrag unumgänglich war, das mochte und konnte er nicht abstreiten. Doch er hatte gehofft, daß der Beschluß über einen europäischen Bundespakt dem über einen westdeutschen Verteidigungsbeitrag vorausgehe. Seine zurückhaltende Stellungnahme zu der geforderten westdeutschen Wiederaufrüstung hatte er auch als Mahnung verstanden, möglichst schnell einen europäischen Bundesstaat zu schaffen[8]. Nach seiner Rückkehr aus Straßburg wußte er, daß mit der Gründung eines europäischen Bundesstaates in naher Zukunft nicht zu rechnen war.

Die militärstrategischen Vorbehalte blieben. Kurt Schumacher griff sie auf und entwickelte sie zu einem Konzept der offensiven Verteidigung. Nur unter der Voraussetzung einer amerikanischen Truppenmassierung an der Elbe wollte der SPD-Parteivorsitzende zu einem deutschen Verteidigungsbeitrag ja sagen. Deutschland dürfe nicht Kriegsschauplatz werden, deutsche Soldaten dürften nicht als Kanonenfutter verheizt werden[9]. Kurt Schumacher und Carlo Schmid, die beiden Kriegsfreiwilligen des Jahres 1914, setzten sich über die an der Parteibasis weit verbreitete Ohnemich-Stimmung und über den Hamburger Parteitagsbeschluß vom Mai 1950 hinweg. Der „militante" Sozialist Schumacher hatte wie auch Schmid bereits zur Zeit der Weimarer Republik den Gesinnungspazifismus als Utopismus abgelehnt. Beide hatten nicht wie die meisten Sozialdemokraten Berührungsängste gegenüber dem Militär. Schmid brachte Schumacher mit seinem Freund Speidel und dem Generalleutnant a. D. Heusinger zusammen. Die beiden Militärexperten waren sich mit den beiden Sozialdemokraten fast völlig einig. Auch sie forderten eine Truppenkonzentration in Westdeutschland, auch sie pochten auf die deutsche Gleichberechtigung. Schumacher versprach Speidel die „Gefolgschaft seiner Partei, wenn die Armee nicht von Leuten geführt werde, die restaurativ denken"[10].

Speidel und Heusinger berieten auch die Bundesregierung. So war es nicht verwunderlich, daß in der Frage der Wiederbewaffnung zunächst keine größeren Differenzen zwischen der Bundesregierung und der sozialdemokratischen Opposition bestanden. Lediglich den innerhalb der Bundesregierung kursierenden Plänen, eine Bundespolizei als Antivolkspolizei aufzubauen, stand man in den maßgebenden Kreisen der SPD-Führung äußerst kritisch gegenüber. In dieser Zeit muß Schmid den Eindruck gewonnen haben, daß der Bundeskanzler mehr „Gendarmist" als „Militarist" sei[11].

Adenauer zollte dem militärischen Sachverstand des SPD-Parteivorsitzenden Achtung. In Schmid dagegen wollte er einen unsicheren Kantonisten sehen. Der Grund für Adenauers echtes oder gespieltes Mißtrauen war Schmids vielzitierte Münchener Rede vom 22. Oktober 1950. Wieder einmal wurde ihm sein Wortwitz zum Verhängnis. Im Zelt des Münchener Zirkus Krone versuchte er an diesem Tag vor über 3000 Zuhörern, den maßgebend von ihm mitformulierten sozialdemokratischen Standpunkt in der Wiederbewaffnungsfrage darzulegen und führte dabei u. a. aus: „Wir sagen nein zur Wiederbewaffnung Deutschlands, weil unter den heutigen Machtverhältnissen die Verteidigung Westeuropas ein blutiger Dilletantismus ist. Wir sagen erst ja zu einer Wiederbewaffnung, wenn wir die Machtmittel sehen, die imstande sind, einem russischen Angriff zu widerstehen." Kein Deutscher nehme das Gewehr in die Hand, um den anderen das Kreuz der „verbrannten Erde" abzunehmen. Ungefähr 200 russischen Divisionen ständen etwa 15 westeuropäische Divisionen gegenüber. Wenn den 15 Divisionen sechs bis acht deutsche Divisionen hinzugefügt würden, dann könne ein russischer Vorstoß zum Atlantik vielleicht vierzehn Tage verzögert und einigen Leuten die Gelegenheit gegeben werden, die Freiheitsstatue noch zu erreichen. Jetzt kam der verhängnisvolle Satz: „Uns ist es lieber, es werden heile Menschen in heilen Häusern bolschewisiert als Krüppel in Erdlöchern."[12] Da Journalisten und Politiker zumeist nur mit halbem Ohr zuhören, geriet Schmid sofort in Verdacht, er habe die Parole ausgegeben: Lieber rot als tot[13]. Ausgerechnet er! Nichts lag ihm, bei dem zuweilen sogar eine heimliche Bewunderung für militärischen Heroismus durchkam, ferner, als Propaganda für eine Ohne-mich-Haltung zu machen. Er hatte lediglich sagen wollen, daß Deutschland östlich der Oder-Neiße-Linie verteidigt werden müsse, weil es sonst zu einem „zweiten Dünkirchen" werde. Einige Leute, allen voran Adenauer, der sich bei den Hohen Kommissaren über Schmids Rede entrüstete[14], fanden Gefallen daran, ihn in eine gesinnungspazifizistische Ecke zu stellen. Schmid bemühte sich vergeblich um eine richtige Interpretation seiner Rede.

So wurden die Dinge auf den Kopf gestellt. Er konnte ja nicht laut sagen, daß er bereits mehr über das „Wie" als über das „Ob" einer westdeutschen Wiederbewaffnung nachdachte. Im Spätherbst 1950 hatte er seinen Schützling Fritz Erler dafür gewinnen können, Diskussionsforen zum Meinungsaustausch zwischen führenden Sozialdemokraten und hohen Offizieren der Wehrmacht zu organisieren. Auf diese Weise geriet Erler, der in jungen Jahren Reichswehrminister Noske am liebsten „auf glühenden Kohlen gebraten hätte", in die Rolle des Wehrexperten der SPD[15]. Schmid mag einiges dazu beigetragen haben, um Erlers Noske-Trauma, das in sozialdemokratischen Kreisen weit verbreitet war, abzubauen. Erler und Schmid hatten schon in Tübingen eng zusammengearbeitet. Über Erlers Entschluß, für den Bundestag zu kandidieren, hatte sich Schmid mehr als gefreut. In Bonn bemühte er sich darum, seinem „Zögling" das Entrée zu erleichtern. So setzte er sich dafür ein, daß Erler Sekretär der deutschen Gruppe im Parlamentarischen Rat der Europäischen Bewegung wurde. Der Posten selbst war nicht sehr attraktiv, aber der Inhaber hatte das Anrecht auf eine Sekretärin[16]. Welcher junge Abgeordnete in der provisorischen Bundeshauptstadt hatte das schon!

Die von Schmid ins Leben gerufenen und von Erler organisierten Konferenzen mit Offizieren der ehemaligen Wehrmacht hatten die ausdrückliche Billigung Kurt Schumachers, der dort gelegentlich auch als Referent auftrat[17]. Schumacher wie Schmid wollten verhindern, daß SPD und Wehrmacht sich wieder wie in Weimar mit gegenseitigem Mißtrauen gegenüberstanden. Die auch jetzt noch vorhandenen Vorurteile ließen sich im gemeinsamen Gespräch abbauen. Ehemalige junge Offiziere, mit denen zusammen Schmid das Jugendsozialwerk aufgebaut hatte, unterstützten Erler bei der Vorbereitung der Konferenzen. Wenn auf die Aufstellung deutscher Truppenkontingente nicht verzichtet werden konnte, so sollte die zukünftige deutsche Wehrmacht zumindest einen demokratischen Charakter haben. Schmid entwickelte auf den Konferenzen das Ideal des „Staatsbürgers in Uniform", das später mit dem Namen Graf von Baudissins verbunden wurde, der auch zu den Konferenzteilnehmern zählte[18]. Die Treffen mußten streng geheimbleiben[19]. Die Parteibasis hätte bei einem Bekanntwerden mit einem Aufschrei der Empörung reagiert und die Bundesregierung hätte triumphierend verkünden können, daß die SPD die in der Öffentlichkeit so umstrittene Remilitarisierung bereits vorbereite. Äußerste Diskretion war verlangt, die Schmid nicht immer leicht fiel.

Die Mehrheit der westdeutschen Bevölkerung war gegen die Wiederbewaffnung. Innerhalb der SPD wurde die Forderung nach einer Volksabstimmung über die Wiederbewaffnung laut. Ein solches Verlangen stand im Widerspruch mit dem Grundgesetz und wurde deshalb von Carlo Schmid ebenso wie von Kurt Schumacher abgelehnt. Der Parteivorsitzende überlegte indessen, ob es nicht möglich sei, aus der Stimmung im Volke für die SPD Kapital zu schlagen. Am 30. Oktober trafen sich Vertreter der Bekennenden Kirche und der SPD, unter ihnen auch Schmid, in Darmstadt zu einem Meinungsaustausch über die Wiederbewaffnung. Niemöller, der ein entschiedener Widersacher Adenauers in der Auseinandersetzung um den westdeutschen Wehrbeitrag war, und Schumacher führten das Wort. In einem gemeinsam verabschiedeten Kommuniqué wurden Neuwahlen zum Bundestag gefordert, da bei der Wahl 1949 die Wiederbewaffnung noch nicht zur Entscheidung gestanden habe[20]. Die Begründung war nicht gerade sehr überzeugend. Einige Mitglieder der Fraktion meinten nicht zu Unrecht, daß man mit einer solchen Argumentation die Gefahr dauernder Bundestagsauflösungen heraufbeschwöre[21].

Auch Schmid war nicht glücklich über die in Darmstadt verabschiedete Resolution, obwohl er in der Fraktion wieder einmal schwieg oder schweigen mußte. Die Neuwahlforderung rief in Bonn großen Unmut hervor. Vor allem die Hohen Kommissare waren erzürnt. François-Poncet, der Schmids Haltung in der Wiederbewaffnungsfrage weitgehend teilte[22], berichtete erbost nach Paris, daß Schumacher für die „Machtergreifung" kämpfe[23]. Schmid tat sich schwer, die Darmstädter Resolution zu verteidigen. Dem völlig konsternierten McCloy teilte er mit, daß die Parteiführung unter dem Druck der Parteibasis gehandelt habe[24]. Von Ollenhauer hörte der amerikanische Hohe Kommissar eine ganz andere Version: „Einige führende SPD-Leute hätten diese Entscheidung getroffen, Fraktion und Basis seien dabei überhaupt nicht gefragt worden."[25] Der aufrechte Ollenhauer sagte gerade heraus, was war. Schmid, der sich mit der Neuwahlforderung nicht identifizieren konnte, rettete sich in Ausflüchte. In der Dezembersitzung des Landesvorstandes der SPD-Württemberg-Hohenzollern mußte er dann offen zugeben, daß mit einer Neuwahl überhaupt nicht zu rechnen war, da man sich mit dieser Forderung in einer „hoffnungslosen Minorität" befinde. „Jedoch müsse man immer und immer wieder das Volk darauf hinweisen, daß es in dieser Sache gefragt werden müsse."[26] Gewiß, eine Remilitarisierung gegen den Willen eines Großteils der westdeutschen Bevölkerung war politisch riskant, aber dies war nicht der Hauptgrund für die Neuwahlforderung der SPD gewesen, mit der man nur Wasser auf die Mühlen der Wiederbewaffnungsgegner goß. Schumacher spekulierte auf einen Wahlsieg der SPD.

Wie wollte man den Menschen im Lande die Neuwahlforderung plausibel machen, wo es doch überhaupt keinen großen Dissens zwischen Bundesregierung und Opposition in der Wiederbewaffnungsfrage gab? Als Schmid Anfang 1951 an der Tübinger Universität die sozialdemokratische Stellungnahme zur Wiederaufrüstung vortrug, fragte ihn ein Student ganz unbedarft, wo denn der Unterschied zwischen der Haltung der Bundesregierung und der der Opposition liege. Der sonst so redegewandte Tübinger Rechtsprofessor wußte keine großen Differenzen aufzuzeigen. Der Unterschied bestehe in „den verschiedenen spezifischen Gewichten", lautete seine vage Antwort[27].

Freilich, ganz einer Meinung waren Regierung und Opposition nicht. Der Ende Oktober 1950 von René Pleven bekanntgegebene Plan zur Errichtung einer europäischen Streitmacht war umstritten. Die Bundesregierung ließ dem Plevenplan verhaltene Unterstützung zuteil werden, während die SPD in großer Einmütigkeit das Projekt Plevens, in dem die deutschen Soldaten ihres Erachtens nur den Status von „Fremdenlegionären" hatten, ablehnte. Nach dem Plevenplan sollten die westdeutschen Truppenverbände Bataillonsgröße nicht überschreiten dürfen. Außerdem wurde der Bundesrepublik als einzigem Mitglied der Europäischen Verteidigungsgemeinschaft die Nato-Mitgliedschaft verweigert[28]. Kurt Schumachers pochte auf die militärische Gleichberechtigung westdeutscher

Truppenverbände und wußte sich in dieser Forderung mit Carlo Schmid einig.

Auch in der Bundesregierung wuchs die Reserve gegenüber dem Plevenplan, den man möglichst schnell zu den Akten legen wollte. Adenauer und seine Mitstreiter unternahmen den Versuch, über den Petersberg die Nato-Mitgliedschaft der Bundesrepublik zu erreichen, der sich im Sommer 1951 dann als aussichtslos erweisen sollte. Schmid kannte die Stimmung in seinem Mutterland und hatte deshalb von Anfang an erhebliche Zweifel gehabt, daß Frankreich einer Nato-Mitgliedschaft der Bundesrepublik ihre Zustimmung geben könnte. So hatte er der Bundesregierung dringend davon abgeraten, den greisen Legationsrat Conrad Roediger zum deutschen Delegationsleiter bei den Plevenplanverhandlungen zu berufen[29]. Nach dem Scheitern der Verhandlungen auf dem Petersberg wurde Roediger dann auch sehr schnell durch Theodor Blank ersetzt.

Es war für Schmid, der außer zu den Hohen Kommissaren keinen Kontakt zu den politischen Entscheidungsträgern der westlichen Staaten hatte, nicht immer leicht, die außenpolitischen Konstellationen im einzelnen zu überblicken und der Bundesregierung mit realistischen Alternativen entgegenzutreten. Anfang 1951 trug er sich mit dem Gedanken, eine Amerikareise des Auswärtigen Ausschusses zu organisieren[30]. Wie sollte der Außenpolitische Ausschuß in wichtigen Fragen der Außen- und Verteidigungspolitik mitsprechen können, ohne den stetigen Meinungsaustausch mit ausländischen Politikern? Adenauer hielt den Ausschuß mit Informationen knapp.

Trotz seiner Verärgerung über die Alleingänge des Kanzlers bemühte sich Schmid weiterhin um eine gemeinsame Linie in der Außen- und Sicherheitspolitik. Im Oktober 1950 war er mit Blankenhorn übereingekommen, im Auswärtigen Ausschuß drei Unterausschüsse zu bilden, die sich mit den juristischen Fragen zur Revision des Besatzungsstatutes, dem Problem der Anerkennung der Vorkriegsschulden und dem Aufbau einer Bundespolizei beschäftigen sollten[31]. Der letztere Unterausschuß brauchte seine Arbeit nicht aufzunehmen, weil Adenauer sehr schnell von dem Bundespolizeiprojekt Abschied nahm. Schumachers Intimus Lütkens hatte gegen die Einrichtung der Unterausschüsse heftig protestiert. Er fürchtete, daß der Kanzler die Unterausschüsse für seine Politik instrumentalisieren werde[32]. Ganz Unrecht hatte Lütkens mit seiner Warnung nicht. Schmid dachte aber nicht in parteipolitischen Kategorien. Ihm ging es darum, in Zusammenarbeit mit allen Fraktionen die beste Lösung herauszuarbeiten. Er nahm sein Wort von der Opposition als dem anderen Beweger der Politik ernst. So sorgte er auch dafür, daß sein Schüler Gustav von Schmoller, der als Leiter des Tübinger Instituts für Besatzungsfragen ein ausgezeichneter Kenner der besatzungsrechtlichen Probleme war, bei den Verhandlungen um die Revision des Besatzungsstatuts hinzugezogen wurde[33]. Adenauer war sofort einverstanden gewesen. Vor dem Völkerrechtler Schmid hatte er große Hochachtung. Schüler von ihm zu sein, war eine Empfehlung.

Ein deutscher Verteidigungsbeitrag war ein Unding, solange auf der Bundesrepublik noch die Servituten des Besatzungsstatutes lasteten. Schmid brachte das Problem auf eine einprägsame Formel: „Man kann uns nicht gut als Besiegte behandeln und verlangen, daß wir wie Verbündete reagieren.“[34] Auf der New Yorker Außenministerkonferenz im September 1950 hatten die Westalliierten eine Revision des Besatzungsstatutes in Aussicht gestellt, jedoch die Bedingung daran geknüpft, daß die Bundesregierung die Verantwortung für die Vorkriegsschulden des deutschen Reiches übernahm und die aus der wirtschaftlichen Unterstützung in der Nachkriegszeit entstandenen Schulden anerkannte. Der Kanzler, der durch die vorbehaltlose Bejahung der Vorkriegsschulden das Weiterbestehen des deutschen Reiches unterstreichen wollte, hätte den Westmächten eine Blankovollmacht ausgestellt, wenn Schmid ihn nicht eindringlich davor gewarnt hätte[35]. In dieser Materie kannte er sich wie keiner anderer aus. Hatte er sich doch im Kaiser-Wilhelm-Institut mit diesen spröden Fragen lange Zeit herumgeschlagen. Der Auswärtige Ausschuß stellte sich hinter seinen Vorsitzenden und sprach sich entschieden gegen eine vorbehaltlose Anerkennung der Schulden aus[36]. Da den Hohen Kommissaren an einer Zustimmung des Bundestages zu der Schuldenerklärung gelegen war, waren Adenauer die Hände gebunden.

Schmid arbeitete unverzüglich mit Hilfe des Unterausschusses „Vorkriegsschulden“ eine Stellungnahme zu der Schuldenproblematik aus. Er wandte sich gegen das Junktim von Schuldenanerkenntnis und Revision des Besatzungsstatutes. Die Haftung der Bundesrepublik für die Vorkriegsschulden sei wegen der Rechtskontinuität von Deutschem Reich und Bundesrepublik selbstverständlich. Die Nachkriegsschulden sollten nicht durch Abkommen mit der AHK, sondern durch zweiseitige Verträge mit den beteiligten Regierungen geregelt werden. Am besten sei es, auf einer internationalen Schuldenkonferenz einen Zahlungsplan auszuhandeln, in dem Rücksicht auf die allgemeine wirtschaftliche Lage der Bundesrepublik zu nehmen sei. Außerdem forderte Schmid die Verknüpfung der Schuldenregelung mit der Behandlung des deutschen Auslandsvermögens[37]. Im letzteren Punkt konnte er sich nicht durchsetzen, weil Adenauer wieder einmal vorschnell alliiertem Druck nachgab. Die anderen Vorschläge griff der Bundeskanzler in der Neufassung der Schuldenerklärung auf[38]. Es geschah etwas Seltenes. Im Februar 1951 sprach der für seine Distanz und Kälte bekannte Bundeskanzler dem Unterausschuß „Vorkriegsschulden“ seinen Dank aus: „Es sei eine wesentliche Verbesserung der deutschen Stellung erreicht worden.“[39] Auch Hermann Abs, der auf der Londoner Schuldenkonferenz die deutschen Interessen zu vertreten hatte, wollte auf die Mitarbeit des Unterausschusses, dem neben Schmid, Karl Georg Pfleiderer, Johannes Semler und Carl von Campe angehörten, nicht verzichten[40]. Schmid konnte einen Erfolg verbuchen, der im Hinblick auf die Finanzen des jungen Staates nicht unwichtig war, aber Adenauer zugute kam, nicht ihm und auch nicht der SPD. Wenn er Kärrnerarbeit leistete, still und bescheiden hinter den Kulissen wirkte, nahm keiner Notiz davon. Öffentlichkeitswirksam war nur, was sich parteipolitisch ausschlachten ließ. Vermutlich waren ihm die Genossen sogar etwas gram, daß er Adenauer zugearbeitet hatte.

Durch die zähen Verhandlungen über die Schuldenanerkenntnis war die Revision des Besatzungsstatutes hinausgeschoben worden. Die kleine Revision des Besatzungsstatutes, die am 6. März erfolgte, war, wie Schmid sofort sachkundig feststellte, „durch die weltpolitische Entwicklung schon überholt“[41]. Die Bundesregierung sah das nicht viel anders. Die Forderung nach politischer und militärischer Gleichberechtigung der Bundesrepublik wurde von einem breiten überparteilichen Konsens getragen. Schmid konnte der Zustimmung des Bundestages sicher sein, als er Ende April 1951 erklärte: „Das Besatzungsregime muß – wenn seine Abschaffung politische Auswirkungen haben soll – auf einmal und für allemal abgeschafft werden. Abschaffung des Besatzungsstatutes bedeutet nichts anderes, als daß Deutschland wieder seinen normalen inneren und äußeren Status erhält.“[42] Kein deutscher Verteidigungsbeitrag ohne deutsche Gleichberechtigung – so dachten die meisten Deutschen. Schmid formulierte es pathetisch: „Man stirbt nicht für ein Besatzungsstatut.“[43]

Mitte August sah er wieder einmal alles äußerst schwarz. „Hier braut sich ein fürchterlicher Sud zusammen“, berichtete er seinem Schüler Peter Schneider, ohne näher darauf einzugehen, was er Schlimmes befürchtete[44]. Die Ereignisse des Spätsommers 1951 geben eine Antwort darauf. Im August war abzusehen, daß Frankreich sich der politischen und militärischen Gleichberechtigung der Bundesrepublik mit Erfolg entgegenstellte. Nicht nur die SPD, auch Adenauer war über das Ergebnis der Mitte September tagenden Washingtoner Außenministerkonferenz zutiefst enttäuscht. Der vorgeschlagene Generalvertrag brachte nur eine Teilrevision, keine Ablösung des Besatzungsstatuts. Darüber hinaus hatten die westlichen Außenminister ein Junktim zwischen Generalvertrag und Europäischer Verteidigungsgemeinschaft aufgestellt. Frankreich wollte weiterhin nichts unversucht lassen, die Bundesrepublik aus der Nato herauszuhalten. Kurt Schumacher drohte in einem Aufschrei nationaler Entrüstung: „Jetzt beginnt der Kampf.“[45]

Dabei war der SPD-Parteivorsitzende seit kurzem davon abgerückt, auf die Souveränität der Bundesrepublik zu pochen. In einem am 26. August im Beisein Schmids mit McCloy geführten Gespräch hatte er Adenauers Beharren auf die Herstellung vollständiger Souveränität heftig kritisiert.

Im Hinblick auf Berlin und Ostdeutschland sei eine vollständige Souveränität der Bundesrepublik nicht wünschenswert[46]. Das war ein abruptes Abrücken von der bisher vertretenen Linie, dem die Mehrheit der Partei und auch Schmid nicht folgten[47]. Schumachers Autorität reichte zunächst nicht aus, um seine Position innerhalb der SPD durchzudrücken. So mußte Lütkens, der Schmid aus der Rolle des außenpolitischen Sprechers der Fraktion verdrängt hatte, den Versuchsballon spielen. Im Oktober vertrat er im Bundestag den Standpunkt Schumachers so überspitzt, daß Ollenhauer sich im Namen der SPD-Fraktion von der Lütkens-Rede distanzieren mußte[48]. Da Schmid den Inspirator der Rede kannte, beteiligte er sich nicht an dem allgemeinen „Scherbengericht", das Lütkens in der Partei und in der Fraktion über sich ergehen lassen mußte[49]. In Lütkens Ausführungen lag sogar ein Gran Wahrheit. Wenn Schmid den Begriff Souveränität verwendete – er tat es nur selten –, dann auch nicht im streng staatsrechtlichen Sinne. Im Gegensatz zum Bundeskanzler gab er sich nicht der Illusion hin, daß vor der deutschen Wiedervereinigung alle alliierten Vorbehaltsrechte fallen konnten. Schmid versuchte dem in Staats- und Völkerrechtsfragen unbedarften Bundeskanzler plausibel zu machen, „daß auch die Amerikaner gezwungen seien, kleine Brücken zu den Russen zu halten"[50]. Auch nach Ablösung des Besatzungsstatuts blieben die Rechte der Alliierten in bezug auf Berlin und Deutschland als Ganzes bestehen. Insofern hatten Schumacher und Lütkens recht, daß die Bundesrepublik nicht nach vollständiger Souveränität streben könne.

Der Parteivorsitzende jedoch verband seine These mit einem außenpolitischen Kurswechsel, der einer Aufkündigung des Konsenses in der Deutschlandpolitik gleichkam. Die Wiedervereinigung müsse der Westintegration vorangehen, lautete nun die Devise. Zuvor hatte es in der Deutschlandpolitik kaum Differenzen zwischen der Bundesregierung und der sozialdemokratischen Opposition gegeben. Adenauer, Schumacher und Schmid waren sich vollkommen einig in der Ablehnung der Grotewohl-Initiative zur Bildung eines Gesamtdeutschen Konstituierenden Rates vom November 1950 und des Volkskammerappells zur deutschen Einheit vom Januar 1951[51]. Schmid sprach von einem „russischen Propagandafeldzug" und fürchtete nicht weniger als Adenauer, daß die von der Sowjetregierung vorgeschlagene Viererkonferenz über die Wiedervereinigung Deutschlands zu einem Wiederaufleben des Kontrollrates führen werde[52]. Die östlichen Wiedervereinigungsinitiativen steckten seiner Ansicht nach voller Gefahren und mußten deshalb aufs schärfste zurückgewiesen werden. „Mit ihrer Einheitsparole bezwecken sie (die Russen) ihre Machtmittel bis an den Rhein hin zu verlängern und mit Hilfe der KPD und SED auch hier ein Mitspracherecht zu erhalten und sich eine Plattform zu schaffen", erläuterte er den Mitgliedern des Landesvorstandes und der Landtagsfraktion Württemberg-Hohenzollerns[53].

Eindringlich mahnte er die Parteifreunde: „Auch aus Solidarität mit unseren von den Russen in ihren KZ's gemarterten sozialdemokratischen Brüdern müssen wir in unserer Haltung festbleiben und die Hetze der russischen Presse, die in erster Linie darauf ausgeht, die Deutschen in ihrem absoluten Nein unsicher zu machen, vereiteln."[54] Er hegte die Befürchtung, daß die Parteibasis sich von der Einheitsparole blenden lassen könne und appellierte deshalb an die sozialdemokratischen Funktionsträger, bis hinunter zum letzten Ortsverein seinen Standpunkt in dieser Frage darzulegen, um auch den einfachen Parteimitgliedern die Augen über die Absichten der Sowjetunion zu öffnen. Schmid war äußerst ungehalten über die Gleichgültigkeit der Weltöffentlichkeit gegenüber der „Barbarei" in der Sowjetunion und deren Satellitenstaaten[55]. Im Deutschen Roten Kreuz, dessen Präsidium er angehörte, kümmerte er sich um die Ausarbeitung von Grundsätzen der Menschlichkeit gegenüber politischen Gefangenen[56]. Auf die weit verbreitete Gleichgültigkeit gegenüber den Zuständen im Osten reagierte er mit einem überscharfen Anti-Kommunismus, der ihn dazu verführte, das kommunistische Unrechtsregime mit dem nationalsozialistischen auf eine Stufe zu stellen.

Im Herbst 1951 zerbröckelte der Konsens zwischen Regierung und Opposition in der Deutschlandpolitik. Grotewohls Einheitsappell stieß bei Adenauer auf Ablehnung, bei Schumacher auf verhaltene Zustimmung. In der Bereitschaft der DDR, gesamtdeutsche Wahlen als ersten Schritt zur deutschen Wiedervereinigung zu akzeptieren, sah der SPD-Parteivorsitzende ein entscheidendes Zugeständnis der Gegenseite[57]. Zum offenen Streit kam es erst im November. Anlaß waren die von der Bundesregierung veröffentlichten Grundsätze für die Wahl einer Verfassunggebenden Nationalversammlung, die von SPD-Seite scharf kritisiert wurden, weil der Nationalversammlung nur verfassunggebende Kompetenzen zugestanden worden waren und ein Länderausschuß dem zu schaffenden Verfassungswerk die Zustimmung erteilen mußte. Es kam darüber zu einem Briefwechsel zwischen Schumacher und Adenauer, der im Zerwürfnis endete[58]. Schmid war alles andere als glücklich darüber, daß wegen des Wahlgesetzentwurfes, der in seinen Augen ohnehin nur ein Reißbrettentwurf war[59], ein Streit vom Zaune gebrochen wurde, der zudem nur vorgeschoben war, denn letzten Endes ging es um die Kontroverse Vorrang der Wiedervereinigung oder der Westintegration. Carlo Schmid stellte keine Reihenfolge auf. In seiner Rede vor der Beratenden Versammlung des Europarates am 28. November betonte er noch einmal die Gleichzeitigkeit von europäischer und deutscher Einheit[60]. Auch seine Silvesteransprache war diesem Gedanken verpflichtet[61].

Das Jahr 1951 war – sieht man von der Unterzeichnung des Montanvertrags ab – im Grunde ein Jahr außenpolitischen Stillstandes gewesen. Ende 1951 war die Diskussion um einen westdeutschen Verteidigungsbeitrag, zumindest was die Grundsatzfragen anbetraf, kaum weiter gediehen als Ende 1950. Auch Schmids Standpunkt war der gleiche geblieben. Bei einem Zusammentreffen mit einer Delegation des amerikanischen Kongresses in Straßburg im November 1951 insistierte er abermals darauf, daß die Bundesrepublik nicht zum Glacis der Festung Westeuropa degradiert werden dürfe. Er glaubte bei der US-Delegation auf Verständnis gestoßen zu sein und hegte sogar etwas Hoffnung, daß die Amerikaner sich den Standpunkt der SPD zu eigen machen könnten – zumindest teilte er dies Kurt Schumacher mit, dessen Mißtrauen gegenüber den Westmächten er zu dämpfen versuchte, wann immer er konnte[62].

In der SPD standen Anfang 1952 die Zeichen auf Sturm. Bei der Vorbereitung der verteidigungspolitischen Debatte im Bundestag meldeten sich gleich mehrere Fraktionsmitglieder zu Wort, die außerparlamentarische Aktionen gegen einen westdeutschen Verteidigungsbeitrag starten wollten. Schmid warnte vor einem Überschwappen der Emotionen: „Eine Demokratisierung der Wehrmacht sei möglich, wenn man sie ernstlich wolle.“[63] Wie nicht anders zu erwarten, artete die Bundestagsdebatte am 7. und 8. Februar in eine hitzige Redeschlacht aus. Weder Regierung noch Opposition hatten überzeugende Argumente. Adenauer sprach so schlecht, daß ihn Franz-Josef Strauß herauspauken mußte. Carlo Schmids Rede war gekennzeichnet durch eine brillant vorgetragene Kritik der bisherigen Vertragsverhandlungen und völlige Ratlosigkeit, was das Aufzeigen verteidigungspolitischer Alternativen anging. Daß weder EVG- noch Generalvertrag in der bisher ausgehandelten Fassung die verheißene deutsche Gleichberechtigung brachten, konnte niemand bestreiten. Die Notstandsklausel war so weit gefaßt, daß sie extensiv ausgelegt, den Westalliierten die Möglichkeit gab, einen innenpolitischen Machtwechsel zu verhindern. Die Bundesregierung wurde zu einer vertraglichen Übernahme besatzungsrechtlicher Bestimmungen verpflichtet. Das Evokationsrecht der Besatzungsmächte sollte weiter bestehen bleiben. Die Franzosen setzten noch immer alles daran, eine Nato-Mitgliedschaft der Bundesrepublik zu verhindern. Eine ausreichende Truppenmassierung an der deutschen Ostgrenze war noch nicht erfolgt[64].

Nun kam er zum zentralen Punkt der Kontroverse zwischen Regierung und Opposition: der Rückwirkung der Westverträge auf die deutsche Wiedervereinigung. „Ehe man frei ist, lassen sich nur Verträge provisorischen Charakters schließen, Verträge über einen modus vivendi, aber auch diese nicht im Junktim mit Dauerbindungen.“[65] Man hat diesen Satz oft als Beweis dafür genommen, daß Schmid auf die außenpolitische Linie von Schumacher und Lütkens eingeschwenkt sei. Bei Schmid kommt es immer auf die Zwischentöne an. Wer genau liest, erkennt, daß er sich deren Position nicht zu eigen machte, sondern sie abzuschwächen versuchte. Lütkens sprach sich für die Beibehaltung des Besatzungsregimes bis zur Wiederherstellung der deutschen Einheit aus. Carlo Schmid warnte davor, „definitve Bindungen", die den Status Deutschlands auf Generationen hin bestimmen, einzugehen, solange die Spaltung Deutschlands fortbesteht[66]. Er war wie schon in der Schumanplan-Debatte sichtlich bemüht, den Streit um den Vorrang der Wiedervereinigung oder der Westintegration zu entschärfen. Vorbehalte gegen den Abschluß von Verträgen, die einen Friedensvertrag präjudizierten, waren auch von Vertretern der Regierungskoalition geäußert worden. Auch von ihnen war die Forderung nach militärischer und politischer Gleichberechtigung erhoben worden. Schmids Monita deckten sich zum großen Teil mit der Kritik, die auch von Abgeordneten der Regierungskoalition vorgetragen wurde. Als er nach eigenen Vorschlägen gefragt wurde, entgegnete er dann auch ziemlich aufbrausend, daß ein positiver Beitrag der SPD zur Wehrdebatte schließlich darin bestehe, daß die Regierungskoalition sich mittlerweile die Argumente der SPD zu eigen gemacht habe[67]. Es fiel auf, daß er am Schluß seiner Rede fast die Nerven verloren hätte[68]. Durch das ständige Lavieren zwischen der Parteilinie und seiner eigenen Auffassung verlor er an Selbstsicherheit.

Obwohl der Schlußteil von Schmids Rede nicht sehr überzeugend war, war der Bundeskanzler durch dessen Kritik in Bedrängnis gekommen, so daß er sich zu einem Ablenkungsmanöver gezwungen sah. Er warf seinem sozialdemokratischen Opponenten vor, er habe vertrauliche Mitteilungen preisgegeben, was Schmid zu Recht empört zurückwies[69]. Der Kanzler ließ sich drei Monate Zeit, bis er ihm bestätigte, daß seine Annahme grundlos gewesen sei[70].

Die Debatte hatte Gräben aufgerissen. Dabei hatte sich Schmid, wohl nicht zuletzt in der Hoffnung, daß es spätestens nach der Wahl 1953 doch noch zu einer Großen Koalition kommen werde[71], darum bemüht, Brükken zur Regierung zu bauen. „Es wird auch im kommenden Jahr des fruchtbaren Zusammenwirkens aller Wohlmeinenden bedürfen", hatte er dem Kanzler in einem langen Neujahrsbrief geschrieben. Trotz aller „Verschiedenheiten des Ansatzes und des Weges" gebe es doch bei allen Parteien den Willen der „gemeinsamen Sache zu dienen" [72]. Der Bundeskanzler hatte wenig Interesse an einer Zusammenarbeit mit der Opposition, wenngleich er aus politisch-taktischen Gründen den Hohen Kommissaren das Gegenteil weiszumachen versuchte. Er fürchtete das Auseinanderfallen der Regierungskoalition[73], auf das Schmid heimlich spekulierte.

Kurt Schumacher hatte am 21. Dezember einen Schlaganfall erlitten und mußte das Bett hüten. Carlo Schmid übersandte ihm am ersten Weihnachtsfeiertag herzliche Genesungswünsche und mahnte den Ungeduldigen, sich zu schonen, obwohl er wußte, das dieser das nicht tat: „Du lebst ja durch das Opfer Deiner Person für die Sache, zu der Du Dich bekannt hast." [74] Deshalb bewunderte er Schumacher trotz aller politischen Meinungsdifferenzen und Rivalitäten. Nun versicherte er dem Parteivorsitzenden, daß er sich auf seine Freunde verlassen könne[75]. Vermutlich wollte er Schumachers Mißtrauen ausräumen und sich mehr Handlungsfreiheit sichern.

Wenn überhaupt, so bestand jetzt die Gelegenheit, zu einer gemeinsamen Außenpolitik zu kommen. Mehr unfreiwillig als freiwillig hatte sich der Bundeskanzler bereit gefunden, sich im Januar mit Schmid und Ollenhauer zweimal zu einer politischen Unterredung zu treffen. Der SPD-Parteivorsitzende registrierte trotz Schmids Treuebekenntnis die Gespräche mit Argwohn und soll seine beiden Stellvertreter schließlich zurückgepfiffen haben[76]. Zu einer Zusammenarbeit wäre es auch ohne Schumachers Intervention nicht gekommen. Obwohl die Streitpunkte nicht sehr groß waren, verliefen die Unterredungen völlig ergebnislos. Schmid äußerte sich besorgt, daß die in Westeuropa stationierten Truppen nicht ausreichten, um einen russischen Angriff abzuwehren. Heusinger, der dem Gespräch beiwohnte, konnte Schmids diesbezüglichen Befürchtungen nicht ganz ausräumen. Noch immer hatte Schmid Zweifel, ob zwölf Divisionen den Deutschen eine erhöhte Sicherheit bringen könnten[77]. Ansonsten hielt er sich mit seiner Kritik sehr zurück, obwohl er die EVG unter militärischen Gesichtspunkten für eine Fehlgeburt hielt. Sie gliche „eher Wallensteins Lager als einer Europa-Armee", urteilte er im Februar recht bissig auf einer Bezirkskonferenz der SPD-Württemberg-Hohenzollern[78]. Die Militärexperten aller Länder hätten ihm nicht widersprochen[79]. Grundsätzliche Einwände gegen die Errichtung einer Europäischen Verteidigungsgemeinschaft hatte Schmid nicht. Er distanzierte sich von Heinemanns Ansicht, „daß die Eingliederung in eine Europa-Armee die Wiedervereinigung Deutschlands unmöglich mache". Neutralismus sei eine „Utopie"[80]. Heinemanns Auffassung wurde mittlerweile auch in der SPD geäußert, wenngleich man Heinemanns „Notgemeinschaft für den Frieden Europas" keine Unterstützung zuteil werden ließ[81].

Carlo Schmid und große Teile der Regierungskoalition hätten Anfang 1952 sich in der Sache einigen können, aber weder Adenauer noch Schumacher hatten Interesse an einer Kooperation. Außerdem war ein neuer Konflikt entbrannt durch die vorbeugende Normenkontrollklage gegen den von der Bundesregierung geplanten Verteidigungsbeitrag, die die SPD-Fraktion Ende Januar beim Bundesverfassungsgericht eingereicht hatte. Die SPD wollte sich durch das Bundesverfassungsgericht bestätigen lassen, daß eine Beteiligung an der EVG ohne vorherige Änderung des Grundgesetzes verfassungswidrig sei. Kurt Schumacher hatte Adolf Arndt zur Ausarbeitung der Klage überredet[82]. Wenn überhaupt, konnte nur das Bundesverfassungsgericht die EVG-Politik der Bundesregierung noch stoppen. Carlo Schmid brachte die Klage in arge Bedrängnis. Er hatte damals ins Grundgesetz geschrieben, daß sich der Bund aufgrund einfachen Mehrheitsbeschlusses einem System kollektiver Sicherheit einordnen kann. Nun bearbeitete ihn sein Parteifreund Arndt, darzulegen, daß er unter einem System kollektiver Sicherheit kein Verteidigungsbündnis wie die EVG verstanden habe[83]. Als loyaler Diener seiner Partei kam er Arndts Bitte nach. In der bereits erwähnten Bundestagsdebatte am 8. Februar erklärte er: „Ich habe von einem System kollektiver Sicherheit gesprochen, das die Ganzheit der Staatenwelt umspannen soll und nicht von einem, das aus einer Reihe machtpolitischer Blöcke bestehen soll.“[84] Allerdings relativierte er seine Ausführungen sofort wieder, indem er Kiesinger zugestand, daß man den Atlantikpakt als ein „partielles System kollektiver Sicherheit“ bezeichnen könne[85]. Immer wieder war er gezwungen, gegen sich selbst zu argumentieren und verstrickte sich dadurch in Widersprüche.

Die Bundesregierung nahm die Klage zunächst nicht sehr ernst, bekam es aber im Sommer dann mit der Angst zu tun. Vielleicht würden die Karlsruher Richter die Zulässigkeit der Klage doch bejahen. Der Bundespräsident wurde dazu überredet, in Karlsruhe ein Gutachten über die Verfassungsmäßigkeit des EVG-Vertrages anzufordern. Das Ganze geriet schließlich zu einer bösen Farce. Die Bundesregierung fürchtete Ende des Jahres, das Gutachterverfahren könne für sie negativ ausgehen, und erhob deshalb nun selbst beim Bundesverfassungsgericht eine Organklage. Die Karlsruher Richter sollten feststellen, daß die SPD gegen das Grundgesetz verstoße, wenn sie dem Bundestag das Recht abspreche, den EVG- und Generalvertrag mit einfacher Mehrheit zu verabschieden. Nach dem Beschluß des Bundesverfassungsgerichts, die Klagen an das Gutachterverfahren zu binden, wurde Heuss von Adenauer bedrängt, seinen Gutachtensantrag zurückzuziehen, was dieser schließlich auch tat. Aus dem Verfassungsstreit war eine Verfassungskrise geworden[86].

Schmid machte für die Verfassungskrise nicht nur die Bundesregierung verantwortlich, sondern auch die Klage der SPD-Fraktion, denn sie stand am Anfang einer gefährlichen Pervertierung des Rechtsstaates zum Justizstaat. Er regte an, das geltende Recht so zu ändern, „daß Streitigkeiten, die kraft ihres materiellen Schwergewichts politische Streitigkeiten sind, ausschließlich auf politische Weise (...) ausgetragen werden“[87]. Politische Entscheidungen müßten im Parlament fallen und nicht auf der Richterbank. Die Karlsruher Richter mahnte er zu einem judicial self-restraint[88]. Wer über den Justizstaat zu einer Parlamentarisierung der Außenpolitik kommen wollte, untergrub den Rechtsstaat. Vermutlich aus Rücksicht auf Adolf Arndt, mit dessen Namen sowohl die Normenkontrollklage der SPD als auch das Bundesverfassungsgerichtsgesetz verbunden war, ließ er den Aufsatz bei den Akten liegen. Er schätzte Arndt zu sehr, um ihm mit einem kritischen Artikel in den Rücken zu fallen. So sah es wieder einmal so aus, als ob er mit allem einverstanden sei, was die Partei sagte und tat.

Adenauer drängte unbeirrt von aller Kritik aus dem eigenen und dem gegnerischen Lager auf eine rasche Paraphierung der Westverträge. Er vermochte deshalb in der Stalinnote zur deutschen Wiedervereinigung vom 10. März nur ein böswiliges Störmanöver seiner Westintegrationspolitik zu sehen. Die SPD verlangte eine Prüfung des sowjetischen Wiedervereinigungsangebotes. Diesmal konnte Schmid sich vorbehaltlos der Auffassung seiner Partei anschließen. Bereits einige Tage vor Bekanntgabe der Note hatte er in einem Gespräch mit Rüdiger Proske an die Bundesregierung appelliert auch nach Osten hin tätig zu werden, um dort „Tatbestände" zu „setzen", die die Wiederherstellung der Einheit Deutschlands „ein kleines Stückchen weiterbringen"[89]. Er glaubte, daß die Politik der Stärke, auf die die Bundesregierung sich versteifte, die deutsche Spaltung zementieren mußte und dadurch die Wiedervereinigung auf unbestimmte Zeit vertagt werde[90].

Von Lütkens war er nicht bekehrt worden, wie ihm einige CDU-Abgeordnete in der Bundestagsdebatte am 3. April vorschnell vorwarfen[91], aber von dem noch kurze Zeit zuvor vertretenen Konzept einer offensiven Verteidigung war er tatsächlich abgerückt. Er hielt nicht starr an einmal eingenommenen Positionen fest, wenn die weltpolitische Situation neue Antworten verlangte. Die Wiedervereinigung stand jetzt im Zentrum der Diskussion, nicht mehr ein eventueller Angriff der Sowjetunion auf die Bundesrepublik. Zu Recht wehrte er sich dagegen, Lütkens an die Seite gestellt zu werden, denn eine Abkehr von einer Politik der europäischen Integration bedeutete sein neues außenpolitisches Konzept nicht, und russische Sicherheitsinteressen hatte er auch die Jahre zuvor schon ins politische Kalkül gezogen. Er betrachtete die politische Lage ganz nüchtern und unpathetisch: „Wenn man die Russen an den Verhandlungstisch bringen will, wenn man nicht ein russisches Nein geradezu provozieren will, dann muß man ihnen ein Interesse offen lassen. Man muß Verhältnisse schaffen, die ihnen erlauben, unter bestimmten Umständen den Nachteil oder scheinbaren Nachteil der Aufgabe Mitteldeutschlands durch allgemein-politische Vorteile für kompensierbar zu halten."[92] Carlo Schmid eröffnete die Debatte um den Preis, den man um der deutschen Einheit willen der Sowjetunion zahlen müsse. Daß die Neutralisierung Deutschlands ein zu hoher Preis sei, betonte er ausdrücklich. Aber es müsse möglich sein, eine der deutschen Situation „angemessene Sonderlösung" zu finden, denn man könne nicht damit rechnen, daß die Sowjetunion ihr Einverständnis dazu gebe, daß Mitteldeutschland dem atlantischen Block zugeschlagen werde. Auch die Sowjetunion habe ein legitimes Sicherheitsinteresse, das der Westen nicht einfach außer acht lassen könne[93].

An Schmids scharfem Antikommunismus hatte sich nichts geändert, aber wenn man die Spaltung nicht hinnehmen wollte, mußte man mit der Sowjetunion ins Gespräch kommen. Er warnte vor einer definitiven Westbindung, wie sie der Generalvertrag vorsah, da der Bundesrepublik damit die Möglichkeit genommen werde, eigenständige ostpolitische Initiativen zu ergreifen[94]. Konnte man sicher sein, daß Frankreich nicht ein gespaltenes Deutschland lieber war als ein Ganzes? Eine solche Argumentation barg Gefahren in sich. Das Vertrauenskapital, das die Westmächte den Deutschen entgegenbrachten, drohte wieder verlorenzugehen, der auch von Schmid befürwortete europäische Integrationsprozeß wurde dadurch erschwert. Schmid verkannte dieses Dilemma nicht. Er hatte mit François-Poncet ausführlich darüber gesprochen[95].

Im Parteivorstand wurde seine Rede verrissen. Ernst Reuter hielt die Versuche seines Parteifreundes, „sich für die Sowjets den Kopf zu zerbrechen", nicht für sehr „glücklich"[96]. Schoettle, der nicht frei war von persönlichen Animositäten gegenüber seinem schwäbischen Kollegen, sprach gar von „Entgleisungen" Schmids, die der Partei teuer zu stehen kämen[97]. Die „Preisfrage", die bald zum zentralen Thema der Wiedervereinigungsdiskussion werden sollte, wirkte im Frühjahr 1952 noch provozierend, denn die meisten zogen aus ihr den Schluß, der Sowjetunion werde damit der gleiche moralische Status zugestanden wie den Westmächten. Schmid hatte gleich zu Beginn seiner Rede einem solchen Mißverständnis entgegenzutreten versucht[98], aber niemand hatte ihm richtig zugehört. Im übrigen waren seine Gedanken so neu gar nicht. Der mit Carlo Schmid befreundete amerikanische Chefdiplomat George F. Kennan hatte das russische Sicherheitsinteresse schon seit einiger Zeit ins Zentrum der Diskussion gerückt. Kennans scharfsinnige Analysen der sowjetischen Politik beeinflußten Schmid ebenso wie die Richard Löwenthals. Zusammen mit seinem Freunde „Rix" traf er sich regelmäßig mit hochrangigen Diplomaten in Godesberger Lokalen, um dort „Kremlastrologie" zu treiben[99]. Vermutlich waren einige der „Kremlastrologen" gut darüber informiert, daß die Sowjetunion tatsächlich großes Interesse an der deutschen Einheit hatte[100]. Die Frage war nur, welchen Preis die Bundesrepublik dafür zahlen mußte.

Adenauers Entschluß, die Westverträge so schnell wie möglich unter Dach und Fach zu kriegen, war durch die Wiedervereinigungsdebatte auch nicht im geringsten ins Wanken geraten. Am 9. Mai wurden die beiden umstrittenen Verträge in Paris paraphiert. Am Abend des gleichen Tages gab Schmid eine Stellungnahme zu den Verträgen ab und sparte dabei nicht mit Kritik an Adenauers außenpolitischen Alleingängen, die ihn wie die meisten Abgeordneten gleich welcher Partei verärgert hatten[101]. Bis dato hatte der Auswärtige Ausschuß noch kein Exemplar der Verträge gesehen. Einen sechsköpfigen Sonderausschuß, dem auch Schmid angehörte, hatte der Kanzler zwar hin und wieder über die Vertragsverhandlungen informiert, aber die Informationen waren als Geheimsache zu behandeln, so daß von einer parlamentarischen Kontrolle nicht die Rede sein konnte[102]. Am schärfsten kritisierte Schmid, daß durch die Bindungsklausel des Generalvertrags die „Wiedervereinigung als eine Art Eingemeindung von Mitteldeutschland“ betrachtet werde[103]. Aufgestoßen war ihm auch, daß Adenauer davon sprach, durch den Generalvertrag werde Deutschland souverän. Carlo Schmid zitierte seinen Fast-Namensvetter Carl Schmitt: „Souverän ist, wer über den Ausnahmezustand entscheidet.“ Das waren die Besatzungsmächte, an die im Falle des Notstandes die oberste Gewalt zurückfiel[104]. Die Kompetenzen des Schiedsgerichts, das über Meinungsverschiedenheiten, die sich aufgrund des Vertrages ergaben, zu entscheiden hatte, waren so weit gefaßt, daß es im Extremfall sogar Urteile des Bundesverfassungsgerichts aufheben konnte. Wenn es zu Streitigkeiten kam, war das Schiedsgericht, wie Schmid als guter Kenner der Materie sofort erkannte, ermächtigt „als nationaler Ersatzgesetzgeber aufzutreten“[105]. Im Auswärtigen Ausschuß stritt er sich vehement mit seinem einstigen Lehrer Erich Kaufmann über die Schiedsgerichtsklauseln. Der politische Berater der Bundesregierung wurde bei dem Streit immer kleinlauter und mußte zum Schluß zugeben, daß die ausgehandelten Bestimmungen äußerst problematisch seien[106].

Aus Schmids Kritik sprach kein spezifisch sozialdemokratischer Oppositionsgeist. Wegen der Bindungs- und Notstandsklausel wurde der Bundeskanzler auch im Kabinett attackiert, so daß er noch einmal mit den Hohen Kommissaren an den Verhandlungstisch mußte. Auch im Außenpolitischen Ausschuß bildete sich abermals eine große Koalition gegen den Alten. Man wollte endlich die Vertragstexte sehen[107]. Der Kanzler geriet noch einmal in Bedrängnis, konnte aber dann doch ohne größere Verzögerung Ende Mai die Verträge dem Bundestag zur Ratifikation zuleiten. In der SPD brach eine Art Panikstimmung aus. In der Hitze des Gefechts hätten einige Mitglieder des Parteivorstandes und der Fraktion am liebsten zum General- oder Parlamentsstreik geblasen. Kurt Schumachers nationale Empörung war nicht mehr zu bremsen. „Wer diesem Generalvertrag zustimmt, hört auf ein Deutscher zu sein.“[108] Das politische Klima war wieder einmal vergiftet.

Schmid versuchte wie schon des öfteren, den angerichteten Schaden wieder zu beheben. In der Bundestagsdebatte am 9. Juli appellierte er an alle, sich „leidenschaftslos“ mit den Verträgen auseinanderzusetzen, „in dem Bewußtsein, daß jeder nach bestem Vermögen sich zu den Gründen bekennt, von denen er annehmen muß, daß sie die guten sind“[109]. Mit Emphase betonte er, daß auch die Mitglieder der Regierungskoalition Patrioten seien[110]. Im übrigen räumte er ein, daß der Generalvertrag „sehr schätzbare Erleichterungen“ bringe, aber der Preis dafür sei hoch, denn bei allen „vitalen Entscheidungen“ habe das deutsche Volk in den „Schatten der Politik der Drei zu treten“[111]. Noch einmal distanzierte er sich ausdrücklich von Forderungen nach einer Neutralisierung Deutschlands.

Es gebe jedoch nicht nur die Alternative Europäische Verteidigungsgemeinschaft oder Neutralismus, „Satellit des Ostens oder Vasall des Westens“ zu sein, sondern noch eine dritte: „sich dem Westen in Formen zu verbinden, die der Osten nicht bedrohlich zu finden braucht, und mit dem Osten in ein Verhältnis freien Austausches zu treten, das den Westen stärkt statt ihn zu schwächen (...). Für die Einzeletappen des Weges gibt es kein Patentrezept, aber man muß auf dieses Ziel hin verhandeln, und das ist besser, als militärisch zu denken, wo politisch gedacht werden muß.“[112] Einige Abgeordnete der Regierungskoalition riefen Schmid zu: „Das ist eine Halbheit.“ Zugegeben: seine Ausführungen waren überaus abstrakt und ließen sich nur bedingt als praktische Handlungsmaxime verwenden. Nach der Sommerpause ging er daran, seine Vorstellungen zu präzisieren.

Es gehört allerdings ins Reich der historischen Mythenbildung, daß sich Schmids außenpolitisches Programm auf dem im September 1952 in Dortmund stattfindenden SPD-Parteitag durchgesetzt habe[113]. In dem dort verabschiedeten Aktionsprogramm wurde zwar ein kollektives Sicherheitssystem als Alternative zur EVG propagiert, aber was hieß das schon? Das war eine Kompromißformel, die alle Mitglieder der Partei akzeptieren konnten, weil sich jeder darunter vorstellen konnte, was er wollte. Schmid hatte sich dazu auf dem Parteitag überhaupt nicht geäußert. Er hatte sich in Dortmund überhaupt sehr zurückgehalten, denn er war wieder einmal in die Schußlinie innerparteilicher Kritik geraten.

Anfang September hatte sich Bundestagspräsident Hermann Ehlers bereit erklärt, eine Volkskammerdelegation zur Entgegennahme eines Briefes zur deutschen Einheit zu empfangen. Der Empfang war von Ehlers als Demonstration des Wiedervereinigungswillens gedacht, nicht als Auftakt zu gesamtdeutschen Gesprächen. Schmid hatte nach Rücksprache mit dem Fraktionsbüro dem Empfang durch das Bundestagspräsidium zugestimmt. Wenn die SPD Adenauer schon unentwegt aufforderte, jede Wiedervereinigungschance zu nutzen, so konnte man die Teilnahme an dem von Ehlers geplanten symbolischen Akt wohl kaum absagen. So oder ähnlich mag Schmid gedacht haben, als er Ehlers sein Einverständnis erklärte. Im Führungszirkel der Partei reagierte man mit Entrüstung. Der Empfang der Volkskammerdelegation sei eine Aufweichung der Haltung, daß man mit Pankow keine Gespräche führe. In der Sowjetzone werte man den Vorgang als einen Akt der Anerkennung des „Pieck-Grotewohl-Regimes“ durch Bonn[114]. Ollenhauer dekretierte, daß Schmid die Teilnahme am Empfang absagen müsse[115].

Schmid war gezwungen, gegenüber Ehlers eine Wende um 180° zu begründen. Mehrere Briefentwürfe waren notwendig. Der letzte, den er am 13. September an Ehlers abschickte, lautete: „ich habe in den letzten Tagen gewisse Probleme, die der Besuch der Abgesandten der Volkskammer aufwirft, mit politischen Freunden nach allen Seiten hin erörtert. Gewisse dabei zu Tage getretene Argumente haben mich davon überzeugt, daß meine Teilnahme (...) an dem vorgesehenen Empfang als Aufweichung meiner die Anbahnung sogenannter Gesamtdeutscher Gespräche mit den Machthabern der Sowjetzone grundsätzlich ablehnenden politischen Haltung mißdeutet werden könnte. Da ich solchen Mißdeutungen unter keinen Umständen Nahrung geben möchte, habe ich mich entschlossen, entgegen meiner ursprünglichen Absicht, an dem für Montag vorgesehenen Empfang der Abgesandten der Volkskammer nicht teilzunehmen."[116] In allen Zeitungen stand, Schmid sei zurückgepfiffen worden[117]. Ehlers, der Adenauers Drängen, den Empfang abzusagen, widerstanden hatte, empfing die Delegation allein. Es war nur ein 18-Minuten-Gespräch, aber Ehlers profilierte sich dadurch als ein Mann des ostpolitischen Dialogs. Der Bundestagspräsident konnte gegenüber dem Kanzler mit Genugtuung feststellen, daß Schmids Absage in der Öffentlichkeit, besonders in Kreisen der evangelischen Kirche „einen denkbar schlechten Eindruck" gemacht habe[118].

Schmids Kotau hatte ihm selbst und der Partei nur geschadet. Warum hatte er sich deren Verlangen nicht unbeugsam entgegengestellt, wie Ehlers dem des Kanzlers? War er durch die ständigen innerparteilichen Auseinandersetzungen schon zu zermürbt oder wollte er sein angespanntes Verhältnis zur Partei nicht noch mehr verschlechtern? Er fraß seine Verbitterung wie immer in sich hinein. Seine Stellung innerhalb der Partei wurde durch den Vorfall noch mehr geschwächt.

Je mehr sein Ansehen in der Partei sank, je geringer war die Chance, daß er sich mit seinem außen- und verteidigungspolitischem Konzept durchsetzen konnte. Ende 1952 arbeitete er vermutlich nach längerem Drängen der Parteifreunde eine außenpolitische Expertise aus. Von detaillierten außenpolitischen Plänen hielt er nicht viel. Er vertraute auf die Mittel der klassischen Diplomatie. So unterstrich er in einer Vorbemerkung zu seinem außenpolitischen Exposé ausdrücklich: „Was diplomatisch oder politisch taktisch im Einzelfall unternommen werden muß, um das Ziel zu erreichen oder sich ihm anzunähern, das allerdings bestimmt sich nach der jeweiligen politischen Situation."[119] Solange man in der Opposition war, hatte man so gut wie keine Möglichkeit, die politische Durchführbarkeit des eigenen Programms zu beweisen. Schmids Programm war ein europäisches Programm. Er plädierte für eine schrittweise Verdichtung der bisher nur lockeren Verbindung aller europäischen Staaten z. B. durch einen weiteren Ausbau der OEEC. Europa bezogen war auch das von ihm befürwortete System kollektiver Sicherheit, bei dem ihm sicherheitspolitische Vertragssysteme aus der Zwischenkriegszeit vor Augen standen. Die Locarno-Verträge in ihrer Gesamtheit dienten ihm als Modell für zukünftige Sicherheitsvereinbarungen[120]. Es war vermutlich nicht Schludrigkeit, daß er von den Locarno-Verträgen des Jahres 1926 sprach. 1926 war der Berliner Vertrag abgeschlossen worden, der eine Neutralitätszusage Deutschlands gegenüber der Sowjetunion enthielt. Schmid wollte die Umwandlung der EVG in eine „Gefahrengemeinschaft", die nach Osten hin offen war und auf die Sicherheitsinteressen der UdSSR Rücksicht nahm. Konflikte innerhalb dieser „Gefahrengemeinschaft" sollten aufgrund eines internationalen Schiedsgerichtssystems gelöst werden[121]. Über ein mögliches Ost-Locarno ließ sich Schmid nicht weiter aus. Damit wäre das heikle Problem Anerkennung der Oder-Neiße-Linie aufgeworfen worden, das er wohl einstweilen noch umgehen wollte.

In einem Redemanuskript aus dem Jahre 1953 unterschied Schmid zwischen einem großen und einem kleinen Locarno. Das große Locarno hätte auch die USA und die UdSSR miteingeschlossen. Er hatte aber nur wenig Hoffnung, daß es zwischen der USA und der UdSSR zu einer so weitgehenden Verständigung kommen könnte[122]. Er dachte mehr an ein Europa zwischen den Blöcken, das zu einer Zone militärischen und politischen Disengagements werden konnte. Ansatzweise war hier entwikkelt, was man später europäische Friedensordnung nannte. Schmid verschwieg nicht, daß die Locarno-Verträge nur eine erste Etappe auf dem Weg zur Beendigung des Ost-West-Konflikts sein konnten: „Locarno-Verträge werden für sich allein den Kalten Krieg nicht erledigen; sie könnten aber ein geeignetes Mittel sein, die Bereitschaft der Beteiligten für seine Erledigung zu fördern und den gefundenen Lösungen Dauer zu verleihen."[123]

In der SPD stießen Schmids Vorschläge auf wenig Gegenliebe. Adolf Arndt bestritt schlichtweg, daß es sich bei den Locarno-Verträgen um ein System kollektiver Sicherheit handelte, das er als eine „universale Gefahrengemeinschaft" verstanden wissen wollte[124]. Lütkens, lange Zeit Schmids Kontrahent auf dem Gebiet der Außenpolitik, entwickelte ein zu Schmids Vorschlägen völlig konträres Programm. Im Interesse der deutschen Wiedervereinigung plädierte er für eine Beibehaltung des Besatzungsstatuts. Die Integration der Bundesrepublik in die westeuropäische Gemeinschaft dürfe bis zur Wiederherstellung der deutschen Einheit nicht weiter verfolgt werden. Auf dem Gebiet der Sicherheitspolitik optierte er für die Aufstellung nationaler Streitkräfte, die sich der Nato in Form eines Regionalpaktes, der wiederum als Teil eines kollektiven Weltsicherheitssystems gedacht war, assoziieren sollten[125]. Ähnliche Überlegungen hatte, was die Sicherheitspolitik anbetraf, auch Max Brauer angestellt. Er sprach sich für ein kündbares Assoziationsverhältnis zur Nato aus[126].

Wehner verriß die Planskizzen allesamt. Er hielt entgegen, daß Adenauers „außenpolitischer Praktizismus" die entwickelten Pläne bald zur Makulatur machen würde. Schmids System kollektiver Sicherheit erschien ihm unrealistisch, da die Bundesrepublik und vor allem die SPD auf dessen Entstehung kaum Einfluß habe[127]. Gewiß. Aber wenn man so dachte, mußte man als Oppositionspartei auf das Formulieren außenpolitischer Alternativen überhaupt verzichten. Schmid hatte ja in seiner Vorbemerkung selbst Vorbehalte angemeldet. Die außenpolitische Marschrichtung, die Wehner einschlagen wollte, war im übrigen auch nicht gerade von übergroßem Realismus getragen. Interessen- und Kampfgemeinschaften innerhalb der Montanunion wollte er schmieden, um das Sechser-Europa aus den Angeln zu heben[128]. War Wehner denn entgangen, daß die Sozialdemokraten innerhalb Europas isoliert waren, selbst innerhalb der sozialistischen Bruderparteien?

Schmid brauchte sich nicht vorhalten zu lassen, nichts für die Durchsetzung sozialdemokratischer Positionen im Ausland getan zu haben. Er war es, der auf internationaler Ebene die Partei vertrat. Er reiste durch Europa und warb für das außenpolitische Programm der SPD, selbst unter Hintanstellung seiner eigenen Meinung. 1950 hielt er Vorträge in Schweden, 1951 in London, 1952 in Griechenland und Rom, 1953 in Norwegen. Für die Franzosen war er Kontaktmann und Vertrauensperson. Als Professor konnte er auch ohne offiziellen Auftrag im Ausland Vorträge halten und politische Gespräche führen. Den Schuh der Wehnerschen Kritik mußte er sich nicht anziehen.

Für sein Locarno-Modell konnte Schmid innerhalb der SPD nur wenige Anhänger gewinnen. Erler scheint einer der wenigen gewesen zu sein, die Schmids Vorschläge unterstützten[129]. Einen couragierten Gleichgesinnten fand Schmid in der FDP: den Waiblinger Abgeordneten Karl Georg Pfleiderer, mit dem er als Student zusammen die Kollegbank gedrückt hatte. Auch im Bundestag pflegte er guten Kontakt zu seinem schwäbischen Kollegen[130]. Pfleiderer hatte bereits im Juni 1952 Aufsehen erregt, als er sich für ein bündnisfreies Deutschland ohne fremde Truppen zwischen Rhein und Oder, das aber eigene nationale Streitkräfte unterhalten sollte, ausgesprochen hatte. Schmid hatte sich skeptisch gegenüber dem Pfleiderer-Plan geäußert. Er schätzte die Stimmung in den westeuropäischen Ländern wohl zutreffend ein, wenn er feststellte, daß die Furcht vor einer deutschen Nationalarmee dort zu groß sei, als daß der Plan sich durchsetzen ließ[131].

Der Waiblinger Abgeordnete sann weiter nach Alternativen zur amtlichen Außenpolitik. Am 2. September legte er dem Auswärtigen Ausschuß eine Denkschrift zur deutschen Ostpolitik vor, die sich fast haargenau mit den Überlegungen Schmids deckte. Auch Pfleiderer sah in dem Vertragssystem der Jahre 1925/26 das Vorbild für ein zu errichtendes europäisches Sicherheitssystem. Auch er plädierte für ein System der Westbindung, das die Möglichkeit offenließ, durch Sonderabmachungen den Sicherheitsinteressen der Sowjetunion entgegenzukommen[132]. Am 29. Oktober erläuterte Pfleiderer im Auswärtigen Ausschuß seinen Standpunkt. Er riet, noch vor der Ratifizierung der Verträge, Absprachen mit den Westmächten über die Gestaltung der Beziehungen zum Osten zu treffen. Insbesondere müsse im Rahmen der EVG und im weiteren Rahmen der übrigen Vertragspartner der Status Deutschlands innerhalb des europäischen Staatensystems für den Fall der Wiedervereinigung gemeinsam festgelegt werden[133].

Schmid war hocherfreut über die Ausführungen seines schwäbischen Kollegen. Er ordnete sogleich die Vervielfältigung von dessen Referat und die Verteilung an alle Ausschußmitglieder an. Erst nach heftigem Protest Hallsteins, der die Regierungsposition verteidigt hatte, erklärte sich der sonst so unparteiische Ausschußvorsitzende bereit, auch dessen Ausführungen vervielfältigen zu lassen[134]. Carlo Schmid hatte Pfleiderer viel Zeit für sein Referat gelassen. Der Verdacht liegt nahe, daß die beiden Schwaben unter einer Decke steckten. Ihr sicherheitspolitisches Programm jedenfalls stimmte fast nahtlos überein.

Im Auswärtigen Ausschuß scheint eine leidenschaftliche Debatte über die Pfleiderer-Thesen entstanden zu sein, die sich aber mangels Protokolle nicht mehr nachzeichnen läßt. Nach dem Abschlußbericht des Ausschusses über die Vertragswerke, in dem auch das Pfleiderer-Referat erwähnt wurde, soll es im Ausschuß „erhebliche Bedenken" gegeben haben, ob Deutschland nicht im Verhältnis zu der Sowjetunion ein Sonderstatus zuerkannt werden müsse[135]. Pfleiderers Plan versprach einen möglichen Ausweg aus der Scylla Politik der Stärke und der Chrarybdis Neutralisierung, die niemand wollte, schon gar nicht Carlo Schmid, der Ende 1952 im Auswärtigen Ausschuß noch einmal erklärte: „Neutralisierung bedeutet Einbeziehung Deutschlands in den sowjetischen Herrschaftsbereich." [136] In dem Punkt war er sich mit Adenauer einig.

Der Kanzler brauchte den Pfleiderer-Schmid-Plan nicht zu befürchten, denn er wurde innerhalb der Parteien nicht aufgegriffen. Verärgert war er trotzdem. Sowohl im Auswärtigen Ausschuß als auch im EVG-Ausschuß, der eigens zur Beratung des gleichnamigen Vertrags gebildet worden war, wurden die Verträge trotz des bei völkerrechtlichen Verträgen geltenden Grundsatzes „ne varietur" einer gründlichen Überprüfung unterzogen. Schmid war auch Mitglied des EVG-Ausschusses, wo er sich lebhaft an der Diskussion von Detailproblemen wie der völkerrechtlichen Stellung der Fusiliers Marins oder der bei einem Krieg in der Sowjetunion gefangengenommenen deutschen Soldaten beteiligte[137]. Kopfschütteln bei Abgeordneten aller Parteien löste seine Begeisterung für Militärkapellen, Zapfenstreich und Truppenfahnen aus, für deren Wiedereinführung er eifrig stritt[138]. Manchmal konnte er seine Herkunft aus der Geisteswelt Stefan Georges nicht verleugnen. Das militärische Zeremoniell übte auf ihn eine ungeheure Faszinationskraft aus.

In den Debatten um die Ratifizierung der Verträge im Dezember und

März wurde er von der Fraktion nicht als Redner benannt. Was Ollenhauer als Hauptredner als Alternative zur Regierungspolitik vorstellte, ließ sich mit den Schmidschen Plänen kaum vereinbaren. „Wir denken", so erläuterte der Parteivorsitzende, „an neue Verhandlungen auf internationaler Basis über die Schaffung eines kollektiven Weltsicherheitssystems zur Aufrechterhaltung des Weltfriedens unter gleichberechtigter Mitwirkung aller. (...) Wir werden für die Ablösung der Verträge durch eine neue internationale Vertragsordnung, für die Sicherheit und den Frieden kämpfen, durch die das deutsche Volk in einer Gemeinschaft von Freien und Gleichen seinen Platz einnehmen kann und wird."[139] Das war reichlich vage. Anfang 1953 präzisierte Ollenhauer seine Vorstellungen und revidierte sie auch etwas. Nun votierte er für eine sicherheitspolitische Zusammenarbeit der europäischen Staaten unter Einschluß Großbritanniens, Dänemarks und Norwegens, die in engem Kontakt zur Nato erfolgen sollte. Statt der supranationalen EVG sollte eine europäische Koalitionsarmee geschaffen werden[140]. Das war im Grunde die Option für ein reines Bündnissystem unter Verzicht auf die entspannungspolitischen Grundsätze, die Schmid mit der Locarno-Idee verband.

Der Kanzler nahm kaum noch Notiz von den Vorschlägen der SPD[141]. Er hatte die USA hinter sich. Das genügte ihm. Der amerikanische Außenminister Dulles war ein eingeschworener Verteidiger der EVG. Das dreiviertelstündige Gespräch, das Ollenhauer, Wehner und Schmid am 5. Februar mit dem amerikanischen Außenminister führten, wäre vermutlich auch dann schiefgelaufen, wenn die Sozialdemokraten eine realistischere Alternative zur EVG aufgezeigt hätten. Dulles hatte das Gespräch überhaupt nur gesucht, um die Sozialdemokraten davon zu überzeugen, daß es keine Alternative zur EVG gab[142]. Schmid scheint schon im voraus mit einem negativen Ergebnis des Gesprächs gerechnet zu haben. Dulles' Einstellung war ja zur Genüge bekannt. Er mochte in die Empörung Wehners und Ollenhauers über den amerikanischen Außenminister nicht einstimmen und verabschiedete sich sogleich nach der Unterredung. Er müsse noch dringend Bundestagspost erledigen. In Wirklichkeit war er mit Richard Löwenthal verabredet, was die Parteifreunde herausbekamen und mit Entrüstung registrierten[143]. Schmid hatte den Genossen wieder einmal allzu deutlich zu verstehen gegeben, daß er sich lieber mit seinem scharfsinnigen Freunde „Rix" unterhielt als mit ihnen. Argwohn gegen ihn war die Folge.

Was in der Partei geschah, erfuhr er manchmal nur noch durch Zufall. So hatte er keine Ahnung, daß die SPD in Karlsruhe eine einstweilige Verfügung beantragt hatte, durch die die Unterzeichnung der Westverträge und die Weiterleitung der Ratifikationsurkunden verhindert werden sollte[144]. Wehner nahm die gescheiterte Aussprache mit Dulles zum Anlaß, um Schmid und Erler zur Absage einer geplanten USA-Reise zu bewegen.

Er warnte vor den „innerparteiliche(n) Nachwirkungen", die diese Reise provozieren werde und gab vor, die beiden „vor vermeidbaren weiteren Komplikationen bewahren" zu wollen. Der Zuchtmeister erinnerte an den „Warnschuß, der vor einigen Wochen in einigen Zeitungen abgefeuert wurde, als diese Reise in Verbindung mit der Reise des Bundeskanzlers gebracht wurde"[145]. Vermutlich fürchtete Wehner, daß die beiden sich amerikanischen Positionen annähern könnten. Standen doch beide im Verdacht, mehr über das Wie als über das Ob eines deutschen Verteidigungsbeitrages nachzudenken. Auch waren sie keine grundsätzlichen Gegner einer Westintegration, wenn damit die Tür nach Osten nicht zugeschlagen wurde[146]. Wehners Stellung als außenpolitischer Sprecher der SPD wäre ins Wanken geraten, wenn die USA-Reise der beiden wider Erwarten erfolgreich verlaufen wäre. Schmid und Erler sagten ab. Als Grund schoben sie vor, bei der 3. Lesung des General- und EVG-Vertrags nicht fehlen zu können[147]. Das amerikanische Terrain wurde Adenauer überlassen, der sich rechtzeitig für den Wahlkampf als Mann der Amerikaner profilieren konnte.

Im Frühjahr 1953 geriet der Kanzler allerdings noch einmal in Bedrängnis, nicht durch die Opposition, sondern durch den britischen Premier. Churchill schlug am 11. Mai in einer Unterhausrede die baldige Einberufung einer Viermächtekonferenz zur Lösung der deutschen Frage vor. Um dem russischen Sicherheitsinteresse Rechnung zu tragen, erwog der britische Premier einen deutsch-russischen Sicherheits- und Garantievertrag, eine Art Ostlocarno. Schmid konnte sich durch den sensationellen Vorstoß Churchills vollauf bestätigt fühlen. Nachdem er in der eigenen Partei mit seinen Locarno-Plänen nicht durchgedrungen war, ventilierte er deren Chancen im Ausland. Sein Beitrag hierzu in der Brüsseler Zeitung „Le Peuple" stieß bei dem französischen Botschafter in Belgien Jean Rivière auf große Aufmerksamkeit. Er legte Außenminister Bidault den Artikel, über den er lang und ausführlich berichtete, ans Herz[148]. Aber in Frankreich stand man dem Churchill-Vorschlag eher skeptisch gegenüber, zumal der Bundeskanzler auch nicht im geringsten gewillt war, darauf einzugehen.

In den Monaten zwischen Stalins Tod und dem 17. Juni habe vermutlich die „letzte und größte Chance" zur deutschen Wiedervereinigung bestanden, schrieb Richard Löwenthal später[149]. Schmid scheint das Urteil seines Freundes geteilt zu haben. Für ihn war der Arbeiteraufstand des 17. Juni ein „Fanal der Hoffnung", ein „Appell, die Trägheit des Herzens zu überwinden und etwas zu wagen – auch Initiativen, von denen nicht von Anfang an sicher ist, daß sie den gewünschten Erfolg bringen werden"[150]. Wer wie die Bundesregierung keine Wagnisse eingehen wolle, nehme die „Versteinerung des Status quo" hin. Noch einmal mahnte er die Bundesregierung, die Wiedervereinigung nicht als eine „Art Eingemeindungsproblem" zu behandeln[151]. In jenen Aufsehen erregenden Tagen war Schmid erfüllt von Mitleid, existentialistischem Pathos und politischer Aufbruchstimmung. Er wollte nicht nur die Bundesregierung, sondern auch die westdeutsche Bevölkerung aufrütteln. Im Parteivorstand schlug er vor, der westdeutschen Bevölkerung die Bedeutung des 17. Juni über den Rundfunk nachträglich bewußt zu machen[152]. Aber für die Westdeutschen war der 17. Juni kein Signal der Hoffnung. In späteren Jahren mußte Schmid betroffen feststellen, daß der Tag der deutschen Einheit zu einem „zweiten Vatertag" verkommen war.

Der Bundeskanzler stimmte nur widerwillig der Einberufung einer Viermächtekonferenz zu. Immerhin: Er rückte jetzt etwas von seinem Konzept der Stärke ab: „Die Europäische Verteidigungsgemeinschaft soll(te) Ausgangspunkt für ein Sicherheitssystem sein, das die Sicherheitsbedürfnisse aller europäischen Völker, einschließlich des russischen Volkes berücksichtigt."[153] Schmid kommentierte den Vorschlag des Kanzlers: „Wäre es nicht rationeller gewesen, zunächst mit den Russen über ein allgemeines Sicherheitssystem zu verhandeln und den Abschluß einer Militärallianz im Stil der EVG erst nach dem eventuellen Scheitern dieser Verhandlungen ins Auge zu fassen?"[154] Ihn befremdete die deutschlandpolitische Trägheit der Bundesregierung ebenso wie das fehlende Nationalbewußtsein der westdeutschen Bevölkerung. Ihm stand immer das Nationalbewußtsein seines Mutterlandes Frankreich vor Augen. Aber die Franzosen hatten eine andere Vergangenheit als die Deutschen. Weil Schmid wollte, daß die Deutschen ein normales Verhältnis zu ihrer Nation gewinnen, gehörte er zu den ersten, die die Diskussion über die deutsche Vergangenheit in Gang brachten.

Die Schatten der Vergangenheit: Die politische Kultur der frühen 50er Jahre

Die Beendigung nationalsozialistischer Herrschaft war noch keine fünf Jahre her, da gab es schon viele, die ein für allemal einen Schlußstrich hinter die nationalsozialistische Vergangenheit ziehen wollten. Der Abschluß der Entnazifizierung sollte auch ein Ende der Schulddiskussion bringen. Hinsichtlich der Entnazifizierung teilte Schmid die Auffassung seines Freundes Fritz Erler, daß man mit „Fragebogen keine Revolutionen" nachholen könne[1]. Aber er sah mit wachsender Sorge, daß die „Deutschen die Ereignisse von 1933–1945 verdrängten, anstatt sich mit ihnen auseinanderzusetzen"[2]. Immer wieder mahnte er seine Landsleute, „daß die Welt nur bereit sein werde zu vergessen, wenn die Deutschen bewiesen, daß sie nicht vergessen"[3]. Nur wenn sie die Erblast übernahmen, konnten sie zu einer neuen nationalen Identität gelangen.

Eine wissenschaftlich fundierte historische Analyse über das Aufkommen und die Durchsetzung des Nationalsozialismus entwickelte Schmid nicht und eignete sich auch keine an. Die Deutung des Nationalsozialismus als Cäsarismus, die er sich in den 30er Jahren zu eigen gemacht hatte, hielt er nicht für überholt, aber nach 1945 rückte auch bei ihm die Konzeption eines deutschen Irr- und Sonderwegs in den Vordergrund. In der Tradition Veit Valentins und seines Tübinger Kollegen Rudolf Stadelmann begriff er die gescheiterte Revolution von 1848/49 als den Beginn eines deutschen Sonderwegs, der in die deutsche Katastrophe führte: „Durch das Scheitern der Revolution, die der erste Versuch des deutschen Bürgertums zu politischer Selbstverantwortung war, haben sich die Deutschen von den Feinden der Demokratie einreden lassen, es fehle ihnen als Volk überhaupt die Begabung für das Politische.“ [4] Politik und Moral gerieten zu Gegensätzen: „Man hat damit jenen Typus möglich gemacht, der zu Hause von peinlicher Moralität und im politischen Kalkül von stupider Brutalität war, und jeden, der die Politik anders sah, als Dichterphilosophen verhöhnte.“ [5] Um diesen Gegensatz aufzuheben, war er, der zuweilen selbst als Dichterphilosoph belächelt wurde, in die Politik gegangen, hatte er danach gestrebt, eine führende Rolle in der zweiten deutschen Demokratie zu spielen. Ein Hieronymus im Gehäuse, der dem Aufkommen des Nationalsozialismus tatenlos zugesehen hatte, war er auch vor 1933 nicht gewesen. Er hatte den Nationalsozialismus unterschätzt, sich der Utopie des Dritten Humanismus verschrieben, der er auch nach 1945 nicht völlig abschwor. Ohne sie wäre er wahrscheinlich nach 1945 nicht in die Politik gegangen, ohne sie hätte er nach 1933 vermutlich nicht so entschieden dem Nationalsozialismus die Stirn geboten. Trotzdem fühlte er sich schuldig für die Untaten des Regimes. In Lille hatten ihn an manchen Tagen die Schuldgefühle fast aufgefressen. Er sprach nicht über seinen Widerstand und bezeichnete sich auch nicht als Widerstandskämpfer[6]. Wenn er von der Schuld der Deutschen sprach, so schloß er sich mit ein.

Die Mehrzahl der Deutschen hatte kein so sensibles Schuldbewußtsein wie Schmid. Sie versuchten von ihrer Schuld abzulenken. War die Austreibung der Deutschen aus den Ostgebieten nicht auch ein Verbrechen? War die Zurückhaltung der deutschen Kriegsgefangenen nicht auch unmenschlich? Schmid ließ solche Ablenkungsmanöver nicht zu. Wer ihm mit solchen Argumenten kam, den belehrte er: „Aber was in Deutschland und als Tat Deutscher ein Verbrechen gegen die Menschlichkeit war, bleibt auch dann ein Verbrechen gegen die Menschlichkeit, wenn es in anderen Ländern den Deutschen gegenüber getan worden ist und getan wird.“ [7] Er wirkte als politischer Moralist und Erzieher, denn er war überzeugt davon, daß die Aufarbeitung der Vergangenheit die Voraussetzung für einen politischen Bewußtseinswandel der Deutschen war. Es seien viel zu wenige „aufgestanden, um zu verhindern, was an Furchtbarem geschah", als daß dem deutschen Volk die Haftung für die begangenen Verbrechen abgenommen werden könnte[8].

In Bundestagsreden, in Vorträgen, in unzähligen Gedenkreden zum 20. Juli und zur Woche der Brüderlichkeit verwies Schmid seine Mitbürger auf die Mitverantwortung an dem gräßlichen Geschehen. Auch an den legendären Mittwochsgesprächen in der Kölner Bahnhofsbuchhandlung Gerhard Ludwig, in deren Mittelpunkt die Aufarbeitung der NS-Zeit stand, beteiligte er sich. „Darf man vergessen?" wollten seine Zuhörer wissen. Nein, aber den Deutschen durfte auch nicht für alle Zeit der aufrechte Gang verweigert werden. Schmid faßte zusammen: „Wir sollten uns zwar nicht mit Sack und Asche drapieren, aber wir müssen Umkehr fordern im Denken und Fühlen."[9] Auf diese Umkehr kam es ihm an, weil erst durch sie ein demokratisches Bewußtsein entstehen konnte. Das Publikum in der Bahnhofsbuchhandlung spendete Beifall.

In der breiten Öffentlichkeit war die Schulddiskussion ebenso unpopulär wie das Eintreten für die Wiedergutmachung nationalsozialistischen Unrechts. Bereits in seinem Entwurf zum Dürkheimer Programm hatte Schmid der Wiedergutmachung einen zentralen Stellenwert eingeräumt[10]. Die Pflicht zur Wiedergutmachung war für ihn ebenso selbstverständlich wie für Kurt Schumacher, der in seiner Antwort auf die Regierungserklärung Adenauers betont hatte, daß es „die Pflicht eines jeden deutschen Patrioten" sei, „das Geschick der deutschen und europäischen Juden in den Vordergrund zu stellen und die Hilfe zu bieten, die dort notwendig ist"[11]. Die Bundesregierung betrachtete die Wiedergutmachung in erster Linie als finanzielles Problem und rührte sich deshalb in dieser Frage zunächst nicht, so daß sich die SPD-Fraktion Anfang 1951 gezwungen sah, eine Interpellation zur Wiedergutmachung im Bundestag einzubringen. Die Regierung wurde aufgefordert, ein einheitliches Bundesentschädigungsgesetz auszuarbeiten und den Staat Israel als Repräsentanten des erbenlosen jüdischen Eigentums anzuerkennen[12]. Schmid begründete die Interpellation und ging dabei mit der Bundesregierung, die die Entschädigung zur Ländersache erklärte, hart ins Gericht. Man könne auch vom „Fiskus verlangen, daß er sein Denken nicht nach dem Schäbigkeitsprinzip reguliert"[13]. Angesichts des „elementaren Phänomens Konzentrationslager" sei „fiskalische Intelligenz" fehl am Platz[14]. Weil die an den Juden begangenen Verbrechen die grausamsten waren, mußten deren Wiedergutmachungsansprüche vorrangig erfüllt werden. „(Ü)ber die Ansprüche der ausgemordeten Familien ohne Erben sollte das organisierte Gemeinwesen verfügen, das sich die Juden der Welt als Heimstätte ihres Volkes geschaffen haben."[15] Schmids Appell an die Moral stieß beim Staatssekretär im Bundesfinanzministerium Hartmann auf taube Ohren. Er lehnte sowohl ein einheitliches Bundesentschädigungsgesetz als auch die Anerkennung Israels als Rechtsnachfolger für alle erbenlosen Rückerstattungs- und Wiedergutmachungsansprüche ab.

In den Ausschüssen ging der beschämende Streit um die Wiedergutmachung weiter. Carlo Schmid appellierte an die Bundesregierung, die Initiative zu ergreifen und nicht auf einen alliierten Oktroi zu warten. Er riet ihr, einen Gesetzentwurf auszuarbeiten und damit auf den Petersberg zu gehen[16]. Aber nicht einmal sein Argument, daß ohne Wiedergutmachungszahlungen an Israel der jüdische Staat die Bundesrepublik nicht anerkennen werde, konnte die Bundesregierung von der Notwendigkeit eines solchen Schrittes überzeugen. Auch im Auswärtigen Ausschuß setzte Schmid das Thema Wiedergutmachungsverhandlungen mit Israel auf die Tagesordnung, um Adenauer zu einer Stellungnahme zu zwingen. Grundsätzlich war der Kanzler, nachdem er auf dem Petersberg schon mehrmals gemahnt worden war, zur Aufnahme von Verhandlungen bereit.

Die Mittlerdienste, die der SPD-Abgeordnete Jacob Altmaier anbot, nahm der den Sozialdemokraten sonst so feindlich gesinnte Kanzler gern an. Altmaier, selbst Jude, hatte Fäden zu dem israelischen Konsul Elijahu Livneh in München geknüpft, um Wiedergutmachungsverhandlungen mit Israel in Gang zu bringen. Er hatte es auf sich genommen, ein Gespräch zwischen dem Bundeskanzler und einem Vertreter Israels zu vermitteln[17]. Schmid sorgte für die Unterstützung des Auswärtigen Ausschusses[18], die der Kanzler nötig hatte, denn in seinem Kabinett saß eine große Anzahl von Wiedergutmachungsgegnern. Das erste Gespräch, das Adenauer im April in Paris mit dem israelischen Gesandten Maurice Fischer und dem Staatssekretär im israelischen Finanzministerium David Horowitz führte, scheiterte vollkommen. Adenauer versuchte nun, Kontakte zu dem Präsidenten des Jüdischen Weltkongresses Nahum Goldmann zu knüpfen.

Währenddessen bemühte sich Schmid in Istanbul um das Ingangkommen von Wiedergutmachungsgesprächen. Auf der dortigen Tagung der Interparlamentarischen Union war es Anfang September zu einem schweren Eklat gekommen. Der Sprecher Israels, der spätere Staatspräsident Ben Zvi, protestierte gegen die Anwesenheit der Deutschen, die sich der schlimmsten Verbrechen schuldig gemacht hatten. Schmid war betroffen, gerade weil er sich mitverantwortlich für die Verbrechen fühlte. Er entgegnete Ben Zvi mit bebender Stimme, daß es nicht angebracht sei, aus dem Kongreß „ein Tribunal zu machen“[19]. Ein Treffen von Parlamentariern sei nicht der Ort, „um miteinander abzurechnen“. Daß das deutsche Volk eine „furchtbare Schuldverpflichtung“ auf sich zu nehmen habe, stehe außer Frage. Auch materielle Entschädigungsleistungen könnten diese Schuld nicht wiedergutmachen[20].

Nach Vermittlungsbemühungen von dritter Seite kam es schließlich zu einem Gespräch zwischen Deutschen und Israelis. Auf deutscher Seite nahmen neben Carlo Schmid die CDU-Abgeordneten Brentano und Tillmanns an der Zusammenkunft teil. Schmid war der Wortführer der Delegation, denn man sprach französisch, obwohl die Israelis besser deutsch konnten als französisch. Er bat darum, daß Israel deutsche Entschädigungsleistungen annehmen möge. Schließlich erboten sich die jüdischen Gesprächspartner, bei der Knesseth anzufragen, „ob ein Angebot der deutschen Regierung, in Verhandlungen über Entschädigungsleistungen an Israel einzutreten, angenommen würde“[21]. Für viele Israelis waren materielle Leistungen „Blutgeld“, das sie nicht annehmen wollten.

Es mußten viele Hebel angesetzt werden, um zu Wiedergutmachungsgesprächen mit Israel zu gelangen. Nahum Goldmann verlangte als Vorbedingung für eine Gesprächsaufnahme, daß der Kanzler zuvor eine öffentliche Erklärung über die Verantwortung Deutschlands für die nationalsozialistischen Verbrechen abgab. Die erste Fassung der Regierungserklärung wurde von den Israelis zurückgewiesen. Dort war zwischen den Verbrechen des nationalsozialistischen Staates und der Haltung des deutschen Volkes eine scharfe Trennungslinie gezogen worden[22]. Auf die Grenzen der deutschen Zahlungsfähigkeit wurde auch noch in der am 27. September von Adenauer verlesenen Erklärung hingewiesen. Die SPD-Fraktion vermochte diese Erklärung nicht zu unterschreiben. Brentano hatte in einem Brief an Schmid den Wunsch geäußert, die Erklärung als gemeinsame Erklärung aller Bundestagsfraktionen von Alterspräsident Paul Löbe verlesen zu lassen[23]. Aber Kurt Schumacher fand die Erklärung der Bundesregierung „zu lau“ und Schmid konnte ihm nur beipflichten. Die Fraktion beauftragte ihn, Arndt und Altmaier, eine eigene Erklärung auszuarbeiten[24]. In ihr wurde betont, daß die „furchtbare Größe des Unrechts“ allen Deutschen Opfer abverlange[25]. Schmid, der einen ausgeprägten Sinn für symbolische Akte und Gesten hatte, bat Bundestagspräsident Ehlers nach Abschluß der Aussprache über die Regierungserklärung das Haus aufzufordern, sich zu Ehren der Opfer von den Plätzen zu erheben[26].

Es dauerte noch fast ein halbes Jahr, bis in der niederländischen Kleinstadt Wassenaar die Wiedergutmachungsverhandlungen beginnen konnten. Die deutsche Delegation wurde geleitet von dem Frankfurter Rechtsprofessor Franz Böhm und dem Stuttgarter Wiedergutmachungsbeauftragten Otto Küster, die israelische Delegation von dem Schatzmeister der Jewish Agency Giora Josephthal und Felix E. Shinnar. Vor Beginn der Verhandlungen zitierte Schmid Adenauer noch einmal in den Auswärtigen Ausschuß, um von ihm verbindliche Erklärungen über das deutsche Verhandlungsangebot zu bekommen[27]. Trotz intensiver Vorbesprechungen stand die Konferenz schon zwei Wochen nach dem Beginn vor dem Scheitern. Bundesfinanzminister Schäffer und Abs, der deutsche Delegationsleiter der Londoner Schuldenkonferenz, hatten erklärt, daß vor Abschluß der Londoner Schuldenkonferenz den Israelis kein verbindliches Verhandlungsangebot gemacht werden könne. Böhm und Küster wurden von Schäffer Vorhaltungen gemacht, weil sie der israelischen Verhandlungsdelegation eine Summe von drei Milliarden angeboten hatten, woraufhin Küster von seinem Amt zurücktrat[28]. Schmid besprach sich mit Böhm und kam mit ihm überein, mit Hilfe des Auswärtigen Ausschusses die Bundesregierung unter Druck zu setzen. Am 10. Mai gab er Böhm Gelegenheit, vor dem Ausschuß eine Stellungnahme zu den Wassenaarer Verhandlungen abzugeben. Am Ende der Sitzung wurde eine Entschließung verabschiedet, daß die Verpflichtung zur Wiedergutmachung Vorrang habe vor der Rückzahlung der Schulden, über die in London beraten wurde. Schmid übergab die Entschließung sofort nach der Sitzung der Presse[29]. Am gleichen Tag wandte sich auch Kurt Schumacher in einem Brief an Adenauer gegen eine Koppelung der Wiedergutmachungsverhandlungen mit den Verhandlungen auf der Londoner Schuldenkonferenz[30].

Diesmal kam Adenauer die Kritik des SPD-Parteivorsitzenden und des Vorsitzenden des Auswärtigen Ausschusses, über dessen Nebenaußenpolitik er sich sonst so gern beschwerte, gelegen. Schäffer konnte seinen Bundessäckel nicht länger verschnürt halten. Die Verhandlungen in Wassenaar wurden wieder aufgenommen. Gespräche Schmids mit Felix Shinnar mögen einiges dazu beigetragen haben. Am 10. September unterzeichneten Adenauer, Goldmann und der israelische Außenminister Moshe Sharett in Luxemburg ein Abkommen über Zahlungen von 3,5 Milliarden DM. Die Ratifizierung verzögerte sich aufgrund arabischer Boykottdrohungen, die in rechtskonservativen Kreisen Widerhall fanden. Schmid drängte im Auswärtigen Ausschuß auf eine schleunige Behandlung des Abkommens[31]. Bei der historischen Abstimmung am 18. März 1953 stimmte die SPD-Fraktion als einzige der Bundestagsfraktionen geschlossen für das Luxemburger Abkommen. Schmid drückte im Namen der SPD-Fraktion die Hoffnung aus, daß das Abkommen „als ein Zeichen des ernsten Willens des deutschen Volkes begriffen werden möge, wenigstens etwas von dem entsetzlichen Unheil wiedergutzumachen, das die nationalsozialistische Gewaltherrschaft über das jüdische Volk und die anderen von ihr heimgesuchten Völker gebracht hat.“ [32] Noch im gleichen Jahr wurde die Kölner Israel-Mission eingerichtet, deren Leiter Felix Shinnar wurde, der Schmid für seine Bemühungen um eine Aussöhnung mit Israel überaus dankbar war. Später bekam er jedes Jahr zu Weihnachten von Shinnar eine Kiste Apfelsinen oder Pampelmusen geschenkt.

Das Israel-Abkommen befriedigte nicht die individuellen Wiedergutmachungsansprüche der Opfer nationalsozialistischer Verfolgung. In seiner Erklärung, die er zur Ratifizierung des Luxemburger Abkommens abgab, hatte Schmid unterstrichen, daß die SPD-Fraktion die baldige Verabschiedung eines bundeseinheitlichen Wiedergutmachungsgesetzes verlange, durch das allen Verfolgungsopfern „ausreichend und rasch“ Entschädigung gewährt werde[33]. Der von der Bundesregierung im Frühjahr 1953 vorgelegte Gesetzentwurf war so unbefriedigend, daß die SPD-Fraktion ihm nur unter der Bedingung zustimmte, daß er in der 2. Legislaturperiode sofort novelliert werde[34]. Trotz zahlreicher sozialdemokratischer Initiativen erfolgte die Novellierung erst 1956. Carlo Schmid hielt diese Verschleppungstaktik der Bundesregierung für beschämend. Die Wiedergutmachung sei für ihn etwas, schrieb er dem Vorsitzenden des Jewish Labor Committees Adolph Held, „das außerhalb jeder Politik steht und unabhängig ist von den politischen Wirkungen, die es innen und außen hervorrufen könnte. Ehe man politisch ist, muß man in erster Linie Mensch sein.“[35] Das Einzelschicksal berührte Schmid nicht minder, ja vielleicht noch mehr als die große Politik. Er selbst half zahlreichen jüdischen Bekannten bei der Durchsetzung ihrer Wiedergutmachungsansprüche[36].

Mit Betroffenheit mußte er feststellen, „wie geizig, wie hartherzig und oft viel, viel buchstabenfetischer als Shylock“ manche Behörden die Wiedergutmachungsansprüche behandelten[37]. Ein Kleinkrieg gegen die Opfer[38]. Nicht nur er auch sein Fraktionskollege Adolf Arndt, der mit gleichem Engagement wie Schmid sich für die Wiedergutmachung einsetzte, beklagte die „engherzige“ Wiedergutmachungspraxis der Gerichte und Entschädigungsbehörden. Er und der CDU-Abgeordnete Franz Böhm trugen Anfang 1955 bestürzende Beispiele vor, in denen Gerichte und Entschädigungsbehörden unter Verweis auf das während der NS-Zeit geltende Recht Wiedergutmachungsansprüche abgelehnt hatten. Schmid, den die vorgetragenen Beispiele sichtlich bewegten, fügte den Reden Arndts und Böhms einen flammenden Appell an: „(I)ch habe mich hier hingestellt, um es laut hinauszurufen, daß, wenn diese Regierungen, nachdem diese Dinge nunmehr bekanntgeworden sind, weiter stillesitzen, sie offenbar die Aufgabe einer Regierung verkennen. Ich glaube, daß die Verfassungen der Länder ausreichende Möglichkeiten geben, hier trotz der Unabhängigkeit der Richter Wandel zu schaffen. In den Verfassungen der meisten Länder gibt es die Richteranklage, die vorsieht, daß Richter auch dann, wenn sie nicht einer bewußten Rechtsbeugung überführt werden können, ihres Amtes entsetzt werden können, wenn sie durch die Art ihrer Amtsführung zeigen, daß sie vom Geist der Demokratie keinen Hauch verspürt haben.“[39] Er schlug vor, aus dem Wiedergutmachungsausschuß eine „zentrale Beschwerdestelle“ zu machen. Ganz ungehört blieb der Appell nicht. In Gerichten und Entschädigungsbehörden war man vorsichtiger und zum Teil wurden sogar die Dienstvorschriften geändert.

1955 gründete Schmid zusammen mit Max Dessauer und Ruth Fabian einen „Hilfsverein für die Opfer des Nationalsozialismus im Ausland“, der Gelder für den Bau eines jüdischen Altersheimes in Paris sammeln wollte. Dort lebten völlig vergessen deutsche jüdische Emigranten in elendsten Verhältnissen. Schmid hatte gehofft, daß von privater Seite Gelder gespendet würden, „gewissermaßen als ein Test dafür, inwieweit in Deutschland ein moralisches Bewußtsein für die Dringlichkeit der Schuld vorhanden ist, die es noch einzulösen gilt“[40]. Aber mit den privaten Spenden kam man nicht sehr weit. So veranlaßte er, daß im Haushaltsplan für das Rechnungsjahr 1956 eine Million DM zum Bau eines Witwen- und Altersheim zur Verfügung gestellt wurden, das dann 1957 in Limours errichtet wurde[41]. Er kümmerte sich bis zu seinem Tod um das Altersheim und bekam von dort auch bewegende Dankesbriefe. Solche konkrete Hilfe wog für ihn fast mehr als manch zäh erkämpfter Erfolg in der Bonner Politik[42]. Er war ein Mensch, der mitlitt, weil er selbst litt, und deshalb einen starken Impuls hatte, anderen zu helfen.

Zu der Trauer über den Holocaust kam bei Schmid die Trauer über das Ende der deutsch-jüdischen Kultursymbiose, wie er sie im Kreis um Wolfgang Frommel in den 30er Jahren erlebt hatte. Die Juden waren für ihn ein Teil der deutschen Kulturnation, für deren Niedergang er die Vertreibung der Juden aus Deutschland verantwortlich machte[43]. Immer wieder versuchte er nach 1945 jüdische Emigranten nach Deutschland zurückzuholen. Es war oft schwer, sie zur Rückkehr zu bewegen, denn viele fürchteten ein Wiederaufleben des Antisemitismus.

In den Anfangsjahren war auch Schmid sich nicht sicher, ob der alte Geist nicht unter der Decke noch fortlebt. Die Namen Hedler und Veit Harlan ließen zu Beginn der 50er Jahre alle hochschrecken, die den Antisemitismus noch nicht für überwunden hielten. Veit Harlan gehörte zu den Starregisseuren des Dritten Reichs. Protegiert von Reichspropagandaminister Joseph Goebbels hatte er u. a. den antisemitischen Propagandafilm Jud Süß gedreht. 1950 vom Schwurgericht Hamburg von der Anklage des Verbrechens gegen die Menschlichkeit freigesprochen, betätigte sich Veit Harlan auch in der Bundesrepublik als Filmregisseur. In zahlreichen Städten kam es zu Protestdemonstrationen und Boykottaufrufen gegen die Harlan-Filme. Carlo Schmid gab im Bundestag eine persönliche Erklärung zu der Aufführung des Harlan-Filmes „Immensee“ in Bonn ab. Es war das einzige Mal während seiner langjährigen parlamentarischen Laufbahn, daß er das Wort zu einer persönlichen Erklärung ergriff. Für ihn war der Fall Harlan ein Skandalon: „Es ist eine Schande, daß die Machwerke dieses Mannes in Deutschland überhaupt gezeigt und besucht werden können. Manche berufen sich darauf, daß es keine Gesetze gebe, die es ermöglichten, die Vorführung von Filmen dieses Mannes zu untersagen. (...) Ich glaube aber, daß man dem wahren Rechte dient, wenn in diesem Hause dagegen Protest erhoben wird, daß ausgerechnet am Sitze des Parlaments, das in diesem Lande in ganz besonderem Maße der Hüter und Herold echter Toleranz zu sein hat, Filme eines Mannes aufgeführt werden, der zumindest indirekt mit dazu beigetragen hat, die massenpsychologischen Voraussetzungen für die Vergasungen von Auschwitz zu schaffen."[44] Beifall auf allen Seiten des Hauses. Im Bundestag erdreistete sich nur der SRP-Abgeordnete Franz Richter, der in Wirklichkeit Rößler hieß, und ein früherer NSDAP-Funktionär war, ganz unverhohlen antisemitische Reden zu halten. Er wurde 1952 festgenommen und wegen Urkundenfälschung zu 18 Monaten Haft verurteilt.

Nicht weniger skandalös als das Auftreten Veit Harlans war der Freispruch des Abgeordneten der Deutschen Partei und früheren Kreisleiters der NSDAP Wolfgang Hedler durch das Landgericht in Neumünster im Frühjahr 1950. Hedler hatte in einer im November 1949 in Einfeld gehaltenen Rede die Widerstandskämpfer für die Niederlage im 2. Weltkrieg verantwortlich gemacht und Kurt Schumacher vorgeworfen, „soviel Aufhebens mit der Hitler-Barbarei gegen das jüdische Volk" zu machen[45]. Nachdem Schmid gemeinsam mit Ollenhauer und Arndt im Bundestag eine Bestrafung der Richter von Neumünster wegen „Rechtsbeugung" gefordert hatte, quillte seine Bundestagspost über mit Briefen, die seine „Richterschelte" kritisierten[46]. Bundesjustizminister Dehler malte die Gefahr einer Parlamentsjustiz an die Wand[47]. Schmid antwortete ihm, daß eine größere Gefahr darin liege, die Rechtsprechung Menschen anzuvertrauen, die „keine positive Einstellung" zur demokratischen Grundordnung der Bundesrepublik haben, die statt Rückgrat zu beweisen, dem Druck der Straße weichen[48]. Richter, denen das „Pathos und Ethos der Demokratie fremd" sei, müßten aus dem Amt entfernt werden können. Hier habe die Unabhängigkeit der Justiz ihre Grenze[49]. Letzten Endes war für Schmid das Richterproblem ein „Erziehungsproblem". Das deutsche Erziehungswesen stehe vor der „großen Gegenwartsaufgabe", die Bundesrepublik von den „Residuen des Wilhelminismus zu befreien", dessen Geist eine Großzahl der Richter noch verpflichtet sei[50].

Schmid selbst verstand sich als Erzieher und wollte einiges dazu beitragen, um die Denkwurzeln des Wilhelminismus auszurotten. Im Bundestag meldeten sich immer wieder Abgeordnete zu Wort, die sich auf das „Rechtsempfinden" des deutschen Volkes beriefen. Schmid griff fast jedesmal in die Debatte ein, um zu zeigen, daß eine solche Denkweise im Widerspruch zur Idee der Aufklärung stand: „Aber ich möchte auf die Gefahr hin, daß Sie mir jedes Recht, mich künftighin noch einen Demokraten nennen zu dürfen, absprechen, sagen: in Dingen der Humanität, in Fragen der Beseitigung eingewurzelter Vorurteile und der Ausrottung blutiger Mythen mißtraue ich dem Plebiszit; da traue ich dem aufgeklärten Absolutismus eines Parlaments mehr zu."[51] Schmid verhehlte seine elitäre Einstellung nicht. Wer sich wie er zum Ziel setzte, die Deutschen zur Toleranz zu erziehen, durfte ihnen nicht nach dem Mund reden.

Das tat er auch nicht, als sich 1950 die Gemüter über die Einführung eines Schund- und Schmutz-Gesetzes erhitzten. Selbst in der eigenen Partei gab es Befürworter. Die SPD-Fraktion konnte sich zu keinem absoluten Nein durchringen[52]. Schmid protestierte trotzdem öffentlich und sehr entschieden gegen eine solche Neuauflage der Lex Heinze des Kaiserreichs. Verbot sei die beste Reklame. Die Freiheit dürfe die Gefahr nicht scheuen, wenn sie nicht Gefahr laufen wolle, die Freiheit der Kunst zu untergraben[53]. Für den Baudelaire-Übersetzer Carlo Schmid war ein Schund- und Schmutz-Gesetz ein Unding. Hatte nicht Baudelaire von den „Fleurs du mal" gesagt: „Ich habe Schmutz geknetet und habe ihn in Gold verwandelt"? Hatten nicht dessen Werke auf dem Index gestanden? Auch einige von Schmids frivolen Chansons wären möglicherweise einem streng gefaßten Schund- und Schmutz-Gesetz zum Opfer gefallen. Ein solches Gesetz ließ nur eine Kunst zu, die durch die „Patina der Klassizität" geschützt war. Schmid war mutig genug, um zu provozieren: „Sekuritätsstreben im Geiste schafft nicht Reinheit, sondern Dürftigkeit."[54] Die Banausen saßen überall.

Der Pen-Club, dem Schmid seit 1952 angehörte, beklagte wiederholt die behördliche Buchzensur. Schmid bat um Material, damit er intervenieren könne[55]. Bundesinnenminister Lehr verstieg sich zu der Behauptung, daß die kabarettistischen Darbietungen Werner Fincks „teilweise an die Grenze von Tatbeständen des Strafrechtsänderungsgesetzes" gingen[56]. Auftritte Fincks in Bonn wurden vereitelt. „Warum hat die Presse nicht aufgeschrien, als das Bonner ‚Metropol' den Drohungen wich und Werner Finck mit seinem Sketsch ‚Hut ab, Helm auf' absagte", fragte Schmid die Journalisten in einem der Kölner Mittwochsgespräche[57]. Er selbst tat es. Er schrie auf, wo immer Minister glaubten, der Kunst einen Maulkorb verpassen zu müssen. Wenn es Minister waren, die der SPD angehörten, um so schlimmer. Als der sozialdemokratische Kultusminister Baden-Württembergs Gotthilf Schenkel sich in einem Vokabular, das an vergangene Zeiten erinnerte, über die moderne Kunst äußerte und obendrein Hermann Hesse zu verstehen gab, daß er ihn im Grunde für einen Jugendverderber hielt, war Schmid sich mit Heuss einig, daß etwas gegen diesen „Gutedel" unternommen werden müsse[58]. Da die eigene Partei sich nicht rührte, griff er, obwohl Schenkel als Kultusminister sein Vorgesetzter war, selbst zur Feder und mahnte: „Es darf nicht wieder so werden, daß in Deutschland als Kunst gilt, was den Ministern gefällt."[59] Als politische Bewegung hatte der Nationalsozialismus nach 1945 keinerlei Chance mehr, sich durchsetzen, aber auf dem Gebiet der Kunst lebte die Intoleranz fort. So sah sich Schmid immer von neuem gezwungen, aufklärerisch zu wirken, politische Pädagogik zu treiben, eigentlich Selbstverständliches zu wiederholen, um einen Bewußtseinswandel herbeizuführen. Es gab wenige, die ihn dabei unterstützten, obwohl doch allen hätte klar sein müssen, daß man die in der DDR ausgeübte Zensur nur attackieren konnte, wenn man selbst die kulturelle Freiheit förderte.

Zu Beginn der 50er Jahre war Schmid ein engagierter Mitarbeiter des Kongresses für kulturelle Freiheit, zu dessen Gründungsvätern er zählte. Auf der Kulturkonferenz der Europäischen Bewegung im Dezember 1949 in Lausanne war man übereingekommen, „daß unabhängige Persönlichkeiten von hohem geistigen Rang die Intellektuellen des freien Teils der Welt zu einer Demonstration gegen die in Ost und West bestehende Unterdrückung der Freiheit des Geistes aufrufen sollten“[60]. Als der Kongreß für kulturelle Freiheit sich am 26. Juli 1950 in Berlin versammelte, war der Koreakrieg ausgebrochen. Die Veranstaltung, an der fast 150 Künstler, Schriftsteller, Wissenschaftler und Politiker teilnahmen, wurde zu einer mächtigen Demonstration gegen die Unterdrückung der Menschen in den kommunistisch regierten Ländern. Schmid schloß u. a. Freundschaft zu François Bondy, Ignazio Silone und Manès Sperber, die wie er Dichter und Politiker zugleich waren. Silone und Sperber, mit dem er bis in die 70er Jahre noch einen regen geistigen Austausch pflegte, waren politische „Konvertiten“. Sie hatten sich für die Idee des Kommunismus aufgeopfert und sich dabei die Hände schmutzig gemacht. Gebrochene Menschen, die zu entschiedenen Gegnern gegen alle Formen des Totalitarismus geworden waren. Schmid schätzte das intellektuelle Gespräch mit ihnen. Es gab aber auch eine geistig-seelische Verwandtschaft. Die Neigung, sich für eine große Menschheitsidee aufopfern zu wollen, war dem Künder des Neuen Reichs nicht fremd.

Der Kongreß war nicht nur ein Forum der Solidarität mit den Intellektuellen, denen ihr Recht auf freie Meinungsäußerung geraubt worden war, sondern auch ein Warnruf gegen die Verführbarkeit der Intellektuellen durch Ideologien. „Die Verteidigung der kulturellen Freiheit verpflichtet uns heute unseren Beitrag zur Entwicklung einer Kultur zu leisten, welche die von der gegenwärtigen Weltrevolution aufgeworfenen Probleme geistig bewältigt“, lautete ein zentraler Punkt des in Berlin verabschiedeten Manifests[61]. Schmid wurde in das internationale Exekutivkomitee und zum Vorsitzenden des deutschen Ausschusses des Kongresses für kulturelle Freiheit gewählt. Er suchte nach Möglichkeiten, die Kongreßarbeit mit der staatsbürgerlichen Bildungsarbeit zu verbinden[62]. Schon in seiner Schlußrede auf dem Kongreß in Berlin hatte er erklärt, daß man dem „Sog, der von Osten her auf Westeuropa wirkt“, nur entgegentreten könne, wenn man aus „dem Untertan des Wirtschaftsprozesses einen Bürger macht“[63]. Das war auch das beste Abwehrmittel gegen das Wiederaufleben der NS-Ideologie. Der Kongreß hatte nicht nur eine antikommunistische Stoßrichtung.

1953 zog sich Schmid aus der aktiven Kongreßmitarbeit zurück. Er hatte die pädagogische Wirkung der Tagungen, Seminare und Broschüren des Kongresses überschätzt, wie er überhaupt die Macht der Pädagogik immer überschätzte. Er war enttäuscht, daß die Arbeit keine vorweisbaren Erfolge gezeigt hatte, und klagte, daß der deutsche Ausschuß des Kongresses nur aus „Kränzchen und Konventikelchen" bestehe[64]. Einige Mitglieder des Ausschusses hatten zudem gemeint, daß es nicht vorteilhaft sei, daß eine parteipolitisch so exponierte Persönlichkeit Vorsitzender des deutschen Ausschusses des Kongresses ist[65]. So fühlte er sich obendrein noch gekränkt und reagierte darauf wie so oft überaus gereizt. Distanziert hat er sich von der Arbeit des Kongresses nie, auch nicht, als man munkelte, der CIA habe ihn gefördert.

Er räumte der geistigen Auseinandersetzung mit den totalitären Bedrohungen von rechts und von links Vorrang ein vor der strafrechtlichen Verfolgung der „Feinde der Demokratie". Freilich, an der Ausarbeitung des ersten Strafrechtsänderungsgesetzes nahm auch er aktiv Anteil. Es war neben der Wiedergutmachungsgesetzgebung die einzige Materie, mit der er sich im Ausschuß für Rechtswesen und Verfassungsrecht beschäftigte. Die Panik vor einem kommunistischen Umsturz hatte auch ihn ergriffen. Bei der Formulierung der Republikschutzbestimmungen war er weniger liberal als sein Parteifreund Adolf Arndt und näherte sich des öfteren der Regierungsposition an[66]. Nach der Verabschiedung des Gesetzentwurfes konstatierte er dann allerdings selbst, daß die Richter es schwer haben werden, das Gesetz richtig und angemessen anzuwenden[67]. Es wurde zu einer einseitigen Waffe gegen die Kommunisten, gegen die unverhältnismäßig hohe Strafen verhängt wurden. Als nach dem Verbot der KPD im Jahre 1956 gegen die Kommunisten in einer Weise vorgegangen wurde, die eher dem Geiste des Jahres 1933 entsprach als dem eines demokratischen Staates, gehörte Schmid zu den ersten, die eine Änderung der geltenden Gesetze verlangten[68].

Scharf auf dem linken und blind auf dem rechten Auge war er nicht, wie einige mutmaßten, denen er zu oft betonte, daß man den „kleinen Pg's den Weg zur positiven Mitarbeit im Staat öffnen" solle[69]. Wenn man sie ins Abseits drängte, bestand die Gefahr einer Radikalisierung. In diesem Punkt wußte er sich mit Kurt Schumacher einig, der auch Schmids Bemühungen um die Integration der ehemaligen HJ-Führer und den Aufbau des Jugendsozialwerks rückhaltlos unterstützt hatte. Daß Schmid darüber „ein mutiges Wort nach draußen sprechen" wollte, ging Ollenhauer aber dann entschieden zu weit. Die SPD müsse die „Partei der Opfer des Faschismus" bleiben[70]. Vermutlich hatte Ollenhauer mit seinen Vorbehalten sogar recht. Der Einsatz für die ehemaligen HJ-Führer wäre in der Öffentlichkeit genauso mißinterpretiert worden, wie er von späteren Historikern mißinterpretiert wurde, die darin eine Förderung des Rechtsradikalismus sehen wollten[71].

Auseinander gingen die Meinungen in der SPD auch über die Haltung gegenüber den Angehörigen der Waffen-SS und den ehemaligen Berufssoldaten. Schmid wandte sich in Übereinstimmung mit Kurt Schumacher gegen eine Kollektivverurteilung der Waffen-SS[72] und der ehemaligen Berufssoldaten, die ihre Mitarbeit an der Wiederbewaffnung der Bundesrepublik von einer Beendigung der Kollektivschuldvorwürfe abhängig machten. Schmids Freund Speidel gehörte zu denen, die eine Ehrenerklärung für die deutschen Berufssoldaten erwarteten[73]. Im April 1951 gaben die Fraktionen des Deutschen Bundestages die gewünschte Ehrenerklärung ab. Die Schmidsche war weitaus zurückhaltender als die Adenauers, der das Kapitel einer Mitschuld der Wehrmacht ein für allemal beenden wollte und den Prozentsatz der wirklich Schuldigen für außerordentlich klein erklärte[74]. Schmid, der mit Sorge die Neubildung von Stahlhelmformationen registrierte, wollte keinen Freibrief für Militaristen ausstellen: „Die Ehre des deutschen Soldaten ist nichts, das ausschließlich auf die Vergangenheit hin anzusprechen wäre; diese Ehre gilt es heute noch zu realisieren, dadurch daß man zu dem heutigen Staat, in seinem Lande wirkend, gebend in das Treueverhältnis tritt, auf das man – mit Recht – seine Ansprüche gründet."[75]

Als fünf Jahre später der Leiter der Marineabteilung im Verteidigungsministerium Karl Adolf Zenker Doenitz und Raeder zu Vorbildern für die zukünftige Bundeswehr erklärte, war es Schmid, der im Bundestag dessen Entlassung forderte, denn Zenker habe den „Geist der Menschlichkeit, der Menschenwürde und der Menschenrechte", an dem sich demokratische Streitkräfte auszurichten haben, untergraben[76]. Nur wer sich dem Ideal des Staatsbürgers in Uniform verpflichtet fühle, habe ein Recht auf Wiederherstellung seiner Ehre. Die Verteidigung Zenkers durch Angehörige der Regierungskoalition beweist, daß das so selbstverständlich nicht war.

Heftig umstritten innerhalb der SPD war Schmids Intervention zugunsten der Landsberg-Häftlinge. In Landsberg saßen die in den Nürnberger Nachfolgeprozessen verurteilten Kriegsverbrecher ein. 28 von ihnen waren zu Tode verurteilt worden. Einer von ihnen war Martin Sandberger, der Tübinger NS-Studentenführer, dem es Schmid in den dreißiger Jahren zu verdanken hatte, daß er nicht in die Hände der Gestapo geriet. Sandberger hatte in Estland das Kommando zu Massenerschießungen gegeben[77]. Schmid kümmerte sich seit 1949 um die Landsberg-Gefangenen[78], vor allem Sandbergers wegen, in dessen Schuld er sich glaubte. Der Mörder Sandberger verblaßte bei ihm hinter dem Retter Sandberger. Die in den Nürnberger Nachfolgeprozessen gefällten Urteile waren allgemein umstritten[79]. So konnte Schmid rechtliche Erwägungen geltend machen, als er McCloy bat, die ergangenen Urteile noch einmal zu überprüfen. Kurt Schumacher erklärte sich Anfang 1951 einverstanden damit, daß Schmid und einige weitere Mitglieder der SPD-Fraktion McCloy um die Begnadigung der Landsberg-Häftlinge ersuchten. Schmid argumentierte gegenüber dem amerikanischen Hochkommissar mit dem Grundgesetz in der Hand: „War der Entschluß des deutschen Volkes, auf die Todesstrafe grundsätzlich zu verzichten, gut, dann müssen die Galgen in Deutschland abgebrochen werden, ungeachtet der Scheußlichkeit vergangener und zukünftiger Verbrechen." [80]

Am 31. Januar 1951 begnadigte McCloy 21 der 28 zum Tode Verurteilten. Unter den Begnadigten befand sich auch Sandberger, der wie die anderen Landsberg-Häftlinge auch 1958 aus der Haft entlassen wurde. Schmid hatte sich schon zuvor bei McCloy für die Freilassung Sandbergers eingesetzt[81]. Gerechtfertigt war diese Milde, die einem übertriebenen persönlichen Schuld- und Dankgefühl entsprang, nicht.

Als Schmid McCloy auf das Grundgesetz verwies, wollte er auch zum Ausdruck bringen, daß die Aufarbeitung der Vergangenheit nur Sache der Deutschen selbst sein konnte. Dies erklärt auch seine Haltung in der Naumann-Affäre, mit der er sich in SPD-Kreisen viel Kritik einhandelte. Der ehemalige Staatssekretär im Goebbelschen Reichsprogandaministerium Werner Naumann war in der Nacht vom 14. auf den 15. Januar 1953 auf Veranlassung des britischen Hochkommissars Kirkpatrick zusammen mit sechs weiteren Teilnehmern des von ihm gegründeten „Freundeskreises für Wirtschaft und Kultur" verhaftet worden. Die Briten fürchteten, daß es sich bei dem Naumann-Kreis um einen konspirativen Zirkel handle, der durch Unterwanderung der Lizenzparteien die Machtergreifung in der Bundesrepublik vorbereite[82]. Schmid verurteilte ebenso wie die Bundesregierung das Vorgehen der Briten: „Keinesfalls (...) kann es Sache irgendeiner Militärregierung, die sich zur Demokratie bekennt, sein, zu bestimmen, wer sich in Deutschland politisch betätigen darf und wer nicht." [83] Die Parteien müßten bemüht sein, die ehemaligen Nationalsozialisten in ihre Reihen aufzunehmen, um sie nicht in den „Schmollwinkel" zu treiben, in dem sie der Radikalisierung zugetrieben würden[84].

Nun war Naumann kein kleiner Pg., und Schmid wurde sonst nicht müde, zu betonen, daß führende ehemalige Nationalsozialisten sich politische Zurückhaltung auferlegen müßten. Wiederholt hatte er die Bundesregierung wegen der zahlreichen „Ehemaligen", die in den Bundesministerien saßen, angegriffen[85]. Buhlte Schmid um die Stimmen der Ehemaligen, wie ihm in der Presse und in SPD-Kreisen vorgeworfen wurde?[86] In der SPD nahm man die Naumann-Affäre zum Anlaß, um der Bundesregierung vorzuhalten, daß sie durch „ihr aktives und passives Verhalten" das Eindringen der Nationalsozialisten „in politische, wirtschaftliche und amtliche Positionen" ermöglicht habe[87]. In der Debatte über die Naumann-Affäre im Bundestag spendete Schmid nicht seiner eigenen Partei, sondern der Bundesregierung Beifall[88]. Hielt er die Vorwürfe seiner Partei, die Bundesregierung fördere den Neonazismus für unberechtigt? Oder fürchtete er, daß solche Vorwürfe im Ausland Mißtrauen hervorriefen und die Identifizierung des deutschen Volkes mit der Bundesrepublik erschwerten? Die letztgenannten Gründe spielten vermutlich eine entscheidende Rolle für Schmids Haltung in der Naumann-Affäre, die im Widerspruch zu seinen sonstigen Äußerungen stand[89].

Seine Kampfansage gegenüber dem Neonazismus hatte er nicht zurückgenommen. „Keine Demokratie kann ohne Wachsamkeit bestehen", war eine ständig von ihm wiederholte Devise[90]. Wachsamkeit verlangte er vor allem von den Bürgern der Bundesrepublik. Der Proteststurm, der sich im Sommer 1955 gegen die Ernennung des rechtsradikalen Kreisen nahestehenden FDP-Politikers Schlüter zum Kultusminister Niedersachsens erhob, war für Schmid „ein Markstein zu einem guten Wege"[91]. Die Schlüter-Affäre zeigte, daß auch bei den Deutschen der Untertanengeist langsam einem demokratischen Bewußtsein wich. Adenauer, noch ganz dem obrigkeitsstaatlichen Denken des Kaiserreichs verhaftet, mißfiel es, daß Schmid „Unruhe" zur „Bürgerpflicht" erklärte[92]. Schmid selbst war kein Freund des Plebiszits, aber er hielt, weil er im Nationalsozialismus eine Folge der Massengesellschaft sah, das aktive politische Engagement der Bürger für die beste Gewähr gegen die totalitären Verführungen von rechts und links. Die aufgeklärte Bürgergesellschaft war sein Ideal. Er selbst wirkte als Aufklärer und politischer Pädagoge. Als Präceptor Germaniae gewann er Ansehen. Sein Name wurde in einem Atemzug mit dem Heuss' genannt. Nur Außenstehende konnten glauben, daß ihn diese Rolle befriedigte, ihm ganz und gar auf den Leib geschnitten sei. Er war in die Politik gegangen, um seine Utopien und Visionen zu verwirklichen, um an führender Stelle einer anderen Form von Politik zum Durchbruch zu verhelfen. Dazu brauchte er ein Amt und den zähen Willen, sich innerhalb seiner Partei durchzusetzen, in der noch viel Ballast über Bord zu werfen war. Daß er es als Außenseiter schwer haben würde, dürfte ihm klar gewesen sein. Aber er hatte doch gehofft, daß er sich durch seine geistige Überlegenheit bald Anerkennung verschaffen könne.

Die Partei ist nicht „geistige Heimat"

Die programmatische und organisatorische Erneuerung der SPD war 1950 kaum weiter fortgeschritten als 1947. Die auf der Kulturkonferenz in Ziegenhain in Gang gebrachte Programmdebatte wurde hinter den verschlossenen Türen des kulturpolitischen Ausschusses weiter geführt. Schmid beteiligte sich nicht daran. Er war viel zu ungeduldig, um sich weitschweifige Diskussionen anzuhören, die sich oft nur im Kreise drehten. Er hatte schließlich besseres zu tun, als seine Zeit zu versitzen und zu verschwätzen. Daß ihm die Parteireform viel zu langsam voranging, war bekannt und brachte ihm Mißtrauen von allen Seiten ein. Nicht nur bei den alten Parteifunktionären, auch im Parteivorstand gab es Vorurteile gegen den Newcomer, diesen elitären Professor, der sich so schwer einordnen ließ, der aber ganz offensichtlich der Partei eine Reform an Haupt und Gliedern zu verordnen gedachte.

Gleich bei mehreren Parteivorstandsmitgliedern kam Argwohn auf, als bekannt wurde, daß Schmid auf dem Hamburger Parteitag im Mai 1950 das kulturpolitische Hauptreferat halten sollte. Henßler schlug Eichler als Referenten vor, denn in der Öffentlichkeit entstehe immer mehr der Eindruck, „daß neben Schumacher nur noch Carlo Schmid zu wichtigen Problemen Stellung nehmen könne“[1]. Kurt Schumacher wischte Henßlers Argument vom Tisch. Carlo Schmid sei inzwischen „als Verfassungsexperte hinter Arndt und Zinn zurückgetreten“[2]. Er dekretierte Schmid als Referenten, wobei er mit einem etwas abschätzigen Unterton hinzufügte, daß dieser „unzweifelhaft eine ansprechende Art (habe), zu den kulturpolitischen Problemen die Haltung der Partei darzustellen“[3]. Der Parteivorsitzende hatte aus wohlüberlegten Gründen Schmid als Referenten ausersehen. Er wollte seinen Rivalen vom Gebiet der Außenpolitik auf das der Kulturpolitik abschieben, wo er Intellektuelle und bürgerliche Wählerschichten für die SPD gewinnen konnte. Der „Schöngeist“ Schmid sollte als bürgerliches Aushängeschild fungieren. Der Nelsonianer Eichler war zwar kein Marxist, aber er war tief in den Traditionen der Arbeiterbewegung verwurzelt. Eine große Anziehungskraft auf bürgerliche Wähler übte der sozialdemokratische Cheftheoretiker nicht aus[4]. Schoettle, der mit Carlo Schmid nicht gut konnte, murrte. Eine „professorale Glanzleistung“ Schmids müsse auf jeden Fall „verhindert“ werden[5]. Schmid sollte nicht zum Star des Parteitages werden und er sollte auch nicht über die Köpfe der vielen Delegierten hinwegreden.

Schmid freilich dachte überhaupt nicht daran, den Professor in sich zu verleugnen. In seinem Referat über „Die SPD vor der geistigen Situation dieser Zeit“ nahm er wenig Rücksicht auf den geistigen Horizont der vielen Parteitagsteilnehmer. Es war zumindest im ersten Teil mehr der Versuch einer Selbstverständigung als der Auftakt zu einer programmatischen Debatte. Er selbst wies einleitend darauf hin, daß er „keine Programmdebatte auslösen“ wolle, „sondern eine Debatte über die Voraussetzungen, von denen aus dereinst die Programmdebatte zu führen sein wird“[6]. Eine tour d'horizon über die Wissenschaftsgeschichte, in der er den historischen Materialismus zu widerlegen versuchte, bildete den Einstieg ins Thema. Sorel, Freud, C. G. Jung und Max Weber wurden als Autoritäten zitiert, um darzulegen, daß der Mensch „nicht ausschließlich das Produkt der materiellen Umwelt“ ist[7]. Und schließlich konnte Karl Marx selbst als „der lebendigste Beweis für die Richtigkeit des Wortes Hegels“ genommen werden: „Ist erst einmal das Reich der Vorstellungen revolutioniert, so hält das die Wirklichkeit nicht aus“[8]. Die Entfremdungskritik des jungen Marx hatte nichts an Aktualität eingebüßt. Auch die Menschen des 20. Jahrhunderts litten darunter, „daß durch die Mechanisierung der Produktionsverhältnisse eine allgemeine Mechanisierung der Lebensverhältnisse überhaupt eingetreten ist, als deren Folge der Mensch sich selber entfremdet wurde“[9]. Der romantisch-ästhetische Protest gegen die Moderne verband Schmid, der kein Marxist war, mit dem jungen Marx, auf den er sich gern und oft berief. Freiheit und Selbstverwirklichung verstand der Existentialist Schmid als etwas dem Menschen Aufgegebenes: „Jeder Mensch ist gezwungen, sich für eine Ethik zu entscheiden und hat mit der Entscheidung für die Folgen auch dieser allgemeinen Grundentscheidung einzustehen.“[10] Schmid versuchte den Existentialismus mit der wissenschaftlichen Analyse sozialökonomischer Tatbestände zu verbinden. Er fragte sich, wie sich der Existentialismus und der Emanzipationskampf der Arbeiter vereinbaren ließe, wie der solitaire zum solidaire wurde. Das war die Frage, die ihn persönlich bewegte. Bei den Delegierten des Parteitages fand seine These, daß der Mensch frei sei, „nicht dort, wo er erträglich behandelt wird, sondern wo er selbst die Formen und Inhalte seines Lebens gestalten kann“, nur verhaltenen Beifall[11].

Der zweite Teil des Referates war verständlicher. Die SPD brauche kein Dogma, aber eine „Doktrin“, ein Koordinatensystem, auf das die konkrete Situation bezogen werden kann, so daß „alle Einzelentscheidungen, die die Partei trifft, sich zu einer Linie aufreihen lassen, die vom jeweiligen Standort aus nach dem Ziele weist“[12]. Weil die Partei keine „Ersatzkirche“ sei, könne sie keine Aussagen über den letzten Sinn des Daseins machen und somit auch weder Ja noch Nein zu Religion, Kirche und Christentum sagen[13]. Was wie eine Binsenwahrheit klingt, mußte immer wieder gesagt werden, denn noch immer gab es Parteifunktionäre, die sich kirchenfeindlich äußerten[14]. Einige Genossen fühlten sich auch sogleich vor den Kopf gestoßen, als er erklärte, daß die Partei dem einzelnen nicht die „letzten Entscheidungen abnehmen“ und auch nicht das bieten könne, „was man eine geistige Heimat nennt“. Zur „geistigen Heimat“ werde die Partei erst dadurch, daß jeder sich „an seine persönliche Entscheidung wagt und dann für die Entscheidung einsteht, für die sich die Partei ausgesprochen hat“[15]. Wer sich dem einmal gebildeten Parteiwillen nicht zu beugen vermöge, der habe in den „Schatten“ zu treten[16].

Schmid hatte sein Verhältnis zur SPD dargestellt, das freilich nicht dem der Mehrheit der Parteitagsdelegierten entsprach. Außerordentlicher, starker und lang anhaltender Beifall wurde dem Referenten trotzdem zuteil. Von den nachfolgenden Rednern hatte anscheinend nur der Mitbegründer des SDS Heinz-Joachim Heydorn die existentialistische Herausforderung des Schmidschen Referates ganz begriffen[17]. Für die meisten war das Referat zu philosophisch-abstrakt und im Grunde auch zu unpolitisch. Willy Brandt bemängelte nicht ganz zu Unrecht, daß Schmid zu wenig auf die

Gefahren, die sich durch die „neuen politischen und wirtschaftlichen Machtzusammenballungen" ergeben, eingegangen war. Brandt wollte, daß in der Programmdebatte die Probleme „Technik der Machtbehauptung und der Massenbeeinflussung" und der Verbürokratisierung des gesellschaftlichen Lebens stärker berücksichtigt werden[18]. Auch Fritz Erler übte berechtigte Kritik. Er meinte, Schmid habe zu wenig die Möglichkeiten der SPD ausgelotet, ein ihr „feindliches gesellschaftlich-geistiges Klima zu verändern"[19]. Eichler sprach vermutlich vielen Traditionalisten aus dem Herzen, als er Schmid vorhielt, aus der SPD „eine x-beliebige Partei" gemacht zu haben, obwohl ihr doch aufgegeben sei, die großen Menschheitsideale zu verwirklichen[20]. Der frühere Vorsitzende des ISK glaubte, daß die SPD auf den „Kern einer Weltanschauung", auf eine „Übereinstimmung im Sittlichen und Moralischen" nicht verzichten könne, die dem „Wunschbild der geistigen Heimat" nahekomme[21]. Eichlers Verhältnis zur Partei und sein Verständnis von Sozialismus ließ sich mit dem Schmids nicht vereinbaren. Es wundert nicht, daß sich Schmid an der Arbeit der von Eichler geleiteten Programmkommissionen nicht beteiligte. Es gab kaum sachliche Gemeinsamkeiten und schon gar keine persönlichen: Eichler war Antialkoholiker und Vegetarier. 1952 schied Schmid aus dem kulturpolitischen Ausschuß aus, nachdem der Parteivorstand Arno Hennig als Vorsitzenden des Ausschusses abgesägt hatte. Schmid war verärgert über das Verhalten der Parteiführung gegenüber Hennig[22].

Erlers Einwände ließ Schmid gelten: „Es ist richtig, wir müssen (...) die Argumente finden, die den Ohren der Menschen dieser Zeit am angepaßtesten sind. Aber vielleicht werden unsere Argumente weniger wichtig sein als die Impulse, die von uns ausgehen und weniger wichtig als unsere Glaubwürdigkeit."[23] Schmid war, das konnte man auch seinem Referat entnehmen, mittlerweile skeptisch geworden, ob es überhaupt ratsam war, ein Programm im alten Stil zu entwerfen. Hatten die bisherigen Programme die Partei nicht allzu lange davon abgehalten, die eigentlichen Aufgaben in Angriff zu nehmen? Ein kurzes konkretes Regierungsprogramm erschien ihm dringlicher[24].

Zunächst einmal mußte die in der Partei noch immer vorherrschende Mentalität der Lager- und Solidargemeinschaft überwunden werden. Der Widerstand dagegen war zäh. Seit er sich nicht mehr so richtig um den Landesverband Württemberg-Hohenzollern kümmern konnte, gewannen auch dort die Traditionalisten wieder an Oberwasser. Im Frühjahr 1951 redete er den schwäbischen Parteifreunden ins Gewissen: „Wir werden in den nächsten Jahren erleben, daß die Zahl der Parteimitglieder sinkt und die der Wähler steigt. Die Zeit, in der die Menschen glaubten, die Beziehung zu einer politischen Stellungnahme erfordere auch den Eintritt in eine Partei, ist vorüber. Wenn die Anzahl unserer Mitglieder natürlich auch eine Frage auf Leben und Tod sein kann, so müssen wir doch das Hauptaugenmerk unserer Arbeit darauf legen, Wähler zu gewinnen."[25]

Nur langsam gelang es, Kontakte zu anderen gesellschaftlichen Gruppen herzustellen. Befriedigend war das Verhältnis zur evangelischen Kirche, genauer gesagt, zum Bruderrat der evangelischen Kirche. Schmid hatte, ungeachtet seines römisch-katholischen Taufscheins, an den Aussprachen zwischen der SPD und dem Niemöller-Flügel der EKD teilgenommen. Er suchte auch das Gespräch mit Landesbischof Lilje und dem Bevollmächtigten des Rates der EKD bei der Bundesregierung in Bonn Hermann Kunst[26]. Weitaus mühsamer war es, Verbindungen zur katholischen Kirche herzustellen. Auch Schmid tat sich da schwer. Als die katholische Kirche 1950 das Dogma von der leiblichen Himmelfahrt Marias verkündete, vermutete Schmid dahinter eine ausgesprochen politische Absicht: „Man wollte sehen, wieviel die nicht katholische Welt sich zumuten läßt". Hermann Kunst schrieb er, daß der Protest der evangelischen Kirche gegen das neue Dogma entschiedener hätte ausfallen müssen[27]. Ebenso gespannt wie das Verhältnis zur katholischen Kirche war das Verhältnis der SPD zur Wirtschaft. Schmid hatte Kontakt zu Otto A. Friedrich, dem Vorsitzenden der Phoenix-Gummi-Werke A. G., geknüpft und diesen gegenüber der SPD aufgeschlossenen Unternehmer auch mit Kurt Schumacher zusammengebracht[28]. Doch das reichte nicht aus, um das Mißtrauen zwischen SPD und Wirtschaft abzubauen.

Besonders zornig war Schmid, daß sich die Partei so wenig um die Jugend und die Rekrutierung des Begabtennachwuchses kümmerte. Schmid mahnte die Parteifreunde, sich nach fähigem Nachwuchs für die Stellen in der Ministerialbürokratie umzusehen. Wenn man warte, „bis die Partei im Wege von Schulungskursen Ministerialdirektoren gemacht hat", müsse man „lange warten"[29]. Die schwäbischen Parteifreunde bekamen zu hören, daß die „Vorstellung vom südwürttembergischen Kadettenkorps, dem man aufgrund des Parteiadels des Vaters angehöre, endlich verschwinden" müsse[30].

Schmids Kritik war berechtigt, aber so wie er sie vortrug, brachte sie ihm den Vorwurf der Arroganz ein. Mit seinem bissigen Sarkasmus machte er sich Feinde in der Partei und in der Fraktion, wo er gern zu verstehen gab, daß ihm die ganze Diskussion viel zu stupide war[31]. Er beteiligte sich auch höchst selten an der Fraktionsdiskussion, nicht zuletzt deshalb, weil die wichtigen Entscheidungen oft schon gefallen waren, ehe man sich in der Fraktion die Köpfe darüber heiß redete[32], und eine freie Aussprache unter einem Fraktionsvorsitzenden Kurt Schumacher nicht möglich war. Seine Egozentrik machte den Umgang mit ihm nicht immer leicht. Sein geistiger und persönlicher Habitus stempelte ihn zum Außenseiter. Seine Bildung wurde bewundert, aber mit dem „Stefan-George-Mann" konnte man nichts anfangen, und manchmal trug er auch seine Bildung vor sich her wie ein Schild, um von seiner inneren Zerrissenheit abzulenken. Sein Pathos wirkte pompös und übertrieben. Je frustrierter er war, um so mehr flüchtete er sich in Selbststilisierungen. Man hörte dem Causeur gern zu, aber nahm ihn doch nicht ganz ernst. Daß er dichtete, anstatt Akten zu studieren, machte ihn zum Kuriosum und galt obendrein bei nicht wenigen in der Partei als unseriös. Sein großzügiger Lebensstil und sein unkonventionelles Privatleben erregten Anstoß[33]. Der Künstler neigte zu einem épater le bourgeois, das bei den Genossen Unverständnis und Entrüstung hervorrief. Für Kurt Schumacher und für viele andere in der Partei war er, unabhängig von der politischen Einschätzung, eine Art „Paradiesvogel"[34], auf dessen Kenntnisse und Erfahrungen man freilich nicht verzichten wollte. Aber wer konnte ihm schon folgen, wenn er politische Probleme philosophisch-literarisch anging. Er sei „kein Handwerker der Politik", sagte er selbst von sich[35]. Daß er an interfraktionellen Gesprächskreisen teilnahm, erregte Arwohn[36]. Er stand immer etwas im Verdacht, mit dem Klassenfeind zu kooperieren.

Die Parteireformer, die auf ihn gehofft hatten, waren bitter enttäuscht. Daß er sich Kurt Schumacher unterordnete, sich dem Parteiwillen beugte, konnten sie nicht verstehen. Sein stetes Bemühen, aufgerissene Gräben zuzuschütten, die Polarisierungen zu dämpfen, wurde nicht honoriert. Als Verteidiger der Parteilinie verhedderte er sich in Widersprüche. Standpunktlosigkeit wurde ihm vorgeworfen, Unsicherheit in der Beurteilung politischer Vorgänge[37]. War seine Überanpassung fehl am Platz, wie ein verfasserloser vertraulicher Informationsbericht aus dem Jahre 1952 meinte?[38] Gewiß, die Rolle des braven Parteisoldaten nahm ihm niemand ab, und er spielte sie manchmal auch nicht besonders gut. Aber wie hätte er, der nicht einmal über eine Hausmacht verfügte, sich gegen Kurt Schumacher und den Parteiapparat durchsetzen sollen? Er befand sich in einer geradezu tragischen Situation. Er sah, daß er ins zweite Glied abgedrängt wurde und wußte kein Mittel, sich dagegen zu wehren[39]. Mag sein, daß mehr Konfliktbereitschaft seine Position gestärkt hätte, aber der Partei hätte sie geschadet, und Schmid war Anfang der 50er Jahre nicht sicher, daß Bonn nicht doch Weimar würde.

Als Kurt Schumacher am 20. August 1952 starb, war Schmid schon lang kein Thronprätendent mehr. So mag er bei der Nachricht über dessen Tod tatsächlich Trauer empfunden haben. Er mag Kurt Schumacher manchmal gehaßt haben wegen des außenpolitischen Irrwegs, den er der Partei zu gehen befahl. Ein „Unglück" für die Partei soll er ihn einmal genannt haben[40]. Aber er bewunderte ihn auch wegen seines unbeugsamen Führungswillens und seiner Leidensfähigkeit, die für den Baudelaire-Liebhaber Schmid die größte Gnade war. Der Bürgersohn Schumacher hatte die Notwendigkeit einer Parteiöffnung zumindest erkannt, und ihm folgten die Parteitraditionalisten fast widerspruchslos. Schmid wußte mittlerweile, wie schwerfällig der Parteiapparat war. So verband er mit dem Tod Schumachers keine Hoffnung auf eine Änderung der parteipolitischen Linie. Etwas Verbitterung schwang trotzdem mit, als er in späteren Jahren feststellte: „Seine Worte blieben lebendig und auch der Geist, den er der Partei eingeflößt hatte. Manchen wurden Wegweisungen, die er gegeben hatte, zu Glaubensartikeln eines dogmatischen Katechismus."[41]

Daß Ollenhauer die Nachfolge Schumachers antrat, war ausgemachte Sache. Schmids Name wurde nicht einmal in Erwägung gezogen. Allein François-Poncet bedauerte zutiefst, daß Schmid nicht als Nachfolger vorgeschlagen wurde. Aber auch er mußte sich eingestehen, daß sein Wunschkandidat innerhalb der Partei zu umstritten war, um sich durchzusetzen[42]. Für die Franzosen blieb es aber unbegreiflich, daß ein Mann vom geistigen Format Schmids ins politische Abseits gestellt wurde. Ollenhauer, der Emporkömmling aus der Arbeiterbewegung, war die lebendige Verkörperung der Parteitradition. Für Schmid war er der geborene Parteivorsitzende, aber kein zukünftiger Bundeskanzler. Daß Ollenhauer ein Biedermann sei, stand in allen Zeitungen[43]. Schmid hat ihn nie so apostrophiert, obwohl Ollenhauer kein adäquater Gesprächspartner für ihn war. Sokratische Dialoge konnte er mit ihm nicht führen. Persönlich mochte er ihn ganz gern[44]. Der neue Parteivorsitzende war humorvoll und fair und wie Schmid ein Mann des Kompromisses, hielt allerdings zäh an einmal eingenommenen politischen Überzeugungen fest. Ollenhauer war nicht der Mann, der die von Schmid gewünschte Parteireform vorantrieb. Die Parteifunktionäre bekamen durch ihn Auftrieb, die Parteiorganisation wurde durch ihn gestärkt. Gleich in der ersten Parteivorstandssitzung nach Schumachers Tod schlug er vor, daß künftig der Parteivorstand alle zwei Wochen tagen solle[45].

In der Sitzung suchte man verzweifelt nach einem Stellvertreter für Ollenhauer. Auch Schmids Name fiel[46]. Aber Gott bewahre ihn davor! Dessen Hauptaufgabe war die Koordinierung der Arbeit im Parteivorstandsbüro. Eine Menge Organisationsaufgaben kamen auf den zweiten Vorsitzenden zu und obendrein hatte er den Friedensstifter bei innerparteilichen Streitigkeiten zu spielen. Das war Schmids Sache nicht. Er sprach sich dafür aus, ein Schattenkabinett wie in England zu bilden[47]. Die Rolle des Schattenaußenministers wäre ihm wie auf den Leib geschnitten gewesen. Aber im Parteivorstand konnte man sich für seine Idee nicht begeistern.

Auf dem Parteitag in Dortmund Mitte September wurde Erich Ollenhauer mit überwältigender Mehrheit zum Parteivorsitzenden gewählt, der Fraktionssekretär Wilhelm Mellies aus Verlegenheit, weil man niemanden besseren fand, zu seinem Stellvertreter. In der Presse war gelegentlich von einer Abhalfterung Schmids die Rede, von einem Einflußverlust der Intellektuellen innerhalb der SPD[48]. Dem konnte man kaum widersprechen. Schmid mußte den Parteitag als eine schwere Niederlage empfinden. Man hatte ihn gezwungen, darzulegen, warum er sich dem Parteiwillen gebeugt hatte und die Teilnahme am Empfang der Volkskammerdelegation abgesagt hatte[49]. Sein kurzer Beitrag zur Außenpolitik war, wie François-Poncet zu Recht kritisierte, völlig „diffus"[50]. An wohlmeinenden Außenstehenden, die ihm Erfolg wünschten und ihm den Rücken zu stärken versuchten, fehlte es nicht[51]. Er aber war niedergeschlagen und sah in dem ganzen politischen Geschäft nur noch ein „Wassertreten"[52].

Nach und nach ließ sein politischer Einsatz nach. Er ließ die Zügel hin und wieder streifen. Gewiß, die Partei hatte ihn auch überfordert bzw. er selbst hatte sich zuviel aufgebürdet. Wie sollte er die Aufgaben und Ämter noch alle miteinander vereinbaren? Bundestagsvizepräsident, Vorsitzender des Ausschusses für auswärtige Angelegenheiten, Mitglied des Ausschusses für Verfassungsrecht und Rechtswesen, stellvertretendes Mitglied des Ausschusses für Verfassungsschutz, Mitglied des Partei- und Fraktionsvorstandes und zahlreicher Parteiausschüsse und -gremien, bei deren Sitzungen er freilich nur selten anwesend war. Als Redner wurde er von der Partei landauf, landab geschickt. Die nötigen Außenkontakte sollte er herstellen. Die Genossen im Südwesten waren ungehalten darüber, daß er sich dort so wenig sehen ließ. Dabei dachte er unentwegt an seine schwäbische Heimat. Den Kampf um den Südweststaat hatte er im Bundestag auszufechten. Sein Schwabenherz schlug heftig. Selten agierte er im Bundestag so kämpferisch wie in der Südweststaatsfrage. Selbstverständlich gehörte er auch dem Bundestagsausschuß für innergebietliche Neuordnung an[53]. Und obendrein war er auch noch Professor in Tübingen. Samstags und montags brachte er den dortigen Studenten die Grundbegriffe des Völkerrechts bei. Sechs Stunden brauchte er um die Wegstrecke Bonn–Tübingen zurückzulegen.

Obwohl er es zu verbergen versuchte, merkte fast jeder, daß seine Gesundheit ziemlich lädiert war. „Die Bonner Mühlen zermahlen diese Männer und sie mahlen rascher als die Mühlen Gottes", schrieb Erich Kuby nach einem Besuch bei Schmid in der „Süddeutschen Zeitung"[54]. Bereits Anfang 1952 hatte Lydia Schmid Ollenhauer eindringlich gebeten, ihren Mann davon zu überzeugen, daß er dringend ausspannen müsse. Er sei völlig erschöpft[55]. Ollenhauer hatte das auch schon festgestellt, glaubte aber, auf die Mitarbeit seines Parteifreundes nicht verzichten zu können[56]. In der Sommerpause konnte er sich nicht ausruhen, sondern mußte sich einer martialischen Abmagerungskur in Berchtesgaden unterziehen. Erich und Marta Ollenhauer, die ihm Urlaubsgrüße aus Österreich übersandt hatten, schilderte er halb scherzhaft, halb ernst seine Qualen: „Ich (...) bekomme seit 10 Tagen nichts als drei Tassen Tee und eine Flasche Sprudel à 24 Stunden und habe dazu 4–5 Stunden bergauf, bergab durch Wälder, Wiesen und Fels zu rennen und in den Zwischenstunden zerfleischt mich eine Masseuse mit Armen wie Feuerwehrschläuche."[57]

Im September wollte er wieder in Bonn sein, der Stadt, der er an manchen Tagen am liebsten den Rücken zugekehrt hätte.

Gelegentlich mag er mit diesem Gedanken gespielt haben. Sein Amt als Justizminister Württemberg-Hohenzollerns gab er erst im Mai 1950 nach mehrmaligem Drängen Gebhard Müllers auf[58]. Der für seinen Geiz bekannte Ministerpräsident Württemberg-Hohenzollerns mochte es nicht einsehen, daß Schmid ein Ministergehalt einsteckte, obwohl er nie im Lande war. Im Mai 1951 schlug die Rechts- und Wirtschaftswissenschaftliche Fakultät der Universität Tübingen Schmid als Richter für das Bundesverfassungsgericht vor. Er hatte sich mit der Nominierung einverstanden erklärt[59]. Die Bundesregierung beschloß einen Monat später, Schmid das Amt des Vizepräsidenten am Bundesverfassungsgericht anzutragen[60]. Dehler übermittelte den Vorschlag: „Es ist mir ein Bedürfnis, Ihnen zu sagen, wie sehr ich aus meiner Verantwortung für die Wirksamkeit des Bundesverfassungsgerichts es begrüßen würde, wenn Sie diesem Kollegium an hervorragender Stelle angehören könnten."[61] Politisches Kalkül mag dahinter gestanden haben. Wenn Schmid das Amt des Vizepräsidenten am Bundesverfassungsgericht übernahm, würde er vielleicht seine Partei zur Räson bringen, die durch den Gang nach Karlsruhe die Außenpolitik der Bundesregierung zu bremsen versuchte. Schon im Frühjahr 1950 scheint Adenauer allen Ernstes erwogen zu haben, Schmid zum Generalkonsul in Paris zu machen, um ihn für seine Europapolitik einzuspannen[62]. Er ging weder nach Karlsruhe noch nach Paris. Trotz aller Frustration konnte er von der Politik nicht lassen. Wahrscheinlich hatten die Parteifreunde ihn auch am Portepée gefaßt. Sein Rückzug aus der Bundespolitik wäre als ein Zeichen dafür gewertet worden, daß die SPD zu Recht als engstirnige Funktionärspartei angesehen wurde.

Im November 1952 wurde ihm von verschiedenen Seiten das Amt des Kultusministers in Stuttgart in Aussicht gestellt. Doch so attraktiv war der Posten nicht, wie es auf den ersten Blick schien. Die SPD-DVP-GB/BHE-Koalition in Baden-Württemberg stand auf wackeligen Beinen. Es konnte durchaus sein, daß er das Amt in kürzester Zeit wieder verlieren würde. Ein solches Risiko wollte er dann doch nicht eingehen[63]. Victor Renner, einer der wirklichen Freunde Schmids, unternahm in Stuttgart zaghafte Versuche, mit der CDU ins Geschäft zu kommen. Ein Ministerposten in Baden-Württemberg in einer Großen Koalition aus CDU und SPD hätte Schmid eine solide Hausmacht verschafft[64]. Die Freunde im Südwesten beklagten Schmids Einflußverlust in Bonn nicht weniger als die Franzosen, die noch immer beeindruckt waren von dem „exzellenten" Regierungschef Württemberg-Hohenzollerns[65].

In Bonn unterhielt sich der Französische Hochkommissar mit Schmid über die Möglichkeit einer Großen Koalition. An eine Mehrheit der SPD glaubte der die Dinge nüchtern betrachtende sozialdemokratische Außenseiter nicht. Allenfalls mit einem Stimmenzuwachs der SPD sei zu rechnen. Ministerposten seien noch nicht vergeben worden. Nur von Herbert Wehner als Innenminister sei einige Male die Rede gewesen[66]. Schmid mag dies bewußt eingeflochten haben. Auch François-Poncet wünschte sich keinen Außenminister Wehner. Der französische Hochkommissar trat zum großen Ärger Adenauers ganz offen für die Bildung einer Großen Koalition in Bonn ein[67], wohl nicht zuletzt, weil er Schmid in einem zukünftigen Kabinett als Minister sehen wollte. Das war alles Wunsch, aber nicht Realität.

Am Sonntag, den 15. Februar 1953 platzten erst einmal alle Hoffnungen Carlo Schmids. An diesem Unglückstag ging er mit fast 40° Fieber ins Stuttgarter Rundfunkhaus, um sich in der Sendereihe „Vom Hundersten ins Tausende“ mit dem Frankreich-Kenner Friedrich Sieburg über dieses und jenes zu unterhalten. Schmid hatte vor dem Gespräch Tabletten genommen und trank während des Gesprächs mehr Whisky, als für ihn gut war. Nach Ende der offiziellen Aufnahme plauderte man privatim weiter. Schmid ließ seinem Frust freien Lauf und machte aus seiner abgrundtiefen Abneigung gegen den Intendanten des Süddeutschen Rundfunks Fritz Eberhard keinen Hehl. Dieser Eberhard sei doch der „letzte Dreck“. Dann folgten noch einige Schläge unter die Gürtellinie, die nicht zitierfähig sind[68]. Weil Schmid nun einmal am Schimpfen war, kam auch noch Alex Möller, der damalige Vorsitzende des Verwaltungsrates des Stuttgarter Rundfunks, an die Reihe. „Typus des Opportunisten“, des Apparatschiks“. Wenn der Möller nicht „irgendwelche Flecken“ gehabt hätte, wäre er „Gauleiter“ geworden[69].

Schmid hatte sich einen fürchterlichen Faux-pas geleistet. Aber alles wäre nicht so schlimm gewesen, wenn die Tontechniker nicht ohne Wissen der Gesprächsrunde das Magnetband hätten weiterlaufen lassen. Einige Tage später waren Schmids Entgleisungen in allen Tageszeitungen zu lesen. Aber damit nicht genug. Die Zeitungen wußten zu berichten, daß er Ollenhauer einen „kleinen Maurergesellen mit Spatzengehirn“ genannt habe und Schoettle vorgeworfen habe, er sei „dumm und korrupt“[70]. „Ertrinkt Carlo Schmid in seinen Rundfunkwellen“; „Als SPD-Politiker nicht mehr tragbar“; „Stolpert Carlo Schmid über Rundfunk-Tonband“, so rauschte es durch den Blätterwald[71].

Schmid hatte sich sofort, nachdem ihm seine Äußerungen zur Kenntnis gebracht worden waren, bei Möller und Eberhard in aller Form entschuldigt[72]. Möller, dem nichts Menschliches fremd war, nahm die Entschuldigung an und bat, die Tonbänder nicht abspielen zu lassen[73]. Schmid hat sein ganzes Leben Möller für diese Noblesse gedankt[74]. Die beiden wurden später gute Freunde. Fritz Eberhard genügte die Entschuldigung nicht. Er startete einen haßerfüllten Rachefeldzug gegen Carlo Schmid. Die angeblichen Äußerungen Schmids über Ollenhauer und Schoettle waren böswillig von ihm aufgesetzte Falschmeldungen[75]. Der Name Schoettle war in dem Gespräch nicht einmal gefallen. Auch Ollenhauer hatte er nichts Böswilliges nachgesagt. Er berichtete lediglich über ein Gespräch mit dem Parteivorsitzenden: „Der Erich Ollenhauer kommt zu mir am Freitag und sagte: Carlo, du überleg dir mal übers Wochenende, weißt du nicht ein paar Leute, die gar nichts mit Politik zu tun haben, sondern die einfach Leute sind, die geistig etwas bedeuten, die vielleicht bereit sein könnten, ein Mandat für uns im Bundestag anzunehmen. Die Leute brauchen gar keine Sozialdemokraten zu sein."[76] Ollenhauer hatte das vermutlich nicht gesagt, aber skandalös oder sensationell war diese Parteikritik nun wirklich nicht. Daß Schmid zu viele bornierte Parteifunktionäre in der Fraktion saßen, pfiffen die Bonner Spatzen längst schon von den Dächern. Ein Skandalon waren die von Fritz Eberhard lancierten Falschmeldungen. „Die Welt" sah auch in der ganzen Angelegenheit nicht eine Affäre Carlo Schmid, sondern eine Affäre Fritz Eberhard[77].

In der Partei und Fraktion wurde Schmid auf die „Schandbank" gesetzt[78], und er setzte sich, von Schuldgefühlen getrieben, auch selber darauf. Man nötigte ihn, vor der Fraktion eine förmliche Entschuldigung abzugeben, in der er seine Äußerungen als „schwere Kränkung" bezeichnete, für die er sich auch gegenüber der Partei entschuldige. Die politische Grundlinie der SPD halte er für „richtig, habe sie immer vertreten und werde sie immer vertreten". Bei der ganzen Angelegenheit habe die „Rücksicht" auf seine „Person auszuscheiden". Es komme darauf an, „weiteren Schaden von der Partei abzuwenden"[79]. Schmid war bereit, sein Mandat niederzulegen[80]. Wenn Ollenhauer nicht seine schützende Hand über ihn gehalten hätte, wäre es vermutlich auch zum Parteiausschluß gekommen[81]. Mit Stimmenmehrheit nahm die Fraktion die Entschuldigung Schmids an.

„Am Marterpfahl." Die „Rothäute" bestrafen das „Bleichgesicht Carlo" dafür, „daß es einen Stammesangehörigen ‚stinkende Krähe' genannt hatte", so zeichnete ein mit spitzer Feder bewaffneter, scharfsinniger Karikaturist den ganzen Vorfall[82]. Das traf den Nagel auf den Kopf. Es gab viele, die dem ungeliebten Außenseiter gern einen Eselstritt gegeben hätten. Schmids couragierte Mitarbeiterin Mathilde Alt schrieb ohne sein Wissen auf die Rückseite eines seiner Briefe: „Gegen meinen Herrn wird auf jeden Fall ganz schön hintenherum gehetzt. Die Herren meinen, nach der Stuttgarter Affäre sei er nicht mehr tragbar."[83] Schmid war total deprimiert, zermürbt und mit den Nerven am Ende. Aber den Rücken wollte er der Partei nicht kehren. Einigen Briefeschreibern, die ihm dazu rieten, antwortete er: „(W)enn man eine Idee bejaht, muß man auch das Instrument bejahen, das diese Idee sich geschmiedet hat."[84] Zum Gegenschlag holte er, von Schuldgefühlen zerknirscht, nicht aus. Er hätte es gekonnt, und es wäre möglicherweise ein Befreiungsschlag gewesen. In den führenden Tageszeitungen bewertete man den Skandal ganz anders als in der SPD. In der „Süddeutschen Zeitung“ konnte man am 5. März lesen: „Parteidisziplin in Ehren. Aber wieso war es eigentlich ein Vorfall? Für den parteipolitisch neutralen Beobachter besteht der Vorfall darin, daß hier die glänzend begonnene Karriere eines glänzend begabten Mannes einen für alle Beteiligten beschämenden Rückschlag erlebt.“[85] Der CDU-Abgeordnete Bucerius brachte einen Gesetzentwurf im Bundestag ein, durch den das unbefugte Aufzeichnen von Privatgesprächen unter Strafe gestellt werden sollte[86].

Auch einige Parteifreunde aus dem Südwesten und der DGB-Ortsausschuß Stuttgart, der erfahren hatte, daß Eberhard an Freund und Feind die belastenden Tonbänder versandt hatte, stellten sich auf Schmids Seite[87]. Fritz Eberhard hatte in seiner blinden Raserei auch gleich drei Mitarbeiter des Südwestfunks entlassen, weil sie Schmid bei der Unterhaltung nicht widersprochen hatten. Der DGB unterstützte die drei bei ihrer Klage auf Kündigungswiderruf. Schmid setzte sich bei Grimme dafür ein, daß die drei beim NWDR eine Anstellung bekamen[88]. Treue bekundeten auch die Mannheimer Sozialdemokraten. Sie votierten einmütig dafür, Schmid wieder als Direktkandidaten aufzustellen. Mannheims Bürgermeister Trumpfheller hatte sich schon gleich nach der Affäre bei Ollenhauer für Schmid verwandt[89]. Was Mannheims Parteisekretär Ott schrieb, war Balsam für Schmids wunde Seele: „Meine Meinung ist die, daß jene Genossen, die den Kram an die große Glocke hängten (...), der Partei mehr schadeten als demjenigen, den sie treffen wollten, und wenn schon Kritik geübt wird, dann gehört sie dort ebenso deutlich ausgesprochen. Mit dieser Auffassung stehe ich nicht allein, und wenn schon eine Erregung bei den Genossen festzustellen war, dann wegen der unqualifizierten Art, wie man die Dinge ins Rollen brachte.“[90]

Gut, daß ihm die Mannheimer die Stange hielten, denn einen Listenplatz bekam er nicht. Max Denker und Schoettle nutzten den Vorfall, um persönliche Animositäten auszutragen. Der Bezirksvorstand Südwest mißbilligte auf ihr Betreiben Schmids Äußerungen und erklärte sich mit Eberhard solidarisch[91]. Zur Strafe wurde sein Name nicht auf die Landesliste gesetzt. Als die Wahl näherrückte, bekam man es in der Partei mit der Angst zu tun. Ollenhauer und Mellies waren erschrocken, daß Schmid nicht durch die Liste abgesichert war. Die Wähler mußten glauben, die Partei entwickle sich zu einer reinen Arbeiterpartei zurück, zumal auch Arndt, Seuffert und Gülich schlechte Listenplätze zugewiesen bekommen hatten[92]. Ollenhauer forderte eine Korrektur der Landesliste. Schmid bat, nichts dergleichen zu unternehmen[93]. Vermutlich wollte er den Parteifreunden beweisen, daß er kraft seiner Persönlichkeit und nicht dank der Partei gewählt wurde. Mannheim galt als sicherer SPD-Wahlkreis. Aber er konnte nicht wissen, ob nicht einige Wähler ihm für seinen Fehltritt einen Denkzettel verpassen würden. Er ging das Risiko ein.

Wie schon 1949 war er bestrebt, den Wahlkampf sachlich zu führen, zugeschnitten auf die Mentalität der kleinen Leute. Bereits Anfang 1953 hatte er den Parteivorstand davor gewarnt, den Wahlkampf unter der Remilitarisierungsparole laufen zu lassen. Damit treibe man die Wähler nur Heinemann und Helene Wessel zu. „Argumente wie: Steuerreform erbrachte den Einkommen von 1200,– DM 6 DM Ermäßigung, denen von 60 000,– 6000 wirk(t)en viel besser."[94] Trotz guter Vorsätze ließ sich die SPD am Ende wieder auf das Feld der Außen- und Deutschlandpolitik locken und drosch auf die CDU mit Pauschalvorwürfen wie „Unternehmermillionen kaufen politische Macht" ein[95]. Schmid versuchte es in seinem Wahlaufruf von Anfang September mit Ehrlichkeit: „Auch eine sozialdemokratische Regierung wird nicht imstande sein, im Laufe der nächsten vier Jahre das Paradies auf Erden zu schaffen." Aber sie wird für Vollbeschäftigung, soziale Steuerpolitik und sozialen Lastenausgleich sorgen. Die SPD sei weder religions- noch kirchenfeindlich und habe sich schon seit einiger Zeit aus einer reinen Arbeiterpartei zu einer „umfassenden Volkspartei" gewandelt[96]. Schmids Wahlkundgebungen hatten nach denen Adenauers den meisten Zulauf[97]. Beim Wahlvolk war er populärer denn je. So wie die Wahlkundgebungen verliefen, konnte er einigermaßen zuversichtlich sein, wieder in den Bundestag einziehen zu können.

Ein Dichter im Bonner Treibhaus

1953 erschien ein Roman, der bald zum Roman der frühen Bundesrepublik werden sollte: „Das Treibhaus" von Wolfgang Koeppen. In einem Vorwort schrieb der Autor: „Der Roman Das Treibhaus hat mit dem Tagesgeschehen, insbesondere dem politischen, nur insoweit zu tun, als dieses einen Katalysator für die Imagination des Verfassers bildet. Gestalten, Plätze und Ereignisse, die der Erzählung den Rahmen geben, sind mit der Wirklichkeit nirgends identisch."[1] Rein zufällig aber ist die Ähnlichkeit mit lebenden Personen nicht. Man braucht nicht viel Phantasie, um in dem Kanzler Adenauer und in dem Oppositionsführer Knurrewahn Kurt Schumacher wieder zu erkennen. Die beiden politischen Hauptprotagonisten der frühen Bundesrepublik sind aber nicht die Hauptpersonen des Romans. Das ist der Abgeordnete Keetenheuve, der in die Politik ging, um „der Nation neue Grundlagen des politischen Lebens und die Freiheit der Demokratie zu schaffen". „Er wollte Jugendträume verwirklichen, er glaubte damals an eine Wandlung, doch bald sah er, wie töricht dieser Glaube war, die Menschen waren natürlich dieselben geblieben, sie dachten gar nicht daran, andere zu werden, weil die Regierungsform wechselte (...)"[2]. Daß Koeppen an Schmid dachte, als er Keetenheuve erfand, steht außer Frage. Gewiß, Schmid war nicht wie Keetenheuve ein Radikalpazifist, der die Wiederbewaffnung bedingungslos ablehnte, und er belegte auch nicht wie dieser die Adenauer-Ära mit dem Pauschalvorwurf, sie sei „restaurativ“. Aber er war wie Keetenheuve ein „Schwimmer, der gegen eine starke Strömung zum Ufer schwimmt“, der sich schließlich jedoch dreinfügte, „sich zum Haufen der Fraktion zu halten, mitzulaufen“, obwohl er dort als ein enfant terrible galt[3]. Schmid bemerkte in späteren Jahren einmal verbittert: „Wer immer gegen den Strom schwimmt, kommt nie ans Ziel.“[4]

„Die Fachmänner marschierten auf alten Wegen in die alten Wüsten.“ Keetenheuve war ein „Dilettant in der Poesie und ein Dilettant in der Politik“[5]. Schmid bezeichnete sich wiederholt als „dilettante“, um sich gegen den Fachmann, der für ihn immer eine „Knote“ war, abzugrenzen. Manchmal fürchtete er, in Bonn selbst ein „Knote“, ein sturer Berufspolitiker, zu werden[6]. Keetenheuve übersetzt Baudelaire, weil er selbst ein Saturnier war, einer auf dem das Martyrium des Zweifels lastete: „An jeder Entscheidung hingen tausendfache Für und Wider, Lianen gleich, Lianen des Urwalds, ein Dschungel war die praktische Politik.“ Die „Sinnlosigkeit seines Tuns“ war Keetenheuve „klar“[7]. Auch Schmid befielen, seit er in Bonn war, Zweifel, ob er recht daran getan hatte, in die Galeere Politik einzusteigen. Aber man konnte nicht aussteigen, „wenn man nicht ein schlechter Kerl sein“ wollte[8].

Koeppen, der Dichter und partisan de tristesse, beschreibt das Scheitern eines Intellektuellen und Künstlers, der die Welt „zerdachte“, „die ihn trug“[9]. Schmid war mehr Realist als Keetenheuve, weil er die Utopie schon immer an der Realität gemessen hatte, weil der Jurist dem Künstler geistige Zügel anlegte, so daß er in der Politik als Verantwortungsethiker handelte. Aber die Politik genügte ihm genauso wenig wie seinem Bruder im Roman. Er war noch nicht ein Jahr in Bonn, da klagte er schon: „Es ist allmählich so, daß ich glücklich bin, wenn ich im Laufe eines Monats einmal eine halbe Stunde habe, in der ich mich mit mir selber beschäftigen kann. Lange kann ich dieses Leben nicht mehr aushalten.“[10] Stefan Burschewski, mit dem er in Lille Dante, Hölderlin und George gelesen hatte, schrieb er: „Es geht mir nicht sehr gut, ich bin schwer getroffen durch einen großen Verzicht, den ich leisten muß.“[11] Keetenheuve trieb die Melancholie in den Selbstmord, Schmid befreite sich von ihr, indem er dichtete. Er war zu einem Doppelleben gezwungen. Aktenberge dienten als Tarnung, wenn er in langweiligen Sitzungen des Auswärtigen Ausschusses Gedichte verfaßte, anstatt sich an der Diskussion zu beteiligen[12]. Auf Konferenzpapier der Interparlamentarischen Union findet man Liebesgedichte[13].

Wie schon in Lille bannte er auch jetzt die Melancholie, die ihn quälte, indem er sie zum Thema seiner Gedichte machte. Januar, Februar, März,

Herbst sind die Gedichte eines Gedichtzyklus von ihm überschrieben. Der Sommer, die Zeit der Reife und Erfüllung, fehlt. Die Jahreszeit, die Lebenszeit ist, ist ein ewiges stirb und werde, Schmids condition humaine. Im Aufbruch liegt das Scheitern bereits beschlossen. Das mit Februar überschriebene Gedicht schließt mit der Strophe[14]:

Noch ist nicht zeit. Die hoffnung will noch schlafen.
Die trauer stöhnt in jedem neuen wehen.
Ein vogel schreit: er hat mein herz gesehen
Das arglos deines lächelns schwerter trafen.

Für den Leidenden wird das Lächeln des Glücklichen zum Schmerz, der peinigt. Auch im Saatmonat März keimt keine Hoffnung auf, denn die Welt ist ein ewiger Kreislauf:

Kein ton im lande als der sterne leid
Das jauchzend ewige wiederkehr verkündet
Und einer krähe schrei der mich beschied
Das alles dies in neue tode mündet.

Schon im Frühjahr kündigte sich der Herbst an. Der Sommer bleibt aus. Aber die Hoffnung auf sein Kommen im Jahr darauf ist noch nicht ganz versiegt. Der Gedichtzyklus endet mit dem Appell, vor der Öde des Daseins nicht zu kapitulieren:

Nun härte dich mein herz! Du wirst sonst nie
Das kreuz von eis für neuen sommer sprengen.
Flieh aus dem herbst damit dich nicht versengen
Die schwarzen sonnen der melancholie!

Variationen des gleichen Themas. Aber der Ton wird schmerzerfüllter, die Oxymora noch schärfer, schneidender. Die Metapher von den „schwarzen Sonnen der Melancholie" wird fast schon zum Stereotyp. Der Saturner lebt in der Eiszeit, verbannt von den anderen, denen er sein Herz verbirgt. Schmid hatte viele Freunde, er sehnte sich nach Freundschaft, aber hatte er einen richtigen Freund?[15] „Freunde, im alten Sinne, gibt es nicht mehr oder kaum mehr und die wenigen, die man hat, bekommt man nicht mehr zu sehen und noch weniger zu sprechen."[16] Im Grunde war Schmid ein einsamer Mann. Es blieb die Zwiesprache mit den Dichtern. Noch immer übersetzte er. Die große Dichtung erschloß sich ihm so besser als durch rationales Deuten. Überhaupt standen Dichtung und Denken bei ihm in engem Zusammenhang.

Die Sonette des Künstler-Dichters Michelangelo lagen auf seinem Schreibtisch. Michelangelo, neben Raffael im 19. Jahrhundert als Lichtgestalt verehrt, war nach der Jahrhundertwende von Rilke und vom George-Kreis auch als Dichter entdeckt worden. Rilke und der Georgeaner Max Kommerell hatten Nachdichtungen der Sonette des großen Italieners verfaßt[17]. Michelangelo hatte in der Platonischen Akademie in Florenz das Dichten gelernt. Die neuplatonische Vorstellung von Schönheit und Liebe stand im Zentrum seiner Dichtung. Was für Dante Beatrice war, war für Michelangelo Vittoria Colonna, die Altersliebe des Künstlers. Schmid übertrug aus der Vielzahl der Gedichte des italienischen Meisters die Nachtgedichte und die Vittoria Colonna gewidmeten. Traum und Eros, Sinnlichkeit und Formtrieb, die Verewigung der Schönheit in der Kunst war ihr Thema. Was Kunst für Schmid bedeutete, zeigt am besten seine Übertragung des Sonetts „An Vittoria Colonna“ [18]:

Wie kann denn sein · o · herrin, was uns allen
Das wissen sagt: es dauert längere frist
Ein bild · dess leben nur im steine ist
Als der es schuf: der wird zu staub zerfallen.

Vor ihrer wirkung muss die ursach weichen
Drum wird natur vom kunstwerk überwunden.
Ich weiß es · der im schönen bild gefunden
Dass vor dem werke zeit und tod verbleichen.

So kann ich wohl ein langes leben wahren
Uns beiden · bild' in farben oder steinen
Ich künstlich unserer angesichte paar.

Sind wir dann tot · wird man nach tausend jahren
Noch sehn wie schön ihr wart und ich in peinen
Und dass euch lieben keine torheit war.

Michelangelo zu übersetzen, verlangte ein großes Sprachvermögen. Max Kommerells Übersetzungen kamen zwar dem Wortsinne nahe, aber sie hatten einen stark literarischen Einschlag. Rilke vergeistigte die Lyrik des Italieniers. Hinter der Melodik der Verse verschwand die „terribilitá“ des Renaissancekünstlers. Rilke hatte eine andere Seelenlage als Michelangelo. Die Schmids war der des italienischen Meisters, der ein Melancholiker war, ähnlich.

„Im Warten – wie einst geschrieben. 28. IX. 1954“. In London tagte die Neunmächtekonferenz. Carlo Schmid übersetzte an diesem Tag Sapphos berühmtestes Gedicht: die Ode an Aphrodite[19]. Die Dichterin wendet sich an Aphrodite, die zusammen mit Eros zu den großen Daseinsmächten gehört, und bittet sie um die Zuwendung einer ihrer Schülerinnen:

Komm, ach komm! und löse auch jetzt vom Herzen
Mir die Angst! Stille noch heut des Herzens
Sehnen! Sei, Gewaltige, einmal mir noch
Helfende Freundin!

So lauten in der Übersetzung Schmids die eindringlichen Schlußverse der Ode. Die frühgriechische Dichterin eines erzieherischen Eros ließ ihn für einige Stunden den tristen Bonner Alltag vergessen. Nach Beendigung seiner Michelangelo-Übersetzungen trug er die Gedichte Sapphos bei sich. Er übersetzte mehrere ihrer im Altertum bewunderten, später oft mißverstandenen Verse[20]. Die dichterischen Motive, die Schmid fesselten, waren noch dieselben wie in den 30er und 40er Jahren. Mit Wolfgang Frommel war er noch immer befreundet. Eine Aura der Erhabenheit scheint dessen Besuche in Bonn umgeben zu haben[21]. Das Gefühl zum „geheimen Deutschland" zu gehören, war wohl noch nicht ganz geschwunden.

In der Bonner Anfangszeit scharte er einen kleinen Kreis jüngerer Bundestagsabgeordneter um sich, mit denen er Dante, Hölderlin und Goethes Faust las und interpretierte oder, besser gesagt, lesen und interpretieren wollte, denn sehr erfolgreich war sein Versuch der ästhetischen Erziehung offensichtlich nicht. Fritz Erler soll schon nach einigen Abenden weggeblieben sein[22]. Er war vermutlich keine Ausnahme. Die Jugend, die in der Arbeiterbewegung groß geworden war, oder zu der sogenannten pragmatischen Nachkriegsgeneration zählte, suchte Sinnvermittlung und Selbstverständigung nicht in der Literatur. Schmids Zuhörer in Lille mögen noch für Hölderlins Hesperien und Fausts Gang zu den Müttern empfänglich gewesen sein. Die Bonner Nachwuchsgeneration hatte sich voll und ganz der Politik verschrieben. Wer eine Karriere in Bonn plante, wollte Berufspolitiker sein, während Schmid den Typus des Berufspolitikers ganz in Übereinstimmung mit George, aber auch den idealistisch gestimmten Kreisauern um Helmuth James von Moltke für die geistige Enge und Phantasielosigkeit der Politik verantwortlich machte. Für die verlorene Generation nach dem 1. Weltkrieg war Literatur etwas Existentielles, ein Stück Selbstauseinandersetzung. Vor 1933 schieden sich die Geister an Stefan George. Nach 1945 sprach niemand mehr von ihm, und wenn, dann wurde er vorschnell in die Ahnenreihe des Nationalsozialismus eingereiht. Für die junge Generation, die nach 1945 in die Politik ging, gehörte Literatur zum Kanon klassischer Bildung. Schulwissen aber konnte man aus Schmids abendlichen Lesungen nicht mit nach Hause nehmen. Seine Interpretationen waren zum Teil selbst wieder Dichtungen. Schmid tat sich schwer, diesen Wertewandel zu begreifen. Seine Klagen über den Pragmatismus der Adenauer-Ära waren emphatisch und zahlreich[23]. Er war Erzieher aus Leidenschaft. Sogar eine Wand hatte er in seiner kleinen Zweizimmer-Wohnung herausbrechen lassen, damit die gesellige Runde mehr Platz hatte[24]. Gram war er keinem wegen des Desinteresses an den Dichterlesungen. Für einige wurde er trotz allem zum geistigen Mentor, bei dem man sich Rat holen konnte und in dessen Büro man ein „Stück Behausung" fand[25].

Den Musen zugetan war im biederen Bonn neben Schmid nur der erste

Bundespräsident. Die beiden Musensöhne tauschten einige Male Gedichte aus. Auch Heuss' Nichte Ulla Galm beteiligte sich einmal zur großen Freude Schmids an dem Spaß[26]. Es war eine heitere Zweckartistik ohne tieferen Gehalt. Sie diente dem Amusement genauso wie Schmids zahlreiche Elegien, die er auf parlamentarischen Abenden zum Besten gab, wo er sich ausnahmsweise öffentlich zu seinem Dichtertum bekennen durfte[27]. Ein Ringelnatz in Bonn. Er trat auch jetzt wieder als Possenreißer auf, wenngleich als ein todtrauriger, der beklagte, daß die Musen ihm in Bonn den Rücken zukehrten[28]:

> Ich aber lasse das Rufen zu euch, ihr Musen
> Und daß ihr
> In dieser Stadt lieber schlaft, dieses versteht, wer sie
> Kennt.

Aber ganz den Musen abgewandt, war diese verschlafene Bundeshauptstadt doch nicht. Im Bonner Bürgerverein wurde Anfang der 50er Jahre Lope de Vegas „Die kluge Närrin" gespielt – in der Übersetzung von Schmid[29]. Er freute sich, daß man sich seines Kunstwerks annahm und verteilte nicht ohne Stolz Freikarten für die Aufführung[30]. Kölner Studenten konnten ihn sogar dazu überreden, ihnen seine in Lille verfaßten Chansons zur Verfügung zu stellen[31]. Noch hatte es die Politik nicht geschafft, ihm die Freude am Schau-Spiel und am Reimen zu verderben. Melancholie und Tristesse ließen Schmid nicht zum Trauerkloß werden. Das Lachen im Weinen hatte er auch in Bonn nicht verlernt. Sein Witz und Esprit machten ihn zum Mittelpunkt jeder Gesellschaft. Wenn es abends in bunter Gesellschaft lustig zuging, konnte Schmid stundenlang alte Reservelieder singen[32]. Ziemlich falsch soll er sie gesungen haben[33]. In seinem Bonner Büro traf sich die Welt[34]. Das Gespräch mit ihm war immer interessant und anregend, selbst wenn die dichterische Phantasie manchmal mit ihm durchging. Er freilich klagte, daß es schrecklich sei, als eine Kuriosität zu gelten[35]. Irgendwie geriet er doch immer in den Verdacht, kein seriöser Politiker zu sein.

Er schimpfte auf Bonn, auf diese „Provinzstadt, die sich aufbläst, in der weniger geistige Bewegung ist als in irgendeiner vergleichbaren anderen Stadt (...), in der sich jeder vor jedem abkapselt, in der keiner mit irgendeinem je in Berührung kommt, es sei denn, er sei von alters her mit ihm befreundet"[36]. Die Reutersiedlung, in der ihm eine kleine Wohnung zugewiesen worden war, war ein schnell fertiggestellter Neubaukomplex von Kleinwohnungen, die überaus hellhörig waren, und das im spießigen Bonn. Nach Tübingen kam er, wenn überhaupt, nur noch am Wochenende. Bonn hatte ihn so in Anspruch genommen, daß er nicht in jedem Semester Vorlesungen angeboten hatte. Schlimmer als die Stadt waren die Frustrationen des politischen Alltags, die Bonner Politik. Doch Aussteigen war auch keine Lösung, und man durfte es auch nicht, wenn man nicht ein „schlechter Kerl" sein wollte. Und manchmal schliefen auch in Bonn die Musen nicht. Dann holten sie für „die Zeit eines Traums" den „Verbannten" heim[37].

Im Dauerzwist mit der Partei (1953–1957)

Der „Ballastabwerfer"

Spätabends am 6. September konnte Carlo Schmid aufhören, zu bangen. Er gehörte auch dem zweiten Deutschen Bundestag an. Mit einem Vorsprung von 4387 Stimmen hatte er das Direktmandat in Mannheim erobert[1]. Berauschend war das Ergebnis nicht. Sein Stimmenanteil lag nur um 0,1 % höher als der Zweitstimmenanteil der SPD, die in Mannheim 38,1 % der Wähler hinter sich scharen konnte. In der nordbadischen Industriestadt bestimmte immer noch Erwerbsstruktur und soziale Schichtung das Wahlverhalten[2]. Das alte Lagerdenken hatte hier überlebt. Die KPD konnte noch 7,8 % der Wählerstimmen gewinnen. Trotzdem: verglichen mit dem bundesweiten Stimmenanteil der SPD war das Mannheimer Wahlergebnis schon fast ein Erfolg.

In der Bonner Baracke herrschte am Abend des 6. September Panikstimmung. Der prozentuale Stimmenanteil der SPD war von 29,2 % auf 28,8 % gesunken. Die CDU/CSU triumphierte. Sie hatte Erdrutschwahlen gewonnen. Ihr Stimmenanteil hatte sich um über 14 % erhöht. Das genügte für die absolute Mehrheit der Bundestagssitze. Ollenhauer spielte den schlechten Verlierer. Am Tag nach der Wahl beschwor er die Gefahr einer neuen Harzburger Front[3]. Als sich zwei Tage später der Parteivorstand versammelte, wiederholte der SPD-Parteivorsitzende seine übertriebenen Befürchtungen. Pressechef Fritz Heine sekundierte ihm: „Er habe Zweifel, daß wir in vier Jahren noch eine freie Wahl haben werden, er glaube, daß der 6. September der Anfang vom Ende einer Demokratie sei."[4] Schmid mahnte zu mehr Selbstkritik und richtete den Blick auf die Zukunft: „Die Partei kann die Wahrheit ertragen, (...) wir brauchen keine Auslegungskünste zu verwenden. (...) Im Parlament haben wir jetzt das Wächteramt für die demokratischen Rechte wahrzunehmen. Wir sollten uns im Parlament künftig nicht mit kleinen Abänderungsanträgen aufreiben, sondern in bedeutenden Fragen von der Sache her mit aller Kraft auftreten."[5] Die Reformer saßen in der Fraktion. Ihr Einfluß mußte gegenüber dem Parteiapparat gestärkt werden. Laut sagte er das freilich nicht. Er wollte sich ja nicht schon wieder den Zorn seiner Parteifreunde zuziehen.

Irrationale Ängste zu schüren, wie Ollenhauer und Heine dies taten, hielt er nicht für den richtigen Weg, um aus dem Wahldesaster herauszukommen. Er wollte eine rationale Analyse des Wahlergebnisses vornehmen. Warum hatten sich die Wähler für Adenauer entschieden? Drei Gründe glaubte er, ausmachen zu können: das Sicherheitsbedürfnis der Bevölkerung, das Obrigkeitsdenken der Deutschen und die Allianz des Bundeskanzlers mit den Amerikanern. Wenn die SPD die nächten Wahlen gewinnen wolle, müsse sie noch „einigen Ballast" über Bord werfen[6].

Mit dieser Auffassung stand Schmid in der Parteivorstandssitzung am 16. September und auf der tags darauf tagenden Konferenz der Führungsgremien der Partei nicht allein. Die Wahlkampfführung der SPD wurde einer scharfen Kritik unterzogen. Ernst Reuter plädierte für eine Änderung der Sprache, Methode und Propaganda. Die SPD müsse loskommen von ihrem „alten Denken im Negativen". Ihr habe die „geistige Fähigkeit gefehlt, zu erklären", was sie will[7]. Der Leiter des Kieler Weltwirtschaftsinstitutes Fritz Baade verwies in Anspielung auf Gregor Straßers Wort von der „antikapitalistischen Sehnsucht der Massen" auf die „antisozialistische Sehnsucht der Massen". Die SPD müsse scharf gegen das „Märchen" angehen, daß sie gegen das Eigentum sei. Er riet den Parteifreunden, dem Beispiel der sozialistischen Parteien in Europa zu folgen und sich von der marxistischen Phraseologie zu trennen[8]. Wilhelm Kaisen empfahl in einem Brief an Ollenhauer „weniger Kassandrarufe" und „mehr Verteidigung des Erfolgs sozialdemokratischer Arbeit". Die Sozialisierungsparole schrecke die Bürger ab. Es schmerze ihn, daß die Partei, der er seit über 50 Jahren angehöre, „immer noch in Irrtümern beharrt, die von der Geschichte längst korrigiert" sind[9].

Der sonst so gelassene Ollenhauer reagierte überaus verschnupft auf die Kritik: „Er sei für fairen Wahlkampf und stolz darauf, ihn so geführt zu haben." Bisher sei er der Meinung gewesen, daß die Stellungnahme der SPD zur Wirtschaftspolitik einer „wissenschaftlichen Erkenntnis" entspringe. Die Ausführungen Baades aber müßten unter die Überschrift gebracht werden: „Die SPD ist keine sozialistische Partei." Baades Vergleiche mit anderen europäischen Ländern seien absolut falsch[10]. Ollenhauer sah in der Kritik einen Angriff auf die Partei, deren lebendige Verkörperung er war. Schmid war froh, daß endlich eine Diskussion über die Parteireform in Gang kam. Bissig stellte er fest, daß die Niederlage auch „ein Gutes" gehabt habe, nämlich, „daß sich die potenten Kräfte in der Partei auf das Notwendige besonnen haben und entschlossen sind, das Erforderliche zu tun."[11] Aufbruchstimmung trotz Niederlage. Auch Ollenhauer konnte sich der Kritik nicht ganz verschließen. In der Aussprache über die Regierungserklärung Adenauers am 28. Oktober unterstrich er ausdrücklich, daß die SPD nicht Gegner des freien Wettbewerbs sei[12].

Am Abend des gleichen Tages stellte Schmid im Bayerischen Rundfunk Überlegungen zur Parteireform an. Im Grunde sagte und predigte er nur, was er seit 1945 immer gesagt und gepredigt hatte. Die SPD müsse zu einer Volkspartei werden, die die Interessen der Arbeiter, Angestellten, Bauern, Mittelständler und Beamten vertritt. Deutlicher als bisher strich er heraus, daß die SPD „keine Weltanschauungspartei“ mehr sei, sondern eine „soziale Reformpartei“: „Zu ihr kann, aus welchem weltanschaulichem Lager auch immer, jeder stoßen, der der Meinung ist, daß alles getan werden müsse, um den materiellen, moralischen und geistigen Lebensstand des Volkes zu heben (...).“ [13] Schmid sprach zwar von Sozialismus, aber er meinte soziale Demokratie. Daß die SPD positiv zum öffentlichen Auftrag der Kirchen stehe, die Religion für sie mehr als bloße Privatsache sei, hatte er schon dutzendmal gesagt[14]. Nicht weniger oft hatte er erklärt, daß die SPD nicht eigentumsfeindlich sei. Diesmal formulierte er es noch prononcierter als sonst: Die SPD „möchte Gesetze schaffen können, die jedem eine echte Chance geben, Privateigentum zu erwerben, denn wir Sozialdemokraten sind der Überzeugung, daß der Mensch volle sittliche Verantwortung für das Ganze seiner Existenz auf die Dauer und im allgemeinen nur tragen kann, wenn er über soviel Privateigentum verfügt, daß er imstande ist, auch jemanden gegenüber ‚Nein‘ zu sagen, von dem er wirtschaftlich abhängig sein mag.“ [15] Das war recht utopisch, entsprach aber Schmids unbedingtem Freiheitswillen, der in seiner Gegnerschaft zur Massendemokratie wurzelte. Er bekundete die Überzeugung, daß die SPD „stark genug“ sei, „um ohne Schaden für das unvergängliche Gut der Arbeiterbewegung abwerfen zu können, was im Laufe der Zeit zu totem Ballast geworden sein mag.“ [16]

Mit ähnlichen Worten hatte er den Genossen schon des öfteren ins Gewissen geredet. Doch jetzt brauste plötzlich ein innerparteilicher Proteststurm gegen ihn los. Schoettle gehörte zu den ersten, die Stellung gegen ihn bezogen. Am 6. November versandte er ein Rundschreiben an die Funktionäre des Bezirks Südwest, in dem er monierte, daß Schmid die Rede zu einem Zeitpunkt gehalten habe, wo sie die „dringend notwendige politische Diskussion“ belasten mußte[17]. Warum eigentlich? Andere hatten doch auch in aller Öffentlichkeit die Trennung von liebgewordenen, aber überholten Traditionen verlangt[18]. Schoettle nahm Anstoß an Schmids Ausführungen über die Rolle des Privateigentums und der Religion und wollte sich nicht damit abfinden, daß die SPD keine Weltanschauungspartei mehr sei. Wieder einmal wurde Schmid zum Vorwurf gemacht, daß für ihn die SPD eine Partei war wie jede andere auch. Schoettle vertrat dagegen die Auffassung, „daß die Sozialdemokratische Partei für den größten Teil ihrer Anhänger mehr ist als nur ein Verein, daß sie für viele von ihnen die Stätte ist, an der sie entscheidende Erlebnisse gehabt haben und mit der sie der beste Teil ihres Lebens verbindet, das macht gerade den Unterschied zwischen uns und anderen Parteien aus.“ [19]

Gewiß, die SPD war eine umfassende Kultur- und Lebensgemeinschaft gewesen und war es zum Teil noch. Aber konnte sie es bleiben, wenn sie an die Macht wollte? Schmid meinte nein. Die Partei mußte sich seines Erachtens an den Wählern und nicht an den Parteimitgliedern ausrichten. Wer in der Arbeiterbewegung groß geworden war, den schreckte der Gedanke, daß die SPD zu einer „Allerweltspartei“ verkommen könne. Selbst einem entschiedenen Verfechter der Parteireform wie Fritz Erler ging Schmids Kritik an der Parteitradition zu weit. Bei allem „Abwurf von Ballast“ könne man „schließlich nicht sich selber über Bord werfen“, bekam Schmid von seinem einstigen „Zögling“ zu hören[20]. In der Linkspresse argwöhnte man, Schmid wolle zu einem „neuen Bernstein“ werden[21]. Er selbst klagte, daß viele Leute „sich schrecklich viel Mühe gaben, ihn mißzuverstehen“[22]. Seine vielgeschmähte Ballast-Rede sei nichts weiter als ein Bemühen gewesen, „eine breite Öffentlichkeit in und außerhalb der Partei darauf aufmerksam zu machen, daß die SPD nicht der Popanz ist, als den man sie vielerorts noch zu sehen beliebt“[23].

Für die anderen hatte er den Sozialismus über Bord geworfen. Und was noch schlimmer war: Er war an die Öffentlichkeit gegangen und glänzte bei der innerparteilichen Diskussion über die Parteireform durch Abwesenheit. Erler hatte schon befürchtet, daß sein Freund fehlen werde, wenn es innerhalb der Partei zum Schwören komme[24]. Er sollte mit seiner Befürchtung recht behalten. Als sich die vom Parteivorstand gebildete Kommission zur Diskussion der Parteireform am 9. Januar 1954 traf, mußte sie ohne den entschiedensten Verfechter der Parteierneuerung debattieren. Über Abwesende läßt sich leicht schelten. So verwandte man den größten Teil der Sitzung darauf, ein Scherbengericht über Schmid zu fällen. Schoettle beschuldigte ihn, „trade-unionistisch“ zu denken[25]. Eichler wollte den Symbolen und Worten lieber wieder ihren ursprünglichen Sinn geben, als sie über Bord zu werfen[26]. Er verargte Schmid, daß er die von ihm geleitete Kommission mißachtete, und erklärte deshalb schroff: „Die Gemütlichkeit hört dann auf, wenn diese Diskussion außerhalb der Partei geführt wird.“[27] Wehner wetterte, daß Schmid keine Ahnung von dem Verhältnis der SPD zur Religion habe[28]. Man drosch so auf ihn ein, daß Fritz Heine, der zu den Traditionalisten zählte, Partei für ihn ergriff. Schuld an der ganzen Diskussion habe schließlich nicht allein Carlo[29]. Karl Schiller, Parteineuling wie Schmid, war der einzige, der sich mit Schmids Reformkurs voll und ganz einverstanden erklären konnte.

Der „linke Flügel“ hatte die Partei wieder fest im Griff. Schmid schaltete sich selbst aus der innerparteilichen Diskussion aus. Er fehlte mal entschuldigt, mal unentschuldigt, so auch in der Parteiausschußsitzung am 20. Februar, in der Wehner einen Generalangriff gegen ihn startete. Heinrich Albertz, der die SPD auch schon des öfteren aufgefordert hatte, die „Eierschalen des 19. Jahrhunderts“ abzustreifen[30], unterrichtete Schmid von der Sitzung: „Es ist am Sonnabend im Parteiausschuß bei der Besprechung der Reformvorschläge nach sehr leidenschaftlichen Ausführungen von Herbert Wehner zu schweren Vorwürfen gegen Dich gekommen. Praktisch ging es wieder um den einen, nun schon fast zum Komplex gewordenen Vorgang, daß Du einer von denen seist, die draußen große Reden hielten, die dann aber, wenn es zum Schwur in den legitimen Organen der Partei kommt, nicht anwesend seien. Aber ich möchte trotzdem noch einmal – weil wir Dich brauchen und weil an Männern wie Dir das Schicksal dieser seltsamen Partei hängt – dringend darum bitten, daß Du aus diesem Zwielicht des außerhalb und neben der Partei Agierenden herauskommst.“[31] Irgendwie stand er immer im Verdacht, ein potentieller Überläufer zu sein, zumal die Abgeordneten der Regierungskoalition keine Gelegenheit ausließen, um ihn und die Partei auseinanderzudividieren. Er ärgerte sich jedesmal maßlos darüber[32]. Ihm war an der Rolle des Außenseiters nichts gelegen, aber niemand nahm ihm ab, ein überzeugter Sozialdemokrat zu sein.

Nach seiner Rückkehr aus den USA Ende April antwortete er Heinrich Albertz: „Ich glaube, daß ich künftig wieder voller in das Geschehen der Partei eingreifen werde, denn es geht mir in vieler Hinsicht besser als im letzten Jahr. Du wirst freilich verstehen, daß es einem manchmal sehr bitter wird, sich mit Argumenten auseinandersetzen zu müssen, die zum größten Teil Antworten auf Scheinprobleme und Scheinantworten auf wirkliche Probleme sind – wenn sie nicht ausschließlich ad hominem gemeint sind. Es ist leider Gottes in letzter Zeit manches recht Unlautere bei uns lebendig geworden und ich kann nun mal in einer solchen Atmosphäre nicht leben. Ich habe darum sehr ernsthaft in Erwägung gezogen, mich überhaupt aus dem Parteibetrieb zurückzuziehen und mich auf eine Tätigkeit mehr am Rande zu beschränken, wie das sich für einen Professor auch am besten schickt. Aber ich bin davon abgekommen und will den Entschluß, den ich vor nunmehr neun Jahren gefaßt habe, voll austragen.“[33]

Brandt und Erler, mit denen er sechs Wochen durch die USA gereist war, mögen einiges dazu beigetragen haben, daß er in der Parteigaleere wieder an vorderster Stelle mitrudern wollte. Zu Beginn der zweiten Legislaturperiode hatte er auf eine Wiederwahl in den Fraktionsvorsitz verzichtet, um sich mehr seiner Frankfurter Professur widmen zu können[34]. Er hatte wohl tatsächlich erwogen, seine politische Karriere der wissenschaftlichen hintanzustellen. Seine Mitarbeit in Gremien der Partei und in der Fraktion ließ auch weiterhin zu wünschen übrig[35]. Er schwänzte, weil er die Geduld mit den Genossen verloren hatte und sensibel, wie er war, die Kabalen, deren bevorzugter Gegenstand er war, nicht aushalten konnte. Er konnte nur agieren in einer Umgebung, in der er Anerkennung fand. Wenn sich einige Gleichgesinnte nach den Fraktionssitzungen im Schaumburger Hof zum zwanglosen politischen Gespräch trafen, war er zumeist dabei[36]. In der Fraktion genoß er mehr Autorität, als er selbst glaubte[37]. Bei der Fraktionsvorstandswahl hatte er ein erstklassiges Ergebnis erzielt[38]. Aber anscheinend brachte er nicht die Geduld auf, seinen Standpunkt überzeugend und einsichtig für jedermann darzulegen.

Sein Verhältnis zur Partei blieb so schlecht, wie es nur sein konnte[39]. Freilich, manchmal war seine Frustration schon zu verstehen. Seit nunmehr neun Jahren predigte er der Partei, daß sie sich zur Volkspartei wandeln müsse. Und was stand in den 1954 vom Parteivorstand verabschiedeten Empfehlungen zur Parteireform? „Die Arbeiterschaft bildet den Kern der Mitglieder und Wähler der Sozialdemokratie.“ [40] Die rote Fahne wurde zum „Wahrzeichen der Glaubenskräfte des freiheitlichen demokratischen Sozialismus“ erklärt. Der Ballastabwerfer wurde belehrt: „Immer jedoch muß deutlich bleiben, daß eine neue Gesellschaft das Ziel der Sozialdemokratie ist; in dieser Gesellschaft soll es keine Ausbeutung und Unterdrückung des Menschen durch den Menschen und durch Machtgebilde geben.“ [41] Außerdem sollte er sich merken, daß die Grundlage für politische und öffentliche Wirksamkeit die Partei ist. Eine linke Tageszeitung wurde abgelehnt, weil sie zur Konkurrenz für die parteieigene Presse werden mußte.

Schmid hatte monatelang den Parteivorstand davon zu überzeugen versucht, daß eine „allgemeine linke Zeitung von Niveau“ für die SPD wichtiger sei „als ein Dutzend kleiner Zeitungen mit gebundener Marschroute“ [42]. Darüber hinaus regte er die Herstellung einer politisch-satirischen Wochenzeitschrift an[43]. Die unzureichende Öffentlichkeitsarbeit der SPD wurde von seiten der Presse immer wieder beklagt und gerügt. Schmid konnte die Kritik nur unterstreichen. Immer wenn ihn die Bitte um Zusendung von Parteimaterial erreichte, fügte er erläuternd hinzu, daß die SPD besser sei als das Material[44]. Er scheint sich wegen des Materials richtiggehend geschämt zu haben. Er machte den „alten Aberglauben“, „das Volk sei aufgeklärt und wisse im Grunde alles aus sich heraus“, für das mangelnde Bemühen der SPD um eine bessere Selbstdarstellung verantwortlich[45]. In der Parteizentrale wollte man allenfalls eine Neugestaltung des „Neuen Vorwärts“ ins Auge fassen. Heine bat um Stellungnahmen zur Umgestaltung des „Neuen Vorwärts“. Schmid schlug vor, das Parteiblatt für den „politisch interessierten Gebildeten“ attraktiv zu machen, indem man dort auch andere Themen aufgreife als den sozialdemokratischen Standpunkt zu ganz konkreten politischen Problemen. Vor allem aber hielt er einen Wechsel in der Redaktion für dringend notwendig: „Ich habe nicht den Eindruck, daß die bisher tätigen Genossen, so treu und gewissenhaft sie ihres Amtes auch gewaltet haben mögen, der neugestellten Aufgabe voll gewachsen sein könnten. Wir müßten uns schon nach jemandem umsehen, der wirklich ersten Ranges ist, und ich glaube, daß man so jemand auch finden könnte.“ [46]

Man schlägt den Sack und meint den Esel. Heine sei ein „miserabler Propagandachef", teilte Schmid ganz im Vertrauen Konrad Heiden mit. Der vielgeschmähte Pressechef der SPD sei jedoch ein „anständiger Mann und guter Kamerad". So käme er immer wieder in die „seltsame Lage", Heine, der ein „absoluter Gegenpol" zu ihm sei, verteidigen zu müssen[47]. Mit Konrad Heiden führte Schmid einen regen Briefwechsel[48]. Er hoffte den einstigen Journalisten der „Vossischen Zeitung" und frühen Warner vor dem Nationalsozialismus zur Rückkehr nach Deutschland bewegen zu können, damit die öde Presselandschaft der frühen Bundesrepublik wieder etwas farbiger werde. Heiden konnte sich zu einer Rückkehr aus den USA nicht aufraffen, obwohl Schmid sich bei renommierten Tageszeitungen nach Anstellungen für ihn umgesehen hatte.

Der „Vorwärts" bekam 1955 ein neues Gesicht. Chefredakteur wurde der ehemalige Reichstagsabgeordnete Josef Felder. Der bisherige Chefredakteur Gerhard Gleissberg schied aus und gründete die „Andere Zeitung", in der er des öfteren Schmid angriff[49]. Im August 1954 erschien die erste Nummer der „Neuen Gesellschaft", deren Redaktionsbeirat Schmid angehörte. Sie war als theoretisches Organ dem linken Spektrum zugehöriger Intellektueller und Forum zur Diskussion über die Parteireform gedacht. Der junge Abgeordnete Kahn-Ackermann, einer der Schützlinge Schmids, hatte zusammen mit dem Münchener Publizisten Gerhard Szczesny bereits Anfang 1954 eine Zeitschrift zur Diskussion über die Zukunft des demokratischen Sozialismus zu gründen versucht. Der Parteivorstand hatte die Finanzierung der „Linken" – so hieß die Zeitschrift – verweigert[50]. So erschien nur ein Exemplar, in dem Beiträge Reuters, Erlers, Eichlers und Schmids zur Parteireform abgedruckt worden waren. Auch ein Thesenpapier einer Gruppe Berliner SPD- und SDS- Mitglieder zur Erneuerung der SPD, in dem Schmid als Fraktionsvorsitzender vorgeschlagen worden war, war dort wiederzufinden[51]. Ernst nahm diesen Vorschlag anscheinend nur der Französische Hochkommissar François-Poncet, bei dem wieder einmal die leise Hoffnung aufkam, Schmid könne sich in der SPD vielleicht doch durchsetzen[52]. Die Wirklichkeit sah anders aus.

Auf dem Berliner Parteitag im Juli 1954 erhielt Schmid eine Abfuhr. Er mußte sich bei der Vorstandswahl mit 250 Stimmen begnügen, während für den Berliner Parteifunktionär und einstigen Schumacher-Getreuen Franz Neumann 270 Delegierte stimmten und Herbert Wehner, damals dem linken Rand der SPD zugehörig, mit 302 Stimmen ein erstklassiges Ergebnis erzielte[53].

An der auf dem Parteitag geführten Diskussion über die Erneuerung des Dortmunder Aktionsprogramms beteiligte er sich nicht. Das Aktionsprogramm war ihm zu heterogen und zu wenig durchdacht. Außerdem wuchs seine Skepsis gegenüber der Ausarbeitung eines Grundsatzprogramms immer mehr. In einem kurz vor dem Parteitag vom Südwestfunk veranstalteten Rundfunkgespräch über die Parteireform, das er zusammen mit Brandt, Erler, Eichler und Schoettle bestritt, hatte er einer Wahlplattform eindeutig Vorrang vor der Ausarbeitung eines Grundsatzprogramms gegeben[54]. Eichler widersprach. Er plädierte für eine programmatische Fixierung der „geistigen Grundlagen", aus denen heraus der Sozialismus seine Position bezieht. Schmids Ausführungen, daß nur eine schmale Schicht von Intellektuellen in der SPD über den Marxismus diskutiert habe, der für die meisten Parteimitglieder eine Art „Ersatzreligion" gewesen sei, während in der Praxis die Partei von Anfang an eine reformistische Politik verfolgt habe, stieß bei Erler und Schoettle auf Protest[55]. Sie erinnerten sich, welche Waffe die Marxsche Theorie für die sozialistische Jugendbewegung, in der sie aktiv waren, im Kampf für eine neue Gesellschaftsordnung war[56]. Für Schmid, der aus einer ganz anderen Tradition kam, war Marx ein bedeutender Philosoph und Ökonom des 19. Jahrhunderts, dem er aber kein entscheidendes Gewicht für den Emanzipationskampf der Arbeiter zumaß.

Wenn sich Schmid überhaupt mit einem Ahnherr der Arbeiterbewegung identifizieren konnte, so war es Ferdinand Lassalle[57], der die Arbeiterschaft davon überzeugt hatte, „daß ihr Kampf um Verbesserung ihrer Lebensbedingungen nicht allein auf dem Boden der Gesellschaft und der Wirtschaft ausgetragen werden könne, sondern daß er mit Mitteln innerhalb des Staates und auf den Staat hin zu führen sei"[58]. Lassalle, der Arbeiterführer, der den Geruch der Arbeiter abscheulich fand, der ein Leben führte, das jeden Arbeiter empören mußte, faszinierte Schmid noch mehr als Mann, mit dem er vieles gemein hatte, denn als Politiker. „Reizvoll wäre es", so schrieb er in einem Lassalle-Aufsatz, „am Beispiel Ferdinand Lassalles zu zeigen, daß der Politiker von Geblüt, der Mann, der im rationalen Umgang mit der Macht Wesensbejahung finden will, immer auch ein starkes, akzentuiertes ‚persönliches' Leben haben wird. Die Politik wird immer nur eine seiner Leidenschaften sein."[59] Schmid war noch immer ein Meister der Camouflage. Was er nicht offen sagen durfte, ohne Skandal zu erregen, sagte er den Parteifreunden durch die Blume.

Als er 1956 einen Aufsatz zum 100. Todestag Heinrich Heines schrieb, ging es ihm nicht nur um das Andenken des vielgeschmähten Toten, den er so gerne las, er dachte auch an sich und seine Kritiker in der Partei. Das Porträt, das er von Heine zeichnete, war ein Porträt seiner selbst. Der Poet, durch dessen Herzen der „große Weltriß" ging, war Carlo Schmid, der in Heines Zerrissenheit seine eigene wiedererkannte und rechtfertigte: „Aber hat Heine selbst nicht den Kritikern seines Charakters die Antwort erteilt? Hat er nicht selber klarer als irgendeiner zum Ausdruck gebracht, daß er notwendig der Mensch im Zwiespalt sein mußte, der Mensch im Konflikt? Kommt nicht in jedem seiner Sätze zum Vorschein, wie sehr er darunter gelitten hat, daß er ein Freier war und doch ein Gebundener? Daß er ein Weltbürger war und doch ein Patriot? (...) Daß er die Gleichheit all dessen, was Menschenantlitz trägt, aus tiefstem Herzen predigen mußte und doch über den Schatten seines Wissens nicht springen konnte, daß alles Schöne, aller Fortschritt auf der Welt nicht das Werk der vielen, sondern nur das seltene Werk einer Elite Weniger sein könne? Mußte es ihn nicht umtreiben, daß er Bildung für das höchste Gut halten mußte und sich doch nicht eine Welt ohne die Größe der Tatmenschen denken konnte? (...) Daß die Sprache ihm zugleich als strenge Priesterin der Wahrheit und des Herzens und als lustbringende Geliebte und Gespielin entgegentrat?“[60] Ein gelungeres Kurzporträt Schmids gibt es wohl kaum.

Heines Verhältnis zur Arbeiterbewegung glich in mancherlei Hinsicht dem Schmids. Wenn er Mitte der 50er Jahre eine Denkschrift über die SPD verfaßt hätte, wäre sie vermutlich nicht viel anders ausgefallen als die Denkschrift, die Heine, der Saint-Simonist und aristokratisch eingestellte Libertin, vor über hundert Jahren über den tugendhaften Jakobiner Ludwig Börne verfaßt hatte[61]. Heine und Börne, Schmid und die Sozialdemokratie, die Konfliktlagen und -gegenstände waren ähnlich. Schmid zitierte in seinem Aufsatz oft aus Heines Denkschrift über Börne, ohne sie explizit zu erwähnen: „Es ist immer ein Zeichen von Borniertheit, wenn man von der bornierten Menge leicht begriffen und ausdrücklich als Charakter gefeiert wird.“[62] Diejenigen, die auf den Libertin Steine warfen, saßen für Schmid im „Glashaus der Tugend aus Dürftigkeit“[63]. War das bittre Wort Heines nicht auch für Schmid zur Wahrheit geworden: „Das Volk steinigt gerne seine Propheten, um ihre Reliquien desto inbrünstiger zu verehren“[64]? Als Prophet und Tabubrecher beargwöhnte man Schmid, als Schönredner, mit dem man sich schmücken konnte, verehrte man ihn. Er spielte die Rolle der sozialdemokratischen Diva nicht so gern, wie die meisten ihm nachsagten, die sich über seine Vorliebe für das Repräsentative erhaben dünkten.

Eine andere Figur, der er seine Worte in den Mund legte, war Carl Schurz, über den er 1956 ein Hörspiel verfaßte. Die Wandlung eines Mannes wollte er aufzeigen, „der aufhört die Demokratie vom Ideal her erzwingen zu wollen und dazu übergeht, sie aus den Realitäten, die er antrifft, aufzubauen und sich so schrittweise dem Ideal nähert“[65]. Er hatte ein Lehrstück verfaßt, das in erster Linie an die Adresse seiner eigenen Partei gerichtet war. „Wir haben eine Möglichkeit verspielt, weil wir das Haupt zu hoch in den Wolken trugen und uns nicht tief genug zur Erde bückten“, ließ er Carl Schurz sagen und unterschob damit dem Vormärzdemokraten einen oft von ihm wiederholten Satz[66]. Schmid, der Intellektuelle, klagte oft über die Theorie- und Programmlastigkeit der SPD. Sein alter ego Schurz erteilte der Partei strenge Rügen: „Wir müssen das Niveau unserer politischen Sitten heben. Das setzt voraus, daß wir öffentliches Vertrauen nur in die Hände der Vertrauenswürdigen legen. Dieses aber setzt voraus, daß wir an unsere eigenen Parteifreunde genau so strenge Maßstäbe anlegen wie an unsere Gegner!"[67] Was konnte man als Hörspielautor nicht alles sagen. Getarnt als Carl Schurz, konnte man Ohrfeigen austeilen, die ohne Tarnung böse Folgen gehabt hätten. Schurz durfte leidenschaftlich betroffen ausrufen: „Wenn die Intelligenz und Sauberkeit in einer Partei unterdrückt und zum Werkzeug korrupter Interessen gemacht werden, dann wird dem Volk auf die Dauer besser gedient, wenn diese Partei im Fegefeuer einer Niederlage von ihren schlechten Elementen gereinigt wird."[68] Im Parteiapparat gab es einige, die am liebsten alle Akademiker aus der Partei geworfen hätten. Hans Manthey sah in Ollenhauer einen Gefangenen professoraler Kräfte, denen dieser nicht gewachsen sei[69]. Gemeint war natürlich in erster Linie Schmid, dessen Empörung über die Unterdrückung der Intelligenz in der Partei mehr war als böswillige Polemik oder bloßes Selbstmitleid. Nach Schumachers Tod wurden die Intellektuellen in der Partei tatsächlich an den Rand gedrückt.

Wegen des Hörspiels bekam Schmid Krach mit der Partei, wobei man sich offensichtlich aber weniger über den Inhalt des Stücks entrüstete, als darüber, daß Schmid statt Akten zu studieren, Hörspiele erfand[70]. Insbesondere Wehner hatte überhaupt kein Verständnis dafür, daß Schmid lieber dichtete, als seine politischen Pflichten erfüllte[71]. Er wollte Schmid die Askese auferlegen, die er sich selbst auferlegte.

Das Verhältnis zwischen Herbert Wehner und Carlo Schmid war immer gespannt, ein unentwirrbares Geflecht von Freundschaft und Mißtrauen, von politischen Differenzen, Rivalität und enger Zusammenarbeit. In den Jahren 1953–1955 war es so schlecht, daß Schmid am liebsten jeden Kontakt mit Wehner vermieden hätte[72]. Für die Schwierigkeiten im Umgang miteinander waren persönliche und politische Gründe gleichermaßen ausschlaggebend. Außer den ganz unterschiedlichen Narben, die das Leben beiden geschlagen hatte, der inneren Zerrissenheit und Empfindsamkeit, verband beide nicht viel.

Herbert Wehner, zehn Jahre jünger als Schmid, war in Sachsen als Sohn eines Schuhmachers unter ärmlichen Verhältnissen aufgewachsen. Früh verschrieb er sich dem Mythos der Revolution, erst als Anarchist, als Sekretär des Literaten und Revoluzzers Erich Mühsam, dann als Kommunist. 1930 wurde er als Kandidat der KPD in den sächsischen Landtag gewählt, 1935 rückte er in das 15köpfige Zentralkomitee der Partei auf. Er unterwarf sich der Parteilinie und formulierte sie zugleich richtungsweisend mit. Seit er Mitte der 30er Jahre im Hotel Lux an der Gorkistraße Quartier bezogen hatte, wurde er zum Täter und Opfer stalinistischer Bespitzelungen, Konspirationen und Säuberungen. 1941 reiste er im Auftrag der Moskauer KP-Führung nach Schweden, wo er 1942 verhaftet wurde. Als angeblicher Verräter wurde er im selben Jahr aus der KPD ausgeschlossen[73].

Wehner war ein „Gebrannter“, der dem Kommunismus ein für allemal abgeschworen hatte, aber am Sozialismus festhielt. Mit der gleichen eisernen Disziplin und opferbereiten Hingabe, mit der er einst für den Kommunismus gefochten hatte, kämpfte er jetzt für ein wiedervereinigtes sozialistisches Deutschland. Wehners Angriffe auf den „Ballastabwerfer“ waren ein Stück Machtkampf. In dem von Schmid in Gang gesetzten Wandel der SPD zur Volkspartei mußte Wehner eine Gefährdung seiner Vision eines sozialistischen Deutschland sehen. Schmid vermochte den Optimismus Wehners hinsichtlich der Wiedervereinigung als Nahziel nicht zu teilen[74], weswegen er für Wehner, der sich dem Erbe Kurt Schumachers verpflichtet fühlte, wohl immer im Verdacht stand, auf die außenpolitische Linie der Bundesregierung einzuschwenken. Der in der Kaderpolitik geübte Ex-Kommunist war im Umgang mit dem Apparat der SPD weitaus geschickter als Schmid. Als vermeintlicher Kenner der Politik der KPdSU konnte sich der kommunistische Renegat in Partei und Fraktion Autorität und Wortführerschaft in der Außenpolitik verschaffen. Er fand auch das Ohr Erich Ollenhauers. „Wie einst Kurt Schumacher, so gehandelt werden mußte, die Richtung wies, so hielt in den Jahren nach dessen Tode Herbert Wehner der Partei den Kompaß vor Augen, nach dem jener das Schiff gesteuert hatte“, schrieb Schmid in einer Laudatio auf seinen Parteifreund[75]. Nur selten konnte sich Schmid mit seinem außen- und deutschlandpolitischen Konzept gegenüber Wehner durchsetzen, der, aus welchen Gründen auch immer, einen kaum zu erschütternden Respekt innerhalb der Partei genoß.

Wehner suchte im Interesse der Partei, die in Flügel aufgespalten zu werden drohte, den Kontakt zu Schmid, der zu Silvester 1954 einen einfühlsam klingenden Brief seines sonst zumeist recht rauhbeinigen Parteifreundes bekam: „Ich hab' an Dich noch eine besondere Bitte, Carlo: Wenn Dir die Partei manchmal zu eng wird, so versuche zu denken, daß andere in Wirklichkeit unerträglich sind, und ohne Partei in Wirklichkeit gar nicht zu leben ist – so weit es sich beim Leben doch auch um den Versuch handelt, das Allgemeine mit ordnen zu wollen.“[76] So konnte Wehner denken, der in der Partei eine neue Identität fand, aber doch nicht Schmid, für den die Mitarbeit in einer Partei ein ständiges Leiden war[77]. Immer wieder kam es zu Zusammenstößen, weil Wehner, wie Schmid es vorsichtig und diplomatisch formulierte, von ihm wie auch von den anderen seiner Parteifreunde, „Beweise ihrer Bereitschaft zur Selbstdisziplin bei der Erfüllung ihrer Bürgerpflicht“ forderte[78]. Trotzdem: man mußte sich zusammenraufen. Wehner übermittelte Schmid Geburtstagsgrüße und ein kleines Präsent. Schmid bedankte sich: „Wir wollen weiter zusammenhalten, denn wir haben einander nötig und die Partei hat es nötig."[79] Freundschaft als Muß. Wehner buhlte fast um die Freundschaft Schmids. Dem Geburtstagsgruß folgten gute Wünsche für das Jahr 1956: „Ich bin traurig darüber, daß wir nur selten zusammenhängend miteinander sprechen. Aber ich möchte, daß Du keinen Zweifel daran hast, wie sehr mir daran liegt, den inneren Kontakt zu erhalten."[80]

Wehner war für Schmid ein Rätsel. An einem Tag begegnete er ihm zärtlich einfühlsam, am anderen schroff ablehnend. Schmid konstatierte, daß dieser Mann „sein Wesen keusch unter einer Schale zu verbergen liebt, durch die auch der Blick des Freundes nur bis zu dem Rande dessen zu dringen vermag, was er zu verbergen sucht, weil das Persönlichste nur den angehe, der sich damit an das Leben zu wagen hat, und damit sei er doch immer allein mit sich selbst."[81] Wehner hätte das gleiche über Schmid schreiben können. Beide umgaben sich mit einem Panzer, der verbergen sollte, wie verletzlich und verwundbar sie waren. Niemand war einfühlsamer als Wehner, wenn Schmid persönliches Unglück traf. Umgekehrt gehörte Schmid zu den ersten, die sich hinter Wehner stellten, wenn dieser wegen seiner kommunistischen Vergangenheit angegriffen wurde[82]. Verzweifle nicht! Auch Wehner las Kierkegaard[83]. Doch die Briefe, die sich wie ein Zeugnis inniger Freundschaft lesen, dürfen nicht darüber hinwegtäuschen, daß hinter den Kulissen Konflikte und Rivalitäten ausgetragen wurden. Schmid war frustriert, daß sich gegen Wehner in der Partei nichts erreichen ließ. Er fürchtete, liebte und haßte Wehner[84], wie er einst Schumacher gefürchtet, geliebt und gehaßt hatte.

Ob er mehr unter Wehner oder der geistigen Enge der Partei litt, ist schwer zu sagen. Beides bedingte sich zum Teil auch, weil Wehner lange Zeit die SPD als sozialistische Partei erhalten wollte. Schmids Bemühen, die SPD aus der Isolierung herauszuführen, Kontakte zu wirtschaftlichen, gesellschaftlichen und kulturellen Gruppen herzustellen, wurde begrüßt und zugleich beargwöhnt. Als er im Herbst 1955 einer Einladung des Verbandes der Markenartikler zu einem Vortrag folgte, wurde dies mit einigem Mißtrauen registriert. Kontakte zum Klassenfeind galten bei einigen Genossen noch immer als verpönt. Er klagte: „Es gibt so wenig Leute, die begreifen, daß es besser ist, in der Wüste zu predigen als in der Kirche."[85] Nicht alle verstanden, daß auch eine sozialdemokratische Partei das Einvernehmen mit der Wirtschaft suchen mußte. Er blieb im Gespräch mit Otto A. Friedrich, der sich seinerseits wünschte, daß sich das von Schmid verfochtene Volksparteikonzept in der SPD rasch durchsetzen möge[86].

Führende Industrielle traf Schmid auch auf der Bilderbergkonferenz, an deren Tagungen er von Anfang an aktiv teilnahm. Die Konferenz war 1954 von Prinz Bernhard der Niederlande ins Leben gerufen worden, der auch die Schirmherrschaft übernahm. Auf ihr versammelten sich zumeist zweimal jährlich unter Ausschluß der Öffentlichkeit Politiker, Wissenschaftler, Unternehmer und Gewerkschafter aus Westeuropa und den USA zum Meinungsaustausch über brennende nationale und internationale Probleme. Für Politiker, die der Opposition angehörten, war dies eine erstklassige Möglichkeit, Insiderinformationen über die internationale Entwicklung zu erhalten und Kontakte zum politischen und gesellschaftlichen „Establishment“ der westlichen Staaten zu knüpfen. Für die SPD nahmen zunächst nur Max Brauer und Carlo Schmid an den Konferenzen teil[87]. Erler stieß ein Jahr später hinzu, nachdem Schmid ihn dazu eingeladen hatte[88]. Beide waren über die offene und vertrauensvolle Atmosphäre, die auf den Tagungen herrschte, beeindruckt.

So tat Schmid, der wegen seines geringen innerparteilichen Engagements gescholten wurde, einiges, um die SPD aus ihrem selbstgewählten Schneckenhaus herauszubringen. Irgendwann mußten auch die Genossen einsehen, daß die Begegnung mit den „Anderen“ wichtiger war als das Abhalten von Parteiversammlungen[89]. Freilich bis dahin bedurfte es noch großer Geduld und eines dicken Felles, das Schmid nicht hatte. So haderte er mit der Partei bis an die Grenze der Ungerechtigkeit. Als Adolf Arndt auf einem Kongreß der SPD in Köln Anfang 1956 den „Konformismus“ und „Byzantinismus“ der Adenauer-Ära beklagte, und vor einer „freiwilligen Selbstgleichschaltung des Geistes“ warnte[90], erhielt er einen Tag später einen handgeschriebenen Brief seines Parteifreundes Schmid: „Ich habe das Bedürfnis, Dir für Dein Referat von gestern zu danken. Wenn nur die Partei es richtig gehört hätte.“[91] Arndt hatte in seinem Referat kein Wort über die SPD verloren, sondern nur die geistige Stickluft der 50er Jahre kritisiert, wobei er sich zu der Formulierung hatte hinreißen lassen: „Die Dummheit hat mehr Menschen umgebracht als jede Art von Verbrechen insgesamt.“[92] Es mag natürlich sein, daß Arndt auch die Stickluft in der SPD hatte treffen wollen. Auch Arndts Stellung innerhalb der SPD war nach 1953 schwächer geworden. Mit Schmid einte ihn der Kampf gegen die Enge des Tabus[93].

Schmid war Politiker aus Leidenschaft, aber kein Parteipolitiker. Er träumte von einem Regiment der Freunde, wie er es 1945 in Tübingen errichtet hatte. „Wie gut, daß es in der Republik der Freundschaft keine Grenzen und Parteien gibt“, schrieb er 1957 Thomas Dehler, der zu seinen engsten politischen Freunden zählte[94]. Mit dem streitbaren Franken Dehler war Schmid schon zur Zeit des Parlamentarischen Rates gut ausgekommen. In den 50er Jahren entwickelte sich daraus Freundschaft, ohne daß von irgendeiner Seite damit politische Hinterabsichten verbunden gewesen wären. Eine Verschwörung in Richtung Kleine Koalition war zu keiner Zeit in Gange. Politisch war man oft recht unterschiedlicher Meinung[95], mit Ausnahme der Außenpolitik, insbesondere der Ostpolitik, wo es große Übereinstimmung gab.

Was verband die beiden Männer, die selten einer im gleichen Atemzug nannte? Galt doch der eine als ein leidenschaftlicher, gelegentlich recht unbeherrschter Vollblutpolitiker, der andere als ein über die Zwistigkeiten der Zeit erhabener homme de lettres. Beide hatten mehr gemein, als der außenstehende politische Beobachter glaubt. Sie waren beide intelligent und eigenwillig, lagen oft im Widerstreit zur offiziellen Parteilinie und hatten den Mut zu einem unpopulären Wort. Noch mehr als Dehlers „Mut vor Königsthronen" schätzte Schmid dessen „Mut vor dem vielköpfigen Souverän"[96]. Ihn freute, daß dieser unbequeme Liberale nicht davor zurückschreckte, Tabus zu brechen. 1953 ermunterte er ihn: „Bleiben Sie weiter so frisch und kämpferisch und bleiben Sie weiter der Schwarze Ritter, der auf seinem Feldzuge gegen die offenen und heimlichen Feinde der Freiheit sich nicht scheut, gelegentlich auch gegen Windmühlen anzurennen. Wer garantiert uns denn, daß die Windmühlen tatsächlich nur Windmühlen und keine Riesen sind?"[97] Schmid wollte in seinem Freund einen Don Quichotte sehen, stilisierte er sich doch selbst gerne zu einem Abkömmling des Ritters von der traurigen Gestalt. Er war Dehler dankbar dafür, daß er auf ihn zugekommen war: „Es gibt in diesem Hause wenig Menschen. Sie gehören zu dieser kleinen Schar und ich bin glücklich, daß sie mich erkannten."[98]

Ein anderer aus der kleinen Schar derer, die in Bonn Mensch geblieben waren, war Eugen Gerstenmaier. Mit dem schwäbischen Oberkonsistorialrat, der sich während des NS-Regimes dem Kreisauer-Kreis angeschlossen hatte, diskutierte Schmid gern und oft sowohl über philosophische, theologische als auch politische Probleme[99]. Im Präsidium, im Ältestenrat, eine Zeitlang auch im Auswärtigen Ausschuß saß man zusammen und bemühte sich trotz parteipolitischer Gegensätze um eine enge politische Zusammenarbeit. In der Außen- und Deutschlandpolitik suchten ab Mitte der 50er Jahre beide nach Alternativen zur Politik Adenauers. Man hätte zusammenfinden können und unterhielt sich wohl auch oft über Chancen und Möglichkeiten einer Großen Koalition. Es gelang aber nicht, gegen die Widersacher in der jeweils eigenen Partei die dazu notwendigen Fäden zu knüpfen.

Schmid hätte es nicht wagen können, die Partei vor vollendete Tatsachen zu stellen. Sie wäre ihm nicht gefolgt. Sein Dialog mit dem Parteigegner wurde ihm von den meisten Sozialdemokraten verargt. Der alte Paul Löbe gehörte zu den wenigen, die ihn verstanden und ihm gelegentlich den Rücken stärkten. Als Carlo Schmid im Herbst 1954 eine sehr bewegende Trauerrede auf den verstorbenen Bundestagspräsidenten Hermann Ehlers hielt[100], bekam er von Löbe einen Dankesbrief: „Ihr Nachruf war ein hervorragender Erfolg für uns alle (...). Lassen Sie sich also durch gelegentliche Kritikaster nicht beirren, bewahren Sie auch sonst Ihre Linie – die Partei hat Sie sehr nötig."[101] Auch Parteiveteran Friedrich Stampfer klopfte Schmid ab und zu auf die Schulter, um die

Selbstzweifel des Parteineulings zu zerstreuen[102]. Für die beiden Altsozialdemokraten hegte Schmid große Verehrung. Löbes Menschlichkeit pries er immer mit ergreifenden Worten[103]. Der frühere Reichstagspräsident gehörte zu denen, die bereits in der Weimarer Republik einen Volksparteikurs angesteuert hatten. Nach 1945 war es trotz Schumachers Plädoyer für eine Parteiöffnung zu einer Linksentwicklung in der SPD gekommen, die in den 50er Jahren von der Parteimehrheit zäh verteidigt wurde. Einflußreiche Landesfürsten wie Brauer, Kaisen und Zinn hatten freilich den „Ballast" schon längst abgeworfen und betrieben in ihren Städten und Ländern sehr erfolgreich eine soziale Reformpolitik. Schmid beglückwünschte sie[104] und vermutlich beneidete er sie auch. Er saß in Bonn, mußte sich mit Wehner und dem Parteiapparat arrangieren, wenn er von ihm nicht noch mehr sabotiert werden wollte. Trotzdem nahm er sich vor, in Bonn und „außerhalb dieser schrecklichen Stadt" seine „Pflicht" zu tun[105], und nur am Wochende seinem geliebten Beruf als akademischer Lehrer nachzugehen.

Politik und Politikwissenschaft: Der Frankfurter Universitätsprofessor

Wenn die Rede auf Tübingen kam, wurde Carlo Schmid zumeist recht sentimental, und mitunter zeigte er sich auch ein wenig stolz. Immerhin war er es gewesen, der 1945 aus der Tübinger Universität eine der besten deutschen Universitäten gemacht hatte. Gewiß, Tübingen war im Grunde noch immer eine Provinzstadt. Aber das geistige Leben pulsierte dort doch ganz anders als im Bonner Bundesdorf.

Trotzdem entschied er sich Anfang 1953, einen Lehrstuhl in Frankfurt anzunehmen. Bereits im Frühjahr 1952 hatte Frankfurts Oberbürgermeister Walter Kolb dem ehemaligen Mitkämpfer gegen die Barbarei des NS-Regimes eine Berufung nach Frankfurt in Aussicht gestellt. Mit dem hessischen Kultusminister Ludwig Metzger und dem Rektor der Universität Max Horkheimer hatte er bereits gesprochen. Beide waren mit einer Berufung Schmids einverstanden[1]. Schmid zögerte noch. „Alles, was Herz und Seele anlangt", hielt ihn in Tübingen fest[2]. Im September teilte er dem Rektor der Tübinger Universität mit, daß er einen Ruf an die Johann-Wolfgang-Goethe-Universität erhalten habe[3]. Tübingens Rektor Erwin Bünning wollte keine Mühe scheuen, um den prominenten Politiker und Wissenschaftler in Tübingen zu halten[4]. Dagegen unternahm Stuttgarts Kultusminister Schenkel, den Schmid kurze Zeit später aus anderem Grund zu Recht des Banausentums bezichtigte[5], nichts, um seinen Parteifreund von dem gefaßten Entschluß, Tübingen den Rücken zu kehren, wieder abzubringen. Dabei hatte Schmid gar keine überzogenen Forderungen gestellt. Eine eigene Sekretärin und einen eigenen Assistenten hatte er verlangt[6]. Ein Wunsch, der heute geradezu bescheiden klingt. In Frankfurt wurden ihm weit bessere Arbeitsmöglichkeiten als in Tübingen geboten. Außerdem lag Frankfurt zentral, während Tübingen eine halbe Tagesreise von Bonn entfernt war. Anfang Februar nahm er den Ruf nach Frankfurt an.

Resignation und Hoffnung begleitete den Ortswechsel. Nach der fürchterlichen Stuttgarter-Affäre verband sich der Wechsel nach Frankfurt mit dem Wunsch nach einem Neubeginn. Er wollte sich für eine Weile „aus der Politik zurückziehen, anständige Bücher schreiben und Studenten erziehen"[7]. Die Politik ließ ihn allerdings dann doch nicht los, so daß sein Vorsatz nicht mehr als ein frommer Wunsch war. Heimisch fühlte er sich in Frankfurt nicht – weder in der Stadt noch an der Universität. Unerfreulich waren schon die Auseinandersetzungen um seine Berufung gewesen. Er mußte mit Widerständen rechnen. Die Rechtswissenschaftliche Fakultät hatte im Juli 1952 Widerspruch gegen seine Berufung eingelegt. Auch in der Wirtschafts- und Sozialwissenschaftlichen Fakultät wurden Bedenken laut, ob Schmid trotz seiner politischen Beanspruchung die mit dem Lehrstuhl verbundenen Aufgaben erfüllen könne[8]. Die Presse wurde gegen Schmids Berufung mobilisiert. In der „Frankfurter Neuen Presse" las man, daß es nicht ratsam sei, „die Lehrstühle der politischen Wissenschaften gerade mit parteipolitisch besonders hervorragenden Persönlichkeiten zu besetzen."[9] Die Angriffe richteten sich nicht in erster Linie gegen die Person Schmids. Es ging vielmehr um einen Machtkampf zwischen der Universität und dem Kultusministerium.

Bereits in den Jahren 1947/48 war es zu einem Aufstand der Universität gegen das hessische Kultusministerium gekommen, das Hermann Louis Brill zum Honorarprofessor für Staatsrecht ernannt hatte. Das Ministerium hatte sich durchsetzen können[10]. Dagegen mußten Zinn und sein damaliger Kultusminister Stein bei der von ihnen beabsichtigten Dekretierung der Politischen Wissenschaften zum Pflichtfach zurückstecken. Ja, selbst die Errichtung eines Lehrstuhls für Politische Wissenschaften war umstritten gewesen, zumal die Fakultäten sich nicht einigen konnten, in welcher Fakultät der Lehrstuhl angesiedelt werden sollte. Beim Streit der Fakultäten obsiegte die Wirtschafts- und Sozialwissenschaftliche. Im April 1950 war Ernst Wilhelm Meyer nach ebenfalls heftigen Auseinandersetzungen zum Ordinarius für Politische Wissenschaften ernannt worden[11]. Zwei Jahre nach der Eröffnung des Instituts im Kettenhofweg 135 trat Meyer in den Dienst des Auswärtigen Amtes, das ihn gedrängt hatte, den Posten eines Missionschefs in Indien anzunehmen.

Als Schmid im Frühjahr 1953 nach Frankfurt kam, fand er ein gut eingerichtetes Institut für Politische Wissenschaften vor. Umstritten war dagegen noch immer die Frage nach dem Gegenstand und dem Inhalt einer Wissenschaft von der Politik. Bei den Sozial- und Wirtschaftswissenschaftlern fühlte sich Schmid überhaupt nicht heimisch. Finanzwissenschaftler, Betriebswirte und Statistiker waren, selbst wenn sie Fritz Neumark und Heinz Sauermann hießen, nicht die von ihm bevorzugten Dialogpartner. Bei den Berufungsverhandlungen hatte er Wert darauf gelegt, auch Lehrveranstaltungen zum Völkerrecht anbieten zu dürfen[12]. Schließlich war er von Hause aus Völkerrechtler und hatte die Außenpolitik und das Völkerrecht immer in einem engen Zusammenhang gesehen. Lieber noch als bei den Juristen hätte er die Politikwissenschaft bei den Philosophen verortet. Er hoffte, daß Max Horkheimer die geeigneten Schritte unternehme, um Politologen und Philosophen zu vereinen[13]. Da Horkheimer mehr in den USA als in Frankfurt war, und Schmid selbst keinerlei Initiative ergriff, blieb alles beim alten.

Auch Carlo Schmid fiel es schwer, das Fach Politikwissenschaft zu umreißen, obwohl er bereits in seinen Lehrveranstaltungen in den dreißiger Jahren versucht hatte, politische Bildung zu vermitteln. Er bat den Rektor, die Vorlesungen aller Fakultäten, die für die politische Bildung interessant waren, im Vorlesungsverzeichnis gesondert aufzuführen. Das würde den Studenten die Orientierung erleichtern und obendrein könne sich aus einer solchen Zusammenfassung allmählich ein eigenes Studium der Politischen Wissenschaften entwickeln[14].

Die Politikwissenschaft war nach dem Krieg als Demokratiewissenschaft mit einer stark politisch-didaktischen Zielsetzung etabliert worden. Die jugendlichen Hörer sollten gegen Totalitarismen aller Art gefeit werden. Gewiß, eine wichtige Aufgabe. Aber Schmid wollte die Aufgabe der Politikwissenschaft nicht darauf reduzieren. Ein guter Politikwissenschaftler durfte seines Erachtens weder „Schulmeisterei" betreiben noch die politischen Machtträger mit Herrschaftswissen versorgen[15]. Damit wollte er nicht einer vermeintlichen Objektivität und Neutralität der Wissenschaft das Wort reden. Für Schmid war die Vorstellung, daß es eine voraussetzungslose Wissenschaft gebe, ein „Wahn"[16]. Max Weber und Hermann Heller waren die Autoritäten, die er zitierte, wenn er zu umreißen versuchte, was Politikwissenschaft ist und was sie zu leisten habe[17]. Max Weber, mit dessen Werk er sich schon in der Zwischenkriegszeit intensiv beschäftigt hatte, verehrte er geradezu als eine Art Lichtgestalt: „Max Weber, der große Max Weber, auf den wir fast immer rekurrieren müssen, wenn wir wissen wollen, wie die Dinge denn eigentlich sind oder eigentlich waren."[18]

Er definierte Politikwissenschaft als Kultur- und Wirklichkeitswissenschaft, deren Aufgabe es sei, zu verstehen und zu beschreiben: „Beschreiben aber schließt nicht Sinndeutung unter dem Gesichtspunkt des jeweiligen Hier und Jetzt aus. Wir können und wir müssen, wenn wir politische Wissenschaft treiben, die Tatbestände des Politischen auf einen Sinn hin zu deuten versuchen, indem wir von einem bestimmten Menschenbild ausgehen, für das wir uns entschieden haben."[19] Das Politische geschähe immer aus der Totalität aller Bezogenheiten und wirke auf die Totalität aller Bezogenheiten[20]. Er gab zu bedenken, ob es nicht besser gewesen wäre, anstatt eines Lehrstuhls für Politische Wissenschaften eine école des sciences politiques et morales zu errichten[21]. Hier sprach der Gelehrte, der gern wie Odysseus zu den Säulen des Herkules vorgedrungen wäre, der Vorbehalte hatte gegen das moderne Spezialistentum und eine Verschulung des Universitätsbetriebs. Er selbst freilich kam überhaupt nicht zum Forschen. Ihm blieb nur der Essay, um das Selbstverständlich-Gewordene immer wieder in Frage zu stellen.

Carlo Schmid war als Professor vornehmlich Lehrer und Erzieher. Er griff auf die Vorlesungsmanuskripte der dreißiger Jahre zurück. Wann hätte er auch Zeit finden sollen, völlig neue Vorlesungsmanuskripte auszuarbeiten? Und schließlich brauchte er auch nicht zu leugnen, was er in den dreißiger Jahren gesagt hatte. Seine Machiavelli-Vorlesung wollte keiner, der in Frankfurt studierte, versäumen. Zahlreiche Hörer zog auch seine Vorlesung zur politischen Ideengeschichte an. Sie basierte auf seiner früheren Vorlesung über die Reichsidee, die er nun ausbaute zu einer umfassenden Darstellung der großen Staatsdenker und -lenker von Platon bis Bismarck. Nicht mehr die Reichsidee – er sprach nun von „Reichsmetaphysik" –, sondern der Prozeß der Säkularisation stand im Zentrum der Vorlesung. Die großen Linien der Ideen- und Politikgeschichte und ihre wechselseitige Verschränkung wurden aufgezeigt. Manche Thesen waren gewagt. Aber lag nicht in solchen geistigen Wagnissen auch die Möglichkeit, Neues zu erkennen und zu erforschen? Die Studenten erfuhren etwas über die unterschiedliche Ausrichtung des Humanismus bei Montaigne und Petrarca, bei Erasmus und Machiavelli, bei Cervantes und Shakespeare. Sie lernten die Theorien des aufgeklärten Absolutismus und dessen Staatspraxis bei Richelieu und Friedrich dem Großen kennen. Ihnen wurde erläutert, warum der Verfasser des „Leviathan" Thomas Hobbes zum Vorläufer des Liberalismus wurde. Sie sahen, welch mächtigen Einfluß Rousseau auf die Französische Revolution und die Vertreter der Räteideen ausübte, und welche Bedeutung Rousseau für die Dichtung Hölderlins und Jean Pauls hatte. Rousseau und Voltaire wurden ihnen als Antipoden vorgestellt. Wäre ohne Voltaire die deutsche Klassik möglich gewesen? Trug Hegel Verantwortung für die Ausbildung des deutschen Machtstaates?[22]

Wer in Schmids Vorlesungen saß, spürte noch einen Hauch von der Idee der universitas litterarum. Gewiß, man kann ihm vorwerfen, daß er die sozialen und wirtschaftlichen Strukturen völlig ausblendete. Die Französische Revolution wurde in seiner Vorlesung zur Randerscheinung. Er stellte die großen Lichtgestalten der Geschichte vor. Große Männer machen Geschichte. Dieses Diktum hatte für den einst in der Tradition Georges Stehenden weiterhin Gültigkeit. Die Vorlesung war gut besucht. 700–800 Hörer saßen zumeist vor ihm, so daß er manchmal klagte, er spreche gegen eine schwarze Wand. Die meisten seiner Zuhörer waren offensichtlich beeindruckt von dem Kolleg. Als Schmid 1960 im typisch schlappsigen Jargon des „Spiegel" „schöngeistig angehaucht" genannt wurde[23], schrieb einer seiner Hörer im Namen vieler Kommilitonen Augstein einen entrüsteten Leserbrief: „Die über 700 Studenten der Universität Frankfurt a. M., die samstags die Vorlesungen Herrn Professor Schmids über „Tragende Ideen der Politik" hören, sind immer wieder Zeugen der überragenden Persönlichkeit dieses allgemein hochgeschätzten und beliebten Professors. Mit einer souveränen Beherrschung des Stoffs übersetzt Herr Professor Schmid aus dem griechischen, lateinischen, französischen, italienischen und englischen Urtext – vollkommen frei – die für den jeweiligen Lehrstoff in Betracht kommenden Stellen. Dazu kommen Zitate aus der Literatur vieler Schriftsteller und Dichter des In- und Auslandes. Er ist also nicht nur ‚schöngeistig angehaucht', sondern Meister seines Fachs."[24] Auch Heuss' Nichte Ulla Galm war nach einem Vorlesungsbesuch bei Schmid fasziniert von dessen „brillanten Vortrag ohne jede Effekthascherei"[25]. Seine Zweifel, ob alle seine Hörer über das geistige Rüstzeug verfügten, um seine Vorlesungen in ihrer ganzen Tragweite zu verstehen[26], waren vermutlich nicht unbegründet. Trotzdem hoffte er, daß der Appell gegen den Zynismus der Nachkriegsgesellschaft, den er mit seiner Vorlesung zur Ideengeschichte verband, nicht ungehört bleiben würde[27].

Seine Vorlesungen über den Deutschen Staat der Gegenwart und über die Politische Partei entsprachen eher der landläufigen Vorstellung von Politikwissenschaft als Demokratiewissenschaft. Es waren Überblicksvorlesungen, die der politischen Allgemeinbildung dienten. Sein Kolleg über die Politische Partei war eine umfassende Darstellung der historischen Entstehungsbedingungen und der Rolle der Parteien in der Verfassungswirklichkeit der einzelnen Staaten, die ergänzt wurde durch Betrachtungen über die soziologischen, programmatischen und organisatorischen Strukturen der Parteien[28]. Seinem zu Beginn der Vorlesung aufgestellten Postulat, eine wertfreie Betrachtung der Theorie und Praxis der Parteien vorzunehmen, kam er voll und ganz nach. Daß Schmid Sozialdemokrat war, konnte man dem Inhalt der Vorlesung nicht entnehmen. In früheren Jahren hatte er des öfteren auf dem Katheder politisiert. Jetzt folgte er streng der von Max Weber postulierten Trennung von Wissenschaft und Politik.

Den deutschen Staat der Gegenwart hatte er als einer der Verfassungsväter selbst mitgeformt. Hier brauchte er sich nicht in Literatur zu vertiefen. Seine Assistenten mußten ihm zwar die zeitgenössische Literatur exzerpieren[29], er las die Exzerpte auch durch und unterstrich, was ihm wichtig erschien, und versah einiges mit dicken Fragezeichen, aber im Grunde waren diese Exzerpte für ihn nur eine Art Stichwortverzeichnis. Den Schwerpunkt der Vorlesung legte er auf die verfassungsrechtlichen Grundlagen des politischen Systems der Bundesrepublik. Mit Kritik an deren politischer Entwicklung scheint er sich sehr zurückgehalten zu haben. Dem Vorlesungsplan zufolge ging er nur mit der Bürokratie und den Interessenverbänden hart ins Gericht[30]. Für den „totalitären Staat in der sowjetischen Besatzungszone" blieben nur die beiden letzten Vorlesungswochen.

Auch das Gebiet der Außenpolitik und der internationalen Beziehungen wurden von ihm abgedeckt. Er sprach über das Recht als Mittel der Ordnung internationaler Beziehungen und über Theorie und Praxis der Außenpolitik in vergleichender und historischer Perspektive, wobei er die aktuelle Außenpolitik nur am Rande streifte. Die vorgestellten fünf Kollegs gehörten zu seinem Standardrepertoire. Bei all diesen Kollegs schöpfte er aus einem immensen Vorrat von Wissen und Erfahrung. Er selbst war bekümmert, daß zu diesem Wissen kaum mehr etwas hinzukam. Auf dem neuesten Forschungsstand war er nicht immer, aber dadurch unterlag er auch weniger Moden und Eitelkeiten.

Als er Mitte der 50er Jahre mit Erschrecken feststellte, daß die Frankfurter Studenten kaum Kenntnisse über die nationalsozialistische Vergangenheit hatten[31], bot er eine Vorlesung über Diktatur und Demokratie an, die durch ein Proseminar vertieft werden sollte. Im Anschluß daran las er über das „politische System der sowjetisch besetzten Zone". In diesen Vorlesungen betrieb er politische Bildung im engeren Sinne des Wortes. Sie war nötig, weil noch nicht bei allen Frankfurter Studenten sich ein demokratisches Bewußtsein entwickelt hatte[32].

Der Vorwurf, Schmid habe eine historisch-ästhetische, aber keine praxisnahe Vorstellung von Politikwissenschaft gehabt[33], ist überzogen und einseitig. Freilich, bei all seinen Vorlesungen versuchte er, die aktuelle Problematik des Vorlesungsstoffes anhand der historischen Entwicklung aufzuzeigen, und manchmal hielt er sich in der Tat etwas zu lang bei der Historie auf. Es war auch schwierig für einen Politiker, bei brandaktuellen Themen nicht Partei zu ergreifen. Wenn er nicht politisieren wollte, mußte er in die Geschichte fliehen. In seinen Seminaren behandelte er im übrigen des öfteren ganz praxisnahe Gegenstände, bei denen er aus der Schule plaudern konnte: „Wie entsteht ein Bundesgesetz", „Die Geschäftsordnungen des Bundestages und des englischen Unterhauses" oder „Die Deutschlandpolitik seit Jalta"[34]. Manchmal faßte er sogar heiße Eisen an. Im Wintersemester 1966/67 bot er ein Seminar zur Notstandsgesetzgebung an. Im September 1955 hielt er in der Aula der Universität einen Vortrag über die gemeinsame Reise mit Adenauer nach Moskau und entwickelte im Anschluß an seinen Bericht auch außenpolitische Zukunftsperspektiven[35]. Bei seinem Vortrag erntete er übrigens Pfiffe von den zuhörenden Studenten, die ihm nicht glauben wollten, daß die Moskauer Studenten wohnungsmäßig besser untergebracht seien als die Frankfurter[36]. Die Frankfurter Universität war damals alles andere als eine linke Hochburg.

Schmid war es auch zu verdanken, daß renommierte Wissenschaftler und Kenner der internationalen Politik wie Hans Morgenthau, George F. Kennan und Richard Löwenthal an der Frankfurter Alma Mater Gastvorlesungen hielten. Die ehemalige KPD-Abgeordnete Ruth Fischer, die im Zuge der stalinistischen Säuberungen dem Kommunismus wider Willen abtrünnig geworden war, führte in die Geschichte des russischen Kommunismus ein[37]. Schmid trug einiges dazu bei, um die Studenten aus dem Elfenbeinturm der abstrakten Wissenschaft herauszuholen.

Die Politische Wissenschaft entwickelte sich nicht so, wie er sich das erhofft hatte. Mit der angelsächsischen political science, die in der Bundesrepublik sehr stark rezipiert wurde, konnte er nicht viel anfangen und nahm sie vermutlich auch nur sehr fragmentarisch zur Kenntnis. Dem Tübinger Verlagsbuchhändler Herbert Holtzhauer riet er 1957 ab, den Verlagshandel auf politische Literatur zu konzentrieren. Mit der Politischen Wissenschaft in Deutschland sei es „ein Kreuz". Es gebe nicht „sehr viel ernstzunehmende Dinge" auf diesem Feld[38].

Es gab kaum einen Politikwissenschaftler, den er sich als Kollegen wünschte. Als Anfang 1960 die Einrichtung eines zweiten Lehrstuhls für Politikwissenschaft an der Frankfurter Universität beschlossen wurde, schaltete er sich in die Berufungsverhandlungen ein. Er wollte Otto Kirchheimer zum Kollegen gewinnen. Der renommierte Jurist und Verfassungstheoretiker, der zur Zeit der Weimarer Republik dem linken Flügel der SPD angehört hatte, war nach der Machtergreifung der Nationalsozialisten aus Deutschland in die USA emigriert. Nach dem Krieg blieb er in den USA, wo er 1955 eine Professur für Politische Wissenschaft an der New School of Social Research in New York bekam[39]. Schmid hatte sich schon in den fünfziger Jahren für eine Berufung Kirchheimers an die Universität zu Köln und Bonn eingesetzt, was aber am Widerstand der dortigen Fakultäten gescheitert war[40]. In Frankfurt gelang es ihm, Kirchheimer auf Platz 1 der Berufungsliste zu setzen. Aus privaten und gesundheitlichen Gründen lehnte Kirchheimer jedoch 1962 die bereits vorbereitete Übernahme des Lehrstuhls ab[41]. Schmid war enttäuscht. Er hatte sich auf Kirchheimer gefreut[42].

Gab es jemand, der ebenso brillant wie Kirchheimer das schwierige Fach Politische Wissenschaft in Forschung und Lehre vertreten konnte? Schmid fiel nur ein Historiker, aber kein Politikwissenschaftler ein: Golo Mann sollte den historisch ungebildeten Frankfurter Studenten Einsichten in die historischen und politischen Entwicklungen der Neuzeit vermitteln[43]. Der Sohn des berühmten Nobelpreisträgers, der Klio als Muse der Kunst verstand, war ein Außenseiter des Wissenschaftsbetriebs. Gerade deshalb schätzte ihn Schmid. Bei Mann wurde Geschichte zur Literatur. Der hessische Kultusminister Ernst Schütte stellte sich einer Berufung Manns entgegen. Mann sei ein Historiker, ihm fehle das „Sensorium für die Sozialwissenschaften", das ein Politikwissenschaftler benötige[44]. Schmid versuchte Schüttes Bedenken zu zerstreuen. Doch Golo Mann fühlte sich mehr als Schriftsteller denn als Professor und erwog, seine Lehrtätigkeit wieder aufzugeben[45]. Ihm war Schmids Leistungskraft eines der „sieben Welträtsel"[46]. Auf Drängen Schüttes wurde Iring Fetscher berufen, der wie Schmid am liebsten über politische Ideengeschichte las und sich später darüber beklagte, daß sein Kollege Schmid keine große Erleichterung bei der Ausbildung der Studenten gewesen sei[47]. Nun, das konnte man auch umgekehrt sehen.

Schmids Skepsis gegenüber dem Fach, das er unterrichtete, wuchs mehr und mehr. Noch immer hatte dieser Studiengang etwas Improvisiertes an sich. Er riet Studenten, die Politikwissenschaft studieren wollten, eher ab als zu[48]. Die Mehrzahl der Frankfurter Studenten, die sich für das Fach Politikwissenschaft eingeschrieben hatten, waren Lehramtskandidaten, die das Fach zumeist nur im Nebenfach studierten. Schmid vermißte bei ihnen einen wissenschaftlichen Eros[49]. Manchmal hörte man ihn über den Konformismus der nachwachsenden Generation, die das Studium nur noch als Berufsausbildung auffaßte, klagen[50]. Als sich Mitte der 60er Jahre die Studentenschaft radikalisierte, war er dann aber sehr erschrocken.

Trotz der Frustration über die Politikwissenschaft lehrte er das Fach mit Leidenschaft. Die Befürchtung einiger Kollegen, daß Schmid seine akademischen Lehrverpflichtungen nicht erfüllen könnte, war unbegründet. Mindestens drei Lehrveranstaltungen bot er jedes Semester an. Er legte sie um das Wochenende herum. Das Seminar fand fast immer freitags von 20–22 Uhr statt. Trotz der späten Abendstunde kamen in der Regel 30–35 Teilnehmer zusammen, die den prominenten Professor mal ganz aus der Nähe erleben wollten[51]. Samstagvormittags hielt er dann in einem überfüllten Hörsaal seine große dreistündige Vorlesung. Die kleine Vorlesung legte er entweder auf den Freitagnachmittag oder Montagvormittag. Nur einmal, als er von Lore Lorentz zu einer Premiere im Düsseldorfer Kom(m)ödchen eingeladen war, ließ er eine Vorlesung ausfallen[52]. Selbst nach seinem schweren Schlaganfall im Dezember 1956 wollte er im Sommersemester 1957 schon wieder auf das Katheder steigen. Erst nach energischem Einspruch der behandelnden Ärzte ließ er seine bereits angekündigten Lehrveranstaltungen wieder absagen. Er murrte, daß ein starker Wunsch, der in ihm lebendig war, zerstört worden sei[53]. Dabei konnte er sich noch kaum auf den Beinen halten. Arnold Bergstraesser ließ sich dazu überreden, die Lehrstuhlvertretung zu übernehmen.

Organisatorische und verwaltungstechnische Fragen hatten die Assistenten zu erledigen. Er kam nur zu den Lehrveranstaltungen nach Frankfurt. Auch die Vorbereitung der Seminare war Sache der Assistenten. Sie hatten Seminarpläne zu entwerfen und Referate zu verteilen. Obwohl er in der Regel keine Zeit hatte, sich auf die Seminare vorzubereiten, leitete er sie souverän. Da er zu den altmodischen Dozenten gehörte, denen mehr an Belehrung als an wissenschaftlicher Diskussion mit den Studenten lag, hob er, sobald der Referent geendet hatte, zum Korreferat an. Diese Korreferate sollen manches „Aha-Erlebnis" bei den studentischen Zuhörern ausgelöst haben[54]. Selbst wenn er dozierte, tat er es nicht in der Art eines Schulmeisters.

Schulebildend wirkte er auch in Frankfurt nicht. Zum einen hatte er wenig Zeit, sich um seine Studenten und Assistenten zu kümmern, zum anderen fand die Nachkriegsgeneration nur schwer Zugang zu den geistigen Traditionen der Zwischenkriegszeit, denen er verbunden blieb. Sein erster Assistent war Wilhelm Hennis, Smend-Schüler, zuvor Assistent bei Adolf Arndt. Hennis' Versuch einer Rekonstruktion der Politischen Wissenschaft durch die Rückbesinnung auf ihre aristotelischen Grundlagen[55] wurde von Schmid akzeptiert und verteidigt, obwohl er selbst der philosophischen Tradition Platons verpflichtet war, deren Weiterleben in der Moderne er in seiner eigenen Vorlesung aufzeigte. Justus Fürstenau, der bald als zweiter Assistent eingestellt werden konnte, legte eine Pionierstudie über die Entnazifizierung in den drei westlichen Besatzungszonen vor[56]. Nachfolgerin Fürstenaus wurde 1956 Eleonore Sterling, die vor allem über den Ursprung des Antisemitismus forschte. Sie war selbst Jüdin und hatte nur mit viel Glück das Internierungslager in Gurs überlebt. Schmid hatte ihr zu helfen versucht und auch ein Vorwort zu ihrer Dissertation „Er ist wie Du. Aus der Frühgeschichte des Antisemitismus in Deutschland" verfaßt[57]. Hennis' Stelle übernahm 1960 Manfred Friedrich, der nach der Flucht aus der DDR ein Studium in Frankfurt aufgenommen hatte und 1958 mit einer Arbeit über die Philosophie und Ökonomie beim jungen Marx von Carlo Schmid promoviert worden war[58]. Otwin Massing, der 1962 eine Assistentenstelle am Institut für Politikwissenschaft antrat, war durch die Schule Adornos gegangen. Seine Dissertation hatte die Gesellschaftslehre des Positivisten und Gründervaters der modernen Soziologie Auguste Comte zum Thema[59]. Werner Soergel, der dritte Mann im nunmehrigen Assistententrio des Lehrstuhls, verfaßte eine grundlegende Studie zum Grundgesetz[60]. Insiderinformationen scheint er allerdings von Carlo Schmid nicht erhalten zu haben. Wolfgang Rudzio, der eine Zeitlang ebenfalls dem Assistententeam Schmids angehörte, schrieb seine Dissertation über die Neuordnung des Kommunalwesens in der Britischen Zone im Auftrag des Instituts für Zeitgeschichte[61]. Als die APO-Zeit heranrückte, wurde Ingeborg Mauss Schmids Assistentin. Er nahm weder

Anstoß an ihren linken Aktivitäten, noch verargte er ihr, daß sie sich bei ihrer Dissertation über Carl Schmitt auf linke Faschismustheorien stützte[62]. Er war bereit, auch Arbeiten, bei denen er nicht alle Schlußfolgerungen zu teilen vermochte, zu akzeptieren. Nach ihrer politischen Einstellung beurteilte er seine Schüler ohnehin nicht[63].

Der Frankfurter Ordinarius gab selten Themen für Dissertationen vor. Er war der Auffassung, daß jemand, der eine Dissertation verfassen wollte, selbst ein Forschungsproblem finden müsse, das ihm behandelnswert erscheint[64]. Die Zeit, um seinen Doktoranden bei ihren Arbeiten die Hand zu führen, hatte er nicht. So war die Schar seiner Promovenden nicht sehr zahlreich. Kaum mehr als zehn. Neben den schon Genannten sollen hier noch erwähnt werden: Fritz Bleienstein, der eine Arbeit über Johannes Quidort von Paris verfaßte[65]. Er war im Grunde der einzige, dessen Dissertationsthema durch Schmids große Vorlesung über die politische Ideengeschichte angeregt worden war. Vier Jahre Haft in Zuchthäusern der DDR hatte der Ernst-Bloch-Schüler Günter Albrecht Zehm hinter sich, als er sein Studium in Frankfurt bei Adorno und Schmid fortsetzte. Seine Arbeit über Jean-Paul Sartre war eine kritische Auseinandersetzung mit dem politischen Engagement linker Intellektueller[66]. Helga Haftendorn befaßte sich mit dem Thema Parlamentsberichterstattung[67], Joachim Hirsch mit den öffentlichen Funktionen der Gewerkschaften[68]. Es war eine kleine bunte Schülerschar. Fast jeder hatte sich sein eigenes Thema gesucht. Manchmal half der Professor mit Rat und konstruktiver Kritik weiter, aber ein enges Lehrer-Schüler-Verhältnis wie in den Tübinger Jahren entstand nicht mehr. Niemand litt mehr darunter als Carlo Schmid.

Der Frankfurter Ordinarius, der in der Öffentlichkeit für eine rigorose Begabtenauslese und strenge Lernzucht eintrat, war gutmütig und nachsichtig, gelegentlich fast altväterlich besorgt. In seinen Vorlesungen mag er die Studenten geistig überfordert haben, von seinen Doktoranden und Assistenten verlangte er nichts Übermenschliches. Ab und zu appellierte er an ihren Mut zur Politik. Es kam aber auch vor, daß er davor warnte, seinem Vorbild zu folgen. 1956 schrieb er seinem Assistenten Wilhelm Hennis: „Lassen Sie es sich gut gehen, genießen Sie die Ferien und richten Sie ihr Leben anders ein als ich.“[69] Seine privaten Ratschläge unterschieden sich oft diametral von seinen öffentlichen Appellen.

Geradezu genial war er, wenn es darum ging, bei Industriellen und Verbandsmanagern Spenden für das Institut locker zu machen. Es kamen für die damalige Zeit ganz erkleckliche Summen zusammen, die laut Bittschreiben für Forschungsprojekte verwandt werden sollten[70]. Tatsächlich hatte Schmid zwei Forschungsvorhaben angeregt: zum einen eine Untersuchung über die Bedeutung der Denazifizierung für das politische Leben in der Bundesrepublik. Innerhalb dieses Forschungsprojekts entstand die oben erwähnte Arbeit Justus Fürstenaus. Die Entpolitisierung des gesellschaftlichen Lebens in der Bundesrepublik war das andere Thema, dem nachgegangen werden sollte[71]. Peter von Oertzen hatte versprochen, sich mit der „Entparteipolitisierung“ der Gewerkschaften zu beschäftigen[72]. Er formulierte das Thema aber schon bald um und schrieb eine Arbeit über die Betriebsräte in der Novemberrevolution[73]. Carlo Schmid konnte das nur noch kopfschüttelnd zur Kenntnis nehmen. Die meisten Spenden wurden für Stipendien, für Gratifikationen an die Mitarbeiter, für die Anstellung von Hilfskräften und die bessere Ausstattung der Bibliothek verwandt. Auch das Semesterfest wurde davon bezahlt[74]. Schmid war froh, daß er durch die Spenden einigen seiner Schüler und Assistenten etwas unter die Arme greifen konnte. Im Grunde war er ein Ordinarius alten Schlags, der sich für seine Schüler und Mitarbeiter verantwortlich fühlte.

Ein typischer Ordinarius der 50er Jahre war er trotzdem nicht. Er selbst verstand sich als Außenseiter des Wissenschaftsbetriebs, der zur wissenschaftlichen Zunft Distanz wahrte. Vielleicht trug er auch deshalb nie Talar. An Fakultätssitzungen nahm er nur teil, wenn es im Interesse des Instituts unbedingt notwendig war oder er einen Schüler, in welcher Angelegenheit auch immer, zu verteidigen hatte[75]. Für sein Fernbleiben war nicht allein Zeitmangel verantwortlich, sondern auch seine abgrundtiefe Verachtung des Zunftwesens der Fakultäten und Senate[76]. Gegenüber universitären Traditionen konnte er recht schnoddrig sein. 1955 hatte er noch immer keine Antrittsvorlesung gehalten. Da er an sich selbst hohe Anforderungen stellte und niemals mit einem mittelmäßigen Vortrag vor seine Kollegen getreten wäre, brauchte er Muße und Ruhe, um ein Vortragsmanuskript auszuarbeiten. Nach mehreren Mahnungen glänzte er schließlich mit einem Vortrag über den „Defensor Pacis“ des Marsilius von Padua[77].

Kontakte zu Kollegen hatte er kaum. Adorno bemühte sich sehr darum, mit Schmid ins Gespräch zu kommen. Er hätte gern gemeinsame Vortragsreihen und Seminare des Instituts für Politikwissenschaft und des Instituts für Sozialforschung veranstaltet. In der Zeit des Kalten Krieges war es für Adorno nicht leicht, sich selbst und seinem Institut wissenschaftliche Anerkennung zu verschaffen. Für ihn wäre es wichtig gewesen, die wissenschaftliche und politische Nähe der beiden Institute öffentlich herauszustellen[78]. Schmid sagte ab: „Seien Sie mir bitte nicht böse.“[79] Zeitmangel gab er als Grund an. Auch die Furcht auf dem Gebiet der Soziologie mit Adorno nicht immer mithalten zu können, mag bei seinem abschlägigen Bescheid eine Rolle gespielt haben. Wissenslücken gab Schmid nur ungern zu. Die weit verbreiteten Ressentiments gegen Adorno teilte er nicht. Der spätere Dissens über die Notstandsgesetzgebung und die Außerparlamentarische Opposition darf nicht darüber hinwegtäuschen, daß die beiden unkonventionellen Frankfurter Professoren trotz ihres unterschiedlichen politischen Lebenswegs vieles verband: ein kulturelles Elitedenken, das Leiden an der Dialektik der Aufklärung, die Klage über die Sozialisierung der „Halbbildung“, die Vorstellung, daß die Kunst das letzte Refugium unentfremdeten Lebens sei, und nicht zuletzt die gemeinsame Liebe zur Dichtung Baudelaires, Georges und Paul Valérys. Adorno schätzte Schmids Übertragung der „Pièces sur l'art“ Valérys und lobte dessen Leistung in einem Aufsatz über den französischen Dichter und Ästhetiker ausdrücklich: Schmid sei vermutlich „der erste und einzige Politiker von den front benches, der Valérys Rang und Namen kennt und heroisch die Zeit für derlei schwierige und anspruchsvolle Texte sich abringt“ [80]. Adornos Vermutung dürfte zutreffend sein. Schmid scheute sich seinerseits nicht, in öffentlichen Vorträgen, Adornos ästhetische Theorie zu würdigen[81]. Adorno war gerührt, als Schmid ihm zum 60. Geburtstag nicht nur herzliche Glückwünsche übersandte, sondern ihm auch dankte für das, was er durch ihn gelernt hatte[82]. Erst Mitte der 60er Jahre mit dem Aufkommen der Studentenbewegung trübte sich das Verhältnis der beiden.

Um so enger wurde in jenen unruhigen Jahren der Kontakt zu Walter Ruegg, der der Studentenbewegung ebenso kritisch gegenüberstand wie Schmid. Bereits zu Beginn der 60er Jahre war man sich näher gekommen. Der Humanist und Soziologe Ruegg, der noch ganz dem Ideal der Humboldtschen Universität verpflichtet war, schrieb seinem humanistisch gebildeten Kollegen Gedichte in Latein: „Laus, honor, gratia“ – „Carolus alter es tu, non bella gereus inimicis, dona ingenii sunt arma et tela tibi (...)“ [83]. Ansonsten beschränkte sich Schmids Kontakt zu den Kollegen auf das notwendige Muß. Seine Kritik an den überkommenen Universitätsstrukturen minderte nicht seine Leidenschaft, zu lehren. Im Wintersemester 1966/67, kurz nach seinem 70. Geburtstag wurde er emeritiert. Aber er wollte weiter lehren, solange man ihn nicht am Betreten des Katheders hinderte[84]. Ein Jahr später wurde Frankfurt zu einer Hochburg der Studentenrevolte. Schmid zog sich zurück. Davon wird in anderem Zusammenhang noch ausführlich die Rede sein.

Westpolitik: USA-Reise und Pariser Verträge

Auch zu Beginn der 2. Legislaturperiode war die EVG noch Thema Nr. 1 der außenpolitischen Kontroverse. Ob sie kurz vor ihrer Geburt stand oder bereits in der Agonie lag, war umstritten. Alles hing davon ab, wie die französische Nationalversammlung sich entschied. Wenn die Franzosen den EVG-Vertrag ratifizierten, was würde die SPD dann tun? Als ein Reporter der Stimme Amerikas Schmid während eines Kurzaufenthaltes in Washington Mitte Oktober 1953 diese Frage stellte, antwortete er, ohne zu zögern: Die SPD werde den Vertrag anerkennen und versuchen, „daraus das Beste zu machen“ [1]. Vordringlich sei eine Stärkung der parlamentarischen Kontrollrechte. Er jedenfalls sei der Meinung, daß die EVG, wenn sie verwirklicht werde, so wirksam wie möglich ausgestaltet werden müsse.

Den meisten Sozialdemokraten fiel es nicht leicht, sich mit der Realität EVG abzufinden. Wehner wollte, wenn überhaupt, die EVG nur dann akzeptieren, wenn sie zu einer europäischen Koalitionsarmee unter Einschluß Großbritanniens und Skandinaviens umgewandelt werde[2]. Ollenhauers öffentliche Statements zur EVG waren widersprüchlich. Mal bekämpfte er die EVG als ein „Sicherheitsinstrument gegen Deutschland“, dann wieder betonte er, daß auch nach Inkrafttreten der EVG die Bemühungen um die Wiedervereinigung weitergeführt werden müßten[3]. Wiedervereinigung und EVG schlossen sich demnach nicht aus.

Die Hoffnung der Sozialdemokraten richtete sich auf die Viermächtekonferenz in Berlin, die von den drei Westalliierten im Dezember 1953 auf den Bermudas vorbereitet wurde. Schmid, ohnehin immer dem Pessimismus zuneigend, war skeptisch. Er befürchtete, daß die Westmächte ebenso wie die Bundesregierung den Status quo zu zementieren versuchten[4]. Über Adenauers Initiativlosigkeit in der Wiedervereinigungsfrage war er ebenso betroffen wie über die träge und egoistische Haltung der Westdeutschen. Mitte Februar, als sich das Scheitern der Berliner Konferenz abzeichnete, schrieb er einem in Chile lebenden Bekannten: „In Deutschland werden die Dinge immer konfuser. Es wird mir nach und nach klar, daß der einzige Gott, zu dem dieses Volk zu beten bereit ist, der Gott des materiellen Wohlbehagens ist. Die Dinge in Berlin gehen offensichtlich schlecht, nicht zumindest deswegen, weil von seiten der Bundesregierung gar nichts getan wird, um die Voraussetzungen dafür, daß sie weniger schlecht gehen könnten, zu schaffen. Man hält es hier offensichtlich für ganz besonders politisch, am Scheitern der Konferenz dem deutschen Volk und der Welt zeigen zu können, daß man mit den Russen nun einmal nicht verhandeln kann. Es ist ja auch bequemer, sich vorzustellen, daß man sich in dem westdeutschen Wohlstand weiter wird entfalten können, als sich Gedanken darüber zu machen, wie man im Falle der Wiedervereinigung Deutschlands die Not des Ostens auch mit auf unsere Schultern nehmen könnte.“ [5]

Die Verbitterung über die Bundesregierung und die eigenen Mitbürger ließ Schmid nicht blind werden für die Verantwortung der Sowjetunion am Scheitern der Konferenz, die die sozialdemokratischen Konferenzbeobachter Ollenhauer und Wehner nicht zugeben wollten. Ollenhauer hatte in einer Stellungnahme zur Rede des sowjetischen Außenministers Molotow erklärt, daß ihm klar geworden sei, „daß eine Politik der Westintegration der Bundesrepublik die Wiedervereinigung außerordentlich erschweren, wenn nicht unmöglich machen müsse“[6]. Wehner sprach von „Berührungspunkten“ zwischen den Westmächten und der Sowjetunion, die als Ansatz für Erfolg versprechende Diskussionen genommen werden müßten[7]. Tatsächlich war der Dissens weitaus größer als die Berührungspunkte. Für die Westmächte konnte der Wiedervereinigungsprozeß nur mit freien Wahlen beginnen. Molotow dagegen forderte die Bildung einer paritätisch zusammengesetzten gesamtdeutschen Regierung. Dem sowjetischen Außenminister genügte nicht, daß die Westmächte einer gesamtdeutschen Regierung Handlungsfreiheit zusicherten. Mußte er doch damit rechnen, daß eine gesamtdeutsche Regierung den Westintegrationskurs der Bundesregierung fortsetzen werde[8].

Im SPD-Parteivorstand, der sich sofort nach Beendigung der Konferenz in Bonn traf, stießen die Kommentare Ollenhauers und Wehners auf Kritik. Auch Schmid hielt diesmal mit seiner Meinung nicht hinterm Berg. Er verlangte, daß ungeachtet der schlechten Verhandlungstechnik des Westens, über die auch er empört war, klar und deutlich ausgesprochen werde, daß die Forderungen der Westmächte sich mit den eigenen Forderungen deckten, während die Forderungen Molotows grundsätzlich davon abwichen. Wenn man das nicht klarstelle, bestünde die Gefahr, daß die Sozialdemokraten als „halbe Molotowianer“ denunziert würden. Die SPD müsse Konsequenzen aus dem Scheitern ziehen, ohne deshalb gleich auf die „Adenauer-Linie“ einzuschwenken[9]. Heine, Schoettle und Wenzel Jaksch, der Wehners „unduldsames Niederschlagen von Gegenäußerungen“ nicht mehr länger hinnehmen wollte, pflichteten ihm bei. Schmid unterstützte seinerseits Heine, der wünschte, daß die SPD ihre Verbundenheit mit den Westmächten betonte und gegen eine Neutralisierung Deutschlands eindeutig Stellung bezog[10]. Heine hatte recht. Die SPD mußte endlich daran gehen, ihre Bedingungen für die Teilnahme an der gemeinsamen Verteidigung des Westens zu formulieren[11]. Ollenhauer kramte in der Mottenkiste sozialdemokratischer Vorschläge. Er mochte sich einen deutschen Verteidigungsbeitrag nur im Rahmen der UNO vorstellen, was aber Schmid für wenig realistisch hielt. Bei der Gründung der UNO sei man wie schon beim Genfer Völkerbund von der Errichtung regionaler Sicherheitspakte ausgegangen. Er wiederholte, was er schon des öfteren gesagt hatte, daß allein auf der Grundlage der Vereinten Nationen der Weltfrieden nicht garantiert werden könne[12]. Ollenhauer habe kein „rechtes Verhältnis zu militärischen Problemen“ gehabt, stellte er noch dreißig Jahre später in seinen Erinnerungen fest[13]. In der Parteivorstandssitzung warnte Schmid wieder einmal vor einem blinden Gesinnungspazifismus: „Die Angst vor den Generälen“ dürfe für die Entscheidung der SPD „nicht maßgebend“ sein[14].

Diesmal hatte er seine Auffassung wortreich verteidigt und sich bemüht, seine Gründe plausibel zu machen. Durchsetzen konnte er sich nicht. In dem zwei Tage später vom Parteivorstand und Parteiausschuß verabschiedeten Kommuniqué wurde die Berliner Konferenz als „Anfang der Überwindung der Spaltung Deutschlands" gewertet[15]. Am gleichen Tag teilte Ollenhauer Adenauer, der ihn zu einer gemeinsamen Außenpolitik aufgefordert hatte, mit, daß der Ausgang der Berliner Konferenz für ihn kein Anlaß zur Überprüfung der außenpolitischen Grundhaltung der SPD sei[16]. Eine Woche später unterstrich der SPD-Parteivorsitzende im Bundestag, daß die SPD in ihrer ablehnenden Haltung gegenüber der EVG durch den Verlauf der Berliner Viermächtekonferenz bestärkt worden sei[17]. Wehner als zweiter Hauptredner der SPD plädierte für innerdeutsche Erleichterungen und die Intensivierung technischer Kontakte[18].

Wehners Forderung nach innerdeutschen Erleichterungen wurde von Schmid unterstützt. Er und Erler ergriffen einen Tag später in der Debatte um die Ergänzung des Grundgesetzes durch eine Wehrverfassung das Wort. Beide übten heftige Kritik, daß die Bundesregierung die EVG zu einem Bestandteil des Grundgesetzes machen wollte. Schmid warnte davor, durch einen „Normenpluralismus" die Substanz der Verfassung auszuhöhlen. Wenn die Bundesregierung dem Parlament das Recht zugestehe, im Wege authentischer Interpretation die Übereinstimmung des EVG-Vertrags mit dem Grundgesetz zu bestimmen, rede sie einer „Parlamentsjustiz" das Wort[19]. Der Kritik folgte ein eindeutiges Bekenntnis zur Landesverteidigung. Die SPD sei bereit, „das zur Verteidigung Nötige im Rahmen jeder Möglichkeit zu tun, die erstens echte Sicherheitschancen bietet, zweitens die Wiederherstellung der Einheit Deutschlands nicht gefährdet und schließlich uns die echte Gleichberechtigung gibt."[20] Das war eine etwas vage Formulierung, durch die der Dissens zur offiziellen Parteimeinung überbrückt werden sollte. Ebenso wie Erler hatte auch Schmid keinen Zweifel daran gelassen, daß die SPD die Mitarbeit an einer demokratischen Wehrverfassung nicht verweigern werde[21]. Ob diese Auffassung innerhalb der SPD mehrheitsfähig war, mußte der Parteitag in Berlin im Juli zeigen.

Zunächst einmal entwich Schmid allem Streit und Parteihader. Zusammen mit Fritz Erler, Willy Brandt und Günter Klein trat er Anfang März eine sechswöchige Reise in die USA an[22]. Das State Department finanzierte den deutschen Parlamentariern eine großzügige Informationsreise, die sie von Washington nach New Orleans, von dort nach San Francisco und San Antonio führte. Nach der Reise in den Süden flog man in den Norden, um die großen Industriestädte Chicago und Detroit zu besichtigen. New York war Endstation der Reise. Zum zweiten Mal in seinem Leben setzte Schmid am 2. März 1954 den Fuß auf amerikanischen Boden, auf dem er für längere Zeit kaum hätte leben können. Während Brandt begeistert von der Grenzenlosigkeit des amerikanischen Landes und von dem dortigen Wohlstand war[23], blickte Schmid mit den Augen des europäischen Bildungsbürgers auf die Amerikaner. Dem american way of life vermochte der Kritiker der Massengesellschaft nichts abzugewinnen. Für ihn war es ein Stück Kulturverfall, daß in den amerikanischen Großstädten die Frauen der High society „ihre Nerze und Brillanten wie Frauen anderswo Kaninchenfelle und Rheinkiesel trugen“[24]. Das Bild, das sich Schmid von Chicago, vielleicht der amerikanischsten aller amerikanischen Großstädte machte, war voller Vorurteile: „Diese Stadt ist eine Plebejerstadt, die sich als solche will.“[25] Chicago war auch in den 50er Jahren schon eine der architektonisch interessantesten Städte der USA. Die legendäre Chicagoer Schule und Mies van der Rohe, der in den 30er Jahren nach Chicago kam, hatten diese Stadt zu einem Zentrum moderner Architektur gemacht. Man hatte sich zum Ziel gesetzt, Paris im Mittleren Westen noch einmal zu errichten. Daß in Chicago kein Bauwerk älter als 75 Jahre war, lag nicht, wie Schmid behauptete, daran, daß es ein ehemaliges Fischerdorf war, sondern daran, daß 1871 ein Großbrand fast die ganze Innenstadt zerstörte. Schmid, der Brechtliebhaber, vermochte nur die Schlachthöfe Chicagos zu sehen.

Das europäische Abendland war und blieb der Fixpunkt seines Denkens. Am liebsten unterhielt er sich in den USA mit jüdischen Emigranten und versuchte sie zur Rückkehr nach Deutschland zu bewegen[26]. Es widerstrebte ihm, sich Europa als Teil der amerikanischen Hemisphäre vorzustellen. Die Unkenntnis der Amerikaner über die politischen Zustände in Europa und Deutschland kommentierte er mit Sarkasmus. Am 9. März berichtete er Ollenhauer über eine Aussprache mit Mitgliedern des Auswärtigen Ausschusses des Senats: „Die Zwiesprache war sehr freundlich, wenn sich auch zeigte, wie sterbenswenig diese Leute von Deutschland wissen. Einer der Senatoren dankte uns dafür, daß wir Adenauer so energisch unterstützten. Nicht jedes Lob ist verdient.“[27] Einen Monat später formulierte er seine Eindrücke mit noch bissigerer Ironie: „Man ist hier natürlich überall auf die Politik der Verträge eingestellt ganz naiv, als seien sie die einzige Möglichkeit, in Europa Ordnung zu schaffen und die Deutschen mit den Franzosen zu versöhnen.“ In der Presse werde Adenauer als eine Art „europäischer Dulles und damit als der Weltbismarck Nr. 2“ gefeiert. Den meisten Amerikanern sei der Unterschied zwischen Christ- und Sozialdemokraten überhaupt nicht bewußt. „Wie oft haben Politiker uns gefragt, wie es unserem Parteiführer A. gehe ... Und als wir dankend abwinkten, schien man zu bedauern, daß so nice fellows wie wir nicht zu diesem guten Manne gehörten – ja man schien gar nicht verstehen zu können, daß es nicht so ist. Denn wenn A. das gute Prinzip in der deutschen Politik verkörpert – dann müsen ja jene, die ihn bekämpfen, die Champions des Bösen sein.“[28]

Schmid übertrieb etwas. In der Deutschlandabteilung des State Department traf er durchaus auf sachkundige Gesprächspartner. Der dortige

Konsultationen mit den Amerikanern. März 1954

Leiter teilte seine Furcht vor einem neuen 17. Juni, der wahrscheinlich blutig niedergeschlagen würde. Aber was könne man dagegen unternehmen? Schmid schlug den Ausbau technischer Kontakte zwischen Ost- und Westdeutschland vor. Die amerikanischen Gesprächspartner wollten sich mit dem Vorschlag befassen[29]. Zumindest sagten sie das. Die ganze Unterhaltung war nicht mehr als ein höfliches Informationsgespräch. Politik konnten die vier Sozialdemokraten in den USA nicht machen. Das war auch nicht vorgesehen gewesen.

Trotzdem war die Reise lehrreich gewesen. Schmid war bewußt geworden, daß es viele „Amerikas“ gab, daß die außenpolitische Linie davon abhing, wer in Washington an der Macht saß, und daß bei einem Großteil der Bevölkerung das Interesse am europäischen Kontinent nicht allzu groß war. Gar so sicher wie früher scheint er nicht mehr gewesen zu sein, daß die USA sich nicht eines Tages vom Kontinent zurückziehen könnten[30]. Vom Niveau der politischen Auseinandersetzung war er enttäuscht. Er trauerte – das war typisch für ihn – der „Professoren-Republik“ der Ära Roosevelt nach und suchte nach Spuren für deren Wiederaufleben[31]. Fasziniert hatten ihn allein das closed-shop-System der amerikanischen Gewerkschaften[32] und der wissenschaftliche Dienst des Kongresses: „ein solcher Dienst gibt einem Parlament Selbstgefühl und macht es von selbst zu einem wirksamen Gegenspieler der Regierung.“[33] Der wissenschaftliche Dienst des Bundestages steckte in jenen Jahren noch in den Kinderschuhen. Am Schluß der Reise überfiel ihn Heimweh. Er fühlte sich auf dem amerikanischen Kontinent so unwohl, daß er sich auf das „Heimkommen zu den Freunden, zur Partei“ und „sogar auf den Wahlkampf in den Ländern“ freute[34].

Zu Hause stand nicht nur der Wahlkampf, sondern auch der Parteitag in Berlin an. Es war nicht leicht, die Parteibasis davon zu überzeugen, daß die SPD nicht grundsätzlich jede Form der Wiederbewaffnung ablehnen konnte. Schmid war nicht als Hauptredner vorgesehen. Er griff lediglich durch einen Diskussionsbeitrag in die Debatte ein, in dem er nicht verschwieg, daß er keine Hoffnung mehr hatte, daß sich die Weltmächte in absehbarer Zeit über die Einheit Deutschlands einigen werden: „Es wird noch lange dauern, und wir werden noch sehr viel Geduld haben müssen.“[35] Unter allen Umständen müsse eine deutsche Regierung die Verhandlungen mit dem Willen führen, „die größtmögliche Entscheidungsfreiheit für eine gesamtdeutsche Regierung zu erhalten“[36]. Äußerst skeptisch beurteilte er alle Pläne einer Neutralisierung Deutschlands, durch die das Kontrollratssystem wieder aufleben müsse. Ollenhauer und Erler hatten die Losung ausgegeben, daß ein wiedervereinigtes Deutschland weder einem westlichen noch einem östlichen Militärbündnis angehören dürfe. Schmid formulierte es vorsichtiger. Wenn sich die Bundesregierung bis zur Einigung über die deutsche Einheit einem Militärbündnis anschließe, so müsse das in einer Weise geschehen, „daß alles offen bleibt, was den Status eines künftigen Gesamtdeutschlands anbelangt.“[37]

Da man sich auf dem Parteitag nicht einig wurde, wurde die Entscheidung vertagt. Ein außerordentlicher Parteitag sollte darüber bestimmen, ob trotz aller Wiedervereinigungsbemühungen die deutsche Einheit in nächster Zukunft nicht zu erreichen war. In diesem Falle war man bereit, der Beteiligung der Bundesrepublik an einem westlichen Verteidigungsbündnis zuzustimmen. Die verabschiedete Resolution wurde als Erfolg für den realpolitisch ausgerichteten Flügel der SPD gewertet. Schmid selbst hatte kaum mehr Hoffnung, die Wiedervereinigung noch zu erleben[38]. Trotzdem mahnte er die Westmächte, zu verhandeln, „um die Sowjetunion zu einer klaren Stellungnahme in der deutschen Frage zu veranlassen“[39].

Im August war abzusehen, daß der EVG-Vertrag in der französischen Nationalversammlung scheitern werde. Als Schmid den Bundeskanzler im Auswärtigen Ausschuß darauf ansprach, gab dieser sich wundergläubig. Frankreich werde den Vertrag annehmen. Adenauer dachte gar nicht daran, mit den oppositionellen Sozialdemokraten über Alternativen zur EVG-Lösung zu diskutieren[40]. Ihm lag nichts an einer gemeinsamen Außenpolitik, die Schmid aller negativen Erfahrungen zum Trotz immer wieder in Gang zu bringen versuchte. Am 30. August lehnte die französische Nationalversammlung den EVG-Vertrag ab. Schmid erreichte die Nachricht auf einer Heurigenparty in Grinzing, auf der sich die Teilnehmer der in Wien tagenden Interparlamentarischen Union von den Strapazen langer Debattenreden erholten[41]. Die Nachricht überraschte ihn nicht. So war er auch um eine Stellungnahme nicht verlegen. Zunächst einmal gelte es, „ernsthafte Versuche" zu unternehmen, um mit der Sowjetunion zu einer Verständigung zu kommen. Da diese wohl kaum von heute auf morgen zu erreichen sei, komme die Bundesrepublik vermutlich nicht darum herum, sich an den militärischen Verteidigungsleistungen des Westens zu beteiligen. Schmid plädierte für die gleichberechtigte Einbeziehung der Bundesrepublik in die Nato, wobei auf jede Form einer Bindungsklausel für das wiedervereinigte Deutschland verzichtet werden müsse[42].

In Bonn hatte Erich Ollenhauer die Fraktion zu einer Sondersitzung einberufen. Seine Vorschläge lauteten: „Die Bundesrepublik müsse eine aktive Politik in Richtung auf ein möglich baldiges Zustandekommen einer neuen Viermächtekonferenz betreiben." Sie müsse eine „Kurzschlußpolitik" vermeiden, „die über Nacht irgendeine Alternativlösung für die EVG finden möchte, weil es die außenpolitischen Gefahren erfordern"[43]. Eine Viermächtekonferenz war wieder einmal der Hoffnungsanker, an den sich die SPD klammerte.

Carlo Schmid ließ diesmal auch im Urlaub die Politik nicht los. Er saß in Schweden, informierte sich über die Außenpolitik des Landes und dachte über einen möglichen militärischen Status für ein wiedervereinigtes Deutschland nach. In einem dpa-Interview am 12. September sprach er sich für einen Status der Bündnislosigkeit nach schwedischem Vorbild aus[44]. Focht nun auch Schmid für eine militärische Neutralisierung Gesamtdeutschlands? Hatte er seine Meinung innerhalb von zwei Monaten total geändert? Es handelte sich nicht um eine urplötzliche Abkehr von seiner bisher vertretenen Linie. Schmid hatte schon im Frühsommer in langen und zahlreichen Gesprächen mit George F. Kennan, der für ihn der „schöpferischste Geist" der amerikanischen Außenpolitik war[45], nach sicherheitspolitischen Alternativkonzepten gesucht[46]. Nach dem Scheitern der EVG hatte Kennan in einem Artikel des „New York Times Magazine" statt einer Einbindung der Bundesrepublik in die Nato eine militärische Sicherheitsgarantie der USA für Westdeutschland, einschließlich Berlin, vorgeschlagen. Die Sowjetunion werde kaum einer Wiedervereinigung zustimmen, wenn Ostdeutschland der Nato zugeschlagen werde, in der sie ein ihr feindliches Militärbündnis sehe[47]. Schmid glaubte nicht, daß der Vorschlag so zu verwirklichen sei. Aber immerhin biete er doch für ein wiedervereinigtes Deutschland eine Perspektive[48]. Er wollte so wenig wie Adenauer Deutschland dem „sowjetischen Koloß“ überlassen, wenn ihm der Kanzler dies auch zu unterstellen versuchte[49]. Er hatte mit Bedacht Schweden als Vorbild gewählt. Es galt als ausgemacht, daß Schweden im Konfliktfall mit der Nato zusammenarbeiten würde. Freilich, ob eine solche Lösung praktikabel und für die beiden Großmächte akzeptabel war, das mußten die Verhandlungen erst noch erweisen. Das hatte er aber auch ausdrücklich betont.

Inzwischen hatte die Londoner Neunmächtekonferenz getagt, wo eine Mitgliedschaft der Bundesrepublik im Brüsseler Pakt, der zur Westeuropäischen Union erweitert werden sollte, beschlossen worden war. Die Einbindung der Bundesrepublik in den Brüsseler Pakt war der Preis für die Zustimmung der Franzosen zu einem deutschen Nato-Beitritt. Die Bundestagsdebatte über die Londoner Neunmächtekonferenz am 7. Oktober hätte für die SPD fast in einer Katastrophe geendet. Ollenhauer wurde von Gerstenmaier in die Zange genommen, der von dem SPD-Parteivorsitzenden den Unterschied zwischen Bündnislosigkeit und Neutralisierung erklärt bekommen wollte. Ollenhauer war dem Rededuell nicht gewachsen und mußte von Erler und Schmid aus der überaus peinlichen Situation herausgepaukt werden[50].

Schmid bestritt, daß Schweden ein neutralisiertes Land sei. Neutralisiert sei ein Land dann, wenn die Neutralität entweder wie in der Schweiz durch eine eigene Waffenmacht oder durch Dritte garantiert werde. Beide Lösungen seien für Deutschland kein akzeptables Modell. Er stellte ein drittes Modell zur Diskussion: Das „wiedervereinigte Deutschland tritt keinem der bestehenden Bündnisblöcke bei, ist stark genug, um nicht einem Nachbarn den Anreiz zur Aggression zu geben, aber nicht so stark, daß wenn dieses Deutschland auf diese oder jene Seite treten sollte, diese Seite damit ein erdrückendes Übergewicht über die andere bekäme.“ [51] Im Klartext hieß dies: Kooperation mit der Nato, aber keine Mitgliedschaft in der Nato, denn ein Zusammengehen mit der Sowjetunion konnte überhaupt nicht in Frage kommen. Das war ein abstraktes Denkmodell, mehr nicht. Er gab auch jetzt wieder ganz offen zu, daß er nicht wisse, ob bei Verhandlungen ein solches Ergebnis erzielt werden könne. In seinen Ausführungen tauchte noch eine andere Krux auf. Er glaubte, daß nur eine gesamtdeutsche Regierung zusammen mit den vier Besatzungsmächten eine Vereinbarung über den militärischen Status Gesamtdeutschlands treffen könne[52]. Die Sowjetunion aber wollte den Status Deutschlands noch vor der Abhaltung freier Wahlen zu einer gesamtdeutschen Nationalversammlung festlegen. Schmid selbst ging auf das Problem nicht ein und die Gegenseite griff es nicht auf.

Die Bündnislosigkeit Gesamtdeutschlands konnte seines Erachtens nicht mehr als eine Interimslösung sein. Auf längere Zeit könne man sich nicht auf das Funktionieren einer „Balanciermechanik" zwischen den Blöcken verlassen[53]. Sein Vorschlag entsprang dem Mut der Verzweiflung. Er glaubte selbst nur halbherzig an dessen Realisierbarkeit. Eine endgültige Lösung des Sicherheitsproblems bot seines Erachtens nur ein System kollektiver Sicherheit. Noch einmal verwies er auf die Locarnoverträge als Ansatzpunkt, um das Blocksystem aufzulösen[54]. Mit allzu großem Optimismus blickte auch er den geforderten Verhandlungen mit der Sowjetunion nicht entgegen. Falls sie zu keinem Erfolg führen sollten, sei die SPD bereit, die Nato-Lösung als „provisorische Notlösung" zu akzeptieren[55]. Hier wiederholte er nur, was er bereits kurz nach dem Scheitern der EVG gesagt hatte.

Gleich zweimal war er in der Debatte aufs Rednerpult gestiegen, um der Behauptung entgegenzutreten, die SPD wolle Deutschland an die Sowjetunion verkaufen. Er muß überzeugend und eindringlich gesprochen haben, denn Adenauer beauftragte Erich Kaufmann mit einer Expertise über das sozialdemokratische Alternativkonzept. Offensichtlich wollte der Kanzler nicht als Spalter der Nation in die Geschichte eingehen. Kaufmann vermochte Schmids Argumentation nicht zu unterstützen. Er kam zu dem Ergebnis, daß bei der gegenwärtigen militärischen und wirtschaftlichen Lage „eine bewaffnete Verteidigung gegen eine bestimmte Großmacht einer von langer Hand vorbereiteten Zusammenarbeit der anderen Macht bedarf", wie sie nur durch den Apparat der Nato oder des Brüsseler Paktes gewährleistet werden könne[56]. Gewiß, vom militärischen Standpunkt aus gesehen, war die Nato-Lösung die bessere. Aber diese Sicherheit wurde durch die einstweilige Hinnahme der deutschen Spaltung erkauft. Schmid konnte nur Möglichkeiten und Alternativen aufzeigen, die nicht mehr als ein Ansatzpunkt für Verhandlungen gewesen wären. Das Gesetz des Handelns hatte Adenauer in der Hand, der alles daran setzte, die Bundesrepublik so schnell wie möglich in das westliche Verteidigungsbündnis zu integrieren.

Kaum drei Wochen nach der Londoner Neun-Mächte-Konferenz sollte in Paris der Beitritt der Bundesrepublik zur NATO und WEU vertraglich besiegelt werden. Gleichzeitig sollten in zweiseitigen deutsch-französischen Verhandlungen Vereinbarungen über den zukünftigen Status der Saar getroffen werden. Zunächst hatte der Bundeskanzler gar nicht daran gedacht, die Quertreiber von der Opposition mit nach Paris zu nehmen. Zwei Tage nach der Konferenz erhielt dann überraschend der Saarexperte der SPD Mommer eine Einladung des Kanzlers, nach Paris zu kommen. Mommer wollte auf keinen Fall allein reisen. Skepsis war angebracht. Schmid sprach sich gegen eine Beteiligung an den Pariser Beratungen aus. Der Fraktionsvorstand entschied sich für die Teilnahme, um nachher nicht der Verantwortungslosigkeit geziehen zu werden[57]. Noch am gleichen Tag flog Mommer, begleitet von Ollenhauer, Wehner und Schmid, mit der erst besten Maschine nach Paris. Dort herrschte Krisenstimmung, was Schmid geahnt haben mag. Die Vertreter der Koalitionsparteien hatten darauf gepocht, die Opposition zu den Beratungen hinzuzuziehen. Bereits am ersten Verhandlungstag hatte der Bundeskanzler grundsätzlich der Abtrennung des Saargebietes von Deutschland bis zur Unterzeichnung des Friedensvertrags zugestimmt. Er war damit weiter gegangen, als es den Vertretern der Koalitionsparteien lieb war[58].

Den Franzosen genügte das Zugeständnis des Bundeskanzlers nicht. Sie waren bestrebt, dem provisorischen Saarstatut einen definitiven Charakter zu geben. Außerdem war ihnen daran gelegen, die wirtschaftliche Union zwischen Frankreich und dem Saargebiet aufrechtzuerhalten. Quer durch die Parteien war man sich einig, daß dies völlig inakzeptabel sei. Die sieben Punkte, die Adenauer am Morgen des 22. Oktober den Sozialdemokraten als Verhandlungsgrundlage für eine Saarvereinbarung nannte, hielt Schmid, der sich mit seinen drei Parteifreunden einig wußte, für ein faires Verhandlungsangebot. Die Punkte deckten sich teilweise mit dem sogenannten Mommer-Plan zur Saarfrage, der in Wirklichkeit ein Mommer-Schmid-Plan war, denn Mommer stützte sich auf eine Ausarbeitung Schmids[59]. Nach Adenauers sieben Punkten sollte bis zur endgültigen Regelung im Friedensvertrag ein autonomes Saarstatut, über dessen Einhaltung eine deutsch-französische Kontrollkommission zu wachen hatte, errichtet werden. Ein Jahr nach Herstellung der politischen Freiheiten an der Saar hatte ein frei gewählter Landtag über das Saarstatut abzustimmen[60].

Wenn die sieben Punkte nicht nur auf dem Papier gestanden hätten, wäre es erstmals seit langer Zeit wieder zu einer gemeinsamen Außenpolitik zwischen Regierung und Opposition gekommen. Zum Erstaunen der Presse lud der Bundeskanzler die vier Sozialdemokraten sogar zu einem gemeinsamen Mittagessen ins Restaurant Lasserre ein. Wollte er ihre Zustimmung zu einem fait accompli erheischen? Nicht nur Schmid und seine Begleiter, auch der stellvertretende französische Hochkommissar Bérard schöpfte einen solchen Verdacht. Noch vor Abschluß der Verhandlungen zwischen Adenauer und Mendès-France prophezeite Bérard in einem Schreiben an den französischen Ministerpräsidenten, daß der Graben zwischen der SPD und dem Kanzler nach Abschluß der Saarverhandlungen noch größer sein würde, als er eh schon war[61]. Bérard mag hier auch Befürchtungen Schmids wiedergegeben haben. Jedenfalls sollte er mit seinen dunklen Prophezeiungen recht behalten.

Zur gleichen Zeit, als Adenauer um das Einverständnis der Opposition buhlte, hatte Mendès-France am Quai d'Orsay seinen Ministerrat zusammengerufen, um sich von der französischen Regierung ermächtigen zu lassen, die Unterzeichnung aller Abkommen zu verweigern, wenn es zu keiner befriedigenden Saarregelung komme. Ein Pokerspiel, das Mendès-

France gewann, weil Adenauer sich erpressen ließ. Bei den abschließenden Verhandlungen mit dem französischen Ministerpräsidenten willigte Adenauer in eine Volksabstimmung über das Saarstatut drei Monate nach Wiederherstellung freiheitlicher Verhältnisse an der Saar ein. Nicht mehr eine deutsch-französische Kontrollkommission, sondern ein europäischer Kommissar, der vom Ministerrat der WEU zu ernennen war, sollte die Beachtung des Saarstatuts überwachen. Am nächsten Morgen wurden die Bundestagsabgeordneten aller Parteien vor vollendete Tatsachen gestellt. Das Nein der vier Sozialdemokraten war einmütig. Auch die Vertreter der Koalitionsparteien waren, wie Blankenhorn in seinem Tagebuch festhielt, „eher kritisch eingestellt"[62].

Adenauer pries den Saarvertrag als Dokument deutsch-französischer Aussöhnung. Eine solche Geschichtsklitterung wollte Schmid nicht unwidersprochen stehen lassen. Mit Erschrecken sahen die Abgeordneten des Regierungslagers, wie Carlo Schmid in der Bundestagssitzung am 16. Dezember 1954 ihren Chef durch gezielte Zwischenfragen völlig in die Enge trieb. Der Bundeskanzler versuchte schlichtweg abzuleugnen, daß die Saarvereinbarung unter dem Druck des Beschlusses des französischen Ministerrates zustande gekommen war. Schmids Fragen waren so messerscharf, daß Adenauer seine üblichen Abweichmanöver mißlangen und er, völlig aus dem Konzept gebracht, mit stockender Stimme Schmid anfuhr: „Ja, ich verstehe immer noch nicht, was Sie eigentlich damit beabsichtigen." Schmid stand noch immer am Saalmikrophon und entgegnete lakonisch: „Ich beabsichtige nichts als – verzeihen Sie, daß ich wieder von der Wahrheit spreche – die Wahrheit festzustellen."[63] Adenauer wich ihr aus. Schwer angeschlagen verließ er das Rednerpult. So war Adenauer in einem Rededuell noch nie an die Wand gedrückt worden. Dabei hatte Schmid seine letzte Frage angesichts des Zustandes, in dem sich Adenauer befand, gar nicht mehr gestellt. Als Schmid ihm dies einige Wochen später erzählte, antwortete ihm Schmids Erinnerungen zufolge der Kanzler: „er habe mir ja schon immer gesagt, daß ich kein Politiker sei. Wäre er an meiner Stelle gewesen, er hätte seine Frage gestellt und mich damit vollends umgeworfen ..."[64] Auch wenn es eine Anekdote ist, enthält sie ein Gran Wahrheit. Schmid ging es mehr um die Sache als darum, den Gegner zu erledigen.

Schon tags zuvor war Adenauer in Bedrängnis geraten, als Schmid ihn um eine Stellungnahme zu den unterschiedlichen Interpretationen des Saarvertrags durch deutsche und französische Stellen bat[65]. Der Text des Saarvertrags sei „so allgemein und zwielichtig", daß die Vertragspartner ihn nach Belieben auslegen könnten. Schmid vermutete nicht zu Unrecht, daß man sich über „Formulierungen geeinigt" habe, sich aber über „ein und dieselbe Sachlösung" nicht hatte einigen können[66]. Hatte sich Adenauer auch hier erpressen lassen oder war er übertölpelt worden? Der

Kanzler konnte nicht leugnen, daß es bei der Auslegung des Saarvertrags Meinungsverschiedenheiten gab[67]. Für die Deutschen war das Saarstatut eine provisorische Regelung, für die Franzosen eine endgültige. Sie vertraten die Auffassung, daß mit der Volksabstimmung über das Saarstatut das Saargebiet „nicht mehr de jure deutsch, sondern europäisch" sei[68]. Das Recht der Saarländer, in einem Friedensvertrag über den rechtlichen und nationalen Status des Saargebietes zu bestimmen, wurde von ihnen in Abrede gestellt. Darüber hinaus gab es auch hinsichtlich der Garantie der politischen Freiheiten erhebliche Differenzen. Adenauers Beteuerungen, daß darüber verhandelt werde, befriedigten Schmid nicht: „Klarstellungen veranlaßt man doch vor Tisch. Nach Tisch liest sich's anders." [69]

Die Saarfrage brachte den Kanzler an den Rand einer Regierungskrise. Immer wieder suchte er nach Ausflüchten und verdrehte, wenn er aller Argumente beraubt war, den wahren Sachverhalt. So behauptete er in der abschließenden Lesung des Saarvertrags plötzlich, daß mit dem Inkrafttreten des Saarstatuts die in den Jahren 1947–1950 gegebenen Zusagen Großbritanniens und der USA, die Forderungen Frankreichs bezüglich der Saar bei Friedensvertragsverhandlungen zu unterstützen, hinfällig geworden seien[70]. Schmid hörte auf und begab sich zum Saalmikrophon: „Darf ich fragen: gibt es hierüber eine Urkunde?" Adenauer wehrte ab. Die Zusage habe er von den „zuständigen Stellen". Er habe keinen Grund gesehen, sich das schriftlich besiegeln zu lassen[71]. In Wirklichkeit hatten die Angelsachsen nur vage Andeutungen hierzu gemacht[72]. In Paris war man aufgebracht über Adenauers Antwort. François-Poncet berichtete noch am gleichen Tag nach Paris, daß Adenauer zu dieser Antwort durch Schmid, diesen „Spezialisten für hinterlistige Fragen" provoziert worden sei[73].

Schmid hatte die wunden Punkte erkannt und legte seinen Finger darauf. Der französische Hochkommissar sah mit wachsender Sorge, daß der von ihm so hochgeschätzte Sozialdemokrat keine Gelegenheit ausließ, um die unterschiedlichen Interpretationen des Saarvertrags zur Sprache zu bringen[74]. Auf der Tribüne des Europarates bat Schmid um eine Aussetzung des Europaratsvotums über das Saarstatut bis zur Beilegung der Meinungsverschiedenheiten[75], ohne sich allerdings damit durchsetzen zu können. François-Poncet war trotzdem beunruhigt. An den französischen Außenminister Edgar Faure schickte er Auszüge aus Reden Schmids. Besorgte Kommentare lagen bei. Schmid bringe den Kanzler in große Schwierigkeiten[76]. Offensichtlich fürchteten die Franzosen, daß der Saarvertrag im Bundestag scheitern und Adenauer möglicherweise sogar über den Saarvertrag stolpern könne. Es war ja nicht nur Schmid, der dem Kanzler aus begründeter Sorge um die Zukunft des Saargebietes zusetzte, sondern auch der Koalitionspartner FDP. Adenauer überstand auch diese Krise. Zu einer „Bombe mit Zeitzünder", wie Schmid prophezeite, wurde das Saarstatut nicht[77]. Fortuna, die Schmid zumeist im Stich ließ, war

Adenauer hold. Im Herbst 1955 lehnten die Saarländer das Statut ab. Das Saargebiet wurde Teil der Bundesrepublik.

Die hitzige Debatte um das Saarstatut überlagerte und verdeckte zeitweilig die Auseinandersetzung um die in Paris abgeschlossenen Militärverträge und den Deutschlandvertrag. Ollenhauers Nein war eindeutig. Am 1. November ließ er Partei- und Fraktionsvorstand zusammenrufen, um dieses Nein zur offiziellen Parteimeinung zu deklarieren. Gegenstimmen wurden laut, mit denen er nicht gerechnet zu haben scheint. Arndt, Mommer und Jaksch plädierten dafür, die Verträge nicht von vornherein abzulehnen, sondern zunächst einmal zu versuchen, Änderungsanträge durchzusetzen[78]. Schmid hielt sich in der Sitzung zurück, ließ aber durchblicken, daß er mit den drei Opponenten weitgehend übereinstimmte. Er pflichtete Arndt bei, daß die in den Verträgen vorgesehene Regelung des Notstandsrechts diskutabel und kein Grund für die Ablehnung der Verträge sei[79]. In einer offiziellen Stellungnahme kurz nach der Pariser Konferenz hatte er die Einfügung einer Kündigungsklausel in die Verträge gefordert. Da die Bundesrepublik nur provisorischen Charakter habe, könne sie auch nur Verträge provisorischen Charakters abschließen[80]. Die Revisionsklausel des Deutschlandvertrags, nach der im Falle einer deutschen Wiedervereinigung die Unterzeichnerstaaten die Bestimmungen des Vertrags zu überprüfen hatten, hielt er wie auch einige Abgeordnete der Regierungskoalition nicht für ausreichend.

Ollenhauer, Wehner und Erler setzten auf Viermächteverhandlungen. Das war auch die offizielle Losung der Partei. Erler und Wehner versuchten, Abgeordnete der Regierungskoalition für eine Aussetzung der Ratifikation der Verträge bis zur Abhaltung von Viermächteverhandlungen zu gewinnen[81]. Schmid gab wiederholt auch Lippenbekenntnisse zu Viermächteverhandlungen ab, aber sein Vertrauen in die Gipfeldiplomatie war gering. Er glaubte, daß die deutsche Einheit erst in einem langen, zähen diplomatischen Prozeß zustande kommen werde, der allerdings schleunigst in Gang gebracht werden mußte. Für die Trägheit der Westmächte und der Bundesregierung hatte er kein Verständnis[82]. Gerade weil er nicht mit einem plötzlichen Durchbruch bei zukünftigen Wiedervereinigungsverhandlungen rechnete, pochte er so hartnäckig auf die Einfügung einer Kündigungs- oder Kassationsklausel in den Vertragstext. François-Poncet versuchte er kurz vor der Ratifikationsdebatte davon zu überzeugen, daß die SPD weit weniger heftig gegen die Verträge kämpfen werde, wenn in sie eine Klausel aufgenommen werde, daß die von der Bundesregierung übernommenen Verpflichtungen nicht automatisch auf das wiedervereinigte Deutschland übergehen. Die SPD könne es nicht hinnehmen, die Menschen hinter dem Eisernen Vorhang einfach abzuschreiben. François-Poncet unterrichtete sofort den französischen Außenminister davon[83].

Wenn man auf diesen Punkt insistiert hätte, wäre vermutlich eine entsprechende Änderung des Vertrags zu erreichen gewesen, zumal einige Abgeordnete der Regierungskoalition ähnliche Überlegungen angestellt hatten. Schmid kämpfte bis zuletzt für seine Forderung. In der 2. Lesung der Verträge appellierte er nochmals an die Regierung: „Schreiben Sie in diese Verträge eine entsprechende Kassationsklausel und die politische Bedeutung, der politische Gehalt dieser Verträge wird wesentlich verändert sein!“[84] Freilich, ohne die Zustimmung der Westmächte war die deutsche Wiedervereinigung mit und ohne Kassationsklausel nicht zu erreichen. Da hatte Franz-Josef Strauß schon recht[85]. Aber immerhin schloß eine solche Kassationsklausel die Blockierung des deutschen Wiedervereinigungsprozesses durch einen der Vertragspartner aus.

Schmid sprach bei der abschließenden Lesung der Verträge als Staatsrechtler. Daß Adenauer mit der Behauptung hausieren ging, daß die Bundesrepublik durch den Abschluß der Verträge souverän werde, wollte er als Jurist nicht unwidersprochen lassen. Solange die alliierten Vorbehaltsrechte weiter galten, war die Bundesrepublik nicht souverän und auch nicht gleichberechtigt. „Politik fängt damit an, daß man die Dinge bei ihrem Namen nennt“, belehrte er den Kanzler[86]. Manche mögen seine Ausführungen für staatsrechtliche Rabulistik gehalten haben. Aber wie konnte man von der Souveränität der Bundesrepublik sprechen, solange sogar das Notstandsrecht der Alliierten weiterbestand? Mußte man nicht fürchten, daß die Besatzungsmächte über die Hintertür des Notstandsrechtes das Besatzungsrecht wieder aufleben ließen? Das alliierte Notstandsrecht sollte fallen, sobald der Bundestag ein wirksames Notstandsrecht verabschiedete. Schmid begrüßte diese Regelung nicht nur als Fortschritt[87], er gehörte auch zu den ersten, die sich Gedanken darüber machten, wie ein fortschrittliches Notstandsrecht, das die Sicherung der freiheitlichen Demokratie zum Ziel hatte, aussehen müsse. Sieben Punkte listete er auf, durch die bei der Verhängung des Notstands die Verantwortung des Parlaments und der Vorrang der Zivil- vor der Militärgewalt gesichert und ein Mißbrauch des Notstandsrechts zur Unterdrückung von Streiks verhindert werden sollte. Er schloß seine Überlegungen mit dem flammenden Appell: „Vergessen wir nicht die Weisheit der angelsächsischen Völker: Wenn der Regierung die Anwendung von Macht zu leicht gemacht wird, bezahlt immer der Bürger die Zeche mit seiner Freiheit.“[88] Seine Forderungen wurden später von der SPD aufgegriffen, die meisten gingen in das dreizehn Jahre später verabschiedete Notstandsgesetz ein[89]. 1955 scheute sich die Mehrheit der SPD noch, sich mit dem heiklen Thema Notstandsrecht zu befassen. Schmid war wieder einmal seiner Zeit und der Partei weit vorausgeeilt.

Am 27. Februar wurden die Pariser Verträge im Bundestag verabschiedet. Schmid wurde das Gefühl nicht los, daß man möglicherweise für das

Linsengericht Einbindung in die Nato die deutsche Einheit geopfert hatte[90]. Trotzdem betonte er in der Öffentlichkeit und auch gegenüber ausländischen Gesprächspartnern, daß für die SPD die Verträge politisch verbindlich seien[91]. Das war seine Meinung, mit der er sich aber in der SPD erst noch durchsetzen mußte. Seit Ende 1954 hatte innerhalb der SPD die Zahl derer, die außerparlamentarische Aktionen gegen die Verträge befürworteten, ständig zugenommen. Kundgebungswellen und Befragungsaktionen wurden gestartet. Im Januar hatten die Führungsgremien der SPD über eine Grundgesetzänderung zur Durchführung eines Volksentscheides über die Verträge beratschlagt. Wehners und Erlers Votum für einen Volksentscheid fand große Unterstützung[92].

Wehner hatte lange gehofft, daß die Verträge in der Pariser Nationalversammlung scheitern würden. Als seine Hoffnung zerfiel, schrieb er Schmid einen völlig verzweifelten Brief: „Ich wurde bis zuletzt in Spannung gehalten, ob nicht doch noch in Paris – allen Berechnungen zum Trotz – eine Entscheidung fallen würde, die uns ersparen würde, mit der schrecklichen Last allein fertig zu werden. Es ist nun so gekommen, wie es voraus zu berechnen war. Wir stehen vor unsagbaren schweren Aufgaben. Wir dürfen nicht versagen oder verzweifeln.“[93] Für Wehner nahm der Kampf gegen die Verträge existentielle Züge an. Schmid dachte in erster Linie an die zukünftige Außen- und Deutschlandpolitik, für die man Verbündete im In- und Ausland brauchte. Die Franzosen hatten überhaupt kein Verständnis für die Protestaktionen gegen die Verträge, und Schmid tat sich schwer, sie ihnen zu erklären. Weil er sie selbst nicht befürwortete, sprach er von einer Kanalisierung des außerparlamentarischen Protestes durch die SPD[94]. Er fürchtete den Irrationalismus der Straße. Entscheidungen außerhalb des Parlaments lehnte er allein schon aus rechtsstaatlichen Erwägungen grundsätzlich ab[95]. Der Protestkundgebung in der Frankfurter Paulskirche Ende Januar 1955 hatte er mit sehr gemischten Gefühlen entgegengesehen. Die Gefahr war groß, daß die Gesinnungspazifisten die Bewegung an sich rissen. Er beschwor die Parteifreunde geradezu: Auf jeden Fall müsse die Parole „Nie wieder Soldat“ vermieden werden[96]. Die Entscheidung gegen einen Volksentscheid über die Pariser Verträge fiel nur mit Zwei-Stimmen-Mehrheit.

Nach der Ratifizierung glätteten sich allmählich die emotionalen Wogen. Die sehr heterogen zusammengesetzte Paulskirchenbewegung zerfiel. In der Parteivorstandssitzung Anfang März rief Schmid die Parteifreunde dazu auf, eine rationale außenpolitische Zukunftsperspektive zu entwerfen: „Wir müssen uns jetzt deutlich erklären: Die Forderung nach der Wiedervereinigung allein genügt nicht. Was tun wir in der Zeit bis zum Abschluß des Ratifizierungsverfahrens? Was tun wir danach? Was tun wir bei einem negativen Ergebnis einer 4-Mächtekonferenz? Mit welchen Mitteln wollen wir den Kampf führen? Die demagogische Argumentation sollten wir über Bord werfen. Wir sollten die Antworten auseinanderhalten, wenn man von der Bundesrepublik und vom wiedervereinigten Deutschland spricht."[97] Wie oft war von Sozialdemokraten nicht nur die Nato-Mitgliedschaft eines wiedervereinigten Deutschland, sondern auch der Bundesrepublik grundsätzlich abgelehnt worden. Schmid forderte eine nüchterne Lagebeurteilung, die Parteispitze jedoch verstand diese Mahnung als unbequeme Herausforderung, der sie auszuweichen gedachte. Ollenhauer wollte keine Debatte über die zukünftigen Schritte in der Sicherheits- und Wiedervereinigungsfrage eingehen. Der Kampf um die Ratifizierung der Verträge sei noch nicht abgeschlossen[98]. Der Parteivorsitzende mag auf ein Veto des Bundesrates spekuliert haben, was Schmids Ansicht nach völlig illusionär war. Immer wieder mußte Schmid zähe Widerstände überwinden, wenn er konzeptionelle Neuansätze anzuregen versuchte. Es war keine leichte Aufgabe, die SPD von ihrer Neinsagerposition abzubringen.

Immerhin: Ende April verabschiedete der Parteivorstand Programmvorschläge für Viermächteverhandlungen zur deutschen Wiedervereinigung[99]. Sie waren ein Gemeinschaftswerk Wehners, Erlers und Schmids, bei dem Wehner offensichtlich die Federführung übernommen hatte. Erwogen wurde u. a. der Ausbau der WEU zu einem allen europäischen Staaten offenstehenden Sicherheitspakt. Damit wurde ein Grundgedanke von Schmids Locarno-Modell aufgegriffen. Die Sicherheit eines wiedervereinigten bündnislosen Deutschland sollte bis zur Herstellung eines kollektiven Sicherheitssystems durch Garantievereinbarungen der Vier Mächte mit Gesamtdeutschland über die territoriale Unverletzbarkeit und die Anerkennung der Streitschlichtungsmechanismen der UNO gewährleistet werden. Schmid dachte weniger an Garantievereinbarungen mit den großen Vier – das roch ihm zu sehr nach Kontrollratssystem – als an eine lose Zusammenarbeit mit der Nato oder der Westeuropäischen Union. In einer Bundestagsdebatte im Juni sprach er ähnlich wie schon neun Monate zuvor, von einem „Deutschland, das in die Sicherheitsplanung so eingebaut wird, daß sich niemand bedroht fühlen kann, und das in der Lage ist, jedem, der Hilfe brauchen sollte, im Rahmen seiner Möglichkeit zu helfen, wie die anderen Partner bereit sein sollten, gegebenenfalls ihm zu helfen."[100] Eine Neutralisierung Deutschlands nach dem Österreich-Modell, das nach Abschluß des Österreich-Vertrags im Mai 1955 in SPD-Kreisen diskutiert wurde, lehnte er ab[101].

Außenpolitische Alternativen zu formulieren, war für eine Oppositionspartei, der kaum außenpolitische Handlungsmöglichkeiten zur Verfügung standen, schwierig. Schmid hatte die Genossen nicht zuletzt deshalb zu einer rationalen Lagebeurteilung aufgefordert, weil er eine gemeinsame Außenpolitik in die Wege zu leiten versuchte. Die Koalitionskrise im Frühjahr 1955 weckte bei ihm wieder einmal die Hoffnung auf eine Große

Koalition. In einem Vier-Augen-Gespräch erfuhr François-Poncet, daß die SPD zu einem Bündnis mit den Christdemokraten bereit sei, allerdings nur, wenn Adenauer den Kanzlerstuhl räumte. Als mögliche Kanzleranwärter nannte Schmid Arnold, Erhard und Schäffer. Brentano käme nicht in Frage. Er sei eine „Null“ [102]. Schmids Neigung zur Médisance brach wieder einmal durch. Wie so viele scheint auch er der Meinung gewesen zu sein: „Wenn Adenauer niest, putzt sich Brentano die Nase.“ [103]

Schmids Traum von einer Großen Koalition war bald ausgeträumt. Adenauer gelang es rasch, den Koalitionsfrieden wieder zu kitten. Ein Einschwenken auf die Linie Adenauers aus koalitionspolitischen Erwägungen kam für Schmid nicht in Betracht. Trotz seiner wiederholten Klage, daß den Parteifreunden der Sinn für die Macht fehle, war er kein Taktiker, der aus Machtkalkül seine Grundsätze über Bord warf. Adenauers einseitige Ausrichtung nach Westen hielt er für eine Einbahnstraße. Im Frühsommer forderte er den Bundeskanzler im Bundestag auf: „Sie sollten sehr bald nach Moskau fahren; denn wahrscheinlich führt die Route Bonn-Moskau-Genf schneller nach Deutschland als die Route Bonn-Genf-Moskau.“ [104] Adenauer fuhr bald, und Schmid hatte die Gelegenheit, ihn zu begleiten.

Ostpolitik: Moskaureise und Normalisierung des Verhältnisses zu Osteuropa

Am 7. Juni hatte die Sowjetregierung den Bundeskanzler eingeladen, zu Gesprächen über die Herstellung diplomatischer, kommerzieller und kultureller Beziehungen zwischen der Sowjetunion und der Bundesrepublik nach Moskau zu kommen. Die SPD-Fraktion befaßte sich bereits einen Tag später mit dem sowjetischen Vorschlag. Sie forderte die Bundesregierung auf, „positiv“ zu reagieren. „Es gäbe keinen Grund, sich diesen Gesprächen zu verweigern.“ Die SPD habe schon immer darauf gedrängt, „mit allen Ländern, auch denen des Ostens normale, diplomatische Beziehungen aufzunehmen“ [1]. Der eindringliche Appell verdeckte, daß es auch zahlreiche skeptische Stimmen gab. Erler fürchtete, daß die Westmächte nach der Aufnahme diplomatischer Beziehungen zwischen der Bundesrepublik und der Sowjetunion sich nicht mehr für die Wiederherstellung der deutschen Einheit verantwortlich fühlen könnten. Außerdem bestand die Gefahr, daß der Alleinvertretungsanspruch der Bundesrepublik ins Wanken geriet[2]. Die Vorbehalte wuchsen. Bald schon hieß es, daß eine Normalisierung der Beziehungen zur Sowjetunion nur dann zu rechtfertigen sei, wenn sie für eine Politik der Wiedervereinigung genutzt werde.

Daß man vermutlich über Moskau schneller als über Genf zur Wiedervereinigung komme, war keineswegs einhellige Parteimeinung. Im Parteivorstand wurden zwar die Erfolgsaussichten der Genfer Konferenz nicht allzu rosig gesehen, aber die harte Realität nahm man nur ungern zur Kenntnis. Wehner wetterte im Juli heftig über Adenauers Erklärung, daß die Wiedervereinigung nur in einem langen Prozeß zu erreichen sei[3]. Genau dieser Auffassung war aber auch Carlo Schmid. Im Gegensatz zu seinen Parteifreunden machte er sich keine Illusionen. Den großen Vier, so führte er im Parteivorstand aus, läge nichts daran, die deutsche Einheit zum Thema Nr. 1 der Gipfelkonferenz in Genf zu machen. Man müsse damit rechnen, daß zunächst über ein Sicherheits- und Entspannungskonzept auf der Grundlage des Status quo verhandelt werde. „Das wäre die Phasentheorie, an deren Ende allerdings stehen könne, daß die Wiedervereinigung nicht kommt.“ [4] Nein, Schmid mochte sich nichts vormachen. In absehbarer Zeit war mit einer deutschen Wiedervereinigung nicht zu rechnen. Eine bittere Einsicht für einen Patrioten wie Schmid, der dennoch nicht resignieren wollte.

Der Übergang des Westens von einer Politik des Kalten Krieges zu einer Politik der Entspannung war zu begrüßen. Er durfte aber nicht zu einem Einfrieren des Status quo und zu einer Aufweichung des Antikommunismus führen. Schmid war besorgt, daß dies die Folge der Entspannungspolitik sein könne, und er sah sich im August auf der Konferenz der Interparlamentarischen Union in Helsinki in seiner Sorge bestätigt. „Auf dem Kongreß der Interparlamentarischen Union geht es merkwürdig zu“, berichtete er Nicolas Nabokov, mit dem er auf dem Kongreß für kulturelle Freiheit Freundschaft geknüpft hatte. „(D)ie Aufweichung der Gemüter und Gehirne in Richtung ‚Die Sowjets sind doch gar nicht so übel‘ machen abnorme Fortschritte. Es hat allerlei Mühe gekostet, um einige Sowjetvorstöße abzufangen und es ist noch längst nicht aller Tage Abend.“ [5] Die Sowjetunion wurde in Helsinki in die Interparlamentarische Union aufgenommen. Ein Aufnahmeantrag der DDR wurde aufgrund des Protestes der bundesdeutschen Konferenzteilnehmer abgelehnt[6]. Schmid gewann den Eindruck, daß sich der Westen mit der Zweiteilung Deutschlands schon fast abgefunden habe.

Der Bundeskanzler hatte Ende Juni den Entschluß gefaßt, nach Moskau zu reisen. Zwei Wochen später bat er den stellvertretenden Vorsitzenden des Auswärtigen Ausschusses, als Mitglied der Moskau-Delegation an der Reise teilzunehmen[7]. Schmid zögerte keine Minute. Postwendend, ohne vorher Rücksprache mit der Parteiführung zu nehmen, schrieb er noch am selben Tag zurück, daß er die Einladung annehme[8]. Wenn Adenauer die Opposition entdeckte, stand dahinter immer Machtkalkül. Für den Kanzler war die Moskau-Reise ein Wagnis, bei dem er die Verantwortung nicht allein tragen wollte. Auch Schmid hatte die Einladung nicht nur aus Neugierde auf die Kreml-Herren angenommen. Die Außenpolitik der SPD war in eine Sackgasse geraten, wenn das die Genossen auch nicht wahrhaben wollten. Falls die gemeinsame Moskau-Reise ein Erfolg würde, dann konnte die SPD nicht umhin, ihre Außenpolitik zu revidieren[9]. Man würde dann vielleicht doch noch zu einer gemeinsamen Außenpolitik kommen. Er stand nicht allein mit seiner Hoffnung, daß die Aufnahme diplomatischer Beziehungen mit Moskau zu einem Markstein auf dem Wege zur deutschen Einheit werden könne. Auch Adenauer knüpfte an die Moskau-Reise große Erwartungen.

In der SPD löste Schmids spontane Zusage heftige Diskussionen aus. Wollte Adenauer die SPD für seine Politik einspannen? Die Parteiführung stand einer Teilnahme Schmids an der Moskau-Reise skeptisch bis ablehnend gegenüber. Am 11. August stand im „Sozialdemokratischen Pressedienst" unter der Überschrift „Weichenstellung ohne Opposition" zu lesen: „Der Kanzler legt Wert darauf, in Moskau ausschließlich seine Politik der Pariser Verträge und der westlich deutschen Aufrüstung zu vertreten. Unter diesen Umständen wäre eine Beteiligung der SPD an der Reise nach Moskau zwecklos und politisch unlogisch." Peter Raunau, der Chefredakteur des Pressedienstes, übernahm die Verantwortung für den Artikel, der aber nicht das Machwerk eines eigenmächtig handelnden Redakteurs war.

Auch im Parteivorstand, der sich in den ersten Septembertagen in Bonn versammelte, wurden starke Bedenken gegen Schmids Teilnahme an der Moskau-Delegation laut. Arndt und Blachstein waren ganz entschieden dagegen. Nur Brandt bedauerte, daß die SPD nicht eine stärkere Beteiligung des Außenpolitischen Ausschusses gefordert hatte[10]. Schmid gab unmißverständlich zu verstehen, daß er sich diesmal der Parteidisziplin nicht beugen werde. Es sei nicht Sache einer Partei, „die Ausübung einer Ausschußfunktion zu billigen". Einwände, die gegen die Aufnahme diplomatischer Beziehungen mit der Sowjetunion geltend gemacht wurden, versuchte er mit dem Argument zu zerstreuen, daß man dort zunächst nur eine Handelsmission errichten könne[11]. Vermutlich sagte er das nur, um die Genossen zu beruhigen. Wirklich geglaubt hat er an diese Möglichkeit wohl nicht. Die Partei distanzierte sich von dem ganzen Unternehmen. In der verabschiedeten Parteivorstandsresolution wurde ausdrücklich betont, daß Schmid lediglich in seiner Funktion als stellvertretender Vorsitzender des Auswärtigen Ausschusses mit nach Moskau fahre[12].

An den von Außenminister Brentano geleiteten Vorgesprächen über die Moskauer Verhandlungen konnte sich Schmid nicht beteiligen, da er zur selben Zeit auf der Tagung der Interparlamentarischen Union in Helsinki die Haltung der Bundesrepublik in der Frage der deutschen Einheit verteidigte. Ollenhauer und Wehner hatten daran teilgenommen, ohne Konkretes dabei zu erfahren. Brentano hütete sich, Geheimnisse auszuplaudern. Sein Chef war ohnehin aufgebracht, daß Wehner an den Gesprächen teilgenommen hatte[13]. Im stillen mag Adenauer gehofft haben,

Schmid gegen Wehner, dessen wachsenden Einfluß in der SPD er mißtrauisch beargwöhnte, ausspielen zu können. Vielleicht war auch das ein Grund, warum er Schmid nach Moskau mitnahm.

Ein klares Verhandlungskonzept besaß der Kanzler nicht. Im Auswärtigen Amt schreckte man vor einer direkten Aufnahme diplomatischer Beziehungen zurück. Zunächst einmal wollte man nur Expertenkommissionen zur Klärung der umstrittenen Fragen einsetzen[14]. Daß die Sowjetregierung sich darauf nicht einlassen würde, mußte eigentlich klar sein. Schmid nahm an einer Reise ins Ungewisse teil.

Am Donnerstag, den 8. September 9. 45 Uhr startete die Superconstellation der Lufthansa mit Adenauer, Schmid, dem Vorsitzenden des Auswärtigen Ausschusses Kiesinger, dem Bundesratsvorsitzenden Karl Arnold und einigen weiteren Mitgliedern der Riesendelegation in Richtung Moskau. Der Troß des Auswärtigen Amtes war schon eine Viertelstunde vorher nach Moskau abgeflogen. Auf dem Moskauer Flughafen Wnukowo fand ein „großer Bahnhof" statt. Ministerpräsident Bulganin und Außenminister Molotow standen zur Begrüßung bereit. Eine Ehrenkompanie defilierte im Paradeschritt. Die Sowjetregierung wollte den Besuch der deutschen Delegation als Staatsbesuch verstanden wissen. Schmid war auf den Empfang vorbereitet. Mit schwarzem Homburg und weißem Schal strahlte er wie immer Würde aus. Untergebracht wurde die Delegation im Hotel „Sowjetskaija", einem Moskauer Spitzenklassenhotel. „Mir war", erzählte Schmid nach der Reise, „als wäre ich durch eine böse Fee in die Villa verbannt worden, die sich ein neugebackener Kommerzienrat bei uns nach der dritten Million im Jahre 1905 in einer kleinen Industriestadt hatte bauen lassen."[15] Kitsch der Gartenlaube inmitten des sozialistischen Realismus.

In den nächsten zwei Verhandlungstagen wurden von Adenauer, Bulganin und Chruschtschow die jeweiligen Verhandlungspositionen abgesteckt. Die sowjetische Seite verlangte die Aufnahme diplomatischer Beziehungen ohne jede Vorbedingung. Adenauer wollte darauf nur eingehen, wenn die Sowjetregierung sich bereit erklärte, die 9626 zurückgehaltenen Kriegsgefangenen freizulassen. Die deutsche Frage war kein Verhandlungsgegenstand, weil die Sowjetregierung sich nach der Unterzeichnung der Pariser Verträge weigerte, darüber zu diskutieren. Auch Verhandlungen über die Freilassung der Kriegsgefangenen versuchte sie mit der Behauptung, bei den Kriegsgefangenen handle es sich um Kriegsverbrecher, zu umgehen. Der Streit spitzte sich zu, als Adenauer den Sowjets die Greueltaten beim Einmarsch sowjetischer Truppen in Deutschland vorwarf, worauf Chruschtschow mit Entrüstung reagierte[16].

Abends im Bolschoi-Theater wurde Versöhnung gespielt – nicht nur auf der Bühne, wo Sergej Prokofjews Ballettaufführung Romeo und Julia zu sehen war –, sondern auch in den Pausen bei den Trinksprüchen in

Moskau 1955. V.l.n.r.: Kurt Georg Kiesinger, Schmid, Nikita Chruschtschow, Micha Perwuchin, Nikolaj Bulganin, Konrad Adenauer, Heinrich von Brentano, Wjatscheslaw Molotow, Karl Arnold

den Logen. Hier trat erstmals Carlo Schmid auf den Plan, der bei den bisherigen Verhandlungen zum Zuhören verurteilt war. Trinkfest wie er war – auch ohne Globkes berühmten Löffel Olivenöl – forderte er die Kreml-Herren zu einem Trinkduell auf. Wodka im Wasserglas. Adenauer, der in Moskau auch schon etliche Trinksprüche gewechselt hatte, scheint Schlimmes befürchtet zu haben. Schmid trank trotz der Ermahnungen des Kanzlers das Glas in einem Zug aus und imponierte damit, wie beabsichtigt, den Sowjetoberen mächtig. Bei Chruschtschow hatte er ab sofort, auch wegen seines Leibesumfanges, den Spitznamen „Gospodin Welikaja Germanija – Herr Großdeutschland“ weg[17]. Die Stimmung war gut. Der Botschafteraustausch schien schon fast perfekt zu sein. Chruschtschow wünschte sich Carlo Schmid als zukünftigen Botschafter[18]. Er war ganz offensichtlich überaus beeindruckt von diesem „teutonischen Arbeiterführer“. Schmid mochte gehofft haben, den persönlichen Kredit, den er bei Chruschtschow genoß, in den Verhandlungen politisch ausnützen zu können. Er vertraute auch in der Politik auf die Macht seiner imposanten Persönlichkeit. Politik am weißen Tisch ließ sich jedoch mit den Kreml-Oberen nicht machen. Sie waren weitaus dogmatischer, als Schmid es gedacht hatte[19]. Die joviale Stimmung des Wochenendes wich am Montag erneut schroffer Auseinandersetzung.

Während Carlo Schmid zusammen mit anderen Delegationsteilnehmern am Montag morgen den Kreml und die Basilius-Kathedrale auf dem Roten Platz besichtigte, endete eine Besprechung der beiden Außenminister Brentano und Molotow in völligem Dissens. Erneute Krisensitzung, nachdem man schon Sonntag abends ziemlich ratlos zusammengesessen hatte. Sollte man die Verhandlungen abbrechen? Brentano und Hallstein plädierten für Abreise. Sie waren ohnehin gegen die Aufnahme diplomatischer Beziehungen mit Moskau. Schmid dagegen hoffte, daß man mit den Sowjets zu einem do ut des kommen könne[20]. Ihm lag die Freilassung der Kriegsgefangenen nicht weniger am Herzen als Adenauer. Als Präsidiumsmitglied des Roten Kreuzes wußte er, wie lange sich das Rote Kreuz schon um eine Rückführung der Kriegsgefangenen bemühte[21].

Wenn es in den 50er Jahren jemals eine gemeinsame Außenpolitik von Regierung und Opposition gab, so war es in Moskau. An den Krisensitzungen im abhörsicheren Waggon des Bundesbahnsonderzuges, der der deutschen Delegation als Verhandlungszimmer diente, nahmen auch die beiden Mitglieder des Auswärtigen Ausschusses Kiesinger und Schmid teil und griffen entscheidend in die Diskussion ein[22]. Die Zusammenarbeit zwischen Adenauer und Schmid scheint eng gewesen zu sein, vielleicht enger, als die beiden nachher zugaben. Einige Delegationsteilnehmer erinnern sich an manches tête à tête der beiden beim Frühstück und auf der Gartenbank[23]. Da der Troß des Auswärtigen Amtes ihm nicht folgen wollte, war Adenauer auf Schmids Rat angewiesen. Beide waren sich im Grunde einig, daß man an einer Aufnahme diplomatischer Beziehungen nicht vorbeikomme, daß aber Vorbehalte gemacht werden mußten hinsichtlich der Anerkennung des derzeitigen territorialen Besitzstandes und der DDR als zweitem deutschen Staat. Schmid schlug vor, in den Text der Vereinbarungen einen Ratifizierungsvorbehalt aufzunehmen[24]. Das Abkommen über die Aufnahme diplomatischer Beziehungen sollte erst nach Zustimmung des Bundestages in Kraft treten. So konnte man die Annahme der einseitigen völkerrechtlichen Vorbehaltserklärungen hinsichtlich der Anerkennung der DDR und der Oder-Neiße-Linie durch die Sowjetunion sicher stellen. Adenauer war damit einverstanden. In der Vorbereitungsphase waren im Auswärtigen Amt bereits ähnliche Überlegungen angestellt worden[25].

Zunächst einmal mußte man die Freilassung der Kriegsgefangenen erreichen. Schmid wollte, falls die Nachmittagsgespräche wieder in einen unversöhnlichen Meinungsstreit ausarten sollten, das Wort ergreifen. Das Gesprächsklima am Nachmittag war nicht weniger rauh als bei den vorangegangenen Verhandlungen. Bulganin beharrte darauf, daß das Problem der in der Sowjetunion zurückgehaltenen Deutschen eine innere

Angelegenheit der UdSSR sei. Allenfalls nach der Aufnahme diplomatischer Beziehungen könne man über eine Rückführung der Kriegsgefangenen verhandeln. Adenauer erteilte Schmid das Wort, der am Beginn seiner Ausführungen darauf hinwies, daß er als Mitglied der Opposition, als Mitglied einer Arbeiterpartei spreche. Die moralische Haftung der Deutschen für die Verbrechen des NS-Regimes gab er unumwunden zu. Dem Eingeständnis der deutschen Schuld folgte ein eindringlicher Appell an die „Großherzigkeit des russischen Volkes“: „Lassen Sie Gnade walten, und lassen Sie diese Menschen zurückkehren zu denen, die auf sie warten, die seit mehr als 10 Jahren auf sie warten. Hinter dieser Bitte steht das ganze deutsche Volk ohne Unterschied der Parteien und ohne Unterschied des persönlichen Schicksals, das der einzelne Deutsche in der schrecklichen Zeit des Naziregimes erlitten hat. Ich bitte, mir zu glauben, daß diese Frage die Gemüter der Menschen bei uns ohne Unterschied mehr erregt als das, was man gemeinhin Politik nennt. Ich möchte Sie bitten, doch wenigstens eine Erklärung abzugeben, die einigen hunderttausend Menschen wieder Hoffnung geben kann.“ [26]

Schmids Rede allein brach das Eis nicht, aber sie brachte es zum Schmelzen. Chruschtschow war bereit, weiterzuverhandeln, wenngleich er sich noch einmal zu einem Zornesausbruch hinreißen ließ, so daß Bulganin die Sitzung vertagte. Adenauer folgte einem Vorschlag Brentanos und gab die Order, die Lufthansa-Maschinen einen Tag früher als geplant zum Heimflug zu bestellen[27]. Felix von Eckardt, der als Bundespressechef an der Reise teilnahm, urteilte später, daß das Spiel mit verteilten Rollen, bei dem „dem Kanzler die Rolle unbeugsamer Festigkeit und Carlo Schmid die Rolle des geistvoll und versöhnlich Sprechenden zufiel, in dieser Phase die Konferenz rettete“ [28]. Adenauer hätte Schmids Rede auch nicht im Wortlaut in seine „Erinnerungen“ aufgenommen, wenn sie so bedeutungslos gewesen wäre, wie innerhalb der CDU bald behauptet wurde[29]. Schmid hatte das richtige Wort gefunden, weil er als Kenner der russischen Literatur sich in die Psyche seiner Verhandlungspartner reinversetzen konnte. Außerdem waren bereits vom Roten Kreuz Gutachten ausgearbeitet worden, in denen darauf verwiesen wurde, daß die Sowjetunion gegenüber einem „Appell an ihre Großmut“ schon aus Prestigegründen stets hellhörig sei[30]. Schmid mag diese Gutachten gekannt haben.

Beim abendlichen Staatsempfang im riesigen Sankt-Georgs-Saal des Kreml-Schlosses erhielt Adenauer das berühmte Ehrenwort Bulganins, daß acht Tage nach der Vereinbarung über die Aufnahme diplomatischer Beziehungen die Kriegsgefangenen heimkehren konnten. Brentano, Hallstein, zunächst auch Blankenhorn wollten dem Ehrenwort des russischen Ministerpräsidenten nicht allzu viel Glauben schenken. Schmid plädierte vorsichtig für die Annahme des Ehrenwortes. Gewiß, man mußte damit rechnen, daß vor der Genfer Konferenz der deutsch-sowjetische Handel die Wirkung eines „Kanonenschusses" hatte. Die Westmächte konnten die Aufnahme diplomatischer Beziehungen zum Vorwand nehmen, um sich ihrer Verpflichtung für die deutsche Einheit zu entledigen. Aber angesichts des Schicksals Tausender Kriegsgefangener konnte man einen Abbruch der Verhandlungen kaum verantworten[31]. Schmid hätte sich wahrscheinlich weitaus entschiedener für die Annahme des Ehrenwortes ausgesprochen, wenn er die Kritik der Parteifreunde in Bonn nicht gefürchtet hätte. Der von Schmid vorgeschlagene Ratifizierungsvorbehalt wurde tags darauf in die Vereinbarungserklärungen aufgenommen. Hallstein und Grewe formulierten die völkerrechtlichen Vorbehaltserklärungen und handelten den endgültigen Text mit Molotow aus.

Am 14. September empfing am Köln-Bonner Flughafen ein jubelndes und gerührtes Publikum die Moskaureisenden. Adenauer wußte, was er Schmid, dessen politisches Talent in Krisensituationen immer erst richtig zur Entfaltung kam, zu verdanken hatte. Er lud ihn zu der für 15. September anberaumten Sondersitzung des Kabinetts ein, wo er ihm dankte und ihm bestätigte, daß er „der deutschen Sache sehr gedient" habe[32]. Am gleichen Tag berichtete Schmid auch der SPD-Fraktion über seine Moskauer Eindrücke und über die Schlußfolgerungen, die er für eine künftige Außenpolitik daraus zog. Noch bevor er auf die große Politik einging, schilderte er, wie deprimierend das Alltagsleben in Moskau auf ihn gewirkt hatte. „Die Frauen sahen schrecklich verarbeitet aus, bejammernswürdig." „Man hat den Eindruck, als ob diese Frauen resigniert hätten, als ob sie sich eben als Arbeiter, Arbeitswesen, möchte ich sagen, betrachteten und sonst weiter nichts. Das waren die stärksten, und auch am stärksten bedrückenden Eindrücke, die ich in Moskau hatte: die Frauen."[33] Manch einer der Hinterbänkler mag heimlich gelächelt haben, als Schmid sehr emphatisch betonte, daß er in Moskau nicht eine „hübsche Frau" gesehen habe. Beeindruckt war er von den Kindergärten und den Hochschulen. Das Bildungswesen der Sowjetunion konnte seines Erachtens in mancherlei Hinsicht von der Bundesrepublik zum Vorbild genommen werden. Ansonsten aber malte er ein düsteres Bild von den wirtschaftlichen und sozialen Verhältnissen in der Sowjetunion. Die Konsumgüterindustrie sei stark unterentwickelt. Die Sowjetunion habe deshalb ein großes Interesse an Handelsbeziehungen mit der Bundesrepublik[34].

Überrascht war er, daß die Sowjetführer auch in praktischen politischen Fragen völlig unter dem Einfluß der marxistischen Doktrin standen. Daß die Leute Ideologen sind, hatte er gewußt, daß sie es in solchem Maße sind, hatte er nicht geahnt[35]. Die Parteifreunde wollten vor allem wissen, welche Ergebnisse hinsichtlich der Deutschlandfrage in Moskau erzielt wurden. Im Grunde genommen keine. Schmid mußte den Wiedervereinigungsoptimismus der Fraktionskollegen enttäuschen. Für die Kreml-

Herren war die Wiedervereinigung kein „aktuelles" Thema mehr. Sie hatten sich geweigert, einen Passus in den Text der Vereinbarungen aufzunehmen, daß die „alsbaldige Wiederherstellung der Einheit Deutschlands" durch beide Regierungen zu fördern sei. Molotow habe geantwortet, daß man die Völker belügen würde, wenn man nach Abschluß der Pariser Verträge einen solchen Satz in den Vertragstext aufnehme[36]. Schmid hatte den Eindruck gewonnen, daß die Sowjets die Wiedervereinigung als eine innerdeutsche Angelegenheit betrachteten. Er verhehlte nicht, daß die Sowjetoberen allein schon wegen der Rückwirkungen auf die osteuropäischen Satellitenstaaten an einer Wiedervereinigung nicht sehr interessiert sein könnten und gestand offen ein, daß das „Tabu der Reinhaltung" der Partei von Kontakten mit der SED wahrscheinlich gebrochen werden müsse[37].

Einige Mitglieder im Parteivorstand plädierten deshalb dafür, die Aufnahme diplomatischer Beziehungen mit der Sowjetunion abzulehnen. Auch Ollenhauer war skeptisch, votierte dann aber doch für ein Ja, weil sich die SPD sonst isolieren würde, in der Welt dastünde als eine „Art McCarthy-Gruppe"[38]. Wehner war der einzige, der an der Wiedervereinigung als einem Nahziel festhalten wollte. Er sah in deutsch-deutschen Kontakten einen Hebel, um die Wiedervereinigung in Gang zu bringen: „Unser Verhalten gegenüber der SED und Pankow kann die Bundesrepublik in den Augen der Russen interessant machen, d. h. wenn wir redeten, als säßen wir mit ihnen schon in einem Parlament."[39] Das ging Schmid zu weit. In der Durchlöcherung des Eisernen Vorhangs sah auch er ein wichtiges Ziel einer zukünftigen Deutschlandpolitik, aber er distanzierte sich von Wehner, indem er unterstrich, daß bei der Herstellung innerdeutscher Kontakte kein Zweifel an der Haltung gegenüber dem Sowjetregime aufkommen dürfe[40].

Schmid beurteilte die internationalen Konstellationen anders als Wehner. Er kam zu einer ganz anderen Einschätzung der vom 27. Oktober bis 16. November 1955 in Genf tagenden Außenministerkonferenz als sein Fraktionskollege, den die SPD als Konferenzbeobachter in die Schweizer Stadt am Lac Léman entsandt hatte. Wieder einmal schob Wehner dem Westen und der Bundesregierung die Hauptschuld am Scheitern der Konferenz zu. Die Gretchenfrage nach dem militärischen Status einer gesamtdeutschen Regierung sei vom Westen nicht gestellt worden. Wehner wollte auch diesmal nicht von einem Scheitern der Konferenz sprechen. Er glaubte sogar an die Einberufung einer Folgekonferenz[41].

Auch Schmid meinte, daß es der Westen versäumt habe, die Gretchenfrage an die Sowjets zu stellen, die aber bei ihm lautete: „Wie wollt Ihr es mit freien Wahlen halten, wenn der Westen bereit sein sollte, die Pariser Verträge mit Euch zur Diskussion zu stellen?"[42] Für ihn trug eindeutig die Sowjetunion die Verantwortung für den Mißerfolg der Konferenz[43].

Molotow hatte auf der Konferenz den altbekannten Vorschlag, einen gesamtdeutschen Rat zu bilden, wieder aus der Mottenkiste hervorgeholt. Die sofortige Abhaltung freier gesamtdeutscher Wahlen war von ihm als „mechanische Verschmelzung" zweier „in sozialer Hinsicht unterschiedlicher Staaten" abgelehnt worden. Außerdem hatte er keinen Zweifel daran gelassen, daß die Wiederherstellung der deutschen Einheit „nicht auf Kosten der politischen und sozialökonomischen Errungenschaften der Werktätigen der DDR erfolgen" dürfe[44].

Der Ausgang der Genfer Konferenz, der ihn nicht sonderlich überrascht hatte, bestärkte Schmid in seiner Auffassung, daß allenfalls über ein „general settlement" der Weltmächte die deutsche Einheit zu erreichen war. Er beurteilte die Chancen für eine deutsche Wiedervereinigung überaus pessimistisch. Dem ehemaligen Mitarbeiter der amerikanischen Militärregierung in Deutschland Kenneth Dayton schrieb er: „Ich selber bin davon überzeugt, daß die Sowjetregierung sicher ihren Satelliten in Pankow nicht preisgeben wird, schon um der Rückwirkungen in Prag, Warschau, Sofia, Budapest und Bukarest wegen (...). Sie wissen, daß die Sowjetregierung erklärt hat, daß die sogenannten Errungenschaften der DDR nicht preisgegeben werden dürften. Was sie darunter versteht, ob die Volkspolizei, die Konzentrationslager, Frau Hilde Benjamin oder nur die Zerteilung des Großgrundbesitzes und die Verstaatlichungen der großen Unternehmungen ist unbekannt. Auch ich bin der Meinung, daß eine Neutralitätserklärung Deutschlands zwischen den beiden Blöcken die Russen wird nicht dazu bewegen können, ihre bisherige Haltung aufzugeben. Ich glaube, daß die einzige Möglichkeit, zur Wiedervereinigung zu kommen, die ist, daß sich die Großmächte, d. h. die USA, die Sowjetunion und das britische Commonwealth zu einigen versuchen, über eine Feststellung der Machtverschiebungen, die der Zweite Weltkrieg und der Kalte Krieg mit sich gebracht haben. Sollte dies gelingen, dann könnten sie sich vielleicht über gewisse Einfluß-Sphären einigen und diese Einigung durch einen Weltsicherheitsvertrag garantieren, der seinerseits ohne eine massive Abrüstung sicher nicht wird funktionieren können. (...) Ich weiß, daß dies alles reichlich utopisch klingt, aber wenn man nicht auf eine ähnliche Formel kommt, dann sehe ich keine Aussicht auf eine Wiedervereinigung."[45]

Den Genossen im Partei- und Fraktionsvorstand redete er Ende November mit ähnlichen Worten ins Gewissen, in der Hoffnung, sie zu einer Revision des bisherigen außenpolitischen Kurses bewegen zu können[46]. Hauptadressat seiner kritischen Bedenken war Wehner, der in einem umfassenden Memorandum zur Welt- und Deutschlandpolitik innerdeutsche Verhandlungen als Ausweg aus der deutschlandpolitischen Sackgasse beschwor[47]. Soweit Wehner davon sprach, daß Pankow nicht einfach ignoriert werden könne, konnte Schmid ihm folgen. Wenn man, wie Schmid vorschlug, von der Konstruktion ausging, daß die innerdeutschen Verhandlungen im Auftrag der Besatzungsmächte geführt wurden, bestand auch nicht die Gefahr, daß der innerdeutsche Dialog als Anerkennung der DDR mißverstanden wurde[48]. Immerhin war es möglich, durch solche innerdeutschen Kontakte das Los der ostdeutschen Bevölkerung etwas zu erleichtern. Aber im Hinblick auf die deutsche Wiedervereinigung schien Schmid trotz aller Beteuerungen der Sowjets, daß die deutsche Einheit Sache der Deutschen sei, der Draht nach Moskau wichtiger als der nach Ost-Berlin. Er votierte für einen intensiven diplomatischen Meinungsaustausch mit dem Westen und dem Osten, wobei er ausdrücklich hinzufügte, daß die Verhandlungen mit Moskau nicht hinter dem Rücken des Westens geführt werden durften[49]. Aufgabe eines deutschen Botschafters in Moskau sei es zu „erspüren", ob Moskau vielleicht doch bereit sei, Pankow „Ratschläge zu erteilen"[50].

Chruschtschow hatte sich Carlo Schmid als Botschafter gewünscht, und Adenauer war, wie man überall munkelte, offensichtlich nicht abgeneigt, Chruschtschows Wunsch Rechnung zu tragen[51]. Seit der gemeinsamen Moskau-Reise war Adenauers Respekt vor Schmid weiter gewachsen. Dessen Entsendung nach Moskau wäre obendrein ein kluger politischer Schachzug gewesen. Die SPD wäre eines ihrer besten Pferde im Stall beraubt worden und hätte ihre Agitation gegen den außenpolitischen Kurs der Regierung mäßigen müssen. Schmid dürfte das Angebot, wenn es je konkret wurde, nicht in Gewissenskonflikte gestürzt haben. Ihm konnte nicht daran gelegen sein, den Briefträger Adenauers zu spielen.

Der Kanzler hintertrieb weiterhin alle Bestrebungen einer gemeinsamen Außenpolitik, die Schmid angesichts der gescheiterten Genfer Konferenz für dringend geboten hielt. Kiesinger wußte sich mit Schmid einig. Der Vorsitzende des Außenpolitischen Ausschusses und sein Stellvertreter bemühten sich, eine gemeinsame außenpolitische Linie zu finden. Schmid erklärte öffentlich, daß die SPD zum Dialog mit der Bundesregierung bereit sei. Es dürfe allerdings bei diesen Gesprächen keine Tabus geben[52]. Adenauer pfiff seinen eigenmächtig voranschreitenden Mitstreiter Kiesinger zurück. Die Richtlinien der Politik bestimme immer noch er[53]. Schmids Anläufe zu einer gemeinsamen Außenpolitik wurden jedesmal gestoppt, noch ehe sie richtig in Gang kamen. In der SPD konnte Wehner nicht an einer gemeinsamen Außenpolitik interessiert sein, da selbst der verständigungsbereite Kiesinger vor dem „gefährliche(n) Abenteuer gesamtdeutscher institutioneller Kontakte" warnte[54].

Schmid ließ sich noch nicht entmutigen. Er setzte durch, daß die SPD-Fraktion in der Bundestagsdebatte über die Genfer Konferenz eine von ihm sehr moderat formulierte Resolution zur Abstimmung stellte. In ihr ging Schmid und mit ihm die SPD-Fraktion deutlich auf Distanz zum SED-Regime: „Das Regime, das die Machthaber der sowjetisch besetzten

Zone dem wiedervereinigten Deutschland aufzuzwingen versuchen, verleugnet die elementarsten demokratischen Freiheitsrechte eines Volkes. Es wird nie die Zustimmung des deutschen Volkes finden." Die Bundesregierung wurde aufgefordert, alles zu tun, „was zur Erleichterung der psychologischen und materiellen Lage der Deutschen in der sowjetisch besetzten Zone beitragen kann". Darüber hinaus wurden von ihr neue Anstrengungen verlangt, um „die vier Mächte zur Lösung der untrennbar miteinander verbundenen Probleme der europäischen Sicherheit und der Wiedervereinigung Deutschlands zu bewegen"[55]. Es stand eigentlich nichts in der Resolution, was die Fraktionen der Regierungskoalition nicht hätten unterschreiben können. Trotzdem wurde sie abgelehnt. Ernst Friedländer schrieb nach der Debatte bissig, daß man sich einzig in der „gemeinsamen Ratlosigkeit" nähergekommen sei[56]. Ratlos war im Grunde auch Schmid. Seine Reden und Artikel waren Appelle gegen einen deutschlandpolitischen Defaitismus. Obwohl er kaum mehr an eine baldige Wiedervereinigung glaubte, wollte er die deutsche Teilung nicht hinnehmen. Ein konkretes deutschlandpolitisches Konzept hatte aber auch er noch nicht entwickelt.

Neue Hoffnung schöpfte er erst, als sich im Frühjahr 1956 im Zuge des XX. Parteitages der KPdSU in Osteuropa erste reformkommunistische Bestrebungen bemerkbar machten. Der Westen durfte die Gelegenheit nicht verstreichen lassen, die freiheitliche Entwicklung in Osteuropa zu fördern. Sobald sich neue Handlungsmöglichkeiten auftaten, entwickelte Schmid neue Konzepte und neue Ideen. Im Frühjahr 1956 regte er einen „innereuropäischen Marshallplan" an. Die Bundesrepublik müsse die Initiative ergreifen, denn sie habe eine besondere Verpflichtung, weil im deutschen Namen sehr viel „Böses" in Europa getan worden sei[57]. Schmid kam zurück auf sein Konzept Europas als dritter Kraft. Er forderte die westeuropäischen Staaten auf, Verhandlungen mit den Staaten jenseits des Eisernen Vorhangs aufzunehmen, bei denen auch gegenstandslos gewordene Tabus zur Sprache gebracht werden müßten[58]. Die deutsche und europäische Teilung mußte gleichzeitig überwunden werden.

Auf einer SPD-Versammlung im Mai sprach er sich erstmals öffentlich für die Aufnahme diplomatischer Beziehungen zu den osteuropäischen Staaten aus[59]. Wieder einmal war er gezwungen, die undankbare Rolle des Vorkämpfers zu spielen. In der SPD war Osteuropapolitik bisher kein Thema gewesen, und sie wollte es auch nur ungern zu einem machen. Auf dem Münchener Parteitag im Juli 1956 vermied man es tunlichst, eine eindeutige Stellungnahme zur Osteuropapolitik abzugeben. Man beließ es bei der vagen Formulierung, daß die „Normalisierung" der Beziehungen zum Ostblock „als ein Beitrag zur Politik der Entspannung angestrebt" werden sollte[60]. Osteuropapolitik wurde zum Anhängsel der Entspannungspolitik deklariert.

Die Scheu vor einer aktiven Osteuropapolitik hatte mehrere Gründe: Zum einen focht Herbert Wehner weiterhin vehement für sein Konzept innerdeutscher Kontakte. Die Entstalinisierung in der Sowjetunion ließ ihn auf eine Sozialdemokratisierung der DDR hoffen[61]. Die Mehrheit der SPD scheint seiner Analyse gefolgt zu sein. Zum anderen warf die Aufnahme diplomatischer Beziehungen mit den osteuropäischen Staaten das Problem einer Anerkennung der DDR auf. Und schließlich – und das war vermutlich der gewichtigste Grund – wollte man auf keinen Fall die Wählerstimmen der Vertriebenen verlieren.

Die Aufnahme diplomatischer Beziehungen zu Polen, um die es Schmid vorrangig ging, konnte man nur fordern, wenn man bereit war, die Anerkennung der Oder-Neiße-Linie als Preis dafür zu zahlen. Ein böses Tabu. Schmid brach es in einer beherzten Rede, die er Anfang Oktober auf der deutsch-französischen Konferenz in Bad Neuenahr hielt. Es war kein Zufall, daß er ausgerechnet vor diesem Forum das brisante Thema anpackte. Die Aussöhnung mit Polen hatte für ihn, der aus den Fehlern der Weimarer Republik gelernt hatte, denselben Stellenwert wie die Aussöhnung mit Frankreich, das seinerseits auf eine Aussöhnung der Bundesrepublik mit Polen drängte. Im übrigen hatten auch schon die Kreisauer die Verständigung mit Polen zum Programm erhoben.

Er wußte, daß er für seine Rede gezaust werden würde und baute deshalb schon vor: „Ich will (...) hier völlig offen reden und meine Gedanken sagen, die niemanden verpflichten – nicht meine Partei und nicht den Deutschen Bundestag, sondern nur mich persönlich."[62] Bereits im Sommer 1955 hatte er sich für ein Abkommen über einen Gewaltverzicht an der Oder-Neiße-Linie ausgesprochen, allerdings unter ausdrücklicher Betonung, daß dies keine endgültige Anerkennung der Grenze bedeute[63]. Jetzt versuchte er die Einsicht dafür zu wecken, daß bei allem Unrecht, das den Heimatvertriebenen geschehen war, eine Lösung des Oder-Neiße-Konflikts nur auf dem Weg von Verhandlungen möglich war, wobei eine Einigung nur dann erzielt werden könne, wenn auf beiden Seiten die Bereitschaft zum Verzicht bestünde. Zu einer Einigung aber müsse man kommen und zwar bald, denn es sei ein Irrtum, zu glauben, daß es eine deutsche Wiedervereinigung geben könne, „ohne daß vorher über das Schicksal der Gebiete östlich der Oder und Neiße Einverständnis erzielt wird."[64] Er hatte gesagt, was fast alle politisch Verantwortlichen dachten, aber keiner auszusprechen wagte. Zwei Tage später ging er nochmals in die Offensive. In einem Interview für die tschechoslowakische Nachrichtenagentur CTK plädierte er für eine Normalisierung der politischen und diplomatischen Beziehungen zur CSSR und zu den übrigen osteuropäischen Staaten[65].

Das Interview wurde von den Parteifreunden gebilligt, wenn auch nicht gerade begrüßt[66]. Wegen der Rede in Bad Neuenahr mußte er eine Strafpredigt über sich ergehen lassen. In der nächsten Fraktionssitzung wurde ihm vorgeworfen, daß er die Erklärung der Öffentlichkeit zugänglich gemacht und es obendrein unterlassen hatte, „sich mit Mitgliedern des Partei- und Fraktionsvorstandes vorher in Verbindung zu setzen und mit ihnen diese Frage kurz zu besprechen und daß er nicht einmal mit den auf der Tagung anwesenden Genossen Kontakt aufgenommen" hatte[67]. Das hatte er aus gutem Grund nicht getan. Dann hätte man ihn nämlich davon abgehalten, diese Rede, die eine heftige Diskussion entfachen mußte, zu halten. Ollenhauer distanzierte sich öffentlich von der Erklärung seines eigenwilligen Parteifreundes. Unter Berufung auf seine Ausführungen auf dem Münchener Parteitag unterstrich der SPD-Parteivorsitzende nochmals, daß die SPD die Oder-Neiße-Grenze nicht als endgültige Ostgrenze anerkenne. Ihr Ziel sei die Wiederherstellung Deutschlands in den Grenzen von 1937[68]. Adenauer, der um eine Stellungnahme gebeten wurde, wies das Thema weit von sich. Über das Problem der Oder-Neiße-Grenze könne sich nur ein wiedervereinigtes Deutschland und ein freies Polen verständigen[69].

Wieder einmal war es der alte Friedrich Stampfer, der Carlo Schmid die Stange hielt. Im Stampfer-Dienst dankte er Carlo, dem „Ketzer", für die „große Portion Zivilcourage", die er aufgebracht hatte[70]. Auch in der „Welt" war ein zustimmender Kommentar zu lesen[71]. Schmid ließ sich durch die Schelte der Parteifreunde nicht beirren. „Ich bin froh, die Initiative ergriffen zu haben, denn ich bin nach wie vor der Meinung, daß es die Aufgabe eines politischen Menschen ist, zu sagen, was ist", schrieb er Stampfer in einem Dankesbrief[72]. Hatte nicht die Auseinandersetzung mit Polen in den zwanziger Jahren gezeigt, daß man manchmal aus moralischen und politischen Erwägungen auf Rechtsstandpunkte verzichten mußte? Schmid, dem die eigenen Fehler eine Lehre waren, hatte den Mut unpopulär zu sein, ohne den seines Erachtens Politik steril werden mußte. Er gab sich Mühe, die Parteifreunde davon zu überzeugen, daß es die politische Ratio gelegentlich verlange, wichtige Wählergruppen vor den Kopf zu stoßen. Waldemar von Knoeringen, der wegen der Neuenahrer-Rede um den Bestand der Koalitionsregierung in Bayern fürchtete, erklärte er: „Daß die Flüchtlingsverbände protestiert haben, versteht sich von selbst, aber sie werden noch öfter gegen Dinge protestieren, die wir werden tun müssen. Manche meinen, auch wenn man recht habe, brauche man nicht unbedingt zu sagen, was man denke. Ich bin anderer Meinung. Ich glaube, wir müssen gerade über diese Dinge sprechen, denn wenn wir in einem Jahr an die Regierung kommen sollten, werden wir diese Dinge ja tun müssen und dann könnte man uns entgegenhalten, daß wir es an der nötigen Aufklärung der öffentlichen Meinung haben fehlen lassen. Dazu kommt, daß wir auch einiges beitragen können und sollten, das Gefühl der Satellitenvölker ausschließlich auf die Sowjetunion angewiesen zu sein, gegenstandslos zu machen."[73]

Schmid wollte das europäische Haus nicht ohne Osteuropa bauen. Der Aufstand in Posen, die Rehabilitierung des von Stalin verfolgten Wladislaw Gomulka, der Sturz der Stalinisten Ernö Gerö und Matyas Rakosi in Ungarn ließen auch ihn entgegen all seiner früheren Einschätzungen hoffen, daß eine Liberalisierung im sowjetischen Herrschaftsbereich doch möglich sei. Die Staaten des Ostblocks strebten nach nationaler Unabhängigkeit, nach Lösung von dem sowjetischen Zangengriff. Schmid wünschte, daß der Westen sie dabei unterstützte. Vielleicht war Europa als dritte Kraft doch mehr als ein Blütentraum. Wie groß seine Hoffnung war, läßt seine Empörung über die Niederschlagung des Ungarn-Aufstandes erkennen. Er klagte nicht nur die Sowjetunion an, sondern auch die Westmächte, die durch ihr Eingreifen in den Suezkonflikt „den tapferen Ungarn den Dolch in den Rücken gestoßen" hatten. Er war der festen Überzeugung, daß die Sowjetunion den Einmarsch in Ungarn nicht gewagt hätte, „wenn nicht die Angst, in Ägypten könnte der Dritte Weltkrieg ausbrechen, die Völker so feige gemacht hätte, daß sie die Augen vor dem verschlossen, was man einem Volk antat, das bereit gewesen war, den Kreuzzug der Freiheit anzutreten. Das ist ein Verbrechen und eine Schande, und dieses Verbrechen wird Folgen haben, die heute noch nicht abzusehen sind."[74] Warf Schmid dem Westen vor, nicht in Ungarn eingegriffen zu haben? Er mußte sich darüber im klaren sein, daß dies möglicherweise den Dritten Weltkrieg heraufbeschworen hätte. Seine leidenschaftliche Anklage gegen die Westmächte entsprang weniger einer rationalen politischen Analyse als dem emphatischem Mitleiden mit einem unterdrückten Volk.

Er befand sich auf einer Ostasienreise, als der Ungarn-Aufstand niederkartätscht wurde. Erst auf der Tagung der Interparlamentarischen Union in Bangkok konnte er öffentlich gegen die sowjetische Intervention protestieren: „Die Sowjetunion hat alles getan, um zu erreichen, daß die Franzosen, die Briten und die Israeli in Ägypten Streitkräften der UNO weichen. Die Logik verlangt, daß sie auch in Ungarn den Grundsätzen folgt, die sie in Ägypten angewandt wissen will."[75] Schmid war um eine Hoffnung ärmer.

Dennoch rief er weiterhin zu einer aktiven Ostpolitik auf. Gerstenmaier hatte ihn eingeladen, auf der Rückreise von Bangkok über Washington zu fliegen, um dort mit dem amerikanischen Präsidenten ein Gespräch zu führen. Der eigenwillige Bundestagspräsident, der wie Schmid die fehlende Bereitschaft zu einem engagierten Ost-West-Dialog beklagte, hatte die Absicht, dort einen ostpolitischen Vorstoß zu unternehmen. Schmid war der geeignete Mann, ihn bei seinem Vorhaben zu unterstützen. Im SPD-Parteivorstand wurden dagegen sofort Bedenken laut. Man kritisierte die um sich greifende „ungesunde Parlamentsdiplomatie"[76]. Aber das war wohl nur ein vorgeschobener Grund, hinter dem sich die Furcht verbarg,

Schmid könne zusammen mit Gerstenmaier Politik auf eigene Faust betreiben. Man legte ihm nahe, die Einladung auszuschlagen. Da er auf der Reise einen Schlaganfall erlitt, blieb ihm der Streit mit der Partei erspart.

Auch während seiner schweren Krankheit focht er mit unverminderter Energie um die Aufnahme diplomatischer Beziehungen zu den osteuropäischen Staaten, vor allem zu Polen, das Interesse an Beziehungen zur Bundesrepublik gezeigt hatte, ohne die Anerkennung der Oder-Neiße-Linie zur Vorbedingung von Gesprächen zu machen. Immer wieder versuchte er, den politisch Verantwortlichen einzuhämmern, daß ohne eine Aussöhnung mit Polen es keine deutsche Wiedervereinigung geben werde. Die juristischen Vorbehalte gegen eine Aufnahme diplomatischer Beziehungen zu den osteuropäischen Staaten dürften nicht überbewertet werden: „Man sollte sich nicht so sehr vor dem Argument fürchten (...), daß man mit Staaten, die die DDR anerkannt haben, keine Beziehungen aufnehmen sollte. Die juristischen Folgen, die man daran zu knüpfen pflegt, sind recht häufig Fiktionen."[77] Die Hallstein-Doktrin war eben erst geboren, da erkannte Schmid schon, daß sie zu einer Fessel für die deutsche Außenpolitik werden mußte. Die Bundesregierung hielt an ihr fest und handhabte sie starr. Adenauer ignorierte die osteuropäischen Staaten, weil er der Auffassung war, daß der Schlüssel zur deutschen Wiedervereinigung in Moskau liege[78]. Der Draht nach Moskau wurde aber kaum genutzt. Diplomatische Beziehungen sind dazu da, daß man miteinander spricht, mahnte Schmid die Bundesregierung mit dem ihm eigenen bissigen Sarkasmus[79].

Auch die SPD war nicht leicht von der Notwendigkeit einer aktiven Ostpolitik zu überzeugen. Militärstrategische Entspannung und innerdeutsche Kontakte standen bei ihr auf der Prioritätenliste ganz obenan. Als die Ostpolitik zum zentralen Thema der SPD wurde, erinnerte sich kaum mehr jemand daran, daß Carlo Schmid ihr geistiger Vater war. Er war es mittlerweile gewohnt, daß Politik das Bohren harter, dicker Bretter war. Neue Themen ließen sich nicht von heute auf morgen durchsetzen. Das galt für die Außenpolitik ebenso wie für die Innenpolitik.

Die zweite industrielle Revolution

Man solle nicht auf ein außenpolitisches Scheitern Adenauers warten, sondern sich verstärkt der Innenpolitik zuwenden. Schmid hatte der Partei wieder einmal Ratschläge erteilt[1], die sie diesmal auch zu beherzigen schien. 1956 war die SPD bestrebt, sich auf den Gebieten der Sozial-, Wirtschafts- und Kulturpolitik als versierte Regierungsalternative darzustellen. Die Kölner Tagung Anfang 1956, auf der Deist, Schellenberg und Arndt zu wirtschafts-, sozial- und kulturpolitischen Gegenwartsaufgaben sprachen, konnten die Sozialdemokraten als Erfolg verbuchen[2]. Schmid war befriedigt, daß sich endlich einiges in der Partei tat. Mit Genugtuung stellte er fest, daß Dinge, die man ihm vor einem Jahr „noch sehr übel genommen" hätte, nun vom Parteivorsitzenden öffentlich erklärt wurden[3]. Freilich, im selben Atemzug beklagte er, daß er „im Wirbel der Geschäfte" zu wenig Zeit finde, um einen „innerparteilichen Feldzug" für seine Ideen zu führen[4].

Die SPD mußte aber nicht nur Ballast abwerfen, was sie allmählich auch tat, sie mußte sich auch den Zukunftsaufgaben stellen. Robert Jungks science fiction „Die Zukunft hat schon begonnen" wurde in den 50er Jahren zum Bestseller. Waldemar von Knoeringen hatte das Thema zweite industrielle Revolution in die innerparteiliche Diskussion gebracht. Auf Initiative des bayrischen SPD-Landesvorsitzenden befaßte sich die Arbeitsgemeinschaft sozialdemokratischer Akademiker 1955 mit dem Thema „Weltmacht Atom", das von der bayrischen SPD schon bald aufgegriffen wurde[5]. Schmid brachte das Thema von München nach Bonn. Er wollte dort dafür Sorge tragen, daß in der Geschäftigkeit der aktuellen Tagespolitik die einmal wahrgenommenen Zukunftsaufgaben nicht wieder aus dem Blick gerieten.

Im Sommer 1955 hatte er sich erstmals in einem Vortrag vor der Arbeitsgemeinschaft sozialdemokratischer Akademiker in München mit den Herausforderungen der Politik im Atomzeitalter auseinandergesetzt. Das Thema zweite industrielle Revolution streifte er nur am Rande. Im Zentrum seines Vortrags stand die internationale Politik im Zeitalter der Atomwaffen. Erst am Schluß seines Referats kam er noch auf die internationale Organisation und Kontrolle der Produktion der Atomenergie zu friedlichen Zwecken zu sprechen. Aus ökonomischen wie auch aus sicherheitspolitischen Gründen hielt er eine internationale Planung und Kontrolle der Energiepolitik für unbedingt notwendig. Wie aber sollte diese aussehen? Vielleicht eine „Art von riesiger Tennessee-Valley-Organisation"[6].

Sehr konkret war es nicht, was er dazu zu sagen hatte. Aber die kurz zuvor verabschiedete Messina-Resolution der sechs Montan-Union-Staaten war noch weitaus unverbindlicher. Dort hatte man sich lediglich darauf geeinigt, die Frage einer gemeinsamen Organisation zur friedlichen Entwicklung und Nutzung der Kernenergie zu untersuchen. Gegen die Einsetzung einer gemeinsamen zentralen Behörde waren starke Vorbehalte laut geworden[7]. Auch innerhalb der Bundesregierung war die Errichtung eines europäischen Atompools umstritten. Schmid fühlte sich daher bemüßigt, einige Wochen nach der Messina-Konferenz im Bundestag die Notwendigkeit einer europäischen Energiekooperation nachhaltig zu verteidigen. „Es ist kaum anzunehmen, daß einer der europäischen Staaten für sich allein in der Lage sein wird, so viel Atomenergie zu erzeugen, als er braucht, um den Wettbewerb mit den besser situierten Staaten anderer Kontinente aufrechtzuerhalten."[8] Allein schon aus wettbewerbspolitischen Gründen sei es deshalb unumgänglich, die Herstellung atomarer Energie für friedliche Zwecke zu internationalisieren. Auch die Gefahren, die von der Atomenergie ausgingen, ließen eine europäische Kooperation ratsam erscheinen. Schmid gehörte zu den wenigen, die schon Mitte der 50er Jahre auf das Problem des Atommülls aufmerksam machten: „Nicht nur im Krieg kann die Bevölkerung von den radioaktiven Zerfallsprodukten atomarer Reaktionen heimgesucht werden; auch im Frieden können immer weitere Kreise durch Abfallstoffe bedroht werden, die das radioaktive Gift weitertragen."[9] Die Warnungen erfolgten früh, wurden aber erst spät ernst genommen.

Auch in der SPD überwog damals die Atomeuphorie. Die neue Energie versprach Wohlstand für alle. Die Ausnutzung der Atomenergie für kriegerische Zwecke galt es dagegen, darüber war man sich in der SPD einig, zumindest in den Ländern, die noch keine Atommächte waren, zu verhindern. Diesem Anliegen entsprach der Anfang 1956 von Jean Monnet entworfene Plan zur Errichtung einer europäischen Atomenergiekommission, die den friedlichen Charakter der Nutzung der Kernenergie überwachen sollte und darüber zu bestimmen hatte, wer über Kernbrennstoffe verfügen durfte. Die SPD begrüßte den Vorschlag Monnets und unterstützte damit erstmals aktiv die europäische Teilintegration. Während innerhalb der Bundesregierung die kritischen Stimmen gegen dieses Projekt immer lauter wurden, focht Schmid, der zu dieser europapolitischen Wende der SPD einiges beigetragen hatte, im Bundestag im Namen der SPD für die Verwirklichung von Euratom[10].

Euratom war eine wichtige tagespolitische Aufgabe, aber eine Lösung der mit der zweiten industriellen Revolution aufgeworfenen Fragen bot diese Atomenergiekommission nicht. Atomkraft und Automation waren globale Herausforderungen, die auch eine Neudefinition des Sozialismus, der eine Antwort auf die erste industrielle Revolution war, verlangten. Carlo Schmid strebte nicht an, ein neuer Marx zu werden. Er wollte jedoch auf dem Münchener Parteitag, auf dem er das Referat über die Auswirkungen der zweiten industriellen Revolution zu halten hatte, dem „europäischen Sozialismus ein neues Leitbild" geben[11].

Sein Vorredner war der Staatssekretär im Wirtschafts- und Verkehrsministerium in Nordrhein-Westfalen Leo Brandt, der u. a. Vorsitzender der Gesellschaft zur Förderung der kernphysikalischen Forschung und des Ausschusses für Fragen der Atomenergie beim Parteivorstand war. Die Parteitagsregisseure taten gut daran, Leo Brandt zuerst sprechen zu lassen. So folgte dem Fortschrittsoptimisten der Fortschrittsskeptiker, dem Naturwissenschaftler der Humanist. Brandt pries die friedliche Nutzung der Atomenergie als zweite „prometheische Tat" und beklagte das Hinterherhinken der Bundesrepublik auf den Gebieten der Forschung, insbesondere der Atomforschung, und bei der Anwendung der Automation. Sein Referat schloß mit einem Appell an die Bundesregierung, in die Zukunft zu investieren[12].

Diesen Aufruf konnte Schmid nur unterschreiben. Ein neuer Maschinenstürmer war er trotz seiner kulturkritischen Betrachtung der Moderne nicht. Allein schon aus Konkurrenzgründen seien die Unternehmer gezwungen, ihre Betriebe so rasch wie möglich zu automatisieren[13]. Aber es grauste ihm vor einer „erbarmungslosen Gewaltherrschaft der Technokraten", wie sie George Orwell in „seinem schrecklichen Zukunftsroman 1984" so „schauerlich gezeichnet" hatte[14]. Die Automation konnte Segen oder Fluch sein. Sie mußte zum Fluch werden, wenn man vor der technischen Entwicklung einfach kapitulierte. Ohne Zukunftsplanung mußten die destruktiven Folgen der technischen Entwicklung überwiegen. Die Menschen hätten dann unter der zweiten industriellen Revolution genauso zu leiden wie unter der ersten. Wieder einmal blickte Schmid weit voraus. Mitten im Aufschwung, als Vollbeschäftigung herrschte und die ersten Gastarbeiter ins Land kamen, beschrieb er eindringlich die Gefahren einer neuen Massenarbeitslosigkeit durch eine Automatisierung der Betriebe. Zugleich mahnte er, die Warnungen der Wissenschaftler vor den ökologischen Schäden, die durch die neuen Produktionsmethoden verursacht wurden, ernst zu nehmen[15]. Er betrieb keine Panikmache und gab auch kein Plädoyer für eine planwirtschaftliche Kommandowirtschaft ab. Er konnte sich auf namhafte Wissenschaftler wie den mit ihm befreundeten Basler Nationalökonom Edgar Salin und seinen Frankfurter Kollegen Friedrich Pollock, der einst mit Horkheimer das Institut für Sozialforschung gegründet hatte, berufen, wenn er das Erfordernis verantwortungsbewußter Planung betonte[16].

Pollock hatte sich in den fünfziger Jahren mit den Auswirkungen der Automation in den USA und den Plänen der dortigen Gewerkschaften zur Überwindung der drohenden Massenarbeitslosigkeit beschäftigt. Schmid stellte auf dem Parteitag Vorschläge Pollocks wie z. B. den garantierten Jahresarbeitslohn und die Viertagewoche zur Diskussion. Die rechtzeitige Planung öffentlicher Arbeiten sei ebenfalls eine unverzichtbare Maßnahme, um einer zukünftigen Massenarbeitslosigkeit entgegenzuwirken. Bereits heute müsse man sich Gedanken über eine gezielte Berufslenkung und die Erneuerung der Ausbildungssysteme und Lehrmethoden machen[17].

Die sozialen Probleme der zweiten industriellen Revolution schienen Schmid, soweit sie rechtzeitig angepackt wurden, leichter lösbar als die politischen und mentalen. Er konstatierte eine „unbestreitbare Affinität zwischen dem Denken des Ingenieurs und dem Denken der totalitären Machthaber"[18]. Technokratisches Denken war für ihn das Beet, auf dem der Totalitarismus emporkeimte. Er sah es als eine der wichtigsten Zukunftsaufgaben an, „in den Menschen die geistigen Werte der Demokratie so lebendig zu machen, daß das Bewußtsein ihrer Unverzichtbarkeit die Menschen gegen die Versuchungen, die in der Perfektion der Technik liegen, immunisieren kann“[19]. Solche technik- und kulturkritischen Überlegungen fanden zwar lebhaften Beifall, aber in der praktischen Politik kaum Beachtung. Die Kulturkritik der Zeit vor 1933 hatte der Pragmatismus der Aufbaujahre zum Verstummen gebracht. Über die Dialektik der Aufklärung, die Horkheimer und Adorno so eindringlich beschrieben hatten, dachte während der Zeit des Wirtschaftswunders kaum einer nach. Schmid fürchtete wie seine Frankfurter Kollegen, deren Abneigung gegen die moderne Massenkultur er teilte, eine „geistige und seelische Verödung“ durch die moderne Freizeit- und Kulturindustrie[20]. Die Verkürzung der Arbeitszeit machte die Freizeit zum Problem. Schmids Warnung vor dem „Fluch der Langeweile“ mag mancher Parteitagsteilnehmer als Provokation empfunden haben. Noch kämpften die Arbeiter um die 40-Stunden-Woche.

Schmid übernahm die Rolle der Kassandra. Die Zukunft der Demokratie hing seiner Überzeugung nach ganz entscheidend davon ab, ob die Arbeiter die Freizeit als Chance zur Emanzipation nutzten oder sich durch die moderne Vergnügungsindustrie manipulieren ließen[21]. Er, der in den Augen der meisten Mitglieder der Partei ein konservativer Realpolitiker war, träumte noch immer von einer Gesellschaft, in der die Menschen nicht mehr fremd-, sondern selbstbestimmt handelten. Der sozialdemokratische Reformer war im Innern seines Herzens ein radikaler Utopist und ein Optimist in seinem Vertrauen auf die Macht der Bildung. Die Menschen sollten dazu erzogen werden, „die Freiheit als die oberste Lebensmacht“ zu schätzen[22].

Der Beifall, der ihm gespendet wurde, war wie immer überwältigend, aber auf die programmatischen Perspektiven, die er gezeichnet hatte, ging kaum einer ein. Die waren dem Großteil der Teilnehmer des Parteitags offensichtlich zu visionär. Die nachfolgende Diskussion mündete in eine Bildungsdebatte. Fast alle, die sich zu Wort meldeten, verstanden unter Bildung Ausbildung oder politische Bildung. Ihnen ging es vor allem um mehr Chancengleichheit. Trotzdem war Schmid mit dem Verlauf des Parteitags überaus zufrieden. Es war allein schon von der Thematik her ein ungewöhnlicher sozialdemokratischer Parteitag gewesen, der in der Öffentlichkeit ein breites zustimmendes Echo gefunden hatte[23]. Schmid wußte sogar, die Kontinuitätslinien zu den Anfängen der Arbeiterbewegung zu ziehen: Dieser Parteitag sei der „Urtradition“ der deutschen Arbeiterbewegung treu geblieben, die, „wenn man auf den Kern ihrer Motive geht, aus dem Bedürfnis der Menschen nach mehr Bildung und damit nach mehr Menschlichkeit entstanden“ sei[24].

Nur wenn die Arbeiterbewegung sich als Bildungsbewegung begriff, konnte sie zum Wegbereiter eines neuen Humanismus werden. Schmid hatte immer gehofft, daß die Gewerkschaften es sich zur Aufgabe machten, aus Wirtschaftsuntertanen selbstverantwortlich handelnde Wirtschaftsbürger zu machen. Nur durch die „schöpferische Zusammenarbeit" der Gewerkschaften mit den staatlichen Organen waren die Probleme der zweiten industriellen Revolution zu lösen[25]. Schmid richtete entsprechende Mahnungen und Appelle an die Gewerkschaften, auf deren Tagungen er häufig sprach. Die Gewerkschaften hatten eine Erziehungsaufgabe. Seit Schmid in den USA die letzten Überreste des closed-shop-Systems kennengelernt hatte, scheute er sich nicht, in der Öffentlichkeit für eine negative Koalitionsfreiheit einzutreten. Warum sollte ein Nichtmitglied in den Genuß der sozialen Früchte kommen, die die Gewerkschaft erkämpft hatte? Wer in den amerikanischen Gewerkschaften seinen Solidaritätspflichten nicht nachkam, war „in seiner Branche künftig ein toter Mann"[26]. Nur so konnte seiner Ansicht nach das „Schmarotzertum" überwunden werden[27]. Wenn es um Gewerkschaftspolitik ging, war Schmid alles andere als ein verirrter Liberaler. Die Sozialutopie, die Ernst Jünger in seinem Essay „Der Arbeiter" entworfen hatte, der von Proudhon entwickelte Gedanke der Arbeiterselbstverwaltung standen ihm noch immer näher als die Forderung nach dem Ausbau des sozialen Wohlfahrtsstaates[28]. Seine Klagen, daß die Gewerkschaften ihre vornehmliche Aufgabe im Lohnkampf sahen und das Mitbestimmungsrecht lediglich als ein sozialpolitisches Problem verstanden, sind Legion[29].

Seine Mahnungen, sich mit den Problemen der zweiten industriellen Revolution zu befassen, fanden bei den Gewerkschaften weit weniger Beachtung, als er sich das gewünscht hatte. Resigniert stellte er fest, daß man ihm auf Gewerkschaftstagungen zwar Beifall spende, wenn er auf die mentalen und geistigen Gefahren der Automation aufmerksam mache, aber „von diesem Beifall bis zur Bereitschaft bestimmte Dinge zu unternehmen", sei es jedoch „ein weiter Weg"[30]. Nicht einmal die sozialen Probleme der Automation nahmen sie in Angriff. Auch für die Gewerkschaften war er mehr ein Schönredner, mit dem man sich auf den Tagungen schmückte als ein Prophet. Gewiß, er war nicht schuldlos daran. Seine zum Teil überzogene elitäre Kulturkritik ließ sich mit den sozialen Grundsätzen der Gewerkschaften und der Mentalität ihrer Mitglieder nur schwer vereinbaren.

Weitsichtige Prophetie und geistesaristokratische Kritik an der Massendemokratie waren bei ihm eng verbunden. Konnte man als Sozialdemokrat die Massenkultur rundweg ablehnen? Er fand keine schlüssige Antwort darauf. Er litt unter der Massenkultur und fand keinen Zugang zu dem modernen Kulturbetrieb. Noch dreißig Jahre später dachte er mit Schrecken daran, daß die Partei ihn genötigt hatte, im Berliner Sportpalast eine Rede über Friedrich Schiller zu halten. Obwohl er wußte, daß er vor einem recht unbedarften Publikum sprechen mußte, arbeitete er einen Vortrag aus, der vermutlich sogar Studenten überfordert hätte. Seine Zuhörer zwangen ihn, den Vortrag abzubrechen, was ihn aufs höchste empörte[31]. Schmid verstand es nicht, leichte Kost für die breiten Massen zu produzieren.

Als neues sozialistisches Leitbild wollte man innerhalb der SPD Schmids Münchener Referat nicht verstanden wissen, wenngleich es als Broschüre gedruckt und verteilt wurde. In das auf dem Parteitag verabschiedete Sieben-Punkte-Programm flossen freilich auch Vorschläge von ihm ein. Für verstärkte Investitionen auf dem Gebiet der Bildung und Forschung, insbesondere für eine verbesserte Begabtenförderung hatte er schon lange plädiert. Schon 1951 hatte er den Bundesinnenminister gemahnt, trotz Kulturföderalismus auf dem Gebiet des Schul- und Hochschulwesens initiativ zu werden, da die Hochschulen „provinziell" zu werden drohten[32]. Den im Grundgesetz verankerten Kulturföderalismus hielt er für einen entscheidenden Konstruktionsfehler der Verfassung der Bundesrepublik[33].

Besonders am Herzen lag ihm die Errichtung eines deutschen Forschungsrates, der ein „Areopag der Wissenschaften" oder, wenn man es modern ausdrückt, ein hochrangiges Kuratorium zur Technologiefolgenabschätzung sein sollte[34]. Schmid sprach von „einigen dreißig unabhängigen Frauen und Männern", die niemand anderem als ihrem Gewissen verantwortlich waren. Ihnen sollte es obliegen, die Tragweite wissenschaftlicher Erkenntnisse und die Art ihrer Auswirkungen auf den Menschen, auf die Gesellschaft und den Staat zu beurteilen – „sowohl auf dem Gebiet des Materiellen, als auch auf dem Gebiet des Moralischen, des Geistigen"[35]. Die Mitglieder des Forschungsrates waren vom Bundespräsidenten aufgrund der Empfehlungen von Parteien, Verbänden und gesellschaftlichen Gruppen zu ernennen. Seine Überlegungen zum Problem der wissenschaftlichen und politischen Autorität dieses „Areopags", dem eine große politische Verantwortlichkeit zugekommen wäre, waren noch etwas unausgegoren. Deutlich wurde sein Wunsch nach einer engeren Kooperation von Wissenschaft und Politik, die freilich nicht in blinde Wissenschaftsgläubigkeit münden durfte.

Ein Vorstoß auf dem Gebiet der Wissenschaft und Bildung war nicht nur von der Sache her geboten. Zuweilen stellte sogar Schmid parteitaktische Überlegungen an. Den Parteifreunden versuchte er einsichtig zu machen, daß die SPD auf diesem Gebiet die Meinungsführerschaft erobern müsse, was ihr im Wahlkampf erhebliche Stimmengewinne bringen könne[36]. Eine große Bundestagsdebatte über die in München verabschiedete Parteitagsresolution müsse erzwungen werden. Die SPD solle konkrete Anträge einbringen, die auch finanzielle Deckungsvorschläge enthalten müßten[37]. Schmid packte das Thema mit einer Verve und Entschlußkraft an, als ob es um einen politischen Neuanfang ginge. Adenauer mit seinem ausgeprägten Machtinstinkt erkannte sofort, daß die SPD ein Zukunftsthema, mit dem man Wähler gewinnen konnte, aufgegriffen hatte. Mit Ingrimm las er in den Zeitungen, daß Schmids Vorträge über Atomkraft und Automation ein großes Echo fanden und er so der SPD ein Image der Wissenschaftlichkeit verschaffte. Sogleich suchte der CDU-Vorsitzende nach „wissenschaftlichen Größen", die sich die CDU „ins Knopfloch" stecken konnte[38].

Schmids Rat, die Parteitagsresolution in konkrete Bundestagsanträge umzuformulieren, wurde im Dezember auf einem Kongreß in Düsseldorf, der unter dem Motto „Die Mobilisierung des Geistes" stand, befolgt[39]. Er selbst lag, durch einen Schlaganfall halbseitig gelähmt, in der Bonner Universitätsklinik. Leo Brandt hielt das Referat über die Errichtung eines deutschen Forschungsrates, das er hatte halten wollen. Mit dem Ergebnis des Düsseldorfer Kongresses, an dessen Vorbereitung er noch beteiligt war, konnte er trotz allem zufrieden sein. Die Parteifreunde hatten in seinem Geist gehandelt und ihm sogar ein Grußtelegramm übersandt[40].

Der in Düsseldorf ausformulierte Antrag zur Errichtung eines Forschungsrates wurde im Bundestag gestellt, kam aber nicht durch. Die Bundesregierung zog es vor, einen Wissenschaftsrat ins Leben zu rufen, dem die weniger anspruchsvolle Aufgabe zukam, die finanziellen Interessen zwischen Bund und Ländern zu koordinieren[41]. Die SPD begrub den Antrag sang- und klanglos. Als Schmid im Frühjahr 1957 wieder in die Politik zurückkehrte, war das Interesse des Parteivorstandes an dem Thema zweite industrielle Revolution schon völlig erlahmt[42]. Es half auch nicht, daß er versuchte, das Thema in dutzenden von Vorträgen wieder in die Diskussion zu bringen. Sein Parteitagsreferat kam in die Aktenablage der Programmkommission. Die Ziehväter des Godesberger Programms hatten nicht die Zukunft im Visier, sondern die Gegenwart und manchmal vielleicht sogar etwas die Vergangenheit.

Begegnung mit der Dritten Welt

War die zweite industrielle Revolution auch der Auftakt zu einer Revolution der Weltordnung? In zahlreichen wissenschaftlichen Studien der 50er Jahre wurde das rasche Aufholen der Entwicklungsländer gegenüber den Industriestaaten der westlichen Hemisphäre prognostiziert. Die Industrialisierung werde sich in den Ländern der Dritten Welt durch die Nutzbarmachung der Atomenergie und die Einführung automatisierter Produktionsprozesse weitaus schneller vollziehen als in Europa. Es zeigte sich schon bald, daß in all diesen Studien die Entwicklungsmöglichkeiten der

Länder der Dritten Welt viel zu optimistisch beurteilt worden waren. Als Carlo Schmid im Herbst 1956 Pakistan und Indien mit eigenen Augen gesehen hatte, mochte er diesen Prognosen, von denen er im Sommer noch selbst ausgegangen war, keinen Glauben mehr schenken[1].

Seine Einsicht, daß Europa nicht mehr das Gravitationsfeld der politischen Entscheidungen war, daß ein neues polyzentristisches Staatensystem sich entwickelte, brauchte er nicht zurückzunehmen. Nicht ohne Wehmut stellte er, der von der Überlegenheit des europäischen Abendlandes zutiefst überzeugt war, fest, daß die europäischen Staaten „in der neu entstandenen politischen Welt, nicht mehr Geschichte machen können, sondern sich damit begnügen müssen, Geschichte zu erleiden“[2]. Doch er hatte auch den Mut, offen auszusprechen, was viele nicht wahrhaben wollten: Das Zeitalter des Kolonialismus war zu Ende[3]. Wenn die Europäer weiter als Kolonialherren auftraten, spielten sie der Sowjetunion in die Hände. Diese führe ihre „Weltoffensive“ nicht mehr durch „Flugzeuge und Panzerwagen“, sondern durch „Freiheitsparolen“[4]. Die europäischen Staaten seien sowohl aus humanitären als auch aus politischen Gründen dazu verpflichtet, den Emanzipationsprozeß der ehemaligen Kolonialvölker zu unterstützen. Schmid richtete seine Mahnungen vor allem an die Adresse Frankreichs. Die konservativen Kräfte in Frankreich mochten nicht einsehen, daß der Algerienkonflikt mit militärischen Mitteln nicht zu lösen war. Wenn der Emanzipationsprozeß in Nordafrika ohne Blutvergießen vonstattengehen sollte, mußten in dieses Gebiet große Beträge investiert werden. Weil Frankreich diese Beträge nicht allein aufbringen konnte, schlug Schmid einen europäischen Marshallplan zugunsten der unterentwickelten Länder vor[5]. Schmid dachte wohl zunächst nur an einen Marshallplan für Nordafrika, erklärte jedoch schon bald, daß sich die Hilfe auf alle unterentwickelten Länder erstrecken müsse[6]. Dieser Hilfe dürfe nicht das „Stigma eines aggressiven Antibolschewismus“ anhaften[7]. Schmid hatte guten Grund, dies ausdrücklich zu betonen. War doch damals oft von der „Entscheidungsschlacht zwischen Ost und West in der Seele des schwarzen Mannes“ die Rede[8]. Obwohl auch Schmid den Einfluß der Sowjetunion in der Dritten Welt zurückdrängen wollte, war er dagegen, die Hilfeleistungen an politisches Wohlverhalten zu knüpfen.

Aus nüchtern pragmatischen Überlegungen sprach er sich für die Einführung gemeinwirtschaftlicher Unternehmensformen in diesen weitgehend von der Agrarwirtschaft lebenden Ländern aus: „Kapitalistische Wirtschaftsformen würden in diesen Ländern nicht die Herrschaft eines freiheitsliebenden, aufgeklärten Bürgertums bringen, sondern das menschenverachtende Regime der Paschas.“[9] Weil Entwicklungshilfe unpopulär war, wies er in Reden und Vorträgen immer wieder auf die Mitverantwortung der europäischen Staaten für die Länder der Dritten Welt hin.

Entwicklungspolitik war bisher in der Bundesrepublik überhaupt kein Thema der Politik gewesen. Bei den Etatberatungen im Frühjahr 1956 hatte die SPD-Fraktion erstmals einen Antrag zur Förderung wirtschaftlich unterentwickelter Völker gestellt. Der Forderung, die für die Entwicklungshilfe vorgesehenen 3,5 auf 50 Millionen zu erhöhen, stimmten nach anfänglichem Zögern auch die Fraktionen der Regierungskoalition zu[10]. Die Gelder wurden im Haushaltsplan bereitgestellt. Eine klare entwicklungspolitische Konzeption hatte niemand. Wieder einmal ergriff Schmid, getreu seiner Devise, daß Politik darin bestehe, das Notwendige möglich zu machen, die Initiative. Zusammen mit einigen Parteifreunden wollte er eine sozialdemokratische Konzeption für die Förderung der unterentwickelten Länder erarbeiten[11]. Zunächst blieb es allerdings beim Plan. Schmids Abwesenheit in Bonn und seine lange Krankheit war wahrscheinlich nicht der einzige Grund dafür. Für eine Oppositionspartei, die nicht über den Expertenstab einer Ministerialbürokratie verfügte, war es schwierig, eine tragfähige Konzeption, die eine genaue Projektanalyse erforderte, zu entwickeln. Schmid selbst hätte einer europäischen Initiative den Vorzug gegeben, die aber nicht in Gang zu bringen war.

Wie notwendig ein europäisches Entwicklungsprogramm war, zeigte die Suezkrise, die die Welt an den Abgrund des Dritten Weltkrieges brachte. Schmid war empört und geradezu zornig über das Verhalten der Briten und Franzosen in der Suez-Krise. Von Anfang an war ihm klar gewesen, daß die Amerikaner die Briten und Franzosen zum Zurückweichen zwingen würden, aber wie hatten sie durch ihr Eingreifen „dem weißen Manne das Gesicht genommen“[12]. Er bezweifelte, daß Nasser sich durch die Nationalisierung der Suez-Kanal-Gesellschaft ins Unrecht gesetzt hatte. Er sei zur Enteignung berechtigt gewesen, falls er der von ihm abgegebenen Erklärung, eine Entschädigung zu zahlen, nachkomme[13]. Die Meinungen der Völkerrechtler gingen hier, je nach politischem Standpunkt, weit auseinander[14]. Auch der amerikanischen Regierung gab er Schuld am Ausbruch der Suezkrise. Sie hätte ihre Kreditzusage für den Bau des Assuanstaudammes nicht zurückziehen dürfen[15]. Auf der Tagung der Interparlamentarischen Union in Bangkok nahm Schmid kein Blatt vor den Mund: „Den Staudamm von Assuan zu bauen, der dem Volke Ägyptens – eines Landes, dessen Bevölkerung sich in den nächsten zwanzig Jahren verdoppelt haben wird – erlauben würde, zu überleben, scheint mir ein besseres Mittel zu sein, unsere Zukunft vor den apokalyptischen Reitern zu bewahren, als Truppenlandungen in Suez und Port Raid.“[16] Einigen Mitgliedern der deutschen Delegation ging Schmids Kritik an den Westmächten, die einer leidenschaftlichen Parteinahme für die Länder der Dritten Welt entsprang, zu weit[17]. Die SPD nahm in ihren öffentlichen Stellungnahmen Rücksicht auf die französischen Sozialisten[18]. Der Bundeskanzler, der noch immer dem Kolonialdenken früherer Zeiten verhaftet war, begrüßte die Suez-Intervention vorbehaltlos[19].

Als der Suez-Konflikt ausbrach, befand sich Schmid auf dem indischen Subkontinent. Mitte Oktober war eine Bundestagsdelegation nach Pakistan und Indien aufgebrochen, um sich über die Probleme der Dritten Welt aus eigener Anschauung zu informieren. Von der SPD nahmen zahlreiche Abgeordnete der Führungsgarnitur an der Reise teil. Schmid befand sich in Gesellschaft von Ollenhauer, Erler, Menzel, Mommer und Heinz Kühn, als er Ende Oktober nach Karatschi, der ersten Station der Reise, abflog. Daß die Menschen der Dritten Welt in bitterer Armut lebten, war allgemein bekannt. Aber wie unvorstellbar groß das Elend in diesen Ländern war, hatte auch Schmid, der außer in der Türkei noch in keinem Land des asiatischen Kontinents gewesen war, sich nicht ausmalen können. Beim Anblick der Hüttenmassen der Heimatvertriebenen in Pakistan packte ihn „Grausen" und „Scham", daß die Europäer es ertragen konnten, daß ihresgleichen so leben mußten[20]. Wie konnte man, ohne abgestumpft zu sein, ein solches Elend hinnehmen? Nach der ersten Rundreise durch Pakistan berichtete er seiner Frau: „Diese Reise werde ich nicht vergessen. An Schönheit hat sie mir bisher außer dem Sonntag am Ozean gar nichts gebracht, im Gegenteil: nur Häßlichkeit. Aber sie hat mir gezeigt, in welch unvorstellbarer Armut ein Drittel oder noch mehr der Menschheit lebt. Wenn wir Europäer es ertragen, daß Menschen zu Geziefer degradiert werden, verdienen wir von ihm aufgefressen zu werden. Wir haben uns nicht nur Flüchtlingslager angesehen, Mist- und Müllhaufen, in denen Menschen herumkriechen, nein, ich habe Wert darauf gelegt, das Normaldorf zu sehen. Da sieht es nicht viel anders aus. Der Unterschied ist eigentlich nur, daß der Müll dort ein wenig lockerer liegt."[21]

Mußte für diese Leute nicht „jedes bolschewistische System" ein „Fortschritt" sein?[22] Die Polizeistationen, in denen „wohlgenährte Sikhs" Dienst taten[23], waren nicht der einzige Grund, daß in einem Land wie Pakistan keine kommunistische Revolution ausbrach. Schmid, der immer nach den geistigen Wurzeln der Politik fragte, erkannte schnell, daß die Menschen in diesen Ländern in anderen Kategorien dachten als die Europäer. Die überragende Rolle, die die Religion in diesen Ländern spielte, wurde ihm sofort bewußt: „Man lasse sich nicht durch die Umgangsformen in den Clubhäusern und in den Hotels täuschen! Die Religiosität der Moslems Pakistans sitzt sehr tief."[24] Er prophezeite den Ausbruch von Konflikten zwischen der westlich orientierten Oberschicht und den religiös-fundamentalistisch eingestellten Moslems. Es sei kaum damit zu rechnen, daß in einem Land wie Pakistan sich die westliche Kultur durchsetzen werde. Viel eher sei zu befürchten, daß es in diesen Ländern einmal zu einem „schlimmen Sichauflehnen des religiösen Fanatismus" kommen werde[25]. Er sollte recht behalten.

Noch mehr als in Pakistan war in Indien das Leben der Menschen von Religion durchtränkt. Der Obmann der Kastenlosen in Neu Dehli erklärte den Indienbesuchern: Sie „sollten doch um Gottes willen sie (die Kastenlosen) nicht in Versuchung bringen, ihre Kastenlosigkeit zu überspringen und damit ihr Dharma zu verändern. Wenn sie das täten, dann würden sie (die Kastenlosen) sicher unter dem Rang des Menschen wieder verkörpert werden."[26] Der Hinduismus verhinderte gesellschaftliche Veränderungen und erschwerte selbst die Durchführung ganz bescheidener Reformmaßnahmen. Sarkastisch konstatierte Schmid: „Mit solchen Religionen kann man vortrefflich über Millionen Armer herrschen – hat sich doch jeder seinen ‚Stand' im letzten Leben durch sein Tun ‚verdient'."[27]

Neu Dehli, Agra, Japur, das Radschputenland, Benares und Kalkutta waren die Hauptstationen der Reise durch Indien. Fürchterlich war das Elend in Städten wie Benares und Kalkutta. Carlo Schmid war zutiefst erschüttert, daß Menschen unter solch unmenschlichen Lebensbedingungen hausen mußten. Konnte „ein weiches Herz" ein solches Elend ertragen, „ohne abgestumpft zu werden"?[28] Schmid richtete die Frage an sich selbst.

Schon während der Reise hatte er sich Gedanken gemacht, auf welche Weise diese Not gemildert werden könne. Nach der Reise faßte er seine Überlegungen in drei Artikeln, die in der „Zeit" abgedruckt wurden, zusammen. Als wichtigsten Grundsatz hielt er fest, daß bei allen Hilfsmaßnahmen auf die mentale Struktur der Bevölkerung Rücksicht genommen werden müsse: „Wir würden etwas Schlimmes anstellen, wenn wir die Technisierung der Länder so durchführten, daß dabei die religiösen Werte, der religiöse Glaube, dem die Menschen dort anhängen, verlorenginge."[29] Jede Hilfeleistung erfordere die vorherige Herstellung der notwendigen Infrastruktur. Dies hatte die Bundesregierung bei ihren ersten Entwicklungshilfeprojekten übersehen. Sie machte den Fehler, moderne Großtechnik in die Entwicklungsländer zu exportieren. Schmid schien die Einführung des eisernen Pfluges anstatt des bisher üblichen Holzpfluges wichtiger als der Bau von Stahlwerken[30]. Die Bundesregierung täte besser daran, in Indien Maschinenbauschulen zu errichten als den Bau von technischen Hochschulen zu fördern. Die Einrichtung von Lehrwerkstätten und landwirtschaftlichen Genossenschaften sei vorrangig zu unterstützen[31]. Er machte darauf aufmerksam, wie wichtig für ein Land wie Indien, in dem die Bodendüngung noch so gut wie unbekannt war, Düngemittelhilfen waren. In Pakistan wie in Indien sei ihm von maßgebenden Leuten gesagt worden, daß man es ablehnen werde, die „politische Fremdherrschaft" durch eine „ökonomisch-kapitalistische Fremdherrschaft von morgen" zu vertauschen[32]. Schmid entwarf ein alternatives Entwicklungskonzept, das an den Bedürfnissen des jeweiligen Landes ausgerichtet war. Ihm war klar geworden, daß sich in einem Land wie Indien eine moderne Staatsräson nicht ausbilden werde, solange dort der Hinduismus das Leben der Menschen beherrschte[33]. So gehörte er zu den ersten Befürwortern einer autozentrierten Entwicklung der Länder der Dritten Welt. Selbst Adenauer war beeindruckt von Schmids Überlegungen[34]. Es sollte aber noch einige Zeit dauern, bis sie Eingang in die offizielle Entwicklungspolitik fanden.

Von Schmids Hoffnung, daß die Entwicklungsländer den industriellen Rückstand schnell aufholen könnten, war nichts mehr zu spüren. Verzweiflung kam durch bei allem, was er über Pakistan und Indien schrieb: „In Indien können die Dinge nur dann besser werden, wenn es gelingen wird, eines Tages die Reisschüssel der Bauern und die des Arbeiters zwei Finger breit höher mit Reis zu füllen." [35] Würde Europa dieser Aufgabe gewachsen sein? Wenn nicht, würden sich die Folgen der Not auch über Europa ausbreiten[36]. Manchmal kam bei Schmid eine Furcht vor dem Untergang des Abendlandes hoch.

Die Reise war anstrengend und mit bitteren Einsichten und Erkenntnissen verbunden. Knapp eine Woche Pakistan, zwei Wochen Indien. Oft war man auch bei Nacht mit der Bahn oder dem Wagen unterwegs. Nur ein Tag am Meer diente der Erholung. Schmid streifte an den Ufern Sindbads, des Seefahrers, entlang, während die anderen Skat spielten. Er sah es mit Kopfschütteln[37]. Über die Schönheit der Moscheen, Pavillons, Tempel und Paläste hat er in seinen Erinnerungen viel geschrieben[38]. Fasziniert und überwältigt war er vom Flug über den Nanga-Parbat, das Industal, Tibet und den Pandschab: „Es war herrlich – aber das Entsetzen vor der Ur-Welt, aus der ich kam, wollte nicht weichen! Ich habe die Pilger gut verstanden, die, unter uns sitzend, keinen Blick aus den Fenstern hinaus getan hatten und immer nur ihre Zaubersprüche gegen die Welt der Dämonen murmelten ..." [39] Traum- und Urwelten fesselten auch den fast schon 60jährigen noch.

Von Rawalpindi aus war man losgeflogen in einem Flugzeug ohne Überdruckkabine. Nach dem Flug klagten einige Delegationsmitglieder über Kreislaufbeschwerden, auch Schmid, der von einer Thrombose noch nicht ganz genesen war. Gewohnt, mit seiner Gesundheit Raubbau zu treiben, fuhr er trotzdem mit den anderen noch eine Woche kreuz und quer durch Indien. Am 15. November flog man ab nach Bangkok, um an der Tagung der Interparlamentarischen Union teilzunehmen. Einen Tag später rief er die dort Versammelten dazu auf, vor dem Elend in der Dritten Welt nicht die Augen zu verschließen. Er hatte die Hoffnung noch nicht aufgegeben, daß die Industriestaaten sich doch noch zu einem Marshallplan für die Länder der Dritten Welt bereit finden könnten[40]. Drei

Tage später fiel ihm morgens beim Rasieren der Rasierpinsel aus der Hand. Beim Frühstück konnte er nicht mehr nach dem Messer greifen. Man brachte ihn ins Krankenhaus[41]. Die Ärzte stellten fest, daß er einen Schlaganfall erlitten hatte.

Persönliche Schicksalsschläge und Entscheidungen

Im Krankenhaus verschlimmerte sich der Zustand Schmids, der völlig niedergeschlagen und deprimiert war. Zunächst war nur der rechte Arm gelähmt, einige Tage später kamen Lähmungserscheinungen im rechten Bein und eine Behinderung des Sprechvermögens hinzu[1]. Der Flug in einer Maschine ohne Überdruckkabine war nur der Auslöser für den Schlaganfall gewesen. Schmid war schon seit längerer Zeit gesundheitlich angeschlagen, litt wiederholt unter „ziemlich bösen Herzgeschichten“[2]. Im Frühjahr 1956 befiel ihn auch noch eine Thrombose. Die Parteifreunde mahnten ihn, sich zu schonen, und monierten im gleichen Atemzug, daß er zuwenig Zeit für die Partei und den Wahlkreis investiere[3]. Die Ärzte überhäuften ihn mit guten Ratschlägen. Resigniert antwortete er, den einzig wirklich guten, den sie ihm geben könnten, „nämlich aus der Galeere Politik herauszugehen“, den könne er nicht annehmen[4]. Die Politik allein war es nicht, die ihn zermürbte. Familiäre Spannungen und Konflikte kamen hinzu. Die Trennung von seiner Frau war überfällig.

Im Juni 1956 ging es ihm gesundheitlich so schlecht, daß er den stellvertretenden Vorsitz im Auswärtigen Ausschuß an Wehner übergeben mußte. Im gleichen Monat verfaßte er sein Testament und setzte Willi Klinkert, einen Bekannten aus Liller Zeit, zum Testamentsvollstrecker ein. Er beauftragte Klinkert, nach seinem Tod den „Kindern das zuzuteilen, das sie brauchen, um jedem nach seiner spezifischen Eigenart die ihm gemäße Ausbildung zukommen zu lassen“[5]. Vier Wochen, nachdem er Klinkert seinen Letzten Willen mitgeteilt hatte, beging sein Sohn Raimund im Alter von 21 Jahren Selbstmord. Der Junge hatte in Bonn Jura studiert und beabsichtigte, nach Ablauf des Semesters nach Hamburg überzuwechseln. Am 17. Juli 1956 war er zu einem Beratungsgespräch nach Hamburg eingeladen. Weil er das Fahrgeld, das ihm sein Vater gegeben hatte, sparen wollte, versuchte er zu trampen. Die Polizei beobachtete ihn und verlangte seine Ausweispapiere. Als sie näher kam, stürzte sich Raimund Schmid in ein Messer und verblutete[6].

Eine spontane Panikreaktion? Nicht nur. Raimund Schmid trug sich schon seit längerer Zeit mit Selbstmordgedanken. Sein Vater hatte sich deshalb bereits 1954 darum bemüht, ihm einen Studienaufenthalt in den USA zu ermöglichen. Er hoffte, daß ein radikaler Wechsel der Umgebung ihn von seinen Selbstmordgedanken abbringen könnte[7]. Die Angst um seinen Sohn lastete schwer auf Carlo Schmid. Er wußte manchmal nicht, wie er damit fertig werden sollte[8]. Raimund Schmid war immer ein schwieriger Junge gewesen. Sein Vater hatte sich deshalb für eine Internatserziehung im Birklehof im Schwarzwald entschieden. Selbst hatte er ja nicht genügend Zeit, um sich ausreichend um seine Kinder kümmern zu können. Raimund Schmid scheint der Sohn seines Vaters gewesen zu sein. Ein Junge, der die moderne Massen- und Konsumgesellschaft ablehnte, der nach dem Sinn des Daseins suchte, ihn aber nicht fand. Als er seinem Leben ein Ende setzte, trug er Hölderlins Hyperion bei sich, den er auch sonst auf Gängen und Fahrten immer mit sich nahm[9].

Carlo Schmid war verzweifelt. Zwei Tage nach dem Tod Raimunds verfaßte er einen Abschiedsbrief an seine Frau, den seine Sekretärin ihr übergeben sollte, wenn er nach Ansicht der Ärzte vor dem Tod stand oder „plötzlich sterben" sollte „wie Raimund"[10]. Dachte er an Selbstmord? Er wurde von Schuldgefühlen geplagt, die ihm das Weiterleben schwer machten. Heuss schrieb er, daß er sehr „unglücklich und ratlos" sei. In ihm bohrten „böse Fragen": „Wo und wann habe ich ein Glied in die Kette der Ursachenreihen eingefügt, die dann an jenem 17. Juli an der Spitze dieses Messers in den Kammern seines Herzens ausliefen?"[11] Wehner bat ihn, nicht zu verzweifeln. Es waren die einzigen Worte, die ihn damals erreichten[12]. Auch die Danksagung an Wehner zeugt von den Schuldgefühlen, die ihn quälten und nicht mehr loslassen sollten: „Ach, die Kinder der Galeerensklaven müssen wie Verbannte leben! Warum habe ich ihn nicht so ans Leben zu binden vermocht, daß es den Gegenmächten die Waage halten konnte? Die Antwort wird nur er mir geben können, aber ich werde sie erst hören können, wenn ich bei ihm bin."[13]

Er versuchte weiterzuleben. Zunächst begab er sich in das Hessen-Sanatorium nach Bad-Nauheim, um dort Ruhe und Erholung zu finden. Die menschliche Fürsorge, die ihm dort immer zuteil wurde, brauchte er jetzt dringend. Bald stürzte er sich wieder in die politische Arbeit. Das war das beste Mittel, um die furchtbaren Schuldgefühle verdrängen zu können. Jetzt, da er in Bangkok in der Klinik lag, dachte er wieder an Raimund[14]. Seiner Frau hatte er zunächst verheimlicht, daß er einen Schlaganfall erlitten hatte[15]. Drei Tage nach dem Schlaganfall schrieb er ihr dann doch die Wahrheit: „Die Prognose der Ärzte ist günstig, aber ich werde kaum vor 10 Tagen zurückfliegen können. Ich habe wohl einen kleinen Bluterguß ins Gehirn bekommen und er hat den rechten Arm gelähmt."[16] Am 26. November konnte er schon wieder „einige Schritte gehen, freilich recht vorsichtig"[17]. Seine gesundheitlichen Fortschritte verdankte er seiner chinesischen Krankenschwester Susanna Lee, die sich unermüdlich um ihn kümmerte, ihn massierte und ihn obendrein in die chinesische Philosophie einführte[18]. Die Tage flossen trotzdem zäh dahin. Gedanken an den eigenen Tod drängten sich auf. Vor allem machte er sich Sorgen

Schmid erläutert das im Rheinischen Landesmuseum ausgestellte Bild seines Sohnes Martin „Paar. 1968“

um die Kinder, denen er zunächst nichts von seinem Schlaganfall geschrieben hatte, um sie nicht zu erschrecken[19]. Schließlich bat er seine Frau, die Kinder herzlich zu grüßen. Sie sollten „sich keine Sorgen um ihre Zukunft machen“[20]. Er hatte genug zurückgelegt, daß sie ihr Studium und ihre Berufsausbildung ohne finanzielle Sorgen beenden konnten.

Hans, der Älteste, der Mediziner, weilte gerade zur Weiterbildung in den USA. Von Martin, dem Maler, sprach er oft mit Stolz, wenn er auch manchmal ungehalten darüber war, daß dieser sich, wie er meinte, zu wenig Mühe gab, um seine Werke auch zu vermarkten[21]. Beate hatte ein Jurastudium begonnen. Sie sattelte später um auf Heilgymnastik. Auch wenn er kaum Zeit für seine Kinder hatte, wollte er ihnen doch ein „guter Vater“ sein[22]. Wenn er sie dann sah, erdrückte er sie gelegentlich mit seiner „Obsorglichkeit“. Er wußte, daß er nicht immer die „richtige Sprache“ und die „richtige Gebärde“ fand, aber er hatte Angst um die Kinder[23], sorgte sich, daß sie ohne ihn das Leben nicht meistern würden[24]. Er machte sich wohl auch Vorwürfe, weil er ihnen kein intaktes Familienleben hatte bieten können, worunter insbesondere die beiden jüngsten Raimund und Beate gelitten hatten. Nicht zuletzt ihretwegen hatte er die

Trennung von seiner Frau so lange hinausgeschoben[25]. Schuldgefühle gegenüber seiner Frau, die oft krank war und mit dem Leben nur schwer zurecht kam, kamen hinzu. In dem bereits erwähnten Abschiedsbrief, den er kurz nach Raimunds Tod schrieb, ersuchte er sie um Vergebung. Sie sollte ihn trotzdem „Lieb-behalten", das sei „manchmal das einzige, das einem bleibt"[26]. Auch bat er sie, nicht schlecht zu sprechen über Hanne Goebel.

Hanne Goebel kannte er schon mehrere Jahre. Sie war Sekretärin bei Gerd Bucerius, der in den 50er Jahren für die CDU im Bundestag saß. Bereits 1946 hatte Bucerius die damals 25jährige Hanne Goebel eingestellt. „Eine seltene Mischung von hoher Intelligenz und Einfühlungsvermögen machten die schnauzbärtigsten Engländer zu ihren Füßen liegen", lobte er sie später in einem Dienstzeugnis[27]. Schmid war bereits 1954 und 1955 mit Hanne Goebel im Urlaub gewesen, an deren Seite er sich glücklich fühlte. An ein Zusammenleben in Bonn war vorerst nicht zu denken. „Hanne sehe ich verhältnismäßig selten, das liegt so an den Bonner Umständen", berichtete er 1955 gemeinsamen finnischen Bekannten[28]. Die notwendigen Entscheidungen wurden aufgeschoben, worunter alle Beteiligten litten.

Am 3. Dezember, seinem 60. Geburtstag, war Schmid wieder in der Heimat. Allein schon wegen des größeren und breiteren Bettes war er froh, wieder in Deutschland zu sein. Er lag in der Bonner Universitätsklinik, fürsorglich betreut von Professor Martini, dem sich auch Heuss und Adenauer anvertrauten. Einen „Arzt im Sinne des Hippokrates" nannte ihn Schmid später in seinen Erinnerungen[29]. Martini hatte großen Anteil daran, daß Schmid den notwendigen Schritt vollzog und sich von seiner Frau trennte. Nach Aussprachen und Auseinandersetzungen mit ihr war es zu dramatischen Verschlechterungen des Gesundheitszustandes des Patienten gekommen. Einige Tage lang erwarteten die Ärzte stündlich den Tod Schmids. Das Urteil des erfahrenen Arztes war eindeutig: Der Patient wird nicht gesund, solange er unter den seelischen Erschütterungen seiner zerrütteten Ehe leidet[30]. Professor Martini verhinderte weitere Krankenbesuche Lydia Schmids. Die Trennung fiel schwer, weil Lydia Schmid sich nicht damit abfinden wollte und auf weitere Aussprachen drängte[31]. Bei Carlo Schmid blieb das Gefühl zurück, in seinem Privatleben gescheitert zu sein. Immer wenn es Weihnachten zuging, verfiel er in eine depressive Stimmung. Die Weihnachtsfeiertage ohne Familie waren eine schlimme Zeit für ihn[32]. Mit Hanne Goebel zog er erst 1963 zusammen, nachdem er sich in Ägidienberg-Orscheid bei Bad Honnef ein Haus gebaut hatte.

Der Rekonvaleszenzprozeß machte nur langsame Fortschritte. Mit einem dicken Zimmermannsbleistift übte er das Schreiben. Ende Januar konnte er einen Geburtstagsbrief an Heuss eigenhändig unterschreiben[33]. Heuss war der erste gewesen, der ihn am Krankenbett besucht hatte.

Einige Tage später kam auch Adenauer, der ihm schon einen auffallend herzlichen Geburtstagsbrief übersandt hatte: „Ich denke und hoffe, daß Sie in der Luft der Heimat sehr bald wieder völlig hergestellt sind. Sie wissen ja, wie schwer entbehrlich Sie sind.“ [34] Das war mehr als eine bloße Höflichkeitsfloskel. Seit Schmid krank darniederlag, fehlte dem Kanzler ein sozialdemokratischer Ansprechpartner. Mit Ollenhauer hatte er seit 1955 keine längere Unterredung mehr gehabt und um Wehner machte er einen großen Bogen. So war es durchaus aufrichtig gemeint, als er Ende April Schmid schrieb: „Es drängt mich, Ihnen zu sagen, wie sehr ich mich über Ihre Gesundung freue.“ [35]

Auch die Parteifreunde scheuten nicht den Weg auf den Bonner Venusberg. Ollenhauer, Erler und Wehner umringten das Krankenbett Schmids. Wehner, der wie kein anderer das Leiden seines Parteifreundes nachvollziehen konnte, bot ihm seelischen Beistand an: „Über das, was nur mit Hilfe der Ärzte gelingen kann, hinaus, will ich alles Erdenkliche tun, Dir Beistand zu leisten. Die Hauptsache ist, daß Du nicht an der Welt und Dir selbst verzweifelst. Das aber mußt Du nicht, denn es gibt Menschen, die mit und bei Dir sind.“ [36] Als Wehner zweieinhalb Monate später wieder einmal wegen seiner kommunistischen Vergangenheit angegriffen wurde, gehörte Schmid zu den ersten, die sich hinter ihn stellten. Obwohl sein Arm noch lahm war, und er kaum Worte und Sätze zu Papier bringen konnte, schrieb er ihm aus Meran, wo er zur Kur weilte, einen handschriftlichen Brief: „(...) bis hierher dringen die Wellen der Hetzkampagne gegen Dich. Der Zustand meiner Hand erlaubt keine langen Briefe, aber er reicht immerhin aus, Dich gerade jetzt meiner Freundschaft und Treue zu versichern. Nun ist es an mir, Dir zuzurufen, was Du mir zuriefst, als ich, ein halber Krüppel, um dessen ‚Ort‘ schon die Beutegeier kreisten: ‚Versuche nicht zu verzweifeln‘.“ [37]

Die Bekundungen von Freundschaft gaben Schmid den Mut und die Energie, die er brauchte, um zu genesen. Zu seinem 60. Geburtstag hatte er eine Unmenge von Glückwunschbriefen und -telegrammen erhalten. In allen führenden Tageszeitungen waren Würdigungen erschienen, in denen er zumeist mit fast panegyrischen Worten gelobt wurde. Einen Platz im „goldenen Buche des deutschen Parlamentarismus“ räumte man ihm ein[38]. Der Leitartikler der „Süddeutschen Zeitung“ fand einen nüchterneren Ton. Was er prophezeite, wurde für Schmid zur bitteren Wahrheit: „Daß die SPD auf Carlo Schmid zurückgreifen müßte, wenn sie in die Lage käme, Regierungsverantwortung auch im Bund zu übernehmen, war seit vielen Jahren klar. Es war nur immer eine Frage, ob sich die Partei nicht zu lange selber im Wege steht, daß ihre Stunde zu spät schlägt für Männer der ersten Garnitur, die sich in der Opposition verbrauchen.“ [39]

An ein Aussteigen aus der Politik dachte er auch in den schweren Tagen seiner Krankheit nie. Mittlerweile brauchte er die vita activa, weil die vita contemplativa zu viele Selbstzweifel in ihm wachrief. Er lag noch gelähmt darnieder, als er Mannheims Bürgermeister Trumpfheller schon voller Zuversicht seine Rückkehr in die Politik ankündigte: „Ich bin kein toter Mann, nur hart angeschlagen, aber die Ärzte meinen, daß ich in absehbarer Zeit wieder voll leistungsfähig sein werde. Falls die Mannheimer es mit mir noch versuchen sollten, werden sie es merken."[40] Er verfolgte auch im Krankenbett das politische Geschehen. Da er nicht schreiben konnte, vertraute er seine Gedanken dem Diktaphon an. Er tat mehr, als es für einen Schlaganfallpatienten gut ist. Aber das Nichtstun war schrecklich für ihn. So hatten die Ärzte nichts dagegen, daß Heuss ihn ermunterte, einen Aufsatz über die Gesellschaftslehre Lorenz von Steins zu schreiben. Der Vorschlag wirkte, wie Heuss mit leichter Ironie feststellte, „wie Arznei"[41]. Schmid ließ seine Assistenten in Frankfurt Material sammeln und erste Entwürfe ausarbeiten, die er dann in die Kur nach Meran mitnahm, um sie dort durchzuarbeiten. Die Ablenkung tat gut, denn er fühlte sich einsam in Meran[42]. Bei seinen ersten Spaziergängen in der Kurpromenade mußte er sich noch von Baum zu Baum schleppen. Ende April ging es besser. Manche Tage ging er schon sechs bis sieben Stunden zu Fuß[43]. Thomas Dehler, der oft an seinem Krankenbett gesessen hatte, erhielt eine eigenhändig geschriebene Grußkarte: „Die Hand ist noch recht lahm, aber das Herz füllt die Brust wieder aus."[44]

Viel zu früh ging er wieder ins Geschirr. Am 3. Mai wurde er im Bundestag mit anhaltendem Beifall begrüßt[45]. Sein Prestige war gewachsen. So hatte die Krankheit auch etwas gutes gehabt, wenn man es sarkastisch besieht. Eine Woche später duellierte er sich in der „parlamentarischen Atomschlacht" mit dem damaligen Verteidigungsminister Franz-Josef Strauß. Es war eine leidenschaftliche Debatte, die aber nie in böswillige Polemik ausartete. Strauß hatte zwei Tage vor der Debatte seinem Kontrahenten einen überaus liebenswürdigen Brief geschrieben: „Nur die Scheu, Sie während Ihrer Erkrankung durch meine Aufwartung zu behelligen, hat mich von einem Besuch an Ihrem Krankenbett abgehalten. Sollten Sie Neigung und Zeit für eine Unterredung haben, so würde ich mich sehr darüber freuen."[46] Schmid, der selbst immer das Gespräch über die Parteigrenzen hinweg suchte, sah keinen Grund, dieses Gesprächsangebot auszuschlagen. Einige Tage nach der Debatte antwortete er: „Auch ich würde mich freuen, wenn wir uns einmal unterhalten könnten. Daß man verschiedener politischer Auffassung ist, sollte nicht als Hinderungsgrund, sondern eher als ein Anreiz für ein solches Beginnen betrachtet werden."[47]

Auslöser für die sogenannte „Atomschlacht" war die Ankündigung des Nato-Oberbefehlshabers für Europa Norstad, daß die Bundeswehr alsbald mit atomaren Trägerwaffen ausgerüstet werde. Der Kanzler wie auch sein Verteidigungsminister begrüßten die neue Nuklearstrategie der USA, die eine Abkehr vom Prinzip der massiven Vergeltung zu einer Strategie der abgestuften Abschreckung einleitete. In einer Pressekonferenz am 5. April verstieg sich Adenauer sogar zu der Behauptung, daß die taktischen Atomwaffen nichts weiter als eine Weiterentwicklung der Artillerie seien. Die Bundesrepublik könne selbstverständlich nicht darauf verzichten, diese neue Entwicklung mitzumachen[48]. Drei Tage vorher hatte die SPD-Fraktion die Bundesregierung in einer Großen Anfrage aufgefordert, Auskunft darüber zu geben, was sie unternehme, um der Einbeziehung Deutschlands in einen Atomkrieg entgegenzuwirken und dem Atomwettrüsten ein Ende zu setzen. Darüber hinaus wollten die Sozialdemokraten wissen, ob die Bundesregierung der Ausrüstung der Bundeswehr mit atomaren Trägerwaffen bereits zugestimmt habe und, wenn nicht, ob sie bereit sei, ihre Zustimmung zur Stationierung von Atomwaffenverbänden auf dem Gebiet der Bundesrepublik zu verweigern[49].

Die Sozialdemokraten waren nicht die einzigen, die den atomaren Holocaust befürchteten. Am 12. April richteten 18 Atomwissenschaftler an die Bundesregierung und die deutsche Öffentlichkeit einen Appell, „freiwillig auf den Besitz von Atomwaffen jeder Art (zu) verzichte(n)“ [50]. Die Unterzeichner des Göttinger Appells, zu denen namhafte Wissenschaftler wie Max Born, Otto Hahn, Werner Heisenberg und Carl Friedrich von Weizsäcker zählten, warnten vor einer Verharmlosung taktischer Atombomben und -granaten, deren Wirkung zu vergleichen sei mit der Atombombe, die Hiroshima zerstört hatte. Auf die Dauer seien die Atomwaffen kein zuverlässiger Garant, um Frieden und Freiheit zu sichern.

Schon vor der am 10. Mai stattfindenden Bundestagsdebatte hatte Carlo Schmid Partei für die 18 Professoren ergriffen, die Adenauer des politischen Dilletantismus bezichtigt hatte: „Wir sind diesen Männern zu Dank verpflichtet, denn sie haben dem Moralischen wieder einen Raum im Bereich jener totalen Politisierung erkämpft, in der unser ganzes Leben zu versteinern droht.“ [51] Seine Bundestagsrede am 10. Mai begann er mit einer Darlegung über den Unterschied zwischen Gesinnungs- und Verantwortungsethik. Ihm lag daran, sowohl sich als auch die 18 Atomwissenschaftler von dem Vorwurf des Gesinnungspazifismus und der Moralromantik, der im Bundesverteidigungsministerium laut geworden war[52], freizusprechen. Moralische Kräfte seien notwendig, „wenn nicht alles in purer Mechanik, d. h. in Barbarei untergehen soll.“ [53] Schmid fürchtete einen Rüstungsautomatismus, der die Spielräume politischen Handelns immer mehr einengen mußte. Strauß wollte plötzlich von seiner schroffen Ablehnung des Göttinger Appells nichts mehr wissen. Er attestierte Schmid, „hochmoralische, beachtliche Gesichtspunkte“ in die Debatte gebracht zu haben.[54] Die neue Nato-Strategie verteidigte der Bundesverteidigungsminister weiterhin vorbehaltlos. Das Prinzip der massiven Vergeltung sei gefährlich, weil dadurch, die „Konkurrenz des Schreckens bis zur letzten apokalyptischen Konsequenz" gesteigert werde[55]. Die taktischen Atomwaffen sollten es ermöglichen, auf Aggressionen flexibel zu reagieren. Im Klartext hieß dies: die Atomwaffen waren nicht nur Abschreckungsmittel, sondern sollten als ultima ratio auch im Verteidigungsfall eingesetzt werden[56].

Schmid hielt Strauß entgegen: „Auch ein taktischer Atomkrieg, ein Krieg, bei dem man nicht auf die strategischen Atomwaffen zurückgreift, würde Deutschland auf jeden Fall zerstören!"[57] Wolle man aber vom Einsatz der Atomwaffen keinen Gebrauch machen, seien sie „als Drohmittel ein Messer ohne Heft und Klinge"[58]. Auf Schmids Frage, wer über den Einsatz der Atomwaffen entscheide, blieb der Verteidigungsminister die Antwort schuldig[59]. Schmid gab weiter zu bedenken, daß eine atomare Ausrüstung der Bundeswehr die in London geführten Abrüstungsgespräche gefährden mußte[60]. Kurz vor der Bundestagswahl übte Strauß Zurückhaltung. Eine Ausrüstung der Bundeswehr mit atomaren Trägersystemen sei nicht aktuell. Es sei der „ausgesprochene Wunsch" der Bundesregierung, „daß durch den Abschluß eines Abrüstungsabkommens sich dieses Problem von selbst erledigt"[61].

Schmid glaubte nicht, daß man in den Londoner Abrüstungsgesprächen zu einer schnellen Einigung kommen werde. Aber ohne Abrüstung und die Errichtung eines Systems kollektiver Sicherheit zementierte man den Status quo der deutschen Teilung[62]. Dem stimmten auch Abgeordnete auf der rechten Seite des Hauses zu, die über die Nuklearpolitik des Bundeskanzlers und seines Verteidigungsministers nur unzureichend informiert waren[63]. In der Bundestagsdebatte am 10. Mai wurden die außen- und verteidigungspolitischen Frontlinien für die 3. Legislaturperiode abgesteckt. Schmid und Erler, der in der Debatte vor allem auf die militärstrategischen Gesichtspunkte des neuen Nato-Konzepts eingegangen war, hatten die sozialdemokratische Position formuliert, die auf eine enge Verknüpfung von militärischem Disengagement und deutscher Wiedervereinigung hinauslief.

Schmid hatte sich in dem Duell mit Strauß physisch völlig verausgabt. Nach seiner Rede erlitt er einen kleinen Ohnmachtsanfall[64], was ihn aber nicht davon abhielt, nachmittags wieder im Bundestag zu erscheinen und sich durch Zwischenrufe an der Debatte zu beteiligen. Seine Gesundheit war noch labil. Er hätte sich besser noch geschont. Aber er hielt sich für unentbehrlich und war es oft auch. Zum Beispiel bei der Entscheidung der SPD über die Haltung zu den Römischen Verträgen. Ohne Schmids engagiertes Votum für die Europäische Wirtschaftsgemeinschaft hätte sich wahrscheinlich Wehner durchgesetzt, der der SPD zur Stimmenthaltung bei der Verabschiedung der Verträge riet, weil er Bedenken gegen die Einbeziehung der Kolonialgebiete in die Europäische Wirtschaftsgemeinschaft und die Erklärung der Zonengrenze zur Zollgrenze hatte[65]. Schmid konnte Wehners Einwände in der Fraktionsvorstandssitzung am 24. Juni ausräumen[66]. Die Fraktion stimmte fast geschlossen für die Römischen Verträge und tat damit einen mächtigen Schritt, um aus der europapolitischen Isolierung herauszukommen.

Abgesehen von den Differenzen über den EWG-Vertrag, war die Beziehung zwischen Wehner und Carlo Schmid in jenen Monaten so gut wie nie zuvor und nie danach. Im Sommer 1957 herrschte zwischen beiden ein enges menschliches Vertrauensverhältnis, ohne das es wohl kaum zur Bildung der Troika Schmid–Wehner–Erler gekommen wäre, zu jenem gegenseitigen Einverständnis, die lang verschleppte Parteireform endlich voranzutreiben. Zunächst konzentrierte sich freilich alles auf den Wahlkampf, vor dem Schmid wie immer grauste. Gerstenmaier hatte im Frühjahr vorgeschlagen, erst im August mit dem Wahlkampf zu beginnen. Schmid, der noch in Meran weilte, hatte sofort zurückgeschrieben und Gerstenmaier seine Unterstützung für diesen Vorschlag versichert: „Was hat es denn für einen Sinn, mehr als sechs Wochen lang auf dem Volk herumzutrampeln und dabei noch eine Reihe von Abgeordneten umzubringen?"[67] Manchmal kamen ihm Zweifel, ob man überhaupt noch von freien Wahlen sprechen könne in einer Zeit, in der der Wahlkampf einem Werbefeldzug großer Firmen für einen Markenartikel gleicht[68]. Solche kulturkritischen Überlegungen stießen freilich bei den Wahlkampfstrategen aller großen Parteien auf taube Ohren.

Die SPD begann am 16. Juni den Wahlkampf. Die Außen- und Verteidigungspolitik stand im Vordergrund ihrer Wahlpropaganda. Die Wiedervereinigung Deutschlands war oberstes Ziel. Gefordert wurde u. a. eine international kontrollierte Abrüstung, die Schaffung einer atomwaffenfreien Zone in Europa und die Errichtung eines kollektiven Sicherheitssystems. Im Vorfeld des Wahlkampfes gab es Überlegungen, eine Anti-Atombewegung ins Leben zu rufen, an deren Spitze man gern Carlo Schmid gestellt hätte[69]. Schmid konnte sich für diese Idee anscheinend nicht begeistern. Das hätte auch verlangt, daß er seine generellen Vorbehalte gegen außerparlamentarische Bewegungen überwunden hätte.

Obwohl es nicht populär war, erklärte auch Schmid die Wiedervereinigung zum Kernpunkt sozialdemokratischer Außenpolitik. Daß die deutsche Einheit eine Vereinbarung über den politischen und militärischen Status eines wiedervereinigten Deutschland voraussetzte, wurde mittlerweile sogar schon von manchem Konservativen zugegeben[70]. Schmid hatte selbst lange mit sich ringen müssen, um seine Bedenken gegen diesen von seinen Parteifreunden schon seit längerer Zeit vertretenen Standpunkt zurückzustellen. Juristisch gesehen war eine Statusfestlegung eine „Anomalie", aber leider richte sich „der Gang der Geschichte nur selten nach der Logik der Jurisprudenz"[71]. Problematischer war das Thema innerdeutsche Gespräche. Schmid wiederholte seine bereits früher geäußerte

Auffassung, daß man sich auf Gespräche mit „Pankow" nur dann einlassen könne, wenn „die zur Schaffung von Voraussetzungen für die Wiedervereinigung verpflichteten vier Mächte deutsche Stellen beauftragen, in ihrem Namen, gewissermaßen als ‚Erfüllungsgehilfen' tätig zu werden" [72]. Nur so konnte man eine Anerkennung der DDR vermeiden. Das war alles schrecklich kompliziert und für Otto-Normal-Verbraucher kaum verständlich.

Schmid entfloh dem Wahlkampf erst einmal. Er hatte dringend Ferien nötig und entschwand auf die Insel Fünen, ohne eine Adresse zu hinterlassen. In einem Brief an Ollenhauer schwärmte er von dieser Insel bukolischer Seligkeit: „(N)un sitze ich schon seit zwei Wochen auf der Insel Fünen, in einem winzigen Gasthaus, dessen einziger Gast ich gerade bin, inmitten eines Buchenwäldchens, zwanzig Schritte vom Strand der Ostsee und erhole mich mit zureichendem Erfolge. Kein Wort Politik dringt an mein Ohr (außer den Nachrichten des NWDR), mit den Einheimischen kann ich mich nur über das Gewöhnlichste unterhalten. Zeitungen gibt es nicht in diesem gesegneten Inselreiche. (...) Jeden Tag gehe ich meine fünf Stunden durch die Felder, streichle Kälbchen und Fohlen, köpfe Disteln mit selbstgeschnitztem Stock und quäle mich damit ab, eine zureichende Antwort auf die Frage zu finden, warum ich denn nicht auch so lebe wie diese Leute in diesen strohgedeckten Höfen." [73]

Am gleichen Tag wie Ollenhauer bekam auch Wehner einen Brief, in dem er lesen konnte, daß sein Parteifreund braun geworden war „wie ein Waldläufer aus der Mohikanerzeit", sich prächtig erholte und die Kraftreserven für den kommenden Wahlkampf schon fast beeinander hatte. Dem folgte eine eher resignative Feststellung: „und wir sollten dabei wenigstens in Ehren abschneiden, was vielleicht wichtiger sein könnte als das arithmetische Ergebnis." [74] Nein, Hoffnung auf einen Wahlerfolg der SPD hatte er nicht. Trotzdem wollte er im Wahlkampf eine „scharfe Klinge" führen, dabei aber alles Persönliche aus dem Spiel lassen[75]. Er hatte vor, seine Wahlreise am 13. August zu starten und dann Tag für Tag Wahlreden zu halten. Weniger vor dem Gegner graute ihm als vor den „wackeren Biedermännern aus den eigenen Reihen", die seine Versammlungen eröffnen und schließen würden[76].

Noch einmal im Aufwind
(1957–1961)

Endlich Parteireform!

Es gibt auch heilsame Niederlagen. Die SPD hatte ein Wahldebakel erlitten, während Schmid in der nordbadischen Industriemonopole Mannheim rund 6000 Stimmen mehr als die SPD erhalten hatte, die dort auf einen Zweitstimmenanteil von 41,7 % gekommen war. Wer wollte ihm verargen, daß ihn der Wahlausgang mit Genugtuung erfüllte[1]. Immerhin war er in Baden-Württemberg der einzige Sozialdemokrat, der ein Direktmandat erobert hatte. Bundesweit hatte sich die SPD mit einem Stimmenanteil von 31,8 % begnügen müssen. Die CDU/CSU hatte ein Traumergebnis erzielt: 50,2 % der Zweitstimmen, die absolute Stimmenmehrheit.

In der SPD-Parteizentrale war wie immer die Neigung zur Selbstgefälligkeit groß. Der Presse gefiel es, Schmid gegen die SPD auszuspielen. Für die „Welt" war Schmid ein „intellektueller und musischer Lockvogel einer antiintellektuellen und bis in die Knochen des Parteivorstandes amusischen Partei"[2]. Journalisten aller politischer Couleur stilisierten ihn zum Hoffnungsträger der SPD. Zu seinen Lobrednern zählten Hans Zehrer ebenso wie Marion Gräfin Dönhoff und Rudolf Augstein[3]. Er war es, der die SPD aus dem Turm herausholen, sie für das Bürgertum wählbar machen sollte. Er stand für ein neues Bündnis zwischen Intelligenz und Arbeiterschaft. „Wir, die etwas heimatlosen intellektuellen Sozialisten, haben nun einmal auf Carlo Schmid gesetzt."[4] Kay Lorentz, der sich so zu Schmid bekannte, sprach für viele. Kurt Hiller, in der Weimarer Republik Mitarbeiter der „Weltbühne" und Mentor der Räte geistiger Arbeiter, attestierte Schmid, daß er mehr „Jugendfeuer" habe als mancher, der in der Partei als links gelte, aber nur „ein ulkig unwirksamer Abbeter längst sauer gewordener Suren" war[5]. Auch beim konservativen Bildungsbürgertum war er der ungekrönte Star. Friedrich Sieburg schmeichelte Schmid: „Das Leben wäre reicher für uns, wenn Sie gänzlich vorherrschend wären."[6]

So viel Lob wirkte beflügelnd. Schmid war diesmal eisern entschlossen, Bewegung in die verkrustete Funktionärspartei hineinzubringen. Die Loyalitätsverpflichtung gegenüber der Partei freilich gebot, daß er sich in seinen öffentlichen Stellungnahmen mit Kritik zurückhielt. Er bemühte sich um eine sachliche Wahlanalyse, vermied einfache und einseitige

Schuldzuweisungen. Der Mißerfolg der SPD hatte viele Ursachen. Eine davon war der Vater-Komplex der Deutschen[7]. Adenauer spielte die Rolle des Patriarchen, der für Wohlstand und Sicherheit sorgte, ausgezeichnet. Seine Parole „weiter so ...“ war angekommen. Die Bundesbürger wollten ihren relativen Wohlstand nicht aufs Spiel setzen[8].

Abermals bemühte Schmid sich, den Parteifreunden klarzumachen, daß die Wähler bei der Wahl keine sorgsam abgewogene Vernunftentscheidung treffen. Dann wiederholte er, was er auch schon hundertmal gesagt hatte: Die Partei müsse ihr Vokabular und ihre Propaganda ändern, zu einer Volkspartei werden, „die Anhänger in allen Schichten des Volkes findet“[9]. Nicht ein neues Programm brauche die Partei, sondern eine andere Spitze, ein Team „eigenwillige(r) Individualitäten“: „Programme interessieren die Menschen heute nicht mehr sonderlich. Die Menschen haben erfahren, wieviel stärker das Leben ist als die abstrakten Lehrsätze und Wunschträume, die so oft als politisches Programm ausgegeben werden. Was die Menschen interessiert und was sie zu bewegen vermag, sind Männer und Frauen, die in der Vielfalt ihrer Temperamente, ihres Wissens, ihrer Kräfte, die in der Mannigfaltigkeit der Hebelpunkte, von denen aus sie die Hindernisse auf dem Weg zum Notwendigen wegzustemmen sich bemühen, den Menschen unseres Volkes zeigen, welche Chancen für sie und für das ganze Volk im Wirken der Partei liegen können, die diese Frauen und Männer vergegenwärtigen.“[10]

Sägte er am Stuhl Ollenhauers? Um solchen Schlußfolgerungen entgegenzutreten, erklärte er in einem RIAS-Interview mit Egon Bahr unmißverständlich: „Wer mich heute fragt, wer soll 1. Vorsitzender der SPD sein, dem sage ich: Erich Ollenhauer.“[11] Im Parteiausschuß wurde ihm vorgeworfen, daß er nicht unterstrichen hatte, daß Ollenhauer auch Aspirant für das Kanzleramt bleiben werde[12]. Auf die Trennung von Parteivorsitz und Kanzlerkandidatur kam es ihm aber gerade an. Als Parteivorsitzender war Erich Ollenhauer unentbehrlich, denn die alte Traditionspartei folgte nur ihm, dem geborenen Sozialdemokraten, auf neuen Wegen. Als Kanzlerkandidat jedoch war der als Biedermann apostrophierte Ollenhauer ohne jede Ausstrahlungskraft[13], während Schmid zum beliebtesten Politiker der Bundesrepublik avancierte.

Ollenhauer reagierte gereizt auf die von allen Seiten geübte Kritik an seiner Person. „(E)r sei nicht dazu da, daß man sich an ihm die Stiefel abputze“, entgegnete er in ungewöhnlicher Schärfe in der ersten Parteivorstandssitzung nach der Wahl[14]. Der von Schmid anvisierten Parteireform widersetzte er sich energisch: „(W)enn wir unsere Funktionäre selbst diskriminieren und mit dem Minderwertigkeitskomplex des Parteiapparat-Menschen belasten, dann zerstören wir die stärkste Säule unserer Kraft.“[15] Eine SPD ohne Grundsatzprogramm konnte und wollte sich Erich Ollenhauer nicht vorstellen. Er hielt es für „falsch“, daß „prominente“ Genossen öffentlich erklärten, die Zeit der Ideologien und Parteiprogramme sei vorbei. Die Partei brauche eine „theoretische Fundierung ihres sozialistischen Gehalts und ihrer Politik, wenn sie bestehen will.“ [16]

Schmid stöhnte, daß die Parteireform eine Aufgabe sei, die selbst die Kräfte eines Herkules überfordere und fügte maliziös hinzu: „Leider wird es nicht nur den Stall des Augias auszuräumen gelten, sondern werden auch einige lernäische Hydren zu erlegen sein, und Sie wissen, wie schwer dies selbst jenem löwenfellbekleideten Heros gefallen ist, obwohl ihm eine Pallas Athene zur Seite stand, eine Göttin, die offensichtlich keine Versuche macht, sich zu uns zu verirren.“ [17] Im Parteivorstand war eine offene Aussprache kaum möglich, zumal Schmid sich durch Polemiken und Sticheleien mehr stören ließ als notwendig[18].

So erinnerte er sich nach den Wahlen wieder der alten Weisheit, daß man Politik am besten beim Frühstück macht. Aus den informellen Treffen zwischen Schmid, Wehner und Erler entwickelte sich ein „Frühstückskartell“ [19]. Einmal in der Woche traf sich das Trio in Schmids Dienstzimmer zum gemeinsamen Frühstück, bei dem eine einheitliche Linie zur Parteireform ausgearbeitet wurde. Wehner hatte sich dem Kartell nur zögernd angeschlossen. Der geschickte Taktierer ließ sich nur ungern in die Fronde der Parteireformer einspannen, obwohl auch er mittlerweile einsah, daß die Partei nicht so bleiben konnte, wie sie war. Die Wahlniederlage der SPD hatte er ebenso wie sein Parteifreund Schmid vorausgesehen[20], der nun auf seine Mitarbeit drängte. Die Parteireform war nur mit, nicht gegen Wehner, der den Parteiapparat und die Parteitradionalisten auf seiner Seite wußte, zu erreichen. Außerdem beunruhigte Schmid das Gerede von einem Herbert-Wehner- und einem Carlo-Schmid-Flügel, dem er andauernd entgegentreten mußte[21].

Schmid plante als ersten Schritt eine Neubesetzung der Fraktionsspitze. Er, Wehner und Erler sollten in Zukunft Erich Ollenhauer als politische Berater zur Seite stehen. Weil er fürchtete, daß das Team gesprengt werden könnte, wollte er die Wahl zum stellvertretenden Fraktionsvorsitzenden nur annehmen, wenn auch Erler und Wehner gewählt würden. Wehner stimmte Schmids conditio sine qua non nur widerwillig zu[22]. Bei einem solchen Teamwork konnte keiner an dem anderen vorbei. Wehner fürchtete, was Schmid beabsichtigte: eine Einschränkung seiner Handlungsfreiheit. Der Zuchtmeister ließ sich selbst nur ungern in die Zucht nehmen.

Zunächst einmal mußte der Widerstand Ollenhauers gebrochen werden, der Mellies und Schoettle als stellvertretende Fraktionsvorsitzende halten wollte und deshalb vorschlug, die Zahl der stellvertretenden Fraktionsvorsitzenden auf fünf zu erhöhen[23]. Noch hatte die Troika ihren Anspruch auf den stellvertretenden Fraktionsvorsitz nicht offiziell angemeldet. Ollenhauer scheint aber von ihrem Vorhaben gewußt zu haben.

Sein Vorschlag wurde in der ersten Fraktionssitzung am 26. September von Hellmut Kalbitzer zurückgewiesen, der dafür plädierte, Schmid, Wehner und Erler als stellvertretende Fraktionsvorsitzende zu wählen. Kalbitzers Vorpreschen war kein abgekartetes Spiel. Der Hamburger Abgeordnete, der keinen engeren Kontakt zu den Reformern hatte, war sich nicht einmal ganz sicher gewesen, ob Schmid für den Fraktionsvorsitz kandidieren würde. Einige Tage nach der Fraktionssitzung schrieb er Schmid: „In der ersten Fraktionssitzung habe ich Dich als stellvertretenden Fraktionsvorsitzenden mit vorgeschlagen, weil ich meine, daß dem Erich die stärksten Persönlichkeiten unserer Fraktion zur Seite gestellt werden sollten. Ich weiß, Du wirkst genau so viel mit und ohne dieses Amt (...).“ [24]

Kalbitzer unternahm einen ganz unnötigen Überredungsversuch. In der Fraktionsvorstandssitzung am 22. Oktober gab das Dreigestirn offiziell seine Kandidatur bekannt. Schoettle, der sich mit Ollenhauer nicht sonderlich gut verstand, verzichtete freiwillig auf den stellvertretenden Fraktionsvorsitz. Mellies' Drohung, seine Parteiämter niederzulegen, wenn er nicht gewählt werde, zeigte keine Wirkung[25]. Am 30. Oktober entschied sich die Fraktion für das Trio der Parteireformer. Die Wahl war ein überzeugendes Vertrauensvotum für Schmid. Von 148 abgegebenen Stimmen erhielt er 131, für Wehner votierten 110 Fraktionsmitglieder, für Erler 101. Ollenhauers Versuch, Mellies den Fraktionsvorsitz zu retten, mißlang. Die Fraktion erteilte ihm mit nur 72 Stimmen eine deutliche Abfuhr[26].

Selbst in parteinahen Zeitungen wurde die Neuorganisation der Fraktionsspitze als Triumph der Reformer gefeiert. Ollenhauer war erbost und klagte über die geringe Loyalität gegenüber der Partei[27]. Er fühlte sich durch die Abwahl Mellies' persönlich getroffen. Vielleicht hatte der „Spiegel“ ja nicht Unrecht, als er den Wechsel an der Fraktionsspitze mit den Worten kommentierte: „Man schlug den Sack und meinte den Esel.“ [28] Mellies machte Schmid bittere Vorwürfe: „Ihr habt Euch verabredet (um nicht zu sagen verschworen), mich auf alle Fälle als stellvertretenden Fraktionsvorsitzenden zu beseitigen. Ihr habt das getan, ohne mich davon zu unterrichten und ohne den Versuch zu machen, eine Lösung zu finden, die eine unerträgliche politische Abwertung meiner Person in der Öffentlichkeit verhinderte. (...) Nach diesen Vorgängen wäre ich jedenfalls sehr dankbar, wenn nicht mehr schöne Formulierungen über engere menschliche Verbundenheit oder über ein enges Zusammenrücken gebraucht würden.“ [29] Insbesondere der letzte Satz sollte Schmid treffen, der immer wieder die fehlenden menschlichen Bindungen in der Partei beklagte. Es war schlimm, daß sich in der Politik nichts bewegen ließ, ohne daß man jemandem weh tat. Mellies tat allen leid: Carlo Schmid, Fritz Erler und Willy Brandt[30], der am 3. Oktober gegen den Widerstand der Parteitraditionalisten des Neumann-Flügels vom Berliner Abgeordnetenhaus zum Regierenden Bürgermeister gewählt worden war.

Bei der Diskussion um die Nachfolge des verstorbenen Bürgermeisters Otto Suhr war auch Schmids Name gefallen. Er hatte, ohne auch nur einen Moment zu überlegen, abgelehnt[31]. Die Berliner Lokalverhältnisse waren ihm nicht vertraut und außerdem wollte er wohl auch seine Bonner Stellung nicht räumen. Noch konnte er auf eine Karriere in Bonn hoffen. Von Anfang an hatte er auf Willy Brandt gesetzt, was ihn in Gegensatz zu seinem Freund Adolf Arndt brachte, der von Franz Neumann als Bürgermeisterkandidat vorgeschlagen worden war. Im Parteivorstand schob Schmid Arndts schlechte Gesundheit vor, um dessen Nominierung zum Berliner Bürgermeister zu verhindern[32]. Auch „Der Spiegel" erfuhr von Schmids Stellungnahme, worüber Arndt verständlicherweise sehr verärgert war[33]. Auch hier ging es nicht ohne Verletzungen ab. Schmid zeigte sich im Herbst 1957 als cleverer harter politischer Taktiker. Leicht fiel ihm diese Rolle nicht. Überwältigte ihn doch das Mitleid meist sehr schnell. Er durfte nicht nachgeben. Die Parteireform fand entweder jetzt oder nie statt. Auch in Berlin ging es um eine politische Richtungsentscheidung. Arndt galt als der Vertraute Kurt Schumachers, als Exponent des Neumann-Flügels, Willy Brandt war der Mann Ernst Reuters, der schon früh für eine westlich orientierte Politik und eine Öffnung der Partei für breite Volksschichten votiert hatte. Schmid schätzte Brandt, weil er kein „bloßer Parteimann, kein Demagoge und kein simpler Verwalter" war[34]. Arndt zog seine in Aussicht gestellte Kandidatur zurück, nachdem die Mehrheit des Berliner SPD-Landesvorstandes sich hinter Brandt gestellt hatte.

Und sie bewegt sich doch! Mit der innerparteilichen Entwicklung der letzten Monate war Schmid am Jahresende mehr als zufrieden. „Die Zusammenarbeit mit Erler und Wehner geht ausgezeichnet", berichtete er Konrad Heiden. „Ich glaube, daß sie in mehr als nur technischer Hinsicht ausgezeichnet ist. Mir ist vor dem Parteitag nicht bange, wenngleich die Apparatschiki aus allen Ecken böllern und sich in der Kunst des Tiefschlags angelegentlich versuchen."[35] Es kostete ihm Sympathie, daß er den Parteifunktionären seine Verachtung ganz offen zeigte. Die letzten Parteivorstandssitzungen waren turbulent verlaufen. Ollenhauer wehrte sich vehement gegen die Abschaffung des besoldeten Parteivorstandes und die Errichtung eines Parteipräsidiums, das die politische Führung übernehmen und den Parteivorsitzenden beraten sollte. Eine Siebener-Kommission war gebildet worden, die sich zusammen setzte, um gemeinsam Vorschläge für die Umgestaltung des bisherigen Parteivorstandes auszuarbeiten. Schmid war kampfentschlossen, als ob es um einen völligen politischen Neuanfang ginge. Einen „faulen Kompromiß" wollte er diesmal nicht hinnehmen. Wenn die Siebener-Kommission zu keinem Ergebnis kam, mußte auf dem Parteitag eine Kampfabstimmung gewagt werden[36].

Als der Parteitag am 18. Mai in Stuttgart begann, war Ollenhauer guter Zuversicht, daß er sich auch in Zukunft auf einen besoldeten Parteivorstand werde stützen können. Carlo Schmid hielt sich wie immer auf Parteitagen mit kritischen Äußerungen zurück. Nicht eine abfällige Bemerkung über das bornierte Funktionärstum kam über seine Lippen. In seinem kurzen Redebeitrag beschwor er unter Berufung auf Lassalle das Bündnis zwischen Intelligenz und Arbeiterschaft und verlangte ein neues Selbstverständnis der Partei: „(S)tellen wir unser Licht doch ruhig auf den Scheffel – nicht prahlerisch, aber mit Selbstgefühl! Wo Selbstgefühl gespürt wird, da fühlen sich die Menschen angezogen. Tun wir das Erforderliche! Öffnen wir Türen nach allen Seiten! Verlangen wir von niemandem, der zu uns will, ein Opfer seines Selbstgefühls oder die Unterwerfung unter das kaudinische Joch des Dogmas!“ [37] Die Stimmung auf dem Parteitag war gereizt. Die Gegner der Parteireform holten zum Gegenschlag aus. Olaf Radke, Mitglied des Bezirksvorstandes Hessen-Süd, erhielt lebhaften Beifall, als er Schmid attackierte: „Genossinnen und Genossen, Türen nach allen Seiten offen. Waren sie jemals geschlossen? Einmal weg von der Persönlichkeit des Genossen Carlo Schmid: Was soll dieses inhaltslose Bla-Bla, wenn die Geschichte der Partei bisher das Gegenteil beweist.“ [38]

Vielleicht hatte Radke nicht ganz unrecht. Schmid hatte sich trotz seines vorher bekundeten Kampfeswillens so vorsichtig geäußert, daß seine Ausführungen wie ein Allgemeinplatz klangen. Nach solch heftigem Schlagabtausch fürchteten die journalistischen Beobachter des Parteitages schon, daß die Reformer überspielt würden[39]. Schmid, der sich auch hinter den Kulissen umhörte, war zuversichtlicher. Er hatte aus gutem Grund Polarisierungen vermieden. Die Starrheit des Parteiapparates mißfiel dem linken Flügel der Partei nicht weniger als dem rechten. Der „Naturschutzzaum“, der den besoldeten Parteivorstand umgab, fiel. Die von den Reformern vorgeschlagene Einrichtung eines Parteipräsidiums, auf das die Macht des alten Parteiapparates übergehen sollte, wurde von der Mehrheit der Delegierten unterstützt. Opfer der Parteireform wurden Fritz Heine und die Frauensekretärin beim Parteivorstand Herta Gotthelf, die nicht wieder in den Parteivorstand gewählt wurden. Herta Gotthelf befreite sich von ihrer Enttäuschung durch eine heftige Polemik gegen Schmid. In der „Gleichheit“ warf sie den „Tür-Auf-und-Zumachern“ und den „Vokabeln-über-Bord-Werfern“ vor, daß sie nicht begriffen, daß es für Sozialisten keine Ruhe geben könne, „solange es noch irgendwo auf der Welt Hunger, Not, Ausbeutung und Unterdrückung gibt“ [40]. Der Zorn der Opfer lud sich auf Schmid ab. Jeder wußte, daß er die treibende Kraft bei der Parteireform gewesen war. Die Rückzugsgefechte der Parteifunktionäre ärgerten ihn[41], beunruhigten ihn aber letztendlich nicht sonderlich.

Unglücklich dagegen war er über die Wahl Herbert Wehners zum stellvertretenden Parteivorsitzenden, die er vergeblich zu verhindern suchte.

Nach dem im Frühjahr gefaßten Entschluß, Erich Ollenhauer künftig zwei Stellvertreter zur Seite zu stellen, begann die Kandidatensuche. Schmid selbst winkte sofort dankend ab. Er wollte weder Parteivorsitzender werden[42], noch sich auf ein Triumvirat Ollenhauer–Wehner–Schmid einlassen, in dem er sich nur mühsam oder gar nicht hätte durchsetzen können[43]. Außerdem wollte er mit der Parteiorganisation weiterhin nichts zu tun haben. Relativ schnell einigte man sich auf Waldemar von Knoeringen, dessen Kandidatur Schmid nachhaltig befürwortete. War doch Knoeringen außer ihm der einzige, der die Partei stetig mahnte, sich mit den Folgen der zweiten industriellen Revolution zu befassen. Als Wehners Name für den zweiten Stellvertreterposten genannt wurde, erhob Schmid sofort Einspruch. Wehners Funktion in der Fraktion sei so wichtig, daß er sein dortiges Stellvertreteramt nicht einfach aufgeben könne. Das eben erst geschaffene Fraktionsvorsitzendenteam dürfe nicht „ohne Not" auseinandergerissen werden[44]. Was er befürchtete, konnte man nur zwischen den Zeilen entnehmen: eine Sprengung des Reformertrios, ein erneutes Auseinanderfallen der Partei in einen Wehner- und Schmid-Flügel, ein Abbrechen der Reformen und eine weitere Linksentwicklung der Partei. Wehner ließ durchblicken, daß er aus der Troika ganz gern wieder ausscheide[45].

Schmid wurde nicht müde, zu betonen, daß Wehner zu seinen besten, zu seinen wirklichen Freunden zähle[46]. Er sehnte sich vermutlich wirklich nach der Freundschaft dieses Mannes, der seine existentielle Verzweiflung wie kein anderer verstand. Gleichwohl bereiteten ihm die langanhaltenden Ovationen, die Wehner auf dem Parteitag erhielt, großes Unbehagen. Die Wahl Wehners zum Stellvertreter Ollenhauers wurde von den Parteitagsteilnehmern wie auch von journalistischen Beobachtern als politische Richtungsentscheidung interpretiert. Die Partei wollte Wehner, gegen den sich Knoeringen nicht werde durchsetzen können[47]. Die Parteireform war beschlossene Sache. Ob die Partei auch den Weg der Reform ging, hing nicht zuletzt von Wehner ab. Schmid fürchtete, daß sein Parteifreund als „Bürgerschreck" wirke, durch den die Tür nach rechts wieder zugeschlagen wurde[48]. Als Wehner im Frühjahr 1959 den Deutschlandplan veröffentlichte, sah sich Schmid in seinen Befürchtungen bestätigt[49].

Vorerst konnte er nur hoffen, daß das Parteipräsidium zu einer Bastion der Reformer wurde, gegen die auch Wehner nicht ankam. Das Parteipräsidium wurde im Juni vom Parteivorstand gewählt. Neben Schmid und den drei Parteivorsitzenden gehörten ihm Deist, Erler, Nau, Schoettle und Marta Schanzenbach an. Es nahm mehr Koordinierungs- als politische Führungsaufgaben wahr. Schmid war froh, daß es an der Parteispitze jetzt kollegialer zuging als zuvor[50], die politischen Erwartungen, die er mit der Errichtung des Parteipräsidiums verknüpft hatte, erfüllten sich nur zum Teil. So nahm er sich schon bald die Freiheit, gelegentlich dessen

Sitzungen zu schwänzen[51]. In der Öffentlichkeit zeigte die Errichtung des Parteipräsidiums große Wirkung. Die SPD konnte demonstrieren, daß sie über fachlich und politisch versierte Persönlichkeiten verfügte, die alles andere als doktrinäre Sozialisten waren. Der Apparat war entthront. Das war das bleibende Ergebnis des Stuttgarter Parteitages.

Was Carlo Schmid begrüßte und für ein Gebot der Stunde hielt, machte der Journalist Fritz René Allemann der SPD zum Vorwurf: „Viele Persönlichkeiten – wenig Programm."[52] Auf dem Stuttgarter Parteitag war das überständige Parteiprogramm erstmals in der Öffentlichkeit diskutiert worden. Schmid hatte sich an der Arbeit der Programmkommission nicht beteiligt, obwohl ihn Gerhard Weisser, der für den wirtschafts- und sozialpolitischen Teil des Programms zuständig war, inständig darum gebeten hatte[53]. Daß Schmid mit den Ergebnissen der Programmkommission nicht einverstanden war, wußte Weisser. Er glaubte dennoch die unterschiedlichen Positionen vermitteln zu können, die er exakt wiedergab[54]. Eichler und seine Mitstreiter wehrten sich heftig dagegen, daß Sozialdemokraten sich „einfach als sozial orientierte Humanisten" verstanden. Ihr Grundsatz lautete: „Nicht die Partei, wohl aber die als solche nicht organisierte Bewegung hinter ihr, kann ‚geistige Heimat' sein. Für sie ist die Partei lediglich die wichtigste Kampftruppe."[55] An dem Sozialisierungsgedanken wollten die Mitglieder der Programmkommission im Gegensatz zu Schmid weiterhin festhalten. Schmid konnte dem nicht viel hinzufügen. Seit dem Hamburger Parteitag stritt man sich über diese Fragen, ohne sich auch nur einen Schritt näher gekommen zu sein.

Es waren immer die gleichen Debatten mit den gleichen Frontlinien. Schmids nimmermüde Aufrufe, aus der SPD müsse eine Volkspartei werden, provozierten regelmäßig die „linken Genossen", die davor warnten, aus der SPD eine „Jedermanns-Partei" zu machen[56]. Während Schmid den Appell an das „wahre Interesse" der Arbeitnehmer für zu „simpel" hielt, war der linke Flügel bestrebt, aus der SPD eine Partei mit einer „betont sozialistischen Zielsetzung" zu machen[57]. Es war mehr als frustrierend, immer wieder von neuem erklären zu müssen, daß die SPD als sozialistische Klassenpartei weder für Angestellte und Beamte noch für Katholiken wählbar war.

Solange in der SPD die Vorstellung vorherrschte, der Sozialismus sei eine Welt- oder zumindest Lebensanschauung[58], konnte das gegenseitige Mißtrauen zwischen SPD und katholischer Kirche nicht abgebaut werden. In der CDU erkannte man die Gefährlichkeit von Schmids Reformkurs. Wenn Schmid sich in der SPD durchsetzte, konnte die SPD nicht mehr als eine dem Materialismus huldigende marxistische Klassenpartei verteufelt werden[59]. Fast panikartig reagierte man im Bundesvorstand der CDU auf die Tagung „Christentum und demokratischer Sozialismus", die am 10. Januar in der katholischen Akademie in München stattfand[60]. Schmid, der einzige führende Sozialdemokrat, der der katholischen Kirche angehörte, hielt ein Grundsatzreferat über den ideologischen Standort des deutschen Sozialismus in der Gegenwart, in dem er noch einmal verdeutlichte, daß die SPD keine Weltanschauungspartei mehr war, ja, daß sie es von ihrem Urprung her niemals gewesen sei. Sie wurzele vielmehr in der „Empörung des deutschen Idealismus gegen eine materialistisch gewordene Welt“[61]. Von hier aus konnte die Brücke zur Soziallehre der katholischen Kirche geschlagen werden. Mit einem Mann wie dem Jesuitenpater Oswald von Nell-Breuning wurde Schmid sich schnell einig. Beide waren sich in gegenseitiger Wertschätzung zugetan[62]. Der päpstliche Berater Gustav Gundlach, der auf Wunsch Papst Pius XII. auf der Tagung die katholische Position formulierte, ließ dagegen durchblicken, daß er die neue ideologische Indifferenz der SPD verachtete[63]. Eine weltanschaulich nicht mehr gebundene SPD war für die katholische Kirche eine Herausforderung.

Den ganz großen Durchbruch im Verhältnis zwischen SPD und katholischer Kirche, den sich Schmid von dem Gespräch mit den Katholiken erhofft hatte[64], brachte die Tagung nicht. Sie war jedoch nicht umsonst gewesen: In der Presse fand das Treffen zwischen katholischer Kirche und Sozialdemokraten ein überaus positives Echo. Die Journalisten waren beeindruckt von den Reden Arndts und Schmids, so daß man in der CDU schon die eigene Klientel verloren gehen sah[65].

Schmid handelte noch immer nach der Maxime, daß es besser sei, in der Wüste zu predigen als in der Kirche. Auf Tagungen der Angestellten- und Beamtenverbände warb er für die Volkspartei SPD. Auf Veranstaltungen der Sportverbände räsonierte er über die olympische Idee. Um die Kluft zwischen SPD und Unternehmern abzubauen, arrangierte er Treffen zwischen dem Kruppbevollmächtigten Bertold Beitz und führenden Sozialdemokraten[66]. Er reiste quer durch die Bundesrepublik, knüpfte Kontakte und hörte sich um. Daß die meisten Sozialdemokraten die Meinungen, die sie in den Ortsvereinen und auf Delegiertenversammlungen zu hören bekamen, mit der Meinung des Volkes verwechselten, hielt er für einen großen Irrtum, den zu bekämpfen, er sich zur Aufgabe machte[67].

Die Herstellung von Außenkontakten hielt er für weitaus wichtiger als ein neues Grundsatzprogramm. Fürchtete er doch, daß vor „lauter Freude“ am „Programmfluß“ die Bewältigung der praktischen Tagesaufgaben vernachlässigt würde[68]. Brandt, Erler, auch Wehner dachten nicht viel anders. Während Wehner immerhin Anfang 1958 nach Rücksprache mit Schmid und Erler ein etwa dreiseitiges Exposé zum außenpolitischen Teil des Programms beisteuerte[69], gab Schmid auf dem Stuttgarter Parteitag durch die Blume zu verstehen, daß ihm die Arbeit der Programmkommission nicht einmal als Diskussionsgrundlage brauchbar erschien. Sein Vorredner hatte seinen Beitrag mit den Worten geschlossen: „Die Programmdiskussion hat erst begonnen.“ Schmid verbesserte ihn: „Der Beginn der

Diskussion hat erst begonnen. Denn ein Programm zu beschließen, das den Namen Grundsatzprogramm verdient, verlangt sehr viel Arbeit, sehr viel Bemühung, sehr viel Willen, in die Tiefe zu gehen, und den Mut, Dinge anzufassen, die oft stachelig sind."[70] Wenn man sich schon daran machte, ein Programm auszuarbeiten, dann mußte es ein Programm für die Zukunft sein. Das Thema hatte er selbst auf dem Münchener Parteitag 1956 formuliert. Jetzt erinnerte er wieder daran: „Wer außer uns Sozialdemokraten hat denn in Deutschland erkannt, daß wir schon mitten in einer zweiten industriellen Revolution leben, die uns Probleme stellt, ohne deren Lösung der Mensch vollends zum Roboter werden wird?"[71] Sein Kulturpessimismus wurde nur von wenigen geteilt. Die meisten Sozialdemokraten sahen optimistisch in die Zukunft. Philosoph, der er war, knüpfte Schmid zudem zu hohe Erwartungen an ein Grundsatzprogramm, dessen Ausarbeitung für ihn gleichkam mit der Entwicklung einer neuen Sozialphilosophie.

Er beteiligte sich nicht an der Überarbeitung des Programmentwurfs, der nach seiner Umformulierung von der Zielsetzung getragen war, einer schon seit längeren Zeit geübten politischen Praxis eine theoretische Grundlage zu geben. Zu dem Godesberger Programm, das im November 1959 verabschiedet wurde, hatte er nicht ein Komma beigesteuert. Später freilich stilisierte er sich gern zu einem Vater des Godesberger Programms. Und so ganz unrecht hatte er damit auch nicht. In das Godesberger Programm waren Vorstellungen und Gedanken eingegangen, die er über ein Jahrzehnt lang landauf, landab vorgetragen hatte, ohne sich damit gegen den zähen Widerstand der „Bleiträger" alter Parteitraditionen durchsetzen zu können[72]. Das nunmehr verabschiedete Programm war im Grunde mehr eine Abrechnung mit der Vergangenheit als ein Wegweiser für die Zukunft. Schmid insistierte deshalb auch schon kurz nach dem Godesberger Parteitag auf die Ausformulierung eines Regierungsprogramms[73].

Die Journalisten machten aus dem Godesberger Programm eine Sensation. „Sieg der Reformer in Bad Godesberg", „Die Sozialdemokraten werfen ideologischen Ballast über Bord", lauteten die Schlagzeilen in den führenden Tages- und Wochenzeitungen[74]. Wer die Kommentare über das Godesberger Programm las, konnte meinen, die SPD habe sich über Nacht von einem Saulus in einen Paulus verwandelt. Schmid fragte in einem zwei Wochen nach der Verabschiedung des Programms in der „Zeit" veröffentlichten Artikel: „Was ist neu am neuen SPD-Programm?" Der kurze Untertitel lautete: „Von der Klasse zur Nation"[75]. Diese Losung hatte bereits der Hofgeismarer Kreis in der Weimarer Republik ausgegeben. Gar so neu war das Neue am neuen Programm gar nicht. Schmid machte den von ihm so hochgeschätzten Lassalle zum Ahnherr des neuen SPD-Programms: „Das alles hat schon Ferdinand Lassalle gelehrt", resümierte er seine Darlegungen über den Staatsgedanken des Godesberger Programms. Er war sichtlich bemüht, die historischen Kontinuitätslinien aufzuzeigen. Die Überbewertung des neuen Programms mag ihn insgeheim geärgert haben. Sein zähes Bohren war dagegen vergleichsweise wenig gewürdigt worden.

Zudem wollte er Interpretationen entgegentreten, die das Godesberger Programm als Dokument eines sozialdemokratischen Anpassungskurses verstanden. So wandte er sich auch gegen die Pragmatiker in den eigenen Reihen, wenn er versuchte, aus dem ganz der Praxis verbundenen Grundsatzprogramm einen utopischen Überschuß herauszulesen. Das Godesberger Programm, so beteuerte er, ziele auf die Überwindung menschlicher Selbstentfremdung[76]. Für Schmid war dieser humanistische Impuls untrennbar mit dem Sozialismus verbunden. Auf dem Parteitag in Bad Godesberg hatte er daran erinnert, daß die Arbeiterbewegung nicht als „Caritasbewegung" entstanden sei, „sondern als eine politische Bewegung zur Veränderung der Welt". Karl Marx habe gesagt, daß der Mensch sich nur im „freien Raum der Humanität" verwirklichen könne[77]. Schmid, der Realpolitiker, war immer auch und noch ein Utopist. Er träumte den Traum eines Künstlers, der sich nach Selbstverwirklichung sehnte, aber nicht an die Verwirklichung des Sozialismus glaubte. Die Ablehnung des Godesberger Programms durch linke Intellektuelle wie Abendroth und Flechtheim stieß bei ihm auf Unverständnis. Er unterstützte ihren Ausschluß aus der Partei und befürwortete sogar ein Schreibverbot für Abendroth in der „Neuen Gesellschaft"[78]. Sein gutes Verhältnis zu Alexander Mitscherlich trübte sich[79]. Wehners Abgrenzungskurs gegen links fand seine volle Unterstützung, obwohl er noch kurze Zeit zuvor die Intellektuellen zu mehr Aufmüpfigkeit und politischem Engagement aufgefordert hatte. Carlo Schmid, der Intellektuelle und Poet, der in die Politik ging, hatte ein sehr widersprüchliches, ein sehr distanziertes Verhältnis zu Intellektuellen, die Politik machten.

Der Dichter und die Intellektuellen

Carlo Schmid konnte noch so im Streß sein, für das zwecklose Spiel der Kunst, selbst wenn es sich nur um artistische Blödeleien handelte, fand er immer Zeit. Ein Spaßvogel namens Heinz Gültig hatte ihn gebeten, Verse aus dem Ibolithischen zu übertragen:

Baeme súti falla kúr
mostin arasíban táegna
kiu ténde vossagúr
flagedárad ássa.

Schmid reimte spontan[1]:

Steck den Kopf nicht in die Luft,
Willst Du eine Blume pflücken.
Wenn dort auch ein Vogel ruft:
Lieber Freund, Du mußt Dich bücken!

Schmid sprach mit sich selbst und rief zugleich die Intellektuellen auf, aus dem Elfenbeinturm herauszukommen. „Wenn es nicht gelingt, die Intellektuellen an den Staat heranzuführen, werden wir im Obrigkeitsstaat versumpfen."[2] Schmid versuchte aufzurütteln. Er stilisierte sich zum typisch unpolitischen deutschen Bildungsbürger, der für das Scheitern der Weimarer Republik mitverantwortlich war. Die Unpolitischen traf seine bissige Kritik. Die Bildungsschichten sprächen sich selbst ihr Urteil, wenn sie nicht bereit seien, „in den Staat hineinzugehen, bildend und mitgestaltend und nicht nur dem Staatsapparat dienend. Bleiben sie fern, so verhalten sie sich wie Philister oder Zyniker oder auch als impotente Mekkerer oder Lakaien der Macht, bestenfalls noch (...) als Parodien auf Hieronymus im Gehäuse."[3] Schmid sprach von Bildungsschichten, weil er nicht, wie in Deutschland üblich, unter Intellektuellen nur die Linksintellektuellen verstanden wissen wollte, die er sich gerade nicht in der Politik wünschte.

In den Jahren 1957/58 startete er eine Großoffensive, um Intellektuelle und Künstler für die Partei zu gewinnen. Im „Vorwärts" veröffentlichte er einen plakativen Artikel, der mit der Mahnung schloß: „Es ist wichtiger, daß die Parteien Niveau haben, als daß diese oder jene Partei die Mehrheit gewinnt."[4] In der CDU fürchtete man, daß die SPD mit Schmid an der Spitze die Führung im Geistesleben übernehmen könne. Gerstenmaier malte in schwarzen Farben aus, welche Zugkraft Schmids Parole „Geist vor Kotelett" auf die akademische Jugend ausüben werde[5]. Liebling der Journalisten war dieser um ein Bonmot nie verlegene Sozialdemokrat schon lang. Schmid hätte sich gefreut, wenn die Prognosen der CDU richtig gewesen wären. Er kam sich vor wie Diogenes, der mit der Laterne nach Gleichgesinnten Ausschau hielt[6]. Die Partei benutzte ihn und Adolf Arndt als intellektuelle Aushängeschilder, tat aber nicht viel, um mit Intellektuellen und Künstlern ins Gespräch zu kommen. Als der Verleger Kurt Desch sich 1958 beklagte, daß die CDU die ihr nahestehenden Künstler und Intellektuellen weitaus mehr fördere als die SPD, konnte Schmid ihm nur recht geben: „Was Sie mir schreiben, ist mir leider Gottes nur zu sehr bekannt. Es gibt eine Reihe von Leuten, die sich bemühen, gegen diese Trägheit dem Geistigen gegenüber zu wirken, aber der Himmel ist hoch und der Zar ist weit ..."[7]

Nicht weniger als über seine Partei war er über die Intellektuellen selbst enttäuscht. Schmid hätte nicht widersprochen, daß die kritischen Äußerungen der Intellektuellen über die Politik und Kultur der Ära Adenauer nicht mehr seien als ein „mißtönendes Möwenkrächzen", das die „Fahrt eines großen Schiffes" begleitete[8]. Wiederholt hörte man ihn klagen, daß links zu einer bloßen „Anti-Haltung" verkommen sei. Die Linke sei zahm geworden, verfüge nicht mehr über die großartigen Impulse der Weimarer Zeit. Die künstlerische Produktion auf den Gebieten des Films, der bildenden Kunst, der Literatur und der Musik fand er „nicht sehr erregend und auch nicht sonderlich interessant". Die Literatur weiche den Fragen der Zeit aus, sei eine „Literatur der Innerlichkeit ohne Weltläufigkeit"[9]. Schmids Verdikt über die Literatur der Adenauer-Zeit war kein Plädoyer für eine gesellschaftskritische Literatur, zu der der Dichter in der Tradition Stefan Georges nie den richtigen Zugang fand.

Den Linksintellektuellen begegnete Schmid mit Distanz. Kurze Zeit, nachdem er die Intellektuellen zu mehr politischem Engagement aufgefordert hatte, sagte er Erich Kuby ins Gesicht: „Leute wie Sie sind notwendig. Man darf sie nur nie regieren lassen."[10] Es war nicht das erste und nicht das einzige Mal, daß er Intellektuelle mit solchen Äußerungen vor den Kopf stieß. Kurt Hiller war entsetzt. Der scharfzüngige Kritiker verwies darauf, daß Nehru das beste Gegenbeispiel für Schmids Ansicht sei. Schmid ließ sich von Hiller nicht überzeugen: „Ich bin in der Tat der Meinung, daß der Nurintellektuelle, das heißt, der zum absoluten Ja oder Nein Verpflichtete für das Regieren nicht taugt, denn er müßte sonst das Absolute an den Kompromiß verraten – ist doch Regieren notwendig Kompromisse schließen und damit kompromittierend. Natürlich ist Nehru ein Intellektueller, aber als Regierungschef ist er Politiker und handelt wie ein solcher und nicht wie ein Intellektueller, wie ein schreibender Kurt Hiller oder ein schreibender Karl Kraus."[11] Eben noch hatte er um die Intellektuellen geworben, jetzt warnte er mit beredten Worten davor, sie an die Schalthebel der politischen Macht zu lassen. Gern verwies er auf Julien Bendas großes Buch über den Verrat der Intellektuellen, der in eine Rechtfertigung des Bösen münde[12].

War Schmid denn kein Intellektueller? Hatte er Verrat an seinen Idealen begangen, als er in die Politik ging? Waren Geist und Macht vielleicht doch Gegenpole? Wenn er Geist und Macht vereinigte, so als Präceptor Germaniae. Seine Utopie eines unentfremdeten selbstbestimmten Lebens fand er in der Dichtung und Literatur. Ihr fehlte trotz seines Bekenntnisses zu einer selbstbewußten Arbeiterschaft der gesellschaftliche Unterbau. Seine Ablehnung der bundesdeutschen Wirtschaftswunderlandschaft war emphatisch, aber er glaubte nicht an eine grundlegende Änderung der gesellschaftlichen Verhältnisse. Als Reformpolitiker mit Sinn für politische Macht sagte er den linken Gesellschaftskritikern, die die Notwendigkeit des Kompromisses verkannten, den Kampf an. In der Außenpolitik verfügte er über eine konkrete Vision und den Mut, Tabus zu brechen, aber ansonsten blieb seine Utopie abstrakt, mehr Traum als Realität. Der Dichter, der ein Tabubrecher war, inspirierte den Politiker, aber beide fanden nur selten zusammen. Zurückblieb Melancholie. Der Biß der Realität tat weh.

Wer in Emile Zola den Prototyp des Intellektuellen sieht, fällt es schwer, in Carlo Schmid einen zu sehen. Für Zola war die Literatur ein Mittel, um gegen die gesellschaftlichen Mißstände zu protestieren, für Schmid war sie Protest gegen die Verzweckung des Lebens, gegen die Reduzierung des Menschen „auf das bloße Objekt seelenloser Mechanismen“[13]. Schmid selbst nannte den im Stefan-George-Kreis verpönten Zola einen „hervorragenden Schriftsteller“, sprach ihm jedoch ab, ein Künstler zu sein[14]. Freilich, das sind typisch deutsche Denkmuster, in denen die westlichen Zivilisationsliteraten den Dichtern und Künstlern, die Intellektuellen den Gebildeten gegenübergestellt wurden. Schmid selbst gefiel es, zwischen „belesenen“ und „gebildeten“ Menschen zu unterscheiden[15].

Die in der Adenauer-Ära übliche Literatur der Innerlichkeit war ihm zu banal, die littérature engagée gab keine Antwort auf die existentiellen Fragen. Schmid rechtfertigte eine „poesie pure“, eine Literatur der reinen Form. 1958 übertrug er Paul Valérys „Pièces sur l'art“ ins Deutsche[16]. Die Essaysammlung enthielt ein Plädoyer für eine autonome Kunst. Schmid übersetzte: „In Sachen der Kunst ist Gelehrsamkeit fast etwas wie eine Niederlage.“[17] Er wandte sich unter Berufung auf Valéry gegen eine didaktische oder gesellschaftspolitische Instrumentalisierung der Kunst. Die autonome Kunst war ein Widerlager gegen die Politisierung aller Lebensbereiche. Valéry, der Poet sinnlicher Intellektualität, hatte Schmids eigene Gedanken in Sprache gefaßt. Valérys reine Geistigkeit denunzierte das Banale in der Kunst. Der Dichter der reinen Form maß der Metrik für die Dichtung einen Rang zu wie der Statik für die Baukunst[18]. Auch Schmid verlangte von der Dichtung eine strenge Beachtung der Formgesetze. Zu der modernen reimlosen, ametrischen Lyrik fand er nur schwer Zugang.

Es hatte ihn viel Mühe gekostet, Valérys kristalline Sprache zu übersetzen. Manchmal war er an seiner Muttersprache irr geworden, zumal Peter Suhrkamp nicht davor zurückschreckte, auch eine Autorität wie Carlo Schmid zu kritisieren[19]. Er unterzog sich dieser Mühe wohl nicht zuletzt deshalb, weil die Übertragung ein Akt der Selbstverständigung für ihn war. In einem der Essays Valérys fand sich der Satz: „Ein Werk, das die Menschen zu sich zurückholt, ist machtvoller als jenes andere, das sie nur herausgefordert hat.“[20] Literatur als comédie humaine. So wollte Schmid sie verstanden wissen.

Bereits 1957 hatte er Julien Greens Roman „L'autre somneil – Der andere Schlaf“ vom Französischen ins Deutsche übertragen. Er war „bewegt“ von diesem „erstaunlichen Buch“[21], in dem Green von den Träumen und Ängsten, von der Verzweiflung und dem Leiden eines Heranwachsenden erzählt, die Schmid manchmal an seine eigene Kindheit erinnert haben mögen. Schmid und Green ließ ihre Kindheit nie los. Wie die meisten Romane Greens war auch dieser von einer finsteren Verzweiflung diktiert. Der jugendliche Held des Romans unternimmt eine „Entdeckungsreise" zu sich selbst[22]. Er erkennt, wie in seinem Innern Leiden und Leidenschaft, Traum und Wirklichkeit miteinander verschränkt sind. Green stellte seinem Roman ein Wort Pascals voraus: „Wer weiß, ob diese andere Hälfte des Lebens, darin wir wach zu sein wähnen, nicht ein anderer, von jenem ersten um ein Geringes unterschiedener Schlaf ist, aus dem wir, wenn wir zu schlummern glauben, erwachen."[23] Schmid, das Traumkind, hatte diese Frage zum Gegenstand seiner eigenen Dichtung gemacht. Auch er unternahm immer wieder eine Entdeckungsreise zu sich selbst. Deshalb brauchte er, was viele nicht verstanden, mehr Zeit für sich als andere Politiker. Green, so sagt man, sei in der Hölle zu Hause gewesen wie kein anderer Autor seit Dante. Sein Roman war eine Passionsgeschichte[24]. Schmid folgte ihm in die Hölle wie er einst Dante in die Hölle gefolgt war.

Ihn fesselte die Literatur einer hoffnungslosen Hoffnung. Obwohl ihm die moderne Lyrik fremd blieb, schätzte er die Dichtung Ingeborg Bachmanns und Hilde Domins. Ingeborg Bachmann übersandte ihm 1959 eine Sammlung ihrer Gedichte. Er schrieb zurück: „Ich danke Ihnen von Herzen für Ihre Gedichte, die einem das Herz aufschließen und das Auge in Tiefen führen, vor denen es zu oft halt gemacht hat."[25] Ingeborg Bachmann stand in der dichterischen Tradition Baudelaires. Ihr Lyrik wurzelte in einem Adel des Leidens, den sie mit Stolz ertrug, bis sie ihr Leben selbst zerstörte. Ingeborg Bachmann und Hilde Domin retteten sich in das Wort. Für sie war Dichtung Utopie und Erlösung. Und dieser Utopie sprachen sie gesellschaftsverändernde Kraft zu[26]. Schmid teilte ihre Hoffnung trotz aller Erfahrungen, die ihr widersprachen.

Anfang der 60er Jahre startete die Radio-Zeitung „HörZu" eine Umfrage: Wen zählen Sie zu den 50 Großen unseres Jahrhunderts? Einige Schriftsteller wurden in der vorgegebenen Liste auch genannt. Schmid ließ Camus' Name auf der Liste stehen. Dann ergänzte er die Liste: „Sartre, Jaspers, Heidegger, Brecht, Rilke, Stefan George, Karl May"[27]. Die Lektüre Karl Mays war früher im Hause Schmid verpönt gewesen. Jetzt kam es gelegentlich vor, daß er jungen Schülern Karl May zur Lektüre empfahl. Er selbst las noch immer gern in Coopers Lederstrumpf. Die anderen Namen verbanden sich für ihn mit der Überzeugung oder der Hoffnung, daß durch ihr Werk ein geändertes gesellschaftliches Bewußtsein geschaffen wurde oder geschaffen werden könnte. Albert Camus' frühen Tod hatte er zutiefst bedauert. Er hatte gehofft, vielleicht sich auch nur der Illusion hingegeben, daß von dessen Literatur Impulse ausgehen könnten wie einst von der Charles Péguys, der „einer ganzen Generation ein neues Bewußtsein von sich selbst geschenkt" habe[28]. Camus hatte zur Revolte gegen das Absurde aufgerufen. Schmid stellte den „schwarzen Sonnen der Melancholie" ein existentialistisches Dennoch entgegen.

Nach 1945 trug die Literatur kaum mehr zur gesellschaftlichen Standortbestimmung bei. Carlo Schmid wußte es und wollte es dennoch nicht wahrhaben. Er verteidigte das Konzept einer ästhetischen Erziehung und das Theater als moralische Anstalt. Er, der noch immer ein fleißiger Theatergänger war, wehrte sich dagegen, aus dem Theater ein Freizeitvergnügen zu machen: „Richtig in Verfassung wird unsere Gesellschaft erst sein, wenn die Kultur schlechthin, und damit das Theater, ein Lebenselement derer werden kann, die durch die Atomisierung der Lebensverhältnisse der Industriegesellschaft der Gefahr der Selbstentfremdung ausgesetzt sind."[29] Das Theater sollte einen Schein der Hoffnung vermitteln. Es hatte nicht nur die „Absurdität des Daseins" aufzudecken, „sondern auch hinter dieser und in aller Paradoxie einen Sinn, für den zu leben sich lohnt."[30] Das freilich verlange ein Publikum, das seine „Aufgabe begreif(t)"[31].

Man mag den Kopf schütteln über so viel elitäre Arroganz. Dahinter stand der Wunsch, daß das Theater die Massen ergreifen, ihr Bewußtsein verändern möge. So waren die vom DGB und der Stadt Recklinghausen veranstalteten Ruhrfestspiele für Schmid eines der „stärksten Zeugnisse des Willens der Deutschen ihre Selbstachtung anderswo zu finden als nur im Wirtschaftswunder"[32]. Einen Vortrag, den er dort hielt, stellte er unter das Motto: „Die Ruhrfestspiele als moralische Anstalt."[33] Bald wurde dort Agitprop-Theater gespielt. Schmid mußte die Hoffnung begraben, daß das zwecklose ästhetische Spiel die Menschen zur Freiheit führt.

Er lehnte das politische Theater nicht grundsätzlich ab. Brecht und Piscator, der Schmid seine Berufung zum Leiter der Freien Volksbühne in Berlin zu verdanken hatte[34], bedachte er mit lobenden Worten. Zu zeitgenössischen Bühnenautoren hatte er wenig Kontakt. Carl Zuckmayer kannte er vermutlich über Wolfgang Frommel, der ihn während seines Studiums in Heidelberg kennengelernt hatte. Man traf sich aber selten, zumeist nur zu Premieren. Grundsätzlich stimmte Schmid Adorno zu, daß das absurde Theater, der radikale Protest gegen die Verzweckung des Lebens, gegen die Degradierung des Menschen zum Objekt, provokativer war als die Gesellschaftskritik des politischen Theaters.

Wenn er die Intellektuellen zum politischen Engagement aufrief, so meinte er Menschen, „die entschlossen sind, sich dagegen zu wehren, daß Menschen zu bloßen sinnlosen Mechanismen degradiert werden. Zu diesen Mechanismen gehören die Apparate, die Tabus und das Herkömmliche um jeden Preis."[35] Er zeichnete ein Bild seiner selbst. Sein Intellektueller war ein musischer Mensch, der sich nicht scheute, Tabus zu brechen, der den Mut zu Visionen hatte, von der verwandelnden Kraft der Kunst träumte, aber eine radikale Gesellschaftsänderung für aussichtslos und gefährlich hielt. Einen Emile Zola oder Kurt Hiller wünschte er sich nicht als Abgeordnetenkollegen. Musensöhne aber treibt es nur selten in die Politik, denn sie werden dort zu einem Doppelleben gezwungen. So blieb er einsam und unverstanden. Bald schon wurde er als Kuriosum gehandelt. Seine politische Glaubwürdigkeit litt darunter. Er verbarg sein musisches Talent immer mehr. Als er 1957 gebeten wurde, in seinem Mannheimer Wahlkreis aus seinen Baudelaire-Übertragungen vorzutragen, zierte er sich: „Ich könnte damit zu sehr in den Ruf eines wenig seriösen Politikers geraten.“[36] Der Politiker verleugnete den Poeten, der sich beharrlich weigerte, den Glauben an die Macht der Literatur und Dichtung aufzugeben. Schien ihm doch manchmal das Dichten „verlohnender als die ganze Politik“. Dem folgte die nüchterne Einsicht: „Aber irgend jemand muß diese doch machen.“[37]

In der Offensive: Polen, Rapacki-Plan und deutsche Einheit

Im Dezember 1957 stellte die „Frankfurter Allgemeine Zeitung“ sieben Fragen an Europäer. Eine davon lautete: „In welchem Land möchten Sie leben, wenn Sie heute 30 Jahre alt wären? Schmids Antwort war kurz und bündig: „In Deutschland“[1]. Hinter diesen zwei Worten stand ein Herzensanliegen und ein politisches Programm. Schmid wollte in einem geeinten Deutschland leben, nicht in der Bundesrepublik. Der Europäer Schmid war Patriot. Die Kommentatoren, die nach der Wahlniederlage der SPD im Herbst 1957 meinten, die SPD müsse nun ihr außenpolitisches Programm ändern, erhielten von ihm eine brüske Abfuhr. Die SPD werde ihren außenpolitischen Kurs fortsetzen. Aufgabe einer politischen Partei sei es nicht den Wählern nach dem Mund zu reden. Sie habe die öffentliche Meinung „zu überzeugen“, nicht sie „zu befriedigen“[2].

Carlo Schmid wollte trotz aller Rückschläge nicht resignieren. In Reden und Zeitungsartikeln stellte er sein außenpolitisches Programm vor. Es enthielt drei Komponenten: Kontrollierte Abrüstung, Verhandlungen der vier Mächte und der Deutschen über den Status eines künftigen Gesamtdeutschland, Aufnahme diplomatischer Beziehungen zu den osteuropäischen Staaten[3]. Dem letzteren Punkt maß er besondere Bedeutung bei, denn hier konnte die Bundesrepublik initiativ werden. Er sprach nicht nur über deutsch-polnische Aussöhnung – das taten viele – er verlangte, auch die notwendigen Konsequenzen zu ziehen. Gleich in der ersten Fraktionssitzung regte er an, eine öffentliche Diskussion über die Anerkennung der Oder-Neiße-Linie zu entfachen. Der Vorschlag wurde entsetzt abgelehnt. Carlo Schmid wurde zum Schweigen verurteilt[4]. Ollenhauer wünschte, daß die ehemaligen Mitglieder des Blocks der Heimatvertriebenen und Entrechteten, der an der 5 % Hürde gescheitert war, in der SPD eine „politische Heimat" finden. Schmid versuchte, ihm dies mit sehr deutlichen Worten auszureden: „Der BHE ist erledigt und das ist gut. Wir können keine BHE-Politik beginnen, um etwa BHE-Leute zu gewinnen." [5] Die Politik mußte steril werden, wenn man immer nur auf die Wählermassen schielte. Die Fürsprecher der Heimatvertriebenen waren nicht die einzigen, die einer Aufnahme diplomatischer Beziehungen mit Polen skeptisch bis ablehnend gegenüberstanden. Einige Parteifreunde, unter ihnen Wehner, warnten, daß ein „intimeres Verhältnis" zwischen Bonn und Warschau das Mißtrauen Moskaus gegen Polen stärken werde[6]. Dieses Argument führte auch der Bundeskanzler ins Feld, um sich vorerst mit dem Problem deutsch-polnische Aussöhnung nicht beschäftigen zu müssen[7].

Die Ostpolitik der Bundesregierung, sofern man überhaupt von einer solchen sprechen konnte, geriet immer mehr in die Defensive. Die Anerkennung der Oder-Neiße-Linie durch Jugoslawien und die von Tito angekündigte Aufnahme diplomatischer Beziehungen zur DDR waren für Adenauer und seine Mitstreiter eine Nagelprobe für die Anwendung der Hallstein-Doktrin. Karl Georg Pfleiderer, seit 1955 Botschafter in Belgrad, riet, um einen Abbruch der diplomatischen Beziehungen zu Jugoslawien zu vermeiden, zu einem offensiven Vorgehen. Die Bundesregierung sollte der bevorstehenden Anerkennung der DDR durch Jugoslawien durch eine Aufnahme diplomatischer Beziehungen zu den osteuropäischen Staaten entgegentreten[8]. In der Koblenzer Straße stieß Pfleiderers Plan auf wenig Gegenliebe. Für Außenminister Brentano war die DDR-Anerkennung Jugoslawiens ein klassischer Fall für die Anwendung der Hallstein-Doktrin[9]. Pfleiderer, einer der entschiedensten ostpolitischen Vorkämpfer, starb, kurz nachdem er sich entschlossen hatte, den Kampf mit dem Auswärtigen Amt aufzunehmen.

„Für mich ist es bitter, zu wissen, daß er nun nicht mehr da ist, sehr bitter", vertraute Carlo Schmid fünf Tage nach Pfleiderers Tod einem Korrespondenten des Süddeutschen Rundfunks an[10]. Er konnte nur mit Mühe seine Tränen unterdrücken. Anfang Oktober war er noch mit Pfleiderer zusammengesessen und hatte ihm Unterstützung für seinen Plan zugesagt[11]. Es nutzte nicht viel, daß er sich jetzt öffentlich zu dem Pfleiderer-Vorschlag bekannte. Am 19. Oktober, vier Tage nach der offiziellen Anerkennung der DDR durch Tito, brach die Bundesregierung auf Betreiben Brentanos ihre diplomatischen Beziehungen zu Jugoslawien ab. In seinen öffentlichen Stellungnahmen mäßigte Schmid seine Kritik. Gegenüber Freunden sprach er eine deutliche Sprache. Die Aufkündigung der diplomatischen Beziehungen zu Jugoslawien sei eine „katastrophale Dummheit", für die die Bundesrepublik „noch sehr teuer werde bezahlen müssen"[12]. Den einzigen Draht, den die Bundesrepublik jetzt noch nach Osten habe, sei der nach Moskau. Die Franzosen und Briten blieben in Jugoslawien. Sie hätten dadurch ganz andere Möglichkeiten, auf die russische Politik einzuwirken, als die Bundesrepublik. Setze die Bundesregierung ihre starre Politik fort, müßten die sogenannten Satellitenstaaten zwangsläufig immer näher an Moskau heranrücken. Schmid war außer sich über die Verantwortungslosigkeit der Bundesregierung. In seinem Ärger bezeichnete er Brentano, Hallstein und Grewe als „Notare westdeutscher Mittelstädte", die kein „Gespür" dafür hätten, „was in der Welt der Staaten wirkungsmächtig ist"[13].

Konnte man nach dem Sputnik-Schock noch auf eine Politik der Stärke vertrauen? Schmid forderte die Bundesregierung auf, ihren Hochmut abzulegen, der sie „politisch phantasielos" gemacht habe[14]. Im Verein mit Fritz Erler rief er in einer Pressekonferenz Ende November die USA und die UdSSR dazu auf, bilaterale Abrüstungsverhandlungen über die Köpfe der Verbündeten hinweg aufzunehmen[15]. Von einer neuen Gipfelkonferenz hielt er nichts. Das war so ziemlich der einzige Punkt, über den er sich mit dem Bundeskanzler einig war, der die von Schmid befürworteten Pläne über die Schaffung einer atomwaffenfreien Zone in Mitteleuropa mit unverhohlenem Mißtrauen zur Kenntnis nahm, egal ob sie von dem polnischen Außenminister Rapacki oder dem amerikanischen Chefdiplomaten George F. Kennan entwickelt worden waren. Schmid vertrat die Auffassung, daß die beiden Pläne als Verhandlungsgrundlage, als „Modell einer Möglichkeit" ernst genommen werden mußten[16]. Die von Rapacki vorgeschlagene Schaffung eines kontrollierten atomwaffenfreien Raumes in Deutschland, Polen und der Tschechoslowakei bot einen Ansatzpunkt, um aus dem Teufelskreis des Wettrüstens herauszukommen. Kennan war noch einen Schritt weitergegangen. In seinen sonntäglichen im November und Dezember 1957 vom BBC ausgestrahlten Reith Lectures hatte er für einen Rückzug aller fremden Stationierungstruppen aus diesen Gebieten plädiert. Für die drei atomwaffenfreien Länder entwickelte er das Modell eines zivilen Widerstandes. Er selbst sprach von einer „Verteidigung an jeder Straßenkreuzung in den Dörfern"[17]. Schmid fand diesen Gedanken „skurril" und sagte dies auch ganz offen. Aber warum sollte ein so „bedeutender Mann" wie Kennan nicht auch einmal einen skurrilen Gedanken haben?[18] Es war ja nur ein Nebenpunkt, den Kennan beiläufig in sein Disengagementkonzept eingestreut hatte.

Schmid sah in dem Auseinanderrücken der Giganten einen ersten Schritt für den Aufbau eines kollektiven Sicherheitssystems. Zunächst würden die beiden Blocksysteme bestehen bleiben. Die Bundesrepublik konnte bis zur Schaffung eines kollektiven Sicherheitssystems weiter ihre Bündnisverpflichtungen innerhalb der Nato erfüllen. Der Bundeswehr kam Schmids Plänen zufolge die Aufgabe eines „wirksamen Grenzschutzes" zu[19]. Schmid sprach sich für die Ausrüstung der Bundeswehr mit Raketen ohne Atomladung aus, soweit sie zur Panzerbekämpfung, zur Flugabwehr und für den artilleristischen Krieg bestimmt waren[20].

Wieder einmal kämpfte er gegen zwei Fronten: gegen die Bundesregierung, die eine atomare Aufrüstung der Bundeswehr vorbereitete, und gegen die Mehrheit der eigenen Parteifreunde, in deren Köpfen noch viel Illusionäres spukte. Im Parteivorstand spielte man mit dem Gedanken, die NATO durch eine Weltregierung oder durch eine internationale Polizei zu ersetzen[21]. Schmid mahnte zu mehr Realismus. Die SPD könne nicht einfach erklären, daß die Pariser Verträge nur ein „Stück Papier" seien. Man müsse sich bei Alternativvorschlägen auf „konkrete Dinge" beschränken[22]. Der Rapacki- und Kennan-Plan, die international großes Aufsehen erregt hatten, konnten ein Umdenken einleiten, wodurch die starren Fronten bei den internationalen Verhandlungen beweglicher würden. Selbst der Bundespräsident hatte in seiner Neujahrsansprache eine Lanze für Kennan gebrochen. In Paris sollte Mitte Januar unter der Schirmherrschaft des Kongresses für kulturelle Freiheit ein großes Streitgespräch zwischen Kennan und dem französischen Politologen Raymond Aron stattfinden. Zu Schmids großem Bedauern mußte Kennan aus gesundheitlichen Gründen absagen. Es wurde ohne Kennan über dessen Ideen diskutiert. Schmid nahm zusammen mit seinem Freund Richard Löwenthal, der Kennans Vorschläge entschieden und eloquent verteidigte, an dem Kongreß teil[23].

In den USA fand Kennan weitaus weniger Resonanz als in Europa. Für die Eisenhower-Dulles-Administration war Kennan ein bête noir. Dean Acheson hatte eine Propagandakampagne gegen Kennan entfacht[24]. Schmid seufzte: „Mister Dulles" ist ein „Verhängnis". „Wieviel weiter wären wir, wenn ein Mann wie Kennan im State Department säße."[25] Von Adenauer vernahm man ganz andere Töne: „Wir können Gott danken, daß Herr Dulles da ist."[26] Der Kanzler verband den Kennan- und Rapacki-Plan mit dem Schreckgespenst der Neutralisierung. Den Rapacki-Plan hielt er ohnehin für eine „Falle der Russen"[27]. „Empört" war er darüber, daß Carlo Schmid Mitte Januar vor der Beratenden Versammlung des Europarates den Rapacki-Plan verteidigte und der militärischen Entflechtung in Mitteleuropa vor der Wiedervereinigung Vorrang einräumte[28]. Dabei wollte er nicht sehen, daß für Schmid die militärische Entspannung die Voraussetzung für die Wiedervereinigung war.

Wo blieben Adenauers eigene deutschlandpolitischen Vorschläge? Als die große außenpolitische Debatte des 23. Januar näherrückte, entdeckte Adenauer plötzlich selbst die kontrollierte Abrüstung als Zaubermittel. Die Debatte wurde zu einem Scherbengericht über Adenauers Deutschlandpolitik. Schmid forderte den Kanzler, der es versäumt habe, einen Weg aufzuzeigen, der aus dem „bösen Zustand" der deutschen Spaltung herausführt, zu mehr Wagemut auf[29]. Der Status quo werde am „härtesten zementiert“, wenn die Dinge so blieben, wie sie waren[30]. Die Kritiker eines Disengagement versuchte er aus der Reserve zu locken: „Denken Sie doch an die Freude, die Herr Ulbricht haben würde, wenn die sowjetischen Truppen sich zurückzögen!“[31] Ohne eine Politik der Entspannung käme man der Wiedervereinigung nicht näher. Ob die Sowjetunion sich darauf einließ, konnte man nicht wissen. Aber war es nicht ratsam, sie auf die Probe zu stellen und ihr gegebenenfalls den „Schwarzen Peter“ zuzuschieben?[32] Abermals plädierte er für eine Aufnahme diplomatischer Beziehungen mit Polen. Es sei gut möglich, daß die Bundesrepublik und die Polen gemeinsame außenpolitische Interessen verbänden.

Der Bundeskanzler machte in seiner Antwortrede eine denkbar schlechte Figur. Ein Botschafter in einem Satellitenstaat könne nicht mehr als ein „Beobachter“ sein, aber keineswegs dort gegen Moskau „intrigieren“, lautete seine lapidare Antwort. Schmid belehrte den Kanzler, daß dies auch nicht die Aufgabe eines Botschafters sei. Adenauer wich der Diskussion aus und schickte sich an, sein Eintreten für eine kontrollierte Abrüstung wortreich zu begründen[33]. Als Schmid ihn in mehreren Zwischenfragen darauf aufmerksam machte, daß seine Ausführungen sich mit dem deckten, was er zuvor gesagt hatte, man sich also offensichtlich einig sei, verlor der Alte völlig den roten Faden[34]. Gegen eine regional beschränkte Abrüstung hatte er nur ein Argument: Daß Deutschland dann ein zweitklassiger Staat werde[35]. Schmid hatte ihn in die Ecke gedrängt, ihm eine peinliche Niederlage beigebracht, von der aber am nächsten Tag keiner mehr sprechen sollte.

Die denkwürdige Nachtsitzung des Bundestages am 23./24. Januar wurde ein so furchtbares Debakel für Adenauer, daß keiner mehr ein Wort über die Diskussion am Nachmittag verlor. Zu später Nachtstunde schleuderten dem Bundeskanzler seine früheren Minister Dehler und Heinemann entgegen, die Wiedervereinigung nie gewollt zu haben. Er sei verantwortlich dafür, daß 1952 die Chance zur Wiedervereinigung versäumt worden sei. Das Hohe Haus verwandelte sich in einen Hexenkessel. Die ganze SPD-Fraktion jubelte mit einer Ausnahme: Carlo Schmid. Er saß betroffen auf seinem Platz[36]. Zwei Wochen später vertraute er Heuss an, daß er seinen Freund Dehler in seiner „Unbeherrschtheit quälend gefunden habe; der Kanzler habe ihm leid getan“[37]. Das war typisch für Schmid. Den Gegner zu erledigen, war nicht seine Sache. Er focht mit Argumenten, nicht mit der Keule. Als ein durch die Erfahrungen der Weimarer Republik gebranntes Kind lebte er in der ständigen Furcht vor einer neuen Dolchstoßlegende. Daß Heinemann so ins Rampenlicht geriet, mochte ihm gar nicht gefallen. Es bestand die Gefahr, daß ein religiös gefärbter Gesinnungspazifismus in der SPD Oberhand gewann[38]. Sein Verhältnis zu dem moralischen Asketen Heinemann war und blieb distanziert.

Freilich, am meisten Sorgen bereitete ihm die „immer verantwortungsloser" werdende Politik der Bundesregierung, die sich mehr um die Atomrüstung der Bundeswehr als um die deutsche Einheit sorgte. Die Atomwaffenpolitik des Bundeskanzlers und seines Verteidigungsministers war ein gefährlicher Irrweg[39]. Nach der für Adenauer so blamabel verlaufenen Debatte beschlich Schmid die Hoffnung, daß der Alte „am Ende seiner Kräfte" sei[40]. Die Presse setzte dem Bundeskanzler ordentlich zu. Mit Genugtuung konnte Schmid feststellen, daß die führenden Tages- und Wochenzeitungen seinen außenpolitischen Standpunkt teilten[41].

Er war nicht gewillt, der außenpolitischen Tatenlosigkeit der Bundesregierung noch länger zuzusehen. So versuchte er selbst, die Dinge in Gang zu bringen. Im Dezember hatte er vom Rektor der Universität Warschau eine Einladung erhalten, an der dortigen Universität einen Vortrag zu halten. Er hatte die Absicht, die Einladung anzunehmen. In der Partei lösten seine Reiseabsichten nicht gerade Freude aus. Die altbekannten Vorbehalte gegen ein engeres Verhältnis zu Polen wurden vorgebracht[42]. Schmid war nicht der erste Politiker, der nach Polen reiste. Dehler und Kalbitzer waren schon zwei Jahre vor ihm in Polen gewesen. Sie waren als Privatleute gereist, ohne eine offizielle Einladung von polnischer Seite. Trotzdem war Kalbitzer damals der Parteiausschluß angedroht worden[43]. Als man sah, daß Carlo Schmid die Reise nicht auszureden war, stimmte die SPD-Führungsspitze zu. Außenminister Brentano riet ab. Für ihn kam eine Verständigung mit Polen nur unterhalb der Ebene diplomatischer Beziehungen in Frage, während Schmid deren Aufnahme anpeilte. Auch in der Sowjetunion und in der DDR wurden Schmids Reiseabsichten beargwöhnt. Gomulka wurde gebeten, vielleicht auch von der Sowjetunion angewiesen, keine Unterredung mit Schmid zu führen[44]. Außenminister Rapacki erlitt eine Herzthrombose, so daß Schmid keinen der polnischen Spitzenpolitiker zu Gesicht bekommen sollte. Nichtsdestotrotz: Carlo Schmid nahm sich vor, einen Grundstein zur deutsch-polnischen Verständigung zu legen.

Am Samstag, den 8. März fuhr er von Bielefeld aus mit seinem Fahrer Ernst Roller und seiner Mitarbeiterin Mathilde Alt ab in Richtung Warschau. Der Leiter der polnischen Militärmission hatte Durchreisevisa durch die DDR besorgt. So konnte Schmid quer durch die DDR reisen, ohne sie als Staat anerkennen zu müssen. Der Mercedes fiel auf. Von den Kontrollbeamten wurden die Reisenden „mächtig angestaunt"[45]. Die Landschaft erschien trostlos, obwohl sich Schmid dagegen wehrte, sich „durch das Nebelgrau in eine ausgesprochene Anti-Stimmung versetzen zu lassen"[46]. Die polnischen Grenzstädte boten ein düsteres Bild des Zerfalls. In Posen ging es dagegen lebhaft zu. Schmid fiel mit kennerhaftem Blick sofort auf, daß die Frauen trotz ihrer billigen Kleidung entzückend aussahen. In sein Tagebuch notierte er: „In der ganzen DDR wie in Moskau ist uns nicht ein einziges Exemplar dieses Elegant-sein-Wollens begegnet."[47] Sonntag gegen Abend erreichten die drei Polenbesucher Warschau.

Schmid wurde vom Rektor der Universität Turski und dem Strafrechtsprofessor Jerzy Sawicki empfangen, beides Kommunisten, die auf „ihren Oktober" stolz waren[48]. Beim nächtlichen Gespräch mit deutschen Journalisten wurde Schmid bestätigt, daß seit dem Oktober 1956 in Polen „sehr viel anders geworden sei"[49]. Auf dem Besuchsprogramm des nächsten Tags stand eine Führung durch die Universität und ein Rundgang durch die Stadt. Betroffenheit löste die Besichtigung des Warschauer Ghettos aus. „Eine kahle Stätte des Grauens mit 10000den von Toten unter dem glattgestampften Trümmerschutt."[50] Vier Tage später legte Schmid am Denkmal für die Opfer des Ghettos und am Erinnerungsmal des ehemaligen Gestapo-Gefängnisses Blumen nieder. Erschüttert schrieb er in das dort aufliegende Buch: „Mit tiefer Beschämung an diesem Ort deutscher Schande, im Vertrauen auf eine Zukunft der Menschlichkeit. Carlo Schmid. Vizepräsident des Deutschen Bundestages."[51] Seine Vorlesung am 11. März über Machiavelli leitete er mit einem Schuldbekenntnis ein, in dem er eingestand: „Wenn es eine Kollektivschuld im strafrechtlichen Sinne des Wortes (...) nicht geben kann, so weiß jeder redliche Deutsche, daß die an Polen begangenen Untaten auch auf seinem Gewissen lasten – auch auf dem Gewissen dessen, der mehr als ein Jahrzehnt seines Lebens damit zugebracht hat, die Herrschaft des Unmenschen zu bekämpfen. Er weiß auch, daß das, was in Ihrem Lande geschehen ist, durch nichts aufgerechnet werden kann."[52] Nach seiner Rückkehr aus Polen mußte er sich sagen lassen, er habe gegen die „nationale Würde" der Deutschen verstoßen.

Über das rege geistige Leben in der polnischen Hauptstadt war er mehr als erstaunt. Seine polnischen Professorenkollegen verfügten über eine beeindruckende humanistische Bildung und eine stupende Kenntnis der westlichen Literatur. Leicht irritiert mußte er feststellen, daß sie über die Besetzung der Lehrstühle an deutschen Universitäten besser Bescheid wußten als er[53]. Ihr Interesse an einem wissenschaftlichen Austausch war ebenso groß wie ihr „Appetit auf neue deutsche wissenschaftliche Literatur"[54]. Schmid versorgte sie nach seiner Rückkehr aus Polen mit Bundestagsprotokollen, Literatur und manchmal auch Medikamenten[55]. Seit 1956 gab es in Polen eine oppositionelle Intelligenz, die dem Sowjetkommunismus kritisch bis ablehnend gegenüberstand. Fast allen Gesprächen mit Journalisten, Wissenschaftlern und Professoren konnte er entnehmen, daß die DDR-Regierung im Grunde wegen ihrer „Servilität" verachtet wurde[56].

Die beiden wichtigsten politischen Gespräche führte er am 11. März mit dem Vorsitzenden des Auswärtigen Ausschusses des Sejm Morawski und dem stellvertretenden Außenminister Naszkowski. Bei der Unterredung mit Morawski wurde das heiße Thema Oder-Neiße-Linie nicht angesprochen. Anscheinend versuchten beide Gesprächspartner es zu umgehen, damit sie um so inniger ihren Wunsch nach einer Normalisierung des deutsch-polnischen Verhältnisses zum Ausdruck bringen konnten. Man bestätigte sich in der Überzeugung, daß durch einen Wahlsieg von Labour und SPD in der Welt einiges verändert würde. Morawski regte an, ein gemeinsames Lesebuch über die Entwicklung der deutsch-polnischen Beziehungen zu verfassen[57]. Das Gespräch verlief herzlich, war aber, vom politischen Ergebnis her gesehen, nicht mehr als eine unverbindliche Bezeugung eines Interesses an einer deutsch-polnischen Verständigung.

Was Sache ist, erfuhr Schmid bei seinem Meinungsaustausch mit Marian Naszkowski, der direkt und ohne Umschweife das Thema Aufnahme diplomatischer Beziehungen zwischen der Bundesrepublik und Polen anschnitt. Carlo Schmid trug einen Plan des Staatssekretärs im Auswärtigen Amt van Scherpenberg vor, nach dem zunächst ständige Handelsmissionen eingerichtet werden sollten. Nach etwa einem Jahr konnte dann die Aufnahme diplomatischer Beziehungen zwischen den beiden Ländern in Erwägung gezogen werden. Van Scherpenberg bestritt später, Carlo Schmid einen Auftrag erteilt zu haben, diesen Plan als offizielles Verhandlungsangebot der Bundesregierung auszugeben[58]. Ganz offensichtlich hatte Schmid sich eine Eigenmächtigkeit erlaubt. Der Streit blieb bloße Formsache, denn van Scherpenbergs Plan stieß bei Naszkowski auf „eisige Ablehnung"[59]. Ein „Übergangsstadium" sei nicht annehmbar. Lieber wolle die polnische Regierung warten, bis die Bundesregierung bereit sei, normale diplomatische Beziehungen aufzunehmen[60]. Carlo Schmid hatte wohl schon halbwegs mit einer Ablehnung gerechnet. Warum sollten die Polen den Deutschen goldene Brücken bauen? Ein Botschafteraustausch unter irgendwelchen Vorbehalten kam für sie nicht in Frage.

Dem Stellvertreter Rapackis lag der Rapacki-Plan mehr am Herzen als die Aufnahme diplomatischer Beziehungen. Er gab zu verstehen, daß nach dem vom deutschen Bundesverteidigungsministerium geplanten Ankauf von Matador-Raketen die deutsche Wiedervereinigung endgültig abgeschrieben werden müsse. Strauß wurde von den Polen gefürchtet. Er galt als „zu bayrisch"[61]. Schmid mokierte sich etwas darüber und meinte, die Polen verstünden darunter „offenbar die Gewohnheit des Spielens mit dem Steckmesser"[62].

Eine grobe Taktlosigkeit gegenüber den Polen beging Adenauer. Zur selben Zeit, als Schmid sich um eine deutsch-polnische Aussöhnung bemühte, ließ sich der Bundeskanzler in Sankt Andreas durch den Hochmeister des Deutschen Ritterordens zum Kreuzritter schlagen. Stolz präsentierte er sich den Medien im weißen Mantel mit schwarzem Kreuz, als wolle er zu einer neuen Ostkolonisation aufbrechen. Schmid hatte Mühe, die ganze Sache herunterzuspielen. Seine polnischen Gesprächspartner sahen in dem Ritterschlag eine „Demonstration gegen Polen" und fürchteten einen neuen deutschen Revanchismus[63]. Er versuchte sie zu beruhigen. Für Adenauer sei der Ritterschlag nichts anderes als eine Art von Doktorhut. Die Polen mußten am Verständigungswillen der politisch Verantwortlichen in der Bundesrepublik zweifeln, von dem Schmid sie gerade hatte überzeugen wollen.

Am 12. März fuhr man nach Krakau. Auch seinen dortigen Vortrag über das Grundgesetz „Der Mensch als das Maß der Verfassung" leitete er mit einem Schuldbekenntnis ein[64]. Die Furcht der Polen vor einem neuen deutschen Revanchismus ließ Schmid immer mehr zu der Überzeugung kommen, daß die Anerkennung der Oder-Neiße-Linie den Charakter der deutsch-polnischen Beziehungen „um 180 Grad verändern könnte. Vielleicht käme das dem heutigen Regime gar nicht zu pass!"[65] Bei Schmids Hoffnung auf einen Systemwechsel war mehr der Wunsch der Vater des Gedankens als die Realität. Er scheint die Unabhängigkeit Polens gegenüber der Sowjetunion überschätzt zu haben. Auch in der DDR verfolgte man Schmids Verständigungspolitik mit Polen mit Argwohn. Kurz vor seiner geplanten Rückreise ließ man ihn wissen, daß sein Durchreisevisum von den DDR-Grenzbehörden nicht anerkannt werde. Widerwillig entschloß er sich, den Luftweg zu wählen. Am 15. März flog er über Kopenhagen zurück nach Bonn. Sein Fahrer und seine Sekretärin fuhren mit dem Auto zurück. Sie wurden an der Grenze festgehalten. Erst als in allen Zeitungen zu lesen stand, daß Bundestagsvizepräsident Schmid wohlbehalten in Bonn eingetroffen war, ließ man sie fahren[66]. Hatte man Schmid, den das MfS als Kriegsverbrecher denunzierte und für einen der „gefährlichsten Verfechter" der Politik der „rechten SPD-Führung" hielt[67], zu einer Anerkennung der DDR nötigen oder ihm den Prozeß machen wollen? Die Akten, die vermutlich darüber hätten Auskunft geben können, wurden kurz vor dem Untergang der DDR vernichtet[68].

Carlo Schmid hatte sich durch das nicht sonderlich ermutigende Gespräch mit Naszkowski nicht beirren lassen. Noch während seines Aufenthaltes in Polen gab er der polnischen Nachrichtenagentur PAP ein Interview, in dem er sich nachdrücklich für die Aufnahme diplomatischer Beziehungen aussprach. Er beschwor eine deutsch-polnische Gefahrensolidarität. Die Furcht, daß der Rapacki-Plan eine russische Falle sei, versuchte er auszuräumen. Er habe sich davon überzeugen können, daß der Rapacki-Plan auf eine polnische Initiative zurückgehe. Die Außenpolitik der Bundesregierung verurteilte er scharf. Die nukleare Ausrüstung der Bundeswehr sei ein „selbstmörderischer Unsinn"[69].

Wieder in Bonn ließ er keine Gelegenheit aus, um die politisch Verantwortlichen und die Bürger der Bundesrepublik von seinem Standpunkt zu überzeugen. Offensichtlich erhoffte er, mittels Presse und Medien die Aufnahme diplomatischer Beziehungen mit Polen erzwingen zu können. Er gab vor, daß ein Botschafteraustausch an keine Vorbedingungen geknüpft sei. Im Bundestag erklärte er, daß Warschau Bonn nicht durch ein „Kaudinisches Joch" zwingen werde[70]. Die politischen und kulturellen Verhältnisse in Polen zeichnete er in einem überaus positiven Licht. Polen sei kein „totalitärer Polizeistaat". Es gebe dort Ansätze zur Entwicklung eines rechtsstaatlichen Systems. Die Professoren und Dozenten an den Universitäten fühlten sich in Forschung und Lehre frei. Die Kommunisten seien westlich orientiert. Die aus dem sozialdemokratischen Lager kommenden Mitglieder der polnischen KP könnten sich bis in die Führungsspitze hinauf „in ihrer Besonderheit" behaupten[71]. Manches mag er ganz bewußt etwas beschönigt haben. Aber er war auch tatsächlich beeindruckt von diesem Land. In Polen könne er leben, vertraute er einige Wochen nach seiner Polenreise einem Bekannten an[72]. Als dieser die Äußerung mit einigen spöttischen Bemerkungen quittierte, räumte er widerwillig ein, daß die politische Entwicklung Polens seit seinem dortigen Aufenthalt ihm nicht sonderlich gefalle. Trotzig fügte er hinzu: „Es ist schade, denn die Polen sind eine großartige Nation."[73] Offensichtlich erschien ihm die polnische Kulturnation als ein positives Gegenbild zur westlichen Massendemokratie.

Er hatte sich bemüht, durch seine Reise eine Tür aufzustoßen, aber keiner wollte durch sie hindurchgehen. Der Außenminister hatte „ernsthafte Bedenken", die in der Hallstein-Doktrin wurzelten. Er sorgte dafür, daß das Thema deutsch-polnische Beziehungen im Auswärtigen Ausschuß vertagt wurde[74], vermutlich in der nicht unbegründeten Hoffnung, daß das Thema bald aus der öffentlichen Diskussion verschwinden werde. Nicht einmal das Moralische verstand sich von selbst. Das polnische Rote Kreuz hatte Schmid zugesagt, die Zusammenführung der durch die Kriegsereignisse getrennten deutschen Familien zu unterstützen. Im Gegenzug hatte er versprochen, sich dafür einzusetzen, daß den Frauen und Mädchen, die von den Nationalsozialisten als medizinische Versuchsobjekte mißbraucht worden waren, eine angemessene individuelle Entschädigung gezahlt wird[75]. Sein ständiges Bohren beim Bundesfinanzminister blieb erfolglos[76]. Auch ein entsprechender, von ihm und Heinrich G. Ritzel ausgearbeiteter Antrag, der einstimmig vom Bundestag angenommen wurde, veranlaßte den Bundesfinanzminister nicht, seinen Geldsäckel zu öffnen[77]. Als Schmid 1969 wieder nach Polen kam, stand eine Regelung dieser schmählichen Angelegenheit noch immer an.

Erfolgreicher waren seine Bemühungen, Einladungen für Polen in die Bundesrepublik zu erwirken. Die Deutsche Gesellschaft für auswärtige Politik, deren Präsidium er angehörte, kam seiner Bitte nach und lud polnische Wissenschaftler und Sejm-Abgeordnete zu Vorträgen ein. In

Warschau hatte er maßgebliche Leute dazu überreden können, dem Düsseldorfer Kom(m)ödchen ein Gastspiel in der polnischen Hauptstadt zu ermöglichen[78]. Den erwarteten Durchbruch zu einer deutsch-polnischen Verständigung hatte die Reise nicht gebracht. Noch in seinen Erinnerungen klingt Carlo Schmids Enttäuschung an: „Mit meinen Artikeln über das in Polen Gesehene und Gehörte habe ich in der deutschen Öffentlichkeit wenig politische Wirkung erzielt."[79] In Polen hatte sein Besuch mehr Wirkung gezeigt. Dort war er eine Zeitlang der „populärste Deutsche"[80].

In der außenpolitischen Redeschlacht Mitte März im Bundestag war von Carlo Schmids Resignation noch nichts zu spüren. Noch einmal ging er voll in die Offensive. Kampfentschlossen, bereit den Konflikt zu riskieren, trug er sein außen- und deutschlandpolitisches Programm vor. Wenn man die Wiedervereinigung wolle, müsse man den Mut haben, „heiße Eisen" anzufassen und dürfe sich nicht davor scheuen, „politische Rückstände auszuräumen"[81]. Er sprach nicht von der Oder-Neiße-Linie, aber wer hören konnte, verstand: „(M)an muß dafür sorgen, daß man zu gesicherten Grenzen kommt. Anders bekommen wir weder einen Friedensvertrag noch Garantien irgendwelcher Art noch die Wiedervereinigung."[82] Daß Friedensvertragsverhandlungen gesamtdeutschen freien Wahlen vorangehen müßten, hatte er schon oft erklärt. Dann aber sprach er eines der größten deutschlandpolitischen Tabus an: „(M)an spricht, oder richtiger, Sie sprechen gern von der ‚sogenannten' Regierung in Pankow. Glauben Sie mir (...), ich liebe sie nicht. Ich halte sie für abscheulich, ich halte sie nicht für legitim. Aber sie ist de facto die Stelle, die über einen Teil unseres Vaterlandes – Gott sei's geklagt – die Gewalt ausübt. Das Völkerrecht kennt den Begriff der De-facto-Regierung. Auch eine De-facto-Regierung ist eben eine Regierung. Sie ist nicht legitim, sie ist unerwünscht, sie ist unmoralisch, was Sie wollen, aber sie ist eine Regierung."[83] Er provozierte mit der Bemerkung, daß eine Hose eine Hose bleibe, auch wenn man sie Beinkleid nenne.

Im Parlamentarischen Rat hatte er noch anders argumentiert, weil er sich damals an die Hoffnung klammerte, daß sich die Vier Mächte in absehbarer Zeit über die deutsche Einheit einigen würden. Jetzt schien ihm die Anwendung der von Völkerrechtlern diskutierten „Kalten Bürgerkriegstheorie" der vielleicht einzige Ausweg, um die erstarrte Deutschlandpolitik wieder in Bewegung zu bringen[84]. Nach dieser für den Laien nur schwer verständlichen Theorie hatte die Bundesregierung kraft ihrer demokratischen Legitimation die Befugnis, den Gesamtstaat als dessen De-jure-Regierung völkerrechtlich zu vertreten. Die DDR-Regierung war als eine quasi aufständische lokale De-facto-Regierung anzusehen. So konnte man Verhandlungen mit der DDR führen, ohne sie völkerrechtlich anerkennen zu müssen, und zugleich der durch die Hallstein-Doktrin drohenden Isolierung der Bundesrepublik entgehen[85].

Tête à Tête mit Franz-Josef Strauß.
Bundestagsdebatte am 22. März 1958

Schmids Ausführungen erregten überraschend wenig Anstoß, obwohl er damit gerechnet hatte, zur Zielscheibe heftiger Kritik zu werden[86]. Es war wohl bekannt, daß Schmids Vorschlag von seiner Partei nicht mitgetragen wurde. Außerdem schlugen die Wellen der Auseinandersetzung über die atomare Aufrüstung der Bundeswehr so hoch, daß andere Probleme und Fragen der Aufmerksamkeit völlig entgingen. Auch Schmid führte noch einmal seine ganzen Argumente für den Rapacki-Plan und eine kontrollierte Abrüstung ins Feld. Am Ende seiner Rede gab er der Hoffnung Ausdruck, „daß es in jeder Partei Leute gibt, die auch eine andere Meinung haben als das, was man die Parteilinie nennt“[87]. War das ein Stichwort für seinen Freund Eugen Gerstenmaier, der sich als hartnäckiger außenpolitischer Opponent des Kanzlers entpuppte? Aufmerksame Zuhörer vernahmen eine große Übereinstimmung in den Reden beider[88]. Tabus wie De-facto-Regierung und Grenzregelung waren Gerstenmaier freilich zu heiß. Aber auch er räumte einem Friedensvertrag Vorrang vor freien Wahlen ein und wollte den Rapacki-Plan bei allen Vorbehalten als eine mögliche Verhandlungsgrundlage verstanden wissen[89].

Die FDP wagte sich weit vor und dachte Gerstenmaier die Rolle des Königsmörders zu[90]. Eine Große Koalition oder Allparteienregierung unter Gerstenmaier wäre auch Schmids großer Wunsch gewesen, aber er kannte vermutlich seinen Freund gut genug, um sich darüber im klaren zu sein, daß dieser auch aufgrund seiner mangelnden Resonanz innerhalb der CDU/CSU-Fraktion nicht offen gegen den Alten rebellieren würde. Dem aber war es wieder einmal gelungen, seine Mannen hinter sich zu scharen. Schmid hatte ein wohlüberlegtes außen- und deutschlandpolitisches Programm, aber keinerlei Möglichkeit, es durchzusetzen. Als er sich am 25. März noch einmal auf das Rednerpult begab, um seinen Standpunkt darzulegen, stimmte er in einem Mut der Verzweiflung einen emotional kämpferischen Ton an, der bei ihm, der sonst immer auf eine sachliche Auseinandersetzung drängte, ganz ungewohnt war. Für seine in höchster Erregung gesprochenen Schlußworte erhielt er von seiner Fraktion langanhaltenden lebhaften Beifall: „Für uns ist der Kampf mit dieser Debatte nicht zu Ende. Sie werden noch von uns hören. Sie werden sich noch stellen müssen. Wir werden noch mit Ihnen ringen. Und wir werden eine Bresche aufreißen, durch die hindurch der Aufschrei unseres Volkes auch den Weg zu Ihren Ohren finden wird.“[91]

Für Carlo Schmid war die atomare Aufrüstung eine politische Grundsatzentscheidung, die keinen Kompromiß zuließ. Er war der Überzeugung, daß die Atompolitik der Bundesregierung die deutsche Teilung zementierte und die Gefahr eines Atomkrieges erhöhte. Mit der neuen Nato-Doktrin hatte er sich auch unter militärischen Gesichtspunkten intensiv beschäftigt. Er war sogar bei Brentano vorstellig geworden, damit dieser Henry Kissinger, den geistigen Vater der neuen Strategie der Nato, der übrigens ein glühender Bewunderer Schmids war[92], nach Bonn zu einer Diskussion einlade[93]. Er mag sich der Hoffnung hingegeben haben, Kissinger durch gezielte Gegenargumente von seiner Doktrin abbringen zu können. Mit dem Bundesverteidigungsminister lieferte er sich Rededuelle, um ihn davon zu überzeugen, daß der Einsatz taktischer Atomwaffen zum Weltbrand führen müsse. Ein Atomkrieg lasse sich nicht begrenzen. Die Bundeswehr könne lediglich in einem sogenannten Buschfeuerkrieg die Grenzsicherung übernehmen[94]. Einige Jahre später betonten auch die militärstrategischen Planer in Washington, daß es besser sei, neben dem nuklearen Schild noch ein nicht-nukleares Schwert zu haben[95]. Daß die Mehrheit des Bundestages sich hinter die Nuklearpolitik Adenauers und Strauß' stellte, war für Schmid unbegreiflich und unverantwortlich.

Seine Verzweiflung ließ ihn alle bisher geltend gemachten Vorbehalte gegenüber Plebisziten verdrängen. Er, der außerparlamentarischen Aktionen immer mit größter Reserve begegnet war, machte sich zum Wortführer einer Volksbefragungsaktion gegen die Atombewaffnung[96]. Noch im Herbst 1957 hatte er davor gewarnt, eine neue Paulskirchenbewegung ins Leben zu rufen. Der Protest der Straße münde allzu leicht in Demagogie. Ein Wissenschaftlerappell erschien ihm seriöser und wirkungsvoller[97]. Die SPD-Spitze entschloß sich Anfang 1958 zur Durchführung einer breit angelegten Aufklärungskampagne und zur Konstituierung eines Komitees „Kampf dem Atomtod". Ein gleichlautender Aufruf wurde am 10. März von namhaften Persönlichkeiten des politischen und öffentlichen Lebens unterschrieben. Auch Carlo Schmid gehörte zu den Unterzeichnern[98]. Demoskopischen Umfragen zufolge lehnten 83 % der Westdeutschen eine Atombewaffnung ab[99]. Es mußte mit einem Massenprotest gegen den Beschluß des Bundestages zur Atomrüstung gerechnet werden. Sollte die SPD, die zum Widerstand aufgerufen hatte, nun das Fatum einer parlamentarischen Niederlage einfach hinnehmen?

Auf Betreiben Schmids brachte die SPD-Fraktion noch am 25. März einen Gesetzentwurf zur Volksbefragung über die Atombewaffnung im Bundestag ein[100]. Die Kritiker von rechts sahen in dem Entwurf einen schweren Verstoß gegen den repräsentativen Charakter der politischen Ordnung der Bundesrepublik, die Kritiker von links sprachen von einem Abwürgen des Massenprotestes durch ein „Scheinplebiszit" [101]. Tatsächlich ging es Carlo Schmid auch darum, ein „Ventil" zum Ablassen der überhitzten Massenstimmung zu schaffen[102]. Der Ausbruch eines Generalstreiks wurde befürchtet. Als er am 18. April im Bundestag den Gesetzentwurf begründete, nannte er Volksbefragungen ein „Ausnahmemittel" [103]. In einer Ausnahmesituation, in der es „im Bewußtsein von Millionen nun einmal um Leben und Tod der Nation" gehe, sei es gefährlich, „das Volk vier Jahre lang zum Stummsein zu verurteilen" [104]. Mit seiner Argumentation kam Schmid dem politischen Existentialismus eines Carl Schmitt sehr nahe. Der Souverän, das Volk, entscheidet über den Ausnahmezustand.

Als das Grundgesetz geschaffen wurde, hatte er sich dafür eingesetzt, daß alle plebiszitären Elemente daraus verbannt wurden. Sein Wort vom aufgeklärten Absolutismus des Parlaments wurde ihm jetzt entgegengeschleudert[105]. Er verwies auf den konsultativen Charakter einer Volksbefragung. Sie sei „rechtlich unverbindlich, aber moralisch bedeutsam"[106]. Das Verantwortungsbewußtsein der Regierenden und das Gewissen der Abgeordneten würde durch eine Volksbefragung geschärft. Die Argumentation war nicht gerade sehr überzeugend. Die Bundesregierung hätte das Ergebnis einer Volksbefragung, zumindest wenn es sehr eindeutig ausgefallen wäre, nicht einfach ignorieren können. Carlo Schmids einstiger politischer Weggefährte Theodor Eschenburg sprach unverblümt aus, worum es ging: Ein außerparlamentarisches Mittel sollte für ein parlamentarisches Ziel eingesetzt werden: den Sturz der Regierung und die damit verbundene Richtungsänderung der Außenpolitik[107]. Natürlich hatte Eschenburg mit seiner Kritik recht, aber kann man es Schmid verdenken, daß er nicht immer nur Programme formulieren, sondern die Außenpolitik selbst in die Hand nehmen wollte, zumal von der Bundesregierung keinerlei deutschlandpolitische Initiativen ausgingen? Seine Rechnung freilich ging nicht auf. Die Regierung schreckte nicht davor zurück, sich mit dem Odium zu belasten, in einer Lebensfrage der Nation nicht vor das Volk zu treten. Der Gesetzentwurf wurde abgelehnt.

Nach dem Scheitern in Bonn wich die SPD in die Länder aus. Hamburg und Bremen erließen im Mai Volksbefragungsgesetze, was ein verfassungsrechtlich sehr gewagter Schritt war, denn die Außen- und Verteidigungspolitik ist Sache des Bundes. Die Bundesregierung beantragte beim Bundesverfassungsgericht die Feststellung der Nichtigkeit der Volksbefragungsgesetze. Hamburgs Bürgermeister Max Brauer bat Carlo Schmid um rechtlichen Beistand für das bevorstehende Verfahren beim Bundesverfassungsgericht[108]. Als Initiator der ganzen Bewegung konnte Schmid die Bitte Brauers schwerlich zurückweisen. Vermutlich war ihm klar, daß er Glatteis betrat. Er mußte aus der Defensive heraus argumentieren. Sein Plädoyer baute er auf drei Argumente auf. Wenn es Kirchen, Verbänden und Gewerkschaften erlaubt ist, durch Bekanntgabe der Meinungen ihrer Mitglieder Einfluß auf die Willensbildung der Organe der Bundesrepublik zu nehmen, kann es den Ländern nicht verwehrt werden, „ihrerseits den Bundesorganen vor Augen zu führen, welche Meinungen über die verschiedenen Aspekte eines Problems bei dem wahlberechtigten Teil der Bevölkerung ihres Gebietes vorhanden sind"[109]. Die in Artikel 21 GG verankerte Mitwirkung der Parteien bei der politischen Willensbildung gebiete es, den Parteien die Möglichkeit zu geben, auf die Meinungsbildung „in einem geordneten Verfahren, das allen die gleiche Chance gibt, einzuwirken"[110].

Bei den Entscheidungen staatlicher Organe müßten auch Daten berücksichtigt werden, in denen die „Zumutbarkeit bestimmter Maßnahmen" gegenüber dem Volk zum Ausdruck kommt[111]. Der letztere Punkt entsprach Schmids innerer Überzeugung, war politisch auch plausibel, ließ sich aber nicht als Argument verwenden, um das Recht der Länder zu begründen, in auswärtigen Angelegenheiten Volksbefragungen durchzuführen.

Schmids Vergleich der politischen Einflußnahme der Verbände mit denen der Länder wollte das Bundesverfassungsgericht nicht gelten lassen. Es trennte strikt zwischen gesellschaftlich-politischer und staatlicher Willensbildung[112]. Bei der Volksbefragung handele es sich nicht um eine unverbindliche Meinungsforschung. Sie ziele vielmehr darauf, die Bundesorgane durch „politischen Druck" zu zwingen, „die von ihnen getroffenen Sachentscheidungen zu ändern"[113]. Ein durchschlagendes Rechtsargument zur Rechtfertigung einer Volksbefragung in den Ländern gab es nicht. Auch Adolf Arndts Auffassung, die Länder könnten Volksbefragungen zwecks Instruktion ihrer Bundesratsmitglieder durchführen, wurde vom Bundesverfassungsgericht verworfen[114]. Schmid nahm das Urteil kommentarlos hin. Das Bundesverfassungsgericht hatte den Kern der Sache getroffen. Schmids Plädoyer für eine Volksbefragung war vom Mut der Verzweiflung über den außenpolitischen Kurs der Bundesregierung diktiert. Er mag schon bald gemerkt haben, daß er einen plebiszitären Sündenfall begangen hatte. In seinen Erinnerungen verschwieg er verschämt, daß er zu den Hauptinitiatoren der Volksbefragungsaktion gehört hatte[115].

Die Hoffnung auf eine außerparlamentarische Generalmobilmachung war nach der Wahlniederlage der SPD am 6. Juli in Nordrhein-Westfalen zerronnen. Im Schmollwinkel konnte man nicht bleiben. Brentano versuchte, die SPD zu einer Politik außenpolitischer Gemeinsamkeit zu überreden. Schmid mochte das Angebot nicht von vornherein ausschlagen, wenngleich er Brentano für einen verbohrten Hardliner hielt[116]. Im Auswärtigen Ausschuß raufte man sich wohl oder übel langsam zusammen, ohne freilich in den grundsätzlichen Positionen übereinzukommen. Hinter den Kulissen der Öffentlichkeit wurde ein Antrag ausgearbeitet, in dem man die Bundesregierung bat, sich für die Bildung eines Viermächtegremiums zur Lösung der deutschen Frage einzusetzen. Daß die Behandlung des Antrags sich verzögerte, war nicht allein die Schuld der Bundesregierung. Die Westmächte wünschten, daß die deutsche Wiedervereinigung ausdrücklich als Aufgabe des Viermächtegremiums genannt wurde, was von Moskau erwartungsgemäß abgelehnt wurde[117].

Die erstarrten Frontlinien mußten aufgebrochen werden. Der Bundestag erneuerte am 1. Oktober seinen Antrag, und Schmid insistierte nun darauf, daß der Auswärtige Ausschuß an der Ausformulierung der Antwortnote an die Sowjetunion beteiligt werde. Die Aufgabe der Viererkommission sollte seiner Auffassung nach in der Festlegung des militärischen und politischen Status Gesamtdeutschlands durch einen Friedensvertrag bestehen. Beide Teile Deutschlands mußten an der Ausarbeitung des Friedensvertrags beteiligt werden. Wie schon in seiner Bundestagsrede im März betonte er auch jetzt, daß man an einer Anerkennung der „De-facto-Autorität“ der DDR nicht vorbeikomme[118]. Darauf wollte freilich niemand eingehen, auch nicht die Kollegen aus der eigenen Fraktion. Daß Friedensvertragsverhandlungen einer Wiedervereinigung in Frieden und Freiheit vorausgehen mußten, war dagegen im Herbst 1958 schon fast ein Allgemeinplatz. Selbst Brentano schien sich schon halbwegs damit abgefunden zu haben, wurde aber deswegen von den Westmächten zurechtgewiesen, die auf die Priorität des Wiedervereinigungsthemas beharrten. Schmid klammerte sich an die vage Hoffnung auf einen Präsidentschaftswechsel in den USA[119]. Den nach der Intervention der Westmächte überarbeiteten Notenentwurf, in dem die Bildung einer gesamtdeutschen Regierung zur Voraussetzung für die Unterzeichnung eines Friedensvertrages gemacht wurde, lehnte er empört ab[120]. Die Note mußte die Frontlinien verschärfen. Der ausgebrochene Streit wurde durch das Berlin-Ultimatum der Sowjetunion beendet.

Das Berlin-Ultimatum brachte auch den Plan der SPD, ein Amt für innerdeutsche Regelungen zu installieren, zu Fall. Das Amt hatte laut Antrag die Arbeit der Dienststellen der Bundesrepublik, die mit innerdeutschen Regelungen betraut waren, zu koordinieren und innerdeutsche Fragen mit allen beteiligten Stellen und Personen zu erörtern[121]. Herbert Wehner, auf den der Antrag zurückging, machte in der Fraktion keinen Hehl daraus, daß das Amt in Konkurrenz zum Gesamtdeutschen Ministerium treten sollte, das in Wehners Augen seine Hausaufgaben nicht richtig machte. Er wies dem Amt die Aufgabe zu, mit den Machthabern der Sowjetzone zu verhandeln[122]. Als Carlo Schmid am 1. Oktober im Bundestag den Antrag begründete, verschwieg er dies. „Auch wir glauben nicht, daß es richtig wäre, von Regierung zu Regierung zu sprechen.“ [123] Diesmal ließ er es beim Anerkennungstabu. Das Amt habe Vereinbarungen technischer Art zu treffen. Ein modus vivendi solle geschaffen werden, der den Menschen in der DDR das Leben erleichtere. Die Menschen dort dürften nicht das Gefühl haben, der „dämlichere-DDR-liche-Rest“ zu sein, wenn sie nicht in den Westen gingen[124]. Noch war die Mauer nicht gebaut.

Es war wohl nicht nur taktisches Kalkül gegenüber den Regierungsparteien, das Schmid so vorsichtig argumentieren ließ. Wehner mochte in dem Amt für innerdeutsche Regelungen einen Hebel zur Wiedervereinigung sehen. Für Schmid war es nicht mehr als eine Aushilfe in einer Zeit, in der sich außenpolitisch nichts bewegen ließ. Sein außen- und deutschlandpolitisches Konzept, das er im Frühjahr 1958 entwickelt hatte, baute auf mehreren Komponenten auf: militärische Entspannung, Normalisierung der Beziehungen zu den osteuropäischen Staaten, insbesondere zu Polen, Grenzgarantien, einschließlich der Anerkennung der Oder-Neiße-Linie, und de-facto-Anerkennung der DDR. Seine Vision hatte eine europäische Dimension. Deutsche Einheit in einem Europa der Dritten Kraft war noch immer sein Leitbild. Es ist müßig, darüber zu spekulieren, ob Schmid als Außenminister dieses Konzept hätte durchsetzen können. Geschichte läßt sich nicht im Konjunktiv konjugieren. Das Konzept war ohnehin auf längere Zeit angelegt. Schmid wußte nur zu gut, daß ohne Unterstützung der Westmächte eine aktive Ostpolitik nicht möglich war.

Er hielt trotz aller Rückschläge und Widerstände an seinem außenpolitischen Programm fest. Im Sommer hatte er zugesagt, im Wintersemester einen Vortrag an der Universität Prag zu halten[125], der aber dann wegen des Berlin-Ultimatums auf unbestimmte Zeit vertagt werden mußte. Ein Teil der Parteifreunde mag aufgeschnauft haben. Die Sudetendeutschen wußten lautstark ihre Interessen innerhalb der Partei zu verteidigen. Und sie waren noch lange nicht bereit, das Münchener Abkommen für null und nichtig zu erklären. Als Schmid in einem Round-Table-Gespräch im Frühjahr 1959 erklärte: „Nun, was das Sudetengebiet anbetrifft, so kann doch wohl nur ein Irrer der Meinung sein, daß das zu Deutschland zurückgeführt werden könnte“ [126], brachen die Vertriebenenverbände in einen Sturm der Entrüstung aus. „Millionen von Heimatvertriebenen“ habe er beleidigt, mußte er sich vom Präsidenten des Bundesverbandes der Vertriebenen Krüger sagen lassen[127]. Der Vorsitzende der Seliger-Gemeinde Wenzel Jaksch stieß ins gleiche Horn. Er wich nicht zurück. Weiterhin vertrat er den Standpunkt, „daß man das, was man für wahr erkennt, aussprechen sollte, auch wenn man fürchten muß, dadurch Wähler zu verlieren“ [128]. Freilich, die Dreckkübel, die deswegen über ihn ausgegossen wurden, und die bösen Worte, die er in der Partei dafür erntete, verletzten ihn mehr, als er zugab[129].

Nicht nur für die Vertriebenen war er ein bête noir. Einigen ehemaligen Nationalsozialisten, die mit kaum geänderter Gesinnung in der Bundesrepublik wieder Politik betrieben, waren seine Appelle zur Auseinandersetzung mit der deutschen Vergangenheit und seine Schuldbekenntnisse ein Dorn im Auge. Sie ließen nichts unversucht, um ihn und damit auch seine Politik der Aussöhnung und Wiedergutmachung zu diskreditieren.

Politik der Aussöhnung und der Rachefeldzug eines braun gebliebenen Ministers

„(A)uch in der Politik besteht gelegentlich Klugheit darin, das moralisch Notwendige zu tun; es bringt oft mehr ein als Gewitzheit.“ [1] Die Aussöhnung mit Ländern, die Opfer nationalsozialistischer Verbrechen geworden waren, vor allem aber die Wiedergutmachung gegenüber Israel hätten eine Selbstverständlichkeit sein müssen, und doch sah sich Carlo Schmid immer wieder gezwungen, die moralische Verpflichtung der Deutschen zu betonen. Mit dem 1952 abgeschlossenen Wiedergutmachungsabkommen war für Schmid der Prozeß der Versöhnung mit Israel nicht abgeschlossen. Mit Felix E. Shinnar, dem Leiter der Israel-Mission in Köln, hatte Schmid wiederholt die Möglichkeit einer Normalisierung der Beziehungen zwischen Israel und der Bundesrepublik diskutiert.

Im Frühjahr 1958 übermittelte Shinnar ihm eine Einladung zur Teilnahme an der Feier zum 10jährigen Bestehen Israels am 14. Mai 1958[2]. Die Reise gab Gelegenheit zum politischen Meinungsaustausch und zum Kennenlernen von Land und Leuten. Shinnar arrangierte sogar ein Zusammentreffen mit Ben Gurion, dem 72jährigen Ministerpräsidenten des Landes. Gerne hätte Schmid mit dem jüdischen Patriarchen die Aufnahme diplomatischer Beziehungen zwischen Israel und der Bundesrepublik vereinbart, zu der der Bundesregierung, die die Anerkennung der DDR durch die arabischen Staaten befürchtete, der Mut fehlte[3]. Doch als Parlamentarier waren ihm die Hände gebunden. So blieb es bei einem unverbindlichen Meinungsaustausch, bei dem Schmid dem Ministerpräsidenten Israels versicherte, daß die Deutschen sich von ihrer nationalsozialistischen Vergangenheit getrennt hatten. Er war beeindruckt, daß Ben Gurion und sein Volk die schrecklichen Verbrechen der Nationalsozialisten „moralisch und human“ verarbeiteten, „ohne sich des schäbigen Vergessens schuldig zu machen“[4]. Nach seiner Rückkehr nach Bonn dankte er Ben Gurion noch einmal ausdrücklich dafür.

Fasziniert war er vom Pioniergeist der jüdischen Siedler, den er in der Wüste Negev und in den Kibbuzims am See Genezareth bestaunen konnte: „Was diese Menschen, von denen doch kaum einer je mit Spaten und Hacke umgegangen ist, aus der Wüste, den Steinhalden, den Sumpfniederungen gemacht haben, hält jeden Vergleich mit den größten kolonisatorischen Erfolgen in Europa und Übersee aus.“[5] Schmids Bericht über die Eindrücke seiner Israel-Reise war diktiert von der Begeisterung über ein Land, in dem die Menschen aus Hingabe an ein Ideal der „größten Opfer“ fähig waren. Die Utopien des Dritten Humanismus wurden bei ihm wieder wach. Er geriet ins Schwärmen: „Hier kann man die Wahrheit des Wortes erkennen, daß es der Geist ist, der den Körper baut: ich habe kaum je eine schönere Jugend gesehen als die Jugend dieses Landes.“[6]

Bald kehrte Schmid wieder auf den nüchternen Boden der Bonner Politik zurück. Selbst die Herstellung kultureller Beziehungen zu Israel war schwierig. Der Öffentlichkeit in beiden Ländern wegen war es besser, wenn Israel die Initiative zu einem geistig-kulturellen Meinungsaustausch ergriff. Schmid gab seine Auffassung an Shinnar und Rudolf Küstermeier, den dpa-Korrespondenten in Jerusalem, weiter[7].

Ein Jahr später erhielt er eine Einladung der Universität Jerusalem zu einer Gastvorlesung im Wintersemester 1959/60. Diesmal flog er zur Weihnachtszeit in das biblische Land. Seine Vorlesung hatte die Entwicklung des Menschenbildes in der europäischen Geistesgeschichte zum Thema. Wieder einmal brach er ein Tabu: Er hielt die Vorlesung in deutscher Sprache. In einigen einleitenden Bemerkungen, die er der Vorlesung vorausstellte, führte er aus, daß trotz der Last der Vergangenheit, die auf jedem Deutschen liege, auch die Deutschen ein Recht haben, sich in ihrer Sprache auszudrücken[8]. Schmid wollte, daß die Deutschen eine normale Nation werden. Er war der festen Überzeugung, daß sie es nur werden konnten, wenn sie nicht vergaßen, was in ihrem Namen Schreckliches geschehen war.

Auf eigenen Wunsch verbrachte er im Anschluß an seine Vorlesung einige Tage in einem Kibbuzim am Fuße des Hermongebirges. Besichtigungen und politische Gespräche folgten. Gar nicht genug loben konnte er die berufsbildenden Schulen der ORT (Organization for Rehabilitation trough Training), die in aller Welt Lehrwerkstätten zur Ausbildung von Facharbeitern unterhielt. Die Schulen waren u. a. auch ein Beitrag Israels zur Entwicklungshilfe. Sofort nach seiner Rückkehr aus Bonn setzte er „Bettelbriefe“ auf, in denen er unter ausdrücklicher Betonung der Pflicht zur Wiedergutmachung die Großindustriellen des Landes zu Spenden für die ORT aufforderte[9]. Auf diese Weise gelang es Schmid, die ORT-Schulen aktiv zu fördern.

Das Gespräch mit Ben Gurion war überschattet durch eine Welle antisemitischer Delikte in der Bundesrepublik. In der Weihnachtszeit 1959 war die neueingeweihte Kölner Synagoge von rechtsextremen Jugendlichen mit Hakenkreuzen beschmiert worden. Im Januar kam es in der ganzen Bundesrepublik zu weiteren antisemitischen Sudeleien. Im Ausland, insbesondere in Israel, wuchs die Besorgnis vor einem Wiederaufleben des Antisemitismus in Deutschland. Carlo Schmid war sich mit Ben Gurion einig, daß der Plan der Bundesregierung, die in der Bundesrepublik lebenden Juden unter Sonderschutz zu stellen, abgelehnt werden mußte. Beide waren der Auffassung, daß ein solches Sondergesetz „nur eine andere Seite des Antisemitismus sei“[10]. Am meisten versprach sich Schmid von einer „längere(n) Erziehungsarbeit“ durch eine Aufklärung der öffentlichen Meinung und eine intensive Auseinandersetzung mit der Vergangenheit. Bei der Bestrafung der Täter wollte er die ganze Härte des Gesetzes angewandt wissen. Jugendpsychologisches Verständnis sei in diesem Fall fehl am Platz[11].

Zweimal ergriff er zu den antisemitischen Vorfällen im Bundestag das Wort: am 20. Januar als amtierender Präsident und am 18. Februar als Debattenredner der SPD. Er wollte sich nicht damit beruhigen, daß die Täter ungebildete rowdyhafte Halbstarke waren. Seine Zuhörer erinnerte er an die Karriere eines Sepp Dietrich und gab zu bedenken, daß die meisten der über 17 Millionen NSDAP-Wähler die Judenmorde nicht gewollt hatten, „aber durch das, was sie in ihrer Verblendung taten", möglich gemacht hatten[12]. Er unterstrich, daß diese Delikte in erster Linie „unter dem Aspekt der Moral" und nicht „unter dem Gesichtswinkel des möglichen Schadens", den die Bundesrepublik politisch im Ausland erlitten hatte, betrachtet werden mußten[13]. Ihn bewegte die Frage: „Wären diese Dinge geschehen, wenn die Täter nicht geglaubt hätten, es gäbe gewisse Anzeichen dafür, daß das, was sie tun, auf eine gleichartige Resonanz in unserem Volke hoffen lassen könnte?"[14] Konnten sich die „Feinde der Demokratie" nicht dadurch gerechtfertigt fühlen, daß einstige Verfechter der nationalsozialistischen Ideologie auf der Regierungsbank saßen? Schmid appellierte an den Kanzler, Konsequenzen zu ziehen[15]. Zugleich forderte er ihn zur Aufnahme diplomatischer Beziehungen mit Israel auf. Im Ausland verfolgte man die Debatten sehr genau. Schmids eindringliche Worte fanden sogar im amerikanischen Senat Beachtung[16].

Der Kanzler wich dem Thema diplomatische Beziehungen mit Israel aus Furcht vor der Reaktion der arabischen Staaten aus. Die braunen Flecken in den Lebensläufen einiger seiner Mitarbeiter und Minister schienen ihn nicht weiter zu stören, obwohl mittlerweile auch das Ausland an Vertriebenenminister Theodor Oberländer und Staatssekretär Hans Globke Anstoß nahm. Auch Schmid bekam von besorgten ausländischen Politikern Briefe, in denen er um Auskunft über Globke und Oberländer gebeten wurde. Er bemühte sich um ein ausgewogenes Urteil: „Globke ist ein Fall für sich. Er ist weder Nazi noch Antinazi, sondern ein Beamter, der für jedes Regime das vom Regime Geforderte tut. Wenn man es von ihm verlangt hätte, hätte er auch einen philosemitischen Kommentar geschrieben. Umso schlechter für die Regierung, daß der Kanzler solche Berater hat. Oberländer dagegen war ein Nazi, der nach Kräften dazu beigetragen hat, die nazistische Ostraumideologie zu verbreiten. Adenauer will sich aber nicht von ihm trennen, nicht weil er ihn besonders schätzte, sondern weil er an die nächste Wahl denkt und im Falle einer Loslösung von Oberländer fürchtet, einige hunderttausend Stimmen von Heimatvertriebenen zu verlieren."[17]

Seit seiner Rückkehr aus Polen lag Schmid mit Oberländer, der ihm vorgeworfen hatte, nicht in das Aussiedlerlager nach Friedland gefahren zu sein, wo er mit Menschen hätte sprechen können, die dreizehn Jahre unter dem polnischen System gelitten hatten[18], im Streit. Daß Schmid auf die zahlreichen Anschuldigungen und Unterschiebungen, die aus der rechten Ecke kamen, gereizt reagierte, ist nur zu verständlich. Als er in einem Interview mit der „Neuen Ruhr Zeitung" auf die Vorwürfe Oberländers angesprochen wurde, fragte er zurück, ob Oberländer denn nicht während des Krieges als Aussiedlungskommissar bei Rosenberg tätig gewesen sei[19]. Das war ein Gerücht, das damals überall kursierte. Jeder schenkte ihm Glauben, weil das Eintreten des ehemaligen Leiters des Bundes Deutscher Osten für die Ostraumideologie nur zu bekannt war. Schmid nahm seine Behauptung zurück, nachdem Oberländer sich gegen diese Unterstellung bei ihm beschwert hatte[20].

Schmid mochte gehofft haben, daß damit die Sache erledigt war. Oberländer aber legte es darauf an, den einmal begonnenen Briefwechsel fortzusetzen. Er erging sich in Selbstrechtfertigungen, die Schmid zu Recht noch mißtrauischer gegen Oberländer machten, als er es ohnehin schon war. Hatte dieser Mann sich je vom Nationalsozialismus losgesagt? Schmid bekam erhebliche Zweifel, als er Oberländers Brief vom 31. Januar 1959 las, in dem der Vertriebenenminister u. a. erklärte: „Die Klassifizierung unserer deutschen Mitmenschen nach den Kriterien, wann, in welcher Form, und mit welchen Reaktionen sie dem Nationalsozialismus entgegengetreten sind, scheint mir nicht ausreichend für die Beurteilung eines Menschen, seines Wirkens und seines Wollens zu sein. Ein solcher Standpunkt hilft uns auch nicht, die zwischen Menschen und Gruppen aufgerissenen Gräben zu überbrücken. (...) Auch der Nationalsozialismus hat sich erst unter dem Einfluß kompromißloser Theoretiker und herzloser Machtmenschen im Laufe der Jahre zu einem System entwickelt, von dem wir uns abwenden mußten und dem wir entgegengetreten sind. Ich habe zu keiner Zeit meines Lebens zu einer ‚Alten Garde' gehört."[21] Daß er 1923 mit Hitler zur Feldherrnhalle marschiert war, verschwieg er diskret.

Weniger Oberländers Vergangenheit als seine jetzige Haltung fand Schmid beschämend. Bei seinem letzten Israel-Besuch hatte er erklärt, daß er sich mit einem Mann wie Oberländer nicht an einen Tisch setzen könne, egal, ob die gegen den Vertriebenenminister erhobenen Anschuldigen zuträfen oder nicht. Zu den Anschuldigungen wollte er nur so viel sagen: Oberländer habe wohl gewußt, daß die „Nachtigallen" nicht „nur zum Singen" nach Lemberg abkommandiert worden waren[22]. Oberländer stand im Verdacht, als Verbindungsoffizier eines aus Ukrainern zusammengesetzten Bataillons „Nachtigall" an Massenmorden in Lemberg beteiligt gewesen zu sein. Die Staatsanwaltschaft des Bonner Landgerichts kam bei ihren Ermittlungen zu dem Ergebnis, daß Oberländer keine strafbaren Handlungen nachzuweisen seien. Ein Freispruch aufgrund erwiesener Unschuld war das nicht. Das Landgericht schloß nicht aus, daß Angehörige der 2. Kompanie des Bataillons „Nachtigall" an den Morden im NKWD-Gefängnis in Lemberg beteiligt waren. Außerdem waren Oberländers Beteuerungen, daß er von den ganzen Bluttaten in Lemberg nichts mitbekommen habe, nicht sehr glaubhaft, da selbst der Stab eines Armeekorps, der sich nicht in Lemberg befand, von den Vorgängen dort erfahren hatte. Jeder, der das Urteil las, mußte sich zumindest die Frage stellen, ob Oberländer die Ausschreitungen in Lemberg nicht völkerrechtswidrig geduldet hatte[23].

Die Bundesregierung beeilte sich, den mittlerweile auf Druck der SPD-Fraktion zurückgetretenen Oberländer zu rehabilitieren. Der mit Oberländer befreundete Hermann Raschhofer, Verfasser eines NS-Handbuchs für Recht und Gesetzgebung, wurde vom Presse- und Informationsamt der Bundesregierung finanziell unterstützt, um Oberländer durch eine einseitige Darstellung des Bonner Landgerichtsurteils reinzuwaschen[24]. Der Ex-Vertriebenenminister sann derweil auf Rache, die zeigte, welch Geistes Kind er war. Im Verein mit Kurt Ziesel, der sich während der NS-Zeit als Schriftleiter mehrerer nationalsozialistischer Zeitungen hervorgetan hatte und seit geraumer Zeit einen Kreuzzug gegen die „Diktatur“ linker Medien unternahm[25], plante er eine Rufmordkampagne gegen seine Kritiker, insbesondere gegen Carlo Schmid. In den Worten Ziesels las sich das so: „Mein Buch beabsichtigt, wie meine früheren (...) Deutschland zu dienen, indem ich seine Selbstbesudler, Kollektivschamprediger und Moralapostel als alte Nazikollaboranten entlarve.“[26] Die zitierten Sätze entstammen einem Brief, den Ziesel an Martin Sandberger schrieb. Ziesel hatte gehofft, daß Sandberger seiner alten Gesinnung treu geblieben sei und ihm Material gegen Carlo Schmid zuspiele. Die Rechnung ging nicht auf. Sandberger ließ durch seinen Anwalt mitteilen, daß Carlo Schmid gegenüber dem NS-Regime „eindeutig illoyal“ eingestellt gewesen war. Es stimme nicht, daß der Tübinger Kreisleiter Rauschnabel ein Freund Schmids gewesen sei. Im Gegenteil: Rauschnabel habe gegenüber vorgesetzten Stellen Schmid mehrfach als „politisch unzuverlässig“ bezeichnet[27].

Die Aussagen Sandbergers hinderten Ziesel nicht daran, in seinem Pamphlet „Der Rote Rufmord“ das genaue Gegenteil zu behaupten. Dort konnte man lesen, daß Schmid freundschaftlichen Umgang mit dem Tübinger Kreisleiter gepflegt habe, als Kriegsverwaltungsrat für die Verhaftung von Geiseln verantwortlich gewesen sei und in „totaler politischer und moralischer Blindheit“ unterstützt hatte, „was zur Vernichtung von Millionen Juden führte“. Obendrein habe der einstige Kriegsverwaltungsrat mit „zynisch-akademischer Ironie“ die „Auspowerung“ Frankreichs durch Hitler-Deutschland gerechtfertigt. Gewandelt zum „Superdemokraten“ habe er sich schließlich 1946 selbst zum ordentlichen Universitätsprofessor ernannt[28]. Für die erste und letzte Behauptung berief sich Ziesel auf Joseph Forderer, der bereits 1950 anläßlich eines Streites um die „Schwabenquote“ an der Tübinger Universität versucht hatte, Schmid zu diskreditieren[29]. Ansonsten hatte er nur ein Beweisstück zur Hand: Schmids Rede vor dem Völkerrechtsausschuß der Akademie für Deutsches Recht aus dem Jahre 1941. Ziesel verstand es, die einzelnen Passagen der Rede so zu montieren, daß der unbedarfte Leser tatsächlich meinen mußte, Schmid habe eine Endsieg-Rede gehalten. Wie sollte Schmid beweisen, daß nach dieser Rede Helmuth James von Moltke auf ihn zugekommen war, um im Geiste der Humanität mit ihm zusammenzuarbeiten?

Es wäre das beste gewesen, Carlo Schmid hätte die von Oberländer angestiftete Schmutzkampagne Ziesels einfach ignoriert. Er hatte es zunächst auch vor[30], stimmte aber dann nach Absprache mit den Kollegen in der Partei doch dafür, gegen Ziesels Machwerk, in dem auch andere Sozialdemokraten verleumdet wurden, vorzugehen[31]. Carlo Schmid beantragte eine einstweilige Verfügung, die ihm nach dem Widerspruch Ziesels das Frankfurter Landgericht nur zu zwei Fünfteln bestätigte. Ziesel durfte nicht mehr behaupten, Schmid trage Verantwortung für die Erschießung von Geiseln und habe sich nach dem Krieg selbst zum Professor ernannt[32]. Es nutzte Schmid wenig, daß er dem Gericht eine Unmenge von Zeugnissen vorlegte, die seine untadelige Haltung als Kriegsverwaltungsrat bestätigten[33]. Auch ein Schreiben des damaligen Direktors der Sûreté Nationale Pierre Bertaux aus dem Jahre 1945, in dem der spätere Hölderlin-Forscher versicherte, in Schmids Dossier nichts gefunden zu haben, was ihm als „Verstoß gegen die Ehre, das Gewissen und die Menschlichkeit“ angelastet werden könne[34], konnte die Richter nicht umstimmen. Die Richter des Frankfurter Landgerichts standen ganz offensichtlich Ziesel näher als Schmid. Nach Ansicht des Gerichts waren die moralischen Maßstäbe, die Schmid in seiner Bundestagsrede vom 18. Februar 1960 aufgestellt hatte, mit seiner Tätigkeit als „höherer Militärverwaltungsbeamter“ nicht zu vereinbaren[35]. So durfte Ziesel weiterhin behaupten, Schmid habe unterstützt, was zur Vernichtung von Millionen von Juden geführt habe. Das Urteil war skandalös, aber Schmid war nicht ganz schuldlos, daß es so gekommen war. Er hatte den Prozeß völlig falsch angepackt und sich zudem einen Prozeßvertreter gesucht, der der ganzen Sache nicht gewachsen war[36]. Ziesels Prozeßvertreter Peter Gast, der 1933 einen handlichen Kommentar zum nationalsozialistischen Schriftleitergesetz verfaßt hatte, verfügte über einschlägige Erfahrungen im Presserecht[37].

Beide Seiten legten Berufung ein. Bei den Berufungsverhandlungen trat Oberländer als Nebenintervenient Seite an Seite mit Ziesel im Gerichtssaal auf. Kurz nach Erscheinen des Ziesel-Pamphlets hatte der ehemalige Vertriebenenminister in einem Brief an Schmid mit kaum zu überbietendem Zynismus seinen Strohmann Ziesel dafür gelobt, daß er den „Mut“ aufgebracht hatte, den von der SPD gewünschten „Prozeß der Selbstreinigung“ weiterzuführen[38]. Oberländer verband sich nun in aller Öffentlichkeit mit einem Mann, den Schmids „wilde Verdammungsedikte“ mit „Abscheu“ erfüllten und dem jede Form der Verleumdung recht war. Den

Ex-Vertriebenenminister störte es auch nicht, daß Ziesel ihn in einem Atemzug mit Veit Harlan, Leonhard Schlüter und Ferdinand Schörner nannte, deren Rehabilitierung er ebenfalls betrieb[39]. Und was dachte sich Adenauer, als er Anfang 1962 Oberländer sein Vertrauen aussprach und ihn zurück in die politische Arena bat?[40]

Carlo Schmid war klar, warum Oberländer nun plötzlich als Nebenintervenient auftrat. Er sollte mittels eines Vergleichs dazu gebracht werden, eine Ehrenerklärung für Oberländer abzugeben, durch die dieser in aller Welt wieder „hoffähig" gemacht wurde[41]. Beim ersten Zusammentreffen mit Oberländer in der Berufungsverhandlung erlitt Schmid einen Herzanfall und mußte in die Klinik gebracht werden[42]. Ihn rieb die Sache furchtbar auf. Sein „gutes Gewissen" schützte ihn nicht davor, von „Verbitterung aufgefressen" zu werden[43]. Hängen blieb immer etwas, selbst wenn er beweisen konnte, daß alle Behauptungen Ziesels nur Verleumdungen waren. Er stand der Sache ziemlich hilflos gegenüber. Er hätte zurückschlagen müssen, indem er die Öffentlichkeit gegen Ziesel und Oberländer mobilisierte. Auf gerichtlichem Wege war den beiden kaum beizukommen.

Gustav Heinemann hatte in der Berufungsverhandlung die Prozeßvertretung übernommen. Am 4. April 1962 fällte das Oberlandesgericht Frankfurt sein Urteil: Ziesel wurde untersagt, weiterhin zu behaupten, Carlo Schmid habe unterstützt, was zur Ermordung von Millionen Juden führte[44]. Schmid war bereit, das Urteil zu akzeptieren, wenngleich es ihn schmerzte, daß der Vorwurf stehen blieb, er habe der „Auspowerung" Frankreichs das Wort geredet. Oberländer und Ziesel legten es darauf an, den Prozeß weiterzuführen. Ziesel bezichtigte Schmid weiterhin, mitverantwortlich für die Vernichtung von Juden gewesen zu sein. Der Prozeß landete vor der 3. Zivilkammer des Landgerichts Frankfurt. Oberländer erreichte, was er wollte: einen Vergleich. Schmid hatte zu erklären, daß er Oberländer nicht vorwerfe, bei der Ermordung von Juden in Lemberg mittelbar oder unmittelbar beteiligt gewesen zu sein. Seine Bemerkung, er könne sich mit Oberländer nicht an einen Tisch setzen, mußte er mit einem Ausdruck des Bedauerns zurücknehmen. Darüber hinaus mußte er sich verpflichten, bei seinem nächsten Israel-Besuch eine entsprechende Ehrenerklärung für Oberländer abzugeben. Ziesel wollte seinerseits nicht länger behaupten, daß Schmid für die Vernichtung von Millionen Juden Mitverantwortung trage[45]. Schmid, der Gegner des Nationalsozialismus, und Oberländer, der überzeugte Nationalsozialist, wurden auf eine Stufe gestellt. Schmid konnte seine Verbitterung über diesen Prozeß nie ganz überwinden[46]. Er mußte freilich einräumen, daß er taktisch nicht besonders klug vorgegangen war[47].

Die Auseinandersetzung Schmid – Oberländer war auch eine Auseinandersetzung um die politische Kultur der Bundesrepublik. Oberländer und Ziesel legten es darauf an, Schmid eine NS-Vergangenheit anzuhängen, um seine Schuldbekenntnisse und seine Appelle, die Vergangenheit nicht zu verdrängen, unglaubhaft zu machen. Schmid widersetzte sich ihrer Schlußstrichmentalität, was ihnen aus persönlichen und politischen Gründen nicht zupaß kam. So wurde er als scheinheiliger Nestbeschmutzer denunziert. „Zerknirschungsmentalität" ist die neue Vokabel, die Historiker des rechten Spektrums gefunden haben, um die Kritik an der mangelnden Aufarbeitung und geistig-mentalen Verarbeitung der NS-Vergangenheit zurückzuweisen[48]. Carlo Schmid hat einer „Zerknirschungsmentalität" ganz gewiß nicht das Wort geredet. Oft betonte er, daß die Deutschen nicht ewig in Sack und Asche gehen müßten. Zu denen, die darauf beharrten, die deutsche Teilung sei die unvermeidliche Strafe für Auschwitz, gehörte er nicht. Er war noch immer stolz auf die deutsche Kulturnation, auf das Deutschland Goethes, Hölderlins und Stefan Georges. Aber wenn die Deutschen als „normaler" Partner von den anderen Staaten akzeptiert werden wollten, dann mußten sie die Verantwortung für ihre Vergangenheit übernehmen, dann mußten sie sichtbare Beweise erbringen, daß sie sich von ihrer nationalsozialistischen Vergangenheit losgesagt und mit alten Irrtümern aufgeräumt hatten.

Ein wiedervereinigtes Deutschland, das Schmids sehnlicher politischer Wunsch war, brauchte solide demokratische Grundlagen. Bei einem Mann wie Oberländer konnte man, ungeachtet seiner Vergangenheit, erhebliche Zweifel haben, ob er wirklich ein demokratisches Bewußtsein entwickelt hatte. Er war im Grunde der alte geblieben[49], der wie viele Deutsche den Nationalsozialismus für eine gute Sache hielt, die schlecht ausgeführt worden war. Sieben Jahre konnte dieser Mann in der Bundesrepublik Minister sein. Auch Kurt Ziesel machte in der Bundesrepublik Karriere. Er avancierte zum Generalsekretär der Deutschland-Stiftung.

Deutschlandpolitik unter dem Druck des Berlin-Ultimatums

Langsam konnte Schmid die ständigen Spekulationen über einen baldigen Zusammenbruch des politischen Systems der Sowjetunion nicht mehr hören. Liefen sie nicht letztendlich auf eine „Preisgabe" der „Brüder jenseits des Eisernen Vorhangs und eine weitere Verhärtung der Nato-Doktrin" hinaus? Schließlich wartete man schon seit 41 Jahren vergeblich auf diesen Zusammenbruch[1]. Die historische Entwicklung sprach dagegen. Die Machtpositionen hatten sich seit Beginn der 50er Jahre zugunsten der Sowjetunion verschoben. Ende 1958 fühlten sich die Kreml-Oberen auf dem Zenit ihrer Macht angekommen. Am 27. November übersandte Chruschtschow den drei Westmächten und der Bundesrepublik eine Note, in der die Übertragung sämtlicher Hoheits- und Kontrollrechte für den

Transitverkehr von und nach Berlin an Behörden der DDR angedroht wurde, falls die Westmächte nicht innerhalb eines halben Jahres mit der Sowjetunion ein Übereinkommen über die Umwandlung West-Berlins zur Freien Stadt trafen[2].

Die Ablehnung des Berlin-Ultimatums war bei allen Parteien einhellig. Die Frage war nur: Waren die Westmächte gewillt, im Ernstfall den Krieg zu riskieren, um die freien Zufahrtswege von und nach Berlin zu sichern? Fritz Erler war optimistischer als Carlo Schmid, der nüchtern und resigniert feststellte, daß die Sowjetunion die „Pfänder in Händen“ habe und es deshalb nicht zu umgehen sei, daß man sich auf Verhandlungen mit ihr einlasse[3]. Das Experiment einer Luftbrücke ließ sich seines Erachtens im „Zeitalter wirtschaftswunderlichen Standards“ nicht wiederholen. Vor zehn Jahren seien die Menschen froh gewesen, „wenn einige Kartoffeln auf den Tisch kamen“[4]. Ende 1958 sähen die Dinge anders aus. Die Note, so unannehmbar sie war, konnte man nicht aus der Welt schaffen, indem man sie in den Papierkorb warf[5]. Wer wollte schon, daß Berlin ein neues Sarajewo werde? Schmid schlug vor, der Sowjetunion Verhandlungen über den politischen und militärischen Status eines wiedervereinigten Deutschland anzubieten, zweifelte allerdings selbst am Verhandlungswillen der Sowjetunion[6]. Alles deutete darauf hin, daß die Sowjetunion eine Fixierung des Status quo erstrebte. Carlo Schmid war so ratlos wie alle anderen auch.

Anfang 1959 beschloß die Parteiführung, Carlo Schmid und Fritz Erler auf Erkundungsreise nach Moskau zu schicken. Fast wäre die Tour noch geplatzt. Nachdem Ollenhauer für den 9. März eine Einladung zu einem Treffen mit Chruschtschow in Ost-Berlin bekommen hatte, hielten einige Mitglieder des Parteipräsidiums die geplante Explorationsreise der beiden für völlig überflüssig[7]. Schmid drängte noch mehr als Erler auf die Reise und war keineswegs gewillt, sich von seinem Vorhaben abbringen zu lassen. Beide kritisierten heftig, daß Willy Brandt eine durch Bruno Kreisky vermittelte Einladung Chruschtschows ausgeschlagen hatte. Die Kreml-Führer mußten die Absage als „Ohrfeige“ auffassen, was folgenschwere Konsequenzen haben konnte[8]. Doch eine vertane Chance war es wahrscheinlich nicht[9]. Wenn Chruschtschow zu einem großzügigen do ut des bereit gewesen wäre, hätte er wohl kaum Ollenhauer so kaltschnäuzig behandelt.

Der SPD-Vorsitzende mußte feststellen, daß das Interesse der Sowjetregierung an der Wiederherstellung der deutschen Einheit „denkbar minimal“ war. Der Ministerpräsident der UdSSR hatte ohne Umschweife seinen Standpunkt dargelegt: „Sollen wir 17 Mill(ionen) Deutsche an den westlichen Kapitalismus ausliefern?“[10] Ollenhauer, der auch in ausweglosen Situationen optimistisch blieb, war trotzdem zuversichtlich. Es bestünde bei der Sowjetregierung „echte Bereitschaft zu Verhandlungen, die man allerdings äußerst hart führen“ müsse. In erster Linie sei die Sowjetunion an einer „Vereinbarung über den militärischen Status der Bundesrepublik“ interessiert[11].

Auch Carlo Schmid war trotz des nicht allzu ermutigenden Berichts Ollenhauers noch voller Optimismus, als er am 11. März zusammen mit Fritz Erler das Flugzeug nach Moskau bestieg. Insgeheim scheint er gehofft zu haben, Chruschtschow ein annehmbares Verhandlungsangebot entlocken zu können[12]. Hatte er doch bei seiner letzten Moskaureise großen Eindruck auf den Kreml-Chef gemacht. Fritz Erler war etwas in Sorge, daß sein Freund im Bestreben, die festgefahrene Außenpolitik nun selbst in die Hand zu nehmen, sich zu einem unbedachten Schritt hinreißen lassen könnte[13].

Schon bei der ersten Besichtigung Moskaus fiel Schmid auf, daß sich dort einiges gewandelt hatte. So trostlos wie noch vor vier Jahren sah es dort nicht mehr aus. Der Bevölkerung ging es ohne Zweifel weitaus besser als Mitte der fünfziger Jahre. Diesmal begegneten Schmid auf den Straßen Moskaus gutaussehende und gutgekleidete Menschen. Die Frauen sahen nicht mehr so verarbeitet aus und waren zum Teil sogar elegant gekleidet[14]. Es war die Zeit, als die Kreml-Führung glaubte, den ökonomischen Sieg über den westlichen Kapitalismus davontragen zu können[15]. Schmid hielt es nicht für ausgeschlossen, daß die kommunistischen Staaten in absehbarer Zeit einen höheren Lebensstandard als die des Westens erreichen konnten. Es war seine ständige Sorge, daß dann die vom Wirtschaftswunder verwöhnten Westdeutschen den Konsum für die Freiheit eintauschten[16].

Am 14. März kam es zu ersten Diskussionen mit Mitgliedern des Auswärtigen Ausschusses des Obersten Sowjets und daran anschließend zu einer längeren Unterredung mit dem stellvertretenden Außenminister Sorin. Zwei Tage später nahm sich der Kreml-Chef fast drei Stunden Zeit, um sich mit den beiden Sozialdemokraten, die ihm als Gastgeschenk einen handgeschriebenen Brief des französischen Sozialistenführers Jean Jaurès mitgebracht hatten[17], über die anstehenden politischen Probleme zu unterhalten oder genauer gesagt, um ihnen in einem ausgedehnten Monolog seinen Standpunkt darzulegen. Dem dpa-Korrespondenten, der Erler und Schmid nach der Unterredung mit Chruschtschow interviewte, fiel sofort auf, daß die beiden einen „deprimierten Eindruck“ machten, obwohl Carlo Schmid seine Enttäuschung noch hinter diplomatischen wohlgesetzten Formulierungen zu verbergen suchte[18]. Der dpa-Korrespondent erfuhr, daß „die sowjetische Bereitschaft über die engen Grenzen ihrer Berlin-Vorschläge hinaus zu verhandeln“, „nicht überbewertet“ werden dürfe. Er habe trotzdem den Eindruck gewonnen, daß die Sowjetunion sich ernsthaften Verhandlungen über das Berlin-Problem nicht verschließen werde, „falls der Westen Vorschläge macht, die Moskau interessant findet“[19].

Als er zwei Tage später wieder in Bonn war, gab er dann offen und freimütig zu, daß die Situation schier ausweglos war. Fritz Erler legte sich mehr Zurückhaltung auf[20]. Er war wohl auch nicht so niedergeschlagen wie sein Freund Carlo, dessen Hoffnung in Verzweiflung umgeschlagen war. Die bittere Wahrheit war, daß Chruschtschow an einem Friedensvertrag mit den beiden deutschen Staaten weitaus mehr als an einem Disengagement interessiert war[21]. Schmid glaubte, daß es der Sowjetregierung in erster Linie auf eine Umwandlung des bisherigen „De-facto-Zustandes" in einen „De-jure-Zustand" ankomme. Der von ihm und Fritz Erler vorgetragene Vorschlag, den Friedensvertrag mit dem Wiedervereinigungsprozeß zu verknüpfen, habe „keine Gegenliebe" gefunden. Für die Sowjetunion komme eine Vermischung des Friedensvertragsproblems mit der Wiederherstellung der deutschen Einheit, die für Chruschtschow eine innerdeutsche Aufgabe sei, nicht in Frage[22]. Würde die Sowjetunion intervenieren, wenn bei deutsch-deutschen Wiedervereinigungsverhandlungen das bisherige politische System der DDR durch ein westlich demokratisches ersetzt werde? Die Antwort des Kremlchefs war sibyllinisch gewesen. Schmid deutete an, daß er eine Intervention der Sowjetunion, die sich auf die Bündnisverpflichtungen des Warschauer-Paktes berufen konnte, nicht ausschloß[23]. An der Ernsthaftigkeit des Berlin-Ultimatums hatte Chruschtschow keinen Zweifel gelassen. West-Berlin werde nach der Umwandlung in eine Freie Stadt für die beiden Teile Deutschlands Ausland sein. Wenn der Westen nach Ablauf des Berlin-Ultimatums versuchen sollte, „den Zugang nach Berlin gewaltsam zu erzwingen, ‚würde man auf etwas stoßen'. Die Russen würden nicht den ersten Schuß abgeben, aber den zweiten und dabei bliebe es nicht beim Einsatz konventioneller Waffen."[24]

Das Krisenszenario, das Carlo Schmid zeichnete, war mehr als bedrohlich. Konnte man an dem bisher eingenommenen außenpolitischen Standpunkt noch länger festhalten? Die Nato-Mitgliedschaft eines wiedervereinigten Deutschland war für die Sowjetunion kein Verhandlungsobjekt mehr. Über den politischen und militärischen Status Gesamtdeutschlands brauchte man sich nicht mehr den Kopf zu zerbrechen. Die Sowjetunion war an einem Handel Sicherheit für Wiedervereinigung nicht interessiert. Ollenhauers Einschätzung der politischen Absichten Chruschtschows war nicht so pessimistisch gewesen. War der Standpunkt des sowjetischen Ministerpräsidenten noch kompromißloser geworden oder hatte der SPD-Parteivorsitzende die Wahrheit nicht aussprechen wollen? Carlo Schmid wurde von den Parteifreunden gescholten, weil er in der Öffentlichkeit so freimütig gesagt hatte, was Sache ist[25]. Im gegnerischen Lager war bei einigen die Freude groß, daß die beiden Sozialdemokraten mit „hängenden Ohren" aus der Hauptstadt der Sowjetunion zurückgekehrt waren[26]. Der Kanzler hatte offensichtlich gefürchtet, daß die beiden hinter seinem Rücken außenpolitische Weichen stellen könnten. Einem seiner Diplomaten, der die beiden Moskaubesucher zu sich eingeladen hatte, ließ er durch Brentano eine herbe Rüge erteilen[27]. Wer über Schmids Bericht triumphierte, gab zu verstehen, daß ihm parteitaktisches Kalkül wichtiger war als eine Lebensfrage der Nation.

Noch ehe die Parteigremien getagt hatten, wurde Carlo Schmid mit der Frage konfrontiert, welcher politische Weg nun einzuschlagen sei. Auf die außenpolitische Linie der Bundesregierung, deren Politik der Stärke auf ein brinkmanship hinauslaufen konnte, wollte Schmid nicht einschwenken. Einzig in einer Politik des Disengagement sah er noch eine Chance, freilich eine winzige Chance, für die Wiedervereinigung Deutschlands. Die militärische Entspannung sei, so erläuterte er am 18. März im Hessischen Rundfunk, „für sich ein Wert, denn wenn einmal die Russen nicht mehr in Mitteldeutschland sein sollten, dann wird es möglich sein, daß die beiden Hälften Deutschlands in einen Wettbewerb miteinander treten"[28]. Er war durchaus zu Recht davon überzeugt, „daß das System Ulbricht den Wettbewerb auf die Dauer nicht aushalten kann, wenn die Russen einmal weg sein sollten."[29] Der „scheinbar so monolithische Charakter" der DDR werde sich dann lockern, die Bevölkerung werde „in Bewegung" kommen[30]. Wenn die letzten sowjetischen Panzer aus der DDR abzogen, war den DDR-Machthabern keine lange politische Überlebensdauer mehr beschieden. Freilich: Carlo Schmid war sich nicht sicher, ob die Sowjetunion, die kein großes Interesse an einem militärischen Disengagement hatte, zu einem Truppenrückzug bewegt werden konnte. Das war der neuralgische Punkt in seinem Konzept. Er verschwieg es nicht. Im übrigen räumte er ein, daß er hier nur seine private Meinung geäußert habe, die Diskussion in den Parteigremien stehe noch aus.

Wehner hatte weniger Skrupel. Schmid und Erler waren eben erst aus Moskau zurückgekehrt, da wurde auf sein Betreiben am 19. März nach kurzer Diskussion in der Fraktion[31] der unter seiner Federführung ausgearbeitete Deutschlandplan veröffentlicht[32]. Kritik über Kritik. Angesichts der desolaten Lagebeurteilung Schmids und Erlers mutete der Deutschlandplan wie Don Quichotterie an. Schmid hatte sich gar nicht erst in die Kommission berufen lassen, die den Deutschlandplan ausarbeitete. Seine rare Zeit vergeudete er nicht gern mit abstrakten Planspielen. Manchmal mag er sich an die Weisheit des von ihm so geschätzten Brecht erinnert haben:

Ja, mach nur einen Plan
Sei nur ein großes Licht
Und mach' dann noch 'nen zweiten Plan
Gehn tun sie beide nicht.

Der Entspannungs- und Wiedervereinigungsperfektionismus des vorerst letzten deutschlandpolitischen Vorstoßes der SPD stand in krassem Gegensatz zur harten Wirklichkeit. Ein Disengagement sollte nur der Auftakt zur Herstellung eines europäischen Sicherheitssystems sein, wobei der Plan aber kein Junktim zwischen Fortschritten in der Entspannungspolitik und der stufenweisen Zusammenführung der beiden Teile Deutschlands vorsah. Wehner war Ulbrichts Konföderationsplänen auf halbem Wege entgegengekommen. Auf den beiden ersten Stufen des Wiedervereinigungsprozesses sollte ein paritätisch besetzter gesamtdeutscher Rat die „allmähliche Annäherung" der „strukturell grundverschiedenen wirtschaftlichen und politischen" Systeme herbeiführen. Voraussetzung für die deutsch-deutsche Zusammenarbeit war die Garantie der Menschenrechte und Grundfreiheiten in beiden Teilen Deutschlands[33].

Mit dieser letzten Bedingung stehe und falle der Plan, versicherte Schmid der Fraktion, die über den Deutschlandplan in Streit geraten war[34]. Ein jüngeres Fraktionsmitglied wagte, Zweifel anzumelden, ob unter dieser Prämisse der Deutschlandplan überhaupt realistisch sei[35]. Carlo Schmid drückte sich um eine Antwort. Er verließ die Fraktionssitzung. Er hatte erhebliche Vorbehalte gegen den Deutschlandplan, was er Wehner unter vier Augen auch ganz offen gesagt hatte[36], soweit man mit Wehner darüber überhaupt offen sprechen konnte. Allein schon Schmids Bemerkung, daß die schlechten Ergebnisse der SPD bei den letzten Meinungsumfragen auf den Deutschlandplan zurückzuführen seien, brachten den geistigen Vater des Plans in Rage[37]. Um nicht den offenen Bruch mit Wehner zu riskieren, der in der Partei die stärkeren Bataillone hinter sich hatte, verteidigte Schmid in der Öffentlichkeit den Plan, interpretierte ihn aber so um, daß er mit seinen eigenen Vorstellungen und Vorschlägen vereinbar war. Sein Kurzkommentar zu dem auch innerhalb der Partei umstrittenen Plan lautete so: „Der Deutschlandplan ist als eine Offensiv-Aktion gedacht: durch eine Art Rapacki-Plan die Russen zum Abzug aus Mitteldeutschland zu bringen und dann so nahe wie möglich dem Apparat von Pankow auf den Leib zu rücken, daß er zu Auseinandersetzungen gezwungen ist und in einen Wettbewerb treten muß, den er für die Dauer nicht wird aushalten können. Das könnte vielleicht Änderungen mit sich bringen, die weitere Änderungen auslösen könnten. Ich sage ‚vielleicht', denn mehr als ein Vielleicht steckt auch im Deutschlandplan nicht drin. Aber solange ich noch ein Vielleicht sehe, werfe ich die Flinte nicht ins Korn, und wer glaubt, man käme mit der jetzigen Politik auch nur einen Millimeter der Wiedervereinigung näher, der hat die Flinte ins Korn geworfen." [38]

Schmid wurde nicht müde, zu betonen, daß man erst nach Abzug der sowjetischen Besatzungstruppen mit der Regierung der DDR „ins Handgemenge" kommen könne[39]. Weil er sich mit den Konföderationsplänen nicht anfreunden konnte, benutzte er zumeist die sehr delphische Formulierung „Handgemenge". Den Kollegen in der Partei und Fraktion fleischte er ein, daß bei den deutsch-deutschen Gesprächen auf „Sauberkeit“ geachtet werden müsse. „Das erfordere von jedem Sozialdemokraten Standfestigkeit“[40]. Und immer müsse man sich darüber im klaren sein: Voraussetzung für einen deutsch-deutschen Dialog über die Wiedervereinigung war, daß die Sowjetunion ihn zuließ[41]. Schmid versuchte die Partei und Fraktion auf sein im Frühjahr 1958 entwickeltes Konzept zurückzubringen. Noch einmal machte er darauf aufmerksam, daß ohne eine Anerkennung der Oder-Neiße-Linie eine Wiedervereinigung ausgeschlossen sei[42]. Er konnte sich auf de Gaulle berufen, der zum Ärger Adenauers dieses Tabu-Thema wieder in die öffentliche Diskussion gebracht hatte. Erörtert werden müsse auch das Problem des Friedensvertrags, der für die Sowjetunion oberste Priorität besitze. Das heiße Thema Anerkennung der DDR ließ er noch außen vor. Carlo Schmid versah den Deutschlandplan mit so vielen Wenn und Aber, daß nicht mehr viel von ihm übrig blieb.

Durch den Zwist über den Deutschlandplan verschlechterte sich sein Verhältnis zu Wehner drastisch. Die Zeit der Troika, als das Dreigestirn Schmid–Wehner–Erler einträchtig in Schmids Zimmer zusammensaß, um eine gemeinsame politische Linie zu finden, war längst vorbei. Wehner fand nicht mehr den Weg zu Schmid[43], und Schmid machte sich auch nicht auf den Weg zu Wehner. Als Schmid im Juli 1959 von einer Kampagne gegen Wehner wegen dessen kommunistischer Vergangenheit erfuhr, teilte er ihm dies nur schriftlich unter Hinzufügung einiger kurzer Bemerkungen mit. Wehner war zutiefst verletzt. Sein Antwortbrief zeigt, wie gespannt das Verhältnis beider wieder geworden war: „Ich bin Dir für Deine Zeilen dankbar, weil sie mir Gelegenheit geben, wenn auch nur brieflich, Dir einige Gedanken mitzuteilen, die sich sowohl auf den Brief als auch auf Deine Bemerkungen dazu beziehen. Es tut mir leid, daß es nur brieflich möglich ist, aber solange wenigstens noch diese Möglichkeit besteht, möchte ich sie nicht völlig eintrocknen lassen. Zu Gesprächen haben wir ja offenbar weder Zeit noch Gelegenheit. (...) Ich bin Dir ungeachtet dessen, was noch kommen mag, bleibend dankbar dafür, daß Du zu jenen gehört hast, die im Jahre 1957, als ich im Kesseltreiben einer Spionen-Hetze stand, sich öffentlich neben mich gestellt haben. Aber Du wirst es mir hoffentlich nachsehen, wenn ich es mit einiger Bitterkeit verzeichne, daß ich im Grunde genommen mit der ganzen Last dieser sich periodisch wiederholenden Hetzkampagnen ziemlich allein gelassen werde.“[44] Nur kein völliger Bruch mit Wehner! Carlo Schmid beeilte sich, Wehner seine Freundschaft zu versichern[45]. Wehner spielte den Gebrannten, schlüpfte in die Rolle des Opfers und verstand es so, sich die Solidarität seiner Konkurrenten zu erheischen.

Schmid war wütend, daß Wehner der Partei den Deutschlandplan aufgezwungen hatte, während sein eigenes außen- und deutschlandpolitisches Konzept in der Partei keinen hörbaren Anklang fand. Nichts ging gegen Wehner. In einem Gespräch unter vier Augen mit dem französischen Botschafter François Seydoux, in dem man sich u. a. über eine mögliche zukünftige Regierungsbeteiligung der SPD unterhielt, ließ Schmid durchblicken, daß er Wehner für einen „Militanten" halte, der nicht dafür geschaffen sei, ein Ministeramt zu übernehmen[46].

Wehners Deutschlandplan zielte auf die Herstellung eines wiedervereinigten sozialistischen Deutschland. Er rief zum „Zweifrontenkampf" gegen die Bundesregierung und die SED auf[47] und erklärte die kapitalistischen Großbesitzer zu Profiteuren der deutschen Teilung[48]. Ein halbes Jahr vor der Verabschiedung des Godesberger Programms wurde in der Presse von einer „schleichenden Radikalisierung" der SPD gesprochen[49]. Schmid widersprach nicht. Im Parteivorstand warnte er vor einer Verwischung der „Konturen" zwischen SPD und SED. Eine klare Trennungslinie müsse gezogen werden, auch wenn die Gegensätze seit Stalins Tod nicht mehr „so scharf" zu erkennen seien[50]. Wehner sollte sich angesprochen fühlen. Dessen geheime DDR-Kontakte bereiteten Schmid einiges Unbehagen[51]. Schmid war nicht der einzige, der sich Sorgen machte. Mommer, der neben Brandt zu den schärfsten Kritikern des Deutschlandplans zählte, hatte seine Kritik an dem Wehner-Kurs in viel schärferer Form vorgebracht[52]. Im Gegensatz zu Mommer ließ Schmid seinen Unmut nicht an die Öffentlichkeit dringen. In der Öffentlichkeit ausgetragene Kontroversen konnten der Partei nur schaden.

Wehner rückte langsam, auf Raten vom Deutschlandplan ab. In einem vielbeachteten Spiegel-Gespräch im April 1959 unterstrich auch er, daß ohne Abzug der sowjetischen Truppen aus der DDR politische Änderungen „so gut wie unmöglich" seien[53]. Er, der in der SPD im Rufe stand, ein Moskau-Kenner zu sein, war freilich weiterhin zutiefst davon überzeugt, daß es „im Bereich des Interesses der Sowjetunion liegen könnte, es mit einem Deutschland zu tun zu haben, in dessen einem Teil nicht so wie heute die SED unumschränkt, aber höchst angefochten herrscht, das dafür aber ein freundlicheres, kooperativeres Gesicht nach Osten zeigt."[54] Gerade dies bezweifelte Schmid.

Wer nicht genau las und nicht genau hinhörte, glaubte Schmid liege voll auf Wehner-Linie. Das lag nicht nur an seinen Lippenbekenntnissen zum Deutschlandplan, sondern auch an dem äußerst mißverständlichen Begriff vom nationalen Weg zur Wiedervereinigung, den er im Sommer 1959 in die Diskussion brachte. Schmid war überzeugt, daß auf „internationalem Weg", d. h. auf dem Weg von Viermächtevereinbarungen der Wiedervereinigungsprozeß nicht mehr voranzubringen sei[55]. Die Genfer Konferenz, die eine Lösung des Deutschland- und Berlin-Problems bringen sollte, hatte noch nicht einmal begonnen, da prognostizierte er schon ihr Scheitern. Er fürchtete sogar, daß die Sowjetunion nach der Konferenz den angedrohten Separatfriedensvertrag mit der DDR abschließen werde[56]. Tatsächlich markierte die erfolglos verlaufene Konferenz in Genf das „Ende der westlichen Wiedervereinigungspolitik“[57]. Da nun auch die Westmächte das Thema Wiedervereinigung von der Tagesordnung strichen, konnten nur die Deutschen selbst, falls die internationale Situation es erlaubte, das Procedere der Wiedervereinigung vereinbaren[58]. Die Vier Mächte sollten ihnen dazu den Auftrag erteilen.

Schmids beredtes Plädoyer für eine „nationale Prozedur“ gab Anlaß zu Mißverständnissen. Der CSU-Abgeordnete Freiherr von und zu Guttenberg warf Schmid vor, die Allianz mit den Westmächten aufkündigen zu wollen[59]. In der historischen Forschung war bald schon die Rede von einer Wehner-Schmid-Linie und einer Erler-Linie. Während Schmid und Wehner auf die Auseinandersetzung mit der SED fixiert gewesen seien, habe Erler durch Berücksichtigung der politischen Faktoren in Ost und West die SPD nach Westen hin bündnisfähig gemacht[60]. In Wirklichkeit stimmten Erlers und Schmids Konzept fast nahtlos überein. Erler stand dem Deutschlandplan positiver gegenüber als Schmid. Er hatte dessen Veröffentlichung ausdrücklich zugestimmt. Letztendlich vertrauten aber beide auf die Hebelwirkung eines Disengagements[61]. Man kann auch sagen, sie klammerten sich daran wie an einen Strohhalm. In einem überaus offen geführten Gespräch mit François Seydoux bestätigte Schmid selbst sein vollkommenes Einverständnis mit Fritz Erler[62], der freilich mehr Vertrauen in die Gipfeldiplomatie hatte als Schmid. Schmid betrieb keine nationale Nabelschau, obwohl sein Insistieren auf den nationalen Weg der Wiedervereinigung solche Fehldeutungen geradezu herausforderte. Er, der quer durch Europa und die ganze Welt reiste, verkannte nicht, daß man die deutsche Wiedervereinigung nicht ohne Rücksichtnahme auf das weltpolitische und europäische Koordinatensystem betreiben konnte. Wieder und wieder plädierte er im Sommer und Herbst 1959 für die Aufnahme diplomatischer Beziehungen zu den osteuropäischen Staaten. In der großen außenpolitischen Debatte im November wollte er sich noch einmal nachdrücklich dafür einsetzen[63]. Die Fraktion nominierte ihn nicht zum Hauptredner. Man zog es vor, noch einmal ein lauwarmes Bekenntnis zum Deutschlandplan abzugeben.

Schmids Verzweiflung wuchs im gleichen Tempo wie seine Hoffnung auf die Durchsetzbarkeit eines militärischen Disengagements schwand. Beim Deutsch-Amerikanischen Gespräch Anfang Oktober im Hotel Dreesen in Bad Godesberg hatte er Gelegenheit, sich mit führenden amerikanischen Politikern über die Berlin-Krise und die Außenpolitik der USA zu unterhalten. Keiner der amerikanischen Gesprächspartner befürwortete eine entmilitarisierte Zone in Mitteleuropa. Gewiß, die

Teilnehmer waren einseitig ausgewählt worden. Disengagement-Befürworter wie Kennan und Humphrey fehlten. Aber seit dem Scheitern des Herter-Plans auf der Genfer Konferenz waren sie in den USA einsame Rufer. Schmid kam an der Tatsache nicht vorbei, daß sein eigenes deutschlandpolitisches Konzept im Gegensatz zur offiziellen Politik der USA stand[64]. Dean Acheson schlug eine Weiterentwicklung der Nato zu einer wirtschaftlichen und politischen Gemeinschaft vor, wobei die militärischen Bündnisverpflichtungen unterschiedlich gestaltet werden konnten. Schmid hielt den Plan für erwägenswert[65]. Zumindest sagte er das. Vermutlich kam es ihm in erster Linie darauf an, die amerikanischen Gesprächspartner nicht durch offenen Widerspruch zu verprellen.

Seine Sorge wuchs, daß in Berlin der Lattenzaun, der die Freiheit schützte, stückweise eingerissen werden könnte, wenn die westlichen Verbündeten, allen voran die USA, sich in der Berlin-Krise zu Interimslösungen bereit fänden[66]. Auch Carlo Schmid scheint das Schreckgespenst einer neuen Appeasement-Politik des Westens umgetrieben zu haben. Während seine Parteifreunde William S. Schlamms provokante These, man müsse der Sowjetunion mit dem Atomkrieg drohen, in helle Empörung versetzte, sah Schmid in der Provokation Schlamms einen „Stachel", der manchen „von dem Lotterbett bundesrepublikanischer Wunderwirtschafts-Gemütlichkeit" aufscheuchen könne[67]. Er war natürlich nicht über Nacht zum kalten Krieger geworden. Er stellte sich auch nicht hinter Schlamm, sondern betonte, daß man mit der Sowjetunion zu Vereinbarungen kommen müsse. Er wehrte sich aber gegen ein System von Aushilfen, Scheinkompromissen und Interimslösungen, mit dem der Westen die Krise zu überbrücken versuchte. Eine isolierte Behandlung des Berlin-Problems wollte er auf keinen Fall zulassen[68]. Das schloß Solidaritätsbekundungen mit Berlin nicht aus. Er plädierte für mehr Tagungen des Bundestages in Berlin, für die Verpflichtung zu einem einsemestrigen Studium an einer Berliner Universität und für Produktionsanreize, die Unternehmern den Standort Berlin attraktiv machen sollten[69].

Am 12. März 1960 versammelte sich der Parteivorstand zu einer Lagebesprechung. Für Mai war in Paris eine Gipfelkonferenz angesagt. Es stellte sich die Frage, ob die SPD mit eigenen Vorschlägen zur Gipfelkonferenz aufwarten sollte und wenn ja, mit welchen. Ollenhauer holte noch einmal den Deutschlandplan hervor, obwohl man ihn eigentlich schon ad acta gelegt hatte[70]. Carlo Schmid, der nach Ollenhauer und Brandt das Wort ergriff, forderte die Parteifreunde zu einer klaren und eindeutigen Entscheidung heraus. Die Situation sei inzwischen so verfahren, daß es nur noch zwei Wege gebe: „entweder eine Politik der Härte gegenüber den Russen oder Anerkennung der Zweistaatentheorie."[71] Er war sich ziemlich sicher, daß die Sowjetunion den Separatfrieden mit der DDR nicht nur androhe, sondern spätestens nach der Pariser Konferenz ernst damit mache. Auf der Konferenz in Paris werde Chruschtschow nicht über die deutsche Frage verhandeln. Indem er eingestand, daß die Sowjetunion an einer atomwaffenfreien und entmilitarisierten Zone nicht interessiert sei, rückte Schmid schweren Herzens von seinem Disengagement-Konzept ab, für das er zumindest vorläufig keine Verwirklichungschance mehr sah. Er endete mit der nüchternen Feststellung, „daß sich die Welt langsam an die Fakten gewöhnt, davon in politischen Fragen ausgeht und darauf aufbaut"[72]. Die Westmächte spielten mit dem Gedanken einer „De-facto-Anerkennung" der DDR, für die sich Schmid schon in seiner Bundestagsrede im März 1958 ausgesprochen hatte. Auch jetzt dachte er nicht an eine völkerrechtliche Anerkennung der DDR. Er hatte sich über die juristische Problematik nicht ausgelassen, aber ausdrücklich hervorgehoben, daß die Anerkennung der DDR der einzige Weg sei, „zu konservieren, was von deutscher Gesamtstaatlichkeit noch möglich sei"[73]. Die „Kalte Bürgerkriegstheorie" bot die rechtliche Grundlage dafür[74]. Erst einige Jahre später entwickelte Schmid ein eigenes Anerkennungskonzept, das von Brandt in die politische Praxis umgesetzt wurde.

Im Frühjahr 1960 stieß Schmid mit seinem Konzept bei Brandt noch auf wenig Gegenliebe. Der Regierende Bürgermeister Berlins setzte sofort, nachdem Schmid seine Ausführungen beendet hatte, zur Gegenrede an. Schmids Pessimismus konnte er nicht teilen: „Gerade die Berlin-Krise sei das beste Beispiel gewesen, daß es nicht nur eine Alternative gibt. Im November sah es trostlos für Berlin aus, da alle Trümpfe in der Hand des Ostens waren. Heute dagegen wäre die Verhandlungsposition für den Westen bedeutend günstiger."[75] Brandt dachte an die von Smirnow vorgetragenen Konzessionen der Sowjetunion, auf deren Basis die Westmächte zu einer Interimslösung in der Berlin-Krise zu kommen hofften[76]. Brandt und Erler waren der Ansicht, daß für Chruschtschow die Androhung des Separatfriedens wichtiger als dessen Abschluß sei[77]. Dagegen war Schmid, für den die Appeasementpolitik des Jahres 1938 eine Schlüsselerfahrung war, der festen Überzeugung, daß Diktatoren ihre Drohungen auch wahrmachen. So gab es für ihn nur die Alternative Härte oder Eingehen auf die Zweistaatentheorie.

Mit seiner Forderung nach Anerkennung der Zweistaatentheorie stand er im Parteivorstand allein. Arndt gehörte zu seinen heftigsten Widersachern. Der Kronjurist der SPD rief dazu auf, die Zweistaatentheorie, die er mit dem Grundgesetz für unvereinbar hielt, zu bekämpfen[78]. Er berief sich bei seinen juristischen Darlegungen auf Schmids Ausführungen im Parlamentarischen Rat, aus denen Schmid selbst ganz andere Schlußfolgerungen zog[79]. Mit dem Grundgesetz in der Hand war der Streit nicht zu entscheiden. Es mußte eine politische Entscheidung gefällt werden. Der allgemeine Tenor lautete: die Anerkennung der DDR sollte der Regierung Adenauer überlassen werden. Carlo Schmid wurde mit erhobenem Zeigefinger ermahnt, das umstrittene Thema nicht in die öffentliche Diskussion zu bringen. Bisher war sein Eintreten für eine De-facto-Anerkennung der DDR kaum auf Resonanz gestoßen, weil die SPD den Mantel des Schweigens darüber ausgebreitet hatte. Wie schon so oft ordnete er sich auch diesmal dem Willen der Partei unter.

Die sozialdemokratischen Vorschläge zur Pariser Konferenz wurden in die Form eines Briefes an Adenauer verpackt. Die Forderungen waren nicht neu. Fritz Erler arbeitete noch einmal Thesen zur Schaffung einer Zone verringerter Rüstung aus. In den von Klaus Schütz entwickelten Überlegungen zur Berlin-Frage wurde die Verantwortung der Vier Mächte für Berlin und die Verbundenheit West-Berlins mit der Bundesrepublik betont. Die Erklärung, daß die deutsche Frage auf der Tagesordnung der internationalen Konferenzen bleiben müsse, war nicht mehr als ein frommer Wunsch[80]. Wider besseren Wissens stimmte auch Carlo Schmid in diesen Appell ein. Um seine Skepsis zu verbergen, rettete er sich in schöne Formulierungen. Zwei Wochen vor Beginn der Konferenz schrieb er: „Weder Abrüstung, noch Sicherheit, noch die Berlin-Frage, noch das Problem der Koexistenz können ernsthaft in Angriff genommen werden, wenn dabei die Frage ausgeklammert wird, wie die politische Ordnung im Herzen Europas aussehen soll.“[81] Sein Pessimismus hinsichtlich der Erfolgschancen der Pariser Konferenz war berechtigt. Nach Abschuß eines amerikanischen U2 Aufklärers ließ Chruschtschow die Konferenz bereits im Vorbereitungsstadium platzen.

In der SPD schlug die Stunde einer außenpolitischen Bestandsaufnahme, die eine Stunde Herbert Wehners wurde. Den Deutschlandplan hatte er schon im März offiziell zu Grabe getragen. Seit dieser Zeit bereitete er zielstrebig einen außenpolitischen Kurswechsel der SPD vor. Bereits im Mai sprach er sich in der Öffentlichkeit für eine Außenpolitik der Gemeinsamkeit aus: „Die Ereignisse werden uns alle nötigen, unser Verhältnis zu den innenpolitischen Partnern und Gegnern in Sachen Außenpolitik zu versachlichen. Die Außenpolitik darf nicht zum innenpolitischen Schlaginstrument werden oder weiter als solches gebraucht werden.“[82] Erler fürchtete, daß Adenauer zu einer gemeinsamen Außenpolitik nur bereit sei, wenn die SPD „sich selbst ohrfeigt“[83]. Carlo Schmid, der sich jahrelang vergeblich um eine gemeinsame Außenpolitik bemüht hatte, kämpfte einen verzweifelten, aussichtslosen Kampf gegen das Einschwenken auf die Adenauer-Linie[84]. Als er Ende Mai beteuerte, die SPD werde sich nicht hinter die Außenpolitik der Bundesregierung stellen[85], hatte er die Hoffnung noch nicht ganz aufgegeben, daß die Mehrheit der Partei seinem außenpolitischen Kurs folgen werde. Vierzehn Tage vor Herbert Wehners berühmter Bundestagsrede vom 30. Juni 1960 unternahm er einen letzten Versuch, die Parteifreunde für sein außenpolitisches Konzept zu gewinnen. Man müsse in der außenpolitischen Debatte aussprechen, daß die „Politik der Stärke“ in die „Ausweglosigkeit“ geführt habe. Er verlangte die Ausarbeitung eines alternativen außen- und deutschlandpolitischen Konzepts. In ihm müsse eindeutig Stellung zur Zweistaatentheorie bezogen werden[86].

Im engeren Zirkel der Parteiführung gab es niemanden, der seinen Vorschlag unterstützte. Mittlerweile hatte Wehner, der Schmid sehr unwirsch abkanzelte, die Zauderer von der Notwendigkeit eines außenpolitischen Kurswechsels überzeugen können. Der sozialistische Prinzipienpolitiker hatte sich zum gewieften Taktiker gemausert. Schmid war kein Dogmatiker, der stur an einer einmal eingenommenen Position festhielt. Er fürchtete jedoch, daß eine Politik der Härte auf eine Zementierung des Status quo, auf ein Abschreiben der Menschen in der DDR und möglicherweise auch der West-Berlins hinauslaufe. Sein Mitleiden und seine Solidarität mit den Menschen in der DDR war emphatisch. Kurz vor Ausbruch der Berlin-Krise hatte er Axel Springer geschrieben: „Um eines Hundertstel dessen willen, was jenseits der Elbe geschieht, wäre früher das Gewissen der Welt aufgestanden. Heute gewöhnen sogar wir Deutsche uns an diese Dinge, als gehörten sie zum Normalen unseres Lebens.“ [87]

Die Wende um 180° Grad, die Wehner am 30. Juni 1960 vollzog, wurde ihm als taktische Meisterleistung angerechnet. Der Mann, der am heftigsten gegen den Eintritt der Bundesrepublik in die Nato gefochten hatte, gelobte nun, daß für die SPD die atlantische Allianz der Rahmen und die Grundlage der Außen- und Deutschlandpolitik sei[88]. Aus Schmids Mund hätte die Rede weniger sensationell geklungen. Die Notwendigkeit der Landesverteidigung und einer engen Zusammenarbeit mit den Westmächten unterstrich er schon lange Jahre. Daß die Bundesrepublik bis zum Aufbau kollektiver Sicherheitsstrukturen Mitglied der Nato bleiben müsse, hatte er ebenfalls schon lange vor Wehner gesagt. Ihm ging es darum, die Westbindung durch eine aktive Ostpolitik zu ergänzen in der Hoffnung, daß sich in einem sicherlich langwierigen Prozeß die Blöcke einmal auflösen würden. Den außenpolitischen Weg, den er aufgezeigt hatte, hielt er für den einzig gangbaren, um doch noch zu einer Wiedervereinigung zu kommen. Zum Atlantiker entwickelte er sich nie. Europa war und blieb die Bezugsgröße seines außenpolitischen Denkens.

Der Dissens mit Wehner blieb der Öffentlichkeit verborgen. Schmid verteidigte die neue außenpolitische Marschroute so wortreich, daß jeder glauben mußte, er habe zusammen mit Wehner den außenpolitischen Kurswechsel eingeleitet. Er ließ die Leute in ihrem Glauben. In Wirklichkeit bedeutete die neue Linie eine schwere Niederlage für sein außenpolitisches Konzept und letztendlich auch für ihn. Wehners Wende besiegelte das Ende seiner Aussichten auf die Kanzlerkandidatur, für die er lange Zeit als sicherer Aspirant galt.

Weder Bundespräsident noch Kanzlerkandidat: Das Ende aller Karriereträume

Mitte der 50er Jahre hatte sich Schmid noch einmal Hoffnung gemacht, doch noch in das Rad der Geschichte greifen zu können. Nach der Gesundung von seiner schweren Krankheit und der Trennung von seiner Frau plante er in jeder Hinsicht einen Neuanfang. Wer, wenn nicht Schmid, konnte die SPD aus ihrer Talsohle herausholen? In den Jahren 1957/58 war er geradezu das Hätschelkind der Presse. Alle blickten auf ihn. Auch in der Bevölkerung war dieser elitäre Professor, den kaum einer so richtig verstand, überaus beliebt. Er galt als ein Mann, der das Herz auf dem rechten Fleck hat. Hinzu kam die Professorengläubigkeit der Deutschen. Schmid lachte herzlich über eine Glosse des „Mannheimer Morgen", in der sich zwei Mannheimer Arbeiter über ihn unterhalten: „Schorsch, hoscht geschdern owend unsern Carlo gsehe im Fernsehe?" „Nä, warum?" „Also hör, der Carlo war hervorrachend! Er isch halt doch arich gscheid! Er hot jo viel Sache gsaacht, wu ich nit verschdanne hab, awer du hascht gemerkt, daß do en Professor red. Er hot ach schä erklärt, warum er zu unserer Pardei gange is. Ich kann's der nimmi widderhole, s'war awer so richdich aus'm Herze gschbroche."[1] Die Glosse verrät besser als jede wissenschaftliche Erörterung, warum Schmid 1958 der beliebteste Politiker der Bundesrepublik war. Wären die höchsten Ämter per Volkswahl vergeben worden, wäre Schmid sehr schnell an die Staatsspitze gelangt. Im modernen Parteienstaat aber sind politische Karrieren abhängig vom Erfolg der Partei und vom Erfolg des einzelnen innerhalb der Partei. Der Mann, dem überall attestiert wurde, daß er über den Parteien stand, wurde das prominenteste Opfer des Parteienstaates.

Bereits im September 1957 hatte Marion Gräfin Dönhoff in der „Zeit" Schmid als Nachfolger von Theodor Heuss vorgeschlagen[2]. Der Vorschlag fand nicht allzu viel Beachtung. Im Spätsommer 1957 zerbrach sich noch kaum jemand den Kopf über den zukünftigen Bundespräsidenten. Heuss hatte noch zwei Jahre vor sich. Erst Ende 1958 kam die Nachfolgediskussion in Gang. Da den Christdemokraten ein geeigneter Kandidat fehlte, machte sich Adenauer auf den Weg zu Heuss, um ihn zu einer nochmaligen Kandidatur zu bewegen. Eine nochmalige Kandidatur war nur bei einer Verfassungsänderung möglich. Heuss war nicht völlig abgeneigt, wollte sich aber nur darauf einlassen, wenn alle Parteien seine Kandidatur unterstützten[3]. Während Heuss mit sich zu Rate ging, brachte die SPD

Schmid als Heuss-Nachfolger in die Diskussion. Partei und Fraktion waren gegen eine „Lex Heuss“[4].

Schmid hielt sich zurück. Beim Neujahrsempfang in der Villa Hammerschmidt drückte er seine Hoffnung aus, Heuss dort auch im nächsten Jahr die Neujahrswünsche überbringen zu dürfen[5]. Aber das war natürlich auch Taktik. Er wollte wissen, ob Heuss sich schon entschieden hatte. Am 9. Februar gab der noch amtierende Bundespräsident Ollenhauer seinen Verzicht auf eine erneute Kandidatur bekannt[6]. Noch am gleichen Tag beschloß das Parteipräsidium Schmids Kandidatur. Am 12. Februar nominierten die Führungsgremien der Partei ihn zum Präsidentschaftskandidaten. Abends stellte er sich etwas schüchtern und mit übergroßer Bescheidenheit im Fernsehen vor: „Wer auch immer von der Bundesversammlung zum Bundespräsidenten gewählt werden wird, er wird es sehr schwer haben, es Theodor Heuss gleichzutun.“[7]

Heuss und Schmid wurden oft in einem Atemzug genannt. Es gab vieles, was sie verband, nicht zuletzt ihre Freundschaft. Nach Heuss' Tod im Dezember 1963 schrieb Schmid dessen Nichte: „(I)ch habe den Mann Theodor Heuss sehr geliebt.“[8] Auch Heuss hatte Carlo Schmid „persönlich sehr gerne“[9]. Beides waren musische Menschen, die manchmal lieber Gedichte als politische Meinungen austauschten. Für beide stand Politik und Kultur in einem engen Zusammenhang. Bei Maultaschen und Uhlbacher Rotem unterhielten sie sich ebenso oft über Geschichte, Literatur und Philosophie wie über Politik. Ihre Bildung prägte ihr Selbst- und Weltverständnis. Ihr Verständnis von Politik wurzelte in antiker Staatsauffassung. Die res publica war für sie Aufgabe des mündigen Bürgers[10]. Entsprechend negativ fiel ihr Urteil über die politische Kultur der Bundesrepublik aus. Heuss verstand und teilte Schmids Sorgen „über die Gesamtlage der deutschen seelischen Entwicklung“[11]. Schmids Kulturkritik mag noch etwas radikaler gewesen sein als die Heuss'. Beide standen über den Parteien, waren praeceptores Germaniae, aber Schmid war „politischer“ als Heuss. Sein Pathos war Ausdruck innerster Betroffenheit. Heuss' zuweilen bissige, zuweilen humorvolle Ironie war Ausdruck von Distanz. Um Heuss nicht zu kränken, sagte es Schmid zu dessen Lebzeiten nie laut: Ihm war das Bundespräsidentenamt politisch zu schattenhaft geblieben. Seiner Ansicht nach hatte Heuss die Möglichkeiten des Amtes nicht voll ausgeschöpft[12]. Schmid hatte Heuss einen „homme national“ genannt[13]. Oft bedachte man ihn mit ähnlichem Lob und übersah dabei, daß er auch ein Provokateur war, der heiße Eisen anfaßte und dadurch ins Schußfeld der öffentlichen Kritik kam. Als Bundespräsident hätte er seine Zunge mehr zügeln müssen als bisher.

Einen Tag nach seiner Nominierung zum Präsidentschaftskandidaten erklärte er einem dpa-Korrespondenten, daß ihn die Vorstellung, zum Bundespräsidenten gewählt zu werden, mit „großer Trauer“ erfülle. Dies

Amt sei ein „goldener Käfig“[14]. Das Amt reizte ihn und es reizte ihn auch nicht. Heuss, der großen Wert auf einen würdigen Nachfolger legte, hatte einige Bedenken wegen Schmids Privatleben. Im Parteipräsidium fand eine für Schmid höchst peinliche Diskussion darüber statt. Man drängte ihn, zu seiner Frau zurückzukehren[15]. Er bat um Verständnis, „daß er unmöglich mit seiner Frau zusammenleben könne. Hier könne er weder der Partei noch der Bundesrepublik ein Opfer bringen“[16]. Er hatte selbst Furcht, daß seine Gegner eine Schmutzkampagne entfachen könnten[17], und pochte deshalb nicht mit aller Gewalt auf seine Kandidatur. Das Präsidium entschied sich trotzdem für seine Nominierung, obwohl auch Max Brauer einen Anspruch auf die Präsidentschaftskandidatur angemeldet hatte. Der Hamburger Bürgermeister war überaus ungehalten darüber, daß Schmid ihm vorgezogen wurde[18]. Von der Parteispitze hielt einzig Wehner Brauers Kandidatur für „diskutabel“[19]. Teilte der Puritaner Wehner Heuss' Bedenken? Oder fürchtete er, daß die Wahl Schmids zum Bundespräsidenten der Auftakt zu einer Großen Koalition sein könnte? Gerstenmaier hatte sich zustimmend zur Kandidatur Schmids geäußert. Der Bundestagspräsident hatte bereits hinter den Kulissen der offiziellen Politik Fäden zu spinnen begonnen. Er stellte Schmid ein Drittel der CDU-Stimmen in der Bundesversammlung in Aussicht, wenn er sich bis zur Bundespräsidentenwahl von seiner Frau scheiden lasse. Schmid konnte dann mit der Unterstützung des protestantisch-norddeutschen Flügels der CDU rechnen, der ihn ebenso wie Gerstenmaier gern in der Villa Hammerschmidt gesehen hätte. Koalitionspolitische Überlegungen mögen dabei eine Rolle gespielt haben. Landesbischof Lilje erbot sich, mit Lydia Schmid zu reden. Carlo Schmid bat Lilje, dies nicht zu tun. Jeder Überredungsversuch wäre vergeblich gewesen[20]. So hatte Schmid schon halbwegs resigniert, wenngleich der Parteivorstand seine Kandidatur fast einstimmig unterstützte. Wehner stimmte der Nominierung Schmids schließlich doch zu. Nur Brauer enthielt sich der Stimme[21].

Im Regierungslager löste die Nominierung Schmids Panikstimmung aus. Der redliche, aber farblose Vorsitzende der CDU/CSU-Fraktion Heinrich Krone, der als Heuss-Nachfolger im Gespräch war, war keine Alternative zur imponierenden Gestalt Schmids. Die von Adenauer und einigen Spitzenpolitikern der CDU betriebene Nominierung Erhards scheiterte an einer „wilden Rebellion“ der CDU/CSU-Fraktion[22]. Einige Abgeordnete drohten Schmid zu wählen, um Erhard die Adenauer-Nachfolge zu sichern. Es begann ein böses Possenspiel. Carlo Schmids Einzug in die Villa Hammerschmidt zu verhindern, wurde zu einer „wesentlichen Phantasiebeschäftigung“ des greisen Kanzlers[23], der nicht verstehen wollte, daß Schmids Kandidatur in der Öffentlichkeit so viel Widerhall fand. Mit Entsetzen vernahm er, daß das Herz selbst vieler CDU-Frauen für Carlo Schmid schlug[24]. Persönlich hatte er nichts gegen Schmid, aber dieser brillante Professor war seiner Ansicht nach in der falschen Partei. Im CDU-Bundesvorstand malte er ein Schreckgemälde an die Wand: „Wenn Carlo Schmid Bundespräsident wird, dann hat er in zwei Jahren die SPD hoffähig gemacht.“ [25] Möglicherweise würde er Arndt oder Erler zum Staatssekretär berufen, der dann an allen Kabinettssitzungen teilnehmen konnte[26]. Ein Alptraum für den Alten. Er war zu allem bereit, wenn er verhindern konnte, daß Carlo Schmid Hausherr in der Villa Hammerschmidt wurde. Schmid selbst rechnete sich nach der Weigerung seiner Frau, sich von ihm scheiden zu lassen, keine allzu großen Chancen aus: „Das Beste, was ich erwarten kann, ist ein Prestige-Erfolg. Es wäre schön, wenn der CDU-Kandidat nur mit einer Stimme Mehrheit durchkäme.“ [27]

Die ganze Sache begann, wie Heuss erbost feststellte, „unwürdig zu werden“ [28]. Gegen Schmid wurde eine „Flüsterpropaganda“ in Gang gesetzt[29]. Die Oberkirchenrätin und stellvertretende Vorsitzende der CDU/CSU-Fraktion Elisabeth Schwarzhaupt erklärte in moralingesäuertem Ton, daß neben dem Staatsoberhaupt eine Frau stehen müsse, „die mit ihm zusammen das Vertrauen und das Ansehen in unserem Volk genießt“ [30]. Heuss hatte seine diesbezüglichen Bedenken inzwischen zurückgestellt. Ihm wäre Schmid, allein schon deswegen, weil er kein „bloßer Parteirepräsentant“ war, als Nachfolger recht gewesen[31]. Am 7. April geriet Elisabeth Schwarzhaupt in Verlegenheit. An diesem Tag gab der Witwer Konrad Adenauer einer überraschten deutschen Öffentlichkeit seine Kandidatur für das höchste Staatsamt bekannt. In der Bonner SPD-Baracke brach Jubel aus. Schmid veröffentlichte sofort eine Presseerklärung: „Ich rechne es mir zu hoher Ehre, daß die CDU glaubt, nur mit ihrem besten Mann gegen mich bestehen zu können.“ [32] Die Kandidatur Adenauers war ein unerwarteter Erfolg für die SPD. Der gefährlichste Gegner räumte freiwillig das Feld. Schmid gab die Parole aus: „Laßt uns alle miteinander Adenauer auf dem Präsidentenstuhl ins Altenteil hieven.“ [33] Er jedenfalls wollte Adenauer wählen. Dessen Wahl galt bereits als ausgemachte Sache.

Schmid stellte, von Euphorie ergriffen, schon Überlegungen an, in welcher Weise das in der CDU/CSU-Fraktion notwendig werdende Machtrevirement von der SPD beeinflußt werden könne. Erhard, Gerstenmaier und Schröder schleiften dort, wie Heuss mit bissiger Ironie schrieb, ihre Schlachtschwerter[34]. Schmid versuchte den Parteivorstand davon zu überzeugen, daß auf jeden Fall ein weiterer Machtzuwachs des „Polizeiministers Schröder“ verhindert werden müsse. Er wünschte sich eine Stärkung des kooperationsbereiten Flügels der CDU/CSU-Fraktion[35]. Natürlich dachte er, ohne das offen auszusprechen, an seinen Freund Eugen Gerstenmaier, der maßgebend daran beteiligt war, Adenauer den Präsidentenstuhl schmackhaft zu machen. Die Große Koalition schien in greifbare Nähe gerückt.

Der Triumph der Adenauer-Opponenten war zu laut gewesen. Der Alte merkte schon bald, daß er einen Fehler begangen hatte. Der ehemalige Präsident des Parlamentarischen Rates hatte die Kompetenzen, die dem Bundespräsidenten nach dem Grundgesetz zustehen, total überschätzt. Selbst bei extensiver Auslegung der Verfassung konnte er vom Präsidentenstuhl aus nicht weiter die Außenpolitik lenken. Aus Furcht, daß ein Kanzler Erhard in kürzester Zeit sein außenpolitisches Werk verspielen könnte, nahm er sogar einen eklatanten Gesichtsverlust in Kauf. Am 4. Juni verkündete er einem zum Teil verdutzten, zum Teil ergrimmten Publikum, daß er seine Präsidentschaftskandidatur zurückziehe. Gerstenmaier war darüber so erbost, daß er vergeblich die CDU/CSU-Fraktion dazu aufrief, Adenauer das Mißtrauen auszusprechen[36]. Auch Schmid konnte seine Enttäuschung kaum verbergen, die noch zunahm, als er erfuhr, daß Heinrich Lübke sein Gegenkandidat sein sollte. Verbittert stellte er fest, daß der Parteienproporz und nicht das Format des Kandidaten die Präsidentenwahl bestimmte[37]. Am 1. Juli wurde Lübke im zweiten Wahlgang mit der absoluten Mehrheit von 526 Stimmen zum Bundespräsidenten gewählt. Auf Schmid entfielen 386 Stimmen, der FDP-Abgeordnete Becker erhielt 99 Stimmen. Noblesse oblige. Schmid ging als erster auf Lübke zu und gratulierte ihm. Wenngleich er gern betonte, daß Lübke nur die einklassige Volksschule im Sauerland besucht hatte, gehörte er nicht zu denen, die über den zweiten Präsidenten der Bundesrepublik witzelten und spotteten. Er rechnete es Lübke als Verdienst an, daß er das Amt politischer führte als Heuss. Immerhin gehörte Lübke, der sich für Schmids politische Ratschläge immer aufrichtig bedankte, zu den Wegbereitern der Großen Koalition.

Schmid tröstete sich über die Niederlage relativ schnell hinweg. „Wahrscheinlich ist es gut so“, schrieb er acht Tage später Konrad Heiden. „(D)ie Folge wird sein, daß die SPD den Wahlkampf 1961 unter meiner Firma führen wird und dann könnte die Wahl anders aussehen als bisher.“[38] In der Presse hatte man schon im Frühjahr lesen können, daß Schmid als Präsidentschaftskandidat nominiert worden sei, um ihn als Kanzlerkandidaten populär zu machen[39]. „Der Spiegel“ wußte zu berichten, daß Schmid bereits Ministerlisten zusammenstelle. Erler und Brandt stünden darauf. Wehner sei nicht für ein Ministeramt vorgesehen[40]. François Seydoux bekam aus Schmids Munde ähnliches zu hören[41].

Am 5. Juli hatte der Parteivorstand erstmals Überlegungen zum Wahlkampf 1961 angestellt und auch einige Vorentscheidungen getroffen. Ollenhauer verzichtete schweren Herzens endgültig auf die Kanzlerkandidatur. Willy Brandt schlug Carlo Schmid als Kanzlerkandidaten vor. Schmid wimmelte ab. Zunächst brauche man eine Mannschaft. Später müsse man dann auch einen Kapitän für sie bestimmen. Er tat so, als ob er sich ziere, die angetragene Ehre anzunehmen: „Er wisse, wo die Grenzen seiner

Eignung liegen."[42] Er brachte eher die Bedenken der anderen als seine eigenen zum Ausdruck. Die meisten Sozialdemokraten hielten Schmid für einen ausgezeichneten Bundespräsidenten, aber für einen schlechten Bundeskanzler. Einen Schöngeist, dem man mangelnden Fleiß und geringes Durchsetzungsvermögen nachsagte, konnte man sich nur schlecht als politischen Lenker der Bundesrepublik vorstellen. Mag sein, daß er an der Innen- und Wirtschaftspolitik gescheitert wäre, wenn es dort zu größeren Konflikten und Kontroversen gekommen wäre. Seinen außenpolitischen Kurs hätte er unbeirrbar durchgesetzt. Er dachte nicht an eine reine SPD-Regierung, sondern an eine Koalitionsregierung, in der seine Kompromißbereitschaft und seine Fähigkeit zum Dialog über die Parteigrenzen hinweg von Vorteil gewesen wäre. Gewiß, Zweifel sind erlaubt, ob seine eigene Partei sich immer hinter ihn gestellt hätte.

Vorerst taktierte er. Eine Tübinger Genossin, die sich mit Vehemenz für seine Kanzlerkandidatur einsetzte, bat er seine Kandidatur nicht allzu sehr zu forcieren: „Die Erfahrung zeigt, daß ein zu frühes Ins-Gespräch-Kommen oft das Gegenteil des Bezweckten bewirkt."[43] Er wollte sich noch nicht vergattern lassen. Sein politischer Bewegungsspielraum, so meinte er, würde dadurch eher geringer als größer[44]. Die Möglichkeit zum Aufbau einer innerparteilichen Fronde hatte er nicht. Wehner, Brandt und Erler, die drei anderen mächtigen Männer in der SPD, hatten mehr Rückhalt in der Partei oder zumindest eine Hausmacht, auf die sie sich stützen konnten. Willy Brandt zögerte, einen Anspruch auf die Kanzlerkandidatur anzumelden. Er konnte sich für 1965 bessere Chancen ausrechnen als für 1961. Schmid hatte lange Zeit in der Wählergunst weit vorne gelegen. Doch der Publikumsgeschmack ist launisch. Sein Ansehen sank. Brandt konnte sich in der Berlin-Krise profilieren. Immer häufiger wurde er in der Presse als Favorit genannt.

Anfang 1960 befaßte sich der Parteivorstand mit der Kandidatenfrage. Wehner gab den Ton an: „In den nächsten Monaten werden wir bei ständiger Abwertung Carlo Schmids eine Aufwertung Willy Brandts bis zu dem Punkt erleben, wo Brandt dann um so tiefer stürzen wird."[45] Noch hielt Wehner an Schmid fest. Persönliche Sympathie spielte dabei nur eine geringe Rolle. Wehner war klar, daß er Schmid noch eher als Brandt auf seinen deutschlandpolitischen Kurs festnageln konnte. Brandt verfügte im Gegensatz zu Schmid in Berlin über eine solide Truppe, die ihn unterstützte. Bei Schmid machten sich bereits Anzeichen von Resignation bemerkbar. Fatalistisch erklärte er, „daß er jede Entscheidung der Partei akzeptiere, ganz gleich, ob die Wahl auf ihn oder Willy Brandt falle"[46]. Manchmal neigte er in einem Anflug von Masochismus dazu, freiwillig die Opferrolle zu übernehmen. Freilich, ohne den Rückhalt der Partei konnte er nicht in die politische Arena steigen. Er hatte wenig Möglichkeiten, sich diesen zu erzwingen.

Die Partei rückte zusehends von ihm ab. Schon Ende 1959 versuchten die Parteifreunde ihn fortzuloben. Er sollte das Präsidentenamt in der Beratenden Versammlung des Europarates übernehmen. Schmid war alles andere als begeistert: „Dieses neue Amt würde mich (...) einige 20 bis 30 zusätzliche Tage kosten."[47] Als Kanzlerkandidat mußte er in Bonn präsent sein. Durch seine vielfältigen auswärtigen Verpflichtungen war er ohnehin viel zu oft abwesend. Trotzdem war er bereit, zu kandidieren, wenn die Partei es wünschte. Seine Kandidatur scheiterte am Widerstand der CDU.

Paul Sethe, der Leitartikler der „Frankfurter Allgemeinen Zeitung", war erbost darüber, daß der von ihm so hochgeschätzte Carlo Schmid nicht um die Kanzlerkandidatur kämpfte. Vorwurfsvoll fragte er Schmid, ob er „nur deshalb so gescheit über Machiavelli schreiben" könne, weil er „so sehr, ach allzusehr über den Dingen steh(e)." Konnte er den „Machttrieb als Beobachtender besser erläutern", als wenn er ihn „selber in sich trüge"?[48] Schmid fand sich in Sethes Bild des Machiavelli-Verehrers ohne Gespür für die Macht nicht wieder. Er widersprach: „Die Ritterlichkeit des Vercingetorix, mich waffenlos in Caesars Zelt zu begeben, liegt mir nicht in jedem Falle und dem Phänomen der Macht gegenüber habe ich nicht nur ein ästhetisches Verhältnis."[49] Allein schon um der Verwirklichung seines außen- und deutschlandpolitischen Programms willen strebte er nach Macht. Erst später schrieb er wahrheitswidrig, daß die „Schlange der Politik mit den Giftzähnen des Ehrgeizes" ihn nie gebissen habe[50]. Kurz vor seinem Tod gestand er Ben Witter, daß es ihm an der „nötigen Härte" gefehlt habe, die Wirkung anderer zu beschränken und die seine zu verstärken[51]. 1945 in Tübingen hatte es ihm an einem Gespür für die Macht nicht gefehlt. Damals herrschte freilich Schmid zufolge ein System des aufgeklärten Absolutismus und keine Parteiendemokratie. Er selbst hatte sich in jenen Anfangsjahren in einer euphorischen Aufbruchstimmung befunden. Auch im Parlamentarischen Rat hatte er noch sein Durchsetzungsvermögen unter Beweis gestellt. Aber er hatte es nicht verstanden, sich den Rückhalt seiner Partei zu sichern, und vielleicht war, auf die Dauer gesehen, Saturn wirklich der Gegendämon des Machtpolitikers, wie Wallenstein glaubte.

Die Fäden für die Kanzlerkandidatur wurden hinter den Kulissen gesponnen. Bereits Anfang 1960 trafen sich im Hause Annemarie Rengers einige jüngere Genossen, die Fritz Erler auf den Schild heben wollten. Erler fürchtete bei der breiten Masse der Wähler wegen seiner intellektuellen Unterkühltheit nicht anzukommen[52]. Sein Bekanntheitsgrad bei den Wählern war äußerst gering[53]. Er strebte das Amt des Außenministers an und drängte darauf, als Schattenaußenminister aufgestellt zu werden, um seinen ehemaligen Mentor Schmid als Konkurrenten auszuschalten[54]. Für die Kanzlerkandidatur schlug er Willy Brandt vor, den die Woge der

Publikumsgunst immer höher trug. „Der Spiegel" stellte bereits im April fest, daß die SPD nicht willens war, der Abwertung ihres bisherigen Kandidaten Carlo Schmid entgegenzuwirken[55]. Sie veranstaltete im Frühsommer Meinungsumfragen, bei denen Brandt klar vor Schmid lag[56].

Als sich am 9. Juli etwa 80 jüngere SPD-Mitglieder in Barsinghausen versammelten, um Willy Brandt zum Kanzlerkandidaten zu küren, waren Schmids Aussichten schon auf den Nullpunkt gesunken. Die Initiative für dieses Treffen ging nicht in erster Linie von Brandt aus, der anscheinend Skrupel hatte, später sogar behauptete, Zinn wäre sein Gegenkandidat gewesen, vermutlich um seinen wirklichen Konkurrenten nicht nennen zu müssen[57]. Brandt wäre bereit gewesen, die ganze Sache abzublasen, wenn an der Parteispitze dagegen Bedenken bestanden hätten[58]. Dort bestanden aber keine. Die Entscheidung für Brandt war spätestens am 30. Juni 1960 gefallen, als Wehner die feste Verankerung der Bundesrepublik im transatlantischen Bündnis beschwor. Der Regierende Bürgermeister Berlins hatte enge Verbindungen zu den Vereinigten Staaten. In Washington gab es Kräfte, die einen Kanzler Brandt einem Kanzler Adenauer vorzogen[59]. Carlo Schmid hatte auf den Tagungen der Bilderbergkonferenz Kontakte zu amerikanischen Politikern geknüpft. Aber enge Beziehungen hatte er nur zu Kennan. Kissinger schätzte ihn, aber es scheint nicht häufig zu einem Meinungsaustausch zwischen beiden gekommen zu sein. Schmid war kein Atlantiker, er war Europäer. Wehner, der lange Zeit Schmid favorisiert hatte, war nun plötzlich ein energischer Verfechter einer Kandidatur Brandts.

Auf einer Klausurtagung am 11. Juli, zu der sich das Parteipräsidium und eine siebenköpfige Wahlkampfkommission versammelten, fiel die definitive Entscheidung für Brandt. Am 24. August wurde Brandts Kandidatur offiziell bekanntgegeben, nachdem zuvor Parteivorstand und Parteirat ihr zugestimmt hatten. Schmid, der in seiner Ferienhütte in der Provence Abstand von den Bonner Machtrivalitäten zu gewinnen suchte, wurde zum stellvertretenden Mannschaftsführer ernannt[60]. Fritz Erler, der diese Funktion gern übernommen hätte, konnte sich nicht durchsetzen[61].

Schmid fraß die Niederlage in sich hinein, wollte sie vielleicht auch noch gar nicht ganz wahrhaben. Einer enttäuschten Anhängerin schrieb er Anfang September: „(K)eine der Gleichungen, die man heute aufstellt, wird in drei Monaten noch stimmen. Es werden noch viele Entscheidungen zu treffen sein, ehe es zu dem kommt, was so viele für die Entscheidung halten."[62] Das außenpolitische Szenario konnte sich schnell ändern. Schmid klammerte sich an einen Strohhalm, um nicht ganz zu resignieren. Nach außen hin ließ er sich seine Enttäuschung kaum anmerken. Brandt dankte ihm für seine „noble Haltung" und bat ihn um eine enge Zusammenarbeit: „Es wird darauf ankommen, daß wir einen wirklichen Arbeitskontakt herstellen und uns vornehmen, wirklich an einem Strang zu ziehen[63]. Carlo Schmid ließ Brandt seine Verbitterung nicht spüren. Die loyale Zusammenarbeit mit Brandt war für ihn selbstverständlich.

Mit Brandt und Schmid trafen zwei Männer zusammen, die einen ganz unterschiedlichen Lebensweg hinter sich hatten. Der fast zwanzig Jahre jüngere Brandt war in der Arbeiterbewegung groß geworden. Nach unbehauster Jugend mußte er emigrieren. Norwegen und Schweden wurden seine zweite Heimat. Er lernte den skandinavischen Wohlfahrtsstaat kennen, den er nun auch in der Bundesrepublik verwirklichen wollte. Der junge Willy Brandt verkörperte den Fortschrittsoptimismus der sechziger Jahre. Er ließ sich zum deutschen Kennedy stilisieren. Wie sollte er mit dem radikalen Kulturkritiker Schmid, für den der moderne Wohlfahrtsstaat die Gefahr einer Korrumpierung der Massen mit sich brachte, zusammenarbeiten?

Brandt schätzte Schmid, aber zu dem Stefan-George-Mann fand er keinen Zugang. Er hatte manchmal den Eindruck, daß dessen Bildungsbeflissenheit eine Pose sei[64]. Schmid hatte das Gefühl, daß Brandt seine Erfahrung und Bildung zu wenig schätzte und war darüber gelegentlich auch etwas verbittert[65]. Der Stachel der Niederlage saß bei ihm verständlicherweise tief. Für ihn war die Nominierung Brandts, dem er seine Publizitätssüchtigkeit verübelte, eine Kontribution an den Publikumsgeschmack[66]. Gewiß, Brandts Begabung hatte er schnell erkannt. Schließlich hatte er sich mit dem ganzen Gewicht seiner Persönlichkeit für Brandts Nominierung zum Regierenden Bürgermeister von Berlin eingesetzt und ihn auch für ein Ministeramt vorgesehen. Doch jetzt erschien ihm dieser Mann doch etwas zu eindimensional, der ganze Fortschrittsoptimismus zu aufgesetzt. Später stellte er erstaunt fest, daß Brandt ein viel „komplizierterer Mensch“ sei, als er das gedacht habe[67]. Das war ein großes Kompliment. In den siebziger Jahren lobte er Brandts Mut zur Vision, den man bei aller Verschiedenheit gemeinsam habe[68]. In der Deutschland- und Ostpolitik zog man von Anfang an an einem Strang. Wenn es zu Auseinandersetzungen kam, konnte Brandt auf Schmids Beistand vertrauen. Einen ernsthaften Streit hat es zwischen beiden wohl nie gegeben. Aber bei allem Verständnis und menschlichem Wohlwollen, das man füreinander aufbrachte, blieb doch eine unüberwindbare Distanz, zu der Schmid mehr beitrug als Brandt.

Schmid entfloh erst einmal den Widrigkeiten der Bonner Politik. Gerade erst zurückgekehrt aus dem Urlaub in der Provence, trat er eine Ostasienreise an, die ihn durch Japan, Korea, Vietnam und Hongkong führen sollte. Die Interparlamentarische Union hatte ihre Mitglieder für Ende September 1960 nach Tokio eingeladen. Abrüstung, Stabilisierung der Rohstoffpreise, Kolonialismus und Demokratie in Asien waren Programmpunkte der Konferenz. Der Kalte Krieg bestimmte die Debatten auch dieser Tagung. Die Abgesandten des Sowjetblocks griffen die Bundesrepublik wegen ihrer „militaristische(n) und neonazistische(n) Tendenzen“ an. Carlo Schmid stellte mit Sorge fest, daß die meisten westlichen Verbündeten die Angriffe unwidersprochen ließen[69]. Durch das Wiederaufleben des Antisemitismus war das Ansehen der Bundesrepublik in der Welt stark gesunken. In seiner eigenen Rede wandte sich Schmid insbesondere gegen den Begriff der friedlichen Koexistenz zwischen Kapitalismus und Sozialismus, durch den der wirkliche Konflikt zwischen dem Selbstbestimmungsrecht der Völker auf der einen Seite und dem sowjetischen Imperialismus auf der anderen Seite verdeckt werde[70]. Nach Abschluß der Tagung flog er mit einigen anderen Mitgliedern der deutschen Delegation nach Korea, wo sich Gelegenheit zu einem Besuch des Parlaments und zu einem Meinungsaustausch mit dem Präsidenten Syngman Rhee bot. Bei einer Rundreise durch das Land drang man bis in das Niemandsland am 38. Breitengrad vor. Carlo Schmid war erschrocken über die „grassierende Korruption“ in Südkorea und Vietnam, die die politische Stabilität dieser Staaten unterhöhlen mußte. Auf die Jugend dieser Länder übte das kommunistische China eine große Anziehungskraft aus[71].

Die Schönheit Japans ließ die düsteren politischen Eindrücke vergessen. Reisen in die Ferne sind nicht nur politisch lehrreich, sondern immer auch eine touristische Attraktion. Manchmal blieb Carlo Schmid den Sitzungen fern, um die Pagoden, Kunstwerke und Gärten Japans zu bewundern. Helmut Schmidt erinnert sich, daß sein Freund Carlo Schmid ganz besonders von der Schönheit der Frauen hingerissen war[72]. Carlo Schmid berichtete nach Bonn, daß sein Freund Helmut Schmidt noch mehr Sitzungen „schwänze“ als er[73]. „Man möchte träumen, aber man darf es nicht.“[74] Es gab Augenblicke, da verwandelte sich Japan für Schmid in ein Märchenland. Die fernöstliche Kultur entrückte ihn der harten Realität der Politik. Einige Jahre später sandte er seiner Mitarbeiterin Friedel Ahlgrimm eine Karte, die auf der Vorderseite einen Buddha-Kopf zeigte. Auf die Rückseite schrieb er, daß er sich in einer solchen „Enthobenheit“ einmal wiederfinden möchte[75]. Mitte Oktober war er wieder in Bonn, wo er sich wie in der „Verbannung“ fühlte. Kimonos hatte er mitgebracht und einige Farbholzschnitte, die ihn an die „Wonnen Ostasiens“ erinnerten[76].

In Bonn begann langsam der Vorwahlkampf. Auf dem Mitte November in Hannover stattfindenden Parteitag wollte die SPD Meilensteine auf dem Weg zu einer neuen Politik setzen. Eine Politik neuen Stils, geprägt durch Sachlichkeit und Offenheit, sollte dort verkündet werden. Als der Parteitag am 21. November begann, sah es so aus, als ob die SPD endgültig allen Ballast über Bord geworfen habe. Außer einer roten Fahne erinnerte nichts mehr an die Parteitradition. Alles schien bestens vorbereitet. Dann passierte gleich zu Beginn eine schwere Panne. In seinem Eröffnungsreferat erklärte Ollenhauer unter brausendem Beifall, daß die

SPD die atomare Aufrüstung der Bundeswehr weiterhin ablehne, denn seit dem Godesberger Programm habe sich „nichts ereignet“, was zur „Aufgabe des bisher eingenommenen Standpunktes veranlassen“ könne[77]. Jeder mußte glauben, die SPD habe erneut eine Wende um 180° vollzogen. Brandt, Wehner und Carlo Schmid saßen mit versteinerten Gesichtern auf der Vorstandstribüne[78]. Ollenhauer hatte Adenauer das Stichwort gegeben, um die SPD wieder als außenpolitisch unzuverlässig zu brandmarken. Zusammen mit Fritz Erler und Helmut Schmidt versuchte Carlo Schmid die Delegierten für die außenpolitische Resolution des Parteivorstandes zurückzugewinnen, in der eine atomare Bewaffnung der Bundeswehr nicht gänzlich ausgeschlossen wurde[79]. Seine Losung „Politik kann man nicht auf seinen Wünschen aufbauen, man muß sie machen auf Grund der Verhältnisse, wie sie sind“[80], wurde zum Leitmotiv des Parteitages[81].

Er hatte es auf sich genommen, am Ende des Parteitages den neuen Kanzlerkandidaten vorzustellen und den Appell von Hannover, der eine Art vorweggenommenes Regierungsprogramm war, zu verlesen. Leicht dürfte es ihm nicht gefallen sein, sich mit hochlobenden Worten hinter Brandt zu stellen, der bei den Wahlen zum Parteivorstand ein weitaus schlechteres Ergebnis erzielt hatte als er[82]. Aber er tat es mit einer Überzeugungskraft, daß alle glauben mußten, er habe seit eh und jeh für eine Kanzlerkandidatur Brandts plädiert[83]. Der Appell von Hannover trug Brandts Handschrift, nicht die seine. Schmid hätte niemals die Verdoppelung des Lebensstandards noch in dieser Generation zu einem zentralen Postulat erhoben. Nur ein Passus des Appells entsprach ganz Schmids Vorstellungen und dürfte wahrscheinlich auch von ihm stammen: „Deutschland muß eine Regierung haben, die die Herausforderung der kommunistischen Welt annimmt, und ihr nicht nur mit militärischen Rüstungen, sondern auch mit geistiger und sozialer Aufrüstung begegnet, die darum die technischen, wissenschaftlichen und künstlerischen Begabungen in unserem Volk fruchtbar werden läßt, die den jungen Menschen die besten Schulen und Ausbildungsstätten verschafft und allen den Weg zu Bildung und beruflichem Aufstieg frei macht.“[84]

Schmid verstand es, durch seine eindringlichen Worte den Parteitag zu mobilisieren. Der Dissens über die Atombewaffnung war vergessen. Man schied in großer Einmütigkeit auseinander. Der alte Paul Löbe schrieb Schmid einen Geburtstagsbrief, in dem er ihm mit fast überschwenglichen Worten auch zu der abschließenden Leitung des Parteitages gratulierte: „Durch Dich erreichte der Parteitag eine glückliche Höhe, und dies empfanden viele in unserer Gemeinschaft als ein Ereignis, das einmal historische Bedeutung gewinnen wird.“[85] Auch Schmid war, obwohl er nicht jede Zeile des Appells von Hannover unterschreiben konnte, mit dem Verlauf des Parteitages sehr zufrieden. „Der Parteitag in Hannover war ein großer Erfolg, endlich ist die SPD zu dem geworden, zu dem ich sie machen wollte", berichtete er drei Wochen später einem im Ausland lebenden Bekannten[86].

Der neue Gemeinsamkeitskurs der SPD, der in der Presse als alternativlose Leisetreterei kritisiert wurde, ging ihm jedoch etwas zu weit. Soviel pragmatischen Opportunismus brachte der Visionär Schmid nicht auf. Er hielt nichts von Brandts Slogan „Wir sind alle eine Familie."[87] Er war der Auffassung, daß man im Wahlkampf eine klare Alternative aufzeigen müsse. Seine Betroffenheit über die deutsche Teilung ließ ihn kämpferisch wie ein Emile Zola werden. Ein j'accuse wollte er der Bundesregierung entgegenschleudern. Anfang April erläuterte er Brandts Wahlkampfmanagern seine Vorstellungen über die Wahlkampfführung: „Die Wahlreisen von Willy Brandt in der Bundesrepublik sollten unter dem Motto stehen: ‚Ich klage an!' Eine Sympathiewelle allein reiche zu einem Wahlerfolg nicht aus. Angeklagt werden sollte jedoch nicht nur die Bundesregierung, sondern auch die Sowjetunion und Chruschtschow, deren Politik die Bereitschaft der SPD, im Interesse der Nation und des Friedens auf gewisse Dinge zu verzichten, unmöglich gemacht hat."[88]

Willy Brandt, der zu Beginn des Jahres Schmid noch einmal um eine enge Zusammenarbeit gebeten hatte[89], griff den vorgeschlagenen Slogan in dem von ihm am 28. April in der Bonner Beethovenhalle vorgestellten Regierungsprogramm der SPD auf. Er warf der Bundesregierung nicht nur Fehler in der Außen- und Deutschlandpolitik vor, sondern auch ein Verschleppen der großen Gemeinschaftsaufgaben, eine Gefährdung der demokratischen Fundamente der inneren Ordnung der Bundesrepublik und Schwäche und Opportunismus gegenüber den Interessengruppen. Ansonsten war das Regierungsprogramm auf den neuen Gemeinsamkeitskurs abgestellt. Die großen Gemeinschaftsaufgaben Volksgesundheit, Städtebau- und Raumordnung, Finanzreform, Vermögensbildung auf breiter Grundlage, Bildung und Forschung bildeten den programmatischen Schwerpunkt[90].

Im außenpolitischen Teil des Programms wurde die Notwendigkeit einer Arbeitsteilung im atlantischen Bündnis hervorgehoben. Die Zweistaatentheorie wurde ausdrücklich abgelehnt[91]. Schmid verschwieg, was er dachte. Ihm konnte nicht daran liegen, dem Parteigegner Wahlkampfmunition zu liefern. Er versuchte die SPD als die Regierung von morgen darzustellen. In seinen einleitenden Worten zum Regierungsprogramm hob er das staatspolitische Verantwortungsbewußtsein der SPD hervor: „Die Regierung Willy Brandt wird eine Staatsregierung sein und nicht eine Parteiregierung, die glauben könnte, daß das, was für die Partei gut sein mag, auch für den Staat gut sein müsse."[92] Unterderhand ließ er wieder einmal seine Abneigung gegen die moderne Parteiendemokratie durchblicken.

Der außenpolitische Gemeinsamkeitskurs machte es Carlo Schmid schwer, sich als zukünftiger Außenminister zu profilieren. Außerdem machte ihm Fritz Erler dieses Amt streitig. Überall in der SPD wurde gemunkelt, daß er für dieses Amt wegen seiner einseitigen Bindung an die romanische Welt nicht geeignet sei[93]. Er war in den letzten Jahren viel gereist und keineswegs nur in die Länder des romanischen Sprachkreises. In Polen, der Sowjetunion, Israel, Marokko, Island, Finnland und Schweden war er mit Regierungsvertretern zusammengekommen. Die Reise nach Finnland war politisch so erfolgreich gewesen, daß Außenminister Brentano sich genötigt sah, Schmid zu seinem politischen Erfolg zu gratulieren[94].

Freilich, als Außenminister in spe brauchte er vor allem gute Verbindungen zur amerikanischen Führungsmacht. Ein im Februar vom American Council on German und der Atlantikbrücke veranstaltetes Deutsch-Amerikanisches Gespräch bot Gelegenheit zur Kontaktaufnahme mit Persönlichkeiten der neuen Kennedy-Administration. Der neue amerikanische Außenminister Dean Rusk wurde als Gesprächsteilnehmer erwartet. Auch Adenauer hatte ursprünglich an der Konferenz teilnehmen wollen, dann aber seinen Außenminister nach Washington entsandt[95]. Schmid wollte schon vor seinen Parteifreunden Erler, Deist, Brauer und Helmut Schmidt nach Washington reisen, um dort vor der Tagung einige politische Unterredungen führen zu können. Im Dezember schon hatte er seinen früheren Schüler Georg Federer gebeten, ihm Zusammenkünfte mit einigen Politikern aus dem Umkreis des Council on Foreign Relations zu vermitteln. Wenn es sich einrichten ließ, wollte er auch mit einigen Journalisten, möglichst Sulzberger, Lippmann oder Alsop, zusammentreffen. McCloy und Shephard Stone wünschte er in alter Verbundenheit wieder einmal die Hand zu schütteln[96].

In seiner Rede, die er vor dem deutsch-amerikanischen Gesprächskreis hielt, trug er Kennedys Programm der New Frontier Rechnung. Für die amerikanische Forderung nach einem burden sharing, insbesondere auf dem Gebiet der Entwicklungspolitik, zeigte er großes Verständnis. Zur „geistigen Aufrüstung" gegen den Kommunismus schlug er eine Forschungskooperation zwischen den USA und der Bundesrepublik vor[97]. Nach einem längeren Gespräch mit Kennan stellte er mit Genugtuung fest, daß die neue Militärstrategie der USA mit den sozialdemokratischen Vorstellungen fast völlig übereinstimmte[98]. Daß die Amerikaner zu einer Aufnahme diplomatischer Beziehungen der Bundesrepublik mit Polen drängten, verstand er nur zu gut. Kurz vor seiner Abreise in die USA hatte er selbst die Bundesregierung dazu aufgefordert und sie scharf kritisiert, weil sie die Vermittlungsbemühungen Bertold Beitz' nicht genug unterstützt hatte[99]. Ebenso erschrocken wie Erler war er über den starken Sympathieverlust, den die Bundesrepublik in den USA erlitten hatte.

Schuld daran seien die Emigrantenhetze, die Hakenkreuzschmierereien und die Fälle Oberländer und Globke[100]. Er hätte als Außenminister mit den Amerikanern eine gemeinsame außenpolitische Linie finden können. Freilich, ein Mann der Amerikaner wäre er nie geworden. Sein ganzer Habitus widersprach der amerikanischen Mentalität.

Am 11. Juni hatte Chruschtschow seine Drohung mit einem Separatfriedensvertrag erneuert. Carlo Schmid nahm das Chruschtschow-Memorandum ernst[101]. Die von Brandt angeregte Aufklärungskampagne in der Berlin- und Deutschlandfrage fand seine volle Zustimmung. Falls die Frage vor die UNO käme, müßten alle Mitgliedsstaaten informiert sein[102]. Mit eigenen Vorschlägen hielt er sich entsprechend der in der Parteiführung getroffenen Vereinbarungen zurück[103]. Man wartete auf Initiativen aus dem Regierungslager. Am 30. Juni hielt sein Freund Eugen Gerstenmaier im Bundestag eine mutige Rede, in der er Verhandlungen über einen Friedensvertrag mit Deutschland als ein Gebot der Stunde bezeichnete. Dabei müsse auch über den politischen und militärischen Status des zukünftigen Gesamtdeutschland und über die Frage der Reichsgrenzen gesprochen werden[104]. Carlo Schmid war der erste, der Gerstenmaier zu dieser Rede beglückwünschte[105]. Die SPD, allen voran Schmid, begrüßte die Rede Gerstenmaiers als einen Ansatzpunkt, um zu einer gemeinsamen außenpolitischen Bestandsaufnahme zu kommen[106]. Schmid mochte gehofft haben, sein eigenes außenpolitisches Konzept doch noch in die Diskussion einbringen zu können. Zur gemeinsamen außenpolitischen Revision kam es nicht, weil der Bundeskanzler seinen aufmüpfigen innerparteilichen Gegenspieler zur Parteiräson rief.

Der Wahlkampf ließ die meisten Politiker den Ernst der Lage vergessen, obwohl die Fluchtbewegung aus der DDR rapide zunahm, so daß mit Aktionen gerechnet werden mußte. Schmid überraschte der Mauerbau nicht. Am 8. August veröffentlichte er in der Münchener „Abendzeitung", für die er seit einiger Zeit regelmäßig Kolumnen schrieb, einen Artikel mit der Überschrift: „So denken die Franzosen". Er hätte auch schreiben können: So denkt Carlo Schmid, denn nicht nur die Franzosen, auch er selbst stellte sich die besorgte Frage: „Wenn das Ventil Berlin von den Sowjets geschlossen würde, kann es dann in der Zone nicht wieder einen Überdruck an Widerstandswillen geben, einen neuen 17. Juni?" Er scheint blutige Auseinandersetzungen, einen Einmarsch der Sowjetunion in die DDR befürchtet zu haben.

Drei Tage später berichtete er im Parteivorstand, daß in Washington die Lage sehr kritisch eingeschätzt werde. Er habe vertrauliche Informationen, daß man in den USA „verstimmt" sei, weil man sich dort bemühe, „einen Ausweg aus der Krise zu finden, und die Bundesregierung völlig passiv" bleibe. Die USA habe eine sofortige Verlängerung der Dienstzeit der Wehrpflichtigen gefordert. Die Bundesregierung sei aber nicht initiativ geworden[107]. Anscheinend wußte Schmid nicht, daß Adenauer aus wahltaktischen Gründen es abgelehnt hatte, die zur Entlassung stehenden Wehrpflichtigen wieder in die Kasernen zurückzuschicken[108]. Die von den USA angeregten Verhandlungen mit Moskau sollten nach dem Willen des Bundeskanzlers bis nach den Wahlen verschoben werden. Auch Wehner dachte zuerst an die Wahl. Einzig Schmids Forderung nach Einberufung des Verteidigungsausschusses wurde von ihm akzeptiert. Ansonsten aber verordnete er der Partei Schweigen, „solange die Bundesregierung nichts sagt“ [109]. Wehner war zwar auch der Meinung, daß einige deutschlandpolitische Tabus nicht mehr lange aufrechterhalten werden könnten, wollte aber alle Entscheidungen bis nach der Wahl vertagen[110]. Schmid gab sich geschlagen. In der modernen Demokratie bestimmte der Wahlkampf das politische Handeln.

Noch am selben Tag begab auch er sich auf Wahlreise. In 34 Städten trat er als Redner auf. An die 100 Kundgebungen und Wahlversammlungen hatte er bis zum 16. September zu absolvieren. Die Nachricht vom Mauerbau erreichte ihn auf der Wahlreise von Würzburg nach Schney[111]. Er unterbrach den Wahlkampf für fünf Tage. An entscheidender Stelle in das Geschehen eingreifen konnte er nicht. Er hielt die Bildung einer Großen Koalition für ein Gebot der Stunde. Die Krise konnte nur gemeinsam gelöst werden. Die Hoffnung schwang mit, daß Adenauer als Regierungschef abgelöst werde, dessen außenpolitische Unbeweglichkeit er für den Mauerbau mitverantwortlich machte[112]. Wehner war erbost, daß Schmid das Thema Große Koalition aufgeworfen hatte. Die SPD dürfe sich auf solche Diskussionen nicht einlassen[113]. Warum erläuterte er nicht. Wollte er die FDP als Koalitionspartner nicht verprellen oder fürchtete er, daß Gerstenmaier und Schmid hinter seinem Rücken irgendwelche Vereinbarungen treffen könnten? Brandt setzte schließlich die Formulierung durch, daß eine „Regierung auf breiterer Basis“ anzustreben sei[114].

Die Sozialdemokraten blickten dem Wahlausgang mit viel Optimismus entgegen. Schmid gab keine Prognose ab. Journalisten, die ihn kurz vor der Wahl nach deren Ausgang fragten, mußten sich mit Hegelscher Dialektik begnügen: „Der Ausgang der Wahl wird im geraden Verhältnis zur politischen Intelligenz des deutschen Volkes stehen. Ich schätze diese Intelligenz hoch ein. Ob ich mich darin getäuscht habe oder nicht, werden wir morgen wissen. Zuweilen erlaubt sich die Vernunft, in Gestalt ihres Gegenteils aufzutreten. Dies muß dann aus Respekt vor der Vernunft hingenommen werden.“ [115] Zu Sarkasmus neigte er immer, wenn er ziemlich hoffnungslos war.

Ins Abseits gestellt und doch tätig
(1961–1963)

Visitenkarte der SPD

Nach der Wahl meinten die meisten Sozialdemokraten, daß die Vernunft in Gestalt ihres Gegenteils aufgetreten war. Sie hatten gehofft, als Sieger aus der Wahl hervorzugehen, waren aber nur auf Platz 2 gelandet. Immerhin: sie konnten ihren Stimmenanteil von 31,8 % auf 36,2 % verbessern. Die CDU/CSU verlor ihre absolute Mehrheit und war auf einen Koalitionspartner angewiesen. Carlo Schmid verbrachte die Wahlnacht bei den Parteifreunden in der Bonner Baracke an der Friedrich-Ebert-Allee. Seinen Mannheimer Wahlkreis hatte er wieder direkt erobert. 44,4 % der Mannheimer hatten ihm das Vertrauen geschenkt. Der Zweitstimmenanteil der SPD lag dort bei 41,8 %[1].

Zum Feiern blieb ihm keine Zeit. Am frühen Morgen arbeitete er zusammen mit Brandt und Ollenhauer, später kam auch noch Wehner hinzu, ein erstes Statement zum Wahlausgang aus. Die schon während des Wahlkampfes erhobene Forderung, eine Regierung auf breiterer Grundlage zu bilden, wurde wiederholt. Eine gemeinsame Bestandsaufnahme sollte den Weg zu einer „Regierung der nationalen Konzentration" ebnen[2]. Hinter Schmids beredtem Plädoyer für eine Allparteienregierung stand nicht nur der Wunsch, ins Kabinett einzuziehen. Für ihn stand fest, daß ohne einen außenpolitischen Kurswechsel der Berlin-Konflikt nicht zu lösen war. Wuchs nicht auch bei den Westmächten die Überzeugung, daß die Politik der Stärke gescheitert sei? Machte sich nicht bei den westlichen Verbündeten eine Stimmung breit, die darauf ausging, den sogenannten Realitäten Rechnung zu tragen? Sachlich und nüchtern konstatierte Schmid, daß die Politik der Verbündeten auf eine De-facto-Anerkennung der DDR und eine Hinnahme der Oder-Neiße-Grenze hinauslaufe[3]. Die zukünftige Regierung könne an diesem Tatbestand nicht vorbeigehen. Er hatte die Hoffnung auf Durchsetzung seines außen- und deutschlandpolitischen Programms noch nicht aufgegeben. Nicht ganz zu Unrecht nannte er sich einmal eine Mischung aus Camille Desmoulins und Don Quichotte[4].

Er war sich vollauf darüber im klaren, daß Adenauer nichts unversucht lassen würde, diesen Kurswechsel zu verhindern. Deshalb legte er sich auch keine Zurückhaltung auf und erhob ganz offen die Forderung, daß ein

„anderer Kapitän" an der Spitze der Regierung stehen müsse[5]. Sein Wunschkandidat war – das brauchte er gar nicht erst ausdrücklich zu sagen – Eugen Gerstenmaier. Der bisherige Bundestagspräsident bot sich als Kanzler einer Allparteienkoalition geradezu an. Die SPD-Führungsspitze nahm auch schon einen Tag nach der Wahl Kontakt mit Gerstenmaier auf. Es zeigte sich jedoch, daß Gerstenmaier nur wenig Rückhalt in der eigenen Fraktion besaß[6]. Schmid wollte dies nur ungern wahrhaben. Er beteiligte sich nicht an den Koalitionsverhandlungen. Schon kurz nach der Wahl fuhr er ab nach Straßburg, wo im Europarat über die Berlin- und Deutschlandfrage beratschlagt wurde. Als Erich Ollenhauer, Willy Brandt und Herbert Wehner am 25. September zu einem zweistündigen Gespräch mit Adenauer im Palais Schaumburg zusammentrafen, mühte sich Schmid im Straßburger Parlament darum, eine deutschlandpolitische Entschließung durchzubringen. Zwischendurch unterhielt er sich mit dem FDP-Abgeordneten Achenbach, um ihn bzw. die FDP für eine Allparteienkoalition zu gewinnen. Doch der wollte ihm nicht glauben, daß er mit den Sozialdemokraten „fertig" sei, wenn sie eine schwarz-rote Koalition unter Adenauer eingingen[7]. Dabei hatte er es ganz aufrichtig gemeint.

Erst in der Fraktionssitzung am 28. September erfuhr er, daß Wehner mittlerweile erklärt hatte: „Für uns ist Adenauer überhaupt kein Problem."[8] War dies nur eine taktische Äußerung oder war Wehner allen Ernstes bereit, in eine Koalitionsregierung unter Adenauer einzutreten? Wehner drückte sich in der Fraktionssitzung recht gewunden aus: „Wir sollten (...) nicht bevor alles ausgespielt ist, uns den Schuh anziehen, von dem andere meinen, er sei uns für alle Zeiten zugemessen."[9] Als Schmid die Fraktionssitzung verließ, war er sich ziemlich sicher, daß die SPD in keine Regierung eintreten werde, deren Kanzler Adenauer heißt[10]. Vielleicht hatte er auch nur vernommen, was er sich wünschte. Er setzte weiter auf seinen Freund Gerstenmaier. Ganz ausgeschlossen war es nicht, daß nicht doch noch eine Allparteienregierung unter Adenauers entschiedenstem innerparteilichen Opponenten zustande kam. Hinter den Kulissen bemühte sich Heinrich Lübke, eine Koalition unter Einbeziehung der SPD zusammenzuzimmern. Doch Gerstenmaier zögerte. Er wollte nicht als Königsmörder in die Geschichte eingehen. Gleichwohl ermunterte Schmid den Bundespräsidenten unter ausdrücklichem Hinweis auf das Grundgesetz, einen Kanzlerkandidaten seiner Wahl vorzuschlagen. Der Bundespräsident dürfe nicht zum Boten degradiert werden[11]. Während Schmid seinen Appell an den Bundespräsidenten schrieb, gingen Adenauer und Mende eine neue Koalition ein. Mende, der noch am 19. September getönt hatte, eine Koalition unter Adenauer käme nicht in Frage, war einen Monat später umgefallen.

Carlo Schmid war enttäuscht und erzürnt über dieses schwarz-gelbe Zweckbündnis, bei dem auf die bedrohliche außenpolitische Lage keinerlei Rücksicht genommen wurde. Am 7. November, kurz nach der Wahl Adenauers zum Bundeskanzler, gab er dem „Mannheimer Morgen" ein Interview, in dem er seine Verbitterung und Sorge offen artikulierte: „Wir Deutsche leben heute in einer Notsituation: in Berlin schießen Deutsche auf Deutsche und stehen russische und amerikanische Panzer mit geladenen Kanonen einander gegenüber. Die Weltmächte suchen die Hypothek, die ihnen die Nachkriegspolitik auferlegt hat, abzuwerfen. Soll es nicht zu sehr auf unsere Kosten geschehen, muß ihnen eine deutsche Regierung als Verhandlungspartner gegenüberstehen, von der jedermann weiß, daß sie von allen schöpferischen politischen Kräften der Nation getragen ist. Das ‚Ja' oder das ‚Nein' einer Allparteienregierung hätte ein wesentlich anderes Gewicht als das ‚Ja' oder ‚Nein' einer Regierung, die das Produkt eines Kuhhandels ist, wie wir ihn in den letzten Wochen erlebt haben."[12] Er rettete sich in Zweckoptimismus, als er beteuerte, daß die SPD nach gemeinsamer Bestandsaufnahme auch noch zu einem späteren Zeitpunkt in eine Allparteienregierung eintreten werde[13].

Nicht allein aus Sorge um die zukünftige Außen- und Deutschlandpolitik war Schmid so erbost über den „Kuhhandel" zwischen FDP und Union. Es war auch für ihn persönlich bitter, nochmals auf den harten Bänken der Opposition Platz nehmen zu müssen. Am 3. Dezember wurde er 65. War es nun an der Zeit, sich als elder statesman aus dem politischen Alltagsgeschäft zurückzuziehen? Das Lob der Parteifreunde war überschwenglich, klang aber schon fast wie ein Nachruf: „Wir sind stolz darauf, daß Du an unserer Spitze die geistige Repräsentanz verkörperst."[14] Die, die ihn besser kannten, sprachen ihm Mut zu. Max Brauer fügte seinen Geburtstagswünschen ein Postskriptum hinzu: „Und dann: auch mit 65 Jahren kein Resignieren, sondern das Leben bejahen. Sehr oft schäumt es ja in diesem Punkt bei Dir über. Auf der anderen Seite sind uns, Deinen Freunden, aber auch die Rückschläge nicht verborgen geblieben. Nun, mit den weiteren Jahren wird die größere Ausgeglichenheit kommen."[15] Victor Renner, der Freund aus früheren Jahren, erinnerte an die gescheiterten Hoffnungen und Pläne: „Es ist so vieles anders gelaufen, als wir es uns in den Jahren 45 und 46 gedacht haben."[16] Damals hatte Schmid aus der Utopie des Dritten Humanismus, den Plänen der Kreisauer und den Eindrücken und Erfahrungen, die er am Kaiser-Wilhelm-Institut in Berlin und als Militärverwaltungsrat in Frankreich gesammelt hatte, ein politisches Programm entwikkelt, das er mit Tatkraft und Energie in die politische Wirklichkeit umzusetzen versucht hatte. Gemessen an der Euphorie der Anfangsjahre, mußte er sich wie ein Gescheiterter vorkommen.

Er befand sich in einer Lebenskrise. Zwei Jahre zuvor hatte er sich noch jung genug gefühlt, um den Führerschein zu machen[17]. Jetzt fühlte er sich wie altes Eisen. Sein Blutdruck war, wahrscheinlich auch psychisch bedingt, viel zu hoch, so daß er gezwungen war, salzlos zu essen. Später kam noch eine Thrombose hinzu. Schlaflosigkeit quälte ihn. Das Schreiben mit der rechten Hand fiel ihm manche Tage schwer[18]. Noch häufiger als die ganzen Jahre dachte er an seinen Sohn Raimund, über dessen Selbstmord er nie ganz hinwegkam. Manchmal kamen ihm dunkle Gedanken. Dann fragte er sich, ob er Raimund vielleicht doch „nicht allein lassen (sollte), wo er jetzt ist“[19].

Es sah fast so aus, als ob er den Rückzug aus der Politik vorbereitete. Von Januar 1962 bis Juni 1963 nahm er nur an drei Parteivorstandssitzungen teil. Auch in den Präsidiumssitzungen fehlte er häufig. Er entschloß sich, am Berghang in Orscheid bei Bad Honnef ein Haus zu bauen. Noch immer wohnte er in seiner kleinen Wohnung in der Renoisstraße, die er 1949 bezogen hatte. Es war ein kleines Häuschen, in das er Anfang 1963 mit Hanne Goebel einzog. Nur 84 qm groß, aber umgeben von einem Garten und der Idylle des Siebengebirges. Bald fand auch noch ein Boxerhund namens Asra in dem Haus Platz. Schmid konnte jetzt wieder der Gartenarbeit, einer seiner Lieblingsbeschäftigungen, nachgehen. An schönen Tagen sah man ihn hacken und Gießkannen schleppen. Sein Rhododendron fand die Bewunderung der ganzen Nachbarschaft. Seinen Bekannten beschrieb er den idyllischen Ausblick, den er von seiner neuen Behausung aus hatte: „Jeden Morgen kommen Fasanen in den Garten, um das Vogelhaus schwirrt es von Dompfaffen und ab und zu läuft ein Reh den Zaum entlang. Im Sommer weiden schwarz-weiß gefleckte Kühe rings auf den Feldern.“[20] Carlo Schmid – ein Candide?

Nein, für das Leben eines Candide, der sich damit begnügt, seinen Garten zu bestellen, war er nun einmal nicht geboren. Er mochte noch so oft darüber klagen, daß die Politik ihm keine Zeit zur Muße lasse und er eine Kröte nach der anderen schlucken mußte, die Politik ließ ihn nicht mehr los. Er wollte weiter im Geschirr bleiben, auch wenn ihm der große politische Erfolg versagt war. Freilich, es schmerzte ihn, feststellen zu müssen, daß die Intelligenz nicht zu den wichtigsten virtutes eines Politikers gehörte, daß das Parlament kein „Areopag der Weisen“ war, sondern ein „Wahlmännerkollegium, das eine Regierung zu wählen hat“[21]. Die Umarmungsstrategie der SPD trug er aus Vernunft mit, aber dem neuen außenpolitischen Kurs stand er reserviert gegenüber. Je älter er wurde, desto einsamer fühlte er sich. Manchmal waren die menschlichen Beziehungen in der Partei „so kalt“, daß „ihn fror“[22].

Teils zu Recht, teils zu Unrecht fühlte er sich von den Parteifreunden ins politische Abseits gestellt. Diesmal gelang es ihm nicht wie sonst, seinen Mißmut zu überspielen, im Weinen noch zu lachen. Im Juni 1962 kam es im Parteipräsidium zwischen ihm und Willy Brandt zu einem Zusammenstoß. Um eine engere Verzahnung der politischen Arbeit Brandts mit der der Bonner Baracke zu ermöglichen, sollte Brandt die Leitung einer Planungsgruppe übernehmen, deren Aufgabe es war, eine langfristige politische Strategie auszuarbeiten. Bereits ein halbes Jahr zuvor hatte Waldemar von Knoeringen die Bildung eines wissenschaftlichen Büros beim Parteivorstand angeregt, das in enger Zusammenarbeit mit der Friedrich-Ebert-Stiftung Grundlagenforschung betreiben sollte[23]. Einige Mitglieder des Parteivorstandes plädierten dafür, daß die von Brandt geleitete Planungsgruppe sich auch der von Knoeringen vorgeschlagenen Grundlagenforschung annehmen möchte.

Schmid war überaus skeptisch, ob Brandt neben seiner Berliner Regierungstätigkeit auch noch diese Aufgabe bewältigen könne. Außerdem befürchtete er nicht zu Unrecht, daß ein „riesiger Apparat" notwendig sei, um die ins Auge gefaßte Planungsaufgabe befriedigend zu lösen[24]. Brandt scheint die Vorbehalte seines Parteifreundes geahnt zu haben. Er nahm ihn nicht als Mitglied in die Planungsgruppe auf, in der nur Wehner, Erler und Nau als ständige Mitarbeiter vorgesehen waren. Carlo Schmid war zutiefst verletzt, daß man auf seine Mitarbeit keinen Wert legte[25]. Er fühlte sich zurückgesetzt, obwohl ihm Brandt sofort versicherte, daß er ihn von den Planungsarbeiten nicht habe ausschließen wollen[26]. Schmid wurde den Verdacht nicht los, daß er übergangen worden war. Brandt versuchte in einem längeren Brief an Schmid, den er aus seinem norwegischen Urlaubsdomizil schrieb, diesen Verdacht auszuräumen: „Falls es Dir zeitlich möglich ist, möchte ich ganz gewiß gerade Dich in die vorbereitenden Planungsarbeiten einbezogen wissen. Womit ich Dich nicht belasten zu sollen glaubte (...), sind jene organisatorischen und materialordnenden Aufgaben, die bisher vernachlässigt wurden und um die wir uns jetzt stärker kümmern wollen, also eine Wahlanalyse des vorigen Jahres und der Landtagswahlen dieses Jahres, Vorschläge für die Öffentlichkeitsarbeit der Partei, Arbeitsunterlagen für die vernachlässigten Gemeinschaftsaufgaben usw." [27] Brandt lag nicht daran, Schmid aus der Führungsspitze hinauszudrängen. Er bat sogar Erler, „mitzuhelfen, daß Carlos Mißtrauen und Unzufriedenheit überwunden werden" [28].

Brandt war freilich nicht entgangen, daß Schmid die neue öffentliche Selbstdarstellung der Partei nicht immer sonderlich gefiel. Schmid sah mißmutig mit an, daß man trotz seiner Warnungen Politik einerseits zum Marketing, andererseits zur Expertenwirtschaft verkommen ließ. Im Februar hatte er bei einem Podiumsgespräch in Hamburg erklärt: „Ich will mich als Politiker nicht verkaufen lassen wie ein Massenartikel. Ich kann als Politiker nicht sagen, was die Leute gern von mir hören wollen, sondern ich muß tun, was zum Wohle des Staates notwendig ist." [29] Daß Politiker sich immer mehr auf die Demoskopie statt auf ihren Verstand und ihr Wissen beriefen, hielt er für gefährlich[30]. Gewiß, man mußte Politik auch verkaufen können. Das hatte er seiner Partei jahrelang gepredigt. Aber darüber durften die politischen Inhalte nicht vernachlässigt werden. Aus Politik durfte nicht Show-Business werden. Als im November 1962 ein Berlin-Treffen der SPD mit einer Girlparade eröffnet wurde, reagierte Schmid darauf empört wie der prüdeste Puritaner[31].

Seine Skepsis gegenüber dem in der SPD-Führung herrschenden Planungseuphorismus erwies sich als berechtigt. Von der Planungsgruppe, zu deren Sitzungen er regelmäßig Einladungen erhielt, gingen keine wegweisenden Ideen aus[32]. Man erstickte in Kleinarbeit, ohne eine Vision für die Zukunft zu entwickeln. Schmid erhielt mehr Material zur Begutachtung, als ihm lieb sein konnte[33]. Im Mai 1963 wurde ihm gegen seinen Willen im Zuge einer Rationalisierung der zentralen Parteiverwaltung das Referat Planungsarbeit und Grundlagenforschung übertragen. Das gescheiterte Projekt Planungsgruppe schob man jetzt auf ihn ab. Er protestierte, weil man ihm nicht einmal einen Referatsleiter zur Verfügung stellte[34]. Die Abteilung V Planung und Grundlagenforschung wurde dann auch schon bald aufgelöst.

Er begrüßte den Dialog zwischen Wissenschaft und Politik, distanzierte sich aber von der Wissenschaftsgläubigkeit einiger seiner Parteifreunde. Er leugnete nicht die Notwendigkeit, sich bei politischen Entscheidungen wissenschaftliche Erkenntnisse zunutze zu machen. Schließlich war er es gewesen, der 1956 die Bildung eines deutschen Forschungsrates vorgeschlagen hatte. Aber Wissenschaft konnte Politik nicht ersetzen: „Alles, was den Staat anbetrifft, ist im letzten viel mehr eine Frage des Gewissens, des Wollens, der Sinngebung als eine Frage der Technizität. Dem Wirken kommt ein höherer Rang zu als dem Werkzeug." [35] Wissenschaftliche Politikberatung konnte seines Erachtens nur punktuell geschehen. Sie konnte bestenfalls dem Wollen des Politikers eine „gewisse Inklination" geben, aber das Wollen nicht ersetzen[36]. Schmid hatte seinen Max Weber gelesen. An eine Verwissenschaftlichung der Politik glaubte er nicht. Knoeringen war leicht verärgert. Er hatte gehofft, Schmid als Verbündeten für sein Projekt einer wissenschaftlichen Grundlagenforschung gewinnen zu können[37].

Froh war Schmid, daß die Partei nun endlich das „Große Gespräch" mit den Spitzenverbänden, den Kirchen und der Wissenschaft suchte. Jahrelang hatte er auf die Parteifreunde eingeredet, daß es besser sei, in der Wüste zu predigen als in der Kirche. Jetzt machte die SPD sich seine Maxime zu eigen. Wissenschaftler und führende Persönlichkeiten des gesellschaftlichen Lebens sprachen auf Fachtagungen der SPD, Sozialdemokraten hielten Vorträge auf Konferenzen einflußreicher und mitgliederstarker Verbände, erschienen zu Podiumsdiskussionen und trugen in Volkshochschulen zur Erwachsenenbildung bei. Endlich hatte die Partei ihre Berührungsängste überwunden. Das Opfer dieser neuen Strategie war freilich Schmid. Die Partei sandte ihn als bürgerliches Aushängeschild kreuz und quer durch die Bundesrepublik. Er redete auf Tagungen der Einzelhandels- und Sportverbände, vor Arbeitskreisen des Beamtenbundes und der Lehrerverbände, auf Angestelltenkonferenzen, vor dem Deutschen Städtetag, auf Buchmessen, an Universitäten und Volkshochschulen. Er stöhnte über die Fron. Seinem Freund Victor Renner gestand er, daß ihn die Rolle des Lockvogels für bürgerliche Wählerschichten ganz und gar nicht befriedigte: „Die Partei liebt es, mich als Visitenkarte herumzuschicken, wo es darum geht, die sogenannten Außenstehenden zu gewinnen. Das ist auch eine Aufgabe und eine wichtige, darum unterziehe ich mich ihr. Dazu kommt, daß man mich von außerhalb Deutschlands immer häufiger zu Vorträgen und Veranstaltungen bittet, dem Folge zu leisten, ist häufig eine Notwendigkeit, und so leiste ich eben Folge. Freilich bleibt dann für das eigene Leben nicht mehr sehr viel übrig. Ich bin jede Woche einige Male weg und sehr häufig halbe Wochen im Ausland. Wie lange soll das weitergehen? Ich mag eigentlich nicht mehr recht und möchte gerne, wenn auch noch nicht aufs Altenteil, so doch ein Leben führen können, das mir einige Zeit läßt, mich auf mich selber zu besinnen."[38]

Man drängte ihn in die Rolle des Schönredners, und er ließ sich auch in sie hineindrängen. Selten sagte er nein, wenn er gebeten wurde, eine Festrede zu halten, obwohl je nach Anlaß auch er erst einige dicke Bücher lesen mußte, bevor er etwas Vernünftiges zu Papier brachte[39]. Und sprachbewußt, wie er war, feilte er an seinen Manuskripten. Fast selbstverständlich war es schon, daß er, der langjährige Kritiker überholter Parteitraditionen, bei Parteijubiläen die Festreden hielt. Er sprach zum 10. Todestag Kurt Schumachers[40], zur Hundertjahrfeier der SPD, zur Hundertjahrfeier der Sozialistischen Internationale und schließlich konnten die Mannheimer ihn auch dazu überreden, Ludwig Frank anläßlich seines 50. Todestages zu würdigen. Die letztere Aufgabe übernahm er gern, denn Ludwig Frank, der humanistisch gebildete Bürgersohn, war eine der wenigen Gestalten der Arbeiterbewegung, mit denen er sich identifizieren konnte[41]. Weil die SPD der 60er Jahre nicht alte Parteitraditionen beschwören, sondern ihren weltoffenen Charakter demonstrieren wollte, mußte Schmid die Partei bei ihren Jubiläen repräsentieren. Ihm gelang es, auf der mit großem Pomp inszenierten Hundertjahrfeier der SPD überzeugend nachzuweisen, daß die SPD seit ihrer Geburtsstunde eine Volkspartei war, deren Gründungsvater Lassalle das Volk von Anfang an auf den Staat hin erzogen hatte[42]. Das Godesberger Programm war also kein Bruch mit der Parteitradition, sondern nur die programmatische Fixierung einer schon längst geübten Praxis. Dieser Auffassung war Schmid schon immer gewesen. Sie bestimmte jetzt auch das Geschichtsbild der Partei.

Versteckt ließ er Kritik an der gegenwärtigen Politik und Programmatik der Partei anklingen. Sein Hinweis, daß die „Vermehrung der materiellen Güter, die Steigerung des Anteils des einzelnen am Sozialprodukt" nicht die letzten Ziele einer sozialdemokratischen Politik sein könnten, war durchaus als Mahnung gedacht[43]. Die Parolen „besser" und „mehr" stießen ihm auf. Er beklagte die „Politiklosigkeit" der gegenwärtigen Politik, für die er Regierung und Opposition gleichermaßen verantwortlich machte[44]. So fortschrittlich und modern, wie die SPD sich jetzt gab, hatte er sie offensichtlich gar nicht haben wollen.

Von der alten Parteitradition war nicht mehr viel übriggeblieben. Als Ollenhauer im Dezember 1963 im Alter von 62 Jahren starb, starb ihr letzter lebender Überrest. An Ollenhauers 60. Geburtstag hatte Schmid ihm gedankt: „Du hast Dich mir in vielen schweren – auch für Dich schwierigen – Lagen immerdar als treuer Freund erwiesen. Vielleicht kann ich Dir einmal ein wenig davon vergelten.“[45] Ollenhauer hatte einigen Anteil daran, daß Carlo Schmid in den 50er Jahren nicht ganz aus der Partei hinausgedrängt wurde. Schmids Pläne zur Parteireform waren ihm zu rigoros gewesen, aber er hatte doch dafür gesorgt, daß die Traditionalisten die Parteireform akzeptierten. In der Außen- und Deutschlandpolitik hatte Ollenhauer auf Wehner gehört, nicht auf Schmid.

Bei der Verteilung des Erbes Ollenhauers unter die Diadochen mußte sich Schmid mit der Rolle des Rat gebenden elder statesman begnügen, in die er sich ansonsten nur ungern abdrängen ließ. Schon Ende der fünfziger Jahre hatte er vorgeschlagen, Fritz Erler zum Fraktionsvorsitzenden zu machen[46]. Im Sommer 1963 ermunterte er seinen Schützling: „Du weißt, daß ich schon lange glaube, daß Deine Zeit nun gekommen ist.“[47] Das Amt des Oppositionsführers im Bundestag war ein Sprungbrett für die Kanzlerkandidatur. Erler hätte auch ohne Schmids aufmunternde Worte zu politischer Verantwortung gegriffen. Er ließ erkennen, daß er auch am Amt des Parteivorsitzenden interessiert war. Als die gegnerische Presse Ende 1963 Erler gegen Brandt auszuspielen versuchte, stellte sich Schmid eindeutig hinter Brandt. Brandt müsse von Detail- und Organisationsfragen entlastet werden, hielt er dessen Widersachern entgegen, die meinten, der Regierende Berliner Bürgermeister könne unmöglich auch noch die Last des Parteivorsitzes tragen[48]. Er verteidigte auch Brandts Berliner brain trust, das sowohl Wehner als auch Erler ein Dorn im Auge war, weil es Initiativen in Gang setzte, die nicht immer mit der Parteiführung abgesprochen waren[49]. Alles deutet darauf hin, daß Schmid Brandt als Gegenpol zu Wehner sah und deshalb das Bündnis Brandt–Wehner–Erler auf jeden Fall erhalten wollte. Wäre Brandt aus dem Dreibund ausgeschaltet worden, wäre Wehner der unumschränkte Beherrscher der Parteiorganisation geworden. Wehner bremste in der Deutschlandpolitik, während Brandt eine Politik der kleinen Schritte einleitete. Allein schon deswegen konnte Schmid gar nicht anders, als sich auf die Seite Brandts zu stellen. Väterlich besorgt mahnte er die drei ungleichen Männer zur Freundschaft und Treue[50]. Dem gealterten Staatsmann, der selbst keine politische Zukunft mehr hatte, oblag es alte Tugenden zu zitieren, die in der Politik immer seltener wurden. Er hatte den Parteinachwuchs vorzustellen und für ihn zu werben[51].

Es blieb ihm nur noch die vage Hoffnung, daß das schwarz-gelbe Bündnis bald platzen und er dann als Minister vielleicht doch noch einiges bewegen konnte. Spekulationen über eine Große Koalition tauchten andauernd auf. Im Sommer 1962 befand sich Erhard wieder einmal mit Adenauer in einer Dauerfehde. Daß der Alte Erhard als Nachfolger ausschalten wollte, war kein Geheimnis. Der Vizekanzler beschwor seinerseits in einem Mitte Juni mit Schmid geführten Gespräch das baldige Ende Adenauers. Schmid gewann bei dem Gespräch den Eindruck, daß Erhard Angst vor der Kanzlerschaft habe und deshalb der Bildung einer Allparteienregierung nicht abgeneigt sei[52]. Schmid war voller Optimismus, den Deist, der mit Erhard öfter zusammentraf, allerdings sofort dämpfte: „Erhard macht solche Sprüche häufig." [53] Erhard gehörte zu den Gegnern eines Bündnisses mit den Sozialdemokraten, was aber im Sommer 1962 für die Zeitgenossen noch nicht so eindeutig zu erkennen war.

Der Bundespräsident, der sich in einem Neujahrsbrief auffallend herzlich für Schmids „verantwortungsbewußten Rat" bedankt hatte[54], drängte weiterhin auf Bildung einer Allparteienregierung unter Eugen Gerstenmaier[55]. Im Gegensatz zu Brandt, der im Sommer 1962 einen Regierungswechsel in der laufenden Legislaturperiode mit ziemlicher Sicherheit ausschloß, erwartete Schmid den baldigen Bankrott der Regierung Adenauer. Wenn Gefahr drohe, werde die SPD sich dem Ruf, Mitverantwortung in der Regierung zu übernehmen, nicht verweigern, versicherte er im September einem Rundfunkreporter[56].

Die Affären, die im Jahre 1962 die Republik erschütterten, signalisierten den fortschreitenden Verfall der Koalitionsregierung. Im Juni 1962 wies die SPD-Fraktion im Verein mit den Freien Demokraten den Untersuchungsbericht des Fibag-Ausschusses zurück. Der Ausschuß hatte aufzuklären, ob sich Strauß der Vetternwirtschaft und dubioser Finanzierungspraktiken bei dem Bau von Kasernen für die 7. US-Army schuldig gemacht hatte[57]. Die Sache ging aus wie das Hornberger Schießen, weil die Vertreter der CDU/CSU-Fraktion, die im Ausschuß die Mehrheit stellten, an einer Aufklärung der Vorwürfe kein Interesse hatten. Das war verständlich. Schmid empörte sich nicht darüber, sondern schlug eine Änderung der Bildung und des Verfahrens der Untersuchungsausschüsse vor: „So wie die Untersuchungsausschüsse heute sind, sind sie praktisch ein Schild, mit dem man unter dem Anschein eines rechtlich geordneten Verfahrens, das allen Beteiligten die gleichen Möglichkeiten gibt, Gefahren abschirmen kann, die von der öffentlichen Meinung her einer Regierung aus dem Verhalten eines ihrer Mitglieder drohen könnten." [58] Er schlug vor, dem Präsidenten des Bundesverfassungsgerichts den Vorsitz im Untersuchungsausschuß zu überantworten[59]. Enttäuscht hatte ihn die Reaktion der Öffentlichkeit, die über die Affäre „mehr schmunzelt(e), als die Fäuste ballt(e)" [60].

Das sollte sich bei der Spiegel-Affäre ändern. Für Schmid war die Empörung einer breiten Öffentlichkeit über das unrechtmäßige Vorgehen der Bundesregierung gegen das Hamburger Nachrichtenmagazin ein Markstein auf dem Weg zu einer liberalen Öffentlichkeit, zu einer aufgeklärten Bürgergesellschaft. Die ersten Stellungnahmen der SPD zu der polizeilichen Durchsuchung der Redaktionsräume des „Spiegel" und der Verhaftung Augsteins und des damaligen Spiegel-Redakteurs Conrad Ahlers wegen Landesverrats am 26./27. Oktober 1962 waren äußerst zurückhaltend. Scheute man den bisherigen Gemeinsamkeitskurs zu verlassen? Das war nur ein Grund und nicht der wichtigste. Die ganze Affäre war für die SPD, wie Wehner sich ausdrückte, „undurchsichtig"[61]. Strauß hatte zwei Tage vor der Aktion bei einem Empfang auf Schloß Brühl in alkoholisiertem Zustand wilde Drohungen ausgestoßen. Schmid, der Strauß' Tischnachbar war, berichtete in der Präsidiumssitzung am 29. Oktober, daß Strauß von einer „Bombe" gesprochen habe, die in vier Wochen platze. Die SPD sei „durch und durch verseucht". Die Namen Jahn, Annemarie Renger und des Leiters des Ostbüros der SPD Stefan Thomas waren gefallen[62]. Kurz zuvor war der SPD-Abgeordnete Frenzel als Ostspion entlarvt worden. Wußte Strauß wirklich etwas? Schmid, der sich mit Strauß gut verstand, sollte nachhaken[63]. Er traf Strauß. Der Bundesverteidigungsminister hatte offensichtlich nichts Konkretes in der Hand.

Am 6. November beschloß die SPD-Fraktion, Strauß' Vorgehen gegen den „Spiegel" in einer Fragestunde des Bundestages kritisch unter die Lupe zu nehmen. Wehner riet zu taktischer Vorsicht[64], während Schmid noch am selben Tag in einem Artikel für die Münchener „Abendzeitung" die Verletzung rechtsstaatlicher Garantien bei der Aktion gegen den „Spiegel" auf schärfste kritisierte. Daß der Bundesjustizminister über die Ermittlungen gegen den „Spiegel" nicht informiert worden war, ließ sich seines Erachtens nicht mehr als „schlichter Skandal" abtun. Hier handelte es sich um eine „Krise der Verfassungswirklichkeit". „Es scheint da etwas faul zu sein im Staate Dänemark."[65] Strauß versuchte sich durchzuwinden, indem er das Parlament belog. Schmid ging es nicht in erster Linie darum, Strauß abzuschießen, sondern um die Wahrung des Rechtsstaates, hinter der politisches Kalkül zurückzutreten hatte. Obwohl er sich das Ende der Regierung Adenauer sehnlich herbeiwünschte, betrachtete er die Spiegel-Krise mehr mit den Augen eines Staatsrechtlers als eines Politikers. Er schlug vor, eine Änderung der Landesverratsbestimmungen zu verlangen, was aber von der SPD-Führung für politisch völlig inopportun gehalten wurde[66].

Die SPD-Fraktion ersuchte am 13. November den Bundeskanzler, Bundesverteidungsminister Franz-Josef Strauß aus seinem Amt zu entlassen[67]. Sechs Tage später kündigte die FDP das Regierungsbündnis mit der CDU/CSU auf. In der Presse war die Rede von einer Staatskrise. Schmid mochte von einer Regierungs-, aber nicht mehr von einer Staatskrise sprechen, denn der Proteststurm der öffentlichen Meinung habe die Regierung in die Schranken des Rechts zurückzuweisen vermocht[68]. Schmid war beeindruckt von dem „Aufstand des Bürgersinns", den die Spiegel-Krise hervorgerufen hatte[69]. Erstmals war in der Bundesrepublik die öffentliche Meinung zu einer vierten Gewalt geworden. Die Bundesdeutschen waren kein „Haufe von Untertanen" mehr[70]. Die Spiegel-Krise war Auslöser für eine rapide wachsende Politisierung der Öffentlichkeit. Schmid, der sich einen solchen „Aufstand des Bürgersinns" immer gewünscht hatte, erfaßte schon Ende 1962, daß die Spiegel-Affäre einen Wendepunkt in der politischen Kultur der Bundesrepublik markierte. Er nahm die ganze Krise mehr als politischer Beobachter denn als politischer Akteur wahr.

Während Schmid sich über die Opposition der öffentlichen Meinung erfreute, arbeitete Herbert Wehner daran, die SPD von der Opposition in die Regierung zu manövrieren. Konnte die SPD eine schwarz-rote Koalition unter Adenauer eingehen, der eben noch dem „Spiegel" einen „Abgrund von Landesverrat" vorgeworfen hatte? Auch damals vermutete man schon, daß Adenauer von Strauß über die Aktionen gegen den „Spiegel" unterrichtet war[71]. In der Öffentlichkeit jedenfalls mußte eine Große Koalition ohne Auswechslung des Kapitäns auf Unverständnis stoßen. Mit dieser Auffassung stand Schmid nicht allein. Über den Fortgang von Wehners Geheimverhandlungen mit Lücke und von und zu Guttenberg war er nicht unterrichtet[72]. Im kleinen Kreis waren die Koalitionsverhandlungen schon recht weit gediehen. Sogar über die Ressortverteilung hatte man sich schon geeinigt. Wehner entschied, daß weder Brandt noch Schmid, der bei der CDU/CSU großes Vertrauen genoß[73], als Außenminister in Frage kamen. Ollenhauer, auf den Wehner großen Einfluß hatte, sollte in das Auswärtige Amt einziehen. Für das Innenressort war Erler vorgesehen, der aber auch anstelle Ollenhauers als Aspirant für das Auswärtige Amt im Gespräch war. Über die Bildung eines Europaministeriums hatte man sich noch nicht verständigen können[74]. Möglicherweise hatte man Carlo Schmid im Auge, als man die Bildung dieses neuen Ministeriums in Erwägung zog, denn von den Ressorts, die sonst noch der SPD zufallen sollten, entsprach keines seinem Können und seiner Neigung. Wenn man ihn ganz übergangen hätte, wäre dies in der Öffentlichkeit negativ aufgenommen worden.

Als Wehner am 1. Dezember dem Parteivorstand einige knappe Informationen über seine Verhandlungen gab, belehrte Schmid in Frankfurt seine Studenten. Tags darauf flog er in den Senegal, wo er zusammen mit Heinrich Deist an einem Kolloquium über Probleme der Entwicklungspolitik und der Einführung des Sozialismus in Entwicklungsländern teilnahm[75]. Anscheinend waren die beiden überzeugt, daß in der Woche vom 2.–8. Dezember – solange sollte die Konferenz dauern – keine bedeutenden Entscheidungen in Bonn anstanden. Drei Tage später informierte Erler die Senegalreisenden, daß die Koalitionsverhandlungen ein konkretes Stadium annahmen[76]. Sofort fragte Schmid telegraphisch in Bonn an, ob eine vorzeitige Rückkehr erforderlich sei. Ollenhauer kabelte am 5. Dezember zurück: „Im ersten Stadium der Verhandlungen. Bleibt bei Euren Dispositionen für Rückkehr." [77] Als die beiden am 8. Dezember wieder in Bonn eintrafen, waren die Koalitionsverhandlungen bereits geplatzt. Adenauer hatte seine weitere Kanzlerschaft und die Einführung des Mehrheitswahlrechts bereits bei den nächsten Wahlen zur Voraussetzung von Koalitionsverhandlungen erklärt. Wehner, Brandt und Erler waren bereit, die erste Forderung zu schlucken. Die Fraktion nahm einen ablehnenden Standpunkt ein. Sie war nicht gewillt, sich von Wehner vor vollendete Tatsachen stellen zu lassen[78].

In der Parteivorstandssitzung am 16. Dezember verlangte Schmid eine Dokumentation über die Koalitionsverhandlungen, die in der Öffentlichkeit auf Unverständnis gestoßen seien: „Viele haben SPD gewählt, weil sie gegen Adenauer sind. Diese haben nicht verstanden, warum die SPD nun plötzlich bereit sei, mit Adenauer eine Regierung zu bilden." [79] Versteckte sich Schmid hinter den vielen? Verstand auch er nicht, daß die SPD sich jetzt plötzlich zu einer Koalition unter Adenauer hergab? Er wünschte eine restlose Aufklärung der Rolle Strauß' in der Spiegel-Affäre[80]. Vermutlich rechnete er damit, daß dann auch die Rolle Adenauers aufgeklärt würde. In der Öffentlichkeit plädierte er weiterhin für eine Allparteienregierung. Vielleicht war es Don Quichotterie, vielleicht auf Zweckoptimismus. Am 6. Januar 1963 erklärte er im Sender Freies Berlin: „Ich bin davon überzeugt, daß wir in diesem Jahre eine Regierung bekommen werden, die alle verantwortungsbewußten Kräfte der Nation umfaßt. Was dies für die Stärkung der Möglichkeiten einer deutschen Politik nach Westen und nach Osten bedeutet, brauche ich nicht besonders auszuführen." [81] Ein halbes Jahr später schrieb er Brigitte Gerstenmaier: „Den Bundeskanzler Eugen Gerstenmaier würde der Bundestagspräsident Carlo Schmid in seinem schweren Amte gerne parlamentarisch geleiten." [82] Eine Hoffnung, die eher einer Illusion glich. Carlo Schmid mochte sich von ihr nicht lossagen, weil seine außenpolitischen Pläne und Vorstellungen eng an sie geknüpft waren.

Berlin, deutsche Nation und Europa

Es herrschte Ratlosigkeit. Der Westen war, wie Schmid treffend feststellte, in die Lage eines Vaters gekommen, „dessen Kind gekidnapt wurde" [1]. Was hatten die USA der Salamitaktik der Sowjetunion entgegenzusetzen? Schmid fürchtete, daß die Sowjetunion die Westmächte beim Erkaufen der Freiheit West-Berlins erpressen werde[2]. Konnte man der Sowjetunion „etwas anbieten oder nur drohen“[3]? Man mußte auf jeden Fall davon ausgehen, daß die Sowjetunion die Anerkennung der DDR als Preis für die Freiheit Berlins verlangen werde. Die SPD wollte die Antwort der Bundesregierung überlassen, was Schmid in der Öffentlichkeit zur Zurückhaltung zwang.

So deutete er nur an, was er dachte. Im September 1961 stellte er vor der Beratenden Versammlung des Europarates fest, daß es wohl nicht zu umgehen sei, „mit dem politischen Gebilde östlich der Elbe und Werra in ein Verkehrsverhältnis“ zu kommen[4]. Entsprechende Schritte unternahm keiner. So war er schon froh, daß auf der Mitte November in Paris stattfindenden Jahreskonferenz der Nato-Parlamentarier Einmütigkeit darüber herrschte, daß eine endgültige Lösung des Berlin-Problems nur im Zusammenhang mit der deutschen Wiedervereinigung gefunden werden könne. Interimslösungen wurden allerdings nicht ausgeschlossen[5]. Im Dezember konnte er den Präsidenten der Westeuropäischen Union Arthur Conte dafür gewinnen, die Tagung so zu gestalten, daß sie zu einer mächtigen Demonstration der Solidarität der westeuropäischen Staaten mit den Menschen in Berlin und der DDR wurde[6]. Eine Resolution wurde verabschiedet, in der die Mitgliedsstaaten der WEU ersucht wurden, einem Friedensvertrag zwischen der Sowjetunion und der DDR die Gültigkeit abzusprechen[7]. Eine völkerrechtliche Anerkennung der DDR lehnten alle Teilnehmer ab. Schmid kommentierte das Ergebnis der Konferenz mit einiger Genugtuung, obwohl er nicht zu denen gehörte, die an die Macht von Resolutionen glaubten. Immerhin ließ sich auf diese Weise die Weltöffentlichkeit mobilisieren.

Willy Brandt plädierte schon seit längerer Zeit dafür, die Deutschland- und Berlin-Frage vor die UNO zu bringen. Carlo Schmid war strikt dagegen, weil das Vorhaben seines Erachtens nur mit einer Niederlage enden konnte. Bei einer Anrufung des Sicherheitsrates sei „das sowjetische Njet sicher und damit die Frage vom Tisch der UNO gewischt“[8]. Brächte man die Verletzung der Menschenrechte in der DDR vor die UNO, bestehe die Gefahr, daß sich in der Hauptversammlung der UNO keine Zweidrittelmehrheit fände, die die Unterdrückung der Menschen- und Grundfreiheiten in der DDR verurteile. Es sei zu befürchten, daß das DDR-Regime eher auf- als abgewertet werde. „Alles was dabei herauskommen könnte, wäre die Aufforderung an die beiden deutschen Staaten (...) diese Dinge doch durch Verhandlungen untereinander zu regeln, und damit wäre die DDR anerkannt.“[9] Vermutlich mußte man dann sogar eine völkerrechtliche Anerkennung der DDR in Kauf nehmen. Schmids Einwände überzeugten.

Seine Neujahrsbotschaft war wenig ermutigend: „Die Krisen werden also weiter dauern, und damit wird die Ungewißheit, in der wir leben,

Am 9. und 10. Januar 1962 versammelten sich die Mitglieder der SPD-Bundestagsfraktion in Berlin. V.l.n.r.: Bürgermeister Franz Amrehn, Erich Ollenhauer, der Vizepräsident des Berliner Abgeordnetenhauses Wolfram Müllenburg und Carlo Schmid

und die uns quält, uns weiter quälen."[10] Solange niemand den Mut zu umfassenden Lösungen aufbrachte, mußte man sich mit Notlösungen, Aushilfen und der Demonstration des Verteidigungswillens begnügen. Schmid war froh über jede Initiative. Die von Adenauer beargwöhnten Berlin-Sondierungen der USA im Frühjahr 1962 fanden seine volle Zustimmung. Adenauers Lamento über die von den Amerikanern geplante internationale Zugangsbehörde für den Verkehr von und nach Berlin erschien ihm angesichts des drohenden heißen Krieges unverantwortlich. War es wirklich „ein so großes Zugeständnis, in die Kontrollbehörde auch Vertreter des Zonenregimes aufzunehmen, wenn schon 95 Prozent des Berliner Verkehrs ausschließlich von Behörden der Zone kontrolliert" wurden?[11] Im Mai sprach er sich auch im Europarat für eine internationale Kontrolle des Zugangs von und nach Berlin aus[12]. Er hielt es auch nicht für verwerflich, Ulbrichts Forderung nach einem Warenkredit nachzukommen, wenn dafür den Menschen in der DDR geholfen werden konnte[13]. Willy Brandts Bemühen, durch eine Politik der kleinen Schritte die Mauer durchlässiger zu machen, hatte seine volle Unterstützung. Ansonsten übte er wie Brandt vorerst einmal Zurückhaltung und verschonte die Bonner Politik mit offener Kritik[14].

Wenn er schon politisch nicht tätig werden konnte, so wollte er doch zumindest der schleichenden Gewöhnung an die deutsche Teilung entgegentreten. Er sah die Gefahr, daß Deutschland nicht nur in zwei Staaten, sondern auch in zwei Nationen auseinandergerissen wurde[15]. Seit Beginn der 60er Jahre bemühte er sich, in zahlreichen Artikeln, Rundfunkbeiträgen und Vorträgen den Deutschen diesseits und jenseits der Mauer ihre nationale Identität bewußt zu machen. Wieder einmal betätigte er sich als politischer Pädagoge. Seine Mahnreden waren nicht überflüssig, denn bei vielen Jugendlichen war der Begriff der Nation durch den Nationalsozialismus diskreditiert worden, so daß sie aus der „deutschen Haut herausschlüpfen" wollten[16]. Die Erkenntnis, daß das Selbstbestimmungsrecht eng mit dem Begriff der Nation zusammenhängt, war geschwunden. Schmid erinnerte wieder daran und erläuterte, warum Europa nicht zur Fluchtburg vor der nationalen Identität werden dürfe: „Den Nationalismus überwindet man nicht, indem man an der Nation vorbeilebt, sondern nur, indem man in sie hineintritt, sie auf sich nimmt und durch sie hindurch zum Menschen wird. Freiheit ist etwas – wenn sie mehr sein soll als ein durch Vernunft gedämpftes Epikureertum, eine weise geübte Libertinage – das sich nur in der Nation verwirklichen kann." [17] Die Bundesrepublik war – er fühlte sich bemüßigt, dies eigens zu betonen – keine Nation, aber sie würde es vielleicht eines Tages werden, wenn die Deutschen kein nationales Identitätsbewußtsein entwickelten. Er schloß nicht aus, daß die Westdeutschen sich in der Bundesrepublik zufrieden einrichteten[18].

In Anlehnung an Ernest Renan definierte er die Nation als „plébiscite de tous les jours" [19]. Die gemeinsame Geschichte, die gemeinsame Kultur und der gemeinsame Wille zur politischen Selbstbestimmung machten aus einem Volk eine Nation. Die Haftung für das Böse gehörte für Schmid ebenso zur Nation wie der Stolz auf die kulturellen Leistungen[20]. Er machte sich die Maxime der Franzosen zu eigen: „Tout ce qui est national, est nôtre." [21] Weil der Gedanke der Nation für ihn unzertrennbar mit dem Selbstbestimmungsrecht verknüpft war, postulierte er in seinen Reden an die Nation den Mut zur res publica. Wenn er sein Herz sprechen ließ, dann machte er aus seiner Bewunderung für die deutsche Kulturnation keinen Hehl. Sie konnte zu einem Bindeglied werden, das die Deutschen in Ost und West verband, solange sie in zwei Staaten getrennt leben mußten. Entwickelten sich in Ost- und Westdeutschland unterschiedliche Wertesysteme, dann ließ sich eine nationale Spaltung nicht mehr vermeiden[22].

Er mokierte sich über die Auffassung, daß nationales Prestige abhängig sei vom Besitz von Nuklearwaffen[23]. Adenauers Sorge, daß die Bundesrepublik ohne eigene Atomwaffen in den Rang einer zweitklassigen Macht absinken könne, war nicht die seine. Ihn bekümmerte vielmehr die Vernachlässigung der auswärtigen Kulturpolitik, in der er eine der tragenden Säulen der Außenpolitik erblickte. Schon 1954 hatte er den Bundeskanzler gemahnt: „Eines der wichtigsten moralischen und politischen Potentiale Frankreichs besteht darin, daß die Oberschichten so vieler mittelmeerischer und mittel- und südamerikanischer Länder eine französische Erziehung genossen haben und darum die konkreten, mit den Zeiten wechselnden Probleme ihres eigenen und fremder Länder mit französischen Denk- und Vorstellungsformen zu erfassen bemüht sind. (...) Mir scheint, daß noch zu wenig Deutschen bewußt geworden ist, daß auch für die politische Geltung und den Rang unseres Vaterlandes im Verein der Nationen das Bild, unter dem es als moralische und geistige Persönlichkeit sichtbar und fruchtbar wird, mehr bedeuten kann als defaitistische Bescheidenheit, die glaubt – nach Stalingrad und nicht nach Auschwitz – in Sack und Asche gehen zu müssen oder gar als die Schlauheit und Herzlosigkeit, als die so viele bei uns die Politik mißverstehen."[24] Die Kultur war für Schmid noch immer ein wichtiger Gradmesser für den Rang einer Nation. Er überschätzte ihre Bedeutung, während Adenauer sie unterschätzte. Der Kanzler legte den Brief beiseite, vielleicht auch, weil er sich durch den letzten Satz getroffen fühlte.

Zu Beginn der 60er Jahre startete Schmid abermals eine Offensive für die auswärtige Kulturpolitik, die ein Stiefkind des Auswärtigen Amtes war. Bedenken, daß die Kulturpolitik in die Kompetenz der Länder falle, trat er mit der Feststellung entgegen, daß auswärtige Kulturpolitik Außenpolitik sei[25]. Im Bundestagsausschuß für Kulturpolitik, wo er ansonsten nie erschien, versuchte er die Ausarbeitung eines Konzeptes für die auswärtige Kulturpolitik voranzutreiben[26]. Talleyrand hatte seinen Diplomaten die Weisung auf den Weg gegeben: „Faites aimer la France."[27] Konnte man auf eine solche Maxime nicht auch die deutsche auswärtige Kulturpolitik aufbauen? Er selbst dachte an die großen Leistungen der Deutschen auf dem Gebiet der Philosophie, der Philologie, der Kunst und vor allem der Dichtung. Hölderlin und Brecht nannte er an erster Stelle. Brecht war damals noch ein Verpönter. Auch Schmid glaubte einen Trennungsstrich zwischen dem großen Dichter und dem Kommunisten Brecht ziehen zu müssen, wobei er jedoch hinzufügte: „Ich möchte sagen, auch in diesen Dingen gibt es weder ein ideologisch gespaltenes noch ein politisch gespaltenes Deutschland, sondern da gibt es eben Deutschland."[28] Kritiker meinten, daß Schmids Kulturkonzept zu sehr an der Vorstellungswelt des Bildungsbürgertums orientiert sei, und hatten damit nicht ganz unrecht[29]. An anderer Stelle hatte er selbst eingeräumt, daß in Entwicklungsländern Ausbildungshilfen die wichtigste Form auswärtiger Kulturpolitik seien. Und schließlich zählte er auch den sozialen Wohnungsbau zu den nationalen Prestigeobjekten[30].

Schmids Bekenntnis zur deutschen Nation stand nicht im Widerspruch zu seinem Bekenntnis zu einem vereinten Europa, das, wie er zu Beginn der 50er Jahre schmerzlich erfahren mußte, nur in Etappen und auf Umwegen zu erreichen war. Seit 1950 war er Mitglied des Europarates, seit 1956 Vizepräsident der Westeuropäischen Union. Der Europarat war schon seit längerer Zeit kaum mehr als eine unverbindliche Demonstration des europäischen Einigungswillens. Nur noch wenige Spitzenpolitiker ließen sich in den Europarat delegieren. Auch Carlo Schmid hatte zu Beginn der 4. Legislaturperiode erwogen, aus dem Straßburger Parlament auszuscheiden. Er war enttäuscht über die Arbeit der Beratenden Versammlung, in der sich die Diskussion oft hinzog „wie der zäheste Kaugummi“[31]. Seine Kommentare über die Europaratssitzungen klangen oft bissig. Über die Herbstsitzung 1962 berichtete er nach Bonn: „Man hört zu, ohne zu vernehmen, was über die Mikrophone auf die Bankreihen niederweht und geht aus dem Saal mit leeren Taschen. Hier bekommt keiner mehr, als er schon hat. Trotzdem hat es seinen Nutzen hier zu sein: am weißen Tisch läßt sich einiges schaffen, das am grünen nicht gelingen will. So weit so gut – aber für jene, die an diesem weißen Tisch sitzen, ist diese Weise mörderisch. Ich nehme mich darum sehr zusammen, aber in dieser Woche wird kein Tag sein, an dem ich nicht zweimal ‚offiziell‘ essen muß.“[32] Er nahm dennoch an allen Sitzungen der Beratenden Versammlung teil. Das Auftreten der Deutschen in Straßburg trug einiges zur „Rehabilitierung des deutschen Volkes“ und zum Verständnis der deutschen Probleme bei[33]. Und gar so mörderisch war das Leben in Straßburg nun auch wieder nicht. Manchmal hielt Schmid in seinem kleinen, direkt neben dem Europaratsgebäude liegenden Appartment „Hof“ und erfreute seine Besucher mit politischen Sarkasmen und seinen nicht immer ganz wahren Geschichten. Der charmante Causeur wurde bewundert[34], aber seine Glaubwürdigkeit als Politiker litt unter solchen Selbstinszenierungen.

Seit Beginn der 60er Jahre war die europäische Integration in eine schwere Krise geraten. Der britische Premierminister Macmillan drohte 1960 mit einer Allianz gegen die Bundesrepublik und Frankreich, falls die beiden Staaten die europäische Integration weiter ausbauten[35]. Die Briten waren ohne das Einverständnis der übrigen EFTA-Staaten Dänemark, Schweden, Norwegen, Schweiz, Österreich und Irland nicht bereit, der EWG beizutreten. Fortschritte in der europäischen Integration waren nur zu erreichen, wenn der Brückenschlag zwischen EWG- und EFTA-Staaten gelang. Carlo Schmid machte, wo immer er konnte, Propaganda für die Aufnahme Großbritanniens in die EWG: „Großbritannien muß sich neben die Sechs stellen. Denn ohne Großbritannien fehlt der Europäischen Wirtschaftsgemeinschaft das innere und äußere Gleichgewicht."[36] Die EWG dürfe nicht zu einer „Art Condominium der großen kontinentaleuropäischen Industriestaaten" werden. Im Europarat trat er zudem für den Anschluß der neutralen Staaten an den gemeinsamen Markt ein. Seines Erachtens war es keineswegs notwendig, daß diese Staaten auch die politischen Verpflichtungen der EWG-Staaten übernahmen[37].

Seine Stellungnahme zum britischen EWG-Beitritt wurde von allen Sozialdemokraten und den meisten Christdemokraten geteilt, die den Flirt ihres Parteichefs mit de Gaulle mit Argwohn betrachteten. Mit großem Zeremoniell war Adenauer im Sommer 1962 von de Gaulle empfangen worden. Für de Gaulles Zweibundpläne war der deutsche Bundeskanzler der kongeniale Partner. Der Gegenbesuch des französischen Staatschefs in Bonn Anfang September wurde mit großer Spannung erwartet. Auch Carlo Schmid fand panegyrische Worte für den eintreffenden französischen Staatsgast: „Deutschland grüßt in Verehrung den großen Mann Frankreichs, der sich und eine schwere geschichtliche Vergangenheit überwunden hat, um einer ganz und gar neuen Idee und Zukunft den Weg freizumachen."[38] Der General hatte kurz vor seinem Besuch von dem „Wunder der deutsch-französischen Freundschaft" gesprochen. Schmid bewunderte den französischen Staatschef, der unangefochten von aller Kritik seinen politischen Weg ging. „Man kann nichts Großes zuwege bringen ohne große Männer, und diese sind groß, weil sie groß sein wollten", hatte de Gaulle in seinem 1932 veröffentlichten Essay „Die Schneide des Schwertes" geschrieben, den Schmid noch kurz vor seinem Tod übersetzte[39]. Die großen Tatmenschen faszinierten ihn, der so oft zum Zuschauen verurteilt war, noch immer. De Gaulle zählte er zu den 50 Großen des Jahrhunderts, Kennedy nicht[40].

Seine Bewunderung für de Gaulle machte ihn nicht blind für dessen politische Fehler. De Gaulles Zweibundpläne lehnte er ab. Einen Artikel über de Gaulles Staatsbesuch schloß er mit den Worten: „Es wird Takt und mühevolle diplomatische Verhandlungen kosten, um die Kräfte und Gegenkräfte, die durch diese deutsche-französische Begegnung mobilisiert wurden, so zusammenzuführen, daß sie uns einer stabilen politischen Ordnung in Europa näherbringen."[41] Die angelsächsische und skandinavische Welt durfte aus Europa nicht ausgeklammert werden[42]. Es sei nicht zu erwarten, daß selbstbewußte Staaten sich in einen Zweibund „eingemeinden lassen"[43]. Freilich, die Wogen der Begeisterung, die de Gaulles Staatsbesuch begleiteten, rissen ihn wider Willen doch ein stückweit mit. Der französische Staatschef hatte die Deutschen ein „großes Volk" genannt. Schmid konnte seine Rührung nicht verbergen[44]. Er liebte sein Vaterland und vermochte deshalb in de Gaulles Vision eines Europa der

Vaterländer auch keinen Anschlag auf ein vereintes Europa zu sehen. Er versicherte, daß auch die Befürworter der europäischen Integration nicht daran dachten, „die Vaterländer auszuradieren“ [45].

In der SPD-Führungsspitze war nur Brandt einer Meinung mit Schmid. Für die meisten Sozialdemokraten war de Gaulle ein finsterer Reaktionär, der Frankreich zur „innenpolitischen Wüste“ gemacht hatte[46]. Brandt und Schmid versuchten die Parteifreunde zu belehren, daß de Gaulle sich nicht in das Links-Rechts-Schema einordnen ließ. Als Erbe des klassischen Jahrhunderts Frankreichs treibe de Gaulle die Modernisierung seines Landes auf seine Weise voran[47].

Als de Gaulle sich am 14. Januar 1963 gegen den Beitritt Großbritanniens zum gemeinsamen Markt aussprach, war auch Schmid empört. Zwei Tage später nutzte er die Tribüne des Europarates, um gegen de Gaulles Haltung mit scharfen Worten zu protestieren[48]. In Bonn teilte die SPD-Fraktion Erlers Kritik an der „nationalen Eigenbrötelei“ des französischen Staatschefs[49]. Am 18. Januar ersuchte sie Adenauer, seinen für 21. Januar geplanten Besuch beim französischen Staatspräsidenten zu verschieben. Der Abschluß eines Regierungsabkommens über die deutsch-französische Freundschaft mußte unter den gegebenen Umständen als ein Bekenntnis zur Politik de Gaulles mißverstanden werden. Der Kanzler war nicht gewillt, durch eine Verschiebung des Reisetermins, de Gaulle zu brüskieren. Während der Kanzler sich auf den Weg nach Paris machte, mahnte Schmid: „Gegen die isolationistische Europapolitik des Generals müssen wir eine universalistische Europapolitik setzen.“ Das Frankreich de Gaulles werde die „Isolierung“, in die es durch seine politische Haltung gerate, „nicht lange aushalten können“ [50].

Aus dem beabsichtigten Regierungsabkommen wurde über Nacht ein Vertrag. Nicht einmal Vertragspapier hatten die deutschen Unterhändler mit nach Paris gebracht. Die deutsche Fassung des deutsch-französischen Vertrags wurde auf französische Doppelbögen getippt. Der Vertragstext klang harmlos. Die Förderung des deutsch-französischen Kultur- und Jugendaustausches und die Zusammenarbeit auf dem Gebiet der Sicherheitspolitik waren die Kernpunkte des Vertrags. Die Tinte war noch nicht trocken, da brach schon ein Sturm der Entrüstung über die Vertragsunterzeichner los. In den USA wurde der Vertrag einhellig abgelehnt. Vizeaußenminister Ball vermutete in dem Vertrag sogar eine Verschwörung gegen die USA. Adenauers langjähriger Adlatus Blankenhorn, der als deutscher Botschafter in Paris der Vertragsunterzeichnung beigewohnt hatte, fällte ein vernichtendes Urteil über die außenpolitische Kompetenz des greisen Kanzlers: „Die spätere Geschichtsschreibung wird diesen Teil der deutschen Außenpolitik (...) als die mangelhafte Leistung eines Mannes bewerten, der aufgrund seines Alters einfach nicht mehr in der Lage ist, eine komplexe, nuanciert richtige Lage der Bundesrepublik in außenpolitischen Fällen zu übersehen, um daraus die richtigen Konsequenzen zu ziehen."[51]

Kurz nach der Vertragsunterzeichnung suchte Carlo Schmid Blankenhorn in Paris auf. Er hatte den Kontakt zu Blankenhorn nicht abreißen lassen. Wenn er nach Paris kam, suchte er hin und wieder den ehemaligen Berater Adenauers auf, um ihm die Hand zu drücken und sich über die neuesten Entwicklungen in Frankreich zu informieren. Jetzt traf er einen Botschafter, der seiner Entrüstung freien Lauf ließ: „Adenauer habe keinen Versuch gemacht, auf de Gaulle einzuwirken mit dem Ziel, seine Haltung zu ändern." Schmid entnahm dem Gespräch mit Blankenhorn, „daß hinter dem Vertrag mehr stecke als scheine. Man sollte die Ratifizierung solange hinauszögern, bis Adenauer nicht mehr im Amte sei."[52] Über die politischen Absichten de Gaulles waren sich Blankenhorn und Carlo Schmid weitgehend einig. Schmid vermutete, wie er einem Bekannten am 5. März schrieb, daß de Gaulle in die Fußstapfen Napoleons treten wolle: „Was er will, ist in Westeuropa eine de Gaullesche Hegemonie napoleonischer Prägung mit katholischem Untersatz. (Darum ist auch Herr von Guttenberg so sehr dafür.) Er hat dafür zwei Instrumente: Das eine ist der Rheinbund neuer Prägung (...) und die Kontinentalsperre, denn etwas anderes ist der Ausschluß Großbritanniens aus der EWG nicht. Gleichzeitig bemüht er sich darum, das Mittelmeer zu einem ‚mare nostrum' zu machen, deswegen die Verhandlungen mit Spanien und morgen sein Besuch in Griechenland. Ich weiß aus sicherer Quelle, daß er sich sehr intensiv um Belgrad bemüht. Hat er das erreicht, wird er den Russen sagen: Ich habe die Amis aus Europa und dem Mittelmeer hinausgeekelt. Das könnt ihr mir honorieren. Schließen wir einen Pakt über die Verteilung der Landmasse zwischen Bordeaux und Wladiwostok. Ich begnüge mich mit dem Teil, der an der Elbe endet."[53] Im Gegensatz zu Adenauer glaubte Schmid nicht, daß durch den Vertrag der „cauchemar des coalitions" gebannt sei. Das Gegenteil hielt er für wahrscheinlicher.

Er hatte große Hoffnungen auf de Gaulle gesetzt und war nun bitter enttäuscht über die sture antibritische und antiamerikanische Haltung des französischen Staatspräsidenten. Nichts hatte er sich sehnlicher gewünscht als die Besiegelung der deutsch-französischen Freundschaft, aber der Ausschluß Großbritanniens aus der EWG und der mögliche Abzug der USA aus Europa war ein zu hoher Preis dafür. Ein Vierteljahr vor Abschluß des Vertrags hatte er den Delegierten des Europarates versichert, „daß sich im deutschen Parlament keine Mehrheit für irgendeine vertragliche Regelung finden wird, deren Wirkung sein müßte, Großbritannien aus der Europäischen Wirtschaftsgemeinschaft auszuschließen oder fernzuhalten"[54]. Jetzt rief er die Abgeordneten des Bundestages auf, sich der Politik Adenauers entgegenzustellen. De Gaulle werde es sich überlegen, ob er seine Politik auf einen greisen Kanzler stellen wolle, dessen Amtszeit demnächst auslaufe[55]. „Man müßte eine Methode finden, die es General de Gaulle erlaubt, wieder zur Vernunft zu kommen, ohne das Gesicht zu verlieren." Unter dieser Überschrift erschien am 2. Februar in der französischen Tageszeitung „Le Monde" ein Artikel aus der Feder Schmids, der den französischen Staatschef provozieren mußte, ihn aber auch bedenklich stimmen sollte[56]. Er mußte zur Kenntnis nehmen, daß Adenauer nicht einmal in seiner eigenen Partei eine Mehrheit für den Vertrag finden werde. Schmid hätte es eigentlich wissen müssen. Große Männer, die Geschichte machen wollen, lassen sich schwerlich zur Räson bringen. De Gaulle ging unbeirrbar seinen Weg.

Eine Ablehnung des Vertrags wäre ein Anschlag auf die deutsch-französische Freundschaft gewesen, für die sich Carlo Schmid seit 1945 unermüdlich eingesetzt hatte. Es durfte seines Erachtens nicht die Alternative europäische Integration oder deutsch-französischer Vertrag aufgebaut werden. Ein Sowohl-als-auch mußte gefunden werden[57]. Zu dieser Erkenntnis hatte man sich mittlerweile auch in der SPD durchgerungen, nachdem der allgemeine Tenor nach der Vertragsunterzeichnung eher ablehnend gewesen war. Erler und Wehner, die beide als Anti-Gaullisten bekannt waren, plädierten dafür durch eine Art Zusatzprotokoll oder durch einen Zusatzvertrag zum Ausdruck zu bringen, daß der Vertrag nicht im Widerspruch zu den internationalen Verpflichtungen der Bundesrepublik und der Partnerschaft mit den USA stehe[58]. Carlo Schmid gab zu bedenken, daß in dem Vertrag selbst nichts stand, was andere Verträge verletzte[59]. Er schlug vor, dem Vertrag eine Präambel voranzustellen, die einen Vorbehalt zugunsten der europäischen Integration und der atlantischen Allianz enthalten sollte[60]. Auf einen Zusatzvertrag hätte sich de Gaulle kaum eingelassen.

Schmid hatte einige Mühe, die Parteifreunde von der innerstaatlichen und völkerrechtlichen Bedeutung und Wirkung einer Präambel zu überzeugen[61]. Die Rechtsverbindlichkeit einer Präambel wurde in Zweifel gezogen. Um die Skeptiker zu beruhigen, regte er an, außer der Präambel einen Schlußartikel in das Ratifikationsgesetz einzufügen, durch den das gesamte Gesetz, einschließlich der Präambel, als staatsrechtlich verbindlich erklärt werden sollte[62]. Die CDU/CSU-Fraktion widersetzte sich in den Ausschußberatungen der Einfügung eines Schlußartikels, der Präambellösung stimmte sie zu. Adenauer blieb, wenn er den Vertrag nicht scheitern lassen wollte, nichts anderes übrig, als die Präambel zu akzeptieren. Er hatte nicht nur die Opposition, sondern fast das ganze Parlament gegen sich.

Am 16. Mai, dem Tag der Ratifizierung des deutsch-französischen Vertrags, unterstrich Schmid im Bundestag noch einmal ausdrücklich, „daß der Vertrag einer jeden deutschen Bundesregierung nur als Instrument einer positiven europäischen Integrationspolitik und atlantischen Verteidigungspolitik dienen" könne. Er fügte hinzu, daß das zukünftige Europa kein „Europa der Regierungen" sein dürfe, sondern ein „Europa der Völker" werden müsse[63]. Die Bemerkung richtete sich gleichermaßen gegen Adenauer und de Gaulle und enthielt doch zugleich ein implizites Bekenntnis zu einem Europa der Vaterländer. Denn was ist ein Europa der Völker anderes als ein Europa der Vaterländer? De Gaulle fühlte sich durch die Einfügung der Präambel zutiefst gekränkt. „Je suis resté vierge", soll er Adenauer geklagt haben[64]. Der Bundesrepublik fiel eine undankbare Aufgabe zu. Anfang Juli konstatierte Schmid in der Münchener „Abendzeitung", daß die Bundesrepublik dastehe „wie zwischen zwei Bakken einer Zange". Sie sei auf Gedeih und Verderb gezwungen, zwischen Kennedy und de Gaulle den Mittler zu spielen[65]. Dennoch äußerte er die Hoffnung, daß der Vertrag bei richtiger Anwendung den europäischen Integrationsprozeß vorantreiben werde[66]. Er war nicht wie die Mehrzahl seiner Parteifreunde einseitig fixiert auf die Partnerschaft mit den USA. Er bejahte die Sicherheitspartnerschaft mit den USA aus Vernunft, im Herzen trug er aber immer noch die Vision eines Europa als dritter Kraft.

Wenn er von Europa sprach, meinte er nicht ein Europa, das an der Elbe aufhört. Im Europarat hatte er sich auch deshalb für die Aufnahme der neutralen Staaten in den gemeinsamen Markt ausgesprochen, weil dadurch ein „Fenster nach dem Osten" geöffnet wurde. „(D)urch dieses Fenster könnten wir vielleicht mit Staaten und Völkern des Ostblocks korrespondieren, die auch zu Europa gehören – was wir nicht vergessen wollen – und die wir Europa nicht weiter entfremden sollten, als sie von der anderen Seite her schon entfremdet sind."[67] Die von der SPD propagierte Außenpolitik der Gemeinsamkeit hielt ihn nicht davon ab, sich für eine aktive Osteuropapolitik und ein europäisches System kollektiver Sicherheit einzusetzen[68]. Letzteres freilich war eine Zukunftsvision, die, wenn überhaupt, nur in einem langwierigen Prozeß zu verwirklichen war. Der Meinung war er schon in den fünfziger Jahren gewesen, er vertrat sie auch jetzt noch. Dennoch wollte er einiges tun, um dieser Vision, die er ungeachtet der außenpolitischen Wende, die die SPD 1960 vollzogen hatte, noch immer für richtig hielt, näherzukommen.

Als der Direktor des Instituts für internationale Politik und Wirtschaft in Belgrad Janez Stanovnik ihn im Januar 1962 zu einem Vortrag über „Die Integration Westeuropas und die Stellungnahme der Sozialdemokratischen Partei Deutschlands" nach Jugoslawien einlud, zögerte er keinen Moment, die Einladung anzunehmen. Bereits 1958 hatte er eine Einladung erhalten, sie aber aus terminlichen Gründen nicht wahrnehmen können. In seinem Antwortbrief bat er Stanovnik, ihm die Möglichkeit zu Gesprächen zu geben, die der „so notwendigen Besserung" der Beziehungen zwischen beiden Staaten dienen könnten[69]. Noch immer drängte es ihn, selbst außenpolitisch tätig zu werden.

Als er am 12. März in Belgrad landete, empfing ihn außer viel Schnee und Wind George F. Kennan, der seit 1961 Botschafter in Jugoslawien war. Allein schon die Möglichkeit sich mit Kennan, dessen politische Phantasie und luzide Analysen über die Entwicklung in der Sowjetunion und Osteuropa er so schätzte, wieder einmal ausgiebig unterhalten zu können, lohnte für ihn die Reise. Mit seinem amerikanischen Freund, der unter der Ost-West-Spaltung genauso litt wie er selbst, war er sich einig, daß alles getan werden müsse, um die europäische Teilung zu überwinden. Kennan bestärkte ihn in der Ansicht, „daß die diplomatische Präsenz der Bundesrepublik in Belgrad ihr allgemein mehr Nutzen bringen werde als sie ihrer Deutschlandpolitik schaden könnte“ [70]. Er brauchte Schmid gar nicht erst zu bitten, dies den Verfechtern der Hallstein-Doktrin mitzuteilen. Dies tat er schon von sich aus. Seine Entrüstung über den Abbruch der diplomatischen Beziehungen mit Jugoslawien hatte sich noch nicht gelegt.

Auch der jugoslawische Parlamentspräsident Peter Stambolić und der frühere jugoslawische Botschafter in Bonn Mladen Iveković bedauerten die Abwesenheit eines deutschen Botschafters in Belgrad[71]. Die Haltung gegenüber der DDR war kritisch. Wenn auch die Zweistaatentheorie vorbehaltlos bejaht wurde, so wurde die Mauer mitten durch Berlin doch als Diskreditierung des Sozialismus empfunden[72]. Die Zollmauern des gemeinsamen Marktes zwangen die Jugoslawen näher an Moskau heranzurücken, da das blockfreie Jugoslawien ansonsten wirtschaftlich isoliert zu werden drohte[73]. Einer Assoziierung an die Europäische Wirtschaftsgemeinschaft stand man in Jugoslawien skeptisch gegenüber. Die Belgrader Regierung sah keine Möglichkeit, sich mit dem gemeinsamen Markt „zu arrangieren“, ohne in politische Abhängigkeit von den EWG-Staaten zu geraten[74].

Da keine offiziellen Verbindungen zwischen Belgrad und Bonn bestanden, versuchten die Jugoslawen über Carlo Schmid mit der Bundesregierung ins Gespräch zu kommen. Er sollte der Bundesregierung den Wunsch nach einem neuen Handelsvertrag zwischen der Bundesrepublik und Jugoslawien übermitteln. Schmid setzte sich sofort nach seiner Rückkehr am 16. März beim Außenminister mit Nachdruck für die Aufnahme von Handelsvertragsvereinbarungen ein. Er äußerte die Überzeugung, daß es gut wäre, wenn die Bundesrepublik „möglichst viele persönliche Kontakte“ mit Jugoslawien aufnehmen könnte[75]. Da er mit einer sofortigen Aufnahme diplomatischer Beziehungen mit Jugoslawien nicht rechnete, drückte er sich vorsichtig aus, um nicht ein vorschnelles Nein zu provozieren. Er begnügte sich mit dem Hinweis, daß Kennan bei der Vertretung der Interessen des Westens ein deutscher Botschafter fehle[76]. Der Außenminister legte Carlo Schmids Schreiben zu den Akten, die SPD-Fraktion ging über seinen Bericht zur Tagesordnung über. Viele seiner Initiativen versandeten aus Desinteresse oder, weil sie weder der Bundesregierung noch der eigenen Partei in das politische Konzept paßten. Er schwamm gegen den Strom der offiziellen Politik.

Über die jugoslawische Wirtschafts- und Staatsordnung berichtete er mit großer Sympathie, ja fast mit Begeisterung. Der jugoslawische Kommunismus sei kein Kommunismus „russischer Prägung", sondern ein Kommunismus, der „eher anarchistische Züge" trage[77]. Wenn man Schmid über die Arbeiterselbstverwaltung in Jugoslawien erzählen hörte, merkte man, wie stark er in der geistigen Tradition Proudhons verwurzelt war. In seinen Augen war das Experiment der Arbeiterselbstverwaltung ein erster Schritt zur Aufhebung der menschlichen Selbstentfremdung. Er war erstaunt über die ausgeprägt föderalistischen Elemente der neuen Verfassung, die dort ausgearbeitet wurde. Nach ihrem Inkrafttreten sollte sich der Staat „im wesentlichen auf die Außen- und Militärpolitik beschränken und den allgemeinen Rahmen der Wirtschaftspolitik abstekken"[78]. Alle anderen Aufgaben überließ der Verfassungsentwurf kleineren Einheiten. Bei aller Begeisterung sah Schmid auch die Schattenseiten und Ungereimtheiten: Die föderal-demokratische Staatsverfassung stand im Gegensatz zu der mächtigen Parteihierarchie, die als Bindeglied fungierte, um die einzelnen Staatsteile zusammenzuhalten[79]. Dennoch hielt er Titos Leistung für beachtlich. 1973 schlug er ihn für den Friedensnobelpreis vor[80].

Seine Hoffnung, über Jugoslawien eine Tür nach Osten aufzustoßen, war erst einmal dahin. Es schmerzte ihn, zu außenpolitischer Passivität verurteilt zu sein. Im Grunde war er in der letzten Zeit mehr Journalist als Politiker, mehr Beobachter als Akteur. Auf die allgemeine Marschroute der Partei konnte er kaum Einfluß nehmen. Nichtsdestotrotz widersetzte er sich gelegentlich der Parteilinie und versuchte einen außenpolitischen Kurswechsel in Gang zu bringen.

Am 9. Februar 1962 rang er in der Sendung „Bayern fragt Bonn" noch um Worte, als er seine Bedenken gegen die Hallstein-Doktrin zum Ausdruck brachte: „Man soll sie nicht einfach lächerlich machen, diese Doktrin. Da steckt schon ein Gedanke drin, ein politischer Gedanke. Die Frage ist, ob er nicht in der Zwischenzeit überholt worden ist durch die Ereignisse."[81] Um nicht Ärger mit der eigenen Partei heraufzubeschwören, drückte er sich vorsichtig aus. In Wirklichkeit bekämpfte er die Hallstein-Doktrin, seit es sie gab. Er hielt das bisherige deutschlandpolitische Instrumentarium nur mehr für einen „Fetisch", um den man dauernd herumlaufe[82]. Das galt für die Hallstein-Doktrin ebenso wie für die Nichtanerkennung der Oder-Neiße-Linie.

Es ärgerte ihn, daß das Memorandum der Acht vom 24. Februar 1962, in dem namhafte Persönlichkeiten des protestantischen Bildungsbürgertums die Normalisierung der Beziehungen zu den osteuropäischen Staaten und einen Verzicht auf die Gebiete östlich der Oder-Neiße-Linie gefordert hatten, auch von seiner Partei mit einigen freundlichen Worten beiseite gelegt wurde[83]. Wehner hatte in einer Besprechung mit einigen Verfassern des Memorandums deutsche Vorleistungen in der Grenzfrage schroff abgelehnt[84]. Der stellvertretende Parteivorsitzende gab die Maxime aus, daß der Schwarze Peter der Verzichtspolitik in den Karten der anderen gefunden werden müsse. Nur keine Angriffsflächen bieten! Schmid konnte sich nicht damit abfinden, daß die politischen Inhalte der parteipolitischen Taktik geopfert wurden. Trotz Wehners Verdikt brachte er sein Konzept einer Europäisierung der deutschen Frage wieder in die Diskussion. In einem Interview mit Gerold Benz im Süddeutschen Rundfunk Anfang 1963 erklärte er ohne Umschweife: „Ich bin immer der Meinung gewesen, daß es einst schade war, daß man nicht im ersten möglichen Zeitpunkt mit allen unseren Nachbarn dauernde diplomatische Beziehungen eingeführt hat.“[85] Es sei ein Fehler, „Pankow“ die Berichterstattung über Deutschland bei den osteuropäischen Staaten zu überlassen. Damit habe die Bundesrepublik sich in vielerlei Hinsicht selbst geschadet[86].

Außenminister Schröders Politik der Öffnung gegenüber dem Osten, deren erstes Ergebnis im März 1963 ein Handelsabkommen mit Polen war, begrüßte Schmid. Das Tempo der Schröderschen Ostpolitik war ihm aber zu langsam, die Initiativen zu zaghaft. Die Opposition sei der „andere Beweger der Politik“ hatte er in seiner ersten Bundestagsrede im September 1949 erklärt. Als er am 8. Mai 1963 wieder einmal auf der Rednertribüne im Plenarsaal des Deutschen Bundestages stand, nahm er dieses Wort ernst. Seit längerer Zeit hatte die SPD-Fraktion ihn nicht mehr als Redner in außenpolitischen Debatten nominiert. Jetzt sollte er ein kurzes Statement zum Haushalt des Außenministers abgeben. In den 50er Jahren gehörte die Debatte über den Etat des Auswärtigen Amtes zu den Höhepunkten der Plenarsitzungen des Bundestages. Seit Beginn der 60er Jahre seien in der Aussprache über den Haushalt des Außenministers „Überraschungen nicht zu erwarten, auch keine großen Spannungen“[87]. Mit solchen allgemeinen Betrachtungen leitete Schmid seine Ausführungen ein. Jeder rechnete mit den üblichen Allgemeinplätzen.

Auf Widerspruch stieß dann aber schon seine Erklärung, daß eine Wiedervereinigungspolitik „im alten Sinn des Wortes nicht mehr akut“ sei, da die Wiedervereinigung nur als „Teilstück eines großen, weltgeschichtlichen Ordnungsunternehmens“ erfolgen könne[88]. Dabei hatte er die Wiedervereinigung keineswegs abgeschrieben, auch nicht einer Politik des Status quo das Wort geredet, sondern sich ausdrücklich zu einer Politik der kleinen Schritte bekannt: „Ich glaube nicht, daß die Mauer einstürzen wird, als hätten die Trompeten von Jericho geblasen. Es gilt aber auch an das Wort vom steten Tropfen zu erinnern, der den Stein zu höhlen vermag.“[89] Lebhafte Oho-Rufe bei der CDU/CSU-Fraktion lösten seine

Ausführungen über die Hallstein-Doktrin aus: „Meine Freunde sind der Meinung, man könnte die Ostpolitik dadurch in Bewegung setzen, daß man normale diplomatische Beziehungen mit den Ostblockstaaten – außer natürlich mit Pankow – einleitet. Gewiß, wir haben die Hallstein-Doktrin. Ich bin überzeugt, daß sie am Anfang ihren Nutzen gehabt hat. Die Frage ist, ob sie diesen Nutzen heute noch hat, ob sie nicht heute mehr Schaden stiftet als Nutzen, ob sie heute sehr viel mehr ist als eine Fessel. Ich glaube, daß das so ist, und ich meine, daß wir resolut über diese Schatten springen und den Versuch machen sollten, über Handelsmissionen, wie wir sie jetzt mit Polen haben, allmählich zu normalen Beziehungen mit den Ostblockstaaten zu kommen, die mit uns welche unterhalten wollen."[90]

„Proteststürme gegen Schmid-Rede", meldete einen Tag später dpa[91]. Der Vorsitzende des außenpolitischen Arbeitskreises der CDU/CSU-Fraktion Ernst Majonica warf Schmid vor, die neutralen Staaten geradezu eingeladen zu haben, Pankow anzuerkennen. Man müsse sich fragen, „ob die sozialdemokratische Partei jetzt einen radikalen Kurswechsel vorgenommen hat und von der durch Herbert Wehner am 30. Juni 1960 proklamierten Gemeinsamkeit abrücken" wolle[92]. Hermann Bortfeld, Redakteur der Bonner depesche und Mitarbeiter im SPD-Parteivorstand, vermerkte, daß sich die CDU seit 1960 erstmals wieder im „ideologischen Gegenangriff" befinde[93]. Schmid war ein Provokateur, der zur Auseinandersetzung aufrief, ohne die Politik steril werden mußte. Man kann sich den Zornesausbruch Wehners, den Schmid über sich ergehen lassen mußte, gut vorstellen, auch wenn es keine Dokumente darüber gibt.

Am nächsten Tag erschien eine Pressemitteilung der SPD-Bundestagsfraktion, in der ausdrücklich unterstrichen wurde, daß die SPD-Fraktion am einstimmigen Beschluß des Bundestages vom 14. Juni 1961 festhalte, in dem die Bundesregierung aufgefordert worden war, „ohne Preisgabe lebenswichtiger deutscher Interessen" sich für die Normalisierung der Beziehungen zu den osteuropäischen Staaten einzusetzen[94]. Gemeint war der sogenannte Jaksch-Bericht, der im Grunde ein dilatorischer Formelkompromiß war. Die Parteispitze distanzierte sich von Schmid, ohne seinen Namen zu nennen, und legte den Mantel des Schweigens über die ganze Sache. Weder der Parteivorstand noch die Fraktion kam darauf zurück. Das war die beste Methode, um Schmids Vorstoß abzufangen. Sein Rückhalt in der Partei und Fraktion war zu gering, um einen außenpolitischen Kurswechsel einzuleiten. Die Presse stand vielfach auf seiner Seite. Aber ihm wäre es nie in den Sinn gekommen, die Presse gegen die eigene Partei zu mobilisieren. So konnte er auch hier nur hoffen, daß steter Tropfen mit der Zeit den Stein zu höhlen vermochte. Das ständige Bohren war mühselig und deprimierend, zumal Schmid Niederlagen schlechter verdaute, als er zugab.

So sehr er unter Niederlagen litt, so sehr konnte er sich über politische Erfolge und die Anerkennung, die er auf internationaler Ebene fand, freuen. Er brauchte sie, damit die Selbstzweifel nicht Überhand nahmen. Freude und Stolz empfand er, als er am 4. Juni 1963 zum Präsidenten der Westeuropäischen Union gewählt wurde. Die Einstimmigkeit, mit der man ihm das Präsidentenamt anvertraut hatte, war keine bloße Formsache. Sie zeugte von der großen Beliebtheit, die er im Ausland genoß. In seiner Antrittsrede forderte er mehr Wagemut[95]. Er selbst wollte „Hebammendienste“ leisten, um Großbritannien auch gegen den Widerstand de Gaulles an das Europa der Sechs heranzuführen[96]. Jedenfalls war er nicht gewillt, sich damit zu begnügen, „bei Sitzungen Wortmeldungen entgegenzunehmen und das Wort zu erteilen“[97]. Aus der Westeuropäischen Union sollte eine „Tribüne für Europa“ werden, so daß niemand mehr an deren raison d'être zweifeln konnte[98]. An guten Vorsätzen fehlte es ihm nicht. Die außenpolitische Situation freilich war am Ende der Ära Adenauer total verfahren. Der Lotse ging von Bord, als die Lösung der außenpolitischen Probleme im Westen wie im Osten so schwierig war wie die Quadratur des Kreises. Schmid mochte hoffen, daß Adenauers Nachfolger den Mut aufbrachte, überständige Positionen aufzugeben. Seine Offensive im Mai war weniger ein Angriff auf Adenauer als eine Mahnung an dessen Nachfolger gewesen.

Im Frühjahr hatten die Christdemokraten Adenauers Sturz beschlossen, im Herbst sollte er erfolgen. In der Zwischenzeit versuchte Carlo Schmid im Cure di Ghiffa am Lago Maggiore neue Kräfte zu sammeln. Er hatte die Kur bitter nötig, denn sein Blutdruck war noch immer zu hoch, und er fühlte sich oft ausgelaugt und müde. Zudem hatten die Ärzte ihm wieder einmal eine Abmagerungskur verordnet. Selbst in dem noblen Cure di Ghiffa war die Kur kein Ferienspaß. Er hatte sich mit dem „Schatten eines Mittagessens“ zufrieden zu geben, mußte schon am frühen Morgen Tischtennis spielen und außerdem allerlei medizinische Applikationen über sich ergehen lassen. Obendrein fragte ihn ein bohrender Reporter, ob er seine Tätigkeit in der SPD nicht zu seinen bleibenden Leistungen rechne. Er suchte nach einer Antwort, die aber wie eine Ausflucht klang: „Gewiß, nur möchte ich gerade auf diesem Gebiet alles vermeiden, das wie Ruhmrederei aussieht.“[99] War es nicht vor allem sein Verdienst, daß die SPD zur Volkspartei geworden war, daß sie zu realistischen außenpolitischen Positionen gefunden hatte? Ja, aber die großen Wegmarken hatten andere gesetzt und nicht immer so gesetzt, wie er es wollte. Es bereitete ihm Unbehagen, daß die SPD nicht nur ihren ideologischen Ballast, sondern auch ihre Visionen über Bord geworfen hatte.

Aufbruchstimmung und Resignation vermischten sich. Hatten seine politischen Konzepte noch Zukunft, sein Leben noch Sinn? Übersetzen wollte er nichts mehr. Dem fragenden Reporter erklärte er, daß bei den Werken, die er früher übersetzt hatte, er das Gefühl hatte, sie sich „ganz zu eigen machen“ zu müssen[100]. Das klang fast so, als ob er mit dem Leben schon abgeschlossen hätte. Doch so schnell gab er nicht auf. Auch diesmal setzte er den „schwarzen Sonnen der Melancholie“ ein Dennoch entgegen. Die Kur war teuer und unmenschlich gewesen, aber sie tat ihm gut. Er hatte 32 Pfund abgenommen. Sein Blutdruck war wieder normal. Er fühlte sich wieder leistungsfähig und war voller Tatendrang[101].

Enttäuscht von Erhard
(1963–1966)

Geist und Bildung

Bei der Regierungserklärung Erhards am 18. Oktober 1963 vermerkten die Stenographen zweimal die ausdrückliche Zustimmung des Abgeordneten Dr. Schmid. Wenn Erhard die „schöpferischen Menschen in der Bundesrepublik zur Mitarbeit in diesem Staate" aufrief, gab er einem von Schmid schon seit langer Zeit geäußerten Wunsch Ausdruck[1]. Daß Erhard versprach, die Herrschaft der Verbände einzudämmen, konnte Schmid ebenfalls nur begrüßen. Der neugewählte Bundeskanzler schien ganz neue politische Akzente setzen zu wollen: „Wir werden die großen Zukunftsaufgaben der deutschen Politik nur meistern können, wenn die gesellschaftliche Kraft der Verbände nicht ausschließlich den eigenen Interessen nutzbar gemacht wird. Es würde einen gewaltigen Fortschritt in den öffentlichen Dingen unseres Staates bedeuten, wenn die große Macht und der Sachverstand der Interessengruppen und die Fülle der Talente auch für die allgemeinen Aufgaben des Gemeinwesens zur Verfügung stünden."[2] Erhard hatte eine lang gehegte politische Vision Schmids zum Programm erhoben. Der Bildungspolitik hatte der neue Kanzler einen Rang zugemessen wie sie einst die soziale Frage im 19. Jahrhundert gehabt hatte[3]. Was Erhard vorschlug, wies in die Zukunft.

Schmid focht im Parteivorstand dafür, daß die SPD in der Bildungspolitik die Vorreiterrolle übernehme. Bildung und Wissenschaft seien Lebensfragen der Nation und müßten deshalb in den Vordergrund gestellt werden. Darüber herrschte im Prinzip weitgehend Einigkeit. Umstritten war dagegen, ob sich die SPD für Abstriche in der Sozialpolitik zugunsten von Wissenschaft und Bildung einsetzen sollte. Schmid war dafür, verkannte aber nicht, daß eine solche Forderung nicht populär war[4]. Aber vielleicht war ja jetzt der Weg frei für eine große Koalition der Bildung, die er schon einige Jahre zuvor angeregt hatte[5]. Das setzte freilich eine Einigung der Parteien über eine gemeinsame Bildungspolitik voraus, über deren Inhalte man sich nicht einmal innerhalb der SPD einig werden konnte.

Hellmut Becker stellte in einem Aufsatz, den er Carlo Schmid zum 65. Geburtstag widmete, fest, daß in Deutschland merkwürdigerweise Qualität der Bildung als eine Forderung gelte, die von politisch rechts komme, während gleiche Bildungschancen für alle von den politisch links Stehenden postuliert würden. Das sei „um so überraschender, als Macht in Deutschland traditionell von rechts und Geist von links zu kommen scheint“[6]. Becker hatte ein Problem angesprochen, das Schmid seit seiner Zeit als Kultusminister in Württemberg-Hohenzollern umtrieb: das Verhältnis von „hervorragend“ und „gleich“ sein. Für ihn war es eines der wichtigsten Probleme, die es in der Gegenwart zu lösen galt[7]. Konnte es eine Bildung geben, die für alle da ist? Shakespeare für alle sei möglich, Stefan George für alle ein „Widerspruch in sich selbst“, konstatierte der in der Geisteswelt Stefan Georges groß gewordene Bildungstheoretiker Becker, der mit Schmid seit 1945 befreundet war[8]. Beckers Vater, der preußische Kultusminister Carl Heinrich Becker, gehörte zu den Verehrern Wolfgang Frommels, der im Hause Becker ein und aus ging[9]. Hellmut Becker stand der Geisteswelt Stefan Georges nach 1945 kritischer gegenüber als Schmid, der in den bildungspolitischen Diskussionen regelmäßig das Thema Elitebildung anschnitt. Zumeist brachen die Parteifreunde die Diskussion ab, wenn er wieder einmal mahnte, der Förderung überdurchschnittlich Begabter größere Aufmerksamkeit zu widmen[10]. Der Elitebegriff war bei den Sozialdemokraten verpönt.

Die SPD folgte dem sozialen und pädagogischen Zeitgeist, dem sich Schmid vehement widersetzte. Dem Leiter des Max-Planck-Instituts für Biologie Georg Melchers schrieb er Anfang 1964: „Ich bin (...) in vollem Widerspruch mit dem, was man in Deutschland für moderne Pädagogik hält. Diese geht in erster Linie vom Schüler aus und will ihn vor Neurosen bewahren. Ich gehe bei meiner Vorstellung von dem, was die Schule zu leisten hat, von der Nation aus und meine, man müßte bereit sein, gelegentlich auch eine Neurose zu riskieren. Nur wenn wir mehr von den Schülern verlangen, als bisher verlangt wird, nur wenn wir sie stärker herausfordern und ausfordern, werden wir die Voraussetzungen für höhere Leistungen des künftigen Wissenschaftlers zuwege bringen.“[11] In sozialdemokratischen Ohren wirkten solche Äußerungen provozierend. Als Schmid sich im gleichen Jahr auf dem Karlsruher Parteitag dazu verstieg, die alte griechische Spruchweisheit „Wer nicht geschunden wird, der lernt nicht“ zu zitieren, wurde er regelrecht ausgezischt[12]. Der Grandseigneur der Partei als Buhmann. Eine peinliche Szene für beide Seiten. Sie wurde aus dem Parteitagsprotokoll gestrichen.

Schmid, der sonst eher nachgiebig und kompromißbereit war, ließ in diesem Punkt nicht mit sich reden. „On est toujours le réactionnaire de quelqu'un“, entgegnete er seinen Kritikern[13]. Er plädierte trotz des Kopfschüttelns seiner Zuhörer für eine strenge Auslese nach dem Vorbild des französischen Concours-Systems. Der elder statesman Schmid war, was seine bildungspolitischen Leitlinien anging, nicht weniger streng als der Kultusminister Württemberg-Hohenzollerns. Mit seiner Maxime, daß

Lernen „schwer" sein müsse, stand er auf dem Karlsruher Parteitag allein. Die übrigen Delegierten wünschten ein Ausschöpfen der Begabtenreserven, was nur möglich sei, wenn die Gymnasien für Kinder aus Arbeiterfamilien keinen „Abschreckungseffekt" mehr besäßen. Die spielerischen Lernmethoden steigerten die Lust am Lernen und könnten so Begabungen wecken[14].

Laut Beschluß des Parteipräsidiums sollte er für das große Gebiet der Kultur- und Bildungspolitik der Repräsentant der Partei sein[15]. In Wirklichkeit verkörperte er die Gegenmeinung, nicht die der Partei. Die Kultusminister der SPD hatte er ebenso gegen sich wie Ulrich Lohmar, der in der Bundestagsfraktion die Bildungs- und Wissenschaftspolitik in die Hand nahm. Sein Verhältnis zu Lohmar war sowohl aus persönlichen als auch aus sachlichen Gründen überaus distanziert. Dieser über 30 Jahre jüngere Fraktionskollege vertrat den Standpunkt, daß man das Bildungsniveau nur erhöhen könne, wenn man, anstatt auszulesen, die brachliegenden Reserven fördere[16]. Dieser Meinung hing auch Erler an, der Schmid vorwarf, sich im Verein mit den Christdemokraten „in den Gedanken des Herausprüfens verbissen" zu haben[17]. Das Schlagwort der SPD hieß: Aufstieg durch Bildung.

Ignorierte Schmid, der Bürgersohn, die Milieusperren, die Sozialdemokraten, die in einer Arbeiterfamilie groß geworden waren, nur allzu deutlich vor Augen standen? Daß das Elternhaus eine große Rolle für den Lernerfolg spielt, war ihm durchaus bewußt. Er war deshalb ein eifriger Verfechter von Vor- und Ganztagsschulen. Wenn es nicht allzu utopisch gewesen wäre, hätte er sich für eine allgemeine Internatserziehung ausgesprochen[18]. Keiner kämpfte so unermüdlich wie er für den Ausbau des Stipendienwesens. So war er mehr als ungehalten darüber, daß man das Vermögen des Volkswagenwerkes in Volksaktien „verzettelte", anstatt es in eine Stiftung zur Förderung des wissenschaftlichen Nachwuchses einzubringen[19]. Freilich, die Stipendien sollten nur den Hochbegabten zugute kommen. Er war ein Gegner von Bildungsprivilegien, aber die Elitebildung hatte für ihn ganz eindeutig Vorrang vor der von sozialdemokratischen Bildungspolitikern propagierten Chancengleichheit.

Er protestierte dagegen, daß die sozialdemokratischen Bildungsreformer nur um der Chancengleichheit willen das auf Auslese angelegte dreigliedrig organisierte Schulsystem abschaffen wollten. Der neuhumanistisch-philologische Bildungskanon mochte eine Standesbarriere sein. Er war vielleicht auch revisionsbedürftig. Aber ohne einen nationalen Bildungskanon konnten nach Schmids fester Überzeugung die Jugendlichen nicht erkennen, „was es denn heißt und was einem abgefordert wird, wenn man zum Volk der Deutschen gehören will"[20]. Schmids Verständnis von Bildung war eng mit der deutschen Kulturnation verbunden. Auch wenn er zugab, daß es keine einheitliche Vorstellung mehr gab von dem,

SPD-Parteitag in Karlsruhe, 1964.
Carlo Schmid, u. a. mit Herbert Wehner, Karl Schiller, Helmut Schmidt, Willy Brandt und Gustav Heinemann

was Bildung ist[21], so wurzelten doch seine eigenen Definitionsversuche im deutschen Bildungskanon der Zwischenkriegszeit, wobei ihm weniger die damalige Gymnasialbildung als die hehren Ideale des Dritten Humanismus vor Augen standen. Bildung, so lehrte er, sei die „Formung des Geistes des Menschen, die Ausformung dessen, was im jeweiligen Menschen an geistiger Möglichkeit angelegt ist, zum höchsten Maß seiner Schöpferkraft". Dazu gehöre „die Weckung der Fähigkeit des Infragestellens der Dinge, auch das Infragestellen des Fragers selbst"[22]. Einen solchen philosophischen Eros fand Schmid nur noch bei wenigen: „Die Fähigkeit der Menschen, zu sich selber zu finden und die vielen Schalen abzuschlagen, in die sie gewickelt worden sind, scheint nicht groß zu sein. Außerdem ist es sehr bequem, sich auf einer Wahrheit zur Ruhe zu setzen, die einem einmal einokuliert worden ist."[23]

Schmid ruhte sich nie aus. Er befand sich in einem ständigen Selbstfindungsprozeß, auf der nie endenden Suche nach dem Sein. Das Gefühl der Selbstzufriedenheit stellte sich bei ihm nur selten ein. Manchmal trug er seine Bildung vor sich her, aber er war kein Bildungsbürger, der sich in der Kultur häuslich einrichtete. Wenn er über die Bildungskrise der Gesellschaft seiner Zeit klagte, wurde er des Kulturpessimismus verdächtigt. Aber hatte er nicht recht? Litt die moderne Wissenschaft nicht tatsächlich unter dem fehlenden Mut, immer neue Fragen an Leben und Geschichte zu stellen? Auf dem Karlsruher Parteitag sprach Schmid provokativ von einem „Professorenbildungsdefizit". Die meisten Professoren seien „hervorragende Fachleute", aber keine „gebildeten Menschen"[24]. Sein Urteil über die „Halbgebildeten" war nicht weniger verächtlich als das Adornos. Weil er die Polemik der „Halbgebildeten" gegen den deutschen Spießbürger überheblich und hohl fand, stellte er in seinen Kakteengarten in Südfrankreich Gartenzwerge[25].

Wollte er auch schon Schülern die Weisheit der Philosophen beibringen? Tatsächlich stellte er Überlegungen an, ob man nicht wie in Frankreich die letzte Klasse des Gymnasiums als Philosophie-Klasse ausbauen könne[26]. In der Unter- und Mittelstufe sollte das Gymnasium eine strenge Lernschule sein, wie sein altes Karls-Gymnasium, das er acht Jahre lang besucht hatte. Daß er unter der strengen Lernzucht des Gymnasiums fürchterlich gelitten hatte, verdrängte er. Als er 1962 dem Karls-Gymnasium einen Besuch abstattete, verklärte er es: „Ich werde den Tag in Stuttgart nicht vergessen. Ich bin seit vielen Jahren nicht so bewegt gewesen als in den zwei Stunden, da ich wieder in meiner alten Schule stand."[27] Die alten Sprachen, die Mathematik und die große Dichtung Europas konnte er sich aus dem Fächerkanon eines Gymnasiums nicht wegdenken. Er schimpfte über die „Knilche", die meinten, man solle „doch statt des nutzlosen Latein und Griechisch das für den Außenhandel so viel nützlichere Englisch und Spanisch lehren"[28]. Man mochte ihn einen „Don Quichotte der lateinischen und griechischen Welt" schelten[29], er wehrte sich dagegen, Bildung auf Ausbildung zu reduzieren: „Stellt man bei der Erziehung des Menschen alles auf eine utilitaristisch begriffene Weltsicht ab, so läuft man Gefahr, statt eines Menschen, dessen Leib und Seele auf etwas hinleben, das höher geschätzt werden kann, als was nur Nutzen bringt, einen Roboter mit Herz und Gehirn eines Troglodyten zu erhalten."[30]

Während er wortreich und beredt humanistische Ideale verteidigte, propagierten die Sozialdemokraten die Überwindung der „unglückseligen Kluft", „die unter dem Einfluß der neuhumanistischen Bildungsidee seit dem 19. Jahrhundert zwischen ‚Allgemeinbildung auf der einen Seite und 'Berufsbildung' auf der anderen Seite aufgerissen wurde"[31]. Eine zukunftsweisende Bildungspolitik mußte den Erfordernissen des Industriezeitalters gerecht werden. Schmid mochte diese Einsicht schmerzen, aber verschließen konnte er sich ihr nicht. Zuweilen hörte man ihn sogar klagen, daß die Kultusminister keine Ahnung davon hätten, welcher Bildungsstoff Schülern angemessen ist, „die sich mit den Bedingungen des Industriezeitalters und nicht mit denen des Biedermeier herumzuschlagen haben"[32]. Vielleicht hätte er sich auch an die eigene Nase fassen sollen. Immerhin: er gab zu, daß das humanistische Gymnasium nur eine Eliteschule für die happy few sein konnte. Und schließlich war er es gewesen, der bereits 1956 eine Bildungsreform angemahnt hatte[33].

Der Don Quichotte der antiken Welt war Realist genug, um die Notwendigkeit bildungssoziologischer Forschungen zu erkennen. Hellmut Becker bedurfte keiner großen Überredungskunst, um Carlo Schmid für seinen Plan, ein Institut für Bildungsforschung zu errichten, zu gewinnen. 1959 stellte Schmid zusammen mit dem Historiker Hermann Heimpel und dem Physiker Carl Friedrich von Weizsäcker bei der Max-Planck-Gesellschaft einen Antrag zur Errichtung des von Becker vorgeschlagenen Instituts[34]. In der Kommission, die den Antrag zu prüfen hatte, engagierte er sich mit einem Eifer, den man in SPD-Gremien zumeist bei ihm vermißte. Einwände der Kirchen mußten zurückgewiesen werden, die Vorbehalte der Vertreter der etablierten Wissenschaften gegen die neue Disziplin ausgeräumt werden[35]. Schmid wies mit einem Unterton von Empörung darauf hin, daß in keinem Land auf dem Gebiet der Bildungssoziologie so gesündigt worden sei wie in Deutschland[36]. Da schwang auch Selbstkritik mit, die aber keinen Eingang in Schmids Versuche, Bildung zu definieren, fand. Er legte selbstverständlich Wert darauf, daß sich das Institut nicht nur mit dem Problem der Chancengleichheit, sondern auch dem der Elitebildung befaßte[37]. Auf sein Drängen hin beschloß der Senat der Max-Planck-Gesellschaft am 6. Dezember 1961 die Gründung des von Hellmut Becker angeregten Instituts für Bildungsforschung, das seine Arbeit 1963 in Berlin aufnahm. Carlo Schmid freute sich ungemein, daß es trotz des großen Widerstands gelungen war, den Antrag durchzubringen. Er glaubte, daß durch das Institut ein Grundstein für eine einheitliche Kulturpolitik auf Bundesebene geschaffen worden sei[38].

Die großen Hoffnungen, die Schmid an das Institut knüpfte, erfüllten sich nicht. 1976 gestand er Becker ganz offen: „(M)ir war bei unseren Besprechungen zu wenig die Rede davon, was unter Bildung zu verstehen sei und zuviel von soziologischer Schwarzkunst, von der mir (...) in den Phiolen nicht viel mehr zu bleiben schien als Asche und an Geist die Dämpfe, die durch den Schornstein der Hexenküche zusammen mit dem Frankfurter Hexeneinmaleins ins Blaue fliegen, um es für eine kurze Weile zu verdunkeln."[39] Harscher hätte die Kritik kaum ausfallen können.

Wenn es um Erziehung und Bildung ging, wurde Schmid sehr leidenschaftlich und nahm kein Blatt vor den Mund. Seine Schelte über die Kultusminister der Länder, die er in den Händen „zögerlicher Bürokraten" sah, kannte keine Grenzen[40]. Erbost stellte er fest, daß die Bundesrepublik in einem „bürokratischen Krähwinkel" versumpfe. Er machte keinen Hehl daraus, daß er von Kulturföderalismus und Selbstverwaltung im Bereich Wissenschaft und Bildung nichts hielt. Der Tübinger Verlagsbuchhändler Herbert Holtzhauer mag geschmunzelt haben, als er in einem Brief seines Freundes Carlo Schmid las: „Mir wird immer klarer, daß in Fragen der Bildung und Erziehung das einzige Regime, das zu zureichenden Leistungen führen könnte, das des aufgeklärten Absolutismus ist, wie wir ihn eine kurze Zeit lang in Tübingen hatten."[41] Wie gerne hätte Schmid wie einst Wilhelm von Humboldt das Bildungssystem an Haupt und Gliedern reformiert[42]. Auf dem 6. Deutschen Studententag im Sommer 1960 hatte er die Chuzpe offen zu erklären, daß die Universitäten, nachdem die Zeiten des aufgeklärten Absolutismus vorbei waren, zu „Zünften" degeneriert seien[43]. Die damals noch recht braven Studenten mögen mit einigem Erstaunen seine radikale Kritik an den autoritären Strukturen der Hochschulen vernommen haben. Welcher Ordinarius gab vor Studenten schon ganz offen zu, daß der kollegiale Abstimmungsmechanismus in einem Senat nicht mit Demokratie verwechselt werden dürfe?[44]

Für Schmid war die Überwindung der Hochschulmisere nicht nur ein finanzielles Problem. Der Hochschulneubau war notwendig, die bessere Besoldung des wissenschaftlichen Nachwuchses unumgänglich, wenn man nicht wollte, daß die fähigsten Nachwuchswissenschaftler ins Ausland abwanderten. Das waren aber nur Notmaßnahmen, die die Probleme an den Hochschulen linderten, aber nicht lösten. Eine strukturelle Hochschulreform war dringend nötig. Der bildungspolitische „Reaktionär" Schmid war ein radikaler Hochschulreformer, ein Tabubrecher, der es wagte, vom Ideal der Humboldtschen Universität Abschied zu nehmen: „So wie die Universitäten heute sind, können sie nicht bleiben. Das Humboldtsche Ideal, das in seiner Zeit großartig und wahrhaft gesellschaftsbezogen war, ist heute weitgehend zur bloßen Fiktion geworden; etwas, mit dem man sich brüstet, ohne danach zu leben. Die Universität, die Gemeinschaft der Lehrenden und Lernenden, gibt es heute nicht mehr. Wenn ich in meinem Hörsaal stehe, dann sehe ich eine graue Wand vor mir, viele, viel zu viele, hunderte sitzen da, und ich kenne keinen einzigen. (...) Man muß hier einiges sowohl in der Struktur als auch in den Methoden ändern: Man wird vielleicht den Mut haben müssen, zwei Ebenen einzurichten, eine Ebene, auf der Ausbildung geschieht in dem Sinn, daß man lernt, auf gestellte Fragen richtige Antworten zu geben, und eine zweite Ebene, auf der man in einem höheren Sinn lernen soll, in Frage zu stellen, was diese Welt und man selber in dieser Welt eigentlich ist."[45]

So sehr ihm die alte Universität ans Herz gewachsen war, im Zeitalter der Massenuniversität konnte seiner Ansicht nach ein geregelter Universitätsbetrieb nur aufrechterhalten werden, wenn man sich zu einer Teilung der Universität in eine „Ausbildungs- und Forschungsuniversität" durchrang[46]. Der Rückschritt auf dem Gebiet der Grundlagenforschung war ebenso alarmierend wie die schlechte Ausbildung der Studenten. Da die meisten Studenten nicht „studierfähig" seien, müsse der junge Student in den ersten Semestern trotz akademischer Freiheit geführt werden. Schmid wollte den akademischen Mittelbau stärken und ihn damit betrauen, den Studienanfängern in Kleingruppen mit höchstens 15–20 Teilnehmern das wissenschaftliche Einmaleins beizubringen[47]. Daß er einer Verschärfung des Abiturs das Wort redete, braucht gar nicht mehr eigens erwähnt zu werden. Er wünschte sich nicht mehr, sondern bessere Studenten. Der von Georg Picht beschworene Bildungsnotstand war für ihn eher ein qualitatives als ein quantitatives Problem. Picht merkte schon bald, daß Schmid nicht der geeignete Ansprechpartner für ihn war.

Seine revolutionären Hochschulreformpläne stießen bei den sozialdemokratischen Kultusministern auf rüde Ablehnung. Eine Trennung von Forschung und Lehre kam für sie ebensowenig in Frage wie eine Verschärfung des Abiturs. Carlo Schmid mußte sich sagen lassen, daß er ein Kulturpessimist sei[48]. Außerdem: meinte er etwa, die bisherigen Lehrstuhlinhaber würden eine solch radikale Hochschulreform widerspruchslos hinnehmen? Nein, das glaubte er nicht. Er kannte seine Kollegen. Gerade deshalb forderte er den „Mut des Gesetzgebers"[49]. Die Scheu der Kultusminister vor der Autorität der Professoren war ihm, der über den Großteil seiner Kollegen nicht gerade mit großer Wertschätzung sprach, fremd. Er drängte auf eine sofortige Reform. Auf keinen Fall dürfe man bis zum Abschluß eines Staatsvertrags warten, da dann die Kontroverse um die Ausgestaltung der Hochschulen erst richtig beginne. Eine solche „Verzögerung" sei „unerträglich"[50]. Er wäre lieber heute als morgen zur Tat geschritten, wenn er selbst auch nur die geringste Möglichkeit gehabt hätte, in das Hochschulwesen einzugreifen.

Für einen Staatsvertrag der Länder zur Koordinierung der Kulturpolitik hatte sich als beredter Vertreter der Länderinteressen Waldemar von Knoeringen wiederholt eingesetzt. Zu föderalistisch, meinten die meisten Sozialdemokraten, zumindest die, die in Bonn saßen. Knoeringen wandelte seinen Plan um und plädierte nunmehr für die Errichtung eines von der Kultusministerkonferenz der Länder ins Leben zu rufenden Bildungsrates, dem die Aufgabe zukommen sollte, einen nationalen Bildungsplan zu entwerfen[51]. Knoeringen hoffte so, verhindern zu können, daß auf kaltem Weg ein Bundeskultusministerium geschaffen wurde. Wenn es nach Carlo Schmid gegangen wäre, hätte man die Forderung nach Einrichtung eines Bildungsrates nicht in den 1964 von der SPD verabschiedeten bildungspolitischen Leitsätzen gefunden. Als Knoeringen ihm 1964 seinen Plan mitteilte, riet er ab: „Bei dem Bildungsrat fürchte ich, daß wir die Kultusminister nie dazu bekommen werden, sich auf etwas Brauchbares – ich meine, für die Nation Brauchbares – zu einigen. Wir wissen doch, daß dort in erster Linie der Gesichtspunkt der Ämterpatronage gilt und das, worauf es ankäme, nämlich sich auf einen deutschen Bildungskanon zu verständigen, wenig Aussicht auf Erfolg hat. Ich bin immer mehr und mehr der Meinung, daß wir versuchen müßten, diese Probleme als Probleme der Bundespolitik zu betrachten. Ich glaube, daß wir hier nicht allzu verzagt zu sein brauchen, denn das Grundgesetz gibt mehr Möglichkeiten, als man glaubt.“ [52]

Schmid schwebte vor, auf der Grundlage der in den USA angewandten Theorie der implied powers die Bundeskompetenzen auf dem Sektor Wissenschaft und Bildung zu erweitern. Wenn der Bund gemäß Art. 74 des Grundgesetzes für die Förderung der Wissenschaft zuständig sei, könne man ihm das Recht, Richtlinien für das allgemeine Bildungswesen zu erlassen, nicht vorenthalten[53]. Beim Bundesverfassungsgericht wurden Bedenken gegen die Anwendung der implied-power-Theorie laut[54]. Schmid hielt trotzdem an ihr fest, auch noch, nachdem im Sommer 1965 Bund und Länder ein Abkommen über die Errichtung eines Deutschen Bildungsrates vereinbart hatten. Persönliche Erwartungen und Ziele mögen dabei eine nicht unerhebliche Rolle gespielt haben. Bei einem Wahlsieg der SPD war er der präsumtive Minister für Wissenschaftliche Forschung. Dann wollte er natürlich auch die Möglichkeit haben, in der Bildungspolitik ein mächtiges Wort mitzureden.

Bisher freilich hatte er sich nicht einmal in seiner eigenen Partei durchsetzen können. Weil man sich über die Inhalte der Bildungs- und Kulturpolitik nicht einigen konnte, beschränkte man sich auf organisatorische Probleme und eine Änderung der finanziellen Rahmenbedingungen der Bildungspolitik. Die 1964 verabschiedeten bildungspolitischen Leitsätze der SPD waren, wie Walter Jens nicht zu Unrecht bemerkte, ein „Meisterstück von Allgemeinheiten“ [55]. Das im gleichen Jahr verabschiedete bildungspolitische Sofortprogramm war ein Notprogramm zur Milderung der schlimmsten Notstände im Bildungswesen. Wehner scholt den mangelnden „Fleiß“ der sozialdemokratischen Bildungspolitiker[56]. Das war nicht zuletzt ein Angriff auf Schmid, der dauernd Klage darüber führte, daß die Partei nicht über ein sorgsam ausgearbeitetes Bildungskonzept verfügte, aber selbst auch kein konkretes, für die Praxis brauchbares Bildungsprogramm entwickelte. Schmid machte zuweilen seine politischen Hausaufgaben nicht so gründlich, wie er sollte. Doch diesmal wäre sein Fleiß auch völlig umsonst gewesen. Sein Bildungs- und Wissenschaftskonzept war innerhalb der SPD nicht mehrheitsfähig und in den Parteigremien wurde zu seinem Leidwesen ohnehin immer alles zerredet[57]. In der Regierungsmannschaft war er zuständig für den Geschäftsbereich Wissenschaftliche Forschung und kulturelle Verantwortlichkeit des Bundes. Nicht weil man sein Bildungskonzept befürwortete, stellte man ihn als zukünftigen Wissenschaftsminister heraus, sondern weil er beim Wahlvolk als der ideale Kultur- und Bildungspolitiker galt. Außerdem verfügte er als Senator der

Max-Planck-Gesellschaft über ausgezeichnete Kontakte zur Wissenschaft, für deren finanzielle Probleme er immer ein offenes Ohr hatte.

Sein politischer Einfluß mochte noch so sinken, für die Bundesbürger war er auch 1965 noch der ideale Politiker[58]. Am unteren Ende der Beliebtheitsskala stand Franz-Josef Strauß, der im Rufe stand, ein rücksichtsloser Machtpolitiker zu sein. Schmid, der homme de lettres, der offen zugab, daß ihm seine „literarischen Späße" manchmal wichtiger waren als die Berichte der „Gazetten" über seine „politischen Leistungen"[59], verkörperte den Gegenpol zum typisch deutschen Machtpolitiker. Für die Mehrheit der Deutschen war er nicht nur ein Politiker, der Geist und Macht verband, sondern trotz seiner elitären Einstellung auch ein Mann des Volkes, der dem tierischen Ernst der Politik mit Humor begegnete. Der Ritter des Ordens wider den tierischen Ernst fehlte auf keinem der Konvente des Ordenskapitels des Aachener Karnevalvereins[60]. Wie groß seine Macht war, fragten die wenigsten. Daß er unter dem erzwungenen Verzicht auf künstlerische Selbstentfaltung litt, erkannte kaum einer.

Die Kunst war für Schmid ein Gegenpol zur Politik, eine Herausforderung an die Politik, in Politik aufgehen durfte sie nicht. Das seit der Spiegel-Affäre zunehmende Engagement der Intellektuellen und Künstler verteidigte er aus politisch-pädagogischen Gründen, aber sein Verhältnis zu einer gesellschaftsbezogenen Kunst blieb distanziert. Als zwei Monate nach der Spiegel-Affäre Rolf Hochhuths Stück „Der Stellvertreter" die Gemüter der Republik von neuem erhitzte, stellte sich Schmid auf die Seite des angegriffenen Autors. In dem Stück, das an der Freien Volksbühne in Berlin von Piscator inszeniert worden war, wurde Papst Pius XII. angeklagt, weil er als Vertreter Christi angesichts der Massenmorde an den Juden die Katholiken nicht zum Martyrium aufgerufen hatte. Ein Skandal! Das Zentralkomitee der Katholiken führte Klage gegen Hochhuth. Bundesaußenminister Schröder bedauerte die Angriffe gegen Papst Pius XII., die SPD schwieg, weil sie an einem verbesserten Verhältnis zur katholischen Kirche interessiert war. Schmid ergriff Partei für Hochhuth: „Seien wir doch froh, daß es in unserer Mitte noch Leute gibt, die in unsere Welt das Ärgernis werfen."[61] Für ihn war das Stück eine geistige und politische Herausforderung: „Ob man den Inhalt des Stücks billigt oder nicht, es ist gut, daß einmal etwas geschrieben wurde, das politische Leidenschaften entfacht und jedermann zwingt, wenigstens über die Möglichkeiten eines Für und Wider zu entscheiden. Letztlich ist ja das Problem angesprochen, das seit vielen tausend Jahren die Menschen beschäftigt und quält: darf die Staatsräson – auch die am richtigsten konzipierte Staatsräson – überwuchern, was die Moral und das Liebesgebot von uns verlangen. Wenn es darauf nur ein glattes Ja und Nein geben könnte, wäre das Leben viel einfacher, als es ist."[62] Die Deutschen mußten erst noch begreifen, daß der Künstler ein Tabubrecher ist. Die Kritiker, die in einem Vokabular, das an vergangene Zeiten gemahnte, Hochhuths Stück „negativ zersetzend" nannten, durften nicht das letzte Wort behalten.

Schmid hatte sich hinter Hochhuth gestellt, weil er die Deutschen zur Toleranz erziehen wollte. Als Marion Gräfin Dönhoff ihn im März 1963 bat, sich in der „Zeit" zu der Diskussion über die Linksintellektuellen zu äußern, schrieb er zurück: „Ich kann das Geschwätz von den Linksintellektuellen allmählich nicht mehr hören, vor allem deswegen, weil ich täglich erleben kann, daß mir die Leute kein lebendiges Exemplar dieser Reptiliengattung zu nennen vermögen. Ich habe den Eindruck, daß wir hier vor dem Phänomen eines Ersatz-Antisemitismus stehen, denn die Teufeleien, deren man jene Linksintellektuellen bezichtigt, sind doch die, die man einst den Juden nachsagte."[63] Schmid vermißte die Linksintellektuellen, die das kulturelle Leben wie zur Zeit der Weimarer Republik in Bewegung brachten, und insgeheim fürchtete er sie auch. Bestand nicht die Gefahr, daß eine „heimatlose Linke" wie in Weimar „aus mangelndem Verständnis für das, was einen Staat ausmacht", die Demokratie „ruinierte"?[64] Den intellektuellen Protest gegen die Notstandsgesetze betrachtete Schmid mit wachsender Sorge.

Sollte er sich darüber freuen, daß die Grenzbarrieren zwischen Politik und Literatur fielen? Er verteidigte Peter Weiss, der trotz seines Bekenntnisses zum Marxismus-Leninismus ein achtenswerter Schriftsteller sei[65], und nahm im Dezember 1965 im Bundestag Günter Grass, der für die SPD in den Wahlkampf gezogen war, gegen Angriffe von konservativer Seite in Schutz. Doch er zögerte mit seiner Antwort, als er gefragt wurde, ob er Grass' parteipolitische Betätigung ebenso positiv beurteile wie dessen Werk: „(D)as ist ein Werturteil, das schwer zu fällen ist." Schließlich rang er sich zu der salomonischen Antwort durch: „(I)ch finde es eine gute Sache – und ich möchte gern, daß sie sich wiederholt –, daß sogenannte Literaten, Intellektuelle, Männer der Kunst, der Literatur sich nicht zu schade sind, auch in den politischen Kämpfen, im Parteienkampf Stellung zu beziehen."[66] Gewiß, der Auszug der Intellektuellen und Künstler aus dem Elfenbeinturm war zu begrüßen. Schmid scheint jedoch um die Autonomie der Kunst gefürchtet zu haben. War Grass' Maxime, daß der „Ort des Schriftstellers" „inmitten der Gesellschaft und nicht über oder abseits der Gesellschaft" sei[67], nicht eine Abkehr von der von Schmid verteidigten zweckfreien Kunst? Der Schriftsteller Grass und der Dichter Schmid sprachen eine andere Sprache. Schmid lobte die „Hundejahre" als „bedeutendes Buch", räumte jedoch ein, daß ihm einige Stellen darin nicht gefallen hatten[68]. Dem Heidegger-Verehrer Schmid mußte Grass' Heidegger-Polemik aufstoßen. Schmid nahm die junge Schriftstellergeneration, die sich der Politik verschrieb, gegen Angriffe von konservativer Seite in Schutz, fand aber selbst kaum Zugang zu ihr.

Die Parteinahme namhafter Schriftsteller wie Hochhuth und Grass für die SPD schien sich zunächst nicht auszuzahlen. Erst als Erhard in einer wüsten Attacke die Dichter, die unter die Politiker gegangen waren, als „ganz kleine Pinscher" bezeichnete und von „Entartungserscheinungen" in der modernen Kunst sprach, solidarisierten sich weite Kreise des intellektuellen Deutschland mit der SPD[69]. Karl Schiller, damals Wirtschaftssenator in Berlin frohlockte: „Wir müssen die Suppe, zu der Erhard in der Tat vortrefflich beigetragen hat, am Kochen halten."[70]

Schmid war zu wenig Parteipolitiker, um aus der ganzen Angelegenheit Kapital für die SPD schlagen zu wollen. Er fürchtete, daß durch Erhards Ausfälle Ressentiments geweckt werden, die sich für die politische Kultur der Bundesrepublik gefährlich auswirken konnten. So schlüpfte er wieder einmal in die Rolle des praeceptor Germaniae und erteilte Erhard gleich nach der Wahl im Bundestag eine Lektion: „Kein Staat kann heute auf die Dauer auf außenpolitisches Verständnis in der Weltöffentlichkeit rechnen (...), wenn nicht das Volk dieses Staates der Weltöffentlichkeit als Träger lebendigen Geistes auch in der jeweiligen Gegenwart erscheint. Es ist aber eine schlechte Sache, wenn Schriftsteller gescholten werden, weil sie die Regierung, die Politiker und gewisse Praktiken kritisierten und manchmal auch mißdeuteten."[71] Seinen Zuhörern hielt er das Vorbild Frankreichs vor Augen, wo „linke" Autoren sich der Wertschätzung „rechter" Regierungen erfreuten und „linke" Regierungen „rechte" Autoren würdigten. Noch einmal rief er die Maxime der Franzosen ins Gedächtnis: „Tout ce qui est national, est nôtre."[72]

Erhard hatte Gräben aufgerissen, die den politischen Konsens gefährdeten. In linken Kreisen wurde der Verdacht geäußert, daß die von ihm propagierte „formierte Gesellschaft" auf eine Entmündigung der Staatsbürger hinauslaufe. Schmid mahnte den Kanzler, die Intellektuellen „ernst" zu nehmen: „Auch sie gehören zu den Realitäten des nationalen Lebens; auch sie gehören zu unserem Staatswesen, zur res publica; auch sie gehören in eine formierte Gesellschaft, d. h. in eine wohlgefügte Gesellschaft, in der sich alle schöpferischen Kräfte der Nation zueinander in der rechten Ordnung verstehen und verhalten."[73] Ein CDU-Abgeordneter bemerkte, daß Schmid der erste Sprecher der Opposition sei, der den Begriff „formierte Gesellschaft" „positiv" aufgenommen habe. Schmid schnellte hoch und begab sich zum Saalmikrophon: „Sollte ich mich so simpel ausgedrückt haben (...), daß nicht zu merken war, daß ich den Versuch gemacht habe, diesem Hause endlich einmal eine Definition vorzuschlagen, was die andere Seite bislang versäumt hat?"[74] Erhard hatte den geistigen Aufbruch versprochen. Es war ihm aber in keiner Weise gelungen, geistige und politische Perspektiven zu vermitteln. Schmid, wie Erhard ein Kritiker der Parteien und Interessenverbände, hatte große Sympathie für dessen Vision einer formierten Gesellschaft, mußte aber schon bald erkennen, daß Erhard das Format fehlte, um dieser Vision Konturen zu verleihen und sie in die politische Praxis umzusetzen.

Man kann in der Politik nicht passen!

Als Schmid im März 1963 bei einem Besuch in Island nach den politischen Qualitäten des Thronprätendenten Erhard befragt wurde, gab er ein nicht gerade schmeichelhaftes Urteil ab: „Erhard ist kein Politiker. Er ist ein guter Volkswirtschaftler, aber nicht mehr.“ [1] Man könne davon ausgehen, daß er nur bis zu den nächsten Wahlen Kanzler sein werde. Noch hatte Schmid Hoffnung, daß sein Freund Gerstenmaier Adenauers Nachfolger werde. So versuchte er gemeinsam mit Adenauer Erhard zu demontieren. Persönlich hatte er nichts gegen Erhard. Sein Urteil über den Politiker Erhard schwankte. Die Regierungserklärung des neuen Kanzlers hatte ihn optimistisch gestimmt. Wie viele andere verstand auch er sie als Auftakt zu einer neuen Ära. Der neue Bundeskanzler war kein Mann der einsamen Entschlüsse, der mit der Opposition nur sprach, um der Form Genüge leisten zu wollen[2]. Erhard schien der richtige Mann für eine Politik der Gemeinsamkeit zu sein. Zu Weihnachten bekam Schmid einen überaus herzlichen Brief von Erhard: „Wir sind wohl beide so geartet, daß wir auch im politischen Leben um Form und Maß wissen, und darum ist es über das Persönliche hinaus tröstlich, zu hören und zu wissen, daß freundschaftliche Gesinnung einfach eine menschliche Haltung bedeutet.“ [3] Erhard und Schmid, für die die Parteien ein notwendiges Übel waren, suchten den Dialog über die Parteigrenzen hinweg. Die beiden Professoren hatten ein gespaltenes Verhältnis zur herrschenden Politik, zu deren Versachlichung sie beitragen wollten. Im Gegensatz zu Erhard empfand Schmid Macht freilich nicht als „öde, gefährlich und im letzten dumm“ [4]. Für Adenauers Machtsinn hatte er stets lobende Worte gefunden[5]. Den fehlenden Machtsinn der Sozialdemokraten hatte er stets beklagt. Im übrigen mißfiel es ihm, daß der neue Bundeskanzler sich mit dem Nimbus der Überparteilichkeit umgab. Erhards appel au peuple, das Regieren am Parlament vorbei, erschien ihm als Verstoß gegen die Verfassung[6]. De Gaulles Regierungsstil durfte kein Vorbild sein.

Erhard war kein Gaullist, schon gar nicht in der Außenpolitik, wo er zu den überzeugten Atlantikern zählte. Es wurde ihm sogar „Frankophobie“ nachgesagt[7]. Trotzdem war Schmid zunächst mit den außenpolitischen Leitlinien des Bundeskanzlers weitgehend einverstanden. Die atlantische Partnerschaft mußte aufrechterhalten werden. England mußte für den gemeinsamen Markt gewonnen werden. Diese Grundsätze schweißten Erhard und die SPD zu einer Art stillen Großen Koalition zusammen.

Die Außenpolitik war neben der Bildungspolitik noch immer Schmids große Passion. Als Präsident der Westeuropäischen Union wollte er nichts unversucht lassen, um aus dem Europa der Sechs ein Europa der Sieben zu machen, das zusammen mit den USA die atlantische Gemeinschaft trägt. Zweckoptimismus stellte er zur Schau, als er in der Dezembertagung 1963 erklärte, daß man in Westeuropa „eines Tages einmütig anerkennen" werde, „daß die politische Organisation (Europas) von den sieben Mitgliedsstaaten der WEU errichtet werden muß, weil das dem gesunden Menschenverstand und der Logik entspricht" [8]. Politik gründet selten in den Gesetzen der Logik. Das bekam Schmid zu spüren, als er am 3. Dezember von de Gaulle im Elysée-Palast empfangen wurde. Schmid mag sich einiges von der Unterredung mit dem französischen Staatspräsidenten versprochen haben. Immerhin hatte das gaullistische Organ „La Nation" ihm einen Leitartikel gewidmet und im französischen Fernsehen konnte er sogar ein kurzes Statement über seine Aufgaben als Präsident der WEU abgeben[9]. Als er dem französischen Staatspräsidenten im kleinen Salon mit Schreibtisch und Sesseln aus der Zeit Louis XVI. gegenübersaß, sah er sich in vergangene Zeiten zurückversetzt. In einer längeren Vorlesung wurde er belehrt, daß der Nationalstaat „une finalité de l'histoire" sei. Selbst wenn Schmid mit Engelszungen geredet hätte, hätte er de Gaulle nicht von der Notwendigkeit eines weiteren Ausbaus der europäischen Integration und der atlantischen Verteidigungsgemeinschaft überzeugen können[10]. Er verließ den Elysée-Palast ziemlich deprimiert. Daß die Europapolitik völlig festgefahren war, mußte er auch drei Monate später bei einem dreitägigen Besuch in London feststellen. Für den Führer der Labour-Party Harold Wilson war die Europaidee „vorerst tot". Mehr Verständnis für die europäische Gemeinschaft zeigten Premierminister Alexander Douglas-Home und sein Außenminister Richard Butler. Sie glaubten, daß die WEU die geeignete Plattform sei, um zu einem Ausgleich zwischen Großbritannien und dem Europa der Sechs zu kommen[11].

War es nach diesen nicht sehr erfolgreich verlaufenen Besuchen noch realistisch, in der WEU den Grundstein für ein Europa der Sieben legen zu wollen? Eine entsprechende Empfehlung an den Ministerrat war von der Versammlung im Dezember verabschiedet worden[12]. Daß dies nicht mehr als ein parlamentarischer Wunschzettel war, wußte Schmid. Deshalb bemühte er sich um eine engere Verzahnung zwischen der Versammlung der Westeuropäischen Union und dem Ministerrat. Ohne den Dialog mit dem Ministerrat fehlte der Versammlung die Resonanz. So forderte er die Außen- und Verteidigungsminister mit eindringlichen Worten auf, an den Tagungen der Versammlung teilzunehmen. Das Echo war nicht allzu groß. Es kam ganz selten vor, daß von allen Mitgliedsstaaten Minister kamen. Schmid hatte Grund zur Klage über die mangelnde Beteiligung. Auch Außenminister Schröder folgte selbst als Vorsitzender des Ministerrates den Einladungen nicht immer, obwohl er Schmids Arbeit überaus schätzte[13]. Die Versammlung debattierte häufiger vor leeren als vor vollen Ministerbänken. Damit die Empfehlungen nicht ganz unter den Tisch fielen, bat Schmid die Parlamentspräsidenten, die Empfehlungen in den nationalen Parlamenten zur Diskussion zu stellen[14].

Viel Geduld und Gleichmut wurde ihm als Präsident der WEU abgefordert, obwohl er doch im Grunde ein ungeduldiger Mensch war, dem die Politik viel zu sehr im Schneckentempo ging. Mühsam war es, eine Zusammenarbeit zwischen den Ausschüssen der WEU und denen der Nato in die Wege zu leiten, ohne die eine Abstimmung zwischen den beiden aufeinander angewiesenen Organisationen nicht zustande kommen konnte. Weil er das Wort von der atlantischen Partnerschaft ernst nahm, lud er auch Vertreter der amerikanischen Regierung zu den Tagungen der WEU ein. Sein Ersuchen um einen Empfang bei der amerikanischen Regierung hatte keinen Erfolg[15]. Offensichtlich hatte man dort keine allzu hohe Meinung von der politischen Nützlichkeit der WEU. Zu Unrecht! Dank der WEU kam es in den Jahren 1963–1966 trotz der Widerstände Frankreichs gegen einen britischen EWG-Beitritt zu einer wirtschaftlichen Kooperation und einem politischen Meinungsaustausch zwischen Großbritannien und den sechs EWG-Staaten[16]. Schmid verstand es während seiner Präsidentschaft, aus der WEU ein Forum der Begegnung zwischen dem britischen Inselreich und den kontinentaleuropäischen Staaten zu machen. Die Delegierten der WEU dankten es ihm, indem sie ihn 1966 zum vierten Male zum Präsidenten wählten. Er konnte die Wahl als persönlichen Triumph verbuchen. Normalerweise war es üblich, daß die Präsidenten alle drei Jahre wechselten. Es mag sein, daß einige Delegierte auch der Gourmetfreuden wegen so beredt für Schmids Wiederwahl plädiert hatten, denn das Comité des Présidents der WEU soll nie „in so ausgezeichneten Lokalen so exquisit gespeist" haben wie unter seiner Präsidentschaft[17].

Weder das angenehme Ambiente noch die triumphale Wiederwahl ließen Schmid vergessen, daß er sein hochgestecktes Ziel nicht erreicht hatte: aus dem Europa der Sechs ein Europa der Sieben zu machen. Solange von den Regierungen hauptsächlich nationale Interessen verfolgt wurden, hatten die vom Europarat, der WEU und dem Europäischen Parlament verabschiedeten Resolutionen zumeist nur deklaratorischen Charakter. Im Frühjahr 1964 sprach sich Schmid für die Direktwahl des Europäischen Parlaments aus, um dessen Autorität zu erhöhen[18]. Zu einem europäischen Gesamtinteresse könne man erst kommen, wenn das bisherige „Europäische Scheinparlament" in ein „mit ausreichenden Entscheidungsbefugnissen versehenes direkt gewähltes Parlament" umgewandelt werde. Der Vorschlag hatte viel für sich, doch die Zeit dafür war noch nicht reif.

Einstweilen blieben nur die Instrumentarien der klassischen Außenpolitik. Schmid empfahl der Bundesregierung, mit „mehreren Kugeln" zu spielen[19]. Er begrüßte Schröders Gesprächsbereitschaft gegenüber der USA und Großbritannien, mahnte aber zugleich, die Verpflichtungen des deutsch-französischen Vertrags nicht zu vernachlässigen. „Die Politik ist das Schicksal". Mit Wirtschaft allein ist nichts getan[20]. Das war ein an die Adresse Ludwig Erhards, der die Bundesrepublik am liebsten in der Schweiz angesiedelt hätte, gerichteter Appell. Jetzt mußte er sich von Schmid sagen lassen, daß es eine Flucht aus der Weltgeschichte nicht gab: „Man kann die Ordnung der Welt nicht nur dadurch zerstören, daß man über sich hinausgreift, man kann sie auch dadurch zerstören, daß man unterhalb dessen bleibt, was einem zukommt. Mit anderen Worten: Die Bundesrepublik muß bereit sein, aus ihrer Reserve herauszutreten und in das politische Spiel einzutreten, nicht nur als ein Gebilde, das auf sich die Reflexe des politischen Spiels anderer wirken läßt, sondern als eine Macht, die weiß, daß sie die Pflicht hat, sich zu engagieren. (...) Man kann in der Politik viel tun, eines aber kann man nicht: man kann nicht passen."[21]

Schmid tat es sichtlich weh, immer nur Ratschläge erteilen zu können, ohne beweisen zu können, daß sie auch durchführbar waren. Für Erhard waren die Schuhe Bismarcks zu groß. Er vermochte das Spiel mit den zwei Kugeln nicht zu spielen, weil er im Innern schon längst seine Entscheidung für die USA getroffen hatte[22]. Der Bonner Gipfel im Juli 1964 wurde zu einem Debakel. Der französische Staatspräsident verließ Bonn ergrimmt, weil Erhard das Angebot einer deutsch-französischen Verteidigungspartnerschaft ziemlich brüsk abgelehnt hatte.

Auch wenn Erhard zu Recht auf die Notwendigkeit der atlantischen Partnerschaft verwiesen hatte, so durfte er doch das deutsch-französische Verhältnis nicht völlig in die Brüche gehen lassen. Carlo Schmid beschwor den Kanzler bei einer Zusammenkunft am 7. Oktober, das Gespräch mit de Gaulle wieder aufzunehmen. Man müsse miteinander sprechen und dürfe sich vor Kontroversen nicht scheuen[23]. Erhards Projekt eines ständigen Gesprächs der Sechs in Form regelmäßiger Zusammenkünfte der Regierungschefs stand Schmid aufgrund seiner eigenen Erfahrungen in der Westeuropäischen Union skeptisch gegenüber. „De Gaulle könne nicht los von seinem Frankreich zuerst."[24] Bei allen europäischen Staaten gebe es zur Zeit eine starke Loyalität zum eigenen Nationalstaat, so daß die Gefahr groß sei, daß bei den Treffen Dissensvereinbarungen getroffen würden, die man aber auf jeden Fall vermeiden müsse. Schmid wußte, wovon er sprach. Was Erhard plante, hatte er selbst in der Westeuropäischen Union in Gang zu setzen versucht und damit nicht den gewünschten Erfolg gehabt.

Schmids Einwände kamen gegen Erhards Optimismus nicht an. Der Bundeskanzler war überzeugt, daß de Gaulle nicht daran interessiert sei, in der Isolierung zu verharren und deshalb zum Einlenken bereit sei[25].

Fritz Erler, der ebenfalls an der Besprechung teilnahm, vertrat die Gegenposition zu Schmid. Ihm war Erhards Lösung zu wenig supranational[26]. Erler und mit ihm die SPD setzte ungeachtet des französischen Widerstandes auf den weiteren Ausbau der europäischen Gemeinschaft.

Thema Nr. 1 in der SPD war die von den Amerikanern in Vorschlag gebrachte Bildung einer multilateralen Nato-Atomstreitmacht, die in dem zumeist verwandten Kürzel MLF hieß. Schmid teilte den Optimismus seiner Partei hinsichtlich des MLF-Projekts nicht. Während die Delegierten des Karlsruher Parteitages mit großer Mehrheit eine Resolution für die MLF verabschiedeten, erschien in der Münchener „Abendzeitung" ein Artikel aus der Feder Schmids: „Drei Buchstaben voller Zündstoff – MLF"[27]. War es politisch klug, ein Projekt zu unterstützen, das von de Gaulle erbittert bekämpft wurde? Schmid schloß nicht aus, daß de Gaulle, der schon den Finger der Deutschen am Abzug des nuklearen Revolvers sah, die Bildung der MLF zum Anlaß nahm, um die deutschen Wiedervereinigungsbemühungen zu blockieren. Er plädierte für eine dritte Lösung, die den französischen Standpunkt mit dem britischen und amerikanischen versöhne, was freilich so schwierig sei wie die „Quadratur des Zirkels"[28]. Eigene Vorschläge machte er nicht.

Als der französische Außenminister Couve de Murville auf der Nato-Ministerratstagung im Dezember 1964 seine Zustimmung zu dem traditionellen Kommuniqué der drei Mächte und der Bundesregierung zur deutschen Einheit verweigerte, fühlte sich Schmid in seiner Sorge bestätigt. Nochmals mahnte er: „Wir dürfen nichts tun, was die Vereinigten Staaten veranlassen könnte, ihr Engagement zu vermindern; wir dürfen auch nichts tun, was General de Gaulle veranlassen könnte das nordatlantische Verteidigungsbündnis praktisch zu blockieren oder mit einer Wendung nach Osten der Wiedervereinigungspolitik den Rücken zu kehren. Die Vereinigten Staaten von Amerika und Frankreich fordern uns, jeder auf seine Weise, Preise ab, die sich gegenseitig auszuschließen scheinen. Die Aufgabe der deutschen Außenpolitik wird es sein, nach Wegen zu suchen, auf denen es möglich sein könnte, die Vereinigten Staaten und Frankreich auf die gleiche politische Grundlinie einschwenken zu lassen."[29] Das Spiel mit den zwei Kugeln. Vielleicht war es illusorisch. Aber Frankreich war nun einmal neben den USA der wichtigste Partner der Bundesrepublik, ohne den nichts zu erreichen war. Schmids Monita waren ebenso an die Adresse des Bundeskanzlers wie an die der SPD gerichtet.

Er versuchte durch Kommentare zum Zeitgeschehen auf die Politik Einfluß zu nehmen. Doch wer beherzigte schon, was er sagte und schrieb? Außerdem flüchtete auch er sich manchmal in seiner Ratlosigkeit in Leerformeln. Die Politik de Gaulles schätzte er weitaus realistischer ein als Erhard, der von de Gaulles „Politik des leeren Stuhls" überrascht wurde. Schmid hatte sie kommen sehen. De Gaulles freundliche Worte beim

Zusammentreffen mit Erhard in Rambouillet im Januar 1965 hatte er nicht wie der Bundeskanzler als eine Revision der französischen Haltung mißinterpretiert[30].

Schmid war nicht der einzige, der Erhards Unsicherheit in der Beurteilung außenpolitischer Ereignisse und Lagen und dessen mangelnden Führungswillen beklagte. Im Herbst 1964 rief er ihn auf, von Art. 65 des Grundgesetzes Gebrauch zu machen: Der Bundeskanzler bestimmt die Richtlinien der Politik[31]. Insbesondere die Unentschlossenheit des Bundeskanzlers in der Nahostfrage raubte der Bundesrepublik auf internationaler Ebene immer mehr den Kredit. Obwohl die Nahostfrage gar nicht auf der Tagesordnung stand, flehte Schmid in der bereits erwähnten Unterredung am 7. Oktober den Bundeskanzler an, die Beziehungen zu Israel nicht noch weiter abkühlen zu lassen. Mommers Protokoll zufolge war Erhards Antwort kläglich. „Erhard", so liest man dort, „sagt den bemerkenswerten Satz, er sehe ein, daß er nicht länger in der Israelfrage passen könne."[32]

Carlo Schmid hatte vom 14.–21. Mai 1964 auf Einladung des Leiters der ORT Jacob Oleiski Israel besucht. Er war betroffen, wie dort die Stimmung gegen die Bundesrepublik umgeschlagen war. Schuld daran war vor allem das Schweigen der Bundesregierung zu der Tätigkeit von rund 500 Raketentechnikern und -ingenieuren, die in Ägypten an der Herstellung von Massenvernichtungswaffen mitarbeiteten. Schmid bekam immer wieder zu hören, daß es schrecklich sei, daß die Deutschen schon wieder dabei seien, „Geräte" für eine „zweite Endlösung" herzustellen[33]. Er hatte volles Verständnis für die Furcht der Israelis und für ihre Kritik am Verhalten der Bundesregierung. Auf seine Initiative hin hatte der Bundestag schon im Sommer 1963 die Bundesregierung zur Vorlage eines Gesetzentwurfes aufgefordert, durch den die Beteiligung Deutscher an der Herstellung von Massenvernichtungswaffen unterbunden werden konnte[34]. Nach seiner Rückkehr aus Israel regte er die Ausarbeitung eines entsprechenden interfraktionellen Gesetzentwurfes an. In der Presse verurteilte er die Tätigkeit der Raketentechniker aufs Schärfste[35].

Wie schon so oft warb er auch jetzt wieder um Verständnis für die Interessen und Wünsche Israels. Er war mit seinen jüdischen Gesprächspartnern einig, daß eine Verjährung für Völkermord moralisch untragbar sei. Dabei ging es ihm nicht in erster Linie um die Bestrafung der Mörder, sondern darum, ins öffentliche Bewußtsein zu rücken, „welcher Taten Menschen, die unter normalen Umständen vielleicht nie ein Verbrechen begangen haben würden, fähig werden, wenn man sie an die Vorstellung gewöhnt, daß Politik mit Moral nichts zu tun habe und daß alle Mittel recht seien, die einen von den Führern des Volkes erklärten Zweck zu erfüllen geeignet sind."[36]

Das Verhältnis von Politik und Moral stand auch im Mittelpunkt der

Diskussion über die Aufnahme diplomatischer Beziehungen zu Israel, für die sich Schmid schon lange eingesetzt hatte und für die er jetzt noch heftiger focht. Daß Moral von der Staatsräson nicht zu trennen sei, hielt er all denen entgegen, die die Aufnahme diplomatischer Beziehungen zu Israel ablehnten, weil sie die Abwendung der arabischen Staaten von der Bundesrepublik nicht riskieren wollten[37]. Seit Bekanntwerden der geheimen Waffenlieferungen an Israel im Herbst 1964 drohten die arabischen Staaten mit der Anerkennung der DDR, falls die Waffenlieferungen nicht sofort eingestellt würden. Schmid riet, sich von den Arabern nicht „erpressen" zu lassen[38]. In der SPD war die Meinung gespalten. Wehner ordnete dem Wahlsieg alles unter. Ende Januar erklärte er im Parteipräsidium recht unverblümt, daß die SPD nicht „als die ‚Judenpartei' in den Wahlkampf gehen und als Störenfried in der deutschen Frage der Juden wegen gelten" dürfe[39]. Auch Erler stand mittlerweile einer Aufnahme diplomatischer Beziehungen zu Israel sehr reserviert gegenüber: „Es dürfe nicht der Eindruck entstehen, daß die SPD nur für Israel eintrete."[40]

Carlo Schmid ergriff einseitig Partei für Israel. Er war nicht gewillt, der Parteitaktik wegen seine moralischen Grundsätze über Bord zu werfen. Und schließlich mußte man auch an den moralischen Kredit der Bundesrepublik in der Weltmeinung denken[41]. Erhard lavierte, was fast zu einem völligen Nah-Ost-Debakel geführt hätte. Der Entschluß, die Waffenlieferungen an Israel einzustellen, mußte von Nasser als Kapitulation Bonns aufgefaßt werden. Nasser triumphierte und provozierte durch einen pompösen Staatsempfang, den er Ulbricht 14 Tage später bereitete, die Bonner Regierung.

Erhard war ratlos. Sollte man die diplomatischen Beziehungen zu Ägypten abbrechen? Er wollte sich nicht entscheiden, bevor er die Meinung der Opposition dazu kannte. Am 5. März empfing er Erler und Carlo Schmid im Palais Schaumburg. Schmid sprach sich eindeutig und vorbehaltlos für den Abbruch der diplomatischen Beziehungen aus[42]. Erler war nicht dafür und nicht dagegen. Er wollte der Bundesregierung die Entscheidung nicht abnehmen[43]. Schmid hatte sich ansonsten immer gegen eine starre Handhabung der Hallstein-Doktrin ausgesprochen. Seine Haltung war inkonsequent und einseitig. Man mochte ihn deswegen schelten. Er hatte sich seine Entscheidung wohl überlegt: Mit der Abberufung des deutschen Botschafters aus Ägypten mußten alle Einwände gegen einen Botschafteraustausch mit Israel fallen. Erhard entschloß sich zwei Tage später trotz großer Vorbehalte im Auswärtigen Amt zur Aufnahme diplomatischer Beziehungen mit Israel. Ägypten gegenüber begnügte er sich mit Wirtschaftssanktionen. Schmid begrüßte die Entscheidung Erhards[44], die am 12. Mai zum Botschafteraustausch mit Israel führte. Als Israels Ministerpräsident Ben Gurion Ende März gefragt wurde, wen er sich als Botschafter in Israel wünsche, nannte er zwei Namen: Franz Böhm, der sich große Verdienste beim Zustandekommen des Wiedergutmachungsabkommens mit Israel erworben hatte, und Carlo Schmid[45]. Schmid wurde nicht gefragt, ob er als Botschafter nach Israel gehen wolle. Wahrscheinlich hätte er nein gesagt. Auch wenn er immer mehr ins politische Abseits gedrängt wurde, so wollte er doch nicht darauf verzichten, sich in die Bundespolitik einzumischen.

Zumeist konnte er es nur auf dem Wege des Journalismus tun, denn innerhalb der SPD stieß er mit seinen Vorschlägen fast immer auf taube Ohren. Die Bonner Sozialdemokraten, angeführt von Wehner und Erler, wollten auf keinen Fall den Grundsatz außenpolitischer Gemeinsamkeit aufgeben. Erler gab zwar Anfang 1965 zu, daß man sich in außenpolitischen Fragen nicht „völlig totstellen" könne, erklärte aber dann zur verbindlichen Parteimaxime, daß alles vermieden werden müsse, daß die Sozialdemokraten wieder in die „offenen Messer der Gegner" laufen[46]. Erler mag Carlo Schmid, dem die außenpolitische Passivität der SPD mißfiel, scharf angeschaut haben, als er diese Devise ausgab. Schmid und Willy Brandt waren es, die als deutschland- und ostpolitische Vorkämpfer immer wieder gegen den Stachel der Parteidisziplin lökten. Brandt fand für seine Politik der kleinen Schritte in der Bonner Parteizentrale kaum Unterstützung[47]. Schmid war wegen seiner Äußerungen zur Hallstein-Doktrin gescholten worden. Im Sommer 1964 riefen beide dazu auf, die Impulse der de Gaulleschen Osteuropapolitik aufzugreifen. In der Bonner Baracke stießen sie damit auf ein sehr verhaltenes Echo. Schwierigkeiten mit der amerikanischen Führungsmacht wurden befürchtet. Schmid ließ die Einwände nicht gelten: „Wir müssen (...) unsere amerikanischen Verbündeten von den spezifischen Notwendigkeiten deutscher Außenpolitik überzeugen. Eine dieser Notwendigkeiten ist unter anderem, daß auch wir Deutsche Anschluß an die neuen Strömungen der Ost-West-Politik gewinnen."[48] Die Selbständigkeitsbestrebungen der osteuropäischen „Satellitenstaaten" müßten unterstützt werden. Zur Hallstein-Doktrin äußerte er sich diesmal nicht. Sie war, wie er resigniert feststellte, noch „nicht spruchreif"[49]. Auch das heiße Eisen Oder-Neiße-Linie ließ er vorerst noch ausgeklammert. Vorerst!

Anfang 1965 riß ihm der Geduldsfaden. Er verlangte eine außenpolitische Bestandsaufnahme aller verantwortlichen Kräfte. Die westlichen Verbündeten hatten zu verstehen gegeben, daß sie eigene deutschlandpolitische Vorschläge der Bundesregierung erwarteten. Wollte man sie für eine neue deutschlandpolitische Initiative gewinnen, so mußte man bereit sein, Opfer zu bringen. Ohne Verhandlungen über die deutsche Ostgrenze und über den politischen Ort, „den die Bundesrepublik im Koordinatensystem der Weltpolitik einnehmen soll", war nach Schmids Überzeugung auf dem Gebiet der Deutschlandpolitik nichts zu erreichen[50]. Die deutsche Einheit könne nicht losgelöst von der „Ordnung des Zusammenlebens der Staaten Europas“ geschaffen werden[51]. Schmid erinnerte an die deutschlandpolitischen Vorschläge der SPD in den 50er Jahren. Er meinte selbstverständlich seine eigenen, in denen er noch immer die einzig mögliche Alternative zur offiziellen Politik sah.

Zwei Wochen, nachdem Schmid im SPD-Parteipräsidium und in der Presse eine neue Deutschlandpolitik angemahnt hatte, gab de Gaulle eine Pressekonferenz, in der er die Vision eines wiedervereinigten Deutschland in einem Europa vom Atlantik bis zum Ural entwickelte. Die Lösung der deutschen Frage setze das Einvernehmen mit den europäischen Nachbarvölkern voraus. Deutschland müsse anerkennen, „daß jede Regelung notwendigerweise auch die Regelung seiner Grenzen und seiner Bewaffnung durch die Einigung mit allen seinen Nachbarn im Osten wie im Westen einschließt“[52]. Die Pressekonferenz des französischen Staatspräsidenten fand eine beachtliche Resonanz, wenngleich er für seine Ausführungen nicht nur Zustimmung erntete. Die SPD legte großen Wert darauf, daß die Äußerungen de Gaulles nicht als ein Abrücken von der Viermächteverantwortung interpretiert wurden[53]. Die Skepsis überwog die Zustimmung. Carlo Schmid machte einen Aktenvermerk, in dem er feststellte, daß die Vorschläge des französischen Staatspräsidenten fast haargenau mit dem übereinstimmten, was er selbst im Frühjahr 1958 im Bundestag ausgeführt hatte. Er sei damals als „Landesverräter“ beschimpft worden, während de Gaulle jetzt „bejubelt“ werde[54]. Schmid, dem alle bürokratischen Formalitäten ein Greuel waren, machte sonst so gut wie nie Aktenvermerke. Daß er jetzt einen Vermerk anfertigte, zeigt, wie tief verbittert er darüber war, daß seine 1958 entwickelte deutschlandpolitische Konzeption nicht zum politischen Programm erhoben worden war.

Unter Verweis auf die Autorität des französischen Staatspräsidenten versuchte er sie jetzt wieder ins Spiel zu bringen. Auf der Mitte Februar in New York unter dem Vorsitz von Vizepräsident Humphrey stattfindenden Tagung „Pacem in Terris“ würdigte er Frankreich als Vorkämpfer eines Ost-West-Dialogs: „Die europäischen Staaten müssen sich so verhalten, daß die Staaten Mittel- und Osteuropas ein Vereinigtes Europa nicht als eine Gefahr und eine Schädigung ihrer Interessen betrachten können. Die französische Republik kann dabei eine bedeutsame Rolle spielen.“[55] Zuvor hatte er sich für „Opfer“ der Bundesrepublik gegenüber Polen und Vereinbarungen über den militärischen Status eines wiedervereinigten Deutschland ausgesprochen. Erschrocken war er, daß auf der Konferenz die Stimmen überwogen, die einer deutschen Wiedervereinigung ablehnend gegenüberstanden. Die Mehrheit der Teilnehmer war für eine Politik des Disengagements unter Anerkennung des Status quo eingetreten[56]. Wehner, der sich einer Kur unterziehen mußte, erhielt einen besorgten Brief seines Parteifreundes: „New York war eine bittere Sache.

Man spürt dort – und man läßt es uns spüren – daß wir wieder das Ärgernis der Welt geworden sind."[57]

Alle Hoffnungen Schmids richteten sich auf de Gaulle. Er schien der einzige zu sein, dem es gelingen konnte, die deutsche Frage im Osten wieder ins Gespräch zu bringen. Schmid kam die Idee, einen Versuchsballon zu starten. Im März gab er dem Korrespondenten der französischen Monatszeitschrift „Réalités" Gilles Anouil ein Interview, in dem er insbesondere auf die außenpolitischen Perspektiven der SPD zu sprechen kam. „Es sei sicher, daß eine sozialistische Regierung künftig Botschafter in Warschau, Prag, Budapest haben werde." Was die Wiedervereinigung anbeträfe, teile er „mit einigen Abänderungen den Standpunkt General de Gaulles", daß sie nur „im Rahmen eines allgemeinen Abkommens in Europa zu verwirklichen" sei, wobei er hinzufügen wolle, daß auch die Staaten außerhalb Europas in dieses Abkommen miteinbezogen werden müßten. Den Sicherheitsinteressen der europäischen Nachbarstaaten müsse durch ein System kollektiver Sicherheit Rechnung getragen werden[58]. Natürlich wollte der Korrespondent wissen, auf welchem Weg Schmid dieses System kollektiver Sicherheit zu erreichen glaubte. Schmid war um eine Antwort nicht verlegen: „Auf militärischer Ebene denke ich an eine Zone der Art, wie sie vom polnischen Minister Rapacki vorgeschlagen wird, in der die Rüstungen in vernünftiger Weise beschränkt werden, und zwar nicht nur prozentual, entsprechend der jetzigen Rüstungsstärke eines Landes, sondern in absoluten Zahlen." „Auf politischer Ebene würde das wiedervereinigte Deutschland, ebenso wie beispielsweise Polen und die Tschechoslowakei, einem Block angehören, der weder westlich noch östlich, sondern neutral wäre. Es handelt sich nicht um einen schmählichen, faulen oder egoistischen Neutralismus. Ich denke beispielsweise an Schweden oder die Schweiz, die in einem strikten militärischen Sinn neutral sind, jedoch nicht in ihren Überzeugungen."[59]

Schmid redete de Gaulle nach dem Mund, denn er wollte den französischen Staatspräsidenten dazu veranlassen, der Bundesrepublik ein konkretes Angebot für eine gemeinsame osteuropapolitische Initiative zu machen[60]. Kurz nach dem Interview begab er sich zur Kur auf die Bühlerhöhe, wo er wieder einmal ein „medizinisches Ritual" über sich ergehen lassen mußte, damit sein überhöhter Blutdruck sich wieder normalisierte[61]. Anouil übersandte ihm eine Zusammenfassung des Interviews, mit der er im großen und ganzen einverstanden war. Einige Ergänzungen brachte er noch an und einige Stellen schwächte er etwas ab[62]. Würde der Versuchsballon aufgehen? Schmid stand der Politik de Gaulles keineswegs völlig distanzlos und unkritisch gegenüber. Bereits in dem Interview mit Anouil hatte er unterstrichen, daß die militärische Sicherheit in Europa nur durch die Amerikaner gewährleistet werden könne. In einem Anfang Mai in der Münchener „Abendzeitung" veröffentlichten Artikel kritisierte er die antiamerikanische Haltung des französischen Staatschefs scharf und betonte ausdrücklich, daß die Bundesrepublik keine Deutschlandpolitik ohne Unterstützung der USA treiben könne[63]. Aber wenn man etwas erreichen wollte, mußte man dem anderen erst einmal einen großen Schritt entgegenkommen.

Als das Interview Anfang Juni in der Zeitschrift „Réalités" veröffentlicht wurde, hagelte es Kritik von allen Seiten. Als „Objekt einer Art von neuer Spiegel-Affäre" sei er sich vorgekommen, schrieb Schmid 10 Jahre später in einem ersten Entwurf seiner Erinnerungen. Man habe ihn zwar nicht des militärischen, aber doch des politischen Landesverrats bezichtigt[64]. Das war übertrieben. Gar so heftig war die öffentliche Reaktion nun doch nicht. Der Vorwurf, daß er sich dem östlichen Neutralitätskurs angenähert habe, wurde ihm aber tatsächlich allenthalben entgegengeschleudert[65]. Es war auch nicht besonders klug von Schmid gewesen, den höchst umstrittenen Begriff der Neutralität wieder in die Diskussion zu bringen. Die SPD rückte von ihm ab[66]. Wehner erklärte gegenüber dem „Spiegel" bissig: „Es ist das Schicksal der SPD, sich mit solchen geistigen Potenzen abfinden zu müssen."[67] Den Krach zwischen Wehner und Schmid kann man sich ausmalen. Schmid blieb nichts anderes übrig, als die inkriminierten Passagen des Interviews zu dementieren. Das Interview sei „stilisiert" worden[68]. Mag sein, daß Anouil die Abschwächungen Schmids nicht berücksichtigt hatte. An seinen grundsätzlichen Überlegungen hielt er fest. Auch in seinem Dementi unterstrich er, daß ein wiedervereinigtes Deutschland ebenso wie seine Nachbarn vertragliche Verpflichtungen auf sich nehmen müßten, keinem Militärblock beizutreten. „Dabei könnte man auf einige Gedanken Rapackis zurückkommen."[69]

Kurz vor der Wahl ließ er das Thema erst einmal ruhen. Die Partei war vorerst nicht gewillt, seiner Linie zu folgen. Brandt war der einzige in der SPD, der sich um eine Kontaktaufnahme zu dem französischen Staatspräsidenten bemühte. Am 2. Juni stattete er de Gaulle in Paris einen Besuch ab, bei dem er den französischen Staatschef wissen ließ, daß einer SPD geführten Regierung an einem engeren Verhältnis zu Paris gelegen war. Auch Brandt dachte dabei in erster Linie an eine gemeinsame Ostpolitik[70]. Als Regierender Bürgermeister Berlins konnte Brandt leichter politische Fäden knüpfen als Schmid, der mit den politisch Verantwortlichen Europas nur als Präsident der Westeuropäischen Union in Kontakt kam. De Gaulle freilich ließ sich dort niemals sehen. Schmid versuchte mittels Presse und Interviews Politik zu machen, konnte damit aber keinen außenpolitischen Kurswechsel einleiten. In den Parteigremien wogen seine Statements wenig. Er sagte im Parteivorstand und der Fraktion kaum mehr etwas.

Schmids Aufsehen erregendes Interview schlug nicht nur in der Bundespolitik hohe Wellen, sondern auch in Bayern. Zu Beginn des Inter-

Die beiden Alten. Schmid und Konrad Adenauer

views war Schmid gefragt worden, ob Strauß denn nicht ein gefährlicher Mann sei, ein „Stier" vor dessen „Hornstößen" sich die Welt zu fürchten habe. Schmid winkte ab. Strauß sei ein „Marseiller", der seinem kleinbürgerlichen bayrischen Publikum gefallen wolle. In Württemberg gebe es eine Redensart, die laute: „Hinter Ulm fängt der Balkan an."[71] Hans-Jochen Vogel fand Schmids Aperçu über Strauß überhaupt nicht witzig. Er war der Meinung, daß Schmid mit seinen unbedachten Äußerungen den Wahlchancen der SPD in Bayern geschadet habe und sandte Schmid einen entrüsteten Brief[72]. Schmid bat um „Sinn für Humor" und stellte es den bayrischen Genossen frei, sich von ihm zu distanzieren[73]. Er hatte schon Schlimmeres ertragen müssen. Außerdem hielt Schmid überhaupt nichts davon, Strauß zum bête noir der Bonner Politik zu machen, weil man ihn damit nur über Gebühr aufwertete[74]. Und schließlich verstand er sich mit Strauß privatim recht gut. War doch der Bayer wie er selbst ein Freund der Grande Cuisine. Seit kurzem konnte man ihn zusammen mit Strauß und dem CSU-Abgeordneten Kempfler in exquisiten Bonner Lokalen schlemmen sehen[75]. Natürlich waren beide Seiten darauf bedacht, daß diese gemeinsamen Gourmetfreuden geheim blieben. Im Gegensatz zu den meisten seiner Parteifreunde sah Schmid keinen Grund, eine schwarz-rote Koalition abzulehnen, wenn Strauß dort einen Ministerposten erhalten sollte. Wenn er in der Öffentlichkeit gefragt wurde, ob er sich mit Strauß an einen Kabinettstisch setzen werde, zog er sich auf die französische Maxime „man solle nie niemals sagen" zurück[76].

Trotz seiner Unzufriedenheit mit dem außenpolitischen Kurs der SPD unterstützte er die Bemühungen Wehners und Erlers, die Weichen für eine Große Koalition zu stellen. 1964 gehörte er zu den entschiedenen Befürwortern einer Wiederwahl Lübkes zum Bundespräsidenten. Daß zahlreiche Sozialdemokraten sich dafür aussprachen, ihn als Gegenkandidaten zu Lübke zu nominieren, erfreute ihn gar nicht[77]. Damit konnte man bestenfalls erreichen, daß die CDU den farblosen Lübke durch den ebenso farblosen Krone ersetzte[78]. Sein Wunschkandidat war Gerstenmaier, der aber zu einer Kandidatur nicht zu bewegen war[79]. Er jedenfalls hatte keine Lust, wieder den Zählkandidaten zu spielen, und möglicherweise wieder einer böswilligen Flüsterpropaganda ausgesetzt zu werden. So war er froh, daß die SPD sich für die Wiederwahl Lübkes entschied, was allenthalben als eine Entscheidung für eine Große Koalition interpretiert wurde.

Was den Wahlausgang anging, war er diesmal optimistisch. Er rechnete mit mindestens 42 bis 43 % der Stimmen für die SPD[80]. Die CDU/CSU würde dann vermutlich gezwungen sein, ein Große Koalition unter einem sozialdemokratischen Kanzler einzugehen. Nicht nur aus „Parteipatriotismus" votierte er so entschieden für einen Regierungswechsel. Er stand nicht allein mit der Auffassung, daß die alten Kräfte „restlos verbraucht" seien[81]. Das politische Geschick der Bonner Republik durfte nicht mehr länger in den Händen des jetzigen Bundeskanzlers liegen, der auf allen Gebieten der Außenpolitik versagt hatte. Schmid fand die politische Führungslosigkeit, die der Bundesrepublik im Ausland viel Kredit kostete, einfach „schauderhaft"[82].

Adenauer erstrahlte plötzlich in viel hellerem Licht. Zum 89. Geburtstag würdigte Schmid den Jubilar mit den Worten: „Mag er manchmal verkehrt regiert haben, (...) so hat er doch wenigstens regiert! Was einem mangelt, wenn der Regierung die straffe Führungshand fehlt, spüren wir seit einiger Zeit jede Woche neu ..."[83]. Als Schmid ein Jahr später dem Alten mit ähnlichen Worten im Bundeshaus zum 90. Geburtstag gratulierte, dankte ihm dieser in einem Handschreiben mit gestochen scharfer Schrift: „Solche Worte von Ihnen in diesem Saale gesprochen, bedeuten mir sehr viel."[84] Die beiden ungleichen Männer waren sich stets mit großer Wertschätzung begegnet. Schmid hatte in der zweiten Hälfte der 50er Jahre die Außenpolitik Adenauers hart bekämpft, aber er bewunderte den Staatsmann Adenauer, insbesondere dessen untrüglichen Machtinstinkt, der Erhard abging, vielleicht in manchen Situationen auch dem Bonner Politiker Carlo Schmid, der es nicht vermocht hatte, die Wegmarken der sozialdemokratischen Außenpolitik zu setzen. Ein distanziertes Verhältnis zur Macht wie Erhard hatte er aber nicht.

Vor dem Wahlkampf graute ihm wie immer. War der Wahlkampf wirklich so entscheidend wie die Wahlkampfstrategen aller Parteien glaubten? Er hätte ihn am liebsten abgeschafft: „Wenn die Parteien klug wären, würden sie ein Übereinkommen schließen, in dem sie sich verpflichteten, keinen Wahlkampf zu führen. Das Resultat bei der Wahl wird eh nicht anders durch die Redereien, die den Leuten allmählich zum Halse heraushängen."[85] Dann zog er doch wieder landauf, landab als Wahlredner durch die Gegend. Wissenschaft und Bildung sind das „Brot von morgen". Als Wissenschaftsminister in spe stellte er Fragen der Bildung, Ausbildung und Forschung ins Zentrum seiner Wahlwerbung. Um die Wähler nicht zu verprellen, unterließ er es, auf eine strengere Lernzucht zu insistieren. Aufstieg durch Bildung war eine Parole, die ankam[86]. In der Außen- und Deutschlandpolitik, die ihm nicht weniger als die Bildungspolitik am Herzen lag, erging er sich in Allgemeinplätzen, um nicht wieder Kontroversen vom Zaun zu brechen. Sie gehörte ja auch nicht zu seinem Ressort. Er hatte sich den Wählern als zukünftiger Minister für wissenschaftliche Forschung in einer sozialdemokratisch geführten Regierung zu präsentieren.

Die Wähler entschieden sich anders, als er gehofft hatte. Die SPD gewann nur 39,6 % der Stimmen. Für die Mehrheit der Bundesbürger war Erhard noch immer der Vater des Wirtschaftswunders. CDU/CSU kamen zusammen auf einen Stimmenanteil von 47,6 %. Ein persönlicher Triumph blieb Schmid. Mehr als die Hälfte aller Mannheimer (52,8 %) hatten ihm ihre Erststimme gegeben[87]. Er verbarg seinen Stolz nicht, meinte sogar im ersten Überschwang, daß das Wahlergebnis ein Anzeichen dafür sei, „daß die Wähler immer mehr nach der Person schauen und sich nicht mehr so sehr wie bisher von den Produkten der Manager beeinflussen lassen."[88] Die Enttäuschung über das bundesweite Abschneiden der SPD verdrängte freilich schon schnell den Stolz auf den großen Vertrauensbeweis, dem ihm die Mannheimer entgegengebracht hatten. Als einen Tag nach der Wahl das Parteipräsidium sich über die zukünftige Strategie der SPD Gedanken machte, riet er, „in der Parlamentsarbeit in Zukunft sehr offensiv zu werden"[89]. Wenn man sich beinahe selbst verleugnete, war man für den Wähler keine attraktive Alternative. Durch das Wahlergebnis sah sich Schmid in seiner Skepsis gegenüber der Wehnerschen Umarmungsstrategie bestätigt.

Er selbst wollte sich nicht mehr exponieren. Er hielt nun endgültig die Zeit für gekommen, um sich ins zweite, vielleicht sogar dritte Glied zurückzuziehen. Bei den nächsten Wahlen in vier Jahren war er 73. Er hatte sein politisches Können und seine Kraft in der Opposition verbraucht. Mitte Oktober gab er im Parteipräsidium bekannt, daß er nicht mehr für den stellvertretenden Fraktionsvorsitz kandidieren werde[90]. Dem Fraktionsvorstand gehörte er als Bundestagsvizepräsident weiter an. Seine Kräfte ließen nach. Die chronische Schlaflosigkeit wurde immer schlimmer, so daß er manchmal in Sitzungen des Parteivorstandes und der Fraktion einschlief. Wenn er aufwachte, konnte er zum Erstaunen der anderen trotzdem mit kenntnisreichen Beiträgen die Diskussion bereichern[91]. Es kam jetzt auch schon mal vor, daß er sich seine Reden schreiben ließ. Seit 1965 hatte er einen Assistenten, der ihm ein Gutteil der Bundestagspost abnahm. Verabschieden von der Politik wollte er sich nicht. Er, der Musensohn, konnte sich mittlerweile ein Leben ohne Politik gar nicht mehr vorstellen. Wenn er sich im Urlaub oder der Kur befand, bekam er jetzt sogar manchmal „Heimweh nach Bonn"[92].

Als Präsident der Westeuropäischen Union war er weiterhin in das außenpolitische Geschehen eingespannt. 1966 reiste er nach Norwegen und Schweden, wo er sich darum bemühte, eine Brücke zwischen der EWG und den skandinavischen Ländern zu schlagen[93]. In der Deutschlandpolitik riß Anfang 1966 Wehner das Gesetz des Handelns an sich. Er setzte in Partei und Fraktion durch, daß entgegen der bisherigen Praxis ein Offener Brief, den die SED am 7. Februar an die SPD gerichtet hatte, beantwortet wurde. In mehreren Briefen und technischen Vorverhandlungen wurde ein Redneraustausch zwischen SED und SPD vereinbart. Carlo Schmid hatte von Anfang an große Bedenken gegen dieses Unternehmen. Am 17. Februar äußerte er gegenüber einem Journalisten des ZDF, daß er keine „beachtlichen Veränderungen in der Neigung Pankows, in substantielle Besprechungen einzutreten", erkennen könne. Die SPD habe immer „klipp und klar" gesagt, daß die SED für sie kein Gesprächspartner sei, denn mit einer ganz und gar stalinistischen Partei könne man nicht verhandeln[94]. An einen Wandel durch Annäherung glaubte Schmid nicht: „Jene, die glauben, man könne totalitäre Regime auf die Dauer überlisten, haben sich bisher immer geirrt."[95] Als die Entscheidung für den Redneraustausch gefallen war, insistierte er darauf, daß bei den Treffen alles gesagt werden dürfe und müsse[96]. Vermutlich war er erleichtert, als die SED am 29. Juni den geplanten Redneraustausch absagte[97].

Es war nicht die Furcht vor einer De-facto-Anerkennung der DDR, die ihn umtrieb, sondern vor einer Verwischung der Gegensätze zwischen SPD und SED. Gegen Kontakte mit Stellen der DDR hatte er überhaupt nichts einzuwenden, wenn dadurch das Leben der Menschen jenseits der Mauer erleichtert wurde. Im Juni erklärte er auf dem SPD-Parteitag in Dortmund: „Es gibt Situationen, in denen das Optimum, das hier und jetzt, nicht morgen und übermorgen, aber hier und jetzt erreicht werden kann, der Status quo ist. Den kann man unter Umständen auch ohne ganz große entscheidende Schritte verbessern; zumal indem man versucht, mit der anderen Seite einen Modus vivendi zu vereinbaren. Das kann mit kleinen Dingen beginnen. Das sind aber Dinge, bei denen man im Praktischen recht weit gehen kann. Hier mache ich mir eine Formulierung von Helmut Schmidt zu eigen: Man kann bis hart an die Schwelle der Anerkennung gehen. Was Anerkennung ist, bestimmen letztlich (...) wir selber und auch die Erlaubnis, anderen zu sagen, den und den Akt interpretieren wir als Anerkennung. Anerkennen ist nicht eine Sache der reinen Aktion, ist eine Sache des Anerkennenwollens. Und das werden wir nicht tun."[98] Die sogenannte salvatorische Klausel erlaubte den Verkehr mit Stellen der DDR, ohne sie ausdrücklich anzuerkennen.

Freilich, das war ein System der Aushilfen. Die Wiedervereinigung setzte einen Prozeß der Entspannung und der weltpolitischen Umschichtung voraus. Hierüber waren sich Carlo Schmid und Helmut Schmidt, der auf dem Dortmunder Parteitag das programmatische Referat zur Außen- und Deutschlandpolitik hielt, einig. Carlo Schmid war Berichterstatter der Arbeitsgemeinschaft B, die die von Helmut Schmidt entwickelten Leitlinien in einer Parteitagsresolution zusammenfaßte. Daß Carlo Schmid die Berichterstattung übernommen hatte, war kein Zufall. Er fühlte sich als Mentor Helmut Schmidts[99], dessen politisches Talent er schon früh erkannt hatte. Als er 1962 von der Bilderbergkonferenz gebeten wurde, ein neues Mitglied vorzuschlagen, fiel ihm nach einer längeren Klage über die „gesichtslose Zeit", in der man lebte, nur ein Name ein: Helmut Schmidt. „Er ist ein unbequemer Mann, aber seine Provokationen regen ungemein an und zwingen oft, einige Schichten tiefer zu pflügen, als man es vorhatte."[100] Helmut Schmidt war der von Wehner und Erler ausgegebenen Marschroute nicht kritiklos gefolgt. Im Bundestag hatte er bereits Ende 1965 eine Revision der Sicherheitspolitik der SPD einzuleiten versucht[101].

Sein Grundsatzreferat auf dem Dortmunder Parteitag leitete eine neue Phase der Deutschland- und Ostpolitik der SPD ein[102]. In einigen seiner Thesen knüpfte er an Vorstellungen an, die Carlo Schmid in den 50er Jahren entwickelt und in den 60er Jahren weitergedacht hatte. Das nukleare Patt hatte Schmidts Analyse zufolge den politischen Handlungsspielraum auf den Feldern Osteuropa- und Sicherheitspolitik erweitert, der ausgenutzt werden mußte. Die deutsche Wiedervereinigung verlange „Opfer", „die sich auf die Gestaltung der Grenzen des wiedervereinigten Landes, auf seinen militärischen Status im Verhältnis zu seinen Nachbarn und innerhalb des Sicherheitssystems Europas insgesamt sowie auf ökonomische Fragen innen- und außenpolitischer Kategorien beziehen." [103] Die Rapacki- und Gomulka-Vorschläge müßten noch einmal zur Diskussion gestellt werden, denn „ohne kollektive Sicherheit über den Eisernen Vorhang hinweg" sei eine „Wiederherstellung Europas nicht dauerhaft möglich" [104]. Eine Normalisierung der Beziehungen der Bundesrepublik zu Osteuropa sei nur durch eine Weiterentwicklung der Rüstungsbegrenzung und -kontrolle auf der Basis eines militärischen Gleichgewichts zu erreichen. Alle unterhalb der Anerkennungsschwelle liegenden Möglichkeiten zur Verbesserung der innerdeutschen Situation müßten geprüft werden.

In „aller Bescheidenheit" wies Carlo Schmid darauf hin, daß sozialdemokratische Redner u. a. auch er in den 50er Jahren schon ähnliche Vorschläge gemacht hatten[105]. Insgeheim mag es ihn schon etwas verbittert haben, daß Helmut Schmidt Beifall erhielt, wofür er ein Jahr zuvor noch Prügel bezogen hatte. Zugegeben: Er hatte in seinem Interview mißverständliche Formulierungen benutzt. Doch allein schon die Erwähnung des Rapacki-Plans hatte im Frühjahr 1965 noch wie ein Reizwort gewirkt. Nichtsdestotrotz setzte er sich nun mit dem ganzen Gewicht seiner Person dafür ein, daß die Schmidtschen Thesen in die deutschlandpolitische Entschließung des Parteitages aufgenommen wurden. Jetzt hatte er die SPD auf dem Gebiet der Außen- und Deutschlandpolitik wieder da, wo er sie haben wollte, wenngleich der Ruhm nicht ihm zufiel. Sei's drum. Er focht mit Verve für das neue, von ihm schon lang vertretene Konzept. Im September wiederholte er in der Beratenden Versammlung des Europarates seine schon häufig geäußerte Auffassung, daß die Aufhebung der Spaltung Deutschlands unzertrennbar mit der Aufhebung der Spaltung Europas verbunden sei. De Gaulle dankte er dafür, „daß er einen Weg gewiesen hat(te), auf dem Völker, auch nach einer schrecklichen Geschichte, in Ehren – in Ehren! zueinander finden können" [106]. Die SPD avancierte zum deutschland- und ostpolitischen Hoffnungsträger, während die Bundesregierung die Bremserrolle spielte. Sie war durch die Offensive der SPD in die Defensive gedrängt worden.

Das Ende der Regierung Erhard kam schneller als erwartet, wenngleich sich die Zerfallserscheinungen schon lange abzeichneten. Schmid hatte recht gehabt: die alten Kräfte waren „restlos verbraucht". Auch in der Bevölkerung setzte nun ein radikaler Stimmungswandel gegen die Regierung ein. Der Streit um die Deckung des Haushaltsdefizits war nur der äußere Anlaß für den Bruch der Koalition. In der SPD war es umstritten, ob man eine Kleine Koalition mit der FDP oder eine Große Koalition mit der CDU/CSU eingehen sollte. Schmid hatte vor geraumer Zeit einmal mit Dehler die Möglichkeit eines rot-gelben Bündnisses erörtert, hatte den Gedanken aber sehr schnell fallen lassen, als Wehner sich völlig desinteressiert an einer Koalition mit den Freien Demokraten zeigte[107]. Es war wohl auch nur ein Gedankenspiel zweier Freunde gewesen, die gern zusammen am Kabinettstisch gesessen hätten.

Die ganzen Jahre über war Schmid einer der entschiedensten Befürworter einer Großen Koalition gewesen. Bei den Parteifreunden stand er im Verdacht heimlich mit der CDU zu sympathisieren, so daß er in der entscheidenden Nachtsitzung der SPD-Fraktion am 26./27. November 1966 sein Votum für eine Große Koalition mit den Worten begann: „Ich bin für die große Lösung, und zwar nicht etwa, weil mir die Union etwa sympathisch wäre." [108] Es war schon nach Mitternacht, als er nach einer hitzig geführten Debatte als einer der letzten Redner in der Fraktion seine Entscheidung für die Große Koalition begründete: „Wir brauchen eine starke Regierung in Bonn. Dazu ist die FDP nicht stark genug. Ich glaube, daß wir mit der Union eine gute Chance haben, unter der Voraussetzung, daß wir auch hier genügend Selbstbewußtsein aufbringen. Wenn wir die Große Koalition ablehnen, so wird die FDP in den kommenden Jahren täglich höhere Forderungen stellen. Außerdem wird sie nie ihre latente Bereitschaft zur Rückkehr in die alte Koalition verlieren." [109] Auch bei Schmid stand die FDP im Verdacht, eine Pendlerpartei zu sein. Im übrigen rieb er sich nicht wie die meisten Fraktionsmitglieder daran, daß Strauß einen Ministerposten bekommen sollte. Daher gab es für ihn keinerlei Hindernisse, die der Bildung einer Großen Koalition im Wege standen. Über die Sachfragen hatte man sich weitgehend geeinigt. Das erschien ihm am wichtigsten[110]. Am Koalitionsschacher um die Ministerämter war er nicht beteiligt. Er mußte damit rechnen, leer auszugehen, und hatte sich wohl innerlich auch schon fast damit abgefunden. Am Vormittag des 30. November erfuhr er, daß die Parteifreunde ihn ohne sein Wissen auf die Ministerliste gesetzt hatten.

Vernunftehe auf Zeit: Die Große Koalition (1966–1969)

Am Portepée gefaßt: Bundesratsminister wider Willen

„Friedel, man hat mich am Portepée gefaßt. Ich bin Minister." Ganz kleinlaut, wie einer, der verloren hat, teilte Schmid am Nachmittag des 30. November seiner Mitarbeiterin Friedel Ahlgrimm mit, daß er sich hatte überreden lassen, das Ministerium für Angelegenheiten des Bundesrates zu übernehmen[1]. Brandt und Wehner hatten ihn bekniet. Sie wollten ihn im Kabinett haben. Wehner hatte es wie immer verstanden, ihm ins Gewissen zu reden: „Carlo, auf der Ministerliste der ersten Regierung, an der Sozialdemokraten beteiligt sind, kann der Name Carlo Schmid nicht fehlen."[2] Er fühlte sich in die Pflicht genommen und willigte ein. Die Parteifreunde waren erleichtert[3]. Erler schrieb ihm vom Krankenbett aus einen Dankesbrief: „(M)ir ist bewußt, welch ein Opfer Du bringst, wenn Du noch einmal in die Detailarbeit eines Ressorts einsteigst. Wir sind aber alle froh, daß Du mit Deiner Persönlichkeit unseren Einfluß in der neuen Bundesregierung kräftig verstärkst und für viele Menschen draußen im Lande zusätzliches Vertrauen zu uns und zur Regierung mobilisierst."[4]

Zu alt, um ein Ministeramt zu bekleiden, fühlte er sich trotz der Altersgebresten, die ihm zu schaffen machten, eigentlich nicht. Aber gelockt hätte ihn das Ministerium für wissenschaftliche Forschung, aus dem er ein Bildungsministerium hatte machen wollen[5]. Nun war bei dem Schacher um die Ministerämter, das Forschungsministerium, an dem zunächst Brandt Interesse gezeigt hatte, an die CDU gefallen. So blieb für ihn nur das Bundesratsministerium, das seit jeher ein Verlegenheitsministerium zur Wahrung des Koalitionsproporzes war. Es fehlte auch nicht an spöttischen Stimmen, die es sich nicht nehmen ließen, darauf hinzuweisen, daß die SPD seit 1949 stets für die Auflösung des Bundesratsministeriums eingetreten war, jetzt aber plötzlich sehr viel Wert auf dessen personelle Besetzung legte. Schmid selbst hatte sich in früheren Jahren an der Polemik gegen das überflüssige Proporzministerium beteiligt[6]. Daß die in die Opposition abgedrängten Freien Demokraten bei den nächsten Haushaltsberatungen einen Antrag auf Streichung des Ministeriums stellen würden, war so sicher wie das Amen in der Kirche[7]. Am 1. Dezember wurde er, der im Parlamentarischen Rat zu den entschiedensten Bundesratsgegnern gehört hatte, zum Minister für Angelegenheiten des Bundesrates vereidigt. Als die Journalisten ihn kurz nach seiner Vereidigung zum Minister mit der Frage bombardierten, was er denn aus dem Amt machen wolle, war er ziemlich ratlos. Ihm sei schließlich nicht an der „Wiege gesungen worden", daß er Bundesratsminister werde[8]. In der Sitzung des Bundesrates am 2. Dezember wurde er freudig begrüßt. Seine Rede war auffallend kurz. Er versicherte, daß er sich als Anwalt des Föderalismus verstehe. Durch den längst notwendig gewordenen kooperativen Föderalismus werde die Bedeutung der Länder nicht zurückgehen, sondern wachsen[9].

Am 3. Dezember gab es erst einmal ein großes Fest, das ihn für einen Moment all seine Sorgen wegen des neuen Amtes vergessen ließ. Die zahlreichen Beweise der Anerkennung und des Dankes, die er zu seinem 70. Geburtstag von Parteifreunden und -gegnern, vom In- und Ausland erhielt, bedeuteten ihm eine wichtige Selbstbestätigung[10]. Er brauchte das Lob und die Bewunderung der anderen, damit die Selbstzweifel nicht Überhand nahmen. Geburtstagswünsche waren für ihn ein Zeichen der Freundschaft. Seine Freunde wußten es und schrieben deshalb seinen Geburtstag ganz groß in den Kalender, um ihn ja nicht zu vergessen.

Je älter er wurde, je rarer wurde die Zahl der Freunde und politischen Weggefährten. Als Fritz Erler im Februar 1967 seinem schweren Leiden erlag, traf dies seinen einstigen Mentor schwer[11]. Er hatte immer gehofft, daß Erler einmal an führender Stelle die Geschicke der Bundesrepublik leiten werde. Jahrelang hatten sie eng zusammengearbeitet, um aus der SPD eine Volkspartei zu machen. Erler hatte großen Anteil daran, „daß Staat und Arbeiterschaft zusammenfinden konnten", daß der „klassische Antimilitarismus" der Sozialdemokratie überwunden wurde[12]. Seit Ende der 50er Jahre hatte man sich des öfteren über den von der SPD einzuschlagenden politischen Weg gestritten und „gerauft", aber der gegenseitigen Freundschaft hatte dies keinen Abbruch getan[13]. Ein halbes Jahr nach Erler starb Paul Löbe, der für Schmid eine Art väterlicher Freund gewesen war, der ihn stets aufgemuntert hatte, wenn er sich nach harten Auseinandersetzungen in der Partei fragte, ob es überhaupt noch einen Sinn habe, in der Politik zu bleiben. Im Juli 1967 stand er am Grab Thomas Dehlers, mit dem ihn über die Parteigrenzen hinweg ein großes menschliches und politisches Einverständnis verbunden hatte. Den Nachruf auf Thomas Dehler schrieb Schmid als wär's ein Stück seines Lebens. Er beschrieb seinen Freund als jemand, „der den Stein weit nach vorne warf und lief, ihn aufzufangen, ohne sich umzuschauen, ob andere ihm folgen. Es folgten ihm nicht viele, und das war es, was die Auguren seinen Mangel an ‚fortune' nannten."[14] Galt das nicht auch für Carlo Schmid? War nicht auch er der SPD immer weit vorausgeeilt, hatte sie aber nur selten mitziehen können? Jetzt, da die SPD endlich in der Regierung saß, gehörte er nicht mehr zur ersten Garnitur der Partei und mußte sich mit einem Verlegenheitsministerium begnügen.

Immerhin, die ersten Kabinettssitzungen ließen sich gut an. Man redete frank und frei. Die Konflikte wurden nicht vertuscht[15]. Mit Kurt Georg Kiesinger hatte er schon in den 50er Jahren des öfteren die Klinge gekreuzt, nicht um Gräben aufzureißen, sondern um einen gemeinsamen außenpolitischen Nenner zu finden. Kennengelernt hatte er ihn schon Ende der 40er Jahre in Tübingen. Kiesinger war damals CDU-Landesgeschäftsführer in Württemberg-Hohenzollern[16]. Den beiden Schwaben in Bonn wurde eine gewisse Seelenverwandtschaft nachgesagt. Von bösen Zungen wurden sie als Schöngeister verspottet, die das Aktenstudium nicht liebten. Ihre staatsphilosophischen Dialoge über den Kabinettstisch hinweg wurden oft kolportiert, so daß man fast glauben könnte, Tocqueville sei das einzige Thema der Kabinettssitzungen gewesen[17]. Ihre gelegentlich eingestreuten kulturkritischen Betrachtungen über den Zerfall der Staatsautorität mögen die meisten anderen Kabinettskollegen, die an einer schnellen Erledigung der Tagesordnung interessiert waren, gelangweilt haben. Weder Schmid noch Kiesinger ließen sich durch die ungeduldigen Mahner beirren. Im Mai 1969, als sich die Zeit der Großen Koalition schon zu Ende neigte, schrieb Kiesinger Schmid: „Ich kenne Ihre Sorgen um diesen Staat. Sie sind so sehr auch die meinen, daß der Unterschied unserer politischen Zugehörigkeit fast bedeutungslos wird. Wir wollen weiter zusammenwirken im Gewimmel der vielen, die gern von der Hand in den Mund leben." [18] Wenn man den Satz liest, könnte man den Eindruck gewinnen, daß Kiesinger und Schmid die großen politischen Wegmarken setzten, während die anderen sich in der Tagespolitik verloren. Dem war nicht so. Schmid war im Kabinett ein Hinterbänkler, der auf den Gang der politischen Entscheidungen nur wenig Einfluß hatte und wohl nicht allzu häufig in die Beratungen eingriff[19]. Die Achse des Kabinetts bildeten, zumindest in der Außen- und Deutschlandpolitik, Kiesinger und Wehner[20].

Weil bei der geplanten Neuordnung des Verhältnisses von Bund und Ländern die Finanzreform ganz obenan stand, war Carlo Schmid auf eine ständige gute Zusammenarbeit mit Bundeswirtschaftsminister Karl Schiller und Bundesfinanzminister Franz-Josef Strauß angewiesen. Die beiden, die im Journalistenjargon bald Plisch und Plum hießen, führten ihn in die Geheimnisse der Finanz- und Wirtschaftspolitik ein. Er gehörte nämlich zu den Leuten, die nicht einmal ihre Steuererklärung selbst machen konnten. Ganz wohl fühlte er sich im Finanzkabinett nicht. Manchmal fluchte er über das „Hexeneinmaleins", das man ihm dort beizubringen versuchte[21]. Franz-Josef Strauß deckte ihn mit einschlägiger Literatur und seinen eigenen Produkten zur Finanzproblematik ein. Die beiden waren inzwischen Duzfreunde geworden. Wenn es den überzogenen bayrischen Föderalismus einzudämmen galt, konnte Schmid auf Strauß' Hilfe vertrauen. Dafür verriet ihm Schmid schon einmal ein bewährtes Hausmittel gegen gesundheitliche Molesten[22]. Schmid verkannte die Bedeutung ökonomischer und finanzieller Probleme nicht. Es kam sogar vor, daß er Karl Schiller mahnte, endlich ein finanz- und wirtschaftspolitisches Programm auszuarbeiten, damit die von der SPD geplanten politischen Aufgaben und Ziele auch in die Praxis umgesetzt werden konnten[23]. Die Einrichtung eines Finanzplanungsrates wurde nicht zuletzt von ihm vorangetrieben.

Im Wissenschaftskabinett fühlte er sich zu Hause. Allerdings mußte er immer aufpassen, daß er nicht Themen an sich riß, die in das Gebiet fielen, die Bundesforschungsminister Stoltenberg als „chassegardée" betrachtete. Er wollte auf keinen Fall mit dem Bundesforschungsminister Ärger bekommen[24]. So war sein Wirkungskreis innerhalb des Kabinetts eng begrenzt. Im Bundestag mußte er außer bei den Haushaltsberatungen nie Rede und Antwort stehen. So konnte er mit gutem Gewissen, während er auf der Regierungsbank saß, an der Übersetzung von Malraux' Anti-Memoiren arbeiten.

In seiner Dienstvilla an der Bonner Adenauer Allee 120 hatte er sich inzwischen häuslich eingerichtet. Manchmal kam ein zahmer Spatz geflogen, den er fütterte, falls er nicht gerade auf einer der vielen Sitzungen und Konferenzen weilte[25]. Aus nicht einmal 50 Beamten und Angestellten bestand das Ministerium. Zunächst war er erschrocken gewesen über den Beamtenstab, den er dort antraf. Das Ministerium war lange Zeit eine Pfründe der Deutschen Partei gewesen, die ihre Mitglieder mit Beamtenstellen versorgt hatte. Er setzte durch, daß er einen Staatssekretär bekam: Friedrich Schäfer, den er schon aus Tübinger Zeiten kannte. Als Parlamentarischer Geschäftsführer der SPD-Fraktion hatte sich Schäfer seit 1961 mit der Koordinierung der Bundes- und Landespolitik der SPD befaßt und war so mit den anfallenden Problemen bestens vertraut[26]. Schäfer übernahm es, mit den Ländern über die strittigen Details der Finanzreform zu verhandeln, mit denen sich Carlo Schmid nur ungern abgab.

Schmid betrachtete sich als eine „Art Minister des Äußern im Innern"[27]. Er hatte die undankbare Aufgabe, die Differenzen zwischen Bund und Ländern und zwischen den Ländern über die notwendig gewordene Neugestaltung des Bund-Länder-Verhältnisses zu entschärfen. Den Föderalismus begrüßte er, weil er in ihm ein Element zusätzlicher Gewaltenteilung sah. Gleichwohl hielt er die Einführung von Gemeinschaftsaufgaben für alle Bereiche, die sich auf Länderebene nicht sinnvoll regeln ließen, für unumgänglich. Selbstverständlich lagen ihm der Ausbau der Hochschulen und eine Rahmenplanung bei der Hochschul- und Bildungspolitik ganz besonders am Herzen. Der seiner Meinung nach überzogene Kulturföderalismus war ihm schon lange Zeit ein Dorn im Auge. Bei seinen Überlegungen zum kooperativen Föderalismus stützte er sich auf das sogenannte Troeger-Gutachten. Unter Vorsitz des Bundesbankvizepräsidenten Heinrich Troeger hatte 1964 eine von Bundeskanzler Erhard und den Ministerpräsidenten der Länder eingesetzte Kommission die Ausarbeitung eines Gutachtens zu der notwendig gewordenen Finanzreform übernommen. Neben der Institutionalisierung von Gemeinschaftsaufgaben wurde in dem Gutachten die Herstellung eines großen Steuerverbundes empfohlen, durch den eine gleichmäßige Beteiligung von Bund und Ländern an der Aufkommensverteilung der großen Steuern geschaffen werden sollte[28]. Schmid war sich von Anfang an darüber im klaren, daß es schwer sein würde, das Einverständnis der Länder hierfür zu erreichen. Schon bei einer der ersten routinemäßigen Zusammenkünfte hatten die Länderbevollmächtigten ihm zu verstehen gegeben, daß ein ohne ausreichende Konsultation der Länder verabschiedeter Gesetzentwurf zur Finanzreform auf erhebliche Schwierigkeiten stoßen werde[29]. So schlug Schmid vor, erst einmal innerhalb der einzelnen Parteien einen Klärungsprozeß herbeizuführen.

Mit den Bevollmächtigten der deutschen Länder beim Bund traf er sich jeden Mittwochnachmittag zur Dämmerstunde in Zimmer 13 des Bundesrates, um sie über die vorangegangene Kabinettssitzung zu informieren. Nach Artikel 53, Abs. 3 des Grundgesetzes hatte die Bundesregierung den Bundesrat über die Führung der Geschäfte auf dem laufenden zu halten. Schmids Vorgänger Alois Niederalt hatte diese Informationspflicht nicht sonderlich ernst genommen. Seine wöchentliche Berichterstattung wurde von den Länderbevollmächtigten als „Onkel Alois Märchenstunde“ verspottet[30]. Seit Schmid Bundesratsminister war, wurden die Länderbevollmächtigten in aller Ausführlichkeit über die Kabinettssitzungen unterrichtet. Akribisch genau wie ein Protokollführer stenographierte er in jeder Kabinettssitzung mit, was seine Ministerkollegen berieten. So konnte er den Länderbevollmächtigten wortgetreu berichten, was in der vorangegangenen Kabinettssitzung erörtert, geplant und beschlossen worden war[31]. Mit entwaffnender Offenherzigkeit versuchte er, das Vertrauen der Länderbevollmächtigten zu gewinnen. So erfuhren die Länderbevollmächtigten am Nachmittag des 19. Juli 1967 nicht nur den Inhalt des am gleichen Tag vom Kabinett verabschiedeten Finanzreformprogramms, sondern auch, daß von den neun dort vorgesehenen Gemeinschaftsaufgaben sechs als „Spielmaterial“ gedacht waren[32]. Nur an drei Gemeinschaftsaufgaben wolle die Bundesregierung unabdingbar festhalten: dem Hochschulbau, den Maßnahmen zur Regelung der regionalen Wirtschaftsstruktur und der Verbesserung der Agrarstruktur. In seinen öffentlichen Stellungnahmen war Schmid etwas zurückhaltender. Dort schränkte er die neun Gemeinschaftsaufgaben auf sechs ganz besonders wichtige ein[33]. Strauß soll ihm Vorwürfe gemacht haben, weil er die Verhandlungsposition der Bundesregierung verraten hatte[34]. Ganz ernst kann es Strauß nicht gemeint haben. Die Strategie der Bundesregierung war so durchsichtig, daß sie von den Ländern auch ohne Schmids Indiskretion erkannt worden wäre.

Nach einer Rundreise durch die Hauptstädte der Bundesländer, einigen Dämmerschoppen mit den Regierungschefs der Länder und einigen Weinproben in der Landesvertretung Baden-Württembergs, die der immer gastfreundliche Adalbert Seifriz veranstaltete, hatte Schmid nur noch mit Bedauern feststellen können, daß selbst bei zähen Verhandlungen mit den Ländern mehr als drei Gemeinschaftsaufgaben nicht durchzusetzen waren. Anfang 1968 einigten sich Bund und Länder auf die drei vorgesehenen Gemeinschaftsaufgaben, die heute noch in Artikel 91a des Grundgesetzes stehen. Schmid wäre es lieber gewesen, wenn man auch die Förderung der Forschungseinrichtungen außerhalb der Hochschulen, den Ausbau der Verkehrseinrichtungen und die Förderung des sozialen Wohnungsbaues zur Gemeinschaftsaufgabe erklärt hätte[35]. Die Länder waren jedoch in diesen Bereichen zu keinerlei Konzessionen bereit.

Bei den SPD geführten Ländern war der Widerstand nicht geringer gewesen als bei den Ländern, in denen die CDU/CSU die Mehrheit hatte. Der damalige SPD-Fraktionsvorsitzende Helmut Schmidt entrüstete sich, daß die SPD-Landesregierungen sich nicht an die Parteitagsbeschlüsse hielten. Schließlich war auf dem Dortmunder Parteitag 1966 die Einführung von neun Gemeinschaftsaufgaben beschlossen worden[36]. Er hatte bald noch mehr Grund zur Klage. Bei den Verhandlungen um den großen Steuerverbund und Finanzausgleich waren es die SPD regierten Länder, die am heftigsten gegen die Vorschläge der Bundesregierung protestierten. Die finanzstarken Länder, in denen fast überall die SPD die Regierung stellte, verteidigten mit Zähnen und Klauen ihren Besitzstand. Nach zähen Kämpfen konnte im Frühjahr 1969 ein Kompromißvorschlag gefunden werden, der u. a. die Einbeziehung der Umsatzsteuer in den Steuerverbund und eine Umsatzsteuer-Vorabverteilung vorsah. Der stellvertretende SPD-Fraktionsvorsitzende Alex Möller, der niedersächsische Finanzminister Alfred Kubel und der Hamburger Bundesratssenator Ernst Heinsen hatten großen Anteil daran, daß die Differenzen zwischen den Ländern und zwischen dem Bund und den Ländern überwunden werden konnten[37].

Carlo Schmid hatte weder genug Autorität in der SPD noch genügend finanzpolitische Sachkompetenz, um die Bund-Länder-Verhandlungen über den großen Steuerverbund maßgebend zu beeinflussen und die SPD regierten Länder von ihrem Blockadeverhalten abzubringen. Das hatte selbst Willy Brandt als Parteivorsitzender vergeblich versucht[38]. Der Bundesratsminister redete im Bundesrat und bei den zahlreichen Bund-Länder-Besprechungen, bei denen er mit am Verhandlungstisch saß, den Landesfürsten und -bevollmächtigten ins Gewissen, indem er ihnen vor Augen hielt, daß ihr Verhalten dazu führe, daß große Reformen überhaupt nicht mehr möglich seien[39]. Der Föderalismus würde so zum Hemmnis für eine fortschrittliche Bundespolitik. Schmids staatspolitische Überlegungen und Mahnungen wogen wenig, wo es um nacktes Interessenkalkül ging.

Mit dem Alter nahm der Pessimismus bei ihm zu. So gab er manchmal die Dinge schon verloren, ehe sie es waren. Im Sommer 1967 prophezeite er resigniert, daß die Länder sich wohl nie dazu bereit fänden, dem Bund eine Rahmenkompetenz in der Schul- und Hochschulpolitik einzuräumen[40]. Schließlich wurde in Artikel 91b des Grundgesetzes doch ein Zusammenwirken von Bund und Ländern bei der Bildungsplanung und bei der Förderung von Einrichtungen und Vorhaben der wissenschaftlichen Forschung von überregionaler Bedeutung postuliert. Im Arbeitskreis zur Beratung des nationalen Bildungswesens, in der Bund-Länder-Kommission für Fragen der Hochschul- und Wissenschaftsfinanzierung und in der Bund-Länder-Gruppe für Hochschulfragen konnte er einiges dazu beitragen, daß die bestehenden verfassungsrechtlichen Bedenken gegen eine Zuständigkeit des Bundes auf diesem Sektor ausgeräumt werden konnten[41]. Jetzt bedurfte es nur noch des Mutes der Bildungspolitiker, dessen Fehlen Schmid gar nicht genug beklagen konnte.

Das Verlegenheitsministerium machte mehr Arbeit, als die Außenstehenden glaubten. Carlo Schmid nutzte die Presse, um das schlechte Image, das das Amt in der Öffentlichkeit hatte, zu verbessern. Es ärgerte ihn, wenn man über seine Tätigkeit nur milde lächelte[42]. Schließlich eilte er von Besprechung zu Besprechung. Und nur selten stellte sich am Abend das Gefühl der „travail bien fait" ein[43].

Viel Zeit raubten ihm die Besprechungen mit der katholischen Kirche über die Weitergeltung des Reichskonkordats und die Einführung der Gemeinschaftsschule. Sie waren aber wenigstens erfolgreich. Gleich zu Beginn der Großen Koalition war Schmid von Brandt und Kiesinger gebeten worden, im Schulstreit zwischen dem Vatikan und den Ländern seine Vermittlerdienste anzubieten. Die Zeiten, da die SPD die Gültigkeit des Reichskonkordats in Frage stellte, waren längst vorbei. Willy Brandt gab die Maxime aus: keine „Kulturkampfatmosphäre" schaffen[44]. Schmid versuchte die SPD-Landesregierungen und -fraktionen von diesem Grundsatz zu überzeugen. Gleichzeitig nahm er Kontakt zum Weihbischof von Münster Heinrich Tenhumberg auf, der seit 1966 Leiter des Katholischen Büros in Bonn war. Die Gespräche mit ihm und zwei längere Unterredungen mit dem Vorsitzenden der deutschen Bischofskonferenz Kardinal Döpfner im Februar und März 1967 ließen ihn Hoffnung schöpfen, daß die Position der katholischen Kirche nicht so starr war, wie der Schulstreit in Baden- Württemberg vermuten ließ. In Baden-Württemberg hatten die Bischöfe von Rottenburg und Freiburg einen Rechtsstreit gegen das unter Ministerpräsident Filbinger verabschiedete Schulgesetz, in dem die Simultanschule zur Regelschule erklärt wurde, angekündigt. Bisher waren nur in Nordwürttemberg und Nordbaden dank der von Schmid 1945/46 entwickelten Schulartikel die Schüler gemeinschaftlich unterrichtet worden. Carlo Schmid, der wieder einmal in die Rolle des ehrlichen Maklers schlüpfte, gelang es, den Konflikt zu entschärfen. Die katholische Kirche zeigte sich konzessionsbereit, wollte allerdings nicht hinnehmen, daß bei Neuregelungen des Schulwesens das Konkordat nur wie ein „Fetzen Papier" behandelt wurde[45]. Das Beispiel Baden-Württemberg durfte nicht Schule machen.

In Nordrhein-Westfalen und Bayern war ebenfalls ein Streit zwischen Befürwortern und Gegnern der Bekenntnisschule ausgebrochen. In Bayern hatte die SPD ein Volksbegehren für die Einführung der Gemeinschaftsschule gestartet, obwohl Carlo Schmid nachhaltig davor gewarnt hatte[46]. Er wollte eine gütliche Einigung herbeiführen, „Husarenritte" gegen die katholische Kirche möglichst vermeiden[47]. Seiner Ansicht nach ließ sich der Streit am besten dadurch beilegen, daß man sich auf Grundsätze eines zeitgemäßen Staatskirchenrechts einigte. Zusammen mit Bundesinnenminister Paul Lücke erwog er Möglichkeiten einer entsprechenden Grundgesetzänderung. Beide ließen jedoch von ihrem Plan bald wieder ab, nachdem Kiesinger festgestellt hatte, daß die Zeit hierfür noch nicht reif sei[48]. Immer wieder scheiterten seine Vorschläge am fehlenden Mut der anderen.

So blieb nur der Weg, sich zu einem praktischen Schulkompromiß durchzuringen. Tenhumberg und Döpfner hatten sich für Gespräche mit der SPD sehr aufgeschlossen gezeigt. Wenn man die Dinge gemeinsam beriet, konnte nicht nur der leidige Schulstreit geschlichtet werden, sondern auch das Verhältnis zwischen SPD und katholischer Kirche weiter verbessert werden[49]. Wehner erklärte sich mit Schmids Vorhaben sofort einverstanden. Im Juni beauftragte der Parteivorstand Schmid mit der Leitung und Koordinierung der zwischen SPD und katholischer Kirche geplanten Gespräche. Da ihm die Treffen wichtig erschienen, nahm er es in Kauf, sich nun auch noch mit organisatorischen Aufgaben herumschlagen zu müssen.

Am 7. Juli kam es im Katholischen Büro in der Kaiser-Friedrich-Straße in Bonn zu einem ersten Meinungsaustausch. Die SPD maß den Gesprächen einiges Gewicht bei. Neben Schmid beteiligten sich u. a. Wehner, Leber, Heinz Kühn und Waldemar von Knoeringen an den Besprechungen. Auf katholischer Seite nahm neben Tenhumberg auch Prälat Hanssler vom Zentralkomitee der katholischen Kirche teil, den Schmid aus Tübinger Zeiten gut kannte. Die Gespräche nahmen einen guten Verlauf[50]. Bereits im Frühjahr 1968 konnte man sich über die wichtigsten Grundsätze und Prinzipien eines Schulkompromisses einigen. Um eine Kulturkampfatmosphäre zu vermeiden, war Schmid den Vertretern der katholischen Kirche weit entgegengekommen. Doch das wichtigste Ziel wurde erreicht: die Abschaffung der konfessionellen Zwergschule. Die

Gliederung des Schulwesens sollte sich nunmehr nach den „pädagogischen und schulorganisatorischen Erfordernissen" richten[51]. Das bedeutete die Einführung der christlichen Gemeinschaftsschule als Regelschule, für deren Durchsetzung Schmid schon in den Jahren 1945/46 gestritten hatte. Den Vertretern der katholischen Kirche war es gelungen, den christlichen Charakter des Unterrichts zu sichern.

Kritiker monierten, daß der Schulkompromiß realiter die Einführung einer „ökumenischen Bekenntnisschule" bedeute[52]. Angesichts der von der Außerparlamentarischen Opposition ausgelösten kulturellen Umwälzungen waren solche Bedenken grundlos. Von dem Schulkompromiß, der doch im Grunde bahnbrechend war, sollte schon bald niemand mehr reden. Auch Schmid maß ihm nur sekundäre Bedeutung bei. Ihn trieb die Sorge um die Entwicklung der bundesdeutschen Demokratie um, die sein Denken mehr gefangennahm als die Aufgaben seines Ministeramtes, die er zwar nie vernachlässigte, aber doch eher mit der linken als der rechten Hand versah.

Studentenunruhen und Hochschulreform

Keine Entscheidung war in der Nachkriegsgeschichte der SPD so umstritten gewesen wie die Bildung der Großen Koalition. Das Erich-Ollenhauer-Haus wurde von Protestresolutionen überschwemmt. Carlo Schmid wurde von Journalisten bedrängt, die seine Meinung zu den eingegangenen Protestresolutionen wissen wollten: „Dreitausend Stänkerer verlieren wir, dreihunderttausend neue Wähler gewinnen wir."[1] Schmid hatte laut gedacht. Eine diplomatischere Antwort wäre besser gewesen. In der Parteivorstandssitzung wurde er wegen seiner unbedachten Äußerung arg gezaust. Er versuchte seine Ausführungen richtigzustellen[2]. Anscheinend war er nun über seine eigenen Worte erschrocken. Den Protest hatte er kommen sehen. Brandt hatte er dringend davon abgeraten, den Koalitionsbeschluß durch einen außerordentlichen Parteitag absegnen zu lassen[3]. Man mußte damit rechnen, daß die Mehrheit des Parteitages die Entscheidung für die Große Koalition ablehnte und damit die Parteispitze desavouierte. Brandt war der Auffassung, daß die Proteste nicht auf die leichte Schulter genommen werden sollten. Die Partei dürfe auf keinen Fall ein „Anhängsel der Regierungspolitik" werden[4]. Carlo Schmid war wohl insgeheim ganz froh, daß die Partei nun in die Zucht der Regierungsverantwortung genommen wurde.

Dem Obrigkeitsstaat hatte er lange Jahre den Kampf angesagt und sich über jede Manifestation einer liberalen Öffentlichkeit gefreut. Die nun entstehende außerparlamentarische Protestbewegung verfolgte er jedoch mit äußerster Reserve. Er hatte den Eindruck, daß das geäußerte Unbehagen

„weniger eine Sache der Reflexion als die Sache eines gekränkten Gefühls“ war[5]. Verstehen konnte er die rebellierenden Jugendlichen schon, aber billigen konnte er ihre Aktionen nicht, schon gar nicht, wenn sie zu Mitteln der Gewalt griffen. Auf die leichte Schulter wollte auch er den Protest nicht nehmen. Auf der Mitte November 1967 stattfindenden Bundeskonferenz der SPD versuchte er eine Brücke zu den Koalitionskritikern und der aufmüpfigen Parteijugend zu schlagen, die in der Bildung der Großen Koalition einen Verrat an einer hundertjährigen sozialistischen Tradition der SPD sah[6]. Er zeigte Verständnis für die protestierende Jugend, denn er wollte sie für die SPD zurückgewinnen: „Dieser Zustand der Malaise, der Verdrossenheit – Staats-, Gesellschafts-, Parteiverdrossenheit, oder wie man es nennen will, ist ernst zu nehmen. Ich nehme ihn sehr ernst, auch dort, wo die Verdrossenheit sich gelegentlich kindisch äußert – oder wo sie sich exaltiert äußert. Die Form, wie sie sich äußert, ist nicht gleichgültig, aber eine schlechte Form ist für uns kein Alibi dafür, daß wir uns nicht darum kümmern, und daß wir sie nicht ernst nehmen.“[7]

Er konnte die Verdrossenheit dieser Jugendlichen, die gegen die Wohlstandsgesellschaft und gegen die entfremdeten Lebens- und Arbeitsbedingungen in der Industriegesellschaft aufbegehrten, nachempfinden. Gehörte er doch selbst zu den unaufhörlichen Kritikern der modernen Konsumgesellschaft. Den Antietatismus der Koalitionsgegner versuchte er damit zu erklären, daß den Deutschen die nationale Identität fehle[8]. Er forderte den Mut zur Utopie[9], wobei er sich auf Ernst Bloch berief, der bald zu einem der Kirchenväter der Studentenbewegung avancierte. Mit Bloch, für den er große Wertschätzung trug, war er befreundet. Dessen Hoffnungsbilder und Tagträume waren auch die seinen[10]. War doch der Tübinger Philosoph dem deutschen Bildungskanon ähnlich innig verbunden wie er selbst. Bloch freilich propagierte die revolutionäre Veränderung, während Schmid auf die ästhetische Erziehung vertraute und als Politiker nach den Prinzipien einer Verantwortungsethik handelte.

Schmid mußte sich sagen lassen, daß über die Utopie, die ihm vorschwebte, in der SPD nicht gesprochen werde. Die meisten jüngeren Sozialdemokraten waren mit seiner Interpretation des außerparlamentarischen Protestes nicht einverstanden[11]. Ihnen war Schmids Utopie zu abstrakt, zu gesellschaftsfern. Seine Hoffnungsbilder waren der Dichtung entnommen. Die „Leuchttürme“, von denen er sprach, hatte Baudelaire in seinem gleichnamigen Gedicht errichtet[12]. Funken der Menschlichkeit in einer Welt der Beziehungslosigkeit. Die junge Protestgeneration, die auf eine Veränderung der Gesellschaft drängte, begriff die autonome Kunst als ein Relikt des Bildungsbürgertums. Sie konnte sich nicht für die Vision eines Dichterstaates begeistern, der Schmid noch immer nachtrauerte.

Als er im August 1967 den Goethepreis der Stadt Frankfurt verliehen bekam, wählte er als Thema seiner Rede: „Kann einer, der im Geiste Goethes leben möchte – wissend wie Goethe über Staat und Demokratie dachte – sein Leben daran setzen, einen demokratischen Staat zu errichten, ohne Goethe dabei untreu zu werden?“[13] Schmids Antwort lautete: ja. Der Dichter, der in die Politik ging, verstand sich als Sand im politischen Getriebe der Zeit. Er wollte „in einer Zeit, da die Technokraten so viel gelten, einen Staat schaffen“, „der kein Apparat ist, sondern ein Lebendiges, das Geist beseelt und die Macht des Geistes lenkt.“[14] Schmid kam immer wieder auf die Utopie des Dritten Humanismus zurück. Auch jetzt, da das Establishment zur Zielscheibe der Kritik wurde, scheute er sich nicht, die Notwendigkeit einer Elite zu betonen: „Es kann gerade eine Demokratie auf die Dauer nicht leben, ohne eine Elite, die sich dem Schicksal der Nation tätig und leidend verbunden weiß.“[15] Seine Zuhörer in der Paulskirche, alles Angehörige des vielgeschmähten Establishments, spendeten Beifall. Die Kritiker des Establishments warteten draußen. Als Schmid die Paulskirche verließ, wurde er mit Rufen wie „Preisochse“ und „Nieder mit Goethe“ empfangen[16]. Die Klassiker und die Poesie pure waren verpönt. Kunst und Wissenschaft wurden zur Magd der Politik.

Schmids Kritik an den rebellierenden Studenten wuchs, je mehr diese sich einer neomarxistischen oder, wie er im Rückblick meinte, neoanarchistischen Ideologie verschrieben. 1960 hatte er noch geklagt, daß die Jugend so konformistisch sei[17]. Die skeptische Generation war ihm zu pragmatisch. Doch sie lauschte gebannt seinen Vorlesungen über die großen Gestalten und Ideen, die die Geschichte bewegten. Und er selbst hätte sich von nichts und niemanden davon abbringen lassen, einmal wöchentlich in Frankfurt Studenten zu belehren. Solange man ihn am Betreten des Katheders nicht hindere, werde er Vorlesungen halten, teilte er im Dezember 1966 dem Hessischen Kultusminister Ernst Schütte mit[18]. Mit der Übernahme des Bundesratsministeriums mußte er aus dem Hessischen Landesdienst ausscheiden. Er las weiter, ohne Gehalt dafür zu beziehen, denn er mochte die vielen Studenten, die in seine Vorlesungen kamen, „nicht im Stich lassen“[19].

Noch war es ruhig an den Universitäten. Der Vorlesungsbetrieb verlief trotz der zahlreichen Proteste und Aufrufe gegen die Notstandsgesetzgebung, zu denen es schon vor Bildung der Großen Koalition gekommen war, geregelt. Wegen der Notstandsgesetzgebung hatte Schmid schon erregte Auseinandersetzungen mit Vertretern des Sozialistischen Hochschulbundes (SHB) gehabt, die er vergeblich von der Notwendigkeit einer gesetzlichen Regelung des Notstandsfalles zu überzeugen versucht hatte[20]. Im Wintersemester 1966/67 bot er an der Frankfurter Universität ein Seminar über Ausnahmezustand und Verfassungsordnung an[21]. Eine sachliche Diskussion über die Notstandsgesetze konnte Vorurteile und Mißverständnisse beseitigen. Das Seminar scheint ohne größere Zwischenfälle verlaufen zu sein.

Erst ein Jahr später wurde die Frankfurter Universität zu einer Hochburg des SDS. Hans Jürgen Krahl und Frank Wolff, beides Hauptwortführer der anti-autoritären Linken, waren im Frankfurter SDS zu charismatischen Führergestalten avanciert. Sie schreckten auch vor militanten Aktionen nicht zurück. Durch Go-Ins und Sits-Ins hoffte man den repressiven Charakter der Hochschulen und der bundesdeutschen Demokratie ins öffentliche Bewußtsein rücken zu können. Die etablierte Trennung von Politik und Wissenschaft sollte aufgehoben werden. Die Konfrontation wurde gesucht. Wer bot sich da besser an, als Carlo Schmid, der Minister der Großen Koalition und Befürworter der Notstandsgesetzgebung? Am 17. November 1967 verteilte der SDS vor der Mensa der Johann-Wolfgang-Goethe-Universität Flugblätter, in denen zum Go-In in die Vorlesung Schmids, Montag am 20. November aufgerufen wurde. Treffpunkt 11.30 Uhr, Hörsaal VI. Der Professor, der den Studenten Demokratie dozierte und als Minister der Großen Koalition „den Notstand der Demokratie" praktizierte, sollte „zur Rede" gestellt werden[22]. Der Rektor der Universität Walter Ruegg, der ein entschiedener Gegner des SDS war, nannte die geplante Aktion eine „Einübung faschistischer Terrormethoden" und drohte dem SDS einen Rechtsstreit wegen Hausfriedensbruch an[23]. Carlo Schmid wurde von Ruegg und einigen anderen Angehörigen der Universität gebeten, die Vorlesung ausfallen zu lassen, um der Universität Unannehmlichkeiten zu ersparen. Schmid dachte gar nicht daran, dem SDS diesen Triumph zu gönnen. Er suchte seinerseits die Konfrontation, um den SDS in die Schranken zu weisen. Ein Zurückweichen hätte er, der ein sehr stark ausgeprägtes Gefühl der Selbstachtung hatte, als entwürdigend empfunden. Durch Provokationen fühlte er sich stets herausgefordert.

Der Hörsaal VI der Frankfurter Universität war total überfüllt, als Schmid am 20. November 11 Uhr ct. seine Vorlesung über Theorie und Praxis der Außenpolitik begann[24]. Zahlreiche Studenten hatten keinen Einlaß gefunden. Um 11.40 Uhr drangen ungefähr 30 Angehörige des SDS durch die zunächst versperrten Hintertüren in den Hörsaal ein, besetzten das Podium und forderten Schmid zu einer Diskussion über die Notstandsgesetzgebung auf, was er entschieden ablehnte: „Ich lasse mich zu Diskussionen nicht nötigen." Die Agitatoren des SDS hatten vermutlich nicht damit gerechnet, daß nur ein kleiner Teil der Studenten sich mit ihnen solidarisierte. Die Mehrheit der etwa 1000 Zuhörer reagierte mit Buh-Rufen und Pfeiffen auf die Aktion des SDS. Carlo Schmid versuchte die Vorlesung fortzusetzen, wurde aber immer wieder durch Sprechchöre unterbrochen. „Notstandsminister, Notstandsminister" wurde skandiert. An die Wandtafel wurden Parolen wie „Diskussion statt einer Vorlesung der Belanglosigkeit" und „Notstand ist Nötigung" geschrieben, die lautstark beklatscht wurden. Von den Hörerbänken ertönten Gegensprechchöre: „SDS raus." Der 1. Vorsitzende des Frankfurter Asta mühte sich vergeblich darum, den SDS zu einem Verlassen des Podiums zu bewegen. In der Vorlesungspause stimmte die Mehrheit der anwesenden Studenten gegen eine Diskussion mit dem SDS, der seine Aktion trotzdem fortsetzte. Carlo Schmid konnte sich auch in der zweiten Hälfte der Vorlesung kaum oder gar nicht verständlich machen. Als er um 13 Uhr seine Vorlesung beendete, zollte ihm die Mehrheit der Anwesenden großen Beifall. Die meisten Studenten waren dankbar, daß hier ein Ordinarius dem SDS die Stirn geboten hatte. Frank Wolff und Hans Jürgen Krahl hatten große Mühe, das Vorgehen des SDS zu rechtfertigen. Der Asta-Vorsitzende mißbilligte die Aktion. Der SDS zog keine Lehre aus seiner gescheiterten Demonstration. Noch am selben Tag rief er zum Go-In in die Vorlesung des „Pseudo-Marxisten Fetscher" auf[25]. Daß Fetscher dem SDS mehr entgegenkam als Schmid, wurde ihm nicht honoriert[26].

Schmid wußte sich mit Walter Ruegg einig, daß die Nachgiebigkeit der Professoren gegenüber dem SDS mit dazu beitrug, daß der SDS an den Hochschulen Anhänger gewinnen konnte. Ruegg plante eine Strafanzeige gegen den SDS wegen Hausfriedensbruch und Nötigung. Schmid riet davon ab. Ruegg hätte gut daran getan, auf ihn zu hören. Der Prozeß vor der 12. Strafkammer des Landgerichts Frankfurt ging verloren. Unter Hinweis auf die in Artikel 5 des Grundgesetzes verankerte Meinungsfreiheit erklärten die Richter das Verhalten des SDS als nicht strafwürdig. Da die Vorlesung Politik zum Inhalt gehabt habe, konnten die Beschuldigten bei den eingeschriebenen Hörern Interesse an einer Diskussion über die Notstandsgesetzgebung voraussetzen[27]. Die Urteilsbegründung mutet reichlich fadenscheinig an, wenn man bedenkt, daß der SDS seine Aktion auch dann nicht abbrach, als er von der Mehrheit der Hörer dazu aufgefordert wurde.

Schmid war betroffen, daß man über das Frankfurter Go-In im Bundestag nicht ein Wort verlor[28]. Für ihn war die Konfrontation mit dem SDS nicht nur ein Erfolgs-, sondern auch Schockerlebnis. Erinnerungen an die 30er Jahre wurden wieder wach. Er war überzeugt, daß die „Rädelsführer" des studentischen Protests die Absicht hatten, den „Staat zu diskreditieren, ihn bei jeder Gelegenheit herauszufordern, um dem Fernseh- und Spiegel-Publikum zu zeigen, wie widerstandslos sich die Verantwortlichen ins Gesicht schlagen lassen oder wie hilflos sie nach dem Polizeiknüppel schreien, um zu verteidigen, was sie die Demokratie nennen."[29] So richtete er einen Appell an das Bundeskanzleramt, den Angriffen auf Rechtsstaat und Demokratie mit Entschiedenheit entgegenzutreten. Auch ein demokratischer Staat mußte mit Autorität durchgreifen, wenn seine Gesetze verletzt wurden[30]. Die von den Hauptwortführern des SDS propagierte unmittelbare Demokratie wurzelte nach Schmids Dafürhalten in einer Elitetheorie, die zur Einrichtung rechter und linker totalitärer Regime geführt habe[31]. Schmid gehörte einer Generation an, für die das Ende der Weimarer Republik eine traumatische Erfahrung war. Lang und breit war er in seinem Bericht an den Bundeskanzler, der die Minister um ein Exposé für seine Erklärung zur Lage der Nation ersucht hatte, auf die Gefahren eingegangen, die dem demokratischen Rechtsstaat durch die Außerparlamentarische Opposition drohten.

Er war erschrocken über die Radikalisierung der Studenten, die er sich überhaupt nicht erklären konnte. In der Parteivorstandssitzung im Dezember 1967 hegte er den Verdacht, daß die militanten Teile der Studentenbewegung von „bestimmten Kreisen" gefördert würden[32]. Wahrscheinlich vermutete er eine Unterstützung durch die DDR. So sprach er sich für eine Wiederzulassung der KPD aus, weil die Systemgegner dann unter ihrer „Firma marschieren" müßten und nicht mehr „wild die Linke spielen" konnten[33]. Dabei verkannte er, daß die anti-autoritäre Linke mit den traditionellen Parteikommunisten nichts zu tun haben wollte. Von einer pauschalen Etikettierung der Studentenbewegung als „linksfaschistisch" hielt er nichts[34], wenngleich sich ihm der Vergleich zu den 30er Jahren aufdrängte.

Für den Protest der Studenten gegen die verkrusteten Hochschulstrukturen hatte er durchaus Verständnis. Er selbst hatte Anfang der 60er Jahre den Studenten geraten, an die Öffentlichkeit zu gehen. Die Parteiführung hatte er gemahnt, das Gespräch mit dem SHB nicht abreißen zu lassen[35]. Bei der ersten Debatte über die Hochschulreform im Bundestag im November 1967 bat er seine sozialdemokratischen Abgeordnetenkollegen inständig, vollständig zu erscheinen, um der studentischen Jugend zu demonstrieren, daß man sich um ihre Probleme kümmerte[36]. Er hatte sogar Sympathie für einen Mann wie Rudi Dutschke, der mit existentiellem Ernst für die Sache der Revolution einstand und nicht nur Revolutionstheater spielte. Als im Dezember 1967 Thielicke Dutschke einen „Demagogen" nannte, erklärte er öffentlich, daß ihm Dutschke besser gefalle als mancher „brave Stubenhocker"[37]. In einigen Ortsvereinen des Ruhrpotts herrschte helle Empörung, daß ein konservativer Sozialdemokrat wie Schmid lobende Worte für den radikalen Studentenführer übrig hatte. Der SPD-Ortsverein Duisburg war so entrüstet, daß er Schmid sofort ein Telegramm schickte: „Herzliches Beileid, daß Sie Sympathien für den Gammler Dutschke empfinden. Damit haben Sie es bei allen schaffenden Sozialdemokraten verschissen."[38] Die spießbürgerliche Verurteilung der Studenten mißfiel Schmid nicht weniger als deren Libertinage. Obwohl er die Protestaktionen verurteilte, wollte er Verständnis wecken und nicht die kleinbürgerlichen Ressentiments gegen die Studenten noch schüren. So erklärte er hin und wieder, daß er vor 50 Jahren zu diesen radikalen protestierenden Studenten gehört hätte[39]. Insgeheim freilich klagte er, daß

Cordhosen und Bärte an die Stelle von Bildung getreten seien[40]. Auf das Fallen der sexuellen Tabus reagierte er äußerst prüde[41].

Sorge bereitete ihm, daß die protestierenden Studenten in den öffentlichen Medien so viel Aufmerksamkeit und Beifall fanden. Nach und nach gewann er den Eindruck, „daß die Massenmedien – von den Illustrierten angefangen, über das Theater bis zu den Fernsehanstalten – sich geradezu in den Dienst der Verfälschung der Begriffe gestellt" hatten[42]. Die politischen Verhältnisse im Ostblock wurden nicht mehr bei ihrem Namen genannt. Fernsehsendungen wie Panorama und Wochenzeitschriften wie „Der Spiegel" stimmten in die Kritik am „Establishment" ein, während er dort trotz seiner Freundschaft zu Rudolf Augstein zum konservativen Buhmann wurde[43]. Er machte weniger den rebellierenden Studenten Vorwürfe als dem „Establishment", das die Regelverletzungen der Studenten guthieß, und dem Staat, der die Mißachtung der Gesetze hinnahm. Als sich Anfang Januar 1969 in der Heidelberger Universität einige Studenten, die eine Vorladung vor Gericht hatten, verbarrikadierten, ohne daß die Polizei einschritt[44], war er so ungehalten darüber, daß er durch einen langen verzweifelten Brief Kiesingers Urlaubsfrieden störte: „Ein Staat geht zugrunde, wenn die für ihn verantwortlichen Organe nicht mehr den Mut aufbringen, das zur Durchsetzung der Gesetze Notwendige zu tun."[45] Der wachsende Zerfall der Autorität des Staates war ein Thema, das ihn nicht mehr losließ. Er fürchtete die Demokratie der Straße. So näherte er sich bei seiner Argumentation manchmal fast wieder einem absolutistischen Staatsverständnis an.

Die SPD war eingeklemmt zwischen protestierender Jugend und Großer Koalition. Uneingeschränkt positiv wurde die Studentenbewegung nur von Adolf Arndt beurteilt, der sie als Aufstand gegen das deutsche „Obrigkeitsdenken" verstanden wissen wollte[46]. Den konservativen Gegenpol zu Adolf Arndt bildete Helmut Schmidt. Für ihn unterschied sich die „Demolierung von Rektoratszimmern oder von Kaufhäusern oder Gewerkschaftsbüros oder Parteibüros" in keiner Weise „von dem Verhalten von SA-Trupps vor 30 oder 35 Jahren"[47]. Willy Brandt stand zwischen den Fronten[48]. Er mußte als Parteivorsitzender die Partei für die Große Koalition gewinnen und durfte zugleich die protestierende Jugend, die der SPD nahestand, nicht vor den Kopf stoßen.

Auf dem Nürnberger Parteitag im März 1968 wurde die Große Koalition nur mit knapper Mehrheit gebilligt. Der Parteitag hatte tumultartig begonnen. Willy Brandt und Herbert Wehner waren auf dem Weg zur Nürnberger Meistersingerhalle tätlich angegriffen worden. Schmid stemmte sich im Windfang der Haupteingangstüre zur Meistersingerhalle den eindringenden Demonstranten entgegen und versuchte mit ihnen zu diskutieren. Sein Gesicht war schweißüberströmt[49]. In seiner Erregung soll er Journalisten gegenüber geäußert haben: „Dem Parteiteitag konnte gar nichts Besseres passieren, als daß einige von uns ein wenig verdroschen wurden."[50] Ihm war die Haltung der Parteispitze gegenüber der Außerparlamentarischen Opposition zu nachgiebig. Er fürchtete, daß die „Linken" auch in der Partei die Oberhand gewannen. Es wurde gemunkelt, daß eine Liste mit Namen kursiere, vor deren Wahl in den Parteivorstand abgeraten wurde. Auch sein Name soll darauf gestanden haben[51].

Er brauchte sich um seine Wiederwahl nicht zu sorgen. Die Verbitterung über die Demonstranten war groß, so daß es zu einem Ruck nach rechts auf dem Parteitag kam. Helmut Schmidt mußte nicht länger bangen, daß sein Freund Carlo Schmid als Vorsitzender der Arbeitsgemeinschaft C nicht genügend Autorität habe, um die Diskussion über die Notstandsgesetzgebung in die gewünschten Bahnen zu lenken[52]. Schmid konnte die Debatte laufen lassen. Nach seiner nicht gerade sehr besonnenen Äußerung zu Beginn des Parteitages war er sichtlich bestrebt, keine weiteren Gräben aufzureißen. So schwieg er, als Günter Grass sich über die nationalsozialistische Vergangenheit von Lübke und Kiesinger ausließ. Erst nachdem er dazu aufgefordert wurde, distanzierte er sich am Schluß der Sitzung der Arbeitsgemeinschaft vorsichtig von den Grass-Äußerungen[53]. Ihm konnte nicht daran gelegen sein, einen Mann wie Grass, der der Großen Koalition ablehnend gegenüberstand, der SPD noch mehr zu entfremden. Die verabschiedete Entschließung zur Notstandsgesetzgebung gab der SPD-Bundestagsfraktion grünes Licht für die Zustimmung zu dem heftig umstrittenen Notstandsrecht.

Mehr Schlagzeilen als der Beschluß über die Notstandsgesetzgebung machte die Vertagung der Entscheidung über das Mehrheitswahlrecht. Es wurde mit Erstaunen vermerkt, daß Schmid sich in die Diskussion nicht einmischte, obwohl er ein entschiedener Befürworter des Mehrheitswahlrechts war, in dem er ein probates Mittel sah, um extremistische Strömungen von rechts und links einzudämmen. Er schwieg nicht nur, weil er müde und erschöpft war. Ihm war schon vor dem Parteitag klar, daß die geplante Einführung des Mehrheitswahlrechts ad acta gelegt würde. Das Schielen auf den potentiellen Koalitionspartner FDP war seines Erachtens nur ein Grund dafür – und nicht der wichtigste. Hauptgrund für den Verzicht auf das Mehrheitswahlrecht sei vielmehr der schlichte Tatbestand, daß dessen Einführung für viele Abgeordnete „politischer Selbstmord" sei. Ohne Absicherung durch die Landesliste hatten sie keine Chance, in den Bundestag zu gelangen[54]. Nüchtern resignative Töne verdrängten bei Schmid die Empörung der früheren Jahre.

Da er eher mit Befürchtungen als mit großen Erwartungen zum Nürnberger Parteitag gefahren war, war er mit dessen Verlauf recht zufrieden. Nach der Verabschiedung der Notstandsgesetze ließen die Aktivitäten der Außerparlamentarischen Opposition nach. An der Frankfurter Universität freilich führte weiterhin der SDS das Wort. Institute und Seminarräume wurden besetzt und mußten durch die Polizei geräumt werden. Die großen Vorlesungen wurden systematisch gestört. Carlo Schmid sagte seine für das Wintersemester 1968/69 angekündigten Lehrveranstaltungen ab. Er nannte Zeitmangel als Grund und stellte sogar in Aussicht, im Sommersemester 1969 wieder zu lesen[55]. Er kündigte auch im Vorlesungsverzeichnis Lehrveranstaltungen an, hielt aber keine mehr ab. Der Abschied von der Hochschule fiel ihm nicht leicht. Seine „Leidenschaft, zu lehren", hatte nicht nachgelassen. Aber er merkte, daß das, was er lehrte, bei den Studenten, die in seinen Vorlesungen und Seminaren saßen, überhaupt nicht mehr ankam. Die Studenten sprachen eine andere Sprache als er – eine Sprache, die nach seinem Dafürhalten auf das „Spiegel-Alphabet und den Politologenjargon" reduziert war[56]. Gesellschafts- und Ideologiekritik war in den sozialwissenschaftlichen Seminaren das bevorzugte Thema. Betroffen stellte er fest, daß das, was er unter Bildung verstand, nicht mehr gefragt war[57]. Was sollte er da noch an der Universität? Auf die Politologen war er ganz besonders schlecht zu sprechen. Bärbeißig raunte er, „daß es vielen Politologen guttäte, das Postulat ihres Kirchenvaters Karl Marx zu erfüllen: nämlich ihre Philosophie in politische Realität zu verwandeln. Manchem täte es gut, wenn er damit in seinem Dorfe anfinge." [58]

Kopfschüttelnd mußte er auch zur Kenntnis nehmen, daß seine Frankfurter Kollegen den studentischen Forderungen nach einer sogenannten Drittelparität in den Selbstverwaltungsgremien der Universität willfährig nachgekommen waren. Auf diese Forderung schien sich die ganze Bildungs- und Hochschulreform zu verengen. In den verschiedenen Kabinettsausschüssen für Hochschulfragen und Bildungsplanung und im bildungspolitischen Ausschuß des Parteivorstandes der SPD hatte Schmid noch einmal darauf insistiert, ein klares Bildungsziel zu formulieren, da ansonsten die Schul- und Hochschulreform in Ansätzen stecken bleibe[59]. Vom Bund müsse ein Minimalkanon für die verschiedenen Stufen des Bildungs- und Ausbildungswesens aufgestellt werden. Anfang 1968 bat er Kiesinger, in seiner Erklärung zur Lage der Nation ausdrücklich auf dieses Problem einzugehen[60]. Bei Kiesinger konnte er hoffen, ein geneigtes Ohr zu finden. Dessen Vorstellung von Bildung deckte sich weitgehend mit der seinen. Er selbst hatte Kiesingers Idee, Beamtenschulen nach dem Vorbild der Grandes Ecoles zu schaffen, nachhaltig unterstützt[61]. Kiesinger und Schmid mochten sich einig sein. Die Bildungspolitiker waren es nicht. Weder in den zuständigen Kabinettsausschüssen noch im bildungspolitischen Ausschuß der SPD kam die Diskussion voran. Brandt klagte, daß die SPD ihr Erstgeburtsrecht in der Bildungspolitik nicht einmal für ein Linsengericht verkauft, sondern einfach liegen gelassen habe, wo es andere aufsammeln[62]. Schmid paßte die ganze Richtung nicht, die die SPD in der Bildungspolitik eingeschlagen hatte. Er hielt es für verfehlt, der expansiven Entwicklung der Studentenzahlen nicht gegenzusteuern. Das konnte man am besten, wenn man die Leistungskriterien hochschraubte. Er stimmte mit den Christdemokraten völlig überein, wenn sie warnten: „Es darf keine Nivellierung nach unten geben."[63]

Überhaupt nicht begreifen konnte er, daß einige SPD-Kultusminister sich dazu hergaben, die Drittelparität an den Universitäten gesetzlich zu verankern. In seinen Augen war dies schlichtweg „Unfug"[64]. Als er hörte, daß das Thema Drittelparität am 8./9. November 1968 auf der Tagesordnung des bildungspolitischen Ausschusses der SPD stand, sagte er seine geplante Teilnahme an der Feier des 20. Jahrestages des I. Haager Kongresses kurzerhand ab[65]. Kampfentschlossen kam er am 8. November zusammen mit Friedrich Schäfer in den Ausschuß. Das Ergebnis der Beratungen glich eher einer Niederlage für ihn als einem Sieg. Beschlossen wurde die Errichtung von differenzierten und integrierten gestuften Gesamthochschulen, für deren einheitliche Verwaltung ein für sechs Jahre gewählter Präsident zuständig war. Die Fakultäten sollten in Fachbereiche umgewandelt werden. Im satzungsgebenden und den Präsidenten wählenden Konzil sollten Professoren, Assistenten und Studenten „drittelparitätisch" vertreten sein, im Senat und in den Fachbereichsräten im Verhältnis 5:3:2[66]. Das war zwar keine Drittelparität, aber doch ein klarer Beschluß zugunsten der Gruppenuniversität.

Schmid wünschte sich keine Demokratisierung der Hochschule nach dem Modell der Drittelparität, sondern mehr staatlichen Einfluß auf die Hochschulen, weil seines Erachtens nur so die Selbstherrlichkeit universitärer Selbstverwaltungsgremien eingeschränkt und einheitliche Studienordnungen und -bedingungen geschaffen werden konnten[67]. Mit dieser Forderung machte er sich nicht nur die Studenten, sondern auch die Professoren zum Gegner.

Im März 1969 schöpfte er noch einmal Hoffnung, daß die Universitäten vor ihrem Untergang bewahrt werden könnten. In der Senatssitzung der Max-Planck-Gesellschaft am 7. März stieß die geplante Demokratisierung der Hochschulen auf Skepsis bis Ablehnung. Der Präsident der Max-Planck-Gesellschaft Adolf Butenandt war erbost über die Parteien, die den Universitäten für die Wiedergesundung Kuren verschrieben, „die geeignet sind, den Patienten zu Tode zu therapieren"[68]. Schlagworte wie „Abschaffung des hierarchischen Prinzips", „Götterdämmerung der Ordinarien", „Mitbestimmung aller Gruppen nach festgelegten Paritäten" beherrschten, wie Butenandt besorgt und erregt konstatierte, die Diskussion in einer Weise, „daß sie bis in die politischen Gremien hinein fast die Wirkung von Zwangsvorstellungen erreicht" hätten. Entscheidungen über Forschungsthemen und -methoden könnten nicht durch Gremien getroffen werden, „deren Mitglieder zum Teil eine völlig unzureichende Qualifikation haben"[69].

Butenandt hatte den letzten Satz noch gar nicht recht ausgesprochen, da pflichtete Carlo Schmid ihm schon bei. Er riet Butenandt, sich mit seinen Ansichten an die Öffentlichkeit zu wenden. Ein autoritatives Wort des Präsidenten der Max-Planck-Gesellschaft sei in der gegenwärtigen Lage „überaus nützlich“[70]. Nicht nur die Parteien, auch und vor allem die Professoren, die dem Druck der Straße ebenso nachgaben wie die Parteien, müßten kritisiert werden. Schmid, der das unpolitische Bildungsbürgertum lange Zeit angeklagt hatte, warnte nun vor einer Politisierung der Universitäten. „Die gesellschaftliche Funktion der Universitäten bestehe in erster Linie im Forschen, Lehren und Lernen.“[71] Dann verfing er sich in einer Behauptung, mit der er ungewollt seine eigene Tätigkeit als Professor und Politiker in Frage stellte: „Eine wissenschaftliche und politische Betätigung schließen sich weitgehend aus, denn man könne sich nur der einen oder anderen voll widmen.“[72] Sein Alptraum war der politisierende Professor, der womöglich das Katheder dazu benutzte, um zur Systemveränderung aufzurufen. Seit er aktiv in der Politik war, hatte er niemals vom Katheder aus Politik betrieben.

Schmids Vorschlag, die Max-Planck-Gesellschaft solle in einer öffentlichen Verlautbarung sich gegen die geplante Demokratisierung der Hochschulen wenden, fand große Zustimmung. Er dürfte sich darüber im klaren gewesen sein, daß er mit dieser Empfehlung seiner eigenen Partei in den Rücken fiel, die inzwischen ihre Grundsätze zur Hochschulreform veröffentlicht hatte. Aber die Zukunft der Universitäten war ihm wichtiger als die Schonung der eigenen Partei vor Kritik. Vielleicht konnte die Partei durch eine deutliche Kritik der Max-Planck-Gesellschaft zur Räson gebracht werden, wenn sie schon nicht auf ihn hörte. Am 6. Mai 1969 gaben die Präsidenten der Max-Planck-Gesellschaft, der Deutschen Forschungsgemeinschaft und der Westdeutschen Rektorenkonferenz eine gemeinsame Presseerklärung über die „Gefahr für die Forschung an den Universitäten“ ab. Die Einwände und Bedenken gegen die geplante Hochschulreform wurden sehr offen vorgetragen. Durch die Hochschulreform drohe die Universität „politischer Selbstzweck“ zu werden. „Maximen, die im politischen Bereich ihre Gültigkeit haben“, dürften nicht „unmittelbar auf die Universitäten übertragen“ werden, weil dies die Forschung lähme. Die Folge wäre die Abwanderung der Forschung aus den Universitäten und damit deren Zerstörung[73].

In der SPD war man konsterniert über die Erklärung der drei Präsidenten[74]. Bisher war das Verhältnis zu den drei Wissenschaftsorganisationen ausgezeichnet gewesen, deren Forderungen man oft zum politischen Programm erhoben hatte. Carlo Schmid schwieg. Ein Donnerwetter wäre über ihn hereingebrochen, wenn die Parteifreunde gewußt hätten, daß er einer der Miturheber der Erklärung war. Die offene Konfrontation versuchte er auch diesmal zu vermeiden. Als sich das SPD-Präsidium am

11. Juni 1969 im Erich-Ollenhauer-Haus mit den Präsidenten der Max-Planck-Gesellschaft, der Deutschen Forschungsgemeinschaft, des Wissenschaftsrates und der Westdeutschen Rektorenkonferenz zu einem Spitzengespräch über Fragen der Hochschulreform und -gesetzgebung traf, fehlte Carlo Schmid.

Die Vertreter der Wissenschaftsorganisationen verteidigten die Erklärung und kritisierten, daß den Vorschlägen des bildungspolitischen Ausschusses der SPD „im wesentlichen ein klares Bild dessen fehle, was man sich unter einer Universität jetzt und in Zukunft vorstelle"[75]. Schmids Worte! Wie oft hatte er dies den Mitgliedern des Ausschusses und den Kultusministern vorgehalten. Brandt und Alex Möller verteidigten den Reformplan des bildungspolitischen Ausschusses: „Kennzeichen des demokratischen Prozesses sei, daß die Laien von den Experten überzeugt werden müßten."[76] Die umstrittenen Vorschläge sollten aber noch einmal überprüft werden. Eine Demokratisierung des Forschungsbetriebes sei ohne Zweifel problematisch. Schmid konnte sich nur an die Hoffnung klammern, daß die SPD aufgrund der öffentlichen Kritik von ihren Reformplänen wieder Abstand nahm. Ihm selbst blieb nur die Rolle des Don Quichotte, der in regelmäßigen Abständen seine Monita wiederholte, ohne damit auf irgendwelche Resonanz zu stoßen.

„Zwei Staaten auf deutschem Boden"

Lieber als Minister des Äußern im Innern wäre Schmid Außenminister geworden. Der Außen- und Deutschlandpolitik galt noch immer sein Hauptaugenmerk, obwohl er schon seit einiger Zeit nicht mehr zu den außenpolitischen Sprechern der SPD gezählt wurde. In der Außenpolitik mitreden kann nur, wer die Welt kennt. Das Reisen und der Gedankenaustausch mit ausländischen Politikern gehörte zu den interessanten und lehrreichen Seiten seines sonst so öden Politikerlebens. Er reiste gerne, wenn er auch oft über sein unstetes Reiseleben klagte. Aber wann klagte er einmal nicht über die Opfer, die die Politik von ihm abforderte, die er aber auch freiwillig auf sich nahm.

Dem Wunsch des Kabinetts, die Bundesregierung bei der Einweihung eines mit deutscher Hilfe erstellten Fernsehsenders in der pakistanischen Hauptstadt Islamabad zu vertreten, folgte er gerne. Es schien sich um eine bloße Repräsentationsaufgabe zu handeln. Am 11. Januar 1967 flog er ab in das Land, über dessen Elend er zehn Jahre zuvor so tief erschüttert war. Diesmal sollte er auch Gespräche mit den politisch Verantwortlichen des Landes führen. Bei seinem Zusammentreffen mit dem pakistanischen Staatspräsidenten Ayub Khan wurde er wider Erwarten mit heiklen Fragen konfrontiert. Das war doch mehr als ein bloßer Repräsentationsbesuch. Der pakistanische Staatspräsident ging sofort in medias res. Er suche den Kontakt mit der Bundesregierung, um von ihr die für den erwarteten Konflikt mit Indien benötigten Panzer geliefert zu bekommen[1]. Die USA hatte seit dem pakistanisch-indischen Zusammenstoß im Jahre 1965 die Militär- und Entwicklungshilfe für Pakistan eingestellt, was zu einer Annäherung Pakistans an die UdSSR und China geführt hatte[2]. Wenn die Bundesrepublik nicht liefere, werde sich Pakistan an die UdSSR und China wenden. Ayub Khan drohte nicht bloß, er machte Carlo Schmid auch ein großzügiges Angebot. Die pakistanische Regierung wollte sich um eine Verbesserung der Beziehungen der arabischen Staaten zur Bundesrepublik bemühen.

Schmid sah sich plötzlich mit dem von ihm so oft beschriebenen Konflikt zwischen Moral und Staatsräson konfrontiert. Es fiel ihm schwer, Ayub Khans Wunsch nach Panzerlieferungen mit einem glatten Nein zu beantworten. Er wies darauf hin, daß aus innerpolitischen Gründen eine solche Lieferung wohl kaum möglich sein werde, versprach aber, das Problem zur Sprache zu bringen, was er dann in Briefen an Willy Brandt und Berichten an die zuständigen Ministerien auch tat[3]. Zugleich sagte er weitere Hilfeleistungen der Bundesrepublik beim Ausbau des neueingeweihten Fernsehsenders zu.

Schmids Besuch war nicht ohne Wirkung geblieben. Die pakistanische Regierung startete bei den arabischen Staaten eine Umfrage, ob sie eventuell zu einer Wiederaufnahme diplomatischer Beziehungen mit der Bundesrepublik bereit seien. Außer Syrien zeigten alle arabischen Staaten Interesse, allen voran Jordanien, das dann Ende Februar 1967 wieder einen Botschafter in die Bundesrepublik schickte. Die pakistanische Regierung wollte Gegenleistungen für ihre Vermittlerdienste sehen. Schmid wandte sich an Brandt: „Ich finde es verständlich, daß man in Rawalpindi der Meinung ist, von uns einiges erwarten zu dürfen, was über normale Entwicklungshilfe hinausgeht.“[4] Das war recht sibyllinisch ausgedrückt. Rechtfertigte das nationale Interesse das Zurückstellen moralischer Bedenken und internationaler Verpflichtungen? Schmid dürfte sich klar darüber gewesen sein, daß Panzerlieferungen an Pakistan den Konflikt mit den USA heraufbeschwörten. Er wußte wohl selbst keine Lösung und brauchte auch schon bald keine mehr zu suchen. Die arabische Liga stellte für die Wiederaufnahme diplomatischer Beziehungen Bedingungen, auf die sich die Bundesrepublik nicht einlassen konnte, wenn sie die Aussöhnung mit Israel nicht gefährden wollte[5]. Nach Ausbruch des dritten arabisch-israelischen Krieges im Juni 1967 schwand die Möglichkeit, einen deutsch-arabischen Dialog in Gang zu bringen, vollends. Carlo Schmid ließ das Thema ruhen.

In der Außen- und Deutschlandpolitik knüpfte er an seine altbekannten Thesen an, die inzwischen zu einem großen Teil Allgemeingut der SPD geworden waren. Unermüdlich wiederholte er in Aufsätzen und Zeitungsartikeln sein außen- und deutschlandpolitisches Programm. Steter Tropfen höhlt den Stein. In seiner Abschiedsrede vor der Versammlung der Westeuropäischen Union forderte er noch einmal mit bewegten Worten die Staaten Westeuropas zu einer Verbesserung ihrer Beziehungen mit den osteuropäischen Staaten auf[6]. In der Presse griff er Erhards Wort vom Ende der Nachkriegszeit auf, das er aber anders verstanden wissen wollte als der inzwischen zurückgetretene Bundeskanzler. Die neue Epoche, die er ankündigte, verlangte eine eigenständige deutsche Außenpolitik, die freilich nicht ohne Absprache mit den westlichen Verbündeten betrieben werden konnte[7]. Noch immer hoffte er, daß de Gaulle im Dialog der Bundesrepublik mit den osteuropäischen Staaten die Vermittlerrolle übernehmen könnte[8]. Daß die Aussöhnung der Bundesrepublik mit den osteuropäischen Staaten Opfer forderte, hatte er schon unzählige Male gesagt. Brandt hatte seine volle Unterstützung, als er auf dem Parteitag in Nürnberg am 18. März 1968 eine „Anerkennung bzw. Respektierung der Oder-Neiße-Linie" in Aussicht stellte. Wie Brandt unterstrich auch Schmid, daß eine endgültige Regelung der Grenzfrage erst in einem Friedensvertrag vereinbart werden könne. Bis dahin müßten die bestehenden Grenzen respektiert werden[9]. Aus Schmids Munde klang dies schon wie ein Allgemeinplatz, war es aber in konservativen Kreisen noch lange nicht. Kiesinger hatte sich von den Ausführungen Brandts ausdrücklich distanziert[10].

Schon seit Beginn der 60er Jahre hatte Schmid engen Kontakt zu dem Geschäftsführer des französischen Komitees der Freunde Polens Zbigniew Rapacki, der über gute Beziehungen zu polnischen Regierungsstellen verfügte. Im Sommer 1967 unterstützte er Rapackis Plan, in Bonn eine Koordinationsstelle zu schaffen, durch die die Aktivitäten all derer, die sich um eine deutsch-polnische Annäherung bemühten, zusammengefaßt werden sollten[11]. Man wollte damit zugleich eine Art Gegenforum zu den Vertriebenenverbänden schaffen, hatte aber die organisatorischen Schwierigkeiten zu wenig bedacht, so daß das Vorhaben in Ansätzen stecken blieb. Rapacki war für Schmid, der selbst nur Kontakt zu polnischen Professoren und Parlamentariern, aber nicht zu Regierungsstellen hatte, eine wichtige Informationsquelle. Spektakuläre politische Erfolge ließen sich auf diesem Weg freilich nicht erzielen. Aber auch ein noch so unverbindlicher Meinungsaustausch konnte dazu beitragen, die Furcht der Polen vor einem neuen Grenzrevisionismus zu mildern.

Im Juli 1967 plädierte Schmid für die Aufnahme diplomatischer Beziehungen zur ČSSR, in der sich ein atemberaubender Liberalisierungsprozeß abzeichnete. Im Auswärtigen Amt schreckte man vor einem so weitreichenden Schritt zurück[12]. Vorerst wollte man sich mit der Eröffnung einer Handelsmission in Prag begnügen. Die Sowjetunion betrachtete die Ostpolitik der Großen Koalition mit zunehmendem Argwohn. Sie verlangte u. a. den Austausch völkerrechtlich verbindlicher Gewaltverzichtserklärungen sowohl mit der DDR als auch mit den anderen osteuropäischen Staaten, wodurch die DDR de jure anerkannt worden wäre. Ulbricht hatte mehrmals wegen der Ostpolitik Bonns in Moskau interveniert. Er fürchtete eine Destabilisierung und Isolierung der DDR. Kiesinger und Brandt taten alles, um den Eindruck zu vermeiden, Bonn mische sich in die inneren Angelegenheiten Prags ein. Trotzdem rechtfertigten die Sowjets ihren Einmarsch in die ČSSR mit der vorgeschobenen Erklärung, die Tschechoslowakei drohe in die Hände der „Bonner Revanchisten" zu fallen[13].

Die SPD zog aus den Ereignissen die Konsequenz, daß man sich an Moskau wenden müsse, um in der deutschen Frage voranzukommen. Auch Schmid sprach nach den Prager Ereignissen zunächst kaum mehr von Osteuropapolitik. Das gewaltsame Ende des Prager Frühlings hatte seine aufkeimende Hoffnung auf eine baldige Überwindung der europäischen Teilung zerstört. Die Auffassung der SPD-Führungsspitze, daß die Entspannungsbemühungen trotz allem fortgesetzt werden müßten, teilte er. Allerdings stimmte es ihn bedenklich, daß man im Zuge der Entspannungspolitik die politischen Verhältnisse im Ostblock und der DDR zunehmend beschönigte. Er verfolgte mit Sorge, daß in den Medien die politische Unterdrückung in den sozialistischen Staaten des Ostblocks nicht mehr verurteilt wurde[14]. Keiner ging auf seine Sorgen ein, und er mußte sich selbst fragen, wie sich entschiedener Antikommunismus und Entspannungspolitik in Einklang bringen ließen.

Der außen- und deutschlandpolitische Konsens der Großen Koalition zerbrach mehr und mehr, je näher die Wahl rückte. Wie hältst Du es mit der Anerkennung der DDR? wurde zur Gretchenfrage in der mit viel Polemik geführten deutschlandpolitischen Diskussion. Carlo Schmid wollte ein klärendes Wort dazu sagen. Seit 1958 vertrat er die Auffassung, daß man an einer De-facto-Anerkennung der DDR nicht vorbeikomme. Aus Rücksichtnahme gegenüber der Partei und aus Furcht vor der Zuchtrute Wehners hatte er lange Jahre in der Öffentlichkeit die ablehnende Haltung der Partei verteidigt. Aufgegeben hatte er den Kampf für seinen Standpunkt noch nicht. Er kokettierte nicht nur, wenn er sich als eine Mischung aus Don Quichotte und Camille Desmoulins bezeichnete. Die Rolle wuchs ihm ungewollt zu.

Im Sommer 1967 unternahm er erneut den Versuch, Wehner von seinem Nein in der Anerkennungsfrage abzubringen: „Du weißt, daß ich immer die Meinung vertreten habe, daß beide deutsche Staaten nur Übergangsgebilde sind, Provisorien, daß sie also, wenn sie miteinander verkehren – im Wissen darum, daß sie nur Provisorien sind – keinerlei Präjudiz zu Lasten des Ganzen schaffen können. Wenn wir auf dieser Grundlinie operieren, können wir ein gutes Stück über die heute noch bestehenden

Hindernisse hinauskommen."[15] Mit der vorgeschlagenen rechtlichen Konstruktion konnte man den illusorisch gewordenen Alleinvertretungsanspruch in aller Stille begraben, ohne den Anspruch auf die deutsche Einheit aufzugeben. Bei Wehner stieß Schmid auf taube Ohren. Noch im Frühjahr 1969 erklärte der stellvertretende Parteivorsitzende in einem Gespräch mit Reinhard Appel: „Ob sich die Bundesrepublik als Provisorium oder Transitorium oder Kernstaat betrachtet, das ist alles herzlich unbedeutend. Bedeutend ist, ob sie sich offenhält für alle Bemühungen, in diesem Teil Mitteleuropas zu ihren Kräften dazu beizutragen, daß es hier den Modus vivendi eines Miteinanderlebens gibt, der auch den Deutschen die Chance geben wird, geregelter miteinander umgehen zu können."[16] Glaubte Wehner mit der DDR ohne vorherige Abklärung der unterschiedlichen Rechtsstandpunkte ins Gespräch kommen zu können? Hoffte er, die völkerrechtliche Anerkennung der DDR als Trumpf bei Verhandlungen ausspielen zu können[17] oder erkannte er schlichtweg die Bedeutung von Schmids staatsrechtlicher Argumentation nicht? Wehner umging eine eindeutige Stellungnahme. Es hatte keinen Sinn, daß Carlo Schmid einen Streit mit Wehner vom Zaune brach. Er hätte unter Wehners Wutausbrüchen gelitten und am Ende den Streit verloren.

Aber einfach schweigend zurückziehen wollte er sich diesmal nicht. Er nutzte das 20jährige Jubiläum der Einberufung des Parlamentarischen Rates, um mit seinem deutschlandpolitischen Konzept an die Öffentlichkeit zu gehen. Ein Aufsatz zur Würdigung der Arbeit des Parlamentarischen Rates stand nicht im Geruch einseitiger Parteipolitik. Als Verfassungsvater genoß er Autorität weit über die eigene Partei hinaus. Das gab seiner Argumentation den Charakter wissenschaftlicher Objektivität. Nach einer längeren Einleitung, in der er ausführte, warum der Parlamentarische Rat keine Vollverfassung geschaffen hatte, kam er zum Kern der Sache: „Daß die Staatlichkeit der DDR keinerlei demokratische Legitimität für sich in Anspruch nehmen kann, liegt auf der Hand. (...) Nichtsdestoweniger hat sie formal als Staat zu gelten. Haben wir also nun zwei deutsche Staaten vor uns? Man mag darüber denken, wie man will, eines ist sicher; weder die Bundesrepublik noch die sogenannte DDR sind Deutschland. Beides sind nur Fragmente, sind nur Teile Deutschlands; beides sind nur Gebilde des Übergangs. Unter dem Vorzeichen ‚Übergangszeit' können sie für diese Zeit pragmatisch regeln, was praktisch nicht ungeregelt bleiben kann. Einen Staat, der Deutschland heißt, werden wir erst haben, wenn das deutsche Volk, wie es im letzten Artikel des Grundgesetzes heißt, sich als ungeteiltes Ganzes in freier Entscheidung eine Verfassung gegeben haben wird."[18] Er konnte bei seiner Argumentation an seine im Parlamentarischen Rat entwickelte Provisoriumsidee anknüpfen. Der Aufsatz wurde im Bulletin des Presse- und Informationsamtes der Bundesregierung veröffentlicht, ohne irgendwelchen Anstoß zu erregen.

Auch Helmut Schmidt hatte bereits im Frühjahr 1968 von der DDR als einem Staat gesprochen, mit dessen „ungeliebter Regierung“ man in Verbindung treten müsse, auch wenn die DDR völkerrechtlich nicht als ein ausländischer Staat betrachtet werden könne[19]. Über die rechtliche Lösung des Problems hatte Schmidt sich nicht ausgelassen. Das Protokoll verzeichnet Zustimmung der SPD, die das Thema aber zunächst einmal vor sich her schob. Erst kurz vor dem Außerordentlichen Parteitag der SPD in Bad Godesberg im April 1969 befaßte sie sich mehr unfreiwillig als freiwillig mit dem Anerkennungstabu. Der immer aufmüpfige linke Bezirk Hessen-Süd hatte einen Antrag vorgelegt, in dem die Anerkennung der DDR verlangt wurde. Willy Brandt erklärte apodiktisch, daß es mit ihm als Vorsitzenden der Partei keine Mehrheit für die Anerkennung der DDR geben werde[20]. Wehner hielt die ganze Debatte über Anerkennung und Nichtanerkennung für fehl am Platz[21]. Der linke Flügel der Partei votierte für eine Anerkennung der DDR, die Sozialdemokraten, die am Regierungstisch saßen, oder dem rechten Flügel der Partei zugerechnet wurden, waren strikt dagegen.

Schmid, der sich oft zu Unrecht in eine rechte Ecke gedrängt sah, dem überhaupt das ganze Denken in Rechts-Links-Kategorien zuwider war, versuchte die aufgewühlten Gemüter zu beschwichtigen. Wieder einmal betonte er, daß Politik einen „großen Feind“ habe: die Befriedigung von „Gemütsbedürfnissen“[22]. Er umriß noch einmal seine eigene Position, wobei er die gegenseitigen Stellungnahmen zu vermitteln suchte: Die „beiden Teilstaaten Deutschlands können als Teilstaaten, die sie sind, miteinander in Verkehr treten, miteinander verhandeln von Regierung zu Regierung“, aber sie können sich nicht gegenseitig als Ausland betrachten. Dann wandte er sich an die Adresse derer, die die DDR ohne Wenn und Aber anerkennen wollten: „(W)enn wir uns nicht selber aufgeben, preisgeben wollen, müssen wir das, was wir politisch tun, auf diesem Felde tun, immer tun mit dem einen Postulat jeder Demokratie vor Augen, dem Selbstbestimmungsrecht jeder Nation.“[23] Die Anerkennung der DDR als Staat durfte nicht als ein Abfinden mit der deutschen Teilung interpretiert werden. Er stellte der staatlichen Teilung die Einheit der deutschen Nation entgegen. Er wußte, daß seine Studenten und ein Großteil der Presse ihn auslachten, wenn er mit Emphase von der deutschen Nation sprach, die für ihn eng mit dem politischen Selbstbestimmungsrecht der Deutschen in Ost und West verknüpft war. Er wehrte sich dagegen, Deutschland nur noch als Kulturnation zu verstehen. An dem Recht auf Selbstbestimmung mußte festgehalten werden.

In diesem Punkt stimmte Wehner vollkommen mit ihm überein. Von der DDR als Staat wollte Wehner aber nicht sprechen. Allenfalls war er bereit, den Begriff „staatliche Existenz“ zu akzeptieren[24]. Auf Schmids Argumentation ging er nicht ein. Er hielt lediglich den „linken“ Anerkennungsbefürwortern entgegen: „Hier geht es um die Frage, Dinge nicht wegzugeben, die bei großen Entwicklungen einmal nicht nur als Postulat, sondern als Faktoren der Gestaltung des Zusammenlebens in einer europäischen Friedensordnung praktische Bedeutung bekommen werden."[25]

Die Delegierten, die sich am 16. April auf dem Parteitag in Bad Godesberg versammelten, folgten Wehners Linie, die weitgehend mit der Brandts übereinstimmte. Carlo Schmid ergriff auf dem Parteitag nicht das Wort. In der auf dem Parteitag verabschiedeten deutschlandpolitischen Resolution hieß es: „Die DDR ist für uns kein Ausland. Die Deutschen im anderen Teil unseres Landes sind für uns kein anderes Volk. Es wäre aber wirklichkeitsfremd, die staatliche Existenz des anderen Teil Deutschlands leugnen oder nicht zur Kenntnis nehmen zu wollen. Andererseits sind angesichts der Tatsache, daß die Führungsorgane von SED und DDR noch nicht einmal gewillt sind, in sachliche Verhandlungen über die Normalisierung der Verhältnisse in Deutschland einzutreten, die Anerkennungsforderungen der Regierung der DDR kein konstruktiver Beitrag zu geregelten innerdeutschen Beziehungen."[26]

Den Christdemokraten ging selbst der Terminus „staatliche Existenz" zu weit. Kiesinger zog es vor, von der DDR als einem „Phänomen" oder einem „Gebilde" zu sprechen[27]. Schmid hatte bereits 1958 gespottet, daß eine Hose eine Hose bleibe, auch wenn man sie Beinkleid nenne[28]. Auch jetzt schritt er wieder mutig voran. Beherzt sprach er von den „beiden Staaten auf deutschem Boden", die „so verschiedenen Ranges auch ihre moralische und demokratische Legitimität sein mag", ihrer Entstehung nach „formal gleichen Ranges" sind. „Darum können sie auch miteinander verkehren, ohne daß sie sich dabei als Ausland anzuerkennen brauchen und können." Diese Erkenntnis verband er mit der Verpflichtung, alle Anstrengungen zu unternehmen, um in Europa zu einer Friedensordnung zu kommen, „darin dem Grundrecht aller Demokratie Rechnung getragen wird, das da lautet, daß die Völker selbst Formen und Inhalte ihrer politischen Existenz in Freiheit und um der Freiheit willen zu bestimmen haben."[29] In zahlreichen Reden und Artikeln zum 20. Jahrestag der Unterzeichnung des Grundgesetzes trug er einer breiten Öffentlichkeit seinen Standpunkt vor. Der Vater des Grundgesetzes machte deutlich, daß die Anerkennung der DDR als Staat nicht im Widerspruch zum Wiedervereinigungsgebot des Grundgesetzes stand. In manchen Beiträgen sprach er im Namen der SPD, die sich seine Argumentation aber erst nach der Regierungsübernahme im Herbst 1969 zu eigen machte. Nach Brandts berühmter Rede von den „zwei Staaten in Deutschland" wurde Carlo Schmid zitierfähig. Wehner, der in der ganzen Zeit Schmids Zweistaatentheorie widersprochen hatte, berief sich nun plötzlich auf seinen Parteifreund, als ob er dessen Position schon immer geteilt hätte[30].

Gewiß, Schmid war weniger zu politischer Zurückhaltung gezwungen als Wehner und Brandt, die für den Zusammenhalt der Großen Koalition verantwortlich waren. Brandt versuchte hinter den Kulissen der offiziellen Politik die Fäden für eine neue Deutschlandpolitik zu knüpfen, was nicht geheim blieb[31]. Am Ende der Großen Koalition war der deutschlandpolitische Dissens zwischen den Koalitionspartnern trotz gegenseitiger Rücksichtnahme kaum mehr zu überbrücken. Der Streit um den Abbruch der Beziehungen zu Kambodscha, das die DDR anerkannt hatte, entzweite im Sommer 1969 Brandt und Kiesinger vollends[32]. Die CDU wollte die Hallstein-Doktrin noch immer nicht begraben. Ein deutschlandpolitischer Kurswechsel war leichter mit der FDP durchzusetzen, deren außenpolitische Sprecher ganz offen von der DDR als zweitem deutschen Staat sprachen, als mit der CDU/CSU, die an längst überholten deutschlandpolitischen Positionen krampfhaft festhielt.

Die Wahl Heinemanns zum Bundespräsidenten kündigte ein Stück „Machtwechsel" an. Im Vorfeld der Bundespräsidentenwahl war auch wieder Carlo Schmids Name genannt worden[33]. Es gehörte schon zum guten Brauch, ihn als idealen Bundespräsidenten lobzupreisen. Er hatte sofort abgewunken. Die letzten paar Jahre, die er noch zu leben hatte, wollte er nicht in „ständiger Einrahmung durch Polizisten" verbringen[34]. Heinemann, der als ein „Mann der kritischen Jugend" galt, war zudem für die FDP ein akzeptablerer Kandidat als Schmid, der Vorkämpfer des Mehrheitswahlrechts und unaufhörliche Kritiker der 68er Generation. Seit Dehlers Tod hatte er in der FDP keinen Ansprechpartner mehr. Das bedeutete nicht, daß er einer Kleinen Koalition mit der FDP ablehnend gegenüberstand. Die Wahl des Koalitionspartners war für ihn in erster Linie eine Sachentscheidung. Bei einer Koalition handelte es sich um eine Vernunftehe auf Zeit, nicht um eine Liebesheirat.

Sein Verhältnis zu Heinemann blieb auch nach dessen Wahl zum Bundespräsidenten freundlich distanziert. Heinemann war ihm zu eigenwillig[35] – das war er freilich auch selbst – und zu spröde. Schmid, dem es gefiel den Staat zu repräsentieren, dessen Glanzlosigkeit er nie müde wurde zu beklagen, konnte nur schwer begreifen, daß für Heinemann alles Repräsentative überflüssiger Tand war. Den Ästheten Schmid und den Moralisten Heinemann, der sich weder für Dichtung noch für das Theater interessierte[36], verband außer der gemeinsamen Parteizugehörigkeit kaum etwas.

Zu Beginn des Wahlkampfes gab er bekannt, daß er nach der nächsten Legislaturperiode aus dem Bundestag ausscheiden werde. Er war alt und müde geworden. Die quälende Schlaflosigkeit zehrte an seinen Kräften. Einmal im Jahr ging er nach Travemünde zur Kur, um sich wieder etwas zu regenerieren. Die Politik fraß ihn immer mehr auf. Er fand nur noch selten die innere Ruhe und Kraft, sich mit etwas anderem als der politischen Arbeit zu beschäftigen[37]. Wenn er sich schon mal den Musen widmete, war er umgeben von Aktendeckeln und politischem Dunst. Malraux' Anti-Memoiren übersetzte er während langweiliger Bundestagsdebatten und Fraktionssitzungen, in denen er sich so gut wie nie zu Wort meldete. Es fiel auf, daß er nicht mehr der alte war, obwohl sein Humor und Witz noch nicht versiegt waren. Freunde, die den sensiblen Künstler aus früheren Jahren kannten, waren betroffen, wie sehr ihn die Politik zermürbt hatte[38]. Er klagte, daß er nicht mehr zu den Dingen komme, die ihm lieb seien[39]. Er litt darunter, daß er seine Kinder so selten sah und seine Enkel ihn anstaunten wie einen fremden alten Mann[40]. Niemand sehnte sich mehr als er nach der Geborgenheit eines harmonischen Familienlebens. Er träumte vom Ausstieg aus der Politik[41], dachte aber nicht eine Minute daran, der Politik den Rücken zu kehren. Die Opfer, die die Politik von ihm abforderte, prägten sein Selbstverständnis.

Seine Kandidatur in Mannheim war diesmal nicht so unumstritten wie die ganzen Jahre zuvor. Im Sommer 1967 war er im Bonner Bundeshaus mit einer Mannheimer Gewerkschaftsdelegation zusammengestoßen, die ihn dazu gedrängt hatte, die Notstandsgesetzgebung abzulehnen. Seine brüske Zurückweisung der Delegation brachte ihm eine ebenso brüske Kritik ein. Er bekam zu hören und mußte lesen, daß er kein „Freund der Gewerkschaften" und kein „handfester Fürsprecher Mannheimer Belange" im Bundestag sei. Überall in Mannheim kursierten Anti-Carlo-Schmid-Parolen. Er forderte seine Gegner zu einer öffentlichen Diskussion heraus. Sarkastisch fügte er hinzu: „Ich gehöre nämlich zu der Art von Wild, das sich seinem Jäger stellt."[42] In dem Bestreben, zu den „falschen Linken" einen „deutlichen Trennungsstrich" zu ziehen[43], mag er sich manchmal in der Tonart etwas vergaloppiert haben. Wenn er in den Delegiertenversammlungen sprach, ging es zumeist recht bewegt zu. So konnte er, als Ende 1968 die Mannheimer Sozialdemokraten über die Nominierung ihres Wahlkreiskandidaten Beschluß faßten, nicht hundertprozentig sicher sein, wieder aufgestellt zu werden. Die Stimmung schlug dann doch zu seinen Gunsten um. Nur die Jusos stimmten gegen seine Nominierung[44].

Um einen Platz auf der Landesliste brauchte er nicht zu bangen. Zur Enttäuschung der Parteifreunde in Baden-Württemberg stand er diesmal auf Platz 1 der Landesliste Rheinland-Pfalz. Der Parteivorstand hatte ihn beschworen, dem Wunsch der rheinland-pfälzischen SPD, ihre Landesliste anzuführen, nachzukommen. Im Parteivorstand herrschte große Unzufriedenheit darüber, daß bei der Aufstellung der Landeslisten die Empfehlungen aus Bonn nur selten berücksichtigt worden waren[45].

Schmid bat darum, in diesem Wahlkampf nicht kreuz und quer als Wahlredner durch die Bundesrepublik geschickt zu werden. Er wollte seinen Wahlkampfeinsatz auf Rheinland-Pfalz und Baden-Württemberg konzentrieren. „Podiums- und Streitgespräche mit Vertretern weltlicher und geistlicher Institutionen, Zusammentreffen mit Rentnern und Hausfrauen, Diskussionen mit Lehrern und ihren Schülern, rechtzeitig am Tage vereinbarte Pressekonferenzen, das Zusammensein mit leitenden Angehörigen eines Betriebs und dergleichen" erschienen ihm wirkungsvoller als große Massenveranstaltungen[46]. Auf diese Weise konnte man am ehesten Wechselwähler gewinnen. Und um die mußte die SPD kämpfen, wenn sie nach den Wahlen nicht wieder nur die Rolle eines Juniorpartners in einer Großen Koalition spielen wollte.

Am Rand der Macht
(1969–1973)

Botschafter in Ost und West

„Heil Dir im Siegerkranz!“ Carlo Schmid war in euphorischer Siegesstimmung, als er am Tag nach der Wahl bei der letzten Sitzung des alten Kabinetts seine sozialdemokratischen Kollegen begrüßte[1]. Die innerparteilichen Querelen um seine Kandidatur in Mannheim waren vergessen. Die Mannheimer hatten ihrem prominenten Bonner Vertreter einen überzeugenden Vertrauensbeweis erbracht. 55,9 % der Erststimmen konnte er für sich verbuchen. Der Zweitstimmenanteil der SPD im Wahlbezirk Mannheim I lag bei 51,3 %[2]. Auch auf Bundesebene hatte die SPD kräftig zugelegt. 42,7 % der Bundesbürger hatten für sie gestimmt, 3,4 % mehr als 1965. CDU/CSU errangen einen Stimmenanteil von 46,1 %, die FDP von 5,8 %. Noch in der Wahlnacht hatte Brandt die Weichen in Richtung sozialliberale Koalition gestellt.

In der ersten Oktoberwoche begann das Gerangel um die Ministerposten. Carlo Schmid war als Wissenschaftsminister im Gespräch[3]. Das Bundesratsministerium wurde auf Drängen der FDP aufgelöst. In der Sitzung des Bundesrates am 24. Oktober 1969 wurde Schmid für seine Amtsführung gelobt und gewürdigt und als Minister verabschiedet[4]. Sein Name als zukünftiger Wissenschaftsminister war kaum gefallen, da wurden schon Stimmen laut, die abrieten, ihm dieses Amt anzuvertrauen. Rolf Zundel schrieb in der „Zeit“: „Den ältesten Minister im Kabinett (…) mit dem Ressort zu betrauen, das am stärksten der Zukunft geöffnet sein muß, mit einem Ministerium, in dem Verständnis für Technologie und die Fähigkeit zum Management unerläßlich sind, erscheint doch, sagen wir's vorsichtig, sehr problematisch. Schmid und seinen Parteifreunden wäre damit schlecht gedient.“[5] Brandt mußte sich auf Kritik von allen Seiten gefaßt machen, wenn er Schmid als Wissenschaftsminister ins Kabinett nahm. Der Dauerstreit zwischen Schmid und den SPD-Kultusministern war vorprogrammiert. Brandt entschied sich für den parteilosen Vorsitzenden des Wissenschaftsrates Hans Leussink. Leussink bringe „über die Wissenschaftsorganisation hinaus ein Stück zusätzlicher Unterstützung bei Teilen der deutschen Industrie“ ein, erklärte Brandt der Fraktion, die aufgebracht darüber war, daß das Wissenschaftsministerium nicht einem Sozialdemokraten anvertraut wurde[6]. Zudem hatte die FDP die Besetzung des Wissenschaftsministeriums mit einer politisch ungebundenen Persönlichkeit verlangt. Dafür war sie bereit, den Sozialdemokraten das Wohnungsbauministerium zu überlassen. Im übrigen war Brandt mit den sozialdemokratischen Bildungspolitikern fast ebenso unzufrieden wie Carlo Schmid.

Schmid hatte, noch bevor die endgültige Entscheidung für Leussink gefallen war, seinen Verzicht auf ein Ministeramt bekanntgegeben, was Brandt die Regierungsbildung erheblich erleichterte[7]. Er hätte Schmid kaum völlig übergehen können, es auch nicht wollen. Kein „Gran Groll" habe der Verzicht bei ihm hinterlassen, behauptete Schmid später[8]. Noble Selbstbescheidung war besser als offener Groll. Es war ihm nicht leicht gefallen, zurückzustehen, wenn er es auch nur selten zugab. Ganz verzieh er es Brandt nie, daß er ihm das Wissenschaftsministerium nicht anvertraut hatte[9]. Schon gar nicht konnte er verstehen, daß Brandt sich ausgerechnet Hans Leussink als Wissenschaftsminister ausgesucht hatte. In dem Karlsruher Professor für Bodenmechanik vermochte der Humanist Carlo Schmid nur schwerlich, einen Gebildeten zu erkennen. Er hegte die größten Befürchtungen, daß Leussink das Wissenschaftsministerium „ganz und gar unter technologischen Aspekten" führe und dabei Bildung mit Ausbildung verwechsle. Die Folge werde sein, daß man vortrefflich „ausgebildete Diplomingenieure" bekomme, „die selbst im Zeitalter der Troglodyten leben"[10]. Wenn es um Bildung ging, malte er die Apokalypse an die Wand, so daß ihn, auch wenn er berechtigte Kritik an den propagierten bildungspolitischen Programmen übte, keiner mehr richtig ernst nahm. Nach und nach zog er sich aus der Bildungspolitik zurück. Nur manchmal raunte er noch, daß auf dem Gebiet der Bildung und Erziehung „Hopfen und Malz verloren" sei, wobei er nicht nur die Vernachlässigung der Geisteswissenschaften beklagte, sondern auch den „Ismusrappel" der Sozialwissenschaften[11]. Am schlimmsten aber war für ihn, daß man die Schüler nicht mehr zwang, „Brettle" zu bohren[12].

Brandt hatte nicht vor, Schmid aufs Altenteil zu setzen. Er bat ihn, das Amt des Koordinators für deutsch-französische Beziehungen zu übernehmen und ihn bei besonderen Anlässen als Sonderbotschafter zu vertreten. In Frankreich war man überrascht und hocherfreut über Schmids Ernennung zum Koordinator. Daß man ihm dieses Amt übertrug, wurde als Zeichen dafür gewertet, daß der neuen Regierung sehr stark an einer Verbesserung der deutsch-französischen Beziehungen gelegen war[13]. Der französische Botschafter François Seydoux war schon lange der Meinung, daß Schmid ein ausgezeichneter Botschafter in Paris abgegeben hätte[14]. Er glaubte, daß Schmid die Rolle des Botschafters wie auf den Leib geschnitten sei. Das war sie auch, obwohl sie sich mit der Rolle des Tabubrechers nicht immer vereinbaren ließ. Seydoux war überzeugt, daß die Wahl Schmids zum Koordinator zu einer Aktivierung der deutsch-französischen Zusammenarbeit führen werde.

Am 27. Oktober, einen Tag vor der Regierungserklärung Willy Brandts, empfing der französische Botschafter Schmid zu einem längeren Meinungsaustausch. Er traf auf einen 72jährigen voller Enthusiasmus, der noch jugendlichen Elan ausstrahlte. Von Verbitterung war nichts zu spüren. Die Regierungsübernahme der SPD wollte er als einen Wendepunkt in der Geschichte der Bundesrepublik verstanden wissen. Er kündigte eine „révolution“ in allen „wesentlichen Begriffen“ an, was anders gewendet nur heißen konnte, daß die deutschlandpolitischen Dogmen nun endgültig über Bord geworfen wurden. Schmid hatte die Aufbruchstimmung mitgerissen. Seydoux erfuhr, daß bald ein frischer Wind durch Deutschland wehen werde, das geistige Klima dort „großzügiger“ und „humaner“ werde[15]. Sogar über die Zusammensetzung des Kabinetts äußerte er sich äußerst lobend, obwohl er ansonsten gern über die Mittelmäßigkeit seiner politischen Weggenossen lamentierte. Helmut Schmidt, Eppler und Ehmke hob er als Glanzlicher des Kabinetts ganz besonders hervor[16]. Drei „Zöglinge“. Eppler hatte er bereits Anfang der 50er Jahre kennengelernt. Der junge Tübinger Student war damals im Hause Schmid ein und aus gegangen, hatte sich aber trotzdem zunächst der Gesamtdeutschen Volkspartei angeschlossen[17]. Erst 1956 war er der SPD beigetreten. Ehmke wußte sich in den frühen 50er Jahren als Fraktionsassistent bei seinem väterlichen Freund Carlo Schmid manchen Rat und manches aufmunternde Wort zu holen[18]. Das ungleiche Trio zerstritt sich schon bald nach der Regierungsbildung. Eppler wurde zum ökologischen Gegenspieler des Ökonomen Schmidt, Ehmke und Schmidt trugen eine Dauerfehde aus. Schmids Freundschaft zu Ehmke kühlte ab. Man sah sich kaum noch[19]. Carlo Schmid hatte die Reibungen unterschätzt, die in einem „Kabinett der Besten“ entstehen. Seine Prognose, daß in der CDU nicht Barzel, sondern Kohl der zukünftige Mann sei, traf dagegen ins Schwarze. Im übrigen konnte er Seydoux versichern, daß die Furcht der Franzosen vor Franz-Josef Strauß unbegründet sei. Dieser sei mehr laut und tobend als gefährlich[20].

Schmids Aufbruchstimmung galt weniger der Innen- als der Außen- und Deutschlandpolitik. Er bat den französischen Botschafter um die Unterstützung Frankreichs für die von der SPD beabsichtigte Ostpolitik, die nicht im Widerspruch zu dem weiteren Ausbau der europäischen Gemeinschaft stehe[21]. Schmids Begeisterung riß auch Seydoux mit, der dem Quai d'Orsay einen ausführlichen, optimistisch gestimmten Bericht über das Gespräch mit Schmid übersandte. So dürften die politisch Verantwortlichen in Frankreich am 28. Oktober nicht mehr allzu erstaunt über Brandts Aufsehen erregende Regierungserklärung gewesen sein. Brandt faßte den Wunsch nach einem Neubeginn in die Worte: „Wir wollen mehr Demokratie wagen.“[22] Mit seiner Formel von den „zwei Staaten in Deutschland“, die „füreinander nicht Ausland“ sind, erhob er zum offiziellen Regierungsprogramm, was Schmid schon lange postuliert hatte. Die längst fällige Aussöhnung mit Polen wurde von ihm als ein zentrales außenpolitisches Ziel herausgestellt. Gomulkas Gesprächsangebot vom 17. Mai sollte aufgegriffen werden[23]. Aus Rücksicht gegenüber den Vertriebenenverbänden hatte es Brandt unterlassen, konkrete Aussagen zur Oder-Neiße-Linie zu machen.

Carlo Schmid drängte zu mehr Mut. Es kam ihm äußerst gelegen, daß die polnische Gesellschaft für politische Wissenschaften ihn anläßlich der Fünfhundertjahrfeier des Geburtstages Machiavellis für Mitte November zu einem Vortrag nach Krakau eingeladen hatte. Bei dieser Gelegenheit konnte er ganz unverbindlich seine Fühler ausstrecken, um sich ein Bild über die Stimmungslage in Polen zu machen. Am 19. November flog er ab in die polnische Hauptstadt, wo er zunächst mit dem Leiter der westdeutschen Handelsvertretung Heinrich Böx zusammentraf. Schmid wollte bei der Übergabe der von der Bundesregierung vorbereiteten Verbalnote an die polnische Regierung dabei sein, um eventuelle Rückfragen beantworten zu können. Böx sollte, wenn möglich, ein „Privatissime" zwischen ihm und dem stellvertretenden polnischen Außenminister Winiewicz arrangieren[24], was aber, aus welchen Gründen auch immer, nicht gelang. Am 25. November überreichte Böx Winiewicz die Note der Bundesregierung, in der die baldige Aufnahme von Gesprächen vorgeschlagen wurde, um „gemeinsam die Möglichkeiten für eine Verbesserung der deutsch-polnischen Beziehungen zu prüfen"[25].

Auch ohne tête à tête mit Winiewicz konnte Schmid sich in zahlreichen Sondierungsgesprächen über die Haltung der polnischen Regierung aufs Genaueste informieren. Im Außenpolitischen Institut traf er mit polnischen Parlamentariern und Wissenschaftlern zusammen. Vizeaußenhandelsminister Ryszard Karski und Vizekulturminister Kazimierz Rusinek empfingen ihn zu längeren Unterredungen. Mit letzterem erörterte er auch die Möglichkeit eines Kulturaustausches zwischen der Bundesrepublik und Polen, der noch vor Abschluß der deutsch-polnischen Vereinbarungen in Gang gebracht werden sollte. Beim Meinungsaustausch mit polnischen Journalisten konnte er sich über die Stimmungslage in Polen unterrichten. Bei all diesen Gesprächen gewann er den Eindruck, daß die Gomulka-Rede vom 17. Mai eine Wende in der polnischen Deutschlandpolitik bedeutete. Alle Gesprächspartner hatten die Hoffnung geäußert, „daß Verhandlungen über einen Nichtangriffspakt Gelegenheit gäben, alle Probleme von Bedeutung, die zwischen den beiden Ländern bestünden, in die Verhandlungen miteinzubeziehen"[26]. Die Polen ließen freilich keinen Zweifel daran, daß ohne die Bereitschaft der Bundesregierung, die Oder-Neiße-Linie anzuerkennen, eine Normalisierung des deutsch-polnischen Verhältnisses nicht zu erreichen war. „Ein Dialog, nur um zu plaudern, hat keinen Sinn", erklärte Schmid nach seiner Rückkehr aus Warschau den wartenden Journalisten[27]. Die Zeit für deutsch-polnische Gespräche sei günstig, man müsse aber auch über Dinge sprechen, „die weh tun“[28]. Er verhehlte nicht, daß die Polen eine definitive Anerkennung der Oder-Neiße-Grenze erwarteten, und daß er bereit war, diesen Preis für die deutsch-polnische Aussöhnung zu zahlen[29].

Willy Brandt war Schmids Tempo zu forsch. Um die Meinungsverschiedenheiten zu verbergen, erklärte er, daß Schmid wie auch er selbst sich darüber im klaren seien, daß alle Abmachungen unter dem Vorbehalt des Deutschlandvertrags stünden. Endgültige Regelungen könnten erst im Rahmen umfassender friedensvertraglicher Vereinbarungen getroffen werden[30]. In der SPD-Fraktion stieß Schmids Forderung nach sofortiger Anerkennung der Oder-Neiße-Grenze auf heftigsten Widerspruch. Der Sprecher der Vertriebenen Herbert Hupka polemisierte, daß man dann auch die DDR völkerrechtlich anerkennen müsse. Hans Apel behauptete, daß die Haltung der Polen keineswegs so stur sei, wie Schmid sie darstelle[31]. Apel wollte mit der Wahrheit möglichst lange hinterm Berg halten, weil ihm ein öffentliches Aussprechen politisch zu riskant schien. Wehner sah das genauso. Den Fraktionsmitgliedern wurde Zurückhaltung auferlegt[32]. Und Schmid hatte so gehofft, daß die jetzige Regierung den Mut aufbrächte, „über Schatten zu springen, hinter denen längst keine Sonne mehr“ stand[33].

Immer wenn er beherzt voranschreiten wollte, stieß er überall auf Widerstände. Entweder wurden politisch-taktische Erwägungen ins Feld geführt oder finanzielle Schwierigkeiten geltend gemacht. Auf sein Drängen, den polnischen Opfern pseudomedizinischer Versuche nun endlich eine angemessene Entschädigung zu zahlen, antwortete ihm sein Freund Alex Möller, der in der neuen Regierung für die Finanzen zuständig war, mit einem bestürzten Brief: „Wenn ich mir einmal vorstelle, daß wir eines Tages in Verhandlungen mit den Ostblockstaaten über eine pauschalierte allgemeine Wiedergutmachungsregelung kämen, dann könnte ich mir nur mit Schrecken ausmalen, welche Rolle dann ein Abkommen spielen müßte, das für den begrenzten Kreis der polnischen Opfer pseudomedizinischer Versuche mit 120 Mio,– DM zuzüglich der bereits gezahlten rund 20 Mio,– DM also mit 140 Mio,– DM abgegolten hätte.“[34] Schmid gab den Kampf noch nicht auf. Wenn sein Freund Alex Möller humanitären Gesichtspunkten nicht zugänglich war, so mußte er doch zumindest den politischen Nutzen einer solchen Entschädigungszahlung einsehen. Der Präsident des polnischen Roten Kreuzes hatte ihm ausdrücklich versichert, daß die Verhandlungen mit Polen durch ein großzügiges Angebot erheblich erleichtert würden.

Der Warschauer Vertrag war schon unterzeichnet, Möller war als Finanzminister bereits zurückgetreten, da bohrte Schmid immer noch wegen der Entschädigungszahlungen. Diesmal versuchte er es bei Brandt:

„Es ist mir unverständlich, daß man sich in dieser Angelegenheit so zögerlich verhält, wie manche Stellen es für angebracht zu halten scheinen. Von Anfang an stand fest, daß das Angebot von 120 Millionen DM außerhalb jeden politischen Kalküls zu erfolgen habe. Trotzdem bin ich gewiß, daß ein großherziges deutsches Angebot auch seine politische Wirkung haben wird, wie umgekehrt ein ‚markten' unsererseits eine unerfreuliche Auswirkung – und nicht nur in Polen – haben muß."[35] Es dauerte noch fast ein Jahr, bis Schmid sich mit seinen Bitten und Mahnungen durchsetzen konnte. Am 16. November 1972 unterzeichneten Vertreter der polnischen Regierung und der Regierung der Bundesrepublik ein Entschädigungsabkommen, das eine Pauschalzahlung von 100 Mio,– DM für die Opfer sogenannter medizinischer Experimente vorsah. 40 Mio,– DM waren den Polen bereits in den Jahren 1961 bis 1972 ausgezahlt worden[36]. Daß die polnischen Behörden nur einen Teil der Entschädigungssumme an die Opfer auszahlten, gehört zu den traurigen Kapiteln der polnischen Nachkriegsgeschichte[37].

Die Verhandlungen mit Polen begannen im Februar 1970 unter Leitung von Staatssekretär Duckwitz. Die Bundesregierung hatte keinen Zweifel daran gelassen, daß sie den Verhandlungen mit Moskau Vorrang vor den Warschauer Vertragsverhandlungen einräumte. Schmid hätte die Prioritäten lieber anders gesetzt. Mit der Verhandlungsführung hatte er zunächst nichts zu tun. Ihm oblag es, als Koordinator für die deutsch-französische Zusammenarbeit das Mißtrauen Frankreichs gegen die Ostpolitik der Bundesregierung abzubauen. Noch vor seiner Reise nach Polen hatte Schmid als eine Art „alter ego" Brandts[38] am 7. November den französischen Staatspräsidenten Georges Pompidou besucht. Der Empfang Schmids durch Pompidou wurde als ein besonderer Gunstbeweis gewertet. Zwischen der Bundesrepublik und Frankreich hatte es in den letzten Jahren zahlreiche Unstimmigkeiten gegeben, die auch nach der Regierungsübernahme durch Pompidou weiterbestanden. Der französische Staatspräsident hatte zunächst starke Bedenken gegen Brandt, der kein Rheinländer wie Adenauer, sondern ein Deutscher sei, mit dessen „außergewöhnliche(r) nationalen Leidenschaft" man rechnen müsse[39]. Die Unterredungen, die Schmid mit Pompidou, dem französischen Außenminister Maurice Schumann und Chaban-Delmas führte, verliefen in einer ausgezeichneten Atmosphäre. Man war sich einig, daß die praktische politische Zusammenarbeit zwischen Frankreich und der Bundesrepublik aktiviert werden müsse[40]. Das hohe Vertrauen, das Schmid in Paris genoß, half bei der Überwindung der bestehenden Vorurteile.

Bei der ersten persönlichen Begegnung zwischen Pompidou und Brandt am 1./2. Dezember 1969 auf der Gipfelkonferenz der Staats- und Regierungschefs der EG-Staaten in Den Haag konnte über die bislang umstrittene Europapolitik weitgehendes Einverständnis erzielt werden. Auch beim

Thema Ostpolitik scheint es zu keinen größeren Differenzen gekommen zu sein[41]. Brandt dankte Schmid für seine Vermittlerrolle und bat ihn um Vorschläge für Gemeinschaftsprojekte, mit denen man Frankreich auf dem deutsch-französischen Gipfel Ende Januar entgegenkommen konnte[42]. Schmid dachte vor allem an den Ausbau der Städtepartnerschaften. Für Mitte Januar verabredete er sich zu einem Frühstück mit Maurice Schumann[43]. Der französische Außenminister stand den ostpolitischen Initiativen aufgeschlossener gegenüber als Pompidou. Über Schumann konnte man auf Pompidou einwirken. Das Gipfeltreffen am 30./31. Januar wurde zu einem Erfolg. Pompidou billigte den ostpolitischen Dialog der Bundesregierung. Kurze Zeit später erklärte Maurice Schumann, daß es in der französischen Öffentlichkeit keinen Rapallo-Komplex mehr gebe[44]. Das war eine wohlwollende Geste. Gar so schnell konnte sich Frankreich von seinem Rapallo-Trauma nicht lösen. Schmid wollte durch sein Eintreten für eine enge deutsch-französische Kooperation und den Ausbau der Europäischen Gemeinschaft das noch vorhandene Mißtrauen ausräumen.

Nachdem der deutsch-französische Dialog einmal in Gang gebracht war, brauchte er sich um die Vorbereitung der Gipfelkonferenzen nicht mehr groß zu kümmern. Pompidous anfängliche Bedenken gegen Brandt schwanden sehr schnell. Helmut Schmidt und Giscard d'Estaing verband bald eine enge Freundschaft. Carlo Schmid konnte sich damit begnügen, auftretende Mißverständnisse durch erläuternde Hinweise über die unterschiedlichen politischen und gesellschaftlichen Strukturen und Mentalitäten in beiden Ländern aufzuklären[45]. Da Schmid als Koordinator dem Kabinett nicht angehörte, waren seine politischen Handlungsmöglichkeiten sehr begrenzt. Mehr und mehr konzentrierte er sich darauf, praktische Initiativen zu entfalten. Neben dem Ausbau der Städtepartnerschaften lag ihm der Beamtenaustausch ganz besonders am Herzen, der ihm für die vertrauensvolle Zusammenarbeit der Verwaltungen beider Länder unverzichtbar erschien[46]. Mitte der 70er Jahre konnte dank seines Drängens ein Beamtenaustauschprogramm vereinbart werden. Eine andere Aufgabe, der er sich annahm, war die Förderung von Kontakten autonomer Gruppen: Gewerkschaften, Industrie- und Handelskammern, Verbände, wissenschaftliche und kulturelle Vereinigungen[47]. Viel persönlicher Einsatz war notwendig, denn ihm fiel bei diesen Zusammenkünften die Rolle des Vermittlers zu. Die Kooperation mit dem französischen Koordinator Pierre Olivier Lapie war eng und vertrauensvoll. Auch Lapie war Wissenschaftler und Politiker, auch er war kein Mann, der im politischen Alltagsgeschäft voll und ganz aufging. Beide übten trotz manchen Leerlaufs, der sich bei dieser Tätigkeit nicht vermeiden ließ, das Koordinatoramt gern aus. Die Bilanz, die beide Ende 1972 über die deutsch-französische Zusammenarbeit zogen, war positiv[48]. Lapie beeindruckte, daß Schmid sich nie in technischen Details verlor, sondern sein Augenmerk immer auf zukünftige Aufgaben richtete[49]. Schmid wollte verhindern, daß die deutsch-französischen Beziehungen mehr „administriert" als „gestaltet" werden[50].

Die deutsch-französische Freundschaft war für ihn, wie er in zahlreichen Artikeln, Radio- und Fernsehbeiträgen immer wieder hervorhob, der Nukleus für die Vertiefung und Erweiterung der europäischen Integration. Er hatte sich nach seinem Ausscheiden aus dem Bundesratsministerium wieder in den Europarat delegieren lassen. Damit war er automatisch auch Mitglied der Beratenden Versammlung der Westeuropäischen Union. In beiden Versammlungen hatte er nun die ihn eher traurig stimmende Ehre, die Sitzungen als Alterspräsident eröffnen zu dürfen. Zwanzig Jahre war es her, seit er zum erstenmal in Straßburg auf dem Rednerpodium gestanden hatte. Sein Amt als Alterspräsident nutzte er, um die Delegierten von der Notwendigkeit einer gemeinsamen Außen- und Verteidigungspolitik der Mitgliedsstaaten zu überzeugen. Ihm schwebte vor, die Westeuropäische Union zu einem Ort gemeinsamer europäischer Verteidigungspolitik zu machen. Europa könne „sich nicht mehr mit einer Verteidigung zufriedengeben, die es zu einem Gefolgsmann der Vereinigten Staaten in einem in Washington organisierten Verteidigungssystem macht, selbst wenn eine Verteidigung Europas außerhalb des Schutzes der amerikanischen Atommacht weiterhin undenkbar bleibt."[51] Parallel zur Entspannungspolitik, die er befürwortete, weil er erkannte, daß sie für die Staaten des Warschauer Paktes gefährlicher war als für die des Westens, mußte der Aufbau eines europäischen Sicherheitssystems vorangetrieben werden[52]. Europa als dritte Kraft war noch immer Schmids außenpolitisches Leitbild.

Ostpolitik und Fortschritte in der europäischen Integration waren für ihn „zwei Seiten einer Medaille"[53]. Er wollte den Europarat „als Sachwalter des gesamten kulturellen Erbes" des europäischen Kontinents, also auch der osteuropäischen Staaten verstehen. Die Ostpolitik dürfe nicht als eine isolierte Aktion der Bundesrepublik aufgefaßt werden, sondern müsse als eine europäische Aufgabe betrachtet werden[54]. Dieser Überzeugung war er auch schon früher gewesen. Schmid wußte, warum er der französischen Öffentlichkeit diese Zusammenhänge nun geradezu einhämmerte. Die Furcht des linksrheinischen Nachbarn vor dem Wiederentstehen eines deutschen Nationalstaates saß tief. Für die Franzosen stand außer Frage, daß die Ostpolitik ein erster Schritt zur deutschen Wiedervereinigung war. Egon Bahr stand bei ihnen im Rufe, ein deutscher Nationalist zu sein, weil er die Auffassung vertrat, daß europäische Integrationspolitik und aktive Ostpolitik sich gegenseitig ausschlossen[55]. Ihm wurde vorgeworfen, die Umgestaltung Mitteleuropas im nationalen deutschen Interesse voranzutreiben. Gelegentlich wurden der Nationalist Bahr und der Europäer Carlo Schmid einander gegenübergestellt[56].

Schmid sah sich nicht als Widerpart von Bahr. Die deutsche Einheit war beiden ein Herzensanliegen. Doch im Gegensatz zu Bahr vertrat Schmid schon seit langem die Auffassung, daß deutsche und europäische Einheit nicht voneinander zu trennen waren. Die Westeuropäische Union erschien ihm als der einzig mögliche Rahmen für den Aufbau eines gesamteuropäischen kollektiven Sicherheitssystems. An die Möglichkeit eines auf Mitteleuropa begrenzten Sicherheitssystems, die er in den 50er und 60er Jahren selbst manchmal in Erwägung gezogen hatte, glaubte er nicht mehr. Trotz seines Eintretens für eine Fortsetzung der Entspannungspolitik rückte für ihn nicht wie für Bahr die ideologische Auseinandersetzung mit dem Kommunismus an die zweite Stelle. Er unterstrich, daß er nicht zu denen zählte, die glaubten, die Sowjets seien „seit gestern und vorgestern keine Sowjets mehr“[57]. Mit einer Konvergenz der Systeme rechnete er nicht[58].

Der Dialog mit den osteuropäischen Staaten war für ihn nicht weniger wichtig als der mit Moskau. Die Unterzeichnung des Warschauer Vertrags wertete er als einen Meilenstein im Verhältnis der Bundesrepublik zu Polen und nicht weniger für die Einschätzung der Bundesrepublik im Ausland. Die Franzosen hatten schon lange auf eine Anerkennung der Oder-Neiße-Grenze gedrängt. Nicht zuletzt wegen der großen Resonanz, die die Warschauer Vertragsverhandlungen in Frankreich fanden, stellte Schmid sie ins Zentrum seiner Ausführungen über die sozialliberale Ostpolitik. Am Tage der Paraphierung des Warschauer Vertrags erklärte er vor der Beratenden Versammlung der Westeuropäischen Union: „Das ganze deutsche Volk ist, glaube ich im Begriff, einen Sieg über sich selbst davonzutragen.“ Durch die Anerkennung „bestimmter Realitäten“ löse man sich in der Bundesrepublik von der „Neurose“, den Blick immer auf Dinge zu richten, die 25 Jahre zuvor geschehen waren[59]. Die Rede machte auf die Delegierten großen Eindruck[60].

Im Zentrum der Anfang 1970 in Gang gebrachten Ostpolitik standen freilich nicht die Warschauer Vertragsverhandlungen, sondern die von Bahr geführten Verhandlungen mit Moskau. In Warschau löste das durch Indiskretion am 1. Juli 1970 bekannt gewordene Bahr-Papier großes Entsetzen aus[61]. Dort war über die Köpfe der Polen hinweg eine Vereinbarung über die Oder-Neiße-Grenze getroffen worden. Sollte Polen wieder zum Spielball deutsch-russischer Interessen werden? Bei Lichte besehen, war die in Moskau getroffene Grenzregelung für die Polen von großem Vorteil. Ohne die Unterstützung Moskaus wäre es ihnen kaum gelungen, aus dem Gewaltverzichtsvertrag einen Grenzvertrag zu machen. Bisher hatte die Bonner Delegation bei den Verhandlungen mit Warschau darauf beharrt, daß die Grenzfrage erst in einem Friedensvertrag geregelt werden könne. Mitte Juli gelang es der polnischen Verhandlungsdelegation, die Grenzregelung an den Anfang des Vertragstextes zu stellen[62]. Die Oder-Neiße-Grenze wurde zur Westgrenze der Volksrepublik Polen erklärt.

Ein halbes Jahr zuvor war Carlo Schmid noch gerügt worden, weil er sich offen für eine vorbehaltlose Anerkennung der Oder-Neiße-Grenze ausgesprochen hatte. Er hatte nicht geglaubt, daß die Verhandlungen sich so schnell einem Abschluß nähern würden. Im März hatte er in einem Brief an den stellvertretenden polnischen Kulturminister Rusinek angeregt, unabhängig von den Vertragsverhandlungen, die sicherlich noch lange dauern würden, den deutsch-polnischen Kulturaustausch zu intensivieren[63].

Die endgültigen Vertragsverhandlungen fanden vom 3. bis 13. November in Warschau statt. Schmid war Mitglied der 18köpfigen Verhandlungsdelegation, die von Außenminister Scheel angeführt wurde. Die SPD-Fraktion hatte ihn delegiert. Die CDU/CSU-Fraktion hatte mit der Behauptung, es sei doch schon alles gelaufen, auf eine Teilnahme verzichtet. Scheel versuchte eine Änderung des Grenzpassus in Artikel 1 des Vertragsentwurfes zu erreichen. Ihm lag daran zu verhindern, daß durch die Verbindung der Grenzanerkennung mit dem Potsdamer Abkommen das Abkommen der großen Drei für die Bundesrepublik für völkerrechtlich verbindlich erklärt wurde[64]. Schmid leuchtete Scheels Argumentation nicht ein[65]. Er scheint bei den Vertragsverhandlungen eher die polnische Position als die deutsche unterstützt zu haben. Der polnische Chefunterhändler Josef Winiewicz schickte ihm sechs Wochen später einen überaus liebenswürdigen Neujahrsgruß, den Schmid als Vertrauensbeweis wertete: „Ihr Neujahrsgruß hat mich tief bewegt. Stellt er doch die Verbindung zu unseren Gesprächen in den letzten Tagen der Warschauer Verhandlungen her, in denen, wie ich glaube, der entscheidende Durchbruch von streitigem Verhalten zur Anerkennung der Glaubwürdigkeit des jeweils anderen erfolgt ist. Dies scheint mir ein solides Fundament für künftige Bemühungen zu sein, die Beziehungen unserer Völker auch im Moralischen zu normalisieren."[66]

Die Polen hatten sich auf Nachbesserungen des Vertragstextes nicht eingelassen. Lediglich in der Frage der Familienzusammenführung hatten sie Zugeständnisse gemacht. Die „Kröte Oder-Neiße-Linie" mußte geschluckt werden[67]. Schmid sagte es nicht zum erstenmal. Nur war jetzt aus dem „muß" eine „mußte" geworden. Eine goldene Brücke hatten die Polen der deutschen Verhandlungsdelegation gebaut. Der Vertrag berührte nicht die Rechte der drei Westmächte, die Deutschland als Ganzes betrafen. Die Bundesregierung erklärte nur im Namen der Bundesrepublik Deutschland zu handeln. Ein möglicher gesamtdeutscher Souverän war durch die Grenzregelung nicht gebunden. Vier Tage nach der Einigung mit Polen sprach sich Schmid dafür aus, nun auch Verhandlungen mit Prag und Budapest aufzunehmen[68].

Die feierliche Vertragsunterzeichnung sollte am 7. Dezember erfolgen. Zu der Delegation, die am 6. Dezember auf dem Warschauer Flughafen von Ministerpräsident Cyrankiewicz und Außenminister Jedrychowsky empfangen wurde, gehörte auch Carlo Schmid. Brandt hatte in die Delegation eine Reihe von Persönlichkeiten aufgenommen, die am Zustandekommen des Warschauer Vertrags maßgebenden Anteil hatten. Am Tag der Vertragsunterzeichnung würdigte Schmid im Deutschlandfunk die erzielten Vereinbarungen noch einmal ausdrücklich als Erfolg: „Dieser Vertrag steht in einem weltweiten Zusammenhang: er ist ein Beitrag der Bundesrepublik zu den Bemühungen vieler Regierungen und vieler Völker um Milderung der Spannungen innerhalb dieser durch den zweiten Weltkrieg (...) zerrütteten Weltordnung. Damit wird geschehenes Unrecht nicht als Recht anerkannt und nicht ausgewischt, was in den verlorenen Gebieten von den Deutschen an Gutem und Schönem geschaffen wurde."[69] Er wertete den Vertrag nicht nur als politischen, sondern auch als moralischen Erfolg. Als Brandt wegen seines Kniefalls vor dem Warschauer Ghetto nach seiner Rückkehr nach Bonn mit zum Teil hämischen Bemerkungen empfangen wurde, stellte sich Schmid hinter ihn. Brandt habe begriffen, „daß an einem Orte wie diesem, da die Geschichte sich zur Apokalypse transzendierte und bloßlegte, wie tief der Mensch unter sich zu steigen vermag, die üblichen politischen Riten zu puren Verlegenheiten werden mußten"[70]. Die Angriffe auf Brandt glichen den Beschimpfungen, denen er selbst in den 50er Jahren ausgesetzt war.

Der Warschauer Vertrag war für Schmid ein Stück politisches Lebenswerk. Als er 1945 in die Politik ging, hatte die Aussöhnung mit Polen schon in seinem außenpolitischen Zielkatalog gestanden. In den 50er Jahren war er zum Vorkämpfer einer Normalisierung des Verhältnisses beider Länder geworden. Beim Abschied auf dem Warschauer Flughafen dankte ihm Polens Ministerpräsident Cyrankiewicz für seine Bemühungen. Als er Ende 1970 auf das Jahr zurückblickte, hatte er das ganz seltene Gefühl der „travail bien fait". Seine Erwartungen und Hoffnungen hatten sich erfüllt[71]. Wann konnte er das schon am Jahresausklang sagen, wo ihn zumeist ein Gefühl der Resignation ergriff? Manchmal war die Arbeit an den Rand seiner Kräfte gegangen. Er war völlig erschöpft und hoffte, in einer Kur das Schlafen wieder zu lernen[72].

Das Jahr war turbulent gewesen. Er war viel gereist, häufig nach Paris, zu Gipfeltreffen, Versammlungen der Westeuropäischen Union, zu Round-Table-Gesprächen und Life-Sendungen des Französischen Fernsehens. Zweimal im Jahr schlug er in Straßburg die Zelte auf. Zehn Tage nach Abschluß der Warschauer Vertragsverhandlungen fuhr er für eine Woche nach Teheran. Mitte Mai war er für einige Tage in Oslo gewesen, wo er in einem Vortrag vor der Deutsch-Norwegischen Gesellschaft und in Gesprächen mit norwegischen Parlamentariern für den Beitritt Norwegens zur Europäischen Gemeinschaft warb[73]. Ende September fuhr er mit einer Bundestagsdelegation für eine Woche nach Jugoslawien. Auf dem

Programm stand auch ein Besuch bei Staatspräsident Tito. Auch diesmal war er wieder beeindruckt von der in Jugoslawien praktizierten Arbeiterselbstverwaltung. Einfach kopieren könne man sie nicht, aber man könne sich durch das jugoslawische Modell anregen lassen, erklärte er in einem kurz nach der Reise abgegebenen Interview[74]. Tito würdigte er als Mittler zwischen Ost und West. Er empfahl eine engere Zusammenarbeit zwischen der Bundesrepublik und Jugoslawien[75].

Die Reise in den Iran erwies sich unerwartet als eine hochpolitische Angelegenheit. Die Iran Novine Partei, die im Iran seit einigen Jahren als Regierungspartei fungierte, hatte dem Parteivorstand eine Einladung gesandt. Am 23. November flog Schmid zusammen mit Alwin Brück und Hans-Eberhard Dingels nach Teheran, wo er zwei Tage später mit Außenminister Ardishir Zaludi eine längere Unterredung hatte. Schmid war erschrocken. Er hatte das Gefühl, daß man im Iran ernstlich den Abbruch der diplomatischen Beziehungen zur Bundesrepublik erwäge[76]. Im Herbst hatte der Iran sein Generalkonsulat in West-Berlin geschlossen. So schmeichelte Schmid dem Regime des Schah mehr, als es angebracht war. Für die Studentenunruhen bei dem Schahbesuch im Jahre 1967 entschuldigte er sich in aller Form. Zum Abschluß des Gesprächs stellte er Waffenlieferungen der Bundesrepublik an den Iran in Aussicht[77], über die freilich nicht er zu entscheiden hatte. So war das Versprechen mehr eine Demonstration guten Willens als ein ernsthaftes Angebot. Er hatte sich in die Defensive drängen lassen, aus Furcht, der Iran könne sich von der Bundesrepublik abwenden. Kein Wort der Kritik am Regime des Schah. Dabei hatte er sich von dem pseudodemokratischen Charakter des Parteiensystems des Iran nicht blenden lassen. Dem Parteivorstand riet er, keine Einladungen der Iran Novine Partei mehr anzunehmen.

Als er im Juni 1971 als Schirmherr einer Bundestagsdelegation ein letztes Mal für mehrere Tage nach Israel reiste, räumte er der Moral wieder eindeutig Vorrang vor politischen Nützlichkeitserwägungen ein. Während des Besuchs hatte er Gelegenheit zu Gesprächen mit Golda Meir, Shimon Peres und Ben Gurion. Der 84jährige Patriarch erinnerte sich oft und gerne an seinen Freund Carlo Schmid[78]. In Israel herrschte große Enttäuschung über die Bundesrepublik. Im Mai war im EWG-Ministerrat unter ausdrücklicher Zustimmung Walter Scheels das sogenannte Schumann-Papier verabschiedet worden, in dem u. a. der Rückzug der israelischen Streitkräfte aus den während des Sechstagekrieges besetzten Gebieten gefordert wurde. In Israel löste das Papier, das die Handschrift Frankreichs trug, Empörung und Entsetzen aus. Besonders betroffen war man darüber, daß die Bundesregierung ihre Zustimmung dazu erteilt hatte[79]. Auch Carlo Schmid war enttäuscht darüber. Er distanzierte sich von dem EG-Nahost-Memorandum und stufte es in seiner Bedeutung herab. Das Memorandum sei nicht „Grundlage der Politik der Bundesregierung, sondern lediglich das Arbeitspapier eines Beamtenausschusses zur Klärung der mit dem Nahostkonflikt zusammenhängenden Fragen“ [80]. Golda Meir versicherte er, daß die Bundesregierung sich niemals auf die Seite derer stellen werde, die Israels Anspruch auf anerkannte und sichere Grenzen in Frage stellen[81]. Ihm dürfte klar gewesen sein, daß das Schumann-Papier mehr als ein Arbeitspapier war. Ganz offensichtlich war er bemüht, die Sorgen und Ängste der Israelis zu zerstreuen, die nicht nur in der Zustimmung der Bundesregierung zu dem Nahost-Memorandum, sondern auch in deren Ostpolitik eine Abkehr von der Israel freundlichen Politik der Bundesrepublik vermuteten[82]. Schon ein halbes Jahr zuvor hatte er Shinnar, den die Ostpolitik der sozialliberalen Koalition auch beunruhigt hatte, versichert, daß sich die Haltung der Bundesrepublik gegenüber Israel nicht verändert habe[83].

Einen Bericht über die Israelreise schickte er an das Auswärtige Amt. Als Walter Scheel einen Monat später Israel besuchte, spielte auch er das Nahostpapier herunter, was wenig glaubwürdig klang, da er dem Papier selbst zugestimmt hatte. In Frankreich fühlte man sich desavouiert[84]. Von Schmid wußte man, daß er das Memorandum nicht billigte. Seine Parteinahme für Israel stand außer Zweifel. Zu seinem 75. Geburtstag wurden im Wald Jerusalems achtzehn Bäume als Dank für seine Bemühungen um eine Aussöhnung mit Israel gepflanzt, worüber er tief bewegt war[85].

Das Jahr 1971 war für ihn ruhig – vielleicht zu ruhig – verlaufen, so daß er damit beginnen konnte, den zweiten Teil von Malraux' Anti-Memoiren zu übersetzen. Ohne Arbeit fühlte er sich überhaupt nicht mehr wohl. Der Kampf um die Ostverträge schwelte, brach aber erst Anfang 1972 offen aus. Die Berlin-Vereinbarungen mußten abgeschlossen sein, ehe man mit der Ratifizierung der Ostverträge beginnen konnte.

Die CDU/CSU war freilich schon gleich nach Brandts Regierungserklärung zum Angriff übergegangen. Schmid fühlte sich manchmal in die Endphase der Weimarer Republik zurückversetzt. „Halten Sie den Unterschied von Leidenschaft und Niedertracht für eine Frage des Temperaments?“, unterbrach er Kiesinger, der sich von dem Vorwurf nicht distanzieren wollte, daß die Ostpolitik der Bundesregierung der „Ausverkauf Deutschlands“ bedeute[86]. Die Attacken galten vor allem der Person Brandts. Schmids Verdienste um die Aussöhnung mit Polen wurden auch von CDU-Seite gewürdigt[87]. Wenn Schmid im Bundestag von den „zwei Staaten“ in Deutschland sprach, klatschten auch zahlreiche Abgeordnete der CDU/CSU-Fraktion Beifall[88]. Wenn Brandt dasselbe sagte, gab man sich empört. Brandt mißtraute man, Schmid traute man, obwohl beide das gleiche wollten. Da man es nicht wagte, an Schmids nationaler Gesinnung zu zweifeln, tat man so, als ob Schmid eine andere Ostpolitik vertrete als Brandt. Selbst in Schmids weiterem Bekanntenkreis war man zum Teil der irrigen Auffassung, daß er die Ost- und Deutschlandpolitik Brandts nicht unterstütze[89]. Er wies darauf hin, daß er die in der Ostpolitik verkörperten Gedanken schon seit langer Zeit vertrete[90]. Er war ja gewissermaßen der geistige Vater der Ost- und Deutschlandpolitik der sozialliberalen Koalition. Es war ein Kreuz: Selbst wenn er auf Parteilinie lag, glaubte man ihm das nicht. Brandt bat Schmid wiederholt, sich zum Thema Nation zu äußern[91]. Der Behauptung, die Anerkennung der DDR bedeute einen Verzicht auf die deutsche Einheit mußte entgegengetreten werden.

Phrasen und Emotionen beherrschten die Debatten. Als ausgerechnet Strauß der SPD vorwarf, sie bediene sich der „faktenersetzenden Kraft des Phraseologischen", rief Schmid ihm entgegen: „Si tacuisses"[92]. Duzfreunde waren sie gewesen. Jetzt übersandte Strauß nur noch förmliche Geburtstagsgrüße an seinen ehemaligen Freund. Aus dem Du war ein Sie geworden. Vergeblich versuchte Schmid es mit der Anrede „Lieber Franz-Josef Strauß"[93]. Die Zeit, da man gemeinsam zu tafeln pflegte, war vorbei. Schmid war unglücklich über die parteipolitische Polarisierung, durch die Kontakte über die Parteigrenzen hinweg kaum mehr zustande kamen[94].

Die Ausfälle eines Teils der Presse und einiger Fernsehmagazine gegen die sozialliberale Ostpolitik gingen auch nach Schmids Empfinden an die Grenze des Tolerierbaren. Er konnte es verstehen, daß Regierungssprecher Conrad Ahlers in Rage geraten war und die Springer-Presse als „Kampfpresse" bezeichnet hatte[95]. Er selbst hatte im ZDF-Fernsehrat heftige Kritik an Gerhard Löwenthals ZDF-Magazin geäußert. Wenn ein Moderator seine Aufgabe darin sehe, „am Bildschirm für die Durchsetzung seiner eigenen Meinung Politik zu machen und mitzuhelfen, anders denkende Richtungen zu zerstören", könne das nicht mehr hingenommen werden. Er verlangte, daß Löwenthal ein zweiter Moderator zur Seite gestellt werde, der für die Ausgewogenheit der Sendung Sorge tragen sollte[96]. Selbstverständlich war er für Meinungs- und Medienfreiheit, aber ein „Tatsachenbericht" hatte den „Postulaten der Wahrheit" zu genügen[97]. Daß auf linker Seite auch gesündigt wurde, brauchte man ihm nicht zu sagen. Das bereitete ihm schon seit längerer Zeit Sorge.

Im Bundestag stand die Redeschlacht um die Ostverträge noch bevor. Sie wurde im Februar 1972 eröffnet. Schmid war für den 25. Februar als Redner vorgesehen. Die Fraktionskollegen regten an, an den Anfang der Rede einen Abriß der historischen Entwicklung von 1945 bis zum Abschluß der Ostverträge zu stellen. Die Kontinuität sozialdemokratischer Ostpolitik sollte herausgestellt werden, wozu niemand besser geeignet war als Schmid, der sie seit den 50er Jahren verfocht. Außerdem bat man ihn, einige Ausführungen zum Thema deutsche Nation zu machen[98]. Die Kollegen in der Fraktion hätten es eigentlich wissen müssen: Wenn man

Carlo Schmid zu einem historischen Exkurs ermunterte, wurde daraus eine Vorlesung.

Auch bei seiner letzten großen Bundestagsrede konnte er wieder einmal den Professor in sich nicht verleugnen. Er hielt eine Vorlesung anstatt einer Rede. Erst nach einer langen, viel zu langen historischen Darstellung der Deutschlandpolitik der SPD legte er noch einmal dar, daß die gegenwärtige Ostpolitik nicht im Widerspruch zu der im Grundgesetz postulierten deutschen Wiedervereinigung stand. Die deutsche Nation war Thema Nr. 1 bei fast allen führenden Sozialdemokraten, die nicht als Gegner der Wiedervereinigung gebrandmarkt werden wollten. Schmid hatte schon so häufig über dieses Thema gesprochen, daß seine Zuhörer seine Argumente in- und auswendig kannten. Auch deshalb mögen zahlreiche Abgeordnete an diesem für ihn so schrecklichen Freitag nachmittag vorzeitig den Plenarsaal verlassen haben. Neues war nicht zu erwarten, und der Mittagszug wartete nicht.

Die deutsche Teilung wollte Schmid als Herausforderung begriffen wissen. Gerade weil Deutschland in zwei Staaten geteilt sei, sei es dem deutschen Volk aufgegeben, die Substanz dessen zu wahren, was die deutsche Nation ausmacht. Er wehrte sich gegen das auch in Kreisen der SPD weit verbreitete verkürzte Verständnis der deutschen Nation als Kulturnation. Noch einmal griff er Renans Wort vom „plebiscite de tous les jours" auf. Das deutsche Volk war weiterhin aufgerufen, sich in freier Selbstbestimmung eine Verfassung zu geben[99]. In seinem Urteil über den Grundlagenvertrag folgte das Bundesverfassungsgericht der Schmidschen Argumentation, berief sich allerdings nur einmal ausdrücklich auf ihn. Auch das Bundesverfassungsgericht hielt ein Verständnis der deutschen Nation als Kulturnation für nicht ausreichend[100]. Schmid wünschte die Überwindung des Nationalstaates. Die „Nation Europa" postulierte er als konkrete Utopie. Bis zu ihrer Verwirklichung, die nur in einem langsamen Prozeß zu erreichen sei, konnte Europa aber nur ein „Verband von Staaten" sein[101].

Er war total naßgeschwitzt, erschöpft und erledigt, als er seine Rede beendete[102]. Daß auch diesmal wieder sogar einige Abgeordnete der CDU Beifall spendeten, konnte ihn nicht darüber hinwegtrösten, daß am Ende seiner Rede im Plenarsaal fast alle Bänke leer waren. Er war niedergeschlagen und verbittert. Die ganzen Jahre hatte sich der Plenarsaal gefüllt, wenn er sprach. Hatte er es doch verstanden, seine Reden zu zelebrieren. Daß ihm jetzt kaum einer mehr zuhörte, mußte er als einen Verlust an persönlicher Achtung und Anerkennung empfinden. Selbstzweifel kamen hoch und Zweifel darüber, ob das Thema Nation, über das er sprach, überhaupt noch jemanden berührte. Er spreche nicht als „Deutschnationaler", sondern als „deutscher Patriot" hatte er Zwischenrufern geantwortet[103]. Sein „Ja zum Vaterland" bedeutete zugleich ein „Nein an die

Adresse des Nationalismus"[104]. Doch für viele junge Menschen war er, wie er erschrocken feststellen mußte, so etwas wie „ein verkappter Nazi"[105]. Es lagen Welten zwischen ihm und dieser jungen Generation, die sich mit der deutschen Teilung abgefunden hatte.

Am 17. Mai sprach er das letzte Mal im Deutschen Bundestag. Noch wußte er nicht, daß es das letzte Mal sein würde. Wehner hatte ihn gebeten, die Fraktionserklärung zur Verabschiedung der Ostverträge abzugeben. Die Fraktion war damit einverstanden. Wehner hatte recht: Carlo Schmid verkörperte „einige wesentliche Schritte dieser Bundesrepublik Deutschland": „Parlamentarischer Rat, Grundgesetz, Teilnehmer an der Reise des Bundeskanzlers Adenauer damals nach Moskau mit dem Ergebnis der diplomatischen Beziehungen und Kriegsgefangenenfreilassung, (...). Schließlich Pionier für die Verständigung mit Polen seit vielen Jahren durch Vorträge und auch durch lösbar machen der humanitären Fragen! Und nicht zuletzt einer, der während dieser ganzen Zeit, (...) in der ersten Reihe derer steht, die man Europäer zu nennen sich angewöhnt hat."[106] Die Außenpolitik der SPD hatte nicht er bestimmt, sondern zumeist Wehner, der jetzt so tat, als ob er immer hinter Carlo Schmid gestanden hätte. Schmid war die Rolle des Leitfossils zugefallen. Er hatte an seinem in den 50er Jahren entwickelten Konzept festgehalten, auch als die Partei andere Wege ging. Im Parlamentarischen Rat hatte er den Grundstein für Adenauers Politik der Westintegration gelegt, für deren Ergänzung durch eine aktive Ostpolitik er schon in den 50er Jahren eingetreten war. Unermüdlich hatte er für einen ost- und deutschlandpolitischen Kurswechsel gefochten. Jetzt dankte er im Namen der Fraktion Willy Brandt für seinen Mut, daß er diesen Kurswechsel trotz Anfeindungen durchgesetzt hatte[107]. Weil ihn selbst das Lob und der Dank der anderen aufrichtete, gehörte er zu den wenigen, die noch Zeit fanden für persönliche Worte und Gesten.

Die Fraktionserklärung hatte er nicht selbst formuliert, sie gab aber seine Leitgedanken wieder. Die europäische Dimension der Verträge wurde herausgestrichen. Durch die Verträge werde eine „politische Entwicklung in Europa" eingeleitet, in deren „Verlauf die unnatürliche Zerrissenheit des Kontinents überwunden werden" könne[108]. Die 248 Abgeordneten der Regierungskoalition stimmten für die Verträge. Die Abgeordneten der Union hatten, wie Brandt verbittert bemerkte, „ihr Gewissen auf Enthaltung gestimmt"[109]. Auch nach Ausformulierung einer gemeinsamen Erklärung konnte sich die Union nicht zu einer Zustimmung durchringen. In der gemeinsamen Erklärung waren die Verträge zu einer Modus-vivendi-Vereinbarung deklariert und der Friedensvertragsvorbehalt hinsichtlich der polnischen Westgrenze ausdrücklich unterstrichen worden. Ansonsten stand in der Erklärung nichts, was die SPD je bestritten hatte. Carlo Schmid erwähnte die gemeinsame Erklärung in seiner für die Fraktion abgegebenen Schlußerklärung nicht. Er hatte schon bei der 1. Lesung der Verträge Kiesinger gebeten, ihm die Stellen der Verträge zu nennen, über die zwischen Regierung und Opposition Dissens bestehe, worauf dieser mit Ausflüchten antwortete[110]. Die Haltung der Union hatte ihn so auf die Palme gebracht, daß er wieder des öfteren Zwischenfragen stellte und Zwischenrufe machte.

Die Verträge waren unter Dach und Fach, aber die Mehrheit der Regierungskoalition war durch Koalitionsübertritte mehrerer Abgeordneter dahin geschmolzen. Ein konstruktives Mißtrauensvotum gegen Willy Brandt war am 27. April gescheitert, aber über die nötige Mehrheit zur Durchführung von Gesetzesvorhaben verfügte die Regierungskoalition nicht mehr. Um den Weg für Neuwahlen freizumachen, beabsichtigte Brandt im Bundestag die Vertrauensfrage zu stellen, wogegen Carlo Schmid sofort Widerspruch anmeldete. Er hätte es lieber gesehen, wenn Brandt trotz der Pattsituation aufgrund der in Artikel 111 und 112 des Grundgesetzes verankerten Bestimmungen über einen Nothaushalt weiterregiert hätte[111]. Die Bundestagsauflösung erschien ihm als ein Ausweichen ins Plebiszit: „Das Grundgesetz zwingt das Parlament, die Parteien, die Fraktionen dazu, den Versuch zu machen, sich in Lebensfragen der Nation auf ein Mindestprogramm zu einigen, das alle glauben, verantworten zu können. Dies schien uns immerhin besser als die Möglichkeit der Flucht des Parlaments aus der politischen Verantwortung wie in der Republik von Weimar."[112] Als Verfassungsvater wehrte er sich gegen die Aushöhlung des repräsentativen Charakters des Grundgesetzes. Gegen das plötzlich von vielen befürwortete Selbstauflösungsrecht des Parlaments verteidigte er sehr entschieden das von ihm ins Grundgesetz geschriebene konstruktive Mißtrauensvotum, das ihm nach wie vor als ein Garant für die politische Stabilität der Bundesrepublik erschien[113]. Eine Abschaffung des konstruktiven Mißtrauensvotums war seines Erachtens nur möglich, wenn man den Bundespräsidenten mit mehr Befugnissen ausstattete, wogegen er große politische Bedenken hatte.

Nicht nur der Staatsrechtler in ihm konnte sich mit dem von Brandt vorgeschlagenen Weg, durch ein negatives Vertrauensvotum Neuwahlen zu erzwingen, nicht abfinden. Es widerstrebte ihm einfach, Brandt das Vertrauen abzusprechen, obwohl er dessen Politik unterstützte. Bei einer solchen Farce wollte er nicht mitspielen. Kurz vor der Abstimmung über die Vertrauensfrage erklärte er trotzig: „Ich jedenfalls werde nicht gegen Willy Brandt stimmen."[114] Den meisten Abgeordneten der Regierungskoalition scheint es wie Carlo Schmid gegangen zu sein. Man fand eine Verlegenheitslösung. Die Kabinettsmitglieder sollten der Abstimmung fernbleiben, die übrigen Abgeordneten der Regierungskoalition durften Willy Brandt ihr Vertrauen aussprechen. So ging man sicher, daß am

22. September, dem Tag der Abstimmung, nicht doch eine Zufallsmehrheit für Brandt zustande kam.

Der Bundestag wurde aufgelöst, die Neuwahlen für 19. November anberaumt. Schmid sollte dem nächsten Bundestag nicht mehr angehören. Es war nicht nur ein „schmerzhafter Abschied", wie Bundestagspräsident von Hassel in seiner Dankesrede feststellte[115], sondern auch ein ungewollter Abschied von einem Ort, an dem er 23 Jahre als Abgeordneter und mit kurzer Unterbrechung auch als Vizepräsident versucht hatte, die Politik zu gestalten und das parlamentarische Leben zu formen.

Der schwere Abschied von der Politik

„Nur wer den Stillstand im Fortschritt kennt und achtet, wer schon einmal, wer mehrmals aufgegeben hat, wer auf dem leeren Schneckenhaus gesessen und die Schattenseite der Utopie bewohnt hat, kann Fortschritt ermessen."[1] In seinem „Tagebuch einer Schnecke" nannte Günter Grass die Melancholie die Schwester der Utopie. Hätte Schmid über sein Politikerleben Tagebuch geführt, hätte er es auch mit Tagebuch einer Schnecke überschreiben können. Wie oft war er auf dem leeren Schnekkenhaus gesessen, weil seine Visionen am Widerstand der anderen oder den politischen und gesellschaftlichen Verhältnissen gescheitert waren. Er hatte sich von den „schwarzen Sonnen der Melancholie" nicht verbrennen lassen. Als er 1971 einen Festvortrag über Dürer hielt, belehrte er seine Zuhörer, daß über dessen berühmten Kupferstich „Melencolia" mit unsichtbaren Buchstaben ein „Trotzdem" geschrieben stehe[2]. Dieses „Trotzdem" war auch die ungeschriebene Maxime seines Lebens gewesen. Auch bei dem über 70 jährigen war der Mut zur Utopie noch nicht erloschen. Als ihm 1970 die Ehrenbürgerwürde der Stadt Mannheim verliehen wurde, erklärte er einem erstaunten Publikum: „Ich bekenne für mich, daß es für mich unmöglich wäre, mich an den Schalthebeln der Politik zu bewegen, wenn ich nicht diesen Mut zur Utopie gehabt hätte und heute noch hätte und morgen noch haben werde."[3] „Was den Mut zum Schwärmen anlangt(e)", zählte sich Schmid zu den Schülern Ernst Blochs, dem er im Juli 1975 schrieb: „Ohne den Traum und ohne die Fähigkeit zu schwärmen, ohne Vision und Utopie führt einem die redlichste Anstrengung nicht weiter als zum Trampeltritt auf der Stelle. Doch ohne die Kunst der Berechnung des jeweils möglichen Verhältnisses von der Wahl des Ziels, des Wurfes und der Kraft des Armes fürs Werfen trifft man nicht das Ziel, sondern erschlägt man jene, die zwischen dem werfenden Arm und dem Ziel stehen."[4] Blochs „Geist der Utopie", das Frühwerk des jungen homo religiosus, der das Mysterium des Seins sucht, schätzte er mehr als dessen Hauptwerk „Prinzip Hoffnung", in dem sich Bloch zum Marxismus bekannte[5].

Daß die Jugend sich nach einer anderen Gesellschaft sehnte, konnte niemand besser verstehen als Schmid. Daß sie sich marxistischen Heilslehren verschrieb, die Kraft des werfenden Armes überschätzte, nicht einsah, daß man nur mit „kleinen Schritten" auf die „großen Menschheitsziele" zugehen konnte[6], weckte bei ihm die schlimmsten politischen Befürchtungen. Er sah mit Schrecken, daß der Neomarxismus nicht nur die politischen Seminare der Hochschulen eroberte, sondern über die Jusos auch in die SPD eindrang. Schuld an dieser Entwicklung gab er vor allem seinen Professorenkollegen. Die „Wehrlosigkeit" gerade der nicht konservativen Angehörigen der Hochschulen „gegenüber gewissen Sirenenklängen eines sogenannten Neomarxismus" verunsicherte seines Erachtens nicht nur die Studenten. Sie drohte vielmehr auch „den politischen Führern der demokratischen Linken, die Einsicht in die unverzichtbaren Voraussetzungen eines jeden demokratischen Weges, der von der kapitalistischen Gesellschaftsordnung nach vorn führen könnte, zu trüben"[7]. Schmids Klagen, daß Demokratie zunehmend mit „Libertinage" verwechselt werde, waren Legion[8]. Verzweifelt stellte er fest, daß niemand mehr richtig wisse, was einen Staat ausmache, dem man nur noch instrumentellen Charakter zuspreche. Er sah sein demokratisches Aufbauwerk ebenso gefährdet, wie sein Bemühen, aus der SPD eine Volkspartei zu machen.

Auf dem Münchener Bundeskongreß der Jusos im Dezember 1969 war die „Volkspartei-Ideologie" des Godesberger Programms als ein Rückzug vom Sozialismus kritisiert worden. Die „Überführung der Produktionsmittel in die Nutzung und Verantwortung der Gesamtgesellschaft" wurde wieder als ein zentrales Ziel der SPD deklariert[9]. Auf dem Parteitag in Saarbrücken im Mai 1970 traten die Jusos erstmals den Marsch durch die Institutionen an. Sie konnten aber nur ungefähr ein Viertel der Delegierten für sich gewinnen. Norbert Gansel, der bei der Wahl des stellvertretenden Parteivorsitzenden gegen Helmut Schmidt antrat, mußte sich mit 65 Stimmen geschlagen geben. Für Helmut Schmidt stimmten 256 Delegierte. Brandt gab ein eindeutiges Bekenntnis zum Godesberger Programm ab[10]. Der revolutionäre Übermut der Jusos sollte durch die Einsetzung einer Kommission zur Ausarbeitung eines Langzeitprogramms gebremst werden.

Schmid verließ den Parteitag betroffen und niedergeschlagen[11]. Er hatte auf der Streichliste der Jusos gestanden. Auf Platz 24 war er gelandet. Fast hundert Stimmen trennten ihn von dem Erstplazierten Heinz Kühn. Zwei Jahre zuvor hatte er noch das achtbeste Ergebnis erzielt. Schweren Herzens, wenn auch freiwillig, räumte er seinen Platz im Parteipräsidium. Er begriff seine Niederlage bei den Parteivorstandswahlen als eine Niederlage des von ihm vertretenen Volksparteikonzepts[12]. Hätte der Parteivorstand nicht härter gegen die Jusos durchgreifen müssen? Ja und Nein. Einerseits wünschte sich Schmid einen neuen Kurt Schumacher, dem die Parteijugend ohne aufzumucken folgte[13], andererseits suchte er selbst den Dialog mit den Jusos. Auf dem Parteitag hatte er sich nicht einmal zu Wort gemeldet. Es wäre ihm auch nie in den Sinn gekommen, nun seinerseits mit den Jusos abzurechnen. Irgendwie fühlte er sich noch immer als Mentor der Jugend, auch wenn diese kaum mehr auf ihn hörte, und er ihr „Politologenchinesisch" nicht mehr verstand[14].

Auf dem Steuerparteitag im November 1971 kam er ganz außerhalb der Tagesordnung ins Gespräch mit Norbert Gansel, der sich von Schmid einen Zigarrenabschneider borgen wollte. Zu Gansels Erstaunen biß Schmid wie ein Mann des Volkes die Zigarren einfach ab. Der 31jährige Jungsozialist kaufte daraufhin einen Zigarrenabschneider und schenkte ihn Schmid zum 75. Geburtstag, der sich ungemein darüber freute. Das Geschenk eines Jungsozialisten war eine ganz besondere Überraschung, die ihn fast mehr bewegte als die vielen Glückwünsche, die er an diesem Tag entgegennehmen durfte[15]. Mit Gansel, der sein letzter politischer „Zögling" wurde, verband ihn bald eine enge Freundschaft. Er wäre froh gewesen, wenn mehr Jusos den Kontakt zu ihm gesucht hätten. Nichts fürchtete er mehr als eine Aufspaltung der Partei in Alte und Junge, in Rechte und Linke.

Daß man ihn jetzt ab und zu mit den Kanalarbeitern, der rechten Speerspitze der Partei, zechen sah, bedeutete nicht, daß er sich an der innerparteilichen Frontenbildung beteiligte. Die Riege der Kanaler hatte sich schon Mitte der 50er Jahre gebildet. Der äußere Anlaß für die Bildung dieses lockeren Abgeordnetenkreises, der bei Bier und Skat Strategien für eine gezielte innerparteiliche und -fraktionelle Personalpolitik entwickelte, soll die Brüskierung der Hinterbänkler durch einen sozialdemokratischen Bundestagsvizepräsidenten gewesen sein[16]. Carlo Schmid war gemeint. Durch sein zuweilen arrogantes und elitäres Auftreten hatte er es sich mit manchem Hinterbänkler verscherzt. Jetzt fand er sich wieder in dem Kreis, über den er lange Zeit die Nase gerümpft hatte, weil er sich nach ein wenig Menschlichkeit sehnte[17]. „Weniger auf parlamentarische Eloquenz als auf parlamentarische Menschlichkeit" sei es Egon Franke, dem Chef der Kanaler, angekommen, schrieb er in einem Vorwort zu dessen Bundestagsreden[18]. Der von Egon Franke versammelte Kreis habe sich zusammengefunden, weniger um politische Angelegenheiten zu besprechen als um Freundschaften zu pflegen. Er wollte den Kreis so sehen, weil er aus diesem Grund zu ihm gestoßen war. Die kalte Herzlosigkeit des Bonner politischen Betriebs hatte ihn schon immer abgestoßen. Er sehnte sich nach Freundschaft, ging aber nur selten auf andere zu[19]. Im Grunde war er noch immer ein schüchterner Mann. In einem Ende der

50er Jahre gehaltenen Vortrag zur Krankenkassenreform hatte er Sartres Wort aus dem Stück „Huis Clos" zitiert: „Die Hölle, das sind die andern"[20]. Das war nicht nur Literaturzitat. Er konnte nur leben und arbeiten, wo er Vertrauen und Zuneigung spürte. Auch deshalb hatte er so selten in den Parteigremien mitgearbeitet.

Daß er immer mehr zu einer politischen Nebenfigur wurde, ertrug er nur schwer. Sein politischer Einfluß sank rapide, während die Bewunderung und Verehrung für ihn wuchs. Ihm gefiel es ganz und gar nicht, immer als der „große alte Mann der SPD" apostrophiert zu werden. Einem verdutzten Bild-Reporter, der ihn mit solch lobenden Worten bedachte, erwiderte er: „Das klingt ein bißchen nach Weihnachtsmann."[21] Man stilisierte ihn zum großen alten Mann der SPD, um sich nicht mit ihm politisch auseinandersetzen zu müssen. Der Bild-Reporter war sichtlich verwirrt, weil Schmid ganz gegen seine sonstige Gewohnheit sich gegen das Klischee, das man ihm anheften wollte, wehrte. Schon leicht verlegen, hakte er nach: „Aber alle legen Wert auf Ihren Rat?" Schmids Antwort war bissig: „Manchmal, übertreiben wir nicht. Ja, man fragt mich oft, aber eine andere Sache ist es, ob man einen Rat befolgt."[22] Nein, diesmal wollte er die Rolle, die man ihm zudachte, nicht mitspielen. Grimmig stellte er fest: „Vor Adenauer hatten sie in der CDU alle Angst, vor mir hat in der SPD keiner Angst."[23] Er hätte anstatt Adenauer auch Schumacher und Wehner nennen können, aber so weit wollte er seine Parteischelte dann doch nicht treiben. Härte war – das hatte er in seinem langen Politikerleben immer wieder feststellen müssen – wichtiger als die Kraft des guten Arguments. Selten gab er seine Verbitterung so offen zu wie in diesem Interview im Januar 1972.

Er war ungehalten darüber, daß die Parteioberen dem Treiben des linken Parteiflügels nicht mehr Einhalt geboten, wußte freilich selbst keinen Rat, wie dessen Einfluß zurückgedrängt werden konnte. Immer öfter fragte er sich, ob die Partei, die so sehr ihr Gesicht veränderte, noch die alte war[24]. Verärgert war er auch darüber, daß man ihn kaum mehr zu brauchen schien. Man schob ihn aufs Altenteil ab, dabei wollte er doch im Geschirr bleiben. Die politische Arbeit war die „beste Arznei" für ihn[25]. Sie ließ ihm keine Zeit zum Nachdenken, sie hielt ihn davon ab, sich in selbstzweiflerischen Grübeleien zu verlieren. Er mochte noch so oft darüber klagen, daß er sich aus politischer Verantwortung aufopfere. Er mußte es nicht. Er wollte es.

1969 hatte er öffentlich angekündigt, daß er nach Ablauf der Legislaturperiode aus dem Bundestag ausscheiden werde. Jetzt bereute er seinen damaligen Entschluß, zumal die Wahlperiode nur drei Jahre gedauert hatte. Er wollte doch noch einmal kandidieren. Er war sich ziemlich sicher, daß die Mannheimer SPD sich wieder für ihn entscheiden würde[26]. Über die örtliche Diskussion und die örtlichen Intrigen war er nur unzureichend informiert. Werner Nagel hatte dort schon längst die Vorbereitungen für seine Kandidatur getroffen. Der 38jährige Betriebsratsvorsitzende der Mannheimer Motorenwerke wurde von den jüngeren Sozialdemokraten eindeutig gegenüber Schmid favorisiert[27]. Als stellvertretender Kreisvorsitzender der SPD hatte Nagel andere Möglichkeiten als Schmid, die örtlichen Entscheidungsprozesse zu beeinflussen. Mitte Juli entschied sich der Kreisvorstand gegen eine Kandidatur Schmids. Mannheims Oberbürgermeister Ludwig Ratzel bat Schmid, um einen örtlichen Parteistreit zu vermeiden, eine Verzichtserklärung abzugeben[28].

Jetzt blieb nur noch die Hoffnung auf einen Platz auf der Landesliste. Das Parteipräsidium war auch der Meinung, daß es der Reputation des Bundestages nicht schaden konnte, wenn Schmid im Parlament blieb. Es wurde vorgeschlagen, ihm über die nordrhein-westfälische Landesliste den Wiedereinzug in den Bundestag zu ermöglichen. Anfang September – Carlo Schmid machte Urlaub in der Provence – mußte Heinz Kühn Schmids Bonner Büro eine Hiobsbotschaft überbringen: Die Delegierten hatten bei der Zusammenstellung der Landesliste keine Rücksicht auf Carlo Schmid genommen[29]. Bitter. Das war das Aus. Schmid hatte gehofft, daß die Parteioberen mehr Druck ausüben würden, um ihm einen Listenplatz zu sichern. In der Öffentlichkeit zollte man ihm immer noch Hochachtung und Respekt. Freilich, er war alt geworden. Manche Tage konnte er kaum noch schreiben[30]. Seine Reden wirkten jetzt oft stereotyp. Der Esprit der früheren Jahre versiegte langsam. Schon im letzten Bundestag hatte er zu den Veteranen gezählt. Zweitältester war er gewesen. Das Amt des Alterspräsidenten hatte der um ein Jahr ältere William Born übernommen, der 1972 ebenfalls aus dem Bundestag ausschied. Die CDU bewies bei der Kandidatenaufstellung mehr Großmut. Ludwig Erhard, ein Jahr jünger als Schmid, erhielt einen sicheren Landeslistenplatz.

Willy Brandt entging nicht, wie schwer Carlo Schmid der erzwungene Abschied fiel. Auf dem außerordentlichen Parteitag in Dortmund Mitte Oktober dankte er ihm mit warmherzigen Worten für sein langjähriges politisches Wirken und Bemühen[31]. Wie schon so oft brandete Schmid auch jetzt wieder der langanhaltende lebhafte Beifall der Parteitagsdelegierten entgegen. Man schickte ihn in den ungewollten Ruhestand, um ihn dann als den großen alten Mann der Sozialdemokratie verehren zu können. Schließlich schlüpfte er auch in die ihm zugedachte Rolle. Er zog sich nicht trotzig in den Schmollwinkel zurück. Nicht einmal gegenüber den Jusos war er nachtragend. Als Günter Grass ihn bat, zusammen mit der „Wählerinitiative" den jungen Bundestagskandidaten im Wahlkampf beizustehen, sagte er, ohne lange zu zögern, zu[32]. Die Jusos waren dankbar für die Wahlhilfe. Norbert Gansel bestach ihn sogar mit einem guten Essen, damit er für ihn in Kiel sprach[33]. So zog er noch einmal quer durch die Bundesrepublik, um Wahlkampf zu machen. Wenn er Seite an Seite mit den jungen Kandidaten auftrat, wurde die geistige Kontinuität der Partei unterstrichen, die manch einer der traditionellen SPD-Wähler zu bezweifeln begann. Es scheint keine Konflikte gegeben zu haben, obwohl er doch eine ganz andere Sprache als diese Enkelgeneration sprach. Er war ganz froh, nicht in Bonn sein zu müssen, das in der Wahlkampfzeit einem „Wespennest“ glich[34].

Der Wahlsieg war höher als erwartet. Mit einem Stimmenanteil von 45,8 % wurde die SPD stärkste Partei. In Schmids Freude über den Wahlsieg mischte sich Schwermut. Als stärkste Fraktion stellte die SPD erstmals den Bundestagspräsidenten. Als Annemarie Renger am 13. Dezember 1972 zur Bundestagspräsidentin gewählt wurde, stand er auf der Diplomatenbühne des Bundestages und konnte seine Enttäuschung darüber, daß er seine Karriere als Vizepräsident hatte abschließen müssen, kaum unterdrücken. Der Abschied von der aktiven Politik war schrecklich für ihn. Er spüre im „eigenen Fleisch“, „daß Abschiednehmen immer ein wenig zu sterben bedeutet“, gestand er kurz nach den Bundestagswahlen in einem Brief an Theodor Pfizer[35].

Sollte er sich von der Melancholie verbrennen lassen? Er hatte trotz aller Enttäuschung vor, sich weiterhin unter den Balken zu stellen, den Willy Brandt vorantrug[36]. Sein Koordinatoramt war ihm geblieben. Es war zwar kein „Full-time-Job“, wie er manchmal behauptete[37], aber hin und wieder konnte er sich über kleine bescheidene Erfolge freuen. Die Bundestagsverwaltung war großzügig, beließ ihm ein Dienstzimmer und seine Sekretärin. Auch nach dem Ausscheiden aus dem Bundestag erhielt er noch zahlreiche Briefe aus der Bevölkerung. Vergessen war er nicht. Als Fachberater kümmerte er sich um den Neubau der Sitzungsgebäude von Bundestag und Bundesrat. Schon 1970 hatte er zusammen mit dem Vorsitzenden des Künstlerbundes Georg Meistermann Pläne für die Ausgestaltung eines Hearing-Raumes im Abgeordnetenhochhaus geschmiedet[38]. Um die Neubaupläne kümmerte er sich nicht nur aus ästhetischen Gründen. Er war schon immer der Ansicht gewesen, daß die Architektur des Plenarsaals dazu verführe, Vorlesungen anstatt Reden zu halten. Manchmal beobachtete er von der Diplomatenbühne aus das parlamentarische Treiben. Der Verfall der parlamentarischen Beredsamkeit nahm den Debatten die Spannung, den Überraschungseffekt. Er mag wehmütig an die parlamentarischen Sternstunden der Anfangsjahre gedacht haben, an die großen Redeschlachten, an denen er selbst beteiligt war.

Noch war er im Parteivorstand. Er mußte sich fragen: Wie lange noch? Die Jusos hatten einen engagierten Wahlkampf geführt und befanden sich seit dem Wahlsieg der SPD wieder im Vormarsch. Anfang 1973 erklärte

Brandt, daß er die Partei nicht weiter führen könne, wenn der Parteitag in Hannover einen Beschluß fasse, der im Widerspruch zum Wahlprogramm der SPD stehe[39]. Auf dem Parteitag in Hannover Mitte April 1973 sah sich der SPD-Parteivorsitzende gezwungen, deutliche Worte an die Adresse derer zu richten, „die Theorie sagen und in Wirklichkeit Ideologie meinen“[40]. Er stellte das pseudorevolutionäre Gehabe gewisser Juso-Gruppen bloß: „Was soll das auch für eine revolutionäre Gesinnung sein, die in erloschene Vulkane pustet? Sie wirbelt nur Staub auf.“[41] Wer mit „älteren Genossen“ „rücksichtslos und herzlos“ umgehe, beweise „eigene Unreife“[42]. Im übrigen stellte er fest, daß der Staat nie als ein „Mittel zum Zweck“ verstanden werden dürfe, sondern als ein „Instrument der Gemeinschaft, das seine Legitimation und seine Würde bezieht aus dem Dienst der Bürger für die Gesamtheit und der Gesamtheit für den einzelnen.“[43]

Carlo Schmid beteiligte sich auch diesmal nicht an der Diskussion. Er war der Auffassung, daß der Parteinachwuchs mit Ansprachen und Predigten kaum zur Räson zu bringen war. Am ehesten sei noch etwas zu erreichen, wenn man mit jedem einzelnen unter vier Augen spreche[44]. Das tat er auch immer, wenn sich die Gelegenheit dazu bot. Im übrigen war sattsam bekannt, daß er den Zerfall der Autorität des Staates befürchtete und daß er ein Gegner des imperativen Mandats war, das den Abgeordneten von seiner Partei noch abhängiger machte, als er es eh schon war[45]. Für die Kritik der Jungsozialisten an Oligopolen und Kartellen hatte er dagegen durchaus Verständnis[46]. Er selbst hatte sich, als er 1945 in die Politik ging, vorgenommen, deren Macht einzuschränken. Über den Extremistenbeschluß vom Januar 1972 war er unglücklich. Er war zwar ganz entschieden dafür, Verfassungsfeinden den Zugang zum öffentlichen Dienst zu verwehren. Die gefundene gesetzliche Regelung hielt er aber für äußerst bedenklich[47].

In der Sache konnte sich der Parteivorstand auf dem Parteitag weitgehend durchsetzen. Neutralismus und Anti-Amerikanismus wurde eine deutliche Absage erteilt. Die umstrittenen Themen Investitionslenkung und Bodenreform wurden zur weiteren Beratung an Parteikommissionen überwiesen. Erfolgreich war die Strategie der „Linken“ bei den Personalentscheidungen. Carlo Schmid hatte schon vor dem Parteitag erfahren, daß er auf dem Verzeichnis der Abzuwählenden an vorderster Stelle stand. Wohlmeinende Freunde rieten ihm, auf eine Kandidatur für den Parteivorstand zu verzichten[48]. Willy Brandt beabsichtigte die Gründung eines Seniorenrates, um sichtbar zum Ausdruck zu bringen, „daß die Führung der Partei sich den Rat und die Erfahrung der ‚Alten‘ nutzbar einholt“. Schmid sollte mit dem Vorsitz in dem geplanten Altengremium betraut werden[49]. Vielleicht würde ihm der Verzicht auf die Kandidatur für den Parteivorstand dann leichter fallen. Ohnehin hatte er sich im Parteivorstand in den letzten Jahren nur sehr selten zu Wort gemeldet.

Schmid drängte sich der Eindruck auf, daß man ihn abschieben wolle. Er konnte sich nicht damit abfinden, daß er nicht mehr zur Führungsgarnitur der Partei zählte. „Ich heiße Carlo Schmid, bin 77 Jahre alt, also nicht mehr jusofähig, im übrigen eine Zeitlang im Bundestag und auch sonst in der Partei tätig gewesen", stellte er sich den Parteitagsdelegierten vor, die ihn auch diesmal mit anhaltendem starken Beifall begrüßten[50]. Der Beifall trügte. Bei der Parteivorstandswahl landete er mit nur 176 Stimmen auf Platz 35. Durchgefallen! Er hätte es in einem zweiten Wahlgang noch einmal versuchen können, aber über die Hintertreppe wollte er dann doch nicht in den Parteivorstand gelangen. Er zog seine Kandidatur zurück: „Ich habe meine Kandidatur nicht als einen Versuch betrachtet, etwas zu werden, sondern als ein Angebot meiner Dienste an die Partei, in dem Gremium, dem ich nunmehr 26 Jahre lang angehört habe. Ich scheide dort aus und trete zurück in Reih und Glied. Das wird meine Liebe zur Partei nicht vermindern. Ich werde ihr mein Können und meine Kraft zur Verfügung stellen wie bisher."[51] Soviel Noblesse überwältigte sogar die Delegierten. Stehende Ovationen wurden ihm dargebracht[52]. Er war nicht das einzige Opfer der „linken" Streichaktion gewesen. „Bild am Sonntag" erschien am 15. April mit der Schlagzeile: „Ein Tritt für die alten Genossen." Auch Egon Franke, Annemarie Renger, Käte Strobel, Jockel Fuchs, Marie Schlei, Hans Hermsdorf und Lucie Kurlbaum-Beyer verfehlten die nötige Stimmenzahl. Die „Kanaler" waren diesmal mit ihrer Personalpolitik gescheitert. Der Parteitag ging als Sieg der „Linken" in die Parteigeschichte ein.

Schmid mußte sich mit dem von Willy Brandt angebotenen Vorsitz im Seniorenrat bescheiden. Die Lobeshymnen, mit denen man ihn überschüttete, trösteten ihn über seine Niederlage nicht hinweg. Einige seiner Bekannten meinten, er hätte der Partei den klassischen Gruß Götz von Berlichingen entbieten sollen[53]. Er unterdrückte seinen Groll, weil er, um der SPD in der Öffentlichkeit nicht zu schaden, keine Gräben zwischen sich und der Partei aufreißen wollte[54], und weil er trotz aller Enttäuschung und Verbitterung an dieser Partei hing. Kurz nach dem Parteitag schrieb er an Jakob Trumpfheller: „Du wirst die Vorgänge in der Partei genauso aufnehmen wie ich; laß Dir den guten Mut dadurch nicht nehmen. Diese gute alte Mutter hat Runzeln im Gesicht, aber immer noch ein kräftiges Herz, und ich glaube nicht, daß man ihr mit kosmetischen Mitteln beikommen kann, sondern nur dadurch, daß man zu erkennen gibt, daß man sie liebt und ihr die Treue hält."[55] Er selbst fühlte sich allerdings eher niedergeschlagen als guten Mutes. Der erzwungene Ruhestand machte ihn krank. Schon Ende 1972 hatte sein Arzt eine zur Dekompensation neigende Herzinsuffizienz sowie erheblichen Bluthochdruck festgestellt[56]. Der Zustand verschlimmerte sich 1973. Fast das ganze Jahr über war er krank, schob die Dinge nur vor sich her, erledigte nur, was unbedingt sein mußte[57]. Der neue Lebensabschnitt tat sich vor ihm auf wie ein schwarzes Loch, obwohl Berge von Arbeit auf ihn warteten, vor allem die Niederschrift seiner Erinnerungen. Er saß auf einem leeren Schneckenhaus.

Es ist schrecklich, als Kuriosität zu gelten: Die letzten Lebensjahre (1973–1979)

La Croix Valmer, das renommierte Seebad auf der Halbinsel südlich von St. Tropez, ist ein idyllisches buen retiro für einen Ruheständler. Hans Schmid hatte dort ein kleines Ferienhäuschen, in das sein Vater während seiner letzten Lebensjahre regelmäßig für einige Monate im Jahr zusammen mit Hanne Goebel einzog, ohne deren treue Fürsorge der Ruhestand für ihn noch unerträglicher gewesen wäre, als er es eh schon war. An schönen Tagen sah man ihn in Jeans und Ringelpulli im Garten arbeiten oder Holz spalten. Manchmal gab er sich dem dolce far niente hin und genoß den Blick auf das blaue Meer[1]. Er war noch immer ein Traumkind, den die Weite des Meeres in andere Zeiten und Räume entführte. Hätte er nicht gut daran getan, das Leben schon früher zu genießen? Er gab sich betont lässig, seine Haare wuchsen zu einer langen Mähne, so daß man meinen konnte, er hätte sich von der bürgerlichen Gesellschaft verabschiedet. Der Schein trog. Fast zornig reagierte er, wenn man ihn auf sein Rentnerdasein ansprach: „Nein, nein, ich bin nicht auf dem Ruhebänkchen vor dem Feierabendhaus, ich bin vielleicht à la suite, aber nicht außer Diensten.“[2]

Aus seinem südfranzösischen Refugium kehrte er immer wieder gern nach Bonn zurück. Gelegentlich fand seine Sekretärin Friedel Ahlgrimm am frühen Morgen einen Zettel auf ihrem Schreibtisch: „Ich freue mich, daß wir wieder zusammenwerkeln können.“[3] Er war schon vor ihr im Büro. Er war froh, wenn politische Arbeiten erledigt werden mußten. Das befreite ihn von der Fron des Memoirenschreibens. An düsteren Regentagen diktierte er sie auf der Grundlage von Reden, Zeitungsberichten und Reisenotizen. Der Rückblick auf das eigene Leben konfrontierte ihn noch einmal mit den gescheiterten Hoffnungen und Visionen. Schmerzhafte Erinnerungen an verstorbene politische Weggefährten wurden wach. Im Dezember 1975 schrieb er an Käthe Erler: „Beim Niederschreiben meiner Erinnerungen stoße ich immer wieder auf Fritz und all die Dinge, die wir zusammen getan haben. Wie gut wäre es für die Partei, wenn es ihn noch gäbe. Ohne ihn auskommen zu müssen, ist auch für seine Freunde schwer.“[4] Er versuchte den Qualen des Erinnerns zu entkommen, indem er einen Erziehungsroman schrieb, in dem er sein eigenes Selbst nicht preisgab. So entstand ein Buch, das eher einer in pädagogischer Absicht geschriebenen Geschichtsdarstellung der letzten 70 Jahre gleicht als einer Autobiographie. Die Kürzungen, die er vom Verlag aufdiktiert bekam, machten das Erinnerungswerk noch verkrampfter, als es eh schon war. Fünf Jahre hatte er daran gesessen, aber er war selbst nicht zufrieden mit dem Geschriebenen. Die Erinnerungen schweigen über seine Hoffnungen und Niederlagen, über seine Leiden und Wünsche. Nur in den Porträts, die er von seinen politischen Weggenossen entwarf, erfährt man manchmal etwas über den Menschen Carlo Schmid.

Als er sein Œuvre am 8. November 1979 in der Parlamentarischen Gesellschaft vorstellte, gab er den dort Versammelten dann doch einen Einblick in sein Innenleben. Unterderhand gerieten seine Worte zu „Herzensergießungen", in denen er bekannte: „Es kommt nicht darauf an, daß man erlebt, was man sich gewünscht hat. Es kommt darauf an, daß man weiß: Dieses gewünscht zu haben, hat dich ausgemacht. Und daß du es nicht ins Blaue hineingewünscht hast, sondern du das Kreuz getragen hast bis dorthin, wo es sich zu wünschen erlaubt ist, das ist, was die Menschen vielleicht an mir sehen werden."[5] Und dann erzählte er in einem melancholisch verklärten Rückblick auf sein Leben von der Utopie, die ihn 1945 bewog, in die Politik zu gehen. Das Licht des Geistes, das auf den Jünglingsporträts der Goethezeit leuchtete, wollte er auf das Antlitz der Deutschen zaubern[6]. Wer von seinen Zuhörern konnte mit dieser nostalgischen Sehnsucht nach einem neuen, einem Dritten Humanismus etwas anfangen? Ja, für ihn war neben den Plänen der Kreisauer die Utopie eines Dritten Humanismus ein Leitstern gewesen, als er sich 1945 entschloß, aktiv in das politische Geschehen einzugreifen. Die harte Realität verlor er dabei nicht aus den Augen. Als Außenpolitiker kamen ihm die Erfahrungen, die er als Referent im Kaiser-Wilhelm-Institut gesammelt hatte, zugute. In Lille war er zum Politiker geworden, der taktisch klug und entschlossen das verbrecherische NS-Regime bekämpfte. Er brauchte die Provokation von außen, die existentielle Herausforderung. Ein Handwerker der Politik wurde er nie. Er war eher Künder als Kärrner, obwohl er in seinem Leben oft auch Kärrnerarbeit hatte verrichten müssen. Seiner Zeit eilte er weit voraus und fast immer schwamm er gegen den Strom. Sein Humanismus machte ihn hellsichtig gegenüber den Gefahren der Technokratisierung und Rationalisierung der Lebenswelt. Seine elitäre Kritik an der Massengesellschaft, die in der Geisteswelt Stefan Georges wurzelte, aber war unzeitgemäß geworden. Er ärgerte sich maßlos darüber, daß man ihn zu einer Kuriosität machte[7], trug aber durch seine Selbststilisierungen viel dazu bei, daß er zu einer wurde. Der Dichter fabulierte gerne. Je mehr ihm der große politische Erfolg versagt blieb, wurden daraus Lebenslügen. Er suchte nach dem Sein und flüchtete vor ihm.

In seinem letzten Lebensjahrzehnt wurde er mit zahlreichen Auszeichnungen bedacht. 1971 erhielt er als erster Deutscher nach dem Krieg das Großoffizierskreuz des Ordens der Ehrenlegion der Französischen Republik. Er war stolz auf diese Ehrung, die er als ein Symbol begriff, daß Franzosen und Deutsche sich nun als ebenbürtig ansahen[8]. Zwei Jahre später wurde ihm die Ehrendoktorwürde der Sorbonne verliehen. Pierre Bertaux, der als Direktor der Sûreté Nationale ihm seine untadelige Haltung während seiner Tätigkeit in Lille bescheinigt hatte[9], hielt die Laudatio. Als ihn die Stadt Mannheim 1970 zum Ehrenbürger ernannte, ergriff ihn ein Gefühl, als ob man ihm die „Bürgerkrone“ aufgesetzt hätte. Er gab zu, daß dieses Gefühl vielleicht etwas „kindlich“ war[10]. Sieben Jahre später honorierte die Stadt Tübingen seine Leistungen mit der Ehrenbürgerwürde. Die Aristide-Briand-Gedenkmedaille der Europäischen Akademie in Otzenhausen und die Erinnerungsmedaille der Beratenden Versammlung des Europarats hatte er mit Wehmut in Empfang genommen. Er war nur ungern aus dem Europarat ausgeschieden[11]. Nach dem Goethepreis der Stadt Frankfurt erhielt er 1975 auch noch den Hansischen Goethepreis der Stiftung F.V.S. Hamburg. Für Schmid hatten diese Auszeichnungen einen hohen persönlichen Wert. Er meinte auch sich, als er einmal feststellte, daß der Begabte, dessen Selbstwertgefühl auf Leistungen gründe, sich nur selten nach Gebühr bewertet finde[12].

Freilich, noch soviel Bewunderung und Verehrung konnten ihn nicht darüber hinwegtäuschen, daß er sein hohes selbstgestecktes politisches Ziel nicht erreicht hatte. Als man ihn 1977 zum Vizepräsidenten des Vereins ehemaliger Mitglieder des Bundestages machte, schrieb er verbittert zurück: „Daß Ihr mich zum Vize machen wollt, ist eine Ehre und im übrigen für mich nichts Ungewohntes, denn Vize war ich in den verschiedensten Positionen fast mein ganzes Leben lang. Nicht nur Bücher, auch Menschen haben ihr Schicksal.“[13] Selten gab er seine Verbitterung so offen zu. Überhaupt sprach er sich nur wenigen gegenüber offen aus. Was er las und übersetzte, hatte aber zumeist mit seinen eigenen Problemen und Wünschen zu tun.

Als er Ende der 60er Jahre Malraux' Anti-Memoiren übersetzte, hatte er einer Bitte des Autors nachgegeben. Bald schon liebte er Malraux, diesen „farfelu“[14], der das Enigmatische der menschlichen Existenz zum Thema seiner Memoiren, die er bewußt als Anti-Memoiren konzipiert hatte, machte. Schmid fand in den Anti-Memoiren eigene Gedanken wieder: die Bejahung der Absurdität, den Amor fati. Um die Übersetzung des 2. Teils der Anti-Memoiren brauchte Malraux ihn nicht zu bitten. Er drängte darauf, sie übersetzen zu dürfen. „Eichen, die man fällt“, hatte Malraux den zweiten Teil seines Erinnerungswerks überschrieben, in dem der kommunistische Renegat, der zum Gaullisten geworden war, de Gaulle zum Helden der Handlung machte. Das Buch war eine Hommage des früheren französischen Kulturministers an seinen Staatspräsidenten, dessen Gestalt auch Schmid in den Bann zog, der sich in seinen letzten Lebensjahren immer wieder mit de Gaulle beschäftigte – vielleicht weil er in ihm eine Art alter ego erblickte, einen Mann der trotz aller Widerstände sein politisches Ziel erreichte. Kurz vor seinem Tod übertrug er noch de Gaulles Frühwerk „Fil de l'epée – Die Schneide des Schwertes" ins Deutsche[15]. Die Anhänger de Gaulles hatten in dem Essay des damals frischgebackenen Oberstleutnant ein Buch der Verkündigung sehen wollen.

Es war eine Schrift wider den Zeitgeist: „Indem der Zeitgeist die Fundamente der Autorität der Person zerrüttet, reißt er auch die Wälle auf, die das jahrhundertealte Prestige der Institutionen beschützen, darin sich die Autorität des Staates vergegenwärtigt. Nicht, daß sich deren Wert und Würde merklich verändert hätten, doch ist es eine Tatsache, daß Kritik und Unehrerbietigkeit ihnen immer näher auf den Leib rücken und härter auf sie einschlagen."[16] Der junge de Gaulle vermißte Größe und rief nach der einsamen Führerpersönlichkeit, die aller Welt zum Trotz ihre Pläne und Vorhaben verwirklicht. Nietzsches Wille zur Macht und Bergsons „elan vital" bilden den geistigen Hintergrund der de Gaulleschen Jugendschrift. De Gaulles Ruf nach einer neuen Elite, die die „herbe Lust, verantwortlich zu sein", sucht[17], mußte Schmid schmerzlich an die eigenen Visionen erinnern. Malraux ließ de Gaulle einen Gegensatz zwischen dem großen Staatsmann auf der einen Seite, dem Parlamentarismus und der Parteiendemokratie auf der anderen Seite aufbauen. Er legte de Gaulle die Worte in den Mund: „Die Parlamentarier können die Aktivität des geschichtlichen Prozesses lähmen, sie können ihn nicht festlegen."[18] Politik beginne mit der Erschaffung und dem Tätigwerden des Staates. Schmid lehnte den Cäsarismus, den appel au peuple ab, aber die Gestalt de Gaulles faszinierte ihn. Unkritisch bewundert hat er ihn freilich nicht. Ein Vorbild konnte der französische Staatspräsident nicht sein. In der Öffentlichkeit trat Schmid weiterhin als Mentor des Parlamentarismus und der Parteiendemokratie auf.

Gleichwohl hielt er an der Überzeugung fest, daß eine Demokratie nicht ohne eine Elite auskomme. Er machte sich Sorgen über den Niedergang der „classe politique". Einem Reporter, dem zu viele Verbandsvertreter und Beamte im Bundestag saßen, antwortete er resigniert: „Ich frage mich, ob ein Ingenieur, der etwas in seinem Beruf taugt, in die Politik gehen wird."[19] Er rief nur noch selten dazu auf, seinem Vorbild zu folgen.

Ganz überwältigt hatte ihn die Resignation noch nicht. Auch der über 80jährige war für neue Initiativen noch begeisterungsfähig. Als Wolf Jobst Siedler im Frühjahr 1978 vorschlug, eine Art Mittwochsgesellschaft zu gründen[20], war Schmid sofort Feuer und Flamme für diesen Plan: „Ich finde diesen Gedanken ausgezeichnet! Es könnte sein, daß sich um solch einen Kern politischer, aber nicht ideologisch verknechteter Persönlichkeiten etwas wie eine „Classe politique" bilden könnte, an deren Mangel das politische Leben in unserem Lande zu ersticken droht."[21] Die Idee faszinierte ihn so, daß er sich sofort Gedanken über die Zusammensetzung des geplanten Gesprächskreises machte. Er sollte „weniger dem Orden der Friedensklasse des Pour le Mérite kombiniert mit dem BDI, dem DGB und den Präsidien der Parteien gleichen, als eher dem britischen Oberhaus (...). Es brauchen nicht lauter Erb-Lords zu sein, die auf Lebenszeit ad personam ernannten, wären wohl tauglicher."[22] Immer wieder spielte er mit dem Gedanken einer von den Parteien unabhängigen Elite. Auch seine Vorliebe für den aufgeklärten Absolutismus war noch nicht geschwunden. Er schlug vor, in dem Gesprächskreis an die „preußische Aufklärung" anzuknüpfen, „wie sie ihren Niederschlag in Clausewitz, dem Grafen Yorck von Wartenburg und Dilthey gefunden hat"[23]. Nach 1945 hatte er zur Bürgerbeteiligung aufgerufen. Jetzt da sich die Bürger beteiligten, idealisierte er die Aufklärung und Reform von oben wieder.

Das Aufkommen der Bürgerinitiativen beobachtete er mit sehr gemischten Gefühlen. Seine Sympathie für das Aufbegehren der Bürger gegen die „Ideologie des bloßen noch mehr" verband er mit einer Warnung vor einer uferlosen Demokratisierung. Den Protest der Bürgerinitiativen gegen die Technisierung aller Lebensbereiche unterstützte er, aber er fürchtete, daß „wilde" Mitentscheidungsbefugnisse von Bürgerinitiativen gegenüber der staatlichen Exekutive und Verwaltung auf die Dauer die konstitutionellen Kontroll- und Entscheidungsbefugnisse des Parlaments lähmen würden[24]. Die Skepsis gegenüber dieser neuartigen Manifestation des Bürgerwillens überwog. Die Furcht vor einem Zerfall der Autorität des Staates nahm sein Denken gefangen. Bei einem Abendessen, das Bundespräsident Scheel zu Ehren französischer Staatsgäste gab, erinnerte er an die Fundamente des französischen Staates. Er zitierte Ideale. Frankreich sei „geprägt von dem klassischen Bewußtsein, das einen Richelieu hatte sagen lassen, daß er in allem, was er tat, immer nur an den Staat gedacht habe"[25]. In dem westlichen Nachbarland habe die „epikureische Gelassenheit" den „strengen Geist der Stoa" nie auszumerzen vermocht. Eine Welt latinischen Maßes schwebte ihm, der seinen Vitalismus selbst nicht immer zu bändigen wußte, vor.

Zu den wenigen, die seine Sorgen über den Verfall der politischen Kultur teilten, gehörte sein Freund Manès Sperber. In einem Artikel, den er Schmid widmete, sprach der französische Literat und Philosoph von einem „Meinungssuff", den die Rebellion der 68er Generation ausgelöst habe. Er schloß den Artikel mit der apodiktischen Feststellung, „daß überall, besonders aber in der Politik ein Gran Wissen einem Zentner Überzeugung und einer Tonne Meinung vorzuziehen" sei[26]. Schmid glaubte am Ende einer Epoche zu stehen und hoffte, daß die zukünftige

Generation nicht zuviel von dem aufgebe, „wozu einige Jahrhunderte menschlicher Gesittung beigetragen haben“[27]. Das Ende des humanistischen Zeitalters als Apokalypse. Wer nahm seine Warnungen schon ernst? Für die meisten ragte er wie ein „Fabeltier“ aus vergangenen Zeiten in die Gegenwart hinein.

In die aktuelle Tagespolitik mischte er sich nur noch selten ein, obwohl er sie weiterhin aufmerksam verfolgte. Seine Forderung nach einer gemeinsamen Außen- und Verteidigungspolitik der EG-Staaten war noch immer aktuell. Wenn sich Gelegenheit bot, wiederholte er sie. Doch wann hatte er schon einmal Gelegenheit, vor einem internationalen Forum zu sprechen? Die Weiterführung der Ost- und Entspannungspolitik befürwortete er nachhaltig. Sie erschien ihm der einzig mögliche Weg, um doch noch zu einem System europäischer kollektiver Sicherheit zu kommen[28]. Manchmal erinnerte er daran, daß die „politisch Weitsichtigen“ schon lange gewußt hatten, daß die „Entfesselung der deutschen Politik“ die Verständigung zwischen der Bundesregierung und den Machthabern des Ostens, einschließlich der DDR voraussetzte[29]. Daß er jahrelang für diese Politik gekämpft hatte und jetzt keiner mehr von ihm sprach, war bitter für ihn. Die innerdeutschen Kontakte begrüßte er, wenn er sich selbst auch nie mit den DDR-Oberen traf. Ausdrücklich versicherte er, daß auch er, falls er einen Vertreter der DDR sehe, ihm nicht den Rücken zukehre[30].

Seine Befürwortung des innerdeutschen Dialogs hielt ihn freilich nicht davon ab, weiterhin die Blindheit der „Linken“ gegenüber den politischen Zuständen in den sozialistischen Ländern des Ostblocks zu kritisieren. Von Alexander Solschenizyns „Archipel Gulag“ war er beeindruckt. Endlich hatte jemand „den Mut und die Einsicht gehabt festzustellen, daß das, was da an Grauenhaftem geschah, nicht einfach das Werk des Teufels Stalin gewesen war, sondern von Lenin, dem weisen und gütigen Vater der Armen und Enterbten, in der Tendenz und Methode so gewollt war, wie Stalin es in der Perfektion ausführte“[31]. Er hoffte, daß man sich auf seiten der linken Intellektuellen mit dem Buch auseinandersetzte, und fürchtete, daß man auf seiten der Rechten zufrieden feststellte: „Die sind ja auch nicht besser gewesen als die Nazis ...“[32] Die sich in der Bundesrepublik breit machende Schlußstrichmentalität ließ er nicht unwidersprochen. Noch einmal griff er zur Feder und betonte die Unvergleichbarkeit der nationalsozialistischen Gewaltverbrechen[33].

Innerhalb der SPD mußte er sich mit dem Vorsitz im Seniorenrat begnügen. Zunächst hatte er sich noch Hoffnungen gemacht, über den Seniorenrat ein gewichtiges Wort in der Partei mitsprechen zu können. Es zeigte sich schon bald, daß er die politischen Möglichkeiten dieses Altengremiums überschätzt hatte. Noch ehe der Seniorenrat sich konstituiert hatte, wurde er als „Schnauferl-Parade“ belächelt[34]. Schmid hatte mit dem Parteivorstand vereinbart, daß die im Seniorenrat versammelte ehemalige Parteiprominenz die Kontinuität der politischen Entwicklung der SPD sichtbar zum Ausdruck bringen solle[35]. Beim ersten Treffen des Seniorenrates waren dann auch zahlreiche prominente sozialdemokratische Ruheständler erschienen. Wilhelm Hoegner, Wilhelm Kaisen, Heinrich Troeger, der langjährige Hamburger Bürgermeister Herbert Weichmann. Über Aufgaben und Ziele des Seniorenrates brach sogleich Streit aus. Jeanette Wolff, die mit 87 Jahren Älteste unter den Alten, vertrat den Standpunkt, daß der Seniorenrat vor allem dazu da sei, Altenpolitik zu treiben[36]. Das war nun wirklich das letzte, mit dem sich Schmid befassen wollte. Er war bestrebt, die Arbeit des Seniorenrates in die Gesamtarbeit der Partei einzubeziehen. Vor allem in die Grundwertediskussion, die demnächst in Gang kommen sollte, wollte er eigene Vorschläge und Ideen einbringen. Außerdem glaubte er den Historikern, die im Auftrag der Friedrich-Ebert-Stiftung an einer Geschichte der deutschen Arbeiterbewegung schrieben, mit Rat und Tat beiseite stehen zu müssen. Am Ende seiner Ausführungen wurde er wieder einmal von seinem eigenen Pathos fortgerissen: „Wenn wir nicht den Mut aufbringen, unser Dasein auch pathetisch zu sehen, dann bleiben wir unter dem, was unsere Partei darstellt." [37] Bald konnte man überall lesen und hören, Carlo Schmid plane die Einrichtung eines „platonischen Disputantenstübchens" [38].

Die Partei nahm wenig Notiz von der Arbeit des Seniorenrates, worüber Carlo Schmid mehr als enttäuscht war. Anfang 1979 mahnte er im Parteivorstand, die Erfahrungen der Parteiältesten nicht nur als „Erinnerungsposten", sondern als „Schatzkammer" zu begreifen[39]. Er sprach in eigener Sache, wenn er unterstrich, daß die Bereitschaft der Älteren zu aktivem Engagement nicht zurückgewiesen werden dürfe. Aus dem Seniorenrat hatte er kein platonisches Symposium gemacht, sondern sich bemüht, ihn in die aktuelle Parteidiskussion einzuschalten. So übersandte er im Namen des Seniorenrates Anfang September 1975 Willy Brandt eine herbe Kritik am Orientierungsrahmen 85, durch den das Godesberger Programm ergänzt und weiterentwickelt werden sollte. Eine vom Parteitag in Hannover eingesetzte Kommission unter der Leitung Peter von Oertzens, Horst Ehmkes und Herbert Ehrenbergs hatte das neue Langzeitprogramm ausgearbeitet. Der Versuch zur Aktualisierung des Selbstverständnisses der Partei sei anerkennenswert, räumte Schmid wohlwollend ein. Es sei jedoch offensichtlich, „daß in manchen Punkten die Einigung der Kommissionsmitglieder nur deshalb zustande gekommen war, weil man sich mehr über Worte als über sachliche Inhalte zu einigen vermochte". Konkrete Antworten auf die „Forderungen des Tages", die die Wählerschaft erwarte, suche man in dem neuen Langzeitprogramm vergebens[40]. Brandt verteidigte den Orientierungsrahmen nur halbherzig[41]. Trotzdem wurde er zwei Monate später auf dem Mannheimer Parteitag verabschiedet, um bald darauf zu den Parteiakten gelegt zu werden.

Carlo Schmid war überzeugt, daß das mangelnde Geschichtsbewußtsein der Partei für deren Orientierungslosigkeit verantwortlich war. Der Parteinachwuchs könne aus einer Darstellung, in der die Verzahnung des jeweiligen politischen Tagesgeschehens mit den einzelnen Phasen der Geschichte der Partei zum Ausdruck komme, nur Nutzen ziehen, mahnte er Brandt[42], der auch der Meinung war, daß man das Geschichtsbewußtsein in den Reihen der Partei wachhalten müsse[43]. Im Seniorenrat war man sich einig, daß das vorhandene Material und die bereits vorliegenden wissenschaftlichen Schriften in „lesbare Lektüre" übersetzt werden mußten[44]. An guten Ratschlägen mangelte es nicht, aber wurden sie auch befolgt?

Schmid hatte das Gefühl, daß die Tätigkeit des Seniorenrates nur der Selbstbeschäftigung der Alten diene. Auch die Sitzungen des von ihm geleiteten Altengremiums verliefen nicht so, wie er sich das vorgestellt hatte. Von Anfang an hatte er betont, daß der Seniorenrat keine Anti-Juso-Organisation werden dürfe. Das Treiben der Parteilinken gefiel auch ihm nicht. So war auch er wie die übrigen Senioren darüber empört, daß Sozialdemokraten in politischer Verantwortung sich nicht scheuten, die Stamokap-Theorie hoffähig zu machen. Solche Reizvokabeln verprellten die Wähler und gefährdeten letztendlich die Regierungsfähigkeit der SPD[45]. Er hatte jedoch die größten Bedenken gegen einen Zusammenschluß der Senioren zu einer rechten Fraktion innerhalb der Partei. 1976 schrieb er dem damaligen Bundesgeschäftsführer der SPD Holger Börner einen besorgten Brief: „Ich halte es nicht für gut, daß sich überall Seniorenräte bilden, denn ich fürchte, daß je nach der Zusammensetzung bzw. je nach der Artung der jeweiligen Sprecher eine erhebliche Polarisierung nicht nur zu den Jusos eintreten könnte, was sicher nicht zum Nutzen der Partei gereichen würde."[46] Er selbst mußte den Zorn der Senioren auf die Partei immer wieder bremsen. Als 1979 einige Mitglieder des Seniorenrates ergrimmt erklärten, eine Niederlage bei den nächsten Wahlen könne für die Partei ganz „heilsam" sein, widersprach er heftig[47]. Wie schon so oft fiel ihm auch jetzt wieder die undankbare Aufgabe des Mittlers zwischen den Fronten zu. Am liebsten hätte er den Seniorenrat wieder aufgelöst[48].

Zu den Auseinandersetzungen in der Regierung, zu dem aufbrechenden Konflikt in der Führungstroika Brandt, Wehner, Schmidt nahm er nicht Stellung. Vergeblich sucht man nach einem Brief, in dem er sich zu den Attacken Wehners auf Brandt äußert, vergeblich nach einem Kommentar zum Regierungsrücktritt Brandts. Nur in einem Brief vom Dezember 1974 meinte er ganz en passant, daß es eine „Beruhigung" sei, daß „zur Zeit der richtige Mann am Steuerruder" stehe[49]. Sein Verhältnis zu Helmut Schmidt war enger als zu Willy Brandt, was ihn aber nie dazu bewogen hätte, in irgendeiner Form Stellung gegen Brandt zu beziehen, der für ihn einer der wenigen Staatsmänner war, die sich zum Ziel gesetzt hatten, die „Politik zu humanisieren"[50]. 1976 schrieb er in einem Geburtstagsbrief an Willy Brandt: „Ich glaube, daß uns bei aller Verschiedenheit der äußeren Umstände manche bewegenden Kräfte gemeinsam waren und gemeinsam bleiben werden: der Primat der Menschlichkeit vor allem materiell Zweckhaften, das brüderliche Einssein mit den im Schatten Geborenen und die Vision einer Welt, darin jeder, wo immer er auch stehe, Wesensbejahung finden kann."[51]

Helmut Schmidt war sein „Zögling", der allerdings im Gegensatz zu seinem Mentor ein eher technokratisches Verständnis von Politik hatte. Helmut Schmidt rief nicht zum Mut zur Utopie auf. Er verkörperte Sachkompetenz, stand für ökonomisches Krisenmanagement und Fortschrittsoptimismus. Er war kein Visionär wie Brandt und Carlo Schmid, der freilich die politischen Probleme als Verantwortungsethiker anpackte und den anti-autoritären Tendenzen der damaligen Zeit genauso kritisch gegenüberstand wie Helmut Schmidt. Noch bevor er Kanzler wurde, hatte Helmut Schmidt seinem väterlichen Freund für die „große Fülle geistiger und auch politisch-moralischer Anregungen", ohne die er sich „gewißlich" anders „entwickelt" haben würde, gedankt[52]. Auch als Bundeskanzler fragte er Carlo Schmid gelegentlich um Rat oder ließ sich von ihm geistvolle Zitate aufschreiben[53]. Solche Vertrauensbeweise taten Carlo Schmid, der sich abgeschoben vorkam und einsam fühlte, gut.

Im Bonner Bundeshaus hasteten die Abgeordneten an ihm und auch den anderen nur noch vorbei und murmelten sich „Mahlzeit" entgegen. Für Schmid war das der schlimmste Gruß seit „Heil Hitler"[54]. Da ihm das aktive Eingreifen in die Politik verwehrt war, versuchte er zumindest etwas Mitmenschlichkeit in die Politik zu bringen. Willy Brandt, Helmut Schmidt, Walter Scheel und auch einige andere politische Weggenossen bekamen im Sommer selbsteingemachtes Quittengelee und zu Weihnachten selbstgebackene Plätzchen und Lebkuchen zugesandt[55]. Auch in kleinen Dingen galt für Schmid die Maxime: „Politik muß menschlich sein."[56]

Mit der Welt der Großen war er nur noch durch sein Koordinatoramt verbunden. 1973 hatte ihn Willy Brandt anläßlich des 10jährigen Bestehens des deutsch-französischen Vertrags zum Botschafter ad personam ernannt. Im Mai 1973 reiste er im Auftrag des Bundespräsidenten zur Feier der Amtseinführung des argentinischen Staatspräsidenten Héctor Campora nach Buenos Aires. Die Reise war mit keinem besonderen Auftrag verbunden. Er hatte lediglich die Glückwünsche des Bundespräsidenten zu überbringen. Anfang Dezember flog er nach Israel, um Ben Gurion zur letzten Ruhe zu begleiten. Im April 1975 begleitete er Bundespräsident Scheel auf einem viertägigen Staatsbesuch durch Frankreich. Im Mai reiste er erstmals seit mehr als 60 Jahren wieder in seine Geburtsstadt Perpignan, wo er ein Treffen der deutschen und französischen Zentralverbände der Kriegsbeschädigten präsidierte. Er war gerührt, daß man ihn empfing, als wäre er der Stadt liebster Sohn[57]. Die letzte große Reise führte ihn in den Iran. Die Universität Teheran hatte ihn für April 1976 zu einem Vortrag eingeladen. Bei den deutsch-französischen Gipfeltreffen war er nicht wegzudenken. „Er war eine Institution bei diesen Treffen", erzählt Valéry Giscard d'Estaing mit leicht mokantem Unterton. „Er erinnerte uns immer wieder an den humanistischen und pazifistischen Ursprung der deutsch-französischen Versöhnung."[58] Eine Institution, ein Denkmal, ein Fabeltier. Carlo Schmid fluchte: „Es ist schrecklich, wenn man den Ruf hat, eine Kuriosität zu sein."[59] Wer hörte dem 80jährigen überhaupt noch richtig zu?

Sein 80. Geburtstag am 3. Dezember 1976 wurde groß gefeiert. Am 2. Dezember gab der Bundespräsident in der Villa Hammerschmidt ein Abendessen zu Ehren des Jubilars. Am nächsten Tag bereiteten die Parteifreunde ihm einen großen Empfang. Ein Gedichtband wurde ihm überreicht. Freunde und politische Weggefährten hatten ihr Lieblingsgedicht aufgeschrieben[60]. Die Idee kam von Hanne Goebel, Brandt hatte sie aufgegriffen. „Ist dieses Angebinde von zartester Subjektivität die rechte Gabe für den Liebhaber des Forums, für den Politiker?" Siegfried Lenz, der in einem Geleitwort zu der Gedichtanthologie diese Frage stellte, bejahte sie. Der „dichtende Staatsmann" sei, bemerkte er in Anspielung auf den Jubilar, „beileibe nicht nur eine chinesische Spezialität"[61]. Daß Carlo Schmid sich über diese Gabe ungemein freute, bedarf kaum der Erwähnung. Aber das Verhältnis zwischen dem Dichter und dem Politiker war nicht so harmonisch, wie Lenz es zeichnete. Der Dichter, der für bessere Träume agitierte, war ein Unzeitgemäßer, der wider den Strom der Zeit schwamm. Er bewegte mehr als die meisten Parteipolitiker, aber sein Ziel erreichte er nicht. Und schließlich tötete der Politiker den Dichter in ihm. Die Melancholie überwältigte ihre Schwester die Utopie. Daß er die Synthese von Geist und Macht in idealer Weise verkörpere, war eine der schönen Formeln, die Widersprüche, Enttäuschungen und Niederlagen verdeckten. Vieles, was an seinem 80. Geburtstag über ihn gesagt wurde, hörte sich an wie ein vorweggenommener Nekrolog.

Der „große alte Mann der Sozialdemokratie" wollte nicht zum Denkmal verklärt werden, nicht als Festredner quer durch die Lande reisen, sondern weiterhin auf dem politischen Forum agieren. Es ging ihm fast so wie dem alten Bismarck. Im Laufe der Zeit hatte „die Leidenschaft zur Politik alle anderen Leidenschaften aufgefressen"[62]. Eine Kandidatur für das im Juni 1979 erstmals direkt gewählte Europaparlament hätte ihn gereizt[63]. Aber es war keiner, der seine Kandidatur unterstützt hätte. Wahrscheinlich war es gut so. Im Juli 1979 erfuhr er, daß er unheilbar an Krebs erkrankt war. Er trug die Nachricht mit Gelassenheit. Seit seinem

Schmid begrüßt als Koordinator für die deutsch-französische Zusammenarbeit seinen französischen Kollegen Jean Laloy im Palais Schaumburg. Oktober 1979

Ausscheiden aus dem Bundestag hatte es bei ihm immer wieder Phasen der Niedergeschlagenheit und des Lebensüberdrusses gegeben. Kurz bevor er von seiner Krebserkrankung erfuhr, hatte er seiner Frau geschrieben: „Wie lange wird das alles noch gehen? Ich bin so müde.“[64]

Doch andererseits war er noch voller Pläne gewesen, wie einer der mitten im Leben steht. Im September hatte er nach Moskau reisen wollen, um dort einen Vortrag über das 30jährige Bestehen der Bundesrepublik zu halten. Die Ärzte veboten ihm die weite Reise. Es schmerzte ihn, absagen zu müssen. Er hätte gerne noch einmal Moskau und Leningrad besucht, denn schließlich war er „ja an der Herstellung vernünftiger Beziehungen zwischen der Bundesrepublik Deutschland und der Sowjetunion nicht unbeteiligt gewesen“[65]. Auch eine Sitzung des Freundeskreises Till Eulenspiegel sagte er ab. Der 80jährige hatte sich 1977 noch zum Bruder Eulensprill ernennen lassen. Manchmal schaffte er es noch, im Weinen zu lachen.

Sein Leben wollte er trotz der schweren Erkrankung nicht ändern.

„Solange der physische Zustand es erlaubt", werde er der Partei weiterhin wie bisher zur Verfügung stehen, versicherte er im August Willy Brandt, der ihn gefragt hatte, wie es gesundheitlich gehe und ob er etwas helfen könne[66]. Solche Zeichen der Anteilnahme taten Schmid gut. Brandt suchte Schmid in La Croix Valmer auf, wo der bereits vom Tod Gezeichnete noch einmal einen Urlaub am Meer verbrachte. Auch Helmut Schmidt konnte beruhigt feststellen, daß sein Freund Carlo mit dem Leben noch nicht abgeschlossen hatte. Nach einem neuen Koordinator brauchte er sich einstweilen noch nicht umzuschauen. „Ich möchte mein Amt als Koordinator weiterführen können, weil ich glaube, daß dies für die Sache unserer beiden Völker nützlich sein wird."[67] Das klang fast wie eine Bitte. Das einzige Amt, das ihm geblieben war, wollte er nicht auch noch aufgeben müssen.

Hätte er es doch noch erlebt! Im November 1979 bemühte sich Frankreichs Botschafter Brunet um eine Aufnahme Schmids in die Académie des Sciences morales et politiques[68]. Eine außergewöhnliche Ehrung, die nach dem Krieg bis dahin nur Adenauer zuteil geworden war, der vierzehn Jahre zuvor zum assoziierten Ehrenmitglied der Akademie gewählt worden war[69]. Die Aufnahme in die Akademie wäre eine Bestätigung gewesen, daß er sich um die deutsch-französische Aussöhnung ebenso verdient gemacht hatte wie Adenauer. Es war ihm nicht vergönnt, mit dieser Gewißheit zu sterben.

Anfang Oktober erreichte ihn ein Brief Helmut Schmidts[70]. Der Bundeskanzler war in Sorge wegen des Berliner Parteitages. Es war keineswegs sicher, daß der Parteitag sein Regierungsprogramm absegnete. Der weitere Ausbau der Kernenergie war ebenso umstritten wie der Nachrüstungsbeschluß der Nato. Außerdem wurden in der Partei Stimmen laut, die fürchteten, die SPD werde ein Kanzlerwahlverein à la CDU. Wußte Carlo Schmid Rat, wie man die Parteitagsdelegierten zur Unterstützung des Regierungsprogramms bringen konnte? Der war zunächst einmal mehr als erfreut über diesen Brief. Man brauchte ihn also doch noch. Einige Tage ließ er sich die Sache durch den Kopf gehen. Dann setzte er sich hin und arbeitete für den Kanzler ein neunseitiges Memorandum aus.

Auf die aktuelle Tagespolitik wollte er nicht eingehen. Zu lange war er aus dem politischen Alltagsgeschäft ausgeschieden, um dazu etwas „Pertinentes" sagen zu können[71]. Seines Erachtens war es dringend notwendig, daß die SPD auf die Herausforderungen der Ökologiebewegung antwortete. Auf dem Parteitag mußte dazu einiges gesagt werden, um den Wählern den Standpunkt der Partei deutlich zu machen[72].

Für die Kritik der Grünen an der Wachstumsideologie und dem Materialismus der Wohlstandsgesellschaft brachte Schmid großes Verständnis auf. Einem Reporter erklärte er, daß er als junger Student wahrscheinlich ein Grüner geworden wäre[73]. Als junger Student vermutlich nicht. Aber der dem Geiste Stefan Georges verbundene Kulturkritiker konnte die Fortschrittsskepsis der Grünen gut nachempfinden: „Was die Grünen beanstanden, das beanstande ich auch. (...) Mit bloßen Protesten und mit Sekten kommen wir allerdings nicht weiter. Das Leben des Staates ist immer von einer ganzen Reihe von Problemen geprägt."[74] Anti-Atomkraft reiche als Programm für eine Partei nicht aus. Auch die SPD kümmere sich um die Umweltprobleme. Schließlich habe ja auch sie „einen Eppler"[75]. Schmid sagte es nicht laut, aber er hätte es wohl begrüßt, wenn Eppler und Helmut Schmidt aufeinander zugegangen wären, anstatt einen innerparteilichen Glaubenskrieg auszutragen.

Wenn er in dem Memorandum, das er jetzt für den Kanzler schrieb, so ausführlich auf die Grünen einging, schwang wohl auch die Hoffnung mit, der Kanzler möge in Zukunft die Ökologiebewegung ernster nehmen als bisher. In dem Memorandum differenzierte er zwischen drei Gruppen von Grünen: die „verkappten Leninisten", die sich an Protestaktionen nur deshalb beteiligten, um den Staat zu unpopulären Maßnahmen zu zwingen; die „Sektierer aus Temperament und Neigung" und die „Nachdenklichen", deren Ängste und Befürchtungen er teilte. „Ich verstehe darunter Leute, denen es wie uns vor der fortschreitenden Verwüstung unseres naturhaften, gesellschaftlichen und seelischen Lebensraumes durch eine immer gefräßiger werdende Technisierung aller Lebensvorgänge graut, die aber im Gegensatz zu uns noch der Meinung sind, die Vernunft werde sich durchsetzen, wenn man genügend Laut gibt und ‚Zeichen' setzt."[76] Hatte er selbst bereits resigniert?

Die Aufmerksamkeit des 82jährigen galt noch immer der jungen Generation. Die Jugendlichen, die mit den Grünen sympathisierten, konnten seines Erachtens nicht durch den Verweis auf das bereits Geleistete für die Partei zurückgewonnen werden. Einen Teil der Jugendlichen könne man vielleicht ansprechen, indem man ihnen die Angst nehme, „der Weg ins Studium sei nur ein verschleierter Weg in die Arbeitslosigkeit"[77]. Auf jeden Fall müsse man aber das Gespräch mit den Jugendlichen und den Grünen suchen, um ihnen darzulegen, „daß mit dem Verzicht auf Technisierung unseres Lebens die Bereitschaft einhergehen müßte, auf Produkte zu verzichten, die wir dieser Technisierung verdanken und deren die meisten für ihr Wohlbefinden zu bedürfen glauben"[78]. Die entscheidende Frage laute: „Kann man heute der großen Mehrheit unseres Volkes die moralische Kraft zutrauen, auf die Befriedigung dieser Bedürfnisse zu verzichten?"[79] Schmid fiel es nicht leicht, die Frage mit nein zu beantworten.

Der Appell an die Ratio werde wohl kaum genügen, um die Anhängerschaft der Grünen für die SPD zu gewinnen. Obwohl ihm parteipolitische Polarisierung immer höchst zuwider gewesen war, hielt er nun Anti-Strauß-Parolen für das wirksamste Instrument, um die Unterstützung des Parteitags für die Regierungspolitik zu sichern und die SPD auch bei den nächsten Wahlen wieder an die Regierung zu bringen. Das Motto für den Parteitag müsse lauten: „Strauß darf nicht Bundeskanzler werden."[80] Helmut Schmidt versprach, in seinem Parteitagsreferat Schmids Überlegungen aufzugreifen: „Ich hoffe, daß Du mit dem Niederschlag Deiner Gedanken in meiner Rede zufrieden sein wirst."[81] Carlo Schmid wollte an dem Parteitag in Berlin teilnehmen.

Zuvor hatte er eine Signiertour quer durch die Bundesrepublik zu absolvieren. Seine Erinnerungen waren wider eigenem Erwarten zu einem großen Erfolg geworden. Fast überall erschienen panegyrische Lobeshymnen. Schmid hatte geschrieben, was seine Leser erwarteten. Die Erinnerungen leisteten der weit verbreiteten Überzeugung Vorschub, daß er ein in die Politik verirrter Schöngeist sei. Er produzierte selbst die Klischees, über die er sich dann maßlos ärgerte. Noch einmal stand er im Rampenlicht. Am Ende der Signiertour war seine Hand blutig aufgescheuert[82].

Sein Terminkalender im Herbst 1979 war so voll wie der eines aktiven Politikers. Interviews und Reden, im Oktober Teilnahme an der deutsch-französischen Gipfelkonferenz, im November Tagung des Aspen-Instituts, Vorstandssitzung des Jugendsozialwerkes, Vortrag auf der medienpolitischen Fachtagung der SPD und Sitzung des Seniorenrates. Noch einmal Kassandrarufe. Die geplante Einführung des Kabelfernsehens mußte das ohnehin gefallene Bildungsniveau noch mehr senken. Schmid prophezeite, daß der durch das Kabelfernsehen noch zunehmende tägliche Fernsehkonsum das logische Denken schwächen werde, die Menschen mit der Zeit nur noch assoziativ zu denken vermögen[83]. Rechtliche Mittel, um den Siegeszug des Kabelfernsehens zu stoppen, sah er keine[84]. Schreckensvisionen lösten seine Träume von einer besseren Zukunft ab. Aus Melancholie wurde Resignation.

Im Seniorenrat dämpfte er die Kritik an der eigenen Partei. Eine Presseerklärung wurde verfaßt, in der Strauß' Gleichsetzung von Sozialismus und Nationalsozialismus scharf zurückgewiesen wurde: „Wir appellieren an alle, die guten Willens sind, Herrn Strauß in seiner Zügellosigkeit zu zügeln, zu verhindern, daß aus politischen Gegnern Feinde werden. Wir haben Weimar erlebt und wissen, daß maßlose Verleumdungen schreckliches Unheil bringen."[85] Zu der Brunnenvergiftung, die sein ehemaliger Duzfreund betrieb, wollte er nicht schweigen.

Auf dem Parteitag in Berlin wurde entsprechend Schmids Vorschlag, Strauß als Schreckgespenst aufgebaut. Ansonsten hielt sich Helmut Schmidt nicht allzusehr an das Memorandum seines Freundes Carlo Schmid, das er später in der „Zeit" unter der Überschrift ein „Dokument staatsmännischer Weisheit" veröffentlichte und lobte[86]. Rolf Zundel stellte in einem Bericht über den Parteitag fest, daß in Helmut Schmidts Referat nicht einmal von qualitativem Wachstum die Rede war. Der Kanzler habe es versäumt, auf die unter den Jugendlichen weit verbreitete Kulturangst einzugehen[87]. Der Parteitag wurde trotzdem zu einem Erfolg für Helmut Schmidt, der sich in allen wichtigen Sachfragen durchsetzen konnte.

Carlo Schmid war pünktlich zum Parteitag angereist. Am 3. Dezember, seinem 83. Geburtstag, saß er unter den Delegierten. Wieder einmal wurden seine Verdienste gewürdigt und er mit Lob überschüttet. Die Parteitagsdelegierten erhoben sich zu seinen Ehren von ihren Plätzen[88]. Doch reden lassen wollte man ihn nicht. Fürchtete man, er könnte kurz vor seinem Tod noch mit der Partei abrechnen? Oder wollte man nur die Tagesordnung nicht durcheinander bringen? Vermutlich war es letzteres. Carlo Schmid war enttäuscht, daß man ihm diesen letzten Wunsch nicht gewährte[89]. Anscheinend brauchte ihn die Partei nur noch als Dekorationsstück. Anmerken ließ er sich seine Enttäuschung nicht. Zusammen mit den anderen Delegierten sang er alte Arbeiterlieder. „Wann wir schreiten Seit an Seit", „Die Gedanken sind frei" und manch anderes Lied, das an die alten Traditionen der Arbeiterbewegung erinnerte[90]. Auf dem Rückflug nach Bonn sah man ihn vertieft in das Studium der Zeitungen. Er sprach bereits vom nächsten Jahr.

Am 8. Dezember sollte im Hause Henkel in der Düsseldorfer Chamissostraße sein Geburtstag groß gefeiert werden. In früheren Jahren hatte ihm ein Handkußbild mit Gabriele Henkel bei den Genossen viel Ärger eingebracht. Jetzt wurde der Umgang geduldet. Er ging auf die Feier, obwohl er schon an einer Virusgrippe erkrankt war. Tags darauf verordneten ihm die Ärzte strenge Bettruhe. Der Mensch vor dem Tod. Über diese Grundsituation menschlicher Existenz hatte er immer wieder reflektiert. Ein Jahr zuvor hatte er HAP Grieshabers „Totentanz von Basel" interpretiert: „Der Tod ist für alle gleich, aber im Sterben sind die Menschen verschieden." Sie unterscheiden sich durch die Kraft oder die Unfähigkeit, „zu dem Schicksal, Mensch zu sein, in vollem Umfang, wozu das Sterben gehört, ja zu sagen."[91] Der Amor fati. Schmid hatte sich mit dem Tod ausgesöhnt, nachdem er sich lange Jahre gegen ihn gewehrt hatte. Schon vor einiger Zeit hatte er Hanne Goebel Abschiedsworte an seine Freunde diktiert[92]:

> Er liebte sein Vaterland, und er liebte
> sein Mutterland.
> Ihre beständige Erde und ihre
> wechselnden Himmel.
> Er liebte die Menschen und suchte
> das Menschliche
> in den Menschen, und in der Finsternis
> widerstand er der Versuchung

des Zweifels.
Er genoß die Freuden und ertrug
das Ungemach. Das Heute sah er im
Abendschein des Gestern
und suchte nach neuen Morgenröten.
Er dankte seinen Freunden
die Freundschaft und hat sie vergolten.
Mögen, die unter ihm litten,
ihm vergeben, er litt unter sich selber
und seinen Mängeln.
Er hat versucht, in Ehren zu leben.
Er möchte im Frieden Eurer Gedanken
ruhen.

Das war keine Beichte, keine Preisgabe seines Ichs. Eine Bitte um Vergebung klingt an, vor allem aber der Wunsch, so in der Erinnerung der Freunde lebendig zu bleiben. Den Abschiedsworten liegt ein kurz vor seinem Tod aufgenommenes Photo bei. Der 83jährige Greis ist schlank wie der junge Leutnant Karl Schmid. Die Krankheit hat schon ihre Spuren hinterlassen, aber seine Erscheinung strahlt noch immer Würde aus. Er spricht mit den Händen, in deren Bewegung eine Bitte um Verständnis zum Ausdruck kommt.

Am 11. Dezember verschlimmerte sich sein gesundheitlicher Zustand. Man brachte ihn noch in ein Krankenhaus nach Bad Honnef. Gegen 23 Uhr schloß er für immer die Augen. Auf Bitten des Bundestagspräsidenten und der Bundesregierung ordnete Bundespräsident Carstens ein Staatsbegräbnis an. Die Trauerfeier im Plenarsaal des Bundestages am 15. Dezember wurde durch die Sinfonie zum 2. Teil des Weihnachtsoratoriums von Sebastian Bach eingeleitet. Danach würdigten Bundespräsident Karl Carstens, Bundestagspräsident Richard Stücklen, Bundeskanzler Helmut Schmidt, der französische Botschafter Jean Brunet und der SPD-Parteivorsitzende Willy Brandt den Verstorbenen[93]. Noch einmal ehrte man ihn als einen universal gebildeten Humanisten, als einen Mann des Geistes, der auch ohne Amt wirkte. Seine Menschlichkeit wurde von allen gerühmt, seine Verdienste um das Grundgesetz und die deutsch-französische Verständigung gelobt.

Willy Brandt erging sich nicht in Lobeshymnen, sondern rief die Trauergemeinde zu Nachdenklichkeit auf. Es war eine Rede ganz im Sinne Carlo Schmids. Brandt widersprach dem weit verbreiteten Klischee, Schmid sei ein „Feiertagsdemokrat" und ein „Sonntagssozialist" gewesen. Die SPD dürfe sich durch die Leistung und Persönlichkeit des Verstorbenen nicht „allzu rasch bestätigt" fühlen, sondern müsse es sich „schwer" mit ihm machen. Das hatte man zu seinen Lebzeiten nur selten getan. Er hatte es freilich der Partei auch nicht leicht gemacht. Brandt nannte seinen Parteifreund einen „heimlichen Vater des freiheitlichen Deutschland" und erinnerte an dessen Mahnung, daß die Qualität des Staates „rasch zum Teufel geht", wenn seine Bürger „gegen die geistigen und moralischen Impulse stumpf werden"[94]. Brandt verschwieg nicht, daß in Schmids Leben vieles ein Anfang geblieben war, daß die glücklichen Erfahrungen von Trauer und Melancholie überschattet wurden. Es war kein besonders enges Verhältnis gewesen und doch verstand Brandt, vielleicht aufgrund einer gewissen Seelenverwandtschaft, Carlo Schmid besser als viele andere. Zwei Tage nach Schmids Tod hatte er Hanne Goebel geschrieben: „Ich glaube zu wissen, liebe Hanne, was Sie und Carlo füreinander bedeuteten. Sie wissen sicher auch, was Carlo für mich gewesen ist und bleiben wird, auch wenn er mit mir nicht mehr so recht zufrieden gewesen sein mag."[95]

Im Anschluß an die Trauerfeier im Bundestag wurde der Verstorbene am Rheinufer mit militärischen Ehren verabschiedet. Auch das war ganz im Sinne Schmids. Hatte er es sich doch als Verdienst angerechnet, die SPD mit dem Militär ausgesöhnt zu haben. Beigesetzt wurde er am 17. Dezember in Tübingen. Die Traueransprache auf dem Tübinger Bergfriedhof hielten Erhard Eppler als Landesvorsitzender der SPD und der katholische Theologe Norbert Greinacher, der Carlo Schmids Leben als Ausdruck des „Doppelgesichtes menschlicher Existenz" zu verstehen suchte: „Er hat in seinem Leben glückliche Erfahrungen gemacht und durfte erleben, daß seine Gedanken und Vorstellungen ihren Niederschlag in der gesellschaftlichen Praxis gefunden haben. Aber er hatte auch leidenschaftliche Sympathie für die wortlos Leidenden in unserer Gesellschaft und hat am eigenen Leibe erfahren, wie sehr Leid und Schmerz, wie Konflikt und Schuld das Leben des Menschen bestimmen und wie unendlich schwierig es ist, als Mensch zu bestehen."[96] Begraben wurde er auf dem Tübinger Stadtfriedhof. Den Grabstein gestaltete sein Sohn Martin.

Wer wollte sein Leben auf eine Formel bringen? Es war ein großes Leben. Aber man sollte Carlo Schmid nicht als Vorbild auf einen Sockel stellen. Da erstarrt er zum Denkmal. Jeder Versuch einer Bilanz müßte scheitern, weil sein Leben sich den gängigen Einordnungen versperrt, in Synthesen nie restlos aufgeht. Auch und gerade für Carlo Schmid gelten die Worte, die Hölderlin Diotima in den Mund legt: „Du sagtest mir einmal, Hyperion: es sei Entwürdigung, vor irgend einem Menschen zu sagen, man hab' ihn ganz begriffen, hab' ihn weg."[97] Wer könnte sich anmaßen, zu sagen, er habe Carlo Schmid ganz begriffen?

Anhang

Danksagung

Bewundert haben ihn viele, gelobt wurde er oft und nicht weniger häufig zitiert, sich mit ihm auseinandergesetzt und ihn zu verstehen versucht haben nur wenige. Daß ich drei Jahre lang mit Carlo Schmid einen imaginären, sehr lehrreichen Dialog führen durfte, mich mit dem in seiner Größe faszinierenden, in seinen Schwächen ergreifenden Mann intensiv beschäftigen konnte, verdanke ich einem Stipendium der Deutschen Forschungsgemeinschaft, durch das ich frei von beruflichen Verpflichtungen und in einer Atmosphäre geistiger Freiheit die vorliegende Biographie fertigstellen konnte.

Carlo Schmid gefiel es manchmal, die Historiker zu provozieren, indem er sie vor allzu großer Aktengläubigkeit warnte. Er tat dies nicht ganz zu Unrecht. Den Menschen Carlo Schmid nahegebracht haben mir erst die Zeitzeugen, die ich befragen durfte, die mich teilnehmen ließen an ihren Erinnerungen und mir manchmal auch den Einblick in private Dokumente gewährten. An erster Stelle ist hier Herr Professor Martin Schmid zu nennen, der mir die Einsichtnahme in wichtige Zeugnisse und Dokumente über das Leben und Wirken seines Vaters erlaubte, sich mit mir offen und ohne Schönfärberei über seinen Vater unterhielt und sich obendrein der Mühe unterzog, das Manuskript der Arbeit zu lesen. Nur noch ein Teil seiner zahlreichen Anregungen konnten in das Manuskript eingearbeitet werden. Es wäre zu wünschen, daß Martin Schmid seine noch lebendigen Erinnerungen an seinen Vater niederschreibt. Frau Almut Sandstede, die zu den wenigen zählt, die noch den Liller Kriegsverwaltungsrat kannten, die beiden ehemaligen Mitarbeiterinnen in Schmids Bonner Büro, Frau Mathilde Alt-Kimmich und Frau Friedel Ahlgrimm, der langjährige wissenschaftliche Assistent des Frankfurter Universitätsprofessors Schmid, Prof. Dr. Wilhelm Hennis, und Karl Anders, Freund und politischer Wegbegleiter, haben mir durch ihre freimütigen Auskünfte wichtige Einblicke vermittelt und Anregungen gegeben. Ihnen sei an dieser Stelle herzlich dafür gedankt.

Verpflichtet weiß ich mich auch den Mitarbeitern der von mir besuchten Archive. Mein besonderer Dank gilt Frau Dr. Ilse Fischer vom Archiv der sozialen Demokratie, die mich auf wichtige Archivbestände hinwies und mir deren Zugang ermöglichte. Im Archives Départementales du Nord in Lille unterstützte Frau Claudine Wallart meine Aktensuche, im Archives de l'Occupation Française en Allemagne et en Autriche in Colmar Frau Sandrine Heiser, im Universitätsarchiv in Tübingen Herr Dr. Wischnath. Herr Manuel Goldschmidt eröffnete mir den Zugang zum Briefwechsel Carlo Schmids mit Wolfgang Frommel, Freiherr von Adelsheim-Ernest stellte mir seinen Briefwechsel mit Carlo Schmid zur Verfügung.

Die Veröffentlichung der Biographie wurde unterstützt durch einen Druckkostenzuschuß der Friedrich-Ebert-Stiftung und der Zeit-Stiftung Ebelin und Gerd Bucerius, bei der sich Herr Bundeskanzler a. D. Helmut Schmidt für die Förderung der Arbeit einsetzte. Herrn Dr. Detlef Felken vom Verlag C. H. Beck fühle ich mich aufrichtig verbunden für die umsichtige Betreuung der Drucklegung.

Potsdam, den 10. Juli 1996 *Petra Weber*

Abkürzungen

AdG	Archiv der Gegenwart
ADL	Archiv des Deutschen Liberalismus
ADN	Archives Départementales du Nord
ADO	Archives de l'Occupation Française en Allemagne et en Autriche
AdsD	Archiv der sozialen Demokratie
AfS	Archiv für Sozialgeschichte
AHK	Alliierte Hohe Kommission
AN	Archives Nationales
APO	Außerparlamentarische Opposition
BA	Bundesarchiv
BBC	British Broadcasting Corporation
BHE	Bund der Heimatvertriebenen und Entrechteten
BR	Deutscher Bundesrat
BT Sten. Ber.	Verhandlungen des Deutschen Bundestages. Stenographische Berichte
BStU	Der Bundesbeauftragte für die Unterlagen des Staatssicherheitsdienstes der ehemaligen DDR
BVerGE	Entscheidungen des Bundesverfassungsgerichts
CCFA	Commandement en Chef Français en Allemagne
CSSR	Tschechoslowakische Sozialistische Republik
DDF	Documents Diplomatiques Français
DDP	Deutsche Demokratische Partei
DGB	Deutscher Gewerkschaftsbund
DNVP	Deutschnationale Volkspartei
DÖV	Die Öffentliche Verwaltung
DP	Deutsche Partei
dpa	Deutsche Presseagentur
DRK	Deutsches Rotes Kreuz
DUD	Deutschland-Union-Dienst
DVP	Deutsche Volkspartei
EFTA	European Free Trade Association
EKD	Evangelische Kirche in Deutschland
EVG	Europäische Verteidigungsgemeinschaft
EWG	Europäische Wirtschaftsgemeinschaft
FRUS	Foreign Relations of the United States
HCRFA	Haut Commissariat de la République Française en Allemagne
HJ	Hitlerjugend
HStAS	Hauptstaatsarchiv Stuttgart
HZ	Historische Zeitschrift
ISK	Internationaler Sozialistischer Kampfbund
JÖR	Jahrbuch des Öffentlichen Rechts der Gegenwart
KPD	Kommunistische Partei Deutschlands
KPdSU	Kommunistische Partei der Sowjetunion
LAS	Archiv des Landtages von Baden-Württemberg

LV	Landesverband
MfS	Ministerium für Staatssicherheit
MLF	Multilateral Force
NDP	Nationaldemokratische Partei
NSDAP	Nationalsozialistische Deutsche Arbeiterpartei
NSKK	Nationalsozialistisches Kraftfahrer-Korps
NSV	Nationalsozialistische Volkswohlfahrt
NWDR	Nordwestdeutscher Rundfunk
OEEC	Organization for European Economic Cooperation
ÖTV	Gewerkschaft Öffentliche Dienste, Transport und Verkehr
OFK	Oberfeldkommandantur
OKW	Oberkommando der Wehrmacht
ORT	Organization for Rehabilitation through Training
PA/AA	Politisches Archiv des Auswärtigen Amtes
Parl. Arch	Parlamentsarchiv des Deutschen Bundestages
PPP	Parlamentarisch-Politischer Pressedienst
PVS	Politische Vierteljahrsschrift
RAD	Reichsarbeitsdienst
SA	Sturmabteilung
SAJ	Sozialistische Arbeiterjugend
SBZ	Sowjetische Besatzungszone
SD	Sicherheitsdienst der SS
SDR	Süddeutscher Rundfunk
SDS	Sozialistischer Deutscher Studentenbund
SED	Sozialistische Einheitspartei Deutschlands
SFB	Sender Freies Berlin
SHB	Sozialistischer Hochschulbund
SRP	Sozialistische Reichspartei
SS	Schutzstaffel
StA Sig.	Staatsarchiv Sigmaringen
STO	Service du Travail Obligatoire
SWF	Südwestfunk
UAF	Universitätsarchiv Frankfurt
UAT	Universitätsarchiv Tübingen
UdSSR	Union der Sozialistischen Sowjetrepubliken
UEF	Union Européenne des Fédéralistes
UNO	United Nations Organization
VfZ	Vierteljahrshefte für Zeitgeschichte
WEU	Westeuropäische Union
WP	Wahlperiode

Anmerkungen

Der Mensch ist, was er verbirgt

1 Brief vom 29. 4. 1973, AdsD, NL Schmid 326.
2 Brief vom 8. 3. 1973, AdsD, NL Schmid 1086.
3 Es wird keine Beichte, Frankfurter Rundschau vom 15. 10. 1973.
4 Carlo Schmid, Erinnerungen, Bern/München/Wien 1979, S. 9.
5 Was Politik ist – und nicht ist. Interview mit Carlo Schmid, Vorwärts vom 4. 1. 1973.
6 Interview Schmids mit Bild am Sonntag vom 9. 1. 1972.
7 So Schmid in seiner Rezension der Erinnerungen Heuss', Der Spiegel, Heft Nr. 3, 15. 1. 1964, S. 73.
8 So Goethe im Gespräch mit Johann Peter Eckermann am 30. 3. 1831 über seine Memoiren Dichtung und Wahrheit, in: Johann Wolfgang Goethe, Sämtliche Werke, Hrsg. Karl Richter u. a., Bd. 19, München 1986, S. 447.
9 Friedrich Hölderlin, Hyperion, in: ders., Sämtliche Werke, Hrsg. Friedrich Beissner, Bd. 3, Stuttgart 1957, S. 153.
10 Wilhelm Meisters Wanderjahre oder die Entsagenden, in: Goethe, Sämtliche Werke, Bd. 17, S. 47.
11 Schmid, Erinnerungen, S. 217.
12 Ebd., S. 852.
13 Dankrede Schmids anläßlich einer Ehrung zu seinem 80. Geburtstag in der SPD-Fraktion am 7. 12. 1976, AdsD, NL Schmid 354.
14 Ungekürzte Fassung des Manuskriptes der Erinnerungen, AdsD, NL Schmid 385–407.
15 Ein Denkmal geht in den Ruhestand, Die Zeit vom 17. 11. 1973.
16 Denk ich an Deutschland in der Nacht, in: Carlo Schmid, Gesammelte Werke, Bd. 2. Europa und die Macht des Geistes, Bern/München/Wien 1973, S. 180.
17 Theodor Heuss, Tagebuchbriefe 1955–1963. Eine Auswahl an Briefen an Toni Stolper, Hrsg. Eberhard Pikart, Tübingen/Stuttgart 1970, S. 221.
18 Schmid an Walter Jens, 28. 6. 1965, AdsD, NL Schmid 805.
19 Dieser und ähnliche Vermerke sind der ungekürzten Fassung des Manuskriptes der Erinnerungen beigefügt.
20 So Schmid in einem Gespräch mit Ben Witter, Spaziergänge mit Prominenten, Hamburg 1982, S. 24.
21 Ernst Jünger, Strahlungen, in: ders., Sämtliche Werke, 1. Abt. Bd. 5, Stuttgart 1982, S. 557.
22 Schmid an Sophie Ritter, 22. 5. 1946, AdsD, NL Schmid 608.
23 Jean-Jacques Rousseau, Bekenntnisse. Aus dem Französischen von Ernst Hardt. Mit einer Einführung von Werner Krauss, Frankfurt/M. 1985, S. 623.
24 Februar, in: Castrum Peregrini, Heft 14, 1953, S. 36.
25 André Malraux, Anti-Memoiren, Frankfurt/M. 1968, S. 13.
26 André Malraux ist tot, AdsD, NL Schmid 353; vgl. auch die Erinnerungen Martin Schmids an seinen Vater, in: Franz Knipping/Jacques Le Rider (Hrsg.), Frankreichs

Kulturpolitik in Deutschland 1945–1950. Ein Tübinger Symposium, Tübingen 1987, S. 302.

27 Vgl. Vorwort Schmids zu Heinz Kühn, Den Staat menschlicher machen. Beiträge zu gesellschaftlichen Fragen und persönlichen Begegnungen, Bonn-Bad Godesberg 1972, S. III: „Was er (Porträtist) im anderen an Liebenswürdigem, an Tüchtigem, an Mut, an Kraft des Denkens erkennt und zeichnet, ist es nicht Spiegelung der Eigenschaften, die er in sich trägt und zu deren Erkenntnis er jenen anderen, den es zu schildern gilt, braucht?"

28 Theodor Eschenburg, Ein Denker in der Politik, Die Zeit vom 3. 12. 1976.

29 Schmid an Kurt Monglowski vom 5. 4. 1949, AdsD, NL Schmid 605.

Ein Franzose in Deutschland: Kindheit und Jugend (1896–1918)

Mutterland Frankreich – Vaterland Schwaben: Die Vorfahren

1 Beschreibung des Oberamtes Neresheim. Hrsg. vom Königlichen statistisch-topographischen Bureau, Stuttgart 1872, S. 433.

2 Ebd., S. 437.

3 Persönliche Dokumente und Aufzeichnungen der Familie Schmid, Privatbesitz/Kopie AdsD.

4 Familienregister des Standesamtes der Stadt Stuttgart, Bd. 51, S. 39.

5 Beschreibung des Oberamtes Aalen. Hrsg. vom Königlichen statistisch-topographischen Bureau, Stuttgart 1854, S. 55.

6 Ebd., S. 55.

7 Das Königreich Württemberg. Eine Beschreibung von Land, Volk und Staat. Hrsg. vom Königlichen statistisch-topographischen Bureau, Stuttgart 1884, S. 776.

8 Steuerbetrag lt. Gewerbekataster für die Steuerjahre 1872/1873–1877/78, Stadtarchiv Stuttgart, Bestand: Gewerbesteuer Bd. 44, S. 1521.

9 Ebd.

10 Totenbuch 1875, Stadtarchiv Stuttgart, Bestand: Standesamt.

11 Das Königreich Württemberg, S. 67.

12 Privatbesitz/Kopie AdsD.

13 Paul Sauer, Das Werden einer Großstadt. Stuttgart zwischen Reichsgründung und Erstem Weltkrieg 1871 bis 1914, Stuttgart 1988, S. 312.

14 Otto Borst, Schule des Schwabenlandes. Geschichte der Universität Stuttgart, Stuttgart 1979, S. 305.

15 So Carlo Schmid in einem Interview mit Kurt Gayer. Kurt Gayer, Die Schwaben in Bonn, Stuttgart 1968, S. 64.

16 Zeugnis, Privatbesitz/Kopie AdsD.

17 Empfehlungsschreiben Theodor Vischers vom 22. 4. 1880. Ebd.

18 Schmid, Erinnerungen, S. 12.

19 Nach Ausweis der Stuttgarter Adreßbücher der Jahre 1880–1888. Marianna Schmid verstarb 1888.

20 Dienstzeugnis, Privatbesitz/Kopie AdsD.

21 1876 zählte Perpignan 28 400 Einwohner. Vgl. Geneviève Gavignaud, L'époque contemporaine: fondements et aspects matériels, in: Gérard Cholvy, Le Languedoc et le Roussillon, Saint-Just-la-Pendue 1982, S. 377.

22 Taufschein Barthélemy Erras, Privatbesitz/Kopie AdsD.

23 Gavignaud, L'époque, S. 370; Fernand Braudel, Frankreich. 3: Die Dinge und die Menschen, Aus dem Französischen von Siglinde Summerer und Gerda Kurz, Stuttgart 1990, S. 126.
24 Robert Laurent, Die Bodennutzung und die Erneuerung der Anbaumethoden, in: Fernand Braudel/Ernest Labrousse (Hrsg.), Wirtschaft und Gesellschaft in Frankreich im Zeitalter der Industrialisierung 1789–1880, Frankfurt/M. 1988, S. 180.
25 Persönliche Dokumente und Aufzeichnungen der Familie Schmid, Privatbesitz/Kopie AdsD.
26 Gérard Cholvy, L'époque contemporaine: mentalités et croyances, in: Cholvy, Languedoc, S. 484–488.
27 Ebd., S. 486.
28 Schmid, Erinnerungen, S. 19.
29 Zertifikat der Akademie von Montpellier vom 11. 10. 1890, Privatbesitz/Kopie AdsD.
30 Kurt Tucholsky, Ein Pyrenäenbuch, Reinbek bei Hamburg 1991, S. 113.
31 Schmid, Erinnerungen, S. 12.
32 Cholvy, L'époque, S. 454 f.
33 Lt. Heiratsurkunde Joseph und Anna Schmids, Privatbesitz/Kopie AdsD.
34 Geburtsurkunde Carlo Schmids, Privatbesitz/Kopie AdsD.
35 Dienstzeugnis über die Lehrtätigkeit Joseph Schmids in Saint Gonzague (1890–31. Juli 1897), Privatbesitz/Kopie AdsD.

Kindheit und Jugend im Königreich Württemberg

1 Persönliche Dokumente und Aufzeichnungen der Familie Schmid, Privatbesitz/Kopie AdsD.
2 Ebd.
3 Wochenblatt für Weil der Stadt und Umgebung vom 6. 5. 1906.
4 Walter Henkels, Carlo Schmids Schlußpunkt: Memoiren, Frankfurter Allgemeine Zeitung vom 21. 10. 1972.
5 Carlo Schmid, Wenn ich an meine Mutter denke ..., Quick, Heft 10, 6. 3. 1966
6 Schmid an seine Mutter, 2. 10. 1906, Privatbesitz/Kopie AdsD.
7 Schmid, Erinnerungen, S. 16 f.
8 Schmid an seine Frau, 9. 12. 1943, Privatbesitz/Kopie AdsD.
9 Schmid, Erinnerungen, S. 15 f.
10 Martin Schmid spricht von einem „untilgbaren Schuldgefühl", das seinen Vater belastet habe. Erinnerungen, in: Franz Knipping/Jacques Le Rider (Hrsg.), Kulturpolitik, S. 302.
11 Schmid an seine Frau, 13. 7. 1943, Privatbesitz/Kopie AdsD.
12 Brief Martin Schmids an die Verfasserin vom 21. 1. 1995.
13 Mündliche Mitteilung Martin Schmids.
14 Carlo Schmid, Meine erste Liebe, in: Die erste Liebe. Prominente Deutsche erzählen. Hrsg. Uta Witzleben, Hamburg 1968, S. 146–151.
15 Mein Hündchen, Karl Schmid, Gedichte, Privatbesitz/Kopie AdsD.
16 Schmid besuchte von 1903–1906 die Volksschule in Weil der Stadt, Vgl. Akte Prof. Schmid, UAT 126a/434.
17 Wochenblatt für Weil der Stadt und Umgebung vom 6. 5. 1906.
18 Julius Roller an Schmid, 27. 11. 1967, AdsD, NL Schmid 849.
19 Mündliche Mitteilung Martin Schmids.
20 Schulzeugnisse Schmids, Privatbesitz/Kopie AdsD.

21 Ebd.
22 Edwin Mayser, Grammatik der griechischen Papyri aus der Ptolemäerzeit. Mit Einschluß der gleichzeitigen Ostraka und der in Ägypten verfaßten Inschriften 4 Bde., Berlin/Leipzig 1935 ff. Ein erster Teilband war bereits 1906 erschienen.
23 Schmid an Wilhelm Kohlhaas, 20. 6. 1977, AdsD, NL Schmid 945.
24 Schmid an Martin Schmid, 12. 3. 1944, Privatbesitz/Kopie AdsD.
25 Carlo Schmid, Carolinus fui, in: Karlsgymnasium Stuttgart. Blätter für die früheren Schüler und für die Freunde der Schule, 10, 1963, S. 2.
26 Gottlob Egelhaaf, Bismarck. Sein Leben und sein Werk in 3. Auflagen, Stuttgart 1911–1922.
27 Wilhelm Kohlhaas an Schmid, 21. 6. 1977, AdsD, NL Schmid 945.
28 Schmid, Carolinus fui, S. 8.
29 Aufsatzheft Schmids für das Schuljahr 1912/1913, Privatbesitz/Kopie AdsD.
30 Ebd.
31 Ebd.
32 Ebd.
33 Ist Zufriedenheit im Leben der einzelnen und im Volksleben immer eine Tugend?, Aufsatzheft für das Schuljahr 1914. Ebd.
34 Thomas Nipperdey, Deutsche Geschichte 1866–1918. Bd. 2: Machtstaat vor der Demokratie, München 1992, S. 158; S. 616.
35 Schmid an Iring Fetscher, 28. 8. 1972, AdsD, NL Schmid 33.
36 Ebd.
37 Aufsatzheft für das Schuljahr 1914, Privatbesitz/Kopie AdsD.
38 Ebd.
39 Schmid an Gustav Floeck, 11. 7. 1975, AdsD, NL Schmid 936.
40 Julius Roller an Schmid, 27. 11. 1967, AdsD, NL Schmid 849.
41 Julius Bamhauer an Schmid, 5. 2. 1955, Schmid an Bamhauer, 8. 2. 1955, AdsD, NL Schmid 642.
42 Brief vom 27. 9. 1942, Privatbesitz/Kopie AdsD.
43 Das Konvikt stimmte am 22. 7. 1910 dem Aufnahmeantrag zu. Unterlagen. Ebd.
44 Schmid an seine Mutter, 26. 5. 1925. Ebd.
45 Hans Wolf, Der Altwandervogel als Traditionsbund der Jugendbewegung, in: Jahrbuch des Archivs der Deutschen Jugendbewegung 5, 1973, S. 27–41.
46 Ernst Mahle an Schmid, 7. 8. 1962; Schmid an Ernst Mahle, 2. 1. 1976, AdsD, NL Schmid 759/942.
47 Schmid an Julius Maus, 25. 10. 1968, AdsD, NL Schmid 868.
48 Hansy Burkhardt an Schmid, 10. 3. 1914, Privatbesitz.
49 Thomas Nipperdey, Deutsche Geschichte 1866–1918. Bd. 1: Arbeitswelt und Bürgergeist, München 1990, S. 111 f.
50 Schmid an Otto Bitzer, 21. 12. 1965, AdsD, NL Schmid 1291.
51 Reifezeugnis Schmids vom 27. 6. 1914, Privatbesitz/Kopie AdsD.
52 Manuskript der Erinnerungen, S. 20, AdsD, NL Schmid 385.
53 Privatbesitz/Kopie AdsD.
54 Schmid an Hans Schmid, Pfingsten 1943. Ebd.
55 Schmid an seine Frau, 9. 12. 1943. Ebd.
56 Schmid an Hans Schmid, Pfingsten 1943. Ebd.
57 Wie ich mir meine diesjährigen Sommerferien ausdenke (17. 7. 1907), Aufsatzheft für das Schuljahr 1906/7. Ebd.
58 Brief vom 17. 12. 1943. Ebd.
59 Thomas Nipperdey, Deutsche Geschichte 1866–1918, Bd. 1, S. 55 f.
60 Privatbesitz/Kopie AdsD.

Ein „tumber Tor Parzival" zog in den Krieg

1 Aufsatzheft für das Schuljahr 1912/13, Privatbesitz/Kopie AdsD.
2 Schmid, Erinnerungen, S. 47.
3 So Schmid in einem Rückblick auf das Jahr 1914, in: Epoca vom 2. 7. 1964, S. 32: „An einen frisch-fröhlichen Krieg glaubte ich freilich nicht."
4 Schmid an Joel Klos, 30. 10. 1961, AdsD, NL Schmid 1192.
5 Soldbuch Schmids, Privatbesitz/Kopie AdsD.
6 Militärdienstbescheinigung des Heeresarchivs Stuttgart vom 21. 11. 1944, Privatbesitz/Kopie AdsD.
7 Schmid, Erinnerungen, S. 49.
8 Schmid an seine Frau, 12. 7. 1943, Privatbesitz/Kopie AdsD.
9 Militärdienstbescheinigung des Heeresarchivs Stuttgart vom 21. 11. 1944. Ebd.
10 Der Weltkrieg 1914–1918. Bearb. vom Reichsarchiv Bd. 7: Die Operationen des Jahres 1915, Berlin 1931, S. 172–297.
11 Schmid, Erinnerungen, S. 54.
12 Ebd., S. 58.
13 Edgar Graf von Matuschka, Organisationsgeschichte des Heeres 1890–1918, in: Handbuch zur deutschen Militärgeschichte 1648–1939, Bd. 5: Von der Entlassung Bismarcks bis zum Ende des Ersten Weltkrieges 1890–1918, München 1979, S. 251–254.
14 Manuskript der Erinnerungen, S. 76, AdsD, NL Schmid 385.
15 Ebd., S. 77.
16 Gudrun Fiedler, Jugend im Krieg. Bürgerliche Jugendbewegung, Erster Weltkrieg und sozialer Wandel 1914–1923, Köln 1989, insbesondere, S. 66–68.
17 Schmid an Martin Schmid, 23. 8. 1942, Privatbesitz/Kopie AdsD.
18 Schmid an Christian Walther, 3. 5. 1962, AdsD, NL Schmid 767.
19 Manuskript der Erinnerungen, S. 78. AdsD, NL Schmid 385.
20 Militärdienstbescheinigung des Heeresarchivs Stuttgart vom 21. 11. 1944, Privatbesitz/Kopie AdsD.
21 Peter Graf Kielmansegg, Deutschland und der Erste Weltkrieg, Frankfurt/M. 1968, S. 319 f.
22 Schmid, Erinnerungen, S. 65.
23 Militärdienstbescheinigung des Heeresarchivs Stuttgart vom 21. 11. 1944, Privatbesitz/Kopie AdsD.
24 Kielmansegg, Deutschland, S. 491.
25 Schmid, Erinnerungen, S. 68.
26 Manuskript der Erinnerungen, S. 102, AdsD, NL Schmid 385.
27 Militärdienstbescheinigung des Heeresarchivs Stuttgart vom 21. 11. 1944, Privatbesitz/Kopie AdsD. Die Ernennung zum Leutnant der Reserve erfolgte am 8. 8. 1917.
28 Manuskript der Erinnerungen, S. 101, AdsD, NL Schmid 385.
29 Thomas Nipperdey, Deutsche Geschichte 1866–1918, Bd. 2, S. 858–860.
30 Militärdienstbescheinigung des Heeresarchivs Stuttgart vom 21. 11. 1944, Privatbesitz/Kopie AdsD.
31 Ebd.
32 Schmid, Erinnerungen, S. 73.
33 Militärdienstbescheinigung des Heeresarchivs Stuttgart vom 21. 11. 1944, Privatbesitz/Kopie AdsD.
34 Manuskript der Erinnerungen, S. 87, AdsD, NL Schmid 385.

Sozialismus und Nation: Die Weimarer Republik (1918–1933)

Brotstudium und Einsatz für die Republik

1 Wilhelm Blos, Von der Monarchie zum Volksstaat. Zur Geschichte der Revolution in Deutschland, insbesondere in Württemberg, Bd. 1, Stuttgart 1922, S. 1–56; Manfred Scheck, Zwischen Weltkrieg und Revolution. Zur Geschichte der Arbeiterbewegung in Württemberg 1914–1920, Köln/Wien 1981, S. 138–189.

2 Blos, Monarchie, Bd. 1, S. 77.

3 Scherzwort zit. bei Wilhelm Kohlhaas, Eberhard Wildermuth. Ein aufrechter Bürger. Ein Lebensbild, Bonn 1960, S. 43 f.

4 Handschriftliche Notizen Schmids (1919), Privatbesitz/Kopie AdsD.

5 Schmid wurde am 31. 1. 1919 aus dem Militärdienst entlassen. Vgl. Soldbuch. Ebd.

6 Handschriftliche Notizen Schmids (1919). Ebd.

7 Blos, Monarchie, S. 88 f.; Scheck, Weltkrieg, S. 189–201.

8 Paul Hahn, Erinnerungen aus der Revolution in Württemberg. Der „Rote Hahn", eine Revolutionserscheinung, Stuttgart 1923, S. 23–30.

9 Kohlhaas, Wildermuth, S. 49; Scheck, Weltkrieg, S. 187 f.

10 Schmid an Wilhelm Kohlhaas, 18. 2. 1975, AdsD, NL Schmid 1089.

11 Schmid, Erinnerungen, S. 86.

12 Ebd, S. 85 f.; Scheck, Weltkrieg, S. 196 f.

13 Studienbuch Schmids, Privatbesitz/Kopie AdsD.

14 Persönlichkeitsfragebogen Schmids, Parlamentarischer Rat 1948/49, AdsD, NL Schmid 37.

15 Schmids eigene Darstellung, Erinnerungen, S. 88 f., daß er eines Schulfreundes wegen sich für das Jurastudium entschied, trägt Züge einer Mär.

16 Manfred Schmid, Die Tübinger Studentenschaft nach dem 1. Weltkrieg 1918–1923, Tübingen 1988, S. 25.

17 Benigna Schönhagen, Tübingen unterm Hakenkreuz. Eine Universitätsstadt in der Zeit des Nationalsozialismus, Stuttgart 1991, S. 18 f.

18 Schmid an Fritz Husner, 9. 11. 1971, AdsD, NL Schmid 931.

19 Manuskript der Erinnerungen, S. 146, AdsD, NL Schmid 385.

20 Zit. nach Manfred Schmid, Tübinger Studentenschaft, S. 55.

21 Ebd., S. 58 f.

22 Handschriftliches Manuskript des Referats, Privatbesitz/Kopie AdsD.

23 Ebd.

24 Georg Büchner, Dantons Tod, in: ders., Werke und Briefe. Mit einem Nachwort von Fritz Bergmann, München 1976, S. 19.

25 Handschriftliches Manuskript des Referates Schmids, Privatbesitz/Kopie AdsD.

26 Ebd.

27 Büchner an seine Braut, November 1833, in: ders., Werke, S. 162.

28 Von dem Referat sind nur Notizen erhalten. Privatbesitz/Kopie AdsD.

29 Ebd.

30 Schmid, Erinnerungen, S. 93.

31 Manfred Schmid, Tübinger Studentenschaft, S. 58 f.

32 Ebd.; Schmid, Erinnerungen, S. 93.

33 Manfred Schmid, Tübinger Studentenschaft, S. 50.

34 Studienbuch Schmids, Privatbesitz/Kopie AdsD.

35 Refrain zit. nach Wilhelm Kohlhaas, Das Tübinger Studentenbataillon, in: Württemberg 6, 1934, S. 224.

36 Manfred Schmid, Tübinger Studentenschaft, S. 119–121.
37 Schmid, Erinnerungen, S. 97; Kohlhaas, Wildermuth, S. 55.
38 Manfred Schmid, Tübinger Studentenschaft, S. 121–127.
39 Wilhelm Kohlhaas, Das Tübinger Studentenbataillon, in: Tübinger Frankenzeitung Nr. 24, 1929. Sonderbeilage der Corpszeitung der Franconia zu Tübingen, S. 10.
40 Schmid, Erinnerungen, S. 98.
41 Bescheinigung, Privatbesitz/Kopie AdsD.
42 Scheck, Weltkrieg, S. 287–296; Manfred Schmid, Tübinger Studentenschaft, S. 129 f.
43 Ebd., S. 115; Jürgen Schwarz, Studenten in der Weimarer Republik. Die deutsche Studentenschaft in der Zeit von 1918 bis 1923 und ihre Stellung zur Politik, Berlin 1971, S. 219.
44 Gerhard Storz, Im Lauf der Jahre. Ein Lebensbericht aus der ersten Jahrhunderthälfte, Stuttgart 1973, S. 213.
45 Mündliche Mitteilung Martin Schmids.
46 Schmid an seine Frau, Pfingstmontag 1944, Privatbesitz/Kopie AdsD.
47 Schmid an Martin Schmid, 25. 7. 1943, Privatbesitz/Kopie AdsD.
48 Schmid an Bertha Stauß, 4. 6. 1969, AdsD, NL Schmid 885.
49 Manuskript der Erinnerungen, S. 161, AdsD, NL Schmid 386.
50 Zeugnis über die Erste Höhere Justizdienstprüfung, Privatbesitz/Kopie AdsD.
51 So z. B. auf dem Persönlichkeitsfragebogen, den er als Mitglied des Parlamentarischen Rates auszufüllen hatte. AdsD, NL Schmid 37.

Schritte ins Leben – Träume zerrinnen

1 Carlo Schmid, Gerichtsbarkeit und politische Grundordnung des Staates, in: Festschrift für Adolf Arndt zum 65. Geburtstag. Hrsg. Horst Ehmke/Carlo Schmid/Hans Scharoun, Frankfurt/M. 1969, S. 411.
2 Schmid, Erinnerungen, S. 102.
3 Ebd., S. 102
4 Erich Döhring, Geschichte der deutschen Rechtspflege seit 1500, Berlin 1953, S. 358 ff.
5 Schmid, Erinnerungen, S. 103.
6 Ebd., S. 107.
7 Ebd., S. 107.
8 Schmid an seine Mutter, 26. 5. 1926, Privatbesitz/Kopie AdsD.
9 Schmid, Erinnerungen, S. 102.
10 Art. 157 der Weimarer Verfassung.
11 Zu Sinzheimer vgl. Otto Kahn-Freund, Hugo Sinzheimer 1875–1914, in: Hugo Sinzheimer, Arbeitsrecht und Rechtssoziologie. Gesammelte Aufsätze und Reden. Hrsg. Otto Kahn-Freund und Thilo Ramm, Frankfurt/M. 1976, Bd. 1, S. 1–35.
12 Klaus L. Albrecht, Hugo Sinzheimer in der Weimarer Nationalversammlung. Sein Beitrag zum wirtschaftlichen Rätesystem und den arbeits- und wirtschaftsrechtlichen Grundrechten der Reichsverfassung, Berlin 1970, S. 114–150; Gerhard A. Ritter, Die Entstehung des Räteartikels 165, in: VfZ 258, 1994, S. 91 ff.
13 Heinrich Potthoff, Freie Gewerkschaften 1918–1933. Der Allgemeine Deutsche Gewerkschaftsbund in der Weimarer Republik, Düsseldorf 1987, S. 169; S. 258.
14 Manuskript der Erinnerungen, S. 187, AdsD, NL Schmid 386.
15 Anna Schmid an ihren Sohn, 27. 4. 1924, Privatbesitz/Kopie AdsD.
16 Manuskript der Erinnerungen, S. 187 f., AdsD, NL Schmid 386.
17 Ebd.

18 Privatbesitz/Kopie AdsD. Die Arbeit wurde nicht gedruckt.
19 Ebd., S. 19/20.
20 Ebd., S. 73.
21 Ebd., S. 73.
22 Ebd., S. 260.
23 Ebd., S. 201 f. § 1 des Betriebsrätegesetzes lautet: „Zur Wahrnehmung der gemeinsamen wirtschaftlichen Interessen der Arbeitnehmer (Arbeiter und Angestellten) dem Arbeitgeber gegenüber und zur Unterstützung des Arbeitgebers in der Erfüllung der Betriebszwecke sind in allen Betrieben, die in der Regel mindestens zwanzig Arbeitnehmer beschäftigen, Betriebsräte zu errichten." Zit. nach Georg Flatow, Betriebsrätegesetz vom 4. 2. 1920 nebst Wahlordnung, Ausführungsverordnung und Ergänzungsgesetzen, 12. Aufl. Berlin 1927, S. 30.
24 Schmid, Die Rechtsnatur der Betriebsvertretungen, S. 162 ff.
25 Flatow, Betriebsrätegesetz; Fritz Stier-Somlo, Kommentar zum Betriebsrätegesetz vom 4. 2. 1920, Berlin 1921; Hermann Dersch, Kommentar zum Betriebsrätegesetz vom 4. 2. 1920, nebst Wahlordnung, Mannheim u. a.1920.
26 Albrecht, Sinzheimer, S. 129 f.
27 Kahn-Freund, Sinzheimer, S. 5.
28 Auszug aus dem Promotionsregister, Dekanat des Fachbereiches Rechtswissenschaft der Johann-Wolfgang-Goethe-Universität Frankfurt/M. Zweitkorrektor war Friedrich Klausing, Prof. für Handelsrecht und bürgerliches Recht.
29 Schmid, Erinnerungen, S. 110.
30 Zu den Schülern Sinzheimers wurde er von Wolfgang Luthardt, Arbeit, Recht und Gerechtigkeit. Zur Erinnerung an Otto Kahn-Freund 1900–1979, in: IWK 26, 1990, S. 183, gezählt.
31 Zeugnis über die Zweite Höhere Justizdienstprüfung, Privatbesitz/Kopie AdsD.
32 Wolfgang Mittermaier, Wie studiert man Rechtswissenschaft? Das Studium der Rechtswissenschaft und seine zweckmäßige Einrichtung, Stuttgart 1921, S. 55.
33 Schmid, Erinnerungen, S. 112.
34 Anna Schmid an ihren Sohn, 27. 4. 1924, Privatbesitz/Kopie AdsD.
35 Ebd.
36 Ebd.
37 Schmid, Erinnerungen, S. 114.
38 Schmid an seine Mutter vom 26. 5. 1926, Privatbesitz/Kopie AdsD.
39 Ebd.
40 Schmid war seit dem 16. 9. 1925 Gerichtsassessor am Amtsgericht Tübingen. Vgl. Personalakte betr. Landgerichtsrat Karl Schmid beim Landgericht in Tübingen, StA Sig. WÜ 28/3, Bd. 12.
41 Mündliche Auskunft Martin Schmids.
42 Brief Martin Schmids an die Verfasserin vom 21. 1. 1995.
43 Schmid, Erinnerungen, S. 117.
44 Vgl. Aufsatz: Wie ich mir meine diesjährigen Sommerferien ausdenke, Aufsatzheft für das Schuljahr 1906/7, Privatbesitz/Kopie AdsD.
45 Dienstzeugnis vom 17. 6. 1927, in: Personalakte betr. Landgerichtsrat Karl Schmid beim Landgericht Tübingen, StA Sig. WÜ 28/3, Bd. 12.
46 Schmid Erinnerungen, S. 117; Zur Honoratiorenmentalität in Tübingen vgl. auch Schönhagen, Tübingen, S. 27–33.
47 Schmid an Amtsgerichtsdirektor Abel, 18. 1. 1927, in: Personalakte betr. Landgerichtsrat Karl Schmid beim Landgericht Tübingen, StA Sig. WÜ 28/3, Bd. 12.
48 Schmid, Erinnerungen, S. 117.

49 Heinrich Pohl, Reichsverfassung und Versailler Vertrag, Tübingen 1927; Neues Völkerrecht auf Grund des Versailler Vertrags, Berlin/Bonn 1927; Völkerrecht und Außenpolitik in der Reichsverfassung, Berlin/Bonn 1929.

Völkerrecht im Dienste deutscher Außenpolitik: Im Kaiser-Wilhelm-Institut in Berlin

1 Manuskript der Erinnerungen, S. 224 f., AdsD, NL Schmid 386.
2 Bernhard vom Brocke, Die Kaiser-Wilhelm-Gesellschaft in der Weimarer Republik. Ausbau zu einer gesamtdeutschen Forschungsorganisation (1918–1933), in: Forschung im Spannungsfeld von Politik und Gesellschaft. Geschichte und Struktur der Kaiser-Wilhelm-/Max-Planck-Gesellschaft. Aus Anlaß ihres 75jährigen Bestehens hrsg. von Rudolf Vierhaus/Bernhard vom Brocke, Stuttgart 1990, S.302 f.
3 Peter Krüger, Versailles. Deutsche Außenpolitik zwischen Revisionismus und Friedenssicherung, München 1986, S. 119–156.
4 Vom Brocke, Kaiser-Wilhelm-Gesellschaft, S. 302 f.
5 Victor Bruns, Völkerrecht als Rechtsordnung, in: Zeitschrift für ausländisches öffentliches Recht und Völkerrecht 1, 1929, S. 1–9.
6 Max-Planck-Institut für ausländisches öffentliches Recht und Völkerrecht in Heidelberg, in: Jahrbuch der Max-Planck-Gesellschaft zur Förderung der Wissenschaften e. V., 1961, Teil II, S. 692 f.
7 Adolf Harnack (Hrsg.), Handbuch der Kaiser-Wilhelm-Gesellschaft zur Förderung der Wissenschaften, Berlin 1928, S. 161.
8 Ebd., S. 162.
9 Schmid an Martin Draht, 1964, AdsD, NL Schmid 1413.
10 Zu Hermann Heller vgl. Christoph Müller, Hermann Heller (1891–1933). Vom liberalen zum sozialistischen Rechtsstaat, in: Streitbare Juristen. Eine andere Tradition. Festschrift für Jürgen Seifert, Baden-Baden 1988, S. 268–281; Gerhard Robbers, Hermann Heller. Staat und Kultur, Baden-Baden 1983.
11 Manuskript der Erinnerungen, S. 741 f., AdsD, NL Schmid 389.
12 Schmid, Was ist neu am neuen SPD-Programm? Hinwendung von der Klasse zur Nation, in: Die Zeit vom 27. 11. 1959.
13 Schmid an Gertrud Heller, 16. 6. 1955, AdsD, NL Schmid 645.
14 Z. B. Schmid an Erich Kaufmann, 22. 6. 1963; 21. 9. 1965, AdsD, NL Schmid, 775/230.
15 Beileidstelegramm Schmids an Hedwig Kaufmann, 1. 12. 1972, AdsD, NL Schmid 1022.
16 Erich Kaufmann, Das Wesen des Völkerrechts und die clausula rebus sic stantibus, Tübingen 1911, S. 143: Zur Kritik Hellers: Hegel und der nationale Machtstaatsgedanke, in: Hermann Heller, Gesammelte Schriften, Hrsg. Martin Draht u. a., Bd. 1, Tübingen 1971, S. 237.
17 Vorwort Kaufmanns zu ders., Der Staat in der Rechtsgemeinschaft der Völker. Vom ersten Weltkriege bis zum Wiederaufbau nach dem zweiten Weltkriege, Göttingen 1960, S. VII.
18 Schmid, Erinnerungen, S. 125.
19 Gerhard Leibholz, Zu den Problemen des fascistischen Verfassungsrechts, Berlin/Leipzig 1928; Hermann Heller, Europa und der Faschismus, in: ders., Gesammelte Schriften, Bd. 2, S. 463–610.
20 Hans Wehberg, Heinrich Pohl, in: Die Friedenswarte 31, 193 S. 144.
21 Dionisio Anzilotti, Lehrbuch des Völkerrechts. Vom Verfasser durchgesehene und

autorisierte Übertragung nach der 3. erweiterten und revidierten italienischen Fassung. Übersetzt von Karl Schmid und Cornelia Bruns, Berlin/Leipzig 1929.

22 Ebd., S. 41.

23 Vgl. S. 277/S. 359 der Arbeit.

24 Als Manuskript gedruckt, 40 Seiten, Privatbesitz/Kopie AdsD.

25 Ebd., S. 10 ff.

26 Ebd, S. 19.

27 Ebd, S. 28 ff.; Max Huber, Das Rote Kreuz und die neuere Entwicklung des Völkerrechts, in: ders., Rotes Kreuz. Grundsätze und Probleme, Zürich/Berlin 1941, S. 18–29.

28 Karl Schmid, Die Rechtsprechung des Ständigen Internationalen Gerichtshofes in Rechtssätzen dargestellt, Stuttgart 1932, S. 21.

29 Dietrich Schindler, Die Schiedsgerichtsbarkeit seit 1914. Entwicklung und heutiger Stand, Stuttgart 1938, S. 30 f.

30 Karl Schmid/Ernst Schmitz, Zur Dogmatik der Sektion V des Teils X des Versailler Vertrags, in: Zeitschrift für ausländisches öffentliches Recht und Völkerrecht, 2, 1931, S. 44.

31 Ebd., S. 44.

32 Ebd., S. 77

33 Kommentar Schmids zu dem Urteil des deutsch-griechischen Schiedsgerichts Anastase K. Gagalis c. Etat Allemand, 5. 11. 1930, in: Zeitschrift für ausländisches öffentliches Recht und Völkerrecht 4, 1933, 2. Teil, S. 126.

34 Karl Schmid/Ernst Schmitz, Der Paragraph 4 der Anlage zu Sektion IV des Teils X des Versailler Vertrags, in: Zeitschrift für ausländisches öffentliches Recht und Völkerrecht, Bd. 1, S. 279/317.

35 Ein Teil der Urteile des Gerichts ist abgedruckt, in: Recueil des décisions des Tribunaux Arbitraux Mixtes institués par les Traités des Paix, Tome 7–9, 1928–1930, S. 725–730; S. 554–563; S. 324–358.

36 Harald von Riekhoff, German-Polish-Relations 1918–1933, Baltimore/London 1971, S. 137 f.

37 Ebd., S. 141

38 Zu dem Prozeß vgl. Zeitschrift für ausländisches öffentliches Recht und Völkerrecht 2, 1931, Teil 2, S. 15–25; Recueil des décisions des Tribunaux Arbitraux Mixtes institués par les Traités des Paix, Tome 9, 1929/1930, S. 336–341.

39 Schmid an Erich Kaufmann, 21. 9. 1965, AdsD, NL Schmid 230.

40 In: Zeitschrift für ausländisches öffentliches Recht und Völkerrecht, 2, 1931, Teil 2, S. 25–41.

41 Schmid, Rechtsprechung, S. 32.

42 Bericht der Rechts- und Wirtschaftswissenschaftlichen Fakultät der Universität Tübingen betr. Habilitation des Amtsrichters Dr. Karl Schmid vom 5. 7. 1929, UAT 189/88.

43 Schultheß' Europäischer Geschichtskalender 1928, S. 475 f.

44 So Schmid im Ausschuß für Grundsatzfragen des Parlamentarischen Rates, wo er auf diesen Fall noch einmal zurückkam. Der Parlamentarische Rat. Bd. 5 Ausschuß für Grundsatzfragen, 1. Hbd., Boppard am Rhein 1993, S. 320 f.

45 Zit. nach Peter Krüger, Der deutsch-polnische Schiedsvertrag im Rahmen der deutschen Sicherheitsinitiative von 1925, in: HZ 230, 1980, S. 608.

46 Schmid, Erinnerungen, S. 129.

47 Vorlesungsmanuskripte Versailler Vertrag-Völkerbund; Wesen und Geschichte der internationalen Rechtspflege o. D. (1930), AdsD, Dep. Goebel.

48 Georg May, Ludwig Kaas, Der Priester, der Politiker und der Gelehrte aus der Schule von Ulrich Stutz, Amsterdam 1981, Bd. 2, S. 299–302.
49 Schmid, Erinnerungen, S. 141 f.
50 Schmid an Wolfgang Frommel, 11. 11. 1934, Castrum Peregrini, NL Frommel.
51 Manuskript der Erinnerungen, S. 294, AdsD, NL Schmid 386.
52 Schmid, Erinnerungen, S. 138.
53 Die Fackel Nr. 153:Überschrift: Gesucht.
54 Schmid, Erinnerungen, S. 135.
55 Privatbesitz/Kopie AdsD.
56 Kurt Tucholsky, Bert Brechts Hauspostille, in: ders., Lerne lachen, ohne zu weinen. Auswahl 1928 bis 1929, Berlin(Ost), 1974, S. 383.
57 Karl Schmid, Gedichte, Privatbesitz/Kopie AdsD; Bert Brecht, Dreigroschenoper, in: Bertolt Brecht, Werke. Hrsg. Werner Hecht u. a., Bd. 2, Berlin, Weimar, Frankfurt/M. 1988, S. 305.
58 Schmid, Erinnerungen, S. 122.
59 Bertolt Brecht, Hauspostille, Frankfurt 1983, S. 79.

Ein „politisierender" Privatdozent

1 Personalakte betr. Landgerichtsrat Dr. Karl Schmid beim Landgericht Tübingen, StA Sig. WÜ 28/3, Bd. 12.
2 Bericht der Rechts- und Wirtschaftswissenschaftlichen Fakultät betr. die Habilitation des Amtsrichters Dr. Karl Schmid vom 5. 7. 1929, in: UAT 189/88.
3 Schmid, Rechtsprechung, S. 25.
4 Detlef Acker, Walther Schücking 1875–1935, Münster 1970, S. 190–195.
5 Schmid, Rechtsprechung, S. 22.
6 Gutachten Heinrich Pohls vom 10. 6. 1929, AdsD, NL Schmid 2001.
7 Heinrich Pohl, Neues Völkerrecht auf Grund des Versailler Vertrags, Berlin 1927, S. 11.
8 Vorschlagsliste Schmids vom 24. 6. 1929, UAT 189/88.
9 Akademisches Rektoramt an den Dekan der Rechts- und Wirtschaftswissenschaftlichen Fakultät, 18. 11. 1929. Ebd.
10 Handschriftliches Manuskript der Antrittsvorlesung, AdsD, Dep. Goebel.
11 Ebd.
12 Ebd.
13 Die Sanktionsgefahr. Ein juristisches Gutachten über die Klauseln des Haager Abkommens, Der Deutsche Nr. 42 vom 25. 2. 1930.
14 Schultheß' Europäischer Geschichtskalender 1930, S. 419 ff.
15 Die Sanktionsgefahr (wie Anm. 13).
16 Ebd.
17 Ebd.
18 Rudolf Morsey (Bearb.), Die Protokolle der Reichstagsfraktion und des Fraktionsvorstandes der deutschen Zentrumspartei 1926–1933, Mainz 1969, S. 391 (Fraktionssitzung am 25. 2. 1930).
19 Wirth gegen das Christenblatt, Vorwärts 26. 2. 1930.
20 Morsey, Protokolle, S. 391.
21 Victor Bruns an Schmid, 25. 2. 1930, AdsD, Dep. Goebel.
22 Victor Bruns an Schmid, 31. 5. 1930. Ebd.
23 Ebd.
24 Das Kabinett Müller II., 28. Juni 1928–27. März 1930. Bearb. Martin Vogt, Boppard a. Rh. 1970, S. 1526, Anm. 3.

25 Morsey, Protokolle, S. 391.
26 Das Abkommen ist abgedruckt, in: Ursachen und Folgen, Bd. 6. Die Weimarer Republik. Die Wende der Nachkriegspolitik 1924–1928, Berlin o. J., S. 726 f.
27 Vorlesungsmanuskript Reparationen/Versailler Vertrag o. D., AdsD, Dep. Goebel; Schmid, Rechtsprechung, S. 261.
28 Riekhoff, German-Polish-Relations, S. 147 f.
29 Ebd, S. 151.
30 Vorlesungsmanuskript Reparationen/Versailler Vertrag, AdsD, Dep. Goebel.
31 Vgl. Stephan A. Schuker, American Reparations to Germany 1919–1933. Implications for the Third World Debt Crisis, Princeton 1988, und Carl Ludwig Holtfrerichs Rezension der Arbeit, in: HZ 251, 1990, S. 468–471.
32 Vorlesungsmanuskripte Reparationen/Versailler Vertrag; Die Reparationen(1932), AdsD, Dep. Goebel.
33 Ebd.
34 Ebd.
35 Hjalmar Schacht, Das Ende der Reparationen, Oldenburg 1931, S. 37 f.
36 Die Reparationen (1932), AdsD, Dep. Goebel.
37 Ebd.
38 Hans Mommsen, Die verspielte Freiheit. Der Weg der Republik von Weimar in den Untergang 1918 bis 1933, Berlin 1989, S. 106.
39 Die Reparationen(1932), AdsD, Dep. Goebel.
40 Edgar Salin, Zur Revision des Young-Plans. Das Lansing- Abkommen als Revisionsbasis, in: Ruhr und Rhein, Heft 31 vom 1. 8. 1930.
41 Winfried Glashagen, Die Reparationspolitik Heinrich Brünings 1930–1931. Studien zum wirtschafts- und außenpolitischen Entscheidungsprozeß in der Auflösungsphase der Weimarer Republik, Diss. Phil. Bonn 1980, Bd. 1, S. 289.
42 Schmid, Erinnerungen, S. 153.
43 Noch in einem Brief Brünings an Treviranus vom 6. Januar 1958 kommt die große Wertschätzung, die Schmid bei Brüning genoß, zum Ausdruck. In: Heinrich Brüning, Briefe 1946–1960. Hrsg. Claire Nix u. a. Stuttgart 1974, S. 448.
44 Victor Bruns an Schmid, 31. 5. 1930, AdsD, Dep. Goebel.
45 Der Deutsche Nr. 51 vom 1. März 1930.
46 Mündliche Mitteilung Martin Schmids.
47 Schultheß' Europäischer Geschichtskalender 1930, S. 11.
48 Zu Treviranus vgl. Horst Möller, Gottfried Reinhold Treviranus. Ein Konservativer zwischen den Zeiten, in: Um der Freiheit willen. Eine Festgabe für und von Johannes und Karin Schauff zum 80. Geburtstag. Hrsg. Paul Gordan, Pfullingen 1983, S.118–142. Zu den Volkskonservativen: Erasmus Jonas, Die Volkskonservativen 1928–1933. Entwicklung, Struktur, Standort und staatspolitische Zielsetzung, Düsseldorf 1965.
49 Z. B. Warum bin ich Sozialdemokrat? Werbebroschüre der SPD in Bonn, 14. 9. 1959.
50 Schmid, Erinnerungen, S. 154.
51 Zum Tatkreis vgl. Kurt Sontheimer, Der Tatkreis, in: VfZ 7,1959, S. 229–260; Stefan Breuer, Anatomie der Konservativen Revolution, Darmstadt 1993, passim.
52 Zit. nach Sontheimer, Tatkreis, S. 260.
53 Schmid an Wolfgang Frommel, 11. 11. 1934, Castrum Peregrini, NL Frommel.
54 Breuer, Konservative Revolution, passim.
55 Gerber an den Dekan der Rechts- und Wirtschaftswissenschaftlichen Fakultät, 25. 10. 1930, AdsD, NL Schmid 2001.
56 Vorlesungsverzeichnisse der Eberhard-Karls-Universität Tübingen 1930–1933.

57 Schönhagen, Tübingen, S. 52; Uwe Dietrich Adam, Hochschule und Nationalsozialismus. Die Universität Tübingen im Dritten Reich, Tübingen 1977, S. 24.
58 Schönhagen, Tübingen, S. 52.
59 Zit nach ebd., S. 37.
60 Vorlesungsmanuskript: Die Reparationen (1932), AdsD, Dep. Goebel.
61 Vorlesungsmanuskript: Wesen und Geschichte der Internationalen Rechtspflege (1930), AdsD, Dep. Goebel.
62 Ebd.
63 Vorlesungsmanuskripte: Versailler Vertrag/Völkerbund; Der Völkerbund (1933), AdsD, Dep. Goebel.
64 Vortrag: Abrüstung und Sicherheit (1932), AdsD, Dep. Goebel.
65 Ebd.
66 Ebd.
67 Ebd.
68 Ebd.
69 Ebd.
70 Ebd.
71 Die Fünfmächteerklärung ist abgedr., in: Abrüstung und Sicherheit. Handbuch der Sicherheitsfrage und der Abrüstungskonferenz. Hrsg. K. Schwendemann, Bd. 1, 2. Aufl. Leipzig 1933, S. 479 f.
72 Vorlesungsmanuskript: Das Abrüstungsproblem (1934), AdsD, Dep. Goebel.
73 Georg Schwarzenberger, Einführung in das Völkerrecht, Tübingen 1951, S. 11.
74 Schmid, Erinnerungen, S. 147 f.
75 Zu Rosenstocks Arbeitslagerpädagogik vgl. Peter Dudek, Erziehung durch Arbeit. Arbeitslagerbewegung und freiwilliger Arbeitsdienst 1920–1935, Opladen 1988, insbesondere S. 124–157; Eugen Rosenstock-Huessy, Die Arbeitslager innerhalb der Erwachsenenbildung, Stuttgart 1930.
76 Schmid, Erinnerungen, S. 148.
77 Schmid an Ferdinand Osmer, 1. 3. 1950, AdsD, NL Schmid 1175.
78 ... treu und fest hinter dem Führer. Die Anfänge des Nationalsozialismus an der Universität Tübingen 1926–1934, Tübingen 1983, S. 12f; S. 55.
79 Akte Prof. Schmid, UAT 126a/434.
80 ... treu und fest, S. 12
81 Schönhagen, Tübingen, S. 68.
82 Schmid, Erinnerungen, S. 149.
83 Georg Federer an Schmid, 19. 9. 1979, AdsD, NL Schmid 952.

Unterm Hakenkreuz
(1933–1940)

Dritter Humanismus statt Drittes Reich

1 Schönhagen, Tübingen, S. 102 f.
2 Woldemar Graf Uxkull-Gyllenband, Das revolutionäre Ethos bei Stefan George. Philosophie und Geschichte. Eine Sammlung von Vorträgen und Schriften aus dem Gebiet der Philosophie und Geschichte, Tübingen 1933; Zu Uxküll vgl. Eckart Grünewald, Ernst Kantorowicz und Stefan George. Beiträge zur Biographie des Historikers bis zum Jahre 1938 und zu seinem Jugendwerk Kaiser Friedrich der

Zweite, Wiesbaden 1982, S. 39–43; Karlhans Kluncker, Percy Gothein. Humanist und Erzieher. Das Ärgernis im George- Kreis, Amsterdam 1986, S. 50–55; Nachruf Alexander Graf Schenk von Stauffenbergs, in: HZ 160, 1939, S. 671 f.

3 Woldemar Uxküll an Schmid, o. D., AdsD, Dep. Goebel.

4 Briefwechsel mit Peter Suhrkamp, AdsD, NL Schmid 516.

5 Briefwechsel mit Frommel, Castrum Peregrini, NL Frommel.

6 Stefan George, Fragbar ward Alles da das Eine floh, in: ders., Werke. Ausgabe in zwei Bänden, Stuttgart 1958, Bd. 1, S. 367.

7 Stefan George, Der Dichter in Zeiten der Wirren, ebd., S. 416 f.

8 Brief vom 13. 12. 1943, Privatbesitz/Kopie AdsD.

9 Walter Benjamin, Rückblick auf Stefan George, in: ders. Gesammelte Schriften, Bd. 3, Hrsg. Hella Tiedemann-Bartels, Frankfurt/M.,1991, S. 396 f.

10 Ebd., S. 394.

11 Erschienen im Verlag Die Runde, Berlin.

12 Schmid an Wolfgang Frommel, 10. 9. 1934, Castrum Peregrini, NL Frommel.

13 Zu Frommel vgl. Vera Lachmann, Wolfgang Frommel, in: Michael Landmann, Figuren um Stefan George. Zehn Porträts, Amsterdam 1982, S. 116–147; Thomas Karlauf, Castrum Peregrini. Stationen der Vorgeschichte, in: Castrum Peregrini 30, 1981, S. 24–50.

14 Der Dritte Humanismus, S. 65.

15 Ebd., S. 13.

16 Ebd., S. 10.

17 Wolfgang Frommel, Der Dritte Humanismus als Aufgabe unserer Zeit, in: Vom Schicksal des deutschen Geistes. Die Begegnung mit der Antike, Berlin 1934, S. 138.

18 Der Dritte Humanismus, S. 68; vgl. auch Karlauf, Castrum Peregrini, S. 32

19 Der Dritte Humanismus, S. 64.

20 Ebd., S. 18.

21 Michael Philipp hat in seiner Hamburger Dissertation Vom Schicksal des deutschen Geistes. Wolfgang Frommels Rundfunkarbeit an den Sendern Frankfurt und Berlin 1933–1935 und ihre oppositionelle Tendenz, 1992, S. 30, eine solche Einordnung vorgenommen. Die noch unveröffentliche Dissertation wurde mir freundlicherweise von Herrn Dr. Michael Philipp zur Verfügung gestellt. In der Forschungsliteratur über die sogenannte Konservative Revolution wird Frommel zu Recht nicht erwähnt.

22 Brief vom 8. 7. 1972, Castrum Peregrini, NL Wolfgang Frommel.

23 Hans-Klaus Jungheinrich, Zwanzig Jahre nachher. Vermischte Erinnerungen, Beobachtungen, Bezichtigungen und Bekenntnisse in: Text und Kritik. Theodor W. Adorno. Hrsg. Ludwig Arnold, München 1977, S. 174 f.

24 Wolfgang Frommel an Schmid, o. D., Castrum Peregrini, NL Wolfgang Frommel.

25 Philipp, Schicksal; ferner Karlauf, Castrum Peregrini, S. 35–49.

26 Unter diesen Begriff faßte Günther Gillessen die Oppositionshaltung der Frankfurter Zeitung während der NS- Zeit. Auf verlorenem Posten. Die Frankfurter Zeitung im Dritten Reich, Berlin 1986, S. 527.

27 Wolfgang Frommel an Schmid, o. D., Castrum Peregrini, NL Wolfgang Frommel.

28 Philipp, Schicksal, S. 50 ff.

29 Schmid an Wolfgang Frommel, 10. 9. 1934, Castrum Peregrini, NL Wolfgang Frommel.

30 Ebd.

31 Wolfgang Frommel an Schmid, 20. 9. 1934. Ebd.

32 Ebd.

33 Schmid an Wolfgang Frommel, 15. 10. 1934. Ebd.

34 Brief vom 11. 11. 1934. Ebd.

35 Wolfgang Frommel an Schmid, 20. 9. 1934. Ebd.
36 Abgedr., in: Wolfgang Frommel, Vom Schicksal des deutschen Geistes. Die Begegnung mit der Antike, Berlin 1934, S. 79–87.
37 Ebd., S. 80.
38 Ebd., S. 84.
39 Ebd., S. 85
40 Ebd., S. 84 f.
41 Ebd., S. 86.
42 Rinn an Schmid, 4. 7. 1940, AdsD, Dep. Goebel.
43 Vgl. z. B. Vortrag Schmids anläßlich der Jahrestagung der Nordwestdeutschen Universitätsgesellschaft aus dem Jahre 1950, AdsD, NL Schmid 90.
44 Philipp, Schicksal, S. 292.
45 Ernst Morwitz, Die Dichtung Stefan Georges, Berlin 1934; ders., Kommentar zu dem Werk Stefan Georges, München/Düsseldorf 1960.
46 Ernst Kantorowicz, Friedrich der Zweite, Düsseldorf/München 1927.
47 Zit. nach Ernst Kantorowicz zum Gedächtnis, Frankfurt 1964, S. 17.
48 Briefe Ernst Morwitz an Schmid aus den Jahren 1934–1938, AdsD, Dep. Goebel.
49 Philipp, Schicksal, S. 270 ff.
50 Wolfgang Frommel an Schmid, 29. 12. 1934, Castrum Peregrini, NL Wolfgang Frommel.
51 Ebd.
52 Schmid an Wolfgang Frommel, 8. 1. 1935. Ebd.
53 Schmid an Wolfgang Frommel, 3. 3. 1935. Ebd.
54 Gillessen, Auf verlorenem Posten, S. 46; S. 350–354.
55 Vgl. das folgende Kapitel.
56 Schmid an Wolfgang Frommel, 14. 4. 1935, Castrum Peregrini, NL Wolfgang Frommel.
57 Dante und Pierre Dubois. Idee und Ideologie des Abendlandes an der Wende von Mittelalter und Neuzeit, in: Schmid, Europa und die Macht des Geistes, S. 9–32.
58 Ebd., S. 30.
59 Ebd., S. 10.
60 Ebd., S. 10.
61 Ebd., S. 14–17.
62 Percy Ernst Schramm, Kaiser, Rom und Renovatio. Studien und Texte zur Geschichte des römischen Erneuerungsgedankens vom Ende des Karolingischen Reiches bis zum Investiturstreit, Leipzig/Berlin 1929.
63 Schmid, Dante und Pierre Dubois, S. 17 f.
64 So kennzeichnet Kurt Sontheimer, Antidemokratisches Denken in der Weimarer Republik. Die politischen Ideen des deutschen Nationalismus zwischen 1918 und 1933, 3. Aufl. München 1992, S. 224, die am Ende der Weimarer Republik in Rechtskreisen propagierte Reichsidee.
65 Schmid, Dante und Pierre Dubois, S. 30.
66 Karl Schmid, Völkerbund, in: Die Religion in Geschichte und Gegenwart, Bd. 5, Tübingen 1931, S. 1604.
67 Z. B. Gerhard Heller, In einem besetzten Land. Leutnant Heller und die Zensur in Frankreich 1940–1944, Bergisch-Gladbach 1985, S. 225 f.
68 Philipp, Schicksal, S. 292 ff.
69 Idee und Ideologie an der Wende von Mittelalter und Neuzeit. Dante und Pierre Dubois, in: Aufsätze zur Geschichte der Antike und des Christentums, Berlin 1937, S. 92–112.

70 Der Separatdruck erschien im Verlag Die Runde.
71 Manuskript und Schreiben der Reichs-Rundfunk-Gesellschaft vom 17. 12. 1935, Privatbesitz/Kopie AdsD.
72 Augustinus und Karl der Große, S. 9. Ebd.
73 Ebd., S. 16.
74 Ebd., S. 4.
75 Ebd., S. 3.
76 Ebd., S. 3.
77 Thomas Mann in einem offenen Brief an Walter von Molo vom Okt. 1945, in: Frankfurter Rundschau 10. 10. 1945.
78 Philipp, Schicksal, S. 325.
79 Lachmann, Wolfgang Frommel, S. 131 f.
80 Das System Platons, Manuskript, S. 1, AdsD, NL Schmid 444.
81 Schmid an Radio Zürich, 17. 10. 1963, AdsD, NL Schmid 573.
82 Das System Platons, Manuskript, S. 7, AdsD, NL Schmid 444.
83 Friedrich Nietzsche, Morgenröte. Gedanken über die moralischen Vorurteile. Mit einem Nachwort von Ralph-Rainer Wuthenow, Frankfurt/M. 1983, S. 280.
84 Das System Platons, Manuskript, S. 2, AdsD, NL Schmid 444.
85 Ebd. S. 8
86 Vgl. Hella Mandt, Tyrannislehre und Widerstandsrecht. Studien zur deutschen Theorie des 19. Jahrhunderts, Neuwied/Frankfurt 1974, S. 24.
87 Das System Platons, Manuskript, S. 7, AdsD, NL Schmid 444.
88 Platon, Politikos, in: Platon, Sämtliche Werke in zehn Bänden. Griechisch und Deutsch. Nach der Übersetzung Friedrich Schleiermachers, Bd. 7, Frankfurt/Leipzig 1991, S. 409.
89 Lachmann, Wolfgang Frommel, S. 132.
90 Wolf von Cassel, Wolfgang Frommel 1902–1986. Ein Humanist in Holland, in: Exil 1, 1989, S. 82–87.
91 Theodor W. Adorno, George und Hofmannsthal, in: Stefan George und die Nachwelt. Dokumente zur Wirkungsgeschichte, Bd. 2. Hrsg. Ralph-Rainer Wuthenow, Stuttgart 1981, S. 155.
92 Wolfgang Frommel, Zum 70. Geburtstag Carlo Schmids, in: Castrum Peregrini 71, 1966, S. 51.
93 Schmid an Frommel, 10. 7. 1935, Castrum Peregrini, NL Wolfgang Frommel.
94 In: AdsD, Dep. Goebel.
95 Ernst Kantorowicz an Schmid, 23. 7. 1936, AdsD, Dep. Goebel. Die Übersetzung scheint verlorengegangen zu sein.
96 Briefwechsel mit dem Insel-Verlag, in: AdsD, Dep. Goebel.
97 Ernst Kantorowicz an Schmid, 23. 7. 1936. Ebd.
98 Dante-Kommentar. Ebd.
99 Ebd.
100 Carlo Schmid, Kaiser Friedrich II und seine Zeit, in: ders., Europa und die Macht des Geistes, S. 383.
101 Dante-Kommentar, AdsD, Dep. Goebel.
102 Thomas Mann, Betrachtungen eines Unpolitischen. Mit einem Vorwort von Hanno Helbling, Frankfurt/M. 1988, S. 565.
103 Dante-Kommentar, AdsD, Dep. Goebel.
104 Ernst Kantorowicz an Schmid, 23. 7. 1936. Ebd.
105 Carlo Schmid, Eulen – Gottheiten glühenden Augs. Erläuterung zu meiner Baudelaire-Übertragung, in: Christ und Welt vom 22. 11. 1963.

106 Karl Schmid, Römisches Tagebuch, Tübingen/Stuttgart 1947.
107 Schriftliche Mitteilung Joachim von Adelsheim-Ernests an die Verfasserin vom 2. 12. 1992.
108 Schmid, Römisches Tagebuch, S. 175.
109 Ebd., S. 29.
110 Ebd., S. 109.
111 Ebd., S. 127.
112 Ebd., S. 72.
113 Ebd., S. 118.
114 Ebd., S. 135.
115 Schmid an Wolfgang Frommel, 8. 7. 1972, Castrum Peregrini, NL Wolfgang Frommel.
116 Brief vom 16. 7. 1943, Privatbesitz/Kopie AdsD.
117 Ernst Morwitz an Schmid, 14. 1. 1936, AdsD, Dep. Goebel.

Immunisierung gegen den Nationalsozialismus

1 Schönhagen, Tübingen, S. 107.
2 Ebd., S. 165.
3 Manuskript der Erinnerungen, S. 362, AdsD, NL Schmid 387.
4 Schönhagen, Tübingen, S. 181.
5 Personalakte betr. Landgerichtsrat Dr. Schmid beim Landgericht Tübingen, StA Sig. WÜ 28/3, Bd. 12.
6 Schönhagen, Tübingen, S. 123.
7 Eidesstattliche Erklärung Paul Wilhelm Wengers vom 30. 10. 1961, AdsD, NL Schmid 2005.
8 Schmid an Dieter Roser, 23. 12. 1948, AdsD, NL Schmid 2005.
9 Dienstzeugnis, verfaßt von Landgerichtspräsident Landerer am 22. 12. 1936, in: Personalakte betr. Landgerichtsrat Dr. Schmid beim Landgericht Tübingen, StA Sig. WÜ 28/3, Bd. 12.
10 Landgericht Tübingen: Übersicht über dortige Beschäftigte, HStAS, Persönliches Archiv Gebhard Müller B2/2.
11 Ebd.
12 Adam, Hochschule, S. 60.
13 Michael Sunnus, Der NS-Rechtswahrerbund 1928–1945. Zur Geschichte der nationalsozialistischen Juristenorganisation, Frankfurt/M. 1990, S. 60
14 Personalakte betr. Landgerichtsrat Dr. Schmid beim Landgericht Tübingen, StA Sig. WÜ 28/3, Bd. 12.
15 Abgedr., in: ... treu und fest, S. 22.
16 Ebd, S. 26; Adam, Hochschule, S. 54 f.
17 Zit. nach Adam, Hochschule, S. 39.
18 Schmid, Erinnerungen, S. 162.
19 Schönhagen, Tübingen, S. 158.
20 Vorlesungsmanuskript: Völkerbund (1933), AdsD; Dep. Goebel.
21 Ebd.
22 Vorlesungsverzeichnisse der Eberhard-Karls-Universität Tübingen 1933–1940.
23 Vorlesungsmanuskript: Das Abrüstungsproblem (1934), AdsD, Dep. Goebel.
24 Gustav Schmidt, England in der Krise. Grundzüge und Grundlagen der britischen Appeasementpolitik 1930–1937, Opladen 1981, S. 137–146.
25 Hans-Adolf Jacobsen, Nationalsozialistische Außenpolitik 1933–1938, Frankfurt/M. /Berlin 1968, S. 328

26 Vorlesungsmanuskript: Das Abrüstungsproblem (1934), AdsD, Dep. Goebel.
27 Vorlesungsmanuskript Versailler Vertrag-Völkerbund (SS 1935), Privatbesitz/Kopie AdsD. Das Manuskript ist unvollständig, es besteht überwiegend aus Stichworten.
28 Ebd.
29 Ebd.
30 Ebd.
31 Walter Lipgens, Europa-Föderationspläne der Widerstandsbewegungen 1940–1945, München 1968, S. 405 ff.
32 Dan Diner, Rassistisches Völkerrecht. Elemente einer nationalsozialistischen Weltordnung, in: VfZ 37,1989, S. 23–55.
33 Vorlesungsmanuskript: Ausgewählte Kapitel aus der politischen Ideengeschichte gehalten im Wintersemester 1958/59 und SS 1959, Privatbesitz/Kopie AdsD.
34 Schmid, Erinnerungen, S. 169.
35 Vorlesungsmanuskript: Ausgewählte Kapitel aus der politischen Ideengeschichte, Privatbesitz/Kopie AdsD.
36 Schmid an Martin Schmid, 2. 7. 1944. Ebd.
37 Karl Löwith, Jacob Burckhardt. Der Mensch inmitten der Geschichte, Stuttgart/Berlin/Köln/Mainz 1966, S. 48.
38 Vorlesungsmanuskript: Ausgewählte Kapitel aus der politischen Ideengeschichte, Privatbesitz/Kopie AdsD.
39 Ebd.
40 Nachwort Ulrich Raulffs, in: Friedrich Gundolf, Anfänge deutscher Geschichtsschreibung von Tschudi bis Winckelmann, Frankfurt 1992, S. 127.
41 Brief vom 8. 1. 1933, in: Eugen Gottlob Winkler. Die Dauer der Dinge. Dichtungen, Essays, Briefe, München 1985, S. 258 f.
42 Michael Thomas, Deutschland, England über alles. Rückkehr als englischer Besatzungsoffizier. Vorwort von Marion Gräfin Dönhoff, Berlin 1984, S. 202.
43 Schmid an John McCloy, 21. 12. 1953, AdsD, NL Schmid 635.
44 Schmid an Herbert Tennigkeit, 12. 12. 1974, AdsD, NL Schmid 1088.
45 Paul Wilhelm Wenger an Schmid, 18. 6. 1972; Astrid Reschke an Schmid, 1. 2. 1973, AdsD, NL Schmid 923/997. Interview Thaddäus Trolls mit Peter Roos, in: Peter Roos, Genius loci. Gespräche über Literatur und Tübingen, Pfullingen 1978, S. 26/31.
46 In: AdsD, Dep. Goebel.
47 Martin Schmid, Erinnerungen, S. 307.
48 Ebd; Thomas, Deutschland, S. 203; Frommel, Zum 70. Geburtstag Carlo Schmids, S. 52.
49 Thomas, Deutschland, S. 203.
50 Benigna Schönhagen (Hrsg.), Nationalsozialismus in Tübingen. Vorbei und Vergessen, Tübingen 1992, S. 311/348.
51 Paul Wilhelm Wenger, Wie der Mensch sich unvergessen macht. Erinnerungen an Carlo Schmid, Rheinischer Merkur 21./28. 12. 1979.
52 Thomas, Deutschland, S. 203.
53 Z. B. Theodor Eschenburg, Carlo Schmid und die französische Besatzungspolitik, in: Franz Knipping/Jacques Le Rider, Frankreichs Kulturpolitik in Deutschland 1945–1950, Tübingen 1987, S. 294.
54 Adam, Hochschule, S. 115.
55 Schmid, Erinnerungen, S. 163.
56 Otto Citron an Schmid, 14. 1. 1964, AdsD, NL Schmid 784. Zu Citron vgl. auch Adam, Hochschule, S. 117.

57 Thomas, Deutschland, S. 199–204.

58 Bernhard Hanssler, Die Befreiung von Carlo Schmid, in: Tübingen 1945. Eine Chronik von Hermann Werner. Bearbeitet und mit einem Anhang versehen von Manfred Schmid, Stuttgart 1986, S. 201.

59 Zu Hauer vgl. Adam, Hochschule, S. 179 f.

60 Schmid, Erinnerungen, S. 145.

61 Adam, Hochschule, S. 174 f.

62 Protokoll der Fakultätssitzung am 8. 12. 1933, UAT, Protokollbuch der Rechts- und Wirtschaftswissenschaftlichen Fakultät in Tübingen angelegt 1924.

63 Akte Karl Schmid, Berlin Document Center.

64 Hans Gerber an den Dekan der Rechts- und Wirtschaftswissenschaftlichen Fakultät, 5. 6. 1935, UAT 189/84.

65 Ebd.

66 Protokoll der Senatssitzung am 26. 6. 1935, UAT 42a/2.

67 Fakultätsbericht Feines an das Akademische Rektoramt, 23. 5. 1935, UAT 189/84.

68 Erich Schönhardt an den Rektor der Universität, 3. 7. 1935, UAT 315/12.

69 Adam, Hochschule, S. 68.

70 Einkommensteuerbescheide der Jahre 1938–1940, Privatbesitz/Kopie AdsD.

71 Brief Martin Schmids an die Verfasserin vom 3. 2. 1995.

72 Verpflichtungsschein: Dienstleistungen in der Wehrmacht, Privatbesitz/Kopie AdsD; Aktennotiz Schmids zum Fall Ziesel aus dem Jahre 1961, AdsD, NL Schmid 2001.

73 Oberstleutnant Raumer an Schmid, 8. 4. 1938, Privatbesitz/Kopie AdsD.

74 Manuskript der Erinnerungen, S. 443, AdsD, NL Schmid 387.

New Commonwealth Society und die Lehren Machiavellis

1 Zit. nach Hans-Ulrich Thamer, Verführung und Gewalt. Deutschhland 1933–1945, Berlin 1986, S. 451.

2 Lipgens, Europa-Föderationspläne, S. 405 f./412 f.; Ernst Jäckh, Der goldene Pflug. Lebensernte eines Weltbürgers, Stuttgart 1954, S. 20.

3 Ein Verzeichnis der Mitglieder des Research Committees ist in der seit 1935 erscheinenden Zeitschrift des Instituts „The New Commonwealth Quarterly“ zu finden.

4 Schmid an Ernst Jäckh, 12. 11. 1936, AdsD, NL Schmid 2001.

5 Jäckh, Pflug, S. 20.

6 Schmid an Ernst Jäckh, 12. 11. 1936, AdsD, NL Schmid 2001.

7 Ebd.

8 Ebd.

9 Ebd.

10 Karl Schmid, Einige Gedanken zum Problem einer allgemeinen Internationalen Gerichtsbarkeit, in: The New Commonwealth Quarterly 3, März 1938, S. 353.

11 Ebd, S. 347.

12 Vgl. Schmids Rezension der Arbeit Wolfgang Schneiders, Die völkerrechtliche Clausula rebus sic stantibus und Art. 19 der Völkerbundssatzung, Berlin 1931, in: Juristische Wochenschrift vom 17. 9. 1932, S. 2774 f.

13 Karl Schmid, Gedanken zum Problem einer allgemeinen Internationalen Gerichtsbarkeit, S. 346.

14 Ebd.,S. 351.

15 Ebd.,S. 349.

16 Axel Kühn, Hitlers außenpolitisches Programm. Entstehung und Entwicklung 1919–1933, Stuttgart 1970, S. 220.
17 Karl Schmid, Gedanken zum Problem einer allgemeinen Internationalen Gerichtsbarkeit, S. 353.
18 Martin Gilbert, Winston S. Churchill, Vol. V: 1922–1939, London 1976, S. 748/835 f.
19 Paul Wilhelm Wenger, Wie der Mensch sich unvergessen macht. Erinnerungen an Carlo Schmid, Rheinischer Merkur 21./28. 12. 1979.
20 In: The New Commonwealth Quarterly 2, März 1937, S. 457 f.
21 Ebd.
22 Carlo Schmid, Über das europäische politische System, in: ders., Politik als geistige Aufgabe, S. 187.
23 Rezension der Edition James Brown Scotts, Pierino Belli, De Re Militari et Bello. Tractatus, 2. Vol., London/Oxford 1936, in: Zeitschrift der Savigny-Stiftung für Rechtsgeschichte LVIII, 1938, S. 413.
24 Herfried Münkler, Machiavelli. Die Begründung des politischen Denkens der Neuzeit aus der Krise der Republik Florenz, 2. Aufl., Frankfurt/M. 1990, S. 313–329.
25 Schmid an Rudolf Marx, 5. 7. 1940, AdsD, Dep. Goebel.
26 Schmid an Rudolf Marx, 20. 5. 1940. Ebd.
27 Niccolo Machiavelli, Mandragola, in: ders., Il teatro e tutti gli scritti letterari a cura di Franco Gaeta, Milano 1965, S. 53–113.
28 Pasquale Bissari, Niccolo Machiavelli und seine Zeit. Durch neue Dokumente beleuchtet, Bd. III, Rudolfstadt 1883, S. 145.
29 Carlo Schmid, Machiavelli oder die Einheit von Esprit und Staatsführung, in: ders., Europa und die Macht des Geistes, S. 102.
30 So nennt ihn Leo Strauss, Thoughts on Machiavelli, Glencoe Ill. 1958, S. 9
31 Diese Auffassung vertritt René König, Niccolo Machiavelli. Zur Krisenanalyse einer Zeitwende, Erlenbach-Zürich 1941, S. 134.
32 Machiavelli. Auswahl und Einleitung von Carlo Schmid, Frankfurt a. M. /Hamburg 1956, 222 Seiten.
33 In: AdsD, Dep. Goebel.
34 Ebd.
35 Ebd.
36 Ebd.
37 Ebd.
38 Ebd.
39 Niccolo Machiavelli, Vom Staate, in: ders., Gesammelte Schriften. Hrsg. Hanns Floerke, Bd. 1, München 1925, S. 306–312.
40 Schmid, Machiavelli oder die Einheit von Esprit und Staatsführung, S. 116.

Isolation und wachsende Bedrohung

1 Adam, Hochschule, S. 155.
2 Ebd., S. 224.
3 Manuskript der Erinnerungen, S. 442 f., AdsD, NL Schmid 387.
4 Manuskript des UAT über Schmids Lehrtätigkeit an der Universität Tübingen, S. 3, UAT.
5 Schönhagen, Tübingen, S. 244.
6 Georg Eißer an den Rektor der Universität, 17. 6. 1939, AdsD, NL Schmid 1999.
7 Gutachten Hermann Hoffmanns vom 28. 7. 1939, UAT 117c/39.

8 Manuskript des UAT über Schmids Lehrtätigkeit an der Universität Tübingen, S. 4, UAT.
9 Akte Karl Schmid, Berlin Document Center.
10 Ebd.
11 Hero Moeller an Robert Wetzel, 22. 5. 1940; Schreiben Merks, 23. 9. 1940, UAT 189/85.
12 Zu Wetzel vgl. Adam, Hochschule, S. 76/146 f.
13 Wetzel an den Rektor der Universität, 25. 11. 1941, AdsD, NL Schmid 1999.
14 Wetzel an den Reichsdozentenführer, 3. 3. 1941, UAT 315/12.
15 Insbesondere das Votum Gerbers vom 20. 8. 1941, UAT 189/85; weitere Gutachten, UAT 601/72.
16 Akte Karl Schmid, Berlin Document Center.
17 Lebensläufe Schmids, UAT 601/72; 189/85.
18 So in einem 1941 angefertigten Lebenslauf, UAT 601/72.
19 Der Briefwechsel vom Juli 1939 ist abgedr., in: Justiz und Nationalsozialismus. Katalog zur Ausstellung des Bundesministeriums der Justiz, Köln 1989, S. 181–183.
20 Eidesstattliche Erklärung Paul Wilhelm Wengers vom 30. 10. 1961, NL Schmid 2005.
21 Gebhard Müller an Schmid, 2. 5. 1947, HStAS, Persönliches Archiv Gebhard Müller D 40.
22 Schmid, Erinnerungen, S. 161.
23 Mündliche Mitteilung Martin Schmids.
24 Paul Wilhelm Wenger, Wie der Mensch sich unvergessen macht. Erinnerungen an Carlo Schmid, Rheinischer Merkur 21./28. 12. 1979.
25 Gesprächsnotiz Gebhard Müllers vom 16. 8. 1946, HStAS, Persönliches Archiv Gebhard Müller D 40.
26 Ebd.
27 Schönhagen, Tübingen, S. 294–297.
28 Schmid an Oskar Kalbfell, 20. 12. 1955, AdsD, NL Schmid 649. 29 Ebd.
30 Mündliche Mitteilung Martin Schmids.
31 Mündliche Mitteilung Martin Schmids.
32 Die Versuchung, Privatbesitz/Kopie AdsD.
33 Schmid an Graf Uxküll, 28. 5. 1939, AdsD, Dep. Goebel.
34 Schmid an Helmut Küpper, 21. 6. 1939. Ebd.
35 Manuskript der Erinnerungen, S. 417; Schmid an Heinrich Kittel, 12. 6. 1956, AdsD, NL Schmid 656.
36 Peter Hoffmann, Claus Schenk Graf von Stauffenberg und seine Brüder, Stuttgart 1992, S. 157–160.
37 In: AdsD, Dep. Goebel.
38 Schmid an Graf Uxküll, 21. 6. 1939, AdsD, Dep. Goebel.
39 Joachim von Adelsheim-Ernest an Schmid, 27. 9. 1939. Ebd.
40 So Joachim von Adelsheim-Ernest in einem Brief vom 12. 8. 1992 an die Verfasserin.
41 Joachim von Adelsheim-Ernest an Schmid, 12. 1. 1940, AdsD, Dep. Goebel; Ausführungen Schmids in der Bundestagsdebatte am 22. 3. 1958. BT Sten. Ber. 40, S. 1017. Aus den Quellen läßt sich der Anlaß der Reise nicht ermitteln.
42 Zit. nach Christoph Kleßmann, Die Selbstbehauptung einer Nation. Nationalsozialistische Kulturpolitik und polnische Widerstandsbewegung im Generalgouvernement 1939–1945, Hamburg 1971, S. 54.
43 Bundestagssitzung am 22. 3. 1958. BT Sten. Ber. 40, S. 1017.
44 Henry Furst an Schmid 14. 8. 1940. Der Brief trägt den Stempel: geöffnet vom Oberkommando der Wehrmacht. AdsD, Dep. Goebel.

45 Henry Furst an Schmid, 7. 1. 1940. Der Brief wurde ebenfalls vom Oberkommando der Wehrmacht geöffnet. Ebd.
46 Manuskript der Erinnerungen, S. 447, AdsD, NL Schmid 387.
47 Oberstleutnant Raumer an Schmid, 12. 9. 1939, Privatbesitz/Kopie AdsD.
48 Zeugenaussage des Offiziers im Wehrbezirkskommando Tübingen Daiber im Prozeß Carlo Schmid gegen Kurt Ziesel und den Verleger Fritz Schlichtenmeyer. Urteil des Landgerichtes Frankfurt vom 15. 11. 1961, S. 25, AdsD, NL Schmid 1998.
49 Schmid an Helene von Ernest, 13. 6. 1940, Privatarchiv Freiherr von Adelsheim-Ernest.
50 Zeugenaussage Daibers (wie Anm. 48).
51 Mündliche Mitteilung Martin Schmids.
52 Schmid an Rudolf Marx, 21. 7. 1940, AdsD, Dep. Goebel.

Als Kriegsverwaltungsrat in Lille (1940–1945)

Okkupation und Humanität

1 Schmid, Erinnerungen, S. 176 f.
2 Marc Blancpain, La vie quotidienne dans la France du Nord sous les Occupations 1814–1944, Paris 1983, S. 325f/335–338.
3 Schmid an Hans und Martin Schmid, 15. 9. 1940, Privatbesitz/Kopie AdsD.
4 Wilfried Wagner, Belgien in der deutschen Politik während des Zweiten Weltkrieges, Boppard a. Rh. 1974, S. 167–177; Etienne Dejonghe, Le Nord et le Pas-de-Calais pendant la première année d'occupation (juin 1940–juin 1941), in: Revue du Nord 51, 1969, S. 679–681.
5 Wagner, Belgien, S. 169–174; Eberhard Jäckel, Frankreich in Hitlers Europa. Die deutsche Frankreich-Politik im Zweiten Weltkrieg, Stuttgart 1966, S. 61 f.
6 René Bargeton, La fonction préfectorale dans le Nord et le Pas-de-Calais, in: L'Occupation en France et en Belgique 1940–1944. Actes du colloque de Lille 26–28 avril 1985. Revue du Nord, hors série Nr. 2, Bd. 1., Lille 1988, S. 141 f.
7 Schmid an Hans und Martin Schmid, 29. 9. 1940, Privatbesitz/Kopie AdsD.
8 Ebd.
9 Schmid an Hans und Martin Schmid, 22. 9. 1940. Ebd; Dejonghe, Le Nord, S. 694–696.
10 Die faschistische Okkupationspolitik in Belgien, Luxemberg und den Niederlanden 1940–1945. Dokumentenauswahl und Einleitung von Ludwig Nestler, Berlin 1990, S. 36.
11 Etienne Dejonghe, Aperçus sur la Zone reservée, in: Revue du Nord 60, 1978, S. 235; Henri Amouroux, La vie des Français sous l'Occupation, Paris 1961, S. 162 f.
12 Schmid an Hans und Martin Schmid, 22. 9. 1940, Privatbesitz/Kopie AdsD.
13 Ebd.
14 Schmid an Hans und Martin Schmid, 20. 10. 1940. Ebd.
15 Schmid an Hans und Martin Schmid, 7. 10. 1940. Ebd.
16 Henri Chauchoy bestätigt in einem Schreiben an die französische Militärregierung vom 13. 10. 1945, daß es Schmid zu verdanken war, daß der Bevölkerung Nordfrankreichs Fleisch und Milch gereicht werden konnte. AdsD, NL Schmid 2001.
17 Schmid an Hans und Martin Schmid, 20. 10. 1940, Privatbesitz/Kopie AdsD.
18 Schmid an Hans und Martin Schmid, 24. 11. 1940. Ebd.

19 Schmid an Hans und Martin Schmid, 8. 12. 1940. Ebd.
20 Schmid an Préfet du Nord, 6. 9. 1940, ADN, 1W 910.
21 Schmid an Préfet du Nord, 17. 10. 1940, Préfet du Nord an Schmid, 24. 10. 1940, ADN, 1W 733; weiteres Material befindet sich ebd. 1W 732.
22 Schreiben der Facultés Catholiques de Lille vom Dezember 1942, ADN, 1W 376.
23 Schmid an Préfet du Nord, 21. 9. 1940 und 17. 10. 1940, ADN, 1W 890.
24 W. D. Halls, The Youth of Vichy France, Oxford 1981, S. 25.
25 Schmid an Préfet du Nord, 26. 3. 1941, ADN, 1W 461.
26 Schmid an Préfet du Nord, 17. 4. 1941. Ebd.
27 Blancpain, Vie quotidienne, S. 336f.
28 Alain Gérard, Les grandes heures de Lille, Paris 1991, S. 469–471.
29 Wolfram Weber, Die innere Sicherheit im besetzten Belgien und Nordfrankreich 1940–1944. Ein Beitrag zur Geschichte der Besatzungsverwaltungen, Düsseldorf 1978, S. 21.
30 Schmid, Erinnerungen, S. 194; vgl. auch Halls, Youth of Vichy, S. 25.
31 Schmid an Préfet du Nord, 15. 5. 1941. Der Erlaß Falkenhausens datiert vom 2. 4. 1941, ADN, 1W 461.
32 OFK 670 an Préfet du Nord, 29. 8. 1940, ADN 1W 898.
33 Dokumente hierzu, in: ADN, 1W 997.
34 Entwurf Schmids, in: ADN, 1W 913.
35 Le Premier Président de Cour de Douai et le Procureur Général an Préfet du Nord, 29. 8. 1940; Note fournie par M. le Président du Tribunal Civil de Lille, 29. 8. 1940. Ebd.
36 Ebd.
37 Verkündungsblatt des Oberfeldkommandanten für die Départements Nord und Pas-de-Calais vom 22. 10. 1940, ADN 1W 1653.
38 Gerhard Hirschfeld, Kollaboration in Frankreich, in: Gerhard Hirschfeld/Partick Marsch (Hrsg.), Kollaboration in Frankreich. Politik, Wirtschaft und Kultur während der nationalsozialistischen Besatzung 1940–1944, Frankfurt/M. 1991, S. 13.
39 Etienne Dejonghe, Le Nord isolé. Occupation et opinion, mai 1940-mai 1942, Revue d'histoire moderne et contemporaine 26,1979, S. 62–69.
40 Schreiben Niehoffs vom 11. 10. 1940, ADN, 1W 900.
41 Aufzeichnungen des Leiters der Warenstelle Textil in Lille, Maurice Voreux, über ein Gespräch mit Barnaud und Bichelonne am 6. 1. 1941 und eine Unterredung mit Schmid und Rittmeister Momm am 11. 1. 1941, ADN 1W 4.
42 Maurice Voreux an Schmid, 5. 11. 1951, AdsD, NL Schmid 2000.
43 Marcel Pasche, Témoignage, in: L'Occupation en France et Belgique, Bd. 2, S. 1006.
44 Schmid an Hans und Martin Schmid, 12. 1. 1941, Privatbesitz/Kopie AdsD.
45 Victor Bruns an den Dekan der Rechts- und Wirtschaftswissenschaftlichen Fakultät der Universität Tübingen, 25. 8. 1941, AdsD, NL Schmid 1999.
46 Kurt Ziesel, Der rote Rufmord. Eine Dokumentation zum kalten Krieg, Tübingen 1961, S. 157. Vgl. auch S. 615 der Arbeit.
47 Vortragsmanuskript, AdsD, NL Schmid 1998.
48 Michel Margairaz, Deutschland, Vichy und die ökonomische Kollaboration, in: Hirschfeld/Marsch, Kollaboration, S. 111 f.; S. 116.
49 Vortragsmanuskript, AdsD, NL Schmid 1998.
50 Dejonghe, Nord isolé, S. 67 f.
51 Moltke an seine Frau, 10. 10. 1941, in: Helmuth James von Moltke, Briefe an Freya 1939–1945. Hrsg. Beate Ruhm von Oppen, München 1988, S. 299.
52 Karl Hegner an Schmid, 19. 8. 1950, AdsD, NL Schmid 2000.

53 Ger van Roon, Graf Moltke als Völkerrechtler im OKW, in: VfZ 18,1970, S. 12–61; ders. (Hrsg), Helmuth James Graf von Moltke. Völkerrecht im Dienste der Menschen, Berlin 1986, S. 21–28.
54 Moltke an seine Frau, 11. 10. 1941, in: Moltke, Briefe, S. 299.
55 So Hitler am 27. 1. 1942, in: Adolf Hitler, Monologe im Führerhauptquartier 1941–1944. Die Aufzeichnungen Heinrich Heims. Hrgs. Werner Jochmann. Hamburg 1980, S. 239. Stefan Burschewski spricht in einem Brief vom 7. 2. 1993 an die Verfasserin von einem hohen Offizier, der über die genannte Rede Hitlers im Führerhauptquartier während eines Besuchs bei Schmid in Lille berichtete. Burschewski, der bei dem Gespräch anwesend war, ist sich nicht sicher, wer der Besucher war.
56 Mündliche Mitteilung Almut Sandstedes.
57 Schmid, Erinnerungen, S. 197 f.;
58 Zu Schulenburgs damaliger politischer Einstellung vgl. Detlef Graf von Schwerin, „Dann sind's die besten Köpfe, die man henkt". Die junge Generation im deutschen Widerstand, München/Zürich 1991, S. 222–224.
59 Niehoff an Préfet du Nord, 11. 10. 1940, ADN 1W 146.
60 Dejonghe, Le Nord et le Pas-de-Calais, S. 687 f.
61 Handschriftlicher Notizzettel Préfet Carles' vom 29. 11. 1940, ADN, 1W 747.
62 Schmid an Hans und Martin Schmid, 1. 12. 1940, Privatbesitz/Kopie AdsD.
63 Schmid an Hans und Martin Schmid, 20. 10. 1940. Ebd.
64 Schmid an Hans und Martin Schmid, 5. 1. 1941. Ebd.
65 Schmid an Hans und Martin Schmid, 18. 5. 1941. Ebd.
66 Zu dem Streik vgl. Henri Noguères, Histoire de la Résistance en France de 1940 à 1945, Bd. 1, Paris 1967, S. 381–421; Etienne Dejonghe, Chronique de la grève du mineurs du Nord/Pas-de-Calais 27 mai–6 juin 1941, in: Revue du Nord 69, 1987 S. 323–345.
67 Préfet Carles an Direction Générale de la Sûreté Nationale, 7. 7. 1941, ADN 1W 1923.
68 Schmid an Hans und Martin Schmid, 1. 6. 1941, Privatbesitz/Kopie AdsD.
69 Forderungskatalog der Bergarbeiter, ADN 1W 472.
70 Dejonghe, Chronique de la grève, S. 329.
71 Schmid an Hans und Martin Schmid, 8. 6. 1941, Privatbesitz/Kopie AdsD.
72 Dejonghe, Chronique de la grève, S. 335 ff.
73 Bekanntmachung vom 14. 6. 1941, in: Henri Noguères, Histoire, Bd. 1, S. 488.
74 Témoignage de M. René Bargeton, in: L'Occupation en France et en Belgique, Bd. 1, S. 175.
75 Ebd.
76 André Caudron, Les petites ailes. Journal et réseau, in: Mémoire de l'Occupation et de la Résistance en Zone Interdite, Dez. 1992, insbesondere S. 11 f.
77 Témoignage Dr. Lebecq, in: Revue du Nord 60,1978, S. 246.
78 Vorwort Pasches zur französischen Teilübersetzung der Erinnerungen Schmids, in: Mémoire de l'Occupation et de la Résistance en Zone Interdite 2, Okt. 1983.
79 Pasche an Karl Barth, 2. 12. 1942, Karl-Barth-Archiv, Basel; Témoignage de Pasche, in: L'Occupation en France et en Belgique, Bd. 2, S. 1005 f.
80 Schmid, Erinnerungen, S. 190 f.
81 Ebd.
82 Danielle Delmaire, Les communautés juives dans la Zone Interdite pendant l'occupation, in: L'Occupation en France et en Belgique, S. 713f; Michel Rousseau, La répression dans le Nord 1940–1944, in: Revue du Nord 61, 1979, S. 732 f.

83 Témoignage de Pasche, in: Henri Duprez, 1940–1945. Même combat dans l'ombre et dans la lumière. Episode de la résistance dans le nord de la France. Témoignages et souvenirs, Paris 1979, S. 193 f.; Lucien Detrez, Quand Lille avait faim 1940–1944, Lille 1945, S. 349 f.
84 Schreiben Préfet Carles' vom 1. 10. 1942, ADN 1W 1838.
85 Schmid an Hans und Martin Schmid, 27. 7. 1941, Privatbesitz/Kopie AdsD.
86 Rousseau, Répression, S. 728.
87 Schmid an Hans und Martin Schmid, 28. 9. 1941, Privatbesitz/Kopie AdsD.
88 Zit. nach Wolfram Weber, Sicherheit, S. 63.
89 Die Weisung ist abgedr., in: Die faschistische Okkupationspolitik, S. 168–170.
90 Wolfram Weber, Sicherheit, S. 51.
91 Schmid an Hans und Martin Schmid, 26. 10. 1941, Privatbesitz/Kopie AdsD.
92 Eidesstattliche Erklärung Gisbert Poensgens vom Okt. 1961, AdsD, NL Schmid 2005.
93 Schmid, Erinnerungen, S. 188; vgl. auch Hubert Claude, Les facultés catholiques de Lille pendant la guerre 1940–1944, in: L'Occupation en France et en Belgique, Bd. 1, S. 350.
94 Hippolyte Dervaux an Schmid, 26. 11. 1941, AdsD, NL Schmid 2001.
95 Schmid an Hans und Martin Schmid, 26. 10. 1941, Privatbesitz/Kopie, AdsD.
96 Stefan Burschewski in einem Brief vom 7. 2. 1993 an die Verfasserin.
97 Schmid an Hans und Martin Schmid, 4. 1. 1942, Privatbesitz/Kopie AdsD.
98 Albert De Jonghe, La lutte Himmler–Reeder pour la nomination d'un HSSPF à Bruxelles 1942–1944. Deuxième partie: L'infiltration de la collaboration politique en Flandre par la SS du début de l'occupation à la mort du Staf De Clerq, in: Cahiers d'histoire de la seconde guerre mondiale, 4, 1976, S. 106 f.
99 Schmid an Hans und Martin Schmid, 29. 3. 1942, Privatbesitz/Kopie AdsD.
100 Detrez, Quand Lille avait faim, S. 349 f.
101 Schmid an seine Frau, 3. 7. 1943, Privatbesitz/Kopie AdsD.
102 Daniel Vernet, Un grand seigneur de la social-démocratie, in: Le Monde vom 13. 12. 1979, S. 5.
103 Grumbach, Mollet, Brutelle an Kurt Schumacher, 6. 7. 1950, AdsD, NL Schmid 8.
104 Schmid an seine Frau, 3. 7. 1943, Privatbesitz/Kopie AdsD.
105 Schmid an Hans und Martin Schmid, 7. 6. 1942. Ebd.
106 Schmid an seine Frau, 9. 6. 1943, Ebd.
107 Michel Rousseau, La section speciale de la cour d'appel de Douai 1940–1944. Un aspect de la Justice Française en Zone interdite, in: L'Occupation en France et en Belgique, S. 859–871.
108 Ministre Secrétaire d'Etat de la Justice an Préfet du Nord, 22. 4. 1942, ADN 1W 992.
109 Schmid an Préfet du Nord, 23. 4. 1942. Ebd.
110 Michel Rousseau, Section speciale, S. 869.
111 Lagebericht der Oberfeldkommandantur 670 für die Zeit vom 1. August bis 31. Oktober 1942 S. 11.f., AN, AJ 40/368.
112 Schmid an Préfet du Nord, 6. 7. 1942, ADN 1W 332.
113 Schmid an Préfet du Nord, 8. 8. 1942, ADN 1W 333.
114 Lagebericht der Oberfeldkommandantur 670 für die Zeit vom 1. August bis 31. Oktober 1942, S. 12, AN AJ 40/368.
115 Schmid an Préfet du Nord, 20. 7. 1942, ADN 1W 335.
116 Schmid an Préfet du Nord, 4. 7. 1942. Ebd.
117 Schmid an Préfet du Nord, 4. 12. 1942. Ebd.

118 Lagebericht der Oberfeldkommandantur 670 für die Zeit vom 1. 2. 1943 bis 15. 6. 1943, S. 12, AN, AJ 40/368.
119 Schmid an Préfet du Nord, 25. 8. 1942, ADN 1W 332.
120 Der Prozeß gegen die Hauptkriegsverbrecher vor dem Internationalen Militärgerichtshof vom 14. 11. 1945–1. 10. 1946, Bd. 37, S. 260–307.
121 Schmid an Hans und Martin Schmid, 24. 6. 1942, Privatbesitz/Kopie AdsD.
122 Schmid an Hans und Martin Schmid, 7. 6. 1941. Ebd.
123 Stefan Martens, Drôle de guerre-Occupation-Epuration. Frankreich im Zweiten Weltkrieg, in: PVS 37, 1992, S. 201.
124 Etienne Dejonghe, Les délégues de la propagande dans le Nord/Pas-de-Calais. 1942–1944, in: Revue du Nord 289,1991, S. 87–101.
125 Handschriftliche Notizen Fernand Carles' vom 14. 7. 1942, ADN 1W 1899.
126 Handschriftliche Notizen Fernand Carles' vom 2. 2. 1943, ADN 1W 1061.
127 Briefe Schmids an seine Frau vom 24. 6. 1943 und 5. 7. 1943, Privatbesitz/Kopie AdsD.
128 Brief an seine Frau vom 24. 6. 1943. Ebd.
129 Hans Umbreit, Der Militärbefehlshaber in Frankreich 1940–1944, Boppard a. Rh. 1968, S. 150–158.
130 Yves Le Maner, Elements pour une histoire des socialistes du Nord/Pas-de-Calais pendant l'occupation, in: L'Occupation en France et en Belgique, Bd. 2, S. 833–859; ders., Les municipalités du Nord/Pas-de-Calais sous l'occupation: pouvoir local, pouvoir français, pouvoir allemand, in: ebd., Bd. 1, S. 219–269.
131 Zit. nach ebd., S. 248. Das Schreiben ist vom 24. 11. 1942.
132 Ebd., S. 245.
133 Jean-Pierre Florin, Pouvoir municipal et occupation à Roubaix, in: ebd., S. 311.
134 Amouroux, Vie des Français, S. 553.
135 Schmid an Hans und Martin Schmid, 1. 7. 1942, Privatbesitz/Kopie AdsD.
136 Commissariat Central de Police an Préfet du Nord, 29. 10. 1942, ADN 1W 1399.
137 Schmid, Erinnerungen, S. 183.
138 Schreiben Niehoffs vom 15. 11. 1940, ADN 1W 1915.
139 Schmid an Hans und Martin Schmid, 7. 9. 1941, Privatbesitz/Kopie AdsD.
140 Ebd. Zu Pétain vgl. Yves Durand, La France dans la 2e guerre mondiale 1939–1945, Paris 1989, S. 72–74.
141 Conférence tenue dans le Cabinet de M. le Dr. Beyer 30. 11. 1942; Conférence tenue dans le Cabinet de M. Monglowski avec M. Schmid et M. Hovaere 23. 2. 1943, ADN 1W 1904 und 758.
142 Marcel Hovaere an Schmid, 10. 7. 1944 und 25. 4. 1973, NL Schmid 2001; 10, AdsD.
143 Eidesstattliche Erklärung Paul Beyers, Leiter der Wirtschaftsabteilung der OFK 670, vom 26. 9. 1961, AdsD, NL Schmid 2002.
144 Lagebericht der Oberfeldkommandantur 670 für die Zeit vom 1. 10. 1943 bis 31. 12. 1943, S. 5, AN, AJ 40/368.
145 Hubert Claude, Les facultés catholiques de Lille au temps de l'occupation 1940–1944, in: Revue du Nord 60, 1978, S. 414.
146 Schmid, Erinnerungen, S. 189. Bei Schmid irrtümlicherweise Mothé. Vgl. auch Brief Schmids an Claude Beaufort vom 12. 12. 1973, AdsD, NL Schmid 1087.
147 Lagebericht der Oberfeldkommandantur 670 für die Zeit vom 1. 11. 1942 bis 31. 1. 1943, S. 2, AN, AJ 40/368.
148 Wagner, Belgien, S. 177f.
149 Lagebericht der Oberfeldkommandantur 670 für die Zeit vom 1. August bis 31. Oktober 1942, S. 2, AN, AJ 40/368.
150 Zit. nach Etienne de Dejonghe, Un mouvement séparatiste dans le Nord et le

Pas-de-Calais sous l'occupation 1940–1944, in: Revue d'histoire moderne et contemporaine 17, 1970, S. 57.

151 Halls, Youth of Vichy, S. 237 f.

152 Schmid an Hans und Martin Schmid, 23. 2. 1941, Privatbesitz/Kopie AdsD.

153 Schmid an Hans und Martin Schmid, 16. 8. 1942. Ebd.

154 Schmid an Hans und Martin Schmid, 8. 3. 1942. Ebd.

155 Mündliche Mitteilung Almut Sandstedes; Manuskript der Erinnerungen, S. 565, AdsD, NL Schmid 388.

156 Eidesstattliche Erklärung Paul Beyers vom 26. 9. 1961, AdsD, NL Schmid 2002.

Der Künstler und Existentialist

1 Schmid an Martin Schmid, 6. 6. 1943, Privatbesitz/Kopie AdsD.

2 Privatbesitz/Kopie AdsD.

3 Schmid an Hans und Martin Schmid, 23. 1. 1943, Ebd.

4 Vgl. Briefe an seine Frau vom 16. 9.–26. 9. 1943. Ebd.

5 Schmid an Hans Schmid, 2. 8. 1942. Ebd.

6 Schmid an seine Frau, 15. 9. 1943. Ebd.

7 Schmid an Hans und Martin Schmid, 18. 1. 1942; 31. 8. 1941; 31. 1. 1943. Ebd.

8 Schmid an Hans und Martin Schmid, 31. 8. 1941. Ebd.

9 Mündliche Mitteilung Martin Schmids.

10 Schmid an Hans und Martin Schmid, 30. 11. 1941, Privatbesitz/Kopie AdsD.

11 Schmid an Hans und Martin Schmid, 1. 3. 1942. Ebd.

12 Schmid an Martin Schmid, 31. 7. 1942. Ebd.

13 Ernst Jünger, Strahlungen, Bd. 1, in: ders., Sämtliche Werke, Bd. 2, S. 348. (Tagebucheintrag vom 4. 6. 1942).

14 Mündliche Mitteilung Martin Schmids.

15 Schmid an Martin Schmid, 16. 7. 1944, Privatbesitz/Kopie AdsD. 16 Zit. nach: Baudelaire im Urteil seiner Zeitgenossen. Auswahl und Anordnung der Texte von W. T. Bandy/Claude Picheis, Frankfurt/M. 1969, S. 150.

17 Stefan George, Baudelaire. Blumen des Bösen. Umdichtungen, Berlin 1901.

18 Carlo Schmid, Eulen – Gottheiten glühenden Augs. Erläuterung zu meiner Baudelaire-Übertragung, in: Christ und Welt vom 22. 11. 1963.

19 Charles Baudelaire, Die Blumen des Bösen. Übertragen von Carlo Schmid, Frankfurt/M. 1976, S. 10.

20 Schmid an Hans und Martin Schmid, 21. 9. 1941, Privatbesitz/Kopie AdsD. Zur Melancholie bei Baudelaire vgl. Jean Starobinski, Melancholie im Spiegel. Baudelaire-Lektüren, München/Wien 1992; Walter Benjamin, Charles Baudelaire. Ein Lyriker im Zeitalter des Hochkapitalismus, Frankfurt/M. 1990, S. 153–155.

21 Schmid an Hans und Martin Schmid, 21. 9. 1941; Baudelaire, Die Blumen des Bösen, S. 17.

22 Gedichte Karl Schmids, Privatbesitz/Kopie AdsD.

23 Ebd.

24 Schmid an Hans und Martin Schmid, 8. 12. 1940, Privatbesitz/Kopie AdsD.

25 Schmid an Reichsschrifttumskammer, 27. 10. 1942, Akte Karl Schmid, Berlin Document Center.

26 Ebd.

27 Baudelaire, Die Blumen des Bösen, S. 9.

28 Jünger, Strahlungen, Bd. 1, S. 333 f. (Tagebucheintrag vom 4. 6. 1942); S. 344 (Tagebucheintrag vom 9. 7. 1942).

29 Zur Bedeutung des Traums bei Jünger vgl. Martin Meyer, Ernst Jünger, München/Wien 1990, S. 138–145 und passim.
30 Hans-Peter Schwarz, Der konservative Anarchist. Politik und Zeitkritik Ernst Jüngers, Freiburg i. Br. 1962, S. 159.
31 Etienne Dejonghe, ‚Etre occupant dans le Nord. Vie militaire, culture, loisirs, propagande, in: Revue du Nord 259, 1983, S. 734–736; Karl Jacobs, Führer durch Nordfrankreich, Flandern und Artois, Brüssel 1943, S. 73 f.
32 Mündliche Auskunft Irmgard Wilharms, deren Onkel Schmid bei der Bücherbeschaffung behilflich war.
33 Schmid an seine Frau, 1. 7. 1944; 8. 7. 1944; Privatbesitz/Kopie AdsD.
34 Dejonghe, Etre occupant, S. 733 f.
35 Mündliche Mitteilung Almut Sandstedes.
36 Schmid an seine Frau, 7. 12. 1943; 12./13. 8. 1944. Privatbesitz/Kopie AdsD.
37 Schmid an seine Frau, 8. 7. 1944. Ebd.
38 Schmid an seine Frau, 6. 2. 1944. Ebd.
39 Faustkommentar Schmids, AdsD, NL Schmid 445.
40 Schmid an seine Frau, 6. 12. 1943, Privatbesitz/Kopie AdsD.
41 Manuskript „Was bedeutet mir Goethe“ vom Okt. 1965, AdsD, NL Schmid 231.
42 Faustkommentar, AdsD, NL Schmid 445.
43 Ebd.
44 Zur Hölderlin-Interpretation im George-Kreis vgl. Edgar Salin, Hölderlin im George-Kreis, Godesberg 1950.
45 Kommentar zu „Germanien“, AdsD, NL Schmid 445.
46 Hölderlin, Germanien, in: Sämtliche Werke, Bd. 2, S. 152.
47 Kommentar zu „Germanien“, AdsD, NL Schmid 445.
48 Kommentare zu den beiden Hymnen. Ebd.
49 Kommentar zu „Der Rhein“. Ebd.
50 Ebd.
51 Schmid an den Redakteur der „Frankfurter Neuen Presse“ Dieter Hoffmann, 26. 11. 1963, AdsD, NL Schmid 187.
52 Kommentar zu „Brot und Wein“, AdsD, NL Schmid 445.
53 Ebd.
54 Schmid an Martin Schmid, 27. 2. 1944, Privatbesitz/Kopie AdsD.
55 Nachwort Günter Buschs, in: Erhard Goepel, Max Beckmann, Berichte eines Augenzeugen. Hrsg. Barbara Goepel, Frankfurt/M. 1984.
56 Ebd.
57 Mündliche Auskunft Martin Schmids.
58 Brief Martin Schmids an die Verfasserin vom 21. 1. 1995.
59 Mündliche Auskunft Martin Schmids.
60 Schmid, Erinnerungen, S. 195; Zu Metternichs Tätigkeit als Kunstschutzbeauftragter vgl. Walter Bargatzky, Ein Deutscher im besetzten Frankreich. Vorwort von Peter Scholl-Latour, Freiburg 1987, S. 64–80; Wilhelm Treue, Zum nationalsozialistischen Kunstraub in Frankreich, in: VfZ 13, 1965, S. 285–338.
61 Schmid an Hans und Martin Schmid, 27. 4. 1941, Privatbesitz/Kopie AdsD.
62 Schmid an seine Frau, 8. 7. 1943. Ebd.
63 Schmid an Préfet du Nord, 12. 5. 1942, ADN 1W 247.
64 Ebd.; vgl. auch Schreiben des Préfet du Nord vom 30. 7. 1942. Ebd.
65 Schmid an Préfet Pleval, 25. 3. 1942, 18. 4. 1942, 2. 10. 1942, ADN, 1W 898.
66 Schmid an Préfet du Nord, 30. 3. 1943, ADN 1 W 763.
67 Akten über das Deutsche Theater in Lille, in: BA-Potsdam, Reichsministerium für

Propaganda und Volksaufklärung Nr. 513, Deutsches Theater in Lille; vgl. auch Geerte Murmann, Komödianten für den Krieg. Deutsches und alliiertes Fronttheater, Düsseldorf 1992, S. 189–196.

68 Vgl. Akten über das Deutsche Theater in Lille (wie Anm.67).

69 Mündliche Mitteilung Almut Sandstedes.

70 Mündliche Mitteilung Almut Sandstedes.

71 Carl Ballhaus, Die Aufgabe der Schauspielkunst, in: BA- Potsdam, Reichsministerium für Propaganda und Volksaufklärung Nr. 513, Deutsches Theater in Lille.

72 Schmid an seine Frau, 30. 3. 1944, Privatbesitz/Kopie AdsD.

73 Karl Schmid, Gedichte. Ebd.

74 Übertragungen der beiden Komödien, AdsD, NL Schmid 438/442.

75 Schmid an Hans Schmid, 2. 8. 1942, Privatbesitz/Kopie AdsD.

76 Mündliche Auskunft Almut Sandstedes.

77 Friedrich Schiller, Über die ästhetische Erziehung des Menschen in einer Reihe von Briefen. Schillers Werke. Nationalausgabe. Hrsg. Benno von Wiese, Bd. 20,1, Weimar 1962, S. 359.

78 Morgen kommt ein neuer Tag, Manuskript, S. 1, AdsD, NL Schmid, 438.

79 Karl Schmid, Gedichte, Privatbesitz/Kopie AdsD.

80 Mündliche Auskunft Almut Sandstedes.

81 Mündliche Auskunft Almut Sandstedes.

82 Karl Schmid, Gedichte, Privatbesitz/Kopie AdsD.

83 Novalis, Schriften, Erster Band: Das dichterische Werk. Hrsg. Paul Kluckhohn/Richard Samuel, Stuttgart, 1960, S. 344 f.

84 Schmid an Hans und Martin Schmid, 16. 11. 1941, Privatbesitz/Kopie AdsD.

85 Karl Schmid, Gedichte. Ebd.

86 Vers eines Gedichts (ohne Überschrift). Ebd.

87 Verfaßt im September 1941. Ebd.

88 Mündliche Mitteilung Almut Sandstedes.

89 Mündliche Mitteilung Almut Sandstedes.

90 Auf eine Holunderdolde 19. 6. 1942, Karl Schmid, Gedichte, Privatbesitz/Kopie AdsD.

91 Schmid an Gylfi Th. Gislasson, 12. 2. 1963, AdsD, NL Schmid 2030.

92 Karl Schmid, Gedichte, Privatbesitz/Kopie AdsD.

93 Ebd.

94 Ebd.

95 Schmid an seine Frau, 11. 6. 1943; 14. 9. 1943. Ebd.

96 Schmid an seine Frau, 25. 7. 1944. Ebd.

97 Für Adorno war Kierkegaard kein Glaubender. Vgl. Theodor W. Adorno. Kierkegaard. Konstruktion des Ästhetischen, 2. Aufl. Frankfurt/M. 1986, S. 169; dagegen Romano Guardini, Der Ausgangspunkt der Denkbewegung Sören Kierkegaards, in: Hochland 24, 1926/27, S. 12–33.

98 Schmid an seine Frau, 26. 2. 1944, Privatbesitz/Kopie AdsD.

99 Karl Löwith, Von Hegel zu Nietzsche. Der revolutionäre Bruch im Denken des neunzehnten Jahrhunderts. Marx und Kierkegaard, 2. Aufl. Stuttgart 1941, S. 176.

100 Schmid an Martin Schmid, 13. 2. 1944, Privatbesitz/Kopie AdsD.

101 Schmid an seine Frau, 10. 11. 1943. Ebd.

102 Schmid an Martin Schmid, 13. 2. 1944. Ebd.

103 Edgar Salin, Um Stefan George, Godesberg 1948, S. 294–297.

104 Schmid an seine Frau, 13. 4. 1944, Privatbesitz/Kopie AdsD.

105 Schmid an seine Frau, 10. 7. 1943. Ebd.

106 Adorno, Kierkegaard, S. 120–123; S. 254.
107 Sören Kierkegaard, Die Krankheit zum Tode, in: ders., Gesammelte Werke, Bd. 8. Übersetzt von Hermann Gottsched, Jena 1911, S. 41.
108 Schmid an seine Frau, 11. 6. 1943, Privatbesitz/Kopie AdsD.
109 Schmid an seine Frau, 1. 3. 1944. Ebd.
110 Schmid an seine Frau, 26. 11. 1943. Ebd.

Im Widerstand

1 Zur Ablehnung Niehoffs durch Falkenhausen vgl. Ulrich von Hassel, Die Hassel-Tagebücher 1938–1944. Aufzeichnungen vom anderen Deutschland, Berlin 1988, S. 280.
2 Schmid an Hans und Martin Schmid, 3. 1. 1943, Privatbesitz/Kopie AdsD.
3 Albert De Jonghe, La lutte Himmler-Reeder pour la nomination d'un HSSPF à Bruxelles 1942–1944. 3. Partie: Évolution d'octobre 1942 à octobre 1943, in: Cahiers d'histoire de la seconde guerre mondiale 5, 1978, S. 13–23.
4 Schmid an Hans und Martin Schmid, 3. 1. 1943, Privatbesitz/Kopie AdsD.
5 Ebd.
6 Schmid an Hans und Martin Schmid, 10. 1. 1943. Ebd.
7 Schmid an Hans und Martin Schmid, 17. 1. 1943. Ebd.
8 Yves Durand, Vichy und der Reichseinsatz, in: Ulrich Herbert (Hrsg.), Europa und der „Reichseinsatz". Ausländische Zivilarbeiter, Kriegsgefangene und KZ-Häftlinge in Deutschland 1938–1945, Essen 1991, S. 190.
9 Lagebericht der Oberfeldkommandantur 670 für die Zeit vom 1. 11. 1942–31. 1. 1943, S. 39, AN, AJ 40/368.
10 Lagebericht der Oberfeldkommandantur 670 für die Zeit vom 1. 2.–15. 6. 1943, S. 30. Ebd.
11 Ebd.
12 Detrez, Quand Lille avait faim, S. 349; Marcel Pasche, Vorwort zur französischen Teilübersetzung der Erinnerungen Schmids.
13 Halls, Youth of Vichy, S. 382 f.
14 Detrez, Quand Lille avait faim, S. 349; Lagebericht der Oberfeldkommandantur 670 für die Zeit vom 16. 6.–30. 9. 1943, S. 8. Hier wird auf die große Zahl der dienstpflichtigen Studenten verwiesen, die sich für den Bergbau „anwerben" ließen. In: AN, AJ 40/368.
15 Schmid an Préfet du Nord, 1. 1. 1944, ADN 1W 152.
16 Lagebericht der Oberfeldkommandantur 670 für die Zeit vom 16. 6.–30. 9. 1943, S. 44, AN AJ 40/368.
17 Lagebericht der Oberfeldkommandantur 670 für die Zeit vom 1. 10.–31. 12. 1943, S. 22. Ebd.
18 Schmid an seine Frau, 22. 7. 1943, Privatbesitz/Kopie AdsD.
19 Janine Ponty, La communauté polonaise en Zone Interdite, in: L'Occupation en France et en Belgique, Bd. 2, S. 721–730.
20 Gesprächsnotizen Carles': Conférence tenue dans le Cabinet de M. le conseiller Dr. Schmid le samedi, 29. 5. 1943, 11 heures, ADN 1W 758.
21 Schmid an seine Frau, 2. 7. 1943, Privatbesitz/Kopie AdsD.
22 Schmid an seine Frau, 3. 7. 1943. Ebd.
23 Schmid an seine Frau, 17. 7. 1943; 20. 7. 1943. Ebd.
24 Schmid an seine Frau. 8. 2. 1944; 22. 10. 1943. Ebd.
25 Schmid an seine Frau, 17. 7. 1943. Ebd.

26 Schmid an seine Frau, 28. 6. 1943. Ebd.
27 Brief vom 7. 6. 1943. Ebd.
28 Moltke, Briefe an Freya, S. 489.
29 Ebd., S. 487.
30 Ebd., S. 46 f.
31 Ger van Roon, Neuordnung im Widerstand. Der Kreisauer Kreis innerhalb der deutschen Widerstandsbewegung, München 1967, S. 452 f.; S. 561–567.
32 Schmid an Heinrich von zur Mühlen, 31. 12. 1948, AdsD, NL Schmid 2001.
33 Zu den Neuordnungsvorstellungen der Kreisauer vgl. Ger van Roon, Neuordnung; Hans Mommsen, Der Kreisauer Kreis und die künftige Neuordnung Deutschlands und Europas, in: VfZ 42, 1994, S. 361–373; ferner Kurt Finker, Graf Moltke und der Kreisauer Kreis, Berlin 1993.
34 Joachim C. Fest, Der Staatsstreich, Berlin 1994, S. 161 f.
35 Abgedr., in: Ger van Roon, Neuordnung, S. 567–570.
36 Ebd., S. 377; Klemens von Klemperer, Die verlassenen Verschwörer. Der deutsche Widerstand auf der Suche nach Verbündeten 1938–1945, Berlin 1994, S. 320.
37 Schmid an Hans und Martin Schmid, 8. 8. 1943, Privatbesitz/Kopie AdsD.
38 Mündliche Mitteilung Almut Sandstedes.
39 Schmid scheint die Wehrmacht hinter sich gehabt zu haben. Ein Jahr später erwog er, die Wehrmacht gegen die SS zur Befreiung der Gefangenen von Lille-Loos einzusetzen. Vgl. S. 185 f. der Arbeit.
40 Schmid an seine Frau, 20. 8. 1943. Privatbesitz/Kopie AdsD.
41 Schmid an Hans und Martin Schmid, 23. 8. 1943. Ebd.
42 Schmid an seine Frau, 24. 8. 1943. Ebd.
43 Schmid an seine Frau, 26. 8. 1943. Ebd.
44 Schmid an seine Frau, 29. 8. 1943. Ebd.
45 Schmid an seine Frau, 30. 8. 1943. Ebd.
46 Bargatzky, Deutscher im besetzten Frankreich, S. 126 f.
47 Von Schwerin, „Dann sind's die besten Köpfe", S. 319 f.
48 Schmid an seine Frau, 1. 9. 1943, Privatbesitz/Kopie AdsD.
49 Schmid an seine Frau, 10. 9. 1943. Ebd.
50 Schmid an Wolf Jobst Siedler, 20. 10. 1977, AdsD, NL Schmid 947.
51 Schmid an Freiherr Wolf von Wrangel, 2. 4. 1946, AdsD, NL Schmid 614.
52 Schmid an seine Frau, 3. 9. 1943, Privatbesitz/Kopie AdsD.
53 Schmid, Erinnerungen, S. 201.
54 BA-Zentralnachweisstelle Aachen, OKH-Karteikarte Wolf Domke.
55 Schmid, Erinnerungen, S. 203.
56 Schmid an seine Frau, 24. 11. 1943, Privatbesitz/Kopie AdsD.
57 Schmid, Erinnerungen, 205; Témoignage de Pasche, in: Duprez, 1940–1945, S. 194.
58 Schmid, Erinnerungen, S. 197; Eidesstattliche Erklärung Gisbert Poensgens vom Okt. 1961, AdsD, NL Schmid 2005.
59 Eggert Reeder an Franz Thedieck, 18. 12. 1949, BA, NL Thedieck 54.
60 Schmid an seine Frau, 21. 1. 1944, Privatbesitz/Kopie AdsD.
61 Schmid an seine Frau, 26. 1. 1944. Ebd.
62 Lagebericht der Oberfeldkommandantur 670 für die Zeit vom 1. 10. 1943–31. 12. 1943, S. 9, AN, AJ 40/368.
63 Schmid an seine Frau, 25. 10. 1943, Privatbesitz/Kopie AdsD.
64 Schmid an seine Frau, 6. 11. 1943. Ebd.
65 Schmid an Martin Schmid, 7. 11. 1943. Ebd.
66 Schmid an seine Frau, 8. 11. 1943. Ebd.

67 Schmid an seine Frau, 13. 11. 1943; 11. 2. 1944. Ebd.

68 Jäckel, Frankreich, S. 293f; Zu Déat vgl. Reinhold Brender, Kollaboration in Frankreich im Zweiten Weltkrieg. Marcel Déat und das Rassemblement National Populaire, München 1992.

69 Lagebericht der Oberfeldkommandantur 670 für die Zeit vom 1. 10. 1943–31. 12. 1943, S. 3, AN, AJ 40/368.

70 Michel de Bouard, La répression allemande en France 1940 à 1944, in: Revue d'histoire de la deuxième guerre mondiale 14,1964, S. 83.

71 Schmid an seine Frau, 15. 12. 1943, Privatbesitz/Kopie AdsD.

72 Schmid an seine Frau, 3. 12. 1943. Ebd.

73 Schmid an seine Frau, 27. 6. 1944. Ebd.

74 Schmid an Hans Schmid, 5. 9. 1943. Ebd.

75 Schmid an Martin Schmid, 5. 9. 1943. Ebd.

76 Schmid an seine Frau, 8. 7. 1943, Ebd.

77 Schmid an seine Frau, 24. 2. 1944. Ebd.

78 Conférence présidée par M. le Président Dr. Beyer dans le Cabinet de M. le Conseiller supérieur Dr. Fetzer, 3. 12. 1943, ADN 1W 758; Schmid an Martin Schmid, 6. 2. 1944, Privatbesitz/Kopie AdsD.

79 Note pour Monsieur le Préfet Régional vom 2. 3. 1944, ADN, 1W 973.

80 Lagebericht der Oberfeldkommandantur 670 für die Zeit vom 16. 6.–30. 9. 1943, S. 42f.; Lagebericht für die Zeit vom 1. 10. 1943.–31. 12.–1943, S. 15, AN, AJ 40/368.

81 Hans Luther, Der französische Widerstand gegen die deutsche Besatzungsmacht und seine Bekämpfung, Tübingen 1957, S. 239–241.

82 Ebd., S. 241–243; Paul Durand, La S. N.C. F. pendant la guerre. Sa résistance à l'occupant, Paris 1968, S. 577–585; Gérard, Lille, S. 484f.

83 Schmid an seine Frau, 3. 4. 1944, Privatbesitz/Kopie AdsD.

84 Ebd.

85 Schmid an seine Frau, 5. 4. 1944. Ebd. Zum Protest Liénarts vgl. Hubert Claude, Hiérarchie catholique, S. 270; S. 280.

86 Schmid an seine Frau, 7. 4. 1944; 8. 4. 1944, Privatbesitz/Kopie AdsD.

87 Luther, Widerstand, S. 243.

88 Schmid an Werner Vormfelde, 15. 12. 1950, und an Henri Frenay, 16. 6. 1950, AdsD, NL Schmid 1135.

89 Schmid an seine Frau, 13. 4. 1944, Privatbesitz/Kopie AdsD.

90 Schmid an seine Frau, Ostermontag 1944. Ebd.

91 Detrez, Quand Lille avait faim, S. 350; Témoignage de Pasche, in: L'Occupation en France et en Belgique, Bd. 2, S. 1006.

92 Schmid an seine Frau, 29. 3. 1944, Privatbesitz/Kopie AdsD.

93 Témoignage de Pasche, in: L'Occupation en France et en Belgique, Bd. 2, S. 1005f.

94 Eidesstattliche Erklärung Gisbert Poensgens vom Okt. 1961, AdsD, NL Schmid 2005.

95 Schmid an seine Frau, 10. 6. 1944, Privatbesitz/Kopie AdsD.

96 Volker Schmidtchen, Karl Heinrich von Stülpnagel, in: Rudolf Lill/Heinrich Oberreuter (Hrsg.), 20. Juli. Porträts des Widerstandes, Düsseldorf/Wien 1984, S. 299–302.

97 Militärdienstbescheinigung des Heeresarchivs Stuttgart vom 21. 11. 1944, Privatbesitz/Kopie AdsD.

98 Eidesstattliche Erklärung Paul Beyers vom 26. 9. 1961, AdsD, NL Schmid 2002.

99 Schmid an seine Frau, 7. 6. 1944, Privatbesitz/Kopie AdsD.

100 Wilfried Wagner, Belgien, S. 291.

101 Schmid an seine Frau, 18. 7. 1944, Privatbesitz/Kopie AdsD.
102 Ebd.
103 Mündliche Mitteilung Martin Schmids.
104 Henri Duprez, Le Train de Loos ou 40 ans d'énigme, in: Mémoire de l'Occupation et de la Résistance en Zone Interdite 6, Juni 1986, S. 49–65.
105 Ebd., S. 62.
106 Handschriftliche Widmung Duprez' auf der ersten Seite seines Buches: 1940–1945. Même combat, AdsD, NL Schmid.
107 Schmid an Préfet du Nord, 23. 8. 1944, ADN, 1 W 1204.
108 Schreiben Carles' vom 1. 9. 1944. Ebd.
109 Duprez, Train de Loos, S. 54; Pasche, der von 400 Gefangenen spricht, die deportiert wurden (in: Duprez 1940–1945, S. 194), irrt sich. In den letzten Augusttagen waren fast alle Gefangene Nordfrankreichs nach Lille-Loos gebracht worden, so daß die Zahl der Gefangenen weitaus größer war, als Pasche annahm. Vgl. auch Pierre Pierraud. Lille. Dix siècles d'histoire. Lille 1972, S. 197.
110 Der Prozeß gegen die Hauptkriegsverbrecher vor dem Internationalen Militärgerichtshof vom 14. 11. 1945–1. 10. 1946, Bd. 37, S. 306.
111 Duprez, Train de Loos, S. 54f.
112 Schmid an seine Frau, 2. 8. 1944, Privatbesitz/Kopie AdsD.
113 Abgedr., in: Mémoire de l'Occupation et de la Résistance en Zone Interdite, 9, Dez. 1988.
114 Schmid an seine Frau, 25. 8. 1944. Ebd.
115 Schmid an seine Frau, 29. 8. 1944. Ebd.
116 Aus einem Bericht von Max Schensky, Leiter der Gruppe Bergbau bei der OFK 670, vom 31. Okt. 1944 über den Abschluß seiner Tätigkeit in Belgien und Nordfrankreich. Abgedr., in: Die faschistische Okkupationspolitik, S. 260f.
117 Ebd., S. 261.
118 Schmid, Erinnerungen, S. 208.
119 Schmid an seine Frau, 23. 8. 1944, Privatbesitz/Kopie AdsD.
120 Schmid an Hans Eissing, 17. 4. 1946, AdsD, NL Schmid 597.
121 Mündliche Mitteilung Almut Sandstedes.
122 Schmid an Martin Schmid, 6. 9. 1944, Privatbesitz/Kopie AdsD.

Kriegsende in Tübingen

1 Mündliche Mitteilung Martin Schmids.
2 Martin Schmid, Erinnerungssplitter aus Gesehenem und Hörensagen, Privatbesitz Martin Schmid.
3 Mündliche Mitteilung Almut Sandstedes.
4 Mündliche Mitteilung Martin Schmids.
5 Laudatio für Werner Finck zum 60. Geburtstag, 2. 5. 1962, AdsD, NL Schmid 157.
6 Brief vom 29. 10. 1943, Privatbesitz/Kopie AdsD.
7 Ger van Roon, Neuordnung, S. 567f.
8 Schmid an Martin Schmid, 18. 4. 1945, Privatbesitz/Kopie AdsD.
9 Schmid an seine Frau, 27. 11. 1943. Ebd.
10 Brief Martin Schmids an die Verfasserin vom 4. 2. 1995.
11 Schmid an seine Frau, 27. 5. 1944; 28. 8. 1944. Ebd.
12 Edgar Wolfrum, Französische Besatzungspolitik und deutsche Sozialdemokratie. Politische Neuansätze in der „vergessenen" Zone bis zur Bildung des Südweststaates 1945–1952, Düsseldorf 1991, S. 24–33.

13 Martin Schmid, Erinnerungssplitter aus Gesehenem und Hörensagen, Privatbesitz Martin Schmid.
14 Schmid, Erinnerungen, S. 209–211.
15 Schmid an Martin Schmid, 18. 4. 1944, Privatbesitz/Kopie AdsD.
16 Ebd.

Euphorischer Neubeginn im Südwesten (1945–1947)

Tübingen 1945: Eine Provinzstadt soll Metropole werden

1 Wilhelm Bosch, In letzter Minute. Ein Beitrag zur Rettung der Stadt Tübingen, in: Wiedergeburt des Geistes. Die Universität Tübingen im Jahre 1945. Eine Dokumentation. Bearb. Manfred Schmid/Volker Schäfer, Tübingen 1985, S. 27–33; Tübingen 1945. Eine Chronik von Hermann Werner. Bearb. und mit einem Anhang versehen von Manfred Schmid, Stuttgart 1986, S. 19 f.
2 Wolfrum, Besatzungspolitik, S. 23–35; Joseph Rovan, Hat Frankreich eine Deutschlandpolitik, in: Frankfurter Hefte 6, 1951, S. 461–474.
3 Carlo Schmid, Tübingen im Frühjahr 1945, in: Tübinger Blätter 65, 1978, S. 11–13; Wiedergeburt des Geistes, S. 44–47.
4 Schmid, Erinnerungen, S. 220.
5 Bescheinigung, Privatbesitz/Kopie AdsD.
6 Angus Munro, The Occupation of Tübingen 1945–1947. French Politics and German Reactions in the Immediate Post-War-Period, Bd. 1, Warwick 1978, S. 115.
7 Schmid, Erinnerungen, S. 220–222. Daß Schmid verprügelt wurde, erwähnt Michael Thomas, Deutschland, S. 218.
8 Bernhard Hanssler, Die Befreiung Carlo Schmids, in: Tübingen 1945, S. 198–201.
9 Munro, French Occupation S. 126 ff.
10 Protokoll der Sitzungen der Demokratischen Vereinigung vom 19. 4.–30. 6. 1945, StadtA Tübingen E 10/N 11, Protokollbuch der Demokratischen Vereinigung.
11 Mündliche Mitteilung Martin Schmids.
12 Mündliche Mitteilung Martin Schmids.
13 Protokoll der Sitzungen der Demokratischen Vereinigung vom 19. 4.–30. 6. 1945, StadtA Tübingen E 10/N 11, Protokollbuch der Demokratischen Vereinigung.
14 Wolfrum Besatzungspolitik, S. 39–41; S. 57–61.
15 Protokoll der Sitzung der Demokratischen Vereinigung am 17. 7. 1945, StadtA Tübingen E 10/N 11, Protokollbuch der Demokratischen Vereinigung.
16 Renner übernahm am 16. 7. 1945 das Landratsamt.
17 Munro, French Occupation, S. 147 f.
18 Am 21. 7. 1945, 25. 8. 1945 und am 7. 12. 1945. StadtA Tübingen, E 10/N 11, Protokollbuch der Demokratischen Vereinigung.
19 Schreiben Stickls vom 3. 5. 1945, in: Wiedergeburt des Geistes, S. 47 f.
20 Tübingen 1945, S. 95; Schmid an den Rektor der Universität Tübingen, 22. 11. 1945, UAT 117/1864.
21 Zu Zweigert vgl. Gerhard Kegel, Konrad Zweigert, in: Festschrift für Konrad Zweigert zum 70. Geburtstag. Hrsg. Herbert Bernstein/Ulrich Drobnig/Hein Kötz, Tübingen 1981, S. 1–20.
22 Zit. nach Arnulf Baring, Im Anfang war Adenauer. Die Entstehung der Kanzlerdemokratie, München 3. Aufl. 1984, S. 380.

23 Protokoll der Sitzung des Großen Senats am 19. 5. 1945, in: Wiedergeburt des Geistes, S. 58.
24 Protokoll der Fakultätssitzung am 4. 5. 1945, in: ebd, S. 49.
25 Protokoll der Sitzung der Rechts- und Wirtschaftswissenschaftlichen Fakultät am 6. 5. 1945, UAT, Protokollbuch der Rechts- und Wirtschaftswissenschaftlichen Fakultät in Tübingen angelegt 1924.
26 Martin Schmid, Erinnerungsplitter aus Gesehenem und Hörensagen, Privatbesitz Martin Schmid; René Cheval, in: Hochschuloffiziere und Wiederaufbau des Hochschulwesens in Westdeutschland 1945–1952, Teil 3: Die Französische Zone, Hildesheim 1991, S. 44.
27 Protokoll der Sitzung des Kleinen Senats am 11. 5. 1945, in: Wiedergeburt des Geistes, S. 54 f.
28 Protokoll der Sitzung, ebd. S. 58 f.
29 Rektor der Universität Tübingen an das Kultministerium, 16. 6. 1945, UAT 126a/434, Akte Prof. Dr. Karl Schmid.
30 Protokoll der Sitzung des Großen Senats am 19. 5. 1945, in: Wiedergeburt des Geistes, S. 59.
31 Karl Heinz Schröder, Daten aus dem Notizkalender 1945, in: Wiedergeburt der Geistes, S. 190 f.
32 Protokoll der Sitzung über Fragen der zukünftigen Organisation der Studentenschaft am 1. 6. 1945, in: UAT 117/1860.
33 Ebd.
34 Zit. nach Bernhard Hanssler, Die Befreiung von Carlo Schmid, in: Tübingen 1945, S. 200.
35 Protokoll der Sitzung über Fragen der zukünftigen Organisation der Studentenschaft am 1. 6. 1945, in: UAT 117/1860.
36 Ebd.
37 Protokoll der Demokratischen Vereinigung am 17. 7. 1945, StadtA Tübingen E 10/N 11, Protokollbuch der Demokratischen Vereinigung.
38 Schreiben Schmids betr. Politische Säuberung des Lehrkörpers der Universität Tübingen vom 4. 7. und 19. 7. 1945, UAT 117/1864.
39 Schmid an den Rektor der Universität, 25. 10. 1945, in: Wiedergeburt des Geistes, S. 113 f.
40 Hochschuloffiziere und Wiederaufbau, S. 47.
41 Vgl. Schreiben Albert Sauers an Gebhard Müller, 13. 8. 1949, HStAS, Persönliches Archiv Gebhard Müller I 33.
42 Schriftwechsel Gebhard Müllers mit Robert Wetzel, ebd., B 62.
43 Schmid an Romano Guardini, 28. 8. 1945; Schmid an den Rektor der Universität, 28. 8. 1945; Rudolf Stadelmann an Schmid, 15. 9. 1945, StA Sig. WÜ 80/915.
44 Martin Schmid, Erinnerungssplitter aus Gesehenem und Hörensagen, Privatbesitz Martin Schmid.
45 Rudolf Stadelmann an den Rektor der Universität Tübingen, 8. 8. 1945, in: Wiedergeburt des Geistes, S. 95; Munro, French Occupation, Bd. 1, S. 255 f.
46 Zit. nach Hugo Ott, Martin Heidegger. Unterwegs zu seiner Biographie, Frankfurt/New York 1988, S. 326.
47 Ebd., S. 310f; Schmid an Vera Pöschl, 29. 9. 1947, AdsD, NL Schmid 607; Gesprächsnotiz Rupps über eine Besprechung mit Captaine Cheval am 6. 11. 1945, in: Wiedergeburt des Geistes, 97.
48 Schmid an Ernst Robert Curtius, 16. 1. 1946, und dessen Schreiben vom 14. 2. 1946, STA Sig. WÜ 80/856.

49 Vgl. S. 235 f. der Arbeit.
50 Brief an Herbert Holtzhauer, 16. 3. 1964, AdsD, NL Schmid 624.
51 Wiedergeburt des Geistes, S. 134.
52 Vermerk Zweigerts vom 9. 8. 1945, StA Sig. WÜ 80/497.
53 Tübingen 1945, S. 150 f.
54 Aktenvermerk Schmids vom 17. 9. 1945, StA Sig. WÜ 80/484.
55 Stephan Schölzel, Die Pressepolitik in der französischen Besatzungszone 1945–1949, Mainz 1986, S. 97.
56 Tübingen 1945, S. 152 ff.; Edgar Lersch, Das Kulturleben in Tübingen 1945–1948, in: Knipping/Le Rider, Frankreichs Kulturpolitik, S. 280–282.
57 Tübingen 1945, S. 156.
58 Hans-Peter Schwarz, Adenauer. Der Aufstieg 1876–1952, München 1994, S. 442.

Eine Landesverwaltung im Widerstreit zwischen Amerikanern und Franzosen

1 Gerd Friedrich Nüske, Württemberg als Land der französischen Besatzungszone in Deutschland 1945–1952. Bemerkungen zur Politik der Besatzungsmächte in Südwestdeutschland, in: Zeitschrift für Hohenzollerische Landesgeschichte 18, 1982, S. 188–197.
2 Klaus-Jürgen Matz, Reinhold Maier 1889–1971. Eine politische Biographie, Düsseldorf 1989, S. 168–170.
3 Frank Raberg, „Wir konnten uns nur die Finger verbrennen". Die Stuttgarter Landesverwaltung als Keimzelle der ersten Landesregierungen, in: Beiträge zur Landeskunde. Regelmäßige Beilage zum Staatsanzeiger für Baden-Württemberg 5. Oktober 1992, S. 13.
4 Schmid, Erinnerungen, S. 229.
5 Général Schwartz an Général d'Armée, Commandant en Chef de la Ière Armée Française, 12. 7. 1945, AdO, HCRFA C. 706/3 A15.
6 Frank Raberg, „Wir konnten uns nur die Finger verbrennen", S. 13.
7 Albert Görres, Als Student in des Rektors Schreibtischsessel, in: Wiedergeburt des Geistes, S. 179.
8 Außer den Genannten wurden eingesetzt: als Landesdirektor für Finanzen Martin Rieckert, für Landwirtschaft Franz Weiss, für Arbeit Albert Fischer, für Post Felix Reichert, für Wirtschaft Siegfried von Wächter, für Eisenbahnen Brändle.
9 Niederschrift über die Dienstbesprechung der Landesdirektoren, 18. 6. 1945, HStAS, EA 3/101.
10 5 Jahre Kultministerium Württemberg-Baden. Ein Tätigkeitsbericht 1945–1950, Stuttgart 1950, S. 10.
11 Eberhard Konstanzer, Die Entstehung des Landes Baden-Württemberg, Stuttgart 1969, S. 19.
12 Vermerk über die Besprechung der Landesdirektoren am 2. 7. 1945, HStAS, EA 3/101.
13 Martin Schmid, Erinnerungssplitter aus Gesehenen und Hörensagen, Privatbesitz Martin Schmid.
14 Protokoll über den Antrittsbesuch des Landesdirektors für Kult beim Evangelischen Landesbischof Wurm in Großheppach am 19. 6. 1945, in: AdsD, NL Schmid 457.
15 Ebd.
16 Bericht über den Besuch bei Landesdirektor Dr. Schmid am 1. 7. 1945, zugegen GV Kottmann und DK Sedlmeier, Diözesanarchiv Rottenburg G 1. 6. Nr. 56.

17 Ebd.
18 Ebd.
19 Ebd.
20 Protokoll der Besprechung am 17. 6. 1945 beim Bischof von Rottenburg, AdsD, NL Schmid 457.
21 Dekan Paul Kopf in einem Brief an die Verfasserin vom 23. 11. 1992.
22 Ebd.
23 Protokoll der Besprechung am 17. 6. 1945 beim Bischof von Rottenburg, AdsD, NL Schmid 457.
24 Bericht über den Besuch bei Landesdirektor Dr. Schmid am 1. 7. 1945, Diözesanarchiv Rottenburg G 1. 6. Nr. 56
25 Mündliche Mitteilung Hans-Jörg Kimmichs; vgl. auch Schmids Rede zur Schuleröffnung im Kreis Tübingen am 1. 10. 1945, in: Karl Schmid, Die Forderung des Tages. Reden und Aufsätze, Stuttgart 1946, S. 116.
26 Rolf Winkeler, Schulpolitik in Württemberg-Hohenzollern 1945–1952. Eine Analyse der Auseinandersetzungen um die Schule zwischen Parteien, Verbänden und französischer Besatzungsmacht, Stuttgart 1971, S. 28.
27 Protokoll der Sitzung des Kabinetts Württemberg-Badens, 26. 9. 1945, StA Sig. WÜ 2/69.
28 Friedrich Glum, Zwischen Wissenschaft, Wirtschaft und und Politik. Erlebtes und Erdachtes in vier Reichen, Bonn 1964, S. 603 f.
29 Protokoll der Besprechung Schmids mit Theodor Bäuerle, 18. 6. 1945, AdsD, NL Schmid 457; Gerhard Storz, Gesichtspunkte für die Arbeit am künftigen Lesebuch für die Gymnasien, Juli 1945. Ebd. 2053.
30 Schmid an Heinz Risse (1946), AdsD, NL Schmid 608.
31 Gerhard Storz an Schmid, 22. 7. 1945, AdsD, NL Schmid 611.
32 Gerhard Storz, Gesichtspunkte für die Arbeit am künftigen Lesebuch für die Gymnasien, Juli 1945, AdsD, NL Schmid 2053.
33 Zu Storz' Lesebuch vgl. Peter-Martin Roeder, Zur Geschichte und Kritik des Lesebuchs der höheren Schulen, in: Hermann Helmers (Hrsg.), Die Diskussion um das Lesebuch, Darmstadt 1969, S. 59–61.
34 Vgl. S. 247 der Arbeit.
35 Protokoll der Besprechung Schmids mit Theodor Bäuerle, 18. 6. 1945, AdsD, NL Schmid 457.
36 Protokoll einer Besprechung im Kultministerium, 23. 6. 1945, HStAS EA 3/101.
37 Schmid an R. Günther, 2. 11. 1945, AdsD, NL Schmid 598.
38 Gerd Friedrich Nüske, Schulen und Schulfrage, in: Max Gögler/Gregor Richter in Verbindung mit Gebhard Müller (Hrsg.), Das Land Württemberg-Hohenzollern 1945–1952. Darstellungen und Erinnerungen, Sigmaringen 1982, S. 294.
39 Abgedr., in: Schmid, Die Forderung des Tages, S. 101–103.
40 Ebd., S. 103.
41 Karl Schmid, Der Auftrag des Erziehers, in: ebd., S. 121.
42 Service de l'Enseignement. Délégation Supérieure pour le Gouvernement Militaire du Wurtemberg, 28. 9. 1945, AdO, CCFA C. 42, Pol. III J1.
43 Schmid, Erinnerungen, S. 234f; Württembergische Landesbibliothek Stuttgart, Stuttgart 1971, S. 100f.
44 Niederschrift über die Besprechung der Landesdirektoren am 10. 7. 1945, HStAS, EA 3/101.
45 Klaus Dietmar Henke, Politik der Widersprüche. Zur Charakteristik der französischen Militärregierung in Deutschland nach dem zweiten Weltkrieg, in: Claus

Scharf/Hans-Jürgen Schröder (Hrsg.), Die Deutschlandpolitik Frankreichs und die Französische Zone 1945–1949, Wiesbaden 1983, S. 72ff.

46 Niederschrift über die Besprechung der Landesdirektoren am 22. 6. 1945, HStAS EA 3/101.

47 Ebd.

48 Général Schwartz an Général d'Armée, Commandant en chef de la Ière Armée Française, 12. 7. 1945, AdO, HRCFA C. 706/3 A15.

49 Schmid an Major Durst, 3. 7. 1945, AdsD, NL Schmid 356; Teilabdruck, in: Deutschland nach dem Krieg. Kapitulation, Neubeginn, Teilung. Hrsg. Johannes Wagner, Bochum 1975, S. 170f.

50 Konstanzer, Baden-Württemberg, S. 20f.; Gerd Friedrich Nüske, Einmarsch und Besatzungsherrschaft der Alliierten 1945, in: Gögler/Richter, Württemberg-Hohenzollern, S. 41.

51 Schmid an Major Durst, 13. 7. 1945, AdsD, NL Schmid 356; Teilabdruck, Deutschland nach dem Krieg, S. 106–109.

52 Ebd.

53 Schmid an Captain Steiner, Juli 1945, AdsD, NL Schmid 356.

54 Niederschrift über die Besprechung der Landesdirektoren am 30. 7. 1945, HStAS, EA 3/101.

55 Protokoll der außerordentlichen Versammlung der Demokratischen Vereinigung am 21. 7. 1945, StadtA Tübingen E 10/N 11, Protokollbuch der Demokratischen Vereinigung.

56 Niederschrift über die Landesdirektorensitzung am 6. 8. 1945, HStAS, EA 3/101.

57 Ebd.

58 Ebd.

59 Protokoll der Versammlung der Demokratischen Vereinigung am 25. 8. 1945, StadtA Tübingen E 10/N 11, Protokollbuch der Demokratischen Vereinigung.

60 Matz, Maier, S. 191–193.

61 Botschaft des amerikanischen Gouverneurs William W. Dawson vom 8. 7. 1945, abgedr., in: Paul Sauer, Die Entstehung des Bundeslandes Baden-Württemberg. Eine Dokumentation, Ulm 1977, S. 14f.

62 Schmid an Harz, 26. 10. 1945, AdsD, NL Schmid 595.

63 Lutz Niethammer, Die Mitläuferfabrik. Die Entnazifizierung am Beispiel Bayerns, Berlin/Bonn 1982, S. 150–153.

64 Niederschrift über die Besprechung der Landesdirektoren am 30. 7. 1945, HStAS, EA 3/101; Protokoll der Versammlung der Demokratischen Vereinigung am 25. 8. 1945, StadtA Tübingen E 10/N 11, Protokollbuch der Demokratischen Vereinigung.

65 Schmid an Gérard Periot, 15. 9. 1978, AdsD, NL Schmid 949.

66 Reinhold Maier, Ein Grundstein wird gelegt. Die Jahre 1945–1947, Tübingen 1964, S. 143 f; Konrad Wittwer an Theodor Eschenburg, 19. 7. 1962, AdsD, NL Schmid 767.

67 Theodor Heuss, Erinnerungen, in: Carlo Schmid. Aufgabe und Leistung. Zum 60. Geburtstag am 3. Dezember 1956, Berlin-Grunewald 1956, S. 7–9.

68 Maier, Ein Grundstein wird gelegt, S. 144; Schmid, Erinnerungen, S. 232f.

69 Noch Eschenburg behauptet in seinem Aufsatz, Aus den Anfängen des Landes Württemberg-Hohenzollern, in: Festgabe für Carlo Schmid zum 65. Geburtstag dargebracht von Schülern, Freunden, Kollegen. Hrsg. Theodor Eschenburg/Theodor Heuss/Georg August Zinn unter Mitwirkung von Wilhelm Hennis, Tübingen 1962, S. 61, daß Maier gegen Schmid ablehnend eingestellt gewesen sei. In einem Brief vom 19. 7. 1962 an Eschenburg protestierte Wittwer gegen diese Behauptung. AdsD, NL Schmid 767.

70 Landgericht Tübingen: Übersicht und Planung der Stellenbesetzungen, 24. 9. 1945, HStAS, Persönliches Archiv Gebhard Müller B 19.
71 Konstanzer, Baden-Württemberg, S. 27.
72 Er nahm an den Sitzungen fast immer teil. Vgl. Protokolle, StA Sig. WÜ 2/69.
73 Schmid an Reinhold Maier, 17. 9. 1945, StA Sig. WÜ 2/3.
74 Nüske, Württemberg, S. 233 f.
75 Schmid an Reinhold Maier, 17. 9. 1945, StA Sig. Wü 2/3.
76 Protokoll der Sitzung des Kabinetts Württemberg-Baden am 19. 9. 1945, StA Sig. WÜ 2/69.
77 Theodor Eschenburg an Gebhard Müller, 30. 5. 1962, HStAS, Persönliches Archiv Gebhard Müller B 49; vgl. auch Richard Thieberger, Als Tübingen noch nicht Südwürttembergs Hauptstadt war, in: Tübingen 1945, S. 236 f.
78 Schmid an Reinhold Maier, 17. 9. 1945, StA Sig. WÜ 2/3.
79 Niederschrift über die Besprechung mit Oberst de Mangoux, 4. 10. 1945, HStAS, EA 1/20 A9.
80 Charles de Gaulle, Mémoires de guerre, Bd. 3: Le salut 1944–1946, Paris 1959, S. 220; Protokoll über die Sitzung des Kabinetts Württemberg-Badens am 5. 10. 1945, StA Sig. WÜ 2/69.
81 Niederschrift über die Besprechung mit Oberst de Mangoux, 4. 10. 1945, HStAS, EA 1/20 A9.
82 Report on Dr. Maier's Trip to Tübingen on Saturday 13th October 1945 as interpreted by Herr Wittwer Monday 15th October 1945, in: HStAS EA 1/920, Bü 13.
83 Ansprache von Ministerpräsident Dr. Reinhold Maier bei der Einsetzung des Staatssekretariats für Südwürttemberg in Tübingen am 16. 10. 1945, StA Sig. WÜ2/767.
84 Schmid an das Staatsministerium Stuttgart, 22. 10. 1945, StA Sig. WÜ 2/767.
85 Konstanzer, Baden-Württemberg, S. 24.
86 Schmid an das Staatsministerium Stuttgart, 22. 10. 1945, StA Sig. Wü 2/767.
87 Z. B. Protokoll der 19. Landrätetagung am 24. 5. 1947, S. 9.
88 Schmid an das Staatsministerium Stuttgart, 22. 10. 1945. StA Sig. WÜ 2/767.
89 Statut für das französisch besetzte Gebiet Württembergs und Hohenzollerns vom 30. 10. 1945, in: Amtsblatt des Staatssekretariats für das französisch besetzte Gebiet Württembergs und Hohenzollerns Nr. 1, 1. 12. 1945.
90 Niederschrift über die konstituierende Sitzung des Staatssekretariats am 16. 10. 1945, StA Sig. WÜ 2/774.
91 Reinhold Maier, Ende und Wende. Das schwäbische Schicksal. 1944–1946. Briefe und Tagebuchaufzeichnungen, Stuttgart/Tübingen 1948, S. 362 f.
92 Protokoll der Sitzung des Kabinetts Württemberg-Badens am 17. 10. 1945, StA Sig. WÜ 2/69.
93 Vgl. Redemanuskripte Müllers, HStAS, Persönliches Archiv Gebhard Müller H 36.
94 Gebhard Müller an Widmer, 1. 6. 1962, HStAS, Persönliches Archiv Gebhard Müller B 49.
95 Handschriftliche Notizen Müllers über eine Besprechung mit Captaine Ebert am 17. 10. 1945. Ebd. B2/2.
96 Handschriftliche Notizen Müllers über eine Besprechung mit Oberbürgermeister Renner am 27. 9. 1945. Ebd.
97 Schmid, Erinnerungen, S. 692.
98 Guillaume Widmer an Gebhard Müller, 9. 7. 1962, HStAS, Persönliches Archiv Gebhard Müller B 49; vgl. auch Nüske, Württemberg-Hohenzollern, S. 240 f.

99 Martin Schmid, Erinnerungssplitter aus Gesehenem und Hörensagen, Privatbesitz Martin Schmid.

100 Maier, Ein Grundstein wird gelegt, S. 144.

101 Karl Schmid, Vaterländische Verantwortung, in: ders., Die Forderung des Tages, S. 14–19.

102 Protokoll der Landrätetagung am 3. 8. 1946, S. 7.

Landeschef in Württemberg-Hohenzollern

1 Rede Schmids gehalten in Stuttgart am 18. 9. 1945, AdsD, NL Schmid 75.

2 Carlo Schmid, Vaterländische Verantwortung, in: ders., Politik als geistige Aufgabe, S. 11.

3 Theodor Eschenburg, Jahre der Besatzung 1945–1949. Mit einem einleitenden Essay von Eberhard Jäckel, Stuttgart/Wiesbaden 1983, S. 104.

4 Martin Schmid, Erinnerungssplitter aus Gesehenem und Hörensagen, Privatbesitz Martin Schmid.

5 Protokoll der 3. Landrätetagung am 3. 1. 1946, S. 4.

6 Ebd.; Vgl. auch Ansprache anläßlich der Einsetzung des Beirates der Tübinger Stadtverwaltung, in: Schmid, Die Forderung des Tages, S. 95 f.

7 Friedrich Roemer, Aufbau der Staatsverwaltung, in: Gögler/Richter, Württemberg-Hohenzollern, S. 113 ff.

8 Ebd., S. 114.

9 Charles Baudelaire, Le Spleen de Paris. Lyrische Prosa übertragen von Dieter Roser, Tübingen/Stuttgart 1946.

10 Martin Schmid, Erinnerungssplitter aus Gesehenem und Hörensagen, Privatbesitz Martin Schmid.

11 Mündliche Mitteilung Wolf Donndorfs.

12 Handschriftliche Notizen Gebhard Müllers über eine Besprechung mit Schmid am 16. 10. 1945, HStAS, Persönliches Archiv Gebhard Müller B2/2.

13 Das belegen die Akten des Justizministeriums Württemberg-Hohenzollerns, StA Sig. WÜ 25.

14 Eschenburg, Aus den Anfängen, S. 61.

15 Manuskript der Erinnerungen, S. 848, AdsD, NL Schmid 389.

16 Eschenburg, Aus den Anfängen, S. 66.

17 Vgl. S. 277 der Arbeit.

18 In: AdsD, NL Schmid 1109.

19 Hans Schwab-Felisch, Beim Lesen von Carlo Schmids Erinnerungen, in: Merkur 34, 1980, S. 296.

20 Schmid an Gustav Wichtermann, 18. 2. 1946, AdsD, NL Schmid 613.

21 Mündliche Auskunft Frank Rabergs, dem Gebhard Müller dies erzählte. Frank Raberg schreibt eine Dissertation über Gebhard Müller.

22 Protokoll der Sitzung des Kabinetts Württemberg-Baden am 20. 11. 1945, StA Sig WÜ 2/69.

23 Aktenvermerk Schmids über den Sonntagsdienst vom 30. 11. 1945, StA Sig. WÜ 2/1818.

24 Niederschrift über die Besprechung mit Widmer am 8. 1. 1946, StA Sig. WÜ 2/5.

25 Protokoll der 19. Landrätetagung am 24. 5. 1947, S. 8.

26 Protokoll der 2. Landrätetagung am 1. 12. 1945, S. 9.

27 Hans Speidel, Neubeginn von unten: Die Landkreise und Gemeinden, in: Gögler/Richter, Württemberg-Hohenzollern, S. 58.

28 Schmid an Emil Wagner, 21. 12. 1965, AdsD, NL Schmid 815.
29 Protokoll der 2. Landrätetagung am 1. 12. 1945, S. 11; Protokoll der 7. Landrätetagung am 4. 5. 1946, S. 4.
30 Protokoll der 12. Landrätetagung am 5. 10. 1946, S. 16f.
31 Konstanzer, Baden-Württemberg, S. 37.
32 So Eschenburg, Aus den Anfängen, S. 75.
33 Protokoll der 7. Landrätetagung am 4. 5. 1946, S. 56–58; Protokoll der 10. Landrätetagung am 3. 8. 1946, S. 18.
34 Eschenburg, Aus den Anfängen, S. 78.
35 Munro, French Occupation, Bd. 1, S. 203; Eschenburg, Carlo Schmid und die französische Besatzungspolitik, in: Knipping/Le Rider, Frankreichs Kulturpolitik, S. 299f.
36 Protokoll der 19. Landrätetagung am 24. 5. 1947, S. 8.
37 Protokoll der 11. Landrätetagung am 7. 9. 1946, S. 5f; Konstanzer, Baden-Württemberg, S. 44f.
38 Protokoll der Direktoriumssitzung am 18. 3. 1946, StA Sig. WÜ 2/774.
39 Protokoll der 11. Landrätetagung am 7. 9. 1946, S. 9.
40 Carlo Schmid, Vaterländische Verantwortung, in: ders., Politik als geistige Aufgabe, S. 12.
41 Laffon an Délégués Supérieurs, 4. 1. 1946, AdO, CCFA, C. 42, Pol. III, J. 1.
42 Konstanzer, Baden-Württemberg, S. 37.
43 Manuskript der Erinnerungen, S. 719, AdsD, NL Schmid 389.
44 Mündliche Mitteilung Martin Schmids.
45 Saint-Hardouin an Bidault, 9. 7. 1947, AdO, HCRFA, C. 92 xp3–4.
46 Schmid an Yves Bertraud Burgalat, 28. 12. 1973, AdsD, NL Schmid 924.
47 Martin Schmid, Erinnerungssplitter aus Gesehenem und Hörensagen, Privatbesitz Martin Schmid.
48 Schmid an Harz, 26. 11. 1945, AdsD, NL Schmid 599.
49 Hellmuth Auerbach, Die politischen Anfänge Carlo Schmids. Kooperation und Konfrontation mit der französischen Besatzungsmacht 1945–1948, in: VfZ 36, 1988, S. 607.
50 Protokoll der 12. Landrätetagung am 5. 10. 1946, S. 16.
51 Protokoll der Direktoriumssitzung am 6. 11. 1945, StA Sig. WÜ 2/774.
52 Protokoll der 7. Landrätekonferenz am 4. 5. 1946, S. 56.
53 Ebd., S. 57.
54 Synopsis politique de l'Allemagne 1946, AdO, CCFA, Cab. Laffon C. 3.
55 Hellmut Becker/Frithjof Hager, Aufklärung als Beruf. Gespräche über Politik und Bildung, München 1992, S. 120f.
56 Schmid an Editha Klipstein, 20. 10. 1945, AdsD, NL Schmid 598.
57 Ebd.; und Brief an Erwin Brunner vom 4. 12. 1945, Ebd. 597.

Pädagogische Provinz: Entnazifizierungs-, Jugend- und Kulturpolitik

1 Verhandlungen der Beratenden Landesversammlung Württemberg-Hohenzollerns am 9. 1. 1947, S. 9.
2 Ebd., S. 9f.
3 Protokolle der Direktoriumssitzungen am 23. 10. 1945 und am 26. 10. 1945, StA Sig. WÜ 2/774; Klaus-Dietmar Henke, Politische Säuberung unter französischer Besatzung. Die Entnazifizierung in Württemberg-Hohenzollern, Stuttgart 1981, S. 49–53.

4 Protokoll der Landrätetagung am 4. 5. 1946, S. 5.
5 Protokoll der Direktoriumssitzung am 20. 10. 1945, StA Sig. WÜ 2/774.
6 Henke, Politische Säuberung, S. 72–79.
7 Protokoll der Direktoriumssitzung am 8. 1. 1946, StA Sig. WÜ 2/774.
8 Protokoll der Direktoriumssitzung am 4. 1. 1946. Ebd.
9 Henke, Politische Säuberung, S. 67ff.
10 Niederschrift über die Sitzung des SPD-Landesvorstandes Württemberg-Hohenzollerns am 12. 4. 1946, AdsD, SPD-LV-BW 35; Protokoll der Sitzung des Kabinetts Württemberg-Badens am 11. 4. 1946, StA Sig. WÜ 2/69.
11 Saint-Hardouin an Bidault, 9. 7. 1947, AdO, HCRFA, C. 92, xp 3–4; Verhandlungen der Beratenden Landesversammlung Württemberg-Hohenzollerns am 22. 11. 1946, S. 8.
12 Verhandlungen der Beratenden Landesversammlung Württemberg-Hohenzollerns am 9. 1. 1947, S. 10.
13 Ebd., S. 10f.
14 Ebd., S. 11.
15 Ebd., S. 11.
16 Niederschrift über die Besprechung mit Widmer am 27. 5. 1946, StA Sig. WÜ 2/5; vgl. auch Henke, Politische Säuberung, S. 80–83.
17 Wolfrum, Besatzungspolitik, S. 206.
18 Henke, Politische Säuberung, S. 81f.
19 Künzel an Schmid, 19. 11. 1946, StA Sig. WÜ 80/319; Künzel an Schmid, 20. 3. 1947, HStAS, Persönliches Archiv Gebhard Müller B 3/2.
20 Protokoll der 11. Landrätetagung am 7. 9. 1946, S. 20.
21 Protokoll der 9. Landrätetagung am 6. 7. 1946, S. 50.
22 Protokoll der Direktoriumssitzung am 20. 11. 1946, StA Sig. WÜ 2/774.
23 Protokoll der 15. Landrätetagung am 18. 1. 1947, S. 6.
24 Protokoll der 18. Landrätetagung am 19. 4. 1947, S. 6; Henke, Politische Säuberung, S. 118.
25 Protokoll der Sitzung des Staatsministeriums Württemberg-Hohenzollerns am 30. 7. 1947, AdsD, NL Schmid 1095.
26 Henke, Politische Säuberung, S. 120.
27 Zit. nach Henry Rousso, L'Epuration. Die politische Säuberung in Frankreich, in: Politische Säuberung in Europa. Die Abrechnung mit Faschismus und Kollaboration nach dem Zweiten Weltkrieg. Hrsg. Klaus-Dietmar Henke/Hans Woller, München 1991, S. 239.
28 Verhandlungen der Beratenden Landesversammlung für Württemberg-Hohenzollern am 9. 1. 1947, S. 9.
29 Protokoll der 3. Landrätekonferenz am 3. 1. 1946, S. 17f.
30 Bestrafung von Rechtsschändern. Entwurf vom 23. 7. 1943, in: Ger van Roon, Neuordnung, S. 556ff.
31 Schmid an M. le Commandant, Chef du Contrôle de la Justice régionale en Wurtemberg, 23. 4. 1947, StA Sig. WÜ2/275.
32 Sproll an Schmid, 12. 3. 1946, in: Paul Kopf/Max Miller, Die Vertreibung von Bischof Johannes Baptista Sproll von Rottenburg 1938–1945, Mainz 1971, S. 371.
33 Schmid an Sproll, 19. 3. 1946. Ebd., S. 371f.
34 Schmid an Anton Traber, 10. 9. 1947, AdsD, NL Schmid 1111.
35 Rede anläßlich der Gedenkfeier für die Opfer des Konzentrationslagers in Schömberg bei Balingen, in: Schmid, Erinnerungen, S. 265f.
36 Ebd., S. 266.

37 Ebd., S. 266.
38 Karl Barth, Ein Wort an die Deutschen, abgedr., in: Martin Greschat, Die Schuld der Kirche. Dokumente und Reflexionen zur Stuttgarter Schulderklärung vom 18./19. Oktober 1945, München 1982, S. 160–163, S. 163.
39 Karl Barth an Schmid, 18. 5. 1956, Karl-Barth-Archiv Basel.
40 Helmut Thielicke, Exkurs über Karl Barths Vortrag in Tübingen, in: Greschat, Schuld, S. 168.
41 Martin Schmid, Erinnerungssplitter aus Gesehenem und Hörensagen, Privatbesitz Martin Schmid.
42 Thielickes Darstellung, Zu Gast auf einem schönen Stern, Hamburg 1984, S. 230 ff., daß Schmid auf seiner Seite gestanden habe, ist nicht zutreffend.
43 Karl Schmid, Opfer des Faschismus, in: Schmid, Die Forderung des Tages, S. 26.
44 Protokoll der Direktoriumssitzung am 14. 12. 1945, StA Sig. WÜ 2/774.
45 Ebd.
46 Protokoll der Direktoriumssitzung am 18. 12. 1945. Ebd.
47 Ebd.
48 Protokoll der Direktoriumssitzung am 22. 1. 1946. Ebd.
49 Zu der Entlassung der belasteten Professoren vgl. Schreiben Schmids an den Rektor der Universität Tübingen vom 16. 5. 1946, UAT 117/1864.
50 Rupp an den Rektor der Universität Tübingen, 20. 5. 1946, UAT 117/1865.
51 Walter Jens, Eine deutsche Universität. 500 Jahre Tübinger Gelehrtenrepublik, Köln 1977, S. 344.
52 Rupp an den Rektor der Universität Tübingen, 27. 6. 1946, UAT 117/1865.
53 Rupp an den Rektor der Universität Tübingen, 5. 12. 1946. Ebd.
54 Die Lage der Universität Tübingen, März 1947, StA Sig. WÜ 2/1515.
55 Stefan Zauner, Erziehung und Kulturmission. Frankreichs Bildungspolitik in Deutschland 1945–1949, München 1994, S. 228.
56 Die Lage der Universität Tübingen, März 1947, StA Sig. Wü 2/1515.
57 Fakultätssitzung am 13. 12. 1945, UAT, Protokollbuch der Rechts- und Wirtschaftswissenschaftlichen Fakultät Tübingen angelegt 1924.
58 Protokoll der Sitzung des Großen Senats der Universität Tübingen am 16. 3. 1946, AdsD, NL Schmid 1999.
59 Schmid an den Rektor der Universität Tübingen, 3. 5. 1946, UAT 601/72.
60 Joseph Forderer griff diese Vorwürfe auf und verarbeitete sie zu einem Pamphlet gegen Schmid, das am 1. 10. 1950 im Reutlinger Generalanzeiger erschien. Vgl. auch Verhandlungen des Landtages für Württemberg-Hohenzollern am 20. 12. 1950, S. 1949–1954.
61 Niederschrift über die Sitzung des Staatsministeriums Württemberg-Hohenzollerns am 21. 11. 1947, AdsD, NL Schmid 1095.
62 Albert Sauer an Gebhard Müller, 13. 8. 1949, HStAS, Persönliches Archiv Gebhard Müller I 33.
63 Niederschrift über die Sitzung des Staatsministeriums Württemberg-Hohenzollerns am 28. 11. 1947, AdsD, NL Schmid 1095.
64 Schmid an J. Bithell, 1. 11. 1949. AdsD, NL Schmid 596.
65 Erlaß vom 13. 12. 1945, StA Sig. WÜ 80/325.
66 Schmid an die Militärregierung, 13. 2. 1946. Ebd.
67 Schmid, Erinnerungen, S. 257; Heinrich Hartmann, Dank an Carlo Schmid, in: Tübinger Briefe. Mitteilungen, Berichte, Notizen aus dem Jugendsozialwerk Nr. 9, 1969, S. 181–185.
68 Henri Humblot, Kontrolle und Anregung der Jugendbewegungen in Süd-Württem-

berg. Ein Erlebnisbericht aus den Jahren von 1945–1949, in: Jerôme Vaillant (Hrsg.), Französische Kulturpolitik in Deutschland 1945–1949, Konstanz 1984, S. 57f.

69 Mündliche Mitteilung Hans-Jörg Kimmichs.

70 Annemarie Renger, Ein politisches Leben. Erinnerungen, Stuttgart 1993, S. 103.

71 Vgl. Interview mit „Welt am Sonntag“ am 25. 8. 1963.

72 Otto Herding, Bericht der Universität Tübingen, in: Studium generale 1, 1947/48, S. 186.

73 Protokoll der Direktoriumssitzung am 13. 11. 1945, StA Sig. WÜ 2/774; Zweigert an Wilhelm Weischedel, 19. 12. 1945, WÜ 80/777.

74 Martin Schmid, Erinnerungssplitter aus Gesehenem und Hörensagen, Privatbesitz Martin Schmid.

75 Protokoll der Direktoriumssitzung am 26. 4. 1946, StA Sig. WÜ 2/774.

76 Protokoll der Sitzung des Staatsministeriums Württemberg-Hohenzollerns am 12. 12. 1947, AdsD, NL Schmid 1095.

77 Protokoll der Sitzung des Staatsministeriums Württemberg-Hohenzollerns am 5. 2. 1948, Ebd. Zu der Forderung der Franzosen nach Einführung eines Propädeutikums vgl. Zauner, Erziehung, S. 142.

78 Schmid an Richard Toellner, 14. 6. 1971, AdsD, NL Schmid 908.

79 Mündliche Mitteilung Hans-Jörg Kimmichs.

80 Bruno Heck, Geistiger Aufbruch. Neubeginn an der Universität, im Kunstbereich und in der kulturellen Arbeit, in: Gögler/Richter, Württemberg-Hohenzollern, S. 281.

81 Mündliche Mitteilung Hans-Jörg Kimmichs.

82 Synopsis politique de l'Allemagne 1946, AdO, CCFA Cab. Laffon, C. 3.

83 Raymond Schmittlein, Die Umerziehung des deutschen Volkes, in: Vaillant, Französische Kulturpolitik, S. 161–185; Zauner, Erziehung, S. 137–152.

84 Protokoll der Direktoriumssitzung am 18. 1. 1946, StA Sig. WÜ 2/774; Niederschrift über die Sitzung des Staatsministeriums Württemberg-Hohenzollerns am 12. 12. 1947, AdsD, NL Schmid 1095.

85 Verhandlungen der Beratenden Landesversammlung für Württemberg-Hohenzollern am 22. 11. 1946, S. 13.

86 Protokoll der Direktoriumssitzung am 15. 6. 1946, StA Sig. WÜ 2/774.

87 Erlaß der Landesdirektion für Kultus, Erziehung und Kunst vom 28. 5. 1946, in: Amtsblatt des Staatssekretariats für das französisch besetzte Gebiet Württemberg-Hohenzollerns vom 31. 8. 1946, S. 182.

88 Verhandlungen der Beratenden Landesversammlung für Württemberg-Hohenzollern am 22. 11. 1946, S. 12.

89 Ebd.

90 Protokoll der Direktoriumssitzung am 15. 6. 1946, StA Sig. WÜ 2/774.

91 Winkeler, Schulpolitik, S. 28.

92 Saint Hardouin an Bidault, 9. 7. 1947, AdO, HCRFA, C. 92 xp 3–4.

93 Schmid an die Militärregierung, Abt. Education publique, 6. 11. 1946, StA Sig. WÜ 2/1500.

94 Protokoll der Sitzung des Staatsministeriums Württemberg-Hohenzollerns am 23. 10. 1947, AdsD, NL Schmid 1095.

95 Schmid an die Militärregierung, Abt. Education publique, 6. 11. 1946, StA Sig. WÜ 2/1500.

96 Roser an die Landesdirektion für Finanzen, 28. 10. 1945. Ebd.

97 Protokoll der Sitzung des Staatsministeriums Württemberg-Hohenzollerns am 23. 10. 1947, AdsD, NL Schmid 1095.

98 Erlaß der Landesdirektion für Kultus, Erziehung und Kunst vom 27. 2. 1946, in: Amtsblatt des Staatssekretariats für das französisch besetzte Gebiet Württemberg-Hohenzollerns vom 22. 3. 1946, S. 42 f.

99 Winkeler, Schulpolitik, S. 22 f.

100 Verhandlungen der Beratenden Landesversammlung für Württemberg-Hohenzollern am 22. 11. 1946, S. 11 f.

101 Dieter Roser an die Militärregierung, 9. 11. 1945, StA Sig. WÜ 80/314.

102 Protokoll der Sitzung des Staatsministeriums Württemberg-Hohenzollerns am 12. 12. 1947, AdsD, NL Schmid 1095.

103 Protokoll der Sitzung des Staatsministeriums Württemberg-Hohenzollerns am 23. 10. 1947, AdsD, NL Schmid 1095.

104 Schmid an die Bezirksschulämter und die Leiter der höheren und berufsbildenden Schulen, 25. 10. 1945, StA Sig. WÜ 2/1500.

105 Mündliche Mitteilung Hans-Jörg Kimmichs.

106 Winkeler, Schulpolitik, S. 47 f.

107 Ebd., S. 49 f.

108 Niederschrift über die Sitzung des SPD-Landesvorstandes Württemberg-Hohenzollerns am 24. 10. 1946, AdsD, SPD-LV-BW 35; Albert Sauer an Gebhard Müller, 13. 8. 1949, HStAS, Persönliches Archiv Gebhard Müller I 33.

109 Saint-Hardouin an Bidault, 9. 7. 1947, AdO, HCRFA C. 92 xp 3–4.

110 Niederschrift über die Besprechung mit Oberst de Mangoux am 24. 7. 1946, StA Sig. WÜ 2/5.

111 Protokoll der Sitzung des Staatsministeriums Württemberg-Hohenzollerns am 12. 12. 1947, AdsD, NL Schmid 1095.

112 Zit. nach Jerôme Vaillant, Bildungspolitik und öffentliche Meinung, in: Knipping/Le Rider, Französische Kulturpolitik, S. 154.

113 Schmid an Gerhard Storz, 19. 1. 1948, AdsD, NL Schmid 611.

114 Jérôme Vaillant, Bedeutung und Ausmaß des französischen Einflusses auf die kulturelle Entwicklung im Nachkriegsdeutschland, in: ders., Französische Kulturpolitik, S. 17 f.

115 Schmid an Délégation Supérieure pour le Gouvernement Militaire du Wurtemberg-Education Publique-, 31. 10. 1946, StA Sig. WÜ 80/260.

116 Almanach zu den Kunstwochen Tübingen-Reutlingen 1946, Tübingen 1946, S. 9.

117 Schmid an die Militärregierung, Abt. Kunst, 13. 11. 1945, StA Sig. WÜ 80/484.

118 Munro, French Occupation, Bd. 2, S. 127,

119 Martin Schmid, Erinnerungssplitter aus Gesehenem und Hörensagen, Privatbesitz Martin Schmid.

120 Munro, French Occupation, Bd. 2, S. 127.

121 Aktenvermerk über eine Besprechung mit Vanuxem am 6. 12. 1945, StA Sig. 80/625.

122 Zeitungsartikel über die Aufführung, AdsD, NL Schmid 49.

123 Schmid an Hanne Wieder, 11. 4. 1946, AdsD, NL Schmid 613; Hermann Glaser, Die Kulturgeschichte der Bundesrepublik Deutschland. Zwischen Kapitulation und Währungsreform 1945–1948, Frankfurt 1990, S. 44.

124 Schmid an Romano Guardini, 5. 7. 1946, StA Sig. WÜ 80/915.

125 Niederschrift über die Wochenbesprechung mit der Section Beaux-Arts der Militärregierung am 13. 3. 1946, StA Sig. WÜ 80/625.

126 Aktenvermerk über eine Besprechung zwischen Herrn Staatsrat Schmid und Herrn Rieth, 5. 7. 1946, StA Sig. WÜ 80/625.

127 Zit. nach Michel Tournier, Le Vent Paraclet, Paris 1977, S. 94.

128 Manuskript der Ansprache, AdsD, NL Schmid 77.

129 Aktenvermerk Rieths vom 23. 7. 1946 und vom 31. 7. 1946, StA Sig. WÜ 80/484.
130 Niederschrift über die Wochenbesprechung mit der Section Beaux-Arts der Militärregierung am 13. 3. 1946, WÜ 80/625.
131 Niederschrift über die Wochenbesprechung mit der Section Beaux-Arts der Militärregierung am 22. 3. 1946. StA Sig. WÜ 80/625.
132 Konrad Zweigert an die Militärregierung, 19. 3. 1946. Ebd, WÜ 80/484.
133 Schmid, Erinnerungen, S. 263.
134 Protokoll der 7. Landrätetagung am 4. 5. 1946, S. 59.
135 Edgar Lersch, Carlo Schmid und die Neugründung des Schwäbischen Tagblattes, in: Schwäbisches Tagblatt Sonderbeilage Dez. 1988, S. 25–27.
136 Schölzel, Pressepolitik, passim.
137 Protokoll der Direktoriumssitzung am 8. 1. 1946, StA Sig. Wü 2/774.
138 Schölzel, Pressepolitik, S. 97.
139 Protokoll der 7. Landrätetagung am 4. 5. 1946, S. 59.
140 Ebd.; Schmid an Generalvikar Kottmann, 13. 11. 1946, StA Sig. WÜ 2/1556.
141 Saint-Hardouin an Bidault, 9. 7. 1947, AdO, HCRFA C. 92 xp 3–4.
142 Becker/Hager, Aufklärung, S. 131.
143 Schmid an Wilhelm Klinkert, 13. 8. 1946, AdsD, NL Schmid 602.
144 Schmid an Peter Bamm, 1. 7. 1969, AdsD, NL Schmid 875; Peter Bamm, Eines Menschen Zeit, München 1972, S. 380
145 Schmid an Ernst Jünger, 7. 3. 1946; 26. 3. 1946; 7. 10. 1947; AdsD, NL Schmid 601.
146 Schmid an Sophie Ritter, 22. 5. 1946, AdsD, NL Schmid 608.

Kritik muß erlaubt sein

1 Schmid, Erinnerungen, S. 264–266.
2 Mündliche Auskunft Martin Schmids; AdO, CCFA, Cab. Civ. C. 27 Pol. II B (Note pour la Section Politique du Cabinet Civil).
3 Ebd.
4 Ebd.
5 Protokolle der Zonenkonferenzen, in: Peter Brommer (Hrsg.), Quellen zur Geschichte von Rheinland-Pfalz während der französischen Besatzung März 1945 bis August 1949, Mainz 1985.
6 Protokoll der 11. Landrätetagung am 7. 9. 1946, S. 6.
7 Ebd., S. 9.
8 Abgedr., in: Klaus-Jörg Ruhl, Neubeginn und Restauration. Dokumente zur Vorgeschichte der Bundesrepublik Deutschland 1945–1949, München 1982, S. 453.
9 Rede des Herrn Staatsrates Prof. Dr. Schmid anläßlich der 1. Sitzung des Landeswirtschaftsrates in Bebenhausen, AdsD, NL Schmid 77.
10 AdO, CCFA, Cab. Civ. C. 27, Pol. II B (Note pour la Section Politique du Cabinet Civil).
11 Kultministerium an Section Beaux-Arts der Militärregierung, 7. 10. 1946, StA Sig. WÜ 80/484.
12 Verhandlungen der Beratenden Landesversammlung für Württemberg-Hohenzollern am 22. 11. 1946, S. 17.
13 Protokoll der 12. Landrätetagung am 6. 10. 1946, S. 17.
14 Niederschrift über die Besprechung mit Widmer am 31. 10. 1946, StA Sig. WÜ 2/5.
15 Verhandlungen der Beratenden Landesversammlung für Württemberg-Hohenzollern am 22. 11. 1946, S. 18.
16 Ebd., S. 17.

17 Ebd., S. 18.
18 Henke, Politik der Widersprüche, S. 74.
19 Schmid, Erinnerungen, S. 273; Mündliche Auskunft Martin Schmids.
20 Schmid, Erinnerungen, S. 273 f.
21 Rainer Hudemann, Zentralismus und Dezentralisierung in der französischen Deutschland- und Besatzungspolitik 1945–1947, in: Die Kapitulation von 1945 und der Neubeginn in Deutschland. Hrsg. Winfried Becker, Köln/Wien 1987, S. 195.
22 AdO, CCFA Cab. Civ. 27 Pol. II B (Note pour la Section Politique du Cabinet Civil).
23 Mündliche Auskunft Martin Schmids.
24 Verhandlungen der Beratenden Landesversammlung für Württemberg-Hohenzollern am 2. 12. 1946, S. 1 f.
25 Carlo Schmid, Friedensfest – noch ohne Frieden, in: Stuttgarter Nachrichten vom 24. 12. 1946.
26 Henke, Politik der Widersprüche, S. 79 f.
27 Protokoll der Direktoriumssitzung am 31. 5. 1946, StA Sig. WÜ 2/774.
28 Henke, Politik der Widersprüche, S. 79.
29 Protokoll der 7. Landrätetagung am 4. 5. 1946, S. 17.
30 Wolfrum, Besatzungspolitik, S. 220 f.
31 Becker/Hager, Aufklärung als Beruf, S. 126 f.
32 Protokoll der Direktoriumssitzung am 20. 8. 1946 und am 24. 10. 1946, StA Sig. WÜ 2/774.
33 Protokoll der Direktoriumssitzung am 12. 11. 1946. Ebd.
34 Schmid an Matthias Wagner, 16. 5. 1947, StA Sig. WÜ 2/758.
35 Bericht der Zahnradfabrik Friedrichshafen A. G. vom 2. 11. 1948, Privatbesitz/Kopie AdsD.
36 Eberhard Konstanzer, Weisungen der französischen Militärregierung 1946–1949, in: VfZ 18,1970, S. 205 f.
37 Protokoll der 14. Landrätetagung am 7. 12. 1946, S. 6.
38 Protokoll der Direktoriumssitzung am 24. 10. 1946, StA Sig. WÜ 2/774.

Ein Aristokrat in der Proletarierpartei

1 So gegenüber Hartmut Soell; vgl. ders., Fritz Erler- Eine politische Biographie, Bd. 1, Berlin-Bad Godesberg 1976, S. 97.
2 Schmid an seine Frau, 22. 5. 1944, Privatbesitz/Kopie AdsD.
3 Schmid an Fritz Erler, 2. 9. 1947, AdsD, NL Schmid 1448.
4 Zur Ablehnung Zolas im Stefan-George-Kreis vgl. Wolf Lepenies, Die drei Kulturen. Soziologie zwischen Literatur und Wissenschaft, München/Wien 1985, S. 262.
5 Manuskript der Erinnnerungen, S. 741 f., AdsD, NL Schmid 389.
6 Schmid an Walter Kolb, 18. 2. 1946, AdsD, NL Schmid 602.
7 Schmid an Joachim von Adelsheim-Ernests, 29. 9. 1948, Privatarchiv Joachim von Adelsheim-Ernest.
8 Schmid an Max Graf Solms, 25. 8. 1949, AdsD, NL Schmid 1553.
9 Schmid an Major Durst, 3. 7. 1945, AdsD, NL Schmid 356.
10 Helmut Becker an Schmid, 15. 12. 1976, AdsD, Dep. Goebel.
11 Schmid an Major Durst, 3. 7. 1945, AdsD, NL Schmid 356.
12 Thomas Schnabel, Württemberg zwischen Weimar und Bonn. 1928 bis 1945/46, Stuttgart u.a, 1986, S. 624.
13 Michael Fichter, Es ist nicht so gekommen, wie man gehofft hat. Erinnerungen

sozialdemokratischer Funktionäre in Stuttgart, in: Lutz Niethammer/Alexander von Plato, Wir kriegen jetzt andere Zeiten. Auf der Suche nach der Erfahrung des Volkes in nachfaschistischen Ländern, Berlin/Bonn 1985, S. 245.

14 Niederschrift über die Besprechung mit de Mangoux, 30. 9. 1945, StA Sig. WÜ 2/5; vgl. auch Konstanzer, Baden-Württemberg, S. 42.

15 Niederschrift über die Besprechung mit Widmer am 22. 1. 1946, StA Sig. WÜ 2/5.

16 Protokoll der 4. Landrätekonferenz am 2. 2. 1946, S. 5.

17 Zu Kalbfell vgl. Wolfrum, Besatzungspolitik, S. 57f.

18 Martin Schmid, Erinnerungssplitter aus Gesehenem und Hörensagen, Privatbesitz Martin Schmid.

19 Soell, Erler, Bd. 1, S. 64–84.

20 Fritz Ulrich an Schmid, 1. 12. 1956, AdsD, NL Schmid 969.

21 Maier, Ein Grundstein wird gelegt, S. 145.

22 Karl Schmid, Weg und Ziel der Sozialdemokratie, in: ders., Die Forderung des Tages, S. 70.

23 Ebd., S. 56f.

24 Ebd., S. 59.

25 Ebd., S. 61.

26 Ebd., S. 63.

27 Ebd., S. 79.

28 Ebd., S. 67.

29 Ebd., S. 74.

30 Ebd., S. 74.

31 Ebd., S. 73.

32 Walter Kolb an Schmid, 8. 3. 1946, AdsD, NL Schmid, 602.

33 In: AdsD, NL Schmid 479.

34 Saint-Hardouin an Bidault, 9. 7. 1947, AdO, HCRFA, C. 92, xp 3–4.

35 Schmid, Erinnerungen, S. 247.

36 Jahrbuch der Sozialdemokratischen Partei Deutschlands 1946, S. 23.

37 Niederschrift über die Sitzung des erweiterten Landesvorstandes der SPD Württemberg-Hohenzollerns am 26. 10. 1946, AdsD, SPD-LV-B.-W. 35.

38 Niederschrift über die Sitzung des Landesvorstandes der SPD Württemberg-Hohenzollerns am 24. 7. 1946. Ebd.

39 Niederschrift über die Sitzung des Landesvorstandes der SPD Württemberg-Hohenzollerns am 18. 9. 1946. Ebd

40 Ebd.

41 Niederschrift über die Sitzung des erweiterten Landesvorstandes der SPD Württemberg-Hohenzollerns am 26. 10. 1946. Ebd.

42 Niederschrift über die Sitzung des engeren Landesvorstandes der SPD zusammen mit der neuen Landtagsfraktion für Württemberg-Hohenzollern am 22. 5. 1947. Ebd. 36.

43 Rede des Landesvorsitzenden auf dem 2. Landesparteitag der SPD in Reutlingen am 23. 2. 1947, AdsD, NL Schmid 78.

44 Zusammenkunft sozialdemokratischer Minister und Bezirksfunktionäre der französischen Besatzungszone in Baden-Baden am 2. 3. 1947, in: Brommer, Geschichte von Rheinland-Pfalz, S. 391.

45 Niederschrift über die Sitzung der Pressekommission mit dem engeren Landesvorstand der SPD Württemberg-Hohenzollerns am 5. 5. 1947, AdsD, SPD-LV-B.-W. 36; Carlo Schmid, Parteipresse heute, in: Der Württemberger am 16. 8. 1947.

46 Bulletin Mensuel du Commandant en Chef Français en Allemagne vom Dez. 1946.

47 Niederschrift über die Sitzung des engeren Landesvorstandes der SPD Württemberg-Hohenzollerns am 14. 12. 1946, AdsD, SPD-LV-B.-W. 35.
48 Ebd.
49 Niederschrift über die Sitzung des erweiterten Landesvorstandes der SPD Württemberg-Hohenzollerns am 17. 6. 1947. Ebd. 36.
50 Ebd.
51 Wolfrum, Besatzungspolitik, S. 262.
52 Niederschrift über die Sitzung des erweiterten Landesvorstandes der SPD Württemberg-Hohenzollerns am 17. 6. 1947, AdsD, SPD-LV-B.-W. 36.
53 Synopsis Politique de l'Allemagne 1946, AdO, CCFA Cab. Laffon, C. 3.
54 Zusammenkunft sozialdemokratischer Minister und Bezirksfunktionäre der französischen Besatzungszone in Baden-Baden am 2. 3. 1947, in: Brommer, Geschichte von Rheinland-Pfalz, S. 391.
55 Niederschrift über die Sitzung des SPD-Landesvorstandes Württemberg-Hohenzollerns am 9. 3. 1946, AdsD, SPD-LV-B.-W. 35.
56 Wolfrum, Besatzungspolitik, S. 83–101.
57 Notizen über eine Besprechung mit den Genossen in Baden am 13. 3. 1946, AdsD, SPD-LV-B.-W. 35.
58 Wolfrum, Besatzungspolitik, S. 143–151.
59 Protokoll über die Sitzung des Landesvorstandes der SPD Württemberg-Hohenzollerns sowie der Kreisvorsitzenden am 27. 7. 1946, AdsD, NL Schmid 355.
60 Ebd.
61 Ebd.
62 Manuskript der Erinnerungen, S. 751; S. 787, AdsD, NL Schmid 389.
63 Schmid an Marcel Pasche, 26. 6. 1946, AdsD, NL Schmid 607.
64 Kurt Schumacher, Politische Richtlinien für die SPD in ihrem Verhältnis zu den anderen politischen Faktoren, 25. 8. 1945, in: ders., Reden-Schriften-Korrespondenz 1945–1952. Hrsg. Willy Albrecht, Berlin–Bonn 1985, S. 272.
65 Ebd., S. 269.
66 Ebd., S. 269.
67 Rede Schumachers vor sozialdemokratischen Funktionären, 6. 5. 1945. Ebd., S. 232.
68 Schumachers Referat auf dem Parteitag in Hannover. Ebd., S. 401.
69 So Dehler in der Bundestagssitzung am 28. 10. 1953. BT Sten. 18, S. 56.
70 Erich Ott, Die Wirtschaftskonzeption der SPD nach 1945, Marburg 1978, S. 130–134.
71 Protokoll der 4. Sitzung des Sozialisierungsausschusses der SPD Württemberg-Badens am 10. 2. 1948, Privatbesitz/Kopie AdsD.
72 Ebd.
73 Protokoll der 3. Sitzung des Sozialisierungsausschusses der SPD Württemberg-Badens am 8. 1. 1948. Ebd.
74 Z. B. Protokoll der 4. Landrätetagung am 2. 2. 1946, S. 28.
75 Protokoll der Verhandlungen des Parteitages der SPD vom 9. bis 11. Mai 1946 in Hannover, S. 62 ff.
76 Protokoll über die Sitzung des Landesvorstandes der SPD Württemberg-Hohenzollerns sowie der Kreisvorsitzenden am 27. 7. 1946, AdsD, NL Schmid 355.
77 Grundsatzreferat Kurt Schumachers auf dem Nürnberger Parteitag der SPD, 29. 6. 1947, in: ders., Reden, S. 488.
78 Hudemann, Zentralismus, S. 190 f.
79 Schmid an Georg Schwarzenberger, 11. 4. 1947, AdsD, NL Schmid 610.
80 Schmid an Wolfgang H. Kraus, 20. 3. 1947, AdsD, NL Schmid 603.

Bausteine für eine deutsche Verfassung:
Die Verfassungen Württemberg-Badens und Württemberg-Hohenzollerns

1 Wilhelm Keil, Erlebnisse eines Sozialdemokraten, Bd. 2, Stuttgart 1948, S. 685 f.; Paul Feuchte, Verfassungsgeschichte von Baden-Württemberg, Stuttgart 1983, S. 50.
2 Schmid an M. L.G. Balfour, 5. 6. 1972, AdsD, NL Schmid 9.
3 Protokoll der 1. Sitzung des Verfassungsausschusses der Vorläufigen Volksvertretung von Württemberg-Baden am 12. 3. 1946, LAS.
4 Protokoll der 4. Sitzung des Verfassungsausschusses der Vorläufigen Volksvertretung für Württemberg-Baden am 29. 4. 1946, LAS; Schmid an Schmoller, 20. 5. 1946, AdsD, NL Schmid 609.
5 Protokoll der 3. Sitzung des Verfassungsausschusses der Vorläufigen Volksvertretung für Württemberg-Baden am 5. 4. 1946, LAS.
6 Ebd.
7 Rede von Staatsrat Prof. Dr. Schmid gehalten am 28. 5. 1946 in Stuttgart vor der Vorläufigen Volksvertretung für Württemberg-Baden, AdsD, NL Schmid 77.
8 Protokoll der 3. Sitzung des Verfassungsausschusses der Vorläufigen Volksvertretung für Württemberg-Baden am 5. 4. 1946, LAS.
9 Ebd; vgl. auch Karl Schmid, Die Legitimität der Verfassung in: Deutsche Rechtszeitschrift 1, 1946, S. 2–5.
10 Protokoll der 3. Sitzung des Verfassungsausschusses der Vorläufigen Volksvertretung für Württemberg-Baden am 5. 4. 1946, LAS.
11 Zu Smends Verständnis der Grundrechte vgl. Ernst-Wolfgang Böckenförde, Recht, Staat, Freiheit. Studien zur politischen Rechtsphilosophie, Staatstheorie und Verfassungsgeschichte, Frankfurt/M. 1991, S. 129–133.
12 Bericht des Verfassungsausschusses über den Entwurf einer Verfassung für Württemberg-Baden vom 12. 9. 1946. Beilage 5 zu den Protokollen der Verhandlungen der Verfassunggebenden Landesversammlung für Württemberg-Baden, S. 6.
13 Schmid an Bengt Beutler, 2. 10. 1969, AdsD, NL Schmid 875.
14 Protokoll der 4. Sitzung des Verfassungsausschusses der Vorläufigen Volksvertretung für Württemberg-Baden am 29. 4. 1946, LAS.
15 Ebd.
16 Bericht des Verfassungsausschusses über den Entwurf einer Verfassung für Württemberg-Baden vom 12. 9. 1946, S. 10.
17 Protokoll der 5. Sitzung des Verfassungsausschusses der Vorläufigen Volksvertretung für Württemberg-Baden am 30. 4. 1946, LAS.
18 Bericht des Verfassungsausschusses über den Entwurf einer Verfassung für Württemberg-Baden vom 12. 9. 1946, S. 18–20.
19 Dieter Gosewinkel, Adolf Arndt. Die Wiederbegründung des Rechtsstaates aus dem Geist der Sozialdemokratie 1945–1961, Bonn 1991, S. 94.
20 Dieser Artikel ist unverändert in die Verfassung für Württemberg-Baden übernommen worden. Abgedr., in: Die neuen deutschen Verfassungen. Zusammengestellt von Wilhelm Wegener, Essen 1947, S. 106.
21 Protokoll der 3. Sitzung des Verfassungsausschusses der Vorläufigen Volksvertretung für Württemberg-Baden am 5. 4. 1946, LAS.
22 Art. 37 der Verfassung von Württemberg-Baden, in: Die neuen deutschen Verfassungen, S. 106 f.
23 So Hermann Veit in einer Rede vor der Verfassunggebenden Landesversammlung am 18. 7. 1946. Verhandlungen der Verfassunggebenden Landesversammlung für Württemberg- Baden, 1–14. Sitzung, 1946, S. 21.

24 Ludwig Bergsträßer, Befreiung, Besatzung, Neubeginn. Tagebuch des Darmstädter Regierungspräsidenten 1945–1948. Hrsg. Walter Mühlhausen, München 1987, S. 123.
25 Protokoll der 3. Sitzung des Verfassungsausschusses der Vorläufigen Volksvertretung für Württemberg-Baden am 5. 4. 1946, LAS.
26 Protokoll der Sitzung des Verfassungsausschusses der Vorläufigen Volksvertretung für Württemberg-Baden am 16. 5. 1946, LAS.
27 Verhandlungen der Beratenden Landesversammlung für Württemberg-Hohenzollern am 2. 12. 1946, S. 16.
28 Ebd.
29 Protokoll der 3. Sitzung des Verfassungsausschusses der Vorläufigen Volksvertretung für Württemberg-Baden am 5. 4. 1946, LAS.
30 Ernst Fränkel an Schmid, 19. 5. 1972, AdsD, NL Schmid 911.
31 Heinrich August Winkler, Der Weg in die Katastrophe. Arbeiter und Arbeiterbewegung in der Weimarer Republik 1930–1933, Berlin/Bonn 1987, S. 805–808.
32 Schmid an M. L.G. Balfour, 5. 6. 1972, AdsD, NL Schmid 9.
33 Protokoll der Sitzung des Verfassungsausschusses der Vorläufigen Volksvertretung für Württemberg-Baden am 29. 5. 1946, LAS.
34 Art.46 der Verfassung von Württemberg-Baden, in: Die neuen deutschen Verfassungen, S. 108.
35 Verhandlungen der Verfassunggebenden Landesversammlung für Württemberg-Baden am 18. 7. 1946, S. 28.
36 Bericht des Verfassungsausschusses über den Entwurf einer Verfassung für Württemberg-Baden vom 12. 9. 1946, S. 44.
37 Art. 91 der Verfassung von Württemberg-Baden, in: Die neuen deutschen Verfassungen, S. 115.
38 Niederschrift über die Arbeitstagung über Verfassungsfragen in Schloß Aulendorf am 29. 6. 1946, StA Sig. WÜ 2/549.
39 Art. 43 der Verfassung von Württemberg-Baden, in: Die neuen deutschen Verfassungen, S. 107.
40 Protokoll der Sitzung des Verfassungsausschusses der Vorläufigen Volksvertretung für Württemberg-Baden am 12. 3. 1946, LAS.
41 Verhandlungen der Verfassunggebenden Landesversammlung für Württemberg-Baden am 1. 10. 1946, S. 306 und S. 308.
42 Barbara Fait, „In der Atmosphäre von Freiheit". Die Rolle der Amerikaner bei der Verfassunggebung in den Ländern der US-Zone 1946, in: VfZ 33, 1985, S. 442 f.
43 Protokolle des Verfassungsausschusses der Verfassunggebenden Landesversammlung für Württemberg-Baden am 31. 7. 1946 und 2. 8. 1946, LAS.
44 Ebd; vgl. auch Gerhard Hirscher, Carlo Schmid und die Gründung der Bundesrepublik. Eine politische Biographie, Bochum 1986, S. 75 f.
45 Rede von Herrn Staatsrat Prof. Dr. Schmid gehalten in Städten der nordamerikanischen Zone Württembergs anläßlich des Wahlkampfes für die Verfassunggebende Landesversammlung in der Zeit vom 27.–29. 6. 1946, AdsD, NL Schmid 77.
46 Niederschrift über die Besprechung mit Widmer am 27. 5. 1946, StA Sig. WÜ 2/5.
47 Lorenz Bock an Gebhard Müller, 23. 9. 1946, HStAS, Persönliches Archiv Gebhard Müller D 37.
48 Protokoll der 13. Landrätetagung am 2. 11. 1946, S. 8.
49 Verhandlungen der Beratenden Landesversammlung für Württemberg-Hohenzollern am 2. 12. 1946, S. 19.
50 Protokoll der Sitzung des Verfassungsausschusses für Württemberg-Hohenzollern am 12. 12. 1946, StA Sig. WÜ 1/6.

51 Niederschrift über die Sitzung des engeren SPD-Landesvorstandes Württemberg-Hohenzollerns am 8. 3. 1947, AdsD, SPD-LV-B.-W. 36.
52 Gerd Friedrich Nüske, Württemberg-Hohenzollern, S. 248–252; Wolfrum, Besatzungspolitik, S. 196.
53 Gerd Friedrich Nüske, Württemberg-Hohenzollern, S. 252 f.
54 Auerbach, Anfänge Carlo Schmids, S. 623.
55 Gerd Friedrich Nüske, Württemberg-Hohenzollern, S. 274 f.
56 Protokoll der Sitzung der provisorischen Regierung Württemberg-Hohenzollerns am 28. 3. 1947, StA Sig. WÜ 2/774.
57 Schon Anfang März rechnete Schmid mit einem möglichen Auseinanderbrechen der Koalition. Vgl. Zusammenkunft sozialdemokratischer Minister und Bezirksfunktionäre der französischen Besatzungszone in Baden-Baden am 2. 3. 1947, in: Brommer, Geschichte von Rheinland-Pfalz, S. 391; vgl. auch Bulletin Mensuel du Commandant en Chef Français en Allemagne April 1947.
58 Winkeler, Schulpolitik, S. 90–92.
59 Niederschrift über die Sitzung des Verfassungsausschusses für Württemberg-Hohenzollern am 17. 4. 1947, StA Sig. WÜ 1/6.
60 Niederschrift über die Sitzung des Verfassungsausschusses für Württemberg-Hohenzollern am 18. 4. 1947. Ebd.
61 Ebd.
62 Niederschrift über die Sitzung des Verfassungsausschusses für Württemberg-Hohenzollern am 19. 4. 1947. Ebd.
63 Ebd.
64 Abgedr., in: Die neuen deutschen Verfassungen, S. 281.
65 Verhandlungen der Beratenden Landesversammlung für Württemberg-Hohenzollern am 21./22. 4. 1947, S. 53.
66 Ebd.
67 Niederschrift über die Sitzung des engeren Landesvorstandes der SPD-Württemberg-Hohenzollerns mit der neuen Landtagsfraktion am 22. 5. 1947, SPD-LV-B.-W. 36.
68 Schmid an Alfred Frisch, 28. 4. 1947, AdsD, NL Schmid 1447.
69 Bulletin Mensuel du Commandant en Chef Français en Allemagne, Juni 1947, S. 8.
70 Rundfunkansprache von Herrn Staatsrat Prof. Dr. Schmid anläßlich des Wahlkampfes Mai 1947, AdsD, NL Schmid 79.
71 Niederschrift über die Sitzung des engeren Landesvorstandes der SPD Württemberg-Hohenzollerns mit der neuen Landtagsfraktion am 22. 5. 1947, AdsD, SPD-LV-B.-W. 36.
72 Ebd.
73 Ebd.
74 Ebd.
75 Aktenvermerk Gebhard Müllers für Carlo Schmid über ein Gespräch mit Widmer am 22. 5. 1947, HStAS, Persönliches Archiv Gebhard Müller D 42.
76 Pierre d'Huart an M. l'Ambassadeur de France, Conseiller Politique en Allemagne, 7. 5. 1947, AdO, CCFA, Cab. Civ. C. 27, Pol.II B.
77 Niederschrift über die Besprechung zwischen CDU und SPD zur Regierungsbildung am 29. 5. 1947, AdsD, NL Schmid 356.
78 Ebd.; Niederschrift über die zweite Besprechung der Fraktionen der CDU und SPD am 13. 6. 1947 betr. Regierungsbildung. Ebd.
79 Niederschrift über die Sitzung des erweiterten Landesvorstandes der SPD Württemberg-Hohenzollerns am 17. 6. 1947, AdsD, SPD-LV-B.-W. 36.

80 Entschließungsantrag vom 25. 9. 1946, abgedr., in: Jahrbuch der SPD 1946, S. 77 f.
81 Schmid an Georg Schwarzenberger, 14. 7. 1947, AdsD, NL Schmid 610.
82 Saint-Hardouin an Bidault, 9. 7. 1947, AdO, HCRFA C. 92 xp 3–4.
83 Schmid an Gustav Wichtermann, 2. 9. 1947, AdsD, NL Schmid 613.
84 Schmid an Ernst Jünger, 12. 4. 1947, AdsD, NL Schmid 601; vgl. auch Brief an Georg Schwarzenberger, 11. 4. 1947. Ebd. 610.
85 Schmid an Wolfgang H. Kraus, 20. 3. 1947, AdsD, NL Schmid 603.

Die große Politik lockt (1947–1948)

Kometenhafter Aufstieg

1 Zit. nach Auerbach, Anfänge Carlo Schmids, S. 635.
2 Ebd., S. 635.
3 Vgl. S. 263 f. der Arbeit.
4 Wilhelm Hoegner, Der schwierige Außenseiter. Erinnerungen eines Abgeordneten, Emigranten und Ministerpräsidenten, München 1959, S. 280.
5 Bericht des Verfassungsausschusses über den Entwurf einer Verfassung für Württemberg-Baden vom 12. 9. 1946, S. 58 f.
6 Konferenz unter Vorsitz von Seydoux im Außenministerium zu Paris am 13. 1. 1947, in: Brommer, Geschichte von Rheinland-Pfalz, S. 343 f.
7 Protokoll der Sitzung des Verfassungsausschusses der Vorläufigen Volksvertretung von Württemberg-Baden am 29. 5. 1946, LAS.
8 Hirscher, Carlo Schmid, S. 101.
9 Verhandlungen des Landtags für Württemberg-Hohenzollern am 21. 5. 1949, S. 1123 f.
10 Zur Entstehungsgeschichte des deutschen Büros für Friedensfragen vgl. Heribert Piontkowitz, Anfänge westdeutscher Außenpolitik 1946–1949. Das deutsche Büro für Friedensfragen, Stuttgart 1978.
11 Marie Elise Foelz-Schroeter, Föderalistische Politik und nationale Repräsentation 1945–1947. Westdeutsche Länderregierungen, zonale Bürokratien und politische Parteien im Widerstreit, Stuttgart 1974, S. 100.
12 Akten zur Vorgeschichte der Bundesrepublik Deutschland 1945–1949. Bd. 2: Jan.–Juni 1947. Bearb. Wolfram Werner, München 1979, S. 47.
13 Erste Besprechung über Verfassungsfragen im Deutschen Büro für Friedensfragen in Ruit am 8. 5. 1947, in: ebd., S. 428.
14 Ausgewählte Dokumente zur Landesgeschichte Baden- Württembergs. Zur Erinnerung an Prof. Dr. Gebhard Müller, Stuttgart 1990, S. 22.
15 Der Parlamentarische Rat, Bd. 2, Der Verfassungskonvent auf Herrenchiemsee, Bearb. Peter Bucher, Boppard a. Rh. 1981, S. 107.
16 Dritte Besprechung über Verfassungsfragen im deutschen Büro für Friedensfragen in Ruit am 14. 6. 1947, in: Akten zur Vorgeschichte, Bd. 2, S. 624.
17 Ebd.
18 Abgedr., in: Jahrbuch der SPD 1947, S. 71–74.
19 Abdr. des Entwurfs, in: Akten zur Vorgeschichte, Bd. 2, S. 440–443; vgl. auch Foelz-Schroeter, Föderalistische Politik, S. 101 f.
20 Schmid an Kurt Schumacher, 4. 6. 1947, AdsD, NL Schmid 474.
21 In: AdsD, NL Schmid 462.
22 Schmid an Kurt Schumacher, 4. 6. 1947, AdsD, NL Schmid 474.

23 Rede Schumachers über Radio Frankfurt: Deutschland- demokratisch und sozialistisch, 31. 5. 1947, in: ders., Reden, S. 525 f.
24 Piontkowitz, Außenpolitik, S. 146.
25 Allg. zu dieser Problematik Rudolf Morsey, Entscheidung für den Westen. Die Rolle der Ministerpräsidenten in den drei Westzonen im Vorfeld der Bundesrepublik Deutschland 1947–1949, in: Westfälische Forschungen 26,1974, S. 1–24.
26 Zit. nach Wilhard Grünewald, Die Münchener Ministerpräsidentenkonferenz 1947. Anlaß und Scheitern eines gesamtdeutschen Unternehmens, Meisenheim a. Glan 1971, S. 125.
27 Foelz-Schroeter, Föderalistische Politik, S. 197, Anm. 11.
28 Aufzeichnung eines bayrischen Beauftragten über ein Gespräch mit Staatsrat Dr. Karl Schmid am 14. 5. 1947 in Tübingen, in: Grünewald, Ministerpräsidentenkonferenz, S. 505.
29 Protokoll der Sitzung des Kabinetts Württemberg-Badens am 29. 5. 1947, StA Sig. WÜ 2/70.
30 Rede Schumachers über Radio Frankfurt: Deutschland- demokratisch und sozialistisch, 31. 5. 1947, in: ders., Reden, S. 525 f.
31 Grünewald, Ministerpräsidentenkonferenz, S. 142 f.
32 Eschenburg, Jahre der Besatzung, S. 24.
33 Theodor Eschenburg, Erinnerungen an die Münchener Ministerpräsidentenkonferenz 1947, in: VfZ 20, 1972, S. 412.
34 Ebd., S. 416.
35 Ebd., S. 415.
36 Ebd., S. 415.
37 Matz, Maier, S. 323f; Grünewald, Ministerpräsidentenkonferenz, S. 237.
38 Eschenburg, Erinnerungen, S. 416.
39 Jochen Laufer, Auf dem Wege zur staatlichen Verselbständigung der SBZ. Neue Quellen zur Münchener Konferenz der Ministerpräsidenten 1947, in: Jürgen Kocka (Hrsg.) Historische DDR-Forschung. Aufsätze und Studien, Berlin 1993, S. 52 f.
40 Akten zur Vorgeschichte, Bd. 2, S. 528.
41 Eschenburg, Erinnerungen, S. 417.
42 Akten zur Vorgeschichte, Bd. 2, S. 530.
43 Ebd., S. 530.
44 Henke, Politik der Widersprüche, S. 70f; Alain Lattard, Zielkonflikte französischer Besatzungspolitik in Deutschland. Der Streit Laffon-Koenig 1945–1947, in: VfZ 39, 1991, S. 31 f.
45 Schmid an Reinhard Bollmus, 2. 8. 1973, AdsD, NL Schmid 462.
46 Bericht M. Fabres vom 7./8. 6. 1947, AdO, CCFA Cab Civ., C. 52, Pol. V D; Auerbach, Anfänge Carlo Schmids, S. 629.
47 Akten zur Vorgeschichte, Bd. 2, S. 568.
48 Ebd, S. 569.
49 Ebd., S. 570.
50 Ebd; Erich Kaufmann, Deutschlands Rechtslage unter der Besatzung, in: ders., Gesammelte Schriften, Bd. 2, Göttingen 1960, S. 306 ff.
51 Akten zur Vorgeschichte, Bd. 2, S. 574.
52 Maier, Ein Grundstein wird gelegt, S. 371.
53 Abgedr., in: Akten zur Vorgeschichte, Bd. 2, S. 581.
54 Vollständiges Protokoll über den Presseempfang durch die Delegationschefs der Länder am Sonntag, 8. 6. 1947, StA Sig. WÜ 2/64; vgl. auch Grünewald, Ministerpräsidentenkonferenz, S. 307.

55 Vollständiges Protokoll über den Presseempfang durch die Delegationschefs der Länder am Sonntag, 8. 6. 1947, StA Sig. WÜ 2/64; Grünewald, Ministerpräsidentenkonferenz, S. 294.
56 Eschenburg, Erinnerungen, S. 417.
57 Schmid an Hans Ehard, 11. 6. 1947, StA Sig. WÜ 2/62.
58 Niederschrift über die Sitzung des Staatsministeriums Württemberg-Hohenzollerns am 10. 6. 1947, StA Sig. WÜ 2/774.
59 Verhandlungen des Landtags für Württemberg-Hohenzollern am 12. 6. 1947, S. 7.
60 Ebd., S. 7.
61 Grünewald, Ministerpräsidentenkonferenz, S. 412 f.
62 Verhandlungen des Landtags für Württemberg-Hohenzollern am 12. 6. 1947, S. 5.
63 Auerbach, Anfänge Carlo Schmids, S. 630.
64 Schreiben, in: AdsD, PV-Bestand Ollenhauer 183.
65 Nouvelle de France, 15. 1. 1947, AdO, CCFA, Cab. Laffon C. 3.
66 Protokoll der Parteiausschußsitzung am 28. 6. 1947. AdsD.
67 Protokoll der Verhandlungen des Parteitags der SPD vom 29. Juni bis 2. Juli 1947 in Nürnberg, S. 139.
68 Ebd., S. 140.
69 Ebd., S. 142.
70 Manuskript der Erinnerungen, S. 1025, AdsD, NL Schmid 390.
71 Zu dem Sachverständigenausschuß vgl. Akten zur Vorgeschichte, Bd. 2, S. 581, Anm.38; Zu dessen Scheitern: Schmid an Erich Kaufmann, 19. 1. 1949, AdsD, NL Schmid 601.
72 Schmid an Walter Menzel, 23. 9. 1947; 29. 10. 1947; Menzel an Schmid, 20. 10. 1947, AdsD, NL Schmid 1447; Akten zur Vorgeschichte, Bd. 3, S. 625 und S. 629.
73 Abgedr., in: Jahrbuch der SPD 1947, S. 90–95.
74 Schmid an Walter Menzel, 30. 12. 1947, AdsD, NL Schmid 1447.
75 Niederschrift über die Sitzung des engeren Landesvorstandes der SPD Württemberg-Hohenzollerns mit der Landtagsfraktion am 12. 4. 1948, AdsD, SPD-LV-B.-W. 37.
76 Vgl. S. 333 ff. der Arbeit.
77 Protokoll des Parteitags der SPD 1947, S. 173 f.
78 Bulletin Mensuel du Commandant en Chef Français en Allemagne Juni 1947; Juli 1947; September 1947.
79 Saint-Hardouin an Bidault, 9. 7. 1947, AdO, HCRFA, C. 92 xp 3–4.
80 Ebd.
81 Bulletin Mensuel du Commandant en Chef Français en Allemagne, Juli 1947.
82 Saint Hardouin an Bidault, 26. 6. 1947, AdO, HCRFA, C. 92, xp 3–4; Saint Hardouin an Bidault, 21. 6. 1947, Ebd. C. 65 xp 3–4; Wolfrum, Besatzungspolitik, S. 296 f.
83 Heinrich Köhler, Lebenserinnerungen des Politikers und Staatsmannes 1878–1949. Hrsg. Josef Becker, Stuttgart 1964, S. 367.
84 Niederschrift über die Sitzung des Kabinetts Württemberg- Badens am 24. 6. 1947, StA Sig. WÜ 2/70.
85 Ebd.
86 Protokoll der Parteivorstandssitzung am 7./8. 8. 1947, AdsD.
87 Einleitung Günter Plums, in: Akten zur Vorgeschichte, Bd. 3, S. 50–59.
88 Rede Schumachers auf dem Parteitag in Nürnberg, 29. 6. 1947, in: ders., Reden, S. 493.

89 Christoph Stamm (Bearb.), Die SPD-Fraktion im Frankfurter Wirtschaftsrat 1947–1949. Protokolle, Aufzeichnungen, Rundschreiben, Bonn 1993, S. 29 f. und passim.
90 Referat Schmids auf der Funktionärstagung der SPD- Südwürttemberg-Hohenzollern am 10. 1. 1948 in Tübingen, AdsD, NL Erler 222.
91 Vgl. S. 319 f. der Arbeit.
92 Schmid an Suse Schwarzenberger, 18. 10. 1947, AdsD, NL Schmid 610.
93 Carlo Schmid, Politiker und Journalist, in: Der Ruf. Unabhängige Blätter der jungen Generation 3,1948, S. 5.
94 Thomas, Deutschland, S. 219f; Bei Thomas irrtümlich Rolling. Schmids Fahrer hieß Ernst Roller.
95 Schmid an Walter Menzel, 23. 9. 1947, AdsD, NL Schmid 1447.
96 Schmid an Arno Hennig, 25. 7. 1947, AdsD, NL Schmid 1397.
97 Arno Hennig an Schmid, 16. 7. 1947, AdsD, NL Schmid 1396.
98 So Hennig auf dem Parteitag der SPD in Nürnberg. Protokoll des Parteitages, S. 168.
99 Manuskript des Vortrages, AdsD, NL Schmid 79.
100 Abdruck des Entwurfs bei Georg Eckert, Auf dem Weg nach Godesberg. Erinnerungen an die Kulturkonferenz in Zigenhain, in: Heiner Flohr/Klaus Lompe/Lothar F. Neumann, Freiheitlicher Sozialismus. Beiträge zu seinem heutigen Selbstverständnis, Bonn-Bad-Godesberg 1973, S. 56.
101 Ebd., S. 49 f.
102 Die Entschließung ist abgedr., in: Programmatische Dokumente der deutschen Sozialdemokratie. Hrsg. Dieter Dowe/Kurt Klotzbach, Berlin/Bonn-Bad-Godesberg 1973, S. 282 f.
103 Zu dem Treffen in Detmold vgl. Martin Möller, Evangelische Kirche und Sozialdemokratische Partei in den Jahren 1947–1950. Grundlagen der Verständigung und Beginn des Dialogs, Göttingen 1984, S. 145–149.
104 Saint-Hardouin an Bidault, 8. 10. 1947, AdO, CCFA, Cab Civ. C. 27, Pol. II B; Gesprächsaufzeichnungen: Entretien avec le Dr. Schmid à Tübingen, 22. 12. 1947. Ebd.
105 Bericht über die Tagung der Bezirkssekretäre in Springe bei Hannover vom 9.–11. 12. 1947, AdsD, NL Schmid 481.
106 Schmid an Alfred Frisch, 2. 10. 1947, AdsD, NL Schmid 1447.
107 Gerhard Weiser an Arno Hennig, 17. 10. 1947, AdsD, PV-Akten/Alter Bestand 0962.
108 Schmid an Arno Hennig, 2. 12. 1947, AdsD, PV-Bestand Heine 43.
109 Die Kulturtagung der Sozialdemokraten in Ziegenhain, Der Württemberger am 27. 8. 1947.
110 Schmid an den SPD-Parteivorstand, 28. 1. 1948, AdsD, NL Schmid 1395.
111 Arno Hennig an Schmid, 29. 6. 1948. Ebd.
112 Schmid an Arno Hennig, 7. 7. 1948. Ebd.
113 Schmid an Hermann Lüdemann, 30. 12. 1947, AdsD, NL Schmid 1447.

Landespolitik im Schatten der „großen" Politik

1 Schmid an Konrad Wittwer, 18. 4. 1950, AdsD, NL Schmid 3.
2 Bundestagssitzung am 29. 6. 1961. BT Sten. Ber.49, S. 9605.
3 Konstanzer, Baden-Württemberg, S. 69.
4 Schmid an Edgar Uxküll, 2. 9. 1947, AdsD, NL Schmid 612.
5 Niederschrift über die Besprechung Bocks mit Widmer am 2. 12. 1947, AdsD, NL Schmid 1103.

6 Niederschrift über die Sitzung des SPD-Landesvorstandes Württemberg-Hohenzollerns am 13. 9. 1947, AdsD, SPD-LV-B.-W. 36.
7 Protokoll der SPD-Parteivorstandssitzung am 17. 9. 1947, AdsD; Zur Auflösung der Koalition in Bayern vgl. Hartmut Mehringer, Waldemar von Knoeringen. Eine politische Biographie. Der Weg vom revolutionären Sozialismus zur sozialen Demokratie, München u. a. 1989, S. 325–335.
8 Protokoll der SPD-Parteivorstandssitzung am 16./17. 9. 1947, AdsD.
9 Jahrbuch der SPD 1947, S. 157.
10 Protokoll der Parteivorstandssitzung am 17. 2. 1948, AdsD.
11 Aufzeichnungen des Abgeordneten Kreyssig zur Arbeitstagung der Fraktion am 30. 8. 1947, in: Christoph Stamm, Frankfurter Wirtschaftsrat, S. 29f.
12 Ebd., S. 29.
13 Protokoll der Sitzung der provisorischen Regierung Württemberg-Hohenzollerns am 28. 1. 1947, StA Sig. WÜ 2/774.
14 Protokoll der 16. Landrätetagung am 17. 2. 1947, S. 6.
15 Fritz Erler an Schmid, 20. 11. 1947, AdsD, NL Erler 222.
16 Protokoll der Sitzung des Staatsministeriums Württemberg-Hohenzollerns am 2. 1. 1948, AdsD, NL Schmid 1096.
17 Entwurf mit handschriftlichen Korrekturen Schmids, AdsD; NL Schmid 1109.
18 Protokoll der Sitzung des Staatsministeriums Württemberg-Hohenzollerns am 2. 1. 1948 und 16. 1. 1948, AdsD, NL Schmid 1096.
19 Graf Waldburg an Schmid, 9. 11. 1947; Schmid an Graf Waldburg, 11. 11. 1947, AdsD, NL Schmid 1108.
20 Gesetz zur Reform der land- und forstwirtschaftlichen Bodenverteilung und Bodenbewirtschaftung vom 6. 8. 1948, in: Regierungsblatt für das Land Württemberg-Hohenzollern Nr. 30 vom 22. 11. 1948, S. 152.
21 Protokoll der Sitzung des Staatsministeriums Württemberg-Hohenzollerns am 16. 1. 1948, AdsD, NL Schmid 1096.
22 Protokoll der Sitzung des Staatsministeriums Württemberg-Hohenzollerns am 22. 1. 1948. Ebd.
23 Verhandlungen des Landtages für Württemberg-Hohenzollern am 5. 2. 1948, S. 259.
24 Gebhard Müller an Paul Bausch, 2. 10. 1952, HStAS, Persönliches Archiv Gebhard Müller I 16.
25 Privatbesitz/Kopie AdsD.
26 Ebd.
27 Wolfrum, Besatzungspolitik, S. 268.
28 Protokoll der SPD-Parteivorstandssitzung am 17. 2. 1948, AdsD.
29 Hellmuth Auerbach, Die europäische Wende der französischen Deutschhlandpolitik, in: Ludolf Herbst u. a., Vom Marshallplan zur EWG. Die Eingliederung der Bundesrepublik Deutschland in die westliche Welt, München 1990, S. 577–582.
30 Ebd., S. 581f; vgl. auch Akten zur Vorgeschichte der Bundesrepublik Deutschland, Bd. 4. Bearb. Christoph Weisz/Hans-Dieter Kreikamp/Bernd Steger, München/Wien 1983, S. 18.
31 Besprechung der französischen Militärregierung mit den Länderchefs der französisch besetzten Zone in Baden-Baden, in: ebd., S. 398.
32 Gustav von Schmoller, Wie es zur Gründung des Instituts für Besatzungsfragen in Tübingen kam, in: Tübinger Blätter 64, 1977, S. 63–73.
33 Protokoll der Parteivorstandssitzung am 16./17. 9. 1947, AdsD.
34 Rede Schmids in Mannheim zum 9. November 1947, AdsD, NL Schmid 79.
35 Ebd.; Zur Dritten Jahreswende, in: Der Württemberger 29. 12. 1947.

36 Aufzeichnung des Abgeordneten Kreyssig über die Sitzung von PV, PA und Wirtschaftsratsfraktion in Kassel am 18. 2. 1948, in: Stamm, Frankfurter Wirtschaftsrat, S. 95.
37 Hudemann, Zentralismus, S. 195.
38 Konstanzer, Baden-Württemberg, S. 65.
39 Protokoll der Sitzung des Staatsministeriums Württemberg-Hohenzollerns am 11. 11. 1947, AdsD, NL Schmid 1095.
40 Carlo Schmid, Demontage in Württemberg, Schwäbisches Tagblatt vom 11. 11. 1947; Manuskript des Artikels vom 8. 11. 1947, AdsD, NL Schmid 1106.
41 Rede Schmids in Mannheim zum 9. November 1947, AdsD, NL Schmid 79.
42 Abgedr., in: Jahrbuch der SPD 1947, S. 87f; Der Entwurf Schmids, Privatbesitz/Kopie AdsD.
43 Konstanzer, Baden-Württemberg, S. 68.
44 Protokoll der Sitzung des Staatsministeriums Württemberg-Hohenzollerns am 9. 12. 1947, AdsD, NL Schmid 1096.
45 Protokoll der Sitzung des Staatsministeriums Württemberg-Hohenzollerns am 30. 4. 1948. Ebd.
46 Schneiter an Koenig, 23. 1. 1948, AdO, HCRFA ZF 132.
47 Konstanzer, Baden-Württemberg, S. 67.
48 Handschriftliches Protokoll Gebhard Müllers über die Ältestenratssitzung am 29. 4. 1948, HStAS, Persönliches Archiv Gebhard Müller B 2/28.
49 Konstanzer, Baden-Württemberg, S. 72.
50 Protokoll der Sitzung des Staatsministeriums Württemberg-Hohenzollerns am 30. 4. 1948, AdsD, NL Schmid 1096.
51 Ebd.
52 Ebd.
53 Protokoll der Sitzung des Staatsministeriums Württemberg-Hohenzollerns am 22. 6. 1948, AdsD, NL Schmid 1096.
54 Carlo Schmid, Ein Anfang, Schwäbisches Tagblatt vom 6. 7. 1948.
55 Koenig an die drei Ministerpräsidenten der französischen Zone, 26. 7. 1948, HStAS, Persönliches Archiv Gebhard Müller B 3/3.
56 Handschriftliche Notizen Gebhard Müllers über die Besprechung am 29. 7. 1948. Ebd. H 37.
57 Ebd.
58 Ebd.
59 Widmer an Koenig, 3. 8. 1948, AdO, CCFA, Cab. Civ. C. 43 Pol. III J 3.
60 Protokoll der Sitzung des Staatsministeriums Württemberg-Hohenzollerns am 4. 8. 1948, AdsD, NL Schmid 1097.
61 Verhandlungen des Landtags für Württemberg-Hohenzollern am 6. 8. 1948, S. 556.
62 Protokoll der Sitzung des Landesvorstandes der SPD Württemberg-Hohenzollerns am 25. 8. 1948, AdsD, SPD-LV- B.-W. 37.
63 Briefwechsel zwischen Widmer und Schmid, 9. 8. 1948, StA Sig. WÜ 2/767.
64 Gebhard Müller an Paul Bausch, 2. 10. 1952, HStAS, Persönliches Archiv Gebhard Müller I 16.
65 Konstanzer, Baden-Württemberg, S. 78.
66 Handschriftliche Notizen Gebhard Müllers über die Rüdesheimer Ministerpräsidentenkonferenz, 31. 8. 1948, HStAS, Persönliches Archiv Gebhard Müller H 62/2; Der Parlamentarische Rat, Bd. 1: Vorgeschichte. Bearb. Johannes Volker Wagner, Boppard a. Rhein 1975, S. 399f.

67 Protokoll der Sitzung des Staatsministeriums Württemberg-Hohenzollerns am 6. 10. 1948, AdsD, NL Schmid 1097.
68 Akten zur Vorgeschichte, Bd. 4, S. 880.
69 Walter Rudi Wand, Dr. Gebhard Müller. Demokrat, Staatsmann, Präsident des Bundesverfassungsgerichts, in: JÖR 34,1985, S. 93 f.
70 Niederschrift über die Sitzung des Landesvorstandes der SPD Württemberg-Hohenzollerns am 25. 8. 1948, SPD-LV-B.-W. 37.
71 Protokoll der Sitzung des Staatsministeriums Württemberg-Hohenzollerns am 6. 9. 1948, AdsD, NL Schmid 1097.

Europa und die deutsche Einheit

1 Zu dem europäischen Denken der Kreisauer vgl. Ger van Roon, Neuordnung, S. 452–456.
2 S. Abbildung Nr.
3 Schmid, Erinnerungen, S. 312.
4 John Gillingham, Die französische Ruhrpolitik und die Ursprünge des Schumanplans. Eine Neubewertung, in: VfZ 35, 1987, S. 4.
5 Karl Schmid, Europäische Union, in: Merkur 1, 1947, S. 651; vgl. auch Rede Schmids auf dem Landesparteitag der SPD in Reutlingen am 23. 2. 1947, AdsD, NL Schmid 78.
6 Karl Schmid, Das deutsch-französische Verhältnis und der Dritte Partner, in: Die Wandlung 2, 1947, S. 803.
7 Ebd., S. 803 f.
8 Schmid, Europäische Union, S. 651.
9 Lionel Curtis, Vereintes Europa, in: Merkur 1, 1947, S. 641–649.
10 Kurt Klotzbach, Der Weg zur Staatspartei. Programmatik, praktische Politik und Organisation der deutschen Sozialdemokratie 1945 bis 1965, Berlin/Bonn 1982, S. 116–121.
11 Erschienen unter dem Pseudonym Paul Sering, Regensburg 1946.
12 Schmid an Fritz Baade, 11. 10. 1948, AdsD, NL Schmid 1449.
13 Mündliche Mitteilung Karl Anders'.
14 Schmid, Das deutsch-französische Verhältnis, S. 795–798.
15 Ebd., S. 799.
16 Pierre d'Huart an M. l'Ambassadeur de France, Conseiller Politique en Allemagne, 7. 5. 1947, AdO, CCFA Cab. Civ. C. 27, Pol. II B.
17 Hans-Peter Schwarz, Vom Reich zur Bundesrepublik. Deutschland im Widerstreit der außenpolitischen Konzeptionen in den Jahren der Besatzungsherrschaft 1945–1949, Neuwied/Berlin 1966, S. 577/582.
18 Schmid, Europäische Union, S. 654.
19 Wilfried Loth, Die Europa-Bewegung in den Anfangsjahren der Bundesrepublik, in: Herbst, Marshallplan, S. 64 f.
20 Zit. nach Hans-Peter Schwarz, Reich, S. 572.
21 Fritz Heine an Schmid, 17. 3. 1948, AdsD, NL Schmid 469.
22 Schmid an Alfred Frisch, 23. 3. 1948, AdsD, NL Schmid 1449.
23 Protokoll der SPD-Parteivorstandssitzung am 9. 4. 1948, AdsD.
24 Schmid an Henri Koch, 30. 4. 1948, AdsD, NL Schmid 1774.
25 Hans-Peter Schwarz, Adenauer. Der Aufstieg, S. 560–564.
26 Manuskript des Referates, AdsD, NL Schmid 80.
27 Ebd.; vgl. auch Niederschrift über die Sitzung des engeren Landesvorstandes der

SPD Württemberg-Hohenzollerns mit der Landtagsfraktion am 12. 4. 1948, AdsD, SPD-LV-B.-W. 37.

28 Loth, Europa-Bewegung, S. 66.

29 Ernst von Schenck an Schmid, 27. 5. 1948, AdsD, NL Schmid 1774.

30 Schmid an Ernst von Schenck, 10. 6. 1948. Ebd.

31 Schmid an Erich Roßmann, 29. 7. 1948. Ebd.

32 Manuskript der Erinnerungen, S. 966, AdsD, NL Schmid 390.

33 Rede Schumachers auf der Internationalen Sozialistenkonferenz in Zürich, 8. 6. 1947, in: ders., Reden, S. 554.

34 Gespräch Landrat Hummelsheims mit Robert Schuman, 20. 10. 1948, in: Brommer, Geschichte von Rheinland-Pfalz, S. 693.

35 Schmid an Kurt Schumacher, 27. 1. 1948, AdsD, NL Schmid 474.

36 Jean Laloy, Souvernirs pour l'avenir. Im Westen etwas Neues, Pariser Kurier Jan. 1983, S. 14.

37 Bericht Laloys vom 16. 2. 1948, AdO, HRCFA, C. 65, xp 3–4. vgl. auch Wolfrum, Besatzungspolitik, S. 304 f.

38 Protokoll der SPD-Parteivorstandssitzung am 17. 2. 1948, AdsD.

39 Carlo Schmid, Deutsche und Franzosen, Münchener Merkur 19. 7. 1948.

40 Carlo Schmid, Die Gefahren eines neuen Revisionismus. Grundsätzliche Betrachtungen zur Friedensfrage, in: Der Ruf 3, 15. 4. 1948.

41 Protokoll der SPD-Parteivorstandssitzung am 14. 11. 1947, AdsD.

42 Abgedr., in: Jahrbuch der SPD 1947, S. 89.

43 Protokoll der Sitzung des SPD-Parteivorstandes am 6. 5. 1948, AdsD; Rolf Steininger, Deutschland und die Sozialistische Internationale nach dem Zweiten Weltkrieg. Die deutsche Frage, die Internationale und das Problem der Wiederaufnahme der SPD auf den internationalen Konferenzen bis 1951 unter besonderer Berücksichtigung der Labour-Party. Darstellung und Dokumentation, Bonn 1979, S. 100–105.

44 Niederschrift über die Sitzung des engeren Landesvorstandes der SPD Württemberg-Hohenzollerns mit der Landtagsfraktion am 4. 5. 1948, AdsD, SPD-LV-B.-W. 37.

45 Ebd.

46 Manfred Overesch, Gesamtdeutsche Illusion und westdeutsche Realität. Von den Vorbereitungen für einen deutschen Friedensvertrag bis zur Gründung des Auswärtigen Amtes der Bundesrepublik Deutschland 1946–1949/51, Düsseldorf 1978, S. 167–170.

47 Protokoll der SPD-Parteivorstandssitzung am 6. 5. 1948, AdsD.

48 Carlo Schmid, Bonn und Europa, in: Europa-Union 2, 15. 1. 1949, S. 1.

49 Manuskript der Erinnerungen, S. 1033, AdsD, NL Schmid 390. Protokoll der Parteivorstandssitzung am 6. 5. 1948, AdsD; Kaisen an Ollenhauer, 21. 4. 1948, AdsD, PV-Bestand Ollenhauer 185.

50 Manuskript der Erinnerungen, S. 1033, AdsD, NL Schmid 390.

51 Programmatisch hierfür Schmids gleichnamiger Artikel in der „Welt" vom 10. 1. 1948.

52 Rede Schmids auf dem Bezirksparteitag der SPD in Berlin am 9. 5. 1948, in: ders., Kampf um die Freiheit. Zwei Reden aus geschichtlichem Anlaß, Hamburg 1948, S. 26 f.

53 Carlo Schmid, Hauptgesichtspunkte für ein Besatzungsstatut. Wirtschaft und Verwaltung unter deutscher Verantwortung, Die Neue Zeitung vom 27. 6. 1948.

54 Rede Schmids auf dem Bezirksparteitag der SPD in Berlin am 9. 5. 1948, in: ders., Kampf, S. 31.

55 Schmid, Organisiertes Provisorium, Die Welt vom 10. 1. 1948.
56 Carlo Schmid, Nationale Repräsentation, Das Volk vom 28. 2. 1948.
57 Protokoll der SPD-Parteivorstandssitzung am 30. 6. 1948, AdsD.
58 Protokoll der SPD-Parteivorstandssitzung am 6. 5. 1948. Ebd.
59 Abgedr., in: Jahrbuch der SPD 1948, S. 129 f.
60 Rede Schmids auf dem Bezirksparteitag der SPD in Berlin am 9. 5. 1948, in: ders., Kampf, S. 23–45.
61 Protokoll der SPD-Parteivorstandssitzung am 28./29. 5. 1948, AdsD.

Vater des Grundgesetzes (1948–1949)

Provisorium oder westdeutscher Staat? Zur Vorgeschichte des Parlamentarischen Rates

1 Konrad Adenauer an Alfred Mozer, 5. 7. 1948, in: Adenauer, Briefe 1947–1949. Bearb. Hans Peter Mensing, Berlin 1984, S. 272.
2 Protokoll der SPD-Parteivorstandssitzung am 29. 6. 1948, AdsD.
3 Schmid, Erinnerungen, S. 330.
4 So Adenauer, Die Welt vom 10. 6. 1948, zit. nach: Der Parlamentarische Rat, Bd. 1, S. XXI.
5 Carlo Schmid, Das Provisorium, Schwäbisches Tagblatt vom 15. 6. 1948.
6 Schmid, Hauptgesichtspunkte für ein Besatzungsstatut. Wirtschaft und Verwaltung unter deutscher Verantwortung, Die Neue Zeitung vom 27. 6. 1948.
7 Schmid an Ollenhauer, 14. 6. 1948, AdsD, NL Schmid 425.
8 Der Parlamentarische Rat, Bd. 1, S. XXI.
9 Protokoll der SPD-Parteivorstandssitzung am 29. 6. 1948, AdsD.
10 Abgedr., in: Jahrbuch der SPD 1948/49, S. 133 f.
11 Niederschrift über die Sitzung des engeren Landesvorstandes der SPD Württemberg-Hohenzollerns am 6. 8. 1948, AdsD, SPD-LV-B.-W. 37.
12 Protokoll der Sitzung des Staatsministeriums Württemberg-Hohenzollerns am 30. 6. 1948, AdsD, NL Schmid 1096.
13 Der Parlamentarische Rat, Bd. 1, S. 31.
14 Ebd., S. 29.
15 Ebd., S. 26 f.
16 Schmid an Ollenhauer, 2. 7. 1948, AdsD, NL Schmid 425.
17 Pierre d'Huart an M. l'Ambassadeur de France, Conseiller Politique en Allemagne, 8. 7. 1948, AdO, CCFA, Cab Civ. C. 66, Pol. V K3.
18 Abgedr., in: Der Parlamentarische Rat, Bd. 1, S. 37.
19 Ebd., S. 37.
20 Gerd Wehner, Die Westalliierten und das Grundgesetz 1948–1949, Freiburg 1993, S. 114–123.
21 Der Parlamentarische Rat, Bd. 1, S. 55.
22 Ebd., S. 57.
23 Ebd., S. 58 f.
24 Carlo Schmid, Politische Verantwortung setzt Entscheidungsfreiheit voraus, Neue Ruhr Zeitung vom 7. 7. 1948.
25 Protokoll der Sitzung des Staatsministeriums Württemberg-Hohenzollerns am 5. 7. 1948, AdsD, NL Schmid 1096.

26 Ebd.
27 Der Parlamentarische Rat, Bd. 1, S. XXXVIIIf.
28 Ebd., S. 68; Heinrich Troeger, Interregnum. Tagebuch des Generalsekretärs des Länderrats der Bizone 1947–1949. Hrsg. Wolfgang Benz/Constantin Goschler, München 1985, 86 f.
29 Protokoll der Sitzung des Parteivorstandes der SPD und der sozialdemokratischen Ministerpräsidenten am 7. 7. 1948, AdsD.
30 Ebd.; Der Parlamentarische Rat, Bd. 1, S. 68.
31 Protokoll der Konferenz, in: Der Parlamentarische Rat, Bd. 1, S. 60–143.
32 Ebd., S. 115 f.
33 Ebd., S. 133.
34 Ebd., S. 144.
35 Carlo Schmid, Zwischen Koblenz und Frankfurt, Telegraf 15. 7. 1948.
36 Der Parlamentarische Rat, Bd. 1, S. 151–153.
37 Ebd., S. 152.
38 Wolfrum, Besatzungspolitik, S. 314.
39 Troeger, Interregnum, S. 89 f.
40 Der Parlamentarische Rat, Bd. 1, S. 105.
41 Verhandlungen des Landtags für Württemberg-Hohenzollern am 13. 7. 1948, S. 422.
42 Ebd.
43 Matz, Maier, S. 330.
44 Carlo Schmid, Früchte der Umerziehung. Manuskript vom 15. 7. 1948, AdsD, NL Schmid 82.
45 Der Parlamentarische Rat, Bd. 1, S. 159.
46 Ebd., S. 180.
47 Ebd., S. 200 f.
48 Ebd., S. 201.
49 Ebd., S. 192.
50 Doch dasselbe, Der Spiegel Nr. 31 vom 31. 7. 1948, S. 8.
51 Schmid an Werner Jacobi, 23. 7. 1948, AdsD, NL Schmid 1449.
52 Aide Mémoire der Ministerpräsidenten zu den Erklärungen der Militärgouverneure vom 22. 7. 1948, in: Der Parlamentarische Rat, Bd. 1, S. 270–273.
53 Doch dasselbe, Der Spiegel Nr. 31 vom 31. 7. 1948, S. 8
54 Der Parlamentarische Rat, Bd. 1, S. 220.
55 Fritz Erler an Erwin Schoettle, 26. 7. 1948, AdsD, NL Erler 16.
56 Der Parlamentarische Rat, Bd. 1, S. 273–283.
57 Protokoll der SPD-Parteivorstandssitzung am 2./3. 8. 1948, AdsD.
58 So Schmid in der Sitzung des engeren SPD-Landesvorstandes Württemberg-Hohenzollerns am 6. 8. 1948, AdsD, SPD-LV-B.-W. 37.
59 Abgedr., in: Werner Soergel, Konsensus und Interessen. Eine Studie zur Entstehung des Grundgesetzes für die Bundesrepublik Deutschland, Stuttgart 1966, S. 267–279.
60 Protokoll der SPD-Parteivorstandssitzung am 2./3. 8. 1948, AdsD.
61 Ebd.
62 Soergel, Konsensus, S. 65.
63 Hirscher, Carlo Schmid, S. 155.
64 Rüdiger Griepenburg, Hermann Louis Brill. Herrenchiemseer Tagebuch, in: VfZ 34, 1986, S. 596–599.
65 Ebd., S. 618.
66 Karl-Ulrich Gelberg, Hans Ehard. Die föderalistische Politik des bayrischen Ministerpräsidenten 1946–1954, Düsseldorf 1992, S. 172 f.

67 Griepenburg, Brill, S. 599 f.
68 Der Parlamentarische Rat, Bd. 2, S. 67.
69 Ebd., S. 67.
70 Gelberg, Hans Ehard, S. 173 f.
71 Der Parlamentarische Rat, Bd. 2, S. 98f; S. 195 ff.
72 Ebd., S. 103.
73 Ebd., S. 104.
74 Griepenburg, Brill, S. 618.
75 Ebd., S. 194.
76 Ebd., S. 198.
77 Ebd., S. 190 f.
78 Ebd., S. 195.
79 Ebd., S. 98.
80 Ebd., S. 70.
81 Vgl. S. 726 ff. der Arbeit.
82 Der Parlamentarische Rat, Bd. 2, S. LXXI.
83 Ebd., S. 580.
84 Gelberg, Hans Erhard, S. 173–176.
85 Der Parlamentarische Rat, Bd. 2, S. 150.
86 Ebd., S. 151.
87 Ebd., S. 151 f.
88 Ebd., S. 122.
89 Ebd., S. 122.
90 Griepenburg, Brill, S. 602.
91 Der Parlamentarische Rat, Bd. 2, S. 169.
92 Ebd., S. 422.
93 Ebd., S. 424.
94 Ebd., S. 229.
95 Ebd., S. 604.
96 Ebd., S. 432 f.
97 Ebd., S. CVIII.
98 Ebd., S. 503.
99 Gelberg, Hans Ehard, S. 177 f.
100 Z. B. Carlo Schmid, Herrenchiemsee, Der Württemberger vom 26. 8. 1948; Der Entwurf von Herrenchiemsee, in: Die Welt vom 31. 8. 1948.
101 Der Parlamentarische Rat, Bd. 2, S. CXX.
102 Manuskript der Erinnerungen, S. 1149, AdsD, NL Schmid 390.
103 Protokoll der SPD-Parteivorstandssitzung am 27./28. 8. 1948, AdsD.
104 Ebd.
105 Soergel, Konsensus, S. 69.
106 Der Entwurf ist abgedr., in: Soergel, Konsensus, S. 279–294.
107 Protokoll der Verhandlungen des Parteitages der SPD vom 11. bis 14. September 1948 in Düsseldorf, S. 48 f.
108 Schumacher, Reden, S. 613.
109 Fritz Erler an Erich Ollenhauer, 5. 10. 1948; Schmid an Erler vom 14. 10. 1948, AdsD, NL Schmid 1450.
110 Auszug aus einem Bericht über eine Sitzung bei Dr. Schumacher 14 Tage vor dem Parteitag 1948, AdsD, NL Schmid 1396.
111 Schmid an Leo Hilberath, 23. 10. 1948, AdsD, NL Schmid 600.
112 Hirscher, Carlo Schmid, S. 202 f.

113 Bei einem Rhöndorfer Gespräch im April 1979, in: Rudolf Morsey (Hrsg.), Konrad Adenauer und die Gründung der Bundesrepublik Deutschland, Stuttgart/Zürich 1979 S. 54 f.
114 Schmid, Erinnerungen, S. 354.

Das zähe Mühen um den Verfassungskompromiß

1 Manuskript der Erinnerungen, S. 1165, AdsD, NL Schmid 391.
2 Kurzprotokoll der Sitzung des Hauptausschusses am 16. 9. 1948, ParlA.
3 Gelberg, Hans Erhard, S. 180 ff.
4 Der Parlamentarische Rat, Bd. 1, S. 358–360.
5 Schmid, Erinnerungen, S. 355 f.; Rudolf Morsey, Die Rolle Konrad Adenauers im Parlamentarischen Rat, in: VfZ 18,1970, S. 66 f.
6 Rainer Salzmann (Bearb.), Die CDU/CSU im Parlamentarischen Rat. Sitzungsprotokolle der Unionsfraktion, Stuttgart 1981, S. 180.
7 So Schmid in einem Gespräch mit Gerd Bucerius, in: Rudolf Morsey (Hrsg.), Konrad Adenauer, S. 49.
8 Parlamentarischer Rat. Stenographische Berichte, 9. Sitzung am 6. 5. 1949, S. 174; Heuss spricht in einem Tagebuchbrief an Toni Stolper vom 25. 4. 1955 davon, daß Adenauer kein Komma zum Grundgesetz beigesteuert habe. Heuss, Tagebuchbriefe, S. 429.
9 Parlamentarischer Rat. Stenographische Berichte, 1. Sitzung am 1. 9. 1948, S. 4 f.
10 Fraktionssitzung am 10. 11. 1948, Salzmann, CDU/CSU, S. 150
11 Morsey (Hrsg.), Konrad Adenauer, S. 27.
12 Zusammenkunft sozialdemokratischer Minister und Bezirksfunktionäre der französischen Besatzungszone in Baden-Baden am 2. 3. 1947, in: Brommer, Geschichte von Rheinland-Pfalz, S. 391.
13 Manuskript der Erinnerungen, S. 1172, AdsD, NL Schmid 391.
14 Schmid, Erinnerungen, S. 358.
15 Verhandlungen des Hauptausschusses am 12. 1. 1949, S. 458.
16 Carlo Schmid, Adenauers Werk, in: Die Ära Adenauer. Einsichten und Ausblicke, Frankfurt/Hamburg 1964, S. 17–19; ders., Ein Denkmal seiner Zeit, in: Die Zeit vom 21. 4. 1967.
17 Schmid an Möbus, 16. 9. 1948, AdsD, NL Schmid 1105.
18 Protokoll der SPD-Parteivorstandssitzung am 27./28. 8. 1948, AdsD.
19 Schmid, Erinnerungen, S. 408.
20 Kurzprotokoll der Sitzung des Hauptausschusses am 16. 9. 1948, ParlA.
21 Manuskript der Erinnerungen, S. 1166, AdsD, NL Schmid 391.
22 Schmid an Fritz Erler, 14. 10. 1948, AdsD, NL Schmid 1450.
23 Manuskript der Erinnerungen, S. 198, AdsD, NL Schmid 392.
24 Parlamentarischer Rat. Stenographische Berichte, 2. Sitzung, 8. 9. 1948, S. 14.
25 Ebd., S. 11.
26 Ebd., S. 11.
27 Ebd., S. 12.
28 Ebd., S. 17.
29 Zit. nach Eschenburg, Jahre der Besatzung, S. 488.
30 Parlamentarische Elegie im Januar. Jetzt abgedr., in: Erich Straetling, Der Parlamentarische Rat 1948/49 mit der Parlamentarischen Elegie von Carlo Schmid, Pfullingen 1989, S. 21.
31 Kurzprotokoll der Hauptausschußsitzung am 15. 9. 1948, ParlA.

32 Parlamentarischer Rat. Stenographische Berichte, 2. Sitzung, 8. 9. 1948, S. 13.
33 Der Parlamentarische Rat, Bd. 5/1. Ausschuß für Grundsatzfragen. Bearb. Eberhard Pikart/Wolfram Werner, Boppard am Rh. 1993, S. 230–232.
34 Anlage zum Kurzprotokoll der 10. Sitzung des Ausschusses für Grundsatzfragen am 13. 10. 1948, BA Z 12/45.
35 Parlamentarischer Rat. Stenographische Berichte, 6. Sitzung, 20. 10. 1948, S. 71.
36 Ausschußsitzung am 6. 10. 1948, Der Parlamentarische Rat, Bd. 5/1, S. 164 f.
37 Ausschußsitzung am 13. 10. 1948. Ebd., S. 263.
38 Ausschußsitzung am 12. 10. 1948. Ebd., S. 247.
39 Ausschußsitzung am 23. 9. 1948. Ebd., S. 65.
40 Ebd., S. 71.
41 Kurzprotokoll der Sitzung des Ausschusses für Grundsatzfragen am 7. 10. 1948, BA Z 12/45; vgl. auch Der Parlamentarische Rat, Bd. 5/1, S. 202.
42 Der Parlamentarische Rat, Bd. 5/1, S. 198.
43 Ebd., S. 200f; vgl. auch Karlheinz Niclaus, Demokratiegründung in Westdeutschland. Die Entstehung der Bundesrepublik von 1945 bis 1949, München 1974, S. 198 f.
44 Ausschußsitzung am 7. 10. 1948, Der Parlamentarische Rat, Bd. 5/1, S. 203–213.
45 Ebd., S. 213 f.
46 Ebd., S. 187f; S. 226 f.
47 Walter Menzel an Erich Ollenhauer, 17. 9. 1948, AdsD, NL Schmid 1162.
48 Ausschußsitzung am 15. 10. 1948, Der Parlamentarische Rat, Bd. 5/1, S. 321.
49 Ausschußsitzung am 27. 10. 1948. Ebd., S. 419.
50 Verhandlungen des Hauptausschusses am 5. 1. 1949, S. 49.
51 Kurzprotokoll der Sitzung des Ausschusses für Grundsatzfragen am 10. 11. 1948, BA Z 12/45; vgl. auch Der Parlamentarische Rat, Bd. 5/1, S. 549.
52 Baring, Anfang, S. 122.
53 Roland G. Förster, Innenpolitische Aspekte der Sicherheit Westdeutschlands 1947–1950, in: Anfänge westdeutscher Sicherheitspolitik 1945–1956. Hrsg. MGFA, Bd. 1: Von der Kapitulation zum Plevenplan, München 1982, S. 433.
54 Carlo Schmid, Legionäre fremder Interessen? Kollektive Sicherheit statt Remilitarisierung, in: Die Welt vom 14. 12. 1948.
55 Ders., Bonn und Europa, in: Europa-Union vom 15. 1. 1949.
56 Der Parlamentarische Rat, Bd. 5/1, S. 543.
57 Verhandlungen des Hauptausschusses am 19. 11. 1948, S. 69.
58 Art. 24, Abs. 1 des Grundgesetzes.
59 Verhandlungen des Hauptausschusses am 10. 2. 1948, S. 685.
60 Anton Pfeiffer, Vom Werden einer Verfassung II, in: DÖV 3, 1948, S. 89.
61 Verhandlungen des Hauptausschusses am 24. 11. 1948, S. 107.
62 Verhandlungen des Hauptausschusses am 10. 2. 1949, S. 685.
63 Schmid an Uxküll, 12. 10. 1948, AdsD, NL Schmid 612.
64 Verhandlungen des Hauptausschusses am 10. 2. 1949, S. 681.
65 Schmid an Fritz Baade, 11. 10. 1948, AdsD, NL Schmid 1449.
66 Gelberg, Hans Erhard, S. 193 ff.
67 Verhandlungen des Landtags für Württemberg-Hohenzollern am 21. 5. 1949, S. 1124.
68 Parlamentarischer Rat. Stenographische Berichte, 7. Sitzung, 21. 10. 1948, S. 90 f.
69 Ebd., S. 96 f.
70 Kommuniqué über die Sitzung des Parteivorstandes am 24./25. 9. 1948, in: SOPADE, Sept. 1948, S. 126.

71 Walter Menzel an Erich Ollenhauer, 8. 10. 15. 10. und 22. 10. 1948, AdsD, NL Schmid 1162
72 Parlamentarischer Rat einigt sich auf Bundesrat, Hannoversche Presse vom 2. 10. 1948.
73 In: AdsD, NL Schmid 1162.
74 Ebd.
75 Gelberg, Hans Erhard, S. 208–216; Gerhard Hirscher, Sozialdemokratische Verfassungspolitik und die Entstehung des Bonner Grundgesetzes. Eine biographietheoretische Untersuchung zur Bedeutung Walter Menzels, Bochum 1989, S. 179–185.
76 Salzmann, CDU/CSU, S. 93.
77 Fraktionssitzung am 28. 10. 1948. Ebd., S. 91–104.
78 Hans-Peter Schwarz, Adenauer. Der Aufstieg, S. 593.
79 Protokoll der SPD-Parteivorstandssitzung am 29./30. 10. 1948, AdsD.
80 Ebd.
81 Verhandlungen des Hauptausschusses am 30. 11. 1948, S. 127.
82 Verhandlungen des Landtags für Württemberg-Hohenzollern am 21. 5. 1949, S. 1127.
83 Abdruck des Memorandums in: Kurzprotokolle des Hauptausschusses, ParlA.
84 Adolf Birke, Großbritannien und der Parlamentarische Rat, in: VfZ 42, 1994, S. 322.
85 Fraktionssitzung am 25. 11. 1948, Salzmann, CDU/CSU, S. 180.
86 Westdeutsche Allgemeine Zeitung vom 27. 11. 1948.
87 Rudolf Morsey, Die Entstehung des Bundesrates im Parlamentarischen Rat. Der Bundesrat als Verfassungsorgan und politische Kraft. Beiträge zum 25jährigen Bestehen des Bundesrates der Bundesrepublik Deutschland, Darmstadt 1974, S. 73.
88 Birke, Großbritannien, S. 324f.
89 Bericht Schmids für den SOPADE-Informationsdienst, 29. 12. 1948.
90 Verhandlungen des Hauptausschusses am 25. 11. 1948, S. 111.
91 Protokoll der SPD-Parteivorstandssitzung am 21./22. 1. 1949 und am 10./11. 12. 1948, AdsD.
92 Sitzung des Ausschusses für das Besatzungsstatut am 3. 12. 1948, in: Der Parlamentarische Rat, Bd. 4. Ausschuß für das Besatzungsstatut. Bearb. Wolfram Werner, Boppard a. Rh. 1989, S. 36.
93 Verhandlungen des Hauptausschusses, S. 311.
94 Carlo Schmid, Probleme des Besatzungsstatuts, Neuer Vorwärts vom 6. 11. 1948.
95 Berichte Schmids über die Sitzungen des Ältestenrates am 16. 12. 1948, AdsD, PV-Bestand Schumacher 236.
96 Schmid an Walter Menzel, 7. 12. 1948, AdsD, PV-Bestand Schumacher 239.
97 Berichte Schmids über die Sitzungen des Ältestenrats am 16. 12. 1948, AdsD, PV-Bestand Schumacher 236.
98 Ebd.
99 Zum Verlauf der Besprechung vgl. FRUS 1948, Bd. 2, S. 641–644.
100 Ebd, S. 663.
101 Verhandlungen des Hauptausschusses am 18. 12. 1948, S. 332 und S. 334.
102 Adenauer hatte am 14. 12. 1948 ein längeres Gespräch mit Laloy. Vgl. Aktennotiz Laloys vom 15. 12. 1948: „Réception de la Délégation du Conseil Parlementaire par les Commandants en Chef, AdO, CCFA, Cab. Civ. C. 66, Pol. V K3; Zur Kontaktaufnahme mit der britischen Militärregierung vgl. Birke, Großbritannien, S. 326f.
103 SOPADE, Dez. 1948, S. 105.

104 FRUS 1948, Bd. 2, S. 646–650.
105 Menzel an Erich Ollenhauer und Fritz Heine, 17. 12. 1948, AdsD, NL Schmid 1162.
106 Hannoversche Presse vom 18. 12. 1948.
107 Text der Mißtrauenserklärung, in: SOPADE Dez. 1948, S. 106.
108 Verhandlungen des Hauptausschusses am 18. 12. 1948, S. 341 f.
109 SOPADE Dez. 1948, S. 111; Morsey, Die Rolle Konrad Adenauers, S. 75.
110 Schmid an Heuss, 29. 12. 1948, AdsD, NL Schmid 600.
111 Heuss an Schmid, 31. 12. 1948. Ebd.
112 SOPADE Dez. 1948, S. 106.
113 DUD vom 23. 12. 1948.
114 Salzmann, CDU/CSU, S. 305; Morsey, Die Rolle Konrad Adenauers, S. 75 f.
115 Ausschußsitzung am 10. 11. 1948, Der Parlamentarische Rat, Bd. 5/1, S. 533.
116 Salzmann, CDU/CSU, S. 297.
117 Prof. Schmid antwortet Adenauer, in: SOPADE- Informationsdienst vom 29. 12. 1948.
118 Fraktionssitzung am 4. 1. 1949, Salzmann, CDU/CSU, S. 308.
119 Menzel an Schmid, 25. 12. 1948, AdsD, NL Schmid 425.
120 Prof. Schmid antwortet Adenauer, in: SOPADE- Informationsdienst vom 29. 12. 1948.
121 Heine an Schmid, 6. 1. 1949, AdsD, PV-Bestand Schumacher 241.
122 Ebd.; Schmid an Heine, 17. 1. 1949, AdsD, PV-Bestand Heine 43.
123 Fraktionserklärungen vom 5. 1. 1949, in: AdsD, PV-Bestand Schumacher 236; vgl. auch Morsey, Die Rolle Konrad Adenauers, S. 77 f.
124 Verhandlungen des Hauptausschusses am 5. 1. 1949, S. 345.
125 So die Erklärung der SPD-Fraktion vom 5. 1. 1949, AdsD, PV-Bestand Schumacher 236.
126 Zit. nach Straetling, Der Parlamentarische Rat, S. 16.
127 Carlo Schmid, Vier Monate in Bonn, in: Sozialdemokratischer Pressedienst vom 20. 12. 1948.
128 Soergel, Konsensus, S. 167–201.
129 Verhandlungen des Hauptausschusses am 18. 1. 1949, S. 566.
130 Der Parlamentarische Rat, Bd. 5/2, S. 637.
131 Carlo Schmid, Rückblick und Ausblick, in: Rhein-Echo vom 27. 12. 1948.
132 Walter Menzel an Erich Ollenhauer und Fritz Heine, 17. 12. 1948, AdsD, NL Schmid 1162.
133 Protokoll der SPD-Parteivorstandssitzung am 10./11. 12. 1948, AdsD.
134 Anton Pfeiffer, Vom Werden einer Verfassung, in: DÖV 1, 1948, S. 90–93.
135 Protokoll der SPD-Parteivorstandssitzung am 21./22. 1. 1949, AdsD.
136 Protokoll der Sitzung des Parteivorstandes und des Parteiausschusses am 22./23. 1. 1949, AdsD.
137 Das verabschiedete Kommuniqué ist abgedr., in: SOPADE, Jan. 1948, S. 47.
138 Schmid an Otto Künzel, 26. 1. 1949, AdsD, NL Schmid 602.
139 Die SPD-Südwürttemberg-Hohenzollern verabschiedete am 2. 2. 1949 folgende Entschließung: „Der Landesverband der SPD-Württemberg-Hohenzollern anerkennt die Haltung der SPD-Fraktion im Parlamentarischen Rat. Er bittet, nichts unversucht zu lassen, bei den Beratungen des Grundgesetzes ein positives Gesamtergebnis zu erzielen." In: AdsD, PV-Bestand Schumacher 241.
140 Birke, Großbritannien, S. 328.
141 Schmid an Georg Schwarzenberger, 25. 1. 1949, AdsD, NL Schmid 610.
142 Ebd.

143 Der Parlamentarische Rat, Bd. 4, S. XVIII.
144 Verhandlungen des Hauptausschusses am 7. 1. 1949, S. 373–376.
145 Protokoll der SPD-Parteivorstandssitzung am 21./22. 1. 1949, AdsD.
146 Udo Wengst (Bearb.), FDP-Bundesvorstand. Die Liberalen unter dem Vorsitz von Theodor Heuss und Franz Blücher. Sitzungsprotokolle 1949–1954, Düsseldorf 1992, S. 19.
147 Fraktionssitzung am 26. 1. 1949, Salzmann, CDU/CSU, S. 364.
148 Ebd., S. 365.
149 Stellungnahme und Änderungsanträge des Fünferausschusses vom 5. 2. 1949 für die dritte Lesung des Grundgesetzes im Hauptausschuß, Drs. 585.
150 Soergel, Konsensus, S. 184 ff.
151 Der Spiegel vom 12. 2. 1949, S. 5.
152 Walter Menzel an Erich Ollenhauer und Fritz Heine, 5. 2. 1949, AdsD, NL Schmid 1162.
153 Schmid an Kurt Schumacher, 7. 2. 1949, AdsD, NL Schmid 425; Salzmann, CDU/CSU, S. 389.
154 Fraktionssitzung am 8. 2. 1949. Ebd., S. 389.
155 Schmid an Fritz Erler, 9. 2. 1949, AdsD, NL Schmid 1452.
156 So Der Spiegel vom 4. 9. 1948, S. 4.
157 Schmid an Erich Hildenbrand, 23. 2. 1949, AdsD, NL Schmid 600.
158 Der Spiegel vom 26. 2. 1949, S. 3 f.
159 Schmid an Erich Hildenbrand, 23. 2. 1949, AdsD, NL Schmid 600.

„Nachher weiß es jeder Idiot besser“: Der Parlamentarische Rat in der Krise

1 Schmid an G. H. Müller, 7. 3. 1949, AdsD, NL Schmid 605.
2 Schmid an Edgar Salin, 7. 3. 1949, AdsD, NL Schmid 609.
3 Carlo Schmid, Gefahren für das Grundgesetz, Neuer Vorwärts 12. 3. 1949.
4 Ders., Bemerkungen zum Bonner Grundgesetz, Südkurier 24. 3. 1949.
5 Zit. nach Entstehungsgeschichte der Artikel des Grundgesetzes, in: Jahrbuch des öffentlichen Rechts der Gegenwart NF Bd. 1. Bearb. Klaus-Berto von Doemming/Rudolf Werner Füsslein/Werner Matz, Tübingen 1951, S. 497.
6 Zit. nach Peter H. Merkl, Die Entstehung der Bundesrepublik Deutschland, Stuttgart 1965, S. 135.
7 Gelberg, Hans Ehard, S. 243 ff.
8 Friedrich Karl Fromme, Wie das Grundgesetz wirklich zustande kam, in: Frankfurter Allgemeine Zeitung vom 24. 6. 1969.
9 Salzmann, CDU/CSU, S. 416.
10 Die Welt vom 16. 3. 1949.
11 Zu den Besprechungen vgl. Protokolle der Besprechungen von Mitgliedern des Parlamentarischen Rates mit alliierten Vertretern am 9. 3. 1949 und mit den alliierten Verbindungsoffizieren am 10. 3. 1949, AdsD, NL Schmid 464; Verbatim Report of the Meeting between Representatives of the Parlamentary Council and the Allied Liaison Officers held at Bonn 8. 3., 9. 3., 10. 3. 1949. Ebd. 1162; Compte Rendue de l'entretien entre les officiers de liaison et les représentants du Conseil Parlementaire, 8. 3., 9. 3., 10. 3. 1949, AdO, CCFA, Cab. Civ. C. 66 Pol. V K4.
12 Protokoll der Sitzung des engeren Landesvorstandes der SPD Württemberg-Hohenzollerns am 30. 5. 1949, AdsD, SPD-LV- B.-W. 37.
13 Salzmann, CDU/CSU, S. 425/428.
14 Schmid an Erich Ollenhauer, 17. 3. 1949, AdsD, PV-Bestand Ollenhauer 187.

15 Salzmann, CDU/CSU, S. 425.
16 Compte Rendue de l'entretien entre les officiers de liaison et les représentants du Conseil Parlementaire tenu le 18 mars 1949, AdO, CCFA, Cab. Civ. C. 66 Pol. V K4.
17 Liaison-Office an Général Koenig, 26. 3. 1949. Ebd.
18 Aktenvermerk über die Besprechung der Regierungschefs der französischen Zone mit General Koenig am 11. 3. 1949, AdsD, NL Schmid 460; vgl. auch Akten zur Vorgeschichte, Bd. 5, S. 268 f.
19 Hans-Jürgen Grabbe, Die deutsch-alliierte Kontroverse um den Grundgesetzentwurf im Frühjahr 1949, in: VfZ 26,1978, S. 402 ff.
20 Schmid an Erich Ollenhauer, 17. 3. 1949, AdsD, PV-Bestand Ollenhauer 187.
21 The Papers of General Lucius D. Clay. Germany 1945–1949. Ed. Jean Edward Smith, Bloomington/London 1974, Bd. 2., S. 1004.
22 Grabbe, Kontroverse, S. 405.
23 Der Spiegel vom 30. 4. 1949, S. 3.
24 FRUS 1949, Bd. 3, S. 138.
25 Fraktionssitzung am 31. 3. 1949, Salzmann, CDU/CSU, S. 449.
26 Die Welt vom 31. 3. 1949.
27 Fraktionssitzung am 1. 4. 1949, Salzmann, CDU/CSU, S. 459.
28 Schmid an Kurt Monglowski, 5. 4. 1949, AdsD, NL Schmid 605.
29 Schmid an Walter Seuffert, 7. 4. 1949, AdsD, NL Schmid 610.
30 Protokoll der SPD-Parteivorstandssitzung am 11./12. 3. 1949, AdsD.
31 Ebd.
32 Ebd.
33 Fraktionssitzung am 17. 3. 1949, Salzmann, CDU/CSU, S. 432.
34 Süddeutsche Zeitung vom 24. 3. 1949.
35 Protokoll der Sitzung des engeren Landesvorstandes der SPD Württemberg- Hohenzollerns am 20. 7. 1949, AdsD, SPD-LV-B.-W. 37.
36 Salzmann, CDU/CSU, S. 433.
37 Kurzprotokoll der Sitzung des Finanzausschusses am 7. 4. 1949, ParlA.
38 Fraktionssitzung am 25. 3. 1949, Salzmann, CDU/CSU, S. 438.
39 Protokoll der Sitzung des engeren Landesvorstandes der SPD Württemberg-Hohenzollerns am 20. 7. 1949, AdsD, SPD-LV-B.-W. 37.
40 Schumacher, Reden, S. 633.
41 Fraktionssitzung am 31. 3. 1949, Salzmann, CDU/CSU, S. 449.
42 Troeger, Interregnum, S. 114.
43 Der Spiegel vom 16. 4. 1949, S. 3.
44 Protokoll der Sitzung des SPD-Parteivorstandes und der Fraktion des Parlamentarischen Rates am 11. 4. 1949, AdsD.
45 Der Parlamentarische Rat, Bd. 4, S. 73.
46 Heuss an Thomas Dehler, 14. 4. 1949, BA, NL Heuss 58.
47 Der Parlamentarische Rat, Bd. 4, S. 130 f.
48 Ebd., S. 114f; FRUS 1949, Bd. 3, S. 237 f.
49 FRUS 1949, Bd. 3, S. 240 f.
50 Fraktionssitzung am 5. 4. 1949, Salzmann, CDU/CSU, S. 468.
51 Der Parlamentarische Rat, Bd. 4, S. 131.
52 Schmid an Anton Pfeiffer, 12. 4. 1949, AdsD, PV-Bestand Schumacher 239.
53 The Papers of General Lucius D. Clay, Bd. 2, S. 1113 f.
54 FRUS 1949, Bd. 3, S. 241.
55 Menzel an Schmid, 29. 7. 1949, AdsD, NL Schmid 1452; Der Parlamentarische Rat, Bd. 4, S. 139, Anm.46.

56 Der Parlamentarische Rat, Bd. 4, S. 139, Anm.46.
57 Saint Hardouin an Koenig, 6. 4. 1949, AdO, CCFA Cab. Civ. C. 66 Pol. V K4.
58 Telefoninterview mit Arno Scholz am 5. 4. 1949, in: Der Parlamentarische Rat, Bd. 4, S. 89.
59 Protokoll der Sitzung des engeren Landesvorstandes der SPD Württemberg-Hohenzollerns am 20. 7. 1949, AdsD, SPD-LV-B.-W. 37.
60 Menzel an Heine, 29. 7. 1949, AdsD, NL Schmid 1452.
61 Ebd.
62 Carlo Schmid, Wir müssen zu Ende kommen, Der Württemberger vom 16. 4. 1949.
63 Abdruck des verkürzten Entwurfs, in: Michael G. M. Antoni, Sozialdemokratie und Grundgesetz, Bd. 1: Verfassungspolitische Vorstellungen der SPD von den Anfängen bis zur Konstituierung des Parlamentarischen Rates 1948, Berlin 1991, S. 369–410.
64 Zit. nach Der Parlamentarische Rat, Bd. 5/1, S. XXXVI.
65 Protokoll der SPD-Parteivorstandssitzung am 19. 4. 1949, AdsD.
66 Rede Schumachers in der gemeinsamen Sitzung der obersten Parteigremien, 20. 4. 1949, in: Schumacher, Reden, S. 660.
67 Protokoll der SPD-Parteivorstandssitzung am 19. 4. 1949, AdsD.
68 Abgedr., in: Jahrbuch der SPD 1948/49, S. 138 f.
69 Der Spiegel vom 16. 4. 1949, S. 3.
70 Protokoll der SPD-Parteivorstandssitzung am 19. 4. 1949, AdsD.
71 Protokoll der Sitzung der obersten Parteigremien, der Ratsfraktion und der Ministerpräsidenten am 20. 4. 1949, AdsD.
72 Ebd.
73 Fraktionssitzung am 21. 4. 1949, Salzmann, CDU/CSU, S. 489.
74 Troeger, Interregnum, S. 117.
75 Rede Schumachers in der gemeinsamen Sitzung der obersten Parteigremien, 20. 4. 1949, in: Schumacher, Reden, S. 636.
76 Ebd., S. 646.
77 Ebd., S. 659 f.
78 Ebd., S. 658 f.
79 Bericht Spiekers über Schumachers Pressekonferenz, Salzmann, CDU/CSU, S. 490–492.
80 Riddleberger an Clay, 21. 4. 1949, FRUS 1949, Bd. III, S. 246 f.
81 Rudolf Morsey, Die letzte Krise im Parlamentarischen Rat und ihre Bewältigung (März/April 1949), in: Staat, Kirche, Wissenschaft in einer pluralistischen Gesellschaft. Festschrift zum 65. Geburtstag von Paul Mikat. Hrsg. Dieter Schwab, Berlin 1989, S. 399.
82 Ebd., S. 400 f.
83 Fraktionssitzung am 22. 4. 1949, Salzmann, CDU/CSU, S. 507.
84 Der Parlamentarische Rat, Bd. 4, S. 139, Anm.46.
85 Fraktionssitzung am 1. 4. 1949, Salzmann, CDU/CSU, S. 450 f.
86 Zit. nach SOPADE, Mai 1949, S. 52/5.
87 Schumacher an Edith Baade, 27. 4. 1949, in: Schumacher, Reden, S. 663.
88 Schmid an Konrad Wittwer, 29. 9. 1948, AdsD, NL Schmid 613.
89 Carlo Schmid, Betrachtungen zum Bonner Grundgesetz. Rückblick auf die Verhandlungen, in: Die Wandlung 4, 1949, S. 667.
90 Niederschrift über die interfraktionelle Besprechung am 24. 4. 1949, 18 Uhr, BA Z 5/ Anh. 12.
91 Art. 107 des Grundgesetzes in der Fassung vom 23. 5. 1949.

92 Wolfgang Renzsch, Finanzverfassung und Finanzausgleich. Die Auseinandersetzungen um ihre politische Gestaltung in der Bundesrepublik Deutschland zwischen Währungsreform und deutscher Vereinigung 1948 bis 1990, Bonn 1991, S. 66–69.
93 Niederschrift über die interfraktionelle Besprechung am 24. 4. 1949, 18 Uhr, BA Z 5/Anh. 12.
94 Erklärung vom 24. 4. 1949. Ebd.
95 In: AdsD, PV-Bestand Schumacher 241; vgl. auch Morsey, Krise, S. 404.
96 Zum Verlauf der Besprechung vgl. FRUS 1949, Bd. III, 252–262; Compte Rendue de la Réunion des trois Commandants en Chef avec la Délégation du Conseil Parlementaire, 25. 4. 1949, AdO, CCFA, Cab. Civ., C. 66, Pol.V K3.
97 Schmid, Betrachtungen zum Bonner Grundgesetz, S. 667.
98 Zumeist wird die Zustimmung der Alliierten Adenauer als Verdienst angerechnet. So z. B. von Theodor Eschenburg: „Carlo Schmid steuerte die Gestaltung des Grundgesetzes; Adenauers Diplomatie ging es darum, die Zustimmung der Alliierten zum Grundgesetz möglich zu machen." In: Hans Steffen (Hrsg.), Die Gesellschaft der Bundesrepublik, 1. Teil, Göttingen 1970, S. 24.
99 Troeger, Interregnum, S. 117.
100 Schmid, Betrachtungen zum Bonner Grundgesetz, S. 667.
101 Fraktionssitzung am 27. 4. 1949, Salzmann, CDU/CSU, S. 522.
102 Ebd., S. 523.
103 Morsey, Krise, S. 406.
104 Parlamentarischer Rat. Stenographische Berichte, 9. Sitzung, 6. 5. 1949, S. 170–174.
105 Ebd., S. 230.
106 Ebd., S. 234.
107 Ebd., S. 235.
108 Akten zur Vorgeschichte, Bd. 5, S. 423 ff.
109 Verhandlungen des Landtags für Württemberg-Hohenzollern am 21. 5. 1949, S. 1124.
110 Ebd., S. 1129.
111 Ebd., S. 1129.
112 Gelberg, Hans Erhard, S. 265.
113 Erhard H. M. Lange, Die Würde des Menschen ist unantastbar. Der Parlamentarische Rat und das Grundgesetz. Mit einem Geleitwort von Rita Süssmuth, Heidelberg 1993, S. 103.

„Zum Herrschen geboren": Die Hoffnungen des Sommers 1949

1 Niederschrift über die Sitzung der Bundestagsfraktion der CDU/CSU am 6. 9. 1949, in: Udo Wengst (Bearb.), Auftakt zur Ära Adenauer. Koalitionsverhandlungen und Regierungsbildung 1949, Düsseldorf 1985, S. 265.
2 Wolfrum, Besatzungspolitik, S. 293; Aktenvermerk Gebhard Müllers über den Besuch in Paris in der Zeit vom 19.–21. 2. 1949, HStAS, Persönliches Archiv Gebhard Müller D 7.
3 So z. B. Ernst Majonica, Carlo Schmid. Humanist und Europäer, in: Europa-Union Dez. 1976, S. 3.
4 Der Spiegel vom 12. 3. 1949, S. 4.
5 So auch Heuss, Tagebuchbriefe, S. 221.
6 Schmid an Stadtdirektor Bentz, 21. 6. 1949, AdsD, NL Schmid 1898.
7 Schmid an Erich Ollenhauer, 27. 6. 1949, AdsD, PV-Bestand Heine 43.
8 Protokoll der Sitzung des engeren Landesvorstandes der SPD Württemberg-Hohenzollerns am 30. 5. 1949, AdsD, SPD-LV-B.-W. 37.

9 Ebd.

10 Parlamentarischer Rat. Stenographische Berichte, 8. Sitzung, 24. 2. 1949, S. 152.

11 Ebd., S. 131.

12 Udo Wengst, Die CDU/CSU im Bundestagswahlkampf 1949, in: VfZ 34, 1986, S. 17f; Erhard Lange, Der Parlamentarische Rat und die Entstehung des ersten Bundeswahlgesetzes, in: VfZ 20,1972, S. 303/S. 307.

13 Manuskript der Erinnerungen, S. 235, AdsD, NL Schmid 392; Piontkowitz, Außenpolitik, S. 181 f.

14 Ergebnis der Beratungen des Außenpolitischen Ausschusses beim Parteivorstand am 22. 7. 1949, AdsD, NL Schmid 477; Vgl. auch Anlage zum Protokoll der Sitzung des SPD-Parteivorstandes am 1./2. 6. 1949, AdsD.

15 Ebd.

16 Udo Wengst, Staatsaufbau und Regierungspraxis 1948–1953. Zur Geschichte der Verfassungsorgane der Bundesrepublik Deutschland, Düsseldorf 1984, S. 100–102.

17 Paul Sethe, Allgemeine Zeitung 2. 6. 1949.

18 Gerd Friedrich Nüske, Württemberg-Hohenzollern als Land der französischen Besatzungszone in Deutschland 1945–1952. Bemerkungen zur Politik der Besatzungsmächte in Südwestdeutschland. Teil 2, in: Zeitschrift für Hohenzollerische Geschichte 19, 1983, S. 137–142.

19 La Visite de Président d'Etat Dr. Gebhard Müller, le 21 mai 1949, AdO, CCFA Cab.Civ., C. 43, Pol. III J. 3; Bulletin Mensuel du Commandant en Chef Français en Allemagne, Mai 1949.

20 Carlo Schmid, Deutschland, Frankreich und Europa, in: Deutsche Rundschau 75, 1949, S. 202 f.

21 Ebd., S. 196.

22 Ebd., S. 201.

23 Schmid an Koenig, 25. 7. 1949, AdsD, NL Schmid 602.

24 AdG 1949, S. 1947.

25 Schmid an Eugen Kogon, 6. 6. 1949, AdsD, NL Schmid 1776.

26 Briefwechsel zwischen Ernst Krombach und Schmid, 3. 6. und 8. 6. 1949, AdsD, NL Schmid 1776.

27 Schmid, Erinnerungen, S. 427.

28 Niederschrift über die Sitzung des engeren Landesvorstandes der SPD Württemberg-Hohenzollerns am 29. 10. 1949, AdsD, SPD-LV-B.-W. 38.

29 Wilhelm Cornides, Die Anfänge des europäischen föderalistischen Gedankens in Deutschland 1945–1949. Ein historisch-politischer Bericht, in: Europa-Archiv 1951, S. 4256 f.

30 Carlo Schmid, Deutschland und der europäische Rat, Köln 1949, S. 13.

31 Ebd., S. 16.

32 Ebd., S. 18 f.

33 Cornides, Anfänge, S. 4257.

34 Schmid an Walter Hummelsheim, 7. 7. 1949, AdsD, NL Schmid 1702.

35 Schmid an Kurt Schumacher, 20. 6. 1949, AdsD, NL Schmid 469.

36 Die Empfehlungen sind abgedr., in: Documents on the History of European Integration. Ed. Walter Lipgens/Wilfried Loth, Bd. 3, Berlin/New York 1988, S. 408–410.

37 Schmid an Kurt Schumacher, 20. 6. 1949, AdsD, NL Schmid 469.

38 Compte Rendue Stenographique de la réunion entre une Délégation envoyée de Paris par les Ministres des Affaires Etrangères occidentaux et le Comité Consultatif Allemand que s'est tenu à Francfort, 8. 6. 1949, AdO, CCFA Cab. Civ. C. 66, Pol. V K3.

39 Akten zur Vorgeschichte, Bd. 5, S. 911 f.
40 Schmid an Kurt Schumacher, 20. 6. 1949, AdsD, NL Schmid 469.
41 Ebd.
42 Schmid an Ollenhauer, 27. 6. 1949, AdsD, PV-Bestand Heine 43.
43 Niederschrift über die Sitzung des Landesvorstandes der SPD Württemberg-Hohenzollerns am 30. 5. 1949, AdsD, SPD-LV-B.-W. 38.
44 Anlage zum Protokoll der SPD-Parteivorstandssitzung am 10. 5. 1949, AdsD.
45 Schmid an Jakob Trumpfheller, 6. 6. 1949, AdsD, NL Schmid 491.
46 Jakob Trumpfheller an Schmid, 23. 5. 1949. Ebd.
47 Schmid an den SPD-Unterbezirk Mannheim, 13. 7. 1949. Ebd.
48 Wahlkampfflugblatt vom Juli 1949. Ebd.
49 Die Rede wurde von Radio Stuttgart am 2. 8. 1949 ausgestrahlt. AdsD, NL Schmid 478.
50 Wahlkampfflugblatt vom Juli 1949, AdsD, NL Schmid 491.
51 Eschenburg, Jahre der Besatzung, S. 525–536; Wengst, Bundestagswahlkampf, S. 1–53.
52 Blankenhorn-Tagebuch 9. 9. 1949, BA, NL Blankenhorn 1a.

Enttäuschung und politischer Abstieg (1949–1953)

Die Partei in der Opposition „durchkämmen"

1 Niederschrift über die Sitzung des engeren Landesvorstandes der SPD Württemberg-Hohenzollerns am 22. 8. 1949, AdsD, SPD-LV-B.-W. 38.
2 Erklärung Kurt Schumachers zu den Bundestagswahlen, 15. 8. 1949, in: Schumacher, Reden, S. 682.
3 Niederschrift über die Sitzung des engeren Landesvorstandes der SPD Württemberg-Hohenzollerns am 22. 8. 1949, AdsD, SPD-LV-B.-W. 38.
4 Zit. nach Eschenburg, Jahre der Besatzung, S. 531 f.
5 Niederschrift über die Sitzung des engeren Landesvorstandes der SPD Württemberg-Hohenzollerns am 22. 8. 1949, AdsD, SPD-LV-B.-W. 38.
6 Schmid an Gustav Radbruch, 24. 8. 1949, AdsD, NL Schmid 608.
7 Die SPD hatte 29,2 %, die CDU/CSU 31 % der Stimmen erhalten.
8 Karl Hook (Bearb.), Oberbürgermeisterwahl am 31. Juli 1949 und Bundestagswahl am 14. August 1949 in Mannheim. Hrsg. Statistisches Amt der Stadt Mannheim, Mannheim 1950, S. 14–16.
9 Bericht François-Poncets über eine Unterredung mit Schmid am 3. 9. 1949, AdO, HCRFA, C. 92 xp 3–4.
10 Niederschrift über die Sitzung des engeren Landesvorstandes der SPD Württemberg-Hohenzollerns am 22. 8. 1949, AdsD, SPD-LV-B.-W. 38.
11 Fried Wesemann, Kurt Schumacher. Ein Leben für Deutschland. Frankfurt 1952, S. 168.
12 Abgedr., in: Schumacher, Reden, S. 682.
13 Ebd.
14 Niederschrift über die Sitzung des engeren Landesvorstandes der SPD Württemberg-Hohenzollerns am 22. 8. 1949, AdsD, SPD- LV-B.-W. 38.
15 Fritz Heine an Schmid, 17. 8. 1949, AdsD, PV-Bestand Heine 43.
16 Dies wurde von Schmid auf der Bezirkskonferenz der SPD Württemberg-Hohenzollerns am 16. 4. 1950 bestätigt. Manuskript der Rede, AdsD, NL Schmid 88.

17 Le Monde vom 16. und 17. 8. 1949.
18 Aufzeichnungen Gebhard Müllers von der Rhöndorfer Konferenz, in: Wengst, Auftakt, S. 40.
19 Niederschrift über die Sitzung des engeren Landesvorstandes der SPD Württemberg-Hohenzollerns am 20. 7. 1949, AdsD, SPD-LV-B.-W. 38.
20 So Adenauer in der Sitzung der Bundestagsfraktion der CDU/CSU am 1. 9. 1949, Wengst, Auftakt, S. 149.
21 Gebhard Müller an Adenauer, 23. 8. 1949, in: ebd., S. 66f.
22 Blankenhorn-Tagebuch, 9. 9. 1949, BA, NL Blankenhorn 1a.
23 Bericht François-Poncets über eine Unterredung mit Schmid am 3. 9. 1949, AdO, HCRFA, C. 92 xp 3–4.
24 Programmentwurf Schmids vom 28. 8. 1949, AdsD, Sammlung Personalia Carlo Schmid.
25 Klotzbach, Staatspartei, S. 190; Mehringer, Knoeringen, S. 373.
26 Programmentwurf Schmids vom 28. 8. 1949, AdsD, Sammlung Personalia Carlo Schmid.
27 Abgedr., in: Wengst, Auftakt, S. 87.
28 Programmentwurf Schmids vom 28. 8. 1949, AdsD, Sammlung Personalia Carlo Schmid.
29 So Suhr auf der Parteivorstandssitzung in Bad Dürkheim am 29. 8. 1949, Wengst, Auftakt, S. 85.
30 Ebd., S. 84f.
31 Ebd., S. 85.
32 Carlo Schmid, Größtmöglicher Fortschritt, in: Sozialdemokratischer Pressedienst vom 3. 9. 1949.
33 Niederschrift über die Besprechung der CDU/CSU und SPD am 10. 9. 1949, AdsD, PV-Bestand Schumacher Q 1.
34 Ebd.
35 Ebd.
36 Ebd.
37 Niederschrift über die Sitzung des Kleinen Parteitages in Köln am 6. 9. 1949, in: Wengst, Auftakt, S. 280.
38 Schmid, Erinnerungen, S. 436.
39 Nölting-Tagebuch, 12. 9. 1949, AdsD, NL Nölting.
40 Petra Weber (Bearb.), Die SPD-Fraktion im Deutschen Bundestag. Sitzungsprotokolle 1949–1953, Bd. 1: 1949–1953, Düsseldorf 1993, S. XLVI.
41 Bericht François-Poncets über eine Unterredung mit Schmid am 3. 9. 1949, AdO, HCRFA, C. 92 xp 3–4.
42 Reiner Pommerin, Von Berlin nach Bonn. Die Alliierten, die Deutschen und die Hauptstadtfrage nach 1945, Köln/Wien 1989, S. 120.
43 So Gebhard Müller, in: Morsey, Konrad Adenauer, S. 57.
44 Blankenhorn-Tagebuch, 27. 9. 1949, BA, NL Blankenhorn 1b; Eugen Gerstenmaier, Streit und Friede hat seine Zeit. Ein Lebensbericht, Frankfurt u. a. 1981, S. 308f.
45 Blankenhorn-Tagebuch, 9. 9. 1949, BA, NL Blankenhorn 1a.
46 Troeger, Interregnum, S. 138.
47 Ebd., S. 139.
48 Schumacher, Reden, S. 691f.
49 Ebd., S. 711f.
50 Bundestagssitzung am 21. 9. 1949. BT Sten. Ber. 1, S. 46.

51 Schmid an die Ortsverwaltung der Gewerkschaft ÖTV Mannheim, 25. 8. 1949, AdsD, NL Schmid 1172.
52 Bundestagssitzung am 29. 9. 1949. BT Sten. Ber. 1, S. 178.
53 Ebd., S. 178.
54 Ebd., S. 184.
55 Ebd., S. 184.
56 Ebd., S. 185.

Vizepräsident, Parlamentarier und Parlamentskritiker

1 Z. B. Walter Jens, Rebellen-Beredsamkeit und repräsentative Rhetorik, in: Plädoyer für eine neue Regierung oder keine Alternative. Hrsg. Hans-Werner Richter, Reinbek 1965, S. 35–42.
2 Blankenhorn-Tagebuch, 29. 9. 1949, BA, NL Blankenhorn 1b.
3 So kennzeichnet Schmid in seinem Aufsatz „Kurt Schumacher als Redner" die große Rhetorik der Parlamente der romanischen Völker. Abgedr., in: Politik als geistige Aufgabe, S. 99.
4 So Strauß in seinen Erinnerungen, Berlin 1989, S. 173.
5 Bundestagssitzung am 2. 7. 1958. BT Sten. Ber. 41, S. 2242.
6 Frankfurter Allgemeine Zeitung vom 18. 12. 1954.
7 Bundestagssitzung am 23. 1. 1958. BT Sten. Ber. 39, S. 365–367.
8 Kabinettsprotokolle der Bundesregierung. Bd. 7, 1954. Bearb. Thomas Trumpp/Ursula Hüllbusch, Boppard a. Rh. 1993, S. 575 f.
9 So Schmid in seiner Dankesrede zur Verleihung des Ordens wider den tierischen Ernst am 2. 2. 1958, in: Wider den tierischen Ernst. Reden aus dem Aachener Vogelkäfig. Hrsg. Helmut A. Crous, München/Wien 1980, S. 18 f.
10 Petra Weber, Die SPD-Fraktion, 1953–1957, S. 145.
11 Z. B. Bundesverteidigungsminister Blank in der Debatte über den Verteidigungshaushalt 1955 am 15. 6. 1955. BT Sten. Ber. 25, S. 4868.
12 Schmid an Fritz Rheinmuth, 27. 3. 1950, AdsD, NL Schmid 1175.
13 Z. B. Carlo Schmid, Der Deutsche Bundestag, in: Der Deutsche Bundestag. Gegenwart und Geschichte. Porträt eines Parlaments, Pfullingen 1981, S. 16–21.
14 Bundestagssitzung am 28. 3. 1950. BT Sten. Ber. 3, S. 1945.
15 Zum Vorwurf der Arroganz Schmids gegenüber Hinterbänklern vgl. Brief Peter Jacobs' an Schmid, 7. 9. 1961, AdsD, NL Schmid 1218.
16 Bundestagssitzung am 28. 7. 1950. BT Sten. Ber.4, S. 3031.
17 Ebd. S. 3030.
18 Carlo Schmid, Wie gut ist das Parlament?, Mannheimer Morgen vom 2. 4. 1965; Das Parlament im Staat von morgen, Beitrag für den Bayrischen Rundfunk, Jan. 1959, AdsD, NL Schmid 119.
19 Bundestagssitzung am 19. 2. 1959. BT Sten. Ber. 43, S. 3361.
20 Bundestagssitzung am 24. 5. 1960. BT Sten. Ber. 46, S. 6739.
21 Bundestagssitzung am 26. 6. 1963. BT Sten. Ber. 53, S. 3943.
22 Bundestagssitzung am 18. 11. 1954. BT Sten. Ber. 22, S. 2735.
23 Carlo Schmid, Wie gut ist das Parlament?, Mannheimer Morgen vom 2. 4. 1965.
24 Gisbert Knopp, Das alte Bundeshaus. Hans Schwippert und seine Planungsidee für das erste moderne Parlamentsgebäude der Welt, in: Geschichte im Westen 3, 1988, S. 186.
25 Protokoll über die Sitzung des Vorstandes des Deutschen Bundestages am 17. 4. 1961, AdsD, NL Schmid 1311; Bundestagssitzung am 8. 3. 1961. BT Sten. Ber. 48, S. 8304.

26 Jochen Dieckmann, In die Politik gehen, um Wandel zu schaffen. Carlo Schmid, in: Carlo Schmid. In die Politik gehen, um Wandel zu schaffen. Hrsg. Vorstand der SPD, Bonn 1990, S. 8.
27 Günter Buchstab (Bearb.), Adenauer: „Es mußte alles neu gemacht werden." Die Protokolle des CDU-Bundesvorstandes 1950–1953. Stuttgart 1986, S. 203.
28 Andreas Meier, Hermann Ehlers. Leben in Kirche und Politik, Bonn 1991, S. 400; vgl. auch die Einleitung Karl Dietrich Erdmanns, in: Hermann Ehlers. Präsident des Deutschen Bundestages. Ausgewählte Aufsätze, Reden und Briefe 1950–1954. Bearb. Rüdiger Wenzel, Boppard a. Rh. 1991, S. 16–20.
29 Z. B. Bundestagssitzungen am 18. 11. und 16. 12. 1954. BT Sten. Ber. 22, S. 2808 und S. 3252.
30 Blankenhorn-Tagebuch 9. 9. 1949, BA, NL Blankenhorn 1a.
31 Ebd.
32 Bundestagssitzung am 10. 1. 1952. BT Sten. Ber. 10, S. 7679.
33 Bundestagssitzung am 4. 4. 1951. BT Sten. Ber. 6, S. 4917.
34 Münchner Merkur 6. 3. 1951.
35 Schmid an Otto A. Friedrich, 9. 3. 1955, AdsD, NL Schmid 644.
36 Dies behauptet z. B. Ulrich Lohmar, in: Vorwärts vom 19. 1. 1967.
37 Schmid an Richard Jäger, 25. 9. 1957, AdsD, NL Schmid 1214.
38 Bundestagssitzung am 10. 11. 1949. BT Sten. Ber.1, S. 371.
39 Gerstenmaier, Streit, S. 366 f.
40 Petra Weber, SPD-Fraktion 1953–1955, S. 147.
41 Schmid an Thomas Dehler, 30. 6. 1955, AdsD, NL Schmid 1214.
42 Horst Ehmke, Mittendrin. Von der Großen Koalition zur Deutschen Einheit, Berlin 1994, S. 30 f.
43 PPP-Informationsbrief Nr. 129/54 vom 10. 11. 1954.
44 Manuskript der Erinnerungen, S. 2490, AdsD, NL Schmid 398.
45 Bundestagssitzung am 28. 7. 1950, S. 3029.
46 Ebd., S. 3032.
47 Schmid an H. C. Vilja Bossert, 20. 4. 1950, AdsD, NL Schmid 597.
48 Frankfurter Allgemeine Zeitung vom 9. 6. 1950.
49 Schmid an Fritz Rheinmuth, 27. 3. 1950, AdsD, NL Schmid 1175.
50 Schmid an Kurt Angstmann, 7. 10. 1949, AdsD, NL Schmid 1172.
51 Schreiben, in: AdsD, NL Schmid 702.
52 Nekrolog Richard Stücklens, in: Bulletin Nr. 157 vom 21. 12. 1979, S. 1442.
53 Mündliche Auskunft Mathilde Alt-Kimmichs und Friedel Ahlgrimms.
54 Privatbesitz Friedel Ahlgrimm.
55 Ebd.
56 Mündliche Auskunft Friedel Ahlgrimms.
57 Carlo Schmid, Ein Gruß an Elisabeth Noelle-Neumann zum Geburtstag am 19. 12. 1976, in: Publizistik. Vierteljahrshefte für Kommunikationsforschung 21. 1976, S. 467.
58 Bundestagssitzung am 27. 3. 1950. BT Sten. Ber. 2, S. 1918.

Enttäuscht von Europa – geschlagen von Kurt Schumacher

1 Bundestagssitzung am 15. 11. 1949. BT Sten. Ber. 1, S. 444.
2 Besprechung Adenauers mit der AHK am 14. 10. 1949, in: Horst Lademacher/Walter Mühlhausen (Hrsg.), Sicherheit, Kontrolle, Souveränität. Das Petersberger Abkommen vom 22. November 1949. Eine Dokumentation, Melsungen 1985, S. 98.

3 Jürgen C. Weichert, Der Ausschuß für Auswärtige Angelegenheiten, in: Außenpolitik 11,1960, S. 623.
4 Niederschrift über die Sitzung des Auswärtigen Bundestagsausschusses am 26. 10. 1949, in: Lademacher/Mühlhausen, Sicherheit, S. 303.
5 Ebd., S. 304–306.
6 Konrad Adenauer, Erinnerungen 1945–1953, Stuttgart 1965, S. 252–263.
7 Herbert Blankenhorn, Verständnis und Verständigung. Blätter eines politischen Tagebuchs 1949 bis 1979, Frankfurt 1980, S. 74.
8 Teilabdruck des Interviews vom 11. 11. 1949, AdG 1948/49, S. 2130.
9 Teilabdruck des Interviews vom 9. 11. 1949, AdG 1948/49, S. 2128.
10 Blankenhorn-Tagebuch, 12. 11. 1949, BA, NL Blankenhorn 2.
11 Ebd.
12 Carlo Schmid, Die nächsten Aufgaben der Bundesrepublik, in: Alles. Aus Deutschland und der Welt vom 9. 11. 1949.
13 Protokoll über die Sitzung des Exekutiv-Komitees des Deutschen Rates der Europäischen Bewegung am 9./10. 10. 1949 in Köln, AdsD, NL Schmid 1702.
14 Ebd.
15 Fraktionssitzung am 9. 11. 1949, Petra Weber, SPD-Fraktion 1949–1953, S. 47 f.
16 Schreiben Bérards vom 11. 11. 1949, AdO, HCRFA, C. 187 Eu.
17 Henri Frenay an Schmid, 14. 11. 1949, AdsD, NL Schmid 1776.
18 Adenauer, Erinnerungen 1945–1953, S. 255 f.
19 Abgedr., in: Schumacher, Reden, S. 714–731.
20 So z. B. bei Hans-Peter Schwarz, Adenauer. Der Aufstieg, S. 683.
21 Bundestagssitzung am 15. 11. 1949. BT Sten. Ber. 1, S. 440.
22 Ebd., S. 440 f.
23 Ebd., S. 443.
24 Hans-Peter Schwarz, Adenauer. Der Aufstieg, S. 687.
25 Manuskript der Erinnerungen, S. 1809, AdsD, NL Schmid 395.
26 Neuer Vorwärts vom 26. 11. 1949.
27 Bundestagssitzung am 24./25. 11. 1949. BT Sten. Ber. 1, S. 477–481.
28 Ebd., S. 524 f.
29 Fraktionssitzung 25. 11. 1949, Petra Weber, SPD-Fraktion, 1949–1953, S. 60, Anm. 1.
30 FRUS, 1949, Bd. III, S. 352.
31 Ebd., S. 353.
32 Ebd., S. 314.
33 Ebd., S. 353.
34 Manuskript der Erinnerungen, S. 1620, AdsD, NL Schmid 395.
35 Briefwechsel zwischen Henri Frenay und Schmid, 9. 12., 20. 12. 1949 und 9. 2. 1950, AdsD, NL Schmid 1776/1777.
36 Schmid an François-Poncet, 6. 1. 1950, AdsD, NL Schmid 619.
37 Hans Manfred Bock, Zur Perzeption der frühen Bundesrepublik Deutschland in der französischen Diplomatie. Die Bonner Monatsberichte des Hochkommissars André François-Poncet 1949 bis 1955, in: Francia 15,1987, S. 649 f.
38 Kriedemann an Schmid, 9. 1. 1950, AdsD, NL Schmid 1352.
39 Schmid an Gebhard Müller, 6. 12. 1949, HStAS, Persönliches Archiv Gebhard Müller I 34.
40 Schmid an Heuss, 6. 1. 1950, BA, NL Heuss 196.
41 Niederschrift über die Besprechung des Landesvorstandes der SPD Württemberg-Badens mit Abgeordneten der Bundestags- und der Landtagsfraktion am 7. 1. 1950, AdsD, SPD-LV-B.-W. 42.

42 Ebd.
43 Zu Denkers Meldung vgl. Information an Erich Ollenhauer und Fritz Heine vom 13. 1. 1950, AdsD, PV-Bestand Heine 48.
44 Niederschrift über die Besprechung des Landesvorstandes der SPD Württemberg-Badens mit Abgeordneten der Bundestags- und der Landtagsfraktion am 7. 1. 1950, AdsD, SPD-LV-B.-W. 42.
45 Thomas, Deutschland, S. 221.
46 Blankenhorn-Tagebuch, 12. 1. 1950, BA, NL Blankenhorn 3.
47 Abdruck der Saarkonventionen in: Robert H. Schmidt, Saarpolitik 1945–1957, Bd. 2, Berlin 1959, S. 681–691.
48 Blankenhorn, Verständnis, S. 89.
49 Protokoll der Fraktionssitzungen am 17. und 18. 1. 1950, Petra Weber, SPD-Fraktion 1949–1953, S. 78–81.
50 Aufzeichnung der Ausschußsitzung am 27. 1. 1950, PA/AA, AZ 003–05.
51 Abdruck der Dehler-Rede, in: Neue Zeitung vom 23. 1. 1950.
52 Aufzeichnung der Ausschußsitzung am 27. 1. 1950, PA/AA, AZ 003–05.
53 Ebd.
54 Note d'un informateur de l'Ambassade de France à Bonn für François-Poncet, 28. 8. 1950, AdO, HCRFA 188 Eu.
55 Kabinettsprotokolle der Bundesregierung Bd. 3, 1950, S. 230f.
56 Schmid an Adenauer, 28. 1. 1950, PA/AA, AZ 003–05.
57 Schmid an Adenauer, 24. 3. 1950. Ebd.
58 Carlo Schmid, Echte Parlamentsmeinung. Der Ausschuß für das Besatzungsstatut und Auswärtige Angelegenheiten des Bundestages, in: Diplomatisches Bulletin Heft 2, 18. 1. 1951, S. 15.
59 Ders., Das deutsche Nein zum Saarabkommen. Dem Saarvolk wird die Demokratie genommen, in: Westfälische Rundschau vom 10. 3. 1950.
60 Ders., Die nächsten Aufgaben der Bundesrepublik, in: Alles. Aus Deutschland und der Welt vom 9. 11. 1949; Deutschland und die Saar, Manuskript Nov. 1949, AdsD, NL Schmid 1444.
61 Ders., Das deutsche Nein zum Saarabkommen (wie Anm. 59); Baut Europas Fundamente ohne Sprengladung. Deutschlands Beitritt zum Europarat durch Aufnahme des Saargebiets unmöglich gemacht, in: Westfälische Rundschau vom 4. 5. 1950.
62 In: Schumacher, Reden, S. 737–745.
63 Protokoll über die Sitzung des Präsidiums der Europa-Union am 24. 3. 1950, AdsD, NL Schmid 1777.
64 So Schmid gegenüber McCloy am 28. 3. 1950. FRUS 1950, Bd. III, S. 773.
65 Rede Schmids auf der Berliner Funktionärskonferenz der SPD am 2. 6. 1950, AdsD, NL Schmid 89.
66 PPP vom 10. 5. 1950.
67 Petra Weber, SPD-Fraktion 1949–1953, S. 124.
68 So nach einem Gespräch mit Kurt Schumacher im April 1950. FRUS 1950, Bd. 3, S. 652.
69 Petra Weber, SPD-Fraktion 1949–1953, S. 125.
70 Protokoll der Verhandlungen des Parteitages der SPD vom 21. bis 25. Mai 1950 in Hamburg, S. 114.
71 Niederschrift über die Sitzung des engeren Landesvorstandes der SPD Württemberg-Hohenzollerns am 19. 6. 1950, AdsD, SPD- LV-B-W. 39.
72 Zu den Auseinandersetzungen zwischen Schmid und Schumacher vgl. Note d'un

informateur de l'Ambassade de France à Bonn für François-Poncet, 28. 8. 1950, AdO, HCRFA 188 Eu.

73 Niederschrift über die Sitzung des engeren Landesvorstandes der SPD Württemberg-Hohenzollerns am 19. 6. 1950, AdsD, SPD-LV-B.-W. 39.

74 Manuskript der Erinnerungen, S. 1803, AdsD, NL Schmid 395.

75 Mündliche Auskunft Mathilde Alt-Kimmichs und Karl Anders'.

76 Manuskript der Erinnerungen, S. 1803, AdsD, NL Schmid 395.

77 Rede Schmids auf der Berliner Funktionärskonferenz der SPD am 2. 6. 1950, AdsD, NL Schmid 89; Der Spiegel vom 8. 6. 1950, S. 4.

78 Schmid an Erhard Goepel, 25. 7. 1950, AdsD, Dep. Goebel.

79 Protokoll der Hauptausschußsitzung der Europa-Union am 31. 7. 1950, AdsD, NL Schmid 1777.

80 Fraktionssitzung am 28. 6. 1950, Petra Weber, SPD-Fraktion 1949–1953, S. 139.

81 Ebd., S. 140.

82 In: AdsD, NL Schmid 1352.

83 Vertrauliche Aufzeichnung Bökers vom 15. 7. 1950, PA/AA, Abt. 2, Bd. 198.

84 Ebd.

85 Bock, Perzeption, S. 587 ff.

86 Bericht Armand Bérards vom 11. 12. 1950, AdO, HCRFA 187 Eu 0–4.

87 Rede Schumachers auf dem Parteitag in Hamburg am 22. 5. 1950, in: Schumacher, Reden, 757 f.

88 Bundestagssitzung am 25. 4. 1963. BT Sten. Ber. 53, S. 3435.

89 Widmer an François-Poncet, 25. 8. 1950, AdO, HCRFA Eu 188.

90 Protokoll über die Hauptausschußsitzung der Europa-Union am 10. 1. 1950, AdsD, NL Schmid 1777.

91 Ebd.

92 Bundestagssitzung am 26. 7. 1950. BT Sten. Ber. 4, S. 2836 f.

93 Schmid an von Gumppenberg, 21. 4. 1950, AdsD, NL Schmid 1703.

94 Loth, Europa-Bewegung, S. 70 f.

95 Schmid an Richard Arnold, 28. 2. 1950, AdsD, NL Schmid 1777.

96 Schmid an Til Peter Koch, 24. 8. 1950, AdsD, NL Schmid 1331.

97 Council of Europe, 4. Sitzung am 10. 8. 1950, S. 154–159.

98 Rudolf Hrbek, Die SPD, Deutschland und Europa. Die Haltung der Sozialdemokratie zum Verhältnis von Deutschland-Politik und West-Integration 1949–1957, Bonn 1972, S. 128–130; Wilfried Loth, Sozialismus und Internationalismus. Die französischen Sozialisten und die Nachkriegsordnung Europas 1940–1950, Stuttgart 1977, S. 270–273.

99 Wilhelm Cornides, Der Europarat und die nationalen Parlamente in: Europa-Archiv 6, 1951, S. 3671–3673.

100 Ebd., S. 3673 f.

101 Wilhelm Cornides/Hermann Volle, Die Verhandlungen über den Mackay-Plan, in: Europa-Archiv 6, 1951, S. 3839–3842.

102 Protokoll der Sitzung des Ausschusses für das Besatzungsstatut und für auswärtige Angelegenheiten am 21. 2. 1951, ParlA.

103 Ebd.; vgl. auch Protokoll der Sitzung am 19. 1. 1951.

104 Protokoll des 2. Jahreskongresses der Europa-Union am 9./10. 12. 1950 in Köln, AdsD, NL Schmid 1778.

105 Zit. nach Michael Brückner u. a., Der Europa-Ploetz. Basiswissen über das Europa von heute, Freiburg/Würzburg 1993, S. 33.

106 Schmid an Manfred Klaiber, 15. 5. 1952, AdsD, NL Schmid 1355.

107 Carlo Schmid, Europa als nationale Aufgabe, in: ders., Europa und die Macht des Geistes, S. 35.
108 Ebd., S. 36.
109 Loth, Europa-Bewegung, S. 72.
110 Protokoll des 2. Jahreskongresses der Europa-Union am 9./10. 12. 1950, AdsD, NL Schmid 1778; Curt Bley an Kurt Schumacher, 11. 11. 1951. Ebd. 109.
111 Schmid an Curt Bley, 27. 1. 1951. Ebd; Henri Frenay an Schmid, 13. 12. 1950, Ebd. 1777.
112 Fritz Heine an Hans Hermsdorf, 11. 5. 1951, AdsD, PV-Akten, Alter Bestand 0408.
113 Schumacher, Reden, S. 806.
114 Ebd., S. 808.
115 Niederschrift über die SPD-Bezirkskonferenz Württemberg-Hohenzollerns am 23. 2. 1952, AdsD, SPD-LV-B.-W. 41.
116 Werner Bührer, Ruhrstahl und Europa. Die Wirtschaftsvereinigung Eisen- und Stahlindustrie und die Anfänge der europäischen Integration 1945–1952, München 1986, S. 186–207; Detlev Hüwel, Karl Arnold. Eine politische Biographie, Wuppertal 1980, S. 268 f.
117 Bundestagssitzung am 12. 7. 1951. BT Sten. Ber. 8, S. 6511.
118 Der Spiegel vom 18. 7. 1951, S. 5.
119 Bundestagssitzung am 12. 7. 1951. BT Sten. Ber. 8, S. 6513.
120 Ebd., S. 6516.
121 Ebd., S. 6516.
122 Ebd., S. 6521.
123 Ebd., S. 6521.
124 Bührer, Ruhrstahl, S. 210 f.
125 Bundestagssitzung am 30. 5. 1951. BT Sten. Ber. 7, S. 5682.
126 Ebd., S. 5682.
127 Ebd., S. 5686.
128 François-Poncet an das Außenministerium, 15. 12. 1951, AdO, HCRFA C. 91 xp 3–4.
129 Ebd.
130 Claudia Nölting, Erik Nölting. Wirtschaftsminister und Theoretiker der SPD 1892–1953, Essen 1989, S. 326.
131 Schmid an Walter Krause, 5. 1. 1952, AdsD, NL Schmid 1180.
132 BT Sten. Ber. 10, S. 7780–7783.
133 Ebd, S. 7765.
134 Schmid, Erinnerungen, S. 519.
135 Im Zentrum der Macht. Das Tagebuch von Staatssekretär Lenz 1951–1953. Bearb. Klaus Gotto/Hans Otto Kleinmann/Reinhard Schreiner, Düsseldorf 1989, S. 220.
136 BT Sten. Ber. 10, S. 7865.
137 Kabinettsprotokolle der Bundesregierung, Bd. 5, S. 221.
138 Winfried Schumacher, Konrad Adenauer und die Saar, in: Rainer Hudemann/Raymond Poidevin (Hrsg.), Die Saar 1945–1955. Ein Problem der europäischen Geschichte, München 1992, S. 54 f.
139 François-Poncet an das Außenministerium, 15. 12. 1951, AdO, HCRFA, C. 91 xp 3–4.
140 Ebd.
141 Interview Schumachers mit dem Leiter des Bonner Büros des NWDR am 6. 8. 1952, Schumacher, Reden, S. 823/825.

Europäische Sicherheit und Locarno-Pläne: Die Wiederbewaffnungsdiskussion

1 Karl Schmid, Weg und Ziel der Sozialdemokratie, in: ders., Die Forderung des Tages, S. 75.
2 Abgedr., in: Jahrbuch der SPD 1948/49, S. 136.
3 Bundestagssitzung am 16. 12. 1949. BT Sten. Ber. 1, S. 735 f.
4 Protokoll der Verhandlungen des Parteitages der SPD in Hamburg, S. 269.
5 Schmid an Walter Krause, 4. 7. 1950, AdsD, NL Schmid 1176.
6 Blankenhorn-Tagebuch, 8. 6. 1950, BA, NL Blankenhorn 5.
7 Council of Europe, 4. Sitzung, 10. 8. 1950, S. 154–159.
8 Note de Gilbert, 13. 8. 1950, AdO, HCRFA, C. 188 Eu.
9 Presseerklärung Schumachers vom 23. 8. 1950, in: Schumacher, Reden, S. 828–835.
10 Hans Speidel, Aus unserer Zeit. Erinnerungen, Berlin u. a. 1977, S. 274–276; Aufzeichnung Speidels über ein Gespräch mit Kurt Schumacher vom 10. 10. 1950, in: Kabinettsprotokolle der Bundesregierung, Bd. 3, 1950, S. 203–205.
11 Manuskript der Erinnerungen, S. 1629, AdsD, NL Schmid 395.
12 Zit. nach AdG 1950, S. 2638.
13 Roland G. Förster, Innenpolitische Aspekte, S. 526 f.
14 Akten zur Auswärtigen Politik. Bd. 1: Adenauer und die Hohen Kommissare 1949–1951. Hrsg. Hans-Peter Schwarz in Verbindung mit Reiner Pommerin. Bearb. Frank-Lothar Kroll/Manfred Nebelin, München 1989, S. 268.
15 Soell, Erler, Bd. 1, S. 143.
16 Mündliche Mitteilung Gerda Eicks.
17 Soell, Erler, Bd. 1, S. 145.
18 Ebd., S. 146; Schmid an Karl Wilhelm Berkhan, 16. 4. 1977, AdsD, NL Schmid 356.
19 Mündliche Mitteilung Gerda Eicks.
20 Abgedr., in: Kirchliches Jahrbuch für die evangelische Kirche in Deutschland 77,1950, S. 220.
21 Fraktionssitzung am 1. 11. 1950, Petra Weber, SPD-Fraktion 1949–1953, S. 205 f.
22 Blankenhorn-Tagebuch, 10. 10. 1950, BA, NL Blankenhorn 5.
23 François-Poncet an das Außenministerium, 1. 12. 1950, AdO, HCRFA, C. 91 xp 3–4.
24 Rolf Steininger, Wiederbewaffnung. Die Entscheidung für einen westdeutschen Verteidigungsbeitrag. Adenauer und die Westmächte 1950, Erlangen u. a. 1989, S. 275.
25 Ebd.
26 Niederschrift über die Sitzung des engeren Landesvorstandes der SPD Württemberg-Hohenzollerns am 13. 12. 1950, AdsD, SPD-LV-B.-W. 39.
27 Vortrag Schmids „Die Verteidigung Europas“ am 15. 1. 1951, HStAS, Persönliches Archiv Gebhard Müller B 40.
28 Wilhelm Meier-Dörnberg, Politische und militärische Faktoren bei der Planung des deutschen Verteidigungsbeitrages im Rahmen der EVG, in: Hans Erich Volkmann/Walter Schwengler (Hrsg.), Die Europäische Verteidigungsgemeinschaft. Stand und Probleme der Forschung, Boppard a. Rh. 1985, S. 275 f.
29 Protokoll der Sitzung des Ausschusses für das Besatzungsstatut und für auswärtige Angelegenheiten am 18. 10. 1950, ParlA.
30 Schmid an Arnold Bergsträsser, 29. 1. 1951, AdsD, NL Schmid 498.
31 Protokoll der Sitzung des Ausschusses für das Besatzungsstatut und für auswärtige Angelegenheiten, 18. 10. 1950, ParlA.

32 Ebd.
33 Schmid an Herbert Blankenhorn, 9. 2. 1951, AdsD, NL Schmid 1353.
34 Bundestagsrede am 18. 1. 1951. BT Sten. Ber. 6, S. 4213.
35 Fraktionssitzung am 4. 10. 1950, Petra Weber, SPD-Fraktion 1949–1953, S. 176.
36 Protokoll der Sitzung des Ausschusses für das Besatzungsstatut und für auswärtige Angelegenheiten am 24. 1. 1950, ParlA.
37 Schmid an Adenauer, 25. 1. 1951, AdsD, NL Schmid 1236.
38 BT Drs. I/2218.
39 Protokoll der Sitzung des Ausschusses für das Besatzungsstatut und für auswärtige Angelegenheiten am 16. 2. 1951, ParlA.
40 Protokoll der Sitzung des Ausschusses für das Besatzungsstatut und für auswärtige Angelegenheiten am 20. 6. 1951, ParlA; Zu den Londoner Schuldenverhandlungen vgl. Hermann J. Abs, Entscheidungen 1949–1953. Die Entstehung des Londoner Schuldenabkommens, Mainz/München 1991.
41 Protokoll der Sitzung des Ausschusses für das Besatzungsstatut und für auswärtige Angelegenheiten am 28. 2. 1951, ParlA.
42 Bundestagssitzung am 26. 4. 1951. BT Sten. Ber. 7, S. 5530.
43 Der Ausgang der ersten Schlacht. Zum Problem eines deutschen Verteidigungsbeitrages, in: Generalanzeiger vom 7. 7. 1951.
44 Schmid an Peter Schneider, 20. 8. 1951, AdsD, NL Schmid 628.
45 Rundfunkerklärung Schumachers vom 18. 9. 1951, in: Schumacher, Reden, S. 938.
46 FRUS 1951, Bd. III, S. 1515 f.
47 Schmid hielt an seiner bisherigen Konzeption fest. Vgl. z. B. seinen Beitrag in der Sendereihe „Politik aus erster Hand" des Bayrischen Rundfunks am 3. 10. 1951, AdsD, NL Schmid 91.
48 Petra Weber, SPD-Fraktion 1949–1953, S. LXII.
49 Fraktionssitzung am 17. 10. 1951, ebd., S. 300, Anm. 3.
50 Protokoll der SPD-Parteivorstandssitzung am 2./3. 11. 1951, AdsD.
51 Fraktionssitzungen am 12. 12. 1950 und 9. 1. 1951, Petra Weber, SPD-Fraktion 1949–1953, S. 221/225.
52 Protokoll der Sitzung des Ausschusses für das Besatzungsstatut und für auswärtige Angelegenheiten am 10. 1. 1951, ParlA; Protokoll der Parteivorstandssitzung am 20./21. 1. 1951, AdsD.
53 Niederschrift über die Sitzung des engeren Landesvorstandes der SPD Württemberg-Hohenzollerns mit der Landtagsfraktion am 3. 3. 1951, AdsD, SPD-LV-B.-W. 40.
54 Ebd.
55 Schmid an Hermann Marschall, 2. 3. 1950, AdsD, NL Schmid 1140.
56 Schmid an den Präsidenten des DRK Weitz, 29. 5. 1953, AdsD, NL Schmid 1727.
57 Rundfunkrede Schumachers vom 18. 9. 1951, in: Schumacher, Reden, 938–942.
58 Schumacher an Adenauer, 9. 11. und 12. 11. 1951, in: ebd., S. 946–953.
59 Schmid hielt es für das beste, wenn die Parteien sich miteinander besprächen, „wie ihrer Auffassung nach eine gesamtdeutsche Verfassung aussehen müsse". So Schmid in einem Brief an Knoeringen, 5. 11. 1951, AdsD, NL Schmid 1455.
60 Council of Europe, 9. Sitzung, 28. 11. 1951, S. 265–267.
61 Was ein jeder von uns tun sollte. Sylvesteransprache 1951, AdsD, NL Schmid 92.
62 Schmid an Schumacher, 27. 11. 1951, AdsD, NL Schmid 425.
63 Fraktionssitzung am 5. 2. 1952, Petra Weber, SPD-Fraktion 1949–1953, S. 332.
64 Bundestagssitzung am 8. 2. 1952. BT Sten. Ber. 10, S. 8183–8188.
65 Ebd., S. 8188 f.

66 Ebd., S. 8188.
67 Ebd., S. 8195.
68 Richard Tüngel, Die Niederlage der SPD, Die Zeit vom 14. 2. 1952.
69 BT Sten. Ber. 10, S. 8196 f.
70 Adenauer an Schmid, 29. 5. 1952, AdsD, NL Schmid 1355.
71 Vgl. S. 439 der Arbeit.
72 Schmid an Adenauer, 5. 1. 1952, AdsD, NL Schmid 1355.
73 Kabinettsprotokolle der Bundesregierung, Bd. 5, 1952, S. 67; Im Zentrum der Macht, S. 221 f.
74 Schmid an Kurt Schumacher, 25. 12. 1951, AdsD, Dep. Goebel.
75 Ebd.
76 François-Poncet an Robert Schuman, 4. 2. 1952, AdO, HCRFA C. 91 xp 3–4.
77 Im Zentrum der Macht, S. 241; Protokoll der SPD- Parteivorstandssitzung am 22./23. 2. 1952, AdsD.
78 Niederschrift über die Bezirkskonferenz der SPD Württemberg-Hohenzollerns am 23. 2. 1952, AdsD, SPD-LV- B.-W. 41.
79 Donald Cameron Watt, Die Konservative Regierung und die EVG 1951–1954, in: Volkmann/Schwengler, Europäische Verteidigungsgemeinschaft, S. 81–101; Pierre Guillen, Die französische Generalität, die Aufrüstung der Bundesrepublik und die EVG 1950–1954, in: ebd., S. 125–159.
80 Niederschrift über die Bezirkskonferenz der SPD Württemberg-Hohenzollerns am 23. 2. 1952, AdsD, SPD-LV-B.-W. 41.
81 Fraktionssitzung am 19. 2. 1952, Petra Weber, SPD-Fraktion 1949–1953, S. 340 f.
82 Adolf Arndt, Die geistige Freiheit als politische Gegenwartsaufgabe, in: ders., Politische Reden und Schriften, Hrsg. Horst Ehmke/Carlo Schmid, Berlin/Bonn-Bad Godesberg 1976, S. 104.
83 Gosewinkel, Arndt, S. 322 f.
84 BT Sten. Ber. 10, S. 8185.
85 Ebd.
86 Baring, Anfang, S. 378–439; Gosewinkel, Arndt, S. 296–340.
87 Was ist ein Justizstaat, geschrieben an der Jahreswende 1952/53, AdsD, NL Schmid 95.
88 Ebd.
89 Im Rahmen der Sendereihe „Guten Abend“ des NWDR am 7. 3. 1952, Pressearchiv des Deutschen Bundestages.
90 Ebd.
91 Bundestagssitzung am 3./4. 4. 1952. BT Sten. Ber. 11, S. 8774.
92 Ebd., S. 8774.
93 Ebd., S. 8775.
94 Ebd., S. 8774.
95 François-Poncet an Robert Schuman, 7. 2. 1952, AdO, HCRFA, C. 91 xp 3–4.
96 Protokoll der SPD-Parteivorstandssitzung am 8./9. 4. 1952, AdsD.
97 Ebd.
98 BT Sten. Ber. 11, S. 8871.
99 Mündliche Mitteilung Mathilde Alt-Kimmichs und Karl Anders’.
100 Wilfried Loth, Stalins ungeliebtes Kind. Warum Moskau die DDR nicht wollte, Berlin 1994, passim.
101 Gespräch mit Rüdiger Proske im NWDR am 9. 5. 1952, AdsD, Sammlung Personalia Carlo Schmid.
102 Ebd.
103 Ebd.

104 Ebd.
105 Protokoll der Sitzung des Ausschusses für das Besatzungsstatut und für auswärtige Angelegenheiten am 8. 10. 1952, ParlA.
106 Ebd.
107 Hans-Peter Schwarz, Adenauer. Der Aufstieg, S. 925–950.
108 Interview Schumachers mit United Press am 15. 5. 1952, in: Schumacher, Reden, S. 902.
109 Bundestagssitzung am 9. 7. 1952. BT Sten. Ber. 12, S. 9808.
110 Ebd., S. 9818.
111 Ebd., S. 9814.
112 Ebd., S. 9817.
113 Diese Auffassung vertreten Klotzbach, Staatspartei, S. 224; William E. Paterson, The SPD and the European Integration, Lexington 1974, S. 91.
114 Neuer Vorwärts vom 19. 9. 1952.
115 Protokoll der SPD-Parteivorstandssitzung am 14. 9. 1952, AdsD.
116 Schmid an Hermann Ehlers, 13. 9. 1952, AdsD, NL Schmid 1308; auch abgedr., in: Hermann Ehlers, S. 524, Anm. 5.
117 Der Spiegel vom 24. 9. 1952, S. 5.
118 Ehlers an Adenauer, 16. 9. 1952, in: Hermann Ehlers, S. 524.
119 Schmids Ausarbeitung ist nicht datiert. Sie wurde vermutlich Ende 1952 angefertigt. In: AdsD, PV-Bestand Ollenhauer 420.
120 Ebd.; Protokoll der Sitzung des Ausschusses für Rechtswesen und Verfassungsrecht am 6. 11. 1952, ParlA.
121 Ebd.
122 Redemanuskript aus dem Jahre 1953, AdsD, NL Schmid 503.
123 Ebd.
124 Protokoll der Sitzung des Ausschusses für Rechtswesen und Verfassungsrecht am 6. 11. 1952, ParlA.
125 Außenpolitische Expertise Lütkens, in: AdsD, PV-Bestand Ollenhauer 420.
126 Außenpolitische Expertise Brauers. Ebd.
127 Stellungnahme Wehners vom 17. 1. 1953. Ebd.
128 Ebd.
129 Mündliche Mitteilung Gerda Eicks.
130 Interview Schmids mit dem SDR am 13. 10. 1957, Pressearchiv des Deutschen Bundestages.
131 Baring, Anfang, S. 301.
132 Karl-Heinz Schlarp, Alternativen zur deutschen Außenpolitik. 1952–1955. Karl Georg Pfleiderer und die deutsche Frage, in: Aspekte deutscher Außenpolitik im 20. Jahrhundert. Aufsätze Hans Rothfels zum Gedächtnis. Hrsg. Wolfgang Benz/Hermann Graml, Stuttgart 1976, S. 233–236.
133 Referat des Abgeordneten Dr. Pfleiderer „Vertragswerk und Sowjetpolitik" und Stellungnahme der Bundesregierung durch Staatssekretär Prof. Hallstein in der 103. Sitzung des Ausschusses für das Besatzungsstatut und auswärtige Angelegenheiten am 29. 10. 1952, AdsD, NL Schmid 1263.
134 Ebd.
135 Ausschußbericht, in: BT Sten. Ber. 14, S. 11169/11175.
136 Protokoll der Sitzung des Ausschusses für das Besatzungsstatut und für auswärtige Angelegenheiten am 26. 11. 1952, ParlA.
137 Aufzeichnungen über die Sitzungen des Ausschusses zur Mitberatung des EVG-Vertrages befinden sich, in: PA/AA, Abt. 2, Bd. 1258.

138 Bruno Thoß, Der Beitritt der Bundesrepublik Deutschland zur WEU und NATO im Spannungsfeld von Blockbildung und Entspannung 1954–1956, in: Anfänge westdeutscher Sicherheitspolitik 1945–1956. Hrsg. MGFA; Bd. 3: Die Nato-Option, München 1993, S. 317.

139 Bundestagssitzung am 5. 12. 1952. BT Sten. Ber. 14, S. 11455.

140 Hans-Erich Volkmann, Die sozialdemokratische innerparteiliche Diskussion über Sicherheit, Entspannung und deutsche Einheit 1953–1955, in: Bruno Thoß/Hans-Erich Volkmann (Hrsg.), Zwischen Kaltem Krieg und Entspannung. Sicherheits- und Deutschlandpolitik der Bundesrepublik im Mächtesystem der Jahre 1953–1956, Boppard a. Rh. 1989, S. 158–162.

141 Adenauer an Ollenhauer, 16. 1. 1953, in: Adenauer, Briefe 1951–1953. Bearb. Hans Peter Mensing, Berlin 1987, S. 321–324.

142 FRUS 1952–1954, Bd. 7, Teil 1, S. 999f; Hans-Jürgen Grabbe, Unionsparteien, Sozialdemokratie und Vereinigte Staaten von Amerika 1945–1966, Düsseldorf 1983, S. 218 f.

143 Verfasserlose Notiz vom 6. 2. 1953, AdsD, Sammlung Personalia Carlo Schmid.

144 Im Zentrum der Macht, S. 598 f.

145 Wehner an Schmid und Erler, 26. 2. 1953, AdsD, PV-Bestand Ollenhauer 199.

146 Soell, Erler, Bd. 1, S. 146–164.

147 Ebd., S. 362.

148 Jean Rivière an Bidault, 5. 6. 1953, AdO, HCRFA. C. 92 xp 3–4.

149 Richard Löwenthal, Vom kalten Krieg zur Ostpolitik, Stuttgart 1974, S. 17.

150 Bundestagssitzung am 1. 7. 1953. BT Sten. Ber. 17, S. 13906.

151 Ebd.

152 Protokoll der SPD-Parteivorstandssitzung am 29. 6. 1953, AdsD.

153 Zit. nach Hans-Peter Schwarz, Adenauer. Der Staatsmann, S. 87.

154 Carlo Schmid, Adenauer und das russische Sicherheitsbedürfnis, in: Das kommende Deutschland. Sozialdemokratische Beiträge zur Politik unserer Zeit vom 12. 8. 1953.

Die Schatten der Vergangenheit: Die politische Kultur der frühen 50er Jahre

1 Fraktionssitzung am 14. 2. 1950, Petra Weber, SPD-Fraktion 1949–1953, S. 99.

2 Schmid an Hans Lamm, 29. 10. 1957, AdsD, NL Schmid 667.

3 Schmid an Martin Mansshardt, 17. 9. 1974, AdsD, NL Schmid 927.

4 Carlo Schmid, Die verlorene Revolution, in: ders., Politik als geistige Aufgabe, S. 58.

5 Ebd.

6 Nicht einmal mit Gerstenmaier hatte Schmid über seine Verbindung zu Moltke gesprochen. Vgl. Brief Gerstenmaiers zu Schmids 80. Geburtstag, AdsD, Dep. Goebel.

7 Carlo Schmid, Zum Gedenktag für die Kriegsgefangenen, in: Stuttgarter Zeitung 26. 10. 1950.

8 Bundestagsrede vom 6. 4. 1951. BT Sten. Ber. 6, S. 5031.

9 Zit. nach Neue Ruhr Zeitung vom 6. 7. 1956.

10 Entwurf vom 28. 8. 1949, in: AdsD, Sammlung Personalia Carlo Schmid.

11 Kurt Schumacher, Das Programm der Opposition, in: ders., Reden, S. 700.

12 BT Anl. 9, Drs.I/1828.

13 Bundestagssitzung am 22. 2. 1951. BT Sten. Ber. 6, S. 4591.

14 Ebd., S. 4592.
15 Ebd., S. 4593.
16 Protokoll der Sitzung des Ausschusses für Rechtswesen und Verfassungsrecht am 18. 4. 1951, ParlA; vgl. auch Constantin Goschler, Wiedergutmachung. Westdeutschland und die Verfolgten des Nationalsozialismus, München/Wien 1992, S. 233.
17 Altmaier an Livneh, 8. 4. 1951, AdsD, NL Altmaier 7; vgl. auch Willy Albrecht, Jakob Altmaier und das Luxemburger Abkommen, in: Ludolf Herbst/Constantin Goschler (Hrsg.), Wiedergutmachung in der Bundesrepublik Deutschland, München 1989, S. 205–215.
18 Altmaier an Livneh, 8. 4. 1951, AdsD, NL Altmaier 7.
19 Rede Schmids, AdsD, NL Schmid 483.
20 Ebd.
21 Schmids Bericht, in: Rudolf Vogel, Deutschlands Weg nach Israel. Eine Dokumentation, mit einem Geleitwort von Konrad Adenauer, Stuttgart 1967, S. 19–21.
22 Kai von Jena, Versöhnung mit Israel. Die deutsch-israelischen Verhandlungen bis zum Wiedergutmachungsabkommen von 1952, in: VfZ 34,1986, S. 463.
23 Brentano an Schmid, 14. 9. 1951, AdsD, NL Schmid 1214.
24 Fraktionssitzung am 25. 9. 1951, Petra Weber, SPD-Fraktion 1949–1953, S. 293.
25 Bundestagssitzung am 27. 9. 1951. BT Sten. Ber. 9, S. 6698 f.
26 Schmid an Hermann Ehlers, 26. 9. 1951, AdsD, NL Schmid 1307.
27 Altmaier an Nahum Goldmann, 12. 2. 1952, AdsD, NL Altmaier 7.
28 Von Jena, Versöhnung, S. 471 f.
29 Franz Böhm, Das deutsch-israelische Abkommen 1952, in: Konrad Adenauer und seine Zeit. Politik und Persönlichkeit des ersten Bundeskanzlers. Beiträge von Weg- und Zeitgenossen Bd. 1, Hrsg. Dieter Blumenwitz u. a. Stuttgart 1976, S. 456 f.
30 In: Schumacher, Reden, S. 1005 f.
31 Protokoll der Sitzung des Ausschusses für das Besatzungsstatut und für auswärtige Angelegenheiten am 4. 3. 1953, ParlA.
32 BT Sten. Ber. 15, S. 12278.
33 Ebd.
34 Christian Pross, Wiedergutmachung. Der Kleinkrieg gegen die Opfer, Frankfurt/M. 1988, S. 78–82.
35 Schmid an Adolph Held, 24. 2. 1954, AdsD, NL Schmid 639.
36 Mündliche Mitteilung Mathilde Alt-Kimmichs; einige Dokumente hierzu befinden sich auch im Nachlaß Schmids.
37 Carlo Schmid, Ansprache zur Woche der Brüderlichkeit, in: ders., Politik und Geist, S. 119.
38 So der Untertitel der Arbeit Pross', Wiedergutmachung.
39 Bundestagssitzung am 23. 2. 1955. BT Sten. Ber. 23, S. 3490.
40 Schmid an Peter Blachstein, 9. 5. 1956, AdsD, NL Schmid 1911.
41 BT Sten. Ber. 30, S. 8127.
42 Schmid an Anna Mayer, 3. 7. 1967, AdsD, NL Schmid 846.
43 Carlo Schmid, Wir Deutsche und die Juden, in: Die Neue Gesellschaft 8, 1961, S. 122–131.
44 Bundestagssitzung am 29. 2. 1952. BT Sten. Ber. 10, S. 8474.
45 Zu der Rede Hedlers vgl. SOPADE Nr. 893 vom Jan. 1950, S. 53–55.
46 Schmid an Edgar Meschkat, 1. 3. 1950, AdsD, NL Schmid 620.
47 Bundestagssitzung am 2. 3. 1950. BT Sten.Ber. 2, S. 1448.
48 Ebd., S. 1443 f.

49 Protokoll der Sitzung des Ausschusses zum Schutze der Verfassung am 10. 5. 1950, ParlA.
50 Bundestagssitzung am 2. 3. 1950. BT Sten. Ber. 2, S. 1444.
51 Bundestagssitzung am 27. 3. 1950. BT Sten. Ber. 3, S. 1918.
52 Fraktionssitzung am 11. 7. 1950, Petra Weber, SPD-Fraktion 1949–1953, S. 142.
53 Carlo Schmid, Schmutz- und Schundgesetz – endlose Schraube. Gefahren einer Magazin-Zensur, Die Welt vom 13. 1. 1950; Freiheit darf die Gefahr nicht scheuen, Neue Ruhr Zeitung vom 6./7. 4. 1950.
54 Freiheit darf die Gefahr nicht scheuen, Neue Ruhr Zeitung vom 6./7. 4. 1950
55 Schmid an Erich Kästner, 3. 6. 1954, AdsD, NL Schmid 1903.
56 BT Anl. 19, Drs.I/3508.
57 Zit. nach Freier Eintritt, Freie Fragen, Freie Antworten. Die Kölner Mittwochsgespräche 1950–1956. Hrsg. Historisches Archiv der Stadt Köln, Köln 1991, S. 60.
58 Schmid an Heuss, 10. 7. 1952, AdsD, NL Schmid 1355.
59 Carlo Schmid, Kunst, die Ministern nicht gefällt, Die Neue Zeitung vom 7. 1. 1953.
60 Schmid, Erinnerungen, S. 484.
61 Abgedr., in: Der Monat 2 Juli/August 1950, S. 483.
62 Arbeitsbericht des Stuttgarter Büros des Kongresses für Kulturelle Freiheit vom 15. 7. bis 15. 12. 1952, AdsD, NL Schmid 1830.
63 Zit. nach Der Monat 2, Juli/August 1950, S. 483.
64 Schmid an Nicolas Nabokov, 3. 8. 1954, AdsD, NL Schmid 1832.
65 Tagungsbericht der Sitzung des Geschäftsführenden Deutschen Ausschusses des Kongresses für die Freiheit der Kultur am 25. 7. 1953, AdsD, NL Schmid 1831.
66 Gosewinkel, Arndt, S. 220 f.
67 Der Schutz der Demokratie gegen ihre Feinde, Manuskript vom 17. 7. 1951, AdsD, NL Schmid 91.
68 Protokoll der SPD-Parteivorstandssitzung am 17./18. 9. 1956, AdsD.
69 Z. B. AZ Mannheim vom 11. 9. 1950.
70 Protokoll der SPD-Parteivorstandssitzung am 13. 3. 1950, AdsD.
71 Z. B. Manfred Jenke, Verschwörung von rechts? Ein Bericht über den Rechtsradikalismus in Deutschland nach 1945, Berlin 1961, S. 158.
72 Rede Schmids anläßlich einer Protestkundgebung gegen die Zurückhaltung der deutschen Kriegsgefangenen und Zivilinternierten in Mannheim am 13. 11. 1949, AdsD, NL Schmid 86.
73 Georg Meyer, Zur Situation der deutschen militärischen Führungsschicht im Vorfeld des westdeutschen Verteidigungsbeitrages 1945–1950/1, in: Anfänge westdeutscher Sicherheitspolitik, Bd. 1, S. 700.
74 Bundestagssitzung am 5. 4. 1951. BT Sten. Ber. 6, S. 4983 f.
75 Bundestagssitzung am 6. 4. 1954. Ebd., S. 5032.
76 Bundestagssitzung am 19. 4. 1956. BT Sten. Ber. 16, S. 7212.
77 Helmut Krausnick/Hans Heinrich Wilhelm (Hrsg.), Die Truppe des Weltanschauungskrieges. Die Einsatzgruppen der Sicherheitspolizei und des SD 1938–1942, Stuttgart 1981, S. 353 f./S. 535 ff.
78 Schmid an Emmy Eirenschmelz, 6. 6. 1949, AdsD, NL Schmid 1135.
79 Alan Thomas Schwartz, Die Begnadigung deutscher Kriegsverbrecher. John J. McCloy und die Häftlinge von Landsberg, in: VfZ 38,1990, S. 375–415.
80 Zit. nach PPP vom 10. 1. 1950.
81 Schmid an McCloy, 21. 12. 1953, AdsD, NL Schmid 635.
82 Jenke, Verschwörung, S. 161–179; Wengst, FDP-Bundesvorstand, S. LVIII–LXX.

83 Rede Schmids im Bayrischen Rundfunk am 28. 1. 1953, AdsD, Sammlung Personalia Schmid.
84 Ebd.
85 AZ Mannheim vom 11. 9. 1950; Neue Ruhr Zeitung vom 6. 7. 1956; BT Sten. Ber. 3, S. 2071 f.
86 Carlo Schmid und Thomas Dehler, Frankfurter Neue Presse vom 7. 2. 1953; IG-Metall-Zeitung vom 4. 2. 1953.
87 Entschließung des Parteivorstandes vom 30./31. 1. 1953, in: SOPADE Nr. 930 vom Febr. 1953, S. 13.
88 Bundestagssitzung am 21. 1. 1953. BT Sten. Ber. 17, S. 11673.
89 Schmid applaudierte, als Adenauer erklärte: „Die Bevölkerung der Bundesrepublik und das gesamte Ausland können davon überzeugt sein, daß Deutschland niemals wieder zum Nationalsozialismus zurückkehren wird." Ebd., S. 11673.
90 Bundestagssitzung am 19. 4. 1956. BT Sten. Ber. 16, S. 7207.
91 Schmid an Nicolas Nabokov, 30. 6. 1955, AdsD, NL Schmid 1832.
92 Carlo Schmid, Unruhe ist Bürgerpflicht, Stuttgarter Zeitung vom 11. 2. 1955; Zu Adenauers Kritik vgl. Protokoll der Sitzung des CDU-Bundesvorstandes am 25. 4. 1958, in: Günter Buchstab (Bearb.), Adenauer: „... um den Frieden zu gewinnen", Die Protokolle des CDU-Bundesvorstandes 1957–1961, Düsseldorf 1994, S. 170.

Die Partei ist nicht „geistige Heimat"

1 Protokoll der SPD-Parteivorstandssitzung am 4./5. 2. 1950, AdsD.
2 Ebd.
3 Ebd.
4 Zu Eichler vgl. Sabine Lemke-Müller, Ethischer Sozialismus und soziale Demokratie. Der politische Weg Willi Eichlers vom ISK zur SPD, Bonn 1988.
5 Protokoll der SPD-Parteivorstandssitzung am 4./5. 2. 1950, AdsD.
6 Protokoll des Parteitages der SPD in Hamburg 1950, S. 226.
7 Ebd., S. 229–234.
8 Ebd., S. 228.
9 Ebd., S. 228.
10 Ebd., S. 234.
11 Ebd., S. 236.
12 Ebd., S. 236.
13 Ebd., S. 239.
14 Martin Möller, Verhältnis, S. 151.
15 Protokoll des Parteitages der SPD in Hamburg 1950, S. 240 f.
16 Ebd., S. 238
17 Ebd., S. 252.
18 Ebd., S. 255 f.
19 Ebd., S. 247.
20 Ebd., S. 245 f.
21 Lemke-Müller, Ethischer Sozialismus, S. 239.
22 Schmid an Zinn, 30. 9. 1953, AdsD, NL Schmid 1355.
23 Protokoll des Parteitages der SPD in Hamburg 1950, S. 257.
24 Schmid an Gustav Radbruch, 24. 8. 1949, AdsD, NL Schmid 608.
25 Niederschrift über die Sitzung des engeren Landesvorstandes der SPD Württemberg-Hohenzollerns mit der Landtagsfraktion am 3. 3. 1951, AdsD, SPD-LV-B.-W. 40.
26 Schmid an Hermann Kunst, 8. 11. 1950, AdsD, NL Schmid 616.

27 Ebd.
28 Schmid, Erinnerungen, S. 503 f.
29 Niederschrift über die Sitzung des erweiterten Landesvorstandes der SPD Württemberg-Hohenzollerns am 16. 4. 1950, AdsD, SPD-LV-B.-W. 39.
30 Niederschrift über die Sitzung des engeren Landesvorstandes der SPD Württemberg-Hohenzollerns mit der Landtagsfraktion am 3. 3. 1951, AdsD, SPD-LV-B.-W. 40.
31 Mündliche Mitteilung Mathilde Alt-Kimmichs.
32 Mündliche Mitteilung Friedel Ahlgrimms.
33 Typisch hierfür ein Brief Max Denkers an Schmid, 7. 4. 1951, AdsD, NL Schmid 1455.
34 Mündliche Mitteilung Karl Anders'.
35 Mündliche Mitteilung Karl Anders'.
36 Mündliche Mitteilung Mathilde Alt-Kimmichs.
37 Verfasserloser vertraulicher Infomationsbericht (1952), AdsD, Sammlung Personalia Schmid.
38 Ebd.
39 Ebd.
40 Klaus Peter Schulz, Adenauers Gegenspieler. Begegnungen mit Kurt Schumacher und Sozialdemokraten der ersten Stunde, Freiburg 1989, S. 124.
41 Schmid, Erinnerungen, S. 534.
42 François-Poncet an das Außenministerium, 25. 8. 1952, AdO, HCRFA C. 91 xp 3–4.
43 So auch Der Spiegel vom 1. 10. 1952, S. 7.
44 Mündliche Mitteilung Mathilde Alt-Kimmichs.
45 Protokoll der SPD-Parteivorstandssitzung am 5./6. 9. 1952, AdsD.
46 Ebd.
47 Ebd.
48 Schwäbische Zeitung in Leutkirch vom 20. 9. 1952; Westfälische Rundschau vom 31. 10. 1952.
49 Protokoll der Verhandlungen des Parteitages der SPD vom 24.–28. September 1952 in Dortmund, S. 63.
50 Bericht François-Poncets über den Dortmunder Parteitag der SPD, AdO, HCRFA C. 91 xp 3–4.
51 Otto A. Friedrich an Schmid, 22. 8. 1952, AdsD, NL Schmid 630.
52 Schmid an Otto A. Friedrich, 5. 2. 1954, AdsD, NL Schmid 1583.
53 Protokolle der Sitzungen des Ausschusses für innergebietliche Neuordnung am 15. 2. 1951; 16. 2. 1951; 23. 2. 1951, ParlA; vgl. auch Schmids Bundestagsreden vom 5. 4. und 19. 4. 1951. BT Sten. Ber. 6, S. 4953–4955; BT Sten. Ber.7, S. 5328–5330.
54 Erich Kuby, Tübinger Idyll. Ein Parlament im Kloster, Süddeutsche Zeitung vom 10. 2. 1950.
55 Lydia Schmid an Erich Ollenhauer, 14. 1. 1952, AdsD, PV-Bestand Ollenhauer 194.
56 Erich Ollenhauer an Lydia Schmid, 24. 1. 1952. Ebd.
57 Schmid an Erich und Marta Ollenhauer, 3. 8. 1952, AdsD, PV-Bestand Ollenhauer 338.
58 Gebhard Müller an Schmid, 23. 3. 1950, HStAS, Persönliches Archiv Gebhard Müller.
59 Schreiben der Rechts- und Wirtschaftswissenschaftlichen Fakultät an das Kultusministerium für Württemberg-Hohenzollern, 23. 5. 1951, UAT 126a/434.
60 Kabinettsprotokolle der Bundesregierung, Bd. 4, 1951, S. 432.

61 Dehler an Schmid, 16. 6. 1951, AdsD, NL Schmid 1353.
62 Erich Ollenhauer an Fritz Heine, 8. 2. 1950, AdsD, PV-Bestand Heine 48.
63 Schmid an Alfred Kühn, 28. 11. 1952, AdsD, NL Schmid 499.
64 Note à l'attention personnelle de Monsieur du Boisberranger, 6. 1. 1953, AdO, Wurtemberg-Hohenzollern C. 4332/6.
65 Ebd.
66 François-Poncet an Robert Schuman, 7. 1. 1953, AdO, HCRFA, C. 92 xp 3–4.
67 Hans-Peter Schwarz, Adenauer. Der Staatsmann, S. 59.
68 Teilmanuskript der Tonbandaufnahme, BA, NL Möller 2117.
69 Ebd.
70 Die Presseberichte über den Vorfall sind gesammelt, in: AdsD, Sammlung Personalia Schmid.
71 Ebd.
72 Schmid an Alex Möller, 21. 2. 1953, BA, NL Möller 2117; Schmid an Fritz Eberhard, 23. 2. 1953, AdsD, NL Schmid 2015.
73 Alex Möller an Valentin Gaa, 2. 3. 1953; Gaa an Möller, 28. 2. 1953, BA, NL Möller 2117.
74 Schmid an Alex Möller, 26. 4. 1968, AdsD, NL Schmid 994; Dankesrede Schmids in der Sitzung der SPD-Fraktion am 7. 12. 1976, ebd. 354.
75 Briefwechsel zwischen Schmid und Erich Bürger vom 26. 5. und 29. 5. 1953, AdsD, NL Schmid 633; Helmut Fischer, Vier Jahre im Süddeutschen Rundfunk, BA, NL Möller 2117.
76 Zit. nach dem Teilmanuskript der Tonbandaufnahme, BA, NL Möller 2117.
77 Die Welt vom 4. 3. 1953.
78 Schmid an Erich Bürger, 6. 3. 1953, AdsD, NL Schmid 633.
79 Erklärung Schmids, AdsD, NL Schmid 2015.
80 Jakob Trumpfheller an Erich Ollenhauer, 27. 3. 1953, AdsD, PV-Bestand Ollenhauer 199.
81 Zur Einstellung Ollenhauers gegenüber dem Stuttgarter Vorfall vgl. Brief Ollenhauers an Trumpfheller, 21. 4. 1953. Ebd.
82 AdsD, Sammlung Personalia Schmid.
83 Schmid an Louis Coppée, 11. 7. 1953, auf der Rückseite kommentiert durch Mathilde Alt, AdsD, NL Schmid 634.
84 Schmid an Else Förster, 17. 3. 1953, AdsD, NL Schmid 634.
85 Süddeutsche Zeitung vom 5. 3. 1953.
86 BT Anl. 22, Drs.I/4152.
87 Schmid an Gailer, 18. 5. 1953, AdsD, NL Schmid 1457; DGB- Ortsausschuß Stuttgart an Schmid, 17. 4. 1953; 18. 6. 1953. Ebd. 2015.
88 Schmid an Adolf Grimme, 25. 3. 1953, AdsD, NL Schmid 2015.
89 Jakob Trumpfheller an Erich Ollenhauer, 27. 3. 1953, AdsD, PV-Bestand Ollenhauer 199. Trumpfheller an Schmid, 27. 3. 1953, AdsD, NL Schmid 1182.
90 Ott an Schmid, 2. 4. 1953, AdsD, NL Schmid 1182.
91 Max Denker an Erich Ollenhauer, 9. 3. 1953, AdsD, PV-Bestand Ollenhauer 377.
92 Protokoll der SPD-Parteivorstandssitzung am 29. 7. 1953, AdsD.
93 Ebd.
94 Protokoll der SPD-Parteivorstandssitzung am 6. 1. 1953, AdsD.
95 Klotzbach, Staatspartei, S. 283 f.
96 Wählerbrief zur Wahl am 6. 9. 1953, AdsD, Sammlung Personalia Schmid.
97 Frankfurter Allgemeine Zeitung vom 31. 10. 1953.

Ein Dichter im Bonner Treibhaus

1 Wolfgang Koeppen, Das Treibhaus, Frankfurt 1972, S. 5.
2 Ebd., S. 17.
3 Ebd., S. 118/174.
4 Mündliche Mitteilung Friedel Ahlgrimms.
5 Koeppen, Treibhaus, S. 83.
6 Mündliche Mitteilung Martin Schmids.
7 Koeppen, Treibhaus, S. 18/99.
8 Schmid an F. P.Hellin, 6. 10. 1953, AdsD, NL Schmid 635.
9 Koeppen, Treibhaus, S. 117.
10 Schmid an Höse, 16. 10. 1950, AdsD, NL Schmid 1454.
11 Schmid an Stefan Burschewski, 21. 11. 1952, AdsD, NL Schmid 629.
12 Mündliche Mitteilung Karl Anders'.
13 In: AdsD, Dep. Goebel.
14 Gedichte Schmids, in: Castrum Peregrini 1953, Heft 14 S. 34–37.
15 So Mathilde Alt-Kimmich in einem Gespräch mit der Verfasserin.
16 Schmid an Evangelos Papanutzos, 6. 9. 1955, AdsD, NL Schmid 649.
17 Michelangelo. Dichtungen. Deutsch von Max Kommerell, Frankfurt 1931; Rainer Maria Rilke, Dichtungen des Michelangelo, Leipzig 1936.
18 Abgedr., in: Castrum Peregrini 1954 Heft 20, S. 44.
19 AdsD, Dep. Hanne Goebel.
20 Ebd.
21 Mündliche Mitteilung Friedel Ahlgrimms.
22 Soell, Erler, Bd. 1, S. 97 f.
23 Z. B. Schmid, Deutschland – Terra Magica, in: ders., Europa und die Macht des Geistes, S. 336 f.
24 Ernst Goyke, Die Reutersiedlung, in: Kinderjahre der Bundesrepublik. Von der Trümmerzeit zum Wirtschaftswunder. Hrsg. Rudolf Pörtner, München 1992, S. 79.
25 Georg Kahn-Ackermann an Schmid, 3. 12. 1971, AdsD, NL Schmid 1018.
26 Gedichte, BA, NL Heuss 196.
27 Im Nachlaß Schmid, verstreut über zahlreiche Dossiers.
28 Elegie im November, AdsD, NL Schmid 97.
29 Übersetzung Schmids, AdsD, Dep. Goebel.
30 Hilde Purwin, Er kämpfte mit dem Florett, nicht mit schweren Säbeln. Ein Unverwechselbarer: Carlo Schmid, in: Kinderjahre der Bundesrepublik, S. 369.
31 Institut für Theaterwissenschaften an der Universität Köln an Schmid, 18. 2. 1955, AdsD, NL Schmid 646.
32 Theodor Heuss, Brief an Carlo Schmid am 3. 12. 1961, in: Festgabe für Carlo Schmid dargebracht von Freunden, Schülern und Kollegen. Hrsg. Theodor Eschenburg/Theodor Heuss und Georg August Zinn unter Mitwirkung von Wilhelm Hennis, Tübingen 1962, S. 4; Wildermuth-Tagebuch, 25. 2. 1952, BA, NL Wildermuth 30.
33 Mündliche Mitteilung Altmut Sandstedes.
34 Mündliche Mitteilung Mathilde Alt-Kimmichs; Georg Kahn-Ackermann an Schmid, 3. 12. 1971, AdsD, NL Schmid 1018.
35 Laudatio auf den Bruder Eulensprill, AdsD, NL Schmid 1788.
36 Schmid an Annedore Schiefer, 31. 1. 1956, AdsD, NL Schmid 660.
37 Die Stylomachie (1952), AdsD, NL Schmid 92.

Im Dauerzwist mit der Partei (1953–1957)

Der Ballastabwerfer

1 Karl Hook (Bearb.), Bundestagswahl am 6. September 1953 und Stadtratswahl am 15. November 1953 in Mannheim. Hrsg. Statistisches Amt der Stadt Mannheim 1954, S. 8.
2 Ebd., S. 8f.
3 Klotzbach, Staatspartei, S. 287f.
4 Protokoll der SPD-Parteivorstandssitzung am 8. 9. 1953, AdsD.
5 Protokoll der SPD-Parteivorstandssitzung am 16. 9. 1953, AdsD.
6 Ebd.
7 Sitzung der Führungsgremien der Partei, der Bundestagsfraktion und der Länderminister am 17. 9. 1953, Petra Weber, SPD-Fraktion 1953–1957, S. 9.
8 Ebd., S. 8f.
9 Wilhelm Kaisen an Ollenhauer, 19. 9. 1953, AdsD, PV-Akten, Alter Bestand 01588; Auch Henßler, Kalbitzer und Wehner äußerten sich kritisch zur Politik und dem Erscheinungsbild der SPD. Ebd.
10 Sitzung der Führungsgremien der Partei, der Bundestagsfraktion und der Länderminister am 17. 9. 1953, Petra Weber, SPD-Fraktion 1953–1957, S. 10.
11 Schmid an Hanshalter, 5. 10. 1953, AdsD, NL Schmid 635.
12 BT Sten. Ber. 18, S. 36–51.
13 Münchener Rundfunkrede vom 28. 10. 1953, Junge Kirche. Protestantische Monatshefte 14,1953, S. 603.
14 Ebd., S. 603.
15 Ebd., S. 604.
16 Ebd., S. 602.
17 Rundschreiben an die Funktionäre des Bezirks Südwest vom 6. 11. 1953, AdsD, Sammlung Personalia Schmid.
18 Selbstbesinnung. Sozialdemokraten ziehen Lehren aus dem 6. September, in: Die Gegenwart 8, Nov. 1953, S. 722f.
19 Rundschreiben an die Funktionäre des Bezirks Südwest vom 6. 11. 1953, AdsD, Sammlung Personalia Schmid.
20 Fritz Erler, Die SPD sucht ihren künftigen Weg, Süddeutsche Zeitung vom 28./29. 11. 1953.
21 Badisches Volksecho vom 28. 11. 1953.
22 Schmid an Willy Glade, 7. 12. 1953, AdsD, NL Schmid 634.
23 Von der Arbeiterpartei zur Volkspartei, Redemanuskript, AdsD, NL Schmid 97.
24 Fritz Erler an Wilhelm Burmeister, 12. 11. 1953, AdsD, NL Erler 164.
25 Protokoll der Sitzung der Kommission zur Weiterführung der Parteidiskussion am 9./10. 1. 1954, AdsD, PV-Akten, Alter Bestand 01591.
26 Ebd.
27 Protokoll der Sitzung der Kommission zur Weiterführung der Parteidiskussion am 16./17. 1. 1954. Ebd.
28 Protokoll der Sitzung der Kommission zur Weiterführung der Parteidiskussion am 9./10. 1. 1954. Ebd.
29 Ebd.
30 Heinrich Albertz, Der Besiegte besinnt sich, Neuer Vorwärts 25. 9. 1953.
31 Heinrich Albertz an Schmid, 23. 2. 1954, AdsD, NL Schmid 1356.

32 Bundestagssitzung am 28. und 29. 10. 1953. BT Sten. Ber.18, S. 56; S. 106.
33 Schmid an Heinrich Albertz, 23. 4. 1954, AdsD, NL Schmid 1356.
34 Neuer Vorwärts vom 25. 9. 1953.
35 Protokoll der Fraktionsvorstandssitzung am 27. 1. 1955, AdsD, SPD-BT-Fraktion 7.
36 Helmut Schmidt, Fritz Erler – ein Vorarbeiter auf dem Wege der Sozialdemokratie zur Reformpartei, in: Fritz Erler und die Sozialdemokratie als Reformpartei. Symposium anläßlich des 25. Todestages von Fritz Erler in der Stadthalle Pforzheim am 22. 2. 1992, Bonn 1992, S. 10.
37 Erler an Alfred Grosser, 4. 1. 1957, NL Erler 56.
38 Fraktionssitzung am 5. 10. 1953, Petra Weber, SPD-Fraktion 1953–1957, S. 12.
39 Mündliche Mitteilung Mathilde Alt-Kimmichs.
40 Die Empfehlungen wurden am 4. 3. 1954 verabschiedet, in: Jahrbuch der SPD 1954/55, S. 320–325
41 Ebd., S. 321.
42 Schmid an Alfred Franz, 21. 12. 1953, AdsD, NL Schmid 634; Protokoll der SPD-Parteivorstandssitzung am 12./13. 11. 1953, AdsD.
43 Schmid an Erich Richter, 17. 9. 1953, AdsD, NL Schmid 637.
44 Z. B. Schmid an Wolfgang Schöllkopf, 29. 6. 1955, AdsD, NL Schmid 650.
45 Schmid an Paul Sethe, 22. 10. 1954, AdsD, NL Schmid 561.
46 Schmid an Fritz Heine, 25. 11. 1953, AdsD, NL Schmid 1403.
47 Schmid an Konrad Heiden, 1. 10. 1957, AdsD, NL Schmid 665.
48 Ebd.
49 Klotzbach, Staatspartei, S. 318 f.
50 Die Linke. Sozialistische Informationen zur Aussprache und Kritik. Hrsg. Georg Kahn-Ackermann/Gerhard Sczesny, Febr. 1954; Zur Verweigerung der Finanzierung durch den PV vgl. Petra Weber, SPD-Fraktion 1953–1957, S. 41.
51 Abgedr., auch bei Ossip K. Flechtheim, Dokumente zur parteipolitischen Entwicklung in Deutschland seit 1945, Bd. 7, Berlin 1971, S. 22–27.
52 François-Poncet an Bidault, 1. 3. 1954, AdO, HCRFA C. 91 xp 3–4.
53 Protokoll der Verhandlungen des Parteitages der SPD vom 20.–24. Juli 1954 in Berlin, S. 303 f.
54 Manuskript des am 14. 7. 1954 geführten Roundtable-Gesprächs, AdsD, NL Schmid 98.
55 Ebd.
56 Soell, Erler, Bd. 1, S. 261 f.
57 Schmid an Friedrich Busch, 24. 4. 1963; an Curt Gersdorf, 2. 11. 1964, AdsD, NL Schmid 770/787.
58 Carlo Schmid, Die „greifbare Demokratie" des Ferdinand Lassalle, in: ders., Europa und die Macht des Geistes, S. 284.
59 Ebd., S. 282.
60 Carlo Schmid, Denk ich an Deutschland in der Nacht, in: ebd., S. 170.
61 Heinrich Heine, Ludwig Börne. Eine Denkschrift, in: Heinrich Heine, Sämtliche Werke. Hrsg. Klaus Briegleb, Bd. 4, München 1971, S. 7–149.
62 Schmid, Denk ich an Deutschland, S. 170; Heine, Börne, S. 130.
63 Schmid, Denk ich an Deutschland, S. 175.
64 Ebd., S. 180; Heine, Börne, S. 128.
65 Schmid an den Intendanten des SFB, Alfred Braun, 17. 5. 1956, AdsD, NL Schmid 564.
66 Manuskript des Hörspiels vom 14. 5. 1956, S. 44, AdsD, NL Schmid 566.
67 Ebd., S. 58.
68 Ebd., S. 62.

69 Hans Manthey an Fritz Heine, 27. 3. 1956, AdsD, PV-Bestand Heine 28.
70 Mündliche Mitteilung Mathilde Alt-Kimmichs.
71 Mündliche Mitteilung Mathilde Alt-Kimmichs.
72 Mündliche Mitteilung Mathilde Alt-Kimmichs.
73 Hartmut Soell, Der junge Wehner. Zwischen revolutionärem Mythos und praktischer Vernunft, Stuttgart 1991, S. 11–396; Reinhard Müller, Die Akte Wehner, Moskau 1937 bis 1941, Berlin 1993.
74 Vgl. die folgenden beiden Kapitel.
75 Carlo Schmid, Brief an einen bedenklichen Freund, in: Herbert Wehner. Beiträge zu einer Biographie. Hrsg. Gerhard Jahn u. a., Köln 1976, S. 269.
76 Wehner an Schmid, 31. 12. 1954, AdsD. NL Schmid 641.
77 So Schmid an Walter Seuffert, 2. 7. 1962, AdsD, NL Schmid 31.
78 Schmid, Brief an einen bedenklichen Freund, S. 272.
79 Schmid an Wehner, 5. 12. 1955, AdsD, NL Wehner 44.
80 Wehner an Schmid, 31. 12. 1955, AdsD, NL Schmid 1214.
81 Schmid, Brief an einen bedenklichen Freund, S. 265.
82 Vgl. S. 571 f. der Arbeit.
83 Soell, Wehner, S. 508.
84 So Wilhelm Hennis in einem Brief an die Verfasserin vom 18. 7. 1991.
85 Schmid an Alfred Kubel, 15. 11. 1955, AdsD, NL Schmid 646.
86 Otto A. Friedrich an Schmid, 22. 8. 1952, AdsD, NL Schmid 630.
87 Umfangreiches Material zur Bilderbergkonferenz, AdsD, NL Schmid 1635.
88 Schmid an Fritz Erler, 22. 7. 1955, AdsD, NL Schmid 1214.
89 Schmid an Wilhelm Kaisen, 13. 10. 1956, AdsD, NL Schmid 656.
90 Adolf Arndt, Die geistige Freiheit als politische Gegenwartsaufgabe, in: ders., Reden, S. 94.
91 Schmid an Adolf Arndt, 16. 1. 1956, AdsD, NL Arndt 25.
92 Arndt, Die geistige Freiheit, S. 109.
93 Gosewinkel, Arndt, S. 600 und passim.
94 Schmid an Thomas Dehler, 5. 12. 1957, ADL, NL Dehler N1–3331.
95 Schmid an Dehler, 13. 12. 1963. Ebd.
96 Schmid an Dehler, 30. 6. 1955. AdsD, NL Schmid 1214.
97 Schmid an Dehler, 9. 12. 1953, ADL, NL Dehler N1–3331.
98 Schmid an Dehler, 5. 12. 1955, Ebd.
99 Mündliche Mitteilung Mathilde Alt-Kimmichs und Friedel Ahlgrimms.
100 Bundestagssitzung am 2. 11. 1954. BT Sten. Ber. 22, S. 2598 f.
101 Paul Löbe an Schmid, 3. 1. 1954, AdsD, NL Löbe 72.
102 Z. B. Brief Stampfers vom 9. 12. 1955, AdsD, NL Schmid 650.
103 Carlo Schmid, Herz und Verstand, in: Lebendige Tradition. Paul Löbe zum 80. Geburtstag am 14. 12. 1955. Hrsg. Arno Scholz/Walter G. Oschilewski, Berlin 1955, S. 103 f.
104 Z. B. Schmid an Brauer, 3. 11. 1953; Schmid an Zinn, 8. 12. 1953, AdsD, NL Schmid 1355.
105 Schmid an Thomas Dehler, 9. 12. 1953, ADL, NL Dehler N1–3331.

Politik und Politikwissenschaft: Der Frankfurter Universitätsprofessor

1 Walter Kolb an Schmid, 10. 4. 1952, AdsD, NL Schmid 630.
2 Schmid an Alfred Kühn, 28. 11. 1952, AdsD, NL Schmid 499.
3 Schmid an Erwin Bünning, 4. 9. 1952, UAT 126a/434.

4 Erwin Bünning an Schmid, 6. 9. 1952. Ebd.

5 Vgl. S. 473 der Arbeit.

6 Schmid an Ministerialrat G. H. Müller, 2. 12. 1952, AdsD, NL Schmid 1355.

7 Schmid an Erich Fechner, 17. 3. 1953, AdsD, NL Schmid 1527.

8 Protokoll der Sitzung des Kuratoriums vom 18. 7. 1952. UAF, 13/335. Die Einsicht in die Akte Carlo Schmid wurde mir vom UAF verweigert. Ich beziehe mich auf eine Mitteilung des UAF vom 2. 10. 1992.

9 Frankfurter Presse vom 3. 7. 1952.

10 Notker Hammerstein, Die Johann-Wolfgang-Goethe-Universität Frankfurt am Main. Von der Stiftungsuniversität zur staatlichen Hochschule, Bd. 1: 1914 bis 1950, Frankfurt 1989, S. 754–758.

11 Ebd., S. 841–847.

12 Protokoll der Sitzung des Kuratoriums vom 18. 7. 1952, UAF 13/335.

13 Schmid an A. R. L. Gurland, 23. 4. 1954, AdsD, NL Schmid 1541.

14 Schmid an Wilhelm Hennis, 2. 2. 1954, AdsD, NL Schmid 1532.

15 Carlo Schmid, Was ist Wissenschaft von der Politik, in: ders., Politik als geistige Aufgabe, S. 141.

16 Laudatio Schmids auf Jean Rudolf Salis, in: Stiftung F. V. S. zu Hamburg. Friedrich-Schiller-Medaille in Gold an Herrn Prof. Dr. von Salis, Hamburg 7. 11. 1978, S. 8.

17 Einführung Schmids in seine Vorlesung Reich und Staat in ideengeschichtlicher Betrachtung (1953), AdsD, NL Schmid 96.

18 So in seiner Vorlesung über Theorie und Wirklichkeit der politischen Parteien am 11. 1. 1964, AdsD, NL Schmid 188.

19 Schmid, Was ist Wissenschaft, S. 139.

20 Einführung Schmids in seine Vorlesung Reich und Staat in ideengeschichtlicher Betrachtung (1953), AdsD, NL Schmid 96.

21 Ebd.

22 Ausgewählte Kapitel aus der politischen Ideengeschichte WS 58/59 und SS 59, Privatbesitz/Kopie AdsD.

23 Der Spiegel Nr. 48 vom 23. 11. 1960, S. 31.

24 Joachim Alexander an Rudolf Augstein, 9. 12. 1960, AdsD, NL Schmid 707.

25 Ulla Galm an Theodor Heuss, 4. 7. 1954; Heuss sandte am 9. 7. 1954 Schmid einen Auszug aus dem Brief zu. AdsD, NL Schmid 1356.

26 Manuskript der Erinnerungen, S. 2677, AdsD, NL Schmid 398.

27 Ebd., S. 2675.

28 Manuskript der Vorlesung, AdsD, NL Schmid 185–189.

29 Exzerpte zu der Vorlesung, AdsD, Dep. Goebel.

30 AdsD, Dep. Goebel.

31 Schmid an Hans Lamm, 29. 10. 1957, AdsD, NL Schmid 667.

32 Christoph Oehler, Das politische Bewußtsein des Studierenden und die Chancen politischer Bildung, Frankfurt 1960. Bei der Arbeit handelt es sich um empirische Studie über das politische Bewußtsein der Studenten der Universität Frankfurt in den 50er Jahren.

33 So Iring Fetscher, Politikwissenschaftler an der Wirtschafts- und Sozialwissenschaftlichen Fakultät, in: Bertram Schefold (Hrsg.), Wirtschafts- und Sozialwissenschaftler in Frankfurt am Main, Erinnerungen an die Wirtschafts- und Sozialwissenschaftliche Fakultät und die Anfänge des Fachbereichs Wirtschaftswissenschaften der Johann-Wolfgang-Goethe-Universität, Marburg 1989, S. 223.

34 Vorlesungsverzeichnisse der Johann-Wolfgang-Goethe-Universität Frankfurt 1953–1968.

35 Vortragsmanuskript, AdsD, NL Schmid 102.
36 Ebd.
37 Ruth Fischer, Einführung in die Geschichte des russischen Kommunismus, Paris/Frankfurt 1955.
38 Schmid an Herbert Holtzhauer, 15. 11. 1957, AdsD, NL Schmid 516.
39 Joachim Peters, Otto Kirchheimer (1905–1965). Demokratischer Marxist und Verfassungstheoretiker, in: Streitbare Juristen, S. 401–413.
40 Schmid an Paul Luchtenberg, 11. 6. 1958, AdsD, NL Schmid 678.
41 Otto Kirchheimer an Schmid, 3. 5. 1962, AdsD, NL Schmid 756.
42 Schmid an Otto Kirchheimer, 10. 5. 1962. Ebd.
43 Schmid an Ernst Schütte, 21. 2. 1963, AdsD, NL Schmid 776.
44 Ernst Schütte an Schmid, 8. 3. 1963. Ebd.
45 Golo Mann, Erinnerungen und Gedanken. Eine Jugend in Deutschland, Frankfurt 1991, S. 211.
46 Golo Mann an Schmid, 17. 10. 1962, AdsD, NL Schmid 759.
47 Fetscher, Politikwissenschaftler, S. 223.
48 Z. B. Brief an Hartmut Bauer, 5. 3. 1962; an Hans-Joachim Wohlleben, 10. 5. 1962; an Ursula Wissmann, 16. 8. 1967, AdsD, NL Schmid 769/767/1789.
49 Schmid an Rudolf Wildenmann, 29. 11. 1967, AdsD, NL Schmid 1534.
50 Carlo Schmid, Mut zur Politik. Rede auf dem 6. Deutschen Studententag, 4.–8. 4. 1960, AdsD, NL Schmid 1556.
51 Mündliche Mitteilung Wilhelm Hennis'.
52 Schmid an Kay und Lore Lorentz, 12. 7. 1962, AdsD, NL Schmid 571.
53 Schmid an Dekan Hans Möller, 9. 3. 1957, AdsD, NL Schmid 1532.
54 Mündliche Mitteilung Wilhelm Hennis'; vgl. auch Carlo Schmid. Politiker aus Sachverstand, in: Vorwärts vom 26. 7. 1961.
55 Wilhelm Hennis, Politik und praktische Philosophie, Neuwied/Berlin 1963.
56 Justus Fürstenau, Entnazifizierung. Ein Kapitel der Nachkriegspolitik, Neuwied/Berlin 1969.
57 Eleonore Sterling, Er ist wie du. Aus der Frühgeschichte des Antisemitismus 1815–1850, München 1956.
58 Manfred Friedrich, Philosophie und Ökonomie beim jungen Marx, Berlin 1960.
59 Otwin Massing, Fortschritt und Gegenrevolution. Die Gesellschaftslehre Comtes in ihrer sozialen Funktion, Stuttgart 1966.
60 Werner Soergel, Konsensus.
61 Wolfgang Rudzio, Neuordnung des Kommunalwesens in der britischen Zone, Stuttgart 1968.
62 Ingeborg Mauss, Bürgerliche Rechtstheorie und Faschismus. Zur sozialen Funktion und aktuellen Wirkung der Theorie Carl Schmitts, München 1976; Gutachten über die Dissertation, AdsD, NL Schmid 1550.
63 Schmid an Werner Kaltefleiter, 13. 11. 1972, AdsD, NL Schmid 915.
64 Schmid an Wilhard Grünewald, 23. 5. 1962; an Rolf Waldschmitt, 16. 9. 1957, AdsD, NL Schmid 754/671.
65 Fritz Bleienstein, Johannes Quidort von Paris. Über königliche und päpstliche Gewalt, Stuttgart 1970.
66 Günter Albrecht Zehm, Historische Vernunft und direkte Aktion. Zur Politik und Philosophie Jean-Paul Sartres, Stuttgart 1964.
67 Helga Haftendorn, Die politischen Funktionen der Parlamentsberichterstattung, in: Publizistik 6,1961. Von der Arbeit ist nur ein 31seitiger Teilabdruck veröffentlicht.

68 Joachim Hirsch, Die öffentlichen Funktionen der Gewerkschaften. Eine Untersuchung zur Autonomie sozialer Verbände in der modernen Verfassungsordnung, Stuttgart 1966.
69 Schmid an Wilhelm Hennis, 26. 3. 1956, AdsD, NL Schmid 1532.
70 Ein Standard-Bittgesuch. Ebd.
71 Nach einer mündlichen Mitteilung Wilhelm Hennis' ging es bei dem letzteren Thema um die „Entparteipolitisierung" der Nachkriegsgesellschaft.
72 Mündliche Mitteilung Wilhelm Hennis'.
73 Peter von Oertzen, Betriebsräte in der Novemberrevolution. Eine politikwissenschaftliche Untersuchung über Ideengehalt und Struktur der betrieblichen und wirtschaftlichen Arbeiterräte in der deutschen Revolution 1918/19, Düsseldorf 1963.
74 Mündliche Mitteilung Wilhelm Hennis'.
75 Mündliche Mitteilung Wilhelm Hennis'.
76 Zu Schmids Kritik an den Universitätsstrukturen vgl. seine Rede auf dem 6. Deutschen Studententag vom 4.–8. 4. 1960, AdsD, NL Schmid 1556.
77 Vortragsmanuskript, AdsD, Dep. Goebel.
78 Theodor W. Adorno an Schmid, 26. 10. 1957, AdsD, NL Schmid 1532.
79 Schmid an Theodor W. Adorno, 6. 12. 1957. Ebd.
80 Theodor W. Adorno, Valérys Abweichungen, in: Herausforderung der Moderne. Annäherungen an Paul Valéry. Hrsg. Carl H. Buchner/Eckhardt Köhn, Frankfurt 1991, S. 277.
81 Z. B. Die geistige Situation unserer Zeit, in: Mitteilungen für die Bergbauberufsschulen der Westfälischen Berggewerkschaftskasse Nr. 5 vom 31. 5. 1961, S. 3.
82 Geburtstagstelegramm Schmids an Adorno, 11. 9. 1963; Dankschreiben Adornos, 24. 9. 1963, AdsD, NL Schmid 769.
83 AdsD, NL Schmid 1359.
84 Schmid an Ernst Schütte, 29. 12. 1966, AdsD, NL Schmid 2.

Westpolitik: USA-Reise und Pariser Verträge

1 Interview zischen Schmid und David Berger, 16. 10. 1953, Pressearchiv des Deutschen Bundestages.
2 Herbert Wehner an Ollenhauer, 15. 9. 1953, AdsD, PV-Akten, Alter Bestand 01588.
3 Sitzung der Führungsgremien der Partei mit der Bundestagsfraktion und den Landesministern am 17. 9. 1953, Petra Weber, SPD-Fraktion 1953–1957, S. 3; Bundestagssitzung am 28. 10. 1953. BT Sten. Ber. 18, S. 48 f.
4 Protokoll der SPD-Parteivorstandssitzung am 12./13. 11. 1953, AdsD.
5 Schmid an Walter Kaufmann, 11. 2. 1954, AdsD, NL Schmid 640.
6 Presseinterview am 1. 2. 1954, abgedr., in: SOPADE Nr. 942 vom Febr. 1954, S. 5.
7 PPP vom 12. 2. 1954.
8 Zum Verlauf der Konferenz vgl. Die Viererkonferenz in Berlin. Reden und Dokumente. Hrsg. Presse- und Informationsamt der Bundesregierung, Berlin 1954.
9 Protokoll der SPD-Parteivorstandssitzung am 18./19. 2. 1954, AdsD.
10 Ebd.
11 Ebd.
12 Ebd.
13 Manuskript der Erinnerungen, S. 2444, AdsD, NL Schmid 398.
14 Protokoll der SPD-Parteivorstandssitzung am 18./19. 2. 1954, AdsD.
15 Kommuniqué zur Berliner Konferenz vom 19./20. 2. 1954, in: Jahrbuch der SPD 1954/55, S. 318 f.

16 Adenauer an Ollenhauer, 19. 2. 1954; Ollenhauer an Adenauer, 20. 2. 1954, AdsD, PV-Bestand Ollenhauer 409.
17 Bundestagssitzung am 25. 2. 1954. BT Sten. Ber. 18, S. 522–528.
18 Ebd., S. 544–546.
19 Bundestagssitzung am 26. 2. 1954. BT Sten. Ber. 18, S. 574.
20 Ebd., S. 572.
21 Ebd., S. 572f; Die Ausführungen Erlers, ebd., S. 561.
22 Die Reise dauerte vom 2. 3.–15. 4. 1954. FRUS 1952–1954, Vol. VII, S. 565.
23 Willy Brandt, Begegnungen und Einsichten. Die Jahre 1960–1975, Hamburg 1976, S. 81.
24 Manuskript der Erinnerungen, S. 2221, AdsD, NL Schmid 396.
25 Schmid, Erinnerungen, S. 599.
26 Manuskript der Erinnerungen, S. 2316ff, AdsD, NL Schmid 397.
27 Schmid an Erich Ollenhauer, 9. 3. 1954, AdsD, Sammlung Personalia Schmid.
28 Schmid an Erich Ollenhauer, 4. 4. 1954, AdsD, PV-Bestand Ollenhauer 202.
29 Memorandum of Conversation by the Director of the Office of German Affairs, 11. 3. 1954, FRUS 1952–1954, Vol. VII, S. 565–567.
30 Schmid an Herbert Wehner, 29. 3. 1954, AdsD, NL Wehner 32; Schmid an Mellies, 3. 4. 1954, AdsD, NL Schmid 2019.
31 Schmid an Herbert Wehner, 29. 3. 1954, AdsD, NL Wehner 32.
32 Vgl. S. 559f. der Arbeit.
33 Schmid an Erich Ollenhauer, 9. 3. 1954, AdsD, Sammlung Personalia Carlo Schmid.
34 Schmid an Erich Ollenhauer, 4. 4. 1954, AdsD, PV-Bestand Ollenhauer 202.
35 Protokoll des SPD-Parteitages 1954, S. 100.
36 Ebd., S. 100.
37 Ebd., S. 100.
38 Rede Schmids im Hessischen Rundfunk August 1954, AdsD, NL Schmid 98; Eugen Gerstenmaier an Schmid, 31. 12. 1954. Ebd. 639.
39 Carlo Schmid, Mit Moskau verhandeln, Generalanzeiger vom 27. 8. 1954.
40 Der Spiegel vom 1. 9. 1954, S. 5.
41 Der Spiegel vom 8. 9. 1954, S. 3.
42 Carlo Schmid, Was nun? DPA-Elite-Namendienst Sept. 1954; Manuskript für die „Düsseldorfer Nachrichten", AdsD, NL Schmid 99.
43 Fraktionssitzung am 31. 8. 1954, Petra Weber, SPD-Fraktion 1953–1957, S. 64f.
44 dpa-Interview 12. 9. 1954, AdsD, Sammlung Personalia Schmid.
45 Manuskript der Erinnerungen, S. 2434, AdsD, NL Schmid 398.
46 Schmid an Kenneth Dayton, 7. 12. 1954, AdsD, NL Schmid 638.
47 George F. Kennan, For the Defense of Europe. A New Approach, New York Times Magazine, 12. 9. 1954, S. 7; vgl. auch Walter L. Hixson, George F. Kennan. Cold War Iconoclast, New York 1989, S. 140.
48 Schmid an Kenneth Dayton, 7. 12. 1954, AdsD, NL Schmid 638.
49 So Adenauer in der Sitzung des CDU-Bundesvorstandes am 11. 10. 1954, in: Günter Buchstab (Bearb.), Adenauer: „Wir haben wirklich etwas geschaffen." Die Protokolle des CDU-Bundesvorstandes 1953–1957, Düsseldorf 1990, S. 260.
50 Der Spiegel vom 22. 12. 1954, S. 6.
51 Bundestagssitzung am 7. 10. 1954. BT Sten. Ber. 21, S. 2317.
52 Ebd., S. 2272.
53 Carlo Schmid, Was ist Außenpolitik, in: ders., Politik als geistige Aufgabe, S. 150.
54 Bundestagssitzung am 7. 10. 1954. BT Sten. Ber. 21, S. 2317.
55 Ebd., S. 2273.

56 Erich Kaufmann, Aufzeichnung betr. Außenpolitisches Programm der SPD, 11. 10. 1954, PA/AA Abt. 2, Bd. 198.

57 Der Spiegel vom 27. 10. 1954; Bérard an Mendès-France, 22. 10. 1954, in: DDF, 21. 7–31. 12. 1954, Paris 1987, S. 599 f.

58 Hans-Peter Schwarz, Adenauer. Der Staatsmann, S. 162 f.

59 Teilabdr. des Mommer-Plans, in: Robert H. Schmidt, Saarpolitik, Bd. 3, S. 677–681.

60 Hans-Peter Schwarz, Adenauer. Der Staatsmann, S. 165.

61 Bérard an Mèndes-France, 22. 10. 1954, DDF, 21. 7.–31. 12. 1954, S. 600.

62 Blankenhorn-Tagebuch, 23. 10. 1954, NL Blankenhorn 35; Rede Ollenhauers vor der SPD-Bundestagsfraktion am 2. 11. 1954, Petra Weber, SPD-Fraktion, S. 110–112.

63 Bundestagssitzung am 16. 12. 1954. BT Sten. Ber. 22, S. 3233.

64 Schmid, Erinnerungen, S. 560.

65 Bundestagssitzung am 15. 12. 1954. BT Sten. Ber. 22, S. 3113 f.

66 Ebd., S. 3113; Bruno Thoß, Die Lösung der Saarfrage 1954/55, in: VfZ 38, 1990, S. 242–266.

67 Bundestagssitzung am 15. 12. 1954. BT Sten. Ber. 22, S. 3114.

68 Ebd., S. 3113.

69 Ebd., S. 3130.

70 Bundestagssitzung am 25. 2. 1955. BT Sten. Ber. 23, S. 3692.

71 Ebd.

72 Thoß, Saarfrage, S. 264 f.

73 François-Poncet an das Außenministerium, 25. 2. 1955, AdO, HCRFA C. 182 SC–2/4.

74 François-Poncet an das Außenministerium, 12. 12. 1954. Ebd.

75 Council of Europe, 33. Sitzung, 9. 12. 1954, S. 943–945.

76 François-Poncet an Edgar Faure, 7. 2. 1955 und 8. 2. 1955, AdO, HCRFA, C. 182 SC–2/4.

77 So Schmid in einer Rede am 27. 3. 1955 in Kaiserslautern, Westdeutsches Tagblatt, Dortmund, vom 28. 3. 1955.

78 Protokoll der gemeinsamen Sitzung des Partei- und Fraktionsvorstandes am 1. 11. 1954, AdsD.

79 Ebd.

80 Carlo Schmid, Die Lage nach der Pariser Konferenz, in: DPA-Elite-Namendienst Okt. 1954.

81 Soell, Erler, Bd. 2, S. 182.

82 Bundestagssitzung am 26. 2. 1955. BT Sten. Ber. 23, S. 3822.

83 François-Poncet an Edgar Faure, 5. 2. 1955, AdO, HCRFA C. 92 xp 3–4.

84 Bundestagssitzung am 26. 2. 1955. BT Sten. Ber. 23, S. 3825.

85 So Strauß in der Bundestagssitzung am 24. 2. 1955. BT Sten. Ber. 23, S. 3576.

86 Bundestagssitzung am 26. 2. 1955. BT Sten. Ber. 23, S. 3819; Zur Souveränitätsproblematik vgl. auch Hanns Jürgen Küsters, Souveränität und ABC-Waffen-Verzicht. Deutsche Diplomatie auf der Londoner Neunmächte-Konferenz 1954, in: VfZ 42, 1994, S. 499–523.

87 Ebd., S. 3820 f.

88 Vortrag im Hessischen Rundfunk am 30. 6. 1955, AdsD, Sammlung Personalia Carlo Schmid; Das Notstandsrecht, in: Stuttgarter Zeitung vom 19. 2. 1955.

89 Michael Schneider, Demokratie in Gefahr? Der Konflikt um die Notstandsgesetze. Sozialdemokratie, Gewerkschaften und intellektueller Protest (1958–1968), Bonn 1986, S. 39 f.

90 So Schmid in der Bundestagssitzung am 26. 2. 1955. BT Sten. Ber. 23, S. 3827.
91 Mannheimer Morgen vom 10. 1. 1955; François-Poncet an Antoine Pinay, 4. 3. 1955, AdO, HCRFA C. 92 xp 3–4.
92 Protokoll der gemeinsamen Sitzung des Partei- und Fraktionsvorstandes am 21. 1. 1955, AdsD.
93 Herbert Wehner an Schmid, 31. 12. 1954, AdsD, NL Schmid 641.
94 François-Poncet an Antoine Pinay, 4. 3. 1955, AdO, HCRFA C. 92 xp 3–4.
95 Protokoll der gemeinsamen Sitzung des Partei- und Fraktionsvorstandes am 21. 1. 1955, AdsD.
96 Ebd.
97 Protokoll der Parteivorstandssitzung am 3. 3. 1955, AdsD.
98 Ebd.
99 Klotzbach, Staatspartei, S. 349 f.
100 Bundestagssitzung am 21. 6. 1955. BT Sten. Ber. 25, S. 4992.
101 Schmid an Jacob Ott, 19. 6. 1955. AdsD, NL Schmid 1184.
102 François-Poncet an das Außenministerium, 4. 3. 1955, AdO, HCRFA C. 92 xp 3–4.
103 Zit. nach Daniel Kosthorst, Brentano und die deutsche Einheit. Die Deutschland- und Ostpolitik des Außenministers im Kabinett Adenauer 1955–1961, Düsseldorf 1993, S. 11.
104 Bundestagssitzung am 21. 6. 1955. BT Sten. Ber. 25, S. 4992.

Ostpolitik: Moskaureise und Normalisierung des Verhältnisses zu Osteuropa

1 Sondersitzung der SPD-Fraktion am 8. 6. 1955, Petra Weber, SPD-Fraktion 1953–1957, S. 196.
2 Soell, Erler, Bd. 1, S. 186; Peter Siebenmorgen, Gezeitenwechsel. Aufbruch zur Entspannungspolitik, Bonn 1990, S. 199.
3 Protokoll der Parteivorstandssitzung am 21. 7. 1955, AdsD.
4 Ebd.
5 Schmid an Nicolas Nabokov, 29. 8. 1955, AdsD, NL Schmid 1832.
6 Carlo Schmid, Nach der Konferenz in Helsinki, in: Bulletin des Presse- und Informationsamtes, Nr. 154 vom 3. 9. 1955, S. 1383 f.
7 Adenauer an Schmid, 16. 7. 1955, AdsD, NL Schmid 1356.
8 Schmid an Adenauer, 16. 7. 1955. Ebd.
9 François-Poncet an Antoine Pinay, 6. 9. 1955, AdO, HCRFA C. 92 xp 3–4.
10 Protokoll der gemeinsamen Sitzung des Partei- und Fraktionsvorstandes am 2. 9. 1955, AdsD.
11 Ebd.
12 Die Resolution ist abgedr., in: Sozialdemokratischer Pressedienst vom 3. 9. 1955.
13 Arnulf Baring (Hrsg.), Sehr verehrter Herr Bundeskanzler. Heinrich von Brentano im Briefwechsel mit Konrad Adenauer 1949–1964, Hamburg 1974, S. 156–164.
14 Hans-Peter Schwarz, Adenauer. Der Staatsmann, S. 214.
15 Vortrag vor Studenten der Universität Frankfurt, AdsD, NL Schmid 102.
16 Dokumentation zur Deutschlandfrage. Hrsg. Heinrich Siegler, Von der Altantikcharta 1941 bis zur Berlin-Sperre 1961, Bd. 1, Bonn u. a. 1961, S. 3–386; Adenauer, Erinnerungen 1953–1955, S. 497–528.
17 Schmid, Erinnerungen, S. 569f; Der Spiegel vom 21. 9. 1955, S. 11; Kurt Georg Kiesinger, Dunkle und helle Jahre. Erinnerungen 1904–1958. Hrsg. Reinhard Schmoeckel, Stuttgart 1989, S. 488 f.

18 Kosthorst, Brentano, S. 67.
19 Vortrag vor Studenten der Universität Frankfurt, AdsD, NL Schmid 102.
20 Bericht Schmids über die Moskaureise vor der SPD-Bundestagsfraktion am 15. 9. 1955, AdsD, Sammlung Personalia Carlo Schmid; ders., Erinnerungen, S. 570 f.
21 Karl-Heinz Janßen, Heimkehr fünf Jahre zu spät, in: Die Zeit vom 1. 1. 1993; Dieter Riesenberger, Das Deutsche Rote Kreuz, Konrad Adenauer und das Kriegsgefangenenproblem. Die Rückführung der Deutschen Kriegsgefangenen aus der Sowjetunion (1952–1955), Bremen 1994, S. 80 und passim.
22 Ausführungen Wilhelm Grewes, in: Konrad Adenauer und der Deutsche Bundestag. Hrsg. Hans Buchheim, Bonn 1986, S. 87.
23 Joachim Peckert, Zeitwende zum Frieden. Ostpolitik miterlebt und mitgestaltet, Herford 1990, S. 61; Wilhelm Grewe, Rückblenden 1976–1951. Aufzeichnungen eines Augenzeugen deutscher Außenpolitik von Adenauer bis Schmidt, Frankfurt/M. u.a, 1979, S. 237.
24 Bericht Schmids über die Moskaureise vor der SPD-Bundestagsfraktion am 15. 9. 1955, AdsD, Sammlung Personalia Carlo Schmid; ders., Erinnerungen, S. 573.
25 Aufzeichnung Bräutigams vom 5. 8. 1955, PA/AA, 200/80 SL 94. 29.
26 Zit. nach Schmid, Erinnerungen, S. 575 f.
27 Kosthorst, Brentano, S. 70 f.
28 Felix von Eckardt, Ein unordentliches Leben. Lebenserinnerungen, Düsseldorf/Wien 1967, S. 403.
29 Adenauer, Erinnerungen 1953–1955, S. 538 f.; Sitzung des CDU-Bundesvorstandes am 30. 9. 1955, Günter Buchstab, Adenauer: „Wir haben wirklich etwas geschaffen“, S. 604 f.
30 Karl-Heinz Janßen, Heimkehr fünf Jahre zu spät, in: Die Zeit vom 1. 1. 1993.
31 Kosthorst, Brentano, S. 72; Schmid, Erinnerungen, S. 577.
32 Protokoll der Kabinettssitzung am 15. 9. 1955. Die Protokolle stehen noch unter Verschluß. Der Wortlaut der zitierten Passage wurde mir freundlicherweise von Dr. Kai von Jena mitgeteilt.
33 Bericht Schmids über seine Moskaureise vor der SPD-Bundestagsfraktion, AdsD, Sammlung Personalia Carlo Schmid.
34 Ebd.
35 Ebd.
36 Ebd.; Schmid, Erinnerungen, S. 579 f.
37 Carlo Schmid, Neue politische Tatsachen. Gedanken zur Moskauer Konferenz, Die Zeit vom 22. 9. 1955; Protokoll der gemeinsamen Sitzung des Partei- und Fraktionsvorstandes am 16. 9. 1955, AdsD.
38 Protokoll der gemeinsamen Sitzung des Partei- und Fraktionsvorstandes am 16. 9. 1955, AdsD.
39 Ebd.
40 Protokoll der gemeinsamen Sitzung des Partei- und Fraktionsvorstandes am 29. 11. 1955, AdsD.
41 Wehners Bericht vor der SPD-Bundestagsfraktion am 11. 11. 1955, Petra Weber, SPD-Fraktion 1953–1957, S. 248–251.
42 Vortrag Schmids vor Studenten der Universität Frankfurt, AdsD, NL Schmid 102.
43 Carlo Schmid, Der Westen muß ein neues Deutschland-Konzept finden, Süddeutsche Zeitung 24.–26. 12. 1955.
44 Molotow-Vorschlag vom 2. 11. 1955, abgedr., in: Dokumentation zur Deutschlandfrage, Bd. 1, S. 429.
45 Schmid an Kenneth Dayton, 31. 1. 1956, AdsD, NL Schmid 653.

46 Protokoll der gemeinsamen Sitzung des Partei- und Fraktionsvorstandes am 29. 11. 1955, AdsD.
47 Memorandum Wehners, Anl. zum Protokoll der gemeinsamen Sitzung des Partei- und Fraktionsvorstandes am 29. 11. 1955. Ebd.
48 Vortrag Schmids im Hessischen Rundfunk „Probleme der deutschen Politik" am 17. 11. 1955, AdsD, Sammlung Personalia Carlo Schmid.
49 dpa-Interview vom 2. 12. 1955. Ebd; Protokoll der gemeinsamen Sitzung des Partei- und Fraktionsvorstandes am 29. 11. 1955, AdsD.
50 Vortrag Schmids vor Studenten der Universität Frankfurt, AdsD, NL Schmid 102.
51 Die Zeit vom 29. 9. 1955; Hans Kroll, Lebenserinnerungen eines Botschafters, Köln/Berlin 1967, S. 311 f.
52 Carlo Schmid, Vor neuen Aufgaben, Die Freiheit vom 21. 11. 1955; Deutliche Fragen an die Sowjetunion notwendig, Frankfurter Rundschau vom 30. 11. 1955.
53 Kiesinger, Dunkle und helle Jahre, S. 503.
54 Bundestagssitzung am 2. 12. 1955. BT Sten. Ber. 27, S. 6171.
55 BT Anl. 38, Drs.I/1898; vgl. hierzu auch den Brief an Hans Podeyn, 3. 12. 1955, AdsD, NL Schmid 649.
56 Zit. nach Der Spiegel vom 7. 12. 1955, S. 10.
57 Bundestagssitzung am 22. 3. 1956. BT Sten. Ber. 28, S. 7079.
58 West-Ost-Probleme des Europarats, Deutsche Korrespondenz vom 28. 4. 1956.
59 Die Welt vom 24. 5. 1956.
60 Zit. nach Jahrbuch der SPD 1956/7, S. 320.
61 Bericht Wehners vor der SPD-Bundestagsfraktion am 2. 5. 1956 über die Auswirkungen des Parteitages der KPdSU, AdsD, NL Menzel R 30.
62 Teilabdr. der Reden vom 5. und 7. 10. 1956, in: Der Spiegel vom 17. 10. 1956, S. 17.
63 Carlo Schmid, Darf eine Demokratie sich verteidigen. Vortrag im RIAS am 30. 6. 1955, AdsD, NL Schmid 100.
64 Teilabdr. der Reden vom 5. und 7. 10. 1956, in: Der Spiegel vom 17. 10. 1956, S. 17.
65 AdG 1956, S. 6021.
66 Manuskript der Erinnerungen, S. 2604, AdsD, NL Schmid 398.
67 Fraktionsvorstands- und Fraktionssitzung am 9./10. 10. 1956, Petra Weber, SPD-Fraktion 1953–1957, S. 370 f.
68 AdG 1956, S. 6021.
69 Europa-Archiv 11,1956, S. 9303.
70 Friedrich Stampfer, Carlo, der Ketzer, in: Stampfer-Dienst Nr. 198 vom 13. 10. 1956.
71 Die Welt vom 9. 10. 1956.
72 Schmid an Friedrich Stampfer, 1. 11. 1956, AdsD, NL Schmid 659.
73 Schmid an Waldemar von Knoeringen, 22. 10. 1956, AdsD, NL Schmid 1460.
74 Schmid an seine Frau, 15. 11. 1956, Privatbesitz/Kopie AdsD.
75 Rede Schmids anläßlich der Tagung der Interparlamentarischen Union in Bangkok, AdsD, NL Schmid 107.
76 Protokoll der Parteivorstandssitzung am 17./18. 10. 1956, AdsD.
77 Carlo Schmid, Europa zwischen Ost und West, in: Außenpolitik 8,1957, S. 220.
78 Siebenmorgen, Gezeitenwechsel, S. 232 f.
79 Carlo Schmid, Untertöne eines Briefes, in: Außenpolitik 8,1957, S. 138; Die Botschaft Bulganins. Vortrag im WDR vom 16. 2. 1957, AdsD, NL Schmid 503.

Die zweite industrielle Revolution

1 François-Poncet an Antoine Pinay, 6. 9. 1955, AdO, HCRFA, C. 92 xp 3–4.
2 Die Neuordnung Deutschlands. Sozialdemokratische Vorschläge und Forderungen zu innenpolitischen Gegenwartsaufgaben: Vorgetragen auf dem SPD-Kongreß in Köln 14./15. 1. 1956, Hrsg. Vorstand der SPD o.O.u.J.
3 Schmid an Kenneth Dayton, 31. 1. 1956, AdsD, NL Schmid 653.
4 Ebd.
5 Mehringer, Knoeringen, S. 380 f.
6 Carlo Schmid, Politik im Atomzeitalter, in: ders., Politik als geistige Aufgabe, S. 108–131.
7 Peter Weilemann, Die Anfänge der europäischen Atomgemeinschaft. Zur Gründungsgeschichte von EURATOM 1955–1957, Baden-Baden 1983, S. 29 f.
8 Bundestagssitzung am 15. 7. 1955. BT Sten. Ber. 26, S. 5564.
9 Ebd., S. 5564.
10 Bundestagssitzung am 22. 3. 1956. BT Sten. Ber.28, S. 7081 f.
11 Schmid an J. H. Retinger, 4. 8. 1956, AdsD, NL Schmid 659.
12 Leo Brandt, Die zweite industrielle Revolution. Hrsg. Vorstand der SPD, o. O. u. J., S. 5.
13 Carlo Schmid, Mensch und Technik, in: ders., Europa und die Macht des Geistes, S. 153.
14 Ebd., S. 155.
15 Ebd., S. 159.
16 Edgar Salin, Ökonomik der Atomkraft. Von einer neuen Etappe der industriellen Revolution, Köln 1955; Friedrich Pollock, Automation in USA. Betrachtungen zur zweiten industriellen Revolution, in: Sociologica. Bd. 1, Hrsg. Theodor W. Adorno und Walter Dirks, Stuttgart 1955, S. 77–156.
17 Schmid, Mensch und Technik, S. 160 f.
18 Ebd., S. 164.
19 Ebd., S. 159.
20 Ebd., S. 163.
21 Ebd., S. 163.
22 Ebd., S. 164.
23 Marion Gräfin Dönhoff, Jules Verne besiegt Marx, Die Zeit vom 19. 7. 1956.
24 Protokoll der Verhandlungen des Parteitages der SPD vom 10. bis 14. Juli 1956 in München, S. 219.
25 Z. B. Carlo Schmid, Gesellschaft und Lebensform. Die Gewerkschaften als bildendes Element, in: Hamburger Echo vom 13. 10. 1956; Die zweite industrielle Revolution, in: Bergbau und Wirtschaft 9,1956, S. 406–410.
26 Carlo Schmid, Die amerikanischen Gewerkschaften, Manuskript aus dem Jahre 1954, AdsD, NL Schmid 99.
27 Carlo Schmid, Die Stellung der Gewerkschaften in der heutigen Gesellschaft, Frankfurt 1955, S. 17.
28 Schmid an Ernst Jünger, 23. 4. 1965, AdsD, NL Schmid 805.
29 Z. B. Carlo Schmid, Staat und Gewerkschaft, in: Der Betriebsrat. Mitteilungen für die Betriebsräte der IG-Chemie-Papier-Keramik 4,1955, S. 254.
30 Schmid an Alfred Fischer, 21. 12. 1965, AdsD, NL Schmid 1063.
31 Paul Löbe an Schmid, 18. 4. 1955; 9. 6. 1955; Schmid an Otto Suhr, 23. 5. 1955, AdsD, NL Schmid 1843/647/1356.
32 Bundestagssitzung am 1. 4. 1951. BT Sten. Ber. 7, S. 5183.

33 Carlo Schmid, Vier Jahre Erfahrungen mit dem Grundgesetz, in: DÖV 7,1954, S. 3.
34 Carlo Schmid, Ein deutscher Forschungsrat, Die Zeit vom 13. 12. 1956.
35 Ebd.
36 Schmid an Leo Brandt, 12. 10. 1956, AdsD, NL Schmid 1357.
37 Ebd.
38 Buchstab, Adenauer: „Wir haben wirklich etwas geschaffen", S. 1095.
39 Die Mobilisierung des Geistes. Unsere Aufgaben in der zweiten industriellen Revolution. Hrsg. Vorstand der SPD, o. O. u. J.
40 AdsD, NL Schmid 968.
41 Thomas Stamm, Zwischen Staat und Selbstverantwortung. Die deutsche Forschung im Wiederaufbau 1945–1965, Köln 1981, S. 212–219.
42 So Knoeringen in der Sitzung des Wiesbadener Arbeitskreises am 29. 4. 1957, AdsD, NL Knoeringen 331.

Begegnung mit der Dritten Welt

1 Schmid, Mensch und Technik, S. 144; Über das europäische politische System, in: ders., Politik als geistige Aufgabe, S. 199.
2 Schmid, Über das europäische politische System, S. 191.
3 Ebd., S. 196; Bundestagssitzung am 28. 6. 1956. BT Sten. Ber. 31, S. 8477.
4 Schmid, Über das europäische politische System, S. 196.
5 Bundestagssitzung am 28. 6. 1956. BT Sten. Ber. 31, S. 8476f; Une politique commune Franco-Allemande, in: Politique Etrangère 21, 1956, S. 548–552.
6 Schmid, Über das europäische politische System, S. 198.
7 Ebd., S. 198.
8 Entwicklungspolitik – Hilfe oder Ausbeutung? Die entwicklungspolitische Praxis der BRD und ihre wirtschaftlichen Hintergründe, Informationszentrum Dritte Welt, Freiburg 2. Aufl. 1979, S. 33.
9 Schmid, Über das europäische politische System, S. 199 f.
10 Kurt Thomas Schmitz, Entwicklungshilfe und Entwicklungspolitik. Überblick über die Vorstellungen und Aktivitäten der SPD in den Jahren 1956–1966, in: AfS 13, 1973, S. 196 f.
11 Gerhard Weisser an Schmid, 3. 12. 1956, AdsD, NL Schmid 969.
12 Schmid an seine Frau, 15. 11. 1956, Privatbesitz/Kopie AdsD.
13 Protokoll der SPD-Parteivorstandssitzung am 17./18. 9. 1956, AdsD.
14 Chronique de Politique Etrangère, Bd. 10, Jan.-Mars 1957, S. 75–111.
15 Protokoll der SPD-Parteivorstandssitzung am 17./18. 9. 1956, AdsD.
16 Rede Schmids am 16. 11. 1956 anläßlich der Tagung der Interparlamentarischen Union in Bangkok, AdsD, NL Schmid 107.
17 Manuskript der Erinnerungen, S. 2715, AdsD, NL Schmid 402.
18 Erich Ollenhauer vor der SPD-Bundestagsfraktion am 11. 9. 1956, Petra Weber, SPD-Fraktion 1953–1957, S. 351–354.
19 Hans-Peter Schwarz, Adenauer. Der Staatsmann, S. 301 f.
20 Schmid an seine Frau, 29. 10. 1956, Privatbesitz/Kopie AdsD.
21 Schmid an seine Frau, 31. 10. 1956. Ebd.
22 Schmid an seine Frau, 29. 10. 1956. Ebd.
23 Schmid, Erinnerungen, S. 607.
24 Carlo Schmid, Indisches Leben ist von Religion durchtränkt. Politische Beobachtungen von der Indienfahrt, Die Zeit vom 17. 1. 1957.
25 Ebd.

26 Schmid, Indisches Leben ist von Religion durchtränkt. Teil 2, Die Zeit vom 24. 1. 1957.
27 Schmid an seine Frau, 12. 11. 1956, Privatbesitz/Kopie AdsD.
28 Schmid an seine Frau, 16. 11. 1956. Ebd.
29 Schmid, Indisches Leben ist von Religion durchtränkt. Teil 3, Die Zeit vom 31. 1. 1957.
30 Schmid, Indisches Leben ist von Religion durchtränkt. Teil 2, Die Zeit vom 24. 1. 1957.
31 Ebd.
32 Ebd.
33 Schmid, Indisches Leben ist von Religion durchtränkt. Teil 1, Die Zeit vom 17. 1. 1957.
34 Heuss, Tagebuchbriefe, S. 226.
35 Schmid, Indisches Leben ist von Religion durchtränkt. Teil 2, Die Zeit vom 24. 1. 1957.
36 Schmid an seine Frau, 10. 11. 1956, Privatbesitz/Kopie AdsD.
37 Schmid an seine Frau, 29. 10. 1956. Ebd.
38 Schmid, Erinnerungen, S. 608–614.
39 Schmid an seine Frau, 7. 11. 1956, Privatbesitz/Kopie AdsD.
40 Rede Schmids am 16. 11. 1956 anläßlich der Tagung der Interparlamentarischen Union in Bangkok, AdsD, NL Schmid 107.
41 Mathilde Alt an Lydia Schmid, 30. 11. 1956, Privatbesitz/Kopie AdsD.

Persönliche Schicksalsschläge und Entscheidungen

1 Mathilde Alt an Lydia Schmid, 30. 11. 1956, Privatbesitz/Kopie AdsD.
2 Schmid an Ernst Rietz, 12. 5. 1955, AdsD, NL Schmid 1459.
3 Jakob Trumpfheller an Schmid, 10. 6. 1955, AdsD, NL Schmid 1184.
4 Schmid an Dr. med. W. Devriant, 26. 3. 1956, AdsD, NL Schmid 653.
5 Schmid an Willi Klinkert, 12. 6. 1956, AdsD, NL Schmid 656.
6 Manuskript der Erinnerungen, S. 2830 ff., AdsD, NL Schmid 402; Mündliche Mitteilung Karl Anders' und Mathilde Alt-Kimmichs.
7 Schmid an Hans Podeyn, 2. 4. 1954, AdsD, NL Schmid 2019.
8 Schmid an Walter Kaufmann, 11. 2. 1954; an Ruth Fabian, 12. 7. 1954, AdsD, NL Schmid 640/639.
9 Schmid an Herbert Wehner, 25. 7. 1956, AdsD, NL Wehner 32.
10 Schmid an seine Frau, 19. 7. 1956, AdsD, Dep. Goebel.
11 Schmid an Theodor Heuss, 26. 7. 1956, BA, NL Heuss 196.
12 Schmid an Frau Dereume-Krafft, 3. 3. 1964, AdsD, NL Schmid 802.
13 Schmid an Herbert Wehner, 25. 7. 1956, AdsD, NL Wehner 32.
14 Schmid an seine Frau, 19. 11. 1956, Privatbesitz/Kopie AdsD.
15 Schmid an seine Frau, 22. 11. 1956. Ebd.
16 Schmid an seine Frau, 22. 11. 1956. Ebd.
17 Schmid an seine Frau, 26. 11. 1956. Ebd.
18 Schmid an Susanna Lee, 7. 12. 1956, AdsD, NL Schmid 657.
19 Schmid an seine Frau, 25. 11,1956, Privatbesitz/Kopie AdsD.
20 Schmid an seine Frau, 26. 11. 1956. Ebd.
21 Schmid an Walter Kaufmann, 11. 2. 1954; an Erhard Goepel, 29. 2. 1960, AdsD, NL Schmid 640/712.
22 Schmid an Kurt-Fritz von Graevenitz, 30. 9. 1957, AdsD, NL Schmid 665.

23 Schmid an Familie von Graevenitz, 22. 10. 1957. Ebd.
24 Schmid an Walter Kaufmann, 11. 2. 1954, AdsD, NL Schmid 640.
25 Schmid an Ulrich Ehebald, 15. 5. 1957, AdsD, NL Schmid 664.
26 Schmid an seine Frau, 19. 7. 1956, AdsD, Dep. Goebel.
27 Dienstzeugnis vom 2. 4. 1963, AdsD, Dep. Goebel.
28 Schmid an Sirrha Helanen, 29. 9. 1955, AdsD, NL Schmid 645.
29 Schmid, Erinnerungen, S. 616.
30 Mündliche Mitteilung; Otto Schumacher-Hellmond, Prof. Martini, der Arzt der Politiker, in: Pörtner, Kinderjahre, S. 379 f.
31 Schmid an Ulrich Ehebald, 15. 5. 1957, AdsD, NL Schmid 664.
32 Eugen Gerstenmaier an Schmid, 22. 12. 1961, AdsD, NL Schmid 735.
33 Schmid an Theodor Heuss, 31. 1. 1957, AdsD, NL Schmid 665.
34 Adenauer an Schmid, 3. 12. 1956. AdsD, NL Schmid 966.
35 Adenauer an Schmid, 30. 4. 1957, AdsD, NL Schmid 662.
36 Herbert Wehner an Schmid, 31. 12. 1956, AdsD, NL Schmid 1214.
37 Schmid an Herbert Wehner, 24. 3. 1957, AdsD, NL Wehner 62.
38 Frankfurter Allgemeine Zeitung vom 3. 12. 1956.
39 Süddeutsche Zeitung vom 3. 12. 1956.
40 Schmid an Jakob Trumpfheller, 18. 12. 1956, AdsD, NL Schmid 1185.
41 Heuss, Tagebuchbriefe, S. 244.
42 Beate Schmid an Lydia Schmid, 25. 3. 1957, Privatbesitz/Kopie AdsD.
43 Schmid an Theodor Heuss aus Meran, BA, B 122, Bundespräsidialamt 2070.
44 Schmid an Thomas Dehler, 12. 4. 1957, ADL, NL Dehler N1–3331.
45 BT Sten. Ber. 36, S. 11757.
46 Franz-Josef Strauß an Schmid, 8. 5. 1957, AdsD, NL Schmid 1357.
47 Schmid an Franz-Josef Strauß, 15. 5. 1957. Ebd.
48 Hans-Peter Schwarz, Adenauer. Der Staatsmann, S. 332 f.
49 BT Anl. 50, Drs. II/3347.
50 Abgedr., in: AdG S. 6385.
51 Carlo Schmid, In Frieden arbeiten, Süddeutsche Zeitung vom 1. 5. 1957.
52 Bundestagssitzung am 10. 5. 1957. BT Sten. Ber. 36, S. 12076.
53 Ebd., S. 12076.
54 Ebd., S. 12080.
55 Ebd., S. 12069.
56 Hans-Gert Pöttering, Adenauers Sicherheitspolitik 1955–1963. Ein Beitrag zum deutsch-amerikanischen Verhältnis. Mit einem Vorwort von Hans-Adolf Jacobsen, Düsseldorf 1975, S. 107.
57 Bundestagssitzung am 10. 5. 1957. BT Sten. Ber. 36, S. 12080.
58 Ebd., S. 12079.
59 Ebd., S. 12079.
60 Ebd., S. 12082.
61 Ebd., S. 12073.
62 Ebd., S. 12082.
63 Ebd., S. 12082.
64 Schmid an Ulrich Ehebald, 15. 5. 1957. AdsD, NL Schmid 664.
65 Herbert Wehner, Europa mit Einschränkungen und Vorbedingungen. Fragen zum gemeinsamen Markt, in: Vorwärts vom 22. 2. 1957.
66 Vermerk der Europaabteilung des französischen Außenministeriums, in: DDF, Bd. 2, 1. 7.–31. 12. 1957, S. 6.
67 Schmid an Eugen Gerstenmaier, 17. 4. 1957, AdsD, NL Schmid 1309.

68 Schmid, Sind heute die Wahlen noch frei? Beitrag für den bayrischen Rundfunk 1957, AdsD, NL Schmid 111.
69 Protokoll der SPD-Parteivorstandssitzung am 30. 5. 1957, AdsD.
70 Bundestagssitzung am 10. 5. 1957. BT Sten. Ber. 36, S. 12082.
71 Carlo Schmid, Parteien zum Wahlkampf. Die Wiedervereinigung- der Kernpunkt unserer Außenpolitik, Süddeutsche Zeitung vom 6./7. 7. 1957.
72 Ebd.
73 Schmid an Erich Ollenhauer, 29. 7. 1957, AdsD, PV-Bestand Ollenhauer 219.
74 Schmid an Herbert Wehner, 29. 7. 1957, AdsD, NL Wehner 62.
75 Schmid an Paul Sethe, 14. 8. 1957, AdsD, NL Schmid 566.
76 Ebd.

Noch einmal im Aufwind
(1957–1961)

Endlich Parteireform!

1 Schmid an Maurice Voreux, 1. 10. 1957, AdsD, NL Schmid 671.
2 Die Welt vom 2. 11. 1957.
3 Die Zeit vom 19. 9. 1957; Der Spiegel vom 25. 9. 1957, S. 15 f. Zehrer an Schmid, 14. 8. 1958, AdsD, SPD-BT-Fraktion 3. WP 591.
4 Kay Lorentz an Schmid, 26. 3. 1958, AdsD, NL Schmid 679.
5 Kurt Hiller an Heine. Heine schickte am 21. 4. 1955 Schmid einen Auszug aus dem Brief Hillers zu. AdsD, NL Schmid 1404.
6 Friedrich Sieburg an Schmid, 26. 5. 1958, AdsD, NL 683.
7 Carlo Schmid, Die SPD und der Ausgang der Bundestagswahl, Politik aus erster Hand, 25. 9. 1957, AdsD, Sammlung Personalia Carlo Schmid.
8 RIAS-Rundfunkinterview am 22. 9. 1957, AdG 1957, S. 6654.
9 Interview mit Wilhelm Papenhoff in der Sendereihe des WDR „Zur Debatte gestellt“, AdsD, Sammlung Personalia Carlo Schmid; Protokoll der SPD-Parteivorstandssitzung am 18. 9. 1957, AdsD.
10 Carlo Schmid, Die SPD und der Ausgang der Bundestagswahl, Politik aus erster Hand, 25. 9. 1957, AdsD, Sammlung Personalia Carlo Schmid.
11 RIAS-Rundfunkinterview am 22. 9. 1957, AdG 1957, S. 6654.
12 Protokoll der Sitzung des Parteivorstandes, Parteiausschusses und der Kontrollkommission am 25. 9. 1957, AdsD.
13 Manuskript der Erinnerungen, S. 2891, AdsD, NL Schmid 402.
14 Protokoll der SPD-Parteivorstandssitzung am 18. 9. 1957, AdsD.
15 Protokoll der Sitzung des Parteivorstandes, Parteiausschusses und der Kontrollkommission am 25. 9. 1957, AdsD.
16 Protokoll der Sitzung des Parteiausschusses am 14. 12. 1957, AdsD.
17 Schmid an Erich Franzen, 1. 10. 1957, AdsD, NL Schmid 664.
18 Herbert Wehner an Franz Neumann, 29. 11. 1957, AdsD, SPD-BT-Fraktion 3. WP 590.
19 Soell, Erler, Bd. 1, S. 300.
20 Herbert Wehner an Schmid, 11. 8. 1957, AdsD, NL Schmid 1214.
21 Protokoll der SPD-Parteivorstandssitzung am 18. 9. 1957, AdsD; RIAS-Rundfunkinterview am 22. 9. 1957, AdG 1957, S. 6654.
22 Protokoll der Sitzung des Parteivorstandes, Parteiausschusses und der Kontrollkommission am 17./18. 5. 1958, AdsD.

23 Fraktionsvorstands- und Fraktionssitzung am 26./27. 9. 1957, Wolfgang Hölscher (Bearb.), Die SPD-Fraktion im Deutschen Bundestag. Sitzungsprotokolle 1957–1961, Düsseldorf 1993, S. 3.
24 Hellmut Kalbitzer an Schmid, 7. 10. 1957, AdsD, NL Schmid 1214.
25 Soell, Bd. 1, S. 301 f.
26 Fraktionssitzung am 30. 10. 1957, Hölscher, SPD-Fraktion 1957–1961, S. 8.
27 Protokoll der Sitzung des Parteivorstandes, Parteiausschusses und der Kontrollkommission am 14. 12. 1957, AdsD.
28 Der Spiegel vom 6. 11. 1957, S. 13.
29 Wilhelm Mellies an Schmid, 2. 1. 1958, AdsD, NL Schmid 1215.
30 Willy Brandt an Schmid, 7. 11. 1957, AdsD, NL Schmid 1357.
31 Schmid an Heinrich von Nussbaum, 30. 9. 1957, AdsD, NL Schmid 668.
32 Protokoll der SPD-Parteivorstandssitzung am 18. 9. 1957, AdsD.
33 Der Spiegel vom 9. 10. 1957, S. 25f; vgl. auch Gosewinkel, Arndt, S. 434.
34 Schmid an Heinrich von Nussbaum, 30. 9. 1957, AdsD, NL Schmid 668.
35 Schmid an Konrad Heiden, 18. 12. 1957, AdsD, NL Schmid 665.
36 Schmid an Hans Zehrer, 25. 11. 1957, AdsD, NL Schmid 566.
37 Protokoll der Verhandlungen des Parteitags der SPD vom 18. bis 23. Mai 1958 in Stuttgart, S. 57.
38 Ebd., S. 68 f.
39 Robert Strobel, Die SPD-Reformer überspielt, Die Zeit vom 22. 5. 1958.
40 Gleichheit Nr. 6 vom Juni 1958, S. 1.
41 Protokoll der SPD-Parteivorstandssitzung am 9. 6. 1958, AdsD.
42 Protokoll des Parteitages der SPD 1958, S. 384.
43 Protokoll der SPD-Parteivorstandssitzung am 19. 5. 1957, AdsD.
44 Protokoll der SPD-Parteivorstandssitzung am 16. 5. 1958 und der Sitzung des Parteivorstandes, Parteiausschusses und der Kontrollkommission am 17./18. 5. 1958, AdsD.
45 Ebd.
46 Schmid an Rudolf Selbmann, 23. 7. 1958, AdsD, NL Schmid 683; Soell, Erler, Bd. 1, S. 316.
47 Robert Strobel, Die SPD-Reformer überspielt, Die Zeit vom 22. 5. 1958.
48 Schmid an Rudolf Selbmann, 23. 7. 1958, AdsD, NL Schmid 683.
49 Vgl. S. 622 ff. der Arbeit.
50 Schmid an seine Frau, 26. 6. 1958, Privatbesitz/Kopie AdsD.
51 Mündliche Auskunft Mathilde Alt-Kimmichs.
52 Die Zeit vom 29. 5. 1958.
53 Gerhard Weisser an Schmid, 2. 10. 1957, AdsD, NL Schmid 671.
54 Ebd.
55 Ebd.
56 So die Repliken Willi Birkelbachs und Peter Blachsteins auf Schmids Artikel „Ein Tor nach rechts aufmachen“, der in der „Frankfurter Rundschau“ vom 3. 2. 1958 erschien. Die Artikel Birkelbachs und Blachsteins sind abgedr., in: Flechtheim, Dokumente, Bd. 7, S. 81–86.
57 Ebd.
58 So Birkelbach in seiner Replik auf Schmid, in: Flechtheim, Dokumente, Bd. 7, S. 82.
59 Bundesvorstandssitzung der CDU am 17. 1. 1958, in: Buchstab, Adenauer: „... um den Frieden zu gewinnen“, S. 76–79.
60 Ebd., S. 76–86.
61 Carlo Schmid, Der ideologische Standort des deutschen Sozialismus in der Gegenwart, in: ders., Politik als geistige Aufgabe, S. 226.

62 Oswald von Nell-Breuning an Schmid, 28. 11. 1971, AdsD, NL Schmid 1019.
63 Peter Lösche/Franz Walter, Die SPD. Klassenpartei, Volkspartei, Quotenpartei. Zur Entwicklung der Sozialdemokratie von Weimar bis zur deutschen Vereinigung, Darmstadt 1992, S. 302f; Gosewinkel, Arndt, S. 567–569.
64 Schmid an H. Hoffmann, 16. 12. 1957, AdsD, NL Schmid 668.
65 Sitzung des CDU-Bundesvorstandes am 17. 1. 1958, Buchstab, Adenauer. „... um den Frieden zu gewinnen", S. 82.
66 Bertold Beitz an Schmid, 12. 11. 1958, AdsD, NL Schmid 673.
67 Schmid an Rudolf Selbmann, 23. 7. 1958, AdsD, NL Schmid 683.
68 Schmid an Ossip K. Flechtheim, 5. 5. 1959, AdsD, NL Schmid 1542.
69 Herbert Wehner an Willi Eichler, 8. 2. 1958, AdsD, PV-Akten, Alter Bestand 01708.
70 Protokoll des Parteitags der SPD 1958, S. 407.
71 Ebd., S. 56.
72 Manuskript der Erinnerungen, S. 3030, AdsD, NL Schmid 403.
73 Carlo Schmid, Was ist neu am neuen SPD-Programm? Von der Klasse zur Nation, Die Zeit vom 27. 11. 1959.
74 So Robert Strobel in der Zeit vom 20. 11. 1959.
75 Schmid, Was ist neu am neuen SPD-Programm?
76 Ebd.
77 Protokoll der Verhandlungen des Außerordentlichen Parteitags der SPD vom 13.–15. 11. 1959 in Bad Godesberg, S. 261.
78 Schmid an Ulrich Lohmar, 16. 1. 1962, AdsD, NL Schmid 523.
79 Briefwechsel Schmids mit Alexander Mitscherlich, AdsD, NL Schmid 1557.

Der Dichter und die Intellektuellen

1 Schmid an Heinz Gültig, 20. 9. 1958, AdsD, NL Schmid 676.
2 Carlo Schmid, Der Intellektuelle ist das Schicksal der Demokratie, Vorwärts vom 22. 11. 1957.
3 Ders., Die deutschen Bildungsschichten und die Politik, in: ders., Politik als geistige Aufgabe, S. 231.
4 Ders., Der Intellektuelle ist das Schicksal der Demokratie, Vorwärts vom 22. 11. 1957.
5 Sitzung des CDU-Bundesvorstandes am 19. 9. 1957, Buchstab, Adenauer. „...um den Frieden zu gewinnen, S. 37.
6 Schmid an Dietrich Graf von Kalckreuth, 10. 5. 1958, AdsD, NL Schmid 678.
7 Kurt Desch an Schmid, 30. 9. 1958; Schmid an Desch, 5. 10. 1958 AdsD, NL Schmid 513.
8 So Hans-Peter Schwarz, Die Ära Adenauer 1949–1957. Gründerjahre der Republik, Stuttgart/Wiesbaden 1981, S. 448.
9 Schmid an Wolf Jobst Siedler, 14. 12. 1958, AdsD, NL Schmid 566; Die Welt vom 9. 9. 1957.
10 Zit. nach Der Spiegel vom 28. 9. 1960, S. 99.
11 Schmid an Kurt Hiller, 23. 1. 1959, AdsD, NL Schmid 693.
12 Carlo Schmid, Vorurteile gegen Intellektuelle, in: ders., Europa und die Macht des Geistes, S. 353; Julien Benda, Der Verrat der Intellektuellen. Übersetzt von Arthur Merin, Frankfurt/M. 1988.
13 Schmid, Die deutschen Bildungsschichten und die Politik in: ders., Politik als geistige Aufgabe, S. 231.
14 Ders., Politik und das Bild des Ewigen, in: Der Tag vom 2. 5. 1962.

15 Mündliche Mitteilung Mathilde Alt-Kimmichs.
16 Paul Valéry, Über Kunst. Essays. Übersetzt von Carlo Schmid, Berlin/Frankfurt/M. 1959.
17 Ebd., S. 57.
18 Ernst Robert Curtius, Paul Valéry, in: Herausforderung der Moderne, S. 221.
19 Schmid an Peter Suhrkamp, 29. 1. 1959; Suhrkamp an Schmid, 10. 5. 1959; Schmid an Suhrkamp, 23. 5. 1959, AdsD, NL Schmid 516.
20 Valéry, Über Kunst, S. 154.
21 Schmid an Peter Suhrkamp, 18. 6. 1957, AdsD, NL Schmid 516.
22 Julien Green, Der andere Schlaf, Berlin/Frankfurt/M. 1958, S. 62.
23 Ebd., S. 7.
24 So Walter Benjamin, in: Der Träumer mit dem zweiten Gesicht. Über Julien Green, München/Wien 1986, S. 80f.
25 Schmid an Ingeborg Bachmann, 16. 1. 1959, AdsD, NL Schmid 688.
26 Ingeborg Bachmann, Frankfurter Vorlesungen. Probleme zeitgenössischer Dichtung, München 1980, S. 22f.
27 AdsD, NL Schmid 591.
28 Schmid an Peter Schneider, 2. 7. 1962, AdsD, NL Schmid 31.
29 Carlo Schmid, Theater und Gesellschaft, in: ders., Europa und die Macht des Geistes, S. 317.
30 Ebd., S. 320.
31 Ebd., S. 320.
32 Schmid an Otto Burrmeister, 10. 3. 1959, AdsD, NL Schmid 700.
33 Schmid an Otto Burrmeister, 4. 5. 1959. Ebd.
34 Schmid an Erwin Piscator, 31. 1. 1962; Piscator an Schmid, 27. 2. 1962, AdsD, NL Schmid 762.
35 Schmid, Der Intellektuelle ist das Schicksal der Demokratie, Vorwärts vom 22. 11. 1957.
36 Schmid an Paul Kübler, 1. 10. 1957, AdsD, NL Schmid 1186.
37 Schmid an Hans Fürstenberg, 26. 11. 1958, AdsD, NL Schmid 675.

In der Offensive: Polen, Rapacki-Plan und deutsche Einheit

1 Frankfurter Allgemeine Zeitung vom 24. 11. 1957.
2 Carlo Schmid, Die SPD und der Ausgang der Bundestagswahl, Politik aus erster Hand am 25. 9. 1957, AdsD, Sammlung Personalia Carlo Schmid.
3 Z. B. in der Sendereihe „Probleme der deutschen Politik" am 2. 10. 1957. Ebd; Einige Gedanken zur Außenpolitik der nächsten Zeit, in: Außenpolitik 8, 1957, S. 615–617.
4 Hellmut Kalbitzer an Schmid, 7. 10. 1957, AdsD, NL Schmid 1214.
5 Protokoll der SPD-Parteivorstandssitzung am 16. 10. 1957, AdsD.
6 Fritz Sänger an Herbert Wehner, 5. 5. 1958, AdsD, SPD-BT-Fraktion 3. WP 591.
7 Siebenmorgen, Gezeitenwechsel, S. 228–230.
8 Kosthorst, Brentano, S. 196–201.
9 Ebd., S. 194/199f.
10 Interview mit Wolf Dietrich im SDR am 13. 10. 1957, Pressearchiv des Deutschen Bundestages.
11 Ebd.
12 Schmid an Ulrich Ehebald, 28. 10. 1957, AdsD, NL Schmid 664.

13 Ebd.
14 Carlo Schmid, Die Russen sind keine Muschiks mehr, Neue Ruhr Zeitung vom 31. 12. 1957/1. 1. 1958.
15 PPP vom 29. 11. 1957.
16 Schmid in der Sendereihe des bayrischen Rundfunks „Politik aus erster Hand" am 26. 2. 1958, Pressearchiv des Deutschen Bundestages; Ausführungen Schmids vor der Beratenden Versammlung des Europarats am 15. 1. 1958, in: Dokumente zur Deutschlandpolitik, III, 4/1, S. 129.
17 George F. Kennan, Rußland, der Westen und die Atomwaffen, Frankfurt 1958, S. 81 f.
18 Bundestagssitzung am 23. 1. 1958. BT Sten. Ber. 39, S. 362.
19 Pressekonferenz Schmids und Erlers in Bonn am 29. 11. 1957, PPP 29. 11. 1959; Rede vor der Beratenden Versammlung des Europarats am 15. 1. 1958, in: Dokumente zur Deutschlandpolitik, III, 4/1, S. 130.
20 PPP vom 29. 11. 1957.
21 Protokoll der SPD-Parteivorstandssitzung am 20. 11. 1957, AdsD.
22 Ebd.
23 Schmid an Eugen Gerstenmaier, 13. 1. 1958, AdsD, NL Schmid 1310; George F. Kennan, Memoirs 1950–1963, London 1974, S. 252 f.
24 Hixson, Kennan, S. 181 f.
25 Schmid an Kenneth Dayton, 28. 1. 1958, AdsD, NL Schmid 674.
26 Zit. nach Hans-Peter Schwarz, Adenauer. Der Staatsmann, S. 422.
27 Ebd., S. 383.
28 Sitzung des CDU-Bundesvorstandes am 17. 1. 1958, Buchstab, Adenauer: „... um den Frieden zu gewinnen", S. 94 f.
29 Bundestagssitzung am 23. 1. 1958. BT Sten. Ber. 39, S. 355.
30 Ebd., S. 359.
31 Ebd., S. 361.
32 Ebd., S. 361.
33 Ebd., S. 365.
34 Ebd., S. 367 f.
35 Hans-Peter Schwarz, Adenauer. Der Staatsmann, S. 431.
36 Verfasserloser Vermerk, ADL, NL Dehler N1–3331.
37 Heuss, Tagebuchbriefe, S. 310.
38 Ebd., S. 310.
39 Schmid an Theodor Momm, 28. 1. 1958, AdsD, NL Schmid 680.
40 Ebd.
41 Schmid an Konrad Heiden, 9. 2. 1958, AdsD, NL Schmid 677.
42 Schmid, Erinnerungen, S. 628.
43 Hellmut Kalbitzer, Widerstehen oder Mitmachen. Eigensinnige Ansichten und persönliche Erinnerungen, Hamburg 1987, S. 76.
44 Carlo Schmid, Was ich in Warschau sah ..., Die Zeit vom 20. 3. 1958.
45 Carlo Schmid, Besuch der Universitäten in Warschau und Krakau. Tagebuch einer Polenreise im Jahre 1958, in: Werner Plum (Hrsg.), Ungewöhnliche Normalisierung. Beziehungen der Bundesrepublik Deutschland zu Polen, Bonn 1984, S. 192.
46 Ebd., S. 191.
47 Ebd., S. 193.
48 Ebd., S. 198 f.
49 Ebd., S. 194.
50 Ebd., S. 195.

51 Bericht über ein Gespräch des Bundestagsvizepräsidenten Schmid mit dem Warschauer Korrespondenten der Zeitung Die Welt, Die Welt vom 15. 3. 1958.
52 Zit. nach Schmid, Erinnerungen, S. 630 f.
53 Schmid, Besuch, S. 197.
54 Ebd., S. 197.
55 Mündliche Mitteilung Mathilde Alt-Kimmichs.
56 Schmid, Besuch, S. 196 f.
57 Ebd., S. 198.
58 Hilger van Scherpenberg an Freiherr von und zu Guttenberg, 30. 4. 1958; Schmid an van Scherpenberg, 10. 5. 1958, AdsD, NL Schmid 505.
59 Schmid, Besuch, S. 198.
60 Ebd., S. 198.
61 Ebd., S. 199.
62 Ebd., S. 199.
63 Ebd., S. 199.
64 Ebd., S. 202.
65 Ebd., S. 202.
66 Mündliche Mitteilung Mathilde Alt-Kimmichs.
67 BStU, ZAIG, 10260 (Akte Carlo Schmid).
68 Schriftliche Mitteilung Dr. Siegfried Suckuts, Mitarbeiter beim Bundesbeauftragten für die Unterlagen des Staatssicherheitsdienstes der ehemaligen Deutschen Demokratischen Republik, vom 26. 9. 1993 an die Verfasserin.
69 Das Interview fand am 14. 3. 1958 statt. AdsD, NL Schmid 113.
70 Bundestagssitzung am 22. 3. 1958. BT Sten. Ber. 40, S. 1028.
71 Schmid, Was ich in Warschau sah ..., Die Zeit vom 20. 3. 1958; Wie ich Polen sehe, Die Welt 19. 3. 1958 und 28. 3. 1958. Die Nation steht über der Partei, Die Welt vom 3. 5. 1958.
72 Mike Josselson an Schmid, 9. 5. 1958, AdsD, NL Schmid 1833.
73 Schmid an Mike Josselson, 6. 6. 1958. Ebd.
74 Kosthorst, Brentano, S. 205 f.
75 Schmid, Erinnerungen, S. 633 f.
76 Schmid an Heinrich G. Ritzel, 13. 6. 1960, AdsD, NL Schmid 1217.
77 Bundestagssitzung am 5. 5. 1960. BT Sten. Ber. 45, S. 6359.
78 Schmid an Kay und Lore Lorentz, 20. 3. 1958, AdsD, NL Schmid 679.
79 Schmid, Erinnerungen, S. 636.
80 Alfred Marchionini an Schmid, 19. 5. 1958, AdsD, NL Schmid 680.
81 Bundestagssitzung am 22. 3. 1958. BT Sten. Ber. 40, S. 1021 f.
82 Ebd., S. 1021.
83 Ebd., S. 1022.
84 Ilse Elsner, Laudatio anläßlich Schmids 70. Geburtstag, AdsD, NL Schmid 32.
85 Walther Freiherr Marshall von Bieberstein. Zum Problem der völkerrechtlichen Anerkennung der beiden deutschen Regierungen. Ein Beitrag zur Diskussion über die Rechtslage Deutschlands, Berlin 1959, passim.
86 Bundestagssitzung am 22. 3. 1958. BT Sten. Ber. 40, S. 1022.
87 Ebd., S. 1024.
88 Otto A. Friedrich an Schmid, 31. 3. 1958, AdsD, NL Schmid 673.
89 Bundestagssitzung am 25. 3. 1958. BT Sten. Ber. 40, S. 1071 f./1079.
90 Ebd., S. 1151; Der Spiegel vom 2. 4. 1958, S. 13–15.
91 Bundestagssitzung am 25. 3. 1958. BT Sten. Ber. 40, S. 1139.
92 Henry Kissinger an Schmid, 19. 10. 1957, AdsD, NL Schmid 666.

93 Heinrich von Brentano an Schmid, 29. 5. 1958, AdsD, NL Schmid 673.
94 Bundestagssitzung am 2. 7. 1958. BT Sten. Ber. 41, S. 2245.
95 Pöttering, Sicherheitspolitik, S. 192 ff.
96 Adolf Arndt an Ollenhauer, Menzel, Schmid und Mommer, 8. 4. 1958, AdsD, PV-Bestand Ollenhauer 221.
97 Protokoll der SPD-Parteivorstandssitzung am 20. 11. 1957, AdsD.
98 Abgedr., in: Dokumente zur Deutschlandpolitik, III, 4/1, S. 629.
99 Bild-Zeitung vom 17. 3. 1958.
100 Hölscher, SPD-Fraktion 1957–1961, S. 30 f.
101 Theo Pirker, Die SPD nach Hitler. Die Geschichte der Sozialdemokratischen Partei Deutschlands 1945–1964, München 1965, S. 257.
102 Bundestagssitzung am 18. 4. 1958. BT Sten. Ber. 40, S. 1223.
103 Ebd., S. 1222.
104 Ebd., S. 1222.
105 Z. B. von Richard Jäger(CSU) in der Bundestagssitzung am 24. 4. 1958. BT Sten. Ber. 40, S. 1451.
106 Bundestagssitzung am 18. 4. 1958. BT Sten. Ber. 40, S. 1223.
107 Theodor Eschenburg, Volksbefragung und was dann?, Die Zeit vom 3. 4. 1958.
108 Schreiben Brauers, AdsD, NL Schmid 1359.
109 Expertise Schmids für das Bundesverfassungsgericht vom 8. 7. 1958, AdsD, NL Schmid 115.
110 Ebd.
111 Ebd.
112 Urteil des Bundesverfassungsgerichtes vom 30. 7. 1958, BVerGE 8, 1959, S. 113.
113 Ebd., S. 105.
114 Gosewinkel, Arndt, S. 414.
115 Schmid, Erinnerungen, S. 623.
116 Protokoll des SPD-Parteitags 1958, S. 55.
117 Kosthorst, Brentano, S. 240 f.
118 Aufzeichnung Junges über die Sitzung des Auswärtigen Bundestagsausschusses am 8. 10. 1958, PA/AA, Abt.7, Bd. 17.
119 Manuskript Schmids vom November 1958. AdsD, NL Schmid 116.
120 Aufzeichnung Junges über die Sitzung des Auswärtigen Bundestagsausschusses am 28. 10. 1958, PA/AA, Abt.7, Bd. 17.
121 BT Anl.58, Drs.III/549.
122 Fraktionssitzung am 30. 9. 1958, Hölscher, SPD-Fraktion 1957–1961, S. 87.
123 Bundestagssitzung am 1. 10. 1958. BT Sten. Ber. 42, S. 2415.
124 Ebd., S. 2416.
125 Schmid an Fritz Sänger, 20. 8. 1958, AdsD, NL Schmid 683.
126 Sendereihe „Bayern fragt Bonn“ des Bayrischen Rundfunks am 22. 5. 1959, Pressearchiv des Deutschen Bundestages.
127 So Krüger in einem Brief an Ollenhauer vom 28. 5. 1959, AdsD, NL Schmid 961.
128 Bayern fragt Bonn (wie Anm.126).
129 Schmid an Paul Martini, 18. 7. 1959, AdsD, NL Schmid 697.

Politik der Aussöhnung und der Rachefeldzug eines braun gebliebenen Ministers

1 Bundestagsrede Schmids am 18. 2. 1960. BT Sten. Ber. 45, S. 5585.
2 Schmid, Erinnerungen, S. 637. Schmid datiert dort die Reise irrtümlich auf den 21. 10. 1959.
3 Schmid an Rudolf Küstermeier, 27. 7. 1958, AdsD, NL Schmid 678.
4 Schmid an David Ben Gurion, 5. 6. 1958, AdsD, NL Schmid.
5 Carlo Schmid, Das neue Volk von Israel. Eindrücke von einer Reise in das biblische Land, Süddeutsche Zeitung vom 24./25. 5. 1958.
6 Ebd.
7 Schmid an Rudolf Küstermeier, 27. 7. 1958, AdsD, NL Schmid 678.
8 Schmid an Theodor Heuss, 30. 1. 1960, AdsD, NL Schmid 483.
9 „Bettelbriefe", AdsD, NL Schmid 484.
10 Fraktionssitzung am 12. 1. 1960, Hölscher, SPD-Fraktion 1957–1961, S. 371.
11 Ebd.; Wehret den Anfängen, Welt am Sonntag vom 10. 1. 1960.
12 Bundestagssitzung am 18. 2. 1960. BT Sten. Ber. 45, S. 5583.
13 Bundestagssitzung am 20. 1. 1960. BT Sten. Ber. 45, S. 5231.
14 Bundestagssitzung am 18. 2. 1960. BT Sten. Ber. 45, S. 5584.
15 Ebd., S. 5584 f.
16 Congressional Record Vol. 106, Part 5, Sitzung des Senats am 15. 3. 1960, S. 5564.
17 Schmid an Henri Rolin, 23. 1. 1960, AdsD, NL Schmid 720.
18 Kurt Ziesel, Der Rote Rufmord. Eine Dokumentation zum Kalten Krieg, Tübingen 1961, S. 138; Oberländer an Schmid, 29. 12. 1958, AdsD, NL Schmid 2002.
19 Neue Ruhr Zeitung vom 17. 3. 1958.
20 Briefwechsel abgedr., in: Ziesel, Rufmord, S. 139.
21 Theodor Oberländer an Schmid, 31. 1. 1959, AdsD, NL Schmid 2002; auch abgedr., in: Ziesel, Rufmord, S. 142.
22 Schmid an den Oberstaatsanwalt beim Landgericht Frankfurt, 19. 5. 1960, AdsD, NL Schmid 1999; Frankfurter Allgemeine Zeitung vom 11. 1. 1960.
23 Protokoll über die Sitzung des Bundestagsausschusses für Rechtswesen und Verfassungsrecht am 27. 10. 1960, S. 4–17, ParlA. Zur rechtlichen und politischen Problematik des Oberländer-Prozesses vgl. auch Otto Kirchheimer, Politische Justiz. Verwendung juristischer Verfahrensmöglichkeiten zu politischen Zwecken, Frankfurt 1985, S. 488 f.
24 Hermann Raschhofer, Der Fall Oberländer. Eine vergleichende Rechtsanalyse der Verfahren in Pankow und Bonn, Tübingen 1962; Zur finanziellen Förderung der Arbeit durch das Presse- und Informationsamt der Bundesregierung vgl. BT Anl. 100, Drs.IV/3732.
25 Z. B. Kurt Ziesel, Das verlorene Gewissen. Hinter den Kulissen der Presse, der Literatur und ihrer Machtträger von heute, München 1958; ders., Die verratene Demokratie, München 1960.
26 Kurt Ziesel an Martin Sandberger, 4. 6. 1961, AdsD, NL Schmid 2011.
27 So der Rechtsanwalt Sandbergers, Sigle, an Ziesel, 6. 6. 1961. Ebd.
28 Ziesel, Rufmord, S. 149–158.
29 Carlo Schmid, Hochschul-Gegenreform? Ein Streit an der Universität Tübingen, Stuttgarter Zeitung vom 30. 9. 1950; Die Anschuldigungen Joseph Forderers erschienen am 1. 10. 1950 im „Reutlinger Generalanzeiger".
30 Schmid an Karl Korn, 8. 11. 1961, AdsD, NL Schmid 2002.

31 Protokoll der SPD-Parteivorstandssitzung am 11. 8. 1961, AdsD.
32 Urteil des Landgerichts Frankfurt vom 15. 11. 1961, AdsD, NL Schmid 1998.
33 AdsD, NL Schmid 2000–2002.
34 Pierre Bertaux an Schmid, (1945), AdsD, NL Schmid 2001.
35 Urteil des Landgerichts Frankfurt vom 15. 11. 1961, S. 38, AdsD, NL Schmid 1998.
36 Schmid an Fritz Bauer, 26. 10. 1961, AdsD, NL Schmid 2002; Rudolf Augstein an Schmid, 17. 11. 1961. Ebd. 2005.
37 Der Spiegel vom 2. 2. 1962, S. 34.
38 Theodor Oberländer an Schmid, 23. 6. 1961, AdsD, NL Schmid 2003.
39 Ziesel, Rufmord, S. 82 f./148 f. Schörner war 1957 wegen brutalen Verheizens der Truppenverbände am Ende des 2. Weltkrieges und Disziplinierungsmaßnahmen wie Erschießungen und Himmelfahrtskommandos zu viereinhalb Jahren Haft verurteilt worden.
40 Der Spiegel vom 2. 4. 1962, S. 33f; Schmid an Gerd Bucerius, 22. 2. 1962, AdsD, NL Schmid 2002.
41 Schmid an Josef Diehl, 17. 1. 1962, AdsD, NL Schmid 1999.
42 Stuttgarter Zeitung vom 27. 3. 1962.
43 Schmid an Nikolaus Ludwig, 16. 4. 1962, AdsD, NL Schmid 2005.
44 Urteil des Oberlandesgerichts Frankfurt vom 4. 4. 1962, AdsD, NL Schmid 1998.
45 Wortlaut des am 26. 11. 1963 vor der 3. Zivilkammer des Landgerichts Frankfurt geschlossenen Vergleichs, AdsD, NL Schmid 2010.
46 Manuskript der Erinnerungen, S. 3458, AdsD, NL Schmid 405.
47 Schmid an Willi Klinkert, 13. 4. 1964, AdsD, NL Schmid 2010.
48 Z. B. Manfred Kittel, Die Legende von der zweiten Schuld. Vergangenheitsbewältigung in der Ära Adenauer, Frankfurt 1993, S. 11 und passim.
49 So Gerhard Jahn in einem Brief an Schmid vom 19. 11. 1963, AdsD, NL Schmid 2010.

Deutschlandpolitik unter dem Druck des Berlin-Ultimatums

1 Schmid an Kurt Desch, 24. 2. 1959, AdsD, NL Schmid 513.
2 Abgedr., in: Dokumentation zur Deutschlandfrage, Bd. 2, S. 8–33.
3 Protokoll der SPD-Parteivorstandssitzung am 28./29. 11. 1958, AdsD.
4 Ansprache Schmids am 3. 12. 1958 im Süddeutschen Rundfunk, Pressearchiv des Deutschen Bundestages.
5 Ebd.
6 Ebd.
7 Protokoll der Sitzung des SPD-Parteipräsidiums am 2. 3. 1959, AdsD.
8 Protokoll der Sitzung des SPD-Parteipräsidiums am 10. 3. 1959. Ebd.
9 Dies behauptet Bruno Kreisky, Im Strom der Politik. Erfahrungen eines Europäers, Berlin 1988, S. 9–24; dagegen Willy Brandt, Erinnerungen, Frankfurt 1989, S. 51 f.
10 Fraktionssitzung am 17. 3. 1959, Hölscher, Die SPD-Fraktion 1957–1961, S. 222.
11 Ebd., S. 223.
12 Brandt, Erinnerungen, S. 52.
13 Mündliche Mitteilung Gerda Eicks.
14 Vertraulicher Bericht Schmids über seine Eindrücke in Moskau, 19. 3. 1959, AdsD, NL Sänger 223.
15 Ebd.
16 Protokoll der Sitzung des SPD-Parteipräsidiums am 8. 6. 1959, AdsD.
17 Protokoll der Sitzung des SPD-Parteipräsidiums am 10. 3. 1959. Ebd.

18 Bericht über Erklärungen Schmids und Erlers in Moskau am 16. 3. 1959, in: Dokumente zur Deutschlandpolitik, IV, 1/2, S. 1188.
19 Ebd., S. 1187.
20 Erlers Stellungnahme vom 18. 3. 1959, in: ebd., S. 1196–1199.
21 Ansprache Schmids im Hessischen Rundfunk, 18. 3. 1959, ebd., S. 1199f.
22 Ebd., S. 1200f.
23 Ebd., S. 1201.
24 Fraktionssitzung am 18. 3. 1959, Hölscher, SPD-Fraktion 1957–1961, S. 235.
25 Protokoll der Sitzung des Partei- und Fraktionsvorstandes am 18. 3. 1959, AdsD.
26 Tagebucheintrag Krones vom 21. 3. 1959. Heinrich Krone, Aufzeichnungen zur Deutschland- und Ostpolitik 1954–1969, in: Rudolf Morsey/Konrad Repgen (Hrsg.), Adenauer-Studien III, Mainz 1974, S. 152.
27 Kosthorst, Brentano, S. 274.
28 Ansprache Schmids im Hessischen Rundfunk am 18. 3. 1959, in: Dokumente zur Deutschlandpolitik IV, Bd. 1/2, S. 1202.
29 Ebd., S. 1202.
30 Ebd., S. 1202.
31 Fraktionssitzung am 18. 3. 1959, Hölscher, SPD-Fraktion 1957–1961, S. 236f.
32 Abgedr., in: Jahrbuch der SPD 1958/59, S. 397–401.
33 Ebd., S. 399f.
34 Fraktionssitzung am 9. 4. 1959, Hölscher, SPD-Fraktion 1957–1961, S. 262f.
35 Ebd., S. 263.
36 Mündliche Mitteilung Eugen Selbmanns; zu Schmids Bedenken gegen den Deutschland-Plan vgl. auch Eugen Gerstenmaiers Rezension von Schmids Erinnerungen, Die Welt vom 6. 12. 1979.
37 Protokoll der SPD-Parteivorstandssitzung am 5. 7. 1959, AdsD.
38 Schmid an Paul Krellmann, 10. 4. 1959, AdsD, NL Schmid 695; Deutschlands Teilung soll besiegelt werden, Frankfurter Rundschau vom 21. 3. 1959; Verzicht ist keinem Deutschen erlaubt, Sozialdemokratischer Pressedienst vom 24. 3. 1959.
39 Fraktionssitzung am 9. 4. 1959, Hölscher, SPD-Fraktion 1957–1961, S. 262.
40 Ebd., S. 262.
41 Ebd., S. 262.
42 Ebd., S. 262.
43 Mündliche Mitteilung Friedel Ahlgrimms.
44 Herbert Wehner an Schmid, 23. 7. 1959, AdsD, NL Knoeringen 296.
45 Schmid an Herbert Wehner, 26. 7. 1959, AdsD, NL Schmid 1407.
46 François Seydoux de Clausonne an Couve de Murville, 9. 10. 1959, AdO, HCRFA, C. 92 xp 3–4.
47 Fraktionssitzung am 17. 2. 1959, Hölscher, SPD-Fraktion 1957–1961, S. 201.
48 So Wehner in seinem Entwurf zum Godesberger Programm vom 8. 2. 1958, AdsD, PV-Akten, Alter Bestand 01708.
49 René Allemann, Wo steht die SPD, Die Zeit vom 5. 6. 1959; Rolf Zundel, Die zweite Front der SPD, Die Zeit vom 5. 7. 1959.
50 Protokoll der SPD-Parteivorstandssitzung am 5. 7. 1959, AdsD.
51 Mündliche Mitteilung Mathilde Alt-Kimmichs.
52 Klotzbach, Staatspartei, S. 490f.
53 Spiegel-Gespräch Wehners vom 15. 4. 1959, in: Dokumente zur Deutschlandpolitik, IV, 1/2, S. 1365.
54 Ebd., S. 1367f.
55 Protokoll der SPD-Parteivorstandssitzung am 4./5. 5. 1959, AdsD.

56 Ebd.
57 Klaus Körner, Die alliierten Deutschlandkonferenzen, in: Hans-Peter Schwarz, Handbuch der deutschen Außenpolitik, München/Zürich 1975, S. 584.
58 Carlo Schmid, Die Väter hatten es sich anders vorgestellt, in: Basler Nachrichten vom 11. 9. 1959.
59 Karl Theodor Freiherr von und zu Guttenberg, Carlo Schmid und die Wiedervereinigung, in: DUD vom 14. 9. 1959.
60 Soell, Erler, Bd. 1, S. 376f; Siebenmorgen, Gezeitenwechsel, S. 316f.
61 Soell, Erler, Bd. 1, S. 382f.
62 François Seydoux de Clausonne an Couve de Murville, 9. 10. 1959, AdO, HCRFA C. 92 xp 3–4.
63 Schmid an Jerzy Sawicki, 19. 10. 1959, AdsD, NL Schmid 701; Frankfurter Allgemeine Zeitung am 8. 10. 1959.
64 François Seydoux de Clausonne an Couve de Murville, 9. 10. 1959, AdO, HCRFA C. 92 xp 3–4.
65 Ost-West-Beziehungen. Der gegenwärtige Stand – Künftige Entwicklungen. Hrsg. Atlantikbrücke/American Council on Germany, Freiburg 1960, S. 134f.
66 Ebd., S. 135.
67 Carlo Schmid antwortet William S. Schlamm, Der Stern vom 1. 8. 1959, S. 40f.
68 Ders., Die Weichen sind gestellt, Telegraf vom 1. 1. 1960.
69 Ders., Keine Zeit zur Untätigkeit, Berliner Stimme vom 10. 3. 1960.
70 Protokoll der SPD-Parteivorstandssitzung am 12. 3. 1960, AdsD.
71 Niederschrift über die Sitzung des SPD-Parteivorstandes am 12. 3. 1960, AdsD, NL Erler 67.
72 Protokoll der SPD-Parteivorstandssitzung am 12. 3. 1960, AsdD.
73 Niederschrift über die Sitzung des SPD-Parteivorstandes am 12. 3. 1960, AdsD, NL Erler 67.
74 Ilse Elsner, Laudatio anläßlich Carlo Schmids 70. Geburtstag, AdsD, NL Schmid 32.
75 Niederschrift über die Sitzung des SPD-Parteivorstandes am 12. 3. 1960, AdsD, NL Erler 67.
76 Hanns-Jürgen Küsters, Konrad Adenauer und Willy Brandt in der Berlin-Krise 1958–1963, in: VfZ 40,1992, S. 510–516.
77 Erler an Stephan Thomas, 4. 7. 1960, AdsD, NL Erler 67.
78 Protokoll der SPD-Parteivorstandssitzung am 12. 3. 1960, AdsD.
79 Gosewinkel, Arndt, S. 442–445.
80 Ollenhauer an Adenauer, 6. 5. 1960, AdsD, PV-Bestand Ollenhauer 411.
81 Carlo Schmid, Liquidiert endlich den Zweiten Weltkrieg, Sozialdemokratischer Pressedienst vom 5. 5. 1960.
82 Ansprache Wehners im Hessischen Rundfunk am 24. 5. 1960, Dokumente zur Deutschlandpolitik IV, 4/2, S. 1109.
83 Protokoll der SPD-Parteivorstandssitzung am 23. 5. 1960, AdsD.
84 Ebd.; Protokoll der Sitzung des SPD-Parteipräsidiums am 30. 5. 1960, AdsD.
85 Schmid an Wolfgang Adam, 30. 5. 1960, AdsD, NL Schmid 707.
86 Protokoll der SPD-Parteivorstandssitzung am 13./14. 6. 1960, AdsD.
87 Schmid an Axel Springer, 28. 8. 1958, AdsD, NL Schmid 566.
88 Klotzbach, Staatspartei, S. 500.

Weder Bundespräsident noch Kanzlerkandidat: Das Ende aller Karriereträume

1 Notiz vom Tage, Unserm Carlo, Mannheimer Morgen vom 4./5. 11. 1967.
2 Die Zeit vom 19. 9. 1957.
3 Hans-Peter Schwarz, Adenauer. Der Staatsmann, S. 506 f.
4 Fraktionssitzung am 17. 2. 1959, Hölscher, SPD-Fraktion 1957–1961, S. 199.
5 Heuss, Tagebuchbriefe, S. 384 f.
6 Protokoll der Sitzung des SPD-Parteipräsidiums am 9. 2. 1959, AdsD.
7 Zit. nach Stuttgarter Zeitung vom 13. 2. 1959.
8 Schmid an Ulla Galm, 6. 1. 1964, AdsD, NL Schmid 787.
9 Theodor Heuss an Adolf Arndt, 5. 4. 1960, BA, NL Heuss 674.
10 Zu Heuss' Staatsauffassung vgl. Horst Möller, Heuss. Staatsmann und Schriftsteller, Bonn 1990, S. 11/67.
11 Theodor Heuss an Schmid, 29. 1. 1959, BA, NL Heuss 196.
12 So Schmid in einem Gespräch mit Rüdiger Proske im Jahre 1966, AdsD, NL Schmid 249.
13 Schmid an Theodor Heuss, 30. 1. 1959, BA, NL Heuss 196.
14 dpa-Interview am 13. 2. 1959, AdsD, Sammlung Personalia Carlo Schmid.
15 Protokoll der Sitzung des SPD-Parteipräsidiums am 9. 2. 1959, AdsD.
16 Ebd.
17 Mündliche Mitteilung Karl Anders'.
18 Protokoll der SPD-Parteivorstandssitzung am 11. 2. 1959, AdsD.
19 Ebd.
20 Brief Martin Schmids vom 8. 2. 1995 an die Verfasserin
21 Protokoll der SPD-Parteivorstandssitzung am 11. 2. 1959, AdsD.
22 Heuss, Tagebuchbriefe, S. 401.
23 Ebd., S. 404.
24 Sitzung des CDU-Bundesvorstandes am 11. 3. 1959, Buchstab, Adenauer: „... um den Frieden zu gewinnen", S. 352.
25 Ebd., S. 367.
26 Wolfgang Wagner, Die Bundespräsidentenwahl 1959. Adenauer-Studien Bd. 2, Hrsg. Rudolf Morsey/Konrad Repgen, Mainz 1972, S. 29.
27 Der Spiegel vom 25. 2. 1959, S. 18.
28 Heuss, Tagebuchbriefe, S. 415.
29 Ebd., S. 415.
30 Zit. nach Der Spiegel vom 11. 3. 1959, S. 18.
31 Heuss, Tagebuchbriefe, S. 400 f.
32 Schmid, Erinnerungen, S. 669.
33 Ebd., S. 669 f.
34 Heuss, Tagebuchbriefe, S. 422.
35 Protokoll der SPD-Parteivorstandssitzung am 4./5. 5. 1959, AdsD.
36 Hans-Peter Schwarz, Adenauer. Der Staatsmann, S. 524.
37 Schmid an Helmut Thielicke, 9. 7. 1959, AdsD, NL Schmid 1542.
38 Schmid an Konrad Heiden, 9. 7. 1959, AdsD, NL Schmid 693.
39 Die Welt vom 13. 2. 1959; Frankfurter Rundschau vom 13. 2. 1959.
40 Der Spiegel vom 25. 2. 1959, S. 18.
41 François Seydoux de Clausonne an Couve de Murville, 9. 10. 1959, AdO, HRCFA, C. 92, xp 3–4.
42 Protokoll der SPD-Parteivorstandssitzung am 5. 7. 1959, AdsD.

43 Schmid an Ruth Eva Schulz, 21. 10. 1959, AdsD, NL Schmid 683.
44 Schmid an Helmut Thielicke, 9. 7. 1959, AdsD, NL Schmid 1542; Der Spiegel vom 15. 7. 1959, S. 14.
45 Protokoll der SPD-Parteivorstandssitzung am 29. 1. 1960, AdsD.
46 Ebd.
47 Schmid an Erich Ollenhauer, 7. 12. 1959, AdsD, PV-Bestand Ollenhauer 236.
48 Paul Sethe an Schmid, 23. 5. 1961, AdsD, NL Schmid 744.
49 Schmid an Paul Sethe, o. D., Ebd.
50 Schmid, Erinnerungen, S. 692.
51 Witter, Spaziergänge, S. 22.
52 Annemarie Renger, Ein politisches Leben. Erinnerungen, Stuttgart 1993, S. 204 f.
53 Erler war laut einer EMNID-Umfrage 1960 nur 2 % der Bevölkerung bekannt.
54 Der Spiegel vom 20. 7. 1960, S. 13; Daß Erler Schmid zunehmend als Konkurrenten sah, bestätigte der Verfasserin auch die ehemalige Mitarbeiterin Erlers, Gerda Eick.
55 Der Spiegel vom 6. 4. 1960, S. 16.
56 Schmid an Paul Sethe, o. D., AdsD, NL Schmid 744.
57 Willy Brandt, Begegnungen und Einsichten. Die Jahre 1960 bis 1975, Hamburg 1976, S. 47.
58 Willy Brandt an Erich Ollenhauer, 27. 6. 1960, AdsD, PV-Bestand Ollenhauer 401; Soell, Erler, Bd. 1, S. 671.
59 Arnulf Baring, Machtwechsel. Die Ära Brandt-Scheel, 4. Aufl., Stuttgart 1983, S. 207.
60 Klotzbach, Staatspartei, S. 509 f.
61 Der Spiegel vom 20. 7. 1960, S. 13.
62 Schmid an Ruth-Eva Schulz, 6. 9. 1960, AdsD, NL Schmid 726.
63 Willy Brandt an Schmid, 29. 8. 1960, AdsD, NL Schmid 1359.
64 Michael Thomas, Deutschland, S. 222.
65 Mündliche Mitteilung Karl Anders'.
66 Franz Barsig, Der Bau der Berliner Mauer und der Wahlkampf der SPD 1961, in: Hans-Peter Schwarz, Berlin-Krise und Mauerbau, Berlin 1985, S. 108; Mitteilung Martin Schmids.
67 Mündliche Mitteilung Hans-Jörg Kimmichs.
68 Vgl. S. 766 der Arbeit.
69 Fraktionssitzung am 18. 10. 1960, Hölscher, SPD-Fraktion 1957–1961, S. 474.
70 Redemanuskript, AdsD, NL Schmid 140.
71 Fraktionssitzung am 18. 10. 1960, Hölscher, SPD-Fraktion 1957–1961, S. 474; Schmid an Hellmut Kalbitzer, 4. 11. 1960, AdsD, NL Schmid 1217.
72 Helmut Schmidt, Menschen und Mächte, Berlin 1987, S. 428.
73 Ansichtskarte an Friedel Ahlgrimm, Privatbesitz Friedel Ahlgrimm.
74 Ansichtskarte an Friedel Ahlgrimm. Ebd.
75 Ebd.
76 Mündliche Mitteilung Friedel Ahlgrimms.
77 Protokoll der Verhandlungen und Anträge vom Parteitag der SPD in Hannover 21. bis 25. November 1960, S. 75.
78 Der Spiegel vom 30. 11. 1960, S. 25.
79 Entschließung abgedr., in: Jahrbuch der SPD 1960/61, S. 421 f.
80 Protokoll des SPD-Parteitags 1960, S. 152.
81 Rolf Zundel, Eine neue SPD?, Die Zeit vom 2. 12. 1960.
82 Carlo Schmid hatte mit 308 Stimmen das fünfbeste Ergebnis erzielt. Brandt war mit 293 Stimmen auf Platz 21 gelandet. Protokoll des Parteitags 1960, S. 574.
83 Ebd., S. 653–655.

84 Ebd., S. 656.
85 Paul Löbe an Schmid, 1. 12. 1960, AdsD, NL Schmid 719.
86 Schmid an Walter Kaufmann, 14. 12. 1960, AdsD, NL Schmid 713.
87 Vermerk über die Wahlkampfführung vom 13. 4. 1961, AdsD, NL Schmid 1506.
88 Ebd.
89 Willy Brandt an Schmid, 28. 12. 1960, AdsD, NL Schmid 1409.
90 Abgedr., in: Jahrbuch der SPD 1960/61, S. 478–495.
91 Ebd., S. 491.
92 Einleitende Worte zu dem Regierungsprogramm der SPD. Außerordentlicher Kongreß der SPD, 18. 4. 1961, Bonn o. J., S. 7.
93 Walter Gong, Carlo Schmid. Der elegante Fechter, Die Zeit vom 28. 7. 1961.
94 Heinrich von Brentano an Schmid, 22. 4. 1960, AdsD, NL Schmid 2024.
95 Kosthorst, Brentano, S. 360.
96 Schmid an Georg Federer, 9. 12. 1960, AdsD, NL Schmid 2026.
97 Redemanuskript, AdsD, NL Schmid 145.
98 Protokoll der Sitzung des SPD-Parteipräsidiums am 27. 2. 1961, AdsD.
99 Carlo Schmid, Deutsch-polnisches Verhältnis, DPA-Elite- Namendienst, Febr. 1961.
100 Protokoll der Sitzung des SPD-Parteipräsidiums am 27. 2. 1961, AdsD; Soell, Erler, Bd. 1, S. 423.
101 Schmid im Gespräch mit Olaf von Wrangel in der Sendereihe „Der Standpunkt" am 14. 6. 1961, Pressearchiv des Deutschen Bundestages.
102 Protokoll der Sitzung des SPD-Parteipräsidiums und der Mannschaft am 23. 6. 1961, AdsD.
103 Ebd.
104 Gerstenmaier, Streit, S. 446–451.
105 Vgl. Sitzung des CDU-Bundesvorstandes am 11. 7. 1960, Buchstab, Adenauer: „... um den Frieden zu gewinnen", S. 978.
106 Schmid, Parteien zur Bundestagswahl am 9. 9. 1961, AdsD, NL Schmid 148.
107 Protokoll der SPD-Parteivorstandssitzung am 11. 8. 1961, AdsD.
108 Hans-Peter Schwarz, Adenauer. Der Staatsmann, S. 655 f.
109 Protokoll der SPD-Parteivorstandssitzung am 11. 8. 1961, AdsD.
110 Siebenmorgen, Gezeitenwechsel, S. 349–351.
111 Schmids Wahlveranstaltungskalender, AdsD, NL Schmid 1507.
112 Schmid, Parteien zur Bundestagswahl am 9. 9. 1961, AdsD, NL Schmid 148.
113 Sitzung des Parteipräsidiums, der Mannschaft und der zentralen Wahlkampfleitung am 1. 9. 1961, AdsD.
114 Ebd., Klotzbach, Staatspartei, S. 515.
115 Fernschreiben an die Abendzeitung (München), AdsD, NL Schmid 148.

Ins Abseits gestellt und doch tätig (1961–1963)

Visitenkarte der SPD

1 Amtliches Handbuch des Deutschen Bundestages, 4. WP, S. 188.
2 Die Lüge von der schwarz-roten Gefahr. Eine Dokumentation über die Haltung der SPD während der Koalitionsverhandlungen in der Zeit vom 17. 9. bis 7. 11. 1961, Bonn, 1961, S. 4.; Schmid, Das Gebot der Stunde, Abendzeitung (München) vom 19. 9. 1961.

3 In der Sendereihe „Politik aus erster Hand“ des Bayrischen Rundfunks am 3. 10. 1961, AdsD, NL Schmid 149; Schmid, Die gewandelte deutsche Frage, Abendzeitung (München) vom 10. 10. 1961.

4 Daniel Vernet, Un grand seigneur de la social-démocratie, Le Monde vom 13. 12. 1979, S. 5; vgl. auch Deutsche Zeitung. Christ und Welt vom 3. 12. 1971.

5 Carlo Schmid, Zum Umdenken gezwungen, Abendzeitung (München) vom 3. 10. 1961.

6 Gerstenmaier, Streit, S. 480.

7 Protokoll der Sitzung des FDP-Bundesvorstandes und der Bundestagsfraktion am 29. 9. 1961, in: Reinhard Schiffers, FDP-Bundesvorstand. Die Liberalen unter dem Vorsitz von Erich Mende 1960–1967, Düsseldorf 1993, S. 204.

8 Heinrich Potthoff (Bearb.), Die SPD-Fraktion im Deutschen Bundestag. Sitzungsprotokolle 1961–1963, Düsseldorf 1993, S. 10.

9 Ebd., S. 10.

10 Schmid an Victor Renner, 30. 9. 1961, AdsD, NL Schmid 743.

11 Carlo Schmid, Heißes Eisen Regierungsbildung, Abendzeitung (München) vom 24. 10. 1961.

12 Das Interview erschien im Mannheimer Morgen am 10. 11. 1961.

13 Ebd.

14 Waldemar von Knoeringen an Schmid, 2. 12. 1961, AdsD, NL Schmid 973.

15 Max Brauer an Schmid, 1. 12. 1961, AdsD, NL Schmid 970.

16 Victor Renner an Schmid, 1. 12. 1961, AdsD, NL Schmid 975.

17 Nachdem er gleich bei der ersten eigenen Autofahrt einen Unfall verursachte, steckte er das Autofahren allerdings schon bald wieder auf.

18 Schmid an Konrad Heiden, 25. 10. 1962, AdsD, NL Schmid 755.

19 Schmid an Frau Hilpert, 27. 11. 1962. Ebd.

20 Schmid an Siegrid Feistle, 6. 1. 1964, AdsD, NL Schmid 786.

21 Schmid an Walther Jaenicke, 29. 6. 1964, AdsD; NL Schmid 790.

22 Schmid an Adolf Arndt, 10. 12. 1964, AdsD, NL Schmid 979.

23 Protokoll der Sitzung des SPD-Parteipräsidiums am 4. 12. 1961, AdsD.

24 Protokoll der Sitzung des SPD-Parteipräsidiums am 15. 6. 1962, AdsD.

25 Ebd.

26 Ebd.

27 Willy Brandt an Schmid, 30. 7. 1962, AdsD, NL Schmid 750.

28 Willy Brandt an Fritz Erler, 28. 7. 1962, AdsD, NL Erler 67/2.

29 Kongreß für die Freiheit der Kultur. Podiumsgespräch der Universität Hamburg, Febr. 1962, AdsD, NL Schmid 56.

30 Schmid an W. Hummel, 15. 8. 1962, AdsD, NL Schmid 1286.

31 Schmid an Hermann Schuster, 24. 11. 1962, AdsD, NL Schmid 765.

32 Einige Protokolle der Sitzungen der Planungsgruppe, Einladungen, Anwesenheitslisten und Vermerke, AdsD, PV- Akten, Alter Bestand 04001.

33 Vermerkzettel, ebd.

34 Protokoll der Sitzung des SPD-Parteipräsidiums am 20. 5. 1963, AdsD.

35 Carlo Schmid, Politiker und Experten, Abendzeitung (München) vom 23. 7. 1963.

36 Schmid an Hans-Günter Windschild, Redaktion des WDR, 24. 7. 1963, AdsD, NL Schmid 203.

37 Waldemar von Knoeringen an Schmid, 12. 1. 1965, AdsD, NL Knoeringen 103.

38 Schmid an Victor Renner, 1. 10. 1963, AdsD, NL Schmid 778.

39 Schmid an Ludwig Ratzel, 27. 4. 1964, AdsD, NL Schmid 208.

40 Abgedr., in: Vorwärts am 22. 8. 1962.
41 Carlo Schmid, Ludwig Frank, in: ders., Tätiger Geist. Gestalten aus Geschichte und Politik, Hannover 1964, S. 141–169; Schmid an Ludwig Ratzel, 3. 4. 1964, AdsD, NL Schmid 208.
42 Hundert Jahre Sozialdemokratische Partei. Festvortrag von Prof. Carlo Schmid gehalten am 12. Mai in Hannover, Hannover 1963, S. 29.
43 Ebd., S. 46.
44 Gespräch über Politik in Deutschland im DFS, Deutsche Gruppe West am 10. 9. 1962, Pressearchiv des Deutschen Bundestages.
45 AdsD, PV-Bestand Ollenhauer 334.
46 Der Spiegel vom 15. 7. 1959, S. 14.
47 Schmid an Fritz Erler, 12. 7. 1963, AdsD, NL Erler 229.
48 Protokoll der SPD-Parteivorstandssitzung am 13. 1. 1964, AdsD.
49 Ebd.; Protokoll der Sitzung des SPD-Parteipräsidiums am 6. 1. 1964, AdsD.
50 Protokoll der Sitzung des SPD-Parteipräsidiums am 6. 1. 1964, AdsD.
51 So auf dem außerordentlichen Parteitag der SPD in Bad Godesberg im Febr. 1964. Schmids Rede ist abgedr., in: Flechtheim, Dokumente, Bd. 5, S. 107 f.
52 Protokoll der Sitzung des SPD-Parteipräsidiums am 25. 6. 1962, AdsD.
53 Ebd.
54 Heinrich Lübke an Schmid, 9. 1. 1962, AdsD, NL Schmid 1361.
55 Hans-Peter Schwarz, Adenauer. Der Staatsmann, S. 713.
56 Gespräch über Politik in Deutschland im DFS, Deutsche Gruppe West, am 10. 9. 1962, Pressearchiv des Deutschen Bundestages.
57 Bericht des Fibag-Ausschusses vom 20. 6. 1962. BT Anl. 79, Drs.IV/512.
58 Carlo Schmid, Kein guter Stil, Abendzeitung (München) vom 10. 7. 1962.
59 Ebd.
60 Schmid an W. Hummel, 15. 8. 1962, AdsD, NL Schmid 1286.
61 Fraktionssitzung am 6. 11. 1962, Potthoff, SPD-Fraktion 1961–1963, S. 148.
62 Protokoll der Sitzung des SPD-Parteipräsidiums am 29. 10. 1962, AdsD.
63 Ebd.
64 Potthoff, SPD-Fraktion 1961–1963, S. 148.
65 Carlo Schmid, Die Spiegel-Affäre. Mehr als ein Skandal, Abendzeitung (München) vom 6. 11. 1962.
66 Protokoll der Sitzung des SPD-Parteipräsidiums am 26. 11. 1962, AdsD.
67 Fraktionssitzung am 13. 11. 1962, Potthoff, SPD-Fraktion 1961–1963, S. 158.
68 Carlo Schmid, So etwas geht nicht, Abendzeitung (München) vom 27. 11. 1962.
69 Ders., Aufstand des Bürgersinns, Welt am Sonntag vom 30. 12. 1962.
70 Ders., Das Wagnis der Demokratie, Düsseldorfer Nachrichten vom 31. 12. 1962.
71 Schmid, Erinnerungen, S. 731.
72 Zu den Koalitionsverhandlungen vgl. Klaus Gotto, Der Versuch einer Großen Koalition 1962, in: Blumenwitz u. a., Konrad Adenauer, Bd. 2, S. 316–338; Klotzbach, Staatspartei, S. 522–529.
73 Das zeigen beispielsweise die Ausführungen Höcherls in der Bundestagssitzung am 24. 6. 1963. BT Sten. Ber. 59, S. 9703 f.
74 Hans-Peter Schwarz, Die Ära Adenauer. Epochenwechsel 1957–1963. Mit einem einleitenden Essay von Johannes Gross, Stuttgart/Wiesbaden 1983, S. 275.
75 Colloque sur les politiques de développement et les diverses voies africaines vers le socialisme, Dakar 3–8 décembre 1962, Paris 1963; Schmids Beitrag, S. 325–333.
76 Manuskript der Erinnerungen, S. 3518, AdsD, NL Schmid 405.
77 AdsD, PV-Bestand Ollenhauer 281.

78 Fraktionssitzungen am 5. 6. und 7. 12. 1962, Potthoff, SPD-Fraktion 1961–1963, S. 178–197.
79 Protokoll der SPD-Parteivorstandssitzung am 16. 12. 1962, AdsD.
80 Ebd.
81 Manuskript des Sendebeitrages, AdsD, NL Schmid 168.
82 Schmid an Brigitte Gerstenmaier, 28. 6. 1963, AdsD, NL Schmid 773.

Berlin, deutsche Nation und Europa

1 Carlo Schmid, Soll und Haben in der Politik, Abendzeitung (München) vom 26. 9. 1961.
2 Ders., Der Handel um Berlin, Abendzeitung (München) vom 23. 11. 1961.
3 Protokoll der Sitzung des SPD-Parteipräsidiums am 8. 10. 1962, AdsD.
4 Council of Europe, 13. Sitzung, 25. 9. 1961, S. 423–428.
5 Abgedr., in: Europa-Archiv 16, 1961, S. D 714.
6 Schmid an Willy Brandt, 21. 11. 1961, AdsD, NL Schmid 1339.
7 Abgedr., in: Europa-Archiv 17, 1962, S. D15.
8 Schmid, Zur weltpolitischen Lage an der Jahreswende und zur Politik der UNO, Politik aus erster Hand, Bayrischer Rundfunk am 3. 1. 1962, Pressearchiv des Deutschen Bundestages.
9 Ebd.
10 Ebd.
11 Carlo Schmid, Verhandlungsobjekt Berlin, Abendzeitung (München) vom 22. 5. 1962.
12 Council of Europe, 3. Sitzung, 16. 5. 1962, S. 67–72.
13 Ansprache im SFB am 1. 6. 1962, AdsD, Sammlung Personalia Carlo Schmid.
14 Brandt, Erinnerungen, S. 77.
15 Ansprache Schmids im SFB am 19. 11. 1961, AdsD, NL Schmid 149.
16 Schmid an Kurt Birrenbach, 9. 2. 1960, AdsD, NL Schmid 1217.
17 Ansprache Schmids bei der Preisverleihung für die Arbeiten über das Thema: Die Jugend und die Wiedervereinigung Deutschlands in Hamburg am 22. 4. 1961, in: Die Jugend und die Wiedervereinigung Deutschlands, Berlin/Frankfurt/Wien 1962, S. 18.
18 Bayern fragt Bonn, Bayrischer Rundfunk am 9. 2. 1962, Pressearchiv des Deutschen Bundestages.
19 Z. B. ebd.
20 Carlo Schmid, Zur Woche der Brüderlichkeit, in: SPD- Pressemitteilungen und -informationen Nr. 60/62 vom 14. 3. 1962.
21 Bundestagssitzung am 11. 12. 1963. BT Sten. Ber. 54, S. 4736.
22 Liebe zum Vaterland, Ansprache Schmids im SWF am 9. 2. 1962, AdsD, NL Schmid 147.
23 Schmid an Thomas Schroeder, 12. 1. 1966, AdsD, NL Schmid 233.
24 Schmid an Adenauer, 1. 7. 1954, AdsD, NL Schmid 1356.
25 Bundestagssitzung am 22. 1. 1964. BT Sten. Ber. 54, S. 4972.
26 Protokolle des Bundestagsausschusses für Kulturpolitik für das Jahr 1962, ParlA.
27 Bundestagssitzung am 11. 12. 1963. BT Sten. Ber. 54, S. 4736.
28 Ebd., S. 4737.
29 Ausführungen des CDU-Abgeordneten Martin, ebd., S. 4744.
30 Protokoll des Bundestagsausschusses für Kulturpolitik am 14. 6. 1962, ParlA; vgl. auch Carlo Schmid, Ein Volk besinnt sich – die kulturelle Entwicklung in der

Bundesrepublik, in: Die kulturelle Stellung der Bundesrepublik in der Völkergemeinschaft. Tagung der Friedrich-Ebert-Stiftung in ihrer Heimvolkshochschule Bergneustadt vom 24. bis 26. 11. 1958, Bonn, o. J., S. 5–31.

31 Schmid an Friedel Ahlgrimm, 19. 9. 1962, Privatbesitz Friedel Ahlgrimm.

32 Ebd.

33 Schmid an Klaus-Peter Schulz, 1. 2. 1967, AdsD, NL Schmid 1224.

34 Renger, Ein politisches Leben, S. 189.

35 Koerfer, Kampf ums Kanzleramt, S. 418.

36 Carlo Schmid, Die Flagge folgt dem Kaufmann, in: SPD-Pressedienst vom 27. 6. 1961.

37 Council of Europe, 3. Sitzung, 16. 5. 1962, S. 67–72.

38 Carlo Schmid, De Gaulle sucht Kontakt mit den Deutschen, Mannheimer Morgen vom 4. 9. 1962.

39 Charles de Gaulle, Die Schneide des Schwertes. Aus dem Französischen von Carlo Schmid, Frankfurt 1981, S. 200.

40 In einem Wettbewerb der Radio-Zeitschrift HörZu „50 Große unseres Jahrhunderts" strich Schmid den Namen Kennedy durch und unterstrich den Namen de Gaulle, AdsD, NL Schmid 591.

41 Carlo Schmid, Nüchternheit, die sich der Begeisterung nicht schämt. Ein Rückblick auf den Staatsbesuch Charles de Gaulles in der Bundesrepublik, in: Europa-Archiv 17, 1962, S. 660.

42 Ebd., S. 659.

43 Ders., Nichts im Übermaß, Abendzeitung (München) vom 11. 9. 1962.

44 Schmid, Nüchternheit, S. 659.

45 Bundestagssitzung am 14. 2. 1962. BT Sten. Ber. 50, S. 431.

46 So Wehner zit. nach Grabbe, Unionsparteien, S. 406.

47 Protokoll der SPD-Parteivorstandssitzung am 11. 5. 1963, AdsD; Schmid, Die politischen Grundlinien de Gaulles, Abendzeitung (München) vom 4. 5. 1965.

48 Council of Europe, 21. Sitzung am 16. 1. 1963, S. 723–726.

49 Fraktionssitzung am 15. 1. 1963, Potthoff, SPD-Fraktion 1961–1963, S. 207 f.

50 Carlo Schmid, General de Gaulles Bombe, Abendzeitung (München) vom 22. 1. 1963.

51 Zit. nach Hans-Peter Schwarz, Adenauer. Der Staatsmann, S. 822.

52 Protokoll der Sitzung des SPD-Parteipräsidiums am 4. 3. 1963, AdsD.

53 Schmid an Kurt Monglowski, 5. 3. 1963, AdsD, NL Schmid 776.

54 Council of Europe, 16. Sitzung am 25. 9. 1962, S. 579–582.

55 Carlo Schmid, Farbe bekennen, Abendzeitung (München) vom 29. 1. 1963.

56 Ders., Il faudrait trouver une méthode qui permette au général de Gaulle de revenir à la raison sans perdre la face, Le Monde vom 2. 2. 1963.

57 Ansprache Schmids im SFB am 3. 2. 1963, AdsD, NL Schmid 169.

58 Protokoll der Sitzung des SPD-Parteipräsidiums am 11. 2. 1963, AdsD; Fraktionssitzung am 12. 2. 1963, Potthoff, SPD-Fraktion 1961–1963, S. 253–256.

59 Protokoll der Sitzung des SPD-Parteipräsidiums am 11. 2. 1963, AdsD.

60 Carlo Schmid, Der deutsch-französische Vertrag, Abendzeitung (München) vom 19. 2. 1963.

61 Protokoll der Sitzung des SPD-Parteipräsidiums am 22. 4. 1958, AdsD; Fraktionssitzung am 23. 4. 1963 und am 7. 5. 1963, Potthoff, SPD-Fraktion 1961–1963, S. 291 und 298; Zur Diskussion dieser Frage innerhalb der Bundesregierung vgl. Akten zur Auswärtigen Politik der Bundesrepublik Deutschland 1963, Bd. 1, Bearb. Mechthild Lindemann/Ilse Dorothee Pautsch, München 1994, S. 446.

62 Protokoll der Sitzung des SPD-Parteipräsidiums am 22. 4. 1963, AdsD.
63 Bundestagssitzung am 16. 5. 1963. BT Sten. Ber. 53, S. 3745.
64 Hans-Peter Schwarz, Adenauer. Der Staatsmann, S. 888.
65 Carlo Schmid, Zwischen Kennedy und de Gaulle, Abendzeitung (München) am 2. 7. 1963.
66 Carlo Schmid, Die nächsten Aufgaben, Abendzeitung (München) vom 9. 7. 1963.
67 Council of Europe, 3. Sitzung, 16. 5. 1962, S. 70 f.
68 Frankfurter Allgemeine Zeitung vom 24. 3. 1962.
69 Schmid an Janez Stanovnik, 5. 2. 1962, AdsD, NL Schmid 2030.
70 Schmid, Erinnerungen, S. 714; Bericht Schmids in der Fraktionssitzung am 20. 3. 1962, Potthoff, SPD-Fraktion 1961–1963, S. 74.
71 Schmid, Erinnerungen, S. 716.
72 Bericht Schmids in der Fraktionssitzung am 20. 3. 1962, Potthoff, SPD-Fraktion 1961–1963, S. 75.
73 Harry Schleicher, Wandlungen der jugoslawischen Deutschlandpolitik, in: Europa-Archiv 18, 1963, S. 99–106.
74 Bericht Schmids über seine Jugoslawien-Reise vom 12.–16. 3. 1962 für Außenminister Schröder, AdsD, NL Schmid 2030.
75 Ebd.
76 Ebd.
77 Bericht Schmids in der Fraktionssitzung am 20. 3. 1962, Potthoff 1961–1963, S. 75.
78 Ebd., S. 75.
79 Ebd., S. 75.
80 Schmid an das Stortingets Nobelkomitee, 29. 1. 1973, AdsD, NL Schmid 1086.
81 Sendemanuskript, Pressearchiv des Deutschen Bundestages.
82 So Schmid in einem Interview mit Gerold Benz im SDR am 11. 1. 1963. Ebd.
83 Schmid an Fritz Fraenkel, 2. 4. 1962, AdsD, NL Schmid 753; Carlo Schmid, Das Memorandum der Patrioten, Abendzeitung (München) vom 6. 3. 1962.
84 Soell, Erler, Bd. 1, S. 491; Becker/Hager, Aufklärung, S. 170.
85 Schmid in einem Interview mit Gerold Benz im SDR am 11. 1. 1963, Pressearchiv des Deutschen Bundestages.
86 Ebd.
87 BT Sten. Ber. 53, S. 3507.
88 Ebd., S. 3508; Zur Kritik Schröders vgl. ebd., S. 3513; zur Kritik Dehlers, Die Welt vom 15. 6. 1963.
89 Bundestagssitzung am 8. 5. 1963. BT Sten. Ber. 53, S. 3509.
90 Ebd., S. 3512 f.
91 dpa-Meldungen, AdsD, Sammlung Personalia Carlo Schmid.
92 Ernst Majonica, Stoß gegen gemeinsame Außenpolitik – Stoß gegen deutsche Interessen, DUD vom 9. 5. 1963.
93 Vermerk Bortfelds vom 12. 6. 1963, AdsD, PV-Akten-Alter Bestand 04015.
94 Die SPD-Fraktion teilt mit vom 9. 5. 1963; Tags zuvor war Schmids Bundestagsrede in den Pressemitteilungen der Fraktion ohne die kritisierten Passagen wiedergegeben worden.
95 Carlo Schmid, Die neue Aufgabe der Westeuropäischen Union, DPA-Elite-Namendienst vom Juli 1963.
96 Schmid an Thomas Dehler, 10. 6. 1963, ADL, NL Dehler 1924.
97 Schmid an Joseph Weill, 20. 6. 1963, AdsD, NL Schmid 1340.
98 Carlo Schmid, Eine Tribüne für Europa, Abendzeitung (München) vom 11. 6. 1963.

99 Wolfgang Bretholz, Bei Carlo Schmid am Lago Maggiore, Welt am Sonntag vom 25. 8. 1963.
100 Ebd.
101 Schmid an Ludwig Ratzel, 20. 9. 1963, AdsD, NL Schmid 208.

Enttäuscht von Erhard
(1963–1966)

Geist und Bildung

1 Bundestagssitzung am 18. 10. 1963. BT Sten. Ber. 53, S. 4194.
2 Ebd., S. 4208.
3 Ebd., S. 4201.
4 Protokoll der SPD-Parteivorstandssitzung am 25. 10. 1963, AdsD; Protokoll der Sitzung des SPD-Parteipräsidiums am 6. 1. 1964, AdsD.
5 Bundestagssitzung am 12. 7. 1959. BT Sten. Ber. 43, S. 4076.
6 Hellmut Becker, Can we be equal and excellent too?, in: Festgabe für Carlo Schmid zum 65. Geburtstag, S. 35.
7 Schmid an Hellmut Becker, 2. 7. 1962, AdsD, NL Schmid 31.
8 Becker, Can we be equal, S. 39.
9 Becker/Hager, Aufklärung, S. 82.
10 Z. B. Protokoll der Sitzung der bildungspolitischen Arbeitsgruppe des Parteivorstandes am 29. 4. 1965, AdsD, NL Knoeringen 335.
11 Schmid an Georg Melchers, 14. 1. 1964, AdsD, NL Schmid 1962.
12 Vorwärts vom 2. 12. 1964 (Ein Sieg der jungen Kräfte).
13 Protokoll der Verhandlungen des Parteitages der SPD vom 23. bis 27. November in Karlsruhe, S. 601.
14 Z. B. Ernst Schütte, ebd., S. 603–605.
15 Protokoll der Sitzung des SPD-Parteipräsidiums am 6. 1. 1964, AdsD.
16 Erler an Ulrich Lohmar, 17. 2. 1964, AdsD, NL Erler 59.
17 Ebd.
18 Protokoll des SPD-Parteitages 1964, S. 601; Bundestagssitzung am 12. 7. 1959, BT Sten. Ber. 43, S. 4073.
19 Carlo Schmid, Geistiger Wohlstand für alle, Düsseldorfer Allgemeine vom 17. 12. 1965; Bundestagssitzung am 22. 1. 1958. BT Sten. Ber. 39, S. 258–263.
20 Bundestagssitzung am 1. 12. 1965. BT Sten. Ber. 60, S. 299.
21 Carlo Schmid, Über die Idee der Universität. Rede gehalten auf der Schaffermahlzeit zu Bremen am 9. 2. 1962, Bremen 1962, S. 14 f.
22 Carlo Schmid, Das humanistische Bildungsideal, in: ders., Europa und die Macht des Geistes, S. 71.
23 Schmid an Willi Gegenheimer, 6. 1. 1964, AdsD, NL Schmid 1544.
24 Protokoll des Parteitags der SPD 1964, S. 599.
25 Schmid an Hans Nickel, 6. 9. 1960, AdsD, NL Schmid 518.
26 Schmid an Julius Schmidt, 14. 7. 1964, AdsD, NL Schmid 796.
27 Schmid an Paul Rieger, 3. 8. 1962, AdsD, NL Schmid 763.
28 Schmid an Ernst Klett, 27. 3. 1963, AdsD, NL Schmid 775.
29 Manuskript der Erinnerungen, S. 3583f, AdsD, NL Schmid 405.
30 Carlo Schmid, Abschied von der Antike. Eine Enquête über die Rolle des griechisch-lateinischen Geisteserbes in der Bildungsgesellschaft von morgen. Sonderdruck der Zeitschrift Wort und Wahrheit 19, 1964, S. 62 f.

31 So Knoeringen auf dem Parteitag in Karlsruhe 1964. Protokoll des Parteitages, S. 557.

32 Carlo Schmid, Bildungswesen in Not, in: Grundstein. Zeitung der IG-Bau-Steine-Erden vom 6. 9. 1964.

33 Vgl. S. 577 ff. der Arbeit.

34 Becker/Hager, Aufklärung, S. 20.

35 Protokoll über die Sitzung der Kommission „Bildungswesen" des Senats der Max-Planck-Gesellschaft am 31. 10. 1960, AdsD, NL Schmid 1853.

36 Schmid an Hermann Heimpel, 10. 5. 1960, AdsD, NL Schmid 1863.

37 Protokoll über die Sitzung der Kommission „Bildungswesen" des Senats der Max-Planck-Gesellschaft am 31. 10. 1960, AdsD, NL Schmid 1853.

38 Schmid an Heinrich Brachmann, 26. 10. 1962, AdsD, NL Schmid 751.

39 Schmid an Hellmut Becker, 20. 12. 1976, AdsD, Dep. Goebel.

40 Schmid an Herbert Holtzhauer, 16. 3. 1964, AdsD, NL Schmid 523.

41 Ebd.

42 Versteckt deutet er dies in seinen Ausführungen über Wilhelm von Humboldt in seiner Vorlesung „Ausgewählte Kapitel zur politischen Ideengeschichte", SS 1959, an. Privatbesitz/Kopie AdsD.

43 Carlo Schmid, Mut zur Politik. Rede auf dem 6. Deutschen Studententag vom 4.–8. 4. 1960, S. 157, AdsD, NL Schmid 1556.

44 Ebd., S. 157.

45 Ausbildung, Erziehung und Bildung. Festvortrag von Bundestagsvizepräsident Prof. Dr. Carlo Schmid anläßlich der 10. Jahresfeier am 4. Mai 1964. Hrsg. Stiftung Mitbestimmung, Düsseldorf o. J., S. 21.

46 Kurzprotokoll der Konferenz der SPD-Bundestagsfraktion mit Vertretern der SPD-Landesregierungen und SPD- Landtagsfraktionen am 12. 6. 1963, AdsD, PV-Akten, Alter Bestand 04017.

47 Ebd.; Fraktionssitzung am 15. 2. 1966, Potthoff, SPD-Fraktion 1964–1966, S. 810.

48 Kurzprotokoll der Konferenz der SPD-Bundestagsfraktion mit Vertretern der SPD-Landesregierungen und SPD- Landtagsfraktionen am 12. 6. 1963, AdsD, PV-Akten, Alter Bestand 04017.

49 Ebd.

50 Ebd.

51 Erläuterndes Material Knoeringens zu seinem Vorschlag, einen Bildungsrat zu berufen, AdsD, NL Knoeringen 333.

52 Schmid an Waldemar von Knoeringen, 17. 2. 1964, AdsD, NL Knoeringen 421.

53 Ebd., Protokoll der Sitzung des wissenschaftlichen Beirates des Instituts für Bildungsforschung in der Max-Planck-Gesellschaft am 28. 10. 1965, AdsD, NL Schmid 1854.

54 Ausführungen Stoltenbergs in der Bundestagssitzung am 1. 12. 1965. BT Sten. Ber. 60, S. 303.

55 Protokoll des SPD-Parteitags 1964, S. 584.

56 Protokoll der Sitzung des SPD-Parteipräsidiums am 6. 1. 1964, AdsD.

57 Schmid an Waldemar von Knoeringen, 17. 2. 1964, AdsD, NL Knoeringen 421.

58 Umfrageergebnis des Meinungsforschungsinstituts infratest, Der Spiegel vom 15. 7. 1965, S. 28 f.

59 Brief Schmids an den Intendanten des Rheinischen Landestheaters in Neuss, 4. 2. 1965, AdsD, NL Schmid 576.

60 Protokolle der Sitzungen des Ordenskapitels des Aachener Karnevalvereins, AdsD, NL Schmid 1625.

61 Carlo Schmid, Konformismus oder Kritik? in: Abendzeitung (München) vom 23. 4. 1963.
62 Schmid an die Redaktion von Theater heute, 29. 6. 1964, AdsD, NL Schmid 578.
63 Schmid an Marion Gräfin Dönhoff, 27. 3. 1963, AdsD, NL Schmid 574.
64 Schmid an Hans-Jochen Vogel, 20. 2. 1962, AdsD, NL Schmid 764.
65 Schmid in der Sendereihe „Stimmen zur Zeit" des SFB am 8. 10. 1965, AdsD, NL Schmid 231.
66 Bundestagssitzung am 1. 12. 1965. BT Sten. Ber. 60, S. 297.
67 Günter Grass, Es steht zur Wahl, in: ders.,Über das Selbstverständliche. Politische Schriften, München 1969, S. 19.
68 Bundestagssitzung am 1. 12. 1965. BT Sten. Ber. 60, S. 297.
69 Klaus Hildebrand, Von Erhard zur Großen Koalition 1963–1969. Mit einem einleitenden Essay von Karl Dietrich Bracher, Stuttgart/Wiesbaden 1984, S. 119f.
70 Karl Schiller an Günter Grass, 29. 7. 1965, in: Das Wahlkontor. Deutsche Schriftsteller in Berlin. Versuch einer Parteinahme Berlin 1990, S. 27.
71 Bundestagssitzung am 1. 12. 1965. BT Sten. Ber. 60, S. 301.
72 Ebd., S. 296.
73 Ebd., S. 302.
74 Ebd., S. 302.

Man kann in der Politik nicht passen!

1 Interview vom 15. 3. 1963, AdsD, NL Schmid 2030.
2 So Schmid über Adenauers Verhältnis zur Opposition, in: Deutsche Korrespondenz vom 5. 10. 1963.
3 Ludwig Erhard an Schmid, 25. 12. 1963, AdsD, NL Schmid 772.
4 Horst Osterheld, Außenpolitik unter Bundeskanzler Ludwig Erhard 1963–1966. Ein dokumentarischer Bericht aus dem Kanzleramt, Düsseldorf 1992, S. 389.
5 Z.B. Schmid an Hans Weitpert, 9. 5. 1975, AdsD, NL Schmid 531.
6 Carlo Schmid, Das Gespräch mit dem Volke suchen, Abendzeitung (München) vom 8. 10. 1963.
7 Osterheld, Außenpolitik, S. 388.
8 Schmids Rede vor der Versammlung der WEU am 2. 12. 1963, AdsD, NL Schmid 1341.
9 Gustav Ferber, Aktivierung der WEU, Frankfurter Allgemeine Zeitung vom 5. 12. 1963.
10 Schmid, Erinnerungen, S. 751–753.
11 Dokumente zu dem Besuch in London, AdsD, NL Schmid 1342.
12 Empfehlung Nr. 101 vom 5. 12. 1963, in: Europa-Archiv 19, 1964, S. D 12f.
13 Schmid an Gerhard Schröder, 19. 11. 1964, AdsD, NL Schmid 1343.
14 Schreiben Schmids vom 1. 2. 1965, AdsD, NL Schmid 1344.
15 J.-M. Le Breton an Schmid, 29. 4. 1964, AdsD, NL Schmid 1342.
16 Peter Shell, Bündnis im Schatten. Die Westeuropäische Union in den 80er Jahren, Bonn/Berlin 1991, S. 64f.
17 Fritz Kempfler an Schmid. 3. 12. 1976, AdsD, NL Schmid 34.
18 Carlo Schmid, Die Lage der Europapolitik. Vortrag gehalten am 12. Februar 1964 vor Mitgliedern des Industrie-Club Düsseldorf. o.O u.J., S. 21.
19 Ebd., S. 19.
20 Ebd., S. 20.
21 Ebd., S. 22.

22 Osterheld, Außenpolitik, S. 48.
23 Protokoll der Besprechung mit Bundeskanzler Erhard am 7. 10. 1964, 11 Uhr über Europapolitik, AdsD, NL Erler 128.
24 Ebd.
25 Ebd.
26 Ebd.
27 In: Abendzeitung (München) vom 24. 11. 1964.
28 Ebd.
29 Carlo Schmid, Der Zwischenfall, Abendzeitung (München) vom 29. 12. 1964.
30 Interview Schmids mit Welt am Sonntag vom 25. 4. 1965.
31 Carlo Schmid, Soll es so weitergehen, Abendzeitung (München) vom 10. 11. 1964.
32 Besprechung mit Bundeskanzler Erhard am 7. 10. 1964, 11 Uhr über Europapolitik, AdsD, NL Erler 128.
33 Schmid an Willi Klinkert, 26. 5. 1964, AdsD, NL Schmid 2010.
34 Fraktionssitzung am 25. 5. 1964, Potthoff, SPD-Fraktion 1964–1966, S. 455.
35 Z. B. Carlo Schmid, Bilanz einer Israelreise, DPA-Elite- Namendienst, Mai 1964.
36 Ansprache Schmids in der Sendereihe „Stimmen zur Zeit" des SFB am 28. 2. 1965, AdsD, Sammlung Personalia Carlo Schmid.
37 Schmid an Heinz Frehsee, 29. 6. 1964, AdsD, NL Schmid 1278.
38 Carlo Schmid, Zwischen Israel und Arabern, Westfälische Rundschau vom 28. 1. 1965.
39 Protokoll der Sitzung des SPD-Parteipräsidiums am 29. 1. 1965, AdsD.
40 Protokoll der SPD-Parteivorstandssitzung am 26. 2. 1965, AdsD; Fritz Sänger an Fritz Erler, 2. 11. 1964, AdsD, NL Schmid 1278.
41 Schmid an Heinz Frehsee, 29. 6. 1964, AdsD, NL Schmid 1278.
42 Osterheld, Außenpolitik, S. 165.
43 Protokoll der Fraktionssitzung am 9. 3. 1965, Potthoff, SPD-Fraktion 1964–1966, S. 597 f.
44 Carlo Schmid, Die Hallstein-Doktrin, Abendzeitung (München) vom 9. 3. 1965.
45 Der Spiegel vom 31. 3. 1965, S. 37.
46 Protokoll der SPD-Parteivorstandssitzung am 26. 2. 1965, AdsD.
47 Protokoll der Sitzung des SPD-Parteipräsidiums am 27. 8. 1963, AdsD.
48 Carlo Schmid, Neue Ostpolitik, in: Abendzeitung (München) vom 7. 7. 1964.
49 Schmid an Hans Darmstadt, 7. 4. 1964, AdsD, NL Schmid 785.
50 Carlo Schmid, Neue Deutschlandpolitik, Abendzeitung (München) vom 19. 1. 1965; Protokoll der Sitzung des SPD- Parteipräsidiums am 11. 1. 1965, AdsD.
51 Carlo Schmid, Neue Deutschlandpolitik, Abendzeitung (München) vom 19. 1. 1965.
52 Pressekonferenz de Gaulles vom 4. 2. 1965, in: Europa-Archiv 20,1965, S. 87–97, Zitat, S. 96.
53 Protokoll der Fraktionssitzung am 9. 2. 1965, Potthoff, SPD-Fraktion 1964–1966, S. 569.
54 Vermerk vom 10. 3. 1965, AdsD, NL Schmid 220.
55 Die Tagung dauerte vom 18.–20. 2. 1965. Schmids Redebeitrag ist abgedr., in: Vereinte Nationen 13, April 1965, S. 51–53.
56 Carlo Schmid, Stimmungswandel gegen Deutschland, Abendzeitung (München) vom 2. 3. 1965.
57 Schmid an Herbert Wehner, 26. 2. 1965, AdsD, NL Wehner.
58 Réalités, Mai 1965, S. 51. Ein deutscher Teilabdruck, DUD vom 16. 6. 1965.

59 Ebd., S. 52.
60 Ebd., S. 53.
61 Schmid an Herbert Wehner, 21. 3. 1965, AdsD, NL Wehner.
62 Schmid an Gilles Anouil, 23. 3. 1965, AdsD, NL Schmid 226.
63 Carlo Schmid, Die politischen Grundlinien de Gaulles, Abendzeitung (München) vom 4. 5. 1965.
64 Manuskript der Erinnerungen, S. 3832, AdsD, NL Schmid 406.
65 Z. B. im DUD vom 16. 6. 1965.
66 SPD-Pressemitteilungen und -informationen vom 2. 6. 1965.
67 Zit. nach Der Spiegel vom 16. 6. 1965, S. 16.
68 dpa-Meldung vom 12. 6. 1965, AdsD, Sammlung Personalia Carlo Schmid.
69 Ebd.
70 Hildebrand, Von Erhard zur Großen Koalition, S. 145.
71 Réalités vom Mai 1965, S. 50.
72 Hans-Jochen Vogel an Schmid, 28. 6. 1965, AdsD, NL Schmid 809.
73 Schmid an Hans-Jochen Vogel, 2. 7. 1965. Ebd.
74 Schmid an Herbert Becker, 11. 3. 1966, AdsD, NL Schmid 1065.
75 Briefwechsel mit Fritz Kempfler, AdsD, NL Schmid 25.
76 Schmid an Walter Herfurth, 12. 1. 1965, AdsD, NL Schmid 805.
77 Protokolle der Sitzungen des SPD-Parteipräsidiums am 27. 1 und 5. 6. 1964, AdsD; Protokoll der Sitzung des Parteirates am 6. 6. 1964. Ebd.
78 Schmid an Walther Jaenicke, 29. 6. 1964, AdsD, NL Schmid 790.
79 Protokoll der Sitzung des SPD-Parteipräsidiums am 24. 2. 1964, AdsD.
80 Schmid an Helmut Rueckriegel, 6. 10. 1965, AdsD, NL Schmid 1063.
81 Schmid an Kurt Monglowski, 13. 7. 1965, AdsD, NL Schmid 809.
82 Schmid an Kurt Monglowski, 6. 3. 1965. Ebd.
83 Carlo Schmid, Konrad Adenauer zum 89. Geburtstag, Abendzeitung (München) vom 5./6. 1. 1965.
84 Adenauer an Schmid, 14. 1. 1966, AdsD, NL Schmid 816.
85 Schmid an Kurt Monglowski, 13. 7. 1965, AdsD, NL Schmid 809.
86 Wählerflugblatt Schmids vom Sept. 1965, AdsD, NL Schmid 1199.
87 Amtliches Handbuch des Deutschen Bundestages 5. WP, S. 197.
88 Schmid an Hans Reschke, 4. 10. 1965, AdsD, NL Schmid 1199.
89 Protokoll der Sitzung des SPD-Parteipräsidiums am 20. 9. 1965, AdsD.
90 Protokoll der Sitzung des SPD-Parteipräsidiums am 19. 10. 1965, AdsD.
91 Mündliche Mitteilung mehrerer Zeitzeugen.
92 Schmid an Fritz Erler, 14. 4. 1966, AdsD, NL Erler 61.
93 Dokumente zu diesen Reisen, AdsD, NL Schmid 2040/2041.
94 Journalisten fragen – Politiker antworten, ZDF, 17. 2. 1966, AdsD, Sammlung Personalia Carlo Schmid.
95 Schmid an Almuth Adlung, 9. 7. 1965, AdsD, NL Schmid 799.
96 Klausurtagung des SPD-Parteipräsidiums am 29. 4. 1966, AdsD.
97 Zum Scheitern des Redneraustausches vgl. Fraktionssitzung der SPD am 28. 6. 1966, Potthoff, SPD-Fraktion 1964–1966, S. 914–916.
98 Protokoll der Verhandlungen und Anträge vom Parteitag der SPD vom 1. bis 5. Juni 1966 in Dortmund, S. 557.
99 Mündliche Mitteilung Mathilde Alt-Kimmichs.
100 Schmid an Rudolf Müller, 18. 12. 1962, AdsD, NL Schmid 1643.
101 Soell, Erler, Bd. 1, S. 470f; Grabbe, Unionsparteien, S. 584.
102 Hans Georg Lehmann, Öffnung nach Osten. Die Ostreisen Helmut Schmidts und

die Entstehung der Ost- und Entspannungspolitik, Bonn 1984, passim. Die politische Bedeutung der Ostreisen Schmidts wird hier allerdings überschätzt.

103 Protokoll des Parteitages der SPD 1966, S. 450.

104 Ebd., S. 455.

105 Ebd., S. 503 f.

106 Rede vor der Beratenden Versammlung des Europarats am 27. 9. 1966, in: Dokumente zur Deutschlandpolitik IV, Bd. 12, S. 1424/1426.

107 Schmid, Erinnerungen, S. 788.

108 Fraktionssitzung am 26./27. 11. 1966, Potthoff, SPD-Fraktion 1964–1966, S. 1066.

109 Ebd., S. 1066.

110 Protokoll der Sitzung des erweiterten SPD-Parteipräsidiums am 10. 11. 1966, AdsD.

Vernunftehe auf Zeit: Die Große Koalition (1966–1969)

Am Portepée gefaßt: Bundesratsminister wider Willen

1 Mündliche Mitteilung Friedel Ahlgrimms.

2 Zit. nach Manuskript der Erinnerungen, S. 3904, AdsD, NL Schmid 407.

3 Herbert Wehner an Schmid, 2. 12. 1966, AdsD, NL Schmid 991.

4 Fritz Erler an Schmid, 2. 12. 1966, AdsD, NL Schmid 983.

5 Manuskript der Erinnerungen, S. 3901, AdsD, NL Schmid 407.

6 Bundestagssitzung am 24. 3. 1950. BT Sten. Ber. 2, S. 1862.

7 Bundestagssitzung am 8. 6. 1967. BT Sten. Ber. 64, S. 5447.

8 Interview mit dem Münchener Merkur am 3. 12. 1966.

9 BR-Sten. Ber., 302. Sitzung, S. 253 f.

10 Schmid an seine Frau, 20. 12. 1966, Privatbesitz/Kopie AdsD.

11 Beileidstelegramm an Käthe Erler, AdsD, NL Schmid 993.

12 Schmid, Erinnerungen, S. 821.

13 So Erler in einem Brief zum 65. Geburtstag Schmids, AdsD, NL Schmid 971.

14 Carlo Schmid, Ein Eiferer für das Rechte. Abschied von Thomas Dehler, Die Zeit vom 28. 7. 1967.

15 Schmid an Marion Gräfin Dönhoff, 19. 12. 1966, AdsD, NL Schmid 983.

16 Zur Vita Kiesingers vgl. Reinhard Schmoeckel, Der Kanzler, in: ders./Bruno Kaiser, Die vergessene Regierung. Die große Koalition 1966–1969 und ihre langfristigen Wirkungen, Bonn 1991, S. 87–109.

17 Brandt, Begegnungen, S. 182f; Ehmke, Mittendrin, S. 50.

18 Kurt Georg Kiesinger an Schmid, 4. 5. 1969, AdsD, NL Schmid 876.

19 Schmids stenographischen Aufzeichnungen über die Kabinettssitzungen zufolge meldete er sich nur selten zu Wort. Es kann natürlich sein, daß er seine eigenen Beiträge nicht immer mitstenographierte. Stenogramme, AdsD, NL Schmid 1360–1362.

20 Bruno Kaiser, Das Auseinanderleben verhindern, in: Schmoeckel/Kaiser, Vergessene Regierung, S. 145; Peter Koch, Willy Brandt. Eine politische Biographie, Berlin/Frankfurt/M. 1988, S. 292 f.

21 Der Spiegel vom 10. 7. 1967, S. 20.

22 Schmid an Franz-Josef Strauß, 1. 10. 1969, AdsD, NL Schmid 876.

23 Schmid an Karl Schiller, 16. 7. 1968, AdsD, NL Schmid 1389.

24 Schmid an Dietrich Spangenberg, 28. 12. 1967, AdsD, NL Schmid 1363.

25 Mündliche Mitteilung Friedel Ahlgrimms.
26 Friedrich Schäfer, Erinnerungen, in: Abgeordnete des Deutschen Bundestages. Aufzeichnungen und Erinnerungen. Hrsg. Deutscher Bundestag, Bd. 5, Boppard am Rh. 1988, S. 247.
27 Bundestagssitzung am 8. 6. 1967. BT Sten. Ber. 64, S. 5448.
28 Das Verhältnis von Bund und Ländern. Rede Schmids anläßlich der Parlamentarischen Arbeitskonferenz der SPD „Gemeinden- Länder-Bund" am 24. 2. 1967, S. 21 und passim, AdsD, NL Schmid 246; Zum Troeger-Gutachten vgl. auch Renzsch, Finanzverfassung, S. 219–221.
29 Schmid an Kurt Georg Kiesinger, 27. 1. 1967, AdsD, NL Schmid 1068; Aktennotiz betr. Finanzreform vom 9. 2. 1967. Ebd. 1389.
30 So Ernst Heinsen in einem Brief an die Verfasserin vom 28. 10. 1992.
31 Stenogramme, AdsD, NL Schmid 1360–1362.
32 Ernst Heinsen in einem Brief an die Verfasserin vom 28. 10. 1992. Heinsen gibt fälschlicherweise 1968 als Datum an. Vgl. auch ders., Der Kampf um die Große Finanzreform 1969, in: Rudolf Hrbck (Hrsg.), Miterlebt – Mitgestaltet. Der Bundesrat im Rückblick, Stuttgart 1989, S. 199.
33 Carlo Schmid, Entwurf eines Programms zur Finanzreform, in: Bulletin des Presse- und Informationsamtes der Bundesregierung vom 27. 7. 1967, S. 666.
34 Ernst Heinsen in einem Brief an die Verfasserin vom 28. 10. 1992.
35 Schmid in einem Interview mit dem Südwestfunk am 18. 2. 1968 AdsD, Sammlung Personalia Carlo Schmid; SPD-Pressemitteilungen und -informationen vom 30. 5. 1969.
36 Vermerk vom 14. 2. 1968 (Vertrauliche Parteisache), AdsD, NL Schmid 1389.
37 Renzsch, Finanzverfassung, S. 259.
38 Ebd., S. 246.
39 Bundesratssitzung am 28. 3. 1969, BR-Sten. Ber. 336 Sitzung, S. 80.
40 In einem Interview am 15. 8. 1967, AdsD, NL Schmid 253.
41 Carlo Schmid, Im Spannungsfeld zwischen Bund und Ländern, in: Neue Gesellschaft 16,1969, S. 181.
42 System Stolze-Schrey, in: Der Spiegel vom 10. 7. 1967, S. 36f. Schmid an Hans Herter, 3. 8. 1967, AdsD, NL Schmid 841.
43 Schmid an Ernst Jünger, 27. 8. 1968, AdsD, NL Schmid 863.
44 Protokoll der Fraktionssitzung am 11. 4. 1967, AdsD, SPD- BT-Fraktion 5. WP 59.
45 Schmid an Waldemar von Knoeringen, 21. 2. 1967, AdsD, NL Knoeringen 103; Schmid an Hans Filbinger, 27. 1. 1967, AdsD, NL Schmid 1068.
46 Protokoll der SPD-Parteivorstandssitzung am 20. 10. 1967, AdsD.
47 Schmid an Herbert Wehner, 8. 4. 1967, AdsD, NL Schmid 1068.
48 Schmid an Heinrich Tenhumberg, 6. 4. 1967; an Herbert Wehner, 26. 5. 1967, AdsD, NL Schmid 1492; Bischof Hermann Kunst an Schmid, 29. 10. 1969. Ebd. 883.
49 Schmid an Herbert Wehner, 26. 5. 1967, AdsD, NL Schmid 1492.
50 Material zu den Gesprächen, AdsD, NL Schmid 1492; vgl. auch Thomas M. Gauly, Kirche und Politik in der Bundesrepublik Deutschland 1945–1976, Bonn 1990, S. 248–252.
51 Gemeinsames Schulpapier vom Febr. 1968, AdsD, NL Schmid 1492.
52 Gottfried Mahrenholz an Schmid, 25. 6. 1968. Ebd.

Studentenunruhen und Hochschulreform

1 Die Zeit vom 2. 12. 1966.
2 Protokoll der SPD-Parteivorstandssitzung am 9. 12. 1966, AdsD.
3 Protokoll der Sitzung des SPD-Partei- und Fraktionsvorstandes am 28. 11. 1966, AdsD.
4 Protokoll der SPD-Parteivorstandssitzung am 9. 12. 1966, AdsD.
5 Protokoll der Bundeskonferenz der SPD 1967 „Die Sozialdemokratie in der Regierungsverantwortung". 13. bis 15. November 1967, S. B2.
6 Bericht Waldemar Ritters vom 24. 1. 1967, Anl. zum Protokoll der Sitzung des SPD-Parteipräsidiums am 27. 1. 1967, AdsD.
7 Protokoll der Bundeskonferenz der SPD 1967, S. B3.
8 Ebd., S. B4.
9 Ebd., S. B5 f.
10 Schmid an Ernst Bloch, 12. 12. 1971, AdsD, NL Schmid 1016.
11 Kritik junger Sozialdemokraten an der Bundeskonferenz der SPD vom 13. bis 15. November in Godesberg, in: Flechtheim, Dokumente zur parteipolitischen Entwicklung, Bd. 7, S. 287.
12 Baudelaire, Blumen des Bösen, S. 21 f.
13 Schmid an Willi Brundert, 11. 8. 1967, AdsD, NL Schmid 24.
14 Carlo Schmid, Goethe als Wegweiser zu mir selbst, in: ders., Europa und die Macht des Geistes, S. 375.
15 Ebd., S. 374.
16 Der Spiegel vom 4. 9. 1967, S. 140.
17 Mut zur Politik. Rede auf 6. Deutschen Studententag vom 4.–8. 4. 1960, S. 166 f.; AdsD, NL Schmid 1556.
18 Schmid an Ernst Schütte, 29. 12. 1966, AdsD, NL Schmid 2.
19 Schmid an Ernst Schütte, 25. 1. 1967. Ebd.
20 Gespräch mit dem SDS über Notstandsgesetzgebung, Aktennotiz vom 25. 5. 1965; Protokoll über eine Besprechung mit Christoph Zöpel am 13. 10. 1965, AdsD, NL Schmid 1559.
21 Übersicht über die von Schmid angebotenen Seminare, AdsD, NL Schmid 488.
22 Flugblatt des SDS, UAF, Abt. 150, Nr. 149/153.
23 Schreiben Rueggs vom 20. 11. 1967. Ebd.
24 Die folgende Darstellung ist einem Rektoratsbericht vom 23. 11. 1967 über die Vorgänge vom 20. 11. 1967 entnommen. Ebd.; vgl. auch Schmid, Erinnerungen, S. 812–815.
25 SDS-Flugblatt vom 20. 11. 1967, UAF, Abt. 150, Nr. 149/153.
26 Fetscher, Politikwissenschaftler, S. 231, behauptete später, daß die Zeit der Studentenunruhen für ihn „vergleichsweise glimpflich" verlief, weil Schmid ein „besseres Aggressionsobjekt" dargestellt habe als er.
27 Urteil der 12. Strafkammer des Landgerichts Frankfurt vom 29. 3. 1969, AdsD, NL Schmid 1537.
28 Schmid an Hans Dichgans, 28. 12. 1967, AdsD, NL Schmid 1274.
29 Schmid an Klaus Asche, 1. 12. 1967, AdsD, NL Schmid 831.
30 Bericht Schmids an das Bundeskanzleramt betr. beabsichtigte Erklärung des Bundeskanzlers über die Lage der Nation vom 6. 1. 1968, AdsD, NL Schmid 1364. AdsD.
31 Ebd.
32 Protokoll der SPD-Parteivorstandssitzung am 1. 12. 1967, AdsD.

33 Protokoll der SPD-Parteivorstandssitzung am 12. 11. 1967, AdsD.
34 Schmid im Gespräch mit Klaus Harpprecht, ZDF, 2. 11. 1967, AdsD, NL Schmid 256.
35 Schmid an Herbert Wehner, 11. 6. 1966, AdsD, NL Schmid 1064.
36 Schmid an Liebe Freunde, 15. 11. 1967, AdsD, NL Schmid 1224.
37 Pressenachrichten vom 18. 12. 1967, AdsD, NL Schmid 1537.
38 Ebd.
39 Gespräch über Studentenunruhen und Schulreform in der föderalistischen Bundesrepublik, Schweizerisches Fernsehen, 16. 2. 1969, AdsD, NL Schmid 273; Schmid an Otto Klaebisch, 2. 1. 1968; an Erna Severin, 23. 1. 1968. Ebd. 864/871.
40 Schmid an Eleonore Sterling, 11. 7. 1968, AdsD, NL Schmid 872.
41 Schmid an Christiane von Maydell, 19. 8. 1966, AdsD, NL Schmid 204.
42 Schmid an Julius Hays, 3. 1. 1969, AdsD, NL Schmid 890.
43 Z. B. Der Spiegel vom 20. 11. 1967, S. 28 f.; Schmid an Dörte Schmeissner, 5. 12. 1967; an Otto Schöfl, 2. 9. 1969, AdsD, NL Schmid 851/885.
44 Der Spiegel vom 20. 1. 1969, S. 63.
45 Schmid an Kurt Georg Kiesinger, 9. 1. 1969, AdsD, NL Schmid 1365.
46 Protokoll der Fraktionssitzung am 29. 4. 1968, AdsD, SPD-BT- Fraktion 5. WP 92.
47 Protokoll der Fraktionssitzung am 27. 1. 1969, AdsD, SPD-BT- Fraktion 5. WP 114.
48 Protokoll der Fraktionssitzung am 29. 4. 1968, AdsD, SPD-BT- Fraktion 5. WP 92.
49 Die Welt vom 18. 3. 1968; Frankfurter Allgemeine Zeitung vom 18. 3. 1968.
50 Die Welt vom 21. 3. 1968.
51 Meldung des Presse- und Informationsamtes vom 20. 3. 1968, AdsD, NL Schmid 1423.
52 Michael Schneider, Demokratie in Gefahr, S. 233–237.
53 Protokoll der Verhandlungen des Parteitags der SPD von Nürnberg vom 18.–21. März 1968, S. 634.
54 Schmid an Philip Rosenthal, 27. 8. 1968, AdsD, NL Schmid 1835.
55 Schmid an Walter Ruegg, 8. 10. 1968, AdsD, NL Schmid 2.
56 Schmid an Eleonore Sterling, 11. 7. 1968, AdsD, NL Schmid 872.
57 Ebd.
58 Schmid an Otwin Massing, 2. 1. 1968, AdsD, NL Schmid 1077.
59 Protokolle und Protokollnotizen zu den Sitzungen des Bildungspolitischen Ausschusses beim Parteivorstand im November 1968, AdsD, PV-Akten-Alter Bestand 04134; Bundesministerium für Angelegenheiten des Bundesrates und der Länder, Beitrag zum Tätigkeitsbericht der Bundesregierung „Deutsche Politik 1968", AdsD, NL Schmid 1365.
60 Bericht Schmids an das Kanzleramt betr. beabsichtigte Erklärung des Bundeskanzlers über die Lage der Nation vom 6. 1. 1968, AdsD, NL Schmid 1364.
61 Ebd.
62 Protokoll der Sitzung des SPD-Parteirates am 21. 6. 1968, AdsD.
63 Handschriftliche Ergänzung eines Referentenentwurfs für den Kommentar des Teils Wissenschaft und Forschung der Sozialdemokratischen Perspektiven im Übergang zu den siebziger Jahren durch Schmid, AdsD, NL Schmid 267.
64 Ulrich Lohmar an Schmid, 22. 10. 1968, AdsD, NL Schmid 1425.
65 Schmid an Ulrich Lohmar, 28. 10. 1968. Ebd.
66 Beschlußprotokoll und Beschlußempfehlung des Bildungspolitischen Ausschusses zur Hochschulreform vom 8./9. 11. 1968, AdsD, NL Knoeringen 332.
67 Bundestagsrede am 7. 5. 1968. BT Sten. Ber. 67, S. 9086 f.
68 Sitzung des Senats der Max-Planck-Gesellschaft am 7. 3. 1969, AdsD, NL Schmid 1882.

69 Ebd.
70 Ebd.
71 Ebd.
72 Ebd.
73 Abgedr., in: AdG 1969, S. 14665 f.
74 Protokoll der Fraktionssitzung am 13. 5. 1969, AdsD, SPD-BT-Fraktion 5. WP 128.
75 Protokoll des Spitzengesprächs zwischen SPD-Präsidium und den Präsidenten der Max-Planck-Gesellschaft, der Westdeutschen Rektorenkonferenz, der Deutschen Forschungsgemeinschaft und des Wissenschaftsrates am 11. 6. 1969 über Fragen der Hochschulreform und der Hochschulgesetzgebung (streng vertraulich), BA, NL Möller 1833.
76 Ebd.

„Zwei Staaten auf deutschem Boden"

1 Schmid an Willy Brandt, 18. 1. 1967, AdsD, NL Schmid 1386; Schmid, Erinnerungen, S. 796.
2 Lars Blinkenberg, India-Pakistan. The History of Unsolved Conflicts, Munksgaard 1972, S. 242f; S. 270–287.
3 Schmid an Willy Brandt, 18. 1. 1967; Bericht Schmids an Brandt, Wischnewski, Schröder, Karl-Günter von Hase vom 28. 1. 1967, AdsD, NL Schmid 1386/1061.
4 Schmid an Willy Brandt, 2. 2. 1967, AdsD, NL Schmid 1386; vgl. auch Schreiben des Botschafters der Bundesrepublik in Pakistan Günter Scholl an Schmid, 27. 1. 1967. Ebd.
5 Die Gespräche, die Willy Brandt im April 1967 mit dem Generalsekretär der Arabischen Liga darüber führte, verliefen ergebnislos. AdG 1967, S,13144 f.
6 WEU, 8. Sitzung, 12. 12. 1966, Bd. 2, S. 57–61.
7 Carlo Schmid, Eine neue Epoche, Hannoversche Presse 31. 12. 1966.
8 Carlo Schmid, Germany's Way into the Future, in: Universitas. A German Review of the Arts and Sciences, Vol. 10. 1968, S. 205.
9 Z. B. Carlo Schmid, Wirklichkeit und Zukunft der deutsch-französischen Beziehungen, in: Bulletin des Presse- und Informationsamtes der Bundesregierung am 28. 3. 1968, S. 338.
10 Reinhard Schmoeckel, Politik am Kanzler vorbei, in: ders./Kaiser, Vergessene Regierung, S. 178.
11 Zbigniew Rapacki an Schmid, 21. 6. 1966, AdsD, NL Schmid 819; Schmid an Kurt Scharf, Eugen Gerstenmaier, Helmut Thielicke, Helmut Schmidt, 2. 6. 1967. Ebd. 1069.
12 Ausführungen des Sprechers des Auswärtigen Amtes auf einer Pressekonferenz am 17. 7. 1967, AdsD, Sammlung Personalia Carlo Schmid.
13 William E. Griffith, Ostpolitik der Bundesrepublik Deutschland, Stuttgart 1981, S. 217.
14 Schmid an Julius Hays, 3. 1. 1969, AdsD, NL Schmid 890.
15 Schmid an Herbert Wehner, 13. 7. 1967, AdsD, NL Schmid 1389.
16 Reinhard Appel, Gefragt Herbert Wehner (1969),in: Der Onkel. Herbert Wehner in Gesprächen und Interviews. Hrsg. Knut Terjung, Hamburg 1986, S. 141.
17 So A. Freudenhammer/K. Vater. Herbert Wehner. Ein Leben mit der deutschen Frage, München 1978, S. 241.
18 Carlo Schmid, In freier Selbstbestimmung die Einheit und Freiheit Deutschlands vollenden, in: Bulletin des Presse- und Informationsamtes der Bundesregierung 30. 8. 1968, S. 914.

19 Bundestagssitzung am 14. 3. 1968. BT Sten. Ber, 66, S. 8306.
20 Protokoll der SPD-Parteivorstandssitzung am 28. 3. 1969, AdsD.
21 Ebd.; Protokoll der SPD-Parteiratssitzung am 15. 4. 1969, AdsD.
22 Protokoll der SPD-Parteiratssitzung am 15. 4. 1969, AdsD.
23 Ebd.
24 Protokoll der SPD-Parteiratssitzung am 15. 4. 1969, AdsD.
25 Ebd.
26 Außerordentlicher Parteitag der Sozialdemokratischen Partei Deutschlands in der Stadthalle zu Bad Godesberg. Protokoll der Verhandlungen, S. 491 f.
27 Bundestagssitzung am 25. 4. 1969. BT Sten. Ber. 69, S. 12663; vgl. auch Wolfgang Bergsdorf, Herrschaft und Sprache. Studien zur politischen Terminologie der Bundesrepublik Deutschland, Pfullingen 1983, S. 212.
28 Bundestagssitzung am 22. 3. 1958. BT Sten. Ber. 40, S. 1022.
29 20 Jahre Grundgesetz. Rede auf dem Empfang der SPD am 8. 5. 1969 zum 20. Jahrestag der Annahme des Grundgesetzes durch den Parlamentarischen Rat. Hrsg. SPD, Bonn o. J.; hier zit. nach Teilabdruck, in: Der Telegraf vom 11. 5. 1969.
30 Herbert Wehner, Möglichkeiten der Politik im gespaltenen Deutschland, in: Bulletin des Presse- und Informationsamtes der Bundesregierung vom 17. 12. 1969, S. 1310.
31 Brandt, Erinnerungen, S. 181 f.; Reinhard Schmoeckel, Politik am Kanzler vorbei, in: ders./Bruno Kaiser, Vergessene Regierung, S. 185–201.
32 Ehmke, Mittendrin, S. 74.
33 Rede Brandts im Parteirat vom 1. 11. 1968, AdsD, NL Schmid 1424.
34 Schmid an Richard Müller, 28. 10. 1968, AdsD, NL Schmid 868; Manuskript der Erinnerungen, S. 4093, AdsD, NL Schmid 407.
35 Schmid an Wilhelm Kohlhaas, 18. 2. 1975, AdsD, NL Schmid 937.
36 Ehmke, Mittendrin, S. 49.
37 Schmid an seine Frau, 5. 7. 1968, Privatbesitz/Kopie AdsD.
38 Z. B. Romi Freund an Schmid, 5. 5. 1968, AdsD, NL Schmid 859.
39 Schmid an Ruth Fabian, 1. 12. 1969, AdsD, NL Schmid 878.
40 Schmid an seine Frau, 23. 12. 1967, Privatbesitz/Kopie AdsD.
41 Schmid an Kurt Monglowski, 23. 6. 1966, AdsD, NL Schmid 826.
42 Schmid an den SPD-Kreis Mannheim Stadt und Land, 3. 8. 1967, AdsD, NL Schmid 1203.
43 Schmid an Ludwig Ratzel, 28. 10. 1968, AdsD, NL Schmid 1204.
44 Ludwig Ratzel an Schmid, 29. 11. 1968. Ebd.
45 Protokoll der SPD-Parteivorstandssitzung am 16. 5. 1969, AdsD.
46 Schmid an Hans-Jürgen Wischnewski, 8. 5. 1969, AdsD, NL Schmid 1518.

Am Rand der Macht
(1969–1973)

Botschafter in Ost und West

1 Ehmke, Mittendrin, S. 101.
2 Amtliches Handbuch des Deutschen Bundestages 6. WP S. 17.
3 Udo Bermbach, Stationen der Regierungsbildung 1969, in: ZParl 1, 1970, S. 19.
4 BR-Sten. Ber., 344. Sitzung, 24. 10. 1969, S. 221 f.
5 Rolf Zundel, Ein Kabinett der Besten, Die Zeit vom 17. 10. 1969.

6 Protokoll der Fraktionssitzung am 21. 10. 1969, SPD-BT- Fraktion, 5. WP 129.
7 Willy Brandt an Schmid, 22. 12. 1969, AdsD, NL Schmid 876; Schmid, Erinnerungen, S. 829.
8 Schmid am Louis Coppée, 20. 10. 1969, AdsD, NL Schmid 877.
9 Mündliche Mitteilung.
10 Schmid an Walter Hertz, 3. 11. 1969, AdsD, NL Schmid 1079.
11 Schmid an Otto Monsheimer, 21. 6. 1977, AdsD, NL Schmid 1039.
12 Schmid an Julius Schmidt, 23. 10. 1970, AdsD, NL Schmid 895.
13 François Seydoux, Botschafter in Deutschland. Meine zweite Mission 1965–1970, Hof 1978, S. 180.
14 François Seydoux, Mémoirs d'outre Rhin, Paris 1975, S. 124.
15 Seydoux an das Außenministerium, 27. 10. 1969, AdO, HCRFA C. 92 xp 3–4.
16 Ebd.
17 Erhard Eppler, Interview vom 12. 10. 1986, in: ders., Einsprüche. Zeugnisse einer politischen Biographie. Hrsg. Albrecht Begrenzer. Mit einem aktuellen Interview von Eberhard Stammler, Freiburg 1986, S. 12.
18 Ehmke, Mittendrin, S. 30.
19 Schmid an Horst Ehmke, 25. 1. 1975, AdsD, Dep. Goebel.
20 François Seydoux an das Außenministerium, 27. 10. 1969, AdO, HCRFA, C. 92 xp 3–4.
21 Ebd.
22 Bundestagssitzung am 28. 10. 1969. BT Sten. Ber. 71, S. 20.
23 Ebd., S. 21/33.
24 Heinrich Böx an Schmid, 21. 11. 1969, AdsD, NL Schmid 2042.
25 Note abgedr., in: Baring, Machtwechsel, S. 254 f.
26 Bericht über die Reise des Bundestagsvizepräsidenten Prof. Dr. Carlo Schmid nach Warschau und Krakau vom 19. 11.–25. 11. 1969, AdsD, NL Schmid 2042.
27 Interview mit dem Saarländischen Rundfunk, abgedr., in: SPD-Pressemitteilungen und -informationen vom 28. 11. 1969.
28 Ebd.; Journalisten fragen – Politiker antworten, ZDF, 27. 11. 1969, AdsD, NL Schmid 505.
29 Ebd.
30 Interview des Deutschlandfunks mit Bundeskanzler Brandt am 7. 12. 1969, in: Bulletin des Presse- und Informationsamtes der Bundesregierung vom 9. 12. 1969, S. 1273 f.
31 Die Welt vom 14. 1. 1970.
32 Hans Apel, Bonn, den ... Tagebuch eines Bundestagsabgeordneten Köln 1972, S. 26.
33 Schmid an seine Frau, 21. 12. 1969, Privatbesitz/Kopie AdsD.
34 Alex Möller an Schmid, 3. 12. 1969, AdsD, NL Schmid 2042.
35 Schmid an Willy Brandt, 23. 6. 1971, AdsD, NL Schmid 1082.
36 Krzysztof Miszczak, Deklaration und Realitäten. Die Beziehung zwischen der Bundesrepublik Deutschland und der (Volks)-Republik Polen von der Unterzeichnung des Warschauer Vertrags bis zum Abkommen über gute Nachbarschaft und freundschaftliche Zusammenarbeit 1970 bis 1991, München 1993, S. 90 f.
37 Ebd., S. 90.
38 Seydoux an das Außenministerium, 3. 11. 1969, AdO, HCRFA C. 92, xp 3–4.
39 Zit. nach Andreas Wilkens, Der unstete Nachbar. Frankreich, deutsche Ostpolitik und die Berliner Viermächte-Verhandlungen 1969–1974, München 1990, S. 61.
40 Der Telegraf vom 8. 11. 1969.

41 Wilkens, Nachbar, S. 80.
42 Willy Brandt an Schmid, 22. 12. 1969, AdsD, NL Schmid 876.
43 Das Zusammentreffen fand am 16. 1. 1970 statt. Terminkalender Schmids, AdsD, NL Schmid 17.
44 Wilkens, Nachbar, S. 85.
45 Helmut Schmidt, Menschen und Mächte, S. 172.
46 Programmentwurf zum Beamtenaustausch, AdsD, NL Schmid 299.
47 Carlo Schmid, In Freundschaft zusammenarbeiten, PPP vom 10. 8. 1971.
48 Carlo Schmid/Pierre Olivier Lapie, Die deutsch-französische Zusammenarbeit, Bonn, 20. Dez. 1972; Carlo Schmid, Zehn Jahre Deutsch-französischer Vertrag, in: Bulletin des Presse- und Informationsamtes der Bundesregierung 18. 6. 1973, S. 37.
49 Pierre Olivier Lapie an Schmid, 11. 10. 1976, AdsD, NL Schmid 34.
50 Redenotizen Schmids aus dem Jahre 1976, AdsD, NL Schmid 487.
51 WEU, 1. Sitzung, 5. 6. 1972, S. 38 f.
52 WEU, 1. Sitzung, 15. 6. 1971, S. 48–51.
53 Carlo Schmid, Ostpolitik et Unification européenne, in: Documents. Revue des questions allemandes 26, 1971, S. 11.
54 Council of Europe, 10. 5. 1971; Rede Schmids, AdsD, NL Schmid 300.
55 Wilkens, Nachbar, S. 61.
56 Z. B. Helmut Allardt, Moskauer Tagebuch. Beobachtungen, Notizen, Erlebnisse, Düsseldorf/Wien 3. Aufl. 1974, S. 286 f.
57 WEU, 7. Sitzung, 18. 11. 1970, S. 133 f.
58 Schmid an Arthur Vogel, 25. 2. 1970, AdsD, NL Schmid 897.
59 WEU, 7. Sitzung, 18. 11. 1970, S. 133 f.
60 Die Welt vom 19. 11. 1970.
61 Günter Schmid, Entscheidung in Bonn. Die Entstehung der Ost- und Deutschlandpolitik 1969/70, Köln 1979, S. 118; Miszczak, Deklaration, S. 56–60.
62 Miszczak, Deklaration, S. 60.
63 Schmid an Kazimierz Rusinek, 4. 3. 1970, AdsD, NL Schmid 1080.
64 Miszczak, Deklaration, S. 61.
65 Schmid, Erinnerungen, S. 835.
66 Schmid an Josef Winiewicz, 30. 12. 1970, AdsD, NL Schmid 2046.
67 Life-Sendung mit Prof. Dr. Schmid über die deutsche Ostpolitik in Europe 1 am 17. 11. 1970, AdsD, NL Schmid 297.
68 Ebd.
69 Ansprache Schmids im Deutschlandfunk am 7. 12. 1970, AdsD, NL Schmid 2046.
70 Redemanuskript vom 20. 12. 1970, AdsD, NL Schmid 298.
71 Schmid an seine Frau, 18. 12. 1970, Privatbesitz/Kopie AdsD.
72 Ebd.
73 Schmid an Bernt Ingvaldsen, 29. 5. 1970, AdsD, NL Schmid 2044. Hier auch weiteres Material zu der Reise.
74 Interview mit Prof. Dr. Carlo Schmid und Dr. Udo Giulini, Wie stellt sich Jugoslawien heute dar?, in: Mannheimer Morgen vom 17./18. 10. 1970.
75 Ebd.
76 Schmid an seine Frau, 18. 12. 1970, Privatbesitz/Kopie AdsD.
77 Niederschrift über das Gespräch zwischen dem iranischen Außenminister Ardishir Zaludi und Bundestagsvizepräsident Schmid am 25. 11. 1970, AdsD, NL Schmid 2049.
78 Felix Shinnar an Schmid, 25. 1. 1971, AdsD, NL Schmid 905.
79 Ammon Neustadt, Die deutsch-israelischen Beziehungen im Schatten der EG-Nahostpolitik, Frankfurt/M. 1983, S. 163–169.

80 Bericht Schmids über die Reise nach Israel vom 6.–11. 6. 1971, AdsD, NL Schmid 1082; vgl. auch Schmids Bericht über die Israelreise, in: Allgemeine Wochenzeitung der Juden in Deutschland vom 9. 7. 1971.
81 Manuskript der Erinnerungen, S. 4212f; AdsD, NL Schmid 407.
82 Bericht Schmids über die Reise nach Israel vom 6.–11. 6. 1971, AdsD, NL Schmid 1082.
83 Schmid an Felix Shinnar, 5. 2. 1971, AdsD, NL Schmid 905.
84 Neustadt, Die deutsch-israelischen Beziehungen, S. 169–171.
85 Schmid an Felix Shinnar, 22. 12. 1971, AdsD, NL Schmid 1019.
86 Bundestagssitzung am 15. 1. 1970. BT Sten. Ber. 71, S. 859.
87 Z. B. von Bundestagspräsident von Hassel an Schmids 75. Geburtstag am 3. 12. 1971. BT Sten. Ber 78, S. 8913.
88 Z. B. Bundestagssitzung am 15. 1. 1970. BT Sten. Ber. 71, S. 914.
89 So beispielsweise Gustav von Schmoller in einem Brief an Schmid vom 28. 1. 1971, AdsD, NL Schmid 906.
90 Schmid an Michael Freund, 8. 6. 1971, AdsD, NL Schmid 1548.
91 Leo Bauer an Schmid, 31. 1. 1972, AdsD, NL Schmid 319.
92 Bundestagssitzung am 11. 7. 1970. BT Sten. Ber. 73, S. 3482.
93 Z. B. in einem Brief vom 12. 12. 1977 an Strauß, AdsD, NL Schmid 1046.
94 Schmid an Hermann Höcherl, 22. 12. 1969; an Ludwig Erhard, 3. 2. 1972, AdsD, NL Schmid 1078/1022.
95 Bundestagsrede vom 20. 2. 1970. BT Sten. Ber. 72, S. 1505–1509.
96 Niederschrift über die 3. Sitzung des ZDF-Fernsehrates am 16. 10. 1970, AdsD, NL Schmid 1962.
97 Bundestagsrede vom 20. 2. 1970. BT Sten. Ber. 72, S. 1507.
98 Themenfestlegung für die 1. Lesung der Ostverträge am 23./24. 2. 1972 durch den Arbeitskreis II Auswärtige und innerdeutsche Beziehungen, AdsD, NL Schmid 1246.
99 Bundestagssitzung am 25. 2. 1972. BT Sten. Ber. 79, S. 9980.
100 Das Urteil vom 31. 7. 1973 ist abgedr., in: BVerGE 36, S. 1–37; vgl. insbesondere S. 19–21.
101 Bundestagssitzung am 25. 2. 1972. BT Sten. Ber. 79, S. 9982.
102 Mündliche Mitteilung Friedel Ahlgrimms.
103 Bundestagssitzung am 25. 2. 1972. BT Sten. Ber. 79, S. 9981.
104 Vorwärts vom 2. 12. 1971.
105 Bundestagssitzung am 25. 2. 1972. BT Sten. Ber. 79, S. 9981.
106 So Wehner in der Fraktionssitzung am 17. 5. 1972. Vertrauliche Mitteilung an die Fraktionsmitglieder vom 18. 5. 1972, AdsD, NL Schmid 318.
107 Egon Franke an Schmid, 18. 5. 1972, AdsD, NL Schmid 1368.
108 Bundestagssitzung am 17. 5. 1972. BT Sten. Ber. 80, S. 10932.
109 Zit. nach Ehmke, Mittendrin, S. 161.
110 Bundestagssitzung am 23. 2. 1972. BT Sten. Ber. 79, S. 9786.
111 Keine Verfassung ist narrensicher. Interview, Die Zeit vom 12. 5. 1972.
112 Ebd.
113 Ebd.; Diskussion um das Mißtrauensvotum. Keine Verfassungsänderung, Süddeutsche Zeitung vom 23./24. 9. 1972.
114 Muß die SPD Willy Brandt stürzen, Interview, Der Stern vom 17. 9. 1972.
115 Bundestagssitzung am 22. 9. 1972. BT Sten. Ber. 80, S. 11817.

Der schwere Abschied von der Politik

1 Günter Grass, Aus dem Tagebuch einer Schnecke, Hamburg 1980, S. 308.
2 Carlo Schmid, Dürer und die Rennaissance, in: ders., Europa und die Macht des Geistes, S. 407.
3 Rede vom 24. 1. 1970, abgedr., in: Mannheimer Hefte, Nr. 2, 1970, S. 6–11; Zitat, S. 10.
4 Schmid an Ernst Bloch, 8. 7. 1975, AdsD, Dep. Goebel.
5 Schmid an Ernst Bloch, 12. 12. 1971, AdsD, NL Schmid 1016.
6 Grundwerte und Sozialismus. Rede Schmids auf der Betriebs- und Personalrätekonferenz der SPD-Landesverbände Schleswig-Holstein, Nord-Niedersachsen, Hamburg, Berlin, Bremen am 8. 5. 1971 in Bremen, AdsD, NL Schmid 300.
7 Schmid an Raymond Aron, 28. 8. 1972, AdsD, NL Schmid 33.
8 Z. B. Bundestagsrede vom 25. 2. 1972. BT Sten. Ber. 79, S. 9972.
9 Dieter Stephan, Jungsozialisten. Stabilisierung nach langer Krise? Theorie und Politik 1969–1979. Eine Bilanz, 2. Aufl. Bonn 1980, S. 26.
10 Parteitag der SPD vom 11. bis 14. Mai 1970 in Saarbrücken. Protokoll der Verhandlungen, S. 450–452.
11 Schmid an W. G. Oschilewski, 4. 6. 1970, AdsD, NL Schmid 1080.
12 Ebd.
13 Schmid an Ernst Thape, 13. 9. 1972, AdsD, NL Schmid 1085.
14 Schmid an Oskar Kalbfell, 17. 12. 1970, AdsD, NL Schmid 1007.
15 Schmid an Norbert Gansel, 9. 12. 1971, AdsD, NL Schmid 1017.
16 Egon Franke, Godesberg-Zauber, Süddeutsche Zeitung vom 16. 3. 1973; vgl. auch Peter Arend, Die innerparteiliche Entwicklung der SPD 1966–1975, Bonn 1975, S. 55.
17 Zur Einsamkeit Schmids vgl. Briefe an Helmut Schmidt und Herbert Wehner vom 15. 12. und 16. 12. 1970, AdsD, NL Schmid 1008.
18 Vorwort Schmids, in: Egon Franke. Bundestagsreden und aktuelle Beiträge zur Deutschlandpolitik. Hrsg. Annemarie Renger, Bonn 1973.
19 Mündliche Mitteilung Friedel Ahlgrimms.
20 Carlo Schmid, Krankenversicherung in Selbstverantwortung, in: Gesundheitliche Selbstverantwortung. Kongreßbericht vom 29.–31. 10. 1958. Deutsche Zentrale für Volksgesundheitspflege. Hrsg. Walter Schnell/Emmy Rossius, Frankfurt 1959, S. 175.
21 Darum wollte ich nicht Kanzler werden. Interview, Bild am Sonntag vom 16. 1. 1972.
22 Ebd.
23 Ebd.
24 Schmid an seine Frau, 5. 7. 1971, Privatbesitz/Kopie AdsD.
25 Ebd.
26 Schmid an seine Frau, 22. 6. 1972. Ebd.
27 Friedhelm Maier an Schmid, 20. 6. 1972, AdsD, NL Schmid 917.
28 Ludwig Ratzel an Schmid, 27. 7. 1972, AdsD, NL Schmid 1213.
29 Mündliche Mitteilung Friedel Ahlgrimms.
30 Schmid an seine Frau, 4. 7. 1972, Privatbesitz/Kopie AdsD.
31 Außerordentlicher Parteitag der Sozialdemokratischen Partei Deutschlands vom 12. bis 13. Oktober 1972. Protokoll der Verhandlungen, S. 286–289.
32 Horst Ehmke an Schmid, 27. 9. 1972, AdsD, NL Schmid 1523.
33 Norbert Gansel an Schmid, 26. 9. 1972. Ebd.
34 Schmid an Ernst Bloch, 9. 10. 1972, AdsD, NL Schmid 910.

35 Schmid an Theodor Pfizer, 27. 11. 1972, AdsD, NL Schmid 1085.
36 Schmid an Jesco von Puttkammer, 13. 12. 1972, AdsD, NL Schmid 1025.
37 Schmid an seine Frau, 4. 6. 1976, Privatbesitz/Kopie AdsD.
38 Schmid an Georg Meistermann, 26. 2. 1970, AdsD, NL Schmid 1694.
39 Protokoll der SPD-Parteivorstandssitzung am 26. 1. 1973, AdsD.
40 Parteitag der SPD vom 10.–14. April 1973 in Hannover. Protokoll der Verhandlungen, S. 100.
41 Ebd., S. 100.
42 Ebd., S. 105.
43 Ebd., S. 76f.
44 Schmid an Ferdinand Buttkens, 16. 5. 1973, AdsD, NL Schmid 924.
45 Carlo Schmid, Demokratie, die Chance, den Staat zu vermenschlichen, in: Forum heute. 50 maßgebende Persönlichkeiten zu 50 grundlegenden Themen unserer Zeit. Eine Sammlung aus Meyers Enzyklopädischem Lexikon, München/Wien/Zürich 1976, S. 322; Grundwerte und Sozialismus. Rede Schmids auf der Betriebs- und Personalrätekonferenz der SPD-Landesverbände Schleswig-Holstein, Nord-Niedersachsen, Hamburg, Berlin, Bremen am 8. 5. 1971 in Bremen, AdsD, NL Schmid 300.
46 Ebd.
47 Carlo Schmid – Maurice Schumann, Les relations franco-allemandes depuis 1945, in: Dialogues franco-allemands. Hrsg. France Culture/Goethe-Institut in Paris, Paris 1976, S. 26f.; Interview Schmids mit Bild am Sonntag, 17. 12. 1978.
48 Manuskript der Erinnerungen, S. 4293, AdsD, NL Schmid 407.
49 Protokoll der SPD-Parteivorstandssitzung am 16. 3. 1973, AdsD.
50 Protokoll des SPD-Parteitages 1973, S. 411.
51 Ebd., S. 695.
52 Ebd., S. 695.
53 Willi Klinkert an Schmid, 8. 6. 1973; Hermann Zahr an Schmid, 16. 4. 1973, AdsD, NL Schmid 926/929.
54 Schmid an Lore Schub, 18. 4. 1973, AdsD, NL Schmid 928.
55 Schmid an Jakob Trumpfheller, 16. 5. 1973, AdsD, NL Schmid 929.
56 Ärztliches Attest Dr. med. Klepsers vom 14. 11. 1972, AdsD, NL Schmid 1085.
57 Schmid an Willi Klinkert, 10. 12. 1973; Schmid an Gert Woerner, 19. 12. 1973, AdsD, NL Schmid 1027/1028.

Es ist schrecklich, als Kuriosität zu gelten: Die letzten Lebensjahre (1973–1979)

1 Schmid an Jakob Trumpfheller, 16. 5. 1973, AdsD, NL Schmid 929.
2 Was Politik ist – und nicht ist. Interview. Vorwärts vom 4. 1. 1973.
3 Mündliche Mitteilung Friedel Ahlgrimms.
4 Schmid an Käthe Erler, 15. 12. 1975, AdsD, NL Schmid 1483.
5 Teilabdruck der Rede, Die Welt vom 13. 12. 1979, S. 3. vgl. auch Der Spiegel vom 12. 11. 1979, S. 34–38.
6 Ebd.
7 Laudatio auf den Bruder Eulensprill, 16. 7. 1977, AdsD, NL Schmid 1788.
8 Schmid an Adolf Butenandt, 9. 12. 1971, AdsD, NL Schmid 1868.
9 Vgl. S. 616 der Arbeit
10 Schmid an seine Frau, 21. 12. 1969, Privatbesitz/Kopie AdsD.
11 Schmid an Guiseppe Vedovato, 11. 11. 1974, AdsD, NL Schmid 21.

12 Carlo Schmid, Wer sich unterwirft wird schuldig. Rezension: Manès Sperber, Zur Analyse der Tyrannis, Die Welt vom 15. 5. 1975.
13 Schmid an Hedwig Meermann, 18. 4. 1977, AdsD, NL Schmid 1932.
14 Schmid an Edgar Salin, 4. 9. 1973; an Michael Josselson 6. 2. 1968, AdsD, NL Schmid 928/863.
15 Charles de Gaulle, Die Schneide des Schwertes, Frankfurt/M 1981.
16 Ebd., S. 101.
17 Ebd., S. 62.
18 André Malraux, Eichen, die man fällt ..., Übersetzt von Carlo Schmid, Frankfurt/M. 1972, S. 34.
19 Kontrolle heißt nicht spionieren. Interview mit Weltbild vom 15. 5. 1974.
20 Im Siedler-Verlag wurde damals die Herausgabe der Protokolle der Mittwochs-Gesellschaft vorbereitet. Die Mittwochs-Gesellschaft. Protokolle aus dem geistigen Deutschland 1932–1944. Hrsg. Klaus Scholder, Berlin 1982.
21 Schmid an Wolf Jobst Siedler, 10. 3. 1978, AdsD, NL Schmid 950.
22 Schmid an Wolf Jobst Siedler, 12. 4. 1978. Ebd.
23 Schmid an Wolf Jobst Siedler, 10. 3. 1978. Ebd.
24 Carlo Schmid, Gedanken über die rechtliche Problematik der Bürgerinitiativen, in: Jahre der Wende 1968–1978. Bestandsaufnahme eines Jahrzehnts. Alex Möller zum 75. Geburtstag. Hrsg. Robert Schwebler, Karlsruhe 1978, S. 75–81; Aufruf eines streitbaren Demokraten. Rezension der Arbeit Herbert Weichmanns, Gefährdete Freiheit. Aufruf zur streitbaren Demokratie, Die Welt vom 12. 12. 1974; Die Politik kann das Glück nicht erfinden. 25 Jahre Grundgesetz. Interview AZ Mainz 22./23. 5. 1974.
25 Carlo Schmid, Fundamente des französischen Staates. Rede vom 12. 2. 1975, AdsD, NL Schmid 399; Schmid an Walter Scheel, 23. 3. 1975. Ebd.
26 Manès Sperber, Vom Mißgeschick deutscher Intellektueller in der Politik, Süddeutsche Zeitung 31. 12. 1977/1. 1. 1978.
27 Schmid an Walter Kaufmann, 14. 2. 1979, AdsD, NL Schmid 953.
28 Z. B. Carlo Schmid, Ein Vierteljahrhundert Bundesrepublik Deutschland. Der Parlamentarische Rat beschloß ein Grundgesetz für ein provisorisch gedachtes, aber voll demokratisches Staatswesen, Mannheimer Morgen vom 22. 5. 1974.
29 Ders., 25 Jahre Bundesrepublik, in: 25 Jahre Bundesrepublik Deutschland. Wandel und Bewährung einer Demokratie. Ein politisches Lesebuch. Hrsg. Pitt Severin/Hartmut Jetter, Wien/München/Zürich 1974, S. 21.
30 Carlo Schmid–Maurice Schumann, Les relations franco-allemandes, S. 17.
31 Schmid an Rudolf Streit-Scherz, 2. 2. 1974, AdsD, NL Schmid 547.
32 Ebd.
33 Carlo Schmid, Gelöbnis für die Zukunft, Die Zeit vom 13. 6. 1975; Die Deutschen haben es schwer. Die Vergangenheit nicht wegschieben, sondern aufarbeiten, Stuttgarter Zeitung vom 3. 9. 1977.
34 Gunter Hoffmann, Der „Rat der Alten" blickt nicht nur zurück, Stuttgarter Zeitung vom 30. 7. 1974.
35 Protokoll der SPD-Parteivorstandssitzung am 8. 3. 1974, AdsD.
36 Gunter Hoffmann, Der „Rat der Alten" blickt nicht nur zurück, in: Stuttgarter Zeitung vom 30. 7. 1974.
37 Ebd.
38 Z. B. Frankfurter Rundschau vom 25. 7. 1974.
39 Bericht über die Parteivorstandssitzung am 16. 2. 1979, in: Jahrbuch der SPD 1977–1979, S. 547 f.

40 Schmid an Willy Brandt, 1./2. 9. 1975, AdsD, NL Schmid 1487.
41 Willy Brandt an Schmid, 30. 9. 1975. Ebd.
42 Schmid an Willy Brandt, 18. 12. 1975. Ebd.
43 Willy Brandt an Schmid, 5. 2. 1976. Ebd.
44 Protokoll über die Sitzung des Seniorenrates am 13. 11. 1975. Ebd.
45 Stellungnahme des SPD-Seniorenrates vom 4. 12. 1978, AdsD, NL Schmid 1490; vgl. Interview Schmids mit Bild am Sonntag vom 17. 12. 1978.
46 Schmid an Holger Börner, 22. 4. 1976, AdsD, NL Schmid 1488.
47 Protokoll über die Sitzung des Seniorenrates am 6. 11. 1979, AdsD, NL Schmid 1491.
48 Manuskript der Erinnerungen, S. 4333 f.; AdsD, NL Schmid 407.
49 Schmid an Nikolaus Ludwig, 12. 12. 1974, AdsD, NL Schmid 932.
50 Z. B. Schmid an Gertrud Rohr-Hilfiker, 17. 12. 1974, AdsD, NL Schmid 1035.
51 Schmid an Willy Brandt, 14. 12. 1976, AdsD, Dep. Goebel.
52 Helmut Schmidt an Schmid, 19. 11. 1971, AdsD, NL Schmid 1020.
53 Z. B. Schmid an Helmut Schmidt, 9. 9. 1978, AdsD, NL Schmid 1369.
54 Der Spiegel vom 12. 11. 1979, S. 34.
55 Dankesbriefe der Empfänger der Gaben, AdsD, Dep. Goebel.
56 So der Titel einer posthum erschienenen Essaysammlung Schmids. Politik muß menschlich sein. Politische Essays, Bern/München 1980.
57 Schmid an Heinz Frehsee, 2. 1. 1976, AdsD, NL Schmid 940.
58 Valéry Giscard d'Estaing, Macht und Leben. Erinnerungen, Frankfurt/M./Berlin 1991, S. 48.
59 Laudatio auf den Bruder Eulensprill vom 16. 11. 1977, AdsD, NL Schmid 1788.
60 Lieblingsgedichte. Carlo Schmid zum 80. Geburtstag von seinen Freunden. Mit einem Geleitwort von Siegfried Lenz, Hamburg 1977.
61 Ebd.
62 Zit. nach Lothar Gall, Bismarck. Der weiße Revolutionär. Frankfurt/M./Berlin/Wien 1980, S. 709.
63 Hans Georg Lehmann an Schmid, 2. 12. 1978, AdsD, NL Schmid 1048.
64 Schmid an seine Frau, 4. 7. 1979, Privatbesitz/Kopie AdsD.
65 Schmid an Walter Behrendt, 24. 7. 1979, AdsD, NL Schmid 951.
66 Willy Brandt an Schmid, 10. 8. 1979; Schmids Antwortbrief vom 17. 8. 1979, AdsD, NL Schmid 951.
67 Schmid an Helmut Schmidt, 23. 9. 1979, AdsD, NL Schmid 955.
68 Schreiben Brunets an das Außenministerium, 22. 11. 1979, AdO, HCRFA, C. 92 xp 3–4.
69 Hans-Peter Schwarz, Adenauer. Der Staatsmann, S. 887/893.
70 Helmut Schmidt an Schmid, 5. 10. 1979, AdsD, NL Schmid 955.
71 Schmid an Helmut Schmidt, 24. 10. 1979. Ebd.
72 Anti-Kernkraft ist kein Programm, Interview, Mannheimer Morgen vom 24. 11. 1979.
73 Volksblatt vom 15. 11. 1979.
74 Anti-Kernkraft ist kein Programm, Interview, Mannheimer Morgen vom 24. 11. 1979.
75 Ebd.
76 Abgedr., in: Die Zeit vom 21. 12. 1979, (Carlo Schmids letzter Rat. Der Brief an den Kanzler ist ein Dokument staatsmännischer Weisheit).
77 Ebd.
78 Ebd.

79 Ebd.
80 Ebd.
81 Helmut Schmidt an Carlo Schmid, 17. 11. 1979, AdsD, NL Schmid 955.
82 Mündliche Mitteilung Friedel Ahlgrimms.
83 Anti-Kernkraft ist kein Programm. Interview, Mannheimer Morgen vom 24. 11. 1979.
84 Carlo Schmid, Was wir 1949 mit Artikel 5 des Grundgesetzes wollten, in: Forum Zukunft SPD. Medienpolitische Fachtagung „Medien von morgen – Risiko und Chance für eine humane Gesellschaft" am 22./23. 11. 1979 in Bonn. Hrsg. Vorstand der SPD, Bonn 1980, S. 9–14.
85 Pressekommuniqué des Seniorenrates vom 8. 11. 1979, AdsD, NL Schmid 1491.
86 Die Zeit vom 21. 12. 1979
87 Rolf Zundel, Ein Parteitag des Kanzlers, Die Zeit vom 7. 12. 1979.
88 SPD-Parteitag Berlin 1979, Protokoll, S. 4.
89 Mündliche Mitteilung Karl Anders'.
90 Helmut Herles, Bewundert haben ihn alle. Zum Tode Carlo Schmids, Frankfurter Allgemeine Zeitung am 13. 12. 1979.
91 Carlo Schmid, Einige Gedanken zu Grieshabers Totentanz von Basel, in: Schnittlinien. Für Hap Grieshaber. Hrsg. Wolfgang Rothe, Düsseldorf 1978, S. 60.
92 Text, AdsD, Dep. Goebel; Text mit Bild wurden mir freundlicherweise von Frau Almut Sandstede zur Verfügung gestellt.
93 Die Ansprachen sind abgedr., in: Bulletin des Presse- und Informationsamtes der Bundesregierung, 21. 12. 1979, S. 1441–1447.
94 Ebd., S. 1145 f.
95 Willy Brandt an Hanne Goebel, 13. 12. 1979, AdsD, Dep. Goebel.
96 Text der Traueransprache, AdsD, Dep. Goebel.
97 Friedrich Hölderlin, Hyperion. Vorstufe zur endgültigen Fassung, in: ders., Sämtliche Werke, Bd. 3, S. 277.

Bildnachweis

Archiv der sozialen Demokratie, Bonn: 19, 21, 22, 25, 33, 51, 172, 223, 227, 253, 390, 415 (Foto: Wolfgang Roth/Pontis), 527, 569, 604 (Foto: dpa), 659 (Foto: dpa), 677 (Foto: J. H. Darchinger), 697 (Foto: dpa), 769 (Foto: Bundesbildstelle)
Süddeutscher Verlag/DIZ, München: 543

Archivalien

Archiv der sozialen Demokratie, Bonn-Bad Godesberg, (AdsD)

NL Carlo Schmid (über 2000 Mappen, fortlaufend numeriert)
Teilnachlaß Carlo Schmid im Privatbesitz der Familie Schmid; Kopien AdsD (noch ungeordnet).
Depositum Hanne Goebel (noch ungeordnet)
Sammlung Personalia Carlo Schmid (nach Jahrgängen geordnet)

NL Jakob Altmaier
NL Adolf Arndt
NL Fritz Erler
NL Waldemar Knoeringen
NL Paul Löbe
NL Walter Menzel
NL Erik Nölting
NL Fritz Sänger
NL Heinrich G. Ritzel
NL Herbert Wehner (Der Verfasserin wurde nur die Einsicht in den Briefwechsel Schmid–Wehner genehmigt.)
PV-Bestand Fritz Heine
PV-Bestand Erich Ollenhauer
PV-Bestand Kurt Schumacher
Protokolle der Parteivorstandssitzungen 1946–1974
Protokolle der Präsidiumssitzungen 1958–1970
Akten der SPD-Bundestagsfraktion, 1.–5. WP
Akten des Landesverbandes Baden-Württemberg
Akten des Parteivorstandes, sog. Alter Bestand

Archiv des Deutschen Liberalismus, Gummersbach (ADL)

NL Thomas Dehler

Archives Départementales du Nord, Lille (ADN)

Bestand: 1 W (Zweiter Weltkrieg; umfaßt fast 4000 Dossiers, die fortlaufend numeriert sind.)

Archives de l'Occupation Française en Allemagne et en Autriche, Colmar (AdO)

Bestände:
Commandement en Chef Français en Allemagne (CCFA)
- CCFA, Cabinet Civil du commandant en chef
- CCFA, Cabinet Laffon
- CCFA, Conseiller Politique
- HCRFA, Haut Commissariat de la République Française en Allemagne

Commissariat pour le Land Wurtemberg-Hohenzollern

Die französische Militärregierung legte zwei Dossiers über Schmid an:
- CCFA, Cabinet Civil C. 27 Pol. IIB.
- HCRFA, C. 92 xp 3–4.

Archives Nationales, Paris (AN)

Bestand AJ 40/368 (Vierteljahresberichte der Oberfeldkommandantur 670, Lille 1942–1944).

Bundesarchiv, Koblenz (BA)

NL Herbert Blankenhorn
NL Theodor Heuss
NL Alex Möller
NL Franz Thedieck
NL Eberhard Wildermuth

Bestände:
B 122 (Bundespräsidialamt)
Z 12/45 (Kurzprotokolle des Ausschusses für Grundsatzfragen)
Z 5 (Parlamentarischer Rat)

Bundesarchiv, Potsdam, BA-Potsdam

Bestand: Propagandaministerium Nr. 513, Deutsches Theater Lille

Der Bundesbeauftragte für die Unterlagen des Staatssicherheitsdienstes der ehemaligen DDR, Berlin (BStU)

ZAIG 10260, Akte Carlo Schmid

Castrum Peregrini, Amsterdam

NL Wolfgang Frommel

Diözesanarchiv, Rottenburg-Stuttgart

Bestand G 1. 6. Nr. 56

Berlin Document Center

Akte Karl Schmid

Hauptstaatsarchiv, Stuttgart (HStAS)

Persönliches Archiv Gebhard Müller

Bestände:
EA 1/20 (Staatsministerium)
EA 1/920 (Staatsministerium)
EA 3/101 (Kultusministerium)

Karl-Barth-Archiv, Basel

NL Karl Barth

Archiv des Landtags von Baden-Württemberg, Stuttgart (LAS)

Protokolle des Verfassungsausschusses der Vorläufigen Volksvertretung von Württemberg-Baden
Protokolle des Verfassungsausschusses der Verfassunggebenden Landesversammlung für Württemberg-Baden

Parlamentsarchiv des Deutschen Bundestag, Bonn (ParlA)

Protokolle des Ausschusses für das Besatzungsstatut und auswärtige Angelegenheiten, 1. WP (sehr lückenhaft)
Protokolle des Ausschusses für Rechtswesen und Verfassungsrecht, 1.–3. WP
Protokolle des Ausschusses für Kulturpolitik, 2.–4. WP
Protokolle des Ausschusses zum Schutze der Verfassung, 1. WP

Pressearchiv des Deutschen Bundestages, Bonn

Sammlung Carlo Schmid

Politisches Archiv des Auswärtigen Amtes, Bonn (PA/AA)

Bestand Abt. 2
Az. 003–05
Az. 200/80 SL 94. 29.
Bd. 198
Bd. 1258
Bestand Abt. 7
Bd. 17

Staatsarchiv, Sigmaringen (StA Sig.)

Bestände:
WÜ 1 (Landtag Württemberg-Hohenzollern)
WÜ 2 (Staatskanzlei Württemberg-Hohenzollern)
WÜ 25 (Justizministerium Württemberg-Hohenzollern)
WÜ 28/3 (Landgericht Tübingen)
WÜ 80 (Kultusministerium Württemberg-Hohenzollern)

Stadtarchiv, Stuttgart

Bestände:
Gewerbekataster
Totenbücher
Adreßbücher der Stadt Stuttgart 1870–1890

Stadtarchiv, Tübingen

E 10/N11 (Protokollbuch der Demokratischen Vereinigung)

Universitätsarchiv Frankfurt (UAF)

Bestände:
13/335 (Kuratorium)
Abt. 150, Nr. 149/153 (Rektoratsberichte)
Die Einsicht in die Akte Carlo Schmid wurde mir verweigert.

Universitätsarchiv Tübingen (UAT)

Bestände:
42a (Akten des Senats)
117 (Hauptregistratur des Akademischen Rektoramtes)
126a/434 (Akte Karl Schmid)
189 (Dekanat der Rechts- und Wirtschaftswissenschaftlichen Fakultät)
205 (Berufungsakten des Akademischen Rektoramtes)
315 (Berufungsakten des Akademischen Rektoramtes)
601 (Akten der Rechts- und Wirtschafswissenschaftlichen Fakultät)
Protokollbuch der Rechts- und Wirtschaftswissenschaftlichen Fakultät angelegt 1924

Einzelstücke aus dem Privatbesitz Martin Schmids, Friedel Ahlgrimms und Joachim Ernest von Adelsheims.

Schriften Carlo Schmids

(in Auswahl)

Vorbemerkung: Das folgende Schriftenverzeichnis umfaßt nur die in der Arbeit erwähnten oder zitierten Schriften Schmids mit Ausnahme der Landtags-, Bundestags- und Parteitagsreden. Einen Überblick über die Werke und Schriften Schmids gibt die von Hans Georg Lehmann zusammengestellte Carlo Schmid Bibliographie, Bonn-Bad Godesberg 1977, die allerdings lückenhaft ist und Titel enthält, die nicht aus der Feder Carlo Schmids stammen. Die auf S. 21 der Bibliographie aufgeführte Sammlung Aufsätze und Reden, Zürich/Stuttgart 1957 sowie die Beiträge Nr. 354, 360, 362, 363 wurden nicht von Carlo Schmid verfaßt, sondern von dem Schweizer Literaturwissenschaftler Karl Schmid.

Können die in der Bundesratsverordnung vom 7. 5. 1903 für die Verleihung des Rotkreuzrechts aufgestellten Grundsätze im Sinne der Referentendenkschrift des Reichsarbeitsministeriums vom 21. 9. 1927 betreffend „Die Friedensaufgaben des Roten Kreuzes und ihre Einwirkung auf die Verleihung der Rotkreuzberechtigung" abgeändert werden, ohne daß hierbei gegen völkerrechtliche Verpflichtungen des Deutschen Reichs verstoßen wird?, Berlin 1927 (Als Manuskript gedruckt).

Anzilotti Dionisio, Lehrbuch des Völkerrechts. Vom Verfasser durchgesehene und autorisierte Übertragung nach der 3. erweiterten und revidierten italienischen Auflage. Übersetzt von Karl Schmid und Cornelia Bruns, Berlin/Leipzig 1929.

Der Paragraph 4 der Anlage zu Sektion IV des Teils X des Versailler Vertrags, in: Zeitschrift für ausländisches öffentliches Recht und Völkerrecht 1/1, 1929, S. 251–320 (Mitverfasser Ernst Schmitz).

Urteilskommentar zu: Sentence de l'arbitre unique entre l'Allemagne et la Roumanie: David Goldenberg c. Etat Allemand, 27. 9. 1928; Tribunal Arbitral Mixte Roumano-Allemand: Société Petrol Bloch c. Etat Allemand, 30. 7. 1928, in: Zeitschrift für ausländisches öffentliches Recht und Völkerrecht 1/2, 1929, S. 87–104.

Die Sanktionsgefahr. Ein juristisches Gutachten über die Klauseln des Haager Abkommens, in: Der Deutsche vom 25. 2. 1930 (nicht signiert).

Zur Dogmatik der Sektion V des Teils X des Versailler Vertrags, in: Zeitschrift für ausländisches öffentliches Recht und Völkerrecht 2/1,1931, S. 17–85 (Mitverfaßt von Ernst Schmitz).

Urteilskommentar zu: Entscheidung des Tribunal Arbitral Mixte Gréco-Allemand, Affaire Nr. 649, 5. 11. 1930, in: Zeitschrift für ausländisches öffentliches Recht und Völkerrecht 2/2, 1931, S. 120–127.

Völkerbund, in: Religion in Geschichte und Gegenwart. Handwörterbuch für Theologie und Religionswissenschaft Bd. 5, Tübingen 1931, S. 1602–1611.

Rezension: Wolfgang Schneider, Die völkerrechtliche Clausula rebus sic stantibus und Art. 19 der Völkerbundssatzung, Berlin 1931, in: Juristische Wochenschrift vom 17. 9. 1932, S. 2774 f.

Die Rechtsprechung des Ständigen Internationalen Gerichtshofes in Rechtssätzen dargestellt, Stuttgart 1932.

Urteilskommentar zu: Entscheidung des Tribunal Arbitral Mixte Gréco-Allemand: Anastase K. Gagalis c. Etat Allemand, 5. 11. 1930, in: Zeitschrift für ausländisches öffentliches Recht und Völkerrecht 3, 1933, S. 121–127.
Friedrich und Rousseau, in: Wolfgang Frommel (Hrsg.), Vom Schicksal des deutschen Geistes. Die Begegnung mit der Antike, Berlin 1934, S. 79–87.
Dante und Pierre Dubois. Idee und Ideologie des Abendlandes an der Wende von Mittelalter und Neuzeit, in: Aufsätze zur Geschichte der Antike und des Christentums, Berlin 1937, S. 92–112; wiederabgedruckt, in: Europa und die Macht des Geistes, Bern/München/Wien 1973, S. 9–32.
Rezension: Graham Hutton. Is it Peace? London 1936, in: The New Commonwealth Quarterly II, März 1937, S. 458 f.
Rezension: Werner Gramsch, Grundlagen und Methoden internationaler Revision, Stuttgart–Berlin 1937, in: The New Commonwealth Quarterly 3, April 1937, S. 169 f.
Einige Gedanken zum Problem einer allgemeinen Internationalen Gerichtsbarkeit, in: The New Commonwealth Quarterly 3, 1938, S. 342–356.
Rezension: James Brown Scott (Ed.), Pierino Belli, De Re Militari et Bello. Tractatus, 2 Bde., London/Oxford 1936, in: Zeitschrift der Savigny-Stiftung für Rechtsgeschichte LVIII, 1938, S. 412–414.
Die Legitimität der Verfassung, in: Deutsche Rechtszeitschrift 1, 1946, S. 2–5.
Friedensfest – noch ohne Frieden, in: Stuttgarter Nachrichten vom 24. 12. 1946.
Die Forderung des Tages. Reden und Aufsätze, Stuttgart 1946.
Unteilbarkeit der Rechtsordnung. Ansprache auf dem Juristentag in Konstanz am 2. Juni 1947, in: Deutsche Rechtszeitschrift 2, 1947, S. 205–208.
Parteipresse heute, in: Der Württemberger vom 16. 8. 1947.
Demontage in Württemberg, in: Schwäbisches Tagblatt vom 11. 11. 1947.
Zur dritten Jahreswende, in: Der Württemberger vom 29. 12. 1947.
Europäische Union, in: Merkur 1, 1947, S. 649–654.
Das deutsch-französische Verhältnis und der dritte Partner, in: Die Wandlung 2, 1947, S. 792–805.
Charles Baudelaire. Die Blumen des Bösen, Übersetzt von Karl Schmid, Tübingen/Stuttgart 1947; 3. Aufl. Frankfurt 1976.
Römisches Tagebuch, Tübingen/Stuttgart 1947.
Organisiertes Provisorium, in: Die Welt vom 10. 1. 1948.
Nationale Repräsentation, in: Das Volk vom 28. 2. 1948.
Die verlorene Revolution. Rede vom 19. März 1948 anläßlich der Hundertjahrfeier der ersten deutschen Revolution, in: ders., Kampf um die Freiheit. Zwei Reden aus geschichtlichem Anlaß, Hamburg 1948, S. 5–23.
Die Gefahren eines neuen Revisionismus. Grundsätzliche Betrachtungen zur Friedensfrage, in: Der Ruf vom 15. 4. 1948.
Berlin – Bastion der Freiheit. Rede vom 9. Mai 1948 auf dem Bezirksparteitag der SPD in Berlin, in: Der Kampf um die Freiheit. Zwei Reden aus geschichtlichem Anlaß, Hamburg 1948, S. 23–45.
Das Provisorium, in: Schwäbisches Tagblatt vom 15. 6. 1948.
Hauptgesichtspunkte für ein Besatzungsstatut. Wirtschaft und Verwaltung unter deutscher Verantwortung, in: Die Neue Zeitung vom 27. 6. 1948.
Ein Anfang, in: Schwäbisches Tagblatt vom 6. 7. 1948.
Politische Verantwortung setzt Entscheidungsfreiheit voraus, in: Neue Ruhr Zeitung vom 7. 7. 1948.
„Feststellen, was ist" – Klarheit der Verantwortung – Besatzungsstatut vor Verfassung, in: Die Welt vom 10. 7. 1948.

Die Koblenzer Beschlüsse, in: Telegraf vom 15. 7. 1948.
Deutsche und Franzosen, in: Münchner Merkur vom 19. 7. 1948.
Gliederung und Einheit. Die verfassungspolitischen Richtlinien der SPD, in: Die Gegenwart vom 20. 8. 1948, S. 15–20.
Herrenchiemsee, in: Der Württemberger vom 26. 8. 1948.
Grundnorm für ein Staatsfragment. Gedanken zum „Bund deutscher Länder", in: Der Telegraf vom 27. 8. 1948.
Der Entwurf von Herrenchiemsee. Seine politische Rolle, in: Die Welt vom 31. 8. 1948.
Zum Problem des Föderalismus, in: Neuer Vorwärts vom 11. 9. 1948.
Politiker und Journalist, in: Der Ruf vom 20. 9. 1948, S. 5 f.
Probleme des Besatzungsstatuts, in: Neuer Vorwärts vom 6. 11. 1948.
Legionäre fremder Interessen? Kollektive Sicherheit statt Remilitarisierung, in: Die Welt vom 14. 12. 1948.
Vier Monate in Bonn, in: Sozialdemokratischer Pressedienst vom 20. 12. 1948.
Bonn und Europa, Vortrag, gehalten auf einer öffentlichen Kundgebung der Europa-Union am 20. 12. 1948, in: Europa-Union 2. Jg. vom 15. 1. 1949.
Rückblick und Ausblick, in: Rhein-Echo vom 27. 12. 1948.
Prof. Schmid antwortet Adenauer, in: SOPADE-Informationsdienst vom 29. 12. 1948.
Kampf um die Freiheit. Zwei Reden aus geschichtlichem Anlaß, Hamburg 1948.
Gefahren für das Grundgesetz. Interview, in: Neuer Vorwärts vom 12. 3. 1949.
Bemerkungen zum Bonner Grundgesetz, in: Südkurier vom 24. 3. 1949.
Deutschland, Frankreich und Europa, in: Deutsche Rundschau 75, März 1949, S. 193–204.
Wir müssen zu Ende kommen, in: Der Württemberger vom 16. 4. 1949.
Betrachtungen zum Bonner Grundgesetz, in: Die Wandlung 4, 1949, S. 652–669.
Deutschland und der europäische Rat. (Rede vor der Versammlung des Deutschen Rates der Europäischen Bewegung am 13. 6. 1949), Köln o. J.
Zum 14. August ..., in: DPA-Elite-Namendienst vom Juli 1949.
Größtmöglicher Fortschritt. Vom Weg einer gerechten Wirtschafts- und Sozialpolitik, in: Sozialdemokratischer Pressedienst vom 3. 9. 1949.
Die nächsten Aufgaben der Bundesrepublik, in: Alles. Aus Deutschland und der Welt vom 9. 11. 1949.
Schmutz- und Schundgesetz – endlose Schraube. Gefahren einer Magazin-Zensur, in: Die Welt vom 13. 1. 1950.
Das deutsche Nein zum Saarabkommen. Dem Saarvolk wird die Demokratie genommen, in: Westfälische Rundschau (Dortmund) vom 10. 3. 1950.
Freiheit darf die Gefahr nicht scheuen. Zur Diskussion um ein Anti-Schmutz- und Schundgesetz, in: Neue Ruhr Zeitung vom 6./7. 4. 1950.
Baut Europas Fundamente ohne Sprengladung. Deutschlands Beitritt zum Europarat durch Aufnahme des Saargebiets unmöglich gemacht, in: Westfälische Rundschau (Dortmund) vom 4. 5. 1950.
Hochschul-Gegenreform? Ein Streit an der Universität Tübingen, in: Stuttgarter Zeitung vom 30. 9. 1950.
Zum Gedenktag für die Kriegsgefangenen, in: Stuttgarter Zeitung vom 26. 10. 1950.
„Echte Parlamentsmeinung". Der Ausschuß für das Besatzungsstatut und auswärtige Angelegenheiten, in: Diplomatisches Bulletin 2, Jan. 1951, S. 15.
Der Ausgang der ersten Schlacht. Zum Problem eines deutschen Verteidigungsbeitrags, in: Generalanzeiger vom 7. 7. 1951.
Wege und Ziele der deutschen Außenpolitik, in: Für und wider. Lebensfragen deutscher Politik, Offenbach/Frankfurt 1952, S. 19–39.

Sozialdemokraten sind nicht neutralistisch, in: Le Peuple vom 12. 2. 1953.
Adenauer und das russische Sicherheitsbedürfnis, in: Das kommende Deutschland. Sozialdemokratische Beiträge zur Politik unserer Zeit vom 12. 8. 1953.
Rundfunkrede in München vom 28. 10. 1953, in: Junge Kirche. Protestantische Monatshefte 14, 1953, S. 601–605.
Gedichte, in: Castrum Peregrini 1953, Heft 14, S. 34–37.
Vier Jahre Erfahrungen mit dem Grundgesetz, in: Die Öffentliche Verwaltung 7, Jan. 1954, S. 1–3.
Mit Moskau verhandeln, in: Generalanzeiger vom 27. 8. 1954.
Was nun?, in: DPA-Elite-Namendienst vom Sept. 1954.
Die Lage nach der Pariser Konferenz, in: DPA-Elite-Namendienst vom Okt. 1954.
Sonette von Michelangelo, übertragen von Carlo Schmid, in: Castrum Peregrini, Heft 20, S. 43–55.
Unruhe ist Bürgerpflicht, in: Stuttgarter Zeitung vom 11. 2. 1955.
Das Notstandsrecht, in: Stuttgarter Zeitung vom 19. 2. 1955.
Staat und Gewerkschaft, in: Der Betriebsrat. Mitteilungen für die Betriebsräte der IG-Chemie-Papier-Keramik 4, Juli 1955, S. 241–256.
Nach der Konferenz in Helsinki, in: Bulletin des Presse- und Informationsamtes der Bundesregierung vom 3. 9. 1955, S. 1383 f.
Neue politische Tatsachen. Gedanken zur Moskauer Konferenz, in: Die Zeit vom 22. 9. 1955.
Vor neuen Aufgaben! Das Ergebnis von Genf und die Voraussetzungen für eine gemeinsame deutsche Außenpolitik, in: Die Freiheit (Mainz) vom 21. 11. 1955.
Deutliche Fragen an die Sowjetunion notwendig, in: Frankfurter Rundschau vom 30. 11. 1955.
Der Westen muß ein neues Deutschland-Konzept finden, in: Süddeutsche Zeitung vom 24./25./26. 12. 1955.
Herz und Verstand, in: Lebendige Tradition. Paul Löbe zum 80. Geburtstag am 14. 12. 1955. Hrsg. Arno Scholz/Walter G. Oschilewski, Berlin 1955, S. 103 f.
Die Stellung der Gewerkschaften in der heutigen Gesellschaft, Frankfurt/M. 1955.
West-Ost-Probleme des Europarats, in: Deutsche Korrespondenz vom 28. 4. 1956.
Die zweite industrielle Revolution, in: Bergbau und Wirtschaft 9. August 1956, S. 406–410.
Gesellschaft und Lebensform. Die Gewerkschaften als bildendes Element, in: Hamburger Echo vom 13. 10. 1956.
Das böse Tabu. Kernsätze zur Oder-Neiße-Frage, in: Der Spiegel vom 17. 10. 1956, S. 17.
Todesgefahr oder Segen für unsere Zukunft? Atomenergiegesetz ist kein akademischer Wettstreit, in: Neue Ruhr Zeitung 24./25. 11. 1956.
Une politique commune franco-allemande, in: Politique Etrangère 21, Nov. 1956, S. 545–552.
Ein deutscher Forschungsrat, in: Die Zeit vom 13. 12. 1956.
Machiavelli. Auswahl und Einleitung von Carlo Schmid, Frankfurt/Hamburg 1956.
Indisches Leben ist von Religion durchtränkt. Politische Beobachtungen von der Indienfahrt, in: Die Zeit vom 17./24. und 31. 1. 1957.
In Frieden arbeiten, in: Süddeutsche Zeitung vom 1. 5. 1957.
Parteien zum Wahlkampf: Die Wiedervereinigung – der Kernpunkt unserer Außenpolitik, in: Süddeutsche Zeitung vom 6./7. 7. 1957.
RIAS-Interview mit Egon Bahr am 22. 9. 1957, AdG 1957, S. 6654f; auch abgedr., in: Vorwärts vom 27. 9. 1957.

Der Intellektuelle ist das Schicksal der Demokratie, in: Vorwärts vom 22. 11. 1957.
Untertöne eines Briefes, in: Außenpolitik 8,1957, S. 137f.
Europa zwischen Ost und West, in: Außenpolitik 8,1957, S. 218–220.
Einige Gedanken zur Außenpolitik der nächsten Zeit, in: Außenpolitik 8,1957, S. 615–617.
Die Russen sind keine Muschiks mehr. Der Westen darf nicht in Hochmut verharren, in: Neue Ruhr Zeitung vom 31. 12./1. 1. 1958.
Ein Tor nach rechts aufmachen, in: Frankfurter Rundschau vom 3. 2. 1958; auch abgedr., in: Vorwärts vom 14. 2. 1958.
Orden verdient man nur im Karneval. (Verleihung des Ordens wider den tierischen Ernst am 22. 2. 1958), in: Wider den tierischen Ernst. Reden aus dem Aachener Vogelkäfig. Hrsg. Hellmut A. Crous, Wien 1980, S. 17–20.
Besuch der Universitäten in Warschau und Krakau. Tagebuch einer Polenreise im Jahre 1958, in: Werner Plum (Hrsg.), Ungewöhnliche Normalisierung. Beziehungen der Bundesrepublik Deutschland zu Polen, Bonn 1984, S. 191–203.
Wie ich Polen sehe. Eindrücke von einer Reise, in: Die Welt vom 19. und 28. 3. 1958 und vom 14. und 28. 4. 1958.
Was ich in Warschau sah ..., in: Die Zeit vom 20. 3. 1958.
Die Nation steht über der Partei. Wie ich Polen erlebte, in: Die Welt vom 3. 5. 1958.
Das neue Volk von Israel. Eindrücke von einer Reise in das biblische Land, in: Süddeutsche Zeitung vom 24./25./26. Mai 1958.
Krankenversicherung in Selbstverantwortung, in: Gesundheitliche Selbstverantwortung. Kongreßbericht, 29.–31. 10. 1958. Deutsche Zentrale für Volksgesundheitspflege. Hrsg. Walter Schnell/Emmy Rossius, Frankfurt/M. 1959, S. 170–178.
Ein Volk besinnt sich – die kulturelle Entwicklung in der Bundesrepublik, in: Die kulturelle Stellung der Bundesrepublik in der Völkergemeinschaft. Tagung der Friedrich-Ebert-Stiftung in ihrer Heimvolkshochschule in Bergneustadt vom 24.–26. 11. 1958, Bonn o. J. S. 5–31.
Julien Green. Der andere Schlaf. Roman übertragen von Carlo Schmid, Frankfurt/M. 1958.
Ansprache im Hessischen Rundfunk am 18. März 1959, in: Dokumente zur Deutschlandpolitik Reihe IV, Bd. 1/2, S. 1199–1202.
Deutschlands Teilung soll besiegelt werden, in: Frankfurter Rundschau vom 21. 3. 1959.
Verzicht ist keinem erlaubt, in: Sozialdemokratischer Pressedienst vom 24. 3. 1959.
Carlo Schmid antwortet William S. Schlamm, in: Der Stern vom 1. 8. 1959, S. 40f.
Die Väter hatten es sich anders vorgestellt, in: Basler Zeitung vom 11. 9. 1959.
Was ist neu am neuen SPD-Programm? Von der Klasse zur Nation, in: Die Zeit vom 27. 11. 1959.
Die Weichen sind gestellt, in: Hamburger Echo vom 31. 12. 1959; Telegraf vom 1. 1. 1960.
Paul Valéry. Über Kunst. Essays übertragen von Carlo Schmid, Berlin/Frankfurt/M. 1959.
Wehret den Anfängen, in: Welt am Sonntag vom 10. 1. 1960.
Keine Zeit zur Untätigkeit, in: Berliner Stimme vom 10. 3. 1960.
Liquidiert endlich den zweiten Weltkrieg, in: Sozialdemokratischer Pressedienst vom 5. 5. 1960.
Mut zur Politik, in: 6. Deutscher Studententag vom 4.–8. 4. 1960. Abschied vom Elfenbeinturm. Hrsg. Verband Deutscher Studentenschaften, Bonn o. J., S. 155–168.
Deutsch-polnisches Verhältnis, in: DPA-Elite-Namendienst vom Febr. 1961.
Ansprache bei der Preisverleihung für die Arbeiten über das Thema „Die Jugend und

die Wiedervereinigung Deutschlands“ in Hamburg am 22. April 1961, in: Die Jugend und die Wiedervereinigung Deutschlands. Die preisgekrönten Arbeiten des Wettbewerbs der Stiftung „Die Welt“, Berlin/Frankfurt/M. /Wien 1962, S. 7–21.
Die geistige Situation unserer Zeit, in: Mitteilungen für die Bergbauberufsschulen der Westfälischen Berggewerkschaftskasse Nr. 5 vom 31. 5. 1961, S. 1–7.
Die Flagge folgt dem Kaufmann. Großbritannien muß sich neben die Sechs stellen, in: Sozialdemokratischer Pressedienst vom 27. 6. 1961.
So denken die Franzosen, in: Abendzeitung (München) vom 8. 8. 1961.
Das Gebot der Stunde, in: Abendzeitung (München) vom 19. 9. 1961.
Soll und Haben in der Politik, in: Abendzeitung (München) vom 26. 9. 1961.
Zum Umdenken gezwungen, in: Abendzeitung (München) vom 3. 10. 1961.
Die gewandelte deutsche Frage, in: Abendzeitung (München) vom 10. 10. 1961.
Heißes Eisen Regierungsbildung, in: Abendzeitung (München) vom 24. 10. 1961.
Der Handel um Berlin, in: Abendzeitung (München) vom 23. 11. 1961.
Wir Deutsche und die Juden, in: Neue Gesellschaft 8, 1961, S. 122–131.
Politik und Geist, Stuttgart 1961.
Über die Idee der Universität. Rede gehalten auf der Schaffermahlzeit zu Bremen am 9. 2. 1962, Bremen 1962.
Das Memorandum der Patrioten, in: Abendzeitung (München) vom 6. 3. 1962.
Zur Woche der Brüderlichkeit, in: SPD-Pressemitteilungen und -informationen vom 14. 3. 1962.
Gehören Intellektuelle in die Politik, in: Die Zeit vom 23. 3. 1962.
Politik und das Bild des Ewigen, in: Der Tag vom 2. 5. 1962.
Verhandlungsobjekt Berlin, in: Abendzeitung (München) vom 22. 5. 1962.
Kein guter Stil, in: Abendzeitung (München) vom 10. 7. 1962.
De Gaulle sucht Kontakt mit den Deutschen, in: Mannheimer Morgen vom 4. 9. 1962.
Nichts im Übermaß, in: Abendzeitung (München) vom 11. 9. 1962.
Nützliche Ostkontakte, in: Abendzeitung (München) vom 2. 10. 1962.
Nüchternheit, die sich der Begeisterung nicht schämt. Ein Rückblick auf den Staatsbesuch Charles de Gaulles in der Bundesrepublik, in: Europa-Archiv 19, Okt. 1962, S. 657–660.
Die Spiegel-Affäre. Mehr als ein Skandal, in: Abendzeitung (München) vom 6. 11. 1962.
So etwas geht nicht, in: Abendzeitung (München) vom 27. 11. 1962.
Colloque sur les politiques de développement et les diverses voies africaines vers le socialisme, Dakar 3–8 décembre 1962, Paris 1963, S. 325–331.
Der Aufstand des Bürgersinns, in: Welt am Sonntag vom 30. 12. 1962.
Das Wagnis der Demokratie. Das verflossene Jahr im Blick auf Regierung und Opposition, in: Düsseldorfer Nachrichten vom 31. 12. 1962.
General de Gaulles Bombe, in: Abendzeitung (München) vom 22. 1. 1963.
Farbe bekennen!, in: Abendzeitung (München) vom 29. 1. 1963.
Il faudrait trouver un méthode qui permette au général de Gaulle de revenir à la raison sans perdre la face, in: Le Monde vom 2. 2. 1963.
Der deutsch-französische Vertrag, in: Abendzeitung (München) vom 19. 2. 1963.
Konformismus oder Kritik? in: Abendzeitung (München) vom 23. 4. 1963.
Hundert Jahre Sozialdemokratische Partei. Festvortrag von Prof. Carlo Schmid gehalten am 12. Mai 1963 in Hannover, Hannover 1963.
Eine Tribüne für Europa, in: Abendzeitung (München) vom 11. 6. 1963.
Zwischen Kennedy und de Gaulle, in: Abendzeitung (München) vom 2. 7. 1963.
Die nächsten Aufgaben, in: Abendzeitung (München) vom 9. 7. 1963.
Politiker und Experten, in: Abendzeitung (München) vom 23. 7. 1963.

Die neue Aufgabe der Westeuropäischen Union, in: DPA-Elite-Namendienst vom Juli 1963.
Aus der Sicht der Opposition, in: Deutsche Korrespondenz vom 5. 10. 1963.
Das Gespräch mit dem Volke suchen, in: Abendzeitung (München) vom 8. 10. 1963.
Eulen – Gottheiten glühenden Augs. Erläuterungen zu meiner Baudelaire-Übertragung, in: Christ und Welt vom 22. 11. 1963.
Carolinus fui, in: Karlsgymnasium Stuttgart. Blätter für die früheren Schüler und für die Freunde der Schule 10,1963, S. 1–9.
Geschichte skizziert. (Rezension der Erinnerungen Theodor Heuss'), in: Der Spiegel vom 15. 1. 1964, S. 72 f.
Die Lage der deutschen Europapolitik. Vortrag, gehalten am 12. Februar 1964 vor Mitgliedern des Industrie-Clubs Düsseldorf, o. O. u. J.
Ausbildung, Erziehung und Bildung. Festvortrag von Bundestagsvizepräsident Prof. Dr. Carlo Schmid anläßlich der 10-Jahresfeier am 4. 5. 1964. Hrsg. Stiftung Mitbestimmung, Düsseldorf 1964.
Bilanz einer Israel-Reise, in: DPA-Elite-Namendienst vom Mai 1964.
Neue Ostpolitik, in: Abendzeitung (München) vom 7. 7. 1964.
Bildungswesen in Not. Grundstein. Zeitung der Industriegewerkschaft Bau-Steine-Erden vom 6. 9. 1964.
Soll es so weitergehen?, Abendzeitung (München) vom 10. 11. 1964.
Drei Buchstaben voller Zündstoff – MLF, in: Abendzeitung (München) vom 24. 11. 1964.
Der Zwischenfall, in: Abendzeitung (München) vom 29. 12. 1964.
Abschied von der Antike. Eine Enquête über die Rolle des griechisch-lateinischen Geisteserbes in der Bildungsgesellschaft von morgen. Sonderdruck der Zeitschrift Wort und Wahrheit 19, 1964, S. 61–63.
Adenauers Werk, in: Die Ära Adenauer. Einsichten und Ausblicke, Frankfurt/M. /Hamburg 1964, S. 17–19.
Tätiger Geist. Gestalten aus Geschichte und Politik, Hannover 1964.
Konrad Adenauer zum 89. Geburtstag, in: Abendzeitung (München) vom 5./6. 1. 1965.
Neue Deutschlandpolitik, in: Abendzeitung (München) vom 19. 1. 1965.
Zwischen Israel und Arabern, in: Westfälische Rundschau vom 28. 1. 1965.
Deutschland und der „Friede auf Erden". (Rede auf der Tagung Pacem in Terris, Febr. 1965), in: Vereinte Nationen 13, April 1965, S. 51–53.
Stimmungswandel gegen Deutschland, in: Abendzeitung (München) vom 2. 3. 1965.
Die Hallstein-Doktrin, in: Abendzeitung (München) vom 9. 3. 1965.
Die politischen Grundlinien de Gaulles, in: Abendzeitung (München) vom 4. 5. 1965.
Si nous battons Erhard. Interview mit der Zeitschrift Réalités Mai 1965, S. 50–53.
Wie gut ist das Parlament? Interview mit dem Mannheimer Morgen am 2. 4. 1965.
Geistiger Wohlstand für alle, in: Düsseldorfer Allgemeine vom 17. 12. 1965.
Wenn ich an meine Mutter denke ... in: Quick vom 6. 3. 1966.
Eine neue Epoche, in: Hannoversche Presse vom 31. 12. 1966.
Ein Denkmal seiner Zeit. (Nachruf auf Konrad Adenauer), in: Die Zeit vom 21. 4. 1967.
Entwurf eines Programms zur Finanzreform, in: Bulletin des Presse- und Informationsamtes der Bundesregierung vom 27. 7. 1967, S. 665–667.
Ein Eiferer für das Rechte. Abschied von Thomas Dehler, in: Die Zeit vom 28. 7. 1967.
Die geistige Situation und die politische Wirklichkeit, in: Bundeskonferenz der SPD 1967 „Die Sozialdemokratie in der Regierungsverantwortung". 13.–15. 11. 1967 in Bad Godesberg, Stadthalle, B1-B13.
Wirklichkeit und Zukunft der deutsch-französischen Beziehungen, in: Bulletin des Presse- und Informationsamtes der Bundesregierung vom 28. 3. 1968, S. 337–339.

In freier Selbstbestimmung die Einheit und Freiheit Deutschlands vollenden. Der Auftrag des Grundgesetzes, in: Bulletin des Presse- und Informationsamtes der Bundesregierung am 30. 8. 1968, S. 913 f.

Germany's Way into the Future, in: Universitas. A German Review of the Arts and Sciences, Vol.10,1968, S. 201–207.

Malraux, André, Anti-Memoiren. Übersetzt von Carlo Schmid, Frankfurt/M. 1968.

Meine erste Liebe, in: Die erste Liebe. Prominente Deutsche erzählen. Hrsg. Uta Witzleben, Hamburg 1968, S. 146–151.

20 Jahre Grundgesetz. Rede auf dem Empfang der SPD vom 8. 5. 1969 zum 20. Jahrestag der Annahme des Grundgesetzes durch den Parlamentarischen Rat. Hrsg. Vorstand der SPD, Bonn o. J.

Im Spannungsfeld zwischen Bund und Ländern, in: Die Neue Gesellschaft 16, 1969, S. 179–181.

Gerichtsbarkeit und politische Grundordnung des Staates, in: Festschrift für Adolf Arndt zum 65. Geburtstag. Hrsg. Horst Ehmke/Carlo Schmid/Hans Scharoun, Frankfurt/M. 1969, S. 405–413.

Die Demokratie als Lebensform, in: Mannheimer Hefte 1, 1970, S. 6–11.

Ostpolitik et Unification européenne, in: Documents. Revue des questions allemandes 26, Jan. 1971, S. 7–12.

Manches Mißtrauen wurde abgebaut. „Dollpunkt" in den deutsch-französischen Beziehungen ist überwunden, in: Der Telegraf vom 8. 7. 1971.

In Freundschaft zusammenarbeiten. Interview. PPP vom 10. 8. 1971.

„Da wollte Chruschtschow die Konferenz abbrechen". Interview mit Bild am Sonntag vom 9. 1. 1972.

Darum wollte ich nicht Kanzler werden. Interview mit Bild am Sonntag vom 16. 1. 1972.

Keine Verfassung ist narrensicher. Interview, in: Die Zeit vom 12. 5. 1972.

Muß die SPD Willy Brandt stürzen. Interview, in: Der Stern vom 17. 9. 1972.

Diskussion um das Mißtrauensvotum. Keine Verfassungsänderung. in: Süddeutsche Zeitung vom 23./24. 9. 1972.

Die deutsch-französische Zusammenarbeit. Hrsg. Presse- und Informationsamt der Bundesregierung, Bonn 20. Dezember 1972 (Mitverfaßt von Pierre Olivier Lapie).

André Malraux, Eichen, die man fällt .... Übersetzt von Carlo Schmid, Frankfurt/M. 1972.

Vorwort zu Heinz Kühn, Den Staat menschlicher machen. Beiträge zu gesellschaftlichen Fragen und persönlichen Begegnungen, Bonn/Bad-Godesberg 1972, S. I–V.

Was Politik ist – und nicht ist. Interview, in: Vorwärts vom 4. 1. 1973.

Zehn Jahre deutsch-französischer Vertrag, in: Bulletin des Presse- und Informationsamtes der Bundesregierung vom 18. 1. 1973, S. 37 f.

Politik als geistige Aufgabe. Gesammelte Werke, Bd. 1, Bern/München/Wien 1973.

Europa und die Macht des Geistes. Gesammelte Werke, Bd. 2, Bern/München/Wien 1973.

Kontrolle heißt nicht spionieren. Interview, in: Weltbild vom 15. 5. 1974.

Ein Vierteljahrhundert Bundesrepublik Deutschland. Parlamentarischer Rat beschloß ein Grundgesetz für ein provisorisches, aber voll demokratisches Staatswesen, in: Mannheimer Morgen vom 22. 5. 1974.

Aufruf eines streitbaren Demokraten. (Rezension der Arbeit Herbert Weichmanns, Gefährdete Freiheit. Aufruf zur streitbaren Demokratie), in: Die Welt vom 12. 12. 1974.

Der Deutsche Bundestag. Gegenwart und Geschichte. Porträt eines Parlaments, Pfullingen 1974, 2. Aufl. 1981, S. 12–17 bzw. S. 16–21.

25 Jahre Bundesrepublik, in: 25 Jahre Bundesrepublik Deutschland. Wandel und Bewährung einer Demokratie. Ein politisches Lesebuch. Hrsg. Pitt Severin/Hartmut Jetter, Wien/München/Zürich 1974, S. 13–22.

Wer sich unterwirft wird schuldig. (Rezension der Arbeit Manès Sperbers, Zur Analyse der Tyrannis), in: Die Welt vom 15. 5. 1975.

Gelöbnis für die Zukunft, in: Die Zeit vom 13. 6. 1975.

Brief an einen bedenklichen Freund, in: Herbert Wehner. Beiträge zu einer Biographie. Hrsg. Gerhard Jahn u. a., Köln 1976, S. 264–283.

Demokratie, die Chance den Staat zu vermenschlichen, in: Forum heute. 50 maßgebende Persönlichkeiten zu 50 grundlegenden Themen unserer Zeit. Eine Sammlung von 50 Sonderbeiträgen aus Meyers Enzyklopädischem Lexikon, München/Wien/Zürich 1976, S. 319–325.

Les relations franco-allemandes. Carlo Schmid–Maurice Schumann, in: Dialogues franco-allemands. Hrsg. France Culture/Goethe-Institut in Paris, Paris 1976, S. 9–32.

Die Deutschen haben es schwer. Die Vergangenheit nicht wegschieben, sondern aufarbeiten, in: Stuttgarter Zeitung vom 3. 9. 1977.

Laudatio für Herrn Prof. Jean Rudolf von Salis, in: Stiftung F. V.S zu Hamburg. Verleihung der Friedrich-Schiller-Medaille in Gold an Herrn Prof. Dr. Jean Rudolf von Salis, Hamburg 1978, S. 5–12.

Gedanken über die rechtliche Problematik der Bürgerinitiativen, in: Jahre der Wende 1968–1978. Bestandsaufnahme eines Jahrzehnts. Alex Möller zum 75. Geburtstag. Hrsg. Robert Schwebler, Karlsruhe 1978, S. 75–81.

Einige Gedanken zu Grieshabers Totentanz von Basel, in: Schnittlinien. Für Hap Grieshaber. Hrsg. Wolfgang Rothe, Düsseldorf 1978, S. 60–74.

Tübingen im Frühjahr 1945, in: Tübinger Blätter 65,1978, S. 11–13.

Was wir 1949 mit Artikel 5 des Grundgesetzes wollten, in: Forum Zukunft SPD. Medienpolitische Fachtagung „Medien von morgen – Risiko und Chance für eine humane Gesellschaft“ am 22./23. 11. 1979 in Bonn. Hrsg. Vorstand der SPD, Bonn 1980, S. 9–14.

Anti-Atomkraft ist kein Programm. Interview mit dem Mannheimer Morgen am 24. 11. 1979.

Carlo Schmids letzter Rat. Der Brief an den Kanzler ist ein Dokument staatsmännischer Weisheit, in: Die Zeit vom 21. 12. 1979.

Erinnerungen, Bern/München/Wien 1979.

Politik muß menschlich sein. Politische Essays, Bern/München/Wien 1980.

Charles de Gaulle. Die Schneide des Schwertes. Übersetzt von Carlo Schmid, Frankfurt/M. 1981.

Quellen und Auswahlbibliographie

Abrüstung und Sicherheit. Handbuch der Sicherheitsfrage und Abrüstungskonferenz. Mit einer Sammlung der wichtigsten Dokumente. Hrsg. K. Schwendemann 2. Aufl. Bd. 1, Leipzig (1933).

Abs, Hermann J., Entscheidungen. Die Entstehung des Londoner Schuldenabkommens, Mainz/München 1991.

Adam, Uwe Dietrich, Hochschule und Nationalsozialismus. Die Universität Tübingen im Dritten Reich, Tübingen 1977.

Adenauer, Briefe. Bearb. Hans Peter Mensing; 1947–1949; 1949–1951; 1951–1953, Berlin 1984–1987.

Adenauer, Konrad, Erinnerungen, Bd. 1: 1945–1953; Bd. 2: 1953–1955; Bd3: 1955–1959, Stuttgart 1966/67.

Adorno, Theodor W., Kierkegaard. Konstruktion des Ästhetischen, 2. Aufl. Frankfurt/M. 1986.

Adorno, Theodor W., Ästhetische Theorie. Hrsg. Gretel Adorno/Rolf Tiedemann, 10. Aufl. Frankfurt/M. 1990.

Akten zur Deutschen Auswärtigen Politik, Serie B: 1925–1933, Bd. 1–21, Göttingen 1966–1983; Serie D: 1937–1941, Bd. 1–6, Baden-Baden/Göttingen 1950–1970; Serie E: 1941–1945, Bd. 1–8, Göttingen 1969–1979.

Akten zur Auswärtigen Politik der Bundesrepublik Deutschland, Bd. 1: Adenauer und die Hohen Kommissare 1949–1951, Bd. 2: Adenauer und die Hohen Kommissare 1952. Hrsg. Hans-Peter Schwarz in Verbindung mit Reiner Pommerin. Bearb. Frank-Lothar Kroll/Manfred Nebelin, München 1989/1990.

Akten zur Auswärtigen Politik der Bundesrepublik Deutschland 1963, 3 Bde., Hrsg. Hans-Peter Schwarz. Bearb. Mechthild Lindemann/Dorothee Pautsch, München 1994.

Akten zur Vorgeschichte der Bundesrepublik Deutschland 1945–1949: Hrsg. Bundesarchiv und Institut für Zeitgeschichte, Bd. 1: Sept. 1945 – Dez. 1946. Bearb. Walter Vogel/Christoph Weisz, München/Wien 1976; Bd. 2.: Jan. – Juni 1947. Bearb. Wolfram Werner, München/Wien 1979; Bd. 3: Juli – Dez. 1947. Bearb. Günter Plum, München/Wien 1982; Bd. 4: Jan. – Dez. 1948. Bearb. Christoph Weisz/Hans Dieter Kreikamp/Bernd Steger, München/Wien 1983; Bd. 5: Jan. – Sept. 1949. Bearb. Hans Dieter Kreikamp, München/Wien 1981.

Albrecht, Klaus L., Hugo Sinzheimer in der Weimarer Nationalversammlung. Sein Beitrag zum wirtschaftlichen Rätesystem und zu den arbeits- und wirtschaftsrechtlichen Grundrechten der Reichsverfassung, Berlin 1970.

Allardt, Helmut, Moskauer Tagebuch. Beobachtungen, Notizen, Erlebnisse, 3. Aufl., Düsseldorf/Wien 1974.

Amouroux, La vie des Français sous l'occupation, Paris 1961.

Amtsblatt des Staatssekretariats für das französisch besetzte Gebiet Württembergs und Hohenzollerns Dez. 1945-Mai 1947.

Anfänge westdeutscher Sicherheitspolitik. 1945–1956. Hrsg. MGFA, Bd. 1: Von der Kapitulation zum Plevenplan, München/Wien 1982; Bd. 2: Die EVG-Phase, München 1990; Bd. 3: Die Nato-Option, München 1993.

Apel, Hans, Bonn, den … Tagebuch eines Bundestagsabgeordneten, Köln 1972.

Arend, Peter, Die innerparteiliche Entwicklung der SPD 1966–1975, Bonn 1975.
Arndt, Adolf, Politische Reden und Schriften. Hrsg. Horst Ehmke/Carlo Schmid, Berlin/Bad-Godesberg 1976.
Auerbach, Hellmuth, Die politischen Anfänge Carlo Schmids. Kooperation und Konfrontation mit der französischen Besatzungsmacht, in: VfZ 36,1988, S. 595–648.
Bachmann, Ingeborg, Frankfurter Vorlesungen. Probleme zeitgenössischer Dichtung, München 1980.
Bamm, Peter, Eines Menschen Zeit, München 1972.
Bargatzky, Walter, Ein Deutscher im besetzten Frankreich. Vorwort von Peter Scholl-Latour, Freiburg 1987.
Baring, Arnulf, Im Anfang war Adenauer. Die Entstehung der Kanzlerdemokratie, 3. Aufl., München 1984.
Baring, Arnulf, Machtwechsel. Die Ära Brandt–Scheel. 4. Aufl., Stuttgart 1983.
Baring, Arnulf, Sehr verehrter Herr Bundeskanzler! Heinrich von Brentano im Briefwechsel mit Konrad Adenauer 1949–1964, Hamburg 1974.
Baudelaire im Urteil der Zeitgenossen, Auswahl und Anordnung der Texte. W. T. Bandy/Claude Pichois, Frankfurt/M 1969.
Becker, Hellmut/Hager Frithjof, Aufklärung als Beruf. Gespräche über Bildung und Politik, München 1992.
Benjamin, Walter, Charles Baudelaire. Ein Lyriker im Zeitalter des Hochkapitalismus. Hrsg. Rolf Tiedemann, Frankfurt/M. 1990.
Bergsträßer, Ludwig, Befreiung, Besatzung, Neubeginn. Tagebuch des Darmstädter Regierungspräsidenten 1945–1948. Hrsg. Walter Mühlhausen, München 1987.
Bericht des Verfassungsausschusses über den Entwurf einer Verfassung für Württemberg-Baden vom 12. 9. 1946. Beilage 5 zu den Protokollen der Verhandlungen der Verfassunggebenden Landesversammlung für Württemberg-Baden.
Beschreibung des Oberamtes Aalen. Hrsg. vom Königlichen statistisch-topographischen Bureau, Stuttgart 1854.
Beschreibung des Oberamtes Neresheim. Hrsg. vom Königlichen statistisch-topographischen Bureau, Stuttgart 1872.
Beschreibung des Oberamtes Stuttgart. Hrsg. vom Königlichen statistisch-topographischen Bureau, Stuttgart 1851.
Bieberstein, Walther Freiherr Marschall von, Zum Problem der völkerrechtlichen Anerkennung der beiden deutschen Regierungen. Ein Beitrag zur Diskussion über die Rechtslage Deutschlands, Berlin 1959.
Birke, Adolf, Großbritannien und der Parlamentarische Rat, in: VfZ 42,1994, S. 313–359.
Blancpain, Marc, La vie quotidienne dans la France du Nord sous les occupations (1814–1944), Paris 1983.
Blankenhorn, Herbert, Verständnis und Verständigung. Blätter eines politischen Tagebuchs 1949 bis 1979, Frankfurt/M. 1980.
Blos, Wilhelm, Von der Monarchie zum Volksstaat. Zur Geschichte der Revolution in Deutschland insbesondere in Württemberg, 2 Bde., Stuttgart 1922/23.
Blumenwitz, Dieter u. a. (Hrsg.), Konrad Adenauer und seine Zeit. Politik und Persönlichkeit des ersten Bundeskanzlers, 2 Bde., Stuttgart 1976.
Bock, Manfred Hans, Zur Perzeption der frühen Bundesrepublik Deutschland in der französischen Diplomatie. Die Bonner Monatsberichte des Hochkommissars André François-Poncet 1949 bis 1955, in: Francia 15, 1987, S. 579–659.
Borst, Otto, Die heimlichen Rebellen. Schwabenköpfe aus fünf Jahrhunderten, 2. Aufl., Stuttgart 1984.

Borst, Otto, Schule des Schwabenlandes. Geschichte der Universität Stuttgart, Stuttgart 1979.

Bouard, Michel de, La répression allemande en France de 1940 à 1944, in: Revue d'histoire de la deuxième guerre mondiale 14, 1964, S. 63–90.

Brandt, Willy, Begegnungen und Einsichten. Die Jahre 1960-1975, Hamburg 1976.

Brandt, Willy, Erinnerungen, Frankfurt/M. 1989.

Braudel, Fernand, Frankreich, Bd. 3.: Die Dinge und die Menschen. Aus dem Französischen von Siglinde Summerer und Gerda Kurz, Stuttgart 1990.

Braudel, Fernand/Labrousse Ernest (Hrsg.), Wirtschaft und Gesellschaft im Zeitalter der Industrialisierung 1789–1880, Frankfurt/M. 1988.

Breuer, Stefan, Anatomie der Konservativen Revolution, Darmstadt 1993.

Brommer, Peter (Bearb.), Quellen zur Geschichte von Rheinland- Pfalz während der französischen Besatzung. März 1945 bis August 1949, Mainz 1985.

Broszat, Martin, Zur Sozialgeschichte des deutschen Widerstandes, in: VfZ 34,1986, S. 301–309.

Bruns, Victor, Völkerrecht als Rechtsordnung, in: Zeitschrift für ausländisches öffentliches Recht und Völkerrecht 1/1,1929, S. 1–9.

Buchstab, Günter (Bearb.), Adenauer: „Es mußte alles neu gemacht werden." Die Protokolle des CDU-Bundesvorstandes 1950–1953, Stuttgart 1986; Adenauer: „Wir haben wirklich etwas geschaffen." Die Protokolle des CDU-Bundesvorstandes 1953–1957, Düsseldorf 1990; Adenauer: „... um den Frieden zu gewinnen." Die Protokolle des CDU-Bundesvorstandes 1957–1961, Düsseldorf 1994.

Büchner, Georg, Werke und Briefe. Dramen, Prosa, Briefe, Dokumente. Mit einem Nachwort von Fritz Bergmann, 11. Aufl., München 1976.

Bührer, Werner, Ruhrstahl und Europa. Die Wirtschaftsvereinigung Eisen- und Stahlindustrie und die Anfänge der europäischen Integration 1945–1952, München 1986.

Bulletin Mensuel du Commandant en Chef Français en Allemagne, 1946–1949.

Carlo Schmid. Aufgabe und Leistung. Zum 60. Geburtstag am 3. Dezember 1956, Berlin–Grunewald 1956.

Carlo Schmid. In die Politik gehen, um Wandel zu schaffen. Hrsg. Vorstand der SPD und des SPD-Unterbezirks Bonn, Bonn 1990.

Von Cassel, Wolf, Wolfgang Frommel 1902–1986. Ein Humanist in Holland, in: Exil 1,1989, S. 82–87.

Charbonneau, Patrick, Carlo Schmid. Démocrate et patriote allemand. Sa vie, ses écrits, son action jusqu'en 1948., Thése de 3e cycle, Université de Paris X, 1982.

Cholvy, Gérard (Hrsg.), Le Languedoc et le Roussillon, Saint-Juste la Pendue 1982.

Council of Europe, Consultative Assembly. Ordinary Session. Official Report of Debates 1949–1966; 1969–1972.

Curtius, Ernst Robert, Europäische Literatur und lateinisches Mittelalter, Bern 1948.

Dante, Die Göttliche Komödie. Mit fünfzig Zeichnungen von Botticelli. Deutsch von Friedrich Freiherr von Falkenhausen, Frankfurt 1974.

Dante, Vita Nova. Das neue Leben. Übersetzt und kommentiert von Anna Coseriu und Ulrike Kunkel, München 1988.

De Jonghe, Albert, La lutte Himmler–Reeder pour la nomination d'un HSSPF à Bruxelles 1942–1944, in: Cahiers d'histoire de la seconde guerre mondiale 4, Dez. 1976, S. 5–160; 5, Dez. 1978, S. 5–172; 7, April 1982, S. 95–184; 8, Okt. 1984, S. 6–234.

Dejonghe, Etienne, Aperçus sur la Zone réservée, in: Revue du Nord LX, 1978, S. 233–241.

Dejonghe, Etienne, Chronique de la grève des mineurs du Nord/Pas-de-Calais 27 mai–6 juin 1941, in: Revue du Nord LXIX, 1987, S. 323–345.

Dejonghe, Etienne, Les délégues de la propagande dans le Nord/Pas-de-Calais 1942–1944, in: Revue du Nord LXXIII, 1991, S. 87–101.

Dejonghe, Etienne, Un mouvement séparatiste dans le Nord et le Pas-de-Calais sous l'occupation 1940–1944, in: Revue d'histoire moderne et contemporaine XVII, 1970, S. 50–77.

Dejonghe, Etienne, Le Nord et le Pas-de-Calais pendant la première année d'occupation (juin 1940-juin 1941), in: Revue du Nord LI, 1969, S. 678–708.

Dejonghe, Etienne, Le Nord isolé. Occupation et opinion (mai 1940–mars 1942, in: Revue d'histoire moderne et contemporaine XXXVI, 1979, S. 48–97.

Dejonghe, Etienne, Etre „Occupant“ dans le Nord (vie militaire, culture, loisirs, propagande), in: Revue du Nord LXV, 1983, S. 707–745.

Detrez, Lucien, Quand Lille avait faim (1940–1944), Lille 1945.

Deutscher Bundesrat. Sitzungsberichte, 1966–1969.

Deutschland nach dem Krieg. Kapitulation, Neubeginn, Teilung. Eine illustrierte Dokumentation. Hrsg. Johannes Wagner, Bochum 1975.

Diner, Dan, Rassistisches Völkerrecht. Elemente einer nationalsozialistischen Weltordnung, in: VfZ 37, 1989, S. 23–57.

Documents Diplomatiques Français (DDF) 1954–1957, 11 Bde., Paris 1987–1991.

Dokumentation zur Deutschlandfrage. Von der Atlantikcharta 1941 bis zur Berlin-Sperre 1961, 3 Bde., zusammengestellt von Heinrich von Siegler, Bonn u. a. 1961.

Dokumente zur Deutschlandpolitik, Reihe III 1955–1958, 4 Bde., Hrsg. Bundesministerium für Gesamtdeutsche Fragen, Bonn/Berlin 1963–1969; Reihe IV 1958–1963, 9 Bde., Hrsg. Bundesministerium für innerdeutsche Beziehungen, Bonn/Frankfurt/M. 1971–1978.

Dowe, Dieter/Klotzbach, Kurt (Hrsg.), Programmatische Dokumente der deutschen Sozialdemokratie, 2. Aufl., Berlin/Bonn 1984.

Dudek, Peter, Erziehung durch Arbeit. Arbeitslagerbewegung und freiwilliger Arbeitsdienst 1920–1935, Opladen 1988.

Duprez, Henri, 1940–1945. Même combat dans l'ombre et la lumière. Episodes de la résistance dans le nord de la France. Témoignages et souvenirs, Paris 1979.

Duprez, Henri, Le train de Loos ou 40 ans d'énigme, in: Mémoire de l'Occupation et de la Résistance en Zone Interdite 6, Juni 1986, S. 49–65.

Durand, Yves, La France dans la 2e guerre mondiale 1939–1945, Paris 1985.

Durand, Yves, Vichy und der „Reichseinsatz“, in: Ulrich Herbert (Hrsg.) Europa und der „Reichseinsatz“: Ausländische Zivilarbeiter, Kriegsgefangene und KZ-Häftlinge in Deutschland 1938–1945, Essen 1991, S. 184–200.

Eckardt, Felix von: Ein unordentliches Leben. Lebenserinnerungen, Düsseldorf/Wien 1987.

Eckert, Georg, Auf dem Weg nach Godesberg. Erinnerungen an die Kulturkonferenz in Ziegenhain, in: Heiner Flohr/Klaus Lompe/Lothar F. Neumann, Freiheitlicher Sozialismus. Beiträge zu seinem heutigen Selbstverständnis, Bonn-Bad-Godesberg 1973, S. 49–58.

Ehlers Hermann, Präsident des Deutschen Bundestages. Ausgewählte Reden, Aufsätze und Briefe. Hrsg. Karl D. Erdmann. Boppard am Rhein 1991.

Ehmke, Horst, Mittendrin, Von der Großen Koalition zur Deutschen Einheit, Berlin 1994.

Eschenburg, Theodor, Aus den Anfängen des Landes Württemberg-Hohenzollern, in: Festgabe für Carlo Schmid zum 65. Geburtstag, dargebracht von Schülern, Freunden und Kollegen. Hrsg. Theodor Eschenburg/Theodor Heuss/Georg August Zinn unter Mitwirkung von Wilhelm Hennis, Tübingen 1962, S. 57–80.

Eschenburg, Theodor, Erinnerungen an die Münchner Ministerpräsidentenkonferenz, 1947, in: VfZ 20, 1972, S. 411–417.

Eschenburg, Theodor, Jahre der Besatzung 1945–1949. Mit einem einleitenden Essay von Eberhard Jäckel, Stuttgart/Wiesbaden 1983.

Fest, Joachim C., Der Staatsstreich, Berlin 1994.

Festgabe für Carlo Schmid zum 65. Geburtstag, dargebracht von Freunden, Schülern und Kollegen. Hrsg. Theodor Eschenburg/Theodor Heuss/Georg August Zinn unter Mitwirkung von Wilhelm Hennis, Tübingen 1962.

Fetscher, Iring, Politikwissenschaftler an der Wirtschafts- und Sozialwissenschaftlichen Fakultät, in: Bertram Schefold (Hrsg.), Wirtschafts- und Sozialwissenschaftler in Frankfurt am Main. Erinnerungen an die Wirtschafts- und Sozialwissenschaftliche Fakultät und an die Anfänge des Fachbereichs Wirtschaftswissenschaften an der Johann Wolfgang Goethe-Universität, Marburg 1989, S. 220–234.

Feuchte Paul, Verfassungsgeschichte von Baden-Württemberg, Stuttgart 1983.

Fiedler Gudrun, Jugend im Krieg, Bürgerliche Jugendbewegung, Erster Weltkrieg und sozialer Wandel 1914–1923, Köln 1989.

Flechtheim, Ossip K., Dokumente zur parteipolitischen Entwicklung in Deutschland seit 1945, 9 Bde., Berlin 1962–1971.

Foelz-Schroeter, Marie-Elise, Föderalistische Politik und nationale Repräsentation 1945–1947. Westdeutsche Länderregierungen, zonale Bürokratien und politische Parteien im Widerstreit, Stuttgart 1974.

Förster Roland, Innenpolitische Aspekte der Sicherheit Westdeutschlands 1947–1950, in: Anfänge westdeutscher Sicherheitspolitik Bd. 1, S. 403–577.

Freudenhammer A./Vater K., Herbert Wehner. Ein Leben mit der Deutschen Frage, München 1978.

Frommel, Wolfgang (Pseud. Lothar Helbing), Der Dritte Humanismus, Berlin 1932.

Frommel, Wolfgang (Hrsg.), Vom Schicksal des deutschen Geistes. Die Begegnung mit der Antike, Berlin 1934.

Frommel, Wolfgang, Zum 70. Geburtstag Carlo Schmids, in: Castrum Peregrini 1966, Heft 71, S. 50–53.

FRUS: Foreign Relations of the United States. Diplomatic Papers 1948–1954, Hrsg. State Department, Washington 1973–1986.

Gansel, Norbert, Carlo Schmid, in: Claus Hinrich Casdorff (Hrsg.), Demokraten – Profile unserer Republik, Königstein 1983, S. 222–238.

Garton Ash, Timothy, Im Namen Europas. Deutschland und der geteilte Kontinent, München/Wien 1993.

De Gaulle, Charles, Mémoires de Guerre, Bd. 3: Le Salut 1944–1946, Paris 1959.

Gelberg, Karl-Ulrich, Hans Erhard. Die föderalistische Politik des bayrischen Ministerpräsidenten 1946–1954, Düsseldorf 1992.

George, Stefan, Werke, Ausgabe in zwei Bänden, München/Düsseldorf 1958.

Gérard, Alain, Les grandes heures de Lille, Paris 1991.

Gerstenmaier, Eugen, Streit und Friede hat seine Zeit. Ein Lebensbericht, Frankfurt/Berlin/Wien 1981.

Gillessen, Günther, Auf verlorenem Posten. Die Frankfurter Zeitung im Dritten Reich, Berlin 1986.

Gillingham, John, Die französische Ruhrpolitik und die Ursprünge des Schumanplans. Eine Neubewertung, in: VfZ 35, 1987, S. 1–27.

Giscard d'Estaing, Valéry, Macht und Leben. Erinnerungen, Frankfurt/M./Berlin 1991.

Glaser, Hermann, Die Kulturgeschichte der Bundesrepublik Deutschland 3 Bde., Frankfurt/M. 1990.

Glashagen, Winfried, Die Reparationspolitik Heinrich Brünings 1930–1931. Studien zum wirtschafts- und außenpolitischen Entscheidungsprozeß in der Auflösungsphase der Weimarer Republik, 2 Bde., Diss. Phil. Bonn 1980.

Gögler, Max/Richter Gregor in Verbindung mit Gebhard Müller (Hrsg.), Das Land Württemberg-Hohenzollern 1945–1952. Darstellungen und Erinnerungen, Sigmaringen 1982.

Goethe, Johann Wolfgang, Sämtliche Werke nach Epochen seines Schaffens. Hrsg. Karl Richter in Zusammenarbeit mit Herbert G. Göpfert/Norbert Miller/Gerhard Sauder, 20 Bde., München 1985–1991.

Goschler, Constantin, Wiedergutmachung. Westdeutschland und die Verfolgten des Nationalsozialismus 1945–1954, München 1992.

Gosewinkel, Dieter, Adolf Arndt. Die Wiederbegründung des Rechtsstaates aus dem Geist der Sozialdemokratie 1945–1961, Bonn 1991.

Grabbe, Hans-Jürgen, Die deutsch-alliierte Kontroverse um den Grundgesetzentwurf im Frühjahr 1949, in: VfZ 26, 1978, S. 393–418.

Grabbe, Hans-Jürgen, Unionsparteien, Sozialdemokratie und Vereinigte Staaten von Amerika 1945–1966, Düsseldorf 1983.

Grass, Günter, Aus dem Tagebuch einer Schnecke, Hamburg 1980.

Greschat, Martin (Hrsg.), Die Schuld der Kirche. Dokumente und Reflexionen zur Stuttgarter Schulderklärung vom 18./19. Oktober 1945, München 1982.

Grewe, Wilhelm, Rückblenden 1976–1951. Aufzeichnungen eines Augenzeugen deutscher Außenpolitik. Von Adenauer bis Schmidt, Frankfurt/M. 1979.

Griepenburg, Rüdiger, Hermann Louis Brill. Herrenchiemseer Tagebuch, in: VfZ 34,1986, S. 585–622.

Grünewald Eckart, Ernst Kantorowicz und Stefan George. Beiträge zur Biographie des Historikers bis zum Jahre 1938 und zu seinem Jugendwerk „Kaiser Friedrich der Zweite“, Wiesbaden 1982.

Grünewald, Wilhard, Die Münchner Ministerpräsidentenkonferenz 1947. Anlaß und Scheitern eines Gesamtdeutschen Unternehmens, Meisenheim am Glan 1971.

Gundolf, Friedrich, Anfänge deutscher Geschichtsschreibung von Tschudi bis Winckelmann. Nachwort von Ulrich Raulff, Frankfurt/M. 1992.

Hahn, Paul, Erinnerungen aus der Revolution in Württemberg. Der Rote Hahn, eine Revolutionserscheinung, Stuttgart 1923.

Halls W. D., The Youth of Vichy France, Oxford 1981.

Hammerstein Notker, Die Johann-Wolfgang-Goethe-Universität Frankfurt am Main. Von der Stiftungsuniversität zur staatlichen Hochschule, Bd. 1: 1914 bis 1950, Frankfurt/M. 1989.

Die Hassell-Tagebücher 1938–1944. Ulrich von Hassell. Aufzeichnungen vom anderen Deutschland. Hrsg. Freiherr Hiller von Gaertringen, Berlin 1988.

Heftrich, Eckard, Stefan George, Frankfurt/M. 1968.

Heine, Heinrich, Sämtliche Schriften. Hrsg. Klaus Briegleb, 12 Bde., München 1976.

Heller Gerhard/Grand Jean, In einem besetzten Land. Leutnant Heller und die Zensur in Frankreich 1940–1944, Bergisch-Gladbach 1985.

Heller Hermann, Gesammelte Schriften. Hrsg. Martin Draht u. a., 3 Bde., Tübingen 1971.

Henke, Klaus-Dietmar, Politik der Widersprüche. Zur Charakteristik der französischen Militärregierung in Deutschland nach dem Zweiten Weltkrieg, in: Claus Scharf/Hans Jürgen Schröder (Hrsg.), Die Deutschlandpolitik Frankreichs und die französische Zone 1945–1949, Wiesbaden 1983, S. 49–90.

Henke, Klaus-Dietmar, Politische Säuberung unter französischer Besatzung. Die Entnazifizierung in Württemberg-Hohenzollern, Stuttgart 1981.

Henke, Klaus-Dietmar/Woller Hans, Politische Säuberung in Europa. Die Abrechnung mit Faschismus und Kollaboration nach dem Zweiten Weltkrieg, München 1991.

Herausforderung der Moderne. Annäherungen an Paul Valéry. Hrsg. Carl H. Buchner/Eckhardt Köhn, Frankfurt/M. 1991.

Herbst, Ludolf u. a. (Hrsg.), Vom Marshallplan zur EWG. Die Eingliederung der Bundesrepublik Deutschland in die westliche Welt, München 1990.

Heuss, Theodor, Tagebuchbriefe 1955–1963. Eine Auswahl aus Briefen an Toni Stolper. Hrsg. und eingel. von Eberhard Pikart, Tübingen/Stuttgart 1970.

Hildebrand, Klaus, Von Erhard zur Großen Koalition 1963–1969. Mit einem einleitenden Essay von K. D. Bracher, Stuttgart/Wiesbaden 1984.

Hirscher, Gerhard, Carlo Schmid und die Gründung der Bundesrepublik. Eine politische Biographie, Bochum 1986.

Hirschfeld, Gerhard/Marsch, Patrick, Kollaboration in Frankreich. Politik, Wirtschaft und Kultur während der nationalsozialistischen Besatzung 1940–1944, Frankfurt/M. 1991.

Hixson, Walter L., George F. Kennan. Cold War Iconoclast, New York/Oxford 1989.

Hochschuloffiziere und Wiederaufbau des Hochschulwesens in Westdeutschland 1945–1952. Teil 3: Die Französische Zone. Hrsg. Manfred Heinemann, Hildesheim 1991.

Hoegner, Wilhelm, Der schwierige Außenseiter. Erinnerungen eines Abgeordneten, Emigranten und Ministerpräsidenten, München 1959.

Hölderlin, Friedrich, Sämtliche Werke. Hrsg. Friedrich Beissner, 8 Bde., Stuttgart 1947–1985.

Hölscher Wolfgang (Bearb.), Die SPD-Fraktion im Deutschen Bundestag. Sitzungsprotokolle 1957–1961, Düsseldorf 1993.

Hoffmann, Peter, Claus Schenk Graf von Stauffenberg und seine Brüder, Stuttgart 1992.

Hoffmann, Peter, Widerstand, Staatsstreich, Attentat. Der Kampf der Opposition gegen Hitler, München 1979.

Hrbek, Rudolf (Hrsg.), Miterlebt – Mitgestaltet Der Bundesrat im Rückblick, Stuttgart 1989.

Hrbek, Rudolf, Die SPD, Deutschland und Europa. Die Haltung der Sozialdemokratie zum Verhältnis von Deutschland-Politik und West-Integration 1945–1957, Bonn 1972.

Hubert, Claude, La hiérarchie catholique, le gouvernement de Vichy et l'occupant dans la zone réservée, in: Revue du Nord LX,1978, S. 253–286.

Hudemann, Rainer, Zentralismus und Dezentralisierung in der französischen Deutschland- und Besatzungspolitik 1945–1947, in: Winfried Becker (Hrsg.), Die Kapitulation von 1945 und der Neubeginn in Deutschland. Symposium an der Universität Passau 30./31. 10. 1985, Köln/Wien 1987, S. 181–209.

Hudemann, Rainer/Poidevin, Raymond (Hrsg.), Die Saar 1945–1955. Ein Problem der europäischen Geschichte, München 1992.

Jacobsen, Hans-Adolf, Nationalsozialistische Außenpolitik 1933–1938, Frankfurt/Berlin 1968.

Jacobsen, Hans-Adolf/Tomala, Mieczyslaw, Bonn–Warschau 1945–1991. Die deutsch-polnischen Beziehungen, Köln 1992.

Jäckel, Eberhard, Frankreich in Hitlers Europa. Die deutsche Frankreich-Politik im Zweiten Weltkrieg, Stuttgart 1966.

Jäckh, Ernst, Der goldene Pflug. Lebensernte eines Weltbürgers, Stuttgart 1954.

Jahrbuch der Sozialdemokratischen Partei Deutschlands 1946–1979.

Jena, Kai von, Versöhnung mit Israel? Die deutsch-israelischen Verhandlungen bis zum Wiedergutmachungsabkommen von 1952, in: VfZ 34, 1986, S. 457–480.

Jenke, Manfred, Verschwörung von rechts? Ein Bericht über den Rechtsradikalismus in Deutschland nach 1945, Berlin 1961.

Jens, Walter, Eine deutsche Universität. 500 Jahre Tübinger Gelehrtenrepublik, Köln 1977.

Jonas Erasmus, Die Volkskonservativen 1928–1933. Entwicklung, Struktur, Standort und staatspolitische Zielsetzung, Düsseldorf 1965.

Jünger, Ernst, Sämtliche Werke. 18 Bde., Stuttgart 1978–1983.

Justiz und Nationalsozialismus. Katalog zur Ausstellung des Bundesministeriums der Justiz, Köln 1989.

Die Kabinettsprotokolle der Bundesregierung 1949–1954. Hrsg. vom Bundesarchiv. 7 Bde., Boppard am Rhein 1984–1993.

Karlauf, Thomas, Castrum Peregrini. Stationen der Vorgeschichte in: Castrum Peregrini 30, 1981, S. 24–50.

Kaufmann, Erich, Gesammelte Schriften, Bd. II: Der Staat in der Rechtsgemeinschaft der Völker. Vom ersten Weltkriege bis zum Wiederaufbau nach dem Zweiten Weltkriege, Göttingen 1960.

Kennan, George F., Memoirs 1950–1963, London 1974.

Kennan, George F., Rußland, der Westen und die Atomwaffe, Frankfurt 1958.

Keil, Wilhelm, Erlebnisse eines Sozialdemokraten, 2 Bde., Stuttgart 1947/48.

Kielmansegg, Peter Graf, Deutschland und der Erste Weltkrieg, Frankfurt 1968.

Kierkegaard, Sören, Gesammelte Werke, 12 Bde., Jena 1909–1923.

Kiesinger, Kurt Georg, Dunkle und helle Jahre. Erinnerungen 1904–1958. Hrsg. Reinhard Schmoeckel, Stuttgart 1989.

Kittel, Manfred, Die Legende von der „zweiten Schuld“. Vergangenheitsbewältigung in der Ära Adenauer, Berlin/Frankfurt 1993.

Klemperer, Klemens von, Die verlassenen Verschwörer. Der deutsche Widerstand auf der Suche nach Verbündeten 1938–1945, Berlin 1994.

Klotzbach, Kurt, Der Weg zur Staatspartei. Programmatik, praktische Politik und Organisation der deutschen Sozialdemokratie 1945 bis 1965, Berlin/Bonn 1982.

Kluncker, Karlhans, Percy Gothein. Humanist und Erzieher. Das Ärgernis im George-Kreis, Amsterdam 1986.

Knipping, Franz/Le Rider Jacques (Hrsg.), Frankreichs Kulturpolitik in Deutschland 1945–1950. Ein Tübinger Symposium Tübingen 1987.

Kocka, Jürgen (Hrsg.), Historische DDR-Forschung. Aufsätze und Studien, Berlin 1993.

Das Königreich Württemberg. Eine Beschreibung von Land, Volk und Staat. Hrsg. vom Königlichen statistisch-topographischen Bureau, Stuttgart 1884.

Koeppen, Wolfgang, Das Treibhaus, Frankfurt/M. 1972.

Koerfer Daniel, Kampf ums Kanzleramt. Erhard und Adenauer, Stuttgart 1987.

Kohlhaas, Wilhelm, Eberhard Wildermuth. Ein aufrechter Bürger. Ein Lebensbild, Bonn 1960.

Konstanzer, Eberhard, Die Entstehung des Landes Baden-Württemberg, Stuttgart u. a. 1969.

Konstanzer, Eberhard, Weisungen der französischen Militärregierung 1946–1949, in: VfZ 18, 1970, S. 204–236.

Kosthorst, Daniel, Brentano und die deutsche Einheit. Die Deutschland- und Ostpolitik des Außenministers im Kabinett Adenauer 1955–1961, Düsseldorf 1993.

Kroll, Hans, Lebenserinnerungen eines Botschafters, Köln/Berlin 1967.

Krüger Peter, Der deutsch-polnische Schiedsvertrag im Rahmen der deutschen Sicherheitsinitiative von 1925, in: HZ 230, 1980, S. 577–612.

Krüger, Peter, Versailles. Deutsche Außenpolitik zwischen Revisionismus und Friedenssicherung, München 1986.

Küsters, Hanns-Jürgen, Konrad Adenauer und Willy Brandt in der Berlin-Krise 1958–1963, in: VfZ 40, 1992, S. 483–542.

Kuhn, Axel, Hitlers außenpolitisches Programm. Entstehung und Entwicklung 1919–1939, Stuttgart 1970.

Lachmann, Vera, Wolfgang Frommel, in: Michael Landmann. Figuren um Stefan George. Zehn Porträts, Amsterdam 1982, S. 116–147.

Lademacher, Horst/Mühlhausen, Walter, Sicherheit, Kontrolle, Souveränität. Das Petersberger Abkommen vom 22. November 1949. Eine Dokumentation, Melsungen 1985.

Lattard, Alain, Zielkonflikte französischer Besatzungspolitik in Deutschland. Der Streit Laffon–Koenig 1945–1947, in: VfZ 39, 1991, S. 1–55.

Lehmann, Hans-Georg, Öffnung nach Osten. Die Ostreisen Helmut Schmidts und die Entstehung der Ost- und Entspannungspolitik, Bonn 1984.

Lemke-Müller, Sabine, Ethischer Sozialismus und soziale Demokratie. Der politische Weg Willi Eichlers vom ISK zur SPD, Bonn 1988.

Lieblingsgedichte. Carlo Schmid zum 80. Geburtstag von seinen Freunden. Mit einem Geleitwort von Siegfried Lenz, Hamburg 1977.

Lill, Rudolf/Oberreuter, Heinrich (Hrsg.), 20. Juli. Porträts des Widerstandes, Düsseldorf/Wien 1984.

Lipgens, Walter, Europa-Föderationspläne der Widerstandsbewegungen 1940–1945. Eine Dokumentation, München 1968.

Lipgens, Walter/Loth, Wilfried (Hrsg.), Documents on the History of European Integration, 4 Bde., Berlin/New York 1985–1990.

Löwenthal, Richard, Vom Kalten Krieg zur Ostpolitik, Stuttgart 1974.

Löwith, Karl, Von Hegel zu Nietzsche. Der revolutionäre Bruch im Denken des neunzehnten Jahrhunderts. Marx und Kierkegaard 2. Aufl., Stuttgart 1941.

Loth, Wilfried, Die Europa-Bewegung in den Anfangsjahren der Bundesrepublik, in: Ludolf Herbst, Marshallplan, S. 63–77.

Loth, Wilfried, Stalins ungeliebtes Kind. Warum Moskau die DDR nicht wollte, Berlin 1994.

Luthardt, Wolfgang, Arbeit, Recht und Gerechtigkeit. Zur Erinnerung an Otto-Kahn-Freund 1900–1979, in: IWK 26, 1990, S. 181–190.

Luther, Hans, Der französische Widerstand gegen die deutsche Besatzungsmacht und seine Bekämpfung, Tübingen 1957.

Maier, Reinhold, Erinnerungen (1948 bis 1953), Tübingen 1966.

Maier, Reinhold, Ein Grundstein wird gelegt. Die Jahre 1945–1947, Tübingen 1967.

Maier, Reinhold, Ende und Wende. Das schwäbische Schicksal 1944–1946. Briefe und Tagebuchaufzeichnungen, Stuttgart/Tübingen 1948.

Mann, Golo, Erinnerungen und Gedanken. Eine Jugend in Deutschland, Frankfurt 1991.

Mann, Thomas, Betrachtungen eines Unpolitischen. Mit einem Vorwort von Hanno Helbing, Frankfurt/M. 1988.

Matz, Klaus-Jürgen, Reinhold Maier (1889–1971). Eine politische Biographie, Düsseldorf 1989.

Mehringer, Hartmut, Waldemar von Knoeringen. Eine politische Biographie. Der Weg vom revolutionären Sozialismus zur sozialen Demokratie, München u. a. 1989.

Meier, Andreas, Hermann Ehlers. Leben in Kirche und Politik, Bonn 1991.

Meyer, Martin, Ernst Jünger, München/Wien 1990.

Miszczak, Krzysztof, Deklaration und Realitäten. Die Beziehung zwischen der Bundesrepublik Deutschland und der (Volks)-Republik Polen von der Unterzeichnung des

Warschauer Vertrags bis zum Abkommen über gute Nachbarschaft und freundschaftliche Zusammenarbeit 1970–1991, München 1993.
Möller, Horst, Theodor Heuss. Staatsmann und Schriftsteller. Homme d'Etat et Homme de lettres, Bonn 1990.
Möller, Martin, Evangelische Kirche und Sozialdemokratische Partei in den Jahren 1947–1950. Grundlagen der Verständigung und Beginn des Dialogs, Göttingen 1984.
Moltke, Helmuth James von, Briefe an Freya 1939–1945. Hrsg. Beate Ruhm von Oppen, München 1988.
Mommsen, Hans, Die verspielte Freiheit. Der Weg der Republik von Weimar in den Untergang 1918 bis 1933, Berlin 1989.
Mommsen, Hans, Der Kreisauer Kreis und die künftige Neuordnung Deutschlands und Europas, in: VfZ 42, 1994, S. 361–373.
Morsey, Rudolf, Entscheidung für den Westen. Die Rolle der Ministerpräsidenten in den drei Westzonen im Vorfeld der Bundesrepublik Deutschland 1947–1949, in: Westfälische Forschungen 26, 1974, S. 1–24.
Morsey, Rudolf (Hrsg.), Konrad Adenauer und die Gründung der Bundesrepublik Deutschland, Stuttgart/Zürich 1979.
Morsey, Rudolf, Die letzte Krise im Parlamentarischen Rat und ihre Bewältigung (März/April 1949), in: Staat, Kirche, Wissenschaft in einer pluralistischen Gesellschaft. Festschrift zum 85. Geburtstag von Paul Mikat. Hrsg. von Dieter Schwab, Berlin 1989, S. 393–411.
Morsey, Rudolf (Bearb.), Die Protokolle der Reichstagsfraktion und des Fraktionsvorstandes der deutschen Zentrumspartei 1926–1933, Mainz 1969.
Morsey, Rudolf, Die Rolle Konrad Adenauers im Parlamentarischen Rat, in: VfZ 18, 1970, S. 62–94.
Müller, Reinhard, Die Akte Wehner. Moskau 1937 bis 1941, Berlin 1993.
Münkler, Herfried, Machiavelli. Die Begründung des politischen Denkens der Neuzeit aus der Krise der Republik Florenz, 2. Aufl., Frankfurt 1990.
Munro, Angus A. D., The French Occupation of Tübingen 1945–1947. French Policies and German Reactions in the Immediate Post-War -Period, 2 Bde., Diss. Warwick 1978.
Murmann, Geerte, Komödianten für den Krieg. Deutsches und alliiertes Frontteater, Düsseldorf 1992.
Niclauß, Karlheinz, Demokratiegründung in Westdeutschland. Die Entstehung der Bundesrepublik von 1945–1949, München 1974.
Niethammer, Lutz, Die Mitläuferfabrik. Die Entnazifizierung am Beispiel Bayerns, Berlin/Bonn 1982.
Nietzsche, Friedrich, Morgenröte. Gedanken über die moralischen Vorurteile. Mit einem Nachwort von Ralph Rainer Wuthenow, Frankfurt 1983.
Nipperdey, Thomas, Deutsche Geschichte 1866–1918. Bd. 1: Arbeitswelt und Bürgergeist, München 1990; Bd. 2: Machtstaat vor der Demokratie, München 1992.
Noguères, Henri u. a., Histoire de la Résistance en France de 1940 à 1945, 5 Bde., Paris 1967–1981.
Nüske, Gerd Friedrich, Württemberg-Hohenzollern als Land der französischen Besatzungszone in Deutschland 1945–1952. Bemerkungen zur Politik der Besatzungsmächte in Südwestdeutschland, in: Zeitschrift für Hohenzollerische Geschichte 18, 1982, S. 179–278; 19, 1983, S. 103–194.
L'Occupation en France et en Belgique 1940–1944. Actes du colloque de Lille 26–28 avril 1985 sous la direction d'Etienne Dejonghe, in: Revue du Nord, Nr. 2, hors série, 2 Bde., Lille 1988.

Die faschistische Okkupationspolitik in Belgien, Luxemburg und den Niederlanden 1940–1945. Dokumentenauswahl und Einleitung von Ludwig Nestler, Berlin 1990.
Der Onkel. Herbert Wehner in Gesprächen und Interviews. Hrsg. Knut Terjung, Hamburg 1986.
Ost-West-Beziehungen. Der gegenwärtige Stand – künftige Entwicklungen. Hrsg. Atlantik-Brücke/American Council on Germany, Freiburg 1960.
Osterheld, Horst, Außenpolitik unter Bundeskanzler Ludwig Erhard 1963–1966. Ein dokumentarischer Bericht aus dem Kanzleramt, Düsseldorf 1992.
Ott, Erich, Die Wirtschaftskonzeption der SPD nach 1945, Marburg 1978.
Ott, Hugo, Martin Heidegger. Unterwegs zu seiner Biographie, Frankfurt/New York 1988.
Overesch, Manfred, Gesamtdeutsche Illusion und westdeutsche Realität. Von den Vorbereitungen für einen deutschen Friedensvertrag bis zur Gründung des Auswärtigen Amtes der Bundesrepublik Deutschland 1946–1949/51, Düsseldorf 1978.
The Papers of General Lucius D. Clay. Germany 1945–1949. Hrsg. Jean Edward Smith, 2 Bde., Bloomington/London 1974.
Der Parlamentarische Rat 1948–1949. Akten und Protokolle. Bd. 1: Vorgeschichte. Bearb. Johannes Volker Wagner, Boppard am Rhein 1975; Bd. 2: Der Verfassungskonvent auf Herrenchiemsee. Bearb. Peter Bucher, Boppard am Rhein 1981; Bd. 4: Ausschuß für das Besatzungsstatut. Bearb. Wolfram Werner, Boppard am Rhein 1989; Bd. 5: Ausschuß für Grundsatzfragen 2. Teilbände. Bearb. Eberhard Pikart/Wolfram Werner, Boppard am Rhein 1993.
Parlamentarischer Rat. Stenographische Berichte über die Plenarsitzungen, Bonn 1948/1949.
Parlamentarischer Rat. Verhandlungen des Hauptausschusses, Bonn 1948/1949.
Pasche, Marcel, Vorwort zur französischen Teilübersetzung der Erinnerungen Schmids, in: Mémoire de l'Occupation et de la Résistance en Zone Interdite Nr. 2, Okt. 1983.
Paterson, William E., The SPD and European Integration, Lexington 1974.
Peckert, Joachim, Zeitwende zum Frieden. Ostpolitik miterlebt und mitgestaltet, Herford 1990.
Philipp, Michael, Vom Schicksal des deutschen Geistes. Wolfgang Frommels Rundfunkarbeit an den Sendern Frankfurt und Berlin 1933–1935 und ihre oppositionelle Tendenz, Diss. Phil. Hamburg 1992 (noch unveröffentlicht).
Philipp, Michael, Vom Schicksal des deutschen Geistes. Wolfgang Frommels oppositionelle Rundfunkarbeit in den Jahren 1933–1935, in: Castrum Peregrini 42, 1993, S. 124–140.
Piontkowitz, Heribert, Anfänge westdeutscher Außenpolitik 1946–1949. Das deutsche Büro für Friedensfragen, Stuttgart 1978.
Plädoyer für eine neue Regierung oder keine Alternative. Hrsg. Hans-Werner Richter, Reinbek bei Hamburg 1965.
Platon, Sämtliche Werke in zehn Bänden. Griechisch und Deutsch. Nach der Übersetzung Friedrich Schleiermachers. Hrsg. Karlheinz Hülser, Frankfurt/M./Leipzig 1991.
Plum, Werner, Ungewöhnliche Normalisierung. Beziehungen der Bundesrepublik Deutschland zu Polen, Bonn 1984.
Pörtner, Rudolf (Hrsg.), Kinderjahre der Bundesrepublik. Von der Trümmerzeit zum Wirtschaftswunder, München 1992.
Pöttering, Hans-Gert, Adenauers Sicherheitspolitik 1955–1963. Ein Beitrag zum deutsch-amerikanischen Verhältnis. Mit einem Vorwort von Hans-Adolf-Jacobsen, Düsseldorf 1975.
Pohl, Heinrich, Neues Völkerrecht auf Grund des Versailler Vertrags, Berlin/Bonn 1927.

Pommerin, Reiner, Die Mitglieder des Parlamentarischen Rates. Porträtskizzen des britischen Verbindungsoffiziers Chaput de Saintonge, in: VfZ 36, 1988, S. 557–588.
Potthoff, Heinrich (Bearb.), Die SPD-Fraktion im Deutschen Bundestag. Sitzungsprotokolle, Bd. 1: 1961–1963; Bd. 2: 1963–1966, Düsseldorf 1993.
Pross, Christian, Wiedergutmachung. Der Kleinkrieg gegen die Opfer, Frankfurt/M. 1988.
Protokolle der Landrätetagungen in der französischen Zone Württembergs und Hohenzollerns 1945–1947.
Protokolle der Verhandlungen des Parteitags der Sozialdemokratischen Partei Deutschlands 1946–1979.
Der Prozeß gegen die Hauptkriegsverbrecher vor dem Internationalen Militärgerichtshof 14. 11. 1945–1. 10. 1946, Bd. 37, Nürnberg 1947.
Raberg, Frank, „Wir konnten uns nur die Finger verbrennen." Die Stuttgarter Landesverwaltung als Keimzelle der ersten Landesregierungen, in: Beiträge zur Landeskunde. Regelmäßige Beilage zum Staatsanzeiger für Baden-Württemberg, Okt. 1992, S. 12–15.
Recueil des décisions des Tribunaux Arbitraux Mixtes instituées par les Traités de Paix, Bd. 7–9, 1928–1930.
Regierungsblatt für das Land Württemberg-Hohenzollern 1947–1949.
Renger, Annemarie, Ein politisches Leben. Erinnerungen, Stuttgart 1993.
Renzsch, Wolfgang, Finanzverfassung und Finanzausgleich. Die Auseinandersetzungen um ihre politische Gestaltung in der Bundesrepublik Deutschland zwischen Währungsreform und deutscher Vereinigung 1948 bis 1990, Bonn 1991.
Riekhoff, Harald von, German-Polish-Relations 1918–1933, Baltimore/London 1971.
Robbers, Gerhard, Hermann Heller. Staat und Kultur, Baden-Baden 1983.
Roon, Ger van, Graf Moltke als Völkerrechtler im OKW, in: VfZ 18, 1970, S. 12–61.
Roon, Ger van, Helmuth James Graf von Moltke. Völkerrecht im Dienste der Menschen. Dokumente, Berlin 1986.
Roon, Ger van, Neuordnung im Widerstand. Der Kreisauer Kreis innerhalb der deutschen Widerstandsbewegung, München 1967.
Roos, Peter, Genius loci. Gespräche über Literatur und Tübingen, Pfullingen 1978.
Rousseau, Michel, La répression dans le Nord, in: Revue du Nord 61, 1979, S. 713–733.
Safranski, Rüdiger, Ein Meister aus Deutschland. Heidegger und seine Zeit, München/Wien 1994.
Salin, Edgar, Hölderlin im George-Kreis, Godesberg 1950.
Salin, Edgar, Um Stefan George, Godesberg 1948.
Salzmann, Rainer (Hrsg.), Die CDU/CSU im Parlamentarischen Rat. Sitzungsprotokolle der Unionsfraktion, Stuttgart 1981.
Sauer, Paul, Die Entstehung des Bundeslandes Baden-Württemberg. Eine Dokumentation, Ulm 1977.
Sauer, Paul, Das Werden einer Großstadt. Stuttgart zwischen Reichsgründung und Erstem Weltkrieg 1871 bis 1914, Stuttgart 1988.
Scharf, Claus/Schröder, Hans-Jürgen (Hrsg.), Die Deutschlandpolitik Frankreichs und die französische Zone 1945–1949, Wiesbaden 1983.
Scheck, Manfred, Zwischen Weltkrieg und Revolution. Zur Geschichte der Arbeiterbewegung in Württemberg 1914–1920, Köln/Wien 1981.
Schindler, Dietrich, Die Schiedsgerichtsbarkeit seit 1914. Entwicklung und heutiger Stand, Stuttgart 1938.
Schlarp, Karl-Heinz, Alternativen zur deutschen Außenpolitik 1952–1955. Karl Georg Pfleiderer und die „Deutsche Frage", in: Aspekte deutscher Außenpolitik im 20. Jahr-

hundert. Aufsätze Hans Rothfels zum Gedächtnis. Hrsg. Wolfgang Benz/Hermann Graml, Stuttgart 1976, S. 211–248.

Schmädeke, Jürgen/Steinbach, Peter (Hrsg.), Der Widerstand gegen den Nationalsozialismus. Die deutsche Gesellschaft und der Widerstand gegen Hitler, 2. Aufl., München/Zürich 1986.

Schmid, Manfred, Die Tübinger Studentenschaft nach dem Ersten Weltkrieg 1918–1923, Tübingen 1988.

Schmid, Martin, Erinnerungen, in: Knipping/Le Rider, Kulturpolitik, S. 301–311.

Schmidt, Gustav, England in der Krise. Grundzüge und Grundlagen der britischen Appeasement-Politik 1930–1937, Opladen 1981.

Schmidt, Helmut, Menschen und Mächte, Berlin 1987.

Schmidt, Robert H., Saarpolitik 1945–1957, 3 Bde., Berlin 1959.

Schmoeckel, Reinhard/Kaiser, Bruno, Die vergessene Regierung. Die große Koalition 1966–1969 und ihre langfristigen Wirkungen, Bonn 1991

Schmoller, Gustav von, Wie es zur Gründung des Instituts für Besatzungsfragen in Tübingen kam, in: Tübinger Blätter 64, 1977, S. 65–73.

Schnabel, Thomas, Württemberg zwischen Weimar und Bonn 1928 bis 1945/46, Stuttgart 1986.

Schneider, Michael, Demokratie in Gefahr? Der Konflikt um die Notstandsgesetze. Sozialdemokratie, Gewerkschaften und intellektueller Protest 1958–1968, Bonn 1986.

Schölzel, Stephan, Die Pressepolitik in der französischen Besatzungszone 1945–1949, Mainz 1986.

Schönhagen, Benigna (Hrsg.), Nationalsozialismus in Tübingen. Vorbei und Vergessen, Tübingen 1992.

Schönhagen, Benigna, Tübingen unterm Hakenkreuz. Eine Universitätsstadt in der Zeit des Nationalsozialismus, Stuttgart 1991.

Schultheß' Europäischer Geschichtskalender. Hrsg. von Ulrich Thürauf Jg. 22–29, 1926–1933.

Schulz, Klaus-Peter, Adenauers Gegenspieler. Begegnungen mit Kurt Schumacher und Sozialdemokraten der ersten Stunde, Freiburg i. Br. 1989.

Schumacher, Kurt, Reden – Schriften – Korrespondenzen 1945–1952. Hrsg. Willy Albrecht, Berlin/Bonn 1985.

Schwartz, Alan Thomas, Die Begnadigung deutscher Kriegsverbrecher. John J. McCloy und die Häftlinge von Landsberg, in: VfZ 38, 1990, S. 375–415.

Schwarz, Hans-Peter, Adenauer, Bd. 1: Der Aufstieg 1876–1952; Bd. 2: Der Staatsmann 1952–1967, Stuttgart 1986/1991.

Schwarz, Hans-Peter, Die Ära Adenauer. Gründerjahre der Republik 1949–1957, Stuttgart/Wiesbaden 1981.

Schwarz, Hans-Peter, Die Ära Adenauer. Epochenwechsel 1957–1963, Stuttgart/Wiesbaden 1983.

Schwarz, Hans-Peter (Hrsg.), Berlin-Krise und Mauerbau, Bonn 1985.

Schwarz, Hans-Peter (Hrsg.), Handbuch der deutschen Außenpolitik, München/Zürich 1975.

Schwarz, Hans-Peter, Der konservative Anarchist. Politik und Zeitkritik Ernst Jüngers, Freiburg i. Br. 1962.

Schwarz, Hans-Peter, Vom Reich zur Bundesrepublik. Deutschland im Widerstreit der außenpolitischen Konzeptionen in den Jahren der Besatzungsherrschaft 1945–1949, Neuwied/Berlin 1966.

Schwarz, Jürgen, Studenten in der Weimarer Republik. Die deutsche Studentenschaft in der Zeit von 1918 bis 1923 und ihre Stellung zur Politik, Berlin 1971.

Schwerin, Detlef Graf von, „Dann sind's die besten Köpfe, die man henkt." Die junge Generation im deutschen Widerstand, München/Zürich 1991.

Seydoux, François, Botschafter in Deutschland. Meine zweite Mission 1965–1970, Hof 1978.

Seydoux, François, Mémoires d'outre Rhin, Paris 1975.

Siebenmorgen, Peter, Gezeitenwechsel. Aufbruch zur Entspannungspolitik, Bonn 1990.

Sinzheimer Hugo, Arbeitsrecht und Rechtssoziologie. Gesammelte Aufsätze und Reden. Hrsg. und eingeleitet von Otto Kahn-Freund/Thilo Ramm, 2 Bde., Frankfurt/M./Köln 1976.

Soell, Hartmut, Fritz Erler. Eine Biographie. 2 Bde., Berlin/Bonn 1976.

Soell, Hartmut, Der junge Wehner. Zwischen revolutionärem Mythos und praktischer Vernunft, Stuttgart 1991.

Soergel, Werner, Konsensus und Interessen. Eine Studie zur Entstehung des Grundgesetzes für die Bundesrepublik Deutschland, Stuttgart 1966.

Sontheimer, Kurt, Antidemokratisches Denken in der Weimarer Republik. Die politischen Ideen des deutschen Nationalismus zwischen 1918 und 1933, 3. Aufl., München 1992.

Sontheimer, Kurt, Der Tatkreis, in: VfZ 7, 1959, S. 229–260.

Speidel, Hans, Aus unserer Zeit. Erinnerungen, Berlin/Frankfurt/Wien 1977.

Stamm, Christoph (Bearb.), Die SPD-Fraktion im Wirtschaftsrat 1947–1949. Protokolle, Aufzeichnungen und Rundschreiben, Bonn 1993.

Stamm, Thomas, Zwischen Staat und Selbstverwaltung. Die deutsche Forschung im Wiederaufbau 1945–1965, Köln 1981.

Starobinski, Jean, Melancholie im Spiegel. Baudelaire-Lektüren. Aus dem Französischen von Horst Günther, München/Wien 1992.

Stefan George und die Nachwelt. Dokumente zur Wirkungsgeschichte. Hrsg. Ralph Rainer Wuthenow, Stuttgart 1981.

Steininger, Rolf, Zur Geschichte der Münchner Ministerpräsidentenkonferenz 1947, in: VfZ 23, 1975, S. 375–453.

Steininger, Rolf, Wiederbewaffnung. Die Entscheidung für einen westdeutschen Verteidigungsbeitrag. Adenauer und die Westmächte 1950, Erlangen u. a. 1989.

Storz, Gerhard, Im Lauf der Jahre. Ein Lebensbericht aus der ersten Jahrhunderthälfte, Stuttgart 1973.

Straetling, Erich, Der Parlamentarische Rat 1948–1949. Authentischer Bericht mit der Elegie von Carlo Schmid, Pfullingen 1989.

Strauß, Franz-Josef, Die Erinnerungen, Berlin 1989.

Streitbare Juristen. Eine andere Tradition. Jürgen Seiffert zum 60. Geburtstag, Baden-Baden 1988.

Thamer, Hans-Ulrich, Verführung und Gewalt. Deutschland 1933–1945, Berlin 1986.

Thomas, Michael, Deutschland, England über alles. Rückkehr als englischer Besatzungsoffizier, Berlin 1984.

Thoß, Bruno, Die Lösung der Saarfrage 1954/55, in: VfZ 38,1990, S. 225–288.

Thoß, Bruno/Volkmann, Hans-Erich (Hrsg.), Zwischen Kaltem Krieg und Entspannung. Sicherheits- und Deutschlandpolitik der Bundesrepublik im Mächtesystem der Jahre 1953–1956, Boppard am Rhein 1988.

Tournier, Michel, Le Vent Paraclet, Paris 1977.

„... treu und fest hinter dem Führer." Die Anfänge des Nationalsozialismus an der Universität Tübingen 1926–1934. Begleitheft zu einer Ausstellung des Universitätsarchivs Tübingen, Tübingen 1983.

Troeger, Heinrich, Interregnum. Tagebuch des Generalsekretärs des Länderrats der Bizone 1947–1949. Hrsg. Wolfgang Benz/Constantin Goschler, München 1985.

Tübingen 1945. Eine Chronik von Hermann Werner. Bearb. und mit einem Anhang versehen von Manfred Schmid, Stuttgart 1986.

Umbreit, Hans, Die Militärbefehlshaber in Frankreich 1940–1944, Boppard am Rhein 1968.

Ursachen und Folgen. Vom deutschen Zusammenbruch 1918 und 1945 bis zur staatlichen Neuordnung Deutschlands in der Gegenwart. Eine Urkunden- und Dokumentensammlung zur Zeitgeschichte. Hrsg. Herbert Michaelis/Ernst Schraepler, 26 Bde., Berlin 1958–1979.

Vaillant, Jerôme (Hrsg.), Französische Kulturpolitik in Deutschland 1945–1949. Berichte und Dokumente, Konstanz 1984.

Die neuen deutschen Verfassungen. Hrsg. Wilhelm Wegener, Essen 1947.

Verhandlungen des Deutschen Bundestages. Stenographische Berichte, Bd. 1–80, Bonn 1949–1972.

Verhandlungen der Verfassunggebenden Landesversammlung für Württemberg-Baden 1946.

Verhandlungen der Beratenden Landesversammlung für Württemberg-Hohenzollern 1946/47, Bebenhausen o. J.

Verhandlungen des Landtags für Württemberg-Hohenzollern 1947–1950. Protokolle, Bebenhausen 1947–1951.

Verlaine, Paul, Poèmes Saturniens. Confessions. Ed. Jean Gaudon. Paris 1977.

Vierhaus, Rudolf/Brocke, Bernhard vom (Hrsg.), Forschung im Spannungsfeld von Politik und Gesellschaft. Geschichte und Struktur der Kaiser-Wilhelm-/Max-Planck-Gesellschaft, Stuttgart 1990.

Villon, François, Poésies Complètes. Ed. Claude Thiry, Paris 1991.

Volkmann, Hans-Erich/Schwengler, Walter(Hrsg.), Die Europäische Verteidigungsgemeinschaft. Probleme der Forschung, Boppard am Rhein 1985.

Wagner, Wilfried, Belgien in der deutschen Politik während des Zweiten Weltkriegs, Boppard am Rhein 1974.

Wagner, Wolfgang, Die Bundespräsidentenwahl 1959. Adenauer-Studien, Bd. II, Hrsg. Rudolf Morsey/Konrad Repgen, Mainz 1972.

Weber, Petra (Bearb.), Die SPD-Fraktion im Deutschen Bundestag. Sitzungsprotokolle, Bd. 1: 1949–1953; Bd. 2: 1953–1957, Düsseldorf 1993.

Weber, Wolfram, Die innere Sicherheit im besetzten Belgien und Nordfrankreich 1940–1944. Ein Beitrag zur Geschichte der Besatzungsverwaltungen. Vorwort von Jacques Willequet, Düsseldorf 1978.

Wengst, Udo (Bearb)., Auftakt zur Ära Adenauer. Koalitionsverhandlungen und Regierungsbildung 1949, Düsseldorf 1985.

Wengst, Udo, Die CDU/CSU im Bundestagswahlkampf 1949, in: VfZ 34, 1986, S. 1–54.

Wengst, Udo (Bearb.), Die Liberalen unter dem Vorsitz von Theodor Heuss und Franz Blücher. Sitzungsprotokolle 1949–1954, Düsseldorf 1990.

Wengst, Udo, Staatsaufbau und Regierungspraxis 1948–1953. Zur Geschichte der Verfassungsorgane der Bundesrepublik Deutschland, Düsseldorf 1984.

Western European Union. Assembly, Proceedings. Ordinary Session, 1963–1966; 1969–1972.

Wiedergeburt des Geistes. Die Universität Tübingen im Jahre 1945. Eine Dokumentation. Bearb. von Manfred Schmid/Volker Schäfer, Tübingen 1985.

Wilkens, Andreas, Der unstete Nachbar. Frankreich, die deutsche Ostpolitik und die Berliner Vier-Mächte-Verhandlungen 1969–1974, München 1990.

Winkeler Rolf, Schulpolitik in Württemberg-Hohenzollern 1945–1952. Eine Analyse der Auseinandersetzungen um die Schule zwischen Parteien, Verbänden und französischer Besatzungsmacht, Stuttgart 1971.

Witter, Ben, Spaziergänge mit Prominenten, Hamburg 1982.
Wolf, Hans, Der Alt-Wandervogel als Traditionsbund der Jugendbewegung, in: Jahrbuch des Archivs der Deutschen Jugendbewegung 5, 1973, S. 27–41.
Wolfrum, Edgar, Französische Besatzungspolitik und deutsche Sozialdemokratie. Politische Neuansätze in der „vergessenen Zone" bis zur Bildung des Südweststaates 1945–1952, Düsseldorf 1991.
Zauner, Stefan, Erziehung und Kulturmission. Frankreichs Bildungspolitik in Deutschland 1945–1949, München 1994.
Im Zentrum der Macht. Das Tagebuch von Staatssekretär Lenz 1951–1953. Bearb. Klaus Gotto/Hans Otto Kleinmann/Reinhard Schreiner, Düsseldorf 1989.
Ziesel, Kurt, Der Rote Rufmord. Eine Dokumentation zum Kalten Krieg, Tübingen 1961.

Personenregister

(kursivierte Zahlen bezeichnen Abbildungen)